BAKER
COMMENTARY ON THE OLD TESTAMENT
WISDOM AND PSALMS 2

|베이커 지혜 문헌 · 시편 주석 시리즈 2|

시편 주석 1

1 - 41편

존 골딩게이 지음
임 요 한 옮김

CLC

기독교문서선교회(Christian Literature Center: 약칭 CLC)는 1941년 영국 콜체스터에서 켄 아담스에 의해 시작되었으며 국제 본부는 미국의 필라델피아에 있습니다.
국제 CLC는 59개 나라에서 180개의 본부를 두고, 약 650여 명의 선교사들이 이동도서차량 40대를 이용하여 문서 보급에 힘쓰고 있으며 이메일 주문을 통해 130여 국으로 책을 공급하고 있습니다. 한국 CLC는 청교도적 복음주의 신학과 신앙서적을 출판하는 문서선교 기관으로서, 한 영혼이라도 구원되길 소망하면서 주님이 오시는 그날까지 최선을 다할 것입니다.

Psalms

Volume 1: Psalms 1-41

Written by
John Goldingay

Translated by
YoHan Lim

Copyright @ 2006 by John Goldingay
Originally published in English under the title
Psalms, Vol 1: Baker Commentary on the Old Testament Wisdom and Psalms
by Baker Academic,
Translated and Used by the permission of
a division of Baker Publishing Group
Grand Rapids, Michigan, 49516, USA.

All rights reserved.

Korean Edition
Copyright © 2023 by Christian Literature Center,
Seoul, Korea.

추천사 1

류호준 박사
백석대학교 신학대학원 구약학 은퇴교수

영미권 복음주의의 표준적 주석 시리즈 중 하나인 베이커 주석은 내로라하는 주석학자들을 기고자로 선정하여 최신 연구방법론을 포괄한 깊이 있는 학문성과 저자들의 균형 잡힌 판단력, 독자 선도적 집필 방식으로 큰 호응을 얻고 있다. 신약 주석 시리즈보다 좀 늦었지만, 구약은 지혜서와 시편 시리즈로 시작하였다. 출간된 대표적 구약 주석이 구약학계의 원로이며 탁월한 주석가인 존 골딩게이(John Goldingay) 박사가 집필한 세 권짜리 방대한 『시편 주석』(Psalms)이다.

원서를 사용해 본 나로서는 골딩게이의 평생 역작인 『시편 주석』은 시편 이해를 위한 학문적인 모든 것을 담고 있지만 절제된 판단력과 학문적 균형감각에 따라 취사선택을 하였고, 무엇보다 구어체 같은 생동감 있는 표현력으로 시편의 맛과 멋을 느끼게 했다.

몇 가지 점에서 이 책의 탁월성이 돋보였다.

첫째, 히브리어 원문에서 저자가 직접 번역한 창의적 문체(아쉽게도 한글 역에는 나타나지 않는다)에서 원문의 뜻이 정교하고 품격 있게 드러난다. 학자들은 현존하는 번역본들과 골딩게이의 번역을 비교하면서 학문적 자극과 유익을 얻을 수 있을 것이다.

둘째, 상당한 분량을 차지하는 서론에서 저자는 시편의 역사, 다윗과 시편, 현대의 시편 탐구 현황과 역사, 고대 근동의 시편과의 비교, 시편 배후의 역사, 시편의 문체론, 시편과 예배, 시편과 영성, 신학으로서의 시편 등 현대 시편 연구에서 다루는 모든 문제를 언급한다.

하지만 저자는 시편 연구에 관한 다양한 학설의 잠정성과 일시성을 지적하며 시편 본문 자체에 귀 기울일 것을 강조한다. 시편이 신앙공동체에 정경으로 사용되고 있다는 점을 강조하는 지점이다. 이 점에서 학문 연구 사용에 대한 저자의 유연한 입장이 돋보이고, 시편 연구의 본질인 신학적 해석에 방점을 둔다는 저자의 입장이 부각된다. 서론 부분을 여러 번 탐독하면 저자의 본문 해석의 출발점과 진행방식을 알게 될 것이다. 이 점을 염두에 두고 이 주석을 사용하게 되면 본문 이해의 폭이 넓어지리라 생각한다.

셋째, 각 시편 해석에서 저자는 히브리어 원문의 문법적, 구문론적 세부 사항을 하나도 놓치지 않는다. 언어학적 탐구에 덧붙여 본문의 문학적 예술성을 짚어 내 시편 본문이 드러내는 신학적 깊이를 감상할 수 있도록 인도한다. 즉, "언어적-문예적-신학적" 삼중 구조의 해석 단계를 거치는 점이 돋보인다.

넷째, 시편 해석에서 번역의 중요성을 강조한다. 저자는 시편을 해석하기에 앞서 본문을 수립한다. 본문 수립이란 레닌그라드 사본(Leningrad Codex)에 나오는 마소라 본문을 번역 대본으로 삼아 자신의 번역을 세우는 일이다. 달리 말해 저자가 본문을 해석하기 위해 본문 수립이 중요하다는 점이 강조된다. 왜냐하면, 번역 자체가 본문 이해에 첫발이기 때문이다.

본문이 수립된 다음에 저자는 수립된 본문을 해석한다. 먼저 시의 연 구조를 나누고, 히브리 시 해석방법에 따라 각 연을 해설한다. 단어와 구, 어원과 어의를 살피되 히브리 시의 최소 단위인 소절(콜론), 그다음인 시행(poetic line)과 연(strophe/stanza)과 같은 시의 구문법적 계급 구조를 소홀히 하지 않는다.

시적 은유와 비유, 간-본문성의 중요성은 물론 유대교 랍비들과 초기 기독교 작가들로부터 얻은 통찰력 등이 저자의 탁월한 본문 인식 능력과 어우러져 때론 비상하고 비범한 해석을 선보이기도 한다. 번역(translation)과 해석(poetic interpretation)을 마친 다음 저자는 각 시편의 신학적 의미(theological meaning)를 파헤쳐 해설함으로써 설교자들에겐 설교의 방향을 제공하고 개인적으로는 시편 공부를 통한 영성 형성에 도움을 준다.

종합적으로, 골딩게이의 『시편 주석』은 저자의 주석학적 화력을 집중적으로 쏟아부은 역작이다. 시편의 시적 구조와 문학적 장치들에 특별한 주의를 기울였으며, 언어학적, 역사적, 정경적 통찰력이 돋보이고, 히브리어 본문에 대한 저자의 번역과 그에 기반한 적확한 논평과 설명은 선명했으며, 각 시편이 주는 신학적 메시지는 저자의 활력적 해설방식을 통해 풍성하게 다가왔다.

옛 언약 백성인 이스라엘의 찬양과 감사와 기도서인 시편은 신약의 언약 백성인 교회 공동체에도 하나님의 말씀으로서 찬양과 감사와 기도서이다. 이 『시편 주석』은 시편을 설교하는 목회자와 설교자, 시편을 연구하는 성서학자와 신학도 모두에게 꼭 필요한 보고(寶庫)이다.

추천사 2

김 희 석 박사
총신대학교 신학대학원 구약학 교수

'베이커 지혜 문헌·시편 주석 시리즈'는 매우 탁월하다. 본문을 깊이 있게 차례차례 분석하면서도 학술적 자료들을 과하지 않고 적절하게 소개하고 있어서, 목회자들과 신학도들이 본문의 뜻을 찬찬히 살필 수 있다. 이번에 이 시리즈의 중요한 부분인 골딩게이 교수의 『시편 주석』이 번역된 것을 진심으로 기쁘게 생각한다.

골딩게이 교수는 시가서, 선지서, 구약신학 등에 있어 많은 저술을 해 온 탁월한 구약학자이다. 그는 『시편 주석』에서 이러한 그의 학문적 성과를 목회자와 성도들을 위해 풀이해 내고, 폭넓은 복음주의적 관점에서 본문을 성실하게 해석함으로써 독자들에게 유익한 시편 해석의 관점들을 제공한다.

이 주석의 특징으로는 두 가지를 꼽을 수 있겠다.

첫째, 이 주석은 시편 본문을 쉽고 깊이 있게 다루고 있다.

원문을 적절한 수준에서 언급하되 원어를 잘 알지 못하는 독자도 본문의 내용을 잘 이해하도록 돕기 위해 학문적 성격의 논의뿐 아니라 본문 해석 중심의 해설을 제공한다. 원문 및 학계의 주요한 주장들을 살피면서도, 시편의 본문 자체를 해설해 나간다.

현재 존재하는 시편 주석들은 학문적 분석에 치우쳐 본문 해설 제공이 미진하거나 혹은 학문적 깊이 없이 개인 묵상 수준의 해설을 담고 있는 경우가 많은데, 골딩게이의 주석은 본문을 친절하고 상세하게 해설하면서도 학계의 논의들을 성실하게 살피고 있다.

이 책은 설교를 위해 본문을 살피는 목회자는 물론 시편 본문을 이해하고자 하는 일반 독자들에게도 큰 도움이 될 것이라 생각된다.

둘째, 각 본문에 대한 해석은 "본문", "해석", "신학적 의미"의 세 부분으로 구분되어 있다.

"본문"에서는 사본 비평 자료 및 기타 필요한 설명을 제공했고, "해석"에서는 본문을 몇 절씩 단위로 묶어 자세히 해설하고 있으며, "신학적 의미"에서는 본문 해석이 독자들에게 던져 주는 신학적 메시지를 서술하였다. 이런 구조는 '베이커 지혜 문헌·시편 주석 시리즈'의 전형적인 모습이다.

독자들에게 본문 중심의 해석을 제공하면서도 신학적 의미까지 상세하게 제시하는 배려가 돋보이며, 이러한 저자의 노력을 통해 독자들은 시편의 깊은 의미의 맛을 새롭게 느낄 수 있게 되리라 기대한다.

골딩게이의 『시편 주석』은 현존하는 최고의 시편 주석서 중 하나이다. 독자들이 이 책을 통해 시편의 본문에 보다 더 깊이 들어가 말씀 묵상과 연구에 도움을 얻게 되기를 바라며 적극 추천한다.

추천사 3

주 현 규 박사
백석대학교 신학대학원 구약학 교수

오롯이 시로 이루어져 있는 시편은 기도와 찬양을 담아낸다. 그리고 그 안에는 시편 기자의 아픔이 묻어나는 탄식, 절규 섞인 비탄, 소원을 담은 간구, 기쁨을 가누지 못한 끝에 터져 나오는 탄성, 환희로 가득한 행복의 감탄 등 수많은 감정과 삶의 애환이 고스란히 녹아 들어 있다.

그러기에 시편은 (시인이 탄식과 간구를 읊조리든 아니면 야웨 하나님의 위대한 구원 행위와 그 역사를 노래하든) 구약과 신약성서에 포함된 여타의 책들과 달리, 시편 기자의 입에서 발화하여 하나님이 계신 하늘 보좌를 향해 올라가는 수직상승의 방향성을 갖는다.

또한, 시편은 온 우주를 지으신 창조주 하나님의 절대 주권과 왕 되심을 노래하는가 하면, 인간 존재는 물론 창조 세계에 대한 올바른 이해와 때로는 신정론(神正論, theodicy)에 입각한 처절한 성찰을 기초로 하나님의 공의로운 통치와 다스림을 향한 신뢰와 소망을 되뇌고, 그분을 향한 섬김과 경배를 다양한 양식과 다채로운 음조로 독려하기도 한다.

이처럼 어느 한 가지로 고정된 단조로운 목소리이기를 거부하는 시편은 형형색색의 선율로 공명할 뿐만 아니라 다양한 장르의 옷을 입고 우리에게 다가온다. 구약성서에 투영된 신학적 주제들의 다양성(diversity)을 축소하거나 환원하지 않으면서도 통일성(university)을 찾는 관점을 일관되게 모색해 온 거장인 존 골딩게이는 이러한 시편의 다음성(多音性 polyphonic nature) 및 다의성(多義性 multi-vocality)을 예리하게 포착하여 매우 탁월하게 그 메시지를 읽어 낸다.

그의 세밀한 주해는 시편 본문에 대한 우리의 물음이 빠져나갈 수 없을 만큼 치밀하고 촘촘하며, 개개의 시편이 투사하는 신학적 함의에 대한 그의 고민은 우리를 시편 기자가 처한 삶의 정황 가운데 서도록 친절히 안내한다.

시편은 읽고 묵상하고 설교해야 할 시기와 계절이 따로 없다!

오히려 시편은 믿는 이들의 신앙 여정을 언제나 함께하는 삶의 동반자이며 친구이다. 시편을 깊이 공부하고 주해하는 신학생들은 물론이거니와, 성도들을 시편의 세계로 초대하고자 강단과 목회 현장에서 목양의 수고를 마다하지 않는 목회자들, 나아가 시편을 아끼고 사랑하는 모든 이에게 이 걸작을 시편 본문과 함께 늘 가까이 하고 읽고 또 읽을 것을 조금도 주저하지 않고 강력히 추천한다.

추천사 4

차 준 희 박사
한세대학교 구약학 교수, 한국구약학연구소 소장, 전 한국구약학회 회장

대부분의 지난 200년 동안 시편 연구는 개별 시에 집중했다. 그런데 20세기 말 시편 연구, 엄밀하게 말하자면, 윌슨(G. H. Wilson)의 『히브리 시편집의 편집』(*The Editing of the Hebrew Psalter*, SBLDS 76; Chico. CA: Scholars, 1985)의 등장 이후, 시편 연구는 시편 전체의 구조에 주목하기 시작했다.

최근의 시편 연구는 시편 배열의 문제 및 연속된 시편들이 함께 묶이고, 묶인 시편들 자체의 신학적 견해를 드러내는 방식으로 선회하고 있다. 이러한 연구는 각각의 시편이 어떤 제의적 배경에서 사용되었느냐보다는 시편의 최종 형태에 관심을 두고, 개별적 시편이 어떻게 서로 앞과 뒤로 연결되고, 시편 전체가 어떤 메시지를 전달하는가에 집중했다.

하지만 골딩게이는 이러한 최근의 시편 연구를 잘 인지하고 있으면서도, 이에 불만을 갖고 있다. 이러한 시편에 관한 정경비평적 연구는 "너무 적은" 점들을 연결하는 데 "너무 많은" 상상력을 동원하는 것 같다고 비판한다. 그는 이러한 개별 시들에 대한 편집사 연구는 단지 추측에 의한 것임을 지적한다. 이러한 배경에서 골딩게이는 전통적 방법론에 입각하여 현재 우리 앞에 놓인 각각의 시편에 초점을 두기를 선호한다.

이 책은 서론 부분에서 시편에 관한 기초적이고 중요한 내용을 개관한다. 이 부분은 시편에 관한 교과서적 내용으로 시편 전체를 안내하고 핵심 지침들을 잘 보여 준다. 이어서 시편 150편 각각의 시편을 본문, 해석, 신학적 의미로 나누어 기술하고 있다. 맨 뒤에 위치한 용어 해설은 중요한 신학적 개념을 선택하여 핵심만 알려 주고 있다. 이곳부터 숙지하고 책을 대하는 것도 현명한 읽기 전략으로 추천한다.

각각의 시편 본문 부분은 히브리어의 역동성에 가까운 번역을 목표로 저자가 직접 사역(私譯)을 한 결과이다. 필자의 사역은 교회에서 읽기 위한 우아한 번역은 아니지만, 히브리 시의 원음(原音)을 음미할 수 있는 절호의 기회를 제공한다.

해석 부분의 전반부에서는 시편의 양식과 삶의 자리 등 해당 시편과 연관된 전문적이고 중요한 정보를 제공하며, 후반부에서는 본문을 소단위로 세분하여 좀 더 상세히 풀이하고 있다.

결론적인 신학적 의미는 오늘의 메시지에 해당된다. 많은 주석서가 본문을 주석하고, 당시의 의미를 규명하는 데 멈추는 경우가 다반사이다. 늘 이 점이 아쉬웠다. 반갑게도 이 주석서는 본래의 과거 의미를 넘어서 오늘의 의미까지 밀고 나와 21세기 시인의 메시지를 들려준다.

골딩게이는 이미 정평이 나 있는 탁월한 복음주의 구약학자이다. 그런데 그는 비평주의적 성서 해석에도 열려 있으며, 이를 비판적으로 수용하여 복음주의로 수렴하려고 노력하는, 교회를 품은 성서학자이다. 비평주의와 복음주의를 아우르는 그의 역작이 우리말로 출간된다는 사실은 여간 반가운 일이 아닐 수 없다. 교회의 강단을 고려하여 집대성한 골딩게이의 시편 주석서가 한국 강단에서도 적극 소개되고, 수용되어 시편 설교와 이해가 풍성해지는 기회가 되기를 바란다.

추천사 5

하 경 택 박사
장로회신학대학교 구약학 교수

존 골딩게이의 『시편 주석』이 보여 주는 특징을 한마디로 요약하면 '담백함'이라고 말할 수 있다. 지나치게 학문적이어서 독자들을 피곤하게 하거나 지치게 만들지도 않고, 과도한 신학적 해석을 통해 독자들을 들뜨게 만들지도 않는다. 저자는 오직 본문에 집중하면서 각 시편이 보여 주고 있는 세계를 있는 그대로 담담하게 그려 준다.

고대 번역본들에 대한 고찰을 통해 본문에 대한 다양한 번역과 읽기 방식이 있음을 보여 주고 있으며, 독자들이 마주하고 있는 시편이 어떠한 분위기에서 무슨 문제를 다루고 있는지를 과장됨 없이 풀어낸다. 본문의 의미를 독자의 현실에 적용하도록 제시하는 '신학적 의미'를 밝혀 주는 부분도 잔잔한 물결처럼 조용히 흐른다. 요란하지 않으나 잔잔히 밀려오는 감동 속에서 시편의 깊은 맛을 느끼게 한다.

음식도 담백해야 오랫동안 사랑받고 건강에도 좋다. 단맛이나 인공 조미료 맛에 길들여지면, 건강에 좋지도 않고 식재료가 주는 맛을 제대로 즐길 수 없다. 그 음식에 대한 사랑도 오래가지 못한다. 성경 해석도 마찬가지고 시편 해석도 마찬가지다. 이 시편 주석서를 통해 '담백함' 속에서 우러나는 시편의 맛을 즐겨 보라. 시인들의 말과 묵상에 녹아 있는 하나님의 함께하심에 대한 생생한 증언을 맛보라.

맛보라. 그리고 야웨의 선하심을 알라. 그에게 피하는 자는 복이 있도다 (시 34:9[8]).

시리즈 서문

트렘퍼 롱맨 III 박사

Westmont College, Robert H. Gundry 성경연구 교수

전도서 마지막에서 지혜로운 아버지가 책을 많이 짓는 것에 대해 아들에게 경고한다.

> 내 아들아 또 이것들로부터 경계를 받으라 많은 책을 짓는 것은 끝이 없고 (전 12:12).

이 성경책에 대해 탈굼은 특징적으로 이 사상을 확장하여 모순될지라도 다른 방향으로 전개한다.

> 내 아들아 끊임없이 지혜에 관한 많은 책을 짓도록 하라.

주석서에 적용될 때, 두 진술은 사실이다. 과거 20년 동안 성경의 각 책에 대한 유용한 주석서가 많이 증가했다. 그러나 본문의 의미를 신중하게 이해하는 데 관심을 가진 자들에게는, 이런 다작은 저주라기보다는 축복으로 간주해야 한다. 어떤 단일 주석도 모든 것을 다룰 수는 없다.

첫째, 주석서들은 다양한 신학적 관점과 방법론적 관점을 반영한다. 우리는 성경의 기원과 특성에 대해 다르게 이해하는 자들에게서 배울 수 있지만, 또한 성경 본문에 대한 우리의 근본적인 신념을 같이하는 주석서들을 원한다.

둘째, 주석서들은 다른 청중을 염두에 두고 기록된다. 어떤 주석서들은 주로 평신도를 겨냥하고, 다른 주석서들은 성직자를 겨냥하고 또 다른 주석서들은 동료 학자들을 겨냥한다.

셋째, 이전 둘과 관련하여 고려할 사항은 주석가가 성경 본문을 이해하기 위해 끌어오기로 한 하위 분야이다. 언어학, 본문비평, 장르/양식비평, 편집비평, 고대 근동 배경, 문학 관습 등을 포함해서 가능성은 무궁하다.

넷째, 주석서들은 얼마나 광범위하게 2차 문헌과 교류하는가, 즉 다른 이들이 고려하는 본문에 대해 무엇이라고 말하느냐 하는 점에서 다양하다.

'베이커 지혜 문헌·시편 주석 시리즈'는 일정한 청중을 염두에 둔다. 우리는 주석서들을 주로 사용하는 자들이 학자와 목회자와 신학교 학생과 성경 연구 인도자라고 믿는다. 이 무리 가운데 우리는 성직자요 미래 성직자, 즉 신학교 학생들을 가장 염두에 두고 있다.

우리는 전문적 논의와 2차 문헌을 참조한 대부분 내용은 각주에 둠으로써 학자가 아닌 이들도 주석을 활용할 수 있게 하려고 노력했다. 우리는 이런 정보가 중요하지 않다고 제안하려고 의도한 것은 아니다. 우리는 단지 교회의 현재 상황을 고려할 때, 관심을 가지고 도움을 얻으려고 이런 전문적 자료를 읽을 평신도가 흔치 않을 것이라는 사실에 동의한다. 우리는 이 평가에서 우리가 틀렸기를 바라며, 우리가 틀리지 않았다면 미래에는 이런 추세에서의 반전을 보게 되기를 바란다. 건강한 교회는 자세하게 성경에서의 하나님의 말씀에 끊임없이 주목하며 스스로를 살찌우는 교회이다.

모든 주석서가 동일한 것은 아니므로, 이 시리즈를 규정하는 특징은 무엇인가? 성경의 메시지는 각 주석의 주요 초점이며, 주석가들은 논의하는 책에서 하나님의 사람들을 향한 하나님의 메시지를 드러내려고 노력했다. 이 시리즈는 구약의 한 주요 분야, 즉 시편과 지혜 문학(잠언, 욥, 전도서, 아가서)이라는 범위에 한정함으로써 두각을 나타내려 한다. 이 성경책들은 정경에 독특하게 기여한다.

우리는 더 이상 이 책들이 소홀히 다뤄진다고 주장할 수 없지만, 이 책들의 독특한 내용으로 말미암아 구속사 발전에 조화를 이루게 하는 데 더 어려움이 있으며, 이 책들의 독특한 메시지를 듣는 데 더 큰 노력이 필요하다.

시편은 문학적 성소이다. 구약의 실제적 성소 구조와 마찬가지로, 시편은 사람들이 기쁨을 나누고, 하나님의 존전에서 잔인할 정도로 정직하게 싸우는 본문상의 거룩한 장소를 제공한다.

잠언은 지혜를 묘사하는데, 지혜는 한 차원에서는 삶을 위한 기술, 삶의 실제적 함정과 잠재적 함정을 조종하는 능력이지만, 또 다른 차원에서 이 지혜는 깊고도 널리 퍼진 신학적 메시지, 곧 "여호와를 경외하는 것이 지식의 근본이거늘"(잠 1:7)을 제시한다.

잠언은 또한 혼란스러운 문제를 제기한다. 즉, 현인들은 종종 지혜로운 행위를 보상과 연결해 동기부여 하려 하지만, 실제로 나쁜 일들이 선한 사람들에게 일어나고, 지혜로운 자들이 항상 그들이 기대한 대로 보상을 받는 것은 아니라는 점이다. 이것은 하나님의 정의 문제를 제기한다.

욥기와 **전도서** 모두 하나님의 정의와 우리의 실제적 삶과의 겉으로 보이는 단절과 싸운다.

아가서는 하나님이 우리의 지성뿐만 아니라 영혼 이상에도 관심을 가진다는 사실을 우리에게 상기시키는, 열정적이고 관능적인 사랑의 시이다. 하나님은 우리가 우리 육체를 즐기기를 원하신다. 아가서는 우리가 단순히 몸에 담긴 영혼이 아니라 하나님의 형상으로 만들어진 온전한 인격이라는 사실을 상기시킨다.

시리즈를 시편과 지혜 문학에 제한하므로, 우리는 정경의 이 부분의 독특한 특성에 우리 연구를 집중할 수 있다. 예를 들어, 욥기와 전도서에서 몇 가지 예외가 있지만, 이 성경책의 자료는 시로 되어 있으며 고도로 문학적이므로 주석가는 각 책에 사용된 중요한 시적 관습을 부각했다. 서론에서 책의 해석에 영향을 미치는 중요한 이슈(제목, 저작권, 연대, 언어, 문체, 본문, 고대 근동 배경, 장르, 정경성, 신학적 메시지, 신약과의 연관성, 구조)를 논의한 후에, 각 주석은 성경 본문을 통해 부문별로 진행한다.

저자들은 필요하다면 설명하는 각주와 더불어 자신의 번역을 제시하고 실제적 해석 섹션("해석"이라는 제목으로 된)이 이어지고 "신학적 의미"라는 제목의 섹션으로 마무리한다. 해석 섹션에서는 본문의 원래 역사적 배경에서 본문의 의미를 강조한다. 신학적 의미 섹션에서는 구약과 신약 모두에서의 정경의 다른 부분들과의 연관성을 오늘날 우리를 위한 각 본문의 지속하는 연관성과 더불어 서술할 것이다.

신학적 의미 섹션은 각 책의 개별적 기여와 강조점을 이해하는 게 중요하지만, 이 책들은 이제 전체로서의 정경이라는 더 광범위한 모음집에서 자신의 자리를 찾게 되며, 책들이 궁극적으로 해석돼야 하는 것은 이 광범위한 맥락 내에서라는 인식에서 유발됐다.

우리가 모두 성경을 하나님의 말씀으로 비슷하게 확신하고, 고대 문학으로뿐만 아니라 오늘날을 위한 하나님의 말씀으로 이해돼야만 한다고 믿지만, 이 시리즈에서의 어떤 두 주석가도 정확하게 동일하게 상황을 보지는 않는다. 이 시리즈가 독자들에게 정보를 제공하고, 더 중요하게는 이 가치 있는 책들에 대한 성찰과 열정을 자극하는 것이 우리의 바람이요 기도다.

이 시리즈의 잠언 주석을 쓴 후, 나는 욥기를 다른 누군가가 쓰도록 하고 싶었다. 그러나 내가 쓰도록 부탁한 학자들은 이미 다른 일에 매여 있었고, 베이커 출판사의 편집 책임자 짐 키니는 내가 썼으면 하고 권했다. 나는 이미 다른 모든 지혜서를 썼고, 결국 욥기와 논쟁할 것이라는 사실을 알았다. 그래서 나는 시리즈를 위한 욥기에 관해 쓰기로 동의했고, 내가 한 점에 대해 기쁘다.

욥기는 처음부터(모호한 히브리어 어휘를 번역하는 것) 마지막까지(정경에서의 욥기의 자리) 어려운 책이지만, 욥기는 또한 지혜와 고난을 깊이 탐구하는 책이다. 다른 이들, 특히 성직자들이 이 놀라운 욥기를 만나게 될 때, 나는 이 주석서가 그들에게 도움이 되기를 바라며 기도한다.

저자 서문

존 골딩게이 박사
Fuller Theological Seminary 구약학 교수

나는 시편에 관해 쓸 시간을 가질 기회가 허락되어 감사하다. 저자들은 교사들과 마찬가지로 자신들의 연구에서 많은 것을 얻는 사람들이다. 여느 때와 마찬가지로 나는 장애가 있는 아내 나의 앤과 함께 안뜰에 앉아 많은 책을 썼다. 나는 아내가 함께해 주어 기쁘며, 때로 함께하는 우리의 삶으로 말미암아 시편에 자극이 되는 방식에 기쁘다. 나는 또한 풀러신학교 도서관의 자료와 책을 쓰도록 대학원에서 격려해 준 데 대해 감사한다.

이 주석에 대한 나의 출발점은 사무엘 벤 야곱(Samuel ben Jacob)이 11세기에 복사하고 NJPS와 *BHS*로 출판된 레닌그라드 사본(Leningrad Codex)에 나오는 대로의 마소라 본문이다. 나는 이것이 기독교 이전 시기로 되돌아가는 본문 전통에 대한 광범위하게 신뢰할 만한 지침이라고 여겼다.

번역에서 나는 또한 70인역이나 다른 번역본들이 다른 히브리어 전통을 반영하는 것 같은 곳에서 그 번역본들에 근거한 대안의 번역을 포함했다(비록 나는 접미사와 같은 문제들에 대해 많은 번역본의 상이점이 다른 히브리어 전통을 가리킨다고 여길 수 없다고 여기지만).

나는 마소라 본문의 이후 히브리어 사본들에서의 이문(異文)들이 마소라 본문의 이전 읽기를 보존하기보다는 마소라 본문 이후의 실수나 '수정'을 구성한다고 여겼지만, 나는 때로 이런 이해에서 이 이문(異文)들을 언급했다. 나는 거의 따르지 않았을지라도, 본문을 수정하기 위한 현대의 일부 제안들을 기록했으며, 나는 또한 아랍어나 우가릿어에 비추어 히브리어 단어들을 이해하려는 현대 제안을 거의 따르지 않았다.[1]

---

1 후자에 대해서는 다후드(Dahood)의 고전적 저서, *Psalms*를 보고, 이와의 교류에 대해, 특히

나는 다음의 방법으로 이 주석을 시작했다(이 설명이 제안하는 것보다 과정이 더욱 나선형이고 말끔하지 못하므로 나는 약간만 도식화한다).

각 시편에서 나는 내 성경 번역본, 특히 NRSV, NJPS, NIVI와 대조하여 점검하면서, 먼저 마소라 본문과 사전으로 예비적인 번역을 했다. 히브리어를 어떻게 의미가 통하게 해야 할지 이해할 수 없는 곳에서, 나는 주석들이 내게 그럴듯한 생각을 제공하는지, 마소라 본문이 결점이 있는지 보고자 한두 개의 주석들을 먼저 보았다. 이렇게 예비적인 번역을 하게 되면 보통 내게는 시편의 구조상, 시편의 구조가 제기하는 질문, 시편의 중요성에 대한 인상을 얻게 된다.

그 후에 나는 내 번역과 어디에서 다른지를 주목하고 주해나 본문에 대해 문제를 제기하는지를 주목하면서, 70인역, 제롬,[2] 탈굼, 다른 헬라어 번역본들을 연구했다. 여기서 다시 나는 주석들을 더 깊이 보게 되며, 또한 벌게이트 역과 시리아어 번역본을 보게 된다.

그 후에 나는 구조에 대한 예비적인 이해에 비추어, 섹션별로 그 시편에 대한 서론과 주석의 초안을 썼다. 필요해 보였으므로, 나는 문장들이 진행되는 방식, 개별 단어들의 의미, 시가 진행되는 방식, 주장의 발전, 영성과 신학에 대한 시편의 함의를 묘사하려고 노력했다.

이 과정에서 나는 다시 때로 주석들과 구약 신학 사전들을 참고했다. 내가 초안을 완성한 후에, 히브리어 구문으로 된 시편에 대한 참고사항들을 살펴보았고, 나의 예비적 결론을 점검하고 내가 다룬 것을 수정하거나 증보하고자 20-30권의 주석들과 다른 저서들을 체계적으로 연구했고, 정기간행물과 다른 저작들에 나오는 그 시편에 대한 아티클을 읽었다.

마지막으로 나는 완성된 버전을 만들기 위해 전체를 검토했으며, 마무리하는 성찰 섹션을 썼다. 나는 시편 1-35편에 관한 연구를 마쳤을 때 이 책에 대한 서론의 초안을 잡았으며, 후에 나의 추가 연구와 시편에 대한 다른 저서들에 비추어 증보하고 수정했다.

Craigie, *Psalms 1-50*을 보라.

[2] 엄격하게 그의 세 번째 번역, *Psalterium juxta Hebraeos*. 그는 이것을 70인역에서 만든 구 라틴어 번역본을 개정하기보다는 히브리어에서 만들었다.

나는 시편을 번역할 때 (예를 들어) 성 포괄적 복수를 사용하는 것이 시의 역동성을 모호하게 할 것 같은 곳에서, 종종 히브리어의 성별을 반영한 언어를 남기도록 했으며, 다른 점에서 나는 때로 교회에서 읽기 위한 우아한 번역이 되지 않더라도 히브리어의 역동성에 가까운 번역을 목표로 삼았다. 나는 모음이 없는 형태인 Yhwh(전통적으로 예호와라고 발음되지만 야웨라고 발음되는 것 같다)로 이스라엘의 하나님 이름을 나타냈다(번역에서는 개역개정에 따라 여호와라고 했음-역주).

모든 성경 번역본은 달리 지적하지 않은 곳을 제외하고는 나의 번역이다(번역에서는 대부분 개역개정을 따르고, 특별히 저자의 견해를 이해하는 데 필요할 곳에서 다르게 번역하고 개역개정의 번역을 덧붙였다-역주).

성경 구절들은 영어 성경(개역개정)의 구절들이다. 내가 설명하고 있는 시편 내에서의 다른 절들에 대한 교차 언급의 경우에 생략한 것을 제외하고, 인쇄된 히브리 성경이 다른 곳에서는 대괄호로 표시했다(예를 들어, "시 51:1[3]"). "1a절" 및 "1b절"과 같은 구절은 일반적으로 마소라 본문에서 다시 구분되는 절들을 가리키지만, 절들이 두 콜론 이상으로 구성되는 곳에서(또는 구절 구분을 이해할 때 마소라 본문과 다른 곳에서), 나는 종종 내 번역에서 하위구분과 상응하는 표시를 사용했다. 이처럼 나는 [예를 들어] "1bα절"과 "1bβ절"보다는 "1c절"과 "1d절"이라고 언급했다.

나는 원고의 초안에 대한 논평에 대해 부친 트렘퍼 롱맨(Tremper Longman III)에게 감사하며, 성경 구절을 검토하고 다른 실수를 알려 준 데 대해 벤자민 갈란(Benjamin Galan)에게 감사하고, 데이비드 스텍(David Stec)이 자신의 시편의 탈굼 번역을 미리 보게 해 준 데 대해 그에게 감사한다.

역자 서문

임 요 한 박사
세계선교신학원 구약학 교수

이 『시편 주석』 외에도 시편 관련 주석서를 번역한 바 있으며, 시편을 공부하느라 여러 책을 참고한 바 있는데, 단연코 이 주석서가 더욱 종합적이며 유용하다고 할 수 있다.

이 주석서의 고유한 특징들을 간단히 나열해 보면, 우선 골딩게이는 서론에서 함축적이지만 시편에 관한 일반적인 필수 정보를 제공한다. 이는 역시 이 주석서 시리즈의 공통된 특징이기도 하다. 제한된 시간 내에 포괄적인 시편에 대한 이해를 도모하고, 시편의 각 본문을 이해하고자 하는 목회자들에게 매우 실용적이며 유용한 정보를 제공한다.

각 시편을 다룰 때에도 각 시편의 역사적 맥락뿐만 아니라 본문, 구문 및 구조적 세부 사항에 대해 논의한다. 이는 각 시편의 종합적 이해를 도모하는 데 큰 유익이 된다. 또한, 저자는 이 주석서를 집필할 때 다양한 범위의 자료를 활용하여, 시편에 관한 이 세 권의 주석서만으로도 충분히 제한된 시간 내에 목회적 자료로 활용할 수 있다.

또한, 이 『시편 주석』은 본문의 단위마다 신학적 의미라는 항목에 그 본문이 오늘날 교회와 우리에게 어떤 신학적 의미를 지니는지를 다루었다. 이런 작업은 본문 본래의 콘텍스트에서의 텍스트의 의미에 대한 탐구를 넘어 신약 및 신학과의 연관성 그리고 오늘날의 의미와도 연결시킨다. 이는 오늘날 교회에 우리에게 적용할 때 어떤 의미를 지니는지를 고려하는 데 큰 도움이 된다. 특히, 시편을 교회에서 어떻게 사용해야 할지 고민하는 교사나 설교자들에게 큰 도움이 될 것이다.

시편의 주요 용어에 대한 간략한 정의가 필요한 경우 도움이 되는 용어 해설을 책의 마지막 부분에 실었다. 이 용어들은 본문에 별표(*)로 표시해 놓았다.

주석은 무엇보다 과거 본문을 처음 받는 공동체에게 신앙과 삶에서 어떤 의미를 지니는가와 현재 교회와 우리에게 어떤 의미를 지니는지를 연결하는 작업일 것이다. 이 주석서는 무엇보다 이런 주석의 본질적 작업에 충실한 책이다. 따라서 본문, 곧 원문에 대해 고민하며, 그 본문이 과거에 어떤 의미를 지녔는지, 그리고 그 본문이 오늘날 우리에게 어떤 메시지를 던져 주는지를 고려하는 이들에게는 큰 도움이 되는 주석이 되겠다.

이와 관련하여 이 『시편 주석』은 무엇보다 원문의 의미를 다루는 데 큰 특징이 있다고 할 수 있다. 번역서에는 주로 개역개정으로 되어 있지만, 저자는 각 본문별 단위에서 처음 본문을 다룰 때에 원문에 대한 각주에서 원문상으로는 어떻게 다른 번역이 가능한지를 다루었다. 이 번역서에서는 종종 개역개정과 번역이 다른 경우에는 저자의 번역을 먼저 제시하고 괄호 표시로 개역개정의 번역을 소개함으로써 각 시편에 대한 이해를 높이려 하였다.

약어표

◆ 참고 문헌과 일반

*	indicates that the word appears in the glossary
abs.	absolute
acc.	accusative
AJSL	*American Journal of Semitic Languages and Literature*
ANET	*Ancient Near Eastern Texts Relating to the Old Testament*, ed. James B. Pritchard, 3rd ed. (Princeton: Princeton University Press, 1969)
Aq	Aquila's translation of the Psalms, as printed in Fridericus Field, *Origenis Hexaplorum quae supersunt,* vol. 2 (Oxford: Oxford University Press, 1874; repr., Hildesheim: Olms, 1964)
ASV	American Standard Version
BC	before Christ
BASOR	*Bulletin of the American Schools of Oriental Research*
BCP	*The Book of Common Prayer … Together with the Psalter or Psalms of David* [repr. from the Great Bible of 1539] (repr., London: Collins, n.d.)
BDB	Francis Brown, S. R. Driver, and Charles A. Briggs, *A Hebrew and English Lexicon of the Old Testament* (Oxford: Oxford University Press, 1907; repr., Oxford: Clarendon, n.d.)
BHS	*Biblia Hebraica Stuttgartensia*, ed. K. Elliger and W. Rudolph(Stuttgart: Württembergische Bibelgesellschaft, 1967–77)
Bib	*Biblica*
BibInt	*Biblical Interpretation*
BN	*Biblische Notizen*
BSac	*Bibliotheca sacra*
BT	*The Bible Translator*
BWANT	Beiträge zur Wissenschaft vom Alten und Neuen Testament
BZ	*Biblische Zeitschrift*
BZAW	Beihefte zur Zeitschrift für die alttestamentliche Wissenschaft

C	The Cairo MS of the Masoretic Text, as reported in *Biblia Hebraica Stuttgartensia*
CBQ	*Catholic Biblical Quarterly*
const.	construct
CP	James Barr, *Comparative Philology and the Text of the Old Testament* (Oxford: Oxford University Press, 1968)
CTJ	*Calvin Theological Journal*
CTM	*Concordia Theological Monthly*
DCH	*The Dictionary of Classical Hebrew*, ed. D. J. A. Clines (Sheffield: Sheffield Academic Press, 1993–)
DDD	*Dictionary of Deities and Demons in the Bible*, ed. Karel van der Toorn et al., 2nd ed. (Grand Rapids: Eerdmans, 1999)
DG	J. C. L. Gibson, *Davidson's Introductory Hebrew Grammar: Syntax,* 4th ed. (Edinburgh: T&T Clark, 1994)
dittog.	dittography
DTT	Marcus Jastrow, *A Dictionary of the Targumim, the Talmud Babli and Yerushalmi, and the Midrashic Literature* (repr., New York: Choreb, 1926)
esp.	especially
EstBib	*Estudios bíblicos*
et al.	and others
EvT	*Evangelische Theologie*
EVV	(Many) English versions
ExpTim	*Expository Times*
f.	feminine
GKC	*Gesenius' Hebrew Grammar,* edited and enlarged by E. Kautzsch, 2nd ed., rev. and trans. A. E. Cowley (Oxford: Clarendon, 1910;repr. with corrections, 1966)
HALOT	Ludwig Köhler, Walter Baumgartner, et al., *The Hebrew and Aramaic Lexicon of the Old Testament,* 2 vols. (Leiden: Brill, 2001)
hapax	hapax legomenon
HAR	*Hebrew Annual Review*
HBT	*Horizons in Biblical Theology*
HTR	*Harvard Theological Review*
HUCA	*Hebrew Union College Annual*

IBHS	Bruce K. Waltke and Michael O'Connor, *An Introduction to Biblical Hebrew Syntax* (Winona Lake, IN: Eisenbrauns, 1990)
impv.	imperative
inf.	infinitive
Int	*Interpretation*
JANESCU	*Journal of the Near Eastern Society of Columbia University*
JAOS	*Journal of the American Oriental Society*
JBL	*Journal of Biblical Literature*
JBT	*Jahrbuch für biblische Theologie*
Jerome	Jerome's Latin translation of the Psalms as printed in *Biblia sacra iuxta vulgatam versionem*, 3rd ed. (Stuttgart: Deutsche Bibelgesellschaft, 1983)
JETS	*Journal of the Evangelical Theological Society*
JM	Paul Joüon, *A Grammar of Biblical Hebrew,* trans. and rev. T. Muraoka, 2 vols. (Rome: Pontifical Biblical Institute, 1991)
JNES	*Journal of Near Eastern Studies*
JNSL	*Journal of Northwest Semitic Languages*
JQR	*Jewish Quarterly Review*
JSOT	*Journal for the Study of the Old Testament*
JSOTSup	Journal for the Study of the Old Testament: Supplement Series
JSS	*Journal of Semitic Studies*
JTS	*Journal of Theological Studies*
K	*Kethib*, the written (consonantal) Hebrew text; contrast Q
KJV	King James Version (Authorized Version)
L	Leningrad manuscript of the Masoretic Text, as printed in *Biblia Hebraica Stuttgartensia*
lit.	literally
LXX	Septuagint translation of the Psalms, as printed in *Psalmi cum Odis,* ed. Alfred Rahlfs (repr., Göttingen: Vandenhoeck & Ruprecht, 1979)
mg	margin
MS(S)	manuscript(s)
MT	Masoretic Text, as printed in *Biblia Hebraica Stuttgartensia*
NEB	New English Bible
NedTT	*Nederlands theologisch tijdschrift*

NIDOTTE	*New International Dictionary of Old Testament Theology and Exegesis,* ed. Willem A. VanGemeren, 5 vols. (Grand Rapids:Zondervan, 1996)
NIVI	New International Version: Inclusive Language Edition
NJB	New Jerusalem Bible
NJPS	*Tanakh: The Holy Scriptures; The New JPS Translation according to the Traditional Hebrew Text,* Hebrew-English version, 2nd ed.(Philadelphia: Jewish Publication Society, 1999)
NRSV	New Revised Standard Version
n.s.	new series
NT	New Testament
NTS	*New Testament Studies*
OBO	Orbis biblicus et orientalis
OT	Old Testament
OtSt	*Oudtestamentische Studiën*
PBH	Postbiblical Hebrew
pl.	plural
ptc.	participle
Q	*Qere,* the Hebrew text as read aloud (i.e., with the vowels);contrast K
RB	*Revue biblique*
repr.	reprint/reprinted
ResQ	*Restoration Quarterly*
SBLDS	Society of Biblical Literature Dissertation Series
sg.	singular
SJOT	*Scandinavian Journal of the Old Testament*
SJT	*Scottish Journal of Theology*
Sym	Symmachus's translation of the Psalms, as printed in Fridericus Field, *Origenis Hexaplorum quae supersunt,* vol. 2 (Oxford: Oxford University Press, 1874; repr., Hildesheim: Olms, 1964)
Syr	Syriac translation of the Psalms, as printed in *The Old Testament in Syriac according to the* Peshiṭta *Version,* part II,3 (Leiden: Brill, 1980)
TDOT	*Theological Dictionary of the Old Testament,* ed. G. Johannes Botterweck et al. (Grand Rapids: Eerdmans, 1974–)
Tg	Targum to the Psalms, as printed in *Miqra'ot Gedolot,* vol. 10(repr., New York:

	Pardes, 1951)
Th	Theodotion's translation of the Psalms, as printed in Fridericus Field, *Origenis Hexaplorum quae supersunt*, vol. 2 (Oxford: Oxford University Press, 1874; repr., Hildesheim: Olms, 1964)
ThTo	*Theology Today*
TLOT	*Theological Lexicon of the Old Testament*, ed. Ernst Jenni and Claus Westermann, 3 vols. (Peabody, MA: Hendrickson, 1997)
TTH	S. R. Driver, *A Treatise on the Use of the Tenses in Hebrew and Some Other Syntactical Questions,* 3rd ed. (London: Oxford University Press, 1892)
TynBul	*Tyndale Bulletin*
TZ	*Theologische Zeitschrift*
UBS	United Bible Societies, *Preliminary and Interim Report on the Hebrew Old Testament Text Project*, vol. 3 (New York: United Bible Societies, 1979)
UF	*Ugarit-Forschungen*
v(v).	verse(s)
Vg	Vulgate Latin translation of the Psalms, as printed in *Biblia sacra iuxta vulgatam versionem*, 3rd ed. (Stuttgart: Deutsche Bibelgesellschaft, 1983)
Vrs	ancient versions (LXX, Aq, Sym, Th, Vg, Jerome, Syr, Tg) or most of them
VT	*Vetus Testamentum*
VTSup	Vetus Testamentum Supplements
WBC	Word Biblical Commentary
Yhwh	Yahweh, or *Lord* in English Bible versions
ZAW	*Zeitschrift für die alttestamentliche Wissenschaft*
ZTK	*Zeitschrift für Theologie und Kirche*

◆ **구약**

창	창세기	합	하박국
출	출애굽기	습	스바냐
레	레위기	학	학개
민	민수기	슥	스가랴
신	신명기	말	말라기
수	여호수아		
삿	사사기		
룻	룻기		

◆ **신약**

마	마태복음
막	마가복음
눅	누가복음
요	요한복음
행	사도행전
롬	로마서
고전	고린도전서
고후	고린도후서
갈	갈라디아서
엡	에베소서
빌	빌립보서
골	골로새서
살전	데살로니가전서
살후	데살로니가후서
딤전	디모데전서
딤후	디모데후서
몬	빌레몬서
히	히브리서
약	야고보서
벧전	베드로전서
벧후	베드로후서
요일	요한일서
요이	요한이서
요삼	요한삼서
유	유다서
계	요한계시록

구약 (계속):

삼상	사무엘상
삼하	사무엘하
왕상	열왕기상
왕하	열왕기하
대상	역대상
대하	역대하
스	에스라
느	느헤미야
에	에스더
욥	욥기
시	시편
잠	잠언
전	전도서
아	아가
사	이사야
렘	예레미야
애	예레미야애가
겔	에스겔
단	다니엘
호	호세아
욜	요엘
암	아모스
옵	오바댜
욘	요나
미	미가
나	나훔

◆ **기타 유대교와 기독교 문서**

b.	Babylonian Talmud	Sir.	Sirach
m.	Mishnah	*t.*	Tosefta
1–4 Macc.	1–4 Maccabees		

목차

추천사 1   4
류호준 박사 | 백석대학교 신학대학원 구약학 은퇴교수

추천사 2   7
김희석 박사 | 총신대학교 신학대학원 구약학 교수

추천사 3   9
주현규 박사 | 백석대학교 신학대학원 구약학 교수

추천사 4   11
차준희 박사 | 한세대학교 구약학 교수, 한국구약학연구소 소장, 전 한국구약학회 회장

추천사 5   13
하경택 박사 | 장로회신학대학교 구약학 교수

시리즈 서문   14
저자 서문   18
역자 서문   21

약어표   23

제1부   서론   32

제2부 주석 111

제1편 명심해야 할 약속 (I) 112

제2편 명심해야 할 약속 (II) 129

제3편 구원의 문제 150

제4편 우리에게 선을 보일 자 누구뇨 162

제5편 생명을 위협하는 거짓에 대한 반응 (I) 175

제6편 생명을 위협하는 거짓에 대한 반응 (II) 187

제7편 재판과 전투와 사냥에서 199

제8편 창조에서의 인간의 위치 215

제9-10편 권세자에 맞서 어떻게 기도할 것인가? 228

제11편 머물 것인가 아니면 도망할 것인가? 263

제12편 악인들의 비열함에 반응하다 274

제13편 어느 때까지니이까, 어느 때까지니이까? 285

제14편 악당 295

제15편 하나님과 함께 머무는 자격 307

제16편 삶을 하나님께 맡겨라 317

제17편 여호와의 눈, 입술, 오른손, 얼굴 329

제18편 하나님의 행위와 다윗의 행위 345

제19편 맹렬한 우주와 독려하는 율법 394

제20편 왕을 위한 축복 418

제21편 다른 누군가의 구원의 의미 432

제22편 두 가지 사실에 영광을 돌리는 기도 445

제23편 우리의 목자이자 주인이신 하나님 479

제24편	여호와의 세상 소유권, 여호와께 접근하는 조건, 여호와를 성읍에 받아들임	493
제25편	처음부터 끝까지 기도의 토대	508
제26편	기도와 도덕적 온전함	527
제27편	증언에서 대두하는 기도	541
제28편	악인의 징벌을 위한 기도	559
제29편	여호와의 목소리의 힘	571
제30편	어떻게 주님을 증언할 것인가?	587
제31편	기도를 두 번 할 필요가 있을 때	602
제32편	고통이 죄에서 나올 때	626
제33편	창조주와 역사의 주	641
제34편	여호와의 구원과 여호와에 대한 경외	659
제35편	공격에 어떻게 반응할 것인가?	676
제36편	인간의 악함과 하나님의 인자하심	701
제37편	연약한 자가 땅을 차지할 것이다	713
제38편	고통과 죄	743
제39편	우리가 죽을 것이라는 사실에 비추어 살기	766
제40편	증언이 기도를 보증한다	785
제41편	생각하는 사람의 복	804
제41:13	시편 1–41편의 종결부 "그렇다, 그렇다!"	818

| 용어 해설 | 820 |
| 참고 문헌 | 844 |

Psalm 1

제1부 서론

우리는 한두 가지 추측할 수는 있지만, 인간적으로 말해서 왜 모음집으로서의 시편이 존재하게 됐고, 성경에 나타나게 됐는지 알지 못한다. 예루살렘을 중심으로 한 유대 공동체의 지도자들이 성전과 다른 곳에서 예배에 사용됐고, 사용될 수 있는 기도와 찬양을 모으는 것이 좋은 생각이라고 생각했다면 놀랍지 않을 것이다. 이런 모음집은 공동체를 자유롭게도 하고 제약을 가하기도 했을 것이다. 기도와 찬양을 위한 자료가 될 것이므로, 또한 무엇이 적절한 기도와 찬양으로 간주할 수 있는지 확신하는 역할을 할 것이다.

70인역 시편과 쿰란 시편이 마소라 사본에 나오는 시편과 비슷하더라도 여분의 시편들을 포함하므로, 시편은 이와 관련하여 고정된 경계를 필요로 했던 것 같지는 않다. 찬양과 기도의 이런 선집의 특성과 기능과 중요성은, 공동체가 하나님께 말할 수 있는 것들 가운데 140 사례를 포함했는지, 아니면 150, 160 사례를 포함했는지로 크게 영향을 받을 필요가 없다.[1]

내가 시편의 원기능에 대해 옳게 추측했든 그렇지 않든, 이 추측들은 시편이 기독교 신앙에서 기여했을 수도 있는 역할을 밝혀 준다.

> 너희가 무엇이든지 아버지께 구하는 것을 내 이름으로 주시리라(요 16:23).

> 오직 성령으로 충만함을 받으라 시와 찬송과 신령한 노래들로 서로 화답하며 너희의 마음으로 주께 노래하며 찬송하며 범사에 우리 주 예수 그리스도의 이름으로 항상 아버지 하나님께 감사하며(엡 5:18-20).

> 모든 기도와 간구를 하되 항상 성령 안에서 기도하고(엡 6:18).

> 그러므로 내가 첫째로 권하노니 모든 사람을 위해 간구와 기도와 도고와 감사를 하되 임금들과 높은 지위에 있는 모든 사람을 위해 하라(딤전 2:1-2).

---

1 시편이 149편만 가지게 됨을 의미하게 될, 우리가 시 2편과 시 1편을 연결하는 취지에 대해 아퀴나스(*Commentary on Psalms*, on Ps 2)의 관심과 대조해 보라.

교회는 어떻게 이런 간구와 찬양과 도고와 감사를 하는가?

그리고 개인들이나 작은 무리는 어떻게 이런 것들을 하는가?

성경은 우리가 어떻게 본능적으로 하나님과 이야기하는지를 모르고 어떻게 해야 할지 알려면 도움이 필요하다고 여긴다. 시편은 이런 질문들에 대한 답을 제시하고 이런 필요를 충족시키는 성경의 찬양과 기도 책이다. 시편은 우리가 "우리의 마음과 감정이 시편들의 이해와 조화를 이루도록 적응하고 조절"[2]할 수 있도록 우리에게 주어졌다. 따라서 유진 피터슨(Eugene Peterson)은 시편이 그리스도인들이 항상 우리 시대까지 기도하는 법을 배운 곳이라고 언급한다.[3]

내가 받은 인상은 때로 개인이나 집단이, 예를 들어, 시편 찬양의 열정, 감사의 증언, 항변의 자유를 찾았을지라도, 대체로 기독교 교회도 그리스도인 개인도 시편의 가르침에서 배우라는 초대를 받아들이지 못했다는 것이다.

그러므로 위대한 20세기의 한 시편 학자인 클라우스 베스터만(Claus Westermann)은 교회가 "심각한 시련"을 겪었던 1930년대 독일에서 "현재의 과도기와 재앙", "교회의 분투"로 말미암아 교회가 하나님을 찬양하는 문제에 직면했던 방식에 대해 말한다. 이로 말미암아 베스터만은 시편에서 발견되는 찬양의 특성을 연구하기에 이르렀다.[4]

시편이 하나님께 말하는 방식의 실재는 복음서의 가르침뿐만 아니라 복음서의 설교와 마찬가지로 케리그마(kerygma)와 디다케(didache)만큼 강력함을 입증했다. 제2차 세계대전 말에, 결국 20세기 말의 가장 위대한 독일 조직신학자들 가운데 한 명이 된, 10대 독일 군인이 영국의 포로수용소에 수용됐다. 그는 자기의 동시대 사람들 일부가 어떻게 살 의지를 잃었는지를 묘사한다.

그는 처음에는 선의의 군목에게서 받은 시편이 함께 있는 신약을 선물로 받고서 감명을 받지 못했지만, 시편과 시편이 "깊은 곳에서" 말하는 방식에 자신이 매료됨을 발견했다.[5] 시편은 그를 하나님께 인도했다. 시편은 달리 말할 수 없는 것들을 말할 수 있게 한다. 교회에서 시편으로 말미암아 우리는 다른 곳에

---

2 Luther, *Selected Psalms*, 3:310.
3 다음을 보라, *Working the Angles* (Grand Rapids: Eerdmans, 1993), 50–58; 더 나아가, *Answering God*, 1–7.
4 *Praise and Lament*, 5을 보라.
5 Jürgen Moltmann, *Experiences of God* (Philadelphia: Fortress, 1980), 6–9을 보라.

서는 말할 수 없는 것들에 대해 자유롭게 말할 수 있게 된다.[6]

시편이 예배와 기도를 위한 가르침의 안내서로 기획됐다는 징후는 시편이 토라와 마찬가지로 다섯 권으로 구분된다는 사실에서도 볼 수 있다(시 1편; 42편; 73편; 90편; 107편 앞의 많은 영어 번역본들의 서론을 보라. 그리고 이 각 권의 마지막을 표시하는 시 41편; 72편; 89편; 106편에 이어지는 히브리 본문의 축복을 보라). 두 경우 다섯 부분으로 된 구분은 인위적이다. 오경이 나뉠 수 있게 된 몇몇 그럴듯한 구분이 있겠지만, 익숙한 다섯 부분으로 된 구분은 오경의 내러티브의 역동성과 매우 잘 상응하지는 않는다. 시편이 다섯 권으로 구분된 것은 훨씬 임의적이지만, 이로 말미암아 시편의 상징적 의미는 더 분명하게 된다.

시편은 예배와 기도에서 하나님께 보일 적절한 반응에 대한 가르침으로 구성된다. 엄밀한 의미에서 시편은 하나님의 이스라엘과의 이야기에 대해 토라에서 나오는 가르침 및 하나님이 예배와 일상생활에서 찾는 반응과 관련된다.

그렇다면 시편 1편은, 특히 독자에게 시편을 토라처럼 다루도록 권장하려는 의도라면 가르침의 책에 적절한 서론이 된다.[7] 마찬가지로 "시편 150편은 마무리한 이 책을 예배의 입문서로 이해하며", 이 지점에서부터 계속 세상이 시편의 할렐루야를 이어 가면서 "찬양에서 모든 상상할 만한 다양함의 길을 열어 준다."[8]

하지만 시편은 우리에게 어떻게 기도해야 할지 말함으로써 가르치지 않고, 우리에게 어떻게 기도해야 하는지 보여 줌으로써 가르친다. 예수님이 시편의 모범을 따르신다. 예수님은 제자들에게 그들이 할 수 있는 실제 기도를 제시함으로써 기도에 대한 가르침을 청하는 요구에 응답하시는데, 이 기도는 또한 제자들이 자신들의 기도를 위한 모범과 표준으로 사용할 수 있는 기도이다.

시편은 하나님께 어떻게 말해야 하는지를 우리에게 보여 줌으로써 하나님으로부터 말한다. 우리에게 알려진 시편에 대한 첫 위대한 기독교 저작인 『아타나시우

---

6 나는 이런 명확한 표현을 월터 브루그만(Walter Brueggemann)의 한 강의에서 빌려왔다. 그의 출판 저작에서는 발견하지 못했다.
7 (아래) 해설을 보라. 브레바드 S. 차일즈(Brevard S. Childs)는 이를 시편의 "정경적 형성"(canonical shaping)의 한 측면으로 본다. 그의 책 *Introduction to the Old Testament as Scripture* (Philadelphia: Fortress, 1979), 511-22을 보라.
8 Seybold, *Introducing the Psalms*, 15.

스의 마르셀리누스에게 보내는 편지」(*Athanasius's Letter to Marcellinus*)를 다시 표현하면, "성경 대부분은 우리에게 말하지만, 시편은 우리를 위해 말한다."[9]

역사적으로 나는 이스라엘 사람들이 이 단어들로 기도하고 찬양할 때 시편이 존재하게 됐다고 여긴다. 이스라엘 사람들은 자신들이 하나님을 찾는 것을 기록한다기보다는, 하나님이 그들을 찾으시는 것에 대한 그들의 반응을 기록하는데, 물론 이 반응은 식식거리거나 이상한 반응일 것이다.[10]

시편이 성경에 통합된다는 것은, 하나님이 이 기도와 찬양을 인정하셨다는 확신을 가리키며, 따라서 이 기도와 찬양은 하나님의 백성이 하나님께 말할 수 있는 150 사례를 그들에게 제공할 수 있다. 이 기도와 찬양은 기록된 맥락을 훨씬 넘어 교훈이 되는 하나님의 영감으로 된 말씀 일부가 된다(딤후 3:14-17).

1. 시편과 역사

우리가 시편을 읽기 시작한 지 오래지 않아, 시편이 하나님 백성의 역사, 지도자들의 역사, 개인의 역사와 밀접하게 연관된다는 점이 분명해진다.

명백히 시편은 실제로 여호와의 가르침에 헌신한 사람들의 큰 행운과 악인에게 닥칠 곤경에 대한 일반적인 진술로 시작한다. 이 진술은 역사 가운데 대두했으며, 역사에서 시험받도록 계획됐지만, 일반화로 표현된다.

역사적인 특정성은 시편 2편의 표면적 의미와 더 가까운데, 이 시편 2편은 민족들이 여호와 또는 여호와의 기름 부음 받은 이에게서의 독립을 구체적으로 선언하는 것으로 묘사하며, 그들에게 단념할 것으로 촉구한다. 시편 3편에서 누군가가 적의 공격을 받는 비슷한 상황에서 말하지만, 계속 여호와를 신뢰함을 선언하고, 백성 전체에 대한 구원과 축복을 기원한다. 시편 4편과 5편도 비슷하다.

시편 6편에서 한 개인이 다시 말하지만, 확신이 떨어지는 가운데 말하며, 두려움과 지친 느낌이 더 강하다. 시편 7편은 다시 탄원자의 정직에 대해 더 공공연하게 말할 때 다소 다른데, 탄원자의 정직이 공격당했던 것 같다. 시편 8편은

---

9 B. Anderson, *Out of the Depths*, 9을 보라.
10 Cf. Peterson, *Answering God*, 5-6.

시편 1편의 분위기로 다시 돌아온다. 시편 8편은 다시 역사 가운데 대두했음이 틀림없으며, 역사에서 시험받도록 계획됐지만, 여호와의 위엄과 인간의 위임받은 권한에 대한 보편적 진술의 형태를 띤다.

시편 9-10편은 원래 한 시편이었으나 나뉘었다.

첫째 부분은 여호와가 누군가를 구원하고 적을 멸망시킬 때 행한 일에 대한 증언이다.

둘째 부분은 하나님이 이를 다시 행하시기를 바라는 기도에 가깝다.

전체 시편을 이런 식으로 광범위하게 계속 작업한다면, 우리가 시작하는 시편들에 받은 인상을 확신하게 될 것이다. 수십 개가 찬양이나 약속이나 도전에 대한 일반적 진술로 구성되고, 구체적인 역사적 상황을 언급하지 않지만, 많은 시편이 마치 구체적 사건들에서 대두한 것처럼 말한다. 하지만 이 시편들은 우리에게 이 사건들이 무엇인지 말하지 않는다.

성경의 많은 부분은 우리가 역사적 배경을 이해할 수 있다면 그 배경을 알 필요가 있다는 것을 보여 준다. 이는 선지서에서 마찬가지인데, 선지서에서 두 가지 방면에서 이를 분명히 한다. 선지자들의 예언 내용은 구체적인 나라, 개인, 사건을 많이 언급한다. 그리고 실제 선지서들은 역사적 배경, 하나님이 선지자들에게 메시지를 주신 시기에 이목을 집중하게 함으로써 시작하는데, 이는 마치 "여러분이 이 예언들이 초시간적 진리가 아니라는 것을 깨달을 경우에만 이 예언들을 이해할 것이다. 이 예언들은 원래의 맥락을 넘어서서 말하면서 예언의 시간을 초월하지만 어떻게 그렇게 하는지 이해하려면 여러분은 예언들의 원래 맥락을 이해해야만 한다"라고 말하는 것과 같다.

시편의 경우는 그 반대에 해당한다. 시편은 선지서에 나오는 구체적인 역사적 언급을 포함하지 않는다. 시편은 원래의 맥락과는 독립적이며 사람들이 하나님의 백성 이야기 전반에서 찬양과 기도를 위한 도구로 사용하도록 계획됐다는 것이 훨씬 명백하다. 다시 처음에서 시작하면 이것이 어떻게 그런지 드러난다.

- 시편 1편은 여호와의 가르침에 주목하도록 하고 잘못을 거부하라는 일반적 진술이다.

- 시편 2편은 여호와가 이스라엘의 왕에게 서약하신 것에 대한 약속과 도전이지만 어떤 왕도 거론되지 않는다. 시편 2편은 왕에게 반란을 일으키는 신하들에 관해 이야기하지만, 누구의 이름도 부르지 않고 구체적인 적들이 그렇게 한 어떤 구체적 맥락도 가리키지 않는다.
- 시편 3-7편은 보호하고 도와주시라는 여호와에 대한 호소이며, 신뢰의 확신이며, 여호와가 그 호소를 들으시고 응답하신다는 확신에 대한 선언이며, 응답이 실현됐을 때 찬양하겠다는 약속이지만, 어떤 구체적 위험이나 적들을 언급하지 않는다.
- 시편 8편은 여호와를 주권적 하나님이라고 찬사를 보내는 찬양이며, 이 하나님이 하나님의 종들인 인간에게 이런 의미를 부여하셨다는 놀라움을 표현하지만, 일반적인 인간을 언급하며 맥락에 대한 구체적인 암시를 주지 않는다.
- 시편 9-10편은 거슬러 언급하는 구원을 누가 경험했는지, 어떤 사건들이었는지, 왜 이 사람이 이제 한 번 더 구원이 필요한지에 대한 정보를 주지 않는다. 시편 전체를 연구해 보면, 다시 이것이 계속 시편의 특징이 된다는 사실이 확립된다. 때로 예외는 있다. 예를 들어, 시편 60:9[11]은 에돔을 언급한다. 137:1은 바벨론을 언급한다. 하지만 이런 예외조차도 이 규칙을 입증하는데, 이 시편들도 이스라엘과 에돔 사이의 관계에서 어떤 위기에 처했는지, 또는 바벨론에서의 포로 시기에 어떤 단계에 적용되는지에 대해 말하지 않기 때문이다(표제는 전자에 대해 무언가 말하기는 하지만).

2. 다윗과 시편

시편은 기원을 숨기고 있다. 따라서 현대 이전 시기와 현대 시기에 시편을 연구할 때 시편의 저자와 역사적 배경에 상당히 주목했다는 것은 이상한 사실이다.

우리가 아는 한, 성경책들은 원래 제목이 없었으며, 다른 고대 중동 저작들과 마찬가지로 창세기와 같은 책들은 그 책들의 시작하는 단어들로 언급됐다. 우리가 시편이라고 부르는 찬양, 증언, 기도, 예언, 다른 자료들의 모음집은 결국 히브리어로 테힐림(*tĕhillim*), 곧 "찬양"으로 알려지게 됐다.

70인역에서 바티카누스 사본(Vaticanus)은 이것을 프살모이(psalmoi), 곧 "현악기에 따라 부른 노래"라고 부르지만, 알렉산드리아 사본(Alexandrinus)은 프살테리온(*psaltērion*)이라 부르는데, 명백히 이는 악기 자체를 가리키는 용어다. 이 두 단어는 "시편"("Psalms"과 "Psalter")이라는 영어 제목이 됐다. 이 제목 가운데 어느 것도 정확하지 않지만,[11] 실제로 이 저작의 다양한 내용을 정당하게 다루는 어떤 제목도 없다.

미쉬나의 소책자 바바 바트라(*b. Baba Batra*, 14b-15a)는 "다윗이 찬양 책을 기록했다"라고 말하며(명백히 레위인 음악 지도자 아삽 및 고라 자손들과 같은 열 명의 장로들과 함께), 현대 이전 시기 내내, 개별 시편들은 흔히 다윗의 생애에서의 사건들과 연결되면서, 다윗이 시편 저자로 취급받았다. 신약은 다윗을 시편 110편(예를 들어, 막 12:35-37; 행 2:33-35), 69편과 109편(행 1:15-20; 롬 11:9-10), 16편(행 2:25-32), 2편(행 4:24-28), 32편(롬 4:6-8), 95편(히 4:7)과 연결한다.

기독교 전통에서 전체 시편은 "다윗의 시편"이 됐으며, 시편 자체에서 많은 개별 시편들에 대한 표제가 다윗을 가리키지만, 이 언급들은 보기보다는 모호하다. 이것은 시편의 표제들의 다른 측면에도 해당하는데, 현대 영어 성경(Today's English Version, GNB)은 따라서 이를 여백에 옮겨 놓지만 NEB는 이를 단순히 생략했다.[12] 최소한 NEB도 표제들이 시편의 내용보다 나중 것이라는 증거에 영향을 받았다(표제들이 본문 일부이고 인쇄된 히브리어 성경에서 절에 포함될지라도).[13]

---

11 헬라어 번역본은 시편 표제에 나오는 *현을 가리키는 히브리어 단어를 번역하고자 더 정확하게 두 헬라어 단어를 사용한다. 카시오도로스(Cassiodorus)는 한 시편을 현악기로 연주한 멜로디로 정의한다(*Psalms*, 1:31).
12 REB는 이를 복구했다.
13 이것은 책들이 시편을 가리킬 때 혼동을 일으킬 수 있는데, 영어 숫자보다는 히브리어 숫자를 사용하고 있을 수 있기 때문이다. 이런 식으로 예를 들어 시 53:1 영어 번역본들 = 시 53:2 마소라 사본; 시 54:1 영어 번역본들 = 시 54:3 마소라 사본. 나는 이 주석에서 필요한 곳에서는 예를 들어 "시 51:1[3]"과 같이 영어 구절 뒤에 히브리어 구절을 포함하겠다고 서언에서 지적했다. 혼동은 전체 시편의 구절 매기기에서의 차이로 과장될 수 있다. 70인역은 옳게 시 9편과 10편을 한 시편으로 삼으므로, 마소라 사본의 시 11편은 70인역 시 10편과 같으며, 이는 영어 번역본들의 시 147편까지 계속 이어지는데, 70인역은 시 147편을 둘로 나눈다. 라틴어 성경(벌게이트 역과 제롬의 번역본)은 이를 따르며, 따라서 일부 로마가톨릭 영어 번역본도 마찬가지다. 그러므로 마소라 사본의 시 51편은 70인역과 라틴어 성경의 시 50편이다. 게다가 마소라 본문의 시 114-115편은 70인역과 라틴어 성경의 113편이지만, 마소라 사본

이런 증거는 어떤 표제들이 마치 시편을 새로운 상황에 따라 각색하는 것을 반영하는 것처럼 보인다는 것이다. 예를 들어, 시편 120-134편은 "성전에 올라가는 노래"인데, 이는 순례나 행렬에 사용됐다는 것을 시사하지만, 그 목적을 위해 기록된 것으로 보이지 않는다. 더 나아가, 70인역과 쿰란 시편은 추가 표제들이 있는데, 이는 표제들이 여전히 구약 시기 말에도 발전하고 있었음을 시사한다. 히브리서 4:7에서도 언급되듯이, 70인역에서 시편 95편은 "다윗의 시"가 된다. 마찬가지로 사도행전 4장은 시편 2편을 다윗의 시로 언급하는데, 물론 그 시편 자체는 그렇게 확인되지 않는다.

하지만 "다윗의"(of David)라는 표현은 무엇을 의미하는가?

이 질문에 대해 두 가지 측면이 있다.

첫째, 이새의 아들 다윗을 언급할 뿐만 아니라, 구약에서 "다윗"은 이어지는 다윗 자손의 왕이나 앞으로 올 다윗을 가리킬 수도 있다(렘 30:9; 겔 34:23-24; 37:24-25; 호 3:5을 보라). 호세아 본문에서 "다윗의"는 거의 "메시아"를 의미할 것이다.

둘째. 이런 가능성은 문제와 연결된다. "다윗의 시"(미즈모르 레다위드[*mizmôr lĕdāwid*])라고 번역된 히브리어 표현에서, "~의"는 소유격이 아니다("이사야의 말"과 같은 표현에서와 마찬가지로). 이것은 전치사 레(*lĕ*)이다. 레는 '~의'를 의미할 수 있지만, 대부분 '~의'보다는 흔히 다른 많은 의미를 지닌다. BDB는 몇 가지 의미를 '~에게', '~에 속한', '~을 위한'(for), '~을 위해'(on behalf of), '~에 대해'로 열거한다.

이 전치사의 의미에서의 이런 다양함은 사실 표제의 번역에 반영된다. "인도자에게. 다윗의"(To the choirmaster. Of David, 시 11편과 14편)와 같은 표현에서, "~을 따라"와 "~의" 모두는 레(*lĕ*)인데, 다른 두 방식으로 번역하는 것은 임의적으로 보일 수 있다. 레의 의미의 넓은 범위를 고려할 때, 우리는 미즈모르 레다위드(*mizmôr lĕdāwid*)를 다음과 같이 다양하게 이해할 수도 있음을 이해할 수 있다.

의 시 116편은 70인역과 라틴어 성경의 시 114편과 115편으로 나뉜다.

- '~에게': 이 시편은 다윗이나 현재 혹은 미래의 다윗 자손의 왕에게 전달되거나 주어지는 것이다.
- '~에 속하는': (참조. '고라자손에게 속하는', 시편 42편) 이 시편은 다윗이나 다윗 자손의 왕이 보증하거나 승인한 모음집에 속한다. 각각 이라 D. 생키(Ira D. Sankey)와 찰스 M. 알렉산더(Charles M. Alexander)가 편찬했지만 많은 저자가 쓴, 생키의 『성가집』(Sacred Songs and Solos)과 알렉산더의 『새 복음 찬양』(New Gospel Hymns) 같은 표현을 비교하라.
- '~을 위한': 사용하거나 배우도록 다윗이나 현재 또는 미래의 다윗 왕을 위한[14]
- '~을 위해': 다윗이나 다윗 자손의 왕을 위해 기도하는
- '~에 대해': 다윗이나 현재 또는 미래의 다윗 자손의 왕에 대해
- '~에 의해': 다윗이나 다윗 자손의 왕이 저자가 되는

BDB는 이 표현의 의미가 수 세기에 걸쳐 변한 것 같다고 시사한다. 이것은 원래 특정 시편이 현재 왕을 위한 것이며, 그 후에 미래 왕을 가리켰고 나중에 저자(하박국 3:1이 시편 밖에서는 이 전치사가 저자를 시사할 수도 있는 유일한 본문이지만)를 의미하는 것으로 이해됐다고 제안했던 것일 수 있다.

성경 내에는 되풀이되는 양상이 있는데, 이에 따르면 익명이었던 책들은 저자들을 그 책들과 연관 짓게 된다(예, 마태복음, 마가복음, 히브리서). 일단 책들이 공동체에서 받아들여지면, 사람들은 그 책들을 자신들이 알고 있는 누군가와 연결 짓고 싶어 한다. 우리는 표제에서의 다윗에 대한 언급, 다윗을 성전에서의 예배 후원자로 강조하며(역대기를 보라), 음악가와 시인으로서의 다윗의 명성으로 말미암아 다윗이 어떻게 시편 전체의 저자로서 자연스러운 후보자로 여겨지는지를 볼 수 있다. 이로 말미암아 시편을 다윗 생애의 사건들과 연결하는 전통을 장려하고 발전시키기에 이르렀을 수 있다.

이렇게 하는 일부 시편들에 있는 긴 표제(시 3편; 7편; 18편; 34편; 51편; 52편; 54편; 56편; 57편; 59편; 60편; 63편; 142편)는 이새의 아들 다윗을 언급하고 있음이 틀

---

14 굴더(Goulder)는 '다윗의 기도들,' 시편 51-72편이 압살롬의 반란과 관련하여 다윗을 위해 기록됐다고 주장한다(Prayers of David를 보라).

림없겠지만 그런데도 다윗의 저작권을 의미할 필요는 없다. 표제들은 다윗 "에게" "을 위한", "을 위해", "에 대해"일 수 있다. 나는 표제에서의 다윗에 대한 언급을 해설할 때, 다른 시편들에 대해 이 가능성 가운데 하나 또는 다른 것을 취하겠지만, 시편을 번역할 때, 나는 레다위드(lĕdāwid)를 표현의 의미는 결정하지 않고 두면서 "다윗의"라고 번역하겠다.

다윗이 시편을 기록했다고 여기는 것이 그리스도인들에게 영향을 미치는 주요 주장은, 예수님이 시편들을 다윗의 것이라고 간주하신 영향으로 말미암았다. 우리는 사실 예수님이 다윗을 한 시편과만 연결하셨음을 보았다.

나는 예수님이 마치 태양이 지구 주위를 도는 것처럼 말씀하실 때와 같이 또는 겨자씨가 가장 작은 씨라고 언급하시거나 부자와 나사로에 대한 비유에서 부자와 가난한 사람들의 전통적인 이야기를 취하시는 것과 같이 실제로 관례로 말씀하신다고 여긴다. 이 경우 예수님은 우주론, 식물학, 종말론, 저작권의 문제에 대해 선언하고 계신 것이 아니라, 사람들이 문화에서 이런 문제들에 대해 말하는 방식을 취하고 이런 말 하는 방식으로 자신의 주장을 펼치고 계신다.

그리고 각 경우 예수님의 주장은 이런 통상적인 말하는 방식을 채택한 것에 좌우되지 않는다. 예수님의 주장은 그렇지 않아도 효과가 있다. 그러므로 나는 예수님의 시편 110편에 대한 언급이 저작권에 대한 선언을 구성한다고 생각지 않는다. 하지만 그렇다고 생각하는 자는 예수님이 또한 그렇게 하심으로써 다른 149편의 시편들의 저작권을 선언하셨다고 추론할 이유가 없을 것이다.

그리고 다윗이 시편을 기록했다고 여기지 않는다면, 우리는 다윗이 어떻게 나폴레옹(위대한 장군), 존 F. 케네디(위대한 지도자이자 오입쟁이), 헨리 나우엔(Henri Nouwen)이나 유진 피터슨(Eugene Peterson, 영서에 대한 위대한 교사)의 조합이었을 수 있는지 이해하는 문제를 두지 않을 것이다.[15]

다윗 생애의 구체적 사건을 언급하는 '긴 표제'는 더 깊은 의미를 지닐 수 있다. 이에 대해서도, 사람들이 그렇게 이해하게 됐을지라도, "다윗이 자기 아들 압살롬에게서 도망할 때, 다윗의"(시편 3편)와 같은 표제가 원래는 저작권에 대

---

15 시편에서 "하나님의 집"을 많이 언급하는데, 이 역시 다윗의 저작권을 배제하는 것 같다. 왜냐하면, 예루살렘 성전은 다윗 당시에 건설되지 않았기 때문이다. 하지만 "하나님의 집"이라는 용어는 다윗 당시 존재한 어떤 성소에 대해서도, 심지어 솔로몬의 성전보다 덜 확고한 것일지라도 사용될 수 있었다.

한 진술이라고 추정할 이유는 없다. 우리가 스테인드글라스 창문에 성경 인물이나 장면과 연결하는 제목으로 명칭을 부여할 때, 우리는 그 사람이나 장면이 실제로 그렇게 보임을 의미하지는 않는다.

우리는 사람들이 그 장면의 현실에 들어가도록 자신들의 상상력을 사용하도록 돕거나, 그 사람이 사람들의 삶에 영향을 어떻게 미쳤는지를 보는 방식으로 그 사람을 이해하게 되도록 도우려 한다. 긴 표제도 비슷한 일을 한다.

이 긴 표제들을 표제들이 소개하는 시편의 내용과 비교하면, 중요한 패턴이 드러난다. 우리는 접촉점과 불연속 점을 모두 볼 수 있다는 것이 특색이다.[16]

이는 유명하게도 "지도자의 것. 작성. 다윗의, 다윗이 밧세바에게 들어가자 나단 선지자가 그에게 왔을 때"(개역개정: "다윗의 시, 인도자를 따라 부르는 노래, 다윗이 밧세바와 동침한 후 선지자 나단이 그에게 왔을 때"-역주)라는 시편 51편의 표제에서도 그렇다. 한편으로 이 시편은 여호와의 영이 그에게서 물러나시게 할 필요가 없는 왕과 그의 손에 피를 묻힌 사람에게 매우 적절하다. 다른 한편으로 다윗은 여호와께 "내가 주께만 범죄하여"라고 좀처럼 말할 수 없으며, (불가능하지는 않더라도) 그가 여호와께 예루살렘 성벽을 지어 주시라고 요구하는 것은 놀랍다.[17]

이것은 이 시편이 표제가 가리키는 상황에서 기록되지 않았음을 시사한다. 즉, 표제는 후대에 추가됐다. 표제의 목적은 이 시편들을 다윗 생애의 사건들과 연결하는 것이었는데, 구약 이야기는 그 사건들이 성구 집에 있는 본문들의 배열과 같이 기능하는 방식으로 그 사건들에 대해 언급한다. 이런 배열은 두 본문이 원래 함께 속한 것이 아니라, 독자들이 그 본문들을 서로 나란히 보는 게 유익이 되도록 하고자 겹치게 놓았음을 의미한다.[18]

긴 표제에 대한 이런 접근이 옳다는 외부의 증거는 없지만, 실제로 표제들의 두 가지 특징, 곧 긴 표제들이 시편에 적합한 방식과 그 적합함이 완전하지 않다는 사실을 설명한다. 이것은 또한 시편 표제들의 다른 측면들이 시편의 기원보다는 시편의 사용에 대한 정보를 전한다는 사실과 일치한다.

---

16 Cf. James D. Nogalski, "Reading David in the Psalter," *HBT* 23 (2001): 168–91.
17 그러므로 킨더(Kidner)는 18–19절[20–21절]을 이 시편에 후대에 추가된 것으로 여긴다 (*Psalms* 1:194).
18 Cf. Brevard S. Childs, "Psalm Titles and Midrashic Exegesis," *JSS* 16 (1971): 137–50.

그렇다면 표제의 성격은 다윗이 이미 역대기의 기록 초기에(역대기에서는 다윗에 대한 묘사가 사무엘-열왕기서에서보다는 덜 모호하다) 성경 독자들에게 영웅이 된 방식을 반영한다. 전통적인 유대의 시편에 대한 미드라쉬는 이렇게 말한다.

> R. 유단(Yudan)이 R. 유다(Judah)의 이름으로 다윗이 자신의 시편 책에서 말한 모두가 자신과 온 이스라엘과 온 세대에 적용됨을 가르쳤다.[19]

다윗의 기도는 단순히 단 한 번의 기도가 아니며, (예를 들어) 위대한 왕들에게만 모범이 되는 것이 아니라 모두가 하는 기도를 위한 모범이 된다. 다윗에 대한 이런 관심이 발전하여 표제를 야기했을 수 있다. 시편들과 다윗 생애의 사건들을 연결함으로써 사람들이 시편과 내러티브 둘 다의 의미를 이해하도록 도왔다. 사람들이 많은 다른 "다윗 시편"(과 다른 시편)을 다윗 생애의 구체적 사건들과 연결하려 할 때 이 과정은 지속했다. 이것은 역사적 연구는 아니지만, 상상력에서 도움이 되는 훈련일 수도 있다(또는 스테인드글라스처럼 모두는 아니더라도 도움이 되지 않을 수도 있다).

3. 현대의 탐구

비평의 본질은 전통에 의문을 제기하는 것이다. 이런 식으로 역사비평은 다윗이 시편을 기록했다는 전통에 의문을 제기했으며, 시편의 기원과 연대를 시편 자체 내에서 발견하려고 시도했다. 불행하게도(또는 운이 좋게도) 이것은 무익한 활동이거나 과도하게 유익한 활동이었다. 1세기 이상의 신중한 연구 끝에 이 질문에 대한 어떤 일치된 응답도 내놓지 못했다.

시편의 연대에 대한 비평의 결론은 1천 년 이상이나 차이가 난다(다윗 자신의 시대 전부터 하스몬 가의 시기까지). 이런 식으로 비평의 결론은 심지어 시편들이 구약 이야기의 큰 분수령인 포로기 전에 왔는지 후에 왔는지도 의견이 일치하지 않는다.

---

[19] 18:1에 대해, *Midrash on Psalms*, 1:230.

때로 학계는 이 질문의 일부 측면에 대해 널리 의견이 일치하기에 이르지만, 이런 일치는 그 후에 붕괴한다. 이 상황은 절대 변하지 않을 것이다. 학계는 결코 이 질문에 대해 결론에 이르지 못할 것인데, 여기에서 학계가 착수한 임무 자체는 시편들의 특성에 반하기 때문이다. 시편들은 시편들의 기원의 특수성을 언급하지 않고 진행하는데, 이는 이런 정보가 시편을 사용하는 사람들을 혼란하지 않게 하기 위해서이며, 예배자들이 동질감을 느끼는 데 더 어렵게 하지 않기 위해서이다.

어떻게든 이런 식으로 누가 시편을 기록했는지 알지 못하지만, 이것이 단점이 아니라 장점이라는 가정으로 진행하는 게 최선인 것 같다. 그러므로 나는 이 주석에서 시편들의 연대에 대해 거의 언급하지 않겠다. 모든 경우 독자는 이 문제에 대해 많은 의견이 있었을 것이며, 이 문제를 결정한 기준이 없다고 여길 수 있다. 이런 식으로 나는 교부 주해가 키루스의 테오도르(Theodoret of Cyrrhus)가 시편 29편과 관련하여 제안한 원리로서, 역사적 문제를 언급할 때는 간략하게 하지만 시편이 우리와 관련된 방식에 대해서는 상세하게 말한다는 원리를 따랐다(그의 역사적 기원은 5세기 때보다 오늘날 훨씬 더 논박된다).[20]

이 결론은 현대 학계를 난처하게 하는데, 현대 학계는 본문에 대한 이해가 본문의 역사적 배경에 대한 지식에 달려 있으며, 본문의 역사적 배경에 대한 이해는 이스라엘 종교의 역사를 묘사하는 데 필요하다는 확신에 근거하여 연구한다.[21] 나는 처음 확신이 잘못됐다고 생각한다. 독자는 내가 이 질문을 열외로 취급하면 본문에 대한 이해를 불가능하게 하는지의 여부는 주석에서 결정해야 할 것이다. 나는 둘째 확신이 옳다고 생각하지만, 이것은 이스라엘 종교의 역사를 묘사할 수 없다는 것(또는 최소한 이와 관련하여 도움이 되지 않는다는 것)을 입증할 뿐이다.

이 결론은 또한 현대 신앙 공동체의 세계도 난처하게 한다.

한 이유는 신앙 공동체의 세계가 현대 세계의 일부로서 본문의 역사적 배경에 비추어 본문을 이해하는 것에 대한 학계의 확신을 같이하기 때문이다.

---

20 *Psalms*, 1:181. 아이러니하게도 역사적 경향이 있는 데오도르(Theodoret)는 이것을 사도들의 사역으로 묘사한다고 여기면서 이 시편의 모형론적 해석으로 계속 진행한다.
21 시 100편, 79편, 95편에서도 볼 수 있듯이 시편에 대한 역사적 접근을 최근 주장하는 것에 대해, W. M. Schniedewind, "'Are We His People or Not?'" *Bib* 76 (1995): 540-50을 보라.

또 다른 이유로는 성경의 권위가 인간 저자들의 정체와도 관련이 있다는 확신이다. 이것이 사실인 자료도 있겠지만(아마도 개인적인 권위에 호소하는 바울 서신과 선지서의 일부 자료), 일반적으로 이 확신 역시 불합리하다. 대부분 성경은 저자가 익명이라는 사실은 다시 이를 가리킨다. 하나님은 특히 유명한 사람들을 통해 일하지 않으시며, 하나님이 통해 일하시는 사람들은 다른 이들이 자신들의 이름을 알아주는 데 관심을 가지지 않을 것이다.

시편의 힘과 권위는 시편들이 우리가 알고 있는 중요한 사람이 기록했다는 데서 오지 않고, 시편들은 하나님이 인정하신 기도와 찬양이었다는 데서 온다. 예를 들어, 창세기나 룻기와 마찬가지로 시편들이 신앙 공동체에 받아들여지게 된 이유는, 시편들이 익명이라고 해도 진실성이 담겨 있다는 것을 신앙 공동체가 알기 때문이다(그리스도인들에게는 예수님이 이 책을 인정하신 것이 이 인정을 뒷받침했다).

실제로 동일한 점이 우리가 알고 있는 유명한 사람들의 예언에도 해당한다. 선지자들의 예언이 인정받게 된 이유는, 그 예언을 들은 자들이, 예를 들어, 예레미야라는 이름을 지닌다고 해서 자동으로 그 예언에 권위를 부여하는 것이기 때문이 아니라(예레미야의 이야기가 이것이 그렇지 않았음을 보여 준다), 하나님이 유죄를 선언하셨음을 알았기 때문이다.

예언을 인정한 공동체가 이후에 하나님이 예언을 통해 우리에게 말씀하시는 것에 귀를 기울이도록 초대한다. 즉, 시편의 경우 시편들이 우리 자신의 기도와 찬양으로 삼도록 초대한다. 그리고 이렇게 하는 것은 기독교 기도와 찬양의 경우와 마찬가지로 누가 기록했고 언제 기록했는지를 아는 것에 좌우되지 않는다. 종종 기도와 찬양이 힘이 있고 의미심장함은 그 기도와 찬양이 실제 사람들이 개인적으로 하나님께 의지함을 표현한 데서 온다. 샬롯 엘리엇(Charlotte Elliott)의 "있는 그대로의 나"가 한 사례이다.

하지만 우리가 비록 정확하게 그 경험이 무엇이었는지 알지 못하더라도, 우리의 경험은 그런 인간의 경험으로 가득하게 되며, 우리의 경험으로 말미암아 우리가 그 경험을 해석할 수 있게 된다.

시편의 익명성에 대한 한 다른 가능한 함의는 언급할 가치가 있다. 성경의 다른 곳에 있는 시편과 같은 찬양을 기록한 여러 유명한 작성자는 여자들이다. 출애굽기 15장, 사사기 5장, 사무엘상 23장을 보라. 그러므로 시편에 있는 시편들

의 많은 작성자는 여자들이었을 것 같다.²²

물론 우리는 여성 저자가 이스라엘의 가부장적 맥락에서 숨겨질 필요가 있음을 생각할 수 있다. 그러므로 시편들이 여자들의 입에 있음을 상상하는 것은, 시편들의 기원에 대한 통찰력을 우리게 줄 수 있다. 예를 들어 보자.

- 시편 6편은 "강간당한 한 여자의 기도일 수 있다."
- 시편 11편은 "자신의 내부 적에 맞서는 학대당한 여자의 기도일 수 있다."
- 시편 16편은 "한 경건한 나이든 과부의 기도일 수 있다."
- 시편 54편은 "비방의 희생자가 된 한 여자의 기도일 수 있다."
- 시편 69편은 "선지자이자 개혁가인 한 여자의 기도일 수 있다."²³

마친 브룬 린스트러(Marchiene Vroon Rienstra)는 이것들을 오늘날 시편의 사용에 대한 관찰로 의도했을지라도, 오늘날의 시편 사용에 대한 성찰은 이스라엘에서 시편을 어떻게 사용했는지에 대해 우리에게 통찰력을 줄 가능성이 있다.²⁴

4. 시편 전의 성가집

잠언서와 율법 같은 구약에서의 다른 기록 양식의 경우와 마찬가지로, 시편의 특성은 당시 중동 사람들의 찬양 및 기도와도 겹치며, 시편과 이것들을 비교하는 게 도움이 될 것이다.²⁵ 이 중동 자료 대부분은 시편보다 수 세기 더 오래됐지만, 중동 자료에서의 직접적 발전이라는 면에서 생각하는 것은 아마도 부적

---

22 다음을 보라, Lisa W. Davison, "'My Soul Is Like the Weaned Child,'" *HBT* 23 (2001): 155–67; Julio Trebolle Barrera ("Salmos de mujeres," *EstBib* 57 [1999]: 665–82). 바레라(Barrera)는 구체적으로 시 16편과 131편이 여자들에 의해 작성됐다고 주장한다. "시편은 남자들이 작성했으며 남자들을 위해서만 작성됐다"(*Psalms*, 1:32)는 거스텐버거(Gerstenberger)의 선언을 비교해 보라.
23 Rienstra, *Swallow's Nest*, 44, 28, 10, 33, 210.
24 참조. *Wisdom and Psalms*, 29–30에서의 브레너(Brenner)의 설명과 이 책에서의 시 55편과 109편에 대한 글.
25 더 많은 사례를 위해, Seybold, *Introducing the Psalms*, 91–212을 보라.

절할 것이다.

유사성은 오히려 공통의 인간성과 공통의 문화를 반영한다. 비교해 보면 또한 종종 신학의 차이점을 드러내면서 대조됨이 주목받는다. 예를 들어, 이집트의 찬양과 기도(그 형태는 특히 시편들과 닮지 않았다)는 자연히 많은 신을 전제하며, 행성과 별은 신들을 나타내고 내세의 관심, 특히 왕의 관심을 보인다고 여긴다.[26]

동시에 이집트의 찬양과 기도가 한 특별한 신의 특성을 묘사하는 방식과 신이 탄원자와 관계하는 방식은 중대하게 시편과 겹칠 수 있다. 이집트의 왕 아메노피스(Amenophis) 4세의 『태양(아톤)에 대한 찬양』(Hymn to the Sun[Aton])은 시편 104편과 비교할 수 있으며,[27] 대략 모세 시기의 이집트의 한 찬양은 이런 식으로 아몬-레(Amon-Re)를 묘사한다.

> 악을 쫓아버리고 질병을 없애는 자, 눈을 뜨게 하고 사시를 몰아내면서, 치료제가 없이 눈을 고치는 의사 …. 이 자는 비록 지하세계에 있을지라도, 그가 원하는 자를 구출하며, 그의 마음이 향할 때 파멸에서 구하는 자. 그는 사랑하는 자를 위해 어디를 가든지 눈과 귀를 가졌다. 그를 부르는 자의 기도를 듣고, 그에게 외치는 자를 위해 한순간에 멀리서 온다. 그는 생명을 길게 하거나 짧게도 한다. 그는 자신이 사랑하는 자에게 운명 이상으로 부여한다. … 그는 자신을 마음에 두는 사람을 위해 수많은 사람보다 영향을 미친다. 한 사람이 진리 가운데 경건한 보호자인 그의 이름 때문에 수십만 명보다 용감하다.[28]

마찬가지로 여신 바우(Ba'u)에게 하는 바빌로니아 기도는 다신론적 전제에서 오는 신학적 유사함과 차이점을 잘 보여 준다.[29]

---

[26] 예를 들어, *Hymns, Prayers, and Songs: An Anthology of Ancient Egyptian Lyric Poetry*, trans. John L. Foster, ed. Susan Tower Hollis (Atlanta: SBL, 1995)를 보라.
[27] *ANET* 369-71을 보라.
[28] 더 나아가 ibid., 369을 보라.
[29] 참조. "Hittite Royal Prayers and Biblical Petitionary Prayers" (in *Neue Wege*, ed. Seybold and Zenger, 15-27)에서의 모세 그린버그(Moshe Greenberg)의 비교. 여기서 그는 히타이트 족속의 기도가 어떻게 지지를 위해 다른 신에 대항하여 한 신에게 청할 수 있는지를 지적한다.

24 오! 바우여, 밝은 하늘에 거하는 위대한 여왕이여

25 오! 자비로운 여신이여, … 를 베푸는 이여

26 그녀의 마음 씀은 번영이며, 그녀의 말은 평화로다!

27 나는 당신에게 간구합니다. 여왕이여, 일어나 내 부르짖음을 들으소서!

28 … 판단하시고, 결정을 내리소서 …

29 나는 당신을 의지했고, 당신에게 구했으며, 나는 내 신과 여신의 우린누 (ulinnu)[30]와 같이 당신의 우린누를 붙잡았나이다!

30 나로 판단하게 하시고, 내 길을, …결정하게 하소서.

31 당신은 보호하고, 이롭게 하며 구할 줄을 알며,

32 생명을 연장하고 번영을 누리게 함이 당신에게 있기 때문입니다!

33 여왕이여, … 눈물을 내가 당신에게 흘렸으며, 당신의 이름을 내가 …

34 … 내 눈을, 당신이 나를 보호하며 내가 당신의 신성을 … 하게 하겠습니까!

35 내 손을 듦을 받아 주시고, 내 한숨을 가져가소서!

36 내가 당신을 나의 진노한 신에게, 진노한 내 여신에게 보내게 하소서,

37 격노한 내 도시의 신, 마음이 내게 진노한(?) 마르둑이여!

38 …한 꿈과 환상에서,

39 어느 달 어느 날에 일어난 달의 월식 악에서

40 악하며 선하지 않은 권세 자들과 불길한 징조의 악에서

41 그것은 내 왕궁과 내 땅에 있다,

42 나는 두려워하고, 떨고 있으며, 두려움 가운데 던져졌다!

43 이쿠르(Ikur)에서의 … 당신의 고귀한 명령의 말씀에

44 그리고 변하지 않는 당신의 분명한 자비,

45 나의 진노한 신이 돌아오기를, 나의 분노한 여신이 … 하기를

46 격노한 내 도시의 신 마르둑이 … 하기를,

47 … 오! 바우여, 위대한 여왕이여 … 어머니여![31]

---

30 일종의 옷 형태.

31 Leonard W. King, *Babylonian Magic and Sorcery* (London: Luzac, 1896), 27-28에서 용어를 일부 수정하여 재인쇄됨. 이런 본문에서의 생략부호와 대괄호는 이 본문이 깨지거나 불명확하다거나 우리가 단어들을 이해하지 못함을 가리킨다. 또 다른 예에 대해, S. David Sperling, "A šu-il-lá to Ištar," *Die Welt des Orients* 12 (1981): 8-20을 보라. 슈-일-라(*šu-il-lá*)는 "손을 드

시편과 같이 이 기도는 신에게 하는 탄원, 탄원자의 현재 경험에 대한 한탄, 신이 이를 바꾸도록 조처해 주시라는 간구로 구성된다. 행은 또한 시편의 방식으로 보충적 부분들로 나뉜다.

다음은 용서를 구하는 바빌로니아 기도이다.

> 19 위대한 주, 자비로운 신, 마르둑이여,
> 20 당신은 낙심한 자들의 손을 잡으며,
> 21 속박당한 자들을 [자유롭게 하며], 죽은 자들을 살리십니다
> 22 알려졌든 알려지지 않았든 나의 악행 [때문에]
> 23 [나는 부주의했고], 침해했으며, 무시했고 범죄했습니다.
> 24 나를 낳은 자, 나의 아버지에 [대해서처럼], 당신의 위대한 신성에 대해 (범죄했습니다)
> 25 [나는 부주의했고], 침해했으며, 무시했고 범죄했습니다.
> 26 [나는] 당신의 위대한 신성 앞에 [나왔습니다].
> 27 평[온의 물이] 당신을 만나게 하소서.
> 28 당신의 진노한 마음이 가라앉게 하소서.
> 29 당신의 달콤한 자비, 당신의 위대한
> 30 용서, 당신의 존경할 만한
> 31 용서가 나를 위해 존재하게 하소서, 그리하여 … 하게 하소서.
> 32 당신의 위대한 신성의 영광이 나를 영화[롭게] 하소서!
>
> 후기: 제의 장치나 향로와 함께. 마르둑에게 하는 손을 드는 기도.[32]

다음의 왕을 위한 바빌로니아 기도는 시편 72편과 비교될 수 있다.

는 것"으로 기도의 몸짓이다; 참조. 이어지는 바우(Ba'u) 기도의 35행과 마르둑(Marduk)에게 하는 기도의 제목.

[32] Joel H. Hunt, "The Hymnic Introduction of Selected suilla Prayers Directed to Ea, Marduk, and Nabu" (diss., Brandeis University, 1995)에서 인용됨. 다른 예에 대해, Tzvi Abusch, "The Form and Meaning of a Babylonian Prayer to Marduk," *JAOS* 103 (1983): 3–15을 보라.

하늘에 있는 아누(Anu)와 안툼(Antum)이 그를 축복하게 하소서,
에-쿠르(E-kur)에 있는 벨(Bel)과 벨리트(Belit)가 그의 운명을 결정하게 하소서.
깊은 곳에 거하는 에아(Ea)와 담키나(Damkina)가 그에게 먼 날까지 생명을 허락하소서.
큰 나라들의 지도자인 마크(Makh)가 그에게 완전한 통치(?)를 허락하게 하소서.
하늘의 빛, 신(Sin)이 그에게 먼 날까지 왕의 자손들을 허락하게 하소서.
하늘과 땅의 주, 영웅 샤마쉬(Shamash)가 그의 왕국의 왕좌를 먼 날까지 확고하게 하소서.
근원을 소유한 자, 에아(Ea)가 그에게 지혜를 허락하게 하소서.
근원들의 주요, 그의 통치를 사랑하는 마르둑(Marduk)이 그에게 온전한 복을 허락하게 하소서.[33]

5. 시편 배후의 역사

우리가 알고 있는 대로의 시편이 언제 존재하게 됐는가?

시편 137편 같은 시편은 포로 생활을 전제하며, 이 포로 생활이 한동안 지속했음을 시사하는데, 이는 포로 생활이 발생했던 가장 이른 시기를 가리킨다. 집회서(Sirach)의 서언(대략 주전 200년)은 "율법과 선지서와 이것들에 이어지는 다른 책들"을 언급하는데, 이 다른 책들에는 시편의 한 버전이 포함됐음이 틀림없다. 이것은 우리가 가지고 있는 대략적 형태로 70인역의 저자들(주전 3세기 또는 2세기의 알렉산드리아에서?)과 쿰란 공동체(약간 후대)에 알려졌으며, 헬라어 번역본이 시편에 영향을 미쳤다는 징후는 없다.

이 모두는 제2 성전기 또는 페르시아 시기, 초기 헬라 시기 언젠가에 우리가 알고 있는 형태와 같이 시편이 존재하게 됐음을 의미한다. 처음부터 시편은 아마도 유대 공동체의 권위 있는 자료에 속했을 것이며, 이런 의미에서 시편이 존재하게 된 때는 또한 시편이 정경이 된 때이다.

---

[33] Roland E. Murphy, *A Study of Psalm 72 (71)* (Washington, DC: Catholic University of America, 1948), 47에서 인용됨.

하지만 이것이 과정의 끝이었으며, 아마도 시편의 이전 버전은 공동체에 비슷한 권위를 지녔을 것이다. 우리는 언제 개별 시편들이 기록됐는지 알 수 없지만, 전체로서의 시편이 존재하게 된 과정을 약간 추적할 수 있다.

시편 내에는 비슷한 표제나 비슷한 주제, 비슷한 용법을 지닌, 많은 하위 모음의 시편들이 있다.

- 두 개의 시작하는 다윗 시편들의 모음집, 곧 3-14편과 51-72편이 있다.[34] 51-72편 모음은 "다윗의 기도가 끝나니라"라고 말하며 마무리하는데, 이는 이 모음집에만 해당하고 시편 전체에 해당하는 것은 아니다.
- 두 개의 고라 자손의 시편 모음집, 곧 42-49편과 84-88편이 있다(84-88편은 한 다윗 시편 86편에 의해 나뉜다).
- 시편 73-83편은 아삽의 시편이다(50편과 마찬가지로).
- 시편 138-145편은 다시 다윗의 시편이다. 아마도 동일한 시편이 다른 모음집에 속할 수 있으며(다른 찬양집에 있는 찬양과 마찬가지로), 이는 시편이 (예를 들어) "인도자를 따라 부르는 노래"와 "다윗의 시" 둘 다 될 수 있는 방식이나(예, 시 11-15편), (예를 들어) "노래"이면서 "시"로 묘사될 수 있는 방식(예, 시 65-68편)을 설명한다. 이 현상은 모음집을 합칠 때 표제들이 섞이는 것을 반영할 것이다.

게다가 우리는 때로 한 시편이 다른 시편에 이어지는 방식에서 의미를 찾을 수 있다(예를 들어, 시편 1편과 2편; 3편과 4편, 16편과 17편; 30편과 31편, 32편과 33편의 해설을 보라). 또는 우리는 더 큰 모음집의 배열에서 패턴을 볼 수 있다. 예를 들어, 제1권, 제3권, 제4권과 제5권은 교훈 시편으로 시작하는 반면에,[35] 왕에 대한 시편들이 거의 제1권(시편 2편)을 열고, 제2권과 제3권을 마무리한다.[36]

---

34 시 10편은 표제가 없지만, 시 9편과 연결되는 것 같다. 시 33편은 표제가 없다.
35 아래의 "예언과 지혜" 섹션을 보라.
36 Gerald H. Wilson, "The Use of Royal Psalms at the 'Seams' of the Hebrew Psalter," *JSOT* 35 (1986): 85-94을 보라. 전체 시편의 발전 과정을 추론하는 시도에 대해, (예를 들어) 다음을 보라. Wilson, *The Editing of the Hebrew Psalter,* SBLDS 76 (Chico, CA: Scholars Press, 1985); Erich Zenger, "Zur redaktionsgeschichtlichen Bedeutung der Korachpsalmen," in *Neue Wege*, ed. Seybold and Zenger, 175-98; Roger T. Beckwith, "The Early History of the Psalter," *TynBul* 46

또한, 공통된 특징으로 특징지어지는 묶음들이 있다.

- 시편 42-83편은 통계적으로 나머지 시편에서 두드러지는 방식으로, 일반적으로 여호와라는 이름보다 하나님에 대한 엘로힘('*ĕlōhîm*)이라는 평범한 단어를 선호한다. 때로 우리는 이름이 어떻게 보통 단어로 대체될 수 있었는지를 볼 수 있다(예를 들어, 43:4; 45:7[8]; 시편 14편과 비교되는 시편 53편; 병행 본문과 비교되는 시편 68편).
- 시편 93편과 95-99편 모두는 여호와의 왕권을 기린다.
- 시편 113-118편은 유월절에 사용된 애굽의 할렐이다(식사 전의 시 113-114편, 식사 후의 시 115-118편; 막 14:26을 보라).
- 시편 120-134편이 순례 길에 사용된 성전에 올라가는 노래임을 지적했다.
- 시편 135-136편은 또한 유월절에 사용되는 대할렐(Great Hallel)이다.
- 시편 146-150편도 할렐 시편(Hallel Psalms)이다.

때로 찬양집에서 그렇듯이, 시편 편찬자는 (예를 들어) 주제별로 시편들을 묶기보다는 이전의 시편 묶음들을 함께 모았다. 그 결과 시편들이나 시편의 부분들이 한 모음집 이상에 있었으므로 되풀이된다(주목할 만하게도 시편 14편과 53편은 동일한 시편이 변형된 형태이다).

시편의 발전 과정은 (예를 들어) 창세기나 이사야의 구조가 전체와 부분을 파악하도록 돕는 것과 마찬가지로 전체 시편이 내용을 다루도록 돕는 구조를 지니지 않는다는 것을 의미한다. 20세기 말 전체 시편의 구조는 학문적 관점의 한 주제가 됐다.

따라서 J. 클린턴 맥캔(Clinton McCann)은 시편을 "통일성 있는 문학적 완전체"(a coherent literary whole)로 이해하는 것에 대해 말한다.

> 시편들을 모음집 내에 의도적으로 두는 것은 전체 시편의 최종 형태에 시편의 부분의 합보다 더 큰 기능과 메시지를 부여하는 것 같다.[37]

(1995): 1-27; Seybold, *Introducing the Psalms*, 14-28.
37 In McCann, ed., *The Shape and Shaping of the Psalter*, JSOTSup 159 (Sheffield: JSOT, 1993), 7.

나는 다음의 미드라쉬에서의 주장에 더 영향을 받았다.

> 다윗의 시편의 정확한 순서에 대해 성경은 다른 곳에서 "그 길(the order)을 사람이 알지 못하나니"(욥 28:13)라고 말한다.
>
> 순서를 이해하는 것은 오직 여호와께 속한다.
>
> 나처럼 외치며 알리며 나에게 설명할 자가 누구냐(사 44:7).

그래서 R. 여호수아 벤 레비(Joshua ben Levi)가 시편을 적절한 순서로 배열하려고 시도할 때, 하늘의 목소리가 나와서 "잠자고 있는 것을 깨우지 말라"라고 명령했다.[38] 시편은 창세기나 이사야처럼 되지 않는다.[39]

시편에서 구조를 찾는 대신에, 전체 시편을 이해하는 더 효과적인 방법은 시편을 하나님께 말하고 하나님이 답변하는 여러 방식으로 범주를 나누면서, 되풀이되는 시편의 유형을 이해하려고 하는 전통적인 비평적 접근이다.[40] 이 접근은 시편이 기도와 예배를 이해하는 데 대한 구조를 제시한다. 그리고 이런 형태의 발언 상호 관계를 암묵적으로 이해할 때, 시편은 영성에 대한 구조를 실제로 제시한다.[41]

Cf. Gerald H. Wilson, "The Shape of the Book of Psalms," *Int* 46 (1992): 129–42.

[38] *Midrash on Psalms*, 1:49–50을 보라.

[39] 한 권의 책으로서의 시편의 구조와 그 구조의 의도를 발견하려는 시도의 사례에 대해, (예를 들어) J. Clinton McCann, ed., *Shape and Shaping of the Psalter*; Christoph Rösel, *Die messianische Redaktion des Psalters* (Stuttgart: Calwer, 1999)를 보라. 그리고 이 시도에 대한 성찰과 비판에 대해, E. S. Gerstenberger, "Der Psalter als Buch und als Sammlung," in *Neue Wege*, ed. Seybold and Zenger, 3–13; Whybray, *Reading the Psalms*; H. P. Nasuti, *Defining the Sacred Songs*, JSOTSup 218 (Sheffield: Sheffield Academic Press, 1999), 163–220을 보라.

[40] 아래의 "양식" 섹션을 보라.

[41] 아래의 "시편과 영성" 섹션을 보라.

6. 시로서의 시편

시편은 KJV 같은 오래된 번역본에서, (예를 들어) 에스라와 느헤미야에 있는 산문 기도와 동일한 방식으로 나온다.

우리는 어떤 것에 근거하여 시편을 시라고 하고 다르게 인쇄하는가?

1) 운율(Rhythm)

전통적 영어 시에서 운율은 중요한 특징이었다. 때로 운율은 소리에 의한 언어유희(paronomasia, 6:10[11]; 28:5; 37:2; 38:6[7]; 40:3[4]; 48:3-4[4-5]; 55:2, 8[3, 9]; 60:4[6]; 62:3-4, 9-10[4-5, 10-11]; 64:4-6[5-7]에서처럼 언어유희)와 마찬가지로 시편에서 특징을 이룬다(예를 들어, 5:1-2[2-3]; 18:46[47]; 26:11; 35:23; 44:5[6]; 55:9[10]; 71:8). 하지만 둘 다 우연일 수도 있다.

더욱 분명한 것은 알파벳 시편이 구상의 결과라는 것인데, 이 시에서는 행이나 행의 묶음이 히브리어 알파벳의 연속되는 글자로 시작하는 단어들로 진행된다(시 9-10편; 25편; 34편; 37편; 111편; 112편; 145편; 그리고 가장 놀라운 119편).[42]

교차대구 구조(chiasms)의 빈번한 사례도 마찬가지다. 즉, 교차대구 구조는 보는 자의 눈에 드러나는 경향이 있지만, 시편과 섹션과 행들이 (예를 들어) abcc'b'a'로 배열된다(예를 들어, 시 29편 전체; 또한 1:6; 7:16[17]; 29:5-9; 51:1-9[3-11]; 59:1[2]; 66:16-20). 때로 시편은 후렴구(예를 들어, 시 42-43편)나 후렴구가 될 수 있는 다른 반복되는 표현들(예를 들어, 시 46편; 49편; 57편; 62편)을 포함하는데, 물론 이것들은 서구의 시와 찬양에 나오는 후렴구보다는 어법과 위치에서 다소 통일성이 떨어진다.[43]

시편은 시로서 산문 기도와는 두 가지 면에서 주로 다르다.[44]

42　이것들은 종종 알파벳 시(acrostics)로 불리지만, 알파벳 시는 엄격하게 행의 첫 글자가 단어를 만드는 시이다.
43　J. Goldingay, "Repetition and Variation in the Psalms," *JQR* 68 (1978): 146-57을 보라.
44　시편의 시 형태에 대해, 고전적 저작은 Robert Lowth, *Lectures on the Sacred Poetry of the Hebrews* (1753; repr., Hildesheim, NY: Olms, 1969)이다. 최근 저작들에는 다음이 포함된다. James L. Kugel, *The Idea of Biblical Poetry* (New Haven, CT: Yale University Press, 1981); Watson, *Classical Hebrew Poetry*; Alter, *Art of Biblical Poetry*; David L. Petersen and Kent Harold

무엇보다 시편은 문장의 외적 양식에서 다르며, 따라서 소통의 양식에서 다르고, 시편을 해석하는 과정에 영향을 미치는 방식에서 다르다.

시편 2:1-9은 다음과 같이 이를 잘 보여 준다.

> 1 어찌하여 이방 나라들이 분노하며
> 　민족들이 헛된 일을 꾸미는가?
> 2 세상의 군왕들이 나서며
> 　관원들이 서로 꾀하여 여호와와
> 　그의 기름 부음 받은 자를 대적하며
> 3 우리가 그들의 맨 것을 끊고
> 　그의 결박을 벗어 버리자 하는도다
> 4 하늘에 계신 이가 웃으심이여
> 　주께서 그들을 비웃으시리로다
> 5 그때 분을 발하며 진노하사
> 　그들을 놀라게 하여 이르시기를
> 6 내가 나의 왕을
> 　내 거룩한 산 시온에 세웠다 하시리로다
> 7 내가 여호와의 명령을 전하노라
> 　여호와께서 내게 이르시되 너는 내 아들이라
> 　오늘 내가 너를 낳았도다
> 8 내게 구하라
> 　내가 이방 나라를 네 유업으로 주리니
> 　네 소유가 땅끝까지 이르리로다
> 9 네가 철장으로 그들을 깨뜨림이여
> 　질그릇 같이 부수리라 하시도다

Richards, *Interpreting Biblical Poetry* (Minneapolis: Fortress, 1992). Marvin E. Tate는 자신의 Craigie, *Psalms 1–50*, 371-414에 대한 2004년 부록에서 히브리 시의 특성에 대한 이런 연구들을 검토한다.

절의 구분에서 시로 된 문장들이 산문보다 더 짧은 경향이 있음을 볼 수 있다. 예를 들어, 3-5절에서 각 문장은 여섯 단어로 구성된다. 또한, 3-5절이 1, 6, 9절에서와 마찬가지로, 간결하게 둘로 나뉘는 것은 히브리 시의 특징이다. 3-5절에서 후반부는 1절과 9절에서와 마찬가지로 전반부를 다시 언급하는데, 물론 후반부가 전반부를 완성하는 6절과는 다르다. 이런 식으로 1a절, 3a절, 4a절, 5a절, 9a절은 1b절, 3b절, 4b절, 5b절, 9b절과 마찬가지로, 완전한 문장으로 홀로 설 수 있다.

이처럼 이 절들은 우리에게 시편의 시의 몇 가지 특징적인 양식을 소개한다.

첫째, 시의 한 행인 한 문장은 두 묶음으로 종종 나뉘는 대략 여섯 단어를 포함하는데, 한 묶음은 보통 각각 세 단어로 구성된다. 나는 이런 행을 두 콜론으로 구성되는 '두-콜론'(bicolon)이라고 부른다(2, 7, 8절과 같은 세 개의 콜론으로 된 행은 '세-콜론'[tricolon]이 된다). 때로 이 행의 후반부는 다른 단어로 전반부를 반복하며, 이런 식으로 전반부를 강조하지만, 보통 후반부는, 예를 들어, 요점을 강화하거나 전반부의 모호함을 분명히 하거나 더 정확하게 표현하거나 완성하는 방식으로 전반부의 의미를 넘어선다.

두 콜론의 입체적인 보충 관계(stereophonic complementariness)를 가리키는 전통적 용어는 '병행법'(parallelism)인데, 물론 이는 둘째 콜론이 첫째 콜론의 의미를 특질상 넘어서는 방식을 이해하는 데 방해가 되기도 한다.[45] 우리는 둘째 콜론이 반드시 필요하며, 어떤 것도 잃을 수 없다. 6절에서는 병행법이 없지만, 어느 콜론도 다른 콜론 없이는 완전하지 않은데, 이는 행을 보통 특징짓는 보충 관계에 관한 극단적 사례이지만, 또한 병행법을 두-콜론의 시적 양식에 본질적인 것으로 보는 위험을 부각시킨다.

두 콜론이 엄격한 패턴을 따르면서, 그에 의해 세 두 쌍의 세 단어가 병행을 이룰 때, 병행 순서(*abca'b'c'*)로 오거나 명백히 무작위의 순서(예를 들어, *abcb'c'a'*)로 오거나 교차대구의 구조(*abcc'b'a'*)로 올 수도 있다. 4절의 두 콜론에서 주어는 동

---

[45] Alter (*Art of Biblical Poetry*, 29-37)는 시 18편에서 다양한 형태의 병행법에 대한 분석을 제시한다(유의성[synonymity], 보충[complementarity], 강화/구체화[intensification/specification], 결과[consequentiality]).

사를 앞서는데, 이는 주어를 강조하는 것이다(우리가 아래 "언어"에서 고려할 시편 23편에서, 전치사구들이 비슷하게 2절에서 동사를 앞서면서, 동일한 현상이 4c–d절과 6절에 나온다). 때로 어순은 이런 식으로 요점을 파악하는 데 도움이 된다.

콜론의 보충 관계는 한 콜론에 나오는 단어가 또한 다른 콜론에 적용하도록 하는 데까지 확장된다. 이런 식으로 8b절의 동사는 또한 8c절에 적용된다. 이것은 전치사와 접미사 같은 더 작은 부분에도 적용될 수 있다. 이는 또한 복합적인 표현이 두 콜론으로 나뉠 수 있음을 의미한다. 이런 식으로 시편 42:8[9]은 여호와가 낮에만 인자하심을 베푸시고 탄원자는 밤에만 찬양할 것을 의미하지 않고, 그 낮과 밤에 여호와가 인자하심을 베푸실 것이고 탄원자는 찬양으로 답할 것임을 의미한다.

두-콜론이 시편에서 디폴트 문장 단위(default sentence unit)이지만, 시편 2편은 문장들이 한 행을 넘어서 확대될 수 있는 방식과 병행법이 콜론 사이뿐만 아니라 행 사이에서 작용할 수 있는 방식을 잘 보여 준다. 1–2절에서, 2절의 첫 두 콜론은 서로 내부적으로 병행을 이룰 뿐만 아니라 1절과도 병행을 이루고, 2절의 셋째 콜론은 전체 1–2절을 한정한다. 한 절 내에 있는 병행법과 마찬가지로, 행 사이의 병행법은 (예를 들어) *abb'a'*의 순서를 따른다.

시편 2편은 또한 일관된 길이의 섹션이나 연으로 나뉘는 시편의 드문 예이지만, 일반적으로 시편을 이해하려는 노력에서 시편에 인위적으로 구조를 부여하려는 것 같다.

둘째, 시편의 시는 행의 운율 배열이 3–3으로 되어 있다는 점이다. 즉, 각 콜론에 세 단어가 있다. 더 정확히 표현하면, 세 강세가 있는데, 단어들이 마켑(*maqqēph*) 또는 하이픈으로 결합된 곳에서 첫 단어는 강세를 잃고 운율적으로 단어의 쌍이 한 단어로 간주되기 때문이다. 이런 식으로 1절에서 "꾸미다"는 "헛된 일"과 하이픈으로 결합하고, 3절에서 목적어 표시어는 "그의 결박"과 하이픈으로 연결되며, 4절에서 "비웃으시리로다"는 "그들을"과 하이픈으로 연결된다.

마소라 본문에서 1절의 운율은 이렇게 보이는 대로 3–3이 아니라, 3–2이며, 3절은 2–3이고, 4절은 또다시 3–2이다. 3–2 운율은 시편에서 두 번째로 가장 흔한 일반적인 운율이며, 특히 반성하거나 마음이 괴로운 기도에 사용된다(예를 들어, 시편 14편과 27편의 시작하는 구절; 또한 119:25-32). 이와 관련하여 이 운율의 효과는 행이 우리가 기대한 것보다 한 단어 일찍 멈출 때 독자들을 갑자기 세우는 것이다. 이런 식으로 이 절은 삶이 우리를 갑자기 세우는 방식을 반영한다.

시편 2편에서는 이것이 좀처럼 적용되지 않는다. 최소한 1절에서, 마소라 학자들이 구두법에서 잘못했고 이 행은 3-3으로 읽어야 한다고 간주하고 싶은 유혹을 받는다. 하지만 이것은 이 시편의 운율에 이질적 규칙을 부과하는 위험이 있다. 시편의 많은 행이 3-3도 3-2도 (예를 들어) 4-4도 아니고 다른 어떤 규칙적인 운율도 아닌 것은 명백하다.

시편 2편에서 5절은 여섯 단어로 되어 있는 행이지만 4-2로 나뉜다. 2절에는 열 단어가 있지만 여섯 강세에 2-2-2로 배열된다. 나는 이를 세-콜론으로 배치했다. 6절은 일곱 단어가 있지만 다섯 강세에 3-2로 되어 있다. 7절은 4-4-3의 세-콜론이며, 8절은 2-3-2의 세-콜론이다.

시편 2편은 이런 식으로 시편의 시가 어떻게 규칙적 운율을 따르지 않는지를 잘 보여 준다. 시편은 선지서보다는 더 규칙적이지만 지혜 문헌보다는 덜 규칙적이다. 이런 다양함은 우리가 시편의 시는 규칙적 운율을 보일 것이라고 기대하는 잘못된 가정에 근거하여 마소라 사본의 운율을 개정하는 것이 위험함을 의미한다.[46] 3-3은 흔한 운율의 배열이며, 콜론은 둘이나 셋이나 넷의 강세를 지닐 수 있거나 심지어 한 강세나 다섯 강세를 지닐 수도 있다.

시편이 상당히 규칙적 운율을 지님이 틀림없다는 가정에서 시편의 실제 본문을 관례적으로 수정해 왔다. 운율 때문에 수정하는 것은 이제 흔치 않지만, *BHS*는 여전히 2절의 "여호와와 그의 기름 부음 받은 자를 대적하며"가 여백의 주석이라고 제안한다(그렇게 되면 2절은 3-3행이 될 수 있다). 더욱 결정적인 것은 이로 말미암아 우리에게 5:4에 나오는 동일한 단어와 마찬가지로 "운율을 위해"(*metri causa*) (예를 들어) 4:8[9]에서 "여호와"를 생략하게 하고, 아마도 9:13[14]의 "나의 미워하는 자에게서"라는 단어와 10:18의 "다시는"이라는 단어도 생략하게 할 것이다.

나는 본문을 행과 콜론으로 구분할 때 마소라 본문과 때로 다르지만, 나는 시편의 운율이 본래 불규칙적이라는 사실은 운율에서의 불규칙성이 결코 수정을 위한 근거가 되지 못함을 의미한다고 여긴다.

---

46 또한, 음절 수에 근거하여 시편의 운율을 이해하려는 제안에도 문제가 있다. 예를 들어, Fokkelman, *Major Poems*를 보라.

한 행의 운율이 두드러지거나 한 행이 (예를 들어) 특히 길거나 짧거나 묘한 구성을 이룰 때를 주목하고, 그 효과가 무엇일지를 질문하는 것은 가치가 있다. 예를 들어, 때로 세-콜론은 한 섹션의 끝이나 한 시편의 끝을 표시하며, 때로 한 행은 한 콜론으로만 구성된다.

이와 관련하여 시편 기자는 현대 독자들에게는 문체 면에서 빈약해 보일 수도 있는 방식으로 단어를 반복하기를 좋아한다는 점도 고려해야 한다(예를 들어, 1:2, 6). 이는 시편 기자들이 정확하게 동일한 행을 반복하기보다는 후렴구와 반복에서 변화를 추구하기를 좋아하는 방식과는 대조를 이룬다(시 42-43편에서처럼). 이 지점에서 본문비평가는 시편 기자들의 반복에 다양함을 도입하거나 그들의 변화에 대한 본문에 엄격함을 도입하려는 본능을 거부해야만 한다.

시편의 표제와 내용은 시편이 종종 노래된다는 것을 분명히 하지만, 명백히 현대 찬양의 방식에서 규칙적 운율을 요구하지 않는 방식으로 불렸다. 시편은 전통적 영국 성공회의 찬가와 같은 것으로 노래했을 수 있는데, 전통적 성공회의 찬가는 평성가(목소리만으로 노래하는 성가-역주)를 거쳐 시편 노래의 회당 양식에서 왔다. 이는 많은 다양한 단어가 한 음조로 불리어야 하며, '선율'은 콜론의 시작과 마지막에 제한된다.

시대에 맞지 않겠지만 아마도 더 도움이 되는 것은, 음악이 규칙적 운율의 양식을 지니지만 많은 다양한 단어가 마디에 갖추어지게 할 수 있는 블루스, 랩, 현대 예배 음악의 운율적 특성에 비추어 우리는 시편의 운율적 특성을 고려할 수 있다는 것이다. 블루스와 랩은 규칙적 운율에 좌우되지만 각 마디에 있는 많은 단어나 각 장단에서 많은 차이점이 허용될 수 있다.

〈나는 생명의 양식이니〉의 배경과 같은 많은 현대 기독교 노래가 동일하게 작용한다. 또한, 조셉 젤리노(Joseph Gelineau)가 발전시킨 시편 노래에 대한 접근도 비슷한데, 이 접근도 (반쯤) 규칙적 운율을 사용하지만, 시편의 어법에 따라 각 마디에 있는 단어들의 숫자가 다양하다.[47] 만약 이스라엘 사람들은 랩이나 젤리노와 같은 방법에 따라 시편을 노래하지 않았다면, 그렇게 했어야만 했다. 그리고 그들이 시편을 답창하며 말하거나 노래했다면 행을 두 부분으로 특징적으로 나누는 것은, 그리스도인들이 종종 하는 것처럼 전체 절에 따라서가 아니

---

47 *The Psalms: A New Translation* (Philadelphia: Westminster, 1963)을 보라.

라 절의 절반에 따라 했음을 의미할 것이다.

(예를 들어) '나,' '우리,' '그들' 사이에서 교대하는 시편들이 있으며, 어떤 경우 이것은 그 시편이 다양한 참여자가 관여하는 전례(典禮)를 구성함을 가리킬 수 있다. 시편 118편은 좋은 사례가 되는데, 우리는 부분들을 어떻게 할당해야 할지 확신할 수는 없을지라도, 시편 118편에서 아마도 제사장, 왕, 백성들이 다른 절들을 말하거나 노래하는 것을 볼 수 있을 것이다. 심지어 구약 시대 내에서도 결국 시편들이 한때 예배용으로 사용됐던 방식을 인식하지 못하고서 이런 시편들이 예배나 봉헌에 사용됐던 것 같다.

2) 언어

시편과 산문 기도는 또한 언어에서 크게 다르다. 이런 차이점의 한 측면은 시적 언어는 더욱 함축적이며, 간결하다는 점이다. 여섯 단어로 된 시의 행은 열두 단어의 산문보다 훨씬 많은 것을 말할 수 있다. 이에 대한 한 가지 자연스러운 이유는, 시는 산문에서는 연결고리를 제공하는 불변화사 같은 단어들을 생략하는 경향이 있기 때문이다. 히브리어에서 이는 관계사 아셰르(ʾăšer)와 목적어 표시어 에트(ʾēt) 같은 단어들에 적용된다(시편 2편에서 후자의 두 가지 사례가 있지만). 이것은 시의 문법과 구문이 산문과는 다른 방식을 보여 주는 한 측면이다.

여기에는 히브리어 동사 양식의 카탈(qatal, 완료)과 이크톨(yiqtol, 미완료)을 사용하는 것도 포함된다. 시편의 내용이 가지는 특성은 내러티브 동사 양식이 과거 사건을 언급하는 것처럼 카탈을 많이 사용할 필요가 없다는 것이다. 한편, 카탈은 산문보다는 더 자주 특징적으로 사실인 것을 묘사하는 데 사용된다. 반대로 이크톨은 영어 미완료에서 적합할 사건들에게만 아니라, 산문에서보다 더 자주 과거 사건을 가리키는 데 사용된다.

아마도 이에 대해서는 역사적 설명이 가능할 것이다. 이런 시의 용법은 산문에서는 좀처럼 나타나지 않는 이크톨의 중요성을 보존한다.[48] 이런 차이점들이 결합한 결과는 산문에서보다는 더 자주 카탈과 이크톨을 겹쳐서 사용하게 되며, 시편 기자들은 병행을 이루는 콜론에서 두 양식을 결합하여 이를 활용한다. 시

---

[48] 예를 들어, *IBHS* 29의 논의를 보라.

편 2:1-2에서 볼 수 있는데, 거기서는 첫째 콜론과 넷째 콜론의 카탈과 둘째 콜론과 셋째 콜론의 이크톨이 의미에서 거의 차이가 없다. 다른 곳(예를 들어, 시 18편)에서, 산문에서는 카탈이나 와이크톨(wayyiqtol)을 사용하는 곳에서, 이크톨은 단순히 부정과거(aorist)와 동등한 과거 시제에 사용되는 것 같다.

산문 언어는 명확함에 관심을 가지며, 시적 언어는 암시에 관심을 가진다.

시편 23편은 다음과 같이 주목할 만한 사례를 제공한다.

1. 여호와는 나의 목자시니 내게 부족함이 없으리로다
2. 그가 나를 푸른 풀밭에 누이시며
   쉴 만한 물가로 인도하시는도다
3. 내 영혼을 소생시키시고
   자기 이름을 위해
   의의 길로 인도하시는도다
4. 내가 사망의 음침한 골짜기로 다닐지라도
   해를 두려워하지 않을 것은
   주께서 나와 함께 하심이라 주의 지팡이와 막대기가
   나를 안위하시나이다
5. 주께서 내 원수의 목전에서
   내게 상을 차려 주시고
   기름을 내 머리에 부으셨으니
   내 잔이 넘치나이다
6. 내 평생에
   선하심과 인자하심이 반드시 나를 따르리니
   내가 여호와의 집에
   영원히 살리로다

시편 23편은 장례와 가장 깊은 관련이 있을지라도, 유대교 영성과 기독교 영성에서 특히 사랑을 받아 왔다. 시편 23편이 사랑받는 이유는 부분적으로 서정성과 은유에서 유래한다. 우리는 저자가 염두에 둔 구체적 상황에 대한 어떤 면도 좁힐 수 없다. 모두가 이미지이다. 결과는 독자들이 (예를 들어) 결핍, 식량, 어둠, 공포, 어려움을 자신이 직접 경험하여 시편에 접근할 수 있게 된다.

이것은 (예를 들어) 양을 치거나 어두운 협곡을 지나간 경험이 있는 사람들에게는 특히 쉬울 수 있지만, 이런 경험이 없는 사람들에게도 가능한 것은 은유가 문화적 간격과 경험의 간격을 뛰어 넘는 능력을 지니기 때문이다. 이와 같은 시편을 해석할 때 시편이 유래하게 된 구체적 경험을 확립하려고 하는 데 초점을 맞출 수 없다. 해석은 가능한 한 깊이 은유의 내용과 울림에 들어가고자 시편이 사용한 은유에 초점을 맞춘다.

은유의 개방성은 독자들이 시편을 읽는 방식이 자신들에 대해 중요한 것들을 드러낼 수 있음을 의미한다. 우리가 시편을 읽을 때, 시편이 우리를 읽는다. 시편 139편은 주목할 만한 사례이다.

시편 139편은 하나님이 우리에 대한 모든 것을 알 수 있으시며 우리는 결코 하나님의 범위를 넘어설 수 없음에 대해 길고 연속된 진술을 한다. 이것이 좋은 소식인지 아닌지는 지적하지 않고 단순히 객관적 진술을 한다. 그 후에 독자들에게 하나님이 우리에 대해 모든 것을 아시고 항상 우리에게 접근하시는 것이 좋은 소식인지 나쁜 소식인지 결정하게 남겨 둔다.

우리가 시편을 읽는 방식은 우리에게 우리 자신과 우리가 하나님과 맺는 관계에 대해 무언가 말한다. 시편은 정확하게 모호하고 암시적이고 열려 있음으로써 작용한다.

상당 부분의 시의 힘은 이미지 사용에서 온다. 이미지는 우리에게 개념들이 어떤 느낌이 드는지를 말함으로써 효과적 호소력을 지니며, 또한 우리 지식을 넓혀 준다. 즉, 이미지는 새로운 것을 보고 말할 수 있게 한다. 이미지는 특히 하나님에 대해 진술할 때 중요한데, 우리는 "하나님은 존재하신다" 그리고 "하나님은 거룩하시다"와 같은 진술을 제외하고 하나님에 대해 직접적 진술을 할 수 없기 때문이다.

우리는 (예를 들어) 시편 23, 95, 100, 139편에 가득한 그 이미지들이 필요하다. 이미지에 대한 문제는 비유에 대한 문제와 비슷하다. 이미지는 지나치게 익숙해진다(예를 들어, 구원이라는 면에서의 언급). 이미지는 개념이나 교리가 된다(예를 들어, 창조주로서의 하나님). 이미지는 우리가 생각한 것보다 더욱 문화와 관련된다(예를 들어, 아버지로서의 하나님에 대한 언급). 이미지는 모호해진다(예를 들어, 시편 22편에서 황소와 입을 벌린 사자에 대한 언급).

우리는 시편 배후에 어떤 문자 그대로의 사건들이 있는지 궁금해할 때, 시편이 이미지에 몰입한다는 것을 떠올려야만 한다. 예를 들어, 시편 42-43편은 내적인 갈망, 울음, 모욕, 지리적 고립, 물에 빠짐, 애도, 압박, 신체적 공격, 불의, 속임에 대해 말한다. 탄원자는 이 모두에 대한 희생자일 리는 없다.

시편 42-43편은 또한 이미지 해석의 다른 측면을 잘 보여 준다. 시편이 인간의 경험을 묘사하는 정확한 방법은 우리에게 익숙하지 않아 보이지만, 시편의 구체적 이미지 배후에서, 종종 우리와는 그렇게 다르지 않은 면에서 상황이 어떻게 느껴지는지를 묘사한다.

> 모든 상황이 우리에게 불리했으며, 하나님은 멀리 계시고, 상황은 감당하기 힘들었다. 나는 절망했으며, 상황은 압도하고 있었다.[49]

3) 양식

우리가 깨닫든 깨닫지 못하든, 기도와 찬양은 양식을 따른다. 이것은 우리가 무엇을 원하는지, 그리고 무엇이 다른 사람들이 우리 기도와 찬양에 "아멘"이라고 말하게 하는지를 명확히 하는 데 도움이 된다. 시 역시 전통적으로 일정한 양식을 따르며, 다른 유형의 시편에 반복되는 특징들이 있다. 이를 분석하는 데 있어서 창조적 연구가 헤르만 궁켈(Hermann Gunkel)의 업적이었다.

궁켈은 이를 도식화하고자, 시편에서 하나님께 말하는 세 가지 주요 방식, 즉 찬양과 감사와 기도를 확인했다. 즉, 테힐라(*tĕhillâ*), 토다(*tôdâ*), 테필라(*tĕpillâ*)이다. 궁켈은 이를 찬양(hymns)과 감사(thanksgivings)와 애가(laments)라고 불렀다.[50]

클라우스 베스터만(Claus Westermann)은 묘사적 찬양(descriptive praise, 여호와가 누구신지 묘사한다), 선언적 찬양(declarative praise, 여호와가 예배자들을 위해 무엇을 행했는지를 선언한다)과 애가로 말하기를 선호한다.[51]

시편 기자들은 양식을 창조적이며 개별적으로 사용하지만, 이런 각각의 양식

---

49 킬(Keel)의 *Symbolism of the Biblical World*는 모호하거나 익숙하지 않을 수 있는 많은 이미지들에 대한 중동의 배경을 제공한다.
50 Gunkel, *Psalms; Introduction to Psalms; Psalmen*을 보라.
51 그의 *Praise and Lament; Living Psalms*를 보라.

들은 되풀이되는 특징을 지닌다. 실제로 우리는 그들이 한 양식을 따른다고 인식하는지, 양식을 변화시킨다고 인식하는지 알지 못한다. 더 나아가 모든 시편이 이 유형들에 들어맞는 것은 아니며, 그렇게 들어맞게 하려고 하는 것도 잘못이다. 나는 시편 139편을 언급했으며, 시편 139편은 이런 유형과는 다소 독립적으로 기록된 것 같은 시편의 한 사례이다. 우리는 "시편과 예배"와 "시편과 영성"을 볼 때 양식의 상세한 내용을 고려할 것이다.

찬양과 감사와 기도의 특징을 인식하면, 규칙적 특징과 따라서 하나님에 대해 말하는 이런 각각의 방식의 중심적 역동성을 이해하는 데 도움이 된다. 이제 우리는 이 방식과 우리 자신의 발언을 비교하고 대조할 수 있으며, 그에 따라 예배에서 어떻게 표현할지 배운다. 이는 또한 각 양식의 특정 사례들의 독특함을 인식하는 데 도움이 된다. 예를 들어, 찬양 시편은 특징적으로 예배에 대한 초대와 예배하는 이유로 구성된다.

(예를 들어) 시편 95편과 시편 100편을 비교하면, 시편 95편의 마지막 섹션이 얼마나 독특한지를 이해하는 데 도움이 될 것이다. 시편 95편의 마지막 섹션에서 예배자들이 하나님께 말하는 대신에 시편이 예배자들에게 말을 건넨다. 마찬가지로 기도 시편은 특징적으로 찬양을 되돌아보거나 찬양을 기대한다.

(예를 들어) 시편 88편과 다른 사례들을 비교하면, 시편 88편의 지속적 한탄과 항변이 얼마나 독특한지를 이해하는 데 도움이 된다. 시편 88편의 이런 독특함은 또한 버려진다는 심오하고 깊은 의식을 가리킬 가능성이 있지만, 우리가 시를 읽고 있다는 사실의 또 다른 함의는, 우리가 시편의 심리적 해석을 추구하는 것을 경계해야 한다는 것이다. 시편 기자는 아마도 실제로 고통과 고난을 겪는 가운데 경험의 감정에 대해 보고하고 있는 게 아닐 것이다.[52]

존 이튼(John Eaton)은 시편 38편에 대해 다음과 같이 설명한다.

> 이 시편에 묘사된 섬뜩하게 하는 신체적 상황에 놓인 누구라도 이 시편을 작성했거나 전했을 수 있다고 생각하기 어렵다. 이것은 모든 시편과 마찬가지로 신중한 예술 저작이다.[53]

---

52 예를 들어, 바이저(Weiser)의 시편 35편 해석을 대조해 보라 (*Psalms*, 300–304).
53 *Psalms*, 109.

시와 성가는 경험을 반영하지만, 종종 그 경험을 겪는 가운데가 아니라 경험에 대한 성찰에 비추어 기록되며, 우리는 동일한 점이 시편에도 해당한다고 여길 수 있다. 실제로 이야기를 전하는 세속 노래와 마찬가지로, 시편은 직접적으로 자서전적(autobiographical) 문체가 전혀 아닐 수 있다.

우리는 예배자들이 전형적으로 자신들의 기도나 찬양을 구전으로 만들었는지는 알지 못한다. 그렇다면 기록된 양식은 나중에 탄원자나 다른 누군가가 기록한 데서 왔을 것이다. 이는 탄원자가 하나님께 말한 것에 대한 기록을 제공하도록 기획됐을지 모른다. 따라서 기도가 응답받았을 때, 기도의 기록된 증거는 응답에 대해 하나님께 영광을 더욱 돌리게 하거나, 기록된 양식은 하나님 앞에서 계속되는 도전이 될 것이다.

감사의 기록된 양식은 하나님의 조치에 대해 증언하겠다는 약속을 성취했다는 증거가 되며, 하나님을 계속 영화롭게 하게 될 것이다. 또는 고라 자손과 같은 무리는 자신들의 레퍼토리의 일부와 모범적 감사와 기도의 모음집 일부로서 기록된 양식으로 가지는 데 가치를 두었을 수 있다. 하지만 우리는 다른 시편들이 고라 자손들과 같은 사람들이 기록할 때 작성됐고, 그 후에 찬양대나 회중의 구전 레퍼토리의 일부가 됐다고 생각할 수 있다.

7. 시편과 예배

궁켈은 양식의 특징적 구성 요소를 연구할 뿐만 아니라, 시편의 사회적 맥락(삶의 정황[Sitz im Leben])에도 관심을 가졌다. 이는 유용하게 개별 시편들이 기록된 특정 역사적 맥락에 대한 질문을 비켜 나갔는데, 역사적 맥락에 대한 질문은 대답할 수 없는 질문이다. 이 질문을 시편들이 기록되고 사용된 되풀이 되는 사회적 맥락에 대한 질문으로 대체했는데, 이로 말미암아 우리는 시편을 더 분명하게 이해할 것이라고 전망하게 된다.

분명히 궁켈이 이 질문을 올바른 질문으로 보았지만, 이 질문에 대답하기 위한 그의 접근법은 잘못되었는데, 그가 "모든 의식이 없고" 순수하게 "마음의 종교인

경건"의 중요성을 강조했기 때문이다.[54]

시편은 결국 개별 영성과 개별 연구 맥락에 위치하지만, 기원에서 많은 시편이 최소한 본질적으로 예배와 성직을 위한 성전과 다른 성소와 후대에 회당과 다른 공동체 배경에서, 예전적 예배와 제사장 임무의 맥락에 속한다. 시편들은 원칙적으로 이런 공동 예배와 경건의 도구로서, 궁켈이 강조한 개별 경건 같은 심오한 영성을 표현한다.

그리고 시편 1편과 119편 같은 시편이 포함됐다는 것은 시편이 개인의 경건과 관련됨을 가리키지만, 많은 시편의 표제는 반대의 발전을 시사한다. 개인 감사시인 시편 30편은 "성전 봉헌을 위한 노래"가 된다. 시편 120-134편은 성전에 올라가는 노래가 된다.

1) 찬양

우리는 많은 시편 표제가 해석하기 어렵다는 것을 인식했지만,[55] 우리는 많은 표제가 예배에서 시편을 사용했음을 가리킨다고 말할 수 있다. 어떤 표제들은 예배 상황(예를 들어, 30편; 38편; 70편), 성전 봉사자 또는 예배 인도자(예를 들어, 4편; 6편; 8편)를 가리킨다. 어떤 표제는 노래하는 방식이나 곡조(예를 들어, 6편; 9편; 12편) 또는 악기(예를 들어, 4편; 5편; 6편)를 가리키는 것 같다.

일반적으로 '일반적인 운율'이나 '둘째 프렛 위의 카포'와 같이 표제를 찬양과 노래에 나란히 두는데, 이는 다른 문화에서는 이해하기 어렵지만, 일반적으로 우리에게 시편의 맥락으로서의 예배를 가리킨다는 것은 중요하다.

시편과 구약 다른 곳에 나오는 시편과 같은 시에 대한 많은 언급도 핵심을 미묘하게 표현하지만, 같은 방향을 가리킨다.

구약 이야기는 홍해에서의 구원, 야빈에 대한 승리, 사무엘 출생, 암몬과 모압과 전투(출 15장; 삿 5장; 삼상 2장; 대하 20장) 같은 큰 사건들의 경우 시편 같은 예배를 공동체나 개인이 드리는 것에 대해 말한다. 이 가운데 첫째와 마지막은

---

54 *Psalms*, 26. 요아킴 베그리히(Joachim Begrich)가 1932년 그가 죽은 후 완성했는데, 그가 Introduction to Psalms를 쓸 때 즈음, 예배에서의 시편의 맥락을 강조한 지그문트 모빙켈(Sigmund Mowinckel)의 견해와는 거리를 두는 데 관심을 가졌지만, 그의 견해는 더욱 미묘했다.
55 해석의 개관에 대해서, Kraus, *Psalms*, 1:21-32을 보라.

사건 자체의 장면에서 일어나고, 셋째는 성소에서 일어나므로, 셋 모두는 공동체 예배의 맥락을 전제한다(사사기 5장은 배경에 대한 구체적이지 않다).

역대기도 언약궤를 예루살렘으로 이동할 때와 성전 봉헌할 때 시편에서 실제 자료를 사용한 것에 대해 말하고(대상 16장; 대하 7장), 에스라 3장은 포로기 이후 제단을 다시 지을 때 비슷하게 사용한 것에 대해 말한다.

표제와 구약의 다른 곳에 나오는 이런 지시어들은 많은 실제 시편의 내용과 일치한다.

> 오라 우리가 여호와께 노래하며
> 우리의 구원의 반석을 향하여 즐거이 외치자
> 우리가 감사함으로 그 앞에 나아가며
> 시를 지어 즐거이 그를 노래하자 …
> 오라 우리가 굽혀 경배하며
> 우리를 지으신 여호와 앞에 무릎을 꿇자(시 95:1-2, 6).

> 온 땅이여 여호와께 즐거운 찬송을 부를지어다
> 기쁨으로 여호와를 섬기며
> 노래하면서 그의 앞에 나아갈지어다 ……
> 감사함으로 그의 문에 들어가며
> 찬송함으로 그의 궁정에 들어가서
> 그에게 감사하며 그의 이름을 송축할지어다(시 100:1-2, 4).

우리는 이 모든 언어에 질문할 수는 없다. "온 땅이여"라고 부르는 것은 분명히 수사적이다. 하지만 전체 시편을 (예를 들어) 개인들이 자신들의 마음에 드리는 예배로 보는 것보다 성전(여호와의 문, 궁정)에서의 실제 예배 행위로 수사적으로 부르는 것이라고 보는 게 더 일리가 있다.

궁켈은 자신의 편견으로 말미암아 잘못된 방향으로 나아갔으며 시편의 배경은 실제로 하나님 백성의 예배(모빙켈은 제의[cult]라고 불렀던 것[그는 이교적 제의를 의미하지 않는다])라고 발견한 이는 지그문트 모빙켈(Sigmund Mowinckel)이었다.

제의는 모든 종교, 심지어 '반-제의적' 개신교 섹트와 집단에도 나타나는 일반적 현상이다. 이것은 실제로 종교의 본질적 구성 요소가 되는 특징이며, 종교의 특성과 영적 구조가 제의에서 가장 분명하게 드러난다. … 제의(cult) 또는 의례(ritual)는 사회적으로 확립되며 규제되는 거룩한 행위와 말로 정의될 수 있는데, 여기서 신과 회중과 만남과 교제가 확립되고, 발전하며 궁극적 목표로 도달된다. 다시 말해서, 종교가 하나님과 회중과의 교제와 회중들 사이에서의 교제로 생명을 주는 기능을 하게 되는 관계이다.[56]

이스라엘의 예배가 바로 맥락이 되는데, 이 맥락에서 사람들이 자신들이 하나님과 맺는 관계에 대해 강력하게 마음에 느끼는 표현을 한다. 이 맥락에서 이스라엘은 그들에게 말하고 행동하고자 다가오시는 하나님을 경험하며, 그들은 자신들의 교제를 표현하고 깊이 한다. 이런 예배의 특성은 양식을 사용하는 것인데, 이는 양식을 사용하는 개별 기도와 찬양의 특징이기도 하다.

우리는 공식적 예전을 사용하지 않는 회중조차도 자신들의 예배를 정돈하는 일련의 방법들을 발전시킨다는 사실에 친숙하다. 시편은 이 맥락에서 제공되는 예배의 양식을 반영한다.

시편 95편과 100편은 궁켈의 "찬양"(hymns)이나 베스터만의 "묘사적 찬양"(descriptive praise)의 사례들인데, 이는 하나님이 누구신지, 하나님이 창조 때에 무엇을 하셨는지, 수 세기 동안 하나님이 이스라엘을 위해 무엇을 하셨는지를 기리는 공동체의 예배에서 오는 찬양이다. 다른 시편들은 현재의 공동체나 공동체 안의 개인들이 경험한 인자하심과 힘을 보이는 구체적 행위에 대해 여호와께 감사를 표현한다(예를 들어, 시 30편).

이런 감사는 심지어 감사하는 자가 개인이라고 해도 공적 예배의 일부이다. 그 특성상 감사는 공적이며, 단체의 행사이며, 고백의 행위이다(시편 100:4에 나오는 동사 "고백하다", 히필형 야다[yādâ]는 "감사." 토다[tôdâ]라는 단어와 관련된다).

우리는 감사할 때, 하나님이 행하신 일에 대해 공적으로 증언한다. 이런 식으로 사람들의 즉각적 감사는 자연스럽게 사람들이 하나님의 회복이나 구원의 행위를 경험한 일상생활의 맥락에서 일어난다. 하지만 지역 성소, 또는 제1 성전,

---

[56] *Psalms in Israel's Worship*, 1:15.

제2 성전, 회당, 다른 이런 맥락의 예배 배경에서 노래하는 시편에서 감사를 계속 표현하지 않는다면 이는 완벽하지 않다.

탄원이나 중재라는 의미에서 기도는 또한 집단 예배의 맥락에 속한다. 이것은 (예를 들어) 열왕기상 8장의 솔로몬의 기도, 역대하 20장의 여호사밧의 기도, 에스라 9장의 에스라의 기도에서는 다른 의미에서 그렇다. (예를 들어) 재앙이 공동체를 파괴할 때 그런 것처럼, 전체 공동체가 애도하고 항변하고 기도할 필요가 있는 때가 있으며, 시편은 이스라엘 공동체가 이런 경우 사용하는 기도이다.[57]

시편 이외의 더 개인적인 기도의 경우, 느헤미야의 첫 번째 기도(느 1장)나 다니엘의 기도(단 9장)에 대해 이런 맥락에 대한 언급이 없다. 한편, 한나와 같은 곤경에 처한 개인은 성소에서 기도하고(삼상 1장), 욥의 경우는 친구들이 부정적 사례를 제시하는 것으로 끝나기는 할지라도 욥의 고통에 합류하며 그 고통을 하나님께 가져오도록 그를 지지하고자 있던 친구들이 있을 때 기도한다. 이런 식으로 개인의 심지어 기도와 애가와 항변은 성소, 성전, 회당, 다른 (작은 무리의) 집단 맥락에 속할 수 있다.[58]

이런 다양한 기도에 대한 내러티브가 얼마나 역사적인지에 대해 다양한 견해가 있지만, 이것은 이스라엘의 성가의 배경을 이해하는 데 큰 영향을 미치지 않는다. 심지어 허구적 이야기도 사람들이 실제로 저자 당시에 예배했던 방식을 반영할 것 같다. 그러므로 이 증거는 시편을 사용하는 한 가지 중요한 맥락이 공동체의 공동의 예배일 것임을 확증한다.

2) 권고와 이유

시편 95편과 100편의 인용들은 이스라엘 찬양의 두 가지 형식적 특징 가운데 하나를 잘 보여 주는데, 즉 시편이 특징적으로 1인칭(시 95편)이나 2인칭(시 100편)으로 예배하라는 권고나 도전으로 시작한다는 것이다. 두 시편에서 권고나 도전은 시작과 나중에 두 번 온다.

---

[57] 참조. 이것을 오늘날의 무리에 적용하는 것에 대해, Gerald A. Arbuckle, *Grieving for Change* (Sydney: St Paul Publications; London: Chapman, 1991).

[58] 다음을 보라, Miller, *Interpreting the Psalms*, 6-7. 그는 Erhard Gerstenberger, *Der bittende Mensch* (Neukirchen-Vluyn: Neukirchener Verlag, 1980)를 따른다.

이 찬양에서는 음악이나 외침에서 크고 활기찬 소리를 강조한다. 영어 번역본은 "기쁨" 같은 단어들을 상투적으로 소개하지만, 시편 95편은 이런 단어를 사용하지 않는다. 그 소리는 기쁨의 표현이라고 분명히 여기지만(시 100:2가 명백히 밝히듯이), 태도가 아니라 소리에 강조점이 있다.

시편 95:6에서 새로워진 자신들에게 하는 권고는 몸의 행동에 대한 권고를 구성하는 것과 병행을 이룬다. 다시 한번 말하지만 모든 동사는 몸의 단어이다(다시, 대부분의 영어 번역본들과 비교하라). 하지만 행동의 특성과 행동의 암묵적 의미는 예배가 외침에서 엎드리므로 옮겨 가면서 매우 다르다. 시편 100편은 두 권고 사이에서 보완하며 이동함을 가리킨다. 이번에는 첫 절이 다시 외침을 그리고, 둘째 절은 외부의 삶에서 성전 내부의 예배로 옮겨 감을 그린다.

우리는 시편 95편과 100편에 나오는 단어들을, 영어 번역본들에서 예배와 찬양을 가리키는 단어로 번역되는 시편의 용어라는 폭넓은 맥락에 둘 수도 있다. 여기에는 다음이 포함된다.

- 바라크(*bārak*): 무릎을 꿇다(예를 들어, 16:7)
- 다라쉬(*dāraš*): 의뢰하다, 상의하다, 안내와 도움을 구하다(예를 들어, 24:6)
- 할랄(*hālal*): 랄랄랄랄 소리를 내다(예를 들어, 22:23[24])
- 자카르(*zākar*): 사람들에게 생각하게 하다, 기념하다(예를 들어, 20:7[8])
- 자마르(*zāmar*): 음악을 만들다(예를 들어, 21:13[14])
- 야다(*yādâ*): 고백하다(예를 들어, 30:9[10])
- 야레(*yārē'*): 존경하다(예를 들어, 33:8)
- 카라(*kāra'*): 무릎을 꿇다(예를 들어, 95:6)
- 아바드(*'ābad*): 섬기다(예를 들어, 100:2)
- 카담(*qādam*): 다가가다(예를 들어, 95:2)
- 라난(*rānan*): 느느느(n-n-n-n) 소리를 내다(예를 들어, 33:1)
- 루아(*rûa'*): 외치다(예를 들어, 95:1)
- 샤바흐(*šābah*): 찬양하다(예를 들어, 63:3[4])
- 샤하/하와(*šāhâ/hāwâ*): 엎드려 절하다(예를 들어, 5:7[8])

이 용어들은 몸의 단어, 소리의 단어, 태도의 단어, 찬양에 표현된 목적을 가리키는 단어들을 결합한다. 이 용어들은 감정을 언급할 때 주목할 만하게도 짧으며, 감정들은 행동에서 나온다. 어떤 것도 영어 단어의 어원이 시사하듯이, "예배"(worship)가 하나님의 "가치 있음"(worth-ship)을 인정하는 것을 포함함(비록 명백히 시편 기자는 이것이 사실임을 인정하겠지만)을 의미하지는 않는다. 한 단어(아바드 ['ābad])는 예배가 삶 전체와 관련되는 것이라는 개념과 일치하지만, 대부분 용어는 협소한 의미에서의 예배의 특징적인 독특한 행위를 가리킨다.

이스라엘의 찬양의 두 가지 형식적 특징 가운데 두 번째 특징은 찬양하는 이유를 진술한다는 것이다.

> … 여호와는 크신 하나님이시오
> 모든 신보다 크신 왕이시기 때문이로다
> 땅의 깊은 곳이 그의 손안에 있으며
> 산들의 높은 곳도 그의 것이로다
> 바다도 그의 것이라 그가 만드셨고
> 육지도 그의 손이 지으셨도다 …
> 그는 우리의 하나님이시오
> 우리는 그가 기르시는 백성이며
> 그의 손이 돌보시는 양이기 때문이라
> 너희가 오늘 그의 음성을 듣거든(시 95:3-5, 7).

> … 여호와가 우리 하나님이신 줄 너희는 알지어다
> 그는 우리를 지으신 이요
> 우리는 그의 것이니 …
> 여호와는 선하시니
> 그의 인자하심이 영원하고 그의 성실하심이 대대에 이르리로다(시 100:3, 5).

찬양하는 이유는 찬양하는 내용이기도 하다. 이 두 시편에 나오는 이유는 전형적이다. 즉, 여호와의 위대함과 선하심이며, 여호와의 세상에 대한 창조주로서의 주권과 여호와의 이스라엘에 대한 특별한 돌보심이다. 이유는 여호와가 단순히 이 사람들이나 개인을 위해 행한 행위의 상세한 내용에 있지 않다. 이 상황에서 찬양은 감사의 형태를 띤다.

찬양하라는 권고와 찬양하는 이유라는 이 두 가지 특징을 지니는 찬양시의 더 많은 사례에는 시편 33, 47, 48, 65, 95, 96, 97, 98, 99, 100, 104, 105, 111, 113, 117, 135, 145, 146, 147, 148, 149, 150편이 포함된다. 이 가운데 많은 시편이 독창적으로 변화되면서도 이 패턴을 따르지만, 시편 8, 19, 29, 68, 78, 87, 93, 114, 122, 134편은 심지어 독립적인 찬양 시편이다. 한편, 시편 147편은 단순히 두 번이 아니라 세 번 시편 95편과 100편에서의 패턴을 따른다.

3) 새해 절기

20세기 동안 학자들은 시편의 예배 배경에 대해 더 명확히 하려고 노력했으며, 이 문제에 대해 많은 가설을 제안했다.

이스라엘 예배력의 개요는 레위기 23장과 신명기 16장에 나온다(이 일정표에서의 행사에 대한 다른 언급을 위해, 예를 들어, 출 12장; 신 31장; 에 9장; 요 10:22을 보라). 많은 기독교 찬양이 성탄절과 부활절 같은 절기와 연결되는 것과 마찬가지로, 시편의 주요 주자들은 많은 시편이 핵심 예배 절기 가운데 하나와 연결될 것이라고 여겼다. 저자들은 보통 핵심 행사는 9월/10월의 수확 절기인 수코트(Sukkot, 초막절)라고 여길 것이다.

이 절기는 농사 기간의 전환점에 오는데, 이때 사람들은 지난해를 되돌아보고 새로운 농사를 시작할 수 있는 비가 올 것을 기대한다. 이런 식으로 수코트는 절기였던 것 같다(참조. 삼상 1장). 이 절기 때에 성전이 봉헌됐다(왕상 8장). 하지만 시편에 대해 이 절기가 중요한지에 대해서는 의견이 일치하지 않는다.

지그문트 모빙켈은 이것이 여호와가 왕이 되고, 세상에서 왕의 권위를 다시 주장함을 기념하는 의식이라고 보았다.[59] 시편 47편은 이런 이해를 평가하기 위한 출발점을 제공한다(또한, 시 93편; 95-99편을 보라).

>너희 만민들아 손바닥을 치고
>즐거운 소리로 하나님께 외칠지어다

---

[59] *Psalms in Israel's Worship*, 1:106-92을 보라.

지존하신 여호와는 두려우시고
온 땅에 큰 왕이 되심이로다
여호와께서 만민을 우리에게,
나라들을 우리 발아래에 복종하게 하시며
우리를 위해 기업을 택하시나니
곧 사랑하신 야곱의 영화로다 (셀라)
하나님께서 즐거운 함성 중에 올라가심이여
여호와께서 나팔 소리 중에 올라가시도다
찬송하라 하나님을 찬송하라
찬송하라 우리 왕을 찬송하라
하나님은 온 땅의 왕이심이라
지혜의 시로 찬송할지어다
하나님이 뭇 백성을 다스리시며
하나님이 그의 거룩한 보좌에 앉으셨도다
뭇 나라의 고관들이 모임이여
아브라함의 하나님의 백성이 되도다
세상의 모든 방패는 하나님의 것임이여
그는 높임을 받으시리로다(시 47:1-9).

바벨론에서 매년 새해(바벨론의 봄에) 공동체는 이 순간 신이 실제로 다시 자기 보좌를 차지했다는 사실을 기념했으며, 모빙켈은 이것이 비슷한 이스라엘의 절기 때 핵심 모티프였을 것이라고 추론했다.

아터 바이저(Artur Weiser)는 모빙켈이 시편에 대한 배경으로서 수코트의 중요성에 대해 옳았지만, 이 절기에 대한 이해에서 모빙켈은 구약에 도입하여 해석한 바벨론 숭배의 정신에 너무 영향을 받았다는 확신에서 시작했다. 바이저는 이 절기를 여호와가 이스라엘과 맺은 언약을 기념하는 의식으로 보는 게 더 낫다고 제안했다.[60] 시편 50편은 바이저의 이해를 잘 보여 준다.

60　Weiser, *Psalms*를 보라.

전능하신 이 여호와 하나님께서 말씀하사
해 돋는 데서부터 지는 데까지 세상을 부르셨도다
온전히 아름다운 시온에서 하나님이 빛을 비추셨도다
우리 하나님이 오사 잠잠하지 아니하시니
그 앞에는 삼키는 불이 있고
그 사방에는 광풍이 불리로다
하나님이 자기의 백성을 판결하시려고
위 하늘과 아래 땅에 선포하여
이르시되 나의 성도들을 내 앞에 모으라
그들은 제사로 나와 언약한 이들이니라 하시도다
하늘이 그의 공의를 선포하리니
하나님 그는 심판장이심이로다 (셀라)
내 백성아 들을지어다 내가 말하리라
이스라엘아 내가 네게 증언하리라 …
악인에게는 하나님이 이르시되
네가 어찌하여 내 율례를 전하며
내 언약을 네 입에 두느냐
네가 교훈을 미워하고
내 말을 네 뒤로 던지며 … (시 50:1-17).

바이저는, 시온과 언약과 여호와의 말씀하심에 대한 언급을 나란히 둔다는 것이 신명기 31장에서 요구되는 대로 수코트 때 토라를 읽는 맥락에서 발생했을 (명백히 이것은 7년마다 읽는 것을 가리킬지라도), 시내산 언약을 확증할 때의 배경을 의미한다고 제안한다.

시편 50편은 많은 시편과 마찬가지로, 여호와가 시온산에 거하신다는 확신을 전제한다. 한스-요아킴 크라우스(Hans-Joachim Kraus)는 예루살렘이 바이저가 고려한 것보다 실제로 시편에서 더 중심이 된다고 여겼으며, 새해 절기를 시온과 시온에서 왕의 자리에 오를 다윗 혈통에 대한 여호와의 약속을 기념하는 것으로 보았다.[61] 시편 46편은 크라우스의 시편에 대한 접근을 이해하는 출발점이 된다.

> 하나님은 우리의 피난처시요 힘이시니
> 환난 중에 만날 큰 도움이시라
> 그러므로 땅이 변하든지
> 산이 흔들려 바다 가운데에 빠지든지
> 바닷물이 솟아나고 뛰놀든지
> 그것이 넘침으로 산이 흔들릴지라도 우리는 두려워하지 아니하리로다 (셀라)
> 한 시내가 있어 나뉘어 흘러
> 하나님의 성 곧 지존하신 이의 성소를 기쁘게 하도다
> 하나님이 그 성 중에 계시매 성이 흔들리지 아니할 것이라
> 새벽에 하나님이 도우시리로다
> 뭇 나라가 떠들며 왕국이 흔들렸더니
> 그가 소리를 내시매 땅이 녹았도다
> 만군의 여호와께서 우리와 함께 하시니
> 야곱의 하나님은 우리의 피난처시로다 (셀라)
> 와서 여호와의 행적을 볼지어다
> 그가 땅을 황무지로 만드셨도다
> 그가 땅 끝까지 전쟁을 쉬게 하심이여
> 활을 꺾고 창을 끊으며
> 수레를 불사르시는도다
> 이르시기를 너희는 가만히 있어 내가 하나님 됨을 알지어다
> 내가 뭇 나라 중에서 높임을 받으리라
> 내가 세계 중에서 높임을 받으리라 하시도다
> 만군의 여호와께서 우리와 함께하시니
> 야곱의 하나님은 우리의 피난처시로다 (셀라) (시 46:1-11).

---

61 *Psalms*, vols. 1-2을 보라.

시편 50편에서 시온은 여호와가 말씀하시는 장소이다.

시편 46편에서 시온은 여호와가 행동하시는 장소이다.

시온은 여호와의 성읍, 다윗이 여호와를 의지할 때 거하겠다고 동의했던 장소이다(삼하 6-7장을 보라). 이로 말미암아 여호와는 이 성읍을 지키겠다고 약속하셨다. 곧 여호와가 여호와의 집을 지키신다. 그러므로 성읍에 거하는 사람들은 민족들이 이 성읍을 차지하겠다고 주장하더라도 어떤 곳도 얻지 못할 것이라고 신뢰할 수 있다.

크라우스(Kraus)는 왕조 기간에 예루살렘에서 수코트를 기념함으로 말미암아 수코트를 새롭게 주목하게 될 것이라고 추론한다. 이런 기념은 시편이 시온과 다윗에게 관심을 가지면서 시편에 대한 배경이라고 크라우스는 추론한다.

많은 시편이 수코트와 관련 있으며 이 절기는 여호와의 왕권, 여호와의 시내산 언약, 여호와의 시온과 다윗에 대한 약속을 기념할 것이라는 점은 그럴듯한 견해다. 그러나 시편들이 특히 연결되어야 하는 한 절기가 있었다고 판단하는 것은 증거도 없는 것 같다.

시편은 최소한 유월절(시편 113-118편이 나중에 연결되는)뿐만 아니라 (예를 들어) 수장절, 속죄일, 안식일 등 명백히 많은 경우에 노래됐던 것 같다. 더 나아가 이스라엘의 신앙(예를 들어, 언약)이라는 주제를 언급하는 시편이 그 주제를 기념한 절기와 연관됨이 틀림없다는 것은 위험한 가정이다.

기독교 찬양 가운데, 성탄절 이야기를 전하는 〈오! 참 반가운 성도여〉(O Come, All Ye Faithful)는 성탄절과 연결되지만, 〈내가 놀라운 십자가를 바라보니〉(When I Survey the Wondrous Cross)는 단순히 수난일이 아니라 다른 많은 시기에 불린다. 학자들은 이스라엘 예배의 특성을 시편의 단어에서 추론하는 경향이 있지만,[62] 우리는 기독교 예배의 특성을 기독교 성가의 가사로 추론할 수 없으며, 이스라엘 예배에 그렇게 하는 것은 더욱 그럴듯하지 않다.

에르하드 거스텐버거(Erhard Gerstenberger)는 성전과 절기에 대한 강조에 반응하여, 시편의 배경이 포로기 이후 회당의 예배에 있다고 확신했다.[63] 그의 주석은 시편을 다른 배경에서 봄으로써 밝혀 주지만, 우리는 시편이 이스라엘의 예

---

62 예를 들어, 시 20편에 대한 Weiser의 해설, *Psalms*, 205-10을 보라.
63 그의 *Psalms*을 보라.

배와 연결된다는 일반적 개념은 확실하지만 이를 넘어 명확하게 할 수는 없음을 고려할 필요가 있는 것 같다. 그렇게 하려는 시도는 연대를 매기는 시도만큼이나 상당히 실패했다.

그러므로 이 주석에서 나는 개별 시편들의 구체적인 예전 배경이나 이스라엘의 예전을 이해하기 위한 함의에 대해 거의 언급하지 않을 것이다.

4) 감사 또는 증언

하나님의 특징적 성품, 하나님의 창조에서의 사역, 출애굽 같은 사건에 초점을 두는 찬양시와 대조적으로, 감사는 하나님이 특정 개인이나 지도자, 공동체에 행한 일, 곧 그들을 곤경에서 구원한 일에 초점을 둔다. 시편 18, 21, 30, 32, 34, 41, 66, 73, 92, 103, 107, 116, 118, 120, 124, 136, 138편이 사례들이다.

이 시편들이 여호와를 부르고, 백성들이 여호와가 자신들을 위해 행하신 일에 감사할 때, 우리는 이 모두를 감사시라고 부를 수 있다. 이 시편들이 암묵적으로든 명백하거든 자신들의 눈에서 여호와를 영화롭게 하고, 여호와에 대한 신뢰를 쌓고자 다른 백성들을 부를 때에 우리는 증언시라고 부를 수 있다.

또는 하나님이 행하신 일을 인정할 때에 우리는 고백시라고 부를 수 있다. 감사 또는 증언은 여호와가 행하신 일 때문에 백성들 앞에서 여호와를 칭송하는 문제이다. 특성은 예배자의 감사하는 감정보다는 일어난 일의 사실을 더 강조한다는 것이다. 이런 고백은 "우리가 너무나 감사하다"보다는 "주님이 이 일을 행하셨다"라는 형태를 취한다. 하나님은 이 형식에서도 심지어 영광을 받으신다.[64]

시편 30편이 한 사례가 된다.

> 여호와여 내가 주를 높일 것은 주께서 나를 끌어내사
> 내 원수로 하여금 나로 말미암아 기뻐하지 못하게 하심이니이다
> 여호와 내 하나님이여
> 내가 주께 부르짖으매 나를 고치셨나이다
> 여호와여 주께서 내 영혼을 스올에서 끌어내어

---

[64] Cf. Westermann, *Praise and Lament*, 29–30.

나를 살리사 무덤으로 내려가지 아니하게 하셨나이다
주의 성도들아 여호와를 찬송하며
그의 거룩함을 기억하며 감사하라
그의 노염은 잠깐이요
그의 은총은 평생이로다
저녁에는 울음이 깃들일지라도
아침에는 기쁨이 오리로다
내가 형통할 때에 말하기를
영원히 흔들리지 아니하리라 하였도다
여호와여 주의 은혜로
나를 산 같이 굳게 세우셨더니
주의 얼굴을 가리시매
내가 근심하였나이다
여호와여 내가 주께 부르짖고
여호와께 간구하기를
내가 무덤에 내려갈 때에
나의 피가 무슨 유익이 있으리요
진토가 어떻게 주를 찬송하며
주의 진리를 선포하리이까
여호와여 들으시고 내게 은혜를 베푸소서 여호와여
를 돕는 자가 되소서 하였나이다
주께서 나의 슬픔이 변하여 내게 춤이 되게 하시며
나의 베옷을 벗기고 기쁨으로 띠 띠우셨나이다
이는 잠잠하지 아니하고 내 영광으로 주를 찬송하게 하심이니
여호와 나의 하나님이여 내가 주께 영원히 감사하리이다(시 30:1-12).

    시편 95편 및 100편과 같이, 이 증언은 연속되는 요소를 두 번 통과하는데, 이는 개별 행들 내에서 병행구와 매우 비슷하다. 두 부분 사이에 발전이 없는 곳에서도 구조의 반복으로 시편이 계속 진행하며, 청중들에게 계속 관여하게 하고, 시편 기자는 적절하게 표현할 필요가 있는 것을 두 번 진행할 수 있다. 이 예

에서 우리는 감사/증언 시편에서 되풀이되는 특징들을 볼 수 있다.

첫째, 찬양에 대한 약속이 있는데, 이 경우 1인칭 단수로 표현된다.
코호르타티브(cohortative)가 더 적절해 보일지라도(이크톨[yiqtol] 역시 법[mood]의 의미를 지닐 수 있거나, NJPS가 "나는 당신을 찬양합니다"와 같이 현재 시제로 번역할 때 취하듯이, 현재를 가리킬 수도 있다), 감사시가 이크톨을 특징적으로 사용하는 것은 아마도 미래에 찬양하겠다는 약속이기 때문일 것이다.

둘째, 그 후에 이 시편은 본래의 독특한 특징으로 이어 가는데, 이는 예배자의 최근 경험에 대한 회상이다.

세 요소가 회상에서 되풀이될 수 있다. 즉, 그 사람이 경험한 고통, 그가 기도하는 방식, 하나님이 반응하신 방식이다. 이 이야기는 다시 찬양하겠다는 약속과 나머지 공동체에 합류하라는 권고로 이어진다. 실제 찬양시에 속하는 종류의 찬양, 곧 예배자의 최근 경험이 다시 한번 사실임을 입증할 하나님의 지속적인 특성을 확증하는 종류의 찬양을 드릴 때, 이런 약속과 권고가 나올 수 있다.

5) 예언과 지혜

시편의 특성은 부차적으로는 다른 예배자들에게 할지라도 주로 하나님께 하는 기도와 찬양이라는 것이다. 하지만 우리는 이미 시편 2편과 50편을 고려했는데, 이 시편들은 이런 자연스러운 역동성을 뒤바꾸고, 하나님이 듣기보다는 말씀하신다. 하나님이 말씀하시는 다른 사례의 시편들이 있지만(예를 들어, 82편과 110편), 다음과 같이 하나님의 말씀을 인용하는 다른 시편들도 있다.

> 여호와의 말씀에 가련한 자들의 눌림과
> 궁핍한 자들의 탄식으로 말미암아
> 내가 이제 일어나
> 그를 그가 원하는 안전한 지대에 두리라 하시도다(시 12:5[6]).

> 하나님이 그의 거룩하심으로 말씀하시되
> 내가 뛰놀리라 내가 세겜을 나누며

숙곳 골짜기를 측량하리라
길르앗이 내 것이요 므낫세도 내 것이며
에브라임은 내 머리의 투구요
유다는 나의 규이며
모압은 나의 목욕통이라
에돔에는 나의 신발을 던지리라
블레셋아 나로 말미암아 외치라 하셨도다
누가 나를 이끌어 견고한 성에 들이며
누가 나를 에돔에 인도할까(시 60:6-9[8-11]).

때로 구약은 예배의 맥락에서 선지자들의 활동을 언급한다("제의적 선지자들"—다시, "제의적"이라는 단어는 그들의 믿음이 정상이 아님을 의미하지 않는다. 물론 제도적 장치에 속한 선지자들은 교회의 목사들과 마찬가지로, 항상 사람들이 듣기를 원하는 것을 말할 위험에 처해 있다). 하나님이 시편에 나타나는 회중이나 개인에게 하는 말씀이 하나님이 일반 사람들이거나 제사장들일 수도 있는 선지자들에게 준 말씀이라는 것은 그럴듯한 추측이다.

일반적으로 선지자들의 역할은 예언하는 일(foretelling and forthtelling)에 관여한다고 볼 수 있다. 선지자들은 방금 인용한 시편 12편과 60편에서의 계획에 대한 약속이나 선언과 같이 사람들의 삶에서 성취하게 될 하나님의 약속과 서약을 선언한다는 의미에서 미래를 예언한다(또한, 시 2편; 20편; 45편; 91편; 110편을 보라).

선지자들은 또한 사람들에 대한 하나님의 기대와 이 말씀들을 무시하는 결과에 대한 하나님의 경고에 대해 예언한다(시 14편; 15편; 24편; 50편; 53편; 81편; 82편; 127편을 보라). 때로 기대에 대한 이런 진술은 약속으로 보인다(시 112편; 128편; 133편을 보라). 때로 기도하는 사람들은 시편 밖에서 일어나듯이(렘 14-15장; 호 6장을 보라), 긍정적인 예언 말씀을 기대하고, 그 반대를 받을 수도 있다.

시편 2편과 110편은 선지자들이 어떻게 왕 같은 지도자들과의 관계에서 특별한 역할을 하는지를 보여 주며, 시편 72편은 왕을 위한 기도로 가장하면서 최소한 왕에게 당당하게 권고한다. 우리는 왕들도 때로 선지자들이 자신들의 기도를 긍정하는 대신에 자신들과 맞서는 것을 발견한다고 생각하고 싶다.

다른 시편들은 잠언 같은 지혜 문학의 언어와 통찰력을 드러낸다. 사실 시편은 지혜로운 교사가 제안할 것 같은 종류의 약속으로 시작하는데(시 1편), 이는 첫 예언의 말씀(시 2편)보다 앞선다. 시편의 초반부 가운데는 상세하게 이 시작하는 약속이 어떻게 성취되어야 하는지를 설명하는 시편이 있으며(시 37편), 다른 시편은 그렇게 되지 않았을 때에 대한 태도를 다룬다(시 49편). 시편의 후반부는 이 문제를 다루는 또 다른 시편으로 시작한다(시 73편). 제4권과 제5권도 가르침의 시편(시 90편과 107편)으로 시작하고, 시편의 후반부는 하나님의 가르침에 대한 태도를 상세히 설명하는 내용이 지배적이다(시 119편).[65]

8. 시편과 영성

시편에 있는 명백한 가르침의 요소를 탐구하면, 시편에서 나오는 주제, 시편에서의 예배, 영성을 접하게 된다. 우리가 시편의 세부적인 순서에서 의도를 분별할 수 없을지라도, 방금 열거된 시편들과 같은 시편이 있다는 것과 그 위치는, 시편이 더욱 명백하게 암묵적으로 항상 그랬던 것 즉, 영성 및 하나님과의 관계에 대한 지침서가 되는 방식을 가리킨다.

표제에 있는 음악에 대한 언급은 시편들이 기독교가 사용하는 것과는 그렇게 다르지 않은 방법으로 예배에서 불렸음을 가리킬 수 있다.

이런 점에서 시편은 다양한 반명제 사이에서 미묘한 균형을 시사한다. 하나님과의 관계는 공동체적이면서도 개인적이다. 하나님과의 관계는 찬양과 기도를 결합한다. 이 관계는 몸으로 표현되기도 하고 내적으로 느껴지기도 한다. 찬양 자체는 여호와 및 당대 삶에서의 여호와의 행위에 대한 항구적 진리를 결합하는 반면에, 기도는 신뢰와 항변, 희망과 무기력함을 결합한다.

시편은 또한 (예배에로의) 물러남과 (신실한 삶에의) 관여함을 포함하는 하나님과의 관계를 묘사한다. 특성상 시편은 이들 사이의 균형을 유지하려고 하지 않고,

---

65 James L. Mays, "The Place of the Torah-Psalms in the Psalter," *JBL* 106 (1987): 3–12을 보라. 그리고 시 1편에서 시 73편을 거쳐 시 150편까지의 발전에 대해, 우리가 시편을 순종에서 의문을 거쳐 찬양에까지 나아가는 여정을 기록한 일종의 저널로 다룬다는 W. 브루그만(Brueggemann)의 제안을 보라(*Psalms and the Life of Faith*, 189–213).

관여함보다는 예배와 기도를 강조하고, 듣는 것보다는 말하는 것을 강조한다. 다른 방식을 강조하는 성경의 다른 부분들이 있어, 전체 성경은 그것들 사이의 균형을 구체화한다. 시편의 중요성은 공동체에 그들의 기도가 행동과 나란히 중요하며, 그들의 대화의 측면은 하나님의 대화 측면과 나란히 중요함을 상기시킨다는 것이다.

1) 개인과 공동체

우리는 시편의 사회적 맥락이 이스라엘의 집합적 예배임을 지적했다. 시편은 이스라엘과 시온과 "우리"를 많이 언급한다. 시편의 영성의 집합적 특성은 특히 찬양 시편에 만연해 있다. "우리"는 창조와 이스라엘의 이야기에서의 여호와의 과거 행위를 기뻐하고, "우리"는 여호와가 신실하시며 강력하시고, 자비로우시며 단호하심을 인정한다. 시편의 영성의 집합적 측면은 공동체가 여호와의 포기를 항변하고, 그 후에 여호와의 회복에 감사하고자 모일 때, 기도에서의 자연스러운 표현을 발견한다.

개인이 여호와가 그들을 위해 행하신 일에 감사할 때, 시편의 영성에 대한 덜 자명한 집합적 측면이 대두하는데, 이는 이 개인들이 공동체와 함께 감사하기 때문이다. 여호와께 감사를 표현하는 것이 개인과 하나님 사이의 개인적 교류라는 것은 생각할 수 없다. 감사는 본질에서 공적 행위이며, 이로 말미암아 우리는 어떤 행위에 대해 공동체 앞에서 하나님께 영광을 돌리며, 전체 공동체에 신앙을 확립하도록 권고한다.

따라서 감사는 증언이다. 또한, 개인 기도가 집합적 측면을 지녀야 하지만 이것도 그런지는 덜 자명하다. 하나님께 기도하며 항변하는 개인들은 흔히 성소 또는 친구들 앞에서 그렇게 한다. 동시에 시편 역시 영성은 개인 문제라고 여긴다. 이것은 항변이나 신뢰의 시편에서 가장 명백한데, 이 가운데 많은 시편에서 "내"가 말한다.

집합적 영성과 개인 영성 사이의 본질적 연결은, 개인의 기도 시편과 공동체의 기도 시편을 구분하는 것이 우리가 생각한 것보다 어렵다는 사실에서 나타난다. 이 문제를 더 확장하면, 많은 시편이 지도자, 즉 에스라나 느헤미야 같은 왕이나 인물의 필요를 표현하거나, 기도가 응답한 후에 이런 사람의 증언을 제시하는 것 같다. 평범한 개인의 기도와 지도자의 기도를 구분하기는 어려울 수 있지만, 다음과 같이 구분될 수도 있다.

- **개   인**: 시편 6, 22, 26, 31, 38, 39, 40, 42, 43, 54, 55, 56, 57, 58, 59, 64, 70, 71, 86, 88, 109, 141, 142편
- **지도자**: 시편 3, 5, 7, 9-10, 13, 17, 25, 27, 28, 35, 63, 69, 89, 102, 140, 143편
- **회   중**: 시편 12, 44, 60, 67, 74, 79, 80, 83, 85, 90, 94, 106, 123, 126, 137, 144편

다시 이 문제를 확장하면, 단순히 "나" 또는 "우리"를 사용하는 것은 어떤 기도가 개인에게 속했는지, 아니면 지도자에게 속했는지, 어느 기도가 공동체에 속했는지 우리에게 말하지 않을 수도 있다. 이스라엘이 가나안 땅으로 가는 여정에서 나온 이야기는 이것이 왜 그런지를 보여 준다.

내 주장을 설명하고자, 나는 여기서 1881-1885년의 미국 개정역 성경(American Revised Version)에서 인용하는 이유는 다음과 같이 이 성경이 "당신을"(thee)과 "당신이"(thou)를 사용하기 때문이다.[66]

> 모세가 가데스에서 에돔 왕에게 사신을 보내며 이르되 당신의(thy) 형제 이스라엘의 말에 우리가 당한 모든 고난을 당신도(Thou) 아시거니와 … 이제 우리가 당신의(thy) 변방 모퉁이 한 성읍 가데스에 있사오니 청하건대 우리에게 당신의(thy) 땅을 지나가게 하소서 우리가 밭으로나 포도원으로 지나가지 아니하고 … 당신의 지경에서 나가기까지 왼쪽으로나 오른쪽으로나 치우치지 아니하리이다 한다고 하라 하였더니 에돔 왕이 대답하되 너는(Thou) 우리 가운데로 지나가지 못하리라 내가 칼을 들고 나아가 너를 대적할까 하노라 이스라엘 자손이 이르되 우리가 큰길로만 지나가겠고 우리나 우리 짐승이 당신의 물을 마시면 그 값을 낼 것이라 우리가 도보로 지나갈 뿐인즉 아무 일도 없으리이다 하나 그는 이르되 너는(Thou) 지나가지 못하리라 하고 에돔 왕이 많은 백성을 거느리고 나와서 강한 손으로 막으니 에돔 왕이 이같이 이스라엘이 그의 영토로 지나감을 용

---

[66] Cf. Johnson, *Celtic Prophet*, 335-36.

납하지 아니하므로 이스라엘이 그들에게서 돌이키니라(민 20:14-21).

이야기는 "나"라고 말하는 것(공동체는 이런 개인들의 무리로 구성되거나 공동체가 하나의 정체이거나 지도자는 공동체를 대표하여 말하기 때문이다)과 "우리"라고 말하는 것 사이에서 쉽게 이동하지만, 줄곧 말하는 이는 동일한 사람들이다.

이에 비추어 우리는 시편의 "나"는 일반적 개인이거나 지도자이거나 전체 회중의 한 구성원일 가능성을 고려할 수 있다. 그리고 우리는 시편에서 (예를 들어) "우리"와 "나" 사이의 이동은 화자가 바뀐다는 것을 의미하지 않을 수 있으며, 단지 말하는 방식이 바뀐다고 의미할 것이다. 더 깊은 함의는, 시편의 이런 측면이 시편의 풍부한 개방성이나 모호함의 또 다른 측면이 된다는 것이다.

우리는 사람들이 이 세 가지 모든 방식으로 특정 시편을 사용하는 것을 생각할 수 있다. (예를 들어) 시편 51편이나 91편이나 139편을 개인 기도로 읽고, 다시 지도자의 기도로 읽고, 다시 공동체의 기도로 읽으면 도움이 될 것이다. 감사시의 숫자와 대조적으로 기도시의 숫자는 놀랍다. 아마도 이는 우리와 마찬가지로 이스라엘 사람들도 종종 기도하지만 그리 자주 응답을 받지 못함을 시사할 것이다.

2) 기도

기도시는 특성상 고통을 표현하며 도움을 호소하고, 종종 있는 그대로의 상황에 항변한다. 기도시는 일련의 특징들을 지닌다.

시편 22편이 많은 특징을 잘 보여 준다.

> 내 하나님이여 내 하나님이여 어찌 나를 버리셨나이까
> 어찌 나를 멀리하여 돕지 아니하시오며 내 신음 소리를 듣지 아니하시나이까
> 내 하나님이여 내가 낮에도 부르짖고
> 밤에도 잠잠하지 아니하오나 응답하지 아니하시나이다
> 이스라엘의 찬송 중에 계시는 주여
> 주는 거룩하시니이다
> 우리 조상들이 주께 의뢰하고 의뢰하였으므로 그들을 건지셨나이다
> 그들이 주께 부르짖어 구원을 얻고

주께 의뢰하여 수치를 당하지 아니하였나이다
나는 벌레요 사람이 아니라
사람의 비방거리요 백성의 조롱거리니이다
나를 보는 자는 다 나를 비웃으며
입술을 비쭉거리고 머리를 흔들며 말하되
그가 여호와께 의탁하니 구원하실 걸,
그를 기뻐하시니 건지실 걸 하나이다
오직 주께서 나를 모태에서 나오게 하시고
내 어머니의 젖을 먹을 때에 의지하게 하셨나이다
내가 날 때부터 주께 맡긴 바 되었고
모태에서 나올 때부터 주는 나의 하나님이 되셨나이다
나를 멀리하지 마옵소서 환난이 가까우나
도울 자 없나이다 …
여호와여 멀리하지 마옵소서
나의 힘이시여 속히 나를 도우소서
내 생명을 칼에서 건지시며
내 유일한 것을 개의 세력에서 구하소서
나를 사자의 입에서 구하소서
주께서 내게 응답하시고 들소의 뿔에서 구원하셨나이다
내가 주의 이름을 형제에게 선포하고
회중 가운데에서 주를 찬송하리이다
여호와를 두려워하는 너희여 그를 찬송할지어다
야곱의 모든 자손이여 그에게 영광을 돌릴지어다
너희 이스라엘 모든 자손이여 그를 경외할지어다
그는 곤고한 자의 곤고를 멸시하거나 싫어하지 아니하시며
그의 얼굴을 그에게서 숨기지 아니하시고
그가 울부짖을 때에 들으셨도다
큰 회중 가운데에서 나의 찬송은 주께로부터 온 것이니
주를 경외하는 자 앞에서 나의 서원을 갚으리이다 …
(시 22:1–11[2–12], 19–25[20–26]).

(이 경우) 여호와를 "나의 하나님"으로 부르는 것은 여호와가 "나의 하나님"으로 행동하지 않고 있다고 항변하기 위한 도입이므로 약간의 아이러니로 부르기는 하지만, 이 시편은 자연스럽게 여호와께 탄원함으로써 시작한다. 고통과 항변을 표현하는 데 가장 많이 할애하는 것이 기도시의 특징이다. 그러므로 통상적 제목은 "애가"가 되며, 내가 선호하는 제목인 "항변"이 된다. 이는 세 방향으로 표현될 수 있다.[67]

이 시편은 버려짐의 경험이 탄원자에게 어떤 느낌일지를 묘사하고자 "나는 벌레요 사람이 아니라"와 같은 1인칭 표현을 사용한다. 이 시편은 다른 사람들의 행동과 태도를 묘사하고자, "나를 보는 자는 다 나를 비웃으며"와 같은 3인칭 표현을 사용한다. 그리고 이 시편은 "내 하나님이여 내 하나님이여 (당신은) 어찌 나를 버리셨나이까"라는 시작에서도 잘 보여 주듯이 2인칭 표현을 사용한다. 우리는 이 표현들이 가장 고통스러운 표현일 것으로 생각한다.

시편은 사람들에게 그들이 표현할 필요가 있는 고통과 분노를 표현하는 수단을 제공하지만, 그들은 단지 감정적 안도를 얻을 뿐만 아니라, 책임이 있는 자이면서 무언가 할 위치에 있는 누구인가 다른 사람도 대상으로 삼는다. 찬양시는 세상을 있는 그대로 긍정한다. 대조적으로 항변시는 "소외된 자리에서의 상상을 정당화하고 상세히 묘사한다. … 이 시들은 소외된 자들의 목소리다."[68]

항변시는 종종 계속해서 이런 현재의 경험과 하나님의 특징적 성품과 하나님이 과거에 행하신 방식 사이에 대조됨을 이야기하는데, 이는 위의 사례의 초반부에 두 번 나온다. 이런 회상은 고통스러울 수도 희망적일 수도 있다. 이런 회상은 하나님이 이제는 이런 식으로 행동하지 않으신다는 사실 때문에 고통스럽다. 이런 회상은 또한 이것이 하나님의 성품이고 하나님이 과거에 그런 식으로 행동하셨다면 하나님이 다시 그런 식으로 행동하실 가능성이 있으므로 희망적일 수도 있다. 하나님의 성품에 대한 선언은 이런 식으로 현재의 경험에도 지속하는 하나님에 대한 신뢰를 실제로 선언하는 역할을 할 수 있다.

결국, 기도시는 그리스도인이 종종 기도하는 방식과는 크게 대조적이라고 할지라도, 탄원이라는 의미에서의 기도에 도달할 것이다.

---

[67] Cf. Westermann, *Praise and Lament*, 53-54, 66-69.
[68] Walter Brueggemann, *Interpretation and Obedience* (Minneapolis: Fortress, 1991), 192, 193.

첫째, 탄원보다 항변을 중요시함이 주목할 만하다.

항변시는 특징적으로 여호와께 행동하시기를 요구한다는 의미에서의 탄원에 거의 할애하지 않는다. 항변시에서 사람들은 한 행이나 두 행에서 그들이 원하는 것을 하나님께 말한다. 항변이나 고통의 표현과 탄원이나 요구 사이의 균형은 기독교 기도를 특징짓는 것과는 반대된다.

그리스도인들은 하나님이 해결하실 수 있다고 인정할지라도 하나님이 하셔야 하는 것을 묘하게 자유롭게 조목별로 표현하지만, 그리스도인들은 아마도 하나님이 아시고 있는 것들을 하나님께 말하는 것에 대해 삼간다.

기도시는 기도의 목표가 하나님께 행동하지 마시라고 주장하기보다는 행동하기로 결정하시도록 하는 것이며, 고통과 항변을 표현하는 목적은 그것을 달성하는 것임을 시사한다. 기도시는 만약 하나님이 행동하도록 자극을 받으실 수 있다면 하나님은 정확하게 해야만 할 것을 해결하시게 될 것임을 내포한다. 탄원은 이런 식으로 항변의 세 방향과 상응하는 다소 일반적인 세 가지 용어로 특징적으로 표현한다.[69]

탄원은 악한 상태에 있는 세상을 바로잡고자, 하나님께 무시하거나 버리는 대신에 들어 주시라고, 탄원자를 구원해 주시라고, 탄원자를 어려움에 처하게 하는 자들에게 조처해 주시라고 촉구한다.

둘째, 많은 항변시의 추가되는 한 가지 특징은 시편 자체 내에 하나님이 활동하지 않으심을 전제하는 항변에서 탄원자가 하나님이 기도를 듣고 응답하셨음을 탄원자가 아는 것을 의미하는 찬양으로 바꾼다는 것이다(참조. 예를 들어, 시 6편).

시편 22편에서 찬양은 시편의 마지막 세 번째의 전체를 차지하게 된다. 명백히 탄원자는 하나님이 실제로 들으셨고 응답하기로 하셨다고 확신하게 됐다. 행동의 형태로 오는 응답이 따라올 필요가 있겠지만 탄원자는 행동이 따를 것을 알고 있다.

우리는 탄원자가 이런 확신에 도달했을 많은 가능한 면을 상상할 수 있으며, 다른 면들은 다른 경우에 적용될 수 있다. 여러 구약 내러티브에서 한 탄원자는 이런 변화를 가능하게 한 제사장이나 선지자에게서 응답을 받는다(예를 들어, 삼상 1장). 항변과 찬양 사이에 오는 제사장이나 선지자의 이런 말씀은, 시편이 단

---

69 다시, cf. Westermann, *Praise and Lament*, 53-54, 66-69.

순히 탄원자의 말이므로 시편 자체에는 나타나지 않을 수 있다.

여호와의 응답이 통상적 재확신의 말씀으로 표현되든(삼상 1장에서처럼) 손으로 쓸 수 없는 여호와에게서 오는 특별한 말씀으로든, 선지자나 제사장은 여호와의 응답을 들어야 한다.

시편 12편은 이 규칙에 대한 예외일 수 있다. 즉, 시편 12편에서는 여호와에게서 온 말씀이 나온다.[70] 다른 경우 시편 60편에서 발생한 것과 같이 탄원자는 하나님이 이전 사건에 대해 한 말씀을 회상하고 주장할 수도 있다. 또는 탄원자는 시편 73편에서와 마찬가지로, 어떤 진리를 새롭게 볼 수 있게 됐을 수도 있다. 또는 하나님이 기도를 들으셨다는 확신은 여호와의 행위와 신실함에 대한 일반적 선언을 들은 데서 왔을 수도 있다.

또는 자신을 하나님께 헌신하는 바로 그 과정이 자신의 어려움을 하나님께 넘기고 하나님이 받으셨음을 알게 되는 사실을 시사할 수도 있다(예를 들어, 시 3편). 우리는 이 변화를 요나서 2장의 변화와 비교할 수 있는데, 요나서 2장에서 요나는 자신이 구원받고 있음(물에 빠지지 않았다)을 알고 감사하지만, 아직 해변에 있지 않다.[71]

고통과 항변의 시편은 하나님께 말하는 이런 방식에 익숙하지 않은 그리스도인들에게는 충격적이다. 하지만 그리스도인들은 신약에 명백한 자리를 차지한다. 예수님은 겟세마네에서 시편 6편과 시편 42편의 어법을 사용하시고, 십자가에서 시편 22편(막 14:34; 15:34)을 시작하는 특별한 외침을 쏟아내신다.

그리고 예수님은 우리가 그런 기도를 할 필요가 없도록 이런 기도를 하신 것은 아니다. 왜냐하면, 시편 44편과 같은 애가는 바울에게서도 나온다(롬 8:36). 신약에서 신자들은 슬퍼하고 항변한다. 그렇게 하기를 거부하는 것은 종종 우리의 고통과 상실을 직면하기를 거부하는 것이다.

> 만약 우리가 하나님을 본받고자 한다면, … 우리는 우리 개인의 상처에 기꺼이 직면하고자 해야 하며, 그 상처를 통해 공동체의 상처를 직면해야 한다. … 상

---

70 하지만 이 시편에 대한 주석을 보라.
71 Gerstenberger, *Psalms*, 1:113.

처를 궤변으로 숨기지도 않고, 봉하지도 않아야 한다.[72]

3) 죄의 고백, 신뢰, 중재

교회 전통에는 일곱 개의 "참회시"가 있다. 즉, 시 6, 32, 38, 51, 102, 130, 143편이 있다. 시편 38편과 51편은 실제로 참회를 표현하지만, 시편 32편은 참회시가 아니라, 여호와의 용서에 대한 감사이거나 용서에 대한 증언이다. 시편 130편은 죄를 인정하지만, 용서 자체보다는 용서의 결과, 곧 여호와의 회복에 더 초점을 둔다. 마찬가지로 시편 143편은 부수적으로 탄원자의 죄악을 언급하지만, 구원에 대한 기도에 초점을 둔다.

시편 6편과 102편은 탄원자에 대한 여호와의 진노 가능성이나 실정을 언급하지만, 탄원자가 잘못을 범했다고 전제하는지는 명확하지 않으며, 참회를 표현하지 않는다. 더 나아가 화자가 심각한 죄를 범한 상황에 있지 않고 여호와께 자신들에게 진노하지 말아 주시길 요구하고 있음을 내포하는 다른 시들도 있다(예를 들어, 27:9; 88:7[8]; 89:46[47]). 실제로 탄원자가 신앙이 없는 자가 아님을 주장하는 것이 기도시의 특징이다. 이것은 항변시의 형태에서 또 다른 요소이며, 하나님이 왜 기도에 응답해야 하는지에 대한 또 다른 이유이다. 그러므로 시편 6편과 102편은 물론 참회하는 자가 사용할 수는 있지만, 참회시가 아니라 다른 시편들과 마찬가지로 항변시인 것 같다.

그러나 보수적 평가를 하더라도, 참회와 고백은 시편에서 다소 작은 가치를 차지한다. 이것은 전체 구약에서의 시편의 자리가 아니며, 이것은 구약에서 고백을 이해하기 위한 출발점으로 더 적절한 곳은 예레미야애가이든지, 에스라 9장이나 느헤미야 9장, 다니엘 9장의 기도일 것임을 의미할 수 있다. 이것은 시편의 영성이 그리스도인의 영성과 같은 방식으로 죄가 지배적이지 않음을 가리킨다. 일곱 개의 시편을 참회시로 지목하는 것은, "로마서를 신자들의 삶에 실현함으로써"(어거스틴에 비추어 볼 수 있듯이) 교회에 "공동체의 정체성을 유지하는 데 도움이 된다."[73]

---

72 Maggie Ross, *Pillars of Flame* (London: SCM, [1988]), xvii.
73 Nasuti, *Defining the Sacred Songs*, 55.

시편은 욥기와 마찬가지로, 모두가 죄인임을 인정하지만, 하나님께 헌신함을 망치는 과오보다는 삶의 일반적 방향을 하나님께 헌신하도록 함이 얼마나 중요한지에 초점을 둔다. 시편은 하나님의 사람들이 기본적으로 여호와께 헌신함을 당연히 여긴다. 이는 여호와께 호소하기 위한 토대에 속한다. 만약 그들이 그렇게 헌신하지 않는다면, 전혀 기도하지 않고 이를 바로잡을 필요가 있다. 그 후에야 그들은 찬양하고 기도할 수 있다.

우리는 항변시의 또 다른 자주 나오는 특징이 항변을 야기한 사건들에도 불구하고 여호와에 대한 신뢰와 희망을 공언한다는 것임을 지적했다. 많은 시편에서 이 요소가 너무 두드러져서, 이 시편들은 항변시보다는 신뢰시로 다뤄지는 것이 더 적절하다.

신뢰시와 항변시의 경계는 분명하지 않지만, 우리는 이 신뢰의 범주에 시편 4, 11, 16, 23, 36, 46, 52, 61, 62, 63, 75, 76, 77, 84, 101, 108, 115, 119, 121, 125, 129, 131, 132, 139편을 포함할 수 있다. 이 시편들은 신뢰의 내용에 대한 많은 측면을 언급한다. 즉, 여호와가 보고 계시다는 것(시 11편), 여호와가 나를 안전하게 지키신다는 것(시 23편), 여호와가 악인을 무너뜨리신다는 것(시 62편; 75편)을 언급한다.

이 시편들은 탄원자 자신의 경험에 있는 신뢰를 위한 많은 토대를 언급한다. 여기에는 여호와가 내 자신을 위해 내게 말씀하신다는 것(시 16편), 여호와가 성전에 계시다는 것(시 36편; 84편), 여호와가 과거에 나를 안전하게 지키셨다는 것(시 129편), 내 자신이 여호와께 헌신한다는 것(시 101편; 119편), 내가 악행에 맞선다는 것(시 139편)이 포함된다.

이 시편들은 또한 내 자신의 경험 밖에서 신뢰하는 데 대한 많은 토대를 언급한다. 여기에는 여호와의 권세와 사랑(시 62편; 115편), 여호와의 세상 창조와 세상에서의 통치권(시 121편), 홍해에서의 여호와의 백성 구원(시 77편), 여호와의 예루살렘에 대한 약속(시 46편; 76편), 여호와의 다윗에 대한 약속(시 132편), 여호와의 구체적 약속(시 108편; 119편)이 포함된다.

오직 한 시만이 중재를 위한 기도의 형태를 띤다고 즉각적으로 인식될 수 있는데, 곧 시편 72편의 왕을 위한 기도이다. 이는 우리가 정부를 위해 기도할 수 있는 방식을 설득력 있고 강력하게 표현한다. 하지만 이 시편은 중재를 위한 기도에는 특별한 형식이 없다는 규칙을 시험받고 있으므로, 우리는 이것이 왜 예외인지를 물어야만 한다.

나는 이미 대답에 대해 힌트를 주었다. 시편 72편은 왕을 위한 기도를 가장하면서 왕에게 하는 당당한 권고이다. 시편에는 우리가 중재 기도와 같은 기능을 하는 것을 볼 수 있는 한두 가지의 축복도 있지만(예를 들어, 시 20편; 91편), 이 축복들은 사람의 이름으로 하나님께 하는 찬양이 아니라, 하나님의 이름으로 인간(다시 왕?)을 대상으로 한다.

그러므로 이스라엘이 중재 기도를 하게 될 때, 이 시편은 어떻게 그렇게 하는가? 아마도 대답은 우리가 이미 깨달은 고찰에 있을 것이다. 곧 사람들은 제사장이나 예배자 무리이나 가족같이 다른 이들이 있는 데서 기도시를 사용할 것 같다는 것이다. 그렇다면 이 사람들은 곤경에 처해 있는 사람들 편에 서며 그들과 함께 기도하고 그들을 위해 기도함으로써 중재하는 기도에 관여한다.[74]

이런 지지 일부가 그들을 위해 하나님께 귀 기울이는 것이며, 그들의 기도에 하나님이 어떤 반응을 보이실지를 듣는 것이다. 문자적 의미에서 누군가를 위해 중재하거나 개입하는 것은 자신을 다른 사람의 입장에 두는 것과 관계있다. 이것은 누군가를 위해 기도하는 것이라기보다는, 그들과 함께 기도하고 심지어 그들처럼 기도하는 것이다. 이런 이유에서 중재의 기도에는 특별한 형식이 없다. 중재의 기도는 곤경에 처한 자의 인격을 덧입음으로써 단지 1인칭으로 기도하는 것이다.

4) 분노

일반적 기독교 영성과는 대조적으로, 항변시의 독특한 특징은 자신의 적이 무너지기를 바라는 분노와 희망을 표현한다는 것이다.

구약은 (예를 들어) 증오와 더불어 분노는 사람이라면 당연한 모습임을 넌지시 비춘다. 분노는 하나님의 아주 둥근 성품에도 자리를 차지하며, 따라서 하나님의 형상으로 만들어진 인간의 성품에도 차지한다. 분노는 (예를 들어) 자비보다는 사람에게 중심을 차지하지 않지만 본질적이다. 하나님의 분노와 사람의 분노 모

---

[74] 목회 사역에서 이렇게 시편을 사용하는 것에 대해, Donald Capps, *Biblical Approaches to Pastoral Counseling* (Philadelphia: Westminster, 1981)을 보라.

두는 세상에서의 하나님의 목적을 성취하는 데 중요하다.

시편의 맥락에서 이것은 분노가 기도에서 본질적 자리를 차지하며, 종종 끔찍한 어려움이 공격하는 자에게 임하도록 긴급하게 탄원하는 것으로 표현됨을 의미한다. 다음과 같이 시편 69편이 한 사례가 된다.

> 그들의 밥상이 올무가 되게 하시며
> 그들의 평안함이 덫이 되게 하소서
> 그들의 눈이 어두워 보지 못하게 하시며
> 그들의 허리가 항상 떨리게 하소서
> 주의 분노를 그들의 위에 부으시며
> 주의 맹렬하신 노가 그들에게 미치게 하소서
> 그들의 거처가 황폐하게 하시며
> 그들의 장막에 사는 자가 없게 하소서(시 69:22-25[23-26]).

원수를 사랑하라는 그리스도의 명령에 비추어, 이것은 어떤 그리스도인들도 할 수 없는 기도인 것처럼 보인다. 에리히 젱거(Erich Zenger)는 시편에 "신학적 공감"을 표명한 어떤 구약 강사라도 받게 될 반응을 다음과 같이 설명한다.

> 당신은 실제로 그리스도인으로서(질문은 결코 유대인이나 인간으로서도 아니고 명백히 강간당한 희생자로서도 아니다) 우리는 이런 식으로 기도할 수 있다고 생각하는가?[75]

하지만 베드로와 바울 모두 이 본문을 인용한다(행 1:16, 20; 롬 11:9-10). 그들은 유다의 배반과 유대 사람들이 예수님을 인정하지 못함에 관해 설명할 필요가 있는 것에 따라 이에 대한 해석을 수정하지만, 이것은 본문의 악의적 특성을 바꾸지 않는다. 신약은 원수들을 위해 기도한다는 개념뿐만 아니라 원수들을 멸하도록 기도한다는 개념도 받아들이는 것 같다.

유사한 고찰이 시편의 가장 공격적 행에도 적용된다.

---

75 *A God of Vengeance?* 2.

> 멸망할 딸 바벨론아
> 네가 우리에게 행한 대로
> 네게 갚는 자가 복이 있으리로다
> 네 어린 것들을 바위에 메어치는 자는
> 복이 있으리로다(시 137:8-9).

이 시편은 앞으로 신약과 연결하는 것이 아니라 뒤로 선지서와 연결하는데, 그 이유는 이 시편은 역겨운 상상이 생각해 내는 징벌을 요구하는 것이 아니라, 단지 여호와가 이미 하기로 약속하신 것(사 13:13-19을 보라)을 여호와가 행하시도록 요구하기 때문이다.[76]

신약에서 우리는 이것을 바울의 다음과 같은 선언과 비교할 수 있다.

> 너희로 환난을 받게 하는 자들에게는 환난으로 갚으시고 환난을 받는 너희에게는 우리와 함께 안식으로 갚으시는 것이 하나님의 공의시니 주 예수께서 자기의 능력의 천사들과 함께 하늘로부터 불꽃 가운데에 나타나실 때 하나님을 모르는 자들과 우리 주 예수의 복음에 복종하지 않는 자들에게 형벌을 내리시리니 이런 자들은 주의 얼굴과 그의 힘의 영광을 떠나 영원한 멸망의 형벌을 받으리로다(살후 1:6-9).

이런 약속들은 "거룩하고 참되신 대 주재여 땅에 거하는 자들을 심판하여 우리 피를 갚아 주지 아니하시기를 어느 때까지 하시려 하나이까"라고 하는 순교자들의 탄원에 대한 배경이 되는데, 이에 대해 응답은 그들이 조금 더 기다려야만 할 것이라는 것이다(계 6:9-11).

시편과 순교자의 태도는 사람들이 하나님께 저항하고 계속해서 다른 사람들을 압제할 때, 결국 하나님은 그들의 잘못에 대해 그들을 징벌하셔야 하고 그들의 희생자들을 자유롭게 하셔야만 한다는 것이다. 하지만 이런 조치는 하나님의 손에 있지 우리 손에 있지 않다. 우리는 하나님이 조처하실 것이라고 신뢰하며,

---

76 사 13장이 시편보다 후대의 것이라면, 사 13장은 시편에서의 기도에 대한 긍정적 응답으로 구성되며, 여기서 내가 지적한 요점은 따라서 영향을 받지 않는다.

"우리의 가장 지독한 증오를 하나님께 맡기는 것이 심오한 신앙의 행위이다."[77]

우리의 분노를 하나님께 표현하는 것이 분노가 있다는 것을 부인하는 것보다 나을 수 있으며, 또한 우리가 분노로 행동하지 못하도록(아마도 우리에게 잘못을 범한 자들 이외의 사람들에게, 심지어 우리 자신에게) 하려고 의도된 것 같다. 하지만 이것은 시편이 지적하려는 핵심이 아니다.

5) 찬양과 기도의 상호 관계

시편의 영성은 찬양, 감사, 항변, 신뢰, 순종을 포함한다. 이것들은 모두 시편에 결합하지만, 시편은 우리에게 (예를 들어) 찬양시를 주고, 그 후에 감사시를 주고, 그 후에 기도시를 주는 등을 하지 않는다. 시편은 우리의 무질서한 삶을 반영하며 긍정한다. "삶은 말끔하게 구분되어 우리에게 오지 않으므로, 기도도 역시 마찬가지다."[78] 하지만 우리는 여전히 이런 기도 양식들 사이의 관계는 무엇이냐고 물을 수 있다.

모빙켈은 성가를 이해하는 출발점이 찬양시라고 제안했지만,[79] 그는 찬양시와 다른 양식의 관계를 논의하지 않았다.

버나드 W. 앤더슨(Bernhard W. Anderson)은 비슷하게 "모든 시편은 … 실제로 하나님을 격찬하고 영화롭게 하는 노래이다"라고 언급한다.[80]

베스터만은 찬양과 기도를 변증적 관계로 이해한다.

> 찬양의 길에서 … 최소한 한 단계도 움직이지 않는 … 탄원은 없다. 하지만 또한 곤경의 시기에 하나님의 놀라운 개입을 경험한 것에서 온전히 구별된 찬양도 없다.[81]

---

77 Brueggemann, *Message of the Psalms*, 77.
78 Peterson, *Answering God*, 107.
79 *Psalms in Israel's Worship*, 1:81–105.
80 *Out of the Depths*, 39.
81 *Praise and Lament*, 154. 시 88편은 아마도 그의 진술에 대한 예외일 것이다.

베스터만은 주로 신이 한 일과 관련되지 않으면서 일반적 용어로 신을 찬양하는 이집트의 시와, 신 자신을 위해서가 아니라 기도로 통하는 자로서의 신을 주로 찬양하는 바빌로니아 시를 대조시킨다.[82] 이 대조가 정당화되지 않는다 하더라도, 그의 지적은 시편의 핵심적 측면을 밝힌다.

브루그만은 다음과 같이 덧붙인다.

> 찬양은 고통을 변화시키는 힘을 지녔다. 하지만 반대로 현재의 고통도 찬양의 행위를 정직하게 유지한다.[83]

베스터만은 "탄원과 찬양의 매우 중요하고 긴장감 가득한 양극성"에서 선언적 찬양에서의 중심을 보는데, 이 선언적 찬양은 항변한 사건을 되돌아보고, 찬양의 지속하는 삶을 기대한다.[84]

대조적으로 브루그만은 애가에서 그 중심을 본다. 브루그만은 신앙이 방향의 상실(disorientation)을 통해 방향 설정(orientation, 우리는 하나님이 누구신지 그리고 삶이 어떻게 작용하는지 안다)에서 새로운 방향 설정(renewed orientation, 우리가 일어난 일을 고려하는 방식으로 하나님이 누구신지 그리고 삶이 어떻게 작용하는지 다시 개념화할 수 있을 때)으로 발전하는 방식에 대해 폴 리꾀르(Paul Ricoeur)가 제안한 주장에 근거한다. 브루그만은 이 세 단계가 찬양시, 항변시, 감사시에 반영된다고 본다.[85]

하나님과 함께하는 삶과 시편의 영성을 나선형으로 이해하면, 이 두 가지 이해를 결합할 수 있게 되며, 하나님과 우리의 삶에 있는 직선적 요소를 정당하게 평가할 수 있게 된다. 이 나선형에 어느 지점에서도 들어갈 수 있으므로, 이 나선형의 진로는 항변과 감사와 찬양 사이의 관계에 대한 베스터만의 이해와 브루그만의 이해 모두를 포함한다.

이 움직임을 나선형으로 이해하는 것은 또한 한 사람이 찬양시를 부른 다음 시기에 그 단어들은 다른 무언가를 의미함을 인식한다. 사람들이 나선형을 돌 때마다, 각 요소는 더 깊이를 더한다. 찬양은 더 많은 뉘앙스를 지닐 수 있다. 항

---

82 Ibid., 36–51.
83 *Israel's Praise*, 139.
84 *Praise and Lament*, 154.
85 예를 들어, *Psalms and the Life of Faith*, 3–32을 보라.

변은 더 긴급해질 수 있다. 신뢰는 더 깊어질 수 있다. 증언은 더 열렬해질 수 있다.

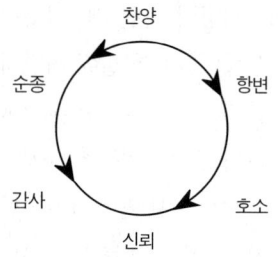

9. 신학으로서의 시편

　신학적으로 시편은 전체 구약에서 가장 치밀한 자료이다. 여기서는 다른 어느 곳보다 하나님에 대한 진술이 더욱 집중된다. 이것은 신학이 예배와 목회 모두에 대한 열쇠가 된다는 사실과 예배와 목회가 신학적 통찰력을 야기한다는 사실을 나타낸다.
　찬가와 신학은 밀접하게 관련된다. 찬가는 신학이 필요하며, 하나님을 영화롭게 하는 것은 하나님에 대한 진술을 많이 하는 것과 관련된다. 반대로 신학은 신학의 자연스러운 한 형태를 찬가에서 찾는다. 나는 무엇인지 기억할 수 없더라도 냉정한 분석적 신학 진술이 하는 역할도 있지만, 하나님의 성품을 공정하게 평가하는 진술을 하는 자연스러운 방법은 찬양의 형태로 진술하는 것이다. 하나님에 대한 냉정한 분석적 진술은 해체한다(deconstruct).
　하나님에 대한 진술은 또한 목회에 매우 중요하다.

　첫째, 내가 방금 언급한 찬가의 진술, 곧 찬양시에서 가장 편안한 진술은 이스라엘의 세계관을 형성하는 진술일 필요가 있다. 무엇보다 찬가의 진술들은 우리가 올바른 삶을 사는 것을 공표하고 지지한다.
　둘째, 이 진술들은 어려움이 올 때, 유혹으로 말미암아 어려움이 없었을 때는 단언했던 하나님에 대한 확신을 상실하거나 의도적으로 포기하려 할 때, 이스라엘이 염두에 둘 필요가 있는 진술들이다.
　위에서 관찰한 시편 22편의 추가되는 중요성은, 이 시편이 두 가지 사실에 직면할 때 주장하는 놀라운 방식이다. 이 시편은 버려진다는 사실에 대해 완전히 현실적이 되라고 주장한다. 하지만 이 시편은 또한 사실이라고 알고 있는 하나님에 대한 사실, 곧 여호와가 누구신지, 여호와는 과거에 이스라엘과 어떤 관계를 맺으셨는지, 여호와는 개인의 삶에 어떻게 관여하셨는지에 대한 사실을 놓치지 말라고 주장한다.

재앙이 닥칠 때, 이 사실들을 부인하고 싶은 유혹이 든다. 우리는 버려짐과 상실이라는 현실에 직면하기를 거부하거나, 이전에 알았던 하나님에 대한 진리를 포기함으로써 유혹에 빠져들 수 있다. 시편 22편은 두 사실을 직면하여 단호하게 보라고 주장한다.[86]

셋째, 하나님에 대한 진술은 또한 감사나 증언에서도 두드러지게 자리를 차지하는데, 왜냐하면 감사나 증언 가운데 한 중요한 의미를 차지하는 것은 이스라엘이 헌신하는 하나님에 대해 확증한다는 것이며, 하나님에 대한 단언을 미묘하게 표현한다는 것이다.

1) 하나님: 관여하심, 창조주, 주권자, 여호와의 집에 거하심

하나님에 대해 말할 때, 시편의 특징적 단언은 하나님이 종교적 측면과 정치적 측면 모두에서 이스라엘의 공동의 삶과 개인의 삶에 적극적으로 관여하시며, 물질과 내면 모두에 관심을 드러내신다는 것이다. 하나님은 하늘에 거주하시지만, 하늘에서 하나님은 지상에서 무슨 일이 일어나는지 관찰하시고 개입하러 오신다(시 18편).

하나님은 이런 식으로 도움과 방패가 되시며, 구원자와 반석이 되시고, 목자와 주인이 되신다(시 3편; 23편). 반대로 하나님은 악을 행하는 자들에게는 위협과 파괴자가 되신다(시 52편). 하나님의 관여하심은 때로 지속적이라는 특성을 보인다. 즉, 하나님의 관여하심은 삶 전체의 배경을 형성한다(시 37편).

하나님의 관여하심은 시기적절하며, 깊이 개입하며 전면에 드러난다. 하나님은 도덕적 고찰에 근거하시면서도, 이런 식으로 이스라엘과의 서약 관계에 근거하여 관여하신다. 이는 여호와가 부정함과 속임수와 폭력을 싫어하는 하나님이시기 때문이다(시 5편). 명백히 이 원리는 종종 준수보다는 어김에서 더 존중되는데, 즉 여호와는 사람들의 삶에 관여하시기로 되어 있지만, 이것이 어느 시점까지 정확하게 작용하는 것은 아니다(시 13편).

---

[86] 나는 이 주장이 나 자신의 것이 아니라고 생각하지만 나는 이것이 어디에서 온 것인지 떠올리지 못한다.

여호와는 과거에 구원을 베푸신 분으로서 거룩한 분이시며 이스라엘의 찬양 대상이면서도 개인의 삶 세밀한 곳까지 관여하시는 분이지만, 포기도 하시는 분이다(시 22편). 하지만 여호와께 돌아와 다시 행하시도록 정당하게 그리고 냉철하게 요구할 수 있다. 그 후에 사람들은 하나님이 실제로 왕으로서 한 번 행하셨음을 기념할 수 있다(시 96편).

여호와는 현재의 예배를 수많은 방식으로 설명하는 이스라엘의 이야기에서 줄곧 이스라엘에 관여해 오셨다. 이것은 현재의 찬양에 대한 토대이고(시 78편; 105편), 과거에서와 마찬가지로 현재에도 여호와께 행하시라고 촉구하는 항변과 기도를 위한 토대이며(시 44편; 80편), 여호와께 헌신하시라는 도전에 대한 토대이며(시 81편), 이스라엘이 더 지혜로운 삶을 살라고 권고하는 성찰을 위한 토대이다(시 106편; 107편).

> 시편에서 기도는 정치적 행위이다. … 우리가 무정부 상태로 무너지지 않은 것은 경찰보다는 기도 때문이다. … 기도에 대한 가장 널리 퍼진 미국의 오해는 기도가 개인적이라는 것이다. … 기도를 위한 최상의 학교는 계속 시편이 된다. 시편은 또한 정치에 대한 몰입임이 드러난다. … 기도는 (시편 기자의) 사회를 형성하고 영혼을 양육하는 특징적 행위였다. …
>
> 우리는 종종 시편이 개인적 저작이라고 (잘못) 생각한다. … 시편 모두는 집합적이다. 즉, 모든 시편은 공동체가 기도했고, 공동체에서 기도했다. … 우리는 왕국, 즉 사회의 시민으로 만들어졌다. (하나님은) 우리에게 시편을 제공함으로써 왕국의 언어를 가르치는데, 시편은 경건의 잔잔한 호수에 관심을 두는 것과 마찬가지로 난투가 난무하는 정치에 관심을 가지는 것으로 드러난다.[87]

여호와가 세상의 창조주가 되심은, 여호와가 지속적으로도 시기적절하게도 세상에 관여하시는 것과 많은 면에서 관련이 있다.

시편 104편은 하나님과 창조의 관계를 이해하는 데 많은 본보기를 제안한다. 하나님은 창조 세계를 움직이기 시작하셨고, 창조 세계가 계속 움직이도록 한 시계공과 같으시다. 하나님은 정기적으로 직접 세상에 관여하시면서 창조 세계

---

[87] Peterson, *Where Your Treasure Is*, 6, 8.

를 계속 돌보는 농부와 같으시다. 하나님은 화산과 같은 골치 아픈 측면을 포함해 자연의 에너지이거나 제도이시다.

하나님은 기적의 일들이나 비참한 일들에 대한 설명이 되는 "간격의 하나님"(God of the gaps)이시다. 하나님의 뜻을 거역할 수 있는 다른 어떤 신적 세력도 없다. 많은 천상의 존재는 여호와 앞에 서지만, 세상에서 그들의 책임을 성취하는 데는 여호와께 책임이 있다(시 58편; 82편).

여호와가 창조주가 되신다는 것은, 혼돈의 세력들이 다시 행사할 수 없으며 세상은 안전함을 의미한다(시 93편). 이것은 우주가 계속해서 하나님의 영광을 선언한다는 것을 의미한다(시 19편). 이것은 위대한 창조주가 하찮은 인간에 관여하신다는 놀라운 사실을 주장하는 것이다(시 8편). 이것은 하나님이 사람들의 필요를 매년 공급하신다는 것을 의미한다(시 65편). 이것은 이스라엘과 다윗에게 한 하나님의 특별한 약속을 뒷받침한다(시 89편).

하나님은 창조주로서 일상생활의 하나님이시며, 매일의 경험과 개인의 필요를 채우는 하나님이시다. 시편에서 하나님은 단순히 입법자이자 재판관이라기보다는 주시는 분, 치유하시는 분, 구원하시는 분이시며, 과거의 하나님(역사)이자 미래의 하나님(종말론)이실 뿐만 아니라 현재의 하나님, 곧 예배와 일상생활의 하나님이시다.

하나님이 창조주시라는 것은, 여호와가 온 세상의 하나님이심을 의미한다. 여호와가 이스라엘에 관여하시는 특수성은 이런 식으로 전 세계에도 중요하다(시 22편). 하나님의 통치는 전 세계에 좋은 소식이다(시 96편). 반면에 세상은 여호와의 통치를 거부하고 여호와의 사람들을 압제할 때, 여호와가 세상에 대해 조처하시는 것을 발견하게 된다(시 9편).

세상이 종종 하나님의 통치를 거부한다는 사실은, 하나님 백성의 찬양이 여호와가 정말로 통치하심을 선언할 때(예를 들어, 시 47편), 이 찬양이 세상을 창조하고 있다는 것을 의미한다. 하나님 백성의 찬양은 하나님의 백성이 예배 밖에서 경험하는 세상이 궁극적 세상임을 부인하고, 실제 세상은 여호와가 통치하시는 세상임을 선언하고, 예배자를 이런 확신 가운데 살도록 세상에 보낸다.[88]

---

[88] Brueggemann, *Israel's Praise*를 보라.

어떤 의미에서 여호와는 우주 밖에서 살고 또 다른 의미에서 하늘을 집으로 삼으시지만, 또한 시온, 성전에 집을 짓도록 계획하신다. 시온, 성전은 여호와의 집이며, 항구적으로 거주하실 여호와의 장소이다(시 132편). 또는 이것은 여호와의 발판이며(여호와의 보좌가 그룹 위에 있다), 따라서 거룩한 산 위에 있는 거룩한 장소이다(시 99편).

이것이 여호와의 집이라는 사실은, 거기에 예배하러 온 백성이 여호와의 집에 어울리는 삶을 살아야만 한다는 것을 의미한다(시 15편; 24편). 이런 삶이 없을 때, 시온은 여호와가 거칠게 말씀하시는 장소가 된다(시 50편).

예루살렘 자체는 여호와가 사시는 장소라는 데서 그 의미를 얻는다. 이런 이유에서 사람들은 예루살렘의 안녕을 위해 기도해야 하며(시 122편), 이런 이유에서 여호와는 강력하게 예루살렘을 방어하신다(시 48편; 76편).

성읍과 성전은 이런 식으로 이스라엘 사람들이 방문하기를 즐거워하는 장소인데, 이곳에서 그들이 자신들의 온전한 삶을 사는 것을 상상할 수 있으며(시 84편), 그곳에서 그들은 추방당하는 것을 슬퍼한다(시 42-43편).

2) 왕과 메시아

여호와가 예루살렘에서 통치하는 왕에게 하시는 약속은 예루살렘에서 계속 거주한다는 약속과 밀접하게 관련 있다(시 132편). 이 성소에서 여호와는 왕을 강하게 하려고 조처하신다(시 20편).

이곳에서 왕은 여호와의 권위가 세상에 행사되는 수단이 되어야 한다(시 2편; 110편). 때로 여호와의 조치는 이론과 일치하지 않을지라도(시 89편), 왕은 이것을 증언하는 위치에 있다(시 18편; 118편). 왕의 도전은 여호와에게서 오는 힘을 의지하는 것이며(시 21편), 또한, (암묵적으로) 여호와가 사회-윤리적 우선권을 가지셨음을 이해하는 것이다(시 72편).

초기 기독교 회중은 사람들이 여호와와 여호와의 기름 부은 이에 맞서 모이는 사람들에 대한 (예를 들어) 시편 2편에서의 묘사를 예수님을 죽이고 이제는 자신들을 공격하는 사람들에게 적용하려고 했다(행 4:25-28). 바울은 "너는 내 아들이라 오늘 너를 낳았다"라는 진술이 예수님의 부활에서 "이루게 하셨다"라고 보았다(행 13:32-33). 그리고 구약은 다윗의 후손이 결국 다시 이스라엘을 통치하게 될 것이라는 약속의 의미에서 메시아 예언을 실제로 포함한다(예를 들어, 사 11:1-9; 렘 23:5-6).

하지만 시편 2편 같은 시편들은 이런 예언이 아니다. 이런 시편들은 올 왕이 아니라, 현재 왕에 대해 말한다. 이 시편들을 성령의 영감 아래 예수님에게 적용할 때, 신약은 예수님의 의미를 밝히는 데 이 시편들을 사용하지만, 이 시편들에서 새로운 의미를 보는 방식으로 사용하고 있다.

신약은 성령이 원래 그들에게 주셨던 의미, 곧 시편들이 인간 저자와 처음 사용한 자들에게 지녔던 의미로 진행하고 있지 않다. 시편의 왕에 대한 묘사는 예루살렘의 왕이 깨달았을 것 같은 것을 넘어서지만, 이로 말미암아 이 시편들이 암묵적으로 '메시아적'이거나 처음에 '종말론적'으로 되지 않는다.

이 시편들은 여호와가 실제 왕에게 하신 약속과 여호와가 실제 왕에게 기대하신 것을 표현한다. 그리고 원래 실제 왕에게 적용된 시편들이 이제는 올 왕에게 적용된다고 여겨졌다는 명백한 지적도 없다.[89]

그렇다면 예루살렘의 보좌에 어떤 왕도 없다면 이 시편들은 사람들에게 무엇을 의미하는가?

구약은 이 질문에 대해 한 가지 이상의 대답을 제안한다. 만약 실제 메시아적 예언에 비추어 이 시편들을 본다면(사 11장; 렘 23장에서처럼), 사람들이 이 시편들을 미래 왕에게 적용하는 것으로 상상하거나, 더욱 열린 방식으로 단순히 시편들이 참되지 않아 보인다는 사실을 한탄하는 것으로 상상할 수 있다.

하지만 구약의 다른 부분들은 이 시편들이 다시 한번 적용될, 미래의 한 개인 왕을 찾지 않았다. 역대기는 다윗이 예루살렘의 예배의 절대적 건립자라고 열광하지만, 언제가 역대기가 예루살렘에서 또 다른 다윗이 있을 것이라고 기대하는 어떤 암시도 주지 않는다. 역대기에 비추어 볼 때, 왕권 시편은 여호와가 과거에 행하신 중대한 행위들을 회생한 것이 된다.

이사야 55장은 이 질문에 대한 또 다른 응답을 제안한다. 거기서 여호와는 다음과 같이 약속하신다.

---

[89] (예를 들어) D. C. Mitchell, *The Message of the Psalter*, JSOTSup 252 (Sheffield: Sheffield Academic Press, 1997)과는 대조적으로.

> 너희는 귀를 기울이고 내게로 나아와
> 들으라 그리하면 너희의 영혼이 살리라
> 내가 너희를 위해 영원한 언약을 맺으리니
> 곧 다윗에게 허락한 확실한 은혜이니라
> 보라 내가 그를 만민에게 증인으로 세웠고
> 만민의 인도자와 명령자로 삼았나니
> 보라 네가 알지 못하는 나라를 네가 부를 것이며
> 너를 알지 못하는 나라가 네게로 달려올 것은
> 여호와 네 하나님 곧 이스라엘의 거룩하신 이로 말미암음이니라
> 이는 그가 너를 영화롭게 하였느니라(사 55:3-5).

여호와가 다윗과 맺으신 언약은 보류되는 것 같다. 보좌에는 어떤 다윗도 없다. 그렇다면 여호와가 다윗에게 하신 약속은 어떻게 될 것인가?

여호와의 응답은 이것이 전체 백성에게 성취될 것이라고 한다. 신학적으로 다윗 언약은 전체 백성에 항상 부수적이었다. 즉, 백성들이 다윗을 위해 존재하는 것이 아니라, 다윗이 그들을 위해 존재했다. 이스라엘이 왕들의 개념을 고안해 내고 여호와와 거리를 두기 전에, 군주제의 끝은 여호와의 원래 의도의 역전을 가능하게 한다. 과거에 다윗은 세상을 인도하고 세상에 대해 증언하는 수단이었다.

이제 백성들이 직접 그 자리를 넘겨받을 것이다. 그래서 그들은 여호와가 다윗과 맺으신 관계에 참여자가 된다. 왕권 시편들은 이사야 55장에 비추어 읽힐 때, 시편들의 한 개인 왕에 대한 성취가 미래까지 연기되도록 하는 대신에, 현재의 전체 백성이 사용하게 된다. 신약에서 시편 2편을 예수님에게뿐만 아니라 믿는 신자들에게 적용하는 것(계 2:26-28을 보라)은 이와 일치한다.

3) 생명과 죽음

시편은 우리에게 인간의 삶은 취약성과 악함으로 특징지어진다는 인상이나, 인간은 약자들과 그들을 이용하는 사람들로 나뉜다는 인상을 줄 것이다. 약자들과 악인들은 모두 종교적인 사람들, 곧 건전한 신학적 견해를 가진 여호와를 예

배하는 자들이다(약자들을 공격하는 자들은 욥의 친구들이 주장했던 일종의 건전한 견해를 가진 사람들이다). 시편은 보편적 죄악이라는 사실을 인정하지만(시 130편), 신자들, 곧 약자를 이용하는 사람들의 깊은 죄악에 초점을 둔다.

그러므로 종교적인 사람들은 자신들이 헌신한다고 주장하는 진실을 시험하는 하나님의 시선에 열려 있을 필요가 있다(시 139편). 하지만 악인들에 대해 약자들의 취약성과 인간의 삶의 일반적 불확실성은, 죽음이 일찍이 신자들에게 직면하는 것처럼 보일 수 있음을 의미한다.

신자들은 사람이 죽을 때 몸이 생명이 없게 되며 행동하거나 움직일 수 없음을 안다. 몸은 가족묘(또는 무덤이 없다면 공동의 무덤 구덩이에)에 넣어진다. 거기서 몸은 가족의 이전 구성원들의 유해에 합류하며, 어둠 가운데 놓인다. 그들은 한 사람의 비육체적 측면에 발생한 일도 비슷하게 이해할 필요가 있다고 여긴다. 사람의 '자아' 또는 '인격'('영혼'은 잘못된 단어일 수 있다)도 생명이 없게 되며, 어떤 것도 할 수 없다. 이것은 또한 무덤의 비육체적 동등어인 스올 또는 구덩이에 있는 다른 생명이 없는 인격들에 합류한다. 그 후 당신은 거기에 갇힌다. 죽음의 경험에 대해서는 특별히 불쾌한 것은 없다. 그것은 오히려 잠이 드는 것과 같다.

시편 역시 당신이 '죽음'을 경험하려면 삶의 마지막까지 기다리지 않아도 된다고 여긴다. 시편은 우리가 분명하게 구분하듯이, 삶과 죽음을 구분하지 않는다. 사람들은 삶의 충만함의 상실로서 질병, 우울함, 하나님에게서 분리됨, 압제, 외로움 같은 경험을 보았거나 느꼈다. 그것은 마치 그 경험이 지속하는 동안에 죽음이 그들을 붙잡는 것 같았다(시 88편).

이 개념은 "영원한 생명"이 이제 삶의 충만함으로 시작하는 반면에 "영원한 죽음"은 이제 사람들이 삶의 충만함을 경험하지 못할 때 시작하는 것으로 요한이 이해한 것과 약간 비슷하다. 실제로 우리는 하나님에게서 버려지고 어려움에 압도당한다고 느끼는 것이 죽음과 같은 경험임을 안다. 이런 식으로 시편은 여호와의 구원에 대해 무덤에서 돌아오는 것으로 말할 수 있다(시 18편; 30편).

적절한 시기 전에 사람들이 죽을 때 죽음은 반대할 만하지만, 그렇지 않다면 구약은 죽음을 삶의 자연스러운 종결로 받아들인다. 이 관점은 다른 중동 종교들과 대조된다. 예를 들어, 이집트 사람들은 이에 대한 증거는 없을지라도 왕 같은 중요한 사람들에 대해 더 온전한 내세를 믿었다. 가나안 사람들은 스올을 관장하는 죽음의 신이 있다고 믿었다. 시편의 관점은 더 경험적이다. 즉, 시편은 사람들에게 긍정적 내세에 대한 신앙의 도약을 이루도록 요구하지 않는다.

시편은 인간 평등주의적이다. 즉, 시편은 이 생애에서의 특권이 나중에도 이어진다고 시사하지 않는다. 그리고 시편은 단일신론적이다. 즉, 시편은 또 다른 신이 관장하는 어떤 영역, 심지어 죽음의 영역이 있다고 믿지 않는다. 만약 여호와가 거기서 활동하지 않으신다면, 다른 어떤 신도 거기서 활동하지 않는다.

시편의 이해는 신약이 종종 말하는 방식과 잘 조화를 이룬다. 신약에서도 신자들은 스올의 헬라어 동등어인 하데스에 있다고 여겨진다. 신약에서도 죽음은 잠을 자는 것과 같다. 신약에서의 차이점은 사람들이 스올에 영원히 머물지도 영원히 잠이 들지도 않을 것이라는 가정인데, 왜냐하면, 예수님이 오심으로 차이가 생겼기 때문이다. 이제 사람들은 새롭고 변화된 삶으로 되살아나든지, 자신들의 잘못으로 징벌을 받을 것이다.

하지만 그사이에 스올은 여전히 죽은 사람들이 부활의 날까지 잠시 머무는 장소이다. 예수님이 거기에 계셨었고, 우리가 종말에 모두 되살아나 함께 심판받을 그날까지 잠들어 있을 때 우리를 계속 눈여겨보기 때문에 이것은 모두 옳다(예를 들어, 요 5:28-29; 살전 4:13-18; 계 20:11-15).[90]

---

[90] 이런 다른 본문들과 조화를 이루기 힘든 신약의 두 본문이 있다. 하나는 부자와 나사로의 비유이다(눅 16:19-31). 아마도 아브라함의 품에 있다는 것은 자신의 조상들에게 합류하고자 모이는 것과 비슷한 의미를 지닐 것이며, 이는 스올이 (이제) 어떤 의미에서 안전하고 부활하게 될 신자들에게 한 구역과 심판을 받게 될 불신자들을 위한 한 구역으로 나뉨을 의미한다. 이것은 우리가 죽을 때 그리스도와 함께하러 간다는 개념과도 조화를 이룰 것이다. 하지만 특히 예수님은 구전된 이야기(folktale, 이집트 자료와 유대 자료들에서 알려진)를 선택하고 있으므로, 우리는 교리를 비유의 세부 내용에 근거하는 것에 신중해야만 할 수도 있다. 이 이야기를 꺼낸 예수님의 핵심은 (사두개인의 신념과는 반대로) 긍정적인 내세가 있을 것이라는 점이며, 우리는 사람이 자신의 삶을 사는 방식으로 이를 고려할 필요가 있다는 점이다.
다른 본문은 "오늘 네가 나와 함께 낙원에 있으리라"(눅 23:43)라는 예수님의 약속이다. "낙원"은 에덴동산과 미래 지상의 낙원과 천국을 가리키는 용어이다. 하지만 예수님이 수난일에 천국에 가신다고 생각하는 것은 이상하다(오히려 그는 스올에서 설교하러, 하나님의 백성들에게 스올이 결국 끝이 아닐 것이라는 좋은 소식을 전하러 가시는 중이었다. 벧전 4:6을 보라). 그가 아버지께로 승천하시는 때는 부활절일 것이다(요 20:17). 아마도 그는 "내가 오늘 너희에게 말하노니, 내가 나와 함께 낙원에 있을 것이다"를 의미할 것이다. 또는 아마도 "오늘"은 이제 밝아 오는 구원의 시간을 가리킬 것이다(참조. 고후 6:2; 히 3:7-4:10; 참조. 눅 22:69의 "이제부터는"). 즉, 오늘 예수님이 하고 계시는 일은 사람들이 부활 때에 하늘로 떠날 수 있도록 스올의 문을 열 것이다. 또는 아마도 예수님은 그 남자가 "그리스도 안에" 있으며, 따라서 "그리스도와 함께" 안전하며(참조. 빌 1:23), 따라서 우리가 아직은 육체의 부

스올 교리의 한 가지 중요성은, 이 교리가 결국 우리의 부활도 가능하게 할, 예수님의 죽음과 부활 이전의 상황 및 그것과는 별도의 상황에 대한 진리를 말한다는 것이다. 문제는 일단 사람들이 긍정적 내세를 믿으면, 쉽게 현세를 신중하게 받아들이기를 멈출 수 있다는 것인데, 이는 종종 그리스도인들에게 있었던 일이다. 스올 교리의 또 다른 중요성은 이 교리가 이스라엘이 현세를 그럴 만한 가치가 있게 신중하게 받아들이도록 할 수 있다는 것이다.

4) 시편과 신약

시편과 신약의 관계에 대한 질문에는 많은 국면이 있다.

첫째, 신학적 국면이다.

예를 들어, 독자는 탄원자를 공격한 자들을 징벌하도록 하는 기도와 더불어 종종 고통당하고 분노한 항변이 시편에 두드러지는 것은 신약과 양립할 수 없다고 종종 판단했다. 시편 69편은 이런 기도의 주목할 만한 사례이며, 이 시편에 대한 주석은 신약에서 이 시편을 인용한 본문들에 비추어 이 문제를 고려한다.

하지만 우리는 신약이 현대 그리스도인 독자들을 곤란하게 하는 질문에 대해 꺼림칙해 하지 않는 것 같으며, 우리는 우리의 꺼림칙함을 다시 생각할 필요가 있다는 중요한 결론을 이미 진술했다.

시편 2편은 비슷한 결론을 시사한다. 이 시편에 대한 기독교적 해석은 이 시편의 폭력을 피할 수 있는 방법을 찾으며, 폭력을 보이기보다는 폭력을 받는 사람의 맥락에서 예수님께 적용되는 방법을 인정한다. 주석은 이 시편에 대한 신약의 사용의 다른 측면을 드러내는데, 이 신약 사용은 신약이 현대 그리스도인들을 곤란하게 하는 질문들에 대해 꺼림칙해 하지 않음을 다시 시사한다.

일반적으로 구약과 신약이 하는 일은 서로를 위해 성경적 신앙의 특성을 채우는 것이다. 신학적 통찰이 신약이 일종의 신학적 여과기를 제공하는 방식으로 성경을 통해 발전하며, 이 신학적 여과기 때문에 시편의 받아들일 수 없는 측면

활의 생명으로 일으켜지지 않았더라도 그리스도 안에서 새 생명으로 "일으켜"지듯이(예를 들어, 엡 2:5-6), 실제적으로 천국에 있다는 것을 의미할 것이다.

이나 구약의 다른 측면들이 다시 해석됨으로써 걸러내질 수 있는 실정이 아니다. 오히려 신약 자체는 구약이 폭넓은 맥락을 제공하며, 이 맥락에서 신약이 이해될 필요가 있음을 암시한다.

둘째, 시편과 신약 사이의 신학적 관계와는 대조적으로 다른 질문들이 본문에서 제기된다. 이것은 협소한 측면과 아울러 폭넓은 측면도 지닌다.

요한계시록에서 시편과 구약의 다른 부분들에 대한 인유(allusions)를 제거한다면 그대로 남을 구절이 거의 없지만, 구약의 실제 인용은 단 하나도 없다. 오히려 구약의 사용은 인유의 형태를 띠고, 그 책의 언어적 세계를 형성하는 형태를 띤다. 이것은 (예를 들어) 시편과의 관계에서 신약에 넘치는 한 현상에 대한 가장 놀라운 사례이다.

예를 들어, 마태복음 5:3-12에서의 예수님의 축복은 시편과 이사야에서 오는 구절을 제거한다면 의미가 훼손될 것이다. 시편 37:11에서 약자(개역개정: 온유한 자-역주)가 땅을 차지하게 될 것이라는 선언은 마태복음 5:5에도 다시 나온다. 시편 24:4의 마음이 청결한 자는 마태복음 5:8에 다시 나온다. 예수님이 복음의 영성에 대한 윤곽을 그린 것은 새로운 창조이지만, 이것은 시편과 다른 성경의 사용을 통해 존재하게 됐고 표현을 찾았다.

시편에서의 실제 인용은 여러 다양한 질문을 제기한다. 쿰란 문헌에서의 시편 인용과 마찬가지로(쿰란 문헌에서 시편이 또한 특히 유명하다), 시편을 원래 의미를 거의 고려하지 않는 방식으로 사용하는 것이 신약에 전형적이다.

예를 들어, 요한복음 13:18에서, 예수님은 그의 배반이 시편 41:9을 "채운다" 또는 "성취한다" 또는 "응한다"(플레로오[*plēroō*])라고 선언하신다. 이것은 시편의 맥락에서 이 절의 의미, 곧 구약 이스라엘에서 그 절을 사용한 신자들에게나 저자에게 지녔을 의미를 이어 가는 것이 아니다.

동일한 점이 요한복음 15:25에서 시편 69:4을 인용한 데도 적용된다. 나는 이 절들이 예수님이 "모든 성경에 쓴바 자기에 관한 것을 자세히 설명"(눅 24:27)하는 방식을 보여 주시는 사례들이라고 여긴다. 예수님은 자신의 제자들에게 자신이 누구인지 이해할 수 있게 하고자 성경을 사용하셨다.

바울은 로마서 3:1-20에서 비슷하게 온 세상, 곧 유대인과 이방인이 죄의 세력 아래 있다는 자신의 논지를 설명하고자, 시편의 여러 본문을 사용했다 (5:9[10]; 10:7; 14:1-3; 36:1[2]; 51:4[6]; 130:3; 140:3[4]; 143:2). 이 가운데 어느 본문도 바울이 지적하고자 하는 요점을 지적하지는 않는다.

쿰란과 필로(Philo)에게처럼, 신약에 대해 다윗은 선지자이다(행 2:30). 다윗이 성령에 의해 말했다(행 1:16). 즉, 다윗은 자신의 시대보다 오랜 후의 맥락에 초자연적으로 적합하도록 말하는 것들을 말했다. 하지만 그들은 성령이 처음 이 말씀들에 영감을 주었을 때 말씀들의 본질적 의미를 무시하는 방식으로 사용한다.

구약을 사용한 이런 전 현대적(premodern) 방식이 신약의 특징인데, 이는 유대인들, 그리스도인들, 비신자들이 수 세기 동안 성경을 사용한 방식의 특징이었다. 현대의 맥락에서 이것은 학문적 연구에 참여한 그리스도인들에게 문제가 됐다. 새로운 문화적 맥락으로 말미암아 성경에 대한 객관적 주해가 우리의 이상이 됐고, 우리는 이런 이상을 추구함을 통해 성경의 의미에 대해 신선한 발견을 할 수 있다는 것을 알았다.

하지만 이것은 또한 우리가 이 이상에 따라 신약이 구약을 사용한 것을 정당화해야만 하거나, 신약이 유대 주해 전통이나 유대 주해 방법을 사용하고 있었다는 것과 같은 다른 토대를 두고 이것을 설명하려고 해야만 한다는 것을 의미했다. 이것은 우리가 모방할 수 없을지라도 신약의 구약 해석을 이해할 수 있음을 의미할 것이다.[91]

포스트-모더니즘(postmodernity)의 맥락은 우리에게 이 문제에 접근하는 또 다른 방법을 제공한다. 포스트-모더니즘은 모더니즘(현대성)을 평가할 수 있으면서 동시에 모더니즘의 절대주의적 주장을 의심할 수 있다. 그리고 포스트-모더니즘은 프리-모던(premodern)을 새롭게 평가할 수 있는 반면에 또한 모더니즘을 필요하게 만들었던 프리-모더니즘(premodernity)의 문제를 인식한다.

이로 말미암아 우리는 예수님과 신약 저자들이 시편을 사용한 방식을 또 다르게 볼 수 있게 된다. 그들은 주해하려고 하는 것이 아니다. 그들은 자신들의 신념을 이해하고 표현하도록 돕고자, 시편에서 발견한 표현의 양식을 사용하고 있다. 그들의 표현이 전체 성경의 본질적 의미와 조화를 이룬다는 것은 중요할 것이다(그리고 예를 들어, 실제로 롬 3:1–20에서의 바울이 주장이 구약의 확신과 일치한다는

---

91 Cf. R. N. Longenecker, "Can We Reproduce the Exegesis of the New Testament?" *TynBul* 21 (1970): 3–38. 롱저네커(Longenecker)의 아티클은 요점을 지적한다. 즉, 우리는 모방할 때가 아니라면 이해한다는 의미에서 이것을 따를 수 있다.

것은 사실이다). 하지만 그들은 자신들이 인용한 특정 본문을 주해한 결과에 일치시킬 필요는 없다.

성경에 영감을 주신 성령은 저자들에게 성경에 나오는 말씀에서 새로운 의미를 보도록 영감을 주신다. 에베소서 4:8은 좋은 사례를 제공한다. 에베소서 4:8은 시편의 의미를 고치는 버전으로 68:18[19]을 인용한다. 즉, 그리스도가 자기 백성의 선물을 받는 대신에 자기 백성에게 선물을 주신다고 한다.

본문을 다시 쓰는 것은 탈굼을 따르는데, 탈굼은 괄호에서 더 나아가 이 본문을 모세에게 적용한다. 즉, "너는 높은 곳에 올라갔고(선지자 모세), 너는 포로로 억류했으며(너는 토라의 말씀을 가르쳤다), 너는 인간에게 선물을 주었다."[92]

에베소서에 이 인용은 "그러므로 이르기를"이라는 말로 소개되는데, 이는 성령이 원래 시편이 기록된 과정뿐만 아니라, 유대 전통이 원문과 매우 다른 의미를 지닌 또 다른 본문을 만들고자 다시 쓴 과정에도 관여하셨다는 것을 의미한다. 그리스도는 이제 새로운 모세이시며, 자신의 십자가와 부활을 통해 세상을 사로잡았던 악의 세력을 무찌르시고, 자기 백성에게 성령과 성령의 선물을 허락하신다.

시편과 서신서는 서로 긴장 관계에 있지 않다. 실제로 시편 자체에서 하나님은 선물을 받으실 뿐만 아니라 선물을 허락하신다(시 68:5-14[6-15]). 두 본문에서의 선물은 서로를 보충한다. 에베소서에서 그리스도는 선물을 주실 뿐만 아니라 경의가 표해진다. 여호와가 민족들에 대해 승리하시고, 그들이 선물을 가져옴으로써 여호와를 인정함, 그리고 그리스도가 악의 세력에 승리하시고 자기 백성에게 선물을 주시는 것 모두는 동일한 하나님의 활동과 목적에 속한다.

이어지는 주석에서 나는 종종 신약이 시편을 인용하는 방식을 지적했지만, 방금 간략하게 설명한 고려에 비추어 볼 때, 나는 이렇게 새롭게 사용하는 것이 시편 자체의 의미에 상응함을 보여 주려고 시도하지 않았다. 그리고 나는 신약을 우리가 시편을 통해 읽어야 하는 여과기나 렌즈로 만들지도 않는다.

---

92 Richard Rubinkiewicz, "Ps lxviii 19 (= Eph iv 8) Another Textual Tradition or Targum?" *Novum Testamentum* 17 (1975): 219-24을 보라. Richard A. Taylor, "The Use of Psalm 68:18 in Ephesians 4:8 in Light of the Ancient Versions," *BSac* 148 (1991): 319-36와 비교하라.

주석의 현대적 측면은 현대 그리스도인의 선호에 맞는 신약 읽기 방식에 의해 침묵당하는 것이 아니라, 시편이 스스로의 메시지를 말하고 그 메시지들이 기독교 사상, 신학, 영성을 다루도록 하게 한다는 것이다.

BAKER
COMMENTARY ON THE OLD TESTAMENT
WISDOM AND PSALMS

Psalm 1

제2부　주석

시편 1-41편

제1편

명심해야 할 약속 (1)

1. 본문

> 1 복 있는 사람은
> 악인들의 꾀를 따르지 아니하며[1]
> 실패자들(개역개정: 죄인들-역주)의 길에 서지 아니하며
> 오만한 자들의 자리에 앉지 아니하고
> 2 그의 즐거움은 오직 여호와의 가르침에 있으며(개역개정: 오직 여호와의 율법을 즐거워하여-역주)
> 그의 가르침에 대해 주야로 말하는도다(개역개정: 그의 율법을 주야로 묵상하는도다-역주)
> 3 그는 수로(개역개정: 시냇가-역주)에
> 심은 나무가[2]
> 철을 따라 열매를 맺으며
> 그 잎사귀가 마르지 아니함 같으니
> 그가 하는 모든 일이 다 형통하리로다[3]

---

1 격언의 카탈(qatal, 1절)과 습관적 이크톨(yiqtol)이나 웨카탈(weqatal, 2–6절)은 일반적 진술을 하는 대안의 방법들이다(*IBHS* 31.3e을 보라; 또한 Max Rogland, *Alleged Non-past Uses of Qatal in Classical Hebrew* [Assen: Van Gorcum, 2003]을 보라).

2 나는 동사가 불필요한 것을 고려할 때, 많은 영어 번역본의 "그는"(he is)을 축소 번역(under-translation)으로 간주한다.

3 많은 영어 번역본은 일반적으로 "그들이 하는 모든 일이 다 형통하리로다"를 의미한다. 동사 살라흐(ṣālaḥ, 히필)는 자동사로 비인칭 주어와 함께 사용될 수 있지만(삿 18:5을 보라)

4 악인들은 그렇지 아니함이여
　　　오직 바람에 나는 겨와 같도다
　　5 그러므로 악인들은 심판을 견디지 못하며
　　　죄인들이 의인들의 모임에 들지 못하리로다
　　6 무릇 의인들의 길은 여호와께서 인정하시나
　　　악인들의 길은 망하리로다

2. 해석

　시편 1편은 노래와 기도의 한 모음집에 대한 예기치 않은 시작으로 구성되는데, 시편 1편 자체는 노래나 기도가 아니라, 약속과 암묵적 권고로 구성되는 방식으로 삶이 어떻게 작용하는지에 대해 언급하는 시이기 때문이다. 시편 1편은 하나의 가르침으로서, 대부분의 시편과는 대조되는 반면에, 잠언 1-9장 내에서는 어울리지 않아 보이지는 않는다.

　특별히 시편을 시작하기 위해 기록된 것처럼 보이지는 않는다. 아마도 부차적으로 이런 맥락에 사용된 한 교사의 시일 것이다.[4] 구문 일부는 산문으로 되어 있지만(주목할 만하게도 관계대명사 아셰르['ǎšer]가 세 번 나오건), 시의 모습은 본질에서 이미지 사용에서 드러나며, 양식에서 병행구, 반복, 계층 구조를 창조적으로 사용하는 데서 드러난다.[5]

　　타동사 용법이 훨씬 흔하다(예를 들어, 시 37:7; 신 28:29; 수 1:8; 사 48:15). 대하 7:11는 특히 이 예와 비슷하다. NRSV는 이 이해를 전제하는 것 같다(참조. 시 37:7에서의 번역). 하나님은 이 동사의 주어일 수 있지만, 병행구도 현재의 맥락도 이 방향을 가리키지 않는다.
4　카시오도루스(Cassiodorus)는 표제가 없는 것이 그리스도에 대한 시편에 적절하다고 본다. 즉, 어떤 것도 그에게 방해가 되지 않는다(*Psalms*, 1:45). 물론 푸아티에의 힐라리우스(Hilary of Poitiers)는 이미 기독론적 이해에 강력하게 반대 주장을 펼쳤다(*Psalms*, 236-37).
5　다음을 보라. Sebastian Bullough, "The Question of Metre in Psalm i," *VT* 17 (1967): 42–49; J. Alberto Soggin, "Zum ersten Psalm," *TZ* 23 (1967): 81–96; O. Loretz, "Psalmenstudien," *UF* 3 (1971): 101–15, 101–3을 보라; P. Auffret, "Essai sur la structure littéraire du psaume 1," *BZ*, n.s., 22 (1978): 27–45; idem, "Comme un arbre … ," *BZ* 45 (2001): 256–64; Rosario P. Merendino, "Sprachkunst in Psalm i," *VT* 29 (1979): 45–60; R. Lack, "Le psaume 1," *Bib* 57 (1976): 154–67; Walter Vogels, "A Structural Analysis of Ps 1," *Bib* 60 (1979): 410–16; Alter, *Art of Biblical Poetry*, 114–17; Yehoshua Gitay, "Psalm 1 and the Rhetoric of Religious Argumentation,"

구체적으로 이 시작하는 시편은 여호와의 가르침(토라[*tôrâ*]라는 단어가 2절에 나온다)에 주의하라고 촉구한다. 토라라는 단어는 종종 "율법"으로 번역된다(예를 들어, 70인역, NIVI). 다른 곳에서 "여호와의 가르침"은 오경에 있는 자료를 가리킬 수 있으며(예를 들어, 대하 17:9), 이 번역은 이 시편이 창세기-신명기에서의 가르침, 곧 토라에 대한 고찰을 가리킨다는 인상을 심어 준다.[6]

비록 "율법"이 전체 이 책들을 묘사하거나 심지어 이 책들이 포함하는 삶에 대한 직접적 가르침을 묘사하는 데 오해하기 쉬운 용어일지라도, 시편 1편은 사실 오경, 또는 출애굽기에서 시작하는 가르침에 대한 좋은 소개가 될 것이다.

"율법"은 사회가 구성원들에게 지우는 요구를 시사한다. 창세기-신명기가 이스라엘 사회에 지우는 요구를 포함하지만, 요구는 사회가 아니라 하나님이 지우셨다. 게다가 창세기-신명기 역시 하나님이 무엇을 행하셨는가와 하나님이 어떻게 이스라엘의 첫 세대와 그들의 조상들과 관련되셨는지에 대한 이야기로 구성된다.

창세기-신명기는 단순히 사람들이 무엇을 해야만 하는가에 대한 지침이 아니다. 달리 표현해 보면, "율법"은 "은혜"와 대조되는 것을 시사하는 반면에 창세기-신명기는 은혜와 토라를 대조시키지 않는다. 토라라는 단어 자체는 '법'이 아니라 '가르침'을 의미하며, 따라서 명령뿐만 아니라 이야기를 포함할 수 있다. 이 토라는 거만한 자들의 어리석음과 대조시키면서도 그 어리석음의 영향을 막는 고찰을 위한 주제로서, 중요하게도 여호와의 가르침의 모음뿐만 아니라 여호와가 이스라엘을 다루신 이야기도 포함한다. 이 이야기는 계명만큼이나 확고하게 사람들이 여호와의 길을 가는 공동체가 되도록 한다.

하지만 여호와의 가르침은 창세기-신명기에 국한되지 않는다. 실제로 이것은 더 자주 "모세의 가르침"이라고 불린다. "여호와의 가르침"이라는 표현은 오히려

---

in *Literary Structure and Rhetorical Strategies in the Hebrew Bible,* ed. L. J. de Regt, J. de Waard, and J. P. Fokkelman (Assen, Netherlands: Van Gorcm; [Winona Lake, IN]: Eisenbrauns, 1996), 232-40; 그리고 문법적 특징에 대해, Pierfelice Tagliacarne, "Grammatik und Poetik," in *Text, Methode und Grammatik* (Wolfgang Richter Festschrift), ed. Walter Gross et al. (St. Ottilien: EOS, 1991), 549-59을 보라.

6 Cf. Pancratius C. Beentjes, "The Function of Psalm 1 in a Text from the Genizah of Cairo," *EstBib* 52 (1994): 303-16. 미드라쉬 테힐림(Midrash Tehillim)이 시편 1편을 시편에 대한 도입으로 보는 방식에 대해, Thereses Hansberger, "'Mose segnete Israel mit *'sryk*, und David segnete Israel mit *'sry*,'" *BZ* 46 (2002): 25-47을 보라.

시편(특히, 시 119편)과 선지서(예를 들어, 사 1:10; 렘 8:8)의 특징이 되며, 이제 창세기-신명기에 나오는 자료를 언급하는 데만 결코 국한되지 않는다.

잠언은 결코 명백하게 여호와의 가르침을 언급하지는 않았으며 잠언서의 가르침은 아버지나 어머니 또는 교사의 가르침일지라도, 1절에서 잠언과의 연관성을 배경으로, "가르침"은 잠언의 강조점을 떠올리게 한다(예를 들어, 3:1; 7:2; 28:4, 7, 9).

구약 다른 곳에서 토라가 제사장, 선지자, 또는 교사의 가르침을 가리킨다는 사실은, 다시 이 시편이 암묵적으로 여호와의 계명보다 더 폭넓은 것에 대해 고찰하도록 권유함을 시사한다.

토라 시편인 시편 119편은 여호와의 계명뿐만 아니라 여호와의 약속도 강조하고, 신실하지 못한 자들에 대한 가르침은 권고를 제안할 뿐만 아니라 약속도 한다(예를 들어, 잠 1:8-19). 이런 가르침은 온전한 세계관을 전제로 한다. 동일한 사항이 신실한 자들이 숙고할 필요가 있는 가르침에도 해당한다. 이 가르침은 권고와 대안의 온전한 세계관뿐만 아니라 약속으로도 구성된다.

[시 1:1-3]

누군가의 "복"에 대한 선언은 시편 같은 책에서 기대할 수 있듯이(시편 127편과 128편은 예외다), 일반적으로 찬양이나 기도와 관련된 시의 일부가 되지만 종종 시편에 나온다. 첫 "시편"의 이런 시작은 즉각적으로 잠언의 시들과 유사함을 확립한다(예를 들어, 3:13; 8:32, 34). 실제로 우리가 책들의 길이에서의 차이점을 고려한다면, 이 표현은 시편만큼이나 잠언의 특징이 된다.

> 1 복 있는 사람은
> 악인들의 꾀를 따르지 아니하며
> 실패자들(개역개정: 죄인들-역주)의 길에 서지 아니하며
> 오만한 자들의 자리에 앉지 아니하고

*"복"(아쉬레 ['ašrê])이라는 표현은 두 단어가 역사적으로 연결되든 그렇지 않든, 동사 아샤르('āšar, "곧게 가다")를 떠올리게 한다. 아슈르('āšûr)는 '내딛다/걷다'를 의미한다(예를 들어, 17:5). 이것은 따라서 즉각적으로 삶의 걸음(여정)이라는 개념

을 소개하는데, 전체 시편은 이 개념과 함께 진행해 간다. 이 선언의 주어는 하이쉬(*hāʾîš*)이며, 이는 종종 개인을 가리키는 용어이다.[7] 1-3절은 악인들의 무리보다는 이런 개인을 가리킨다. 5-6절에서 이 사람이 실제로 홀로 있지 않다("의인"에 대한 명백한 언급들은 복수이다)고 상기시키겠지만, 이 개인은 이 무리의 압력에 맞서야만 한다.

"꾀"(에차 [*ʿēṣâ*])는 잠언과 욥기에 자주 나오는 또 다른 단어인데, 이 단어는 사람들에게 하나님의 악인 꾀를 좌절시킴을 믿고, 이런 꾀를 지지하지 않도록 촉구한다(욥 5:13; 10:3; 21:16; 22:18; 참조. 시 33:10-11).[8] 거만한 자들은 거의 독점적으로 잠언서에 나오는데, 잠언서에서 종종 그들의 운명에 대해 독자들에게 경고한다(예를 들어, 1:22; 13:1; 19:29).

성공에 이르지 못할 삶에 대한 세 가지 나란히 나오는 설명은 점차 묘사를 강화한다. 설명은 신명기 6:7과 겹치기도 하지만, 다시 잠언서를 떠올리게 한다.[9] 각 묘사는 전치사 베(*bĕ*, ~에 따라/~에서)가 앞에 덧붙여진 명사를 포함한다.

악행의 기본적 형태는 단순히 행위와 관련된다. 즉, 악인의 충고에 따라 "행하는 것"이다. 이것보다 나쁜 것은 도덕적 실패의 길에 "서는 것"(아마드 [*ʿāmad*])인데, 이는 그 길을 단지 택하는 것 이상으로 그 길에 확고하게 서는 것을 의미한다. 이 한 행동이 삶의 방식이 된 것이다.

이 뒤에는 오만한 자들의 "자리"에 "앉는 것"이다(참조. 107:32. 여기서 모샤브 [*môšāb*]는 "회중/총회"를 의미하는 카할[*qāhāl*]과 병행을 이룬다). 이것은 그들의 방식으로 사는 것뿐만 아니라, 그들이 장로들이 성문에 모이는 것을 악하게 모방하여

---

[7] 테오도르(Theodoret)는 흥미롭게도 독자들에게 "남자"에 대한 언급이 여자들을 배제하지 않는다고 재확신시킨다(*Psalms*, 1:47). 물론 우리는 그의 논증이 핵심을 지적한다고 여기지 않는다.

[8] 많은 영어 번역본의 "조언"(counsel)은 에차(*ʿēṣâ*)가 악인들이 주는 "충고"(advice)를 가리킨다는 인상을 줄 수 있지만, 이것은 그들이 다른 사람들에게서 끌어내고자 표현하는 의도를 가리키는 것 같다(참조. 잠 1:9-19). PBH에서 이것은 "조언"(council, cf. *DTT*)을 의미할 수도 있지만, 이 의미가 여기에 나온다고 가정할 필요가 없다(Roland Bergmeier, "Zum Ausdruck *ʿṣt ršʿym* in Ps 1.1, Hi 10.3, 21.16 und 22.18," *ZAW* 79 [1967]: 229-32와는 대조적으로). 시리아어 번역본은 "꾀"와 "길"을 바꿔 놓는데, 아마도 "길에서 걷다/살다"라는 표현이 더 익숙한 것을 고려해서일 것이다(Kraus, *Psalms*, 1:113도 그렇다).

[9] Cf. André Gunnel, "'Walk,' 'Stand,' and 'Sit' in Psalm i 1-2," *VT* 32 (1982): 327. Stephen C. Reif ("Ibn Ezra on Psalm i 1-2," *VT* 34 [1984]: 232-36)은 이븐 에즈라(Ibn Ezra)가 이 점을 주장했음을 지적했다.

모일 때 그들의 숙고에 참여하는 것을 의미한다.[10]

문제에 대한 분석이 이런 식으로 1절을 통해 깊어지는데, 물론 이것은 이야기의 진행을 의미할 필요는 없다. 즉, 사람들이 먼저 걷고(따르고), 그 후에 서고 마지막으로 앉는 식으로의 진행일 필요는 없다.[11] 앉는 것이 따르는 것과 서는 것을 앞설 수도 있다.

행악자들을 삼중으로 묘사할 때, 첫 용어 *악인(faithless)은 통상적 용어지만 중요한 용어이다. 악인은 시편과 지혜 문헌에서 매우 두드러진다. 둘째 용어에 대해서는, 어근 하타(ḥāṭā')에서 온 형태들이 역시 두 맥락에서 두드러지지만, 명사 *실패자들(failures)은 덜 두드러지므로(예를 들어, 시 25:8; 104:35; 잠 1:10), 이는 약간 강화하게 된다.

"오만한 자들"(레침 [lēṣîm])은 요점을 더욱 분명히 한다. 이들은 자신들이 생각하는 것을 알고 누구라도 자신들에게 다르게 말하기를 원치 않는 자들이다. 여호와의 가르침이나 그 밖에 어느 것에 대한 고찰은 그들의 삶의 방식 일부가 아니다. "만약 죄인 가운데 가장 수치스러운 죄인들이 아니라면" 그들은 "회개에서 가장 먼 자들"(잠 3:34)이다.[12] 이런 사람들과 함께 거주하거나 앉는 것은 그들의 세계관에 빠져들 위험이 있다.

마지막 병행구의 순서(꾀, 길, 집 [각주 7번을 보라-역주])는 다시 상황에 압력을 더 단단히 가한다. 꾀를 말하는 사람들의 말을 듣는 것과 그 꾀를 따라 행동하는 것은 별개의 문제이다. 이런 모략하는 자들과 함께하며 자신의 삶을 보내는 것은, 빠져들고 싶지 않은 늪으로 걸어 들어가는 것이다.

---

10 모샤브(Môšāb)는 보통 "집"(home)을 의미하므로, 우리는 "집에 살았다"(야샤브 [yāšab], 관련된 동사)라고 번역할 수 있는데, 이는 그들의 삶에 대한 태도에 맞추는 것이다(탈굼은 "상에 앉다"로 되어 있다). 하지만 문맥에서 이는 그리 잘 어울리지 않는다. 아퀴나스(Aquinas)는 이것을 다른 이들에게 죄를 짓도록 가르치는 교사의 의자에 앉아 있는 누군가에게 잘못 적용한다.

11 Cf. G. W. Anderson, "A Note on Psalm i 1," *VT* 24 (1974): 231–33.

12 Kidner, *Psalms*, 1:48.

> 2 그의 즐거움은 오직 여호와의 가르침에 있으며(개역개정: 오직 여호와의 율법을 즐거
> 워하여-역주)
> 그의 가르침에 대해 주야로 말하는도다(개역개정: 그의 율법을 주야로 묵상하는도
> 다-역주)

이 시편이 추천하는 긍정적 대안에 대한 두 개의 병행구 묘사에서, "가르침"은 두 콜론 모두에 나오는데, 이에 대해 중대하게 강조하는 것이다. 두 콜론은 1절의 절과 마찬가지로, 전치사 베(*bĕ*, ~을)가 앞에 붙는 한 명사를 결합하는데, 1절의 부정적인 것과 여기서 긍정적인 것이 대조된다.

여호와의 가르침에서 "즐거움"(헤페츠[*ḥēpeṣ*])을 누리거나 기뻐한다는 것은, 평범한 신실한 이스라엘 사람들이 취하는 "보통의" 자세이다.[13] 그들은 이런 식으로 명철을 즐거워하지 않는 오만한 자들(잠 18:2)과 대조된다. 시편 19편은 적절한 때에 여호와의 토라(*tôrâ*)를 즐거워함을 더 발전시킬 것이며, 거기서 토라는 지시와 계명이라는 함의를 더 지닐 것이다(참조. 112:1; 119:35의 즐거워함). 시편 1편이 이런 지시와 계명을 염두에 두는 한, 이것은 2a절의 역설을 강화한다.

기독교 사상에서 즐거움과 지시/계명은 함께하지 않는다. 즐거움과 가르침은 심지어 함께하지 않는다.

한스 프라이(Hans Frei)는 다음의 용어로 현대 사상에서의 결정적 발전을 묘사했다. 일단 사람들은 성경의 이야기를 읽었으며, 그 맥락에서 자신들의 이야기를 두려고 했다. 18세기 이후, 우리는 성경의 이야기를 우리 이야기의 맥락에 두려는 경향이 더 깊어졌다. 우리 이야기가 성경 이야기가 사실인지 또는 관련되는지를 결정하기 위한 기준을 제공한다. 우리는 성경 이야기를 우리 이야기에 따라 판단한다.[14]

시편이 추천하는 태도는, 특히 (우리가 추가할 수 있는데) 그 이야기가 관련이 없어 보이거나 우리와는 다른 자세를 취할 때, 여호와의 가르침을 즐거워하는 것과 관련된다. 이는 성경을 연구하는 것이 흥미롭고 의미 있으며 중요하게 되

---

[13] 하지만 Uwe F. W. Bauer, "Anti-Jewish Interpretations of Psalm 1 in Luther and in Modern German Protestantism," *Journal of Hebrew Scriptures* (e-journal) 2 (1998): article 2을 보라.
[14] *The Eclipse of Biblical Narrative* (New Haven, CT: Yale University Press, 1974)를 보라.

는 순간이다. 그때 우리는 여호와의 가르침에 즐거워한다. 이 즐거움이 표현하는 방식은, 그것에 대해 *주야로 말하는 것이다. 다시 말해서 끊임없이 말하는 것이다.

현재의 맥락에서 "가르침"이라는 단어를 가리키는 더 구체적인 지시 대상이 있다. 도덕적 삶에 대한 가르침이 시편에 나오지만, 그것은 중심 자리를 차지하지 않는다. 시편의 주된 관심은 사람들에게 찬양하고 기도하고 증언하도록 가르치는 것이다. 아마도 이 시편이 숙고하라고 권유하는 가르침은 감사와 기도와 증언에 대한 가르침일 것이다.

악인들, 실패자들, 오만한 자들은 찬양과 증언과 기도를 믿지 않는 사람들이다. 불가피하게 이런 사람들의 삶은 헛된 것으로 드러난다. 그러나 의인들은 찬양하고 기도하고 증언하고자 회중으로서 함께 만나며, 거기서 그들은 시편 1편의 진리를 입증한다. 그들은 이런 식으로 시간을 보내는 한, 자신들이 복의 사람들이 됨을 안다.[15]

> 3 그는 수로(개역개정: 시냇가-역주)에
> 심은 나무가
> 철을 따라 열매를 맺으며
> 그 잎사귀가 마르지 아니함 같으니
> 그가 하는 모든 일이 다 형통하리로다

이를 덜 단조롭게 표현하면, 그들은 자신들의 삶이 열매를 맺게 됨을 알 것이다. 시냇가에 심긴(아마도 옮겨심긴) 자리를 잘 잡은 나무라는 이미지는 자연스럽고 익숙하다. 중동의 기후에서 오랜 건기는 과일나무에서 과일이 익어 가면서 물이 가장 필요할 때 다가온다. 그러므로 과일나무는 뿌리가 닿을 수 있는 물 공급이 원활한 가까운 곳에 심길 필요가 있다. 그렇다면 "수로"(water channels)는 자연 시내이거나 용수로일 수 있다(참조. 잠 21:1). 시작하는 구절은 예레미야 본문에서는 "통로"(channels)라는 단어가 없다는 것을 제외하고는, 정확하게 예레미야

---

15 Reinhard G. Kratz ("Die Tora Davids," *ZTK* 93 [1996]: 1–34)는 따라서 시 1편이 (다섯 권으로 된) 시편을 "다윗의 토라"로 소개한다고 제안한다.

17:8의 첫 구절과 동일하다.

예레미야 17:5-8의 맥락은 이 비유를 상세히 설명하는데, 물론 이 비유를 경건함보다는 여호와를 의지한 결과에 적용한다.[16] 에스겔 17:1-10, 19:10-14도 여호와가 심으신 누군가로서의 왕에 이를 적용하지만, 이 이미지를 활용한다. 예레미야 17장은 문맥에서 정치적 함의를 지닐 수도 있다.

이와는 대조적으로 시편 1편은 이 원리를 모두에게 적용하며(참조. 시작하는 하이쉬[*hā'îš*], 그 사람), 그들의 평범한 삶에 요구하고, 그 요구는 도덕적 삶과 관계된다고 선언한다. 비록 "통로'(channels)가 예레미야 17장에는 없지만, 시편 46:4[5], 65:9[10]에 나오며, 이런 연관성은 의인을 새롭게 하는 수로가 여호와가 제공하시는 수로, 특히 여호와가 시온으로도 시온에서도 흐르게 하는 수로임을 시사할 수 있으며, 실로암이 이 수로의 상징이다. 하지만 이 시편은 여호와의 가르침이 이에 대한 열쇠라고 제안한다.[17]

하지만 의인은 어떻게 좋은 위치에 있는 나무와 같은가?

둘째 행은 첫째 행(개역개정에서는 첫째 행과 둘째 행이 바뀜-역주)에서 암시하는 이 질문에 답하는데, 즉 이런 나무는 계속 열매를 맺고 잎이 무성하게 하는 방식으로 된다는 것이다. 이는 이 절에서 줄곧 긴장감을 불러일으키는데, 3c-d절이 이를 해석하지 않고 비유를 발전시키기 때문이다.

이 두 콜론은 말끔하게 병행을 이룬다. 타동사와 자동사가 한 쌍을 이룬다. 열매와 잎의 무성함이 서로 균형을 이룬다. 즉, 열매는 나무가 목표 삼는 것이지만, 잎이 무성하지 않고서는 열매가 없을 것이다. "철을 따라"라는 표현은 중앙에서, 열매 맺는 철 역시 가장 압박을 가하는 철이라는 사실을 암시한다. 여름의 태양은 열매를 맺는 데 필수적이면서도 위협이 되기도 하는데, 열매를 맺게 하면서도 잎을 시들게 하기 때문이다.

이 행은 이런 식으로 복에 대해 말함으로써 시작하는 시편의 위협적 측면을 숨기지만, 의인들이 의롭지 않기 때문이 아니라 의롭기 때문에 시들 가망이 있음을 암묵적으로 인정한다. 이런 가정은 이어질 시편의 특징과 연결되는데, 시편들은

---

16 시 1편과 렘 17장(그리고 아메네모페[Amenemope])의 관계에 대해, E. Lipinski [sic], "Macarismes et psaumes de congratulation," *RB* 75 (1968): 321-67, 330-39을 보라.

17 Cf. Jerome F. D. Creach, "Like a Tree Planted by the Temple Stream," *CBQ* 61 (1999): 34-46.

종종 번성하기보다는 시드는 것과 같은 경험을 전제한다. 시편 1편은 이것이 삶이 작용하는 방식이 아니며, 이어지는 시편들도 일반적 상황이 아니라 예외적 상황을 나타낼 것이라고 약속한다.

그렇다면 이 비유는 무엇을 의미하는가?

대답은 3c-e절을 세-콜론으로 만드는 여분의 콜론에서 오는데, 이 세-콜론은 운율에서는 예기치 못했지만 본질적으로 필요하다. 마소라 본문은 이 절을 3a-d절 뒤에서만 구분하는데, 이는 마지막 콜론이 전체 3a-d절에서 제기하는 질문에 답하는 방식을 나타낸다. 마지막 콜론도 첫째 콜론(3a절)과 병행을 이루며, 두 콜론은 나무보다는 의인에 대한 진술이 된다. 복과 같이 형통함은 두 측면을 지닌다. 형통함은 공격에서의 보존됨(사 54:17; 겔 17:15)과 긍정적인 성취(창 24:56; 대상 22:11; 렘 22:30)를 포함한다.

실제로 단어들에서는 아닐지라도, 3절을 마무리하는 "형통하리로다"와 1절을 시작하는 "복"이 쌍을 이룬다.

"악인들의 길이 왜 형통하는가?"

이런 불평이 실제로 예레미야에 나오지만(렘 12:1을 보라), 시편에도 나올 수 있다. 예레미야의 각 말씀이 시편에 나오며, 예레미야는 악인들이 열매를 맺는다는 사실에 계속 애통해한다. 예레미야의 말씀과 이 시편의 말씀은 서로 대조되는데, 이 시편은 시편에서 이어질 애가들을 예상하기 때문이다.

마지막 콜론은 앞선 두 콜론과 공통되는 어순의 특징을 지닌다. 세 콜론 모두에서 명사 표현이 특이하게 동사보다 앞선다. 이는 "나무의 열매에 대해서는, 나무는 철을 따라 열매를 맺는다. 나무의 잎의 무성함에 대해서는, 잎이 시들지 않는다. 그들이 하는 모든 일에 대해서는, 그들은 모두가 형통하게 된다"를 시사한다.

이 표현들은 여호와가 여호수아에게 하신 도전과 비슷한데(수 1:8), 이 도전에서 이미 여호수아에게 모세의 가르침의 책을 계속 낭송하도록 촉구하셨었다. 역시 이 표현들은 역대하 7:11에 나오는 솔로몬에 대한 진술과도 비슷하다. 이런 식으로 다시 한번 이 표현들은 위대한 지도자와 왕들의 삶에서 잘 보여 주는 원리들이 보통 사람들에게도 적용된다고 약속한다.

[시 1:4-5]

여기서 악인들의 화에 대한 상응하는 묘사가 이어진다. 의인의 삶에 대한 묘사와 상응하는 악인의 삶에 대한 묘사는 없다. 실제로 1-3절은 이미 이를 제공했다. 초점은 악인의 운명에 있다.

> 4 악인들은 그렇지 아니함이여
>   오직 바람에 나는 겨와 같도다

첫째 콜론은 짧고 예리하다. 70인역은 콜론 끝에 "그렇지 않다"를 반복함으로써 수사적 효과를 얻으며, 또한 "땅 표면에서"를 추가하여 4b절을 발전시킨다. 그렇다면 4b절은 전체 3절과 3a-d절 내에서처럼 4a절을 설명한다.

어떻게 악인은 의인과 같지 않은가?

상황이 그들을 위해 작용하는 방식에서이다. 하지만 그들의 운명에서의 차이점은 그들의 운명을 묘사하는 데 사용된 이미지의 변경과 일치한다. 예레미야서와 에스겔서는 나무가 물가에 심기었는지 광야에 심기었는지에 따라 두 방향으로 나무 이미지의 함의를 진행해 간다. 따라서 우리는 이 시편이 다음과 같은 것을 말할 것을 기대할 수도 있다.

"오히려 그들은 뜨거운 사막 바람에 시든 사막의 관목 나무와 같다."

이런 다른 가능성이 어떻게 될지 모르지만, 시편은 나무 이미지를 포기하고 다른 이미지로 이어 간다. 이미지는 이 시편이 지적하고자 하는 요점에는 부차적이며, 변경이 요점을 더 강화한다.

새로운 이미지는 여름을 반영하는 또 다른 이미지이다. 곡식을 추수하고 타작할 때, 농부는 바람이 부는 곳에 곡식더미를 쌓고서 쇠스랑으로 곡식을 공중에 던진다. 곡식들은 땅으로 다시 떨어지지만, 더 가벼운 껍데기는 바람에 날려간다. 쭉정이는 이런 식으로 쓸모없어서 약한 것을 가리키는 대표적인 이미지이며, 이는 악인의 운명을 가리키는 이미지가 된다(참조. 35:5). 이것은 징벌을 가리키는 이미지일 수 있지만(예를 들어, 욥 21:18; 사 17:13; 29:5; 습 2:2), 단순히 재앙을 시사할 수도 있다(참조. 사 41:2).

한 번 더 이 이미지는 "그들은 정확히 어떻게 쭉정이와 같은가"와 같은 질문을 제기함으로써 시를 진행한다.

> 5 그러므로 악인들은 심판을 견디지 못하며
>   죄인들이 의인들의 모임에 들지 못하리로다

3e절과 병행을 이루는 것은 *악인, *실패자들에게 일어난 일에 대한 문자적 설명이다. 즉, 두 용어는 1절에서 이어진다.[18] "그러므로"(알-켄[ʾal-kēn])는 선지자의 "그러므로"(라켄[lākēn])와 같이 심판 선언에 대한 소개가 아니다. 이것은 논리를 지적하는 것이다. 그렇다면 두 콜론은 병행을 이룬다. 즉, "그러므로 … 견디지 못하며"는 첫째 콜론뿐만 아니라 둘째 콜론에도 적용되면서, "실패자"는 "악인"과 병행을 이루고, "의인들의 모임에"는 "심판을"과 병행을 이룬다. "악인"은 *의인의 반대어이며, 두 단어는 6절에서 병행법으로 나온다.

심판이 올 때, 악인들은 자신들의 자리를 유지할 수 없거나, 확신에 차 설 수 없거나, 생존하거나 견딜 수 없을 것이다. 따라서 1절과 5절은 두 가지 대안을 제시한다.[19] 악인들, 실패자들, 오만한 자들과 살고 서며 앉든지, 심판을 견디며 의인의 모임(또는 총회, the assembly of the faithful)에 들든지 한다. 이들은 공동체가 나뉘는 두 병행되는 실제 모임이 아니다. 의인의 모임은 실제 모임이며, 오만한 자들의 모임은 그 모임의 어두운 그늘이다.

이 심판은 무엇인가?

만약 우리가 다니엘 7장과 후대의 본문에 비추어 이 시편을 읽는다면, 심판은 종말의 사건을 가리킬 수 있다. 70인역과 제롬(Jerome)은 이런 식으로 악한 사람들이 심판 때에 "다시 일어나지" 못한다고 말하며, 탈굼은 그들이 위대한 날에 용서받지 못할 것이라고 말한다. 이는 독자들에게 전체 행이 종말의 심판을 언급한다고 보도록 만들 것이다.

---

18 많은 영어 번역본이 미래 시제로 옮겨 가지만, 2-4절에서부터 이크톨(yiqtol)이 계속되며, 이 절들은 지속되는 삶에 대한 양상을 계속 묘사하는 것 같다.
19 "서다"를 가리키는 동사는 1절에서처럼 여기서 아마드(ʿāmad)가 아니라 쿰(qûm)이지만(참조. 24:3; 수 7:12-13; 암 7:2, 5; 나 1:6), 쿰은 아마드와 병행구로 사용될 수 있다(나 1:6; 욥 8:15).

이는 이사야 26:14, 19에 나오는 동사 쿰(qûm)의 사용과 일치하는데, 이사야 본문에서 주어들은 죽었다. 그렇다면 "의인의 모임"은 다니엘 7장 같은 본문에서 묘사되는 모임이다.

그러나 구약 다른 곳에서 "심판"이나 "의인의 모임"은 공동체에서 어떤 분쟁이나 이슈나 잘못을 결정하고자 모인 모임일 것이다.[20] 이는 이 시편이 가리키는 법적 결정을 하는 의인들의 모임이다.[21] 이 모임은 1절에 나오는 어두운 대응 모임과 대조되는데, "모임"(assembly, 아다트['ădat])과 "꾀"(plans, 아차트['ăṣat])를 가리키는 단어들 사이의 유사함으로 강조되는 대조이다.[22] "의인의 모임"은 또한 "정직한 자들의 모임과 회중"(the council of the upright, the assembly, 시 111:1), 곧 성전에 있는 회중들을 떠올리게 한다.

또한, 구약은 종종 지속하는 삶 가운데 여호와의 개인이나 공동체 사이의 법적 소송에 대해 말한다. 어느 쪽도 법적 소송을 시작할 수 있다(예를 들어, 143:2; 욥 9:32; 14:3; 22:4; 사 3:14; 렘 12:1). 예레미야 4:11-12은 흥미롭게도 여호와의 심판이라는 개념과 곡식을 까부르는 모습을 연결한다. 하나님과 백성의 관계는 이런 식으로 사람들이 익숙한 성문에서의 법적 소송에 비추어 묘사되는데, 물론 은유 사용은 왕이 재판관으로 행하면서, 종종 이 법적 소송이 군주제 아래에서의 예루살렘에서 행해지는 방식을 전제한다(참조. 왕상 7:7; 잠 20:8).

그러나 이 시편은 오히려 한 재판관보다는 배심단과 같은 전통적 모습을 시사한다. 여호와는 이 과정에 참여하지만(6절), 다른 법정의 경우처럼 장면 배후에 있다. 우리는 시편이 정확하게 어떤 제도를 언급하는지 모르지만, 잠언 5:14은 "많은 무리가 모인 중에서 큰 악에 빠지게" 된 부도덕한 사람에 대한 비슷한 모습을 제공한다.

---

20 Cf. Theodoret, *Psalms,* 1:51. 아퀼라, 심마쿠스, 데오도션 헬라어 번역본을 지적한다.
21 Paul Auvray ("Le Psaume 1," *RB* 53 [1946]: 365-71)는 이 시편에 대한 어떤 종말론적 해석에도 반대한다. Edward P. Arbez, "A Study of Psalm 1," *CBQ* 7 (1945): 398-404와 대조하라. 또한 Loretz, Psalmstudien, 23-24을 보라.
22 Cf. D. L. Peterson and K. H. Richards, "Psalm 1," in *Interpreting Hebrew Poetry* (Minneapolis: Fortress, 1992), 89-97, 특히 96. 70인역(아퀼라, 심마쿠스, 데오도션 헬라어 번역본은 아니더라도)은 여기서 5절을 1절에 동화시킨다.

[시 1:6]

> 6 무릇 의인들의 길은 여호와께서 인정하시나
> 악인들의 길은 망하리로다

무엇 때문에 상황은 5절이 말하는 방식으로 진행되는가? 그들이 그렇게 된다고 여기는 무슨 근거가 있는가?

여호와가 갑작스럽게 시의 마지막 행에 나옴으로 말미암아, 하나님에 대해 이전에는 이렇게 언급하지 않았다는 사실이 주목받는다. 두 가지 면에서 이것 역시 이 시편의 잠언 같은 풍조와 일치한다. 한편으로 잠언서는 종종 하나님을 언급하지 않고서도 삶이 진행되는 방식을 묘사한다(예를 들어, 1:8-19).

잠언서는 도덕적 삶과 비도덕적 삶이 보상받도록 삶이 진행된다는 확신을 전제하지만, 이는 종종 하나님의 개입에 의해서가 아니라, 어떻게 삶이 진행되는지에 대해 세워진 내재적 과정에 따라 발생함을 의미한다. 이것은 하나님이 관여하지 않으신다는 것을 의미하지는 않는다. 잠언서 다른 곳에서 종종 하나님이 깊이 관여하심을 지적한다. 하지만 하나님은 초자연적 개입뿐만 아니라 이런 내재적 과정을 통해 역사하신다(예를 들어, 1:8-19이 다루는 주제에 대해 3:31-36).

잠언서 자체의 서론(1:1-7)은 사실 시편의 여기 서론의 역동성과 비슷한데, 마지막 행(1:7)에서 여호와를 갑작스럽게 이야기할 때까지는 전적으로 통찰력과 옳은 행위를 말하고 있다. 잠언서의 풍조와의 연관성을 이렇게 추가로 지적함으로 말미암아, 5절의 법정이 하늘의 법정이라기보다는 사람의 법정이며, 그 배후에서 우리는 하나님의 활동을 볼 수 있음이 확증된다.

시편 1편과 잠언 1장은 실제적 통찰력, 신실한 삶, 종교적 헌신이 함께 가며 서로를 강화한다고 여긴다. 이 가운데 어느 것도 서로 충돌하지 않는다. 물론 두 본문이 강조하는 요점에는 삶이 항상 그런 식으로 작용하는 것은 아니라는 인식이 반영된다. 그런 이유에서 어디에 비추어 일상생활(잠언서에서)이나 예배와 기도(시편에서)를 고려해야 할지가 중요한 설득력이 있게 된다.

시편 1:6의 두 콜론은 다시 병행을 이루며, 2절에서의 "가르침"과 마찬가지로, "길"이 두 콜론에 나온다. 이 주제에 대한 강조는 이 주제가 또한 1절에서 이어 온다는 사실에서도 증대된다. 마찬가지로 "의인"과 "악인"이 5절에서부터 다시 나오지만, 그들의 운명이 대조됨을 상징하면서, 반대되는 순서로 나온다. 이것은 또한 "악인"이 5-6절 주변과 4-6절 주변, 시편 1편 전체 주변을 둘러싸는 역할을 한다. 6절은 적절히 시편 1편이 악인과 의인에 대한 강조를 미묘하게 균형을 맞추는 것을 요약한다.

만약 두 콜론이 반대 순서로 나왔다면, 이로 말미암아 이 시편을 전반적으로 의인을 긍정적으로 강조하는 것으로 볼 수 있겠지만, 있는 그대로 순서는 시편 1편이 확고하게 독자 앞에 두 가지 방법을 제시하는 방식에 기여한다. 타동사의 분사와 자동사의 이크톨(yiqtol)은 한 무리의 삶을 목적어로 하는 구절이 되고, 다른 무리의 삶을 주어로 하는 구절이 되어 서로 보충한다. 두 형태의 표현은 이런 식으로 하나님의 관여하심을 언급하는 것과 상황이 "자연스럽게" 일어나도록 하는 방식을 더 언급하는 것을 결합한다.

이 시편은 하나님이 구체적으로 긍정적인 일에 직접 관여하심을 지적하는 반면에, 부정적인 일에는 단순히 저절로 진행된다고 지적한다. 잠언 1-9장은 또한 직접 하나님을 부정적인 일과 관련시키지만(3:33), 이 본문은 마찬가지로 부정적인 일을 자체로 진행된다고 묘사하는 경향이 있으며, 다른 곳에서는 사랑과 긍휼이 진노와 징벌보다 하나님의 마음에 더 가깝다는 확신을 유지하면서(예를 들어, 애 3:33),[23] 하나님을 긍정적인 일과 관련시킨다(예를 들어, 3:5-6, 26).

두 동사는 이 행에서 두 가지 새로운 단어들이며, 이는 동사들에 강조점을 둔다. 한편으로는 여호와가 의인의 길을 *인정하신다는 사실은, 3절의 선언을 설명하거나 3절이 언급하는 현상에 대한 또 다른 수준의 설명을 제공한다. 시편은 곧 왜 악인들이 번성하느냐는 질문을 제기하겠지만, 왜 의인이 번성하느냐는 질문으로 시작하고, 이것을 두 가지 면에서 설명한다.

한 차원에서 이것은 단순히 실재가 원래 그렇다는 식이다.

또 다른 차원에서 이것은 마치 왕이 자신의 종의 일을 인정하고 그 일이 보상을 받도록 하는 것과 마찬가지로, 여호와가 의인의 삶을 인정하시거나 인지하신다는 행위로 일어난다.

---

23 " 이 시편의 중심 가르침은 보상이다"라는 프리츠 고어링(Fritz Goerling)의 주장("Psalm 1," *Notes on Translation* 14, no. 3 [2000]: 51-60, 특히 58)과 대조해 보라. 그리고 J. Clinton McCann, "Righteousness, Justice, and Peace," *HBT* 23 (2001): 111-31, 특히 113-14과 대조해 보라.

다른 한편으로는 악인의 길이 "망하리로다"라고 말하는 것은, 이전에는 나오지 않았던 말, 무시무시한 말로 이 시편을 마무리하는 것이다. 다른 곳에서 망하는 것은 사람들이거나 때로 (예를 들어) 희망이나 재물이다. 여기에서 표현은 다음과 같이 생략부호를 포함한다.

"악인의 길은 (파멸에 이르고, 그리하여 그들은) 멸망한다."

이 시편은 악인의 길이 좋은 곳에 이를 수도 있다는 오해로 시작한다. 이 시편은 이 길이 절벽으로 인도하고 함께 걷는 자들을 이끌어 간다고 확신함으로써 마무리한다(참조. 잠 4:18-19; 14:12; 시 37편은 이 확신을 상세하게 설명한다).

3. 신학적 의미

시편 1편은 시편에서 이어질 많은 내용과 관련한 선제공격으로 구성된다. 공격, 수치, 두려움, 소회, 하나님의 포기, 하나님의 진노 경험에서 오는 기도들이 시편 전반부에 지배적일 것이다. 이 기도들은 이런 경험이 경건한 사람들의 삶에 특징이 된다는 인상을 줄 수 있다. 시편은 이것이 그렇지 않다고 단언함으로써 시작한다. 시편 1편은 경건한 자들이 "시편의 말씀은 믿음의 말씀이다"라는 약속의 맥락에서 이런 경험을 하도록 권유한다.[24]

이런 식으로 시편 1편은 전도서에 대한 결말과 같이 기능을 하는데, 전도서의 결말은 전도서의 강인하고 냉정한 가르침의 중요성을 단언하지만, 또한 독자들에게 이 가르침을 부적절하게 이해하지 않도록 경고하며 정통적 신앙을 다시 단언함으로써 전도서를 마무리한다(12:9-14). 시편 1편도 비슷한 방식으로 시편을 시작한다.

사도행전 13:33의 어떤 읽기에서 시편 2편을 첫째 시편으로 언급하는 것은, 앞의 사실이 시편 1편을 첫째 시편으로서보다는 시편에 대한 서론으로 보았던 전통을 증언했음을 가리킨다면 좋았을 것이다(L은 시작에서 숫자 "1"을 생략한다). 하지만 시편 2편은 엄격한 의미에서 더 이상 시편이 아니며, 이것은 시편 1편과 2편을 한 장으로 읽었음을 가리키는 것 같다(참조. *b. Berakot* 9b).

---

[24] Luther, *Selected Psalms*, 3:291.

하나님의 말씀을 듣고 지키는 자가 복이 있느니라(눅 11:28).

해석가들은 이 시편이 법적 직감을 지녔다고 판단했지만,[25] 어거스틴조차도 "율법에 있는 것과 율법 아래 있는 것은 별개이다"라고 인정했다.[26] 시편 1편은 암묵적 권유로서의 특성상 이어지는 내용에 대한 길을 준비한다. 때로 시편이 독자들에게 여호와의 임재에 나아가고 여호와의 약속에 관해 주장하는 것은, 그들이 여호와의 기대에 부응하는 도덕적 삶과 사회적 삶을 사는가에 달렸음을 상기시킬 것이다(예를 들어, 시 15편; 24편; 50편).

실제로 예배와 기도의 삶에 대한 전체 가르침은 이런 삶의 배경을 전제한다. 시편 1편은 시편 자체를 올바른 삶에 대한 가르침으로 보도록 거의 권유하지 않는다. 하지만 시편은 하나님이 악인과 도덕적 유랑자와 오만한 자들을 무너뜨리실 것이라는 기도를 실제로 강조한다. 시편은 하나님이 이런 기도에 응답하실 것이라고 선언하고, 또한 하나님이 의인들에게 약속을 지키시도록 촉구한다.

시편 1편은 간접적으로 독자들에게 신실함을 촉구하면서, 신실함이 없을 때는 그들의 기도가 효과가 있을 것이라고 기대할 수 없음을 내포한다. 여호와를 찬양하러 오거나 여호와에게서 도움을 구하기 전에, 그들은 자신들이 여호와의 가르침에 주의하는지 보아야만 한다. 이런 특징이 부족한 예배는 여호와의 진노를 직면할 수도 있다(예를 들어, 시 95편).

사람들은 자신들과 여호와 사이의 약속 관계에서 자신들은 지켰다는 데 근거하여 도움을 호소하러 여호와께 온다(예를 들어, 시 44편; 89편). 기도의 순간에는 그렇다고 확신하기에는 너무 늦을 것이다. 그들은 시편을 읽고 예배와 기도에 들어가기 전에 그렇게 해야만 한다. 최소한 이런 의미에서 시편 1편은 "시편이라는 집에 들어가는 주요 입구"이다.[27]

---

[25] 예를 들어, Gunkel, *Psalmen*, 3을 보라.
[26] *Psalms*, 1.
[27] Jerome, *Homilies on the Psalms*, 3.

제2편

명심해야 할 약속 (II)

1. 본문

> 1 어찌하여 이방 나라들이 모여들며(개역개정: 분노하며-역주)
> 민족들이 헛된 일을 말하는가(개역개정: 꾸미는가-역주)[1]
> 2 세상의 군왕들이 나서며
> 관원들이 서로 꾀하여[2]
> 여호와와 그의 기름 부음 받은 자를 대적하며
> 3 우리가 그들의 맨 것을[3] 끊고[4]
> 그의 결박을 벗어 버리자 하는도다
>
> 4 하늘에 계신 이가 웃으심이여
> 주께서[5] 그들을 비웃으시리로다
> 5 그때에 분을 발하며 진노하사

---

[1] NRSV, NIVI, BDB는 형태가 마치 라리크(*lārîq*)인 것처럼 리크(*rîq*)를 부사로 여기지만, 이는 불필요해 보인다. 이 단어는 4:2[3]에도 다시 나온다.
[2] 나는 이 동사를 건립하다 또는 세우다를 의미하는 야사드(*yāsad*, 니팔, BDB)보다는 소드(*sôd*)에서 나온 수드(*sûd*, 니팔)로 본다(참조. NRSV).
[3] 아사르(*'āsar*)에서 나온 모세르(*môsēr*).
[4] 결과를 나타내는 피엘.
[5] 카이로 마소라 본문(C)과 후대 사본들, 또한 탈굼은 더 예견할 수 있는 여호와(*yhwh*)로 되어 있다(참조. BHS).

그들을 당황하게(개역개정: 놀라게 – 역주)[6] 하여 이르시기를

6 내가[7] 나의 왕을

내 거룩한 산 시온에 세웠다[8] 하시리로다

7 내가 여호와의 명령을[9] 전하노라[10]

여호와께서 내게 이르시되 너는 내 아들이라

오늘 내가 너를 낳았도다[11]

8 내게 구하라

내가 이방 나라를 네 유업으로 주리니

네 소유가 땅 끝까지 이르리로다

9 네가 철장으로 그들을 깨뜨림이여

질그릇 같이 부수리라 하시도다[12]

---

6 많은 영어 번역본이 바할(*bāhal*)에 대해 "무서워하게 하다"(terrify)로 번역하지만, 이 단어는 일어날 수도 있는 일에 두려움으로 반응하기보다는, 보통 사람들이 일어난 일에 무기력하여 낙담하며 반응하는 맥락에 나온다. 참조. 70인역 타락세이(*taraxei*). J. VanderKam ("*Bhl* in Ps 2:5 and its Etymology," *CBQ* 39 [1977]: 245-50)은 "호되게 꾸짖다"를 의미하는 다른 어근을 제안한다.

7 와아니(*Waʾănî*).

8 나삭(*Nāsak*) III. *IBHS* 489는 이것을 '수행의'(performative)의 의미인 "내가 이에 따라 세운다"로 보지만, 이 시편은 사건에 참여하는 것이 아니라, 사건을 떠올리고 있는 것 같다. 7b절과 대조해 보라. RV(Revised Version) 여백 "기름 부었다"는 동사가 또 다른 나삭(*nāsak*), 곧 수크(*sûk*)에 대한 변형임을 요구하지만, 이것은 세속적 기름 부음(화장)에만 사용된다. *DCH*는 이것을 (유일한) 나삭의 예로 본다. 즉, "나는 관제(libation)를 부었으며 (따라서 성별했다)." Jeffrey H. Tigay ("The Divine Creation of the King in Psalms 2:6," *Eretz-Israel* 27 [2003]: 246*-51*)는 이 동사가 "창조하다"를 의미하도록 확장된 것으로 본다.

9 나는 7a절을 분석할 때 마소라 본문 강세를 따른다. NJPS는 "나는 한 명령을 전하노라. 여호와께서 내게 … 라고 말씀하셨다." 시리아어 번역본의 "내 명령"은 동일한 행의 구분을 내포한다. 이것은 두 개 더 동등한 콜론을 만들게 되지만, 독자는 여호와를 동사 앞에 놓인 주어로 취하기보다는, 호크(*ḥōq*)를 연계형으로 취할 것이다.

10 묘하게도 전치사 엘(*ʾel*)이다. 하지만 이 용법은 69:26[27]에 반복된다. BDB 40을 보라.

11 삼하 7:14과의 연관성은 아마도 여기 야라드(*yālad*)가 아버지가 됨을 가리키는 것을 의미하겠지만, 이것은 보통 출생하는 것을 의미하며, "낳다"(beget)는 약간의 모호함이 있다.

12 알버트 클레버(Albert Kleber)는 적의 멸망을 위한 기도로서 적의 이름을 담은 질그릇을 부수는 관습에서 배경을 본다("Ps. 2:9 in the Light of an Ancient Oriental Ceremony," *CBQ* 5 [1943]: 63-67). 메소포타미아의 비슷한 내용에 대해, Bob Becking, "'Wie Töpfe sollst du sie zerschmeissen', *ZAW* 102 (1990): 59-79; "Noch einmal Psalm 2,9b," *ZAW* 105 (1993): 269-70을 보라. 동사들의 허용의 의미에 대해, J. A. Emerton, "The Translation of the Verbs in the Im-

10 그런즉 군왕들아 너희는 지혜를 얻으며

세상의 재판관들아 너희는 교훈을 받을지어다[13]

11 여호와를 경외함으로 섬기고

떨며 즐거워할지어다 12 진심으로 복종하라(개역개정: 그의 아들에게 입맞추라-역주)[14]

그렇지 아니하면 진노하심으로 너희가 길에서[15] 망하리니[16]
그의 진노가 급하심이라[17]

---

perfect in Psalm ii.9," *JTS*, n.s., 29 (1978): 499-503을 보라.
[13] 야사르(*yāsar*)의 관용적 니팔(BDB).
[14] 12절의 시작하는 권고를 11절의 권고들과 함께 보는 것이 더 일관되다. 이것은 또한 10-12절이 3-3행의 순서를 형성함을 의미한다(끝에 추가로 3 강세를 더한다). 12절의 이 시작하는 구절에 대해, NIVI의 "아들에 입 맞추라"는 나샤크(*nāšaq*)의 가장 일반적인 의미를 전제한다. 왕에게 입 맞추는 것은 인정과 존경의 표현일 것이다. 하지만 "아들"은 히브리어 벤(*bēn*)이 아니라(7절과 마찬가지로) 아람어 바르(*bar*)이다. 심마쿠스와 제롬은 더 자연스럽게 이것을 부사로 사용된 히브리어 바르(*bar*)로 여기면서 "진정으로 입 맞추다"로 되어 있다(참조. BDB 141). 그렇다면 전체 이 표현은 묘하지만, 나샤크가 혼란스럽게 나오는 많은 예 가운데 하나이다. 나는 이것을 *DCH*의 나샤크 III으로 이해한다. "훈계/가르침을 받아들이라"라고 되어 있는 70인역과 탈굼은 다른 표현으로 바꾸어 표현한 것이거나 추측한 것이지만, 동일한 본문을 가지고 있다(cf. Albert Pietersma, "Empire Re-affirmed: A Commentary on Greek Psalm 2," in *God's Word for Our World* [Simon J. De Vries Festschrift], ed. J. Harold Ellens et al., JSOTSup 389 [London: T&T Clark, 2004], 2:46-62 [특히, 60-61]). NRSV의 "떨며 그의 발에 입 맞추다"는 "그의 발"(베라그라이우[*bĕraglāyw*])이라는 단어의 후반부는 초반부와 분리되어, 결과적으로 나오는 두 단어는 "기뻐하다"와 "아들"(길루[*gîlû*] … 바르[*bar*])로 읽혔다는 가설과 관련된다.

Staffan Olofsson ("The Crux Interpretum in Ps 2,12," *SJOT* 9 [1995]: 185-99)는 히브리어 바르의 의미에 근거하여 "발에 입 맞추다"를 주장하는데, 이 표현은 경외의 행위를 의미할 것이다. 다른 수정에 대해, 예를 들어, 다음을 보라, Alfred Bertholet, "Eine crux interpretum," *ZAW* 28 (1908): 58-59; "Nochmals zu Ps 2 11f.," *ZAW* 28 (1908): 193; G. E. Closen, "Gedanken zur Textkritik von Ps 2, 11b + 12a," *Bib* 21 (1940): 288-309; R. Köbert, "Zur ursprünglichen Textform von Ps 2, 11.12a," *Bib* 21 (1940): 426-28; A. M. Dubarle, "Draxasthe paideias," *RB* 62 (1955): 511-12; Isaac Sonne, "The Second Psalm," *HUCA* 19 (1945-46): 43-55; Julian Morgenstern, "Nšqw br," *JQR* 32 (1941-42): 371-85; Andrew A. Macintosh, "A Consideration of the Problems Presented by Psalm II 11 and 12," *JTS*, n.s., 27 (1976): 1-14; A. Robinson, "Deliberate but Misguided Haplography Explains Psalm 2.11-12," *ZAW* 89 (1977): 421-22; William L. Holladay, "A New Proposal for the Crux in Psalm ii 12," *VT* 28 (1978): 110-12.

[15] 데레크(*derek*), (예를 들어) 장소가 아니라 존중의 목적격(GKC 118g, note 1을 보라).
[16] 형태는 웨이크톨(*weyiqtol*)이며, 마치 "~하지 않도록"(lest)이 반복되는 것 같다.
[17] 많은 영어 번역본이 "불 붙이다"(kindle)로 번역하지만, 바아르(*bāʿar*)는 보통(아마도 항상) 단순히 불을 붙이는 게 아니라 활활 타오르는 것을 가리킨다(BDB와 대조되는 *DCH*를 보

여호와께 피하는 모든 사람은 다 복이 있도다

2. 해석

시편 2편은 우리가 테힐림(*tĕhillim*)이라고 불리는 책에서 기대하지 못할 또 다른 양식의 발언을 대변하면서, 전체 시편을 위한 두 번째 잘못된 출발인 것처럼 보일 수 있다. 시편 1편이 잠언서에서 익숙한 것처럼 시편 2편은 선지서에서 익숙할 것이다. 어떤 경우 시편에 여호와에게서 오는 말씀을 포함한다는 것은, 이 말씀이 예배의 맥락에서 전달됐음을 가리킬 수 있다.

이 경우 시편의 출발점에 위치한다는 것은 이 말씀을 포함하는 더 깊은 이유가 있음을 가리킨다. 이것은 사람들에게 시편을 사용하도록 권장하는 신학적 맥락의 또 다른 측면을 구성하게 된다. 따라서 "시편에 대한 서론은 시편 1편을 포함하지 않는다. 서론은 둘째 시편으로 넘어간다."[18]

어느 한 유대 전통은 시편 1편과 2편을 한 시편으로 취급했으며, 이는 두 시편 사이의 많은 연관성을 나타낸다. 시편 2편은 역설적 연결고리로 시작한다. 명철을 갖춘 사람들은 여호와의 가르침에 대해 말하지만(1:2), 나라들과 민족들도 무언가를 말하는데 곧 헛된 일을 말한다(2:1).

이 시편은 또 다른 연결고리로 마친다. 시편 1편은 악인의 길이 멸망할 것이라는 전망으로 끝나지만, 2:12은 나라들이 길에서 멸망할 것이라고 예견한다.

라). 여기 맥락에서 이는 일반적 진술이라기보다는 이 지도자들에게 하는 특별한 경고처럼 보인다("그의 진노가 급히 타오른다").

[18] Miller, *Interpreting the Psalms*, 87. 다음을 더 보라, Gerald T. Sheppard, *Wisdom as a Hermeneutical Construct* (BZAW 151; Berlin: de Gruyter, 1980), 136–44; André Wénin, "Le psaume 1 et l''encadrement' du livre des louanges," in *Ouvrir les Écritures* (P. Beauchamp Festschrift), ed. Pietro Bovati and Roland Meynet (Paris: Cerf, 1995), 151–76; Jesper Høgenhaven, "The Opening of the Psalter," *SJOT* 15 (2001): 169–80; Erich Zenger, "Der Psalter als Wegweiser und Wegbegleiter," in *Sie wandern von Kraft zu Kraft* (Reinhard Lettmann Festschrift), ed. Arnold Angenendt and Herbert Vorgrimler (Kevelaer: Butzon, 1993), 29–47; 그리고 종말론적 대안의 읽기에 대해, Robert Cole, "An Integrated Reading of Psalms 1 and 2," *JSOT* 98 (2002): 75–88을 보라. 이 둘은 공통적 기원을 좀처럼 가지지 않는데, 이는 William H. Brownlee, "Psalms 1–2 as a Coronation Liturgy," *Bib* 52 (1971): 321–36에 대조된다. John T. Willis, "Psalm 1," *ZAW* 91 (1979): 381–401을 보라.

시편 1편의 시작에서 옳은 길을 걷는 사람들의 복에 대해 언급하는 반면에, 시편 2편은 여호와를 의지하는 모든 사람의 복에 대한 언급으로 마무리한다. 이런 식으로 이 선언은 두 시편을 둘러싸는 괄호 역할을 한다.

인접한 시편들 사이의 언어의 연결고리는 시편에 가끔 나오는 특징이다. 이 언어의 연결고리는 잠언서의 인접한 격언들 사이의 연결고리 및 시편 표제가 다윗의 생애에서 오는 이야기들(시 3편을 보라)로 시도하는 연결고리와 비슷하다. 이 현상은 (예를 들어) 이 두 시편이 공통의 기원을 가졌다거나 제의상으로 함께 사용됐음을 가리키지는 않는다. 오히려 이 현상은 시편이 편찬된 방식에 대해 말한다. 이 경우 이 현상은 시편 2편이 시편의 서론이 되는 시편 1편과 결합하게 되는 결과를 낳는다.

시편 1편이 악인들이 물가에 심긴 나무와 같으며 의인은 바람에 날리는 겨와 같다는 것은 보통은 사실이 아니라고 선언하듯이, 시편 2편은 군왕들과 나라들이 여호와의 기름 부음 받은 자를 그들의 난폭함으로 무서워하게 하며 그들의 철 막대기로 꺾으려 하는 것은 보통은 사실이 아니라고 선언한다. 시편 1편이 암묵적 약속을 전하듯이, 시편 2편은 명백한 약속을 전한다. 각각은 이어지는 시편들을 기도하는 사람들에게, 부분적으로 압박 가운데 확고하게 설 수 있는 권고와 부분적으로 여호와께 그들의 기도에 응답해 주시라고 조르는 근거를 제공한다.

이 시편은 구약 내러티브에는 명백하지 않은 신학적, 종교적, 역사적 배경을 전제하지만, (예를 들어) 시편 18, 72, 89편, 이사야 55장 및 사무엘하 7장에 나오는 여호와가 다윗에게 하시는 약속에 관한 기사와 나란히 두면서 우리가 이 배경의 일부를 재구성하는 데 도움을 준다. 하나님은 다윗의 혈통이 항상 통치할 것이라는 항구적인 약속을 다윗에게 하셨다. 여호와는 다윗과 아들과 다윗의 관계를 맺으실 것이며, 그의 원수들을 물리치시고, 그가 세상에서 가장 위대한 왕이 되도록 하실 것이며, 따라서 다윗을 여호와의 권세와 목적에 대한 증인으로 삼으실 것이다.

이 약속은 아브라함을 저주하는 자들이 저주를 받으면서 동일한 복을 부러워할 방식으로 그가 복을 받을 것이라고 아브라함에게 하신 하나님의 약속을 성취하는 한 형태를 나타낸다(창 12:1-3). 가족이 민족이 되고, 나라가 되고 국가가 되면서, 하나님의 약속은 더욱 정치화된다. 나라는 하나님을 대신하여 세상을 다스리기로 운명 지어진다. 군주제의 도입은 하나님의 약속이 왕에 초점을 두게 됨을 의미한다. 하나님은 왕에게 대적에 대한 승리와 대적에서의 굴복을 약속하신다. 왕이 대적의 공격을 경험할 때, 하나님은 왕에게 승리를 주신다.

이 시편 역시 왕조 시기에 정복한 민족들의 반란과 같은 이스라엘의 경험 양상들을 반영하지만, 이 양상들을 삶보다 더 광범위하게 묘사한다. 다윗과 솔로몬은 한 제국을 다스렸지만, 우리는 이스라엘이 이 시편이 전제하는 제국의 크기를 통치한 때에 대해서나, 큰 제국에서 흔히 일어나듯이 통치 초기에 황제에게 반란을 일으키는 지역에 대해 알지 못한다. 이 시편은 청중들에게 이와 같은 상황을 상상하도록 초대한다.

아마도 청중들은 왕이 등극하는 사건에서나 (예를 들어) 왕의 등극을 매년 기념할 경우, 자신들의 예배에서 그렇게 했을 것이다. 또는 아마도 앗수르 사람들이 자신들이 맺는 세상과의 관계 및 반란을 일으키는 신하들과의 관계를 이런 식으로 보았던 사실에 근거하여 청중들은 그렇게 했을 것이다.[19] 이 시편은 가설적이지만 운명 지어진 통치권과 그 후에 가설적 상황을, 여호와의 약속을 재확인하게 이르는 이런 방식으로 다룬다.

이 시편은 상황의 중간에서 이야기와 같이 시작한다. 우리는 누가 화자인지, 화자가 누구에게 말하는지 알지 못한다. 나라들이 왜 이스라엘을 위협하고 있는지를 묻는 질문은 자연스럽게 하나님을 대상으로 한다고 할 수 있지만, 이것은 수사적 질문임이 분명해진다. 마지막 섹션에서만 이 시편은 직접적으로 누군가, 즉 세상의 군왕들과 관원들에게 말한다. 하지만 그들이 1-3절의 주어라는 사실은, 이 시편에 또 다른 청중이 있음을 시사한다. 선지자들이 나라들에게 메시지를 전할 때(예를 들어, 사 13-23장), 일반적으로 암묵적인 실제 청중은 이스라엘 자신이었다.

이 시편은 마찬가지로 나라들을 대상으로 할 때, 청중은 시편 기자가 간접적으로 나라들이 위협할 때 공포에 빠지지 않고 대신에 웃고 있는 여호와와 함께 하도록 격려하는 것을 엿듣는다. 아마도 화자는 선지자이며 7-9절에서 말하는 "나"는 왕으로서 전체 화자라고 추론하는 것이 더 단순할 것이다.[20] 그렇다면

---

19 Cf. Helmer Ringgren, "Psalm 2 Bēlit's Oracle for Ashurbanipal," in *The Word of the Lord Shall Go Forth* (David Noel Freedman Festschrift), ed. Carol L. Meyers and M. O'Connor (Winona Lake, IN: Eisenbrauns, 1983), 91–95. 이 본문은 *ANET*, 450–51에도 나온다.
20 70인역은 다음과 같이 6절에 나오는 왕의 1인칭 말로 시작한다. "하지만 나는 그의 거룩한

왕의 연설문 작성자는 선지자였을 수 있거나, 잠언 1-9장에서 때로 지혜(Wisdom)가 말하듯이, 선지자의 방식으로 말하는 지혜 교사였을 수 있다. 어느 쪽이든 이 시편은 그렇게 말하지 않았다고 해도 레다위드(*lĕdāwid*, "다윗을 위해" 또는 "다윗의")이다.[21]

시편은 네 개의 동등한 섹션으로 나뉜다.

1-3절   나라들의 계획 묘사
4-6절   그들의 계획에 대한 여호와의 반응 묘사
7-9절   왕 자신의 반응 묘사
10-12절 나라들에 내포된 함의 묘사

이런 식으로 섹션들은 *abb'a'*로 진행된다.[22] 시는 매우 규칙적인 많은 두-콜론을 포함하지만, 여분의 콜론은 1-2절을 절정에 이르게 하고, 고립된 한 콜론은 7-9절을 한 전체로 소개한다. 또 다른 콜론은 8절을 소개하고 다른 한 콜론은 11절을 마무리하며(마소라 본문은 이를 12절에 붙인다), 한 콜론은 이 전체 시편을 마무리한다.[23]

[시 2:1-3]

"어찌하여"로 시작하고 "여호와와 그의 기름 부음 받은 자를 대적하며"로 마무리하는 것은 1a-2b절의 나머지에도 적용되므로, 1-2절은 운율에서보다는 내

산, 시온에서 왕으로 임명받았다." (다른 사람들 가운데) J. 알베르토 소긴(Alberto Soggin)이 따른다. "Zum zweiten Psalm," in *Wort-Gebot-Glaube* (Walther Eichrodt Festschrift), ed. Hans Joachim Stoebe (Zürich: Zwingli, 1970), 191-207, 특히 193-94을 보라.

21 John T. Willis ("A Cry of Defiance," *JSOT* 47 [1990]: 33-50)는 이것을 전투 전에 왕의 도전의 부르짖음으로 여긴다.

22 Cf. Fokkelman, *Major Poems*, 2:55.

23 이 시편의 구조에 대해, 또한 다음을 보라. Pierre Auffret, *The Literary Structure of Psalm 2* (JSOTSup 3; Sheffield: JSOT, 1977); "Étude structurelle du Psaume 2," *EstBib* 59 (2001): 307-23; Lucas Kunz, "Der 2. Psalm in neuer Sicht," *BZ*, n.s., 20 (1976): 238-42; Barnabas Lindars, "Is Psalm ii an Acrostic Poem," *VT* 17 (1967): 60-67; H. H. Rowley, "The Text and Structure of Psalm ii," *JTS* 42 (1941): 143-54; Marco Treves, "Two Acrostic Psalms," *VT* 15 (1965): 81-90.

용에서 *abb'cc'd*의 구조를 지닌다. 이 네 콜론은 두 개의 병행되는 쌍으로 구성되는데, 하나는 전체 민족들에 대한 것이며, 다른 하나는 그들의 통치자들에 대한 것이다. 각각에서 한 개의 카탈(qatal) 동사와 이크톨(yiqtol) 동사가 있는데, *abb'a'* 패턴으로 배열된다.

각각에서 동사들과 명사들은 *abb'a'*, *abb'a'*로 배열된다. 그리고 각각에서 더 많이 나오는 명사(고임[*gôyim*], 말케[*malkê*])에는 덜 나오는 명사(레움밈[*lĕ'ummîm*], 로제님[*rôzĕnîm*])가 나온다. 그다음에 3절은 1-2절에서 보고되는 말의 매우 어리석음을 더욱 정확히 하며 강화한다.

> 1 어찌하여 이방 나라들이 모여들며(개역개정: 분노하며-역주)
> 민족들이 헛된 일을 말하는가(개역개정: 꾸미는가-역주)

동사들은 아이러니한 쌍을 이룬다. 모여드는 것(thronging, 라가쉬[*hāgaš*])도 *말하는 것(하가[*hāgâ*])도 나라들에게 기대할 수 있는 활동이 아니다. 64:2[3]에 나오는 명사 "소동"(throng, 리그샤[*rigšâ*])의 용법을 고려하여 이해한다면, 첫째 동사는 나라들이 도적 무리와 같이 무질서한 소동을 일으키고 있음을 시사한다. 그렇다면 둘째 동사는 그들이 또한 사자와 같이 으르렁거리거나(사 31:4) 마술사와 같이 중얼거리거나(8:19) 도둑과 같이 음모를 꾸미고 있음(잠 24:2)을 시사한다.[24]

한편, "소동"(throng, 레게쉬[*regeš*])을 가리키는 비슷한 단어는 거룩한 소요가 있는 종교적 행렬을 의미하며(시 55:14[15]), 이것은 병행을 이루는 동사 "말하다"(talk)가 하나님의 말씀을 크게 소리 내어 명상하는 행동을 상기시킨다는 사실과 잘 연결된다(참조. 1:2). 그래서 이 절은 나라들이 시편 1편이 권장하는 방식으로 행동하고 있음을 거의 시사하지만, 중심에 있는 명사인 초반의 "어찌하여"와 마지막 구절은 이런 이해를 약화한다.

그들은 "헛된 것"(emptiness, 리크[*rîq*])을 말하고 있다. 이것은 그들의 의도가 도덕적으로 헛된 것임을 가리킬 수 있지만(참조. 삿 9:4의 "경박한 사람들"[worthless men], 레킴[*rêqîm*]), 리크(*rîq*)는 사람들의 행동의 실제적 헛됨을 더 자주 가리킨다.

---

24 Victor Sasson ("The Language of Rebellion in Psalm 2," *Andrews University Seminary Studies* 24 [1986]: 147-54)는 이 용어를 데이르 알라(Deir Alla) 문헌에 있는 용어와 비교한다.

즉, 그들은 공연히 힘을 다했다(예를 들어, 사 49:4; 55:11). 이것은 문맥에는 어울린다(4-12절). 즉, 그들이 모여드는 것과 말하는 것은 어떤 것도 야기하지 못한다.

R. 아이삭(Isaac)은 1-3절이 (예를 들어) 시편 83편에 있는 적의 말에서 인용한 것과 함께 (예를 들어) 시편 22편의 "어찌하여"라는 질문과 같이 한탄의 태도로[25] 하나님께 하는 말이라고 암시하지만, "헛된 것"이라는 단어는 이 읽기와 어울리지 않는다. "어찌하여"라는 수사적 질문 역시 확신의 진술일 수도 있으며, 여기서도 마찬가지이다. 전체 이 시편은 확신의 진술이다. 민족들은 헛된 것 때문에 지치지만(합 2:13), 이스라엘은 아니다(사 65:23).[26]

> 2 세상의 군왕들이 나서며
> 관원들이 서로 꾀하여
> 여호와와 그의 기름 부음 받은 자를 대적하며

이것이 어떻게 그런지에 대한 암묵적 답을 발견하기 전에, 2절은 긴장감을 제기하며 시작한다. 두 개의 추가적 병행을 이루는 콜론은 행동을 감행하는 것이 전체 나라들/민족들이 아니라 그들의 통치자들임을 분명히 한다. 통치자들의 행동 결과를 나타내는 것은 항상 나라들/민족들의 불운이다. 이런 상황은 표면적으로는 인상적이다. 이들은 단순히 왕들이 아니라 "세상의 군왕들", 즉 전 세계의 왕들이다.[27] 이것은 작은 규모의 보통 반란이 아니라, 자신의 권리를 주장하는 전 세계이다. 군왕들은 "서로"(야하드[yaḥad]) 꾀하고 있다. 이것은 심각한 위협이거나 그들이 생각하기에 심각한 위협이다.

"나서다"("확고히 서다", 야차브[yāṣab, 히트파엘])는 또 다른 아이러니를 시사하는데, 이 동사는 종종 사람들이 여호와 앞에서 자신을 드러내거나, 여호와가 행동하실 때 가만히 서 있는 것을 가리키기 때문이다(예를 들어, 출 14:13; 신 31:14). 그들은 그렇게 하겠지만, 이것은 그들의 원래 의도나 기대가 아니다. 그들은 공격할 준비를 하고 있다(참조. 렘 46:4, 14). 하지만 그들의 계획은 어떤 것도 얻을 수 없다.

---

25 *Midrash on Psalms*, 1:36을 보라.
26 Ibid.
27 Randy G. Haney (*Text and Concept Analysis in Royal Psalms* [New York: Lang, 2002], 87–89)는 "나라들"과 "민족들"이라는 단어 사용에서도 이를 주장한다.

이유는 그들이 여호와와 그의 *기름 부음 받은 이에 대적하고 있기 때문이다. 예기치 못한 고립된 셋째 콜론(실제로 사람들은 첫 두 콜론이 완성되는 3-3행이라고 이해했을 수 있다)은 1-2절을 절정에 이르게 한다. 시편 2편은 "마쉬아흐(māšiah)라는 개념의 포괄적인 실현"을 계속 제공할 것이다.[28]

여호와가 누구이며 따라서 그의 기름 부은 이가 누구인지에 대해 생각할 때, 나라들과 왕들이 어떻게 성공할 수 있는가?

따라서 시작하는 "어찌하여"는 의심하는 듯한 어조다. 수사적 질문은 이 행동의 특이하며 어리석은 특성을 반영한다.

> 3 우리가 그들의 맨 것을 끊고
>   그의 결박을 벗어 버리자 하는도다

두 개의 계속되는 병행을 이루는 콜론에서 왕들은 자신들이 생각하기에 어떻게 이 결박을 벗어던지고 다시 저항할 것인지를 선언한다. 문자 그대로의 "맨 것"은 사람들이 자신들을 위해 사용하고자 짐승들을 결박하는 줄로서(예를 들어, 욥 39:5), 구체적으로 멍에에 연결된 줄이다(예를 들어, 렘 27:2).

[시 2:4-6]

둘째 섹션은 첫째 섹션과 병행을 이루면서 대조를 이룬다. 다시 한번 두 행은 누군가의 자세를 묘사하고, 셋째 행은 화자의 실제 말을 보고함으로써 마무리하지만, 이 섹션은 의도에 대한 이전의 받아들이기 어려운 선언에 보이는 반응을 보고한다.

> 4 하늘에 계신 이가 웃으심이여
>   주께서 그들을 비웃으시리로다

---

28 K. Seybold, *TDOT* 9:51.

하나님은 "하늘에 앉아 계신 이"이시며, 그렇다면 *주님이시다. 즉, 둘째 표현은 하나님이 단순히 쉬고 계신 것이 아니라 보좌에 앉아 다스리면서 하늘에 앉아 계신 것임을 분명히 한다. "하늘에 앉아 계신 이"(많은 영어 번역본, 개역개정: 하늘에 계신 이-역주)는 여호와가 약간 떨어져 계시다는 인상을 줄 수 있지만, 이 구절은 오히려 하나님을 우주 안에 위치시키며, 쉽게 진행되는 상황을 보고자 아래를 내려다보실 수 있다고 묘사한다(예를 들어, 11:4; 14:2; 33:13). 하나님의 반응은 비웃음과 조롱이다.

둘째 동사는 여호와의 미소에 심각한 면이 있음을 분명히 한다. 산문으로 표현하면, "주님으로서 하늘에 앉아 계신 이는 즐기시며 그들을 비웃으신다"가 된다. 그들은 신중하게 접근하나 여호와는 그들을 신중하게 여기지 않으신다(예를 들어, 37:13; 59:8[9]; 사 37:22).

> 5 그때 분을 발하며 진노하사
> 그들을 당황하게(개역개정: 놀라게-역주) 하여 이르시기를

계속되는 병행을 이루는 두-콜론에서 하나님은 말씀하시고 당황케 하신다. 둘째 표현은 첫째 표현의 효과를 구체화한다. 당황하는 이유는 그들이 하나님의 진노를 받기 직전에 있다는 인식 때문이다(참조. 6:2-3[3-4]; 90:7). "진노"(fury, 하론[hārôn], "태우다"를 의미하는 하라[hārâ]에서 옴)는 불타는 격노를 시사함으로써 강조하고자 보통 훨씬 흔한 단어 "분노"(anger, 아프[ap])와 더불어 나온다(예를 들어, 69:24[25]; 78:49). 산문으로 표현해 보면, "그때 그는 그들을 당황케 하고자 불타는 분노 가운데 말씀하신다."

전체 5절은 역시 전체 4절과 쌍을 이룬다. 여호와는 처음에는 즐기며 비웃으시고, 그다음에(아즈['āz]) 말씀하시고 당황케 하신다. 즐거워하는 것만으로 충분하지 않다. 상황은 행동을 야기할 감정이 요구된다. 전형적으로 이 시편은 여호와가 사람의 온전한 감정적 범위를 지니심을 분명히 한다. 여기서 여호와는 즐거워할 자격과 분노할 자격 모두 가지신다. 첫째는 사람에게 상황에 대해 안목을 가지게 하고 심각하게 허세를 부리지 못하게 한다. 둘째는 강인한 행동이 요

구될 때 사람에게 강인하게 행동할 힘을 준다.[29]

> 6 내가 나의 왕을
> 내 거룩한 산 시온에 세웠다 하시리로다

그때에 여호와 말씀은 3절의 왕의 말에 맞선다. 한 번 더 예고 없이 직접적인 말이 나오고, 따라서 더욱 강력해진다. 즉, 산문적인 "말씀하시기를"(saying, NRSV)은 없다.

"나는 내 왕을 세웠다."

이 1인칭 진술은 "그의 기름 부음 받은 이"라는 표현을 계속 이어 간다. 이 행의 후반부는 병행을 이루는 진술을 하기보다는 어디에서 왕이 세워졌는지를 가리키면서, 초반부를 완성한다.

시온을 언급하는 것은 이 시편에서 하나의 고립된 지적이다. 아마도 약속은 거기서 전달됐을 것이며, 이어지는 시편들은 거기서 불렸을 것이다. 이처럼 약속은 청중들에게 진술의 강렬함을 더한다.

하늘 보좌에 앉아 계신 여호와와 여호와의 거룩한 산이 되는 시온이 양 끝에 자리 잡음은 4-6절 주변에 괄호를 형성한다. 시온은 영원히 하늘에 거주하시며, 창조 때에 하늘에 거주지를 세우신 하나님이 그 후에 땅에 한 집을 더 세우셨던 장소이다. 이런 식으로 시온은 "내 거룩한 산"이다.

[시 2:7-9]

왕이 다시 나온 후에, 이 시편은 모두 적절한 병행법이 포함된 세 행에서 여호와의 말씀이 계속된다. 여호와의 말씀은 6절의 함의를 간결하게 설명하고, 이런 식으로 1-3절의 회의적인 자세를 더 깊이 설명한다.

---

29 크리소스톰(Chrysostom)은 (6:1[2]에 대해) 물론 하나님은 실제로 분노와 진노를 느끼지 않으신다고 설명한다. 하나님은 열정이 없으시다는 것이다(*Psalms*, 1:95-96). 만약 그렇다면 하나님을 시편에서 일관되게 그렇게 말하고, 다른 곳에서는 이런 열정을 가진 것에 대해 말하는 것은 위험하다(예를 들어, 사 10:6; 렘 49:37; 겔 7:14; 습 3:8).

> 7 내가 여호와의 명령을 전하노라
> 여호와께서 내게 이르시되 너는 내 아들이라
> 오늘 내가 너를 낳았도다

7절은 이 시편의 화자가 왕이며, 그 왕은 이제 6절의 선언이 나라들의 반역을 우스꽝스럽게 만드는 방식에 대해 더 많은 정보를 제공함을 분명히 한다. 왕인 여호와는 시온에서부터 통치하는 왕에 대해 칙령을 선포하셨다(참조. 삼상 30:25). 아마도 이것은 왕이 등극할 때 그에게 주어질 수 있는 "선언"(에두트['ēdût])과 비슷한 것으로 보인다(왕하 11:12).[30] 이 왕은 여호와의 아들인데(참조. 삼하 7:14), 그는 자기 아버지의 영토를 부왕으로서 다스린다. 왕은 여호와가 이 칙령을 내리심을 자신이 들었다고 넌지시 비추므로, 이 상황은 그가 실제 태어난 날이 아니라, 그가 임명되거나 즉위할 때였을 것이다.

여호와는 그때는 낳지 않으셨지만 그를 아들로 입양하시면서 그에게 아버지로서 약속하시게 됐다. 이때 언급된 말씀으로 말미암아 그는 자기 아버지의 부와 권위를 물려받게 됐으며, 이제는 이 말씀들이 그의 지위를 뒷받침하는 말씀이 된다. 중동의 다른 곳에서의 관습으로 판단할 때, "너는 내 아들이다"는 입양을 수행하는 선언이다. 그렇다면 89:26[27]은 유사한 반응을 가리킬 것이며, 호세아 1:9은 부정적 반대를 가리킬 것이다.[31] 병행을 이루는 콜론은 또 다른 수행의 선언인 "이로써 나는 너를 낳았다"에서 이것이 어떻게 작용하는지를 설명한다.[32]

---

30 "칙령"이라는 개념의 배경에 대해, G. H. Jones, "The Decree of Yahweh," *VT* 15 (1965): 336-44을 보라.

31 Gerstenberger, *Psalms,* 1:46-47도 마찬가지다. Richard Press ("Jahwe und sein Gesalbter," *TZ* 13 [1957]: 321-34)는 여기서 이집트의 영향을 주장하는데, 물론 Ansgar Moenikes ("Psalm 2,7b und die Göttlichkeit des israelischen Königs," *ZAW* 111 [1999]: 619-21)는 이 시편이 왕을 낳은 아들이 아니라 입양된 아들로 본다는 점에서 독특하다고 제안한다. 또한 cf. Gerald Cooke, "The Israelite King as Son of God," *ZAW* 72 (1960): 202-25.

32 Cf. DG 61, 64.

> 8 내게 구하라
> 내가 이방 나라를 네 유업으로 주리니
> 네 소유가 땅끝까지 이르리로다

"내게 구하라 … 주리니"는 이어지는 구절 모두에 적용되는데, 이 구절들은 히브리어로 *abb'a'* 순서로 온다. 둘째 구절은 첫째 구절보다 더 엄청난 약속을 한다. 나라들과 땅의 끝에 대한 약속은 나라들과 세상의 군왕들(1-2절)이 말한 위협을 이어 가지만, "내게 구하라 … 주리니"는 여호와가 솔로몬에게 하신 말씀, 곧 "내가 네게 무엇을 줄꼬 너는 구하라"(왕상 3:5)를 상기시키는데, 첫 동사 형태는 동일하며, "주리니/줄꼬"는 에테나/에텐(*'ettĕnâ/'ettēn*)이다. 다윗(삼하 7장)과 솔로몬에게 여호와가 하신 약속의 상황은 여기서 언급된 약속이 왕의 실제 등극과 연결되어야만 한다고 여기지 않도록 경고한다.

> 9 네가 철장으로 그들을 깨뜨림이여
> 질그릇 같이 부수리라 하시도다

9절 역시 *abb'a'* 순서로 나온다("너는 철장으로 그들을 깨뜨릴 수 있으며, 토기장이의 그릇과 같이 그들을 부술 수 있다"). 두 전치사 구절은 두 콜론에 적용되며, 둘째 동사는 첫째 동사를 넘어선다. 즉, "너는 그들을 철 막대기로 부술 수 있으며, 마치 그들이 토기장이의 그릇과 같을 것이다."

하지만 "부수다"(라아[*rāʿaʿ*])[33]는 아람어의 특성을 보이며, 70인역과 시리아어 번역본과 제롬(Jerome)은 오히려 이 동사를 더 친숙한 라아(*rāʿâ*), "(양을) 치다"(명사는 셰베트[*šēbeṭ*], 23:4에 나오는 목자의 "막대기")와 연결한다.[34] 그렇다면 이 행은 나라들 앞에 확고한 돌봄이나 참혹한 멸망이라는 선택의 가능성을 제시한다. 10-12절 전체도 명백히 이와 같은 선택의 가능성을 제시할 것이다.

---

33 형태는 라차츠(*rāṣaṣ*)의 형태 대신에 라아(*rāʿaʿ*) II에서 유래한 테로엠(*tĕrōʿēm*)이다.

34 이것은 아마도 티르엠(*tirʿēm*)의 모음을 수정할 필요가 있을 것이다. 계 2:27; 12:5; 19:15은 이 읽기를 전제하며, Gerhard Wilhelmi ("Der Hirt mit dem eisernen Szepter," *VT* 27 [1977]: 196–204)는 이것이 원래 읽기라고 주장한다.

[시 2:10-12]

마무리하는 섹션에서 "시인은 연속적으로 명령함으로써 직접 권력을 가진 자들과 겨룬다."[35]

> 10 그런즉 군왕들아 너희는 지혜를 얻으며
>   세상의 재판관들아 너희는 교훈을 받을지어다

또 다른 행은 abb'a' 순서로 두 개의 병행을 이루는 콜론으로 구성되는데, 둘째 콜론은 첫째 콜론을 더 명확하게 한다.

군왕들은 어떻게 지혜를 얻는가?

경고를 받아들임으로써이다. 지혜롭게 행동하는 것은 종종 충족되지는 않았더라도 한 나라 지도자의 기본적 요구이다(예를 들어, 렘 3:15; 23:5). 하물며 지도자들이 얼마나 저항을 받지 않으려 않겠는가. 3절에서 그들은 옳은 길(모세로트 [môsĕrôt])을 계속 가도록 계획된 속박을 벗어던지고 있었으나, 이제 그들은 옳은 길(야사르[yāsar])을 가도록 재촉받고 있다.

10절까지 점차 정중해지지만, 현실주의적 어조가 엿보이는데, 10절에서는 지혜와 고칠 준비를 하라고 말하면서 잠언서에서 아이에게 말하는 부모 및 교사와 같이 군왕들에게 말한다. 한편, 잠언서에서는 명사들(세켈[śēkel], 무사르[mûsār])이 특히 자주 나온다(예를 들어, 잠 1:2-8; 16:22). 하지만 여기는 다른 군왕들에게 말하는 한 왕이다.

> 11 여호와를 경외함으로 섬기고
>   떨며 즐거워할지어다 12a 진심으로 복종하라(개역개정: 그의 아들에게 입맞추라-역주)

다음 행은 선행자를 설명한다.

그들이 어떻게 교훈을 받아 지혜를 보이는가?

---

[35] Fokkelman, *Major Poems*, 2:56.

이 질문에 대해 세 개의 병행을 이루는 답변이 있다.

첫째, 그들은 여호와를 경외하며 섬길 것이다.
섬기는 것은 지도자들에게 자연스럽게 오는 것은 아니다. 실제로 이것은 모순이다.
지도자들이 어떻게 종이 될 수 있는가?
하지만 지도자들은 자신들이 꼭대기에 있지 않은 명령 체계에 있음을 보아야 한다. 그들은 하나님을 섬기며, 따라서 그들은 *경외하며 인도한다(이는 이라 [yirʾâ]의 긍정적 의미를 전제하는 맥락에 들어맞는다). 한 번 더 말하면, 이것은 지혜롭게 행동하라는 권고이다(참조. 잠 1:7).

둘째, 그들은 "떨며 즐거워"할 것이다.
기쁨과 두려움의 조합이 다시 나온다. 95:1-2, 6에 함께 나오는 권고와 97:1, 4에 땅에 대해 함께 나오는 묘사를 보라. 시편 100:1-2은 비슷하게 "온 땅"에 "기쁨으로 여호와를 섬기"라고 권고할 것이다. 이런 식으로 시편 2편은 섬김과 경외와 기쁨과 떨림이 함께하는 것임을 단언하고,[36] 나라들이 이런 조합으로 초대됨을 단언한다. 이 시편의 마무리는 이에 잘 들어맞을 것이다.

즉, 마무리에서 그들은 암묵적으로 여호와를 의지하도록 초대받는다. 그리고 나라들에 대한 이중적 자세는 위의 이 시편의 도입에서 지적한 아브라함에게 하신 약속에도 들어맞는다. 만약 그들이 얕잡아보면, 저주를 받지만, 만약 그들이 스스로 주목하게 된다면 축복을 발견할 수 있다.

셋째, 그들은 반란을 일으키는 대신에 여호와께 복종할 것이다.
그리고 성실하게, 즉 순수한 마음과 외적 말에 상응하는 내적 태도로 복종할 것이다(cf. 24:4; 73:1; 또한 욥 11:4).

세 응답은 *abcb'a'd* 모양으로 서로 연결된다. "경외"와 "떨림"과 마찬가지로 "섬기다"와 "복종하다"는 쌍을 이루는데, 매번 덜 흔한 단어가 더 흔한 단어를 강화한다. 즐거워하라는 예기치 못하며 관대한 긍정적 초대는 이 행에서 중심

---

[36] Cf. Carsten Vang, "Ps 2,11–12," *SJOT* 9 (1995): 163–84, 특히 173–77. 하지만 또 다른 동사 길(*gîl*)이 "예배하다"를 의미할 가능성에 대해 *DCH*를 보라.

단어로 두드러지지만, 진정함을 요구하는 것(더 이상의 은밀한 음모가 없음)은 청중들에게 이 왕이 어리석게 되지 않았음을 상기시킨다.

> 12b 그렇지 아니하면 진노하심으로 너희가 길에서 망하리니
>   그의 진노가 급하심이라
>
>   여호와께 피하는 모든 사람은 다 복이 있도다

이어지는 두 콜론은 시편 1편의 마무리와 놀랍게 연결됨을 보여 준다. 즉, 만약 당신이 배반한다면, 당신은 당신의 "길"과 관련하여 "멸망할" 것이다. 실제로 이전 권고의 배후에 여전히 철 주먹이 있다. 나라들은 그들이 "멸망"(아바드 ['ābad])할 것인지 "섬길"(아바드['ābad]) 것인지 선택하도록 권유받고 있다. 더 광범위하게 시편의 맥락에서 그들은 시편 48:4-7과 시편 95-100편 사이에서 선택하도록 권유받고 있다.

미드라쉬는 이사야 40:22-23을 인용하고, 나라들이 위로 튀려고 하지만 결국 떨어지는 항아리에 갇힌 메뚜기를 닮았다고 언급한다.[37] 그러므로 지도자들은 마무리하는 콜론에서 대안의 전망을 이용하려면 지혜로워야 할 것이다. 명백히 한 콜론의 행이 시편의 마무리에서 홀로 있으며, 따라서 강조의 의미를 지닌다. 여호와를 *의지하는 것에 대한 약속은 즉각적으로 이 시편 전체의 주제이기도 한, 그의 적에게서 압박을 받는 다윗 혈통의 왕에게 적용되지만(참조. 이 시편들의 표제를 고려하여 읽을 때, 7:1[2]; 11:1), 이 행은 5:11[12]에서 다시 거론할 "모든 사람"에게 이 점을 일반화한다.

이 시편의 메시지는 전체 공동체를 위한 것이다. 실제로 방금 언급되고 권고를 부여받은 세상의 지도자들은 여기서 배제될 수 없다. 이 시편은 세상의 지도자들에게 여호와의 폭력에서 어떻게 보호를 받을 것인지를 말했다. J. F. D. 크리취(Creach)는 여호와에게서 보호나 피난처를 찾을 것에 대한 이 언급이, 함께 시편을 여는 두 시편을 마무리하면서, 전체 시편의 메시지에 대한 열

---

[37] *Midrash on Psalms*, 1:35.

쉬임을 제안한다.[38]

3. 신학적 의미

유진 피터슨(Eugene Peterson)은 다음과 같이 설명한다.

> 시편에서 두 시편은 신중하게 서론으로 설정된다. 즉, 시편 1편은 그 사람에게 날카롭게 집중하고, 시편 2편은 정치에 대한 넓은 각도의 렌즈이다. … 우리는 시편 1편을 사랑하고 시편 2편을 무시한다.[39]

시편 2편은 역사의 외관상의 무의함을 부인한다.

> 역사의 중심에는 더 이상 생존을 위한 세계 강대국들의 다툼이 없지만, 하나님은 세상의 권세들과의 관계로 그들의 운명을 결정할 것이다.[40]

하지만 이런 식으로 이 시편은 힘과 폭력에 근거한 세상과 여호와의 관계를 전제한다. 여호와는 나라들의 복종을 주장하시고, 자신들의 독립을 구하는 나라들을 무너뜨리고자 폭력을 사용할 준비가 되어 있으시다. 이스라엘 자신의 역사와 마찬가지로, 이 시편은 여호와가 치열할 준비가 되어 있으신 방식으로 잘 보여 준다. 여호와는 하나님이시며, 결국 이를 인정할 것을 요구할 준비가 되어 있으시다.

또한, 이 시편은 이에 따라 압박을 당하는 사람들에게 희망을 제공한다. 이 시편을 사용한 이스라엘 사람들은 결코 강대국이 아니었다. 이스라엘 사람들은 그들 대부분 역사에서 봉신 국가이거나 제국의 통치를 받는 한 지방이었다. 이 시편은 이것이 항상 상황이 이렇게 돌아가지는 않을 것을 약속한다.

---

38 *Yahweh as Refuge and the Editing of the Hebrew Psalter* (JSOTSup 217; Sheffield: Sheffield Academic Press, 1996).
39 *Where Your Treasure Is*, 10.
40 Weiser, *Psalms*, 111.

이 시편은 또한 여호와가 이스라엘 왕을 힘과 폭력으로 세상을 통제하시는 것과 연결함을 전제한다.[41] 따라서 시편의 자세는 (예를 들어) 바로 자신이 압제자였다는 사실을 감안할 때조차도(시편 2편에는 나라들이 독립을 바라는 것을 제외하고는 잘못 행동했다는 암시가 없다), 출애굽기에서 여호와와 바로의 이야기에서 취하는 태도와 상응한다.

말하는 기름 부음 받은 개인 왕이 없을 때, 경고와 약속이 있는 이 시편이 누구에게 속하는가?

한 가지 가능성은 이 시편이 이사야 9:2-7[1-6], 11:1-9과 같은 본문에서 약속된 이와 같은 미래 왕에 속한다는 것이다. 이는 신약의 예수님에게 다시 적용하는 한 측면과 일관성이 있다(행 4:25-26; 13:33; 히 1:5; 5:5; 벧후 1:17; 참조. 마 3:17; 17:5; 계 12:5; 19:15).[42]

반면에 부활하신 그리스도는 8-9절의 약속들을 자신이 아니라 "이기는 자 모두"(개역개정: 이기는 자-역주, 계 2:26-27)에 적용하신다. 이런 식으로 예수님은 하나님이 취하실 세상과 관련한 폭력적 자세에 대한 이 시편의 선언을 단언하시며, 교회를 이와 연결하신다. 이스라엘의 역사 상당 부분 동안의 이스라엘과 마찬가지로, 요한계시록 독자들은 큰 제국에 속했으며, 그들에게는 이 상황이 항상 그렇지는 않을 것이라는 약속을 받는다.[43]

이는 또한 미드라쉬에서도 이어 가는 구약의 다른 암시들에도 들어맞는다. 여호와의 약속은 원래 전체 사람들에게 관련됐다. 이스라엘의 왕에게 한 약속은 신학적으로 이에 종속됐다. 왕을 통해 일한다는 것은 이스라엘의 삶의 일시적 특징이었다. 다윗 혈통의 왕권은 BC 587년에 종결됐으며, 결코 다시 세워지지 않았다. 대신에 여호와는 한때는 다윗과 달성하셨던, 전체 사람들과의 일종

---

41 D. J. A. Clines, "Psalm 2 and the MLF (Moabite Liberation Front)," in *Interested Parties* (JSOT-Sup 205; Sheffield: Sheffield Academic Press, 1995), 244-75을 보라.
42 후속으로 기독교에서 사용한 것에 대해, Allan K. Jenkins, "Erasmus' Commentary on Psalm 2," *Journal of Hebrew Scriptures* (e-journal) 3 (2000): article 3을 보라. 그리고 이 시편의 신학적 의미에 대해, 또한 James W. Watts, "Psalm 2 in the Context of Biblical Theology," *HBT* 12 (1990): 73-91을 보라.
43 이런 식으로 1532년의 마틴 루터의 주해는 이 시편의 기독론적 이해를 전제하면서도, 이것을 그에 맞서는 "세상의 헛소리"에 비추어 놀라운 일련의 읽기와 결합한다(*Selected Psalms*, 1:3-93, 특히 5). 색소니(Saxony) 공작에게 헌정한 그의 이른 시기의 주해와 대조해 보라.

의 언약을 맺으셨다(또는 다시 맺으셨다).[44]

그리하여 시편 2편은 하나님의 백성으로서의 유대 백성에게 속한다. 수 세기에 걸쳐서 나라들은 종종 유대 백성들에게 음모를 꾸몄지만, 이 시편은 이런 음모가 결코 성공하지 못할 것을 약속한다. 유대 백성들은 하나님의 목적에서 확실한 중심적 자리를 차지하며, 이것은 반드시 인정될 것이다.

시편 2편은 특히 유대 백성의 중심적 구현으로서의 이스라엘 국가에 속한다. 이스라엘 국가는 동일한 압박을 경험할 때 이런 약속을 신뢰할 자격을 갖게 된다. (이것은 이스라엘의 정책의 옳고 그름에 상관없이 하나님이 이스라엘의 편을 드시겠다는 것을 의미하지 않는다. 이스라엘이 시내산에서 약속의 땅으로 가는 길에 광야에서 했듯이, 어떤 세대도 하나님의 약속을 박탈당할 수 있으며, 이스라엘 국가는 박탈당했다.)

이런 식으로 이 시편은 압제적인 제국의 폭력을 정당화할 위험성을 내포한다. 이 시편은 이스라엘이 나라들과 마찬가지로 왕을 잘못 요구하는 데 여호와가 동의하시는 것과 관련된 위험을 잘 보여 준다. 따라서 실제로 여호와가 이스라엘을 시편 2편의 계획을 실행할 위치에 두지 않으셨거나, 이스라엘 왕이 결코 "내게 구하라"(8절)라는 권유를 받아들이지 않아 보이는데 이는 다행이다.

시편 2편은 하나님 백성의 확장된 버전으로서의 교회에도 속한다. 기독교 나라들은 이 계획을 실행할 위치에 있었으며 그렇게 하려고 시도했다. 우리는 다른 사람들의 폭력을 인정하는 것에 대해 신약에 때로 표현된 긍정적 자세가 기독교 교회에 영향을 미쳤을 수도 있다고 생각할지 모르지만, 더 자주 이 시편에 표현된 태도가 기독교 나라들이 자유롭게 다른 민족들을 공격하고 압제하는 데서 구체화했다.[45]

1-9절과 요한계시록의 입장은 (예를 들어) 아브라함에게 하신 약속(창 12:1-3)이나 그리스도가 제자들에게 내리신 대사명(마 28:16-20)에 나오는 나라들에 대한 태도와 놀라운 대조를 이루는데, 물론 후자 역시 권위와 복종에 대해 말한다.

---

44 이 주석에 대한 서론에서 "왕과 메시아"에 대한 섹션을 보라.
45 Mary R. Huie-Jolly는 요한복음 5장 배후에서 시편 2편을 보며, 시편 2편이 제안하는 아버지/아들 관계의 버전은 "사회적 실재와 교회적 실재에서의 신적 용사의 신화적 구조를 다시 만든다. 이것은 권위주의적이고 가부장적이며 배타적인 구조를 투사한다"고 제안한다("Threats Answered by Enthronement," in *Early Christian Interpretation of the Scriptures of Israel* [ed. Craig A. Evans and James A. Sanders; Journal for the Study of the New Testament: Supplement Series 148; Sheffield: Sheffield Academic Press, 1997], 191-217; 특히 216-17을 보라).

하지만 시편 2:10-12의 입장도 이 후자와 비교된다. 이 시편은 군왕들과 관원들에게 통찰력을 보이고, 경외와 복종과 기쁨이 포함될 여호와를 향한 새로운 태도를 찾으라고 권고한다.

이 시편은 여호와를 의지하는 모두에게 내릴 축복으로 마무리하는데, 여기에는 군왕들과 관원들을 배제하기 어렵다. 그리하여 이 시편은 실제로 나라들 앞에 두 운명을 제시한다. 그들은 이것 아니면 다른 것을 선택한다. 하지만 부정적 결과가 실제로 잘못된 선택에서 나올 것이다. 그렇다. 여호와는 맹렬할 준비가 되어 있으시다.

이 시편은 또 다른 방식으로 신학적 악용을 암묵적으로 미리 방지한다. 왕이 시편의 중간에서 두드러지지만, 그는 10-12절에서 사라진다. 나라들은 그를 섬기거나 그에게 복종하라는 명령을 받지 않으며, 이 시편은 그 왕이 진노하고 그들을 멸하는 것에 대해 말하지 않는다. 왕은 직접 자신에게가 아니라 여호와께 할 복종을 요구한다.

다윗과 마찬가지로, 나라들은 사람의 손이 아니라 긍휼히 많은 하나님의 손에 넘어가기로 선택할 위치에 있다(삼하 24:14). 지옥에서 썩을 전망에 대한 예수님의 경고와 마찬가지로, 나라들에 대한 이 경고는 사람들의 지각을 흔들려는 의도이다(비록 이것은 경고가 강제력이 없다고 말하지 않을지라도). 더 나아가 이 시편의 마무리에서는 하나님의 백성들은 나라들이 징벌이 일어나지 않기를 기대하고자 분별력을 찾을 수 있다는 여호와의 관심을 공유하도록 권유받음을 보여 준다.

서양에서 기독교 이후 시대에 산다는 것은, 문화가 기독교 신앙의 속박을 벗어던짐을 의미하지만, 이 시편은 이것이 이야기의 끝이 아닐 것을 약속한다.

제3편

구원의 문제

1. 본문

저술. 다윗의 것. 그의 아들 압살롬을 피할 때.
(개역개정: 그가 다윗이 그의 아들 압살롬을 피할 때 지은 시-역주)

1 여호와여 나의 대적이 어찌 그리 많게 되었는지요(개역개정: 많은지요-역주)[1]
  일어나 나를 치는 자가 많으니이다
2 많은 사람이 나를 대적하여 말하기를[2]
  하나님께[3] 그를 위한 구원은[4] 없다(개역개정: 그는 하나님께 구원을 받지 못한다 하나이다-역주) (셀라)

---

[1] 또는 단순히 "많은지요"(JM 112a; DG 57a).
[2] 말하다는 동사 뒤에 레나프쉬(*lĕnapšî*)에서의 레(*lĕ*)는 "~에게"(to) 또는 "~의"(of)를 의미할 수 있지만, "~에게"가 더 흔하고 여기서 더 설득력이 있으며, 11:1, 35:3에 있는 레나프쉬(*lĕnapšî*)의 의미와 상응한다. NRSV는 "~에게"가 "그를"보다는 "당신을"을 가리키도록 2b절에서 다른 본문을 요구한다고 여긴다. 하지만 히브리 시는 종종 관점을 바꾸고, 따라서 콜론 사이에서 전치사를 바꾸며(참조. 8절), 이런 지시의 변경은 마소라 본문에서도 가능하다. 시리아 번역본 "너를 위해"는 이 의미에 동화시키고 있는 것이다.
[3] 70인역은 "그의 하나님께"라고 되어 있는데, 이는 적절한 추론일 것이다. 시리아어 번역본은 "당신의(여성) 하나님께"라고 되어 있는데, 이는 계속해서 이전 콜론과 동화시키는 것이다.
[4] 단순히 강조(GKC 90g)나 목적격 함의를 위해서(GKC 152n)라기보다는 운율의 이유를 위해 사용된 고풍의 긴 형태인 예슈아타(*yĕšûʿātâ*).

3 여호와여 주는 나의 방패시오

　나의 영광이시요 나의 머리를 드시는 자이시니이다[5]

4 내가 나의 목소리로 여호와께 부르짖으니[6]

　그의 성산에서 응답하시는도다[7] (셀라)

5 내가 누워 자고 깨었으니

　여호와께서 나를 붙드심이로다

6 천만인이 나를 에워싸 진 친다 하여도

　나는 두려워하지 아니하리이다

7 여호와여 일어나소서

　나의 하나님이여 나를 구원하소서

　주께서 나의 모든 원수의 뺨을 치시며[8]

　악인의 이를 꺾으셨나이다

8 구원은 여호와께 있사오니

　주의 복을 주의 백성에게 내리소서[9] (셀라)

---

5 늘 그렇듯이, 다수의 명사절을 어떻게 해석해야 할지 분명하기는 어렵다. 나는 "당신은"이 첫째 콜론뿐만 아니라 둘째 콜론에도 유효하다고 여긴다. 우리는 "당신은 여호와이며, 방패이며 … " 또는 "당신은 여호와이며, 당신은 방패이며 … "라고 번역할 수 있다.

6 문자 그대로, "내 목소리(로) 나는 부를 것이다"(참조. GKC 144m). 콜(*qôl*)이 이렇게 나오는 것은 "내 목소리가 부를 것이다"를 말하는 문법적으로 이상한 방법이 아니다(JM 151c); 또한, 기도나 찬양을 크게 하는 것에 주목을 끌고, 따라서 열정에 주목을 끈다(예를 들어, 5:2[3]; 26:7).

7 이크톨(yiqtol) 뒤에 와이크톨(wayyiqtol)에 대해, 참조. 80:8[9]; 다음을 보라, *IBHS* 33.3.3 (비록 이는 이 특별한 사례를 현재를 가리키는 것으로 여기지만).

8 구조에 대해, GKC 117ll을 보라.

9 8b절에는 동사가 없다. 많은 영어 번역본이 129:8처럼 이를 소망으로 여기지만, 거기서는 병행법이 이것이 그렇다고 분명히 한다. 다른 사례(DG 154를 보라)도 문맥에서 명령법으로 되어 있다. 여기서 병행법은 이것이 진술임을 시사한다.

2. 해석

시편은 시편 3편과 함께 이 책 '서론'에서 인용한 금언을 뒷받침하기 시작한다.

> 성경 대부분은 우리에게 말하지만, 시편은 우리를 위해 말한다.

이 항변시의 시작은 여전히 이 시편이 시편의 제목인 테힐림(*tĕhillim*, 찬양들)에 좀처럼 들어맞지 않을 것을 시사하는데, 애탄(1-2절)으로 시작하기 때문이다. (예를 들어) 호소로 시작하는 시편 4, 5, 6편과 대조해 보라. 하지만 이후에 시편 3편은 즉각적으로 애가보다 두 배로 더 길게 신뢰를 선언하며(3-6절), 따라서 시편 3편은 애가에는 항상 최소한 약간의 찬양이라도 수반된다는 주장을 잘 보여 준다.[10]

> 시의 언어에서 아마도 어려움의 시기 이전과 구원 후의 두 관점이 나란히 놓이는 것 같다.[11]

그 후에 이 시편은 신뢰의 선언(7b-8절)으로 돌아가기 전에 호소(7a절)로 옮겨 간다. 다른 기도시와 비교하면, 이 시편의 독특한 특징은 애가로 시작하는 것이지만, 그 후에 강조점은 회상과 신뢰에 있으며, 실제적 호소는 간결하다는 데 있다.

시편 3편과 4편은 시편 초반 가까이에서 함께 나오면서, 아침(3:5)과 저녁(4:8[9])을 위한 기도를 제공하며, 두 시편 사이에는 다른 어구적 연결고리가 있는데, 이로 말미암아 두 시편이 나란히 놓였을 수 있다(시편 4편 해설을 보라). 그렇다면 두 시편은 회중이 시편들이 묘사하는 종류의 위기에 직면할 때 어떻게 반응해야 할지 알도록 회중의 태도를 형성하는 기능을 한다.

---

10 Westermann, *Praise and Lament,* 154.
11 Robert C. Culley, "Psalm 3," in *Text, Methode und Grammatik* (Wolfgang Richter Festschrift), ed. Walter Gross et al. (St. Ottilien: EOS, 1991), 29-39, 특히 38.

[표제]

> 저술. 다윗의 것. 그의 아들 압살롬을 피할 때
> (개역개정: 그가 다윗이 그의 아들 압살롬을 피할 때 지은 시-역주)

용어 해설을 보라.

표제, 특히 *저술이라는 용어는 이미 마침내 우리가 예배 책에 속하는 것을 읽는 것에 더 가까워졌다는 것을 알린다. 시편의 "나"는 특히 군사적 공격을 시사하는 언어에서 왕(다윗 또는 당시의 다윗)이거나 주변 공동체로부터 압박을 받는 왕조 이후의 공동체의 지도자일 수 있다(예를 들어, 스 4:1; 느 4:11[5]). 어떤 경우든 우리는 이 시편이 공동체 기도의 경우에 사용되고 있다고 생각할 수 있다.

하지만 이 시편의 언어의 보편성으로 말미암아 다른 이들(욥의 경우 사람들)에게서 공격을 받았던 공동체 내의 개인들이 홀로 혹은 가족과 친구들과 함께 사용했을 수도 있다.

시편의 표현과 표제가 가리키는 이야기로 말미암아 우리는 이 시편이 다윗 생애에서 특정 사건과 연결되는 특성을 볼 수 있다. 이 시편은 어떻게 대적들이 증가했고(라부[rabbû]), 탄원자를 공격하는 자들이 얼마나 많았는지(카밈[qāmîm])를 지적함으로 시작한다. 사무엘하 15:14-17의 맥락은 압살롬의 무리가 어떻게 계속 증가했는지(라브[rāb]; 15:12) 그리고 전령이 어떻게 다윗을 공격하는 자들에 대해 소망을 표현했는지(카무[qāmû]; 18:32)를 묘사한다.

이야기의 다른 요소들은 이 시편에 더욱 포괄적으로 들어맞는다. 시므이(삼하 16:5-8)는 2절에서 자기 고개를 끄떡였을지도 모른다. 다윗의 후속 경험은 3-8절에 들어맞는다. 반면에 이야기의 다른 요소들은 이 사건과 이 시편의 내용 사이의 연결고리를 가리키지 않는다. 이야기는 다윗이 3-6절에서 내포하는 확신을 가진 것으로 묘사하지 않고, 이 시편은 도주한다는 어떤 암시도 전달하지 않으며, 여호와의 백성에 대한 언급(8절)으로 말미암아 이는 내전이 아니라 국가의 위기를 위한 시편처럼 보이게 된다.

연결고리와 일반적 적용성과 긴장감은, 시편과 이야기가 별개의 기원을 가지지만 정확한 용어상의 연결고리를 주목한 누군가가 사람들이 구체적 맥락에서 이 시편을 사용하고 있다고 생각할 수 있도록 함으로써, 사람들이 이 시편을 사용하도록 돕고자 시편과 이야기를 서로 관련 있게 했다는 견해와 들어맞는다.

[시 3:1-2]

우리는 시편 1-2편이 이어지는 시편들에 대한 신학적 토대를 제공함을 주목했다. 이에 대한 필요성은 이제 1-2절에 대두한다. 공격하는 자들은 너무나 많지만, 여호와/하나님은 1-2절에서 첫 단어이자 마지막 단어이다.[12]

> 1 여호와여 나의 대적이 어찌 그리 많게 되었는지요(개역개정: 많은지요-역주)
> 일어나 나를 치는 자가 많으니이다

두 콜론은 병행을 이루는 진술을 한다. 카탈(qatal) 동사와 분사가 서로 쌍을 이루는 반면에 "어찌"와 "여호와"에 대한 호소는 첫째 콜론뿐만 아니라 둘째 콜론에 적용된다. 둘째 콜론은 대적자가 행동하는 방식을 더욱 정확히 표현한다.

> 2 많은 사람이 나를 대적하여 말하기를
> 하나님께 그를 위한 구원은 없다(개역개정: 그는 하나님께 구원을 받지 못한다 하나이다-역주) (셀라)

첫째 콜론의 분사는 1b절의 분사를 이어 가며, "어찌"가 거기서 계속 적용되고 있음을 시사한다. 탄원자의 경험은 35:3에서의 기도가 바뀌는 것이다. 둘째 콜론은 첫째 콜론에서 시작된 진술을 완성한다. 적들은 하나님이 탄원자를 구원하지 않을 것이라고 주장했을 수 있지만, 우리는 적들 역시 탄원자의 두려움을 구체화한 것일 수 있다고 추측한다(참조. 왕하 18:30-35의 이야기, 물론 거기 동사는 하칠[haṣṣil]이다).

그들의 말은 탄원자의 바로 네페쉬(nepeš), 자아(*사람)에 도달한다. 그들의 말은 랍사게가 히스기야에게 말하듯이, 하나님은 구원하는 방식으로 인간의 삶에 관여하지 않으심을 의미할 수도 있다. 그렇다면 그들은 우리는 우리 힘으로 살

---

12 Cf. McCann, "Psalms," 693.

아야 한다고 말하며, 사람들은 자신을 속이지 않아야 한다는 것이다. 즉, 결정적인 것은 인간의 행동이다.

하지만 "그를 위한"은 그들이 하나님의 힘을 정말로 믿는 사람들이지만 하나님이 이 사람을 위해서는 행동하실 것이라고 믿지 않음을 시사한다.

그들은 왜 그렇게 믿는가?

압살롬의 반란이나 산헤립의 침입과 같은 사건에서, 이는 그들이 그를 무찌를 수 있다고 확신함을 시사할 것이다. 욥의 고난이나 에스라와 느헤미야의 갈등과 같은 사건에서 이 공격자들은 원래의 곤경에 책임이 있는 사람들이 아닐 것이다. 탄원자의 문제는 다른 문제이며 필연적 문제로, 어떤 일이 일어났든지 그에 따르는 사람들의 행동이다. 사람들은 탄원자를 하나님이 버리신 자라고 무시하는데, 그는 그러므로 구원의 어떤 전망도 없고 패배도 피할 수 없거나 실패도 모면하지 못하거나 치유를 얻지도 못할 것이다. *셀라(저자는 "일어나라"라고 번역한다-역주)에 대해 용어 해설을 보라

[시 3:3-6]

신뢰한다는 진술은 탄원자가 여호와께 헌신했으며, 여호와와 자신에게 다시 확신할 필요가 있다는 진리로 대적의 조롱에 직면한다.[13] 이후에 이 선언은 여호와의 과거 구원 행위에 대한 긴 회상이 특징적으로 뒷받침한다. 여기서 이크톨(yiqtol)과 카탈(qatal) 동사들이 교대로 나오는데, 이는 과거 경험에 대한 일반적 진술과 일반적 진술을 잘 보여 주는 구체적 회상을 제공한다.[14]

---

13 Pierre Auffret ("Notes sur la structure littéraire du Psaume 3," *ZAW* 91 [1979]: 93-106)는 이어지는 것보다 앞선 것과 3절을 연결시킨다. Cf. John S. Kselman, "Psalm 3," *CBQ* 49 (1987): 572-80.

14 70인역은 4절의 두 동사를 과거로 번역하는데, 이는 거의 차이가 없으며 5b절은 미래로 번역한다. 탈굼은 4절의 두 동사를 "미완료"로 번역하고, 5절의 모든 동사를 "완료"로 번역한다. 제롬은 4절의 동사를 미래로 번역하고 5b절의 동사를 과거로 번역하면서 따른다. NRSV는 4-6a절(그리고 7b절)의 모든 동사를 현재로 번역한다. NIVI는 4-5절을 현대로 번역하고 6a절은 미래로 번역한다. 이런 차이점은 히브리 동사 체계의 본래의 모호성을 반영하며, 어떤 번역들은 이 시편을 덜 구체적이게 만드는 장점과 단점을 지닌다. 과거 사건을 언급하는 데 보통 카탈(qatal)을 사용하는 것은 시편에서 여호와가 이전에 행한 것을 회상하는 경향과 들어맞으며, 4-6절을 과거로 언급하는 것으로 여기는 것은 이 시편 전체를 더욱 역동적이며

나는 이 시편이 세 가지 되풀이되는 경험을 회상한다고 여긴다. 즉, 여호와께 부르짖는 것과 여호와가 인내하시고 보호하시도록 하는 것과 거대한 군대를 두려워하지 않는 것이다. 이런 경험들은 논리적으로 서로에게서 이어진다. 이 시편은 또한 세 가지 구체적인 경험들을 회상하는데, 이는 여호와가 호소에 응답하시고, 탄원자가 따라서 침대에서 죽기보다는 누워 자며 일어나며, 군대가 주변에 둘러쌀 때의 일반적 상황 및 구체적 상황과 연결된다.

> 3 여호와여 주는 나의 방패시오
> 나의 영광이시요 나의 머리를 드시는 자이시니이다

신뢰한다는 실제적 진술은 탄원자의 신뢰에 대한 진술이 아니라, 여호와에 대한 진술로 표현된다. 이 진술은 여호와의 세 가지 특징을 다시 단언한다. *방패는 여기 2절에서처럼, 여호와가 도움이나 구원이 되신다는 언급이 동반될 수 있으며, 그리하여 3절은 직접 그 조롱에 맞선다. "나의"(저자는 "나에 대해[about me]"로 번역하다-역자)는 이 점을 강화한다. 이 표현은 특이한 표현으로 종종 누군가"에게" 문을 닫는 데 사용되며, 다른 곳에서 이는 보통 부정적 의미를 지닌다(예를 들어, 욥 3:23). 하지만 여기서처럼 욥기 1:10에서는 긍정적이다.

보통 손으로 잡는 방패는 온전히 사람을 감싸지 못하지만, 이 방패는 그런 효과를 지닌다. 나의 "영광"도 21:5[6], 62:7[8]에 나오는 이런 표현들과 함께 오지만, 더욱 즉각적으로 4:2[3]의 질문은 믿음의 이런 진술과 대조를 이룬다.

여호와는 나의 영광이라는 선언은 여호와는 방패라는 선언을 넘어선다. 즉, 여호와는 그 사람뿐만 아니라 영광도 회복하신다는 것이다. 그렇다면 "나의 머리를 드시는 자"는 이를 더 구체적으로 상세히 설명하는 것이다(참조. 27:6; 83:2[3]; 110:7). 이것은 법적 표현일 수도 있지만, 그 자체로 이것은 탄원자가 재판을 받고 있음을 가리키지는 않는다. 우리는 패배하고 불명예스럽게 될 때 우리 머리를 들 수 없으나(욥 10:15), 승리할 때 우리 머리를 높이 든다.

미묘하게 이해하게 한다. 하지만 독자들은 위의 다른 방법들 가운데 하나로 쉽게 이 시편을 이해하고 사용할 수 있다.

> 4 내가 나의 목소리로 여호와께 부르짖으니
> 그의 성산에서 응답하시는도다 (셀라)

여호와의 과거 구원을 다룬 기사는 여호와의 주목을 받고자 보통 크게 외친다는 회상으로 시작한다. 아마도 이는 여호와가 하늘에 멀리 떨어져 계시지만 거기서 듣고 행동하실 수 있다고 전제할 것이다(2:4; 참조. 20:6[7]); 33:13-19; 80:14[15]). 하지만 이 시편에서 여호와의 응답은 하늘에서가 아니라 거룩한 산, 시온산에서 오는데(2:6), 거기는 여호와가 또한 안식처를 가지신 곳이다(예를 들어, 43:3; 74:2[3]). 만약 왕이 이 호소를 한다면 여호와의 거룩한 산을 언급하는 것은 여호와가 그를 거기서 실제로 임명하셨다는 사실을 이어 갈 것이다(2:6).

> 5 내가 누워 자고 깨었으니
> 여호와께서 나를 붙드심이로다

문법적으로 불필요한 "나"는 3절의 "당신"(개역개정은 보통 "주"라고 번역한다-역주)과 상응한다.[15] 만약 우리가 4-6절을 내러티브로 읽을 수도 있자면(우리가 어떻게 동사들을 해석하든지), 여호와가 기도에 응답하셨다는 사실로 말미암아 안전하게 잠을 잘 수 있게 됐다. 시편들이 기도에 응답하시는 여호와에 대해 말할 때, 시편들은 좁은 의미에서 이것을 의미한다. 여호와는 아직 응답에 표현된 약속을 이행하고자 행동하지 않으셨을지라도, 기도를 들으셨고 응답하셨다.

응답은 행동이 아니라 말씀이다. 하지만 말씀은 행동으로 나온다. 여호와는 "붙드신다"(사마크[sāmak]). 이 동사의 더 흔한 함의는 사람들이 잠든 동안 적들이 쳐들어올 때 탄원자가 밤의 위험에서 살아남도록 여호와가 보호하신다는 것이다(예를 들어, 4:8[9]; 37:17; 145:14). 하지만 독자는 이것을 걱정 없이 건강하게 잘 수 있게 하는 내적 지지를 가리킬지도 모른다(예를 들어, 대하 32:8).[16]

---

15 Cf. Kidner, *Psalms*, 1:54.
16 Christoph Schroeder ("Psalm 3," *Bib* 81 [2000]: 243-51)는 시편 기자가 여호와에 의해 잠에서 깨어났고 구원의 약속을 받았으며, 이 시편은 그렇다면 이것이 실현되기를 기도하는 것이라고 제안한다.

> 6 천만인이 나를 에워싸 진 친다 하여도
> 나는 두려워하지 아니하리이다

우리는 따로 떼어 놓았을 때, 이것을 탄원자의 후속으로 계속되는 내적 확신에 대한 진술로 여길 수 있는데(참조. 70인역, 제롬, 탈굼), 이는 4-5절을 주변으로 3절과 함께 괄호를 형성할 수 있다. 하지만 이것은 다시 이크톨(yiqtol)과 카탈(qatal) 동사를 결합하여, 동사들은 계속되는 과거의 태도와 구체적 경험에 대한 또 다른 선언을 제공하는 것 같다. 실제로 단어로는 아니더라도, 6b절은 3a절과 함께 좋은 인클루지오를 제공한다. 즉, "나는 내 주변에 적들이 모인다고 걱정하지 않는데, 이는 내 주변에 여호와의 방패가 있기 때문이다."

[시 3:7-8]

3-6절은 분명히 탄원자가 여호와에 대해 갖는 확신을 세우는 역할을 하지만, 7-8절의 병행을 이루는 세 개의 두-콜론은 이 시편을 절정에 이르게 하면서, 3-6절이 더욱 직접 여호와께 이 사건들이 반영한 확립된 성격에 따라 행동하시도록 동기부여 하는 역할을 함을 시사한다.

> 7 여호와여 일어나소서
> 나의 하나님이여 나를 구원하소서
> 주께서 나의 모든 원수의 뺨을 치시며
> 악인의 이를 꺾으셨나이다

이 시편의 실제적 요점은 활기차고 직접적이며 힘찬 2-2 첫 행에 온다. 호소는 시작하는 탄식의 말을 이어 가는데, 이 탄식은 사람들이 탄원자를 치려고 "일어나는 것"에 대해 "여호와"께 말하고, 사람들이 탄원자의 "구원"과 "하나님"에 대해 말하는 것을 보고했다.[17] 7절은 한 번 더 여호와를 부르고 "나의 하나님"

---

17 이 병행구는 70인역과 시리아어 번역본에서 훨씬 가까운데, 거기서는 2절에서 "그의 하나님" 또는 "너의 하나님"이라고 되어 있다.

이라고 계속 호소한다.

여호와는 "나의 하나님"이라고 상기시키는 표현은, 전체 시편의 기초가 되고 더 나아가 이 시편이 여호와께 개입해 주시라고 청하는 토대를 강조하는 핵심을 처음으로 명백히 밝힌다. 이런 식으로 이 시편의 하나님에 대한 묘사는 실제로 대적의 묘사와 매우 다른데, 대적들은 "하나님"에 대해 말할 뿐이다.

동사에서도 둘째 콜론은 핵심을 더 발전시킨다. 바로 지금 여호와는 하늘의 보좌에 앉아 계신다. 탄원자는 왕이 자기 보좌에서 일어나 성읍에서 들은 외침을 조사하러 오는 것과 마찬가지로, 여호와가 일어나시기를 원한다. 정말로 대적이 왔을 때 일어나시기를 원한다(1절). 하지만 탄원자는 하나님이 일어나셔서 조사하실 뿐만 아니라 행동하시기를 원하며, 구체적으로 구원하기 위해 행동하시기를 원하는데, 이는 대적들이 절대 일어나지 않을 것이라고 말하는 행동이다(2절).

명령은 모세가 언약궤가 출발할 때 말한 것과 비슷한데, 모세의 발언은 마찬가지로 대적을 흩는다는 면에서 그 함의를 표현했었다(민 10:35-36). 이런 재촉은 "이스라엘의 만 명"에까지 계속해서 언급한다. 이 구절은 문맥에서는 이상하지만, 그 정확한 의미가 무엇이든지 간에, 이는 더욱더 63절의 확신을 강화한다.

둘째 행은 다시 한번 이 호소가 여호와가 과거에 행한 방식에 근거함을 명백히 밝힌다. 그러므로 둘째 행은 이전 행이 1-2절을 발전시키듯이, 3-6절을 더 발전시킨다.[18] 이 절들은 보호에 대해서만 말했을 뿐이며, 적들을 위한 곤경에 대해서는 어떤 진술도 하지 않았다. 하지만 실제 세계에서 보호와 구원은 적들의 패배를 의미하며, 이것은 골치 아픈 문제는 아니다.

언어는 2:9의 언어와 다르지만, 언어가 비유적이라고 해도 실재와 현실은 비슷하다. 둘째 콜론은 문자 그대로 "악인의 이를 당신은 박살냈다"가 되는데, 그리하여 이 행은 *abcc'b'a'*라는 분명한 교차대구 구조를 이룬다. 분명한 시 양식이 무시무시한 내용과는 대조를 이룰 때에도, 이와 같이 이 양식은 단어들이 묘사하는 반전을 반영한다.

---

18 IBHS 30.5.4cd는 명령법 후에 7절의 카탈(qatal) 동사들이 기원을 나타낸다고 주장한다(참조. DG 60c; NIVI). 하지만 문맥상의 주장은 어느 경우든 가능하다. 즉, 기도를 위한 근거의 재진술이 매우 적절하며, 키(*ki*)가 순수하게 강조여야 하기보다는 일반적 의미인 "~때문에"가 될 수 있음을 의미한다(IBHS 39.3.4e). 이 키(*ki*)는 또한 이 행을 여호와가 호소에 응답한 것에 대한 예상되는 증언으로 여기는 것을 어렵게 만든다.

이를 박살낸다는 것은 누군가의 뺨을 치는 것보다 더 참혹한 공격을 시사하기 때문에, 둘째 콜론은 불쾌한 방식으로 첫째 콜론을 넘어서거나 첫째 콜론의 함의를 명백히 한다. 하지만 누군가의 턱이나 뺨을 친다는 것은 최소한 육체적 고통만큼이나 수치의 제스처가 되며, 이를 박살내는 이미지도 무기력하게 하는 것을 가리키는 법적 은유가 될 수 있다.[19] 동시에 "대적"에서 "악인"으로 옮겨 가는 것은 처음으로 이 시편에 도덕적 어감을 도입한다(시 2편에는 전혀 없었다). 구원에 관한 주장은 단순히 대적이 있다는 사실에 근거할 수는 없다.[20]

> 8 구원은 여호와께 있사오니
> 주의 복을 주의 백성에게 내리소서 (셀라)

"구원"은 한 번 더 반복된다. 구원은 이 시편의 핵심 주제이다. 이 행은 신뢰의 최종 진술을 구성한다. 우리는 구원에 대한 이 셋째 언급이 이 시편을 마무리할 것을 기대했을 수도 있지만, 둘째 콜론은 이 전체 시편을 더 폭넓은 시야에 두면서 첫째 콜론을 넘어선다.

이 시편의 대부분은 개인의 삶에서의 위기에 초점을 둔다. 여호와는 이에 관여한다. 하지만 탄원자는 또한 더 근본적인 문제가 전체 백성들의 지속하는 풍요임을 알고 있다. 특히, 왕이나 통치자를 가지는 것에 대한 핵심은 백성들을 섬기는 것이며, 지도자의 구원 목적은 백성들의 생명을 보통의 풍요로 되돌리는 것이다. 그렇지 않으면 반대로 여호와가 백성들을 축복하겠다는 약속은, 신뢰를 위한 최종 토대가 되어, 이 백성의 한 구성원으로서의 지도자에게 축복이 있을 수 있다. 이처럼 "나의 하나님"(7절)과 "주의 백성"(8절) 사이에 암묵적으로 점근적(漸近的) 관계가 있다.

---

19 Nahum M. Sarna, "Legal Terminology in Psalm 3:8," in *Sha'arei Talmon: Studies in the Bible, Qumran, and the Ancient Near East Presented to Shemaryahu Talmon,* ed. Michael Fishbane and Emanuel Tov (Winona Lake, IN: Eisenbrauns, 1992), 175–81.
20 70인역은 마타이오스(*mataiōs*, "이유 없이," 또는 아마도 "헛되어")로 또 다른 형태의 가치 판단이나 동기부여를 추가한다. 아마도 70인역은 레히(*leḥi*)에 대해 힌남(*hinnām*)으로 읽을 것이다.

3. 신학적 의미

 탄원자와 탄원자의 대적에는 공유하는 신학과 영성, 즉 "구원은 여호와께 있사오니"(8절)라는 상호 의견의 일치가 있을 수 있는데,[21] 이는 욥과 그의 친구들이 특히 재앙이 욥에게 닥치기 전에 일치하는 신학을 지녔던 것과 같다. 신학과 영성의 원리에 대한 의견의 일치는 이 원리들이 배경에 직면하기까지는 큰 의미를 지니지 않을 수도 있다. 종종 그렇듯이, 여기서 이런 원리에 의견이 일치하는 사람들은 서로 일축한다.
 이 대적들은, "하나님께 그를 위한 구원은 없다"(개역개정: 그는 하나님께 구원을 받지 못한다 하나이다-역주)라고 선언한다. 아마도 그들은 하나님이 이 세상에 활동하신다고 생각지 않은 것 같지만, (욥의 친구들과 마찬가지로) 그들은 하나님이 실제라고 믿지만, 하나님이 이런 사람과 같은 자들을 명백히 구원하지 않으실 것이라고 결론 내릴 이유가 있다고 생각하는 것 같다.
 이에 맞서, 탄원자는 "여호와여 주는 나의 방패시오 나의 영광이시요 나의 머리를 드시는 자이시니이다"라고 하며, 따라서 "나의 하나님이여 나를 구원하소서"라고 하며 적나라하게 호소한다.
 탄원자는 어떻게 이것이 여호와의 반응에 충족될 것인지, 대적이 잘못인지 알 수 있는가?
 대답은 여호와가 과거에 일관되게 행하신 방식에 있다. 하지만 자신을 하나님께 맡기는 것을 제외하고는, 대적이 옳은지 탄원자가 옳은지를 증명할 방법이 없다.

---

21 스펄전(Spurgeon)은 8절이 "칼빈주의 교리의 요약과 본질을 포함한다"고 설명한다(*Treasury of David*, 1:24).

제4편

우리에게 선을 보일 자 누구뇨

1. 본문

다윗의 시, 인도자를 따라 현악에 맞춘 노래

1 내 신실한(개역개정: 의의-역주) 하나님이여
　내가 부를 때에 응답하소서
　나의 곤란 중에(개역개정은 "나의"가 없음-역주)[1] 나를 너그럽게 하소서(개역개정: 하셨사오니-역주)
　내게 은혜를 베푸사 나의 기도를 들으소서

2 인생들아[2] 어느 때까지 나의 영광을 바꾸어 욕되게 하며
　헛된 일을 좋아하고
　거짓을 구하려는가 (셀라)
3 여호와께서 자기를 위해 경건한 자를 택하신 줄 너희가 알지어다
　내가 그를 부를 때에 여호와께서 들으시리로다
4 너희는 떨며[3] 어긋나지(개역개정: 범죄하지-역주) 말지어다

1　문맥, 특히 둘째 콜론 "나의 기도"에서 대명사를 이해한다.
2　문자 그대로, "한 개인의 아들들"; 훨씬 흔한 "사람의 아들들"에 대해, 이 구절은 중요한 사람들을 의미할 수도 있지만(참조. 49:2[3]; 62:9[10]), 홀로 사용되어 그렇지 않을 수도 있다(참조. 애 3:33).
3　70인역과 제롬은 "진노하다"(be angry, 참조. 엡 4:26)로 번역하지만, 라가즈(rāgaz)는 결코

자리에 누워 심중에 말하고⁴ 잠잠할지어다⁵ (셀라)
5 참된(개역개정: 의의-역주) 제사를 드리고
여호와를 의지할지어다

6 여러 사람의 말이 우리에게 선을 보일 자 누구뇨 하오니⁶
여호와여, 당신의 얼굴의 빛이 우리에게서 멀어졌나이다(저자의 번역-역주)
[또는, 여호와여 주의 얼굴을 들어 우리에게 비추소서](개역개정-역주)
7 주께서 내 마음에 두신 기쁨은
그들의 곡식과 새 포도주가 풍성할 때보다 더하니이다
8 내가 평안히 눕고 자기도 하리니
나를 안전히 살게 하시는 이는⁷
오직 여호와이시니이다

2. 해석

이 기도시는 앞선 시편들과 용어상으로 많은 연결고리를 지닌다. 즉, 부르다, 내게 응답하소서(1절; 참조. 3:4[5]), 곤란(constraint)/대적(adversary, 차르[ṣār], 차라르[ṣārar]; 1절, 참조. 3:1[2]), 나의 영광(3절; 참조. 3:4[5]), 여러 사람의 말이(many are say-

---

이를 직접적으로 의미하지 않는다. 이것은 신체적 동요를 가리키며, 원인은 문맥에서 추론해야만 하는데, 여기서는 두려움을 암시한다.
4 "그것"이 없다(저자는 "그것[it]"을 추가하여 번역함-역주). 참조. 출 19:25; 삿 17:2.
5 탈굼은 이것을 다맘(dāmam) I이 아니라 DCH's 다맘(dāmam) IV, 곧 "파괴하다"로 이해한다(cf. Stec, *Targum of Psalms,* 32). John S. Kselman ("A Note on Psalm 4,5," *Bib* 68 [1987]: 103–5)은 Dahood, Psalms, 1:24–25을 따르면서, 이것을 다맘(dāmam II), "울다"로 여긴다. Cf. Michael L. Barré, "Hearts, Beds, and Repentance in Psalm 4,5 and Hosea 7,14," *Bib* 76 (1995): 53–62.
6 많은 영어 번역본이 여기서 인용부호로 마무리하지만, 6b절은 6a절에서 이어지며, 복수 주어가 계속된다. 7절에서 단수로 변화하는 것은 인용의 끝이 6절의 끝에서 온다는 것을 가리킨다.
7 70인역은 둘째 콜론과 셋째 콜론을 한 구절, 즉 "여호와여, 주님만이 내가 안전하게 살 수 있게 합니다"로 여기지만, "주님은 여호와이십니다"는 신앙고백처럼 보이며, 마소라 사본은 이것을 두 구절로 여기는데 이것을 옳은 것 같다.

ing, 6절; 참조. 3:2[3]), 더하니이다(increase, 7절; 참조. 3:1[2], "많은지요"[become many]), 눕고 자기도(lie down and sleep, 8절; 참조. 3:5[6]) 등이 있다. 우리는 시편 3편과 관련하여, 두 시편이 아침(3:5[6])과 저녁(4:8)에 관련될 여지가 있다는 점에서도 쌍을 이룬다고 주목했다.

이 시편의 또 다른 특징은 우리가 전체를 명확히 할, 마무리하는 두 행에 도달할 때까지 어떻게 해석해야 할지 확신하지 못하게 하는 연속되는 모호함이다.[8] 이 전체에서 여호와가 기도에 응답하시고 구원하시며 축복하시는 경험을 고려할 때, 탄원자는 미래에 대해 하나님을 신뢰하는 개인적 확신을 표현하고, 다른 사람들에게 열등한 다른 수단을 의지하지 말라고 촉구한다. 표제 이외에는, 이 기도가 기획된 구체적 탄원자나 사용하기 위한 어떤 구체적 맥락을 가리키는 암시도 없다.[9]

[표제]

> 다윗의 시, 인도자를 따라 현악에 맞춘 노래

용어 해설을 보라.

[시 4:1]

> 1 내 신실한(개역개정: 의의-역주) 하나님이여
> 내가 부를 때에 응답하소서
> 나의 곤란 중에(개역개정은 "나의"가 없음-역주) 나를 너그럽게 하소서(개역개정: 하셨사오니-역주)
> 내게 은혜를 베푸사 나의 기도를 들으소서

---

8   맨돌포(Mandolfo)는 이 시편을 "수사적으로 복잡"하다고 묘사한다(*God in the Dock*, 33). 이 시편의 구조에 대해, Pierre Auffret, "Dieu ma justice," *BN* 118 (2003): 5–12와 그의 참고 문헌을 보라.
9   L. Dürr ("Zur Datierung von Ps. 4," *Bib* 16 [1935]: 330–38)는 5세기의 연대를 주장한다.

이 시편은 호소하는 행으로만 시작한다. 3:7[8]에서처럼, 활기찬 2-2행의 시작은 기도의 긴급함을 전달한다. 이 시작은 하나님과 기도하는 사람 사이의 직접적 소통, 부름과 응답으로 특징지어지는 소통이 있다고 여긴다. 크리소스톰(Chrysostom)은 내가 부른 후만이 아니라 내가 부를 때 하나님은 들으신다고 설명한다. 즉, 우리가 여전히 말하고 있는 동안에 하나님은 듣고 응답하신다는 것이다(참조. 사 58:9).[10] 둘째 콜론은 하나님이 기도에 응답하실 것이라는 확신을 위한 토대를 상기시키는 방식으로 받는 이의 이름을 거론함으로써 첫째 콜론을 마친다.[11]

전통적 마소라 본문의 이해에서(NRSV, NJPS를 보라), 셋째 콜론은 하나님이 과거에 행하신 일을 상기시킴으로써 기도를 위한 근거를 확장한다. 즉, 여호와가 기도에 응답하실 때 신실하셨던 방식을 구체적으로 명시하는데, 이는 "나의 곤란 중에 나를 너그럽게 하셨사오니"라는 현재 기도를 위한 근거이다. 이처럼 첫째 콜론과 마지막 콜론은 탄원자의 기도이고 중간 콜론은 이 기도를 위한 근거를 진술하면서, 이 시편은 *abb'a'* 형식으로 된 두 행으로 시작한다. 이는 탄원자를 격려하며 하나님께는 부담을 준다.

하지만 그렇다면 이 시편이 하나님께 주목하도록 촉구하는 "기도"는 무엇인가?

2-5절에는 명백한 기도가 없는데, 이는 명백히 하나님이 악한 태도를 보이는 사람들을 변화시키시기를 암묵적으로 기도하지만, 수사적으로 그들에게 사태를 직시하게 한다. 본문의 한 버전에만 있지만, 6절에 한 기도가 있다. 이는 직접 탄원자가 발언하는 것이 아니라, 탄원자가 인용하고 있는 사람들이 발언하고 있으며, 신중하게 의도되지는 않았을 것이다.

7-8절에는 기도가 없으며, 오직 여호와에 대한 신뢰를 선언한다.

이 시편은 요구하는 것에 초점을 두지 않는 하나님을 부르는 것을 언급하고자, 영어에서 "기도"(prayer)라는 단어를 사용할 수 있는 방식으로 테필라(*tĕpillâ*

---

10 *Psalms*, 1:45.
11 NRSV은 문자 그대로 "나의 의의 하나님"이라고 번역하지만, 히브리어에서 소유격으로 되어 있는 둘째 명사는 보통 부사 역할을 하며, 어떤 인칭 대명사도 전체 구절에 적용된다. 시리아어 번역본은 엘로하이 치드키(*'ĕlōhay ṣidqî*), 곧 "나의 하나님, 나의 의/신실함"(my God, my right/faithfulness)이라고 모음을 수정하는 것 같다.

를 사용했을 수도 있는가?

동사 히트팔렐(*hitpallēl*)은 이런 식으로 사용되지만(삼상 2:1; 욘 2:2을 보라), 이런 식으로 사용된 테필라의 다른 구체적 사례는 없다. 그렇다면 이 시편은 실제로 하나님께 기도에 주목하시도록 촉구하고 있는 것 같다.

그렇다면 무엇이 기도인가?

따라서 NIVI는 1b절의 동사 히르하브타(*hirhabtā*)를 여호와의 과거 행위에 대한 회상이 아니라, "나를 너그럽게 하소서"라는 기원으로 이해하는 것 같다. 이로써 NIVI는 전체 절을 기도로 만든다. 명령문이 앞서고 두 개의 명령문이 더 이어지면서, 기원의 카탈(qatal)의 이 사례는 문맥에서 기원의 카탈을 인식할 수 있어야 한다는 기준에 잘 들어맞는다.[12] 실제로 1절 뒤에 기도가 없는 것은 이 시편의 좁은 맥락뿐만 아니라 넓은 맥락도 기원의 이해를 뒷받침함을 가리킨다.

게다가 이 콜론에 나오는 단독으로 과거를 언급하는 것은 어떤 경우든 이상할 것이며, 이 시편은 이전의 너그럽게 하셨음이 무엇이었는지에 대한 더 이상의 힌트도 주지 않는다.[13] 만약 우리가 1절 전체가 연속된 기도를 구성한다고 여긴다면, "내게 은혜를 베푸사 나의 기도를 들으소서"라는 마무리하는 호소는 더 의미가 통하게 될 것이다. 이 시편이 하나님께 들으라고 청하는 기도를 구성하는 것은 이 절의 이전 구절이다.

"곤란"과 "너그럽게 하소서"는 반의어이다. 차르(*ṣar*)가 보통 더 일반적으로 "어려움"을 의미하지만, 여기서 라하브(*rāḥab*, 넓다)와 함께 있다는 것은, 차르(*ṣar*)의 더 구체적인 어근 의미를 인식함을 시사한다. 이 시편은 고난을 당하고 압박을 받는 것에 대해 말하는데, 물론 이것은 이 경험의 특성과 여호와가 이를 벗어나게 하신 것의 특성을 가리키지는 않는다.

마지막 콜론은 시편에 나오는 기도에서의 두 가지 핵심 촉구를 통합한다. "은혜를 베풀다"(하난[*ḥānan*])는 놀라운 것 같은데, 왜냐하면 *은혜는 호소할 현행의

---

12 *IBHS* 30.5.4; Buttenwieser, *Psalms*, 18–25을 보라. 위의 3:7[8] 해설을 대조해 보라. 첫째 콜론에서 70인역은 아네니('*ānēni*)에 대해 아나니('*ānani*)를 의미하며, 따라서 대조적으로 기도를 마지막 콜론에 한정하지만, 이는 여전히 "무슨 기도인가"라는 질문을 제기한다. (예를 들어) Weiser, *Psalms*, 119와 대조되게, (예를 들어) Gerstenberger, *Psalms*, 1:57을 보라.

13 이와 같이 Kraus (*Psalms*, 1:145)는 이 구절이 "마치 삽입된 것처럼 이상한 위치에 있다"고 설명한다.

관계나 공적이 없을 때 어떤 사람이 누군가에게 보이는 태도이기 때문이다. 이와 같이 이 시편은 하나님의 신실함이나 하나님의 과거 행동보다는 더 깊이 거슬러 있는 하나님의 근본적 성품에 호소하고 있다. "들으소서"가 마지막에 나오는데, 다시 약간의 모순이 있다.

이 기도는 처음에 와야 하지 않는가?

하지만 시편들은 만약 하나님의 주목을 끌 수만 있다면 다른 모든 것은 따라올 것으로 여긴다. 시편에서 테필라(*tĕpillâ*)와 테힐라(*tĕhillâ*, *호소와 *찬양)는 성가의 두 측면을 시사하면서, 대략 동일하게 흔히 나온다.

[시 4:2-5]

이 시편은 이제 탄원자를 괴롭히는 자들을 다루려 한다. 시편들이 이를 다룬 다른 경우가 있지만(6:8[9]; 62:3[4]), 이 권고의 맥락과 길이는 여호와에 대한 유일한 신뢰를 나타내는데, 이 신뢰로 말미암아 탄원자를 위해서보다는 그들 자신을 위해서 그들의 방식을 바꾸도록 시도하게 된다.[14]

동시에 이는 다소 애가와 같은 역할을 할 수 있다. 탄원자는 한탄할 것이 있지만 이를 설교로 전환한다. 그 후에 이 시편은 하나님께 불평하는 것에 대해 거북하게 여기는 사람들을 위한 한 역할을 이행할 수 있다. 즉, 그들은 다른 사람들에 항변할 수 있다는 것이다.

절묘한 솜씨로 우리는 말하는 사람이 성전에서와같이 하나님의 존전과 청중 앞에 있는 것을 상상할 수 있지만, 이것은 아마도 너무 단조로울 것이다. 누군가가 어딘가에서 기도하고 있으며, 이 사람들의 존재를 인식하고 있다고 상상하는 것으로 충분하다. 즉, 그들은 상상 속에 있다. 이 시편의 목적이 사람들의 태도에 대해 그들에게 도전하는 것인 한, 사람들은 무대의 청중과는 대조적으로 집에 있는 청중으로 존재한다. 그들은 이 시편을 엿듣고 이 시편이 자신들을 지적한다고 깨닫는 사람들로 존재한다.[15]

---

14 Cf. Westermann, *Living Psalms*, 125.
15 Mandolfo (*God in the Dock*, 30–35)는 2–3a, 4–5절을 하나님이 탄원자에게 하신 말씀으로 보지만, 이것은 받아들이기 어려운 불균등을 소개하는 것 같다. 3b절은 들어맞지 않으며, 7–9절의 탄원자의 계속되는 말은 실제로 여호와의 훈계에 반응하지 않는다.

운율 면에서 네 개의 구별되는 행에서, 첫 세 행은 매우 길며, 항변을 쏟아낸 다는 인상을 전달한다. 그 후에 5절은 힘찬 2-2 결론을 이룬다.

> 2 인생들아 어느 때까지 나의 영광을 바꾸어 욕되게 하며
>   헛된 일을 좋아하고
>   거짓을 구하려는가 (셀라)

*영광과 수치는 또 다른 상호 관련이 있는 쌍이다.
누구의 영광과 수치를 언급하고 있는가?
첫째 콜론은 문자 그대로, "수치에 대해 나의 영광이 어느 때까지인가?"이다. 이는 탄원자가 영광(19:9; 29:20)을 모욕(16:10; 19:5)으로 바꾼 욥과 같이 수치스러운 누군가로 취급당하고 있음을 시사할 수 있다. 그렇다면 둘째 콜론에서, "헛된 일"은 사람의 도덕적 헛됨과 "거짓", 즉 사람들이 욥의 친구들과 같이 탄원자에 대해 말하는 거짓말을 의미할 것이다(참조. 시 5:6[7]). 그리고 그들의 말의 "헛된 일"은 그들의 말의 무익함, 2:1의 것과 같은 동일한 헛된 일을 암시할 수 있다.

그렇다면 친구들이 속이는 것은 바로 자신들이다(참조. 62:9[10]; 사 28:15, 17). 그들은 탄원자를 수치스럽게 함으로써, 하나님의 종이 아니라 악한 사람들과 같이 행동하고 있다. 만약 그들이 욥의 친구들과 같이 하나님의 이름으로 행동하고 있다면, 이것은 실상을 잘 보여 주는 관찰이다.

하지만 후속 행들은 2절이 탄원자의 영광이 아니라, 여호와의 영광을 언급하고 있음을 시사할 것이다. 여호와는 이스라엘의 카보드(*kābôd*, 106:20; 렘 2:11)이시며, 따라서 탄원자가 영광을 돌리는 분이시지만,[16] 사람들은 이 영광스러운 것을 여호와께 수치를 가져다주고, 자신들에게 수치를 가져다줄 수치스러운 것으로 바꾸었다.

둘째 콜론은 두 가지 추가되는 병행구절로 요점을 설명한다. 그들은 헛된(리크[*rîq*]) 것, 그들을 도울 수 없는 것(참조. 사 30:7)에 *헌신했다.
그들은 어떻게 그렇게 했는가?

---

16 Cf. BDB 459.

"그들은 거짓을 구했다"라는 것은 (예를 들어) 27:4, 8, 105:4에서 이 동사(빅케쉬[biqqēš])의 사용과 다른 신들을 가리키는 "거짓"(40:4[5]; 암 2:4)의 사용을 상기시킨다. 탄원자의 청중은 개인적으로 공격하는 자들이 아니라, 다른 신들을 구한 사람들이다.

> 3 여호와께서 자기를 위해 경건한 자를 택하신 줄 너희가 알지어다
> 내가 그를 부를 때에 여호와께서 들으시리로다

그들의 자세에 맞서, 이 시편은 이제 그들이 숨기고 있는 실제 사실들을 제시한다. 2절이 허용하는 어떤 의미에서든 거짓을 구하는 누구라도, 여호와가 공감하시는 *헌신된(개역개정: 경건한-역주) 종류의 사람이 아닌 것으로 드러난다. 대조적으로(그들의 거짓과는 반대로) 탄원자는 그런 헌신된 종류의 사람이며, 단수 하시드(hāsîd)는 탄원자를 한 개인으로 가리킨다.

그들의 행동은 그들이 이 무리에 속하지 않음을 보이며, 그들은 사실을 직면할 필요가 있다. 그렇지 않으면 "구별하다"(set apart, 개역개정: 택하신-역주, 팔라[pālâ])는 여호와가 이집트에서 이스라엘 사람들을 다루는 것과 관련하여서만 나온다(출 8:22[18]; 9:4; 11:7; 또한 33:16).[17] "친구들"은 적절한 이스라엘 사람들과 같이 행동하고 있지 않으며, 그들은 여호와가 이스라엘 사람들보다는 이집트 사람들과 같이 그들을 다루게 하실 위험을 무릅쓰고 있다.

둘째 콜론은 탄원자가 여호와가 구별하신 헌신된 사람이라는 추가적 의미를 제안한다. 이것은 "내가 여호와를 부를 때 여호와가 듣는다"는 것을 의미한다. "여호와"는 동사 앞에 강조의 위치에 온다. 여호와는 다른 누구도 듣지 않을 때 들으시며, 여호와는 실제로 들으시는 유일한 하나님이시다. 신앙의 진술은 시편이 1절에서 주장하고 있는 진리에 대한 진술이다. 이것은 특히 증거와 맞지 않아 보이기 때문에 대담한 진술이다(참조. 6절).

---

17 17:7; 139:14에서 "놀라운 일을 행하다"를 의미하는 팔라(pālâ)는 다른 동사이며, 팔라(pālâ')의 부차적 형태(byform)인데(pālâ'에 대해 TDOT를 보라), 이는 C와 많은 후대 마소라 사본이 이렇게 읽는다(BHS를 보라). 여기서 탈굼은 "개별의"로 되어 있다. 70인역과 제롬은 이 부차적 형태를 의미한다. 즉, "여호와는 그에게 헌신한 그 사람을 위해 놀라운 일을 행하셨다"(참조. 예를 들어, Seybold, Psalmen, 37).

> **4** 너희는 떨며 어긋나지(개역개정: 범죄하지-역주) 말지어다
> 자리에 누워 심중에 말하고 잠잠할지어다 (셀라)

4절은 친구들에게 적절한 태도에 대한 촉구를 이어 간다. 끝에서 70인역과 시리아어 번역본은 "그리고 네 침대에서 잠잠하라"라고 하여, 이 행은 규칙적인 2-2-2가 된다. 마소라 본문은 이 행에 독특한 2-3-1 형태를 제시하는데, 이는 따로 있는 마지막 동사를 강조한다.

떠는 것은 다른 수단을 구하기보다는 여호와를 경외하는 가운데 복종하는 적절한 반응이다(참조. 99:1). 따라서 "어긋나지 말지어다"(*실패하다)는 이 점을 다시 진술한다. 셋째 동사에 대해, 현대 번역본은 "네 마음에 깊이 생각하라"(Ponder in your hearts) 또는 "네 마음을 살피라"(Search your hearts)라고 번역하지만, 이것은 "네 마음에 말하라"라는 보통 표현에 너무 의미를 부여하는 것이다. 두 가지 대조되는 가능한 의미가 있지만, 이것은 충분히 흔한 구절이다.

"네 마음속에 말하라"(Say within yourselves)는 우리가 크게 소리 내어 말하지 않는 내적인 것을 말함(즉, 부정직함)을 의미할 수 있지만, 이 맥락에서 이것은 내적인 것(여호와에 대한 인정)을 말함을 의미하며, 단순히 외부로가 아니라, 그것을 말하고 실제로 그것을 의도함을 의미한다(참조. 10:13; 14:1). "자리에 누워"가 비슷한 함의를 지니는 이유는, 침실의 사생활이 사람들이 공개적으로 표현하지 않은 것, 구체적으로는 다른 누군가에 대한 부정적 의도(36:4[5]; 전 10:20; 미 2:1)나 다른 신들에게 접근하는 것에 대한 생각을 생각하고 말할 수 있는 곳이기 때문이다.[18]

당신이 누워 있을 때조차도 시편은 당신이 다른 은밀한 생각을 즐기지 말고 여호와를 인정해야만 한다고 촉구한다. "잠잠할지어다"는 비슷한 함의를 지닌다. 즉, 이것은 잘못 말하는 것을 멈추고 여호와께 복종하라는 신호이다(시 31:17-18[18-19]; 37:7; 62:5[6]).

---

18 아니면 침상은 다른 종교 의식을 위한 배경인가(예를 들어, 호 7:14)?

> 5 참된(개역개정: 의의-역주) 제사를 드리고
> 여호와를 의지할지어다

촉구는 이 시편을 시작한 행과 쌍을 이루는, 또 다른 활기찬 2-2행으로 마무리한다. 여호와를 의지한다는 것은 일상생활에서 예배와 *신뢰의 맥락에서 표현된다. "참된 제사"(지브헤 체데크[zibhê ṣedeq])는 성례전으로 적절한 제사일 것이지만, 여호와를 "신실한 하나님"으로 묘사하는 것을 비추어 볼 때(엘로헤 체데크['ĕlōhê ṣedeq]; 참조. 1절), 넓은 의미에서 참된 제사, 제물을 바치는 자의 예배와 삶이 일치하는 제사일 것이다.[19] 제사가 불가능한 상황에서 탈굼은 우리가 훈련된 삶의 제사라고 부르는 것을 이 시편이 찾도록 하는 것으로 재해석한다.[20]

[시 4:6-8]

이 시편은 7절까지는 명백하지 않지만, 여호와께 간구하는 것으로 다시 돌아간다. 이와 같이 이 전체 이 시편에서 1절과 6-8절에서 하나님께 간구하는 것은 2-5절에서 사람들에게 말하는 것을 둘러싸며 괄호를 형성한다. 하나님에 대한 간구는 첫째와 마지막 말이 된다.

> 6 여러 사람의 말이 우리에게 선을 보일 자 누구뇨 하오니
> 여호와여, 당신의 얼굴의 빛이 우리에게서 멀어졌나이다(저자의 번역-역주)
> [또는, 여호와여 주의 얼굴을 들어 우리에게 비추소서](개역개정-역주)

여기 더 긴 4-4행에서 어순은 "여러 사람"의 많음을 강조한다.
그들은 누구인가?
만약 그들이 이전에 언급되지 않은 무리라면, 그들의 정서는 그들을 탄원자가 동일시할 수도 있는 사람들처럼 보이게 만든다. 하지만 그렇다면 7-8절에서의 1인칭 단수로 전환하는 것은 이상해 보인다. 이들은 수사적으로 2-5절에서

---

19 Cf. Kraus, *Psalms*, 1:148–49.
20 Cf. Stec, *Targum of Psalms*, 32. 또한 Rashi도 그렇다.

불린 사람들인 것 같다. 그들의 질문은 그들과 탄원자 사이의 충돌 배후에 있는 질문이다.

그들은 *"선", 곧 7절에서 언급된 수확의 풍요와 같은 복을 위해 누구를 의지해야 하는가에 대한 질문이다. 그들의 질문은 여러 방법으로 읽을 수 있다. 그들의 질문은 그들이 이런 선한 것들이 부족하고 누구를 의지해야 할지 모른다는 것을 의미할 수 있다. 그렇지 않으면 여러 의미를 지닐 수도 있지만, 그들의 질문은 수사적 질문일 수 있다. 그들의 질문은 소망을 표현할 수도 있다.[21]

하지만 더 자주 이런 수사적 질문은 진술을 표현하는데, 이 진술은 "누구도 우리에게 선을 베풀지 않는다"와 비슷할 것이다(참조. 12:5[6]; 76:8[9]). 또는 아마도 그들은 이런 선한 것들을 실제로 가지고 있고, 그들의 말은 또 다른 종류의 수사적 질문을 구성한다. 그들은 자신들이 구했던 자를 알고 있으며, 누가 자신들에게 이런 것들을 주었는지를 아는데, 그것은 여호와가 아니라는 것이다.

6b절에서, 본문은 두 읽기를 결합한 것 같은데, 하나는 기도를 내포하며, 다른 하나는 불평을 내포한다.[22] 기도는 여호와께 6a절에 비추어 필요한 조치를 촉구할 것이다. 하나님의 *얼굴을 비추어 주시라고 청하는 것은 아론의 축복이 실행되도록 청하는 것이다(민 6:24-26). 즉, "들다"와 "얼굴"이라는 단어가 반복되며, *빛은 동사 "비추다"를 의미하는 오르(*'ôr*)에서 온다.[23]

이 사람들 측에서는 이 기도에 대한 회의적이거나 아이러니하거나 상처 입은 어조일 것이다. 불평에서 사람들은 자신들 가운데 여호와의 역사를 볼 수 없는 방식에 대해 말하고 있을 것이다. 이는 그들이 다른 신들에 의지한 배경이 될 것이다.

---

21 여기 BDB도 그렇다.
22 다시 말해서, 네사(*nĕśâ*)는 누스(*nûs*)의 3인칭 여성 단수의 자음과 나사(*nāśā'*)의 명령형의 모음을 구성한다. 70인역 "알려졌다"(was signified)는 네스(*nēs*)와 연결된 동사의 한 형태를 의미한다. J. H. Eaton, "Psalm 4.6-7," *Theology* 67 (1964): 355-57은 이 콜론을 불평으로 읽어야 한다고 주장한다.
23 Michael A. Fishbane은 전체 시편 4편을 아론의 축복의 "아가다식 변형"(aggadic transformation)이라고 부른다(*Biblical Interpretation in Ancient Israel* [Oxford: Oxford University Press, 1985], 331).

> 7 주께서 내 마음에 두신 기쁨은
> 그들의 곡식과 새 포도주가 풍성할 때보다 더하니이다

실제로 이 사람들은 바알을 의지한 것이 효과가 있음을 입증했지만, 탄원자가 여호와를 의지한 것은 효과가 없었으며, 그러므로 시작하는 기도가 이와 같다. 탄원자는 내적 기쁨으로 만족해야만 했는데, 이는 배를 채우지 못하지만 굶주림을 보상한다. 실제로 예배자는 쉽게 이것이 " … 때보다 더하니이다"를 의미할 수 있다.[24] 내적 기쁨은 이 시편이 계속해서 표현할, 여호와는 탄원자가 샬롬을 누리게 되도록 조처하실 것이라는 확실성에서 온다.

> 8 내가 평안히 눕고 자기도 하리니
> 나를 안전히 살게 하시는 이는
> 오직 여호와이시니이다

시편은 여호와의 관여하심이 내적 기쁨이라는 선물에서 멈추지 않을 것이라는 신앙의 진술로 마무리한다. 이 행은 샬롬에 대해 말함으로써 시작하는데, 이는 적에게서의 안전을 의미할 수 있다. 그리고 이 시편의 폭넓은 맥락은 이 말을 샬롬에 대한 기대를 표현하는 데 사용할 수 있음을 의미한다.

하지만 아론의 축복은 샬롬, 온전한 사람의 *복에 대해서 말했으며, 예배자는 이 말을 이런 폭넓은 의미에서 샬롬을 경험한다는 기대를 표현하는 데 사용할 수 있다. 어느 경우든 탄원자는 먹을 음식이 있는지, 대적해야 할 적이 있는지에 대해 크게 걱정하지 않을 작정이다.

"안전히 산다"(베타흐[*betaḥ*])는 이스라엘에 대한 하나님의 이상적 의도를 자주 묘사하는 표현으로(예를 들어, 레 25:18-21; 신 33:28; 왕상 4:25[5:5]; 겔 34:25-29), 곡식이 잘 자란다는 개념과 사람이나 짐승의 공격에서 안전하다는 개념을 결합한다. 이 시편은 여호와가 사람들에게 이것을 허용하시라는 기도를 언급했으며,

---

24 "~할 때"는 이것을 시간적 표현 앞에 올 수 있는 민(*min*)으로 이해하지만, 그 의미는 잃는다(BDB 581; cf. Jerome). "~할 때보다"는 이것을 비교의 민(*min*)으로 이해한다(BDB 582-83). 70인역은 "~때부터"라고 되어 있다(cf. M. Mannati, "Sur lesens de min en Ps iv 8," *VT* 20 [1970]: 361-66).

이것을 개인적으로 공유할 것에 대한 확신을 진술하는 것으로 마무리한다.

"당신만이 여호와시다"라는 선언은 어느 측이든 확신에 대한 실제적 진술의 근거를 제공한다. 엄격하게 말하면, 이 선언은 동어 반복이며, 어순을 고려하여 우리가 "당신은 여호와이시다, 당신만이"라고 번역하면 그 효과는 강화된다. 하지만 이런 진술에서 "여호와"는 의지할 유일한 하나님을 의미한다는 함의가 있다. 이것은 "나는 여호와라 나 외에 다른 이가 없나니"(사 45:5, 6, 18)라는 여호와의 선언과 관련 있다. "우리에게 선을 보일 자 누구뇨"라는 질문에 대한 한 대답만이 있다.

3. 신학적 의미

시편 4편의 독특한 특징은 시편에 흐르는 연속된 모호함인데, 이 모호함은 우리가 이 시편의 마지막에 도달할 때에야 해결된다. 그때에야 우리는 이 시편을 어떻게 읽어야 할지 알 수 있다. 이 시편은 여호와가 복과 안전을 제공하실 것이라는 확신을 진술하는 것으로 마무리한다. 즉, 탄원자는 영원히 내적 기쁨에만 만족할 필요는 없을 것이다(그것이 가치가 있다고 해도).

그 순간에 복을 누리는 것은 다른 사람들이며, 그들은 이것을, 자신들이 여호와 이외에 다른 수단을 기대한다는 사실의 탓으로 돌리는데, 여호와는 명백히 여호와께 계속 헌신하는 이 사람에게 제공하고 있지 않으시다는 것이다. 그리하여 이 시편은 여호와께 이를 바로 잡아 주시라고 기도함으로써 시작한다.

하지만 시편 기자의 기도를 확인하는 문제는, 형식적으로 이 시편이 도움을 위한 요청이라기보다는 신뢰의 선언이라는 사실을 우리에게 가르친다.[25] 탄원자는 곤란함에서 구원하여 여유를 찾는 데 여호와가 필요하지만, 이 시편은 이에 대한 어느 정도의 신뢰를 전제하며, 다른 수단을 찾기보다는 함께 여호와께 이렇게 의지하는 다른 사람들을 모집하는 데 더 초점을 둔다.

---

25 예를 들어, A. Anderson, *Psalms,* 1:76도 그렇다.

제5편

생명을 위협하는 거짓에 대한 반응 (1)

1. 본문

다윗의 시, 인도자를 따라 관악에 맞춘 노래

1 여호와여 나의 말에 귀를 기울이사[1]
  나의 심정을 헤아려 주소서
2 나의 왕, 나의 하나님이여
  내가 부르짖는 소리를 들으소서
  내가 주께 기도하나이다

3 여호와여 아침에 주께서 나의 소리를 들으시리니
  아침에 내가 주께 기도하고[2] 바라리이다
4 주는 죄악을 기뻐하는 신이 아니시니
  악한 사람(개역개정: 악-역주)[3]이 주와 함께[4] 머물지 못하며

1　1-2절의 명령형은 여분의 접미 접사 아(-â)를 지니는데, 감정과 아마도 존경의 의미를 지니며(JM 49d), 운율이나 소리 유희(paronomasia)를 이룬다.
2　명사의 생략과 함께 아라크('Ărak, 참조. 욥 33:5). 암묵적 목적어는 1-2절의 말/발언/부르짖음일 수 있다.
3　구르(gûr)의 주어로서, 비인칭 "악"이 사람으로 번역하는 것보다 가능성이 낮은 것 같다(cf. LXX, Jerome).
4　부사의 목적격. IBHS 10.2.2를 보라.

5 오만한 자들이⁵ 주의 목전에 서지 못하리이다

　주는 모든 행악자를 미워하시며

6 거짓말하는 자들을 멸망시키시리이다

　여호와께서는 피 흘리기를 즐기는 자와 속이는 자를⁶ 거부하시나이다(개역개정: 싫어하시나이다-역주)

7 오직 나는 주의 풍성한 사랑을 힘입어 주의 집에 들어가⁷

　주를 경외함으로 성전을 향하여 예배하리이다⁸

8 여호와여 나의 원수들로 말미암아⁹

　주의 신실함(개역개정: 의-역주)으로 나를 인도하시고

　주의 길을 내 목전에 곧게 하소서¹⁰

9 그들의 입에¹¹ 신실함이¹² 없고

　그들의 심중이 심히 악하며¹³

5　BDB의 할랄(*hālal*) II는 하나는 "찬양하다/기뻐하다"와 다른 하나는 "미치다"를 의미하는 두 어근을 결합했을 수 있다. 많은 영어 번역본의 "오만한"(boastful)은 칼 하랄(*hālal*)을 전자와 연결하지만 나는 이것을 후자와 연결하는 데서 *DCH*와 *TDOT*를 따른다. 탈굼은 "조롱하다"로 되어 있다. 70인역과 제롬은 문맥에 근거하여 바꾸어 표현하는데, 문맥은 이 용어가 악한 사람들을 가리키는 일반적 용어임을 시사한다(참조. 나오는 다른 본문, 73:3; 75:4[5]).
6　문자 그대로, "피흘림과 속임수의 사람"이며, 두 명사는 두 단어를 함께 묶는 한 구문에 의존한다(cf. GKC 128a; *IBHS* 9.3b).
7　Cf. *TTH* 37a.
8　두 개의 긴 다섯 단어로 된 콜론은 본질적으로 abcb'c'a' 순서로 서로 약간 미묘하게 균형을 이룬다. 각각은 1인칭 이크톨(*yiqtol*) 동사가 있으며, 들어가 엎드리게 된다. 각각은 여호와를 가리키는 2인칭 접미어를 지닌 추상 명사로 이어지는 베(*bĕ*)-구절을 가지지만, 첫째는 주격의 소유격이고(당신의 사랑의 풍성함에), 둘째는 목적격의 소유격이다(당신을 경외함으로).
9　레마안(*lĕmaʿan*)은 문맥이 "~을 위해"를 제시하지는 않지만, "~때문에"보다는 더 미묘하거나 덜 구체적인 것을 의미한다(BDB 775을 보라).
10　참조. 잠 9:15; 15:21. 장애물을 제거한다는 개념은 여기서는 관련이 적은 것 같다. K *hwšr*와 Q *hayšar*는 히필의 다른 형태들이다(GKC 70b).
11　문자 그대로, "그의 입에서." 70인역, 시리아어 번역본, 제롬, 탈굼은 "그들의 입에"라고 되어 있는데, 이는 우리가 기대하는 읽기이다. 마소라 사본에서 6절과 11-12절에서처럼 단수와 복수가 병행을 이룬다. GKC 145m는 단수를 배분사로 본다. W. A. Irwin은 단수로의 이 변화를 두 시편이나 시편의 일부가 결합됐다는 표시로 본다("Critical Notes on Five Psalms," *AJSL* 49 [1932-33]: 9-20, 특히 9-11).
12　추상 명사로 사용된 쿤(*kûn*)에서 온 여성 니팔 분사(BDB 465; GKC 122q).
13　하우오트(*Hawwôt*). 가장 자주 나오는 형태는 복수로, 이는 이것이 추상 명사임을 시사한다

그들의 목구멍은 열린 무덤 같고
그들의 혀로는 아첨하나이다

10 하나님이여 그들을 정죄하사
   자기 꾀에 빠지게 하시고
   그 많은 허물로 말미암아 그들을 쫓아내소서
   그들이 주를 배역함이니이다
11 그러나 주께 피하는 모든 사람은
   다 기뻐하며
   주의 보호로 말미암아 영원히 기뻐 외치고
   주의 이름을 사랑하는 자들은 주를 즐거워하리이다
12 여호와여 주는 의인에게 복을 주시므로(개역개정: 주시고-역주)
   방패로 함 같이 은혜로 그를 호위하시리이다

2. 해석

생명을 위협하는 방식으로 속임수와 부정행위를 사용하여 사람들에게 비방을 당할 때 어떻게 반응해야 하는가?

이것은 나봇, 예레미야, 다니엘, 욥, 예수님, 스데반, 다른 순교자들이 당한 경험이다. 시편 5편은 그들이 기도할 수 있다는 한 방법을 제시한다.

시편 4편과 마찬가지로, 시편 5편은 기도로 시작하고(1-2절), 그 후에 마치 기도의 요점에 이르지 않는 것처럼 보인다. 하나님의 신실함과 하나님의 징벌에 대한 신뢰를 고백함(3-7절)이 4:2-5에서의 대결의 자리를 차지한다.

하지만 기도의 요점에 이르면, 신뢰한다는 고백의 두 측면과 일치하는 조치를 해 주시라는 기도가 나온다(8-9절과 10-12절). 각 섹션에는 "~때문에"로 기도나 고백을 뒷받침하는데, 마지막 섹션에 둘이 있다(2b, 4, 9, 10b, 12절).[14] 이것이 아침

(*IBHS* 7.4.2).
14 이 시편의 구조에 대해, Pierre Auffret, "'Conduis-moi dans ta justice!'" *JANESCU* 23 (1995):

시편이며 따라서 (시편 3편과 마찬가지로) 이것은 시편 4편과 연결될 수도 있다고 3절에서 암시하는 것을 제외하고는, 이 기도가 누구를 위해 계획된 것인지 어떤 구체적 화자나 사용되는 어떤 구체적 맥락에 대해서도 암시가 없다.

[표제]

> 다윗의 시, 인도자를 따라 관악에 맞춘 노래

용어 해설을 보라.

"관악"(Flutes)은 한네힐로트(*hannĕḥîlôt*)가 할랄(*hālal*)에서 온 것으로 여겨지지만, 이것은 (예를 들어) 할라(*hālâ*)에서 와서 "질병"(sickness)을 의미할 수 있거나, 나할(*nāḥal*)에서 와서 "소유"를 의미할 수 있거나,[15] 곡조를 의미할 수도 있지만, 그렇다면 "~에"(알['*al*] 대신에 엘['*el*])[16]는 이상할 것이다.

[시 5:1-2]

> 1 여호와여 나의 말에 귀를 기울이사
>   나의 심정을 헤아려 주소서
> 2 나의 왕, 나의 하나님이여
>   내가 부르짖는 소리를 들으소서
>   내가 주께 기도하나이다

1-2절(3-2, 3-2-2)은 각각이 두 구절로 구성되고 중심에서 하나님께 하는 간구로 구성하면서, 병행하는 행으로 이 시편을 시작한다. 즉, 시편 기자는 호소로 하나님을 둘러싼다.[17] 둘째 행은 둘째 행보다는 계획적으로 더 길다. 단어의 수에서 1절은 2-1-2(*abcb'a'*로 배열된다)인 반면에, 2절은 3-2-3이다.

1-28을 보라.
15 *DCH*를 보라.
16 조금 후대의 마소라 사본들은 알('*al*)이 있다(참조. *BHS*).
17 Cf. McCann, "Psalms," 700.

첫 세 구절은 병행을 이루며, 시편 기자의 기도를 점차 강조하는데, 이는 기록된 말뿐만 아니라 들을 수 있는 말이며, 내적 묵상뿐만 아니라 들려지는 발언이다(하기그[hāgîg], *말하다[talk]). 실제로 어근 하가/하가그(hāgâ/hāgag)에서 온 몇 단어는 신음을 시사하며, 2a절은 이 방향으로 가리킨다. 즉, 도움을 위해 *부르짖는 소리를 들을 수 있다. 그 후에 두 개의 계속되는 콜론은 다른 종류의 강조로 행들을 마무리하는데, 기도를 다시 반복하지 않고 대신에 기도를 위한 근거를 제시하기 때문이다.

이스라엘의 하나님인 "여호와"라고 불린 이(1절)는 단순히 왕이거나 왕 중 왕이 아니라, "나의 왕"이다. 단순히 하나님이나 신들 가운데 하나님이 아니라 "나의 하나님"이다. 이것은 "내가 주께 *기도하나이다"라고 말하는 근거가 된다.

단지 여호와를 왕이라고 선언하는 것은 여호와의 통치권에 대해 객관적으로 단언하는 것이다. 여호와를 "나의 왕"이라고 선언하는 것은 이 통치권을 나에게 적용하는 것에 대해 단언하는 것이다. 이것은 내가 여호와의 종이 되는 것과 관련이 있는데, 이는 내 측에서는 헌신을 의미하지만, 또한 여호와 측에서도 헌신을 의미한다.

[시 5:3-7]

3-7절은 여호와에 대한 확신을 선언하는 것으로 구성되는데, 이는 8-12절까지는 명백하지 않을지라도, 시편 기자의 상황의 특성을 암시한다. 2b절에 계속되는 이크톨(yiqtol) 동사들은 평소의 진리를 가리키는데, 이 또한 1-2a절에 기도에 대한 배경을 제공하며, 이 기도들이 실제로 응답된다는 확신을 선언한다.[18]

시작하는 행과 마무리하는 행이 탄원자의 확신을 표현한다. 이에 대한 추가적 근거는 4-6절에 여섯 개의 병행을 이루는 콜론에서 표현된, 여호와가 잘못하는 백성들에게 보이시는 태도이다.

---

18 NJPS는 이 이크톨(yiqtol)을 의미에서는 명령으로 여기지만, 여기 1-2a절에서의 명령에서 2b-7절 전반에서의 이크톨 동사로의 전환은 권고에서 진술로의 전환이다.

> 3 여호와여 아침에 주께서 나의 소리를 들으시리니
> 아침에 내가 주께 기도하고 바라리이다

자연적 순서의 역순으로, 여호와의 들으심이 시편 기자의 호소와 응답을 구하는 것 앞에 오지만, 이런 식으로 이는 여호와의 들으심이 일상의 호소와 기대하며 바라는 것의 근거가 됨을 시사한다. 그러므로 호소하고 바라는 것을 확신 가운데 할 수 있다. 이 절은 깔끔한 3-3행으로 되어 있으며, 이 쌍을 이루는 구절들 밖에 있는 "여호와"에 대한 재개하는 부름으로 소개되고, 따라서 1-2절의 부름과 같이 강조의 의미를 지닌다.

산문에서 바보케르 바보케르(babbōqer babbōqer)가 "아침마다"를 의미하지만, 여기서 보케르(bōqer) … 보케르(bōqer)는 콜론 사이에 나뉘어서 비슷한 의미를 지닌다. 아침은 매일의 제사를 위한 시간이며, 따라서 또한 기도를 위한 시간이다. 아침은 또한 압박의 새로운 날이 다가오면서 위험의 시간이기도 하며, 따라서 (바라기는) 구원을 경험할 시간이기도 하다.

> 4 주는 죄악을 기뻐하는 신이 아니시니
> 악한 사람(개역개정: 악-역주)이 주와 함께 머물지 못하며
> 5 오만한 자들이 주의 목전에 서지 못하리이다
> 주는 모든 행악자를 미워하시며

4-5절은 1:1-2을 떠올리게 하며, 암묵적 권고로 여호와가 살아 있음을 단언한다. 4-5절은 사실이 아닌 것들, 즉 기뻐하지 않음(참조. 1:2), 함께 머물지 못함(구르[gûr]; 15:1와 대조하라), 서지 못함(참조. 2:2)을 나타내는 생생한 연속되는 이미지를 제시한다. 추상 명사(*신실하지 못함[faithlessness]; 개역개정: 죄악-역주), 단수 구상 명사(*악한 사람), 복수 명사(오만한 자들)는 서로를 보완한다.

"(말을) 하다"(개역개정: 기도하다-역주, 3절)와 "서다"는 욥기 33:5에 함께 나오며, 이와 같이 5a절은 "오만한 사람들"이 탄원자처럼 하나님께 접근할 수 없다고 선언한다. 병행을 이루는 콜론(5b절)은 하나님이 *악을 행하는 사람들(4:2b[3b]와 대조하라. 거기서는 "헌신하다"라는 반의어를 사용한다)에게 *적대적(against)이심에 대한 긍정적 고백의 진술을 한다. 하나님을 이 구절의 주어로 할 때, 이 둘째 콜

론은 4a절과 쌍을 이루어, 4-5절 전체는 *abb'a'* 구조를 이룬다.

> 6 거짓말하는 자들을 멸망시키시리이다
> 여호와께서는 피 흘리기를 즐기는 자와 속이는 자를 부하시나이다(개역개정: 싫어하시나이다-역주)

사람들은 어떻게 해를 끼치며(악을 행하며), 하나님은 어떻게 그들을 거부하시는가?

다른 시편에서처럼 그들은 말로 해를 끼친다. 말은 죽일 수 있다. 이들은 잔인한 속임수(*피흘림)의 사람들인데, 그들은 다른 이들에게서 그들의 땅, 따라서 그들의 생활과 잠재력, 그들의 생명을 속여 빼앗고자 거짓 고발을 사용한다(왕상 21장을 보라). 사람들의 재판 지상주의는 사람들을 공동체에서 효과적으로 쫓아내어 그들을 파괴할 수 있다(욥기를 보라). 하지만 여호와가 그들을 싫어하심은 멸망(참조. 1:6; 2:12)과 거부를 의미할 것이다.[19]

> 7 오직 나는 주의 풍성한 사랑을 힘입어 주의 집에 들어가
> 주를 경외함으로 성전을 향하여 예배하리이다

그렇다면 7절은 3절과 쌍을 이루어, 이 두 행은 4-6절을 주변으로 시편 기자의 규칙적 관습에 대한 진술로서 괄호를 형성한다. "여호와의 *사랑(헌신[commitment])의 풍성함"은 1-6절의 함의를 요약한다. 즉, 여호와는 나의 왕이며 나의 하나님, 매일 기도를 듣는 이, 행악자들을 거부하는 이이다.

각 콜론은 여호와의 거주지를 가리키지만, "주의 집"은 여호와의 지상에서의 거주지를 말하고, "주의 거룩한 *궁전"(개역개정: 성전-역주)은 여호와의 하늘에서의 왕의 거주지를 말한다. 시편 기자는 지상의 성전에 와서 하늘의 성전에 엎드린다.[20] "집"과 "궁전"(개역개정: 성전-역주)을 사용한 것은 궁전이 집보다 더

---

19 많은 영어 번역본이 타아브(*tā'ab*)를 "싫어하다"(loathe)로 번역하지만, 문맥은 사네(*śānē'*, *반대하다)와 같이 행동에서 나오는 태도를 시사한다.
20 Cf. Johnson, *Cultic Prophet*, 256. Hauge (*Between Sheol and Temple*, 163-242)는 "성전에 거하려는 분투"를 이 시편의 핵심 주제로 본다.

영광스럽다는 사실을 가리킨다.

[시 5:8-9]

이 시편이 여호와가 싫어하시는(9절) 부류의 사람들에게서 공격을 받는 자를 위해 구체적으로 적극적 기도(8절)를 하게 된 것은 여호와가 기도를 들으시고(3, 7절) 행악자를 거부하신다(4-6절)는 인식에 근거해서이다.

> 8 여호와여 나의 원수들로 말미암아
> 주의 신실함(개역개정: 의-역주)으로 나를 인도하시고
> 주의 길을 내 목전에 곧게 하소서

기도로의 전환은 새롭게 "여호와"를 부르는 데서 나타난다. "나의 *조심스러운 적들(개역개정: 원수들-역주)로 말미암아"는 8절의 중심에 있다(저자의 번역 경우 중심에 있다-역주). 이 중심이 되는 콜론의 어느 쪽이든 병행을 이루는 세 단어로 된 구절은 세련된 3-3행으로 구성될 것이며, 이처럼 중심이 되는 구절은 두드러지며 두 구절에 적용된다.

이 시편은 여호와가 공격자들에게서 양을 보호하는 목자와 같이 인도해 주시라고 요청하고(참조. 시 23편),[21] "주의 *길을 내 목전에 곧게 하소서"라고 요청하는 데서 "나를 인도하시고"의 함의를 설명한다. 즉, 단호하게 길에 집중하라는 것이다. 따라서 "*신실함으로"도 두 구절에 적용된다. 산문으로 표현하면, "내 적인 사람들을 보아, 주님의 신실함으로 나를 보호하며 인도하고 길을 평탄하게 하소서"[22]가 된다.

---

21 나하(nāḥâ)에 대해 *TDOT*를 보라.
22 시편 기자는 동일하게 "주님 앞에 내 길을 부드럽게 하소서/곧게 하소서"라고 기도했을 수 있으며, 일부 70인역과 마소라 사본들도 그렇다. 마소라 본문의 접미사는 다시 미묘하게 작용했다. 즉, 1인칭 접미사가 있는 한 동사와 2인칭 접미사가 있는 추상 명사가 2인칭 접미사가 있는 구상 명사 및 1인칭 접미사가 있는 전치사 구와 병행을 이룬다.

> 9 그들의 입에 신실함이 없고
> 　그들의 심중이 심히 악하며
> 　그들의 목구멍은 열린 무덤 같고
> 　그들의 혀로는 아첨하나이다

　4-6절의 진술은 일반화이며, 이제 9절은 "나의 원수들로 말미암아"라를 구절의 함의를 설명함으로써 4-6절의 진술의 상관성을 주장한다. 네 콜론 각각은 분리되는 언급을 포함하며, abb'a'로 배열된다. 공격자들은 줄곧 악하다.[23]

　그들의 말에 진리가 없다고 주장하는 명사 구절은 그들이 혀로 아첨한다고 주장하는 동사 구절로 설명된다. 다른 맥락에서 이것은 그들이 아첨하는 위선적인 말을 함을 의지할 수 있지만, 여기서는 그들이 탄원자가 어려움에 부닥치도록 하려는 의도에서 그럴듯한 참이 아닌 말을 하는 것을 의미할 것 같다.

　속을 가리키는 두 명사 구절은 이 결과를 설명한다. 즉, 그들은 사람들을 삼키려고 기다리는 열린 무덤과 같이(그렇게 하는 죽음이라는 가나안 신과 같이) 멸망당하지 않을 수 없다.[24] 무덤이 열린 것은 벌린 입과 같으며, "마음"은 게레브(qereb)이지만, "무덤"은 케베르(qebe)이다.

[시 5:10-12]

　마무리하는 행은 기도의 조화로운 쌍을 형성하는데, 첫째는 징벌을 위한 것이며, 그다음에는 축복을 위한 것으로, 각각은 세 개의 저씨브(jussive)나 명령형, 그다음에 "왜냐하면" 절로 구성된다. 각각의 지점에서 축복의 기도는 징벌의 기도보다 더 길다. 이처럼 10절은 첫째 기도에 대해서는 2-2이며, 마지막 기도와 "왜냐하면", 구절에 대해서는 3-2이다. 11-21절은 첫 두 기도에 대해서는 3-2이고, 셋째 기도에 대해서는 4-2이며, "왜냐하면" 구절에 대해서는 4-3이다.

23　McCann, "Psalms," 701.
24　*DDD* 599을 보라.

> 10 하나님이여 그들을 정죄하사
>   자기 꾀에 빠지게 하시고
>   그 많은 허물로 말미암아 그들을 쫓아내소서
>   그들이 주를 배역함이니이다

첫 행에서 둘째 구절은 첫 구절이 어떻게 실행되어야 하는지를 설명한다. 저씨브는 명령형과 쌍을 이루고, 하나님을 부름과 부사구 모두 두 동사에 속한다. 공격자들은 탄원자가 무너지게 하려 하지만, 기도는 상황들이 반대로 돌아갔으면 한다. "그들을 정죄하다"(아샴[ʾāšam] 히필)는 명사 "배상 제물"(restitution offering, 아샴[ʾāšām])과 연결되는데, 이에 의해 죄에 대해 보상하는 벌금을 지불한다.

"빠지게 하시고"와 같이 "그들을 쫓아내소서"는 명시된 함의가 없는 열린 표현이다(성전에서? 여호와의 존전에서? 가나안 땅에서? 그 땅에?). 둘째 행에서 이 시편의 주장은 3-9절에서 묘사된 종류의 행동이 단순히 사람에게 하는 공격이나 도덕적 기준을 어기거나 공동체를 위태롭게 하는 것이 아니라는 것이다. 이 행동은 여호와에 맞서는 대단한 *반란이다. 즉, 그들의 반란의 대단함은 여호와의 사랑의 대단함과 대조된다. 그 후에 "왜냐하면" 절("그들이 주를 배역함이니이다-역주)은 부사구를 다시 진술한다.

> 11 그러나 주께 피하는 모든 사람은
>   다 기뻐하며
>   주의 보호로 말미암아 영원히 기뻐 외치고
>   주의 이름을 사랑하는 자들은 주를 즐거워하리이다

11-12절의 기도는 10절의 기도를 단순히 바꾼 것은 아니다. 이 기도는 잃고 넘어지고 남기는 것과 대조적으로 번성함을 구하는 것이 아니라, 이런 번성함에서 나오는 것, 즉 시끌벅적한 기쁨을 구한다. "영원히 *울리고"(개역개정: 기뻐 외치고-역주)는 구원의 행동에 기뻐하는 것보다 더 많은 것을 요구함으로써 첫 콜론을 더욱 발전시킨다. 11-12절도 또 다른 방향으로 영역을 확장한다. 그들은 이것을 시편 기자뿐만 아니라, 사람들의 공격에서 압박을 받는 여호와를 *의지하는 모두를 위해 요구한다.

이처럼 시편 기자는 이런 공동체에 속하는 것을 기억하는 데서 용기를 발견한다. 공격받은 개별 경험은 단순히 여호와의 주목을 받지 못하는 고립된 사건이 아니라, 여호와가 방책을 가진 유형의 일부가 된다.

11절의 둘째 행은 첫째 행과 병행을 이루는, 두 개의 짧은 구절로 시작한다. 상황절[25]은 분사절과 병행을 이루어, 새가 자기 날개 아래 숨기며 새끼를 보호하는 것과 같이(91:4), 여호와의 "보호"는 사람들이 "의지하는 것"과 관련이 있다. 이는 이 시편이 *의지한다는 개념 배후에 있는 "피난하다"라는 개념으로 실제로 작용함을 시사한다. "기뻐 외침"은 "즐거움"과 "울림"을 심화한 것이다.

여호와를 의지하는 사람들을 마무리하는 묘사는 그들과 공격자들 사이의 대조를 이어 가는 것이다. 즉, 그들은 여호와에 맞서는 반란자들이 아니라, 여호와의 *이름, 즉 여호와의 명성에 *봉헌한 사람들이다(이 동사에 대해 4:2[3]를 대조하라).

> 12 여호와여 주는 의인에게 복을 주시므로(개역개정: 주시고-역주)
> 방패로 함같이 은혜로 그를 호위하시리이다

마무리하는 "왜냐하면"(이유) 구절은 다른 방식으로 이 영역을 동일하게 대조하며 확장한다. 이 시편은 탄원자가 구원을 필요로 하는 위기를 설명하지만, 구원은 시편 기자를 축복의 생명에까지 회복시킬 것이며, 이는 사람들을 위한 여호와의 지속적 의도이다. 복은 창조의 풍요로움이 넘치는 삶을 시사하면서, 하나님과의 삶의 넓은 영역이다.

3절이 여호와를 부르는 강조의 추가 운율로 시작했듯이, 12절은 그 중심에 포함한다("여호와여"가 본래 첫 행 마지막에 온다-역주). 여호와가 복을 주시는 사람들은 여호와와 같이(8절) 그리고 공격하는 자들과 달리 *신실하거나 참된 사람들이다. 가까운 맥락(10절)은 여호와와의 관계에서 신실하고 참됨을 시사한다.

전체 이 시편의 맥락은 인간관계에서의 신실하고 참됨을 시사한다. 하지만 12절이 지평선을 확장하는 또 다른 방식은 사람들에 대해서보다는, 직접 여호와에 대한 진술이 되거나 여호와에 대한 고백이 됨으로써이다. 실제로 이것은 11절

---

25 *GKC* 156d를 보라.

이 기도했듯이 일어날 방식으로 여호와에 대해 이미 기뻐 외치는 것이다.

새가 자기 새끼를 보호한다는 이미지를 더하여, 마지막 절은 몸의 방패, 전체 몸을 덮기에 충분히 큰 방패라는 이미지를 제공한다. 이것은 3:3[4](마겐[māgēn])의 작은 손에 쥐는 방패가 아니라,(물론 이 방패는 커져서 주변 모두에 뻗쳤을지라도) 전체 몸을 보호하고 심지어 다른 누군가가 옮길 필요가 있는 크고 부담이 되는 방패이다(친나[ṣinnâ]; 삼상 17:7). 이처럼 여호와의 인정이나 환영이나 기쁨(라촌[rāṣôn])이 이 인정에서 오는 것으로 그들을 둘러싸고 보호한다(참조. 30:5[6]).

3. 신학적 의미

그렇다면 압박을 받을 때 여호와를 의지하며, 여호와가 악에 맞서 사랑하신 것을 떠올리고, 자신을 공격하는 자들을 무너뜨리시도록 구하며, 구원과 복을 구하는 것은 적절하다. 기독교 주석가들은 반대 의견으로 이 시편을, 자기 적들을 용서하시는 예수님의 기도와 대조시킨다(눅 23:34).

이 시편은 하나님께 우리가 원하는 것을 말하는 게 받아들여질 만하다고 여긴다. 아마도 이것은 우리의 심리적인 복뿐만 아니라 달리 우리 자신의 복수를 구할 수도 있는 공격자들을 위해, 욕망을 억누르기보다는 통제되는 것이 나음을 의미할 것이다(참조. 37:8-9?). 그 후에 우리는 우리 기도를 어떻게 처리할지 하나님께 결정하도록 맡긴다.

제6편

생명을 위협하는 거짓에 대한 반응 (II)

1. 본문

다윗의 시, 인도자를 따라 현악 여덟째 줄에 맞춘 노래

1 여호와여 주의 분노로 나를 책망하지 마시오며
　주의 진노로 나를 징계하지 마옵소서
2 여호와여 내가 수척하였사오니
　내게 은혜를 베푸소서
　여호와여 나의 온 몸이(개역개정: 나의 뼈가-역주) 떨리오니
　나를 고치소서
3 나의 영혼도 매우 떨리나이다
　여호와여 어느 때까지니이까[1]

4 여호와여 돌아와 나의 영혼을[2] 건지시며[3]
　주의 사랑으로 나를 구원하소서

1　또는 아마도 "주님은 여호와이시다. 어느 때까지니이까?"
2　다시 나의 네페쉬(*nepes*). 네페쉬(*사람)는 "영혼"을 의미할 수 있지만, "내 영혼을 구하라"(Deliver my sou, KJV)는 오해를 불러일으키는 인상을 준다.
3　접속사를 생략하고 또 다른 동사 앞에 놓여, 우리는 보통 슈브(*šûb*)를 조동사로 여기며, "다시 내 생명을 구원하소서"라고 번역하지만, 문맥에서 문자 그대로의 번역이 더 그럴듯하며, 이것은 10절에서도 확증된다. 두 동사의 명령 형태에 대해, 5:1[2] 해설을 보라.

5 사망 중에서는 주를[4] 기억하는 일이 없사오니
　스올에서 주께 감사할 자 누구리이까
6 내가 탄식함으로 피곤하여
　밤마다 눈물로 내 침상을 띄우며
　눈물로(개역개정은 "밤마다" 뒤에 나온다-역주) 내 요를 적시나이다
7 내 눈이 근심으로 말미암아 쇠하며
　내 모든 대적으로 말미암아 어두워졌나이다

8 악을 행하는 너희는 다 나를 떠나라
　여호와께서 내 울음 소리를 들으셨도다
9 여호와께서 내 간구를 들으셨음이여
　여호와께서 내 기도를 받으시리로다
10 내 모든 원수들이 부끄러움을 당하고 심히 떨이여
　갑자기 부끄러워[5] 물러가리로다

2. 해석

다시 한번 공격자는 무대의 앞에서 오랫동안 나오고 있지만, 이 기도시의 배후에 있다. 시편은 새로운 이중의 시작점, 곧 여호와의 진노와 탄원자의 심각한 질병에서 시작한다.

1-3절은 여호와에 대한 첫 호소로 구성되는데, 이는 탄원자의 고통이라는 점에서 이유로 뒷받침된다. 4-7절은 이런 호소를 반복하고 이유를 발전시킨다. 그 후에 8-10절은 분위기에서 갑작스럽고 급격한 변화를 묘사한다.[6]

---

[4] 지크레카[Zikrekā]. 70인역은 조케레카[zōkěrekā], "누구도 그를 언급하지 않았으므로"라고 모음을 붙인 것으로 전제한다.

[5] 4절에 대해 처음 번역 해설을 보라. 복합적인 말의 표현은 소리의 언어유희, 곧 야슈부 예보슈(yašubû yēbōšû)를 포함한다. 즉, 글자를 바꾼 것은 단어가 묘사하는 반전을 반영한다.

[6] 이 시편의 문학적 특성에 대해, Auffret, *La sagesse a bâti sa maison,* 183-94; J. Smit Sibinga, "Gedicht en getal," *NedTT* 42 (1988): 185-207을 보라. J. Coppens ("Les Psaumes 6 et 41 dépendent-ils au livre de Jérémie," *HUCA* 32 [1961]: 217-26)는 이 시편이 예레미야서에 의

[표제]

> 다윗의 시, 인도자를 따라 현악 여덟째 줄에 맞춘 노래

용어 해설을 보라.
"여덟째"(참조. 시 12편; 대상 15:21)는 아마도 옥타브로 연주하는 것에 조율하는 것이나 여덟 현의 악기를 가리킬 것이다.

[시 6:1-3]

이 시편은 여호와의 진노를 누그러뜨리려 호소로 시작한다. 시편 38편에서 여호와의 진노가 탄원자의 악행에 대한 반응임이 분명하며, 교회는 두 시편을 사순절에 사용되는 일곱 가지 참회의 시편 가운데 지정했다. 예를 들어, 데비비드 킴치(David Qimchi) 역시 이 가설을 주장한다.[7]

하지만 시편 6편은 죄나 회개에 대한 어떤 인식도 표현하지 않는다. 여호와가 신실하지 못함 때문에 자신들에게 오랫동안 진노하셨다고 아는 사람들(3절)은 이제는 충분하다고 여호와께 결정하시도록 하고자 이 말을 사용할 수 있지만, 더욱 가능성이 큰 것은 탄원자가 욥과 같이 하나님의 진노 아래 있는 것 같다는 것이다(예를 들어, 욥 9:13-15; 14:13; 16:9; 19:11).[8]

여호와의 진노를 적절하게 표현한 것이 악행을 징벌하는 것이며, 악행에 대해 여호와가 진노 가운데 행하시는 것은 악행에 당한 희생자들을 위한 기도에서 확신의 근거가 된다(예를 들어, 7:6). 탄원자는 행악자로 취급되기를 청하는 것이 아니라, 다른 이의 악행에 당한 희생자로 취급되기를 청한다.

존함을 반대한다. 그 의미에 대해, see Elizabeth Achtemeier, "Overcoming the World," *Int* 28 (1974): 75-88을 보라.

[7] (예를 들어) Soggin (*Old Testament and Oriental Studies*, 138); Robert Althann, "Atonement and Reconciliation in Psalms 3, 6 and 83," *JNSL* 25 (1999): 75-82, 특히 77-79도 그렇다.
[8] Cf. Lindström의 논의, *Suffering and Sin*, 128-52.

> 1 여호와여 주의 분노로 나를 책망하지 마시오며
> 주의 진노로 나를 징계하지 마옵소서

여호와를 부른 후 정확하게 두 개의 병행을 이루는 구절, "주의 분노로/진노로 나를 책망하지 마옵시며/징계하지 마옵소서"가 온다. 동사들은 다소 부드럽지만, 여호와의 불타는 진노를 강조하는 두 부사구가 이 동사들에 앞서 나온다. 동사에서 부정어를 분리하는 것("하지 말라 주의 분노로 나를 책망하기를 … ", "주의 분노로 나를 책망하지 마시오며"를 직역한 것임-역주)은 매우 특이하며, 강조의 의미를 지닌다.

탄원자는 여호와께 무언가 하기를 멈추어 주시기를 청하는 것인가?
아니면 무언가 시작하는 것을 삼가 주시길 청하는 것인가?

2b-3절은 분명히 전자를 의미할 것이며, 이는 비슷한 단어들이 38:1-3[2-4]에서 반복될 때 분명하다. 탄원자의 심각한 질병은 여호와가 이미 진노로 질책하고 계심을 가리킨다.

> 2 여호와여 내가 수척하였사오니
> 내게 은혜를 베푸소서
> 여호와여 나의 온 몸이(개역개정: 나의 뼈가-역주) 떨리오니
> 나를 고치소서

두 개의 이어지는 병행을 이루는 행인, "내게 은혜를 베푸소서/나를 고치소서, 여호와여, 내가/나의 뼈가 수척하오니/떨리오니"에서, 두 명령법은 1절에 있는 두 명령법과의 적극적 대조를 제시한다. 시편 기자는 진노한 비난과 분노의 질책보다는 *은혜와 치유를 찾는다.

이 시편이 죄를 인정함을 전혀 포함하지 않을지라도 은혜를 호소한다는 것은 우리가 하나님께 어떤 것도 주장하지 못하며 곤경에 처한 맥락에서 하나님의 마음을 사고자 추구함을 인정한다는 것을 의미한다. 사람들과 삶이 우리에 맞설 때, 우리는 하나님의 긍휼 이외에는 의지할 게 없다(예를 들어, 4:1[2]; 26:11; 27:7).

이 은혜를 구체적으로 표현한 것이 치유이다. 치유를 위한 이런 기도는 예상했던 것보다 시편에서 더 드물다(악행에서 기인한 질병과 관련하여 41:4[5]를 보라; 비유적

으로 60:2[4]를 보라). 시편은 질병 자체보다는 욥의 친구들과 같은 사람들에게서의 공격의 형태로 오는 질병의 원인이나 결과에 초점을 둔다.[9]

그다음에 "나"는 "나의 온 몸"(문자 그대로, "나의 뼈")으로 설명되며, "수척하였사오니"는 외적 떨림뿐만 아니라 내적 공포인 "떨리오니"(바할[*bāhal*]; 2:5 해설을 보라)로 설명된다. 동사 아말(*'āmal*)에서 형용사 "수척한"(움랄['*umlal*])이 유래하였는데, 이 동사는 두 번 아이를 가질 능력을 상실한 여자에 사용된다(삼상 2:5; 렘 15:9). 우리는 한나(삼상 1-2장)와 같은 사람의 입술에서 이를 상상할 수 있는데, 한나는 아이를 가질 수 없었으며, 이로 말미암아 자신과 다른 사람들과 하나님과의 관계에 야기된 고통을 표현한다.[10]

또는 우리는 이 시편 전체가 "강간당한 여자의 기도"로 볼 수 있다.[11] 이 시편은 하나님을 이런 여자들에 응답하신 분으로 말한다.

> 3 나의 영혼도 매우 떨리나이다
> 여호와여 어느 때까지니이까?

동사(부사가 추가된)를 반복하지만 이제 "나의 네페쉬"(*nepeš*)를 주어로 삼는 것은, 경험을 더욱 명백하게 마음을 강하게 끄는 효과를 야기한다. "나의 네페쉬"(*nepeš*) 역시 나의 온 존재를 가리키지만 아마도 내적인 사람을 더 강조할 것이다. 예수님은 겟세마네에서 자신의 감정을 표현하고자 이 단어들을 이어 가신다(막 14:34).

"어느 때까지니이까"로 시작하는 질문이 반복되고(예를 들어, 시 74:10; 80:4[5]; 82:2; 94:3), 이 구절이 홀로 나오는 다른 본문도 있지만(90:13; 사 6:11; 렘 23:26), 홀로 나올 때 이것은 가장 현저하고 가장 긴급하다.

9　Norbert Lohfink는 이것이 이 시편에 대한 신약 인용에서 중심이 된다고 주장한다(마 7:23; 눅 13:27; 요 12:27) ("Was wird anders bei kanonischer Schriftauslegung?" *JBT* 3 [1988]: 29–53).
10　Miller, *Interpreting the Psalms*, 56-57을 보라.
11　Rienstra, *Swallow's Nest*, 44; cf. Ulrike Bail, "Die Psalmen," in *Kompendium feministische Bibelauslegung* (ed. Luise Schottroff and Marie-Theres Wacker; Gütersloh: Kaiser, 1998), 180-91, 특히 180, 183.

[시 6:4-7]

종종 그렇듯이, 시편의 둘째 섹션은 다른 단어로 다시 진술하므로 관심을 강조하면서, 첫째 섹션을 반복한다. 여기에는 단순히 한 행의 기도만 있지만, 탄원자의 고통이라는 면에서 훨씬 광범위한 이유가 있다. 5절의 깊어지는 요소인 미래를 지향하는 수사적 질문이 3b절의 수사적 질문과 병행을 이룬다. 4절은 이전 네 행과 마찬가지로, 호소할 때 "여호와"라는 이름을 사용한다. 놀랍게도 이것이 마지막 이런 호소이다.

6-7절은 여호와를 언급하지 않고 시편 기자에 초점을 두고, 8-10절은 공격자를 대상으로 하고 여호와를 3인칭으로 세 번 언급한다. 여호와께 하는 호소는 죽음으로 끝이 나며(5절), 이를 반영하여 호소는 이 시편의 여기에서 끝이 난다.[12]

> 4 여호와여 돌아와 나의 영혼을 건지시며
> 주의 사랑으로 나를 구원하소서

"나의 영혼을 건지시며"(나의 영혼을 이전 상태로 회복하다)는 치유에 대한 호소를 다시 진술한다. "나를 구원하소서"는 호소를 위한 새로운 근거를 추가하기 전에 한 번 더 다시 진술한다. 이 근거는 탄원자의 곤경(2-3절)뿐만 아니라 여호와가 베푸셔서 피할 수 없는 *헌신(사랑)이다. 여호와의 격노하시는 진노에 대해 이 시편은 여호와의 사랑에 호소한다.

> 5 사망 중에서는 주를 기억하는 일이 없사오니
> 스올에서 주께 감사할 자 누구리이까

탄원자는 무엇에서 구원받을 필요가 있는가?
죽음에서이다. 그 이유는 여호와가 죽음의 영역에서는 지속하지 않을 관계에 대해 약속하셨기 때문이다. 5절은 단순히 여호와께 호소하는 것일 필요가 없는데, 왜냐하면, 기억하는 일이 없다는 것은 인간에게, 특히 여호와가 구원하셨던

---

12 Cf. Schaefer, *Psalms*, 20.

사람의 증언을 들으려고 하므로 자신들의 신앙을 세우려는 사람들에게는 상실이기 때문이다.

그리고 5절은 여호와가 죽음의 영역에 대한 권세를 지니지 못하심을 의미하지도 않는다. 가나안 사람들이 믿듯이, 죽음의 영역에서 통치하시며, 따라서 여호와가 스올에 개입하지 못하시도록 할 죽음이라는 신이 없다(참조. 139:8). 문제는 우리가 일단 죽으면 하나님과 관계할 수 없다는 것인데, 왜냐하면 이는 하나님이 누구신지, 무엇을 행하셨는지 고백하면서 하나님의 이름을 언급하는 것을 포함하기 때문이다.

그리고 우리가 죽으면 우리는 그런 일을 할 수 없다는 것이다.[13] *고백하다(개역개정: 감사하다-역주)라는 동사는 이 점을 더욱 발전시킨다. 사람들이 일반적으로 죽은 상태로 있다는 사실은, 스올에서 여호와가 활동하지 않기로 선택해서서 스올에서 고백할 것이나 감사할 것이 없음을 보여 준다. 여호와의 사랑(4절)은 이제 보여야만 한다. 그때는 여호와의 사랑이 적용되지 않는다. 여호와의 사랑은 이제 찬양받기 위해 이제 보여야만 한다. 그때는 여호와의 사랑이 찬양받을 수 없다.

> 6 내가 탄식함으로 피곤하여
> 밤마다 내 침상을 띄우며
> 눈물로(개역개정은 "밤마다" 뒤에 나온다-역주) 내 요를 적시나이다

첫 두 구절은 세련된 두-콜론을 이룰 것이다. 셋째 구절은 정확하게 둘째 구절과 병행을 이루는데, 따라서 놀라우며 탄원자의 괴로운 상태를 강조한다. 피곤함(참조. 69:3[4])은 고통과 울부짖음의 흔한 결과이다. 탄원자의 고통은 들을 수 있게 표현되지만(참조. 5:1-3[2-4]), 애굽에 있는 사람들이나 멸망 당한 후의 예루살렘에 있는 사람들의 신음, 또는 욥의 고난과 같이 신음으로 들을 수 있다(출 2:23; 애 1:4, 8, 11, 21; 욥 3:24; 23:2; 또한, 시 31:10[11]; 38:9[10]; 102:5[6]).

탄원자의 고통은 또한 울 때 몸으로 표현된다. 극한의 고통은 우리는 웃을 수 있지만, 이 시편을 사용한 사람들에게는 좀처럼 그럴 수 없는 과장법으로 표현

---

13 이 주제에 대해, Christof Hardmeier, "'Denn im Tod ist kein Gedenken an dich …'(Psalm 6,6)," *EvT* 48 (1988): 292-311을 보고, 이 주석의 서론을 보라.

된다. 둘째 콜론과 셋째 콜론 사이의 병행법에서, 히필 동사와 1인칭 접미사가 있는 명사들이 상응하고, "밤마다"와 "눈물로"는 두 콜론에 적용된다.

> 7 내 눈이 근심으로 말미암아 쇠하며
> 내 모든 대적으로 말미암아 어두워졌나이다

과장법은 계속된다. 만약 눈을 쇠약하게 하는 것이 울음이라면,[14] 우리는 "나는 내 눈으로 부르짖었다"(I cried my eyes out)라는 영어 표현과 비교할 수 있다. 하지만 시편들은 하나님이 행동하시는 것을 보는 것과 관련하여 눈을 더 자주 언급하고(예를 들어, 25:15; 141:8) 이 행동을 볼 수 없는 것과 관련하여 눈에 있는 문제를 언급한다(예를 들어, 69:3[4]; 119:82, 123).

탄원자가 오랫동안 이 행동을 찾아왔다는 데서 눈이 쇠하게 됐다. 부사구는 새로운 어조를 더한다. 탄원자는 카아스($ka'as$) 때문에 지쳤다. NRSV은 "슬픔"(grief)이라고 했지만, 동사와 명사 모두 보통 격노를 시사하며(참조. 70인역), 이 둘은 물론 관련이 있을 수 있다. 이전 것에 비추어 우리는 이 시편이 실제로 슬픔을 언급한다고 여길 수 있지만, 병행을 이루는 콜론은 이 단어가 보통의 의미를 지님을 시사한다.

아마도 탄원자는 사람들의 공격 때문에 격노하고 있을 것이다(5:8[9]을 보라). 그들이 전체 시편이 언급하는 고통을 야기하든지 아니면 더 가능성이 큰 것은 (시편에서 늦게 나오는 것을 고려할 때) 그들이 탄원자를 그의 고통이 악행에서 나옴이 틀림없다는 그런 자로 취급함으로써 욥의 친구들과 같이 고통을 더 야기한다. 하지만 병행을 이루는 콜론은 탄원자가 대적자들의 공격 때문에 지쳤음을 시사한다. 두 부사구는 한 추상 명사와 한 구상 명사 및 두 다른 전치사를 쌍을 이루게 한다.

---

[14] 비슷한 우가릿 표현과의 비교에 대해, Loretz, *Psalmstudien*, 82-98을 보라.

[시 6:8-10]

시편은 이런 이중적 애가, 항변, 기도 후에, 하나님이 이 애가와 항변과 기도에 응답했다고 선언하면서 특이한 전환이 일어난다. 탄원자는 아직 응답을 보지 못했지만, 응답을 들었고(8b-9절; 3:4[5] 해설을 보라) 이에 근거하여 8a절에서 떠나라는 발언과 10절의 확신한다는 진술을 할 수 있다. 들림으로 말미암아 안도와 해방이 야기된다.

하지만 시편에서 여호와가 기도를 들으셨다는 것은 행동하시겠다는 약속을 받아들이심을 의미한다. 탄원자는 들렸다는 확신과 이것이 결코 공감의 결과를 낳지 않을 것이라는 불확실성 사이에 있지 않다. 대신에 그는 여호와가 행동하시겠다는 약속의 확신과 그 행동 자체의 경험 사이에 있다.

> 8 악을 행하는 너희는 다 나를 떠나라
>   여호와께서 내 울음 소리를 들으셨도다

첫째 콜론은 특이한 전환을 돋보이게 하지 않을 수도 있다. 탄원자는 하나님이 버리신 가운데 *해를 끼치는 사람들에게 4:2-5[3-6]의 방식으로 사라지라고 말하려고 힘을 다할 수 있다. 하지만 둘째 콜론은 여호와가 기도에 응답하셨다고 선언한다.

탄원자는 어떻게 아는가?

아마도 1-7절의 방식으로 여호와를 의지한다는 단순한 사실로 말미암아 들렸다고 확신하게 됐을 것이다. 아마도 카탈(qatal) 동사들은 마치 이미 일어난 것처럼 여전히 미래인 것에 대해 말하는 확신을 진술하고 있는 것 같다(그렇다면 우리는 "여호와가 듣고 있다"라고 번역할 수도 있다).[15]

하지만 이 전환이 분명함은 7절과 8절 사이에 무슨 일이 일어났음을 시사한다(참조. 시 22편). 아마도 8-10절은 기도가 응답된 후에 작성된 후기일 것이겠지만, 이 시편이 두 단계로 작성되고 사용됐다는 암시가 전혀 없다. 탄원자는 예배에 참여하여, 여호와의 행동과 여호와의 신실함에 대한 선언을 들었을 수도 있

---

15 Cf. *TTH* 14β.

거나, 여호와가 선지자나 제사장을 통해 탄원자에게 개인적인 말을 하셨을 수도 있다(참조. 시 12편).[16] 이 시편은 무슨 방법을 사용하든지 간에, 이 시편을 사용하는 사람들에게 여호와가 그들의 기도에 응답하실 것이라고 기대하게 한다.

> 9 여호와께서 내 간구를 들으셨음이여
>   여호와께서 내 기도를 받으시리로다

"여호와께서 들으셨음이여"를 반복한 것은, 이것이 심어 주는 강력한 인상을 시사한다. 여호와는 고통(8b절)과 그 고통에서 야기된 기도(9a절) 모두를 들으셨다. 탄원자는 하나님이 은혜 베푸시기를(하난[ḥānan]; 2절) 기도했으며, 이제 여호와가 *은혜를 구한 이 기도(테힌나[tĕḥinnâ])를 들으셨음을 안다.

9b절에서 이크톨(yiqtol) 동사는 카탈(qatal)을 보충하고, "받으시리로다"는 듣는다는 함의를 명백히 밝힌다. 즉, 여호와는 듣고 그 후에 무시하시는 것이 아니라, 듣고 받아들이고 그 후에 행동하신다. 두 동사는 병행을 이루면서 운율로 된 표현인 "여호와, 은혜를 구하는 기도"(개역개정: 여호와께서 내 간구를-역주)와 "여호와, 내 *호소"(개역개정: 여호와께서 내 기도를-역주), 곧 기도의 특성을 묘사하는 두 가지 보충적 방식을 둘러싸는 괄호를 형성한다. 이와 같이 시의 기법은 9b절에서의 주어-목적어-동사라는 특이한 어순을 설명한다.

> 10 내 모든 원수들이 부끄러움을 당하고 심히 떪이여
>   갑자기 부끄러워 물러가리로다

만약 여호와가 은혜로 행동하기로 약속하셨고 탄원자의 삶에 개입하신다면, 10절은 실제로 이어진다. 이 행의 시작과 마지막에는 병행을 이루는 절이 있는데, 각각이 "부끄러움을 당하고"와 또 다른 동사와 부사로 구성된다. 그다음에 두 절의 주어인 "내 모든 원수들"은 중심에 선다(참조. 5:8[9], 중심에 있는 구절이 역시 원수를 언급한다).

왜 원수들은 부끄러움을 당하고 심히 떨겠는가?

---

[16] Cf. Johnson, *Cultic Prophet*, 241.

욥의 친구들의 운명이 응답을 보여 줄 수 있다. 그들은 근본적인 종교적 관점이 잘못된 사람들로 드러났다. 그들은 삶이 어떻게 진행되고 하나님이 어떻게 사역하시는지 안다고 생각했으며, 그들은 이 이해를 하나님과의 삶의 토대로 삼을 수 있다고 생각했고, 게다가 자신들의 이해를 근거로 다른 사람들이 하나님과 맺는 관계에 대해 제안할 수 있다고 생각했다. 그들의 전체 입장이 잘못됐다.

이것은 이 시편이 1-7절에서 기본적으로 가지는 관심이 질병 자체일 뿐만 아니라, 질병을 야기하거나 악화시킨 사람들에 있을 가능성을 높인다. 여호와가 그들을 처리하신다면 전체 상황은 바로 잡히거나 견딜 수 있게 될 것이다. 욥의 친구들과 마찬가지로 현재 사람들은 탄원자를 부끄럽게 여기고 있는데, 낙심하여 떨고 있다(2b, 3a절). 그들과 그들의 공동체는 자신들이 잘못했음을 알았을 때 이것은 역전될 것이다. 그들의 외견상의 명예는 불명예로 바뀔 것이다.

두 번의 "부끄러움"이 두 번의 "들음"에 이어지고, 그들의 큰 떨림은 탄원자의 두 번의 떨림과 일치한다. 10절의 "물러가리로다"(turn)는 4절의 "돌아와"(turn)와 일치하며, 3절이 "어느 때까지니이까" 하고 물었으나 이제 탄원자는 그 부끄러움이 "갑자기" 닥칠 것을 안다. 아마도 이것은 부끄러움이 일어날 때 즉각적으로 일어날 것을 의미하거나 여호와가 탄원자의 기도를 들으셨으므로 즉각적으로 일어나서 그 일이 일어나지 못하도록 막을 어떤 것도 없을 것이다.

3. 신학적 의미

이 탄원자의 인식에는 육체적 고통, 내적 고통, 미래에 대한 두려움, 하나님의 진노에 대한 인식, 죽음에 압도당하는 듯한 의식이 가장 깊이 뿌리 내리고 있다. 오래전에 이 시편은 공격자들이 탄원자의 배경에 있다는 것을 시사하면서, 그들을 언급한다. 하지만 그들이 갑작스럽게 나타난다는 것은, 탄원자의 인식의 끝에 사람들의 질병에 대한 태도에서 나오는, 이제 두드러지게 된 사회적 혼란을 가리킬 것이다.

이 모두는 고백할 필요가 있는 죄에 대한 관련 있는 인식을 표현하지 않거나, 곤경이 부당하다는 진술을 할 수 있게 하는 개인적 헌신에 대한 확신을 표현하지 않고 하나님께 가져올 수 있다. 그리고 이 시편의 마무리는 여호와가 이런 기도에 응답하시며 우리가 제기한 이슈를 다루고 계심을 가리킨다.

마틴 루터는 이 시편에 대해 이렇게 언급했다.

> 깊이 두려워하지도 버려짐을 당하지도 않는 자는 깊이 기도하지 못한다.[17]

---

17 *Selected Psalms*, 3:141.

제7편

재판과 전투와 사냥에서

1. 본문

다윗의 식가욘, 베냐민인 구시의 말에 따라 여호와께 드린 노래

1 여호와 내 하나님이여 내가 주께 피하오니
  나를 쫓아오는 모든 자들에게서 나를 구원하여 내소서
2 구원할(개역개정: 건져낼-역주) 자가 없으면
  그들이 사자 같이 나를 찢고 뜯을까[1] 하나이다

3 여호와 내 하나님이여 내가 이런 일을 행하였거나
  내 손에 죄악이 있거나[2]
4 화친한 자를 악으로 갚았거나[3]
  내 대적에게서 까닭 없이 빼앗았거든[4]

---

1 파라크(*Pāraq*)는 보통 "찢어 버리다"를 의미하며, 우리는 아마도 이 콜론이 "찢고 구원할 어느 누구도 없이"를 의미한다고 이해할 수 있을 것이지만, "찢어 버리다"(참조. 제롬)는 왕상 19:11에서 확립되며 여기 병행법과 들어맞는다.

2 번역본은 현재로 이해하지만 예쉬(*yēš*)는 시간을 문맥에서 결정한다.

3 숄렘(*šôlēm*)은 평화로운 관계에 있는 누군가가 아니라 보복하는 자 일 수 있는데(참조. 70인역), 이 경우 이것은 이제 탄원자를 공격하는 사람을 가리킨다.

4 그렇지 않으면 할라츠(*Hālaṣ*)는 결코 성경 히브리어에서 "약탈하다"(plunder, NRSV; 참조. NIVI)를 의미하지 않는다(참조. BDB). 탈굼의 "압제하다"는 와아할레차(*wāʾăhalləṣâ*)에 대해 아엘하차(*wāʾelḥāṣâ*)를 의미할 수 있다(참조. 70인역?). 그 다음에 둘째 콜론은 첫째 콜론의 개념, 곧 "4a절에서 묘사된 행동 때문에 이제 공격자가 된 "내 대적"(my assailant)이 "동

5 원수가 나의 영혼을⁵ 쫓아⁶ 잡아

   내 생명을 땅에 짓밟게 하고

   내 영광을 먼지 속에 살게 하소서 (셀라)

6 여호와여⁷ 진노로 일어나사

   내 대적들의 노를 막으시며

   나를 위해 깨소서 나의 하나님이여(개역개정에서는 번역하지 않음-역주) 주께서

   심판을 명령하셨나이다

7 민족들의 모임이 주를 두르게 하시고

   그 위 높은 자리에 돌아오소서⁸

8 여호와께서 만민을 통치하시오니(개역개정: 만민에게 심판을 행하시오니-역주)

   여호와여 나의 의와 나의 성실함을 따라

   나를 심판하소서⁹

9 악인의 악을 끊고

   의인을 세우소서 — (개역개정에는 없음-역주)

   의로우신 하나님이

   사람의 마음과 양심을 감찰하시나이다¹⁰

10 하나님은 높이 들려진 내 방패시며,

   마음이 정직한 자를¹¹ 구원하시는 이시로다(개역개정: 나의 방패는 마음이 정직

    맹"(ally)이 됐다는 개념을 반복한다.
5 다시 "나의 네페쉬"(*nepeš*, *사람). 이 명사는 또한 둘째 동사의 암묵적 목적어이다.
6 이라도프(*Yiraddōp*)는 동사의 칼과 피엘 형태인 두 읽기를 결합한다.
7 "나를 위해"라는 의미로보다는 엘라이('*ēlay*)의 존엄의 복수로 여긴다(참조. 엘로힘 [*'ĕlōhîm*], 아도나이 ['*ădōnāy*]; GKC 124g-i를 보라).
8 NRSV "앉다"(sit)는 슈바(*šûbâ*)를 세바(*šēbâ*)로 모음을 수정하는데, 물론 슈바(*šûbâ*)는 "앉다"를 의미하는 것으로 이해할 수 있다(UBS도 마찬가지이다). 이 시편의 다른 수정에 대해, Jacob Leveen, "The Textual Problems of Psalm vii," *VT* 16 (1966): 439-45을 보라.
9 독자들은 알라이('*ālay*)를 여호와를 "지극히 높으신 이"로 부르는 것으로 여길 수 있다.
10 문자 그대로, "심장과 신장"(hearts and kidneys). 둘은 생각과 감정의 자리일 수 있으며, 이 조합으로(참조., 예를 들어, 26:2), 함께 이 둘은 내적인 존재의 생각과 태도를 가리키는 일종의 헨디아디스(hendiadys)를 형성한다.
11 마소라 본문은 알('*al*, over)을 전치사로 여기면서, "내 방패는 여호와에게 있다"(my shield is over/with God)라고 모음을 붙인다. 나는 이것을 부사로 여긴다(참조. 삼하 23:1). NIVI는

한 자를 구원하시는 하나님께 있도다-역주)

11 하나님은 의로우신 재판장이심이여

　　매일 분노하시는 하나님이시로다[12]

12 사람이 회개하지 아니하면 그가[13] 그의 칼을 가심이여

　　그의 활을 이미 당기어[14] 예비하셨도다

13 죽일 도구를 또한 예비하심이여

　　그가 만든 화살은 불화살들이로다

14 악인이 죄악을 낳음이여

　　재앙을 배어 거짓을 낳았도다

15 그가 웅덩이를 파 만듦이여

　　제가 만든 함정에 빠졌도다

16 그의 재앙은 자기 머리로 돌아가고

　　그의 포악은 자기 정수리에 내리리로다

17 내가 여호와께 그의 의를 따라 고백함이여 (개역개정: 감사함이여-역주)

　　지존하신 여호와의 이름을 찬양하리로다[15]

　　　이것을 엘리온('elyôn, 지극히 높으신 이[Most High])의 축약된 형태로 여긴다. 참조. 17절.
[12] 12절의 번역에 대해, A. A. Macintosh, "A Consideration of Psalm vii. 12f.," *JTS*, n.s., 33 (1982): 481-90 (특히 481-82)을 보라. 베콜-욤(*bĕkol-yôm*)에 대해, BDB 400b을 보라. *GKC* 127b는 "매 시간"(every time)이라고 한다. "매일/온 종일"(every day/all day)은 거의 아니다!
[13] NJB는 12-13절을 행악자에 대한 묘사로 여기면서, "그러나"(but)라고 한다. 하지만 히브리어에는 "그러나"가 없으며, 이것이 하나님의 습관적 행동을 묘사하는 것이라면, 12-13절에서 시제를 수정하는 것이 이해하기 더 쉽다. 그렇다면 "그래서"(So, 힌네[*hinnēh*], 14절)는 주어가 행악자로 변경됨을 표시한다. 실제로 12절은 "그가 다시 … 갈겠는가?"를 의미할 수 있는데, 물론 이것은 독자가 두 관용구의 사용, 즉 강한 주장을 소개하는 임-로('*im-lō*')의 사용과 다시 무언가를 하겠다는 것을 의미하는 슈브(*šûb*)의 사용을 발견할 필요가 있다.
[14] 다라크(*Dārak*), 아마도 문자 그대로 "밟다"(treads), 즉 자신의 발을 줄 바닥에 두는 것이지만 모든 활이 그렇게 큰 것은 아니므로 어느 것이든 이것은 죽은 비유일 수 있거나 동사가 "가리키다"(direct)라는 의미를 지닌다.
[15] "지존하신 여호와"(Yhwh Most High)는 결합된 이름일 수 있지만, 이 정확한 표현은 다른 곳인 47:2(3)에서만 나오며(탈굼은 여호와를 "하나님"으로 대체한다), 여기 "지존하신 이"는 "그의 의를 따라"와 균형을 이룬다.

2. 해석

이 시편은 공격을 받고 있는 누군가를 위해 말하는데, 이번에는 나봇과 같이 잘못 고발을 당하여 치명적인 위험에 놓여 있기 때문이다. 아마도 이 시편은 민수기 5:11-28, 신명기 8:7-20, 열왕기상 8:31-32에서 묘사된 것의 경우에 사용될 수 있을 것이다.

1-2절	이 시편은 시작하는 기도
3-5절	무죄의 선언
6-9절	조치를 취해 주시라는 더 긴급하고 광범위한 기도
10-16절	여호와가 누구신가에 대한 찬양의 행위
17절	구원이 왔을 때 감사하겠다는 약속

[표제]

> 다윗의 식가욘, 베냐민인 구시의 말에 따라 여호와께 드린 노래

용어 해설을 보라.

나는 아카드어 쉬구(*sigû*)에 근거하여 식가욘(*siggāyôn*)을 "애가"라고 번역한다. 그렇다면 표제는 우리가 모르는 어떤 사건을 가리킨다고 여기기보다는, 사무엘하 18:20-32에 나오는 수단 사람[16]과 베냐민 사람들인 시므이와/또는 세바[17]를 가리키는 것으로 여긴다. 세 이야기 모두는 이 시편과 표현에서 연관성이 있다. 수단 사람의 말은 여호와가 다윗을 "심판하셨다"는 소식을 가져온다. 압살롬과 그의 지지자들이 다윗에 맞서 "일어났"지만, 여호와는 이제 다윗을 위해 "일어나셨다."

---

16 "구스"(Cush)는 이집트의 남쪽 지역이며 따라서 가장 근접하게 현대 수단(에티오피아보다는)과 일치한다.

17 Rodney R. Hutton ("Cush the Benjaminite and Psalm Midrash," *HAR* 10 [1986]: 123-37)은 이 표제가 삼하 18-19장의 이야기를 채우기 위해 의도됐다고 본다. 오히려 Slomovic은 삼상 24장과의 연관성을 지적한다("Historical Titles," 360-61).

여호와는 압살롬에게 어떤 "악"도 행하지 않으셨지만, 압살롬은 다윗에게 "악"을 행했다(삼하 18:31-32; 참조. 시 7:4, 6, 8). 시므이는 다윗의 영광을 "먼지"에 두며 자신의 "머리"를 걸지만, 결국 다윗 앞에 "엎드린다"(참조. 삼하 16장; 19장; 참조. 시 7:5, 14, 15). 다윗은 세바가 자신에게 "악을 행할" 것을 두려워하여 그를 "쫓도록" 사람들을 보내고, 이스라엘의 "친구들" 가운데 하나가 그의 "머리"를 구원한다(삼하 20장; 참조. 시 7:4, 5, 16).

일반적으로 시편과 이야기는 어떻게 대적이나 반역자를 다루어야 할지에 대한 질문을 공통적으로 가진다. 즉, 4절은 다윗이 자신의 반역한 아들의 죽음을 야기하지 않게 해 주시라는 소망으로 말미암아 받게 된 비판을 상기시킨다. 그러므로 광범위한 차이점은 시편이 이 사건들과 관련하여 기록되지 않았음을 가리키지만, 다시 한번 표현의 연관성으로 말미암아 시편과 이야기를 연결시켜 둘 수 있다.

[시 7:1-2]

> 1 여호와 내 하나님이여 내가 주께 피하오니
>   나를 쫓아오는 모든 자들에게서 나를 구원하여 내소서
> 2 구원할(개역개정: 건져낼-역주) 자가 없으면
>   그들이 사자 같이 나를 찢고 뜯을까 하나이다

이 시편은 또한 여호와의 구원을 바라는 기도로 시작한다. 이 시편은 우리에게 사실 그대로 왜 시편 기자가 이런 피난처를 구할 필요가 있는지 아직 말하지 않지만, 2절은 은유로 왜 이것이 필요한지를 명확히 한다. 탄원자는 안전과 *구원을 위해 여호와께 *의지하거나 피한다. 시편 2:12은 이미 이런 의지하는 근거를 제시했다.

2절에서 이 시편은 이 시편에서의 많은 생생한 비유적 표현 가운데 첫 비유적 표현, 곧 직유인 유일한 비유적 표현을 상술한다.

두 동사는 병행을 이루는데, 하나는 이크톨(yiqtol)이고 하나는 분사이며, 다른 구절은 2b절의 "나를"(나프쉬[napšî]; *사람)이 세 동사 모두의 암묵적 동사가 되면서, 두 콜론에 적용된다. 1절과의 연관성은 1절의 복수는 2절의 단수로 보완

되면서, 각 행에 있는 마무리하는 말로 나오는 "구원하다"를 반복함으로써 강조된다.

[시 7:3-5]

3-5절은 또다시 "여호와 내 하나님이여"라고 부르며 시작하면서, 탄원자가 거짓으로 고발당했지만, 무죄임을 주장하기 때문에 여호와를 의지해야만 했음을 지적한다. 이것은 죄가 없다는 주장이 아니라, 고발이 의미하는 엄청난 행악자가 됨을 부인하는 것이다. 욥의 주장이나 후대의 바울 주장과 비교할 수 있다(예를 들어, 고전 4장).

이 시편은 하나님께 속한 사람들이 충실한 삶을 살아왔음을 주장할 수 있다고 여긴다. 세상은 신실한 자들과 신실하지 않은 자들로 나뉠 수 있으며, 탄원자는 신실한 자의 무리에 속한다고 주장한다.[18]

> 3 여호와 내 하나님이여 내가 이런 일을 행하였거나
> 내 손에 죄악이 있거나

둘째 콜론은 "이런 일"이 무엇인지 구체적으로 표현하기 시작한다. 탄원자의 손은 죄악(아웰['āwel])에 관여하지 않았는데, 이는 신실함의 반대인 속임수나 적대감에 관여한 다른 사람들에 대한 태도이다. 그들은 살인에 관여하지 않았으며, 피로 더럽혀지지 않았다(참조. 사 1:15; 59:3, 6).

> 4 화친한 자를 악으로 갚았거나
> 내 대적에게서 까닭 없이 빼앗았거든

더 구체적으로 탄원자는 화친의 관계를 어기는 방식으로 행동했다고 외견상으로 친구나 화친한 자, 곧 숄렘(šôlēm, 헌신적인 샬롬[šālôm] 관계에 있는 자)[19]에게

---

18 Gert Kwakkel, *According to My Righteousness*, OtSt 46 (Leiden: Brill, 2002)를 보라.
19 Cf. Jeffrey H. Tigay, "Psalm 7:5 and Ancient Near Eastern Treaties," *JBL* 89 (1970): 178-86.

고발당한 것 같다. 하지만 이 문제는 다양한 맥락에서 이 시편을 사용하도록 하면서, 계속 암시적으로 표현된다. 둘째 콜론은 마치 화친한 자에게의 불충성이 사울이 아각에게 보인 관대함과 같이(삼상 15장) *신중한 대적에게 부도덕한 관대함이 수반되는 것처럼 변덕의 형태를 부인함으로써 이 점을 발전시킨다. 이런 행위(아마도 이론적인 가능성으로만 언급됐지만)는 이전 콜론에서 언급된 행위의 극악함을 강조할 것이다.[20]

> 5 원수가 나의 영혼을 쫓아 잡아
> 내 생명을 땅에 짓밟게 하고
> 내 영광을 먼지 속에 살게 하소서 (셀라)

신실함에 관한 주장의 절정은 자신에 불리한 기도이다. 둘째 콜론은 첫째 콜론과 훌륭하게 병행을 이루겠지만, 그 후에 둘째 콜론과 셋째 콜론은 훨씬 가까운 병행을 이루어 $abcc'b'a'$로 배열된다. 이 절의 세-콜론으로 되어 있는 형태는 이 절에 중요성을 더하고, 우리는 한 섹션의 마지막에 도달했음을 알린다.

*영광은 카보드($k\bar{a}b\hat{o}d$)인데, 이는 때로 간 또는 내적 존재, 따라서 심장을 가리킬 수 있다(보통 카베드[$k\bar{a}b\bar{e}d$], 예를 들어, 16:9). 두 가지 함의는 여기서 적절하다.[21] 이 구절에 있는 네 동사는 쫓음과 생포됨과 굴복함의 생생한 이야기를 전하며, 그 마지막은 굴욕이다. 기도를 믿는 사람들은 이와 같은 소망을 표현할 때 매우 신중하게 행동하며(참조. 욥 31장), 따라서 이렇게 기꺼이 하고자 함은 신실한 삶의 중대한 증거를 구성한다.

---

20 번역에 대해, D. Winton Thomas, "A Further Note on Psalm 7:4," *BT* 25 (1974): 247–48을 보라. Robert G. Bratcher, "A Translator's Note on Psalm 7:4b," *BT* 23 (1972): 241–42과는 대조된다. 또한 Christian Macholz, "Bemerkungen zu Ps 7.4–6," *ZAW* 91 (1979): 127–29을 보라.
21 John W. McKay ("My Glory-A Mantle of Praise," *SJT* 31 [1978]: 167–72)는 "개인적인 가치라는 의미"의 함의를 지닌 "영광"이라는 번역을 주장한다.

[시 7:6-9]

탄원자가 성취되는 것을 보고자 기대하지 않는 소원에는, 탄원자가 성취되기를 바라는 기도와 연속된 소원이 이어진다. 6-9절의 시의 형태는 미묘하다.[22]

> 6a-b 여호와여 진노로 일어나사
> 내 대적들의 노를 막으시며

병행을 이루는 두 촉구는 여호와가 행동을 취하시도록 청하려는 것이다. 촉구는 민수기 10:35-36(참조. 시 3:7[8])에서의 권고를 떠올리게 하지만 여기서는 여호와의 주목을 받기에 합당한 특별한 상황과 관계된 행동과 관련 있다. 두 촉구는 진노를 언급하는 데 있다. 탄원자의 희망이기도 한 여호와의 진노를 가리키고, 또한 탄원자에게 위협이 되는 공격자의 진노를 가리키면서 분명한 변화가 있다.

탄원자는 기도의 목적이 여호와가 행동을 취하시도록 촉구하게 하려는 것이라는 시편의 특징적 가정을 한다. 하나님은 일반적으로 세상을 인간이 통제하도록 맡겨 두시고, 좀처럼 세상에 개입하지 않으신다. 그렇다면 기도의 목적은 하나님이 이번에는 행동을 취하시도록 비행동을 멈추시게 하고자 설득하는 것이다. 탄원자는 여호와가 현재의 상황에 진노하고 계심이 틀림없음을 알고 있으며, 이것을, 여호와가 개입하도록 하는 동기부여로 사용한다.

12a절은 여호와가 지연하시는 이유를 지적할 것이다.[23] 명령들은 이제 행동을 취하실 것을 기대하며, 종말 심판 때 무언가 일어나기를 호소하고 있지는 않다.

> 6c 나를 위해 깨소서, 나의 하나님이여 (개역개정에서는 번역하지 않음-역주) 주께서
> 심판을 명령하셨나이다
> 7a 민족들의 모임이 주를 두르게 하시고

---

22 나는 포켈만(Fokkelman, *Major Poems*, 2:66)의 이해를 따른다.
23 Kidner, *Psalms 1-72*, 64-65.

첫째 콜론은 더 깊은 촉구와 6a절과 병행을 이루는 또 다른 부름으로 시작한다. 이어지는 카탈(qatal) 동사는 명령법과 저씨브(jussives, 간접명령형-역주)로 둘러싸이고, 자연스럽게 일종의 신앙 진술은 간원(懇願)으로 이해된다. 즉, "주님께서 *심판(미쉬파트[mišpāṭ])을 명령하셨음이 틀림없습니다." 만약 이 탄원자가 평범한 개인이라면, 여호와가 한 개인을 위해 행동을 취하시도록 청할 수 있다는 확신은 놀랍다.

> 7b 그 위 높은 자리에 돌아오소서
> 8a 여호와께서 만민을 통치하시오니(개역개정: 만민에게 심판을 행하시오니-역주)

이 행은 계속 명령법과 저씨브로 병행을 이루면서, 6b-7a절과 더불어 abb'a'의 배열을 완성한다. 저씨브들의 토대를 이루는 가정 역시 놀랍다. 이 개인을 위해 행동을 취하도록 여호와는 지상의 온 민족을 소환하신다. 명백히 이것은 하늘의 법정의 모임이 아니라, 지상에서의 모임이다(예를 들어, 96:10; 98:9). 하지만 만약 탄원자가 외국의 공격을 받아 어려움에 처한 왕이라면, 이것은 특히 적절하다.

> 8b-c 여호와여 나의 의와 나의 성실함을 따라
>   나를 심판하소서

이 행은 명백히 법정의 심판의 권력이 이 개인에게 적용되도록 요구한다. 우선 여호와는 행동을 취하지 않으셨던(6절) 심판의 의회의 자리로 돌아오셔야만 한다. *"심판하소서"는 미쉬파트(mišpāṭ)가 유래한 샤파트(šāpaṭ)이며, 더 드문 딘(dîn, 통치하다)의 동의어이다. 탄원자가 호소하는 토대는 신실함과 정직한 삶의 삶이다. *신실함은 그 사람의 공동체와의 관계를 시사하며, *정직은 그 사람의 개인적 도덕의 온전함을 시사한다.

이것들은 거의 개별적 실재로서 그 사람 "위에" 있다(참조. 겔 18:20에 있는, 체다카[ṣĕdāqâ]와 함께 알['al]; 시 90:17b; 느 5:7).[24] 이것들은 하나님 및 공동체와의 관계에서 드러난 탄원자의 존재의 양상들이며, 이처럼 진짜 객관적인 실재이다.

---

24 BDB 753b를 보라.

> 9 악인의 악을 끊고
> 의인을 세우소서 — (개역개정에는 없음-역주)
> 의로우신 하나님이
> 사람의 마음과 양심을 감찰하시나이다

이제 이 두 행은 이 시편의 기도를 마무리하고, 이어질 신뢰와 찬양과 확신의 진술로 전환하게 한다. 이와 같이 두 행은 이 시편의 이음매를 형성한다.

9a절의 두 콜론은 형식과 내용에서 서로 균형을 이룬다. 2인칭 이크톨(yiqtol)이 한 저씨브를 잇고, 목적어가 인칭 단수인 "신실한 사람"이 주어가 되는 비인칭 복수인 "악인들의 악"(개역개정: 악인의 악-역주)이 이어진다. 두 동사는 세련된 형태를 취한다. 즉, 저씨브는 불변화사 나(nā')가 덧붙여지고, 2인칭 동사는 명령법보다는 이크톨(yiqtol)이다. 이와 같이 두 콜론은 여호와가 행할 필요가 있는 일의 두 측면, 곧 긍정적인 면과 부정적인 면을 위해 기도한다.

9b절을 시작하는 연사(連辭, 보통 번역으로 나타나지 않으며, 나는 이것을 대시[—]로 표시했다)는 9b절이 9a절에서의 호소에 대한 토대를 제시함을 시사하는데, 이는 다시 이것이 한 쌍의 호소가 아니라 한 구절임을 시사한다("마음과 양심을 감찰하시는 주님, 신실한 하나님이여").

탄원자는 다시 암묵적으로 3-5절에서 정직했다는 증거를 제시하고 있다. 이에 근거하여 하나님이 마음과 양심의 계획과 태도가 외적인 말과 일치하는지를 보고자 사람의 속을 감찰하실 수 있다는 사실에 기뻐할 수 있다. 이것이 "정직"이 관여한 것의 일부이다.

이 선언은 하나님이 사람이 그것을 소망하는지 그렇지 않은지 그 사람의 속을 들여다보실 수 있지만, 하나님은 자동으로 사람의 속에서 무엇이 진행되는지 알지 못하심을 시사한다. 즉, 하나님은 실제로 들여다보셔야만 한다는 것이다. 이것은 *신실함에 대해 말하는 세 번째 연속되는 행이다. 인간의 신실함에 근거하여(8, 9a절), 우리는 하나님의 신실하심에 호소할 수 있다(9b절).

[시] 7:10-16

이전 시편과 마찬가지로 시편 7편은 신앙의 진술로 전환하는데, 이 진술은 그 길이 때문에 주목할 만하다. 이 진술은 거의 시편 절반을 차지한다. 이 전환은 덜 갑작스러우며, 전환을 설명하고자 하나님에게서 오는 말씀이 덜 필요하지만, 명사절과 이크톨(yiqtol) 절로 되어 있는 신앙의 진술로서, 시편 12편에서의 하나님에게서 오는 말씀에 대한 반응과 상응한다. 17절에서의 감사는 하나님에게서 오는 말씀에 대한 적절한 더 깊은 반응이거나, 10-16절 또는 11-16절이 하나님에게서 오는 말씀임을 시사할 수도 있다.[25]

> 10 하나님은 높이 들려진 내 방패시며
> 　　마음이 정직한 자를 구원하시는 이시도다(개역개정: 나의 방패는 마음이 정직한 자를 구원하시는 하나님께 있도다-역주)

이것은 하나님에 대한 네 진술로 구성하는 두 행의 명사절로 시작하는데, 각 쌍은 의미에서 병행을 이룬다. 첫 행은 하나님의 성품이 부당한 위협의 맥락에서 탄원자에게 미치는 것으로 묘사한다. 다시 한번 탄원자는 정직한 사람, 외적인 말과 내적인 마음 사이에 간격이 전혀 없는 사람이라고 주장한다.

> 11 하나님은 의로우신 재판장이심이여
> 　　매일 분노하시는 하나님이시로다

이어지는 두 진술은 하나님의 성품 자체, 10절의 주장 배후에 있는 특성을 묘사한다. 성품상 하나님은 사랑을 나타내는 방식으로 심판하시며, 응당한 처벌을 받을 만한 사람들에게 거칠게 행동을 취할 준비가 항상 되어 있으시다. "분노"(자암[zaʿam])는 태도와 행동을 결합하는 또 다른 단어로, 격분과 비난 또는 저주의 의미를 지닌다(참조. 잠 24:24-25). 70인역은 하나님의 분노가 압제당하는 자들에게는 좋은 소식임을 인지하지 못하고서, 하나님이 매일 분노를 표현하시는 것은 아님을 우리에게 다시 확신시키고자 "아니다"를 추가한다.

---

25 Mandolfo (*God in the Dock*, 35-41)는 이것들을 "교훈적 강화"(instructional discourse)라고 부른다 (cf. Carleen Mandolfo, "Finding Their Voices," *HBT* 24 [2002]: 27-52).

> 12 사람이 회개하지 아니하면 그가 그의 칼을 가심이여
> 그의 활을 이미 당기어 예비하셨도다
> 13 죽일 도구를 또한 예비하심이여
> 그가 만든 화살은 불화살들이로다

이 시편은 분노를 은유적으로 표현하기는 하지만, 구체적이고 생생하게 표현한다. 여기서는 사람들이 항상 하나님의 진노를 피할 수 있다는 가정으로 시작한다. 사람들이 하나님의 분노에 반응하여 악행에서 돌아설 때, 하나님과 그들의 희생자들은 안도의 한숨을 돌릴 것이다. 용서가 이제 가능하며 더 고통스러운 방식으로 분노를 표현할 필요가 없다. 하지만 그들이 돌아서지 않는다면 분노는 계속되지 않을 수 없다.

하나님이 무기를 준비하심을 묘사할 때, 이 첫 네 콜론은 관습의 이크톨(yiqtol)과 격언인 카탈/와이크톨(qatal/wayyiqtol)을 사용할 때 $abb'a'$ 순서로 나오는데, 이는 일반적 진술을 하는 대안의 방법이다(1:1을 보라). 여호와는 죽음의 여러 무기를 가지고 있는데, 연마된 칼과 당기어 겨눈 활, 사람들이나 집에 불을 놓으려는 불화살이 있다. 네 콜론 모두에서 목적어들, 곧 무기들이 동사 앞에 나옴으로써 두드러진다. 이 규칙을 벗어나는 예외는 13a절인데 13a절에서 순서가 "자신을 위해 그가 준비하다 …"가 된다.

> 14 악인이 죄악을 낳음이여
> 재앙을 배어 거짓을 낳았도다

악인에 대한 구체적이고 생생한 묘사는 생생한 장면을 떠올리게 하는 세 가지 다른 비유로 시작한다. "그리하여"(개역개정은 번역하지 않음-역주)는 행악자를 괴물을 낳는 여자로 묘사하는 세 개의 두-단어 구절을 소개한다. NRSV는 수태와 임신과 출산을 묘사하는 구절로 되어 있어, 이 행은 아홉 달의 긴 이야기를 여섯 단어로 상상하게 한다. 하지만 첫 동사(하발[$ḥābal$])는 다른 곳에서 실제로 출산하는 고통과 염려를 묘사한다(참조. 70인역, 제롬). 더 나아가 여러 어근의

하발(ḥābal)이 있으며,²⁶ 흔한 어근은 "부정하게 행동하다" 또는 "파괴하다"를 의미한다.

순서는 연대기적이지 않고 수사적이다. 즉, 첫 구절은 암시적으로 한 가지 가능한 개념 이상을 시사한다. 그 후에 둘째와 셋째 구절은 이것을 더 구체적으로 표현한다. *해(개역개정: 죄악-역주)와 재앙은 종종 다른 사람들에 대한 악행을 가리키는 용어로서 서로 같이 나온다. *거짓은 사람들을 다른 이들에게 해를 끼치는 방식을 정확히 표현하는데(참조. 5:5-6[6-7]), 즉 그들의 자유와 삶과 공동체 내에서의 그들의 자리나 그들의 삶에 위협이 되는 거짓말에 의해서다.

> 15 그가 웅덩이를 파 만듦이여
>   제가 만든 함정에 빠졌도다

은유가 바뀌거나 또 다른 은유가 이전 은유를 기반으로 한다. 가정의 경제에서, 여자의 일은 특히 자녀를 낳는 것이지만 남자의 일은 가정이 적절하게 예비되도록 하거나(예를 들어, 물웅덩이나 우물), 농장이 야생 짐승에게서 보호를 받도록(야생 짐승을 잡기 위해 구덩이를 팜으로써) 신경 쓰는 것이다. 그리하여 행악자는 여분의 깊은 웅덩이나 우물이나 구덩이를 파서 그것에 빠지도록 하는 남자이다.

자녀를 낳는 일은 파는 것과 마찬가지이며(사 51:1-2), 임신과 파는 것은 심지어 소리도 비슷하여(하라[hārâ]와 카라[kārâ]), 아마도 15절에서 줄곧 파는 것은 출산을 가리키는 은유가 되는 것 같은데, 이 출산은 악하게 행하는 것을 가리키는 은유이기도 하다. 그리고 다시 15b절에서 최후의 일격을 설명하기 전에, 첫 구절은 요약하고, 둘째 구절은 세부 내용을 추가하며 행동의 속도를 늦춘다. 사자(2절)는 때에 알맞게 구덩이에 빠진다.

---

26 *DCH*; *NIDOTTE*를 보라.

> 16 그의 재앙은 자기 머리로 돌아가고
>   그의 포악은 자기 정수리에 내리리로다

한 번 더 은유가 바뀌거나 또 다른 은유가 이전 은유를 기반으로 한다(재앙이 다시 나온다; 참조. 14절). 대신에 아내가 출산을 준비하고 있는 동안 남편은 집을 고치고 있는데, 아마도 지붕을 수리하거나 층을 더 쌓다가 기둥이 그의 머리에 떨어지고 있다고 상상해 보라. 또는 그가 우물에 굴러떨어질 때 우물의 한쪽이 그에게 무너져 내린다고 상상해 보라.

"돌아가고"(falls back)는 야슈브(*yāšûb*)이며, 12절의 "회개하다"(turn, "돌아가다"라고 번역이 가능하다-역주)와 동일하다. 즉, 악행에서 돌아가거나 당신의 일이 당신의 머리에 떨어지게 하는 것이 선택해야 할 양자이다.

하마스(*ḥāmās*, *폭력[violence])를 가리키는 더 구체적인 의미가 여기에 잘 들어맞는 이유는, 이 악행이 다른 이들에게 해를 끼치는 것과 관련이 있기 때문이며, 행악자에게 다가오는 시적 정의는 육체적 해와 관련이 있기 때문이다. 이 행은 abcc'b'a'로 배열된다. 이처럼 그 역(逆)은 단어들이 설명하는 장면을 반영하고, 이 교차대구 구조는 10-16절에 대한 묘사를 마무리한다.

[시 7:17]

> 17 내가 여호와께 그의 의를 따라 고백함이여(개역개정: 감사함이여-역주)
>   지존하신 여호와의 이름을 찬양하리로다

이제 필요한 것은 이것이 일어나게 만드신 하나님에 대해 증언하는 것뿐인데, 이는 마지막 abca'b'c' 행에 나온다. 우리는 첫 동사가, 지속하는 토대에서 여호와가 누구신가에 대한 이 사실들 때문에 탄원자가 한 행위를 묘사한다고 여길 수 있다. 하지만 둘째 코호르타티브(cohortative) 동사는 탄원자가 여호와의 실제적인 행위를 보자마자 미래에 또는 지속하는 삶의 특징으로서 찬양을 약속하고 있음을 시사한다.

*고백하다는 탄원자가 하게 될 말의 중요성을 가리키지만, 둘째 동사는 *음악적 측면을 가리키는데, 이것 없이는 찬양이 불완전해질 것이다. 첫째 동사의

목적어는 단순히 "여호와"이지만 둘째 동사의 목적어는 여호와의 *이름, 곧 탄원자가 알고 있는 대로의 여호와의 성품이다. 첫째 구절은 다시 여호와의 신실하심(개역개정 "의-역주)을 강조한다. 여호와가 "높이 들려"지셨다고 이전에 언급한 것이 이전에 두 번 여호와의 신실하심(의)을 언급하는 것 사이에 왔듯이(9, 10, 11절), 둘째 구절은 이와 나란히 여호와가 *지존하신 분이라는 사실을 덧붙인다.

이 시편의 희망은 여호와의 신실하심과 힘의 조합에 있다. 다른 것 없이 하나만 있으면 불충분할 것이다. 둘이 함께 탄원자의 확신이자 신뢰이다. 산문으로 표현하면, "나는 신실하신 분이며 지존하신 분으로 드러나신 이인 여호와를 고백하고자 음악을 만들 것이다"가 된다.

3. 신학적 의미

종종 다른 곳에서처럼 이 시편에서 법적 소송과 전쟁과 사냥이 서로의 용어로 묘사된다.[27] 재판은 종종 전쟁과 사냥으로 경험된다. 재판은 잠재적으로 치명적 의지의 대면과 관련되며, 교활함과 덫을 놓음으로써 다른 누군가의 자유나 죽음을 구하는 것과 관련된다. 전투를 벌이는 사람들은 종종 자신들이 자신이나 다른 누군가의 권리를 위해 정당한 전쟁을 싸우고 있다고 주장할 것이며, 그 후에 그들은 자신들의 대적을 매복 공격하거나 그들을 사냥할 것에 대해 말할 것이다.

사냥은 한 피조물이 다른 피조물을 교활함이나 힘으로 가두거나 죽이려고 하는 것과 관련되므로, 이는 전쟁 및 법적 소송과 닮았다. 이처럼 이와 같은 시편에서 법적 대적자는 원수나 사냥꾼이나 먹이로 묘사되거나, 원수는 법적 대적자나 사냥꾼이나 먹이로 묘사될 수 있다.

이 시편은 사냥의 이미지로 시작한다. 탄원자는 구원할 자도 없이 쫓기는 사자에게 끌려가 찢길 위험에 처하며, 피난처를 구할 필요가 있다(1-2절). 그 후에 법정의 이미지로 바뀐다(3-5절). 탄원자는 악행 그리고 구체적으로는 법적 배경에서 잘못을 범한 행동 때문에 재판받는 이로 말한다.

---

[27] Cf. Pietro Bovati, *Re-establishing Justice*, JSOTSup 105 (Sheffield: JSOT, 1994), 292–96.

4-5절은 신중한 대적과 원수에 대해 말하지만, 그 후에 전투 용어로 말하기보다는 사냥의 이미지로 돌아온다. 6-11절은 법정의 이미지를 더 발전시키지만, 14절에서 법정 용어로 돌아가기 전에 12-13절에서 전투 이미지가 대두된다. 마지막으로 15-16절은 우리를 사냥으로 다시 인도한다.

전투와 재판이 각각 다른 것을 가리키는 이미지로 사용될 수 있다는 사실은, 우리가 어느 것이 실질적인 현실인지 결정할 수 없을 수 있음을 의미한다. 달리 표현해 보면, 실질적으로 재판을 받았던 탄원자나 실질적으로 신체적인 공격을 받았던 탄원자가 이 시편을 사용할 수 있다.

이 시편에는 또 다른 신학적인 양면이 있다. 이 시편은 사건들을, 다소 일종의 개입하시는 하나님의 행위(예를 들어, 10-13절) 및 이전 사건들의 자연스러운 성취(15-16절)로 묘사한다.[28] 이처럼 이 시편은 여호와가 적극적으로 세상에 관여하시면서도, 세상은 여호와의 역사로 도덕적 질서가 기록되는 장소임을 주장하는데, 물론 우리는 때로 여호와께 이 질서가 실제로 작용하는지 분명히 하도록 촉구할 필요가 있을 것이다.

---

[28] Robert L. Hubbard, "Dynamistic and Legal Processes in Psalm 7," *ZAW* 94 (1982): 268-79을 보라.

제8편

창조에서의 인간의 위치

1. 본문

다윗의 시, 인도자를 따라 깃딧에 맞춘 노래

1 여호와 우리 주여
  주의 이름이 온 땅에 어찌 그리 아름다운지요
  주의 영광을 하늘에 두었나이다("주의 영광이 하늘을 덮었나이다-역주)[1]
  [또는, 주님의 영광이 하늘 위에서 환호로 맞이되나이다]
2 주의 대적으로 말미암아
  어린아이들과 젖먹이들의[2] 입으로[3] 권능을 세우심이여
  이는 원수들과 보복자들을 잠잠하게 하려 하심이니이다

---

1 마소라 본문의 테나(*těnâ*)는 *tnh*(환호로 맞이하다)의 자음과 *nātěnâ*(그가 주었다/두었다; cf. GKC 66h)를 시사하는 모음의 복합 형태로 보인다. 1-2절의 가능한 수정에 대해, (예를 들어) 다음을 보라, Petrus Sfair, "De genuine lectione Ps. 8,2," *Bib* 23 (1942): 318–22; Herbert Donner, "Ugaritism in der Psalmenforschung," *ZAW* 79 (1967): 322–50 (특히 324–27); R. Tournay, "Le psaume viii et la doctrine biblique du nom," *RB* 78 (1971): 18–30; J. Alberto Soggin, "Textkritische Untersuchungen von Ps. viii vv. 2–3 und 6," *VT* 21 (1971): 565–71; Vinzenz Hamp, "Ps 8,2b.3," *BZ* 16 (1972): 115–20.
2 5:7[8]에서처럼 두 명사는 한 구문에 의존한다.
3 문자 그대로, "입에서"; 이 용법에 대해, 렘 36:4, 6, 17, 27을 보라. 이와 같이 이것은 민(*min*)이 비교라는 제안보다 덜 추론이 포함된다(H. Kruse, "Two Hidden Comparatives," *JSS* 5 [1960]: 333–47). Barbara Pitkin ("Psalm 8:1–2," *Int* 55 [2001]: 177–80, 특히 177)은 NRSV "입에서 ⋯ 주님께서 세우셨다"(out of the mouths ⋯ you have founded)가 어떻게 RSV "입으로 노래했다(chanted by the mouth) ⋯ "보다 자녀들에게 더 힘을 주는지 지적한다.

3 주의 손가락으로 만드신⁴ 주의 하늘과
  주께서 베풀어 두신 달과 별들을 내가 보오니
4 사람이 무엇이기에 주께서 그를 생각하시며
  인자가 무엇이기에 주께서 그를 돌보시나이까

5 그를 하나님보다 조금 못하게 하시고⁵
  영화와 존귀로 관을 씌우셨나이다
6 주의 손으로 만드신 것을 다스리게 하시고
  만물을 그의 발 아래 두셨으니
7 곧 모든 소와 양과
  들짐승이며
8 공중의 새와 바다의 물고기와
  바닷길에 다니는 것이니이다
9 여호와 우리 주여
  주의 이름이 온 땅에 어찌 그리 아름다운지요

2. 해석

우리는 시편의 첫 실제 찬양 노래를 접하는데, 물론 양식과 주제는 전형적이지 않다. 찬양하라는 권고도 없고(실제로 온전히 여호와를 대상으로 하는 유일한 찬양 시편이다)⁶ "왜냐하면" 구절로 된 찬양의 이유도 없다.

1-2절 여호와가 강력하고 위엄 있는 창조주시라고 직접 찬양함
3-4절 이 하나님이 하찮은 인간에 관여하실 것인지에 대해 궁금해함

---

4 마아세(*Maʿăśê*); L과 많은 후대 마소라 본문들, 또한 시리아어 번역본은 단수 마아세 (*maʿăśeh*)로 되어 있다(또한, 6절도 마찬가지이다, *BHS*를 보라).
5 대조되는 와우-연속사는 이전 질문에서 이어진다(DG 142d).
6 Cf. Marvin E. Tate, "An Exposition of Psalm 8," *Perspectives in Religious Studies* 28 (2001): 343–59, 특히 344.

5-9절 실제로 여호와가 사람들에게 살아 있는 피조물에 대한 권위와 지배를 허락하실 때 그들에게 영광과 존귀를 부여하셨음을 놀라워하고, 처음 찬양을 반복함으로써 시편을 마무리함[7]

[표제]

다윗의 시, 인도자를 따라 깃딧에 맞춘 노래

용어 해설을 보라.

깃딧은 악기(탈굼)이거나 곡조일 수 있다. 이것은 "포도주틀"(가트[gat]; 참조. 70인역)을 따라 지어졌을 수 있거나, 갓에서 온 사람이나 물건을 가리키는 단어의 여성일 수 있다. 이븐 에즈라(Ibn Ezra)는 이것을 레위인 노래하는 자, 가드 사람 오벧 에돔과 연결시킨다(대상 13:13-14; 16:4-5을 보라).

[시 8:1-2]

격조 높은 세 행은 여호와를 강력한 통치자로 찬양한다. 1a-b절은 우리가 이해하는 대로 창조는 여호와의 위엄에 대해 증언한다는 의식이나, 여호와가 우리가 경험한 대로의 역사에서 활동하시는 것이 여호와의 위엄에 대해 증언한다는 의식에서 시작했을 수 있다. 하지만 1c-2절은 이 가운데 어느 하나를 창조의 과거 행위와 연결해 이제도 그들이 여호와의 위엄에 대해 증언하게 하며, 아마도 실제로 1a-b절은 이 행위에 비추어 믿음으로 하는 선언일 것이다.

먼저는 현재에 두고 그 후에는 과거에 두는 초점에서의 차이점은, 1a-b절이 그 자체로 한 행임을 시사한다. 그리고 1c-2절은 함께 창조의 원래 행위에 대한 진술에 속한다(참조. NRSV, NIVI). 이것은 1a-b절 홀로 이 시편의 마지막 행에 다시 반복되는 것과 들어맞는다. 이처럼 두 절은 두 개의 세-콜론이 아니라, 세 개

---

[7] 이 시편의 구조에 대한 상세한 연구를 위해, 다음을 보라. Pierre Auffret, "Essai sur la structure littéraire du Psaume viii," *VT* 34 (1984): 257-69; O. Loretz ("Die Psalmen 8 und 67," *UF* 8 [1976]: 117-21, 특히 117-20)는 자신의 "Psalmenstudien," *UF* 3 (1971): 101-15, 특히 101-12에서의 설명에 근거하여, 이 시편의 발전에 대한 단계적 과정을 제안한다.

의 두-콜론으로 구성되는데(참조. NJPS), 이는 한 시편을 시작하는 매우 기발한 현상일 것이다.

> 1a-b 여호와 우리 주여
> 주의 이름이 온 땅에 어찌 그리 아름다운지요

여호와를 "주님" 또는 통치자로 부르는 것은 여호와 이름을 "주님"을 가리키는 단어로 보통 대체하는 결과로 우리가 생각한 것보다 훨씬 특이한 형태의 부름일 것이다. 이 부름은 여호와의 *이름이 "보통 위대하거나 강력한 함의를 지니는"(예를 들어, 76:4[5]; 93:4; 136:18) 훌륭하며 위엄 있음을 의미하는 아디르('addîr)라는 것을 인정할 때, 여호와가 "주님"이 되신다는 함의를 설명한다.[8]

권세에 대한 응답은 단순히 경이로움이나 존경이 아니라 경의를 표하는 복종이다. 이 함의는 이어지는 모든 내용에 중요할 것이다. 이 시편은 창조주로서의 여호와의 권세와 힘에 대한 것이다. 사람들이 하나님의 영광에 놀라게 만드는 것은 단지 창조에 대한 대단한 것이 아니다. 여호와가 세상에서 통치하지 않으신다고 시사하는 모든 증거에 대항하여, 이 시편은 여호와가 여기서 강력한 통치자이심을 선언한다(예를 들어, 시 95-98편).

> 1c 주의 영광을 하늘에 두었나이다(개역개정: 주의 영광이 하늘을 덮었나이다-역주)
> [또는, 주님의 영광이 하늘 위에서 환호로 맞이되나이다]
> 2a 주의 대적으로 말미암아

이것이 그런 이유는 여호와가 태초에 전체 우주에 대한 통치권을 주장하셨기 때문이다. 이 행은 다시 경외케 하는 권세와 권위를 시사하면서(참조. 대상 29:11; 욥 37:22; 39:20; 사 30:30; 합 3:3), 여호와의 "위엄"(개역개정: 영광-역주, 호드[hôd])에 대한 증언으로 1a-b절을 보완한다. 여호와는 땅에서뿐만 아니라 하늘에서도 그

---

8 C. J. Collins, *NIDOTTE* 1:276. 월터 해럴슨(Walter Harrelson)은 이 시편을, 특히 인간과 나머지 피조물을 구분하는, 여호와를 부르는 인간의 능력을 자랑으로 여긴다고 본다("Psalm 8 on the Power and Mystery of Speech," in *Tehillah le-Moshe* [M. Greenberg Festschrift], ed. Mordecai Cogan et al. [Winona Lake, IN: Eisenbrauns, 1997], 69–72).

리고 땅 "모두에서"뿐만 아니라 하늘 "위에서" 이것을 주장하셨다(참조. 57:5, 11[6, 12]; 108:4-5[5-6]; 113:4; 148:13).

맥락은 이것이 과장법 이상임을 시사한다. 이것은 하나님이 모든 창조된 실재보다 더 위대하시며, 이에 대해서와 모든 다른 초자연적 세력들에 대한 권위를 갖고 계시다는 인정을 가리킨다(2b-c절을 보라). 여호와의 위엄 있는 권세는 그에 대한 과거 주장 때문에 현재의 실재이다. 이것은 하나님이 세상을 창조하신 방식으로 되돌아간다.

"어린아이들과 젖먹이들"(개역개정은 다음 행으로 번역한다-역주)은 어떻게 관계되는가?

구약은 "어린아이들"을 보통 압제와 전쟁과 죽음의 희생자로 20회 언급한다(예를 들어, 137:9; 애 1:5; 2:11, 19, 20). "젖먹이들"은 종종 "어린아이들"과 함께, 다시 보통 희생자로 11회 나온다(예를 들어, 신 32:25; 애 2:11; 4:4).[9] 구약에서 어린아이들과 젖먹이들의 입은 먹을 것을 위해 부르짖고 있거나 찬양이나 생명의 표시로 부르짖고 있는 것 같지 않지만,[10] 마태복음 2:16-18에서 어린아이들이 하는 것과 마찬가지로, 고통 가운데 부르짖거나 보호나 정의를 위해 부르짖고 있다.[11]

자녀들의 부르짖음은 역사에서 중요하며, 그들의 부르짖음을 이렇게 언급하는 것은, 여호와가 세상을 창조하실 때 이것이 그렇다는 것을 인식하고, 폭력의 힘이 어린아이들과 젖먹이들에게 바라는 대로 항상 그렇게 할 수 있는 것은 아님을 분명히 하고자 조처하고 있음을 시사한다. 여호와의 힘과 위엄은 맨 처음에 이것이 약자들에게 중요한 것이라는, 예상되는 인식에서 주장되고 인정됐다.

자녀들이 역사의 희생자가 되는 방식을 인식한다고 하더라도, 우리는 이것이 실제로 일어났는지 궁금해하는 경향이 있을 수 있다. 이것은 시편 1편과 마찬가지로 시편들에 나오는 다른 신앙의 진술, 이와 반대되는 많은 증거에도 불구하고 우리가 믿도록 권장받는 신앙이나 약속의 진술을 닮는다. 하지만 하나님이

---

9 Cf. Øystein Lund, "From the Mouth of Babes and Infants You Have Established Strength," *SJOT* 11 (1997): 78-99, 특히 85.

10 Wilhelm Rudolph, "'Aus dem Munde der jungen Kinder und Säuglinge …,'" in *Beiträge zur alttestamentlichen Theologie* (Walther Zimmerli Festschrift), ed. Herbert Donner et al. (Göttingen: Vandenhoeck & Ruprecht, 1977), 388-96.

11 Thomas L. Thompson은 아기들의 부르짖음(울음)을 창 21:16-17와 같은 다른 부르짖음의 맥락에서 본다("From the Mouth of Babes, Strength," *SJOT* 16 [2002]: 226-45, 특히 231).

맨 처음의 이런 행동에 따라 그들을 보호하고 있지 않으신다면, 자녀들의 고통은 훨씬 더 클 것이다.

> 2b-c 어린아이들과 젖먹이들의 입으로 권능을 세우심이여
> 이는 원수들과 보복 자들을 잠잠하게 하려 하심이니이다

여호와가 힘과 위엄을 주장하시는 방식은 "권능을 세우심"으로써였다. "세우심"은 하나님이 세상을 존재하게 하신 것을 가리키는 자주 나오는 이미지이며, 무엇보다 우주가 토대를 바위에 두는 것처럼 안전하게 세워진 건물과 같음을 시사한다(예를 들어, 104:4). 하지만 세상을 존재하는 것은 또한 우주를 질서와 안정감으로 창조하시려는 하나님의 계획을 방해하여 작용할 수 있는 역동적 세력들을 통제하며, 그 세력들을 위한 경계를 세우는 것과 관련된다(예를 들어, 시 74편; 89편; 93편).[12]

"권능을 세우심"(저자는 "방책을 세우심"으로 번역함-역주), 문자적으로는 "힘을 세우심"[13]은 이 시편이 이를 묘사하는 방식이다. "위엄"과 "힘"은 함께 하나님의 속성에 속한다(참조. 96:6).[14]

대적에 대해 계속 언급하는 것은 여호와의 창조 행위가 단순하고 명백한 사건이 아니었음을 분명히 한다.[15] 자녀들을 학대하는 자들은 여호와의 창조 목적에 반대하는 세력들이다. 첫째 콜론에 있는 "주의 대적으로 말미암아"는 병행을 이루는 콜론인 "이는 원수들과 보복자들을 잠잠하게 하려 하심이니이다"로 설명된다.[16]

---

12 다음을 더 보라, J. Alberto Soggin, "Salmo 8,3," *Bib* 47 (1966): 420–24; Mary Tanner, "Psalm 8:1–2," *Theology* 69 (1966): 492–96; Mark S. Smith, "Psalm 8:2b–3," *CBQ* 59 (1997): 637–41.
13 오즈('*Ōz*)는 종종 힘이 센 사람이나(예를 들어, 28:7; 118:14) 힘이 센 것(예를 들어, 46:1[2]; 렘 16:19)을 가리키고자 구상 명사에 대해 추상 명사로 종종 사용된다. 70인역은 어린 아이들과 젖먹이들이 찬양에 관여한 것으로 보며 이 콜론을 수정한다. 아마도 2a절에 당혹스러웠을 것이지만 1c절에 있는 동사들 가운데 하나인 *tnh*(환호로 맞이하다)에 비추어 이해했을 것이다. 예수님이 마 21:14–16에 있는 본문을 새롭게 영감에 의해 사용하신 것은 예수님 자신의 배경에서 일어난 것에 자극을 받아 여기 다시 기록한 것을 이어 가고, NIVI는 이것을 시편 자체로 거슬러 올라가 읽는다.
14 Walter Beyerlin, "Psalm 8," *ZTK* 73 (1976): 1–22, 특히 11.
15 Cf. P. A. H. de Boer, "Jahu's Ordination of Heaven and Earth," *OtSt* 2 (1943): 171–93.
16 부정사 구절은 전치사 구절을 보충하고, 단수는 복수를 보충한다.

다른 맥락에서 우리는 계속 첫째 명사에 있는 "주의"(원문상으로는 "너의"로 되어 있다-역주) 역시 다른 명사에 적용된다고 계속 판단할 수 있다. 하지만 여호와가 "대적들"(예를 들어, 74:23)과 "원수들"(예를 들어, 37:20)을 가지시지만, 여호와가 "보복자"가 될 사람들을 가지신다고 생각하는 것은 이상하다. 오히려 두 콜론은 또 다른 방식으로 서로를 보충한다. 첫째 콜론은 여호와의 대적자를 가리키고, 둘째 콜론은 어린아이들과 젖먹이들의 원수(요네킴[yōneqîm]), 곧 그들에게 보복하는 자(나캄[nāqam])를 가리킨다.[17]

시편 137편은 유다의 어린아이들을 살해한 사람들에 대한 보복을 요구하지만, 시편 8편은 여호와가 어린아이들과 젖먹이들에게 강요되고 있는 보복을 멈추도록 행동하셨다고 선언한다. 시편 137편 및 예레미야애가와의 연관성은 이 시편이 구체적으로 바벨론이 예루살렘을 함락한 결과로 어린아이들과 젖먹이들(전체 예루살렘 백성을 가리키는 상징이 될 수도 있다)에게 닥친 고통을 염두에 둔 것임을 가리킬 수 있다.[18]

동사 "잠잠하게 하다"(멈추게 하다[stop], 샤바트[šābat])는 종종 세상을 창조하실 때 관계된 주중의 활동 끝에 하나님이 일을 멈추시는 것과 관련하여 나온다. 그러므로 창조의 사역 과정에서 하나님이 다른 이들에게 멈추게 하시는 것을 가리키고자 히필을 사용하는 것은 좋은 기법이다. 이 동사는 종종 하나님이 못마땅한 것들이나 사람들을 멈추게 하시는 것을 가리킨다(예를 들어, 46:9[10]; 119:119).

이 모두는 하나님의 시작 행위와 하나님의 지속하는 활동 사이의 분명한 구분을 무너뜨리며 위협한다. 구약은 종종 이 둘을 일치시킨다(예를 들어, 시 93편; 사 51:9-11). 시작에서 하나님의 활동, 출애굽에서 하나님의 활동, 이스라엘의 삶에서 하나님의 지속하는 활동은 모두 하나이다. 세상에서의 하나님의 지속하는 통치권과 자신의 권리를 주장하는 세력을 지속해서 무너뜨리는 것은 시작에서의 사건에 근거하며 그 사건이 실행된 것인데, 그때 하나님은 통치권을 주장하셨고 무질서한 세력을 자리 잡게 하셨다.

---

17 18:47[48] 해설을 보라.
18 Beyerlin, "Psalm 8," 15–17도 마찬가지이다. 오토 카이저(Otto Kaiser)는 그들을 의인을 가리키는 비유와 후대에 추가된 것으로 여긴다("Erwägungen zu Psalm 8," in *Gottes und der Menschen Weisheit*, BZAW 261 [Berlin: de Gruyter, 1998], 56–70).

[시 8:3-4]

4절의 마(*mâ*, 무엇)가 1절의 마(*mâ*, 어찌)를 이어 가면서 이 시편은 새로운 전환점을 맞이하며, 화자는 "우리"가 아니라 "나"가 된다.

> 3 주의 손가락으로 만드신 주의 하늘과
> 주께서 베풀어 두신 달과 별들을 내가 보오니

3절(4-4)의 길이는 창조가 야기하는 경외감을 강조한다. 여호와의 손가락을 언급하는 것은 창조에 집적 관여하신 특성을 강조한다. 즉, 하나님은 단순히 명령만 내리고 다른 누군가에게 그 일을 하도록 맡기지 않으시고, 직접 미묘하고 복잡한 방법으로 관여하셨다.

"하늘"을 "달과 별들"과 연결하는 것은 전자가 규칙적인 낮의 하늘을 가리키고, 후자가 밤의 하늘의 특징을 주목하게 함을 시사한다. "만드신"은 마찬가지로 "베풀어 두신"으로 보충되는데, 이는 "세우심"과 같으며 창조의 요소들이 확고하고 안전하게 자리를 잡는다는 선언이다(참조. 93:1; 96:10).

> 4 사람이 무엇이기에 주께서 그를 생각하시며
> 인자가 무엇이기에 주께서 그를 돌보시나이까

하지만 우주에 실현된 여호와의 이런 강력한 위엄을 고려할 때 우리는 어떻게 여호와가 미천한 인간에게 주목하시는지 기대할 수 있는가?

4절에서 둘째 콜론은 첫째 콜론을 다시 진술한다. 이 시의 중심에는 "의미론적 이동이 거의 동의어가 됨을 강력하고 당당하게 강조하고자 느려진다."[19] "사람"과 "인자"(에노쉬[*'ĕnôš*], 벤-아담[*ben-'ādām*])의 함의 사이에는 거의 차이가 없다. 둘 모두 연약한 인간을 암시한다.[20] 하지만 "돌보다"(파카드[*pāqad*])는 "생각

---

19 Alter, *Art of Biblical Poetry*, 120.
20 Ludwig Köhler ("Psalm 8, 5," *TZ* 1 [1945]: 77-78)는 첫째는 인류를 의미하고, 둘째는 개별 인간을 의미한다고 제안한다.

하다"(자카르[zākar])를 더 깊이 발전시킨다.

하나님은 먼저 생각하시고 그 후에 행동하신다.

하지만 우리는 하나님이 미천한 인간에 신경을 쓰실 것이라고 기대할 수 있는가?

이 질문은 전도서의 질문과 비슷하지만(또한, 시 90편), 더 구체적으로 시편 144:3과 더 비판적으로 욥기 7:17-18과 비슷하다.[21] 아마도 애가와 같이 이 시편은 사람들에게 신앙을 진술하도록 하기 전에, 세상에서의 인간으로서의 자신들의 위치에 대한 불확실성을 분명히 표현할 기회를 사람들에게 제공하는 역할을 하는 것 같다.[22]

[시 8:5-9]

1-2절의 경외케 하는 사실들과 그 사실들이 제기하는 문제(3-4절)에도 불구하고, 강력한 통치자는 세상에 대한 권위를 인류에 위임하셨다.

1-2절은 시편과 욥기가 갈등과 승리에 대해 말할 때 거기서 대두하는 창조의 묘사를 전제하는 반면에, 5-8절은 하나님이 남자와 여자를 하나님처럼 만드시고 그들에게 나머지 살아 있는 세계에 대한 권한을 부여하신다는 창세기 1장의 이야기와 비슷하다.

5절에서 두 콜론은 대조로 연결되고, 6절에서 두 콜론은 직접 병행을 이루지만, 5-6절의 동사는 와이크톨(wayyiqtol), 이크톨(yiqtol), 이크톨, 카탈(qatal)과 같이 *abb'a'* 순서로 나온다. 이처럼 이런 배열은 5-6절을 함께 묶는다. 독자는 동사들 모두가 과거를 가리키거나, 과거 행위에 대한 현재의 함의를 가져오는 방식으로 과거와 현재를 교대로 가리킨다고 여길 수 있다.

---

21 하지만 Raymond C. Van Leeuwen은 욥이 시편 8편을 패러디하고 있는지 의문을 제기한다. 다음을 보라, "Psalm 8.5 and Job 7.17-18," in *The World of the Aramaeans I* (P.-E. Dion Festschrift), ed. P. M. Michèle Daviau et al., JSOT 324 (Sheffield: Sheffield Academic Press, 2001), 205-15.

22 Cf. Gerstenberger, *Psalms*, 1:67-72.

> 5 그를 하나님보다 조금 못하게 하시고
> 영화와 존귀로 관을 씌우셨나이다

　이처럼 인간은 신적 존재보다 조금 못한 존재이며, 아마도 신들, 다른 하늘의 존재나 천사보다 못한 존재이지만(70인경, 탈굼, 시리아어 번역본), 더더욱 하나님보다 못한 존재일 것이다(제롬, 아퀼라, 심마쿠스, 테오도티온). 왜냐하면, 이 시편은 창세기와 같이 계속해서 인간이 세상에서의 하나님의 통치권을 어떻게 물려받는지를 지적하기 때문이다.

　인간들은 통치권자로서 관이 씌워졌다. 그들의 관은 하나님의 *영광과 존귀를 공유하는데, 인류는 신적 존재가 아니므로 1절에서 하나님에 사용된 단어들과는 다른 단어이지만 비슷한 단어들이며, 이는 인류가 신적 존재보다 조금 못하다는 것을 의미한다. 이 시편은 창세기 1-2장과 마찬가지로, 일반적으로 인간은 왕들이라고 여긴다.

> 6 주의 손으로 만드신 것을 다스리게 하시고
> 만물을 그의 발아래 두셨으니

　인간은 통치자로서 하나님의 손으로 만든 것을 다스리며, 따라서 그 권위 아래 놓인 존재들의 복종을 받도록 위임받았다. 그 존재들은 "하나님과 세상 사이에" 있다.[23]

> 7 곧 모든 소와
> 양과 들짐승이며
> 8 공중의 새와 바다의 물고기와
> 바닷길에 다니는 것이니이다

　인간이 다스리는 하나님의 손으로 만든 것을 항목별로 나눔으로 말미암아, 어떻게 인간이 (예를 들어) 달과 별들을 다스려야 하는지 생각하게 한다. 하지만

23　Werner H. Schmidt, "Gott und Mensch in Ps 8," *TZ* 25 (1969): 1–15, 특히 13.

이는 창세기 1장과 마찬가지로, 주목할 만한 비전을 세우는데, 왜냐하면 인간은 가축뿐만 아니라 야생 짐승들, 새와 물고기와 다른 바다 피조물을 다스리기 때문이다(참조. 창 1:21). 인간은 그들 모두를 다스린다.

6-7절의 이중적인 "모든"은 1절과 9절의 "모든"과 상응한다. 인간은 육식 동물이 작물과 가축에 해를 끼치지 못하게 할 때 다스리는 것이다. 즉, 이 진술들은 농부의 삶이 효과가 있을 수 있다는 약속을 내포한다.

하지만 시각은 이보다 더 크며, 살아 있는 세상이 조화롭게 사는 구약의 비전을 떠올리게 한다(사 11장). 이것은 더 큰 위임을 시사한다. 창조의 사역이 마쳤을 때, 이것은 창조 세계가 이미 그 운명에 도달했다는 것을 의미하지 않았다. 인간의 소명은 창조 세계를 거기까지 이끄는 것이었다.

하나님이 인류를 이렇게 사용하기를 원하신다는 것은 얼마나 놀라운 일인가!

물론 인류는 처음부터 실패했으며 창조 세계는 그 운명에 도달하기를 계속 기대하고 구속을 기대하며 신음해야 했지만(롬 8:22), 우리 시대에 우리가 창조 세계를 대신에 약탈하고 있다는 것은 얼마나 슬픈 일인가!

9 여호와 우리 주여
주의 이름이 온 땅에 어찌 그리 아름다운지요

시작하는 찬양의 반복은 긍정적 경이로움을 강조하고, 예배자가 자신들이 아니라 하나님에 대한 생각으로 찬양을 마무리하도록 분명히 한다. 역설적으로 찬양시는 보통 하나님을 부르는 것으로 시작하지 않고 다른 인간들에게 도전을 주며 그들을 부르고, 그 후에 도전하는 이유를 제시한다. 이 찬양 노래는 하나님께 초점을 두고, 이렇게 이 시편을 둘러싸며 강조된다는 점에서 독특하다.

3. 신학적 의미

신약은 예수님의 중요성의 여러 양상을 표현하도록 돕고자 시편 8편을 사용한다(고전 15:27; 히 2:6-8).[24] 그러므로 우리가 시편 8편이 본래의 의미를 고찰하고, 단지 신약의 관점에서 읽지 않는 것이 중요하다.[25]

이 시편은 새로운 시대를 기대하고 있지 않다. 즉, 이 시대에 속하는 비전을 가지고 있다. 이 시편은 우리에게 인류가 무엇인지를 보여 주고, 구체적으로 "우리는 '하나님'께 말하는 것을 배운 후에서야 '인간'을 말할 수 있다"는 것을 전제한다.[26]

이 시편은 메시아를 가리키지 않고 인류에게 책임을 지우며 인류에게 약속한다. 더 나아가 히브리서가 "약간의 차이로"(by a little)가 아니라 "잠시 동안"(for a little while, NRSV)만 거의 신들과 같다고 본다면, 이것은 마치 인류가 "타락했기" 때문에 세상이 "타락한" 것처럼, 우리가 불순종으로 말미암아 세상에서의 통치권을 상실하게 되기 전에 짧은 기간 동안 이 지위에 있었음을 의미할 수 있다.

대조적으로 이 시편은 "자유로운 문화적 낙천주의"를 표명한다.[27] 이것은 창세기 1장이 이런 인간의 실패로 참혹하게 실패하지는 않았음을 의미한다. 인간의 불순종으로 말미암아 인간에게서 하나님이 제거되지 않았듯이, 인간의 불순종으로 말미암아 하나님이 인류의 권위 아래 세상을 두시는 것도 취소되지 않았다(창 5:1-3; 9:1-2, 6). 이 시편은 숨겨진 종말론적 의미를 지니지 않는다. 이 시편

---

24 다음을 보라, Conrad Louis, *The Theology of Psalm VIII* (Washington, DC: CBA, 1946); Francis J. Moloney, "The Reinterpretation of Psalm 8 and the Son of Man Debate," *NTS* 27 (1980–81): 656–72; Felix Asensio, "El protagonismo del 'Hombre-Hijo del Hombre' del Salmo 8," *EstBib* 41 (1983): 17–51; Michael Goulder, "Psalm 8 and the Son of Man," *NTS* 48 (2002): 18–29.

25 Cf. Brevard S. Childs, "Psalm 8 in the Context of the Christian Canon," *Int* 23 (1969): 20–31, 특히 31; cf. J. Alberto Soggin, "Zum achten Psalm," *Annual of the Swedish Theological Institute* 8 (1970–71): 106–22; A. R. Hulst, "Ansatz zu einer Meditation über Psalm 8," in *Travels in the World of the Old Testament* (M. A. Beek Festschrift), ed. M. S. H. G. Heerma van Voss et al. (Assen: Van Gorcum, 1974), 102–7; Ute Neumann-Gorsolke, "'Mit Ehre und Hoheit hast Du ihn gekrönt' (Ps 8,6b)," *JBT* 15 (2000): 39–65; Gerhard Wallis, "Psalm 8 und die ethische Fragestellung der modernen Naturwissenschaft," *TZ* 34 (1978): 193–201; John Nordin, "Preaching Psalm 8," *Currents in Theology and Mission* 20 (1993): 259–64.

26 James L. Mays, "What Is a Human Being," *ThTo* 50 (1993–94): 511–20, 특히 519.

27 Gerstenberger, *Psalms*, 1:70.

은 이 시대에 대한 공개된 의미를 지닌다.[28]

이 시편은 창조와 현재의 경험을 연결하고, 이 연결이 여전히 유효할 것을 약속한다. 하나님이 인류에게 의도하신 것을, 하나님은 여전히 인류에게 의도하신다. 만약 우리가 한 면으로 전체 우주의 특별한 성격을 본다면, 우리는 우리의 미천함에 압도될 수 있다. 하나님은 우리에게 다른 면으로 하나님이 여전히 완성하기를 의도하시고 우리가 중요한 역할을 하는 지상의 창조 계획을 보도록 명령하신다. 우리의 소명은 일반적으로 나라들(기독교 나라들은 아니며)이 한 것과 마찬가지로 하나님의 세계를 망침으로써 좌절하는 대신에 하나님의 창조 계획을 완성하기 위해 일하는 것이다.

우리는 하나님의 창조 목적에 따라 일하고 있음을 알기 때문에, 이 가능성이 작아 보이는 프로젝트에 헌신할 수 있다. 우리는 고통당하는 자녀들의 부르짖음이 하나님께 도달하여, 반대 세력들이 이 목적을 방해하지 못하도록 하나님이 강력한 장벽을 세우길 결심하시게 한다는 것을 알기 때문에 우리는 이것을 할 수 있다. 우리는 신앙으로 하나님이 여전히 모든 땅에서 당당한 권세를 지니고 계시다고 말할 수 있다. 하나님은 "예배드릴 때의 구주 이상"(More Than an 11 a.m. Savior)이시다.[29]

---

28 Contrast Kraus, *Psalms*, 1:186.
29 Dusty Kenyon Fiedler, "'More Than an 11 a.m. Savior," in *God Who Creates* (W. S. Towner Festchrift), ed. William P. Brown and S. Dean McBride (Grand Rapids: Eerdmans, 2000), 104–6.

제9–10편

권세자에 맞서 어떻게 기도할 것인가?

1. 본문

다윗의 시, 소녀들/은밀한 일들/영원한 것들/죽을 때에(개역개정: 인도자를 뮷랍벤에 따라 맞춘 노래-역주)

9편
['] 1 내가 전심으로 여호와께 감사하오며
　　　주의 모든 기이한 일들을 전하리이다
　2 내가 주를 기뻐하고 즐거워하며
　　　지존하신 주의 이름을 찬송하리니
[b] 3 내 원수들이 물러갈 때에
　　　주 앞에서 넘어져 망함이니이다
　4 주께서 나의 의와 송사를[1] 변호하셨으며
　　　보좌에 앉으사 의롭게 심판하셨나이다

[g] 5 이방 나라들을[2] 책망하시고[3] 악인을 멸하시며

1　문자 그대로, "내 심판(미쉬파트[*mišpāṭ*])과 내 판단(딘[*dîn*])." 둘째 단어는 첫째 단어의 동의어이다.
2　Stanley N. Rosenbaum ("New Evidence for Reading geʾim in place of goyim in Ps. 9 and 10," *HUCA* 45 [1975]: 65–70)는 본래 본문이 고임(*gôyim*)이 아니라 게임(*gēʾîm*, "교만한 자")으로 읽는다는 견해를 지지한다. 참조. 10:2의 가아와(*gaʾăwâ*).
3　가아르(*Gāʿar*)는 "꾸짖다" 이상이다(NRSV, NIVI). *NIDOTTE*를 보라. NJPS는 "질책하다"(blast)라고 한다.

그들의 이름을 영원히 지우셨나이다
6 원수가 끊어져 영원히 멸망하였사오니
주께서 성읍들을 뿌리째 뽑아, 그들의 기억이 사라졌나이다(개역개정: 주께서 무너뜨린 성읍들을 기억할 수 없나이다-역주)
[h] 7 그들이여!(개역개정에 없음-역주)[4] 여호와께서 영원히 앉으심이여
심판을 위해 보좌를 준비하셨도다
8 공의로 세계를 심판하심이여
정직으로 만민에게 판결을 내리시리로다
[w] 9 여호와는 압제를 당하는 자의 요새이시오[5]
환난 때의 요새이시로다
10 여호와여 주의 이름을 아는 자는 주를 의지하오리니
이는 주를 찾는 자들을 버리지 아니하심이니이다

[z] 11 너희는 시온에 계신 여호와를 찬송하며
그의 행사를[6] 백성 중에 선포할지어다
12 피 흘림을 심문하시는 이가 그들을 기억하심이여
가난한 자의 부르짖음을 잊지 아니하시도다

[ḥ] 13 여호와여 내게 은혜를 베푸소서[7]

---

4   불필요한 헴마(*hēmmâ*)는 "그들의 기억"에 있는 대명사 접미어를 이어받으며 그것을 강조한다(GKC 135f; *IBHS* 16.3.4). 이와 같이 마소라 본문은 6절에 마지막에 이것을 덧붙이지만 알파벳의 구조가 작용하도록 하고자 있는 것 같다. 소리 지름과 앉음이 함께 나오지 않으며, 다른 어느 곳에서도 여호와는 이 동사의 주어가 아니지만, 70인역, 메트 에쿠스(*met' ēchous*)는 호메(*hōmeh*), "소리 지름"(roaring)을 시사한다. 우리는 또한 와우(*w*, "그러나")를 생략해야만 할 것이다. *d* 행을 제시하려는 수정을 위해서는, Patrick W. Skehan, "A Broken Acrostic and Psalm 9," *CBQ* 27 (1965): 1–5을 보라.
5   10절에서 계속되는 단순 와우(*w*)+저씨브. Cf. *TTH* 62.
6   아리라(*'Ălîlâ*)는 보통 방탕하거나 방자한 행동들을 가리키며(BDB), 나는 이 단어가 이런 함의를 지니지 않고 사용될 때 이런 의미의 긍정적 형태가 이 단어에 덧붙여진다고 여긴다. "특별한"(extraordinary)이 또 다른 가능한 함의이다.
7   마소라 본문은 카탈(qatal) 동사 하나나니(*ḥănānanî*)의 모음과 명령형의 모음을 결합한다. 아퀼라와 제롬은 문맥에 동화되면서 카탈은 이것과 다음 동사를 가리킨다고 전제한다. 이 절의 본문에 대해서는, Karl Marti, "Zu Psalm 9.14," *ZAW* 36 (1916): 245–46을 보라.

나를 사망의 문에서 일으키시는 주여

나를 미워하는 자에게서 받는 나의 고통을 보소서

14 그리하시면 내가 주의 찬송할 만한 행위(개역개정: 찬송-역주)를 다 전할 것이요

딸 시온의 문에서[8]

주의 구원을 기뻐하리이다

[ṭ] 15 이방 나라들은 자기가 판 웅덩이에 빠짐이여

자기가 숨긴 그물에 자기 발이 걸렸도다

16 여호와께서 자기를 알게 하사 심판을 행하셨음이여

그의 손의 행위로 그 악인을 넘어뜨렸도다[9] (힉가욘,[10] 셀라)

[또는, 악인은 자기가 손으로 행한 일에 스스로 얽혔도다(개역개정과 동일-역주)]

[y] 17 악인들이 스올로 돌아감이여

하나님을 잊어버린 모든 이방 나라들이 그리하리로다

[k] 18 궁핍한 자가 항상 잊어버림을 당하지 아니함이여[11]

가난한 자들이 영원히 실망하지 아니하리로다

19 여호와여 일어나사 인생으로 승리를 얻지 못하게 하시며

이방 나라들이 주 앞에서 심판을 받게 하소서

20 그들에게 무서운 것[또는 교사]을 명령하시며(개역개정: 그들을 두렵게 하시며-역주)[12]

---

8 문자 그대로, "딸 시온"이며, "시온의 딸"이 아니다. 소유격은 설명의 소유격이다(GKC 128k를 보라).
9 마소라 본문은 분사 노케쉬(*nôqēš*)로 되어 있다. 70인역, 아퀼라, 시리아어 번역본, 탈굼, 제롬은 야카쉬(*yāqaš*)에서 나온 니팔 카탈인 노카쉬(*nôqaš*)를 의미한다.
10 하가(*hāgâ*)에서 온 힉가욘(*Higgāyôn*, 1:2를 보라). 참조. 19:15; 92:4. 하지만 우리는 이것이 여기서 무엇을 의미하는지 알지 못한다.
11 첫째 콜론에서의 "아니함이여"는 둘째 콜론에까지 이어진다.
12 마소라 본문은 모레(*môreh*, 교사; 참조. 70인역, 시리아어 번역본)의 자음과 모라(*môrā'*, 두려움[의 목적어]; 참조. 아퀼라, 테오도션, 탈굼, 제롬)의 모음의 종합적 읽기로 되어 있다. 많은 영어 번역본은 "두려움을 그들에게 심다"(put fear into them)라고 번역하지만, 문맥은 주관적인 두려움의 느낌이 아니라, 객관적으로 두려운 것을 가리킴을 시사한다.

제2부 | 제9-10편 ▶ 권세자에 맞서 어떻게 기도할 것인가? **231**

   이방 나라들이 자기는 인생일 뿐인 줄 알게 하소서 (셀라)
10편
[*l*] 1 여호와여 어찌하여 멀리 서시며

  어찌하여 환난 때에 숨으시나이까

 2 악한 자가 교만하여¹³ 가련한 자를 심히 압박하오니

  그들이 자기가 베푼 꾀에 빠지게 하소서¹⁴

 3 악인은 그의 마음의 욕심을 자랑하며

  탐욕을 부리는 자는 예배했으며(개역개정: 여호와를 배반하여 멸시하나이다-
역주)¹⁵

[*n*] 4 악인은 그의 교만한 얼굴로

  여호와를 경멸하기를(개역개정: 말하기를-역주)¹⁶

  여호와께서 이를 감찰하지 아니하신다 하며 그의 모든 사상에 하나님이
없다 하나이다

 5 그의 길은 언제든지 견고하고¹⁷

---

13 문자 그대로, "악한 자들의 교만함 가운데, 그는 … "
14 70인역은 "그들(약자들)이 그들(악인들)이 생각해 냈던 책략에 말려들었다"라고 이해하지만, 이것은 주어를 바꾸어서 더욱 복잡하게 된다.
15 참조. 70인역, 제롬. 많은 영어 번역본이 이것을 "저주"를 의미하는 바라크(*bārak*)의 예로 여기는데, 이는 그렇다면 "필사자의 교정"일 수도 있다(UBS가 그렇다). 물론 이것은 "공식적인" 필사자의 수정에 속하지는 않는다. 하지만 그렇지 않으면 이 용법은 욥 1-2장과 왕상 21장에 나오는 직접 화법에만 나오고 여기서의 병행법은 이와는 조화를 이루지 않는다(cf. G. J. Thierry, "Remarks on Various Passages of the Psalms," in *Studies on Psalms*, by B. Gemser et al., OtSt 13 [Leiden: Brill, 1963], 77-97 [특히 83]; 또한 Carmel McCarthy, *The Tiqqune Sopherim*, OBO 36 [Göttingen: Vandenhoeck & Ruprecht, 1981], 192). 더 나아가 이 시편 기자는 다음 동사가 내포하듯이 악인들이 여호와를 저주했다고 말하기를 주저할 필요성을 거의 느끼지 못할 것이다.
16 나는 "여호와를 경멸했다"를 4절의 시작으로 하는 70인역을 따른다. 마소라 본문은 이 단어들을 3절에 붙이지만 접속사 생략이 어렵다.
17 야힐루(*Yāḥîlû*)는 훌(*ḥûl*)에서 나온 한 형태인데, 이는 특히 출산 때에 보통 "몸부림치다"를 의미한다(참조. 제롬). 탈굼 마츠레힌(*maṣlēḥîn*)은 아마도 이것을 명사 하일(*hayil*)과 연결시킨 것 같다. BDB는 욥 20:21을 이 동사가 "우세하다"를 의미하는 이 동사의 유일한 다른 사례로 여기고, 여기서의 맥락에서 의인의 우세함에 대해 다른 설명이 없다. 70인역, "그의 길은 더럽혀졌다"는 더욱 그럴듯하게 야힐루(*yāḥîlû*)를 할랄(*ḥālal*)과 연결시키는데, 이는 아마도 이형 형태 훌(*ḥûl*)을 가졌을 것이다. 나는 5절 끝에서의 "그의 길"(외견상으로 70인역은 생략한다)을 이 행과 연결시켰다.

[m] 주의 심판은 높아서[18] 그에게 미치지 못하오니

그는 그의 모든 대적들을 멸시하며

6 그의 마음에 이르기를 나는 흔들리지 아니하며

대대로 환난을 당하지 아니하리라 맹세하나이다(개역개정: 하나이다-역주)[19]

[p] 7 그의 입에는 저주와 거짓과 포악이 충만하며[20]

그의 혀 밑에는 잔해와 죄악이 있나이다

8 그가 마을 구석진 곳에 앉으며

그 은밀한 곳에서 무죄한 자를 죽이며[21]

['] 그의 눈은 가련한 자를[22] 엿보나이다[23]

9 사자가 자기의 굴에 엎드림 같이

그가 은밀한 곳에 엎드려 가련한 자를 잡으려고 기다리며

자기 그물을 끌어당겨 가련한 자를 잡나이다

10 그가 구푸려[24] 엎드리니

그의 포악으로 말미암아[25] 가련한 자들이[26] 넘어지나이다

---

18 문자 그대로, "높이다."
19 알라('ālâ)를 7절보다는 앞선 것과 연결시키는 것(마소라 사본도 그렇다)은, 여기서 더 낳은 병행법이 되며, 7절을 과거로 시작하게 한다. "이르다"와 "맹세하다"는 삿 17:2에서 병행법으로 되어 있다. 그렇다면 아마도 특이한 어순은 말의 내용을 소개하고자 "환난을 당하지 아니하리라" 앞에 아세르('ăšer)의 특이한 사용과 연결되는 것 같다(BDB 83b). 하지만 이 행에서 약간의 본문의 훼손이 있을 수 있다. (예를 들어) 다음을 보라, A. Leveen, "Psalm x: A Reconstruction," *JTS* 45 (1944): 16–21; "A Note on Psalm 10:17–18," *JBL* 67 (1948): 249–50.
20 "포악한 거짓"을 의미한다. C는 첫째 와우(w)가 없는데, 이는 알라('ālâ)를 7절에 연결시키는 것을 통해 추가됐을 수도 있다. "거짓"(참조. 5:6[7])은 여기서 추상의 복수이며, 토크(tōk)는 다른 곳에서 55:11[12]; 72:14; 잠 29:13에만 나오지만, "포악"이 문맥에 들어맞을(NIDOTTE를 보라) PBH 용법에 들어맞는다(DTT를 보라).
21 둘째 동사는 암묵적으로 첫째 동사의 목표를 의미한다(참조. 70인역, 제롬).
22 10절 해설을 보라.
23 차판(ṣāpan, 숨기다)이 나오는 한 사례인데, 거기서 이것은 차파(ṣāpâ)의 이형 형태이다(참조. 37:32; 66:7에서의 후자의 비슷한 용법); 참조. 70인역, 시리아어 번역본.
24 K를 웨다케(wĕdākeh, 분사)로 모음을 수정한다. 참조. 아퀼라, 심마쿠스, 제롬. 둘째 번역은 Q 이드케(yidkeh)를 따른다.
25 숫자의 복수("그의 포악한 것들")가 아니라, 추상의 복수다.
26 번역본들은 헬카(ḥēlkâ)에 대해 "가련한"이라는 의미를 내포한다(물론 모음은 의문의 여지가 있다. BDB를 보라). 여기서만 이 단어는 복수로 되어 있다. Q는 알려지지 않은 단어

[또는, 가련한 자들이 꺾여 엎드리니
그의 포악으로 말미암아 넘어지나이다]
11 그가 그의 마음에 이르기를 하나님이 잊으셨고
그의 얼굴을 가리셨으니 영원히 보지 아니하시리라 하나이다

[q] 12 여호와여 일어나옵소서
하나님이여 손을 드옵소서
가난한 자들을 잊지 마옵소서
13 어찌하여 악인이 하나님을 멸시하여
그의 마음에 이르기를 주는 감찰하지 아니하리라 하나이까
[r] 14 주께서는 보셨나이다 주는 재앙과 원한을 감찰하시고[27]
주의 손으로 갚으려 하시오니
외로운 자가 주를 의지하나이다
주는 벌써부터 고아를 도우시는 이시니이다
[s] 15 악인의 팔을 꺾으소서
악한 자의 악을 더 이상 찾아낼 수 없을 때까지 찾으소서

16 여호와께서는 영원무궁하도록 왕이시니
이방 나라들이 주의 땅에서 멸망하였나이다
17 여호와여 주는 겸손한 자의 소원을 들으셨사오니
[t] 그들의 마음을 준비하시며 귀를 기울여 들으시고
18 고아와 압제 당하는 자를 위해 심판하사
세상에 속한 자가 다시는 위협하지 못하게 하시리이다

―――――

를 이해하려 하면서, 헬 카임(*hēl kāʾîm*), "낙담한 자들의 군대"로 모음이 되어 있다(이것은 단수로 나오는 것에 대해 이 모음에 대해 다른 형태를 지닌다). 이에 대해, W. G. Simpson, "Some Egyptian Light on a Translation Problem in Psalm x," *VT* 19 (1969): 128-31을 보라.

27 카아스(*Kaʿas*, 6:7[8] 해설을 보라).

2. 해석

70인역은 두 시편을 한 단위로 삼고, 함께 알파벳 시를 이루는 것으로 이해한다.[28] 게다가 많은 중요한 단어가 두 시편에 반복된다(아래 목록을 보라). 시편 9편은 "셀라"("일어나라")로 마무리하고(이는 다른 곳에서는 시편의 중간에만 나온다), 시편 10편은 시편의 이 부분에 있는 대부분 시편과 다르게 표제가 없다. 나는 70인역이 원래 형태를 따르고, 마소라 사본은 용법에서 이 시편의 후대 구분을 반영한다고 추론한다.[29]

이 시편은 찬양하겠다는 헌신으로 시작하고, 여호와의 구원 행위에 기뻐하면서 찬양으로 마무리하지만(9:1-12; 10:16-18), 시작하는 긴 찬양은 결국 시편의 본론에 지배적인 기도와 애가로 이어진다. 세 번 탄원자는 여호와께 다시 조처해 주시라고 촉구한다(9:13-14; 9:19-10:2; 10:12-15). 따라서 이것이 증언 시편일 것이라는 처음의 인상은 잘못된 것으로 드러난다.

이 시편은 기도시인데, 다른 기도시와 마찬가지로 여호와의 위대한 행위에 대한 회상과 구원의 행위에 대해 여호와를 다시 찬양하겠다는 전망을 통합한다. 찬양과 기도의 조합은 흔하지만(예를 들어, 시 44편), 이 경우 행동에 대해 하나님을 찬양한다는 전망은 끝보다는 시작에 온다.[30] 효과는 기도를 (예를 들어) 시편 22편과 같은 훌륭한 기도시보다는 더욱 하나님께 초점을 두는 기도가 되게 하는 것이다.

---

28 이 주석 서론에서 "운율" 섹션을 보라.
29 Cf. (예를 들어) George Buchanan Gray, "The Alphabetic Structure of Psalms ix. and x.," in *The Forms of Hebrew Poetry* (London: Hodder & Stoughton, 1915), 267-95; H. Junker, "Unité, composition et genre littéraire des psaumes ix et x," *RB* 60 (1953): 161-69; Robert Gordis, "Psalm 9-10," *JQR* 48 (1957): 104-22. Max Löhr ("Psalm 7 9 10," *ZAW* 36 [1916]: 225-37)는 시 7, 9, 10편이 원래 독립적이지만, 공통된 주제 때문에 함께 모였다고 본다(그 후에 시 8편이 나중에 추가됐다). 렌즈버그(Rendsburg)는 시 9-10편이 북이스라엘 히브리어로 기록됐다고 보는데, 이는 보통 이상으로 해석의 어려움을 설명할 수도 있는 사실이다(*Linguistic Evidence*, 19-27을 보라).
30 이처럼 John Strugnell and Hanan Eshel(알파벳에 대해 다른 순서를 가정하면서)은 시편 10편이 원래 시편 9편을 앞섰다고 제안한다("Alphabetical Acrostics in Pre-Tannaitic Hebrew," *CBQ* 62 [2000]: 441-458, 특히 453-58; "It's Elementary," Bible *Review* 17 no. 3 [2001]: 41-44).

이 경우는 또한 기도와 찬양이 조합되는 다른 사례들보다 더 갑작스럽다. 갑작스러움은 어쨌든 이 시편이 꼭 맞게 따르지는 않는, 알파벳 양식으로 가해진 제약에서 거의 오지 않는다. 양식을 따른다고 해서 큰 기술이 필요한 것은 아니며, 그렇게 할 필요성이 9:19에서의 기도로의 전환과 10:16에서의 신앙의 진술로의 전환과 같은 예기치 못한 특징을 설명하지는 않는다.

실제로 기도나 애가와 하나님의 행위에 대한 선언 사이에 반복되며 바꾸어 나오는 데서, 이 시편은 시편 22편과 비교된다. 이 시편은 시편들이 때로 두 가지의 사실, 곧 현재의 경험에 대한 냉혹한 사실 및 여호와의 과거와 여호와의 참된 성품에 대한 사실을 권고하는 데 초점을 두려고 하는 방식의 한 사례이다. 시편들은 이에 대한 그들의 초점을 바꾸어 감으로써 이렇게 한다.

이 시편이 찬양과 기도를 뒤섞는 독특한 방법과 이크톨(yiqtol) 동사(9:3, 7-8, 17-18; 10:2, 4-10, 14, 17b-18)와 카탈(qatal) 동사(9:4-6, 10, 12, 15-16; 10:3, 11, 14, 16b-17a)를 뒤섞는 통상적 관행을 함께하는 것은, 서로 해석할 때 불확실성을 강화한다. 더 규칙적인 형태는 동사들을 해석하는 데 도움이 되거나 동사들에 대한 확실성은 형태를 해석하는 데 도움이 될 것이다.

번역은 때로 이크톨 일부를 과거나 미래로 번역하고, 카탈 일부는 현재나 간원(懇願)으로 번역하는데, 이는 독자들이 이 시편 내에서의 균형을 다양하게 이해하며 읽을 수 있는 방식을 보여 준다. 나는 카탈 구절 대부분이 나라들, 악인들 등에게 행한 하나님의 행위를 사실에 무게를 두었는데, 이는 이 시편이 대변하는 탄원자나 공동체에 직접 영향을 미치지는 않는다.

9:3-4에서만 탄원자가 "나의 원수들"을 향한 하나님의 행동에 대해 말하고(이크톨로), 하나님이 나를 위해 하는 심판에 대해 말한다. 나는 이 시편의 카탈 구절이 일반적으로 하나님이 과거에 이스라엘과 관련이 있는 방식, 특히 출애굽과 가나안 땅 정복과 관련하여 가리킨다고 추론한다. 9:3-4는 이 규칙을 입증한 예외이다. 나는 여기에서 이크톨 동사들이 탄원자가 찾는 미래 행위를 가리킨다고 여기고, 카탈 동사들은 이런 미래에 달린 완료를 가리킨다고 여긴다.

이 시편의 나머지에서 이크톨 동사들은 지속하는 진리의 진술이며, 카탈 동사들은 어떻게 문제들이 과거에 드러났는지를 선언함으로써 이를 뒷받침한다. 이처럼 전체 시편은 하나님이 과거에 무엇을 행했는지에 대해 말하고, 현재 상황이 어떤지에 대해 슬퍼하고, 과거의 이런 행동들에 따라 다시 행해 주시라고 하나님께 호소하며, 하나님이 그렇게 하실 것이라는 확신을 표현한다. 그렇다면 우리는 다음과 같이 구조를 요약할 수 있다.

9:1-12   신앙의 진술과 여호와의 과거 행위에 대한 찬양
9:13-14   기도
9:15-18   신앙의 진술과 여호와의 과거 행위에 대한 찬양
9:19-10:2   기도
10:3-11   현재의 애가
10:12-15   기도
10:16-18   신앙의 진술과 여호와의 과거 행위에 대한 찬양

어느 시의 양식에서도 일어나듯이, 알파벳 시의 구조는 전체 시를 정리하는 데 도움이 되지만 이 양식에서의 변화도 영향을 미친다. 이 경우 이 양식은 완전하지 않고 고르지 못하다(참조. 시 25; 34). 이 시편은 $d, s, ṣ$행이 없다. 게다가 '와 p행이 그런 것처럼, m과 n행이 바뀌었는데, 물론 이런 현상들은 다른 알파벳 시편에도 나타나며, 단순히 알파벳에서의 글자의 순서가 정착되지 않았음을 의미할 수도 있다(참조. 애 2-4장).

더군다나 각 문자에 할당된 행의 숫자가 다르고, 문자의 변화도 항상 내용에서의 전환과 일치하는 것은 아니다(예를 들어, 9:19). 완전하지 않음과 고르지 못함이 너무 광범위해 이 알파벳 시의 양식이 한때 완벽했었음이 틀림없다고 판단하는 것은 위험하며, 나는 b와 n행을 만들려고 절들을 다시 나누기는 하지만, 알파벳 시의 양식을 "복구"하려고 시도하는 것은 위험하다.[31]

완전하지 않음과 고르지 못함은 이 시편의 구조의 변덕스러움과 마찬가지로, 이 시편이 따라서 그 효과에 덧붙이는 경험의 특성과 일치한다. 이 시편은 마치 삶은 알파벳의 질서를 지닌다고 단언하고 있는 것처럼 보이지만, 또한 이것이 항상 그런 것은 아니라고 인정한다.

이 시편의 관련된 특징은 다른 연관성을 가진 다른 단어들이 때로 의미가 변화되면서 반복된다는 것이다.

---

31   시도들을 위해, (예를 들어) Jesús Enciso, "El Salmo 9–10," *EstBib* 19 (1961): 201–12을 보라.

- 나는 여호와의 행위에 대해 **전하는** 것을 기대한다(9:1, 14).
- 악인의 **이름**을 제거한 자로서의 주님의 **이름**을 위해 음악을 만드는 것을 기대한다(9:2, 5).
- 나는 내 **원수**에게서 압박을 받으면서, 나는 여호와가 과거에 **원수**를 넘어뜨리셨음을 떠올린다(9:3, 6).
- 나는 내 원수들이 과거 여호와가 행하셨던 대로 망하기를 기대하는 반면에 여호와가 약자를 망하게 하지 않으시기를 바란다(9:3, 5, 6, 18; 10:16).
- 나는 여호와가 **의롭게** 행하시기를 고대하는데, 이는 여호와의 성품이시기 때문이다(9:4, 8).
- 여호와가 나를 위해 **심판**하실 것이며, 그렇게 하셔야만 하는 이유는, 이것이 여호와가 항상 하시는 일이며 실제로 행하셨던 일이기 때문이다(9:4, 7, 8, 16, 19; 10:5, 18).
- 여호와는 **보좌에 앉으사**, 실제로 행하시고 행하실 것이다(9:4, 7).
- 악인은 **영원히** 멸망하지만 궁핍한 자는 그렇지 않고, 여호와는 왕으로서 **영원히** 보좌에 앉으신다(9:5, 7, 18; 10:16).
- **악인들**과 **나라들**은 실제로 문제를 일으켰고 무너졌다. 그들은 문제를 일으켜서 무너져야만 한다(9:5, 15, 16, 17, 19, 20; 10:2, 3, 4, 13, 15).
- 원수는 **영원히** 멸망하지만, 궁핍한 자는 **영원히** 실망하지 않을 것이다(9:6, 18).
- 여호와는 보좌를 **세우시고**(개역개정: 준비하셨도다-역주), 약한 자의 마음을 세우신다(9:7; 10:17).
- 여호와는 **환란 때의** 피난처이시며, 따라서 그렇게 행하셔야만 한다(9:9; 10:1; 또한 "때", 10:5).
- **압제당하는 자들**은 취약하지만, 여호와는 그들의 피난처가 되시며 그들을 위해 심판하신다(9:9; 10:10, 18).
- 여호와는 자신을 인정하는 사람들과 자신을 인정하지 않는 나라들에 **알리신다**(9:10, 16, 20).
- 사람들은 **여호와에게서 도움을 찾지만**, 여호와는 보응하시며, 의를 구하지 않을 수 없다(9:10, 12; 10:4, 13, 15).
- **시온**은 찬양을 위한 장소이다(9:11, 14).

- 여호와는 시온에 **앉으시므로** 악인들은 구석진 곳에 **앉으나** 이는 소용없다(9:11; 10:8).
- 여호와는 궁핍한 자를 잊지 않으시며 악행을 잊지 않으시고 사람들은 여호와를 **잊는다**(9:12, 17, 18; 10:11, 12).
- 이 시편은 **약한** 자를 대변하는데, 여호와는 그들을 위해 행하신다(9:12, 13, 18; 10:2, 9b, 9c, 12, 17).
- 여호와는 **보아야** 하시며, **보지** 않으셨고 실제로 **보셨다**(9:13; 10:11, 14).
- 여호와는 사망의 문에서 구하시므로 시온의 문에서 찬양이 있다(9:13, 14).
- **인생**은 자신이 누구인지 인정해야만 하며, 그 이상인 것처럼 하지 않아야 한다(9:19, 20; 10:18).
- 여호와는 **일어나셔야만** 한다(9:19; 10:12).
- 악인은 자신들의 **꾀**에 빠진다(10:2, 5).
- 악인은 **마음**의 욕심을 가지고 있고, 그들의 **마음**에 말하지만, 여호와는 궁핍한 자의 **마음**을 강화하신다(10:3, 6, 11, 13, 17).
- 악인의 **욕심**(desire)과 겸손한 자의 **소원**(desire)이 대조된다(10:3, 17).
- 악인은 여호와를 **멸시한다**(10:4, 13).
- 악인은 **은밀한 곳에 숨는다**(10:8, 9).
- **가련한 자들**은 약하지만, 여호와께 맡긴다(10:8, 10, 14).
- 여호와는 **손**으로 행하셔야만 한다(10:12, 14; 참조. 9:16).
- 여호와는 **고아**를 위해 행하신다(10:14, 18).
- 나라들은 여호와의 **땅**에서 멸망했으며, 누구도 그 **땅**에서 위협하지 못할 것이다(10:16, 18).

이 시편이 반영되는 상황을 묘사할 때, 이 시편은 복수와 단수 용어 모두로 공격자의 그들의 희생자에 대해 말한다(그리고 때로 단수 주어에 복수 동사를 사용한다). 여호와의 위대한 과거 행위를 묘사할 때도 마찬가지이다. 이것은 단순히 단수로 된 총칭적 용어를 이런 종류의 사람들에게 적용하는 것을 가리킬 뿐이다.[32] 그렇다면 이것은 우리에게 언급되는 사람들에 대해 어떤 것도 말해 주지 않는다.

---

32 Cf. GKC 126m.

이 시편은 또한 개인이나 나라의 위기를 시사할 수 있는 용어들을 사용하는데, 물론 시편 9편은 나라의 관점에서 말하고, 시편 10편은 더욱 개인의 관점에서 말하며, 이런 이유는 각 시편이 사용할 때 분리되기 때문일 수 있다.[33] 우리는 이 시편이 다른 민족들과 그들의 지도자들이 야기한 압박 때문에 개인적으로 중압감에 시달리는 느헤미야와 같은 지도자를 위해 기록됐다고 생각할 수도 있다. 하지만 몇몇 묘사조차도 수사적으로 이해해야만 할 것이며(10:8-10을 보라), 전체는 어떤 종류의 곤경도 염두에 두지 않을 수도 있다.

이 시편은 제2 성전 시기의 경건을 나타낼 수 있는데, 그때에는 공동체가 과거에 행했던 여호와의 행위를 알았지만, 현재의 경험이 과거의 행위와 일치하지 않았음을 인식했다. 그렇다면 이 시편은 개인과 공동체가 필요할 때 다소 문자 그대로 다른 부분을 해석하면서, 다른 상황에서 사용할 수 있는 개인의 공격과 단체의 공격에 대해 광범위하게 묘사한다.

[표제]

> 다윗의 시, 소녀들/은밀한 일들/영원한 것들/죽을 때에
> (개역개정: 인도자를 뭇랍벤에 따라 맞춘 노래-역주)

용어 해설을 보라.

둘째 표현에 대해 K는 알라모트('*ălāmôt*), "소녀들"(참조. 46:1), 또는 알루모트('*ălumôt*), "은밀한 일들"(70인역)을 의미하고, 심마쿠스, "영원한 것들"은 이 어근이 알람('*ălam*) III라고 여긴다. Q는 알 무트('*al mût*, "죽을 때에"; 이 형식은 구문이므로 복합적 표현은 "아들의 죽을 때에/사망 때에"를 의미한다)라고 여긴다. C를 참조하라.[34] 이 모두는 곡조나 다른 음악적 지시를 가리킬 수 있는 반면에(참조. 대상 15:20), "아들의 것"은 탄원자를 가리킬 수도 있다.

---

33 Cf. Paul-Richard Berger, "Zu den Strophen des 10. Psalms," *UF* 2 (1970): 7-17, 특히 7.
34 그리고 이에 대한 몇 가지 이해에 대해, *Midrash on Psalms*, 131-32을 보라.

[시 9:1-4]

이와 같이 이 시편은 증언이나 감사와 같이 시작하지만, 곧 이런 인상을 복잡하게 만든다. 실제로 탄원자는 하나님의 조치를 필요로 한다. 그러는 동안 이 시편은 찬양에 대한 서약(1-2절)과 이 찬양이 언제 시작할지에 대한 언급(3-4절)을 추가함으로써 이것이 보통의 증언 시편이 아님을 알린다.

> ['] 9:1 내가 전심으로 여호와께 감사하오며
> 주의 모든 기이한 일들을 전하리이다
> 2 내가 주를 기뻐하고 즐거워하며
> 지존하신 주의 이름을 찬송하리니

시작하는 1인칭의 찬양 서약에서 네 개의 모든 콜론은 문자 알렙('ālep)으로 시작한다(번역에서는 ' 상징으로 지적했다). 첫 동사는 실제로 이것이 증언 시편의 시작임을 사시할 수도 있다(참조. 138:1).

이를 어렵게 만드는 것은, "주의 모든 기이한 일들"을 전하겠다는 의도를 선언한 것이다. "기이한 일들"이라는 구절은 개인에 대한 구원의 행위를 시사하지 않고, 이 행위는 반드시 그렇지는 않더라도 보통 창조 때와 이스라엘의 역사에서 하나님의 위대한 행위이다(예를 들어, 26:7; 78:4, 11, 32; 106:7, 22). 이런 경이로움에 대해 찬양하는 찬양 시편은 또한 "나는 전심으로 여호와를 고백하겠습니다"라는 서약으로 시작할 수 있다(참조. 111:1; 동사에 대해서는, 6:5[6]을 보라).

이 시편의 찬양은 실제로 여호와의 구원의 위대한 행위와 관련됨이 드러날 것이다. 여호와께 하는 약속(1b절)은 다른 사람들에게 하는 증언을 보완하는데(1a절),[35] 이는 그 사람의 내적 존재에서 나온다. 즉, "주의 모든 기이한 일들"은 "전심으로"와 일치하게 된다.

2a절에서의 두 동사는 이를 더 자세히 설명한다. 동시에 1b절과 2b절의 두 동사는 찬양이 외적으로 표현되어야만 한다는 찬양의 보완적 특징을 설명한다. 찬

---

35 70인역은 "나는 당신에게 감사할 것입니다. 여호와여"라고 되어 있지만, 이는 아마도 둘째 콜론에서 접미어를 추론한 것이며, 아마도 옳은 것 같다.

양은 "전하는 것"을 포함한다. 찬양은 회중 앞에서 하나님께 영광을 돌리며 공개적이어야 한다. 말씀과 *음악은 이를 찬양으로 만드는 것이다. 이처럼 네 개의 모든 콜론은 병행법으로 되어 있으며, 여호와와 *지존하신 이에 대한 언급은 네 콜론 주변에서 감싸고 있다.

> [b] 3 내 원수들이 물러갈 때에
>   주 앞에서 넘어져 망함이니이다
>   4 주께서 나의 의와 송사를 변호하셨으며
>   보좌에 앉으사 의롭게 심판하셨나이다

이것이 증언 시편이라면, 우리는 기도에 대한 반응으로 하나님이 곤경에서 구원한 기사를 기대할 수도 있다. 실제로 여호와의 행위에 대한 언급이 3절에 이어지지만, 이는 2절에 의존하면서 "~할 때" 구절의 형태(보통 b로 시작한다)를 취하고, 여기에서 한정 동사들은 카탈(qatal)이 아니라 이크톨(yiqtol)이다.[36]

그 후에 우리가 기대할 수도 있는 종류의 구절로서 카탈 동사가 있는 "왜냐하면", 구절이 4절에 이어진다. 그렇다면 문제는 이것이 3절의 이크톨 동사와 어떻게 관련이 있는지다. 게다가 이것은 시편 9-10편 전체의 마지막 1인칭 찬양 구절이다. 오히려 이 시편의 나머지는 사람들의 역사에서의 여호와의 위대한 행위를 떠올리며, 이것은 또한 여호와의 행위에 대한 후속 진술들에도 해당할 것이다(9:12, 15-16; 10:16).

그러므로 나는 3-4절이 여호와가 이미 행하신 일도(NRSV가 그렇다) 여호와가 늘 하시는 일도(NIVI이 그렇다) 가리키지 않고, 탄원자가 여호와께 하시기를 기대하는 일을 가리킨다고 여긴다(참조. 70인역, 제롬, 탈굼).

4절은 이 미래 사건의 관점에서 되돌아본다(참조. 13:6b). 이 논리는 곧 드러날 것이다. 곧 탄원자는 증언하는 위치에 있는 것이 아니라 여호와의 행위가 필요한 처지이다. 여호와가 행하셨을 때, 이 증언은 가능할 것이다. 탄원자는 원수들

---

36 70인역은 넘어짐과 망함이 물러감에 이어진다고 여기는데(참조. NRSV), 그렇다면 3절은 스스로 갖춘 문장이 된다. 제롬은 더욱 그럴듯하게 이 콜론을 병행구로 여기는데, 3b절의 이크톨 동사들은 3a절의 부정사 표현을 이어 가고 보완한다(참조. NIVI? - 물론 "~할 때"를 생략한다). Cf. GKC 114r.

이 하나님과 대면할 것이기 때문에 그들이 물러가고 넘어지며 멸망할 것임(문자 그대로, 그들이 주님의 *얼굴 앞에서 넘어지고 멸망할 것이다)을 확신하면서, 여호와께 찬양하기를 고대한다. 그리고 여호와는 이스라엘에게 *신실한(의로운) 방식으로 *권위를 행사해 오셨으므로 이것이 일어날 것이다.

이 시편은 계속해서 정의가 탄원자의 편에 있을 것을 암시하지만, 여기에서 내포된 의미는 정의가 탄원자의 편에 있으리라는 것이 아니다. 의로운 하나님은 탄원자의 편에 서실 것이라는 것이다. 이 시편은 이미 여기서 전제한 "사회 현실과 사회 권력의 논쟁적인 뼈대"를 계속 상세히 설명할 것이다. 약자들은 여호와의 법정에서만 강자들에 대한 공정한 심사를 받는다. 하지만 "이 이상한 법정은 이 시에서 그리고 이 시에서만 소환된다"는 것을 명심하는 게 중요하다. 이로 말미암아 이 시 또는 기도가 매우 중요하게 된다.[37] 만약 기도가 없다면 법정의 심판도 하나님의 행위도 없다.

[시] 9:5-10

이처럼 탄원자는 여호와가 과거에 사람들을 구원하신 현실과 현재 구원의 필요성 사이에 있다. 이 시편은 여호와의 행위가 여호와의 권세를 내포하면서(7-8절) 이스라엘의 역사에서의 여호와의 행위(5-6절)를 상기하기 시작하고, 사람들이 여호와를 신뢰함(9-10절)을 상기하기 시작한다. 목적은 여호와가 다시 그런 식으로 행하시도록 촉구하기 위함이며, 여호와가 그렇게 하실 것이라는 탄원자의 신뢰를 확고히 하기 위함이다.

> [g] 5 이방 나라들을 책망하시고 악인을 멸하시며
>   그들의 이름을 영원히 지우셨나이다
>   6 원수가 끊어져 영원히 멸망하였사오니
>   주께서 성읍들을 뿌리째 뽑아, 그들의 기억이 사라졌나이다(개역개정: 주께서
>   무너뜨린 성읍들을 기억할 수 없나이다-역주)

---

[37] Brueggemann, *Psalms and the Life of Faith*, 220-21.

이 시편은 출애굽기와 여호수아서가 전하는 종류의 이야기를 회상한다. 여호와는 홍해에서 "책망하시고"(thundered, 시 106:9; 개역개정: "꾸짖으시고-역주") "원수"(출 15:6, 9)가 "영원히"(출 14:13) "멸망"(신 11:4)하도록 하셨다. 그들의 "불의"로 말미암아 여호와가 "나라들"을 쫓아내신 것이 정당화됐다(신 9:4-5). 여호와는 아말렉의 기억을 "제거"하겠다는 의도를 선언하셔서(출 17:14), "나라들" 가운데 아말렉은 "영원히"(아드['ad]; 민 24:20) 멸망하신다. 여호와의 행위는 5절을 통해 점차 파멸이 심화한다. 곧 꾸짖음과 사망과 *이름의 제거로 그들은 결코 기억되지 않는다.

6절은 이 파멸의 두 측면, 즉 사람들의 제거와 그들의 성읍의 파괴를 첨가하거나 뒤섞음으로써 비슷한 강력한 효과를 지닌다.[38] 첫째 원수는 마치 ("무너뜨린") 성읍인 것처럼 언급된다. 그리고 성읍들은 마치 사람들("그들의 기억이 사라졌나이다")인 것처럼 언급된다.

한편, "주께서 성읍들을 뿌리째 뽑아"(you uprooted cities)는 식물의 뿌리를 뽑는 것과 같이 "주님께서 성읍들을 완전히 파괴하셨다"(참조. 렘 31:40)와 성읍의 사람들을 근절하여 "주님께서 그들을 감소시키셨다"(참조. 렘 12:14, 17)를 시사할 수 있다. 이 행은 결국 5절과 동일한 요점으로 마무리한다. 이런 취급을 받는 대상은 이방인들, 원수들, 악인들이다.

이 조합이 의미하듯이, 이슈는 단순히 민족이나 갈등이 아니라, 서약을 지키지 못함이었다. 5-6절에서 용어(책망하다, 멸망하다, 이름을 제거하다, 황폐함, 뿌리째 뽑음)는 이스라엘이 악하게 될 때 이스라엘에게도 모두 사용될 수 있기 때문에, 이는 이스라엘에게도 되돌아올 수 있는 사실이다.

> [h] 7 여호와께서 영원히 앉으심이여
>   심판을 위해 보좌를 준비하셨도다
>   8 공의로 세계를 심판하심이여
>   정직으로 만민에게 판결을 내리시리로다

---

38 Cf. D. T. Tsumura, "'Inserted Bicolon,' the AXYB Pattern, in Amos i 5 and Psalm ix 7," *VT* 38 (1988): 234-36.

여호와의 영원하심(참조. 출 15:18)은 나라들의 취약성과 대조된다. 7-8절은 미래에 통치권을 행사함에 대해 말했던 4절에서의 대부분 말을 다시 반복하는데, 이는 이 기대의 토대를 이루는 여호와의 통치권에 대한 사실을 여기서 진술하기 위함이다. 첫째 콜론은 여호와가 앉아서 무엇을 하고 계시는지(아무것도 안 하는가?)에 대한 질문을 제기하고, 둘째 콜론은 홍해 사건에 대해 또다시 긍정하며 이 질문에 답한다(출 15:17을 보라).

8절은 이 대답에 미묘한 차이를 덧붙인다. 4절은 탄원자를 위한 심판에 대해서만 말했었다. 8절은 또 다른 극단으로 이동하는데, 여호와는 세상을 위해 심판하고 계시다는 것이다. 둘째 콜론은 이를 반복할 때, 여호와의 사역 방식으로 *신실함(공의)에 정직을 덧붙인다. 이 모두는 우리가 5-6절에서 말한 용어에 대해 지적한 점을 분명히 한다. 세상에서의 여호와의 행동은 다른 사람들의 권리나 운명을 무시하는 방식으로 이스라엘에게 은혜를 베풀 수 없다. 여호와의 공의와 정직도 다른 사람들에게 적용된다.

달리 어떻게 될 수 있는가?

> [w] 9 여호와는 압제를 당하는 자의 요새이시오
>   환난 때의 요새이시로다
> 10 여호와여 주의 이름을 아는 자는 주를 의지하오리니
>   이는 주를 찾는 자들을 버리지 아니하심이니이다

이 함의를 강조하면, 여호와는 원수의 공격에 압박을 받아 붕괴하는 사람들에게 *요새이시다. 이런 사람들은 압제당하는 사람들(다크[dak])이며 곤경에 처한 사람들(차라[ṣārâ]; 4:1[2]을 보라)이다. 이것은 여호와에게서 피난처를 찾기 위한 조건이며, 암묵적으로 탄원자의 자기 확인이지만, 이와 같이 이 지칭은 (예를 들어) 타고나는 민족적 지칭이 아니다. 동일한 점이 이어지는 지칭에도 적용된다.

그러므로 여호와를 이런 수단으로 *인정하는 사람들은 이 요새를 *신뢰해야 한다. "(여호와의) *이름을 인정하는 사람들"은 이스라엘이 무엇이라고 불리어야 하는지에 대한 좋은 정의가 될 것이지만, 이스라엘은 이것을 하는 것을 포기할 수 있으며, 다른 사람들이 이 인정을 이어받을 수 있다.

9-10절은 이 신뢰에 대한 토대를 새롭게 선언하는 것으로 마무리한다. 이스라엘은 여호와에게서 도움을 *찾는 것이 효과가 있음을 증명했었다. 여호와는 이스라엘을 "포기"하지 않으셨다고 말하는 것은, 여호와가 이스라엘이 가나안 땅에 들어가기 전날 하신 약속을 성취하셨음을 가리키며(신 31:6, 8; 수 1:5), 여호와가 실제로 의로움을 증명하셨다고 말하는 또 다른 방식이다(시 9:4, 8). 하지만 여호와가 포기하지 않으셨다는 것은 또한 이스라엘의 후속 이야기를 특징지었으며(예를 들어, 대상 28:20; 스 9:9; 느 9:17, 19, 31), "여호와에게서 도움을 찾는 것"은 계속해서 열쇠가 된다(예를 들어, 대하 17:3-4; 25:15; 스 6:21).

[시 9:11-12]

> [z] 11 너희는 시온에 계신 여호와를 찬송하며
> 그의 행사를 백성 중에 선포할지어다
> 12 피 흘림을 심문하시는 이가 그들을 기억하심이여
> 가난한 자의 부르짖음을 잊지 아니하시도다

여호와의 위대한 행위의 함의와 더불어 이에 대한 회상은 이런 행위에 대해 찬양을 하도록 하는 도전으로 이어진다. 다시 이 도전은 *음악을 만드는 것(찬송)을 가리키는 동사와 말을 가리키는 동사를 함께 묶는다(참조. 1-2절). 여호와는 한 번 더 앉으시는 것으로 묘사되지만(참조. 4, 7절), 이제 여호와가 보좌에 앉으시는 하늘의 왕궁과 동등하게 지상에서 시온 위에 앉으신다(5:7[8]을 보라).

아마도 시온을 언급하는 한 이유는, 이 찬양이 시온에서 불리기 때문일 것이다. 하지만 둘째 콜론은 이 찬양이 백성 중에 선포되어야 한다고 덧붙인다(참조. 57:9[10]; 108:3[4]).

왜 그런가?

7-10절은 하나님이 사람들을 위해 단호하게 조처하고 계심으로(참조. 67:3-5[4-6]; 96) 사람들이 합류할 수 있도록 찬양이 공개적이라고 여기는 다른 시편들과 일치할 것이다(참조. 47:1[2]; 66:8). 이 시편은 여호와가 나라들을 멸망시키신 것과 여호와가 세상을 위해 확고하게 행하신 것에 대해 말했으며(참조. 시 47편), 이 사이에는 어떤 모순도 없다고 판단하는 것으로 보인다. 악한 나라들을 무너

뜨리는 것은 여호와를 인정할 준비가 되어 있는 사람들에게 좋은 소식이다.

12절은 이 찬양을 불러일으킨 과거 행동에 대해 더욱 구체적인 방식으로 말한다. "*마음에 두다"(기억하다)는 "*무시하지(기억하지) 못하다"라는 두 번째 나오는 부정의 동사에 의해 다른 단어로 반복되지만, 다른 면에서 첫째 콜론은 둘째 콜론이 답하는 질문을 제기한다.

여호와는 왜 피 흘림을 심문하시는가(10절에서처럼 다라쉬[dāraš]라는 동사)?

누가 여호와가 기억하시는 사람들인가?

"그들"이라는 접미어는 9:18, 10:12에 다시 나올 "*약자"를 가리킨다.[39] 여호와가 *피흘림을 요구하시는 이유는, 약자의 부르짖음이 아벨과 같은 *부르짖음, 곧 보답을 위한 근거에서 외치는 피의 부르짖음이기 때문이다.

[시 9:13-18]

이 시편은 12절에서 끝났을 수도 있다. 놀랍게도 이 시편은 계속될 뿐만 아니라, 또한 기도 시편으로 바뀐다. 찬양은 이제 여호와의 성품과 행위를 기념하는 것과 일치하는 방식으로, 여호와께 이 기도를 들으시라고 설득하고, 탄원자에게 여호와는 기도를 들으실 것이라고 믿게 촉구하는 역할을 한다. 이처럼 이 시편 내의 전개는 (예를 들어) 시편 44편과 89편과 비슷한데, 거기서 여호와의 과거 행위에 대한 인정이 기도에 대한 도입부이다.

> [h] 13 여호와여 내게 은혜를 베푸소서
> 나를 사망의 문에서 일으키시는 주여
> 나를 미워하는 자에게서 받는 나의 고통을 보소서
> 14 그리하시면 내가 주의 찬송할 만한 행위(개역개정: 찬송-역주)를 다 전할 것이요
> 딸 시온의 문에서
> 주의 구원을 기뻐하리이다

---

39 약자는 아나윔('ănāwîm, Q)/아나임('ănāyyim) (K)이다. 9:18에서 Q와 K는 바뀐다. 단수 아니('ănî)는 10:2, 9b, 9c에 나오고, 복수 아나윔('ănāwîm)도 10:17에 나온다(명사 "연약함" 오니[onyî]는 곧 9:13에 나올 것이다). 이 자료는 이 단어의 두 형태가 동일한 의미를 지닌다는 견해를 뒷받침한다.

"*은혜를 베푸소서"의 함의는 "보소서"라는 호소에서 설명되는데, 왜냐하면 여호와는 "나를 *미워하는 자"의 행동에서 기인하는 *연약함을 볼 때, 분명히 긍휼히 여기며 행동할 것이기 때문이다. 13c절은 1-12절의 함의를 요약한다. 즉, 여호와는 (문자 그대로) "사망의 문에서 나의 일으키시는 분"이다. "일으킴"은 이 공격들이 탄원자가 아래 사망의 성읍으로 인도하는 문을 통과하기 직전으로 몰아가므로 필요하다. 분사는 "나를 일으키신" 분 또는 "나를 일으키시"거나 일으키실 분임을 시사할 수 있지만, 문맥은 여호와가 "나를 일으킬" 수 있으신 분임을 시사하는 것 같다. 기도는 여호와께 그렇게 하도록 움직여 주시라고 구한다.

하지만 여호와의 구원에 대한 찬양을 전망하는 것으로 신속히 이동하는 것은, 분사절이 여호와의 행동을 실제로 기대함을 시사한다. 즉, 이것은 구원이 될 한 사건을 유일하게 언급한 것이다. 기도는 5-10절에서 말하는 하나님의 과거 위대한 행위를 반복하는 행위를 찾고 있듯이, 1-4절이 말하는 증언을 "전함"과 그 증언의 기쁨을 다시 이어 갈 것을 고대한다. "주의 찬송할 만한 행위"[40]는 "주의 구원"으로 설명되고, 전하는 것과 기뻐함은 여기서 말과 감정을 시사하면서 병행을 이룬다.

탄원자가 "사망의 문에서" 구원받은 후에 "딸 시온의 문에서" 제시할 이 기쁜 증언의 위치는 이 행의 중심에 있으며, 두 콜론에 적용된다. 아마도 시온과 대조적으로 사망은 우리가 증언을 할 수 없는 장소라는 함의가 있을 것이다. 왜냐하면, 여호와는 행동하기를 멈추셨기 때문이기도 하고, 우리는 우리의 목소리를 잃었기 때문이기도 하다(참조. 6:5[6]). 반대로 사망과 대조적으로 시온은 특히 증언의 장소이므로 생명의 장소이다. "딸 시온"은 다른 곳에서(예를 들어, 사 1:8; 52:2; 렘 6:2; 애 1:6) 종종 여호와가 아버지나 연인으로서 약속한 성읍을 인격화로써 나오지만, 시편은 여기에서만 나온다.

---

[40] 테힐라(*Tĕhillâ*, 영어 번역본들 "찬양[praise]")는 찬양을 받을 가치가 있는 자질이나 행위를 가리킬 수 있다(참조. 78:4; 79:13; 다음을 보라, BDB 239-40).

> [f] 15 이방 나라들은 자기가 판 웅덩이에 빠짐이여
>   자기가 숨긴 그물에 자기 발이 걸렸도다
> 16 여호와께서 자기를 알게 하사 심판을 행하셨음이여
>   그의 손의 행위로 그 악인을 넘어뜨렸도다 (힉가욘, 셀라)
>   (또는, 악인은 자기가 손으로 행한 일에 스스로 얽혔도다[개역개정과 동일-역주])

15-16절은 이에 관한 보충적 기사를 제시하면서, 이 기도에 대한 토대가 되는 과거 사건을 상기시키려고 돌아온다. 다른 한편, 사건들은 사람들의 잘못된 계획이 자신들에게 되돌아올 수 있는 방식을 잘 보여 준다(참조. 7:15-16[16-17]). 15a절은 어떻게 그들이 자신의 웅덩이에 빠지게 됐는지를 설명하지 않고, 15b절은 어떻게 그렇게 되었는지를 지적한다. 사실상 우리는 군대가 성읍을 굶어 죽게 하려는 시도를 통해 물자가 떨어지고 있는 것을 상상할 수 있다.

다른 한편, 과거 사건들 역시 여호와가 어떻게 군대를 끝내도록 조처를 하실 수 있는지를 잘 보여 주었으며(예를 들어, 왕하 19:35), 4절과 8절은 이미 여호와의 단호한 행위에 대해 말했다. 16a절은 이런 행위로 여호와가 알려지셨음을 분명히 하며, 여호와가 단호한 행위로 알려지셨다는, 역사에서의 계시의 개념에 대한 증거 본문을 제공한다.

하지만 10절에서부터 "인정하다"(개역개정: 알게 하다-역주)가 반복된다는 것은, 이 개념을 더 먼 맥락에 둔다. 이 계시는 인정한다는 반응을 받을 때만, 그 목표에 도달한다. 달리 표현하면, 10절에서의 인정은 여호와가 사건들 속에서 자신을 알리셨음에 대한 반응 형태를 가리킨다.

16절의 첫째 콜론은 다시 이 일이 어떻게 일어났는지 설명하지 않고, 16b절은 어떻게 그렇게 되었는지를 지적하는데, 물론 본문은 이 문제에 대해 모호하게 남겨 둔다. 마소라 본문은 누군가가 새를 막대기로 떨어뜨리는 것과 같이 여호와가 악인을 넘어뜨리신다고 한다(BDB). 70인역은 악인이 얽혔다고 한다.

마소라 본문에서 15-16절은 악인이 당연한 벌을 받을 수 있는 두 방식을 서로 나란히 둘 뿐이다. 이것은 동일한 사건을 묘사하는 두 방법일 수도 있거나 개별 사건에서 상황이 진행된 두 다른 방법일 수도 있다. 70인역은 이것들이 실제로 동일한 사건을 묘사하는 두 방법임을 내포한다. 사람들이 덫을 고안하고, 그것이 "우연히" 자신들에게 되돌아올 때, 이 일을 일어나게 하는 이는 여호와이시다.

실제로 이 일이 직접적임이 강조된다. 즉, 이 일은 "그의 손의 행위로" 일어난다. 문법적으로 이는 "악인의 손으로"를 의미할 수도 있다. 이것은 사건들이 인간의 뜻과 하나님의 뜻에 따라 동시에 일어날 수 있다는 가정을 강조할 것이다. 하지만 어순은 "그의 손"이 여호와를 가리킴을 시사한다.

> [y] 17 악인들이 스올로 돌아감이여
> 하나님을 잊어버린 모든 이방 나라들이 그리하리로다
> 18 궁핍한 자가 항상 잊어버림을 당하지 아니함이여
> 가난한 자들이 영원히 실망하지 아니하리로다

다시 한번 여호와의 과거의 행위를 인정하여 현재의 신앙 진술에 이른다. 탄원자는 스올의 문에 있는 반면에, *악인들이 자신의 덫에 빠진 과거 사건들에서, 실제로 스올의 문으로 가는 길에 있는 자는 그들이라는 확신을 준다.

"스올로 돌아감"(참조. NIVI)은 (예를 들어) 그들이 자신들이 온 곳으로 돌아가고 있음을 의미하지는 않는다(우리가 오게 된 흙을 되돌아가는 것처럼 스올로 되돌아간다고 말할 수 없는데, 우리는 스올에서 오지 않았기 때문이다). 오히려 이 표현은 생략을 포함한다. 즉, 그들은 도망하여 멸망하는 것으로 돌아갈 것이며(참조. 3절), 이와 같이 자신들이 스올에 있음을 발견하게 될 것이다. 모두가 언젠가 거기에 가지만, 어느 쪽도 아직 거기에 갈 예정이 아닐 것이다. 그런데도 이 갈등은 공격자들이나 그들의 희생자들이나 거기에 가야만 함을 의미한다.

죽음에 대한 더 깊은 언급 옆에는(참조. 13절) *무시하다(잊지 않다, 참조. 12절)에 대한 더 깊은 언급이 있다. 여호와는 약자를 잊지 않으신다(12절). 18절은 이 점을 다시 확인할 것이다. 그들의 공격자들은 하나님을 실제로 잊는 사람들로, 하나님을 마음에 두지 않는 사람들이다. 이것은 여호와가 자신을 알리실 때, 그들이 여호와를 인정함으로써 반응하지 않는다고 말하는 또 다른 방식이다. 이 시편은 "나라들"이 악하기보다는 의롭게 되도록 기대될 수 있으며(5-6절 해설을 보라), 하나님을 잊기보다는 하나님을 마음에 두도록 기대될 수 있다고 여긴다.

18절을 여는 "왜냐하면"은 악인의 죽음과 약자의 구원 사이의 연관성을 분명히 한다. 후자가 전자를 필요로 하는 상황이 있다. 실제로 어떤 의미에서는 후자가 은유적으로 항상 전자를 필요로 한다. 만약 사람들이 다른 이들을 죽였거나

그렇게 하려고 시도했다면, 어떤 의도된 희생자들을 구원한다고 해서 사회에서의 균형을 회복하지 못한다. 사회는 나쁜 상태로 남아 있다.

두 콜론은 여호와가 기도에 응답하기를 지연하실 때 마치 공격이 영원히 지속하는 것처럼 어떻게 보일 수 있는지를 지적한다. 이처럼 *희망은 "영원히/마지막으로"와 대조된다. 구원은 올 것이다.

18a절은 다음과 같은 질문을 제기한다.

"누가 *궁핍한 자이며, 그들이 잊어버림을 당하지 않는다는 것은 어떤 것인가?"

18b절은 궁핍한 자들이 우리가 아는 *약자이며, 그들이 잊어버림을 당하지 않는다는 것은 그들의 희망이 결국 망하지는 않음을 의미할 것이다. 나라들은 망할 것이고, 약자들의 *희망이 멸하기 전에 그들의 기억이 멸할 것이다(3, 6절)

[시 9:19-10:2]

이 시편은 기도로 돌아오는데, 이 기도를 네 절이 세 가지 방식이나 네 가지 방식으로 제시한다. 이것은 저씨브(jussive)보다는 다소 덜 직접 명령(19a, 20a절)으로 표현되고(19a, 19b, 20, 2b절), 다시 덜 직접적으로 수사적 질문으로 표현된다(1a, 1b절). 그리고 아마도 진술로 판단될 수도 있는 유일한 콜론인 2a절은 또한 주님이 이 사람을 멈추게 하셔야만 한다는 간접적 기도이다. 네 행은 이 시편에서 가장 집중된 연속적 기도이다. 기도는 그 중앙에 나온다.

각각의 첫 세 행은 이것이 가장 이해하기 어려운, 연속되는 기도라는 사실을 나타내면서, 여호와를 부름을 포함하는데, 이는 각각 두 명령과 수사적 질문의 행과 연관된다. 이것은 여호와를 부르는 것은 말할 것도 없고 이 시편에서 가장 이해하기 어려운, 여호와를 연속으로 언급한 것이다. 우리가 이런 식으로 누군가의 이름을 사용할 때, 우리가 누구인가와 우리와 그들의 관계에 비추어 우리가 묻는 대로 그들에게 하게 하려는 시도의 한 측면이다.

또한, 네 행은 개인의 용어(19a, 2a절)와 나라들의 용어(19b, 20, 2b절)로 된 말을 뒤섞는다. 이런 변화는 단순히 수사적일 수도 있지만, 산발랏과 같은 사람들에게 압박을 받는 느헤미야와 같은 지도자가 또 다른 개인에게 도전을 받지만 둘 모두 전체 공동체를 위함을 알면서, 이 시편을 사용한다고 상상할 수 있다.

> 19 여호와여 일어나사 인생으로 승리를 얻지 못하게 하시며
>   이방 나라들이 주 앞에서 심판을 받게 하소서
> 20 여호와여 그들에게 무서운 것[또는 교사]을 명령하시며(개역개정: 그들을 두렵게 하시며-역주)
>   이방 나라들이 자기는 인생일 뿐인 줄 알게 하소서 (셀라)

시적으로 이 두 행은 특히 복잡하다. 흔히 그렇듯이 각 행은 독립적 방식으로 발전한다. 19절에서 인간이 승리를 얻지 못하므로 나라들이 여호와가 그들을 위해 행하신 *권위 있는 심판(샤파트[šāpaṭ], 니팔)을 발견함을 분명히 할 때, 여호와가 일어나실 것이다. 인간이 "승리를 얻는다"(아자즈[ʿāzaz], "강하다")는 것은 여호와가 오래전에 공격자들에게 장벽(오즈[ʿōz], "강한 것")을 세우심을 고려할 때 적절하지 않을 것이다(8:2[3]).

어떤 의미에서 이 시편은 여호와가 보좌에 앉으신 것을 기뻐하지만(9:4, 7, 11), 또 다른 의미에서 여호와가 상황 자체의 원동력에 따라 계속 진행되도록 하는 대신에 조처하고자 일어서시기를 원한다. 만약 나라들이 자신들이 만든 구덩이에 떨어진다면(참조. 7:15; 9:15; 10:2), 그들을 밀 필요가 있다. 20절에서 여호와가 무서운 경험이 그들의 교사가 되게 명령하심으로 말미암아, 그들은 자신들이 누구인지 *인정하지 않을 수 없게 될 것이다.

동시에 두 전체 행은 하나 또는 두 저씨브가 이어지는 직접적 기도로 구성되는 점에서 병행을 이룬다. "일어남"은 "명령함"에서 발생할 것이다(이 두 동사는 더 유쾌한 맥락에서 12:5[6]에 연속으로 나온다). 저씨브들 사이의 순서는 여호와가 행하신 심판을 발견하여 이를 인정하기에 이르게 될 것을 의미한다. 게다가 19-20절에서의 구절들은 명령으로 시작한 후에 *abbʾaʾ* 순서로 나온다.

나라들은 여호와가 그들에게 무서운 것을 명령하신 대로 그들의 심판을 받아야만 하며, 이는 인간이 승리를 얻지 못하고 자신들이 신적 존재가 아니라 인간에 불과하다고 인정함을 의미할 것이다. "인생"(human being/human, 에노쉬[ʾĕnôš])은 첫째 콜론과 마지막 콜론을 연결한다.

> [I] 10:1 여호와여 어찌하여 멀리 서시며
> 어찌하여 환난 때에 숨으시나이까
> 2 악한 자가 교만하여 가련한 자를 심히 압박하오니
> 그들이 자기가 베푼 꾀에 빠지게 하소서

첫째 콜론의 "어찌하여"는 둘째 콜론에도 적용되면서, 수사적 질문이 병행을 이룬다. 이미지는 다시 변한다. 여호와는 앉아 있지 않고 서 계시나, 보고 들으셔도 행동하지 않으면서 멀리 서 계신다. 오히려 눈과 귀를 숨기어 보거나 듣지 않도록 하신다(참조. 사 1:15; 애 3:56). 왜냐하면, 만약 여호와가 보고 들으셨다면 분명히 행동이 따르지 않을 수 없을 것이기 때문이다(참조. 시 4:1[2]; 9:13). 이 시편은 여호와가 "환난 때의" 피난처이심을 선언했다(9:9). 이것이 작용하고 있지 않다.

2절은 9:19-10:2에서의 단 하나의 직설법 진술로 시작한다. *교만한 사람들은 자신의 높아진 지위로 말미암아 *약자에게 *악한 방법으로 행동하는 자들이다. 그들의 공격은 "압박하다"로 묘사되는데, 이는 9:15-16의 이미지를 이어 가는 것이기는 하지만 새롭고 드문 동사이다.[41]

그 후에 둘째 콜론은 이를 더 발전시킨다. 악인은 문자 그대로 덫을 놓는 것이 아니라 나봇에게서 그의 땅을 빼앗는 자들이나 느헤미야가 성벽을 건립하지 못하도록 방해하는 자들과 같이 꾀를 세웠다. 정의는 그들이 자신들의 덫/계획에 빠져서 그 덫/계획이 약자에게 위협이 되지 못하게 해야 한다.

[시] 10:3-11

악인의 가장 긴 특징 묘사는 카탈(qatal)로 시작하고 마무리하지만(참조. 또한 6절), 이크톨(yiqtol)이 지배적이다. 여기서 약자는 강자를 특징지으며, 우리가 가진 것은 약자의 말이다. "악인은 사회적 대화에 대한 통제력을 상실했는데", 그들은 보통

---

41 나는 이것을 달라크(dālaq) II로 여기는데, 이는 "태우다"를 의미하는 달라크(dālaq, 7:13 [14])와는 다른 어근이다. *DCH*를 보고 BDB와 대조해 보라.

은 이를 통제한다. "이제, 아마도 처음으로 강자는 약자에 좌우된다."[42]

> 3 악인은 그의 마음의 욕심을 자랑하며
>   탐욕을 부리는 자는 예배했으며(개역개정: 여호와를 배반하여 멸시하나이다-역주)
> [n] 4a-b 악인은 그의 교만한 얼굴로
>   여호와를 경멸하기를(개역개정: 말하기를-역주)

"자랑하며"는 힐렐(*hillēl*)이다. 이것은 시편에서의 이 동사의 이력에서 불길한 시작이지만, 복구될 것이다. 여호와를 자랑/찬양하는 대신에, 악인은 자신의 마음이 바랐던 것을 자랑했는데(마음은 네페쉬[*nepeš*], *사람이다), 이것은 악인이 자신의 꾀로 얻는 것이다. "탐욕을 부리는 자는 예배했으며"는 여호와에 적용하기 합당한 또 다른 동사 바라크(*bārak*)를 사용하여 이 점을 반복하며, 종종 힐렐(*hillēl*)과 병행구로 나온다(예를 들어, 104:35; 135:21; 145:2). 구절들은 *abb'a'*로 되어 있고, 끼어드는 전치사구는 둘 모두에 적용된다.

이 요점의 함의는 악인이 자기 마음의 욕심을 자랑하고 예배할 때, 여호와를 경멸로 대했다는 것인데, 이는 이런 식으로 동사를 사용한 데서도 내포된다. 그는 마치 여호와가 세상에 개입하지 않으시는 것처럼 행동함으로써 여호와를 경멸했다(참조. 74:10, 18). "교만함"(exaltedness, 고바[*gōbah*])은 "거만함"(loftiness)과 비슷한 함의를 지닌다. 이것은 본래 잘못된 것은 없지만, 쉽게 높여진(exalted) 사람이 마치 자신이 높여진 자인 것처럼 반응하게 만든다. 이것이 악인이 행했던 일이다.

> 4c 여호와께서 이를 감찰하지 아니하신다 하며 그의 모든 사상에 하나님이 없
>   다 하나이다
> 5 그의 길은 언제든지 견고하고
> [m] 주의 심판은 높아서 그에게 미치지 못하오나
>   그는 그의 모든 대적들을 멸시하며

---

[42] Brueggemann, *Psalms and the Life of Faith*, 226.

악인은 "하나님이 없다"고 말한다. 이에 대한 증거는 하나님이 "감찰하지 아니하신다"는 것이다(참조. 13절). 악인은 이를 말할 때, 실제로는 "하나님이 없다"고 말하는 것이다. 실제적 목적을 위해 하나님은 설명되지 않은 채 남겨질 수 있다(참조. 동일한 연관성이 있는 14:1-3). 하나님은 일상 세계에 관여하지 않으신다. 달리 표현하면, 악인의 모든 죄(참조. 2절)는 세속적인 것을 드러낸다. 그는 언약 관계를 무시하며, 따라서 이 언약 관계를 더럽히는 종류의 사람이다(예를 들어, 55:20[21]). 그리고 이것은 여호와가 보호해 주셔야 하나 그렇게 하지 않으실 때, "항상" 그러하며, 모든 "때"에 그렇다(9:9; 10:1).

5b-c절은 악인이 이처럼 행한다는 가정을 다시 진술한다. 그렇다. 여호와는 *심판하지만(참조. 9:4, 7, 8, 16, 19), 심판들은 하늘 높이 멀리 떨어져 있고, 심판은 여기 아래 삶에 영향을 미치지 않는다. 병행을 이루는 콜론이 이 함의를 잘 보여준다. 사람들은 악인에게 저항하거나 그들을 공격할 수 있지만, 악인은 성공을 계속 확신한다.

> 6 그의 마음에 이르기를 나는 흔들리지 아니하며
> 대대로 환난을 당하지 아니하리라 맹세하나이다(개역개정: 하나이다-역주)

그는 자신에게 격려했기 때문에 흔들리지 않을 수 있다(6절). 이 행은 *abb'a'* 형태를 취한다. 즉, 말하는 두 동사가 이 행을 시작하고 마무리하며, 말의 내용은 중간에 온다. 그는 자신의 미래의 안전에 대해 자신에게 맹세한다. 그는 *넘어지지 않거나 환난(*악함)을 보지 않을 것이다.

> [p] 7 그의 입에는 저주와 거짓과 포악이 충만하며
> 그의 혀 밑에는 잔해와 죄악이 있나이다

그의 습관적 행동에 대한 묘사는 연속적으로 맞물리는 표현의 연결과 더불어 7-10절에 줄곧 나온다. 여기서 입과 혀는 각각 입과 혀가 성취하는 것을 가리키면서, 서로를 보완한다(네 단어는 다시 55:10-11[11-12]에 함께 나온다). 그의 입은 포악한 거짓으로 "가득"하지만, *해와 재앙이 그의 혀 "밑"에 있다는 묘사는 실제로 그의 혀에 있는 말들이 물론 우호적인 말들이나 그것은 그들의 거짓이라는

사실을 반영한다.

> 8 그가 마을 구석진 곳에 앉으며
> 　그 은밀한 곳에서 무죄한 자를 죽이며
> ['] 그의 눈은 가련한 자를 엿보나이다
> 9 사자가 자기의 굴에 엎드림 같이
> 　그가 은밀한 곳에 엎드려 가련한 자를 잡으려고 기다리며
> 　자기 그물을 끌어당겨 가련한 자를 잡나이다

그는 사냥꾼이다. 8a-b절에 있는 병행을 이루는 콜론은 각각 베(b) 표현(하나의 단수/구상명사, 하나의 추상 명사/복수)과 하나의 이크톨(yiqtol) 동사를 가지는데, 물론 연속적 행동을 묘사하고, 둘째 콜론은 첫째 콜론의 목표가 된다. 마을이 위험할 수도 있는 이유는, 마을에 야생 짐승을 막는 벽이 없기 때문이며, 그렇다면 사냥꾼이 되는 데 아무 잘못이 없다. 이런 사람은 숨고 경계를 서며 살육하여 공동체를 보호한다. 하지만 이 사냥꾼은 약한 사람들을 엿보고 그들을 살해하고자 숨어 있다.

8c-9a절에서, 첫째 콜론은 이전 행을 요약하는 반면에 둘째 콜론은 이 점을 강조하고자 직유를 덧붙인다. 야생 짐승을 잡는 대신에 이 사냥꾼은 사냥꾼을 닮았을 뿐이다. 그는 약한 자들을 잡고자 숨어 있다. "가련한" 자는 이 시편에서만 나온다(참조. 10, 14절).

이제 9b-c절의 첫째 콜론은 9a절에서 온 동사를 반복하고, 둘째 콜론은 첫째 콜론에서 온 동사를 반복한다. 그러면서 "기다리다"(숨다)와 "은밀한 곳"은 8a-b절에서의 어근을 이어 간다. 악인은 사냥꾼이 자신의 먹잇감이 헤매어 들어가는 그물을 함께 잡아당김으로써 짐승을 잡는 것과 마찬가지로 약자를 잡는다.

> 10 그가 구푸려 엎드리니
> 　그의 포악으로 말미암아 가련한 자들이 넘어지나이다
> [또는, 가련한 자들이 꺾여 엎드리니
> 　그의 포악으로 말미암아 넘어지나이다]
> 11 그가 그의 마음에 이르기를 하나님이 잊으셨고

> 그의 얼굴을 가리셨으니 영원히 보지 아니하시리라 하나이다

두 콜론은 사건에 대한 고통스럽게 반복되는 설명을 제시하면서, 이 잡는 모습을 상세하게 묘사하는데, 가련한 자는 우리 눈앞에서 그물에 계속 넘어진다. "사냥꾼"의 힘은 그들에게는 너무 세다. 이처럼 8-10절은 겹치는 직선적인 순서를 형성했다. 즉, 8절은 음모에 초점을 두고, 9절은 음모에서 잡는 것으로 진행하며, 10절은 잡는 것에 초점을 둔다. "꺾는 것"이나 "짓밟는 것"은 "압제"(다카[dākā'], 다카[dākâ], 다카크[dākak])의 은유가 되는데, 이는 시편에서 흔하다. "꺾인"은 "약한"이나 "가련한"을 가리키는 또 다른 용어이다(참조. 9:9; 10:18).

11절은 4-6절의 주제로 되돌아간다. 그의 자기 확신은 6절과 상응하지만, 거기서 그는 고대했을지라도, 여기서 그는 4-5절의 확신을 다시 표현하는 말로 되돌아본다.[43] 그는 숨기는 것을 하고 있지만(8-9절), 그는 하나님이 무언가(그의 *얼굴) 역시 하고 계셔서 자신이 안전하다고 믿는다. 이 행은 이 섹션을 마무리하면서, 네 개의 두-강세의 구절로 구성되는데, 첫째는 마무리하는 "아니하시리라"에 도달할 때까지 이 절에서 줄곧 점차 강렬해지는 동일한 확신에 대한, 세 개의 병행을 이루는 재진술을 소개한다.

[시] 10:12-15

11절은 열왕기하 18-19장에 나오는 랍사게와 마찬가지로 도발이었다. 이 절은 한 반응과 마주하게 된다.

[q] 12 여호와여 일어나옵소서
    하나님이여 손을 드옵소서
    가난한 자들을 잊지 마옵소서
  13 어찌하여 악인이 하나님을 멸시하여
    그의 마음에 이르기를 주는 감찰하지 아니하리라 하나이까

---

43 Graham S. Ogden ("Translating Psalm 10:11," *BT* 42 [1991]: 231-33)는 희생자를 주어로 여기지만, 이전 콜론에서 희생자들은 복수였고, 악인은 단수였다.

이 시편은 한 번 더 기도로 전환한다. 명백히 11절에 악인의 것으로 여겨지는 말들은 탄원자 자신의 두려움을 표현하고, 따라서 이 시편은 여호와께 악인이 말한 것이 사실이 아님을 증명하시도록 촉구한다. 다시 이 시편은 여호와께 일어나시라고 촉구한다(참조. 9:19). 이에 대한 함의는 새로운 표현으로 제시된다. 손을 든다는 것은, 누군가에 대해 확고한 조치를 시사한다. 동일한 행동이 종종 그 사람을 공격하거나 위하는 조치가 된다. 여호와가 잊으셨다고 악인이 말하듯이 "*약자를 *무시하지(잊지) 말라"는, 여기에서의 초점이 구원에 있지만, 악인을 무너뜨리는 것을 포함할 것임을 시사한다.

그 후에 병행을 이루는 수사적 질문은 3-4, 11절의 말을 다시 반복하고, 3-11절의 부담을 요약한다. 둘째 콜론("어찌하여"가 계속 이어 가는)은 악인이 어떻게 하나님을 경멸했는지를 설명한다.

> [ץ] 14 주께서는 보셨나이다 주는 재앙과 원한을 감찰하시고
> 　　주의 손으로 갚으려 하시오니
> 　　외로운 자가 주를 의지하나이다
> 　　주는 벌써부터 고아를 도우시는 이시니이다
> [ש] 15 악인의 팔을 꺾으소서
> 　　악한 자의 악을 더 이상 찾아낼 수 없을 때까지 찾으소서

질문의 공통적 핵심은 교대로 설명된다. 즉, 악인이 하나님을 부인하고 하나님에게서 달아날 수 있다는 그의 확신은, 과거 여호와의 행위에 의해 논박됐다. "주께서는 보셨나이다"는 11절과 모순되며, 이어지는 구절은 이것을 여호와에 대한 계속되는 진리와 연결시킨다.

사람들이 다른 이들에게 잘못을 범할 때, 여호와는 실제로 알아차리신다(나바트[nābaṭ] 히필). 이 동사는 기도에서 반복된다(예를 들어, 13:3[4]; 80:14[15]). 이 동사는 악인[44]과 가련한 자에게 갚으면서 "그들에게 행함으로써" 여호와께 보고 공감해 주시라고 요구하지 않고 보고 행동해 주시라고 요구한다(탈굼도 그렇다). 이 사실에 근거하여 가련한 자는 상황을 여호와께 맡길 수 있으며, 고아도 마찬가

44　Cf. 28:4a, 4b; Briggs, *Psalms*, 1:80도 그렇다.

지로 맡길 수 있다. 둘째 구절은 다시 여호와의 *도움의 과거 경험이라는 면에서 이에 대한 토대를 설명한다.

이에 비추어, 탄원자는 이제 필요한 것의 부정적 측면을 분명히 하면서, 다시 여호와께 조처해 주시라고 기도한다. 구출할 것이 있다면 무너뜨릴 게 있어야 한다. 문자 그대로, 이 기도는 여호와께 악인의 강력한 전술을 멈추도록 그의 팔을 부러뜨려 주시라는 것이다. 둘째 콜론은 "팔"이 "힘"을 가리키는 비유임을 시사하는데(참조. 71:18), 물론 분명히 탄원자는 필요하다면 문자 그대로 받아들여지는 데 만족할 것이다. 하지만 파괴의 목표는 그의 악한 행동을 제거하는 것이다. 한 번 더 시편은 동사 다라쉬(dāraš)를 이어 가는데, 이 동사는 누군가에서 무언가를 *추구하는 것을 시사한다.

[시 10:16-18]

> 16 여호와께서는 영원무궁하도록 왕이시니
>   이방 나라들이 주의 땅에서 멸망하였나이다
> 17 여호와여 주는 겸손한 자의 소원을 들으셨사오니
> [t] 그들의 마음을 준비하시며 귀를 기울여 들으시고
> 18 고아와 압제당하는 자를 위해 심판하사
>   세상에 속한 자가 다시는 위협하지 못하게 하시리이다

신앙에 대한 연속된 추가 진술은 이중 세-콜론을 형성하면서, 이 시편을 마무리한다. 각각에서 시작하는 행은 시간을 뛰어넘는 진술을 하는데, 하나는 명사절로 되어 있고, 다른 하나는 이중 이크톨(yiqtol)절로 되어 있다. 명사절은 신앙의 진술을 뒷받침하는 두 개의 카탈(qatal)절로 뒷받침된다. 이중 이크톨절은 다시 여호와의 행위의 적극적 목표를 가리키는 두 개의 목적절로 이어진다.

또 다른 시편에서 이는 기도가 응답됐다는, 단 한 번의 마무리하는 확신에 대한 표현일 수 있으며, 여기서는 그럴 수도 있지만, 또한 이 시편에 일관되게 진행되는 패턴인 호소와 신앙 진술과 하나님의 행위에 대한 진술의 혼합 일부이기도 하다.

이 시편은 여호와가 보좌에 앉아 계시다고 언급했다. 여기서는 이 시편에서 처음으로 게다가 "영원히" 여호와가 "왕"(5:2[3])에서 여호와는 "나의 왕"이었는데, 이

는 다른 점을 지적하는 것이다)이시며, 나라들이 여호와의 땅에서 멸망했다는 과거 선언과 연결된다. 이 연결은 "여호와가 영원히 통치하신다"(70인역은 이와 동화된다, 출 15:18)는 구약의 첫 선언을 상기시키는데, 그때 이스라엘 사람들은 여호와가 원수들에게 승리하신 것을 기뻐하고, 이것을 여호와가 자신들에게 "여호와의 산"을 소유하게 하는 임무를 완성하실 것이라는 보증으로 보았었다. 여기서 이 시편은 이 기대를 성취한 것을 되돌아본다.

나라들은 실제로 여호와의 땅에서 "멸망했다"(참조. 9:3, 6, 18). 여호와는 이스라엘이 "약할" 때 그들의 기도를 "들으셨고"(참조. 출 3:7) 다시 홍해에서의 그들의 부르짖음에 응답하셨다. 즉, 여기서 다시(시 10:17a), *약자의 "소원"에 대한 언급은 이전에 사용된 한 단어를 이어 가고(3절), 이를 새로운 방향에서 적용한다. 악인의 바람과 약자의 바람은 정반대로 대조됐으며 여호와는 오래전에 약자에게 하신 약속을 입증하셨다.

17b-18절은 한 번 더 지속하는 삶에 대한 함의로 돌아온다. 사람들의 마음이 애굽과 홍해와 더욱 분명하게 가데스(신 1:28)에서처럼 실패할 때, 여호와는 사람들에게 계속 진행할 것을 결심하도록 하시면서 사람들의 마음을 세우신다. 여호와의 들으심(17a절)은 단순히 과거에 있는 일이 아니다. 여호와는 계속 들으시는데(참조. 4:3[4]; 5:3[4]; 6:8-9[9-10]), 이는 시편에서의 또 다른 표준적 기도와 일치한다(예를 들어, 4:1[2]).

여호와는 정확하게 어떻게 진행되는지 들으시고 땅에서 들리는 부르짖음을 듣고자 하늘에서 머리를 숙이며 그들에게 늘 "귀를 기울이신다." 결과는 실제로 왕(참조. 16a절)이 헌신한(18절) 종류의 행위이다. 성읍의 왕은 거기서 악행에 대해 무언가 할 수 있는 능력을 갖춘 자이며, 도덕적으로 그 악행에 대해 무언가 하지 않을 수 없는 자이다. 고아와 압제당하는 자는 다시 나오고(9:9; 10:10, 14), 이런 사람들을 위한 여호와의 *심판도 다시 나온다.

약자는 항상 여호와를 자신들의 잠재적 구원자로 만난다. 나라들이 여호와의 땅에서 멸망했음을 고려할 때(16b절), 여호와가 나라들에서 온 사람들에게 이제 이 땅에 있는 자들을 "두렵게 하는 것"을 허용하지 않으셔야 하는 것이 적절하다(참조. 9:19-20). 이 동사는 이스라엘 사람들의 땅 정복과 관련된 동사이며(신 1:29; 7:21; 31:6; 수 1:9), 이 시편이 과거 위대한 행위들이 반복되도록 요구하고 있다는 인상을 뒷받침한다. 이런 연관성은 하아레츠(*hāʾāreṣ*)가 지면(earth)이 아니라 여기 그 땅(the land)임을 시사한다(많은 영어 번역본이 그렇다).

3. 신학적 의미

이 시편은 지금까지 시편에서 가장 긴 시편이며, 가장 종합적인 신학을 지닌다. 실제로 패트릭 D. 밀러(Patrick D. Miller)는 다음과 같이 주장한다.

> 다른 어떤 시편도 하나님의 통치, 왕의 대변자의 역할, 곤경에 처한 때의 도움을 구하는 기도, 악인과 의인의 길, 약자와 가난한 자를 위한 하나님의 정의와 같은 시편의 기본적 주제를 아주 온전하게 결합하지 않는다.[45]

이 시편은 특히 엄숙하게 강한 나라에 말하고, 특히 고무적으로 약한 나라에 말한다. 그러므로 이 주석을 읽는 대부분 독자는 자신을 기도의 대상이 되는 사람들로 보아야만 한다.

첫째, 여호와는 이스라엘을 공격하는 나라들에서 그들을 구원하시며, 그들이 여호와의 도움을 구할 때 그들을 결코 버리지 않으시면서, 이스라엘의 역사에서 수많은 놀라운 방법으로 행하신 분이다. 이처럼 여호와는 나라들 자체와 그들의 문명을 여호와의 땅에서 제거하시면서, 악하게 행하는 나라들에 대해 단호하고도 가혹한 방법으로 행하셨다. 여기에는 종종 나라들 자신의 파괴적 행위들이 자신들에게 돌아오도록 하는 것을 포함했는데, 이는 여호와가 활동하신 배후에 있는 "자연스러운" 과정에 의해서다.

둘째, 이런 행위들은 여호와가 지존하신 하나님이라는 사실을 나타내는데, 여호와는 왕으로 보좌에 앉아 계시며, 거기에서 영원히 세상과 세상의 사람들에게 권위를 행사하시는 분으로서 세워지신다. 여호와는 여호와의 성읍이자 여호와

---

[45] "The Ruler in Zion and the Hope of the Poor," in *David and Zion* (J. J. M. Roberts Festschrift), ed. Bernard F. Batto and Kathryn L. Roberts (Winona Lake, IN: Eisenbrauns, 2004), 187–97, 특히 188–89.

의 통치의 중심인 시온에서 보좌에 앉으신다.

이와 같이 여호와는 개인의 삶에 구원을 베풀어 영향을 미치는 방식으로 단호하고, 의롭고 정직하게 계속 행동하신다. 그리하여 여호와는 환난의 때에 압제당하는 자들에게 필요한 피난처가 되신다. 사람들이 약자들을 죽이고 있으므로 그들이 부르짖을 때, 여호와는 그 부르짖음에 응답하시고 죽이는 자들을 벌하려고 행동하신다.

여호와는 그 땅에서의 사람들이 더 두렵게 하지 않도록 하신다. 여호와는 악인들을 죽음에 몰아넣을 수 있으시며, 궁핍한 자들이 죽음의 문에 이를 때 그들을 들어 올리실 수 있다. 여호와는 그들의 마음을 강하게 하시고, 그들의 기도를 들으신다. 이 시편은 "종말론적 방향"[46]을 시사하지 않고 하나님이 현재에 관여하신다고 묘사한다.

셋째, 하지만 사람들이 부르짖어야 한다는 사실은, 여호와가 때로 거기에 앉아 계시거나 멀리 계시거나 숨으신다는 것과, 조치를 취하도록 일깨워지실 필요가 있음을 보여 준다. 이와 같이 약자의 소망이 상실되고 여호와는 그들의 부르짖음을 잊으셨던 것 같지만 이것은 마침내 그렇지는 않다.

넷째, 나라들은 계속 악함으로 특징지어진다. 그들은 여호와를 잊고 경멸한다. 그들은 자신들의 높여지고 거만한 위치를 인식하고, 자신들의 세상을 통치함을 알며, 여호와가 멀리 계시고 실제로는 세상에 관여하지 않으신다고 본다. 즉, 하나님은 세상을 잊으시고, 세상에서 무슨 일이 진행되는지 보려고 하지 않으신다. 실제적으로 하나님은 없다.

나라들의 길은 이와 같이 일관되게 세속적이다. 그들은 반대하며 냉소적이고, 자신들이 힘에서 결코 떨어지지 않을 것이라고 절대적으로 확신한다. 그들은 자신들이 인간에 불과하다는 것을 알지 못한다.

다섯째, 그들은 또한 인류 나머지, 구체적으로 약자들과의 관계에서 악한데, 그들은 약자들을 악용한다. 그들은 자신 안의 욕심을 마치 하나님인 것처럼 다루는 강도들이다. 그들은 약자들에게는 죽음을 몰아넣고 포악한 목적을 달성하고자 법적이지만 불공정한 수단을 쓰면서 거짓과 포악을 조합함으로써 일한다.

---

[46] McCann, "Psalms," 719도 그렇다.

여섯째, 여호와가 관심을 가지시는 사람들은 여호와의 이름을 인정하고, 여호와를 신뢰하며 여호와께 부르짖는 사람들이다. 왜냐하면, 그들은 약하고 궁핍하며, 압제당하고 가련하며, 따라서 권력과 재원을 갖춘 사람들에게 취약하기 때문이다. 그들이 여호와와 맺는 관계는 여호와의 이름을 인정하는 것을 포함한다. 즉, 여호와가 누구신지 인정하고 그에 따라 적절하게 살아가는 것을 포함한다. 이는 자신들의 연약함에 근거하여 여호와가 은혜로 행하시도록 호소하는 것을 포함한다.

일곱째, 이 관계는 단체로 사람들을 포괄하고 개별적인 "나"를 포괄한다. 이 관계는 여호와가 누구신지를 인정할 때 표현되며, 여호와가 이스라엘의 역사에서 행하신 일을 인정함으로써 여호와가 누구신지를 인정할 때 표현된다. 이 관계는 깊은 내면에서 들리는 목소리로 표현하는 기쁨을 포함한다. 이 관계는 시온과 사람들 사이에서의 여호와의 행위를 전하는 것을 포함한다.

여덟째, 이 관계는 나라들이 공격적으로 행동할 때 하나님이 실제로 알아차리신다는 확신과 여호와가 그들을 공격에서 구하실 때 그들의 삶에 비슷하게 행하실 것이라는 기대를 포함한다. 이 관계는 상황들을 여호와께 맡길 수 있는 신뢰의 관계이다.

아홉째, 이 관계는 하나님께 나라들의 문제에서 단호하게 행하고, 약자들의 곤경을 잊지 말아 주시라고 요구하는 것을 포함한다. 따라서 이 관계는 여호와께 공격자들에게 재앙을 내리시고, 그들의 꾀가 자신들에게 돌아가게 하셔서, 자신들이 인간임을 인정하게 해 주시라고 촉구하는 것을 포함한다. 이 관계는 여호와께 악인의 힘을 깨뜨리시고, 그들의 악함이 다할 때까지 그들의 악함을 끝까지 찾아내시도록 요구하는 것을 포함한다. 따라서 이 관계는 하나님의 영광, 옳은 일, 그들의 관심에 있는 것에 관한 관심을 결합한다.

전체 이 시편에서, 여호와의 이름은 자주 화자의 입술에 있지만, "정치적으로도 신학적으로도 여호와를 제거하기를 원하는" 악인의 말에는 없다. 하지만 "여호와가 사회적 관계에 들어가심으로써 단호하게 악인과 가난한 자들 모두의 전망이 변화된다." 이처럼 시편 자체는 "대안적 정치의 실천"이다.[47]

---

47 Brueggemann, *Psalms and the Life of Faith*, 231.

제11편

머물 것인가 아니면 도망할 것인가?

1. 본문

다윗의 시, 인도자를 따라 부른 노래

1 내가 여호와께 피하였거늘
　새여 네 산으로 도망하라(저자의 번역-역주)
　[또는, 너희가 내 영혼에게 새 같이
　네 산으로 도망하라 함은(개역개정-역주)]
　어찌함인가[1]
2 악인이 활을 당기고
　화살을 시위에 먹임이여
　마음이 바른 자를
　어두운 데서 쏘려 하는도다

---

[1] 첫 번째 버전은 K, *nwdw hrkm ṣpr*를 따른다. "도망하라"와 "네"는 복수이며, 치포르(*ṣippôr*)는 아마도 집합명사일 것이다(BDB). 물론 우리는 K를 "… 새들과 (같이)"로 번역할 수 있다 (*DCH*; GKC 118r도 그렇다). 둘째 버전은 (예를 들어) 누디 하르 케모 치포르(*nûdî har kĕmô ṣippôr*, 참조. 70인역)를 전제한다. Q는 복합적 읽기로, 단수 누디(*nûdî*)이지만 복수 "네 산들"로 되어 있으며, 탈굼은 "새들과 같이 산에 도망하라"(복수)로 되어 있다. 이 동사에 대해 많은 영어 번역본이 "도망하다"(flee)라고 하지만 나다드(*nādad*)와 누드(*nûd*, 참조. 영어 "flight")사이에 서로 영향을 주면서 후자는 종종 단지 "날아가 버리다"를 의미하고(참조. 70인역, 제롬, 탈굼), 나는 것은 여기서 새의 이미지에 속한다. "~에게"라는 전치사가 없으며 라쉬(Rashi)는 "네 산에서"를 그 땅에서를 의미하는 것으로 이해한다.

3 터가 무너지면

　의인이 무엇을 하랴

4 여호와께서는 그의 성전에 계시고

　여호와의 보좌는 하늘에 있음이여[2]

　그의 눈이 인생을 통촉하시고

　그의 안목이 그들을 감찰하시도다

5 여호와는 의인을 감찰하시고

　악인과 폭력을 좋아하는 자를[3] 마음에 미워하시도다

6 악인에게 그물을 던지시리니

　불과 유황과

　태우는 바람이[4]

　그들의 잔의[5] 소득이[6] 되리로다

7 여호와는 의로우사

　의로운 일을 좋아하시나니

　정직한 자는 그의 얼굴을 뵈오리로다[7]

---

[2] 나는 4절의 첫 행을 현수격(casus pendens)으로 이해할 때에 Pierre Auffret ("Essai sur la structure littéraire du Psaume 11," *ZAW* 93 [1981]: 401–18, 특히 403)를 따른다.

[3] 문자 그대로, "그의 네페쉬(*nepeš*)[*사람])가 반대에 부딪히다."

[4] 마소라 본문은 여호와가 새에게 그물(파힘 [*paḥîm*])의 비를 내린다고 하는데, 그렇게 할 때 시적 정의가 있을지라도 이는 이상하다. 심마쿠스는 페함(*peḥam*, 집합명사가 될 수 있는 석탄)임을 의미한다.

[5] 영어 번역본들은 이 행을 개별 명사절로 여기지만, 70인역과 제롬은 더욱 그럴듯하게 "그리고 난폭한 새"를 재앙을 내리는 여호와의 수단에 대한 묘사를 계속하는 것으로 본다.

[6] 메나트(*Měnāt*), 마나(*mānâ*)에 대한 다른 형태.

[7] 많은 영어 번역본의 "정직한 자가 그의 얼굴을 본다"는 야샤르(*yāšār*)가 집합명사이어야 하는데, 이것은 다른 곳에서는 결코 아니지만 함의는 비슷하다. 파네모(*pānêmô*)에 있는 접미사의 형태는 보통 복수이지만, 복수에 대한 선행사가 없으며 이 형태는 때로 단수이다(다음을 보라, GKC 103f; JM 94i). 긴 접미사는 이 시편에 더욱 확고한 어미를 제공한다.

2. 해석

시편 11편은 매우 근본적으로 신뢰의 진술인데, 왜냐하면 이 시편은 6절에서의 저씨브일 가능성이 있는 것을 제외하고는 직접적 기도를 포함하지 않기 때문이다(시편 4편과 대조해 보라). 이 시편은 수사적으로 화자에게 공동체의 다른 구성원들의 위험한 공격에서 도망하라고 경고하고 있는 사람들을 대상으로 하며, 그들에게 화자와 마찬가지로 필요할 때 굳건히 서라고 권고한다. 이 수신자들은 아마도 이 시편에 나오는 의인/정직한 자와 동일시될 수 있을 것이다.

하지만 실제 청중은 시편이 언급하는 어느 인물도 될 수 있다. 이와 같이 이는 여호와일 수도 있는데, 이 시편은 여호와에 대한 은밀한 선언이자, 여호와께 시편이 선언하는 신뢰의 옳음을 입증하시라는 도전(아마도 6절에서의 공공연한 도전)일 수 있다. 또는 이는 공격자일 수도 있는데, 그들이 자신들의 공격 대상을 놀라게 하여 도망하게 하지 않도록 경고하거나 그들에게 바꾸도록 경고하도록 간접적으로 계획됐을 수 있다.[8]

또는 이것은 화자 자신일 수 있는데, 이 말에서 표현하는 대담함과 신뢰를 강화하도록 계획된다. 1-2절은 공동체의 다른 구성원들의 경고를 설명하고, 4-7절은 신앙의 진술을 이어 간다. 3절은 어느 것에도 속할 수 있다.

[표제]

> 다윗의 시, 인도자를 따라 부른 노래

용어 해설을 보라.

[시 11:1-2]

신뢰의 이 진술은 시편 7편과 마찬가지로, 상황 가운데 시작한다. 우리는 곧 신뢰의 질문을 제기하는 화자에게 닥친 압박을 알게 되겠지만, 우리는 이것을 걱정

---

8 Cf. M. Mannati, "Le Psaume xi," *VT* 29 (1979): 222–28.

하는 친구들의 말에서만 알게 된다.[9] 화자를 중요하게 여기는 이는 여호와이다.

> 1 내가 여호와께 피하였거늘
> 새여 네 산으로 도망하라(저자의 번역-역주)
> [또는, 너희가 내 영혼에게 새 같이
> 네 산으로 도망하라 함은(개역개정-역주)]
> 어찌함인가

요점은 두 단어의 시작하는 콜론, "여호와께 내가 정말로 의지한다"에서 적절하게 지적된다. 이어서 여호와는 4-7절에서의 모든 행의 간접 주어나 직접 주어가 될 것이며, 실제로 네 번이나 불릴 것이고, 이름은 4-5절에서 구절의 처음에 세 번 놓이며 강조된다. 이는 여호와가 화자의 삶에 두신 장소에 대한 수사적 성찰이다. 친구들은 결코 여호와를 언급하지 않는데, 이는 여호와가 삶에 대한 그들의 생각에 두신 장소에 대한 수사적 성찰이다.

여호와를 의지한다는 선언은 보통 시편의 시작에 나오는데(예를 들어, 시 7편; 16편; 31편; 57편; 71편), 흔히 보호해 주시라고 여호와께 호소하는 토대로 나온다. 여기서는 독특하게 이 선언은 좋은 취지의 친구들이 신뢰의 문제와 안전한 장소의 필요성을 제기할 때 그들에게 하는 반응에 대한 토대가 된다.

마소라 본문과 70인역 모두 화자를 은유(마소라 본문)이든 직유(70인역)이든 새로 묘사한다. 마소라 본문의 복수는 "마음이 바른 자"라는 사실상의 복수와 들어맞으며, 충고하는 자들은 화자가 개인적으로 적용하기를 거부한 많은 사람에게 미칠 위험에 대해 일반화함을 의미한다.[10]

70인역의 단수는 그들이 단지 화자에게 그들의 경고를 전하는 것으로 하는데, 화자는 어떤 이유에서 특별한 위험에 처해 있다. 산으로 도망한다는 이미지는, 여

---

9 Gerstenberger (*Psalms*, 1:77)는 1b절을 시편 기자가 후에 2절에서 묘사하는 공격자의 말로 여기지만, 공격자가 화자에게 안전하게 도망하라고 명령하는 것은 이상해 보인다. Isaiah Sonne ("Psalm Eleven," *JBL* 68 [1949]: 241–45)는 명령을 제거하고자 수정한다. Julius Morgenstern ("Psalm 11," *JBL* 69 [1950]: 221–31)도 이 시편을 주술적 관행과 연결하여 해석할 때 그렇게 한다.
10 "내게"는 레나프쉬(*lĕnapšî*, *사람)이다.

여호와를 의지하는 것에 대한 이 시편의 시작하는 말에서 이미 이 권고를 염두에 두었음을 시사한다. 왜냐하면, "여호와를 *의지함"은 더 문자적으로 "여호와께 숨는 것"을 시사하기 때문이다. 이 시편을 사용하는 자는 문자 그대로 성전에 "피난"하고 있을 수 있다(참조. 왕상 1:50).[11] 은유적으로 화자는 명백히 그렇게 하고 있다.

산은 높이 있고 접근할 수 없으며, 나무로 덮여 있고 곳곳에 동굴이 있으며, 숨을 많은 장소를 제공하는 피난의 장소이지만, 인간이 산에 숨는 전통은 없으며, 예루살렘이나 다른 그럴법한 장소에 있는 화자는 이미 산에 있다. 산은 안전한 곳이 아니라 위험이 있는 곳이다. (소돔이 요단강 골짜기에 있으며, 모딘[Modin]이 해안 평원 가까이 있으므로 창세기 19:17과 마카비1서 2:28은 이 법칙을 증명한다.)

사람은 산이 아니라 광야에 피한다(예를 들어, 삼상 24; 26). 하지만 새들은 산의 바위에 쉽게 날아가 안전하게 앉을 바위를 찾을 수 있거나, 새들은 많은 산을 덮는 나무에 피할 수 있다. 이것은 전체 콜론이 비유임을 시사한다. 충고하는 자는 화자에게 선호하는 산 바위나 산 나무에 피하는 새와 같이 행동하도록 촉구한다. 화자가 문자 그대로 가는 곳은 알 수 없다.

> 2 악인이 활을 당기고
> 화살을 시위에 먹임이여
> 마음이 바른 자를
> 어두운 데서 쏘려 하는도다

화자는 왜 도망해야 하는가?

새 이미지는 계속된다. 악인은 자신의 활을 구부려 새를 쏠 준비가 되어 있는 사냥꾼과 같다.[12] 그런 이유에서 새는 도망할 필요가 있다.

하지만 그들은 왜 이런 식으로 사냥해야 하는가?

처음에 2절에 있는 둘째 행은 이중으로 긴장감을 불러일으킨다. 즉, 이 행은 그 질문에 답하지 않는다. 또한, 이 행은 이크톨(yiqtol)에서 카탈(qatal)로 전환하

---

11 W. H. Bellinger ("The Interpretation of Psalm 11," *Evangelical Quarterly* 56 [1984]: 95–101)는 이 시편을 원래 은신처를 찾는 것과 관련되었지만 그 후에 더욱 은유적으로 다시 해석됐다고 여긴다.
12 7:12[13] 해설을 보라.

고, 따라서 단순히 사냥꾼이 어떻게 보통 행동했는지를 묘사하는 것 이상을 다룬다. 우리는 활에 화살을 실제로 놓는 것을 본다. 이것은 활을 구부리는 것을 앞선다. 이것은 이미 일어났다. 그들은 총을 장전했고 쏘기 직전이다.

그렇다면 그들은 왜 이렇게 하고 있는가?

둘째 콜론이 설명한다. 목표가 어둠에 있다는 의미에서가 아니라(보호를 받는), 시편들이 언급하는 다른 공격자들과 마찬가지로 속이면서 어둠에 숨어 있다는 의미에서(예를 들어, 시 5편), 그들은 어둠 속에서 쏘고 있다. 그리고 그들의 목표는 마음이 정직한 자들이다. 이미지는 다르지만, 단어들은 어둠 속에서 활동하는 공격자들과 내적 삶과 외적 삶이 일치하는 정직한 사람들을 대조시킨다. 정직한 사람들이 목표이다. 이 무리에 속하는 누구라도 도망가야만 한다.

[시] 11:3

> 3 터가 무너지면
> 의인이 무엇을 하랴

조언하는 자들의 말은 여기서 계속될 수도 있거나(많은 영어 번역본이 그렇다), 시편 기자의 성찰일 수도 있는데, 물론 그렇다 해도 1절은 이 절이 좀처럼 절망을 가리키지 않음을 시사한다.

"터"(샤토트[šātôt])를 가리키는 단어는 여기에서만 나온다.[13] 구약에서 터(야사드[yāsad]에서 온)를 가리키는 더 친숙한 히브리어 단어를 은유적으로 사용한 것은 사회의 터를 가리키며(예를 들어, 82:5), 그렇다면 이는 시편 11편의 터가 사회적 삶이 의존하는 은유적 토대라는 개념을 뒷받침한다. 사람들이 (예를 들어) 자신들의 개인적 이익 외에 다른 이유 없이 정직한 자를 공격하는 일이 통상적인 일이 됐을 때, 이 터들은 사라진다. 이와 같이 이 콜론은 2절의 관찰에서 추론한다. 폭력의 규칙이 율법의 규칙을 대체했다.

---

13 번역은 심마쿠스를 따르고, 덜 직접적으로 70인역과 제롬을 따르는데, 그들은 PBH에 나오는 관련 단어들에서의 실마리를 따르고 있다. *DTT* 1637-41을 보라.

둘째 콜론의 분명한 문자 그대로의 번역은 "의인, 그는 무엇을 했는가?"(참조. 70인역)이다. 의인은 여호와일 수도 있는데, 이는 7절과 들어맞지만, 이 점에서 상당한 추론이 필요하다. 의로운 사람은 5절에서 다시 나오며, 인간일 가능성이 더 크다. 그렇지 않으면 3b절은 아무것도 하지 않는다고 의로운 사람들을 비판하는 것이거나, 아무 잘못도 하지 않았다고 그들을 옹호하는 것일 수 있지만, 다시 이것은 오히려 개별 언급인 반면에 어떤 것도 할 수 없었다는 사실에 대한 성찰이 3b절에서 잘 이어진다.[14] 의인은 붕괴를 막는 데 어떤 것도 할 수 없었을 수 있으며, 일단 붕괴가 일어났다면 어떤 것도 할 수 없었을 것이다. 충고자들의 말로, 그들은 화자가 여기서 벗어날 변명이 있음을 의미한다.

[시 11:4-7]

이 시편은 인간이 상황을 고치는 데 어떤 것도 할 수 없음을 부인하지 않지만, 이런 정당화된 무기력에 반대해, 이 시편의 대부분을 차지하는 여호와에 대한 연속된 확신을 제시한다. 이 시편은 이런 확신에 대한 근거를 제시하지는 않는다. 이 확신들은 단순히 진리라고 아는 사실일 뿐이다.

> 4 여호와께서는 그의 성전에 계시고
> 　여호와의 보좌는 하늘에 있음이여
> 　그의 눈이 인생을 통촉하시고
> 　그의 안목이 그들을 감찰하시도다

첫째, 여호와는 우주 안에서 통치자의 자리에 계신다. 4a-b절은 지상의 성전을 언급함으로써 시작하고(참조. 79:1), 그 후에 5:7[8]에서와 마찬가지로 여호와의 하늘의 보좌를 언급하는 것으로 보완한다.

하지만 거기서 여호와의 거룩한 *궁전(개역개정: 성전-역주)은 하늘에 있는 거주지였으며, 이것은 여기서도 그런 것 같다. 그리하여 4a절이 여호와의 거룩한

---

14 의구심이 많은 질문에 있는 카탈(qatal)에 대해, 참조. 39:7[8]; 60:9[11]; 73:11; 80:4[5] (다음을 보라, *TTH* 19; DG 59; cf. GKC 106p).

궁전이 그 보좌와 함께 어디에 있는가라는 질문을 제기하고, 4b절은 그것이 하늘에 있다고 대답한다. 이것은 지상의 건물일 뿐만 아니라, 창조 세계 내에서 멀리 떨어진 하늘의 영역에 있지 않다.

그러나 여호와가 하늘에 있는 자기 궁전에 계시다는 것은, 어떤 좋은 소식이 되지 않을 수도 있다. 즉, 사람들은 지상에서 어떤 일이 일어나는지 집중하도록 여호와가 필요하다. 4c-d절은 여호와가 그렇게 하신다고 선언한다. 궁전에서 여호와는 무엇이 진행되는지를 보신다.

하지만 무슨 목적에서인가?

이것은 어떤 종류의 보는 것인가?

특이한 동사 "통촉하다"(하자[ḥāzâ])는 이것이 단순히 보통의 보는 것이 아닐 수 있음을 이미 암시한다. 병행을 이루는 구절은 보는 것에 목적이 있음을 분명히 한다. 여호와의 "안목"은 문자 그대로 여호와의 "눈꺼풀"인데, 아마도 여호와의 눈이 결코 감지 않음을 시사하는 것 같다. 이와 같이 여호와는 사람들에 대한 실제 진실을 발견하고자 신중하게 그들을 보시면서, 사람들을 "감찰"하시거나 시험하신다(바한[bāḥan], 참조. 17:3; 26:2; 95:9; 139:23). 7:9[10]에서처럼, 이 시편은 여호와가 "자동적으로" 전지하지 않으시고 사람들의 내적 마음에 무엇이 진행되는지 알고자 선택하실 수 있다고 여긴다.

> 5 여호와는 의인을 감찰하시고
>   악인과 폭력을 좋아하는 자를 마음에 미워하시도다

두 개의 여섯 단어로 된 행 뒤에 긴 4-5 행이 나온다. 감찰은 여호와가 사람들에 대한 실제 진실을 보고자 사람들의 말의 배후를 보실 수 있음, 따라서 "인간들" 가운데 *의인과 *악인을 구분하심을 의미한다(NRSV는 바한[bāḥan]을 이 행에서 다르게 번역함으로써 약간 핵심을 모호하게 한다). 어순은 요점을 두드러지게 하는 데 기여한다. 즉, 문자 그대로, "의로운 여호와는 감찰하시고 악인을." 여호와의 감찰은 악인과 의인을 구분한다.

한 번 더 둘째 콜론은 이 논리를 더 끌고 간다. 여호와는 감찰 후에 이것이 흥미로운 연구였다고 단순히 결론 내리지는 않으신다. 즉, 여호와는 행동에 옮기신다. 둘째 구절은 *헌신하다(개역개정: 좋아하는-역주)와 *미워하다라는 두 개의

더 깊은 반의어를 묶는다. 여호와는 불법적 *폭력으로 "터를 무너뜨리려고" 힘으로 행동하는 자들에게 힘(한 번 더, 네페쉬 [nepeš], *사람)으로 행동하신다.

> 6 악인에게 그물을 던지시리니
>   불과 유황과
>   태우는 바람이
>   그들의 잔의 소득이 되리로다

그렇다면 이 행동은 어떻게 보이는가?

6절은 이 시편에서 가장 긴 행으로 이를 설명하는데, 참혹함에 대한 표현들을 쏟아낼 때에 시적으로 해석하기가 거의 불가능하다.[15] 악인의 경험은 하나님이 불과 유황을 내리셨던 소돔과 고모라의 경험(즉, 타는 유황; 창 19:24), 에돔(사 34:9-12)과 이스라엘 자신(신 29:23[22])에게 위협이 되는 경험을 반복할 것이다. 폭풍과 번개의 창고를 갖춘, 하늘에 있는 여호와의 궁전에서 이런 내림은 악인이 쏘는 개별적 화살들보다 훨씬 참혹할 것이다.[16]

여호와의 활은 참혹하게 불타는 화살을 갖추고 있다(7:13[14]; 18:12-14[13-15]). 이런 내림의 효과는 단순히(또는 전혀) 사람들을 죽이는 것이 아니라, 그들의 땅을 완전히 메마르게 하여 어떤 것도 자랄 수 없게 하는 것이다.

"태우는 바람"은 다른 형태의 질책이 아니라 이 내림의 또 다른 측면이나 이를 묘사하는 또 다른 방식이다. 태우는 바람은 여호와의 입에서 나오는 불타는 유황과 같은 숨이다(참조. 사 30:33). 그리고 이것은 그들의 할당된 몫이며, 그들의 잔에 있는 마셔야 할 것이다. 시편은 두 이미지를 조합한다. 누군가의 "소득"은 제사장들에게 가는 희생제물의 맛있는 부분들과 같이 오히려 좋은 것이어야 한다(예를 들어, 출 29:26). 그러므로 이때는 여호와가 사람들의 소득을 할당하실 때이다(시 16:5). 하지만 이 소득은 좋은 것이 아니다(참조. 렘 13:25). 또한, 잔의 이미지 배후에는 축복을 시사할 수 있는 포도주 잔이 있다(다시 시 16:5을 보라; 또한 23:5; 116:13

---

15 동사는 얌테르(*yamṭēr*)이고, 이런 저씨브 형태는 역시 이크톨(*yiqtol*)로 사용될 수도 있지만 (GKC 109k) 그럴 필요는 없으므로(cf. *TTH* 58, 172; Gerstenberger, *Psalms*, 1:78), 독자는 이것을 진술이나 소원으로 해석할 수 있다.

16 Schaefer, *Psalms*, 28-29.

을 보라). 하지만 잔은 또한 독으로 채워질 수 있으며, 여호와의 적에게 가는 것은 이런 잔인데, 이는 다시 이스라엘을 포함할 수 있다(예를 들어, 75:8[9]; 사 51:17-23). 6절이 문자 그대로 무엇을 가리키는지 알 수 있는 방법은 없다. 이 시편은 여호와가 구원하시는 행위의 의미와 두려움을 표현하는 데 친숙한 이미지를 사용한다.

> 7 여호와는 의로우사
> 의로운 일을 좋아하시나니
> 정직한 자는 그의 얼굴을 뵈오리로다

악인에게 참혹한 재앙을 내리는 것은, 여호와의 의를 정직한 자에게 표현하는 것이며, 정직한 자는 이렇게 악인의 꾀에서 구출 받는다. 이 시편을 마무리하는 세-콜론은 이전 행에 펴져 있는 연속된 단어들을 다시 사용한다. 우리는 여호와가 의인의 편을 드신다는 것을 안다. 이제 우리는 이런 이유가 *의가 여호와의 성품 가운데 하나이기 때문임을 상기하게 된다.

이 선언의 함의는 여호와가 의로운 행동에 *전념(헌신)하신다는 것이다. 이것은 내적 성품일 뿐만 아니라 여호와의 행동 특징이며, 여호와가 의로운 행동을 하겠다고 전념하시는 것은 악인들과는 대조된다(5절).

여호와가 보신다는 것(4절)이 정직한 자가 본다는 것으로 다시 나오는데, 이는 그러므로 다른 의미를 지닌다. 정직한 자는 2절에서 악인의 희생자였지만 여호와의 *얼굴은 그들을 보는데, 이는 여호와가 그들을 위해 조처를 하신다는 것을 의미하며, 이것은 정직한 자가 필요한 것이다. 여호와를 의지하고(1절), 여호와가 자비롭게 보시는 대상이 된다는 것(7절)은 악인과 그들의 행위를 감싸는 괄호를 형성한다.[17]

---

17 Ibid., 28-30.

3. 신학적 의미

터가 붕괴될 때, 당신은 (예를 들어) 터를 재건하거나(신명기 저자와 같이), 도망하거나(엘리야와 같이), 설교하거나(아모스와 같이), 신앙을 세우는 이야기를 전하거나(창세기와 같이), 더 나은 미래를 약속하거나(이사야와 같이) 압도당할 수도 있다(전도서와 같이). 아니면 당신은 이 시편 기자와 마찬가지로, 당당하게 서서 여호와가 행동하시기를 기다릴 수도 있다.

4-7절의 동사들은 이크톨(yiqtol)이며, 6-7절에 대해 현재에서 미래로 옮기는 것은 임의적이며, 잠재적으로 오해하게 하는 것 같다. 왜냐하면, 이는 여호와의 의와 구원의 행위가 미래(종말론적?)에 있음을 의미할 수 있기 때문이다. 시편은 여호와가 현재의 삶에 관여하심을 알고, 종종 이 관여하심에 대해 증언한다. 시편 11편은 이에 대한 확신을 선언하고 있다. 여호와의 활동이 미래에만 속한다면, 충고자들에 대한 조롱 섞인 반응(1-2절)이 이해가 되지 않을 것이다. 이 관여하심은 먼 과거의 공동체(창 18-19장) 또는 종말의 날에만(사 34:9) 속하지 않는다. 또한, 현재의 보통 사람들에게도 속한다.

제12편

악인들의 비열함에 반응하다

1. 본문

다윗의 시, 인도자를 따라 여덟째 줄에 맞춘 노래

1 여호와여 도우소서 경건한 자가 끊어지며
  충실한 자들이 인생 중에 없어지나이다
2 그들이 이웃에게 각기 거짓을 말함이여
  부드러운(개역개정: 아첨하는-역주) 입술과 두 마음으로[1] 말하는도다

3 여호와께서 모든 부드러운(개역개정: 아첨하는-역주) 입술과
  큰 것들을 말하는(개역개정: 자랑하는-역주) 혀를 끊으시리니[2]
4 그들이 말하기를 우리의 혀가 이기리라[3]
  우리 입술은 우리 칼이니(개역개정: 것이니-역주)
  우리를 주관할 자 누구리요 함이로다

---

1 문자 그대로, "한 마음과 한 마음으로 부드러운 것들을 말하는 입술."
2 번역본들은 "우리의 입술들은 우리에게 있다"라고 하는데, 이는 암시적이다. 나는 이것을 명사 에트('ēt)가 나온 것으로 보는데(다음을 보라, BDB 88; DCH), 이는 문맥의 이미지와 어울린다.
3 칼(qal)과 비슷한 의미로 사용된 가바르(gābar)의 히필(hiphil, BDB와 대조되는 *DCH*를 보라).

5 여호와의 말씀에 가련한 자들의 눌림과 궁핍한 자들의 탄식으로 말미암아
　내가 이제 일어나
　그를 그가 원하는 안전한 지대에⁴ 두리라⁵ 하시도다⁶
6 여호와의 말씀은 순결함이여
　땅 위의(개역개정: 흙-역주)⁷ 도가니에⁸ 단련한 은
　일곱 번 깨끗하게 된(개역개정에는 없음-역주) (은 같도다)

7 여호와여 그들을 지키사
　이 세대로부터 영원까지 보존하시리이다⁹
8 비열함이 인생 중에 높임을 받는 때에
　악인들이 곳곳에서 날뛰는도다¹⁰

4　참조. 3:2의 "내 도움으로 일어나소서(쿰 베[*qûm bĕ*])." 여기서 "구원"이 "구원자"를 내포하듯이(27:1에서처럼), 이것은 "내 구원자"를 내포한다(118:7도 그렇다).
5　영어 번역본은 "내가 둘 것이다"라고 하지만, 이 동사는 목적어가 없으며 후속 베예샤(*bĕyēšaʿ*, "구원으로", 개역개정: 안전 지대에-역주)는 독특하고 이상하다. 나는 이 동사를 (예를 들어) 병행구와 잘 들어맞는 3:6에서처럼 여길 것이다.
6　NIVI와 NRSV는 푸아흐(*pûaḥ*) I, "숨쉬다"에서 온 야피아흐(*yāpîaḥ*)를 도출하지만, NJPS는 이것을 푸아흐(*pûaḥ*) II, "증언하다"에서 도출하는데 이것이 더 적절하다(참조. 탈굼; 다음을 보라, HALOT; Paul-Richard Berger, "Zu den Strophen des 10. Psalms," *UF* 2 [1970]: 7-17 [특히 10-17]; Patrick D. Miller, "Yāpîaḥ in Psalm xii 6," *VT* 29 [1979]: 495-501; J. G. Janzen, "Another Look at Psalm xii 6," *VT* 54 [2004]: 157-64).
7　나는 라아레츠(*lāʾāreṣ*)가 정제된 은이 땅에서 흘러나오고 있음을 의미한다고 여긴다. "흙"(참조. KJV)은 특히 이 단어가 아다마(*ʾădāmâ*)보다는 에레츠(*ʾereṣ*)일 때 가능성이 낮다. NEB는 하루츠(*ḥārûṣ*), "금"으로 수정하지만, 이런 자연스러운 말이 어떻게 이렇게 어려운 읽기로 훼손될 수 있었는지 이해하기 어렵다. *Midrash on Psalms*, 1:173는 "세상 전에"를 시사한다.
8　아릴(*ʿălîl*)은 여기서만 나온다. "도가니"(furnace)는 탈굼을 따른다.
9　번역본들은 "이 세대부터 영원히"라고 되어 있지만, "이것"(주[*zû*])은 어떤 관사도 없으며 따라서 관계사일 가능성이 있다(다음을 보라, *IBHS* 19.5d; *DCH*; 그리고 BDB 261b에서의 제(*zeh*)에 대한 오해 설명; 다음을 대조해 보라, *GKC* 126y; UBS).
10　W. E. March ("A Note on the Text of Psalm xii 9," *VT* 21 [1971]: 610-12)는 이 행을 왕하 23:5에서의 예배의 대상들인 "별자리들"(마즈잘로트[*mazzālôt*])을 언급하는 것으로 만들려고 다시 나누고 모음을 수정한다. P. Wernberg-Møller ("Two Difficult Passages in the Old Testament," *ZAW* 69 [1957]: 69-73 [특히 69-71])는 *krm gzlt*, "흙이 (있는) 마당(에)"으로 수정한다. Eugene Zolli ("Kerum in Ps. 12:9," *CBQ* 12 [1950]: 7-9)는 "사람들에게 야비한 벌레들"이라는 번역을 시사하면서, *krm*을 벌레를 가리키는 단어로 여긴다.

2. 해석

시편 12편의 내용은 12편이 시편 11편과 마찬가지로 사회에서 삶의 터를 파괴하는 데서 그 배경을 지니고 거기에 나타나는 대로 여호와에 대한 동일한 확신을 드러냄을 보여 준다. 그러나 여기서 이 시편을 감싸는 것은 헌신된 자들보다 악인들의 승리이다(1, 8절을 보라). 동시에 이 시편은 기도에 대한 초점, 상황이 달라지기를 바라는 소망(3절), 여호와에게서 오는 말씀의 공유(5절)를 추가한다(1절). 이 말씀이 시편의 궁극적 확신(7절)을 야기한다.

하박국 1장과 비교해 보면, 이 시편은 선지자와 여호와의 대화를 반영할 수도 있으며, 그 후에 이는 일반적으로 공동체가 사용하기에 이르렀음을 추측할 수 있는데,[11] 물론 이는 이 장면에서 여호와를 소개하는 수사적 장치를 문자적으로 읽은 것일 수 있다.[12] 이것은 이사야 57장, 예레미야 5장, 호세아 4장과 7장, 미가 7장에서도 나오듯이, 여호와에게서 사람들에게로 애가가 뒤바뀌는 것이다.

또한, 이사야 33:7-12을 보라. 처음에 시편 기자는 여호와를 위해 사람들에게 말할 뿐만 아니라, 사람들을 위해 여호와께 말하면서, 선지자의 소명에 대한 다른 측면을 성취하고 있다. 하지만 하박국과 마찬가지로 시편 기자는 또한 여호와의 반응을 공유하는 위치에 있다.

1-2절	공동체의 삶에서의 직접적 기도와 애가 결합
3-4절	공동체의 삶에서의 소망(저씨브 선언들)과 애가 결합
5-6절	공동체의 삶에 비추어 여호와의 말씀을 가져오고, 이 말씀에 반응
7-8절	여호와에 대한 확신을 선언하지만, 공동체의 부패한 삶을 더 언급하면서 마무리[13]

---

11 Cf. Kraus, *Psalms*, 1:207.
12 Gert T. M. Prinsloo, "Man's Word–God's Word," *ZAW* 110 (1998): 390–402, 특히 398도 그렇다.
13 Watson (*Classical Hebrew Poetry*, 247–48)과 Rolf A. Jacobson ("Many Are Saying," JSOTSup 397 [London: T&T Clark, 2004], 30)은 이것을 교차대구 구조로 보지만, 그들은 이 구조에 대해 다르게 이해한다.

[표제]

> 다윗의 시, 인도자를 따라 여덟째 줄에 맞춘 노래

용어 해설과 시편 6편 표제의 주석을 보라.

[시 12:1-2]

> 1 여호와여 도우소서 경건한 자가 끊어지며
> 충실한 자들이 인생 중에 없어지나이다

"구원하소서"라는 대담한 명령으로 시작하는 것은 다소 무례한데(시편 69편이 유일하게 비슷한 시편이다), 물론 이 대담함은 -아(â) 접미사(따라서 번역에서는 "하라")에 의해 완화된다. 하지만 여호와는 분명히 시편 기자가 이런 진심으로 절박하게 오는 것을 허용하신다. 앤 라모트(Anne Lamott)가 말한 대로, "여기에 내가 아는 최상의 두 기도가 있다. 즉, '나를 도우소서, 나를 도우소서, 나를 도우소서'와 '감사합니다, 감사합니다, 감사합니다'이다."[14]

이 시편의 명령법은 시편 69편을 시작하는 명령과 다르게 심지어 목적어가 없지만,[15] 화자 자신의 필요와 관련이 없다는 사실에 잘 들어맞는다. 그 배경은 1-2절을 구성하는 두 개의 긴 행의 나머지에서 묘사되는 공동체 생활의 상태이다. 이 공동체에 남겨진 단 한 명의 *헌신된 사람도 없다. 요점은 다른 공동체에도 적용될 수 있지만, 아마도 "인생"은 "탄원자가 경험한 대로의 인생"을 의미할 것이다.

둘째 콜론은 덜 친숙한 용어로 핵심을 다시 표현한다. *참된(에무님 ['ĕmûnîm])은 확고부동하게 자신의 헌신을 지키는 사람들을 가리키는 흔한 어근의 드문 형태이다. 그렇다면 "끊어지다"(가마르[gāmar])는 특이한 단어이고, "없어지다"(파

---

14 *Traveling Mercies* (New York: Pantheon, 1999), 82. 그녀는 스펄전에 동의한다(*Treasury of David*, 1:141을 보라).
15 70인역, "나를 구원하소서"는 목적어를 제공한다.

사스[*pāsas*])는 여기서만 나오지만, 의미는 문맥에서 충분히 명백하다.

> 2 그들이 이웃에게 각기 거짓을 말함이여
> 부드러운(개역개정: 아첨하는-역주) 입술과 두 마음으로 말하는도다

2절은 더 구체적으로 이것이 어떻게 보이는지를 표현한다. 사람들은 이웃들에게, 공동체의 다른 사람들에게 *헛된 것(개역개정: 거짓-역주)을 말한다. 그들이 말하는 것에는 내용이 전혀 없다.

이것이 왜 문제가 되는가?

헛된 것을 말한다는 것은 그들이 축구에 대해서 말할 뿐이라는 것을 의미하지 않는다. 둘째 콜론은 그들의 말의 헛된 것이 어디에 있는지 설명한다. 그들의 말은 부드러운데, 즉 좋은 소식을 전하고, 말을 듣는 자들은 받기를 기뻐하며 그들의 목에 쉽게 넘어가게 하면서 매력적이다(5:9[10] 해설을 보라).

하지만 화자들은 두 마음을 품었다. 이는 그들이 어떤 것을 생각하고 의도한 것처럼 보이지만 그들의 *마음에는 매우 다른 것을 생각하고 의도한다고 말하는 역설적 방식이다. 그들은 그들의 내적 삶과 외적 삶이 일치하는 한마음과 한 길의 사람들이 아니다(렘 32:39).

[시 12:3-4]

이 시편은 상황이 변해야만 하는 선언으로 되돌아가지만, 거의 마치 여호와보다 더 큰 어떤 의무에 호소하고 있는 것처럼, 명령법에서 저씨브로 옮긴다. 다시 이것은 긴 행이며, 입술, 혀, 혀, 입술을 언급하면서 *abb'a'*로 되어 있다. *aa'*행은 "끊다"와 "칼"을 묶고, *bb'*행은 "큰 것들"과 "이기다"를 묶는다.

> 3 여호와께서 모든 부드러운(개역개정: 아첨하는-역주) 입술과
> 큰 것들을 말하는(개역개정: 자랑하는-역주) 혀를 끊으시리니

"모든 부드러운 입술"은 여호와가 입술과 혀를 끊으셔야 한다는 소망이나 요구를 표현할 때 요점을 확장하기는 하지만, 2절의 말을 이어 간다. 둘째 콜론은

사람들에 대해 새로운 점, 즉 그들이 큰 것을 말한다는 사실을 덧붙인다. 이 시편의 요구의 놀라운 특징("끊다")은 외견상으로는 이런 무해한 기관의 놀랍도록 참혹한 힘과 일치한다(참조. 약 3장). 하지만 4절을 시작하는 "그들"은 이 소망이 제유와 관련됨을 단언한다. 즉, 거짓말하는 입술과 혀를 끊는다는 것은 그것들이 붙어 있는 사람들을 끊는 것을 의미한다(예를 들어, 37:9, 22, 28, 34, 38). 이 사람들은 자신들의 거짓말하는 말의 칼로 다른 이들을 끊기를 원하며, 이 시편은 여호와께 이 과정을 역전시키시기를 촉구한다.

> 4 그들이 말하기를 우리의 혀가 이기리라
> 우리 입술은 우리 칼이니(개역개정: 것이니-역주)
> 우리를 주관할 자 누구리요 함이로다

위의 "큰 것들"은 무엇인가?

그들의 말과 의도가 불일치할 뿐만 아니라, 자신들의 이런 부드러운(아첨하는) 말을 통해 자신들이 달성할 수 있다고 생각하는 크기이다. 그들은 자신들의 성공에 이르는 길을 말할 수 있다고 생각한다. 둘째 콜론은 이 점을 다시 진술한다. 그들의 입술은 부드러운 것 같지만, 감정적으로 해를 끼치는 것이 아니라, 죽을 능력을 갖췄다는 점에서 굉장히 날카롭다. 누구도 그들을 무찌를 수 없을 것이다. 이 행은 4a-b절의 끝에서 완성되겠지만, 셋째 콜론은 대단한 최후의 일격을 더하는데, 그 함의가 (예를 들어) 10:4과 함의가 비슷하다. 그들은 어떤 *주님(아돈['ādôn])도 없고 자신들만 있다고 말하는데, 이처럼 암묵적으로 그들은 하나님의 존재를 부인한다.[16]

[시 12:5-6]

여호와는 당당하고 우레와 같은 4-4-4의 세-콜론으로 대답하신다. 이에 선지자는 또 다른 세-콜론으로 대답한다. 많은 시편에서(예를 들어, 시 6편) 아마도 그 특성상 시편이 대화의 인간적 측면을 나타내므로, 여호와의 말씀이 시편에

---

16 참조. 탈굼; 또한 *Midrash on Psalms*, 1:171.

나오지 않더라도, 여호와에게서 온 한 대답이 기도에서 찬양으로 전환하게 할 수 있음을 의심할 수 있다. 시편이 하박국 1장에서와 마찬가지로 선지자와 여호와 사이의 대화를 나타낸다면, 이 예외는 이 규칙을 입증한다.

> 5 여호와의 말씀에 가련한 자들의 눌림과 궁핍한 자들의 탄식으로 말미암아
> 내가 이제 일어나
> 그를 그가 원하는 안전한 지대에 두리라 하시도다

대답은 이 시편이 아직 명확히 하지 않은 사람들의 행동의 또 다른 측면에서 시작한다. 지금까지 부유한 자들 사이에서의 부정직에 대해 말해 왔을 수 있지만, 실제로 이 부정직은 주로 약자들과 궁핍한 자들에게 영향을 미치며(9:12, 18[13, 19] 해설을 보라), 이것은 여호와께 행하시도록 촉구하는 측면이다(아마도 여호와는 부자들이 서로에게 하는 것을 그렇게 관심을 가지지 않을 수 있다).

첫째 콜론은 여호와께 개입하시도록 자극하는 두 가지 사항에 대해 말한다. 우리는 두 가지에 4절에 나오는 하나님의 존재에 대한 암묵적 부인에서의 모욕감이 포함된다고 예상할 수도 있지만, 여호와의 동기는 다른 곳에서 온다.

첫째, *약자와 *궁핍한 자들의 황폐함이 있다.

분명히 이것은 그들이 약탈물로 다뤄지는 것과 관련이 있지만(참조. NRSV), 파괴자들이 얻는 것에 초점이 맞춰져 있지 않다. 여호와를 움직이시게 하는 것은 그들의 행동이 약자에게 가져올 압제와 황폐함이다.

둘째, 그들의 탄식이 있다.

이 시편은 그들이 누군가에게 탄식하고 있었다고 시사하지 않는다. 그들의 탄식이 반드시 기도는 아니다(물론 이 단어는 말 2:13에서 기도에 사용된다). 이것은 단순히 고통의 부르짖음일 수 있다. 하지만 여호와는 이것을 들으신다(참조. 102:20[21]). 여호와의 말씀은 79:11에서의 기도에 대한 기대되는 응답이다. 또한, 여호와의 말씀은 출애굽 이야기의 역동성을 반복한다(출 2:24; 6:5).

중간 콜론에서 "이제"(아타['*attâ*])는 주로 연대기적 언급이 아니라 논리적 언급이다. "하지만/그리고 이제"는 종종 선지자가 묘사한 사실에 비추어 여호와

가 행동하고 계시다는 선지자의 선언을 소개한다. 여호와는 명백하게 "일어나십시오"라는 말을 듣지 않으셨지만(3:7[8]; 7:6[7]; 9:19[20]; 10:12에서처럼), 그렇게 하기로 착수하신다.

셋째 콜론은 이 요점을 요약한다. 시편 3:6-7[7-8]은 탄원자들에 맞서 "자신들의 입장을 취하겠다"는 사람들에 대해 말하고, 여호와께 "일어나" "구원해 주시라"고 호소했다. 이 단어들은 여기서도 반복된다. 그리 평범하지 않은 표현인 "안전한 지대에 두리라"는 여호와의 첫 선언, "나는 일어날 것이다"와 병행을 이룬다. 함의는 1절의 호소와 조화를 이루어, 여호와가 *구원이 되신다는 점에서 이해된다. "여호와가 말씀하시다"(개역개정: 여호와의 말씀에-역주)라는 구절은 "여호와가 증언하시다"라는 말에서 더 이어진다. 즉, 여호와는 이것이 실제로 일어날 것을 엄숙하게 단언하신다.

> 6 여호와의 말씀은 순결함이여
> 땅 위의(개역개정: 흙-역주) 도가니에 단련한 은
> 일곱 번 깨끗하게 된(개역개정에는 없음-역주) (은 같도다)

첫째 콜론은 여호와의 말씀이[17] 어떻게 순결하게 되는지의 질문을 제기하고, 둘째 콜론은 이것은 그들이 은과 같이 단련됐기 때문이라고 설명한다. 충분하지 않을 것을 대비해, 제련하는 것을 가리키는 그리 익숙하지 않은 단어로 셋째 콜론이 추가되며, 이는 이 과정에 철저한 시험이 포함된다는 선언이다. 여호와는 가볍게 약속하지 않는다고 하시는데, 여호와의 머리에 들어온 처음 표현으로서 즉각 언급됐다.

여호와의 말씀이 순결하다는 것은, 여호와의 말씀이 말하기 전에 시험되고 입증된 약속이라는 데 있다(참조. 18:30[31]; 119:140; 잠 30:5). 고발자가 여호와의 제안에 있는 흠을 신중하게 찾으면서(욥 1-2장; 슥 3장을 보라), 여호와의 말씀은 여호와의 회의에서 신중하게 논의됐다. 여호와의 말씀이 발언된 후에는 그 말씀에 대한 시험이 있지만, 이 시편은 여호와의 말씀이 이미 겪은 엄격한 품질의 시험

---

17 NRSV "약속"은 "말씀"을 정확하게 해석하지만 히브리어는 단지 "말씀"(이마로트 [imărôt])이다.

때문에(일곱 번은 완전하게 됐음을 의미한다) 이 시험을 통과하지 않을 수 없음을 안다. 인간의 말은 시험을 거쳐 실패한다(1-4절). 여호와의 말씀은 시험을 거쳐 통과한다.

[시 12:7-8]

이 시편의 냉혹한 배경은 "거짓말의 세대"[18]가 영원히 지속할 운명인 것 같다는 것이다. 사회는 말이 신뢰할 만함에 달려 있으므로, 이것은 사회의 터를 위험에 처하게 한다.

> 7 여호와여 그들을 지키사
>   이 세대로부터 영원까지 보존하시리이다

처음에 우리는 이것을 여호와 말씀의 신뢰성이라는 일반적 사실에 비추어(대부분의 영어 번역본이 그렇다), 여호와의 약속 실현에 대한 확신을 진술한 것으로 이해할 수 있으며, 그 다음에 8절을 도전의 진술로 읽는다. 즉, "그들을 날뛰게 하라! (나는 걱정하지 않는다!)."[19] 하지만 이것은 다소 미묘한 읽기이다. 여호와에게서 온 약속에 대한 동일하게 그럴듯한 반응은 여호와께 말씀하신 것을 행해 주시라고 기도하는 것이며, 이 시편에서 이전에 기도가 두드러짐으로 말미암아 이것이 이 동사를 읽는 자연스러운 방법이 된다.

이처럼 기도는 명령법(1절), 저씨브(jussive, 3절), 이크톨(yiqtol, 7절)의 형태를 띤다. 이 추론은 8절에서 확인될 것인데, 8절은 기도에 대한 지지로서 자연스럽게 납득할 만하지만 7절이 확신의 진술이라면 그리 자연스럽지 못하다. 동사들에 있는 접미사는 먼저 "그들"로 사람들을 가리키고, 그 후에 "그를"로 개별적으로 가리키는데, 이는 1절과 5절에서 단수와 복수가 번갈아 나오는 것과 같다.

---

18 M. Buber, *Right and Wrong* (London: SCM, 1952), 11 = *Good and Evil* (New York: Scribner's, 1952), 7.
19 Cf. *TTH* 38a.

> 8 비열함이 인생 중에 높임을 받는 때에
> 악인들이 곳곳에서 날뛰는도다

8절은 전체 이 시편이 그런 것처럼 갑작스럽게 시작하며, 탄원자를 계속 섬뜩하게 하는 도덕적 무질서를 강조한다. 이것은 어디를 보든지 "곳곳에" 있다. 악인들은 공동체에서 받아들여지기 때문에 그들은 대담하고 확신에 차서 "날뛴다"(할라크[hālak], 히트파엘, NRSV "배회하다"는 요점을 모호하게 한다). 둘째 콜론은 요점을 더욱 분명히 한다. 그들의 악함은 "비열함"이나 무가치함(줄루트[zullût])과 같은 그리 익숙하지 않은 단어로 특징지어질 수 있다.

그들은 비본질적인 것을 중요한 것처럼 다루고, 무가치한 것을 가치가 있는 것처럼 다루며, 비열한 것을 존경할 만한 것처럼 다루면서, 상황을 뒤집어 놓는다(참조. 렘 15:19; 애 1:8에서의 대조). 그리고 그들은 그렇게 하면서 머리를 높이 들고 날뛸 수 있는 이유는, 그들이 기준을 뒤바꾸어 놓은 것이 전체 공동체 내에 받아들여지기 때문이다.

시작하는 행은 신뢰할 만한 사람들이 인생에서 사라짐을 한탄한다. 마무리하는 콜론은 그 반대를 한탄한다. 추상적인 것이 구체적인 것을 보완하지만, 함의는 비열한 사람들이 인생 가운데 높이 서 있다는 것이다(참조. KJV). 이것은 또한 여호와가 정의롭게 높이 서 계신(룸[rûm]; 예를 들어, 18:46[47]; 21:13[14]; 46:10[11]; 66:7) 분이라는 사실을 고려할 때, 악함을 또 다르게 암시하는 것이다(4절).

3. 신학적 의미

이처럼 이 시편은 무례한 권고를 처음에 언급하듯이, 사회적 상황과 도덕적 상황의 냉혹함을 마지막에 언급한다. 이 시편은 이렇게 하여 여호와께 하는 발언이 어떻게 적절한 사회적, 예전적, 신학적 관행을 꼭 지켜야만 하는 것은 아님을 잘 보여 준다. 탄원자는 여호와가 약속을 하셨고, 여호와의 약속을 신뢰할 수 있음을 알지만, 그럼에도 공동체에서의 현실에 부딪히고 있다. 구체적으로 말의

거짓이 인간 공동체를 파괴한다.[20]

우리 경험에서도 그렇듯이, 거짓을 말하는 자는 그들의 수치스러운 삶으로 '세속적' 공동체만이 아니라 신앙 공동체에 영향을 미친다. 두 공동체에서 기껏해야 진실함과 더불어 헛된 것(거짓)이 있다. 국가적 차원에서 보든 세계적 차원에서 보든, 두 공동체에 있는 약자와 궁핍한 자는 눌림과 탄식으로 특징지어진다. 두 공동체에서 '비열함'이 지배한다. 여호와의 약속 자체가 이를 옳아 보이게 하지 않는다. 여호와의 약속은 탄원자를 여호와의 약속에 신뢰하게 되는 자로 바꾸지 않으며(시편 11편의 저자와 달리), 탄원자는 그렇지 않은데도 그런 척할 필요는 없다.

우리 세계에서도 그렇듯이, 하나님의 통치가 임한다는 징후가 없으며, 임할 것이라고 믿는 것은 여호와의 말씀에 대한 순전한 신뢰의 문제이다. 이것은 종말에 가서야 그렇게 되도록 기다리지 않고, 긴급하게 하나님께 하나님의 통치가 임하게 해 주시라는 것이다. 따라서 "하나님의 말씀은 처형자들에 맞서 희생자들의 폭력을 자극하지 않는다. 여기서 여호와를 가난한 자들을 구원하시며 보호하시는 분으로 기억함으로써 폭력의 악한 순환이 끊어진다."[21]

---

[20] Cf. Robert A. Coughenour, "The Generation of the Lie," in *Soli Deo Gloria: Festschrift for John H. Gerstner*, ed. R. C. Sproul ([Nutley, NJ:] Presbyterian & Reformed, 1976), 103–17.

[21] Zenger, *A God of Vengeance?* 28.

제13편

어느 때까지니이까, 어느 때까지니이까?

1. 본문

다윗의 시, 인도자를 따라 부르는 노래

1 여호와여 어느 때까지니이까 나를 영원히 잊으시나이까
　주의 얼굴을 나에게서 어느 때까지 숨기시겠나이까
2 나의 영혼이 계획들을 쌓아 두고(개역개정: 번민하고-역주)[1]
　종일토록[2] 마음에 근심하기를 어느 때까지 하오며
　내 원수가 나를 치며 자랑하기를 어느 때까지 하리이까

3 여호와 내 하나님이여 나를 생각하사 응답하시고
　나의 눈을 밝히소서 두렵건대 내가 사망의 잠을 잘까 하오며[3]
4 두렵건대 나의 원수가 이르기를 내가 그를 이겼다 할까 하오며[4]

1　에초트('*ēṣôt*)가 따로 있을 때에는 이상하며, 여기서의 번역은 고통을 소개하지만 이것은 병행법에서 온다. 둘째와 셋째 콜론은 어떤 종류의 고통을 언급하는지 설명한다.
2　다른 곳에서 요맘(*Yômām*)은 "밤에"와 대조되는 "낮에"를 의미하지만 이는 여기서 "불완전한 의미가 된다"(BDB). 일부 70인역, 마소라 사본들은 예상되는 "그리고 밤에"를 추가하는데, 이는 또한 이 행을 깔끔한 4-4로 바꾼다. "매일"은 또 다른 가능성이 있는 제안이다.
3　GKC 117r과 DG 93b는 하마웨트(*hammāwet*)가 함축성 있게 셰나트 하마웨트(*šěnat hammāwet*), "죽음의 잠"을 가리키는 데 사용된다고 여기는데, 이는 그렇다면 동사 뒤에 "내적 목적어"로 사용되는 같은 어근의 명사의 사례가 된다. 하마웨트를 장소의 목적격으로 여기는 게 더 단순하다(참조. 70인역; GKC 118g; *IBHS* 10.2.2).
4　번역본들은 예콜티우(*yěkoltîw*)를 야콜(*yākōl*), "우세하다"의 한 형태로 여기지만, 이것은 자

내가 흔들릴 때에 나의 대적들이 기뻐할까 하나이다[5]

5 나는 오직 주의 사랑을 의지하였사오니
   나의 마음은 주의 구원을[6] 기뻐하리이다[7]
6 내가 여호와를 찬송하리니[8]
   이는 주께서 내게 은덕을 베푸심이로다[9]

2. 해석

악인들과 그들의 공격에 직면하여 시편 11편이 냉정한 확신을 보이고 12편이 여호와의 말씀에 대한 확신에 대해 분투하는 모습을 보인다면, 13편은 확신으로 끝나기는 하지만 포기하는 깊은 감정에서 나온다. 탄원자는 적들에게 공격을 받으면서, 다른 것은 왜 잘못됐는지, 또는 잘못됐는지의 여부(예를 들어, 질병)를 말하지 않는다.

헤르만 궁켈(Hermann Gunkel)은 시편 13편을 모범적 기도 시편이라고 불렀다.[10]

  동사이다. 나는 이것을 칼라(*kālâ*)의 다른 형태에서 도출하는데, 이 또한 문맥에서 더 나은 의미를 제공한다.
5 "~하지 않도록"(펜[*pen*])은 두 콜론에 적용되며, "이르기를"은 "기뻐하다"로 보완되며 더 발전되고, 단수 "원수"는 복수 "대적들"로 보완되고, 직접 화법은 "왜냐하면"으로 보완되고, 타동사는 자동사로 보완된다.
6 순서는 *abcc'a'b'*이지만, 이 콜론은 서로를 보완한다. "나의 마음"은 "나"를 따르고, 이크톨(*yiqtol*) "기뻐하다"는 카탈(*qatal*) "의지하다"를 따르며, "주의 구원"은 "주의 사랑"을 따른다. 첫째 콜론은 현재를 언급하고, 둘째 콜론은 미래를 언급하는데, 이는 3절의 눈을 밝힘이 가리키는 두 순간이다.
7 야겔(*Yāgēl*)은 형태는 저씨브(jussive)이지만 미래 의미가 문맥에서 더 의미가 통한다(11:6 해설을 보라).
8 또는 "여호와를 위해"이거나 "여호와에 대해." P. A. H. de Boer, "Cantate Domino," in *Remembering All the Way*, by B. Albrektson et al., OtSt 21 (Leiden: Brill, 1981), 55–67을 보라. 이 가능성은 시편 전체에 적용된다.
9 번역본은 가말(*gāmal*)에 대해 "관대하게 행했다"라고 하지만, 이 동사는 행해야 할 모두를 행한다는 것을 의미한다. 이 행동이 긍정적인지 부정적인지를 결정하는 것은 문맥이다. *NIDOTTE*; *TDOT*; *TLOT*를 보라.
10 *Psalmen*, 46.

1-2절	"어느 때까지니이까"에 대한 탄식
3-4절	기도로 구성
5-6절	확신의 선언과 찬양의 서약

탄원자가 두려움과 기도를 통해 질문과 한탄에서 신뢰와 찬양으로 표현하기까지 점차 진행되어 갈 때, 이 섹션은 점진적으로 짧아진다.[11] 즉, 1-2절은 4-4-4-3-4로 된 다섯 콜론으로 구성되고, 3-4절은 4-4-3-4로 된 네 콜론으로 구성되며, 5-6절은 3-3-2-3로 된 네 콜론으로 구성된다.[12]

아마도 탄식에 주목하여 기도가 더 짧아지고 신뢰의 표현은 매우 짧을 것이다. 또는 아마도 탄식에 주목한 것은 이것이 계속 기도의 실제 힘이 있는 곳이어야 함을 가리킬 것이다. 예배자는 이것을 어느 식으로든 사용할 수 있다.

이 시편이 여호와에 대해 말하고 여호와께 말하는 방식에서의 발전이 비슷한 이야기를 전한다. 1-2절에서 이것은 공격적이며 대결하는 "여호와"이다. 이로 말미암아 아마도 탄원자는 "여호와 내 하나님이여"(3-4절)라고 자유롭게 기도하게 되는 것 같다. 그리고 이로 말미암아 다시 "내가 여호와를 찬송하리니"라는 서약이 가능해진다(5-6절).[13]

---

11 Cf. Seybold, *Psalmen*, 64.
12 70인역은 7:17b[18b]를 반복함으로써 끝을 더 구체화한다. 이 시편의 구조에 대해, 더 깊이 Pierre Auffret, *La sagesse a bâti sa maison*, 195-206을 보라.
13 명백히 "화행"(speech-act). 시편 13편에 적용된 화행이론(speech-act theory)에 대해 Hubert Irsigler, "Psalm-Rede als Handlungs-, Wirk- und Aussageprozess," in *Neue Wege*, ed. Seybold and Zenger, 63-104을 보라.

[표제]

> 다윗의 시, 인도자를 따라 부르는 노래

용어 해설을 보라.

[시 13:1-2]

> 1 여호와여 어느 때까지니이까 나를 영원히 잊으시나이까
> 주의 얼굴을 나에게서 어느 때까지 숨기시겠나이까

이 탄식은 이스라엘과 다른 곳에서 기도시에 반복되는 우리에게 "어느 때까지니이까"라는 질문을 소개한다.[14] 사중적인 이 표현으로 말미암아 이는 구약의 이 질문에 대해 고전적으로 명확히 표현된 곳이 되며, 유일하게 "건방진" 표현이 된다.[15] "여기서 시간 자체는 버티는 사람의 능력을 없애고, 고통을 비인간적 차원에서 강화하면서 파괴적 힘이 된다."[16]

정확한 표현(아드-아나[ʻad-ʻānâ])은 시편에서 한 번만 더 나오지만(62:3[4], 다른 사람들에게 함; 또한 합 1:2), 비슷한 표현(아드-마타이[ʻad-mātay])은 다른 곳에 나온다(예를 들어, 74:10; 80:4[5]; 94:3). 여호와 자신이 이 질문을 절박하게 한다는 것(예를 들어, 출 16:28; 민 14:11, 27)은 이것이 정보에 대한 요청이 아니라, 수사적 질문임을 보여 준다. 이것은 "이것이 참을 수 없으며 지금 멈출 필요가 있다"는 것을 의미한다(참조. 렘 47:6).

미드라쉬는 이 시편의 사중적인 "어느 때까지니이까"를 출애굽기 16장과 민수기 14장에 나오는 여호와의 사중적인 "어느 때까지인가"와 연결시키고, 스가랴 7:13에서의 여호와의 선언과도 연결시킨다. 미드라쉬는 이스라엘이 바벨론, 페르시아, 그리스, 로마의 압제라는 맥락에서 이 질문을 던지고 있다고 생각하는데, 이

---

14 (예를 들어) *ANET* 383-85에 있는 이쉬타르에게 하는 기도를 보라. 시편 13편에서 보여 주는 기도시의 양식에 대한 중동 배경에 대해, Loretz, *Psalmstudien*, 131-70을 보라.
15 Gerstenberger, *Psalms*, 1:84.
16 Westermann, *Living Psalms*, 71.

맥락에서 이스라엘은 여호와를 무시한 결과를 경험하고 있다고 여긴다.[17]

동일하게 수사적 질문인 "어찌하여"(예를 들어, 시 10:1; 22:1[2])는 여호와가 사람들을 버리시게 된 것이 그들의 악함이 아니라고 전제하지만, "어느 때까지니이까"라는 질문은 이에 대해 열어 놓는다. 이 시편은 여호와가 돌아서심이 이스라엘의 돌아섬에 대한 반응이었다고 고려하지만, 이를 명백히 밝히지는 않는다. "어느 때까지니이까"라는 시간의 표현은 첫째 콜론이 마무리하는 "영원히" 및 이어지는 "종일토록"과 쌍을 이루며 대조를 이룬다.

"어느 때까지니이까"와 "영원히"가 쌍을 이루는 것은 시작하는 콜론이 두 질문으로 되어 있음을 시사한다. 첫째 질문은 함축성 있는 질문으로(참조. 6:3[4]; 90:13), 1-2절 전체를 소개한다. 이는 "무엇이 어느 때까지니이까"라는 질문을 제기하고 1-2절은 연속된 대답을 제시한다.[18]

1-2절 역시 직관적으로 종교적, 심리적, 사회적 방향을 함께 묶으면서, 기도시의 고전적인 세 가지 방향으로 된 탄식의 온전한 양식을 우리에게 소개한다.[19] 1절은 "주님", 여호와에 대한 질문을 묻는다. 여호와는 탄원자를 *무시하시고 있다. 여호와의 *얼굴은 숨겨졌다. 이와 같이 둘째 콜론은 여호와가 "더욱 개인적이며 구체적으로, 즉 더욱 두려워하게 하는 방식으로"[20] 무시하시는 모습을 묘사한다.

여호와가 돌아서셨다고 믿을 때 여호와를 부르는 것에 대해 최소한 역설이 있는 것으로 보일 수 있지만, 무시하시는 말씀이나 얼굴을 숨기시는 것은 단지 인식의 문제가 아니라 행동의 문제이다. 물론 여호와는 아시고 들으신다. 여호와는 현재 일어나는 일을 모르실 수 없다. 하지만 여호와는 이렇게 아는 것에 따라 행동하지 않으실 뿐이다. 다시 한번 탄원자는 여호와의 얼굴이 비출 때 오는 복을 경험하지 못하고 있다(민 6:24-26). 한편, 복된 소식은 최소한 여호와가 때로 그렇듯이 탄원자를 적극적으로 공격하고 있지 않으시다는 점이다. 문제는 단지 무시하신다는 것이다.

---

17 *Midrash on Psalms*, 1:176.
18 제롬은 이 콜론을 한 구절로 여기고, 네차흐(*neṣaḥ*)를 "완전히"(utterly)로 번역한다. 이것은 네차흐의 가능성 있는 의미일 수도 있지만(*DCH*를 보라), 이 단어는 특히 염두에 두거나 무시하는 것과 관련된, 여기서처럼 보통 시간과 관련된 표현이며, 또 다른 시간 관련 표현과 병행을 이룬다(예를 들어, 9:18[19]; 10:11).
19 Cf. Westermann, *Living Psalms*, 69-70.
20 Alter, *Art of Biblical Poetry*, 65.

> 2 나의 영혼이 계획들을 쌓아 두고(개역개정 : 번민하고-역주)
> 종일토록 마음에 근심하기를 어느 때까지 하오며
> 내 원수가 나를 치며 자랑하기를 어느 때까지 하리이까

2절은 종교적인 면에서 심리적인 면으로 옮겨 가고, 여호와가 탄원자에게 행동을 취하지 않으신다는 면에서 "나"의 관점으로 묻는다. 마지막 콜론은 3인칭의 사회적 언급("내 원수")을 첫째와 둘째 콜론에 추가한다. 첫 두 콜론은 동사가 모두에 적용되면서, 말끔하고 미묘하게 병행을 이룬다. "마음"은 "나의 영혼"(네페쉬 [nepeš], *사람)을 반복한다. 마무리하는 "종일토록"은 시작하는 "어느 때까지 하오며"(원문상으로는 시작하는 부분에 있다-역주)와 균형을 이룬다.

둘째 명사는 우리가 첫째 명사를 이해하는 데 도움을 준다.

탄원자가 쌓아 두는 계획들은 무엇인가?

이 계획들은 슬픈 계획들이다. 이것은 무엇을 의미할 수 있는가?

둘째 콜론도 이와 같이 우리에게 가르친다. 문맥에서 벗어나 누군가의 영혼이나 마음에 계획을 쌓아 둔다는 것은, 자신의 계획을 세운다는 것을 시사한다(참조. 잠 26:24). 하지만 근심과 슬픔을 가져오는 계획을 자신의 마음에 (의도적으로) 쌓지는 않지만, 사람들은 그렇게 한다(참조. 다시 잠 26:24). 이 마지막 콜론은 첫째 콜론이 가리키는 것을 명확히 한다. 탄원자가 12:8에 나오는 악인들과 같이 자신들보다 "높임을 받는" 이 원수들이 말한 문제를 야기하는 계획들에 대해 생각하는 것을 피할 수는 없다.

이 원수는 어떤 종류의 사람인가?

이 용어는 공동체의 다른 구성원이나(예를 들어, 출 23:4) 정치적 원수이거나(삼상 18:29) 국가의 원수(예를 들어, 출 15:6, 9)에 적용될 수 있다. 미드라쉬는 하만을 한 사례로 제안한다(동사가 다르기는 하지만 에 3:1을 보라).[21] 하지만 이 용어는 집합명사일 수 있으며(예를 들어, 출 15:6, 9), 시편에서 4절에서처럼 단수 용어는 종종 복수 용어와 병행을 이루며 나온다. 원수가 사망일 수도 있는 본문들이 있는데(예를 들어, 61:3[4]), 사망은 다음 행에서 언급되지만, 이는 명확하지는 않다. 단수가 복수와 규칙적으로 번갈아 나오므로 명백히 독자들은 이런 식으로 적용할

---

21 *Midrash on Psalms*, 1:178.

수 있을지 모르지만, 이것이 이 시편의 의미가 될 것 같지는 않다.

[시 13:3-4]

> 3 여호와 내 하나님이여 나를 생각하사 응답하시고
> 나의 눈을 밝히소서 두렵건대 내가 사망의 잠을 잘까 하오며

이제 탄식은 기도로 바뀐다. 둘째 동사는 직접 "그리고"가 없이 첫째 동사에 이어지는데, 시편 12편의 시작과 마찬가지로 정중함을 무시하는 긴박감을 전달한다. "여호와 내 하나님이여"라는 부름은 여호와께 압박을 더욱 가한다. 탄원자와 하나님 사이의 관계, 탄원자의 하나님에 대한 헌신이 있다. 하나님은 반응하셔야 한다.

시편은 종종 주목과 행동이라는 두 가지 형태의 반응을 찾는다. 이런 기대는 독특하게 표현된다. 즉, 탄원자가 찾고 있는 두 측면이 있다.

첫째, 여호와는 무시하시고 다른 길을 보시는 대신에 주목하셔야만 한다.
둘째, 여호와는 침묵하는 대신 응답하셔야만 한다.

3b절은 새롭게 문제들을 표현한다. 여호와의 얼굴을 숨겨졌다고 언급한 후에(1절), 이 시편이 "주님의 얼굴을 비추소서"(예를 들어, 31:16[17]; 참조. 민 6:25)라고 촉구했다면 우리는 놀라지 않았을 것이다.

둘째 콜론은 실제로 이 동사(오르['ôr] 히필)로 시작하지만 예상치 못하게 목적어는 다르다. 기도는 "내 눈을 밝히소서"가 된다. 이 구절은 격려(참조. 시 19:8[9]; 118:27; 스 9:8), 곧 여호와가 주목하시고 응답하셨음을 아는 데서 오는 격려를 시사한다(참조. 한나의 변화, 삼상 1:21-22). 하지만 얼굴에서의 이 변화는 여호와의 응답이 말씀일 뿐만 아니라 행동이라는 사실에 근거해서만 생긴다. 밝힘은 상황에서의 변화를 예측하는 가운데 반영된 것이다.

원수가 가져오는 어려움이 우리가 사망이라고 부르는 긴 잠으로 야기하지 않도록 여호와가 행하고 계시므로, 여호와의 밝힘이 일어날 것이다. 사망이 잠과 같은 이유는 때로 방에 들어오는 사람들이 방해하기는 해도 쉴 수 있기 때문이

다. 그러나 사망으로 말미암아 어떤 활동도 예배도 없게 되고, 우리를 날마다 회복시키며 새롭게 하지 못하므로 사망은 궁극적으로 지루하며 무의미하게 된다.

> 4 두렵건대 나의 원수가 이르기를 내가 그를 이겼다 할까 하오며
>   내가 흔들릴 때에 나의 대적들이 기뻐할까 하나이다

"… 할까 하오며"라는 구절이 계속된다는 것은, 탄원자가 사망할 가능성에 대해 슬퍼할 뿐만 아니라, 사망이 실제로 슬픔과 원수의 높여짐의 끝이 아니라 오히려 그 반대일 것이라는 사실에 슬퍼함을 보여 준다. 사망의 순간에 원수들은 자신들이 이를 야기했음을 알고서 더욱 만족함을 느끼게 될 것이다.

그리고 세상은 계속 정상이 아닐 것이며, 실제로 훨씬 더 악화될 것이다. 번역본들은 이 마지막 동사 엠모트('emmôṭ), "내가 흔들리다"로 번역하지만, 이 동사는 죽음을 가리킨다(*mwṭ*와 *mwt*가 여기서 관련된다). 이 동사는 단순히 흔들리거나 넘어져 다시 일어나는 것을 의미하지 않고, 땅에 *떨어져 다시 일어나지 않은 것을 암시한다.

[시 13:5-6]

주석가들은 1-4절과 비교되는 태도에서의 분명한 변화를 주장하지만, 표현 역시 연관성을 가리킨다.

> 5 나는 오직 주의 사랑을 의지하였사오니
>   나의 마음은 주의 구원을 기뻐하리이다

"하지만"(개역개정에서는 번역하지 않음-역주)은 불연속성뿐만 아니라 연속성을 시사하며, 대명사 "나"가 있어 이 효과가 강화된다. 대적들은 자신들이 승리할 것이며, 스스로 축하할 것을 기대할 수도 있다고 생각할 수도 있지만, "그러나 나는" 상황을 보는 다른 방법이 있음을 안다. 그들은 자신들이 기뻐할 것으로 생각하지만, (4절) 나는 "내 마음"이 그렇게 할 것을 안다. 현재 그들이 위협하는 계획들로 사로잡힌 마음(2절)은 항상 그렇게 되지는 않을 것이다.

전형적으로 탄원자가 신뢰하는 행위에 대한 근거는 여호와의 *사랑이며, 희망의 대상은 여호와의 *구원이다. 이전과의 연관성과 대조는 탄원자가 이 전환을 가능하게 하겠다는, 하나님에게서 오는 말씀을 받았다고 우리가 가정할 필요는 없음을 암시한다. 최소한 이 경우 신앙의 진술은 신앙의 진술일 뿐이다.

시편 42-43편은 명백히 한탄과 희망 사이의 내적 논쟁을 기록하고, 시편 13편은 이런 논쟁을 내포한다. 탄원자는 1-2절의 의문과 3-4절의 기도와 5-6절의 기대 사이의 갈등 가운데 살아간다. 이 시편은 "희망이 낙담하게 되지만 낙담이 희망하는 상태"를 암시한다.[22] 또는 아마도 우리는 1-2절의 의문과 3-4절의 기도가 신뢰의 행위였음을 추론해야 할 것이다. 탄원자가 의도했든지 안 했든지 질문과 기도는 신뢰의 행위였다.

이 시편은 시편 11편이 시작하는 방식으로 마무리하게 되는데, 동사는 이제 바타흐(bāṭaḥ)이기는 하지만, 신뢰의 선언으로 마무리한다. 이것이 상태동사일 수는 있지만(카탈[qatal]의 현재 시제 번역이 가능하게 된다),[23] *신뢰함은 의도적 행위이며, 분사나 이크톨(yiqtol)보다는 카탈을 사용한다는 것은, 이 시편이 과거에 일어났지만, 현재에서 계속되는 신뢰의 행위를 가리킴을 시사한다.[24]

> 6 내가 여호와를 찬송하리니
>   이는 주께서 내게 은덕을 베푸심이로다

여전히 미래이지만 찬양을 올릴 때 실제적이 될 행위를 언급함으로써 첫째 콜론에서 제기한 "어찌하여" 질문을 둘째 콜론이 응답하는 방식과는 다르게, 마무리하는 절의 콜론은 서로를 보완한다.[25] 마무리하는 알라이('ālāy, 내게)는 1절의 "나를"과 대조된다.

미드라쉬는 다시 다음과 같이 언급한다.

---

22 James L. Mays, "Psalm 13," *Int* 34 (1980): 279-83, 특히 281에 따르면 루터도 마찬가지이다.
23 Cf. DG 57, remark 1.
24 *TLOT*를 보라.
25 Cf. Hans Jänicke의 논의, "Futurum exactum," *EvT* 11 (1951-52): 471-78.

바벨론 아래에서 우리는 "나는 주님의 사랑을 신뢰합니다"라고 말했고, 페르시아 아래에서 우리는 "내 마음이 주님의 구원을 기뻐할 것입니다"라고 말했으며, 그리스 아래에서 우리는 "나는 여호와께 노래할 것입니다"라고 말했고, 로마 아래에서 우리는 "그분이 우리를 위해 온전히 행하셨기 때문입니다"라고 말할 것이다.[26]

3. 신학적 의미

어떤 의미에서 신뢰는 하나님 안에서 조용하고 긴장을 푼 채 쉬는 것을 의미한다(사 30:15). 신뢰는 시편 11편에서의 상황에서 우리가 시도해야 한다고 내포하는 상황들을 스스로 고치려는 노력을 배제한다.

시편 13편은 신뢰로 말미암아 실제로 하나님께 끈덕지게 요구하게 되어, 우리가 필요할 때, 우리에게 주목하시고 행동하실 것이라는 약속으로 우리 눈을 밝히게 해 주시라고 긴급하게 촉구할 때, 왜 하나님이 우리를 무시하고 계시는지 묻게 됨을 보여 준다. 이전처럼 이 행동은 단순히 위대한 과거와 종말론적 미래에 속하지 않고, 현재에 속한다.

---

[26] *Midrash on Psalms*, 1:179.

제14편

악당

1. 본문

다윗의 시, 인도자에 따라 부르는 노래

1 어리석은 자는 그의 마음에 이르기를
  하나님이 없다 하는도다
  그들은 부패하고 그 행실이 가증하니[1]
  선을 행하는 자가 없도다
2 여호와께서 하늘에서
  인생을 굽어살피사
  지각이 있어 하나님을 찾는 자가 있는가
  보려 하신즉

3 다[2] 치우쳐
  함께 더러운 자가 되고
  선을 행하는 자가 없으니

---

[1] 영어 번역본들의 "그들은 부패하고"는 첫 동사가 선언의 히필이라고 전제하지만, 접속사 생략으로 말미암아 첫 동사가 둘째 동사를 수식하게 되는 것 같다. 즉, "그들의 행실을 부패하게 함으로써, 그들은 자신들을 가증하게 한다." 참조. BDB. 또한 시 53:1[2]뿐만 아니라 신 4:25과 대조해 보라. 접속사 생략은 숨막히게 하며 따라서 오싹하게 하는 인식을 심어 준다.

[2] 하콜(*Hakkōl*)은 보통 "전체"를 의미하지만, (예를 들어) 창 16:12을 보라.

하나도 없도다

4 죄악을 행하는 자는

다 무지하냐[3]

그들이 떡 먹듯이

내 백성을 먹으면서

여호와를 부르지 아니하는도다

5 그러나 거기서 그들은 두려워하고 두려워하였으니[4]

하나님이 의인의 세대에 계심이로다[5]

6 너희가 가난한 자의 계획을 부끄럽게 하나[6]

오직 여호와는 그의 피난처가 되시도다

7 이스라엘의 구원이

시온에서 나오기를 원하도다[7]

여호와께서 그의 백성을 포로된 곳에서 돌이키실 때에

야곱이 즐거워하고 이스라엘이 기뻐하리로다

---

3 Stuart A. Irvine ("A Note on Psalm 14:4," *JBL* 114 [1995]: 463–66)은 할로(*hălô*)가 긍정의 대답을 기대함이 틀림없다는 주장에 근거하여 4절을 재해석할 것을 제안하지만, 대답이 긍정이어야 하지만 효과적으로 부정인 야다(*yāda*)의 다른 사례가 있다(예를 들어, 창 44:15; 삿 15:11; 사 40:28).

4 따로 5절은 즉각적 카탈(qatal)일 수 있지만(Kraus, *Psalms*, 1:222–23도 그렇다), 1–4절의 카탈 동사들에서부터 의미의 변화에 대한 암시가 없다.

5 Cf. Frank J. Neuberg, "An Unrecognized Meaning of Hebrew *dôr*," *JNES* 9 (1950): 215–17; Kraus(*Psalms*, 1:219)는 이것이 단순히 "사람들의 계층"을 의미한다고 여긴다.

6 Cf. Robert A. Bennett, "Wisdom Motifs in Psalm 14 = 53," *BASOR* 220 (1975): 15–21, 특히 20. 물론 나는 이 동사를 양태로 번역했는데, 왜냐하면 "너희가 부끄럽게 될 것이다"가 7절에서 이어지는 소원에 비추어 오히려 강력해 보이기 때문이다(*TTH* 38a는 6a절을 허용이나 양보로 여긴다). 많은 영어 번역본이 "주님이 약자의 계획을 부끄럽게 한다"라고 하지만, 6b절에 나오는 키(*kî*)에 어려움이 있으며 어순은 이것이 단순히 동사-목적어 구절이 아님을 암시한다. 크라우스(Kraus)는 "약자를 공격하는 계획"이라고 번역하지만(cf. *Psalms*, 1:218), 목적격 소유격은 비할 데가 없다.

7 미 잇텐(*Mî yittēn*), 문자 그대로 "누가 줄 것인가"이지만 관용구로 이는 종종 단지 "~라면"을 의미한다(GKC 151a–b; JM 163d를 보라).

2. 해석

이 시편은 양식과 에토스에서 복잡하며 여러 방식으로 사용될 수 있다. 처음에 이 시편의 양식은 기도보다는 가르침의 양식을 닮았으며, 악당의 용어로 하며 통찰력을 보이는 말은 관련된 도덕적 언급과 더불어 시편 1편과 같은 가르침의 시편을 떠올리게 한다. 하지만 이 시편은 사람들에게 악당들보다는 통찰력을 지닌 사람들이 되라고 직접 권고하려는 시도보다는 악당들이 이기지 못할 것이라고 믿도록 권고하는 신앙의 진술로 구성된다.

더 나아가 행악자들을 묘사할 때, 예언과 기도에 나오는 범죄의 느낌이 있으며, 운율은 애가와 마찬가지로 대부분 3-2이거나 더 짧다. 실제로 이 묘사는 실제로 항변으로 구성되는데, 이는 결국 6절에서 직접 (여전히 수사적일지라도) 악인에게 말한다. 이 시편은 공공연하게 하나님께 말하지 않고, 소망으로 마무리하기는 하지만 어떤 기도도 포함하지 않는다. 만약 예배에 사용되도록 의도한 것이라면, 하나님이 듣고 계심을 전제할 수 있다. 이것은 시편 53편처럼 약간 다른 양식으로 다시 나올 것이다.[8]

1-3절 홀로는 보편적 악에 대한 진술로 여길 수 있지만, 4-6절은 이 시편이 "내 백성"에게 미치는 경험의 특수성에 관심을 가진다. 마찬가지로 4-6절 홀로는 이 시편이 공동체에 내에서의 갈등을 반영함을 의미할 수 있는데, 여기서 "다"(모든 사람)는 권력을 가진 사람들을 가리킨다. 하지만 "내 백성"(4절)은 종종 전체 공동체를 가리키며, 7절은 "내 백성", "의인의 세대", "가난한 자"가 민족으로서의 야곱-이스라엘을 묘사하는 용어들임을 분명히 한다. 우리는 이것이 주변 민족들에서 공격을 받는다고 느끼는 6세기 공동체, 또는 주변 지역에서 공격을 받는다고 느끼는 제2 성전 공동체로 생각할 수도 있다.

나는 이 시편을 세 부분으로 나눈다. 선지자는 악당들의 말과 행동(1절), 돌아선 사람들(3-4절), "너희"(6절)에 대해 언급하고, 이들 각각을 여호와가 보고(2절), 여호와가 의인들과 함께하시며(5절), 여호와가 회복하시는 행위(7절)의 맥

---

[8] 두 버전의 원본을 규정하려는 시도에 대해, 다음을 보라, C. C. Torrey, "The Archetype of Psalms 14 and 53," *JBL* 46 (1927): 186–92; Karl Budde, "Psalm 14 und 53," *JBL* 47 (1928): 160–83; Goulder, *Prayers of David*, 91–92.

락에 둔다. 1-5절 전반에서 정형 동사들은 격언적 카탈(qatal)이고, 6-7절에서는 이크톨(yiqtol)이다.

[표제]

> 다윗의 시, 인도자에 따라 부르는 노래

용어 해설을 보라.
다윗 생애의 맥락에서 악당, 나발(*nābāl*)은 나발이었을 수 있다(1a절 해설을 보라).

[시 14:1-2]

악당은 하나님이 지상에서 일어나고 있는 일에 관심을 가지지 않는다는 확신에서 시작하고, 그에 따라 행동한다. 네 행 가운데 세 행은 불완전한 3-2 운율로 되어 있다(마소라 본문은 2a절을 3-1로 이해하지만, 이 역시 3-2로 읽을 수 있다).

> 1 어리석은 자는 그의 마음에 이르기를
> 　하나님이 없다 하는도다
> 　그들은 부패하고 그 행실이 가증하니
> 　선을 행하는 자가 없도다

악당은 지각이 없는(참조. 2절) 어리석은 자(70인역), 나발(*nābāl*)이지만, 또한 고귀하거나 존경할 만한 사람의 반대인 악한(사 32:5)으로, 자기 이복 여동생을 강간한 부류의 사람이거나(삼하 13:13) 하나님을 조롱한 사람이다(시 74:18, 22). 여기서 시편은 악한들 가운데 마지막 부류의 사람에서 시작한다. 이것은 "나발(*nābāl*)에 대한 지속한 설명"이다.[9] 때로 마음에서의 이런 조롱은 여호와에 대한 헌신을 공언하는 외적 말과 대조된다. 심지어 지성인도 공개적으로 하나님의 실재를

9　Bennett, "Wisdom Motifs," 18.

감히 부인할 수 없을 것이며[10] 현대 세계에 있는 주저함 없이 하는 부인은 없을 것이다.

하지만 이 시편은 조화를 이루는 삶과 마음을 염두에 둘 수 있다. 조롱은 하나님을 피상적으로 무시하는 것이 아니다. 조롱은 단순히 입술에서만이 아니라 마음에서 일어난다. 즉, 조롱은 그 사람을 마음 깊이 특징짓는다. 어느 쪽이든 "하나님은 여기에 없다"(많은 영어 번역본, "하나님은 전혀 없다")라고 말하는 것은 단순히 이론적 무신론자의 확신을 진술한 것이 아니라, 하나님은 일상생활에서 무시될 수 있다는 선언이다(10:4 해설을 보라).

이것은 랍사게가 히스기야에게 명백히 표현한 태도이며(왕하 18:29-30)[11] 느부갓네살의 행동에서도 암묵적으로 드러난다(참조. 사 14:14).[12] 악당의 입술에서조차도 "하나님은 (여기에) 없다"라는 확신을 겸허하게 표현하지 않으려 한 것일지라도, 이와 같이 탈굼의 바꾸어 표현하는, "그의 마음에 말하기를, '땅에 하나님의 통치가 없다'"는 핵심을 표현했을 수 있다.[13]

단수의 악당과 그의 말은, 삶의 방식을 부패하고 가증하게 하는(타아브[tā'ab]) 복수의 행악자들과 균형을 이룬다.[14] 그러므로 이 시편은 개인이나 한 사람의 행악자를 염두에 두지 않으며, 악당은 사회를 특징짓는 사람의 총칭적 부류이다. 세상의 부패한 상태는 여호와가 홍수 전에 무법의 포악함으로 사회를 평가하신 것과 일치한다(창 6:11-12).

상황은 시편 기자의 당시에 심각했던 것 같다. 도덕적 범주로서의 가증함은 특히 잠언서에 특징적으로 나오는데, 잠언서에서 (예를 들어) 교만, 거짓, 살인, 거짓 맹세, 부정직이 여호와께 가증한 것이다(잠 6:16-19; 11:1). "선을 행하는 자가 없도다"는 "없도다"(엔['ên])를 반복하고, 단수로 전환함으로써 이 절을 마무리한다. 즉, *선을 행하는 보이지 않는 사람은 악당과 비교된다. 마지막 구절은 아마도 과장을

---

10 Cf. Augustine, *Psalms*, 46.
11 Theodoret, *Psalms*, 1:106-7.
12 참조. 라쉬(Rashi)의 이 본문에 대한 해설.
13 Stec, *Targum of Psalms*, 44도 그렇다.
14 프랭크 크루즈만(Frank Crüsemann)은 엘로힘('ĕlōhîm)을 이 복수 행의 주어로 여기지만(이 점에 대해, 참조. 시 82편, "Gottes Ort," in *Gott an den Rändern*, ed. Ulrike Bail and Renate Jost [Gütersloh: Kaiser, 1996], 32-41, 특히 33-36), 이는 문법적으로는 우아하지만 무리한 것으로 보인다.

내포하는 것 같다.[15] 우선 탄원자는 아마도 자신을 제외할 것이다.

> 2 여호와께서 하늘에서
> 인생을 굽어살피사
> 지각이 있어 하나님을 찾는 자가 있는가
> 보려 하신즉

시편은 악당의 견해를 반박한다. "하나님이 없다"라는 진술을 강력하게 맞서며, 명사가 문장 처음에 나온다. 동사는 여호와가 하늘에서 내려다보는 것을 가리키는 여느 때의 동사가 아니며, 창문을 통해 기댐을 시사하는 동사이다(예를 들어, 삿 5:28). 여호와는 나발(*nābāl*)과는 반대되는, 지각이 있는(사칼[*śākal*]) 사람이 있는지 알아보려고 보고 계신다. 이는 도덕적으로도 종교적으로도 좋은 감각을 시사한다.

둘째 콜론은 지각이 무엇에 있는지 명확히 한다. 즉, 하나님에게서 도움을 *찾는 것이거나 하나님에게서 가르침을 찾는 것이다(탈굼). 악당들은 자신들이 자신들의 운명과 복에 책임을 져야만 하며, 자신들이 잘 하고 있음을 분명히 하고자 자신들이 좋아하는 것을 할 수 있다고 여긴다. 지각이 있는 사람들은 자신들이 부패한 삶이 아니라, 도덕적으로 온전한 삶을 살아야 하며, 하나님께 기대를 걸 수 있으므로 그들은 그렇게 할 수 있을 것을 안다.

[시 14:3-5]

시편은 3-4d절에서 훨씬 더 짧은 네 개의 2-2행으로 이어 간다. 4a-d절에서, 중간의 두 콜론은 분사 표현으로 *abb'a* 모양으로 되어 있다. 동시에 "먹다"의 반복은 4c-d절의 *a'b'* 행을 함께 묶는다. 이 모두는 4e절을 구성하는 세 단어의 콜론을 두드러지게 하는 역할을 하는데, 이 절을 나는 한탄의 상황을 전환하는 5절의 3-3 콜론과 함께 둔다.

---

15 Watson, *Classical Hebrew Poetry*, 320도 그렇다.

> 3 다 치우쳐
> 함께 더러운 자가 되고
> 선을 행하는 자가 없으니
> 하나도 없도다

    3절은 시편 기자가 사회를 본 대로 부패의 보편성을 훨씬 강조하면서 1절을 반복한다. 즉, "다 … 함께, 없으니 … 하나도 없도다." 3a–b절에서, 단수 동사와 복수 동사가 두 콜론에서 서로 보완한다. 우리가 이 단어를 압박하고자 한다면, "다"라는 단어는 "내 백성들", 나중에 "가난한 자"라고 불린 "의의 세대", 야곱-이스라엘을 제외한 사람들을 가리킴이 틀림없다. 그러므로 이것은 이방 사람들을 의미할 것이다. 하지만 이는 시적 언어를 문자 그대로 해석하는 것일 수 있으며, 이 단어들은 시편 기자가 이스라엘 모든 주변에서 동료들에게 악하게 행동하는 사람들을 본다는 것을 시사할 수 있다.

    "돌아 섬"(개역개정: 치우쳐-역주, 수르[*sûr*])은 하나님이 없다고 말하는 삶에 대해 말하는 또 다른 방식이다. 이것은 흔히 여호와를 적절히 인정하는 길에서 멀어져 종교적 악과 관계된다(예를 들어, 신 9:12, 16; 11:16, 28). 이 뉘앙스는 4절에서 더 발전될 것이다. 즉, 그들은 여호와를 인정하지도 부르지도 않는다. 다시 1절의 표현("그들은 부패하고 그 행실이 가증하니")은 "더러운 자가 되고"(알라흐['*ālaḥ*])와 같은 훨씬 덜 친숙한 용어로 재진술된다.

    이 동사는 여기와 욥기 15:16에서만 나오며, 아랍어로 이것은 우유가 상하는 것을 가리킨다(BDB). 그렇다면 "선을 행하는 자가 없으니"는 정확하게 1절을 반복하며, "하나도 없도다"는 이 요점을 강조한다. 그리하여 이 절은 일부 색다름으로, 또한 일부 반복으로 수사적 효과를 누린다.

> 4a-d 죄악을 행하는 자는
> 다 무지하냐
> 그들이 떡 먹듯이
> 내 백성을 먹으면서

많은 영어 번역본이 4a-b절의 질문이 지식을 가르친다고 여기지만, 이것은 *인정을 의미하는 야다(yāda')의 전형적 사례일 가능성이 크며, 암묵적 목적어는 여호와이다(4e절). "여호와를 찾는 것"(2절)과 "하나님을 인정하는 것"이 결합한 것은 9:10에서부터 반복된다. 그렇다면 행악자들은 거짓 고발이나 저주를 가리킬 수도 있는 *해(개역개정: 죄악-역주)를 끼치는 사람들을 가리키는 친숙한 표현으로 확인된다. 새로운 표현들이 다시 친숙한 표현들을 보완한다.

문제를 일으키는 사람들은 "내 백성을 먹는다"(참조. 미 3:1-3). "내"는 여호와의 백성들이나 시편 기자의 백성들을 가리킬 수도 있지만, 어느 쪽으로든 7절은 이 표현이 야곱-이스라엘을 가리킴을 명백히 밝힐 것이다. 게다가 그들은 "떡을 먹는다." 함께 둔 것은 암시적이지만, 시사하는 바가 크다.

70인역은 그들이 음식을 먹는 만큼 쉽게 사람들을 먹었다고 여기지만 이는 명확하지 않다. 아마도 그들은 청부살인업자가 저녁을 먹으러 나가는 것과 마찬가지로, 사람들을 먹는 것에서 좋은 음식을 먹는 것으로 쉽게 옮겨 갈 수 있을 것이다. 동사의 반복은 이 움직임의 부조화를 강조한다. 또는 아마도 그들이 빵을 먹는 것은 사람들을 먹음으로써일 것이다. 그들은 다른 사람들에게는 삶을 어렵게 하면서 살아간다.

> 4e 여호와를 부르지 아니하는도다
> 5 그러나 거기서 그들은 두려워하고 두려워하였으니
> 하나님이 의인의 세대에 계심이로다

다시 "여호와를 부르지 아니하는도다"로 이동하는 것은 또 다른 부조화를 암시할 수 있다. 그들은 떡을 먹고 그 사실에 감사해야 하지만, 그들은 자신들의 떡을 제공하는 이로서 여호와를 부르지 않는다. 그러나 이 맥락에서 이것은 1-2절의 요점을 다시 진술하는 것 같다. 그들이 필요한 것에 대해 여호와를 부르는 대신에, 그들은 자신들이 필요한 것을 충족시키고자 다른 이들을 압제한다.

5절에서 현재 상황에 대한 한탄에서 여호와의 반응에 대한 묘사로 이동하는데, 이는 1절에서 2절로 이동하는 것과 비슷하다. 두려움이 압제하는 행동에서 긴장을 풀고 있으며, 하나님을 안전하게 무시할 수 있다고 생각하므로, 자신들이 잘될 것이라고 확신하는 사람들을 사로잡는다. 문자 그대로, "그들은 두려움(으로) 두려워하다"이거나 "그들은 공포(로) 공포스러워하다"가 된다.

동사 파하드(pāḥad)는 일종의 내적 목적어나 부사적 목적격으로서 같은 어근의 명사를 추가함으로써 강화된다. 그들은 압제의 행위 가운데 "거기서" 두려움으로 사로잡힌다.[16]

왜 그런가?

설명은 병행을 이루는 콜론에서 온다. 그들이 삼키고 있는 "내 백성"은 "의로운 세대"로 그들 가운데 여호와가 거하신다. 그러므로 그들을 방해하는 것은 위험하다.

[시 14:6-7]

지금까지 이 시편은 명확한 수신인이 없었다. 하나님을 3인칭으로 말했으며, 암묵적으로 동료 이스라엘 사람들을 대상으로 했을 수 있거나, 경험이 확신을 위협할 때 그 확신을 세우고자 시편 기자 자신의 이득을 위해 행한 성찰이었을 수도 있다. 6절은 거의 이를 바꾸지 않는데, 물론 1절과 4절이 묘사한 부류의 사람들을 공식적으로 부르면서 이 시편은 수사적으로 상황이 변하기는 한다.

카탈(qatal)에서 이크톨(yiqtol)로 이동하는데, 이는 일반적 진술에서 더욱 구체적으로 현재와 미래와 관련시키는 진술로 이동함을 시사한다. 이처럼 이는 시편의 요점을 분명히 한다. 이것은 인간의 죄악에 대한 단순한 이론적 성찰이 아니라, 다른 사람들의 공격에서 오는 한탄이다. 하지만 하나님의 태도는 여전히 동일하다.

---

[16] 70인역은 시편 53편에서 온 "두려움이 없는 곳에"라는 해설을 덧붙인다.

> 6 너희가 가난한 자의 계획을 부끄럽게 하나?
> 오직 여호와는 그의 피난처가 되시도다

가난한 자들은 여호와를 자신들의 피난처로 삼을 수밖에 없는 사람들이며, 이것은 삶의 압박에 대처하는 그들의 "계획"이다. 피난처(마흐세[*maḥseh*])는 약한 짐승이나 인간이 공격이나 폭풍이나 태양에서 숨는 은신처이다(61:3[4]; 104:18). 가난은 인간이 이런 은신처가 없음을 의미할 수 있다(욥 24:8). 이처럼 피난처는 여호와와 약한 사람들과의 관계를 가리키는 은유가 된다(시 46:1[2]; 62:7-8[8-9]).[17]

수신인들은 하나님을 무시하며(1, 4절), 따라서 삶에 대처하는 이런 방식을 조롱하는 사람들이다. 그들은 여호와를 자신들의 피난처로 삼는 사람들을 공격하기를 주저하지 않는다. 왜냐하면, 그들은 하나님이 세상에 관여하지 않으시며, 따라서 이런 은신처를 택하는 것은 의미 없는 계획임을 "알기" 때문이다.

> 7 이스라엘의 구원이
> 시온에서 나오기를 원하도다
> 여호와께서 그의 백성을 포로된 곳에서 돌이키실 때에
> 야곱이 즐거워하고 이스라엘이 기뻐하리로다

7절은 하나님께 하는 기도라기보다는 하나님이 행하시기를 바라는 일종의 소원이지만, 또 다른 방식으로 요점을 표현한다. 여기서 악당들이 공동체 내의 사람들이 아니라 공동체를 공격하는 사람들이라는 암시가 더 강해진다. 시편 기자는 하나님이 구원과 회복을 행하시기를 바란다. 시온에서 오는 구원을 언급하는 것은 여호와가 시온에 거주하신다는 확신을 내포한다. 즉, 여호와는 "의의 세대", 즉 시온에서 예배하는 공동체 가운데 계신다. 이 개념은 여호와가 하늘에 거하신다는 묘사를 보완한다(2절).

---

[17] 시편에서의 은신처의 중요성에 대해, J. F. D. Creach, *Yahweh as Refuge and the Editing of the Hebrew Psalter*, JSOTSup 217 (Sheffield: Sheffield Academic Press, 1996)을 보라.

미드라쉬는 시온에서 토라, 힘, 비춤, 위대함, 축복이 나온다고 지적한다(사 2:3; 시 20:2[3]; 50:2; 99:2; 128:5; 134:3).[18] "회복하다"(슈브 셰부트[šûb šĕbût], 개역개정: 돌이키실-역주)는 보통 포로기 후 공동체의 회복을 가리킨다. 실제로 70인역, 제롬, 탈굼은 이 구절을 "포로 됨을 되돌리다"라고 번역한다. 이는 셰부트(šĕbût)가 동사 샤바(šābâ), "사로 잡다"에서 온다는 자연스러운 가정을 전제한다(참조. BDB).

하지만 이는 이 구절이 나오는 모든 곳에 들어맞는 것은 아니다(특히, 겔 16:53; 욥 42:10). 셰부트(šĕbût)는 슈브(šûb) 자체에서 오는 것 같으며, 그리하여 이 구절은 "돌이키다"(turn a turning)를 의미한다(참조. HALOT). 야곱-이스라엘에 대한 언급이 이사야 40-49장에서의 포로기의 맥락에서 두드러지므로(예를 들어, 40:27; 42:24; 43:1), 이는 "야곱"과 "이스라엘" 측에서의 기쁨을 기대하는 것에 들어맞는다.[19] 기쁨은 좌절보다는 옹호를 내포하므로, 수치의 반대이다.

3. 신학적 의미

전체 이 시편에서는 지혜롭고 선한 삶은, 하나님이 세상에 관여하심을 인식하고 선을 행하며 도움을 위해 하나님을 찾는 것과 관련됨을 시사한다. 전반적으로 이 시편은 종교적 질문과 도덕적 질문을 함께 묶는다. 악당들은 여호와를 무시하고, 옳고 그름을 무시한다. 아마도 그들은 여호와가 세상에 관여하지 않으시며, 따라서 그들은 자신들이 좋아하는 것을 해도 좋다고 결정한다. 또는 아마도 그들은 자신들이 좋아하는 것을 하기로 결정했기에 하나님을 무시하게 되었을 것이다.

하지만 세상에서의 하나님의 활동을 무시하는 것은 어리석은 삶이다. 이는 삶의 방식을 왜곡시키고, 따라서 하나님께 가증스럽게 만든다. 사람들이 마치 하나님이 세상에 관여하지 않으시는 것처럼 행동할 때, 이것은 약자들에게 위협이 된다.

하지만 사람들은 하나님이 자신들 가운데 활동하고 계신다는 확신에 따라 계속 살면서, 악당의 좌절과 자신들의 회복을 찾도록 도전받는다. 이것은 다시 신학을 내포한다. 하나님의 세상에서의 "자리"는 의의 세대가 약하고 무너뜨리려

---

18 *Midrash on Psalms*, 1:185-86.
19 동사들은 형태는 저씨브이다. *TTH* 50a는 동사들을 허가로 여긴다.

하는 강자들에게서 압박을 받을 때 의의 세대 가운데 있다고 정의된다.[20]

바울은 전체 인류가 1-3절의 용어로 묘사될 수 있다고 지적하고자, 로마서 3:10-12에서 1-3절을 인용한다(70인역은 이 시편에 롬 3:13-18을 추가한다). 이 시편 자체의 요점은 때로 공동체가 이 지점까지 타락하고 그들의 희생자들에게 두려운 위협이 될 수 있다는 것이다. 이와 같이 바울은 우리에게 인류에 대해 현실적으로 절망적이 되며, 그런 후에 하나님이 그리스도 안에서 행하신 일에 감사하라고 권고한다.

이 시편 자체의 목표는 만약 우리가 우리를 위협하는 공동체들이 특별히 타락한 시기에 산다면, 우리에게 하나님의 임재 가운데 생각하는 방식을 주는 것이다.

---

20 Crüsemann, "Gottes Ort"를 보라.

제15편

하나님과 함께 머무는 자격

1. 본문

다윗의 시

1 여호와여 주의 장막에 머무를 자 누구 오며
  주의 성산에 사는 자 누구오니이까[1]

2 정직하게 행하며[2]
  공의를 실천하며
  그의 마음에 진실을 말하며
3 그의 혀로 남을 허물하지 아니하고
  그의 이웃에게 악을 행하지 아니하며
  그의 이웃을 비방하지 아니하며
4 그의 눈은 망령된 자를 멸시하며[3]
  여호와를 두려워하는 자들을 존대하며

---

1 이크톨(yiqtol)들은 허가의 의미를 지닌다(*IBHS* 31.4d).
2 문자 그대로, "온전히 걷다"(walks whole). 이것이 "전체 (길에서)"(BDB가 그렇다)를 의미하는 것으로 여기는 것은 불필요해 보인다.
3 탈굼은 그가 자신의 눈에 경멸을 받을 만하여 멸시받는 것임을 의미할 수도 있지만(cf. Qimchi), 이 시편이 다른 사람들과의 관계에 관심을 가지므로 이는 문맥과 덜 조화를 이룬다.

그는 재앙을 가져오기로[4] 서원했고 그것을 바꾸지 아니하며(개역개정: 그의 마음에 서원한 것은 해로울지라도 변하지 아니하며 - 역주)

5 이자를 받으려고 돈을 꾸어 주지 아니하며

뇌물을 받고 무죄한 자를 해하지 아니하는 자이니

이런 일을 행하는 자는 영원히 흔들리지 아니하리이다[5]

2. 해석

다시 한번 이 시편은 찬양이나 기도나 감사가 아니다. 처음에 이 시편은 수사적 질문의 형태이기는 하지만 여호와를 부른다. 시편 기자는 이 질문에 대한 응답을 알고 있으며, 그는 여호와를 위해서도 아니도 개인적 성찰을 위해서도 아니고, 숨겨진 청중들을 위해 묻고 답한다. 숨겨진 청중들은 여호와의 성산에 있는 여호와의 장막에서 시간을 보내기를 원하는 부류의 사람들이다. 질문의 예전적 맥락에서 배경을 가질 수 있는데(참조. 24:3), 예전적 맥락에서 예배자들은 성직자에게 질문을 할 수도 있다.

하지만 자주 인용되는 이런 의문과 비슷한 구약 본문들(삼하 21장; 학 2장; 슥 7장; 또한 렘 7장; 미 6:6-8을 보라)은 내용에서는 그렇게 비슷하지 않으며, 우리는 시편 15편이 단순히 성전 문에서 진행된 것을 표현한 것뿐이라고 여길 수 없다.[6]

---

[4] 레하라(*lĕhāraʿ*)를 "재앙을 가져오다"로 이해하는 것에 대해, cf. *Midrash on Psalms* 1:191과 해설. 제롬은 "자신에게 재앙을 가져오다"라고 했다. 즉 그는 자신에게 해를 끼치겠다는 맹세를 한다. 하지만 이것은 상당한 추론이 필요하다. 70인역 토 플레시온 아우투(*tō plēsion autou*)는 레하레아(*lĕhārēaʿ*), "그의 이웃에게"를 의미하지만 이것은 4절의 나머지에서 잘 이어지지 않는다.

[5] 나란히 이크톨(yiqtol)이 따르는 분사에 대해, (예를 들어) 147:14-16을 보라. 정형 동사로의 변화는 둘째 동사가 부정될 때 필요하다(참조. 2-3절; 이 사례를 제공하지 않을지라도 DG 112e를 보라).

[6] 다음을 보라, John T. Willis, "Ethics in a Cultic Setting," in *Essays in Old Testament Ethics* (J. Philip Hyatt Memorial), ed. James L. Crenshaw and John T. Willis (New York: Ktav, 1974), 145-70; R. E. Clements, "Worship and Ethics," in *Worship and the Hebrew Bible* (John T. Willis Festschrift), ed. M. Patrick Graham et al., JSOTSup 284 (Sheffield: Sheffield Academic Press, 1999), 78-94. (예를 들어) 다음과는 대조된다. Gunkel, *Psalmen*, 47-50; Keel, *Symbolism of the Biblical World*, 126-27; J. L. Koole ("Psalm xv—eine königliche Einzugsliturgie?" in *Studies*

이 시편은 또한 지혜 사상과 비슷한데,[7] 그렇다고 이 시편이 "지혜" 교사들의 무리에서 작성됐음을 반드시 의미하는 것은 아니다. 이 시편은 여호와께 안내해 주시라고 요청하는 것으로 가장된 시편 1편과 같은 가르침의 시편이며, 따라서 성전에서 사용된 질문과 응답의 양식을 사용하여 그 가르침을 표현하면서, 예전적 양식에 기반을 둘 수도 있다. 즉, 1절에 질문이 있고 2-5절이 응답이다.

"사는 것"에 대해 말하는 것은 성직자가 질문하는 사람일 뿐만 아니라 질문에 답해야 하는 사람인지의 문제를 제기한다. 왜냐하면, 성전 뜰에 정기적으로 사는 자는 성직자들이이기 때문이다(참조. 65:4[5]).

시편이 진행되면서 행들은 점차 길어진다. 마소라 본문에서 행들은 6, 그다음에 7, 그다음에 8, 그다음에 10, 그다음에 11 강세로 되어 있다.[8] 우리는 이 시편의 저자나 연대를 전혀 알지 못한다.

[표제]

다윗의 시

용어 해설을 보라.

다윗과 관련하여 읽어라, 그러면 다윗이 그의 생애 중간에서 만나는 정직과 의와 진실의 위기를 고려할 때, 이 시편은 아이러니로 가득하게 된다.

이것은 다윗을 이 지점에서 판단하는 기준인가, 아니면 다윗이 지금 직면할 필요가 있는 도전인가?

---

    on Psalms, by B. Gemser et al., OtSt 13 [Leiden: Brill, 1963], 98-111). Koole는 이것을 구체적으로 왕을 위한 입장 예전으로 본다.

7 (예를 들어) Walter Beyerlin, *Weisheitlich-kultische Heilsordnung* (Neukirchen-Vluyn: Neukirchener Verlag, 1985)을 보라.

8 Michael Barré ("Recovering the Literary Structure of Psalm xv," *VT* 34 [1984]: 207-11)는 이 시편이 교차대구 구조로 되어 있다고 본다. 또한, 다음을 보라, Pierre Auffret, "Essai sur la structure littéraire du Psaume xv," *VT* 31 (1981): 385-99; idem, "YHWH, qui séjournera en ta tente?" *VT* 50 (2000): 143-51.

[시 15:1]

> 1 여호와여 주의 장막에 머무를 자 누구오며
> 주의 성산에 사는 자 누구오니이까

이 시편은 분명하게 3-4의 균형을 이루는 행으로 시작한다. 여호와의 성산은 아마도 성전이 있는 언덕일 것이다(시 2:6; 43:3; 48:1-2[2-3]; 99:9; 참조. 24:3). 가장 흔히 "장막"은 출애굽기 25-40장에 묘사된 이동할 수 있는 광야의 성소를 가리키지만, 다윗 역시 언약궤를 위한 장막을 세웠는데, 이는 성전 복합 건물 일부로 이어졌던 것 같으며(삼하 6:17; 왕상 2:28-30; 8:4), 이 부분은 나중에 전체를 상징했을 것이다.

하지만 "장막"은 인간의 항구적인 집을 가리키는 시적 용어일 수도 있듯이(예를 들어, 시 91:10), 여호와의 지상의 집으로서 전체 성전을 가리키는 시적 용어일 수도 있는 것 같다(시 27:5-6; 61:4[5]). 이 시적 표현은 비유적 의미로 하나님의 임재 가운데 머무는 것을 가리키는 것으로 이 시편이 사용하도록 촉진했을 수도 있다.[9]

왜 누군가가 거기에 머물거나 살기를 원하는가?

문자적 의미에서 방문객은 분명히 절기와 같은 때 가끔 성전 가까이에 머물렀으며, 이는 이 이미지를 암시할 수도 있다.[10] 거류민처럼(게르[gēr]) 여호와와 함께 "머무는 것"(구르[gûr])이라는 은유적 표현은 특이하다. 거류민은 보호와 생계를 위해 공동체의 호의에 의존하며, 시편 39:12[13], 61:4[5]에서의 문맥은 이것이 여기에 반영된 것임을 확증한다.

"사는 것"(dwelling, 샤칸[šākan])이라는 은유적 표현도 흔하지 않으며, 아마도 이것 역시 안전과 양식을 암시할 것이다(참조. 65:4[5]). 물론 이것도 구약이 하나님이 광야 장막이나 성전이나 시온에 사신다는 면에서 언급한다는 사실을 떠올리게 한다(예를 들어, 74:2; 사 8:18).

---

9 하지만 여호와의 "장막"과 "성산"이 전체 땅을 가리킨다고 생각하기는 어렵다(Johnson, *Cultic Prophet*, 92-105와는 대조된다).
10 Weiser, *Psalms*, 168도 마찬가지이다.

질문하는 자는 약간 대담하게 여호와가 사시는 거주지에 관해 묻고 있다. "거주하다"(dwell)는 "머물다"보다는 항구적인 것을 의미할 수 있지만, 둘 다 "살다"(live) 보다는 덜 항구적인 의미를 암시한다. 이것이 현실적인데, 우리는 실제로 여호와의 집에 살 수 없기 때문이다. 즉, 해야 할 일이 있다(시 23:6; 27:4와 대조해 보라. 물론 이 본문들은 여호와와 머무는 목표가 이곳이 안전과 공급의 장소라는 점임을 확증한다). 하지만 거주함이 사는 것보다 덜 항구적인지가 명확하지 않다는 것은, 더 기본적인 질문이 순간이든 밤이든 평생이든, 누가 하나님의 임재 가운데 머물 수 있는가와 관계가 있음을 시사한다.

[시 15:2-5]

여호와가 환영하시는 사람에 대한 묘사는 네 개의 세-콜론에서 네 곳을 포괄한다. 이것들은 공동체 내에서의 다른 사람들과의 관계에서 그 사람의 일반적인 정직, 다른 이들을 향한 잘못된 행위가 없는 것, 여호와와의 관계에서의 사람들의 자세에 대한 반응, 돈에 대한 올바른 태도이다. 이처럼 2절은 일반론으로 구성되는데, 이 함의는 3-5b절에서 설명되고, 5c절에서는 일반론으로 되돌아간다.

> 2 정직하게 행하며
>   공의를 실천하며
>   그의 마음에 진실을 말하며

2절은 행하는 것과 실천하는 것과 말하는 것, 그리고 *정직과 *공의(의)와 *진실을 함께 묶는다. 2b절은 외적 행함에 대한 내적 태도를 추가한다. 즉, 둘 다 중요하다는 것이다. 사람들이 행하는 것과 그들이 마음에 말하는 것에 차이가 있을 수 있다. 그들은 겉으로는 명예롭게 행하고 있을 때 속임수를 계획하고 있을 수 있다. 여호와는 이를 묵인하지 않으신다.

> 3 그의 혀로 남을 허물하지 아니하고
>   그의 이웃에게 악을 행하지 아니하며
>   그의 이웃을 비방하지 아니하며

지금까지 일반적이며 종합적이며 적극적으로 지적한 요점을 보완하고자, 3절은 카탈(qatal) 동사들로 바뀌는데, 이는 더욱 구체적이며 실례를 들면서 소극적으로 요점을 지적하기 위함이다. 전자는 후자 없이는 불완전하다. 다시 세 구절이 행함과 행동과 말을 언급한다. 여호와가 환영하시는 사람은 (문자 그대로) "그의 혀로 허물하지" 않는다.

동사(라갈[*rāgal*])는 "발"을 가리키는 명사에서 파생했으며, 따라서 "행함"(walk)에 대한 좋은 병행법을 제공하는데, 물론 이 구절은 그 사람이 무슨 목적으로 그들의 혀를 사용하기 시작하는지를 명확히 하지 않는다. 다른 곳에서 이 동사는 정탐꾼으로 착수함을 의미하며, 주어는 보통 가나안 사람들에게서 땅을 빼앗고자 음모를 꾸미는 사람들이고, 두 개의 후속 구절들은 여기서 이 동사가 음모를 꾸미는 것과 같은 것을 의미함을 확증할 것이다.[11] 탈굼은 이것이 거짓 고발을 의미한다고 추론한다.

의를 행하는 것과 비슷한 것은 공동체의 동료 구성원(레아[*rēaʿ*], 단어의 비슷한 점은 개념의 수치를 강조한다)에게 재앙(라아[*raʿ*], *악한 것)을 일으키지 않는 것이다. 이웃을 비방하지(헤르파[*ḥerpâ*]) 않는 것은 마음에서 진실을 말하는 것과 비슷하며, 일상적 모욕 이상을 내포한다. 이것은 공동체의 다른 구성원에게 고발하며, 그들을 속이거나 심지어 그들의 삶을 위협하는 것을 시사한다.

> 4 그의 눈은 망령된 자를 멸시하며
>   여호와를 두려워하는 자들을 존대하며
>   그는 재앙을 가져오기로 서원했고 그것을 바꾸지 아니하며(개역개정: 그의 마음에
>   서원한 것은 해로울지라도 변하지 아니하며-역주)

다른 사람들의 악행과 의로운 행위에 대한 태도는 공동체 생활에 기초가 되는 또 다른 영역이다. 2-3절은 서로 대조되는 반면에, 4a절은 자체로 대조를 포함한다. 바이저(Weiser)는 우리가 망령된(경멸할 만한) 자를 경멸해야 함을 제안한다

---

11 *HALOT*은 라갈(*rāgal*)을 "비방"으로 번역하는 것을 옹호하지만, 이 동사가 최소한 칼(qal)로, 심지어 집회서 4:29; 5:14(예를 들어, NJB를 보라)에서 일찍이 이것을 의미하는지 의심스럽다. 아마도 쉽게 음모를 꾸미는 것을 시사할 수도 있는 삼하 19:27[28]에서의 피엘로는 아닐 것이다.

고 이 시편을 비판한다(그는 이 시편이 욥의 친구들과 같은 인과응보에 대한 이해로 진행된다고 추론한다).[12]

이 시편의 견해는 여호와가 환영하시는 사람은 종교적/도덕적인 것에 대해 적절하게 긍정적 태도를 취할 뿐만 아니라, 비종교적/부도덕적인 것에 대해 적절하게 부정적 태도를 취한다는 것이다. 이것은 부도덕한 자들을 저지하고, 공동체에 도덕을 권장할 것이며, 경멸하는 일을 행하는 사람에게 그들이 이런 부류의 사람이 아님을 분명히 하라고 권장할 것이다.

무엇 때문에 사람은 망령되게 되는가?

이 단어(마아스[māʾas], 니팔 분사)가 나오는 다른 유일한 곳은 연단받아 거부당한 은을 묘사하고(렘 6:30), 이 동사는 종종 불순종과 반란과 불의에 근거하여 여호와가 거부하시는 데 사용된다(예를 들어, 렘 7:29). 이것은 여기에서 병행법과 들어맞는다. 반대로 적절하게 명예롭게 된 사람들은 여호와를 *경외하는 사람들이다. 이것은 모든 이스라엘 예배자들을 가리키는 용어가 될 수 있지만, 여기서 이것은 실제로 자신들의 예배와 행동에서 토라에 순종하면서, 여호와를 경외하는 공동체의 구성원들을 가리킨다.

멸시와 명예롭게 함(바자[bāzâ], 카베드[kābēd]) 역시 대조되는 쌍을 이루고, 병행법은 카탈(qatal) 니팔(niphal)과 이크톨(yiqtol) 피엘의 결합으로 더 미묘한 뉘앙스가 더해진다.

마지막 콜론은 공동체의 책임 있는 구성원의 의무를 사람들이 악행을 모면하지 못하도록 감시하는 것까지 발전시킨다. (예를 들어) 자신의 친구를 부드럽게 대하는 것은 유혹이 되겠지만, 여호와가 환영하시는 사람은 어려움을 야기하겠다고 맹세하고 그렇게 하는 자이다. W. A. 어윈(Irwin)은 이것을 "놀라운 넌센스"라고 부르지만,[13] 이 시편은 재앙을 받아 마땅하지 않은 자에게 재앙을 가져오는 것은 잘못이듯이(3절), 누군가가 그럴 만한 가치가 없을 때 일방적으로 관대하게 대하는 것도 잘못이라고 여긴다(참조. 7:4[5]).

---

12 *Psalms*, 170.
13 "Critical Notes on Five Psalms," *AJSL* 49 (1932–33): 9–20, 특히 17.

> 5 이자를 받으려고 돈을 꾸어 주지 아니하며
> 뇌물을 받고 무죄한 자를 해하지 아니하는 자이니
> 이런 일을 행하는 자는 영원히 흔들리지 아니하리이다

5절은 돈에 대한 태도로 바뀐다. 이것은 2-4절에서 제시된 응답의 기초가 될 수도 있다. 돈 문제에서 진실하지 않거나(2절), 다른 사람에게 해를 끼치려 하거나(3절), 다른 사람들과 관련하여 도덕적 기준을 보류하고 싶은(4절) 유혹이 들 수 있다. 5a-b절은 3절과 마찬가지로, 거부해야 할 돈의 유혹을 조목별로 쓰면서, 부정적 측면을 더 깊이 포함한다.

첫째 유혹은 이자를 받고(어원적으로는 "미끼로") 돈을 빌려주는 것이다. 토라가 빌려주는 것에 대해 취하는 태도의 전제는, 빌려주는 것이 부자가 자신의 부를 축적하는 수단이 아니라 궁핍한 동료 이스라엘 사람들을 돕는 수단이며(예를 들어, 출 22:25-27[24-26]); 레 25:35-38), 이것은 또한 높은 이자율을 전제할 수 있다는 것이다. 이것은 우리가 상업적 대부라고 부르는 것(이것은 신 23:20이 가리키는 것일 수 있다)을 염두에 두지 않고 있다. 이자를 받고 돈을 빌려주는 것은 궁핍한 자를 이용한 것이다.

둘째 유혹은 뇌물을 받음으로써 정의를 왜곡하는 것이다. 이 시편은 공동체의 원로들이 성문에서 정의를 구현하는 데 참여함을 염두에 두는데, 그들은 쉽게 부요한 사람에게서 뇌물을 받을 수 있다.

70인역은 마지막 콜론을 2-5b절에 따라 사는 사람이 절대 무너지지 않을 것이라는 약속으로 여긴다. 이것은 동사 모트(môṭ)의 흔한 용법과 일치한다(예를 들어, 55:22[23]; 94:18). 이 행은 1절과 인클루지오를 형성한다. 하지만 이 행의 형태도 내용도 이런 인클루지오를 암시하지 않는다. *무너지지 않는다거나 흔들리지 않는다고 이렇게 언급하는 것은 여호와의 임재 가운데 환영받는 것과는 다른 틀에서 작용하며, 옳은 일을 하는 사람을 묘사하는 데 분사로의 전환은, 오히려 2절과의 인클루지오를 시사하고, 병행을 이루는 콜론에서의 부정된 동사는 다

시 3절을 반영한다.[14] 오히려 마지막 행은 "이런 일"을 할 때 확고히 할 필요성을 강조한다. 모트(môt)의 이런 의미에 대해서는, 17:5을 참조하라. 이것은 또 다른 세-콜론을 완성하므로, 아마도 특히 5절과 연결하고, 따라서 특히 5a절에서 권고하는 돈에 대한 태도를 고수하라고 권고하는 것 같다. 하지만 "이런 일"은 2-4절의 나머지까지 확장될 수 있으며, 따라서 또한 2-5절에 나오는 모든 묘사와 관련하여 고수할 필요성을 강조한다.

3. 신학적 의미

2-5a절에 11개의 동사가 있으며, 미드라쉬는 이 시편이 이런 식으로 토라의 613개의 계명을 11개의 기대로 요약한다고 설명한다.[15] 우리는 첫 두 동사를 함께 묶고, 이 시편이 이것은 여호와의 기대에 대한 체계적 설명이 아닐지라도 십계명을 설명하며,[16] 십계명과 같이 일반적인 것과 실례를 드는 것 사이를 움직인다고 판단할 수 있다. 하지만 이것은 십계명의 어떤 주제도 포함하지 않는다(예를 들어, 렘 7장을 대조해 보라). "시편 기자는 규칙을 제시한다기보다는 하나님의 임재 가운데 머물 수 있는 부류의 사람을 묘사한다."[17] 실제로 아마도 열 번째 계명을 제외하고는 자신들이 십계명의 요구를 지켰다고 판단할 수도 있는 사람들과 직면하는데, 물론 우리는 이것이 열 번째 계명의 함의를 자세히 설명한다고 볼 수 있다.

이 시편이 예배자가 성전의 성직자들에게 물을 수 있는 질문을 배경으로 한다면, 이 질문들은 형식적 요구라는 면에서 응답을 염두에 두었을 수 있다. 적절하게 옷을 입거나 깨끗해야만 한다(참조. 대하 23:19). 또는 적절한 성례(예를 들어, 세례)나 적절한 경험(예를 들어, 성령 세례나 방언)을 경험했어야만 한다. 이 시편은 이런 가정들을 뒤엎는다. 이런 자격이 없다고 하여 사람을 내쫓지 못하며, 이런 자격을 갖췄다고 하여 그 사람이 환영받는 것도 아니다. 하나님이 찾으시는 자격은 다른 영역에 속한다.

---

14 Cf. Patrick D. Miller, "Poetic Ambiguity and Balance in Psalm xv," *VT* 29 (1979): 416-24, 특히 424.
15 *Midrash on Psalms*, 1:227을 보라.
16 Cf. Cassiodorus, *Psalms*, 1:155-60.
17 Rogerson and McKay, *Psalms*, 1:64.

이사야 33:14-16은 이 점을 덜 미묘하게 지적하는 데 동일한 양식을 사용하며, 이는 이 시편을 개작한 것일 수 있다. 이처럼 이 시편은 토라, 선지서, 지혜서와 동일한 점, 곧 도덕이 성례 없이 충분하지 않듯이, 성례의 준수는 도덕 없이 충분하지 않음을 지적한다. 2-5절의 명령은 1절의 질문이 보통 사람들과는 관계가 없음을 분명히 한다. 이 시편의 도전은 다른 이들이 처벌을 받을 만한 일을 했을 때 그들에게 재앙을 일으킬 권력을 가진 사람들을 대상으로 하고, 그들이 처벌을 받을 만한 일을 하지 않았을 때는 빌려줄 돈과 뇌물로 사용할 돈이 있는 사람들을 대상으로 한다.

어떤 사회에서도 권력과 돈을 가진 사람들은 특별한 유혹을 받기 쉬우며, 이 시편은 그들에게 여호와의 존전에서 시간 보내기를 원한다면 이런 유혹에 저항할 필요가 있음을 상기시킨다. 이런 유혹에 굴복하지 않는 사람이 복되다.

이 시편은 홀로 고려한다면, 몇 가지 잘못된 인상을 줄 수 있다. 이 시편은 마치 인간이 옳게 행함으로 말미암아 여호와께 접근할 수 있는 것처럼, 여호와와의 관계에서의 주도권이 인간에게서 옴을 시사할 수 있다. 신약의 용어로 표현하면, 이는 구원이 도덕적 행위로 온다고 확증하는 것일 수 있다. 또는 이것은 하나님이 우리의 완전함을 기대하시고, 우리가 하나님의 은혜의 도움이 필요함을 고려하지 않으시며, 우리의 완전한 순종에 근거하지 않은, 우리의 실패에도 불구하고 우리를 받아들임을 고려하지 않으신다는 점을 시사하고 있을 수 있다.[18]

또는 이 시편은 여호와가 예배의 올바른 실행이 아니라, 공동체의 다른 사람들을 향한 옳은 행위에 관심이 있으심을 시사할 수 있다. 신약의 용어로 표현하면, 이것은 구원이 안식일 준수나 할례와 같은 종교적 행위로 옴을 부인하는 것일 수 있다. 전체 구약 신앙의 맥락에서, 이것은 여호와가 사람들과의 관계에서 주도권을 잡으시는 것에 대한 그들의 반응 일부로서 사람들이 여호와께 헌신하는 삶을 살 필요가 있음을 가리킨다. 이것은 사람들이 그렇게 하고 있을 수 있음을 의미하는데, 이는 그렇게 무시무시하게 너무 지나친 요구를 하지 않는 방식으로 온전함, 의, 진실의 특성을 보여 주는 구체적인 기대를 시사한다. 그리고 이것은 사람들이 여호와의 존전에 나아가려면 종교적으로뿐만 아니라 도덕적으로 옳은 삶을 살 필요가 있음을 가리킨다.

---

18 Cf. Weiser, *Psalms*, 171.

제16편

삶을 하나님께 맡겨라

1. 본문

다윗의 비문(개역개정: 믹담-역주)

1 하나님이여 나를 지켜 주소서
　내가 주께 피하나이다
2 내가 여호와께 아뢰되[1] 주는 나의 주님이시오니
　주 밖에는 나의 복이 없다 하였나이다[2]
3 땅에 있는 성도들은 존귀한 자들이니[3]
　나의 모든 즐거움이 그들에게 있도다[4]

---

[1] 아마르트('Āmart). GKC 44i를 보라.
[2] 발(bal)이 긍정적 의미를 지닐 수 있지만(DCH와 HALOT을 보라), 우리는 "나의 복은 정말로 당신과 함께 있습니다"라고 번역할 수도 있다.
[3] 거슬러 올라가는 대명사 주어 헴마(hēmmâ)의 사용에 대해, JM 158g를 보라. TTH 198은 헴마를 이어지는 것과 연결시켜, "그들은 … 지도자들이다"라고 하지만(참조. NRSV와 NIVI), 다음 단어에 있는 와우(w) 때문에 이것은 어렵다.
[4] 연계형 표현에 대해, GKC 130d를 보라. 많은 수정이 3절에 대해 제안됐지만(예를 들어, BHS를 보라), 어느 것도 확신을 주지 못했다. 70인역은 "그의 땅에 있는 거룩한 이들을 위해 그는 그의 모든 기쁨을 그들에게서 증대했다"라고 되어 있다. 마소라 본문 웨앗디레(wĕ'addîrê), "그리고 ~의 지도자들"에 대해, 70인역은 아다르('ādar) 히필에서 온 한 형태를 의미한다. 사 42:21에 나오는 야디르(ya'dîr)라는 형태가 들어맞을 것이며, 이것은 출 15:6, 11에서 니팔 분사를 제외하고 동사로 나오는 유일한 사례다. 사 42:21 역시 동사 하페츠(hāpēṣ, 기뻐하다)로 시작한다. 이 모두는 어려운 행을 의미가 통하게 하고자 70인역이 이것을 사 42:21에 동화시켰으며, 3인칭 대명사가 여기서 따를 것임을 암시한다. 이 행의 현

4 다른 신에게 예물을 드리는[5] 자는[6] 괴로움이 더할 것이라
　나는 그들이 드리는 피의 전제를 드리지 아니하며
　내 입술로 그[7] 이름도 가담하지(개역개정: 부르지-역주) 아니하리로다

5 여호와는 나의 산업과 나의 잔의 소득이시니
　나의 분깃을[8] 지키시나이다
6 내게 줄로 재어 준 구역은 아름다운 곳에 있음이여[9]
　나의 기업이[10] 실로 아름답도다
7 나를 훈계하신 여호와를 송축할지라
　밤마다[11] 내 영혼(개역개정: 양심-역주)이 나를 교훈하도다
8 내가 여호와를 항상 내 앞에 모심이여
　그가 나의 오른쪽에 계시므로 내가 흔들리지 아니하리로다

　대 수정에 대해서는, (예를 들어) 다음을 보라. G. Behler, "Une conjecture critique sur Ps. xvi, 3-4a," *RB* 49 (1940): 240-43; Sigmund Mowinckel, "Zu Psalm 16, 2-4," *Theologische Literaturzeitung* 82 (1957): 649-54; Claus Schedl, "'Die Heiligen' und die 'Herrlichen' in Psalm 16.1-4," *ZAW* 76 (1964): 171-75; M. Mannati, "Remarques sur Ps. xvi 1-3," *VT* 22 (1972): 359-61; Johannes Lindblom, "Erwägungen zu Psalm xvi," *VT* 24 (1974): 187-95; Franz D. Hubmann, "Textgraphik und Psalm xvi 2-3," *VT* 33 (1983): 101-6.

5 70인역은 마하루(*māhārû*)가 마하르(*māhar*), "서두르다"에서 온다고 여기지만, 이것은 빈약한 의미를 제공하며, 다른 곳에서 이 동사는 피엘이다. BDB는 마하르(*māhar*), "혼인 지참금을 지불하다"에서 도출하지만, 이것은 무리해 보인다. *DCH*는 가능한 동의어 의미 "섬기다"를 지적한다. 대안으로 마하르(*māhar*)는 하라르(*hārar*), "욕심"의 다른 형태일 수 있다(이에 대해 *DCH*를 보라). ASV "교환하다"는 마하르를 무르(*mûr*)의 다른 형태로 여기거나(참조. 106:20; 렘 2:11) 헤미루(*hêmîrû*)로 수정할 필요가 있으며, 또한 전치사와 두 명사의 생략을 당연하게 여겨야만 한다(다른 [신에 대해 여호와로] 바꾼다). NRSV "선택하다"는 바하루(*bāhārû*)로 수정한다.

6 접속사를 생략한(아셰르[*ʾăšer*]가 없는) 관계사절에 대해, JM 158a을 보라.

7 4a절의 단수 "다른"과 형식상으로 불일치하지만, 접미사는 아마도 다른 신들을 가리킬 것이다.

8 우리는 야마크(*yāmak*)의 다른 형태에서 온 히필과 같이 생긴 토미크(*tômîk*)가 아니라(참조. GKC 50e), 이크톨(yiqtol) 티트모크(*titmōk*) 또는 분사 토메크(*tômēk*)를 기대할 것이다(참조. 70인역).

9 복수를 추상 명사로 여긴다(참조. DG 18a).

10 나할라트(*naḥălāt*)라는 형태는 이상하다. *IBHS* 6.3.2b를 보라. 70인역, 제롬, 시리아어 번역본, "나의 기업"은 나할라티(*naḥălātî*)를 의미할 수 있다.

11 복수 레로트(*lêlôt*)는 아마도 밤의 다른 부분을 시사할 것이다(JM 136b).

9 이러므로 나의 마음이 기쁘고 나의 영도 즐거워하며[12]
　내 육체도 안전히 살리니
10 이는 주께서[13] 내 영혼을 스올에 버리지 아니하시며
　주의 거룩한 자를 멸망시키지 않으실 것임이니이다
11 주께서 생명의 길을 내게 보이시리니
　주의 얼굴(개역개정: 앞-역주)에는 기쁨의 충만[14](개역개정: 충만한 기쁨-역주)
　이 있고
　주의 오른쪽에는 사랑스러운 것들(개역개정: 영원한 즐거움-역주)이 있나이다

2. 해석

이 시편은 기도로 시작하지만, 이 기도는 이 시편에서 유일한 기도이며, 기도의 특성은 오히려 여호와에 대한 신뢰를 표현한다. 시편의 내용은 이 신뢰에서 두 가지 긴급함을 시사한다.

첫 번째 부분은 다른 신들을 예배하는 사람들의 긴급함을 말한다.
두 번째 부분은 죽음의 위협에 대해 말한다.

이것들은 아마도 관련이 있는 것 같다. 다른 신들을 예배하는 사람들은 이것이 복(2절), 곧 작물과 가축의 번성을 위한 열쇠이므로 여호와를 의지하는 것은 생존을 위태롭게 한다고 주장한다. 우리는 탄원자가 현재 죽음의 위험에 처해 있다고 생각할 필요는 없다.[15]

---

12 와야겔(*Wayyāgel*)은 상태동사 사마흐(*śāmah*)에서 현재 시제의 의미를 취한다. 그렇다면 9b절의 이크톨은 카탈/와이크톨 형태를 보완한다.
13 하시드카(*Hăsîdkā*). 아마도 "당신이 헌신한 누군가."
14 문자 그대로, "기쁨의 풍요로움." 복수 세마호트(*śĕmāhôt*)는 더 나아가 이 표현을 강화한다. 참조. 또한 복수 "사랑스러운 것들." 많은 영어 번역본의 "기쁨의 풍요로움"은 풍요로운 것이 기쁨이라는 인상을 주지만, 구문은 이것이 기쁜 것은 풍요로움임을 가리킨다.
15 Kraus, *Psalms*, 1:235과 대조된다.

시편 15편과 16편 모두 각각 의에 대해 하나는 공동체와 관련하여, 다른 하나는 여호와와 관련하여 비틀거리거나 넘어짐에 관심을 가진다(15:5; 16:8). 이 시편은 보호를 구하며 신뢰를 선언하면서 하나님께 하는 말(1, 5-6, 9-11절)과 이런 보호와 양식을 구할 때 다른 신들을 예배하려는 유혹에 빠지는 사람들에게 하는 말(2-4, 7-8절)이 번갈아 나온다. 그 나름대로 다른 사람들에게 하는 말은 또한 신뢰한다는 간접적 진술이며, 여호와께 하는 말은 탄원자에게 자기 격려의 암묵적 행동일 뿐만 아니라, 다른 사람들에게 간접적으로 도전하는 것이다.

이 시편은 시작하는 2-2행 뒤에 긴 콜론들과 행이 나오는 것으로 특징지어진다. 마소라 본문에서는 2-2, 4-2, 3-2, 4-3-3, 3-3, 3-3, 4-3, 4-3, 5-3, 4-4, 3-3-3행이 있다. 첫째 세-콜론은 탄원자의 헌신에 대한 선언이 끝나면서 이 시편의 한 섹션을 마무리하고, 둘째 세-콜론은 전체 시편을 마무리한다. 이 시편은 페르시아 시기에 속할 수도 있다(5-6절 해설을 보라).[16]

[표제]

다윗의 비문(개역개정: 믹담-역주)

"비문"은 70인역과 탈굼이 시편 16편, 56-60편의 표제에서 믹담(*miktām*)에게 돌리는 의미이다. 이것은 이 시편이 바빌론 시편의 방식으로 진흙에 새겨졌음을 가리킬 수도 있다. 킬(Keel)은 이런 시편이 하나님 앞의 기도를 항구적으로 표현하는 방식으로 석판에 새겨졌다고 제안한다.[17] 이것은 이사야 38:9-20에 나오는 히스기야의 기도에 적용한 것에 들어맞는다.

---

16 하지만 렌즈버그(Rendsburg)는 이것이 북부 이스라엘 기원을 암시하는 특징을 지닌다고 본다(*Linguistic Evidence*, 29-33을 보라).
17 *Symbolism of the Biblical World*, 329. 레이몬드 투네이(Raymond Tournay)는 "은밀한 기도"를 제안한다("Sur quelques rubriques des Psaumes," in *Mélanges bibliques* [A. Robert Festschrift; Paris: Bloud & Gay, 1957], 197-204). 다음을 더 보라. Craigie, *Psalms 1-50*, 154; Tate, *Psalms 51-100*, 66.

[시 16:1-4]

시편은 호소, 증언, 암묵적 권고로 시작한다.

> 1 하나님이여 나를 지켜 주소서
>   내가 주께 피하나이다
> 2 내가 여호와께 아뢰되 주는 나의 주님이시오니
>   주 밖에는 나의 복이 없다 하였나이다

"나를 지켜 주소서"는 불안전을 전제하며(참조. 17:8-9; 25:20; 86:2; 140:4[5]; 141:9), 여호와를 *의지함을 비슷하게 언급한 것이 이를 확증한다. 2절은 이를 더 자세히 설명한다. 한편으로 여호와는 탄원자의 통치자 *주님, 곧 그 주님이실 뿐만 아니라 나의 주님이신데, 이는 여호와의 종이 그들의 주님의 지지와 공급을 기대할 권리가 있음을 의미하는 헌신의 고백이다. 그리고 탄원자는 *선을 위해 전적으로 여호와를 의존하는데, 실제로 여호와는 탄원자의 선이시다.

이 선의 특징은 5, 6, 11절에 자세히 설명될 것이다. "주님 옆에"(개역개정: 주 밖에는-역주)라는 전치사(알레이카['āleykā])는 어렵지만, 첫 계명에 나오는 "내 얼굴 이외에는"의 표현과 비슷하며(출 20:3), 이 또한 이해하기 어렵다. 그렇다면 헌신은 십계명을 염두에 둔 부류의 사람, 실제로 여호와만이 주님이시라고 인정하는 사람이 되겠다는 선언으로서 의미를 지닌다.

> 3 땅에 있는 성도들은 존귀한 자들이니
>   나의 모든 즐거움이 그들에게 있도다

나는 3절을 또한 2절의 "내가 아뢰되"에 의존한다고 여긴다. 즉, 이 시편은 하나님께 말할 것뿐만 아니라, 사람들에게 말할 것이 있는데, 본질에서 동일한 의미를 지니는 것들이다.[18]

---

18 우리는 레(le)를 "~에 대해서는"이라고 번역하고 3절을 4절의 도입부로 여길 수 있지만, 이 용법은 특이하며, 사상의 연관성이 다소 모호하다. 물론 함의는 여전히 4절이 성도/존귀한

NIVI는 성도들/지도자들이 이런 다른 신들을 신봉하는 자들이라고 여기지만,[19] 이런 의미를 지닌 "성도들"이나 "존귀한 자들"이 다른 곳에서는 나오지 않는다. 이들은 탄원자가 동일시하는(또는 동일시하고 싶은) 한 무리일 것 같으며, 그들은 다른 신들에게 돌아선 사람들에 맞서며, 그들에게 합류하지 말라고 권고받는다(NIVI와 다른 많은 영어 번역본도 그렇다).

"성도들"은 때로 하늘의 존재일 수 있지만(89:5, 7[6, 8]을 보라), 전체 이스라엘일 수도 있다(참조. 34:9[10]). 병행법은 "성도들"에게 "존귀한 자들"(아드디림[*addîrîm*])로 더욱 정확히 표현되거나 그 반대가 되어 이 표현들은 제사장들을 가리킴(참조. 대상 24:5에서의 표현들)을 암시할 수 있다. 나는 오히려 두 콜론이 전체 사람들과 그들의 지도자들(존귀한 자들)을 가리킨다고 여기는데(참조. 느 10:29[30]), 그들을 제사장으로 제한할 이유가 없다.

> 4 다른 신에게 예물을 드리는 자는 괴로움이 더할 것이라
>   나는 그들이 드리는 피의 전제를 드리지 아니하며
>   내 입술로 그 이름도 가담하지(개역개정: 부르지-역주) 아니하리로다

이 사람들에 대해 이 시편은 여호와에 대한 헌신을 촉구하기를 원하는데, 이는 다른 신들을 의지하는 사람들의 헌신과는 대조된다(다시 참조. 출 20:3). 그렇게 하는 자들은 아마도 이것이 복을 확보하는 열쇠라고 믿지만, 실제로 이것은 "그들의 고통이 많을 것이다"를 의미할 것이다. 각각 "해치다"와 "형성하다"를 의미하는 두 동사 아차브(*āṣab*)가 있으며, 관련 명사들은 "괴로움"과 "형상"을 의미한다. 이것은 각각 서로를 반영함을 시사한다. 많은 괴로움은 그들의 많은 형상에서 나온다.[20]

탄원자는 행동이나 말로도 그들의 예배에 참여하지 않겠다고 서약하고, 암묵적으로 이 서약을 다른 이들에게도 촉구한다.

자들에 대해 다른 신들을 예배하는 자들에게 합류하지 말라는 경고라는 것이다.
19 Cf. Hendrik G. L. Peels, "Sanctorum communio vel idolorum repudatio," *ZAW* 112 (2000): 239–51. Eugenio Zolli ("Die 'Heiligen' in Psalm 16," *TZ* 6 [1950]: 149–50)는 그들을 권력을 가진 죽은 사람들이라고 여긴다.
20 탈굼, 테오도션, 제롬은 "그들의 형상들이 많아질 것이다"라고 하는데 옳은 것 같다.

탄원자가 실제로 전제를 붓기 때문에 그가 제사장임이 틀림없다고 결론을 내릴 필요는 없다.[21] 피의 전제(즉, 피를 제물로 쏟는 것)는 구약 다른 곳에서는 명백하게 언급되지 않고, 포도주 전제와 피의 제물이 제사의 일부였다(예를 들어, 출 23:18; 참조. 레 7:33에 나오는 "화목제물의 피"에 대한 언급을 보라). 이처럼 피의 전제가 본래 혐오스러웠다는 암시가 있을 필요는 없다. 즉, 부당한 것은 전제를 다른 신들에게 바치는 것이다.

다른 신들의 *이름에 가담하지 않겠다는 약속은 아마도 그들을 부르지 않겠다는 약속의 한 방식일 것이다(예를 들어, 맹세의 증인으로서나 그 신들의 축복을 구하기 위해). 다시 한번 이 특이한 표현은 십계명과 연결되는데, "여호와의 이름을 망령되게 부르지"(출 20:7; 그렇지만 동일한 요점을 지적하는 다른 방식에 대해 출 23:13; 호 2:17[19]을 보라) 말라는 더 이해하기 어려운 요구에서만 나오기 때문이다. "나는 여호와의 이름과 관련한 이 계명을 불순종하지 않을 뿐만 아니라, 다른 신들의 일임에도 가담하지 않을 것이다"라는 이 시편의 서약은 이를 보완한다. 이 약속은 1-2절에 나오는 적극적인 진술과는 소극적으로 동등한 진술이다.

[시 16:5-11]

아마도 우리가 여호와의 신뢰(1절)에서 여호와의 예배(7절) 및 기쁨과 즐거움(9절)으로 이동할 때, 이 시편을 통해 점차 강화되는 것 같다.

> 5 여호와는 나의 산업과 나의 잔의 소득이시니
>   나의 분깃을 지키시나이다

"산업"과 "분깃"(마나[mānâ], 헬레크[ḥēleq])은 모두 제물로 바치는 짐승의 일부를 할당하는 데 사용된 용어들이다(예를 들어, 레 6:17[10]; 7:33). 물론 이스라엘이 여호와의 분깃(신 32:9)으로 묘사될 수 있으며, 여호와는 이스라엘의 분깃으로 묘사될 수도 있다(시 73:26; 119:57; 142:5[6]; 애 3:24). 이처럼 5a절은 여호와가 탄원

---

21 레이몬드 투네이(Raymond Tournay)는 시편 기자가 포로기 이후의 레위인이라고 주장한다 ("À propos de Psaume 16,1-4," *RB* 108 [2001]: 21-25).

자의 할당된 산업이라고 선언할 수 있을 것이다.

예배하는 자는 여호와에 대해 독점적으로 주장하지 못함을 알면서도, 또한 여호와가 전적으로 주목하시는 것에 너무나 확신하여 마치 자신이 여호와가 주목하셔야 하는 유일한 사람인 것처럼 알고 있다. 자신의 산업을 담는 "잔"에 대한 이미지에 대해 11:6 해설을 보라.

하지만 5b절은 우리가 5a절을 다르게 읽어야 함을 시사한다. "나의 분깃"(보통 다른 부족과 가족들에게 땅을 할당하는 것을 가리키는 용어)은 이제 "나의 산업" 및 "나의 잔"과 병행을 이루는 표현이 되는데, 이는 이 모든 표현이 동사 "지키시나이다"의 목적어임을 의미한다. 탄원자는 지정된 산업, 분깃, 잔을 가지고 있음을 인식하며, 여호와는 이를 지키시고 따라서 그에 속한 사람을 보호하심을 알고 있다.

이 시편은 "산업"이 무엇을 가리키는지 구체적으로 표현하지 않는다. 선지자들은 사람들의 땅의 할당이 사기나 채권자의 흉악함으로 위험에 처할 상황이 있을 것을 분명히 하지만, 이 표현은 수사적 언급이 될 여지가 있다.

> 6 내게 줄로 재어 준 구역은 아름다운 곳에 있음이여
>   나의 기업이 실로 아름답도다

6절은 왜 지킬 가치가 있는지를 가리키며, 5절의 이해를 확증한다. "줄"은 땅의 할당이 측정되는 도구가 되는 줄이며, 환유로 할당 자체가 된다(예를 들어, 78:55; 105:11). 탄원자는 아름다운 할당을 받았다. 아마도 이것은 단지 그 땅에 있기 때문에 아름다울 것이다. 아마도 이것은 특별히 쾌적한 땅일 것이다.

그 후에 6b절은 이 점을 다시 진술한다. 이 언급은 포로에서 돌아옴과 화자가 "돌아온" 땅으로 인한 기쁨을 의미할 수 있다. 그렇다면 땅에 있는 사람들은(3절) 여기서 포로로 끌려간 자들과 대조되는 사람들이며, 다른 신들을 신봉하는 자들은 유다와 이웃 페르시아 지방에 있는 다른 공동체의 구성원들이다.[22]

22　Briggs, *Psalms*, 1:117–20도 그렇다.

> 7 나를 훈계하신 여호와를 송축할지라
>   밤마다 내 영혼(개역개정: 양심-역주)이 나를 교훈하도다

동사 *송축하다(예배하다)는 시편의 시작 가까이에서나(예를 들어, 34:1[2]; 63:4[5]; 145:1-2) 끝 가까이에서(예를 들어, 26:12; 115:18; 145:21) 적합할 수 있다. 7절에서 이는 여호와가 탄원자의 기도에 응답하실 것이라는 확신에 비추어(1절) 공공연한 찬양으로의 전환을 표시한다. 여호와의 훈계(야아츠[yāʿaṣ])는 아마도 우리가 지금까지 읽은 것, 따라서 여호와께 계속 신실하라는 권고와 관련이 있을 것이다(참조. 관련 명사 에차[ʿēṣâ]를 사용하는 73:24).

둘째 콜론은 하나님이 훈계하시는 방식을 설명하는데, 이크톨(yiqtol)이 카탈(qatal)을 보완한다. 여호와의 훈계는 탄원자 안에서 나온다.[23] 사람의 내밀한 부분이 이런 가르침의 역할을 지닌다는 것은 특이하다(참조. "마음"의 가르침에 대해, 잠 16:23). 이것은 여호와의 가르침이 "마음"에 기록됨을 전제한다(참조. 예를 들어, 신 30:14).

> 8 내가 여호와를 항상 내 앞에 모심이여
>   그가 나의 오른쪽에 계시므로 내가 흔들리지 아니하리로다

밤은 종종 하나님이 말씀하실 수 있는 때이지만(예를 들어, 창 46:2; 욥 4:13; 33:15; 참조. 시 17:3), 8a절이 이번에는 7b절을 다시 진술하며 이를 발전시킬 때, "밤마다"를 "항상"으로 보완할 수 있다("오른손"이 때로 "손"으로 보완되듯이). 마음이 교훈하는 방식은 그 사람에게 항상 눈앞에 여호와를 두게 함으로써이다.[24] "우리 앞에 하나님을 두는 것은 우리 모든 감각이 다른 목적을 쫓아가 길을 잃지 않도록 그 감각들을 계속 사로잡게 하는 것이다."[25] 이것은 여호와에 대한 신뢰(1절)를 촉구하며, 다른 신들을 의지하는 것을 낙담시키는 효과를 지닌다.

---

23 문자 그대로, 이 지침은 신장에서 온다(참조. 7:9[10], 하지만 나는 9절에서 "마음"을 언급하기 때문에 여기서 "마음"이라는 번역을 피했다. NJPS은 "양심"이라고 한다).
24 드문 동사 샤와(šāwâ) 피엘(piel)의 사용에 대해, 여호와의 규례가 목적어가 되는 119:30을 참고하라.
25 Calvin, *Psalms*, 1:228; cf. Kraus, *Psalms*, 1:239.

8a절이 한 번 더 이 논쟁을 발전시킴에 따라, 우리는 흔들리거나 *넘어지는 것이 다시 서약을 망설이는 것을 가리킨다고 추론할 수 있다(참조. 15:5). 여호와가 탄원자의 오른쪽에 계시다는 것은, 8a절의 이미지를 보완하는 이미지다. 오른쪽은 지지하는 위치이며, 여호와가 오른쪽에 계시다는 것은 탄원자에게 계속 신실할 수 있는 격려가 된다(참조. 73:23; 109:31; 110:5; 121:5).

> 9 이러므로 나의 마음이 기쁘고 나의 영도 즐거워하며
>   내 육체도 안전히 살리니

이는 온전한 사람을 포함하는 미래에 대해 기쁘게 확신하는 근거를 제공한다. 한 번 더 "그렇습니다" 구절(둘째 행, 개역개정에서는 번역되지 않음-역주)은 이전 절(참조. 6, 7절)을 반복하는 것 같으며, 따라서 9b절의 베타흐(beṭaḥ)는 객관적 안전을 전제하기는 하지만, 그런 객관적 안전보다는 9a절의 기쁨과 비슷한 확신의 느낌을 가리키는 것 같다. 육체(바사르[bāśār])는 마찬가지로 마음(심장) 및 영(문자 그대로, 간)과 병행을 이룬다.[26] 각 용어는 인간 신체의 일부를 가리키지만, 특정 관점에서 본 온전한 사람을 상징한다.

> 10 이는 주께서 내 영혼을 스올에 버리지 아니하시며
>   주의 거룩한 자를 멸망시키지 않으실 것임이니이다

기쁨의 확신을 하는 근거는 두 개의 병행을 이루는 콜론에서 온다. 여기서 나의 네페쉬(nepeš, "영혼")는 *사람이나 전체 자아를 가리키는 또 다른 용어로 나온다. 우리는 이 시편의 시작에서 지킴과 의존을 언급한 것은 긴급함의 느낌을 내포했다고 지적했으며, 이는 이제 더욱 명백하게 드러난다. 아마도 바알보다는 여호와를 의지하는 자들을 비난하는 사람들의 경고가 성취되어 수확이 실패할 가능성 때문에, 탄원자는 비난받을 수 있다는 것을 인식하고 있다. 이 시편은 여호와께 헌신한 사람은 죽음, 따라서 스올에 버려지지 않을 것이라는 확신을 표현한다(참조. 30:9[10]).

---

26 카보드(Kābôd). 7:5[6] 해설을 보라.

70인역과 제롬은 샤하트(šaḥat)를 마치 샤하트(šāhat)에서 온 것처럼 "부패"와 같은 단어로 번역하는데, 이는 슈아흐(šûaḥ)에서 온 "구덩이"를 의미하는 보통명사 샤하트(šaḥat)가 없다면 가능성이 있었을 것이다. 죽은 사람들의 집을 가리키는 데 이를 사용한 것은, 아마도 사람들이 때로 바위로 깎아 만든 무덤보다는 무덤 구덩이에 묻혔다는 사실에서 유래할 것이다. 하지만 묻으면 몸이 분해된다는 사실은 샤하트(šāḥat)의 함의가 죽음과 관련하여 사용할 때 샤하트(šaḥat)에 전달될 수도 있음을 의미할 수도 있다.

> 11 주께서 생명의 길을 내게 보이시리니
> 주의 얼굴(개역개정: 앞-역주)에는 기쁨의 충만(개역개정: 충만한 기쁨-역주)
> 이 있고
> 주의 오른쪽에는 사랑스러운 것들(개역개정: 영원한 즐거움-역주)이 있나이다

반대로 여호와는 이른 죽음으로 끝나기보다는 생명에 이르게 하는 길을 열어 주실 것이다.[27] 세-콜론은 이 시편을 승리의 절정에 이끈다. 여호와의 *얼굴이 사람들에게 비출 때, 그들은 자신들의 필요를 여호와가 풍요롭게 채워 주심을 통해 큰 기쁨을 경험한다. "충만"(소바[śōbaʿ])은 풍요로운 물질의 공급을 의미한다(예를 들어, 78:25; 출 16:3). 사람들은 삶의 전반에서 여호와의 오른쪽이 그들에게 주실 사랑스러운 것들로 가득함을 경험할 것이다.

다시 이 사랑스러운 것들(참조. 6절, 이 단어가 6절에서는 남성이기는 하지만)은 먹을 좋은 것과 같은 즐거운 물질의 공급일 것이다(참조. 잠 24:4). "성도들"(3절)은 단순히 생존하는 것이 아니라 삶을 즐길 것이다.

3. 신학적 의미

시편 16편에 대한 몇 가지 재해석이 있다. 재해석은 이 시편이 여호와께 속한 사람들이 스올에 버려지지 않고 부활을 누릴 것이라는 약속으로 보는 읽기로 시

---

27 Cf. Klaus Seybold, "Der Weg des Lebens," *TZ* 40 (1984): 121–29.

작한다. 신약은 예수님의 죽음과 부활을 해석하도록 돕고자 8-11절을 사용할 때 이 읽기를 이어 가는데(행 2:25-31; 13:35을 보라), 하나님은 예수님을 무덤이나 스올에 그의 몸이 부패할 때까지 오랫동안 두지 않으셨다. 재적용은 신자들이 이제 영원한 생명을 누리도록 하나님을 이 생애에서의 신자들의 종교적 또는 "영적" 방책으로 보는 이 시편의 읽기에서 계속된다.[28]

이 모두가 이 시편의 유익하고 영감을 주는 재해석이지만, 우리는 이 시편의 독특한 증언을 잃기보다는 이 시편의 원래 의미의 중요성을 인식할 필요가 있다. 이 시편의 약속은 하나님의 통치와 하나님의 의를 찾는 사람들은 음식과 음료와 옷과 같은 그들이 필요한 다른 모든 것도 그들의 것이 될 것을 알게 된다는 것이다(참조. 마 6:32-33). 이방인들과 다른 신들을 섬기는 사람들은 이런 필요가 확실하게 충족되도록 추구할 다른 방법을 가지고 있으며, 신자들이 필요를 위해 하나님을 신뢰함을 비난하는 경향이 있다.

현대의 맥락에서 그리스도인들도 일상의 필요를 공급하는 데 하나님의 개입을 멀리하는 경향이 있는데, 우리는 우리 환경을 더 통제하고 공급을 당연한 것으로 여길 수 있기 때문이다. 시편 16편은 여호와가 단순히 미래의 삶이나 종교적 삶의 하나님이 아니라, 이 생애의 하나님이시며, 이 생애를 위해 풍요롭게 공급하신다는 사실을 알고 있다. 이것은 사람들이 여호와께 계속 신실해야 하는 이유 가운데 하나이다.

이처럼 이 시편은 우리에게 하나님을 기독론이나 종말론이나 종교적 경험의 영역에 제한하고 우리의 하나님과의 관계에 대한 질문을 땅과 음식에 대한 질문에서 분리할 권리를 거부한다. 시편 16편은 그리스도나 미래나 종교적 생활에 속할 뿐만 아니라, 현재의 물질적 삶에도 속한다. 이 시편은 삶의 선물보다 하나님과의 관계를 더 소중히 여기지 않으며, 후자가 전자의 열쇠라고 여긴다.[29]

---

[28] (예를 들어) 다음을 보라, H. W. Boers, "Psalm 16 and the Historical Origin of the Christian Faith," *Zeitschrift für die neutestamentliche Wissenschaft* 60 (1969): 105–10; Armin Schmitt, "Ps. 16,8–11 als Zeugnis der Auferstehung in der Apg," *BZ* 17 (1973): 229–48; Walter C. Kaiser, "The Promise to David in Psalm 16," *JETS* 23 (1980): 219–29; J. J. Kilgallen, "The Use of Psalm 16:8–11 in Peter's Pentecost Speech," *ExpTim* 113 (2001–2): 47–50; Wolfgang Fenske, "Aspekte biblischer Theologie dargestellt an der Verwendung von Ps 16 in Apostelgeschichte 2 und 13," *Bib* 83 (2002): 54–70; Gregory V. Trull, "Views on Peter's Use of Psalm 16:8–11 in Acts 2:25–32," and "An Exegesis of Psalm 16:10," in *BSac* 161 (2004): 194–204과 304–21.

[29] Kraus, *Psalms*, 1:236과 대조된다.

제17편

여호와의 눈, 입술, 오른손, 얼굴

1. 본문

다윗의 기도

1 여호와여 의의 호소를 들으소서
  나의 울부짖음에 주의하소서
  거짓 되지 아니한 입술에서 나오는
  나의 기도에 귀를 기울이소서
2 주께서 나를 판단하시며
  주의 눈으로 공평함을 살피소서

3 주께서 내 마음을 시험하시고 밤에 내게 오시어서
  나를 감찰하셨으나 흠을 찾지 못하셨사오니
  나는 내 입이 4 사람의 행사를 넘기지 않겠다고 결심했으며(개역개정: 내가 결
  심하고 입으로 범죄하지 아니하리이다 4 사람의 행사로 논하면 – 역주)
  나는 주의 입술의 말씀을 따라(마소라 본문)
  [또는, 주께서 내 마음을 시험하시고 밤에 내게 오시어서
  나를 감찰하셨으나 나의 결심을 찾지 못하셨사오니
  나의 입으로 범죄하지 아니하리이다 4사람의 행사로 논하면
  나는 주의 입술의 말씀을 따라(제롬, 아퀼라, 심마쿠스)]

스스로 삼가서[1] 포악한 자의 길을 가지 아니하였사오며
5 나의 걸음이 주의 길을 굳게 지키고[2]
나의 발이 흔들리지(개역개정: 실족하지-역주) 아니하였나이다[3, 4]

6 하나님이여 내게 응답하시겠으므로 내가 불렀사오니[5]
내게 귀를 기울여 내 말을 들으소서
7 주께 피하는[6] 자들을 그 일어나 치는 자들에게서
오른손으로[7] 구원하시는 주여
주의 기이한 사랑을[8] 나타내소서
8 나를 눈동자 같이[9] 지키시고
주의 날개[10] 그늘 아래에 감추사
9 내 앞에서 나를 압제하는 악인들의 얼굴(개역개정: 악인들-역주)과
나의 목숨을 노리는 원수들에게서 벗어나게 하소서

10 그들은 그들의 몸통을 닫았으며(개역개정: 그들의 마음은 기름에 잠겼으며-역주)
그들의 입은 교만하게 말하나이다

---

1 이 번역은 동사 앞에 불필요한 대명사 아니('ănî)를 포함한 것을 반영하다.
2 70인역, 제롬, 탈굼은 타모크(tāmōk)를 명령으로서 부정사 절대형을 흔히 사용한 한 사례로 여기지만, 문맥은 오히려 이것이 정형 동사 역할을 한다고 시사한다. IBHS 35.5.2a는 이것을 강조로 보지만, 문맥에서 강조의 암시가 없으며, 이것은 중대한 의미를 지니는 것 같지 않고(참조. DG 103a, 하지만 이 사례를 제시하지 않는다), 오히려 이전 카탈(qatal)과 이어지는 이크톨(yiqtol)과 더불어 수사적 변화를 위해 사용된다.
3 다시 한번 모트(môṭ)는 의가 흔들거림을 가리킨다. 참조. 15:5; 16:8.
4 마소라 본문에서 자모티(zammōṭî)는 3c절을 동사 "내가 결정했다"로 시작한다(참조. GKC 67ee, 그리고 구문에 대해, IBHS 38.8b). 제롬, 아퀼라, 심마쿠스에서, 이 단어는 3b절을 마무리하면서, 명사 "나의 결정"(아마도 짐모타이[zimmōṭay])으로 여겨진다. 이 명사는 경멸의 뉘앙스를 지닐 것이다(참조. 70인역 아디키아[adikia], 시리아어 번역본 'wl'. 많은 영어 번역본은 종종 "간계"[devices]로 번역한다). 탈굼은 이중적 번역을 한다.
5 동사를 수행적 카탈로 여긴다(DG 60b를 보라).
6 대명사 접미어는 어느 쪽에서든 그 구절에 있는 것에서 추론할 수 있다.
7 "오른손으로"는 이 행의 끝에 온다. "오른손에 맞서"(벌게이트 역, 제롬)는 어순에 잘 들어맞지만, 이 표현에 대한 병행구가 없다.
8 팔라(Pālâ)는 여기서 팔라(pālāʾ, 이는 C에 있다)의 다른 형태이다.
9 다시 접미사는 어느 쪽에 있든 이 구절들에서 추론할 수 있다.
10 제롬과 함께 이크톨은 정중한 명령의 역할을 한다고 여긴다(JM 113m).

11 이제 우리가 걸어가는 것을¹¹ 그들이 에워싸서

　노려보고 땅에 넘어뜨리려 하나이다

12 그는 그 움킨 것을 찢으려 하는 사자 같으며¹²

　은밀한 곳에 엎드린 젊은 사자 같으니이다

13 여호와여 일어나

　그를 대항하여¹³ 넘어뜨리시고

　주의 칼로 악인에게서 나의 영혼을 구원하소서

14 여호와여 이 세상에 살아 있는 동안¹⁴

　그들의 분깃을 받은 사람들에게서 주의 손으로 나를 구하소서

　그들은 주의 재물로¹⁵ 배를 채우고¹⁶

　자녀로¹⁷ 만족하고

　그들의 남은 산업을 그들의 어린 아이들에게 물려주는 자니이다

15 나는 의로운 중에 주의 얼굴을 뵈오리니

　깰 때에 주의 형상으로 만족하리이다

---

11 NIVI "그들이 나를 찾아냈다"는 명사 앗아슈레누(ʾaššurênû)를 동사 잇셰루니(ʾiššĕrûnî)로 모음을 수정해야 한다(참조. 심마쿠스). 더 자세한 본문비평의 주장을 위해, M. Cohen, "ʾaššūrênû ʿattâ sĕbābûnî (Q. sĕbābûnû)," VT 41 (1991): 137–44을 보라.

12 명사 딤오노(dimyōnô)에 대해, 70인역은 동사 딤무니(dimmûnî, 그들이 ~와 같다)를 의지하지만, 케(kĕ, ~와 같은)는 이상하다.

13 문자 그대로, "그의 얼굴을 만나다."

14 70인역은 드문 단어 헬레드(ḥeled, 나는 접미사가 다음 단어에서 온 것으로 여긴다)가 49:1[2] (참조. NRSV, NIVI)에서처럼, "세상"을 의미한다고 여기지만, 다른 곳에서(39:5[6]; 89:47[48]; 욥 11:17) 이것은 평생을 의미하는데 이는 여기서 더 잘 어울린다.

15 K는 명사 차핀(ṣāpîn, 저장된 것)이라고 되어 있으며, Q는 분사 체푸네카(ṣĕpûnĕkā)라고 하고 의미는 비슷하다. 이 동사는 "숨다," 따라서 "보호하다"를 의미한다. 이 행 전체(그리고 14설의 나머지)는 매우 어렵다. 이 행은 더 문자적으로 읽는다. 즉, "인간들에게서 (그들의) 평생부터 삶에서의 그들의 분깃(으로) 그리고 주님이 쌓은 것으로 주님이 그들의 배를 채우실 것이다."

16 70인역과 탈굼은 니팔 팀마레(timmālē)를 의미한다.

17 이전 절의 접미사는 이 단어로 이어진다(DG 3).

2. 해석

표제 "기도"는 적절하다. 기도는 특이하게 이 기도의 중심이기 때문이다. 한탄과 기도에 할애된 공간은 보통과는 다르다. 나는 이 시편의 구조를 다음과 같이 제시한다.

1-2절　　여호와께 주목해 주시길 기도
3-5절　　의의 선언
6-9절　　여호와께 주목하고 행동해 주시길 기도
10-12절　한탄
13-15절　여호와께 행동해 주시길 기도[18]

각 기도에서 다음까지 발전이 있다(단지 주목을 위해서, 그 후에는 주목과 행동, 그리고 그 후에는 단지 행동을 위해서이다). 첫 두 기도 각각에서 직접 이어지는 내용까지 또한 발전이 있다.

첫째, 기도는 탄원자의 정직과 옳음을 주장하고, 의의 선언이 여기서 발전한다.
둘째, 기도는 사람들을 언급하는데, 이들에게서 탄원자는 구원이 필요하다. 그리고 한탄이 여기서 발전한다.
셋째, 기도는 의에 대한 언급을 통해 인클루지오를 제공한다.

다섯 섹션 역시 탄원자와 대적과 여호와의 신체 일부를 계속 언급함으로써 함께 묶인다. 다섯 섹션은 입술(1절), 얼굴과 눈(2절), 마음(심장)과 입(3절), 입술(4절), 발(5절), 귀(6절), 오른손(7절), 눈(8절), 얼굴과 목숨(네페쉬[*nepeš*], 9절), 마음(몸통)과 입(10절), 눈(11절), 얼굴과 영혼(네페쉬[*nepeš*], 13절), 손과 배(14절), 얼굴(15절)을 언급한다.

---

[18] 구조에 대한 상세한 연구를 위해, Pierre Auffret, "'Je serai rassasié de ton image,'" *ZAW* 106 (1994): 446-58을 보라.

이 시편은 악행으로 고발당한 사람이 사용했을 수 있다. 물론 시에서 재판 과정을 추론하려고 하는 것은 위험하다. 이 시편은 표현의 연관성 때문에 시편 16편 뒤에 놓인다.

(예를 들어) 3절(참조. 16:7, 밤), 4절(참조. 16:11, 길), 4절(참조. 16:1, 삼가다), 5절(참조. 16:5, 굳게 지키다), 5절(참조. 16:8, 흔들리다[개역개정: "실족하지-역주]), 6절(참조. 16:1, 엘['ēl), 7절(참조. 16:1, 피하다), 7절(참조. 16:10, 사랑), 8절(참조. 16:1, 나를 지키다), 14절(참조. 16:5, 분깃), 15절(참조. 16:11, 만족)을 보라.

이처럼 두 시편은 겹치는 상황에 대해 겹치는 반응을 나타낸다. 시편 17편은 여호와께 계속 신실해지라고 도전하는 것보다는 개인적 공격에 관심을 두며, 더욱 긴급한 느낌을 내포한다.

[표제]

> 다윗의 기도

용어 해설과 이 책의 서론을 보라.

표제 "기도"(참조. 1절)는 또한 시편 86편, 90편, 102편, 142편(또한 합 3장)에도 적용되며, 물론 이것들은 많은 다른 시편과 마찬가지로 *기도가 아니다(참조. 시 72:20).

[시 17:1-2]

그리하여 이 시편은 여호와께 듣고 응답해 주시라는 호소로 시작하며, 여호와가 누구신가와 탄원자가 누구인가에 근거하여 호소한다.

> 1 여호와여 의의 호소를 들으소서
>   나의 울부짖음에 주의하소서
>   거짓 되지 아니한 입술에서 나오는
>   나의 기도에 귀를 기울이소서

여호와께 주목해 주시라고 특징적으로 시작하는 기도는 세 개의 병행을 이루는 명령법으로 표현되는데, 모두 아(-â) 어미로 경의를 표하거나 호소하며, *abb'a'* 순서로 된 한 쌍의 행을 이룬다(3-2와 2-3). 중간의 두 개의 짧은 콜론은 정확하게 병행을 이루며, 단순히 여호와께 호소하는 반면에, 두 개의 바깥에 있는 더 긴 콜론은 모두 이 호소에 대한 근거를 제시한다.

첫째 콜론에서 호소를 위한 근거는 탄원자의 의가 아니라 여호와의 의이다(참조. 65:5[6]; 31:1[2]; 71:2; 143:1의 체다카[*ṣĕdāqâ*]; 그리고 참조. 심마쿠스와 테오도션, "내 의의 주님").[19] 명령의 대상은 기도의 소리(*울림)를 시사하는 탄원자의 목소리와 기도의 내용을 시사하는 탄원자의 *기도이다.

탄원자 개인의 측면에서 근거들은 첫째 콜론을 보완하면서, 마지막 콜론에 나온다. 분명히 탄원자는 여호와에 대한 의존을 선언하고 대적을 설명하면서, 실제 기도에는 거짓이 없다고 주장할 수 있지만, 보통 "거짓"은 다른 사람들을 속이려고 의도한 말에서 진실되지 못함을 가리킨다(예를 들어, 5:6[7]; 10:7; 34:13[14]; 물론 24:4는 예외일 수 있다). 탄원자는 다른 사람들과 관련하여 진실됨을 주장하는데, 이는 다른 사람들의 말과는 대조된다(10절).

> 2 주께서 나를 판단하시며
> 주의 눈으로 공평함을 살피소서

2절은 기도를 더욱 발전시키고자 정중한 명령법에서 훨씬 더 정중한 저씨브(jussive)로 옮겨 간다. 이 호소의 준사법적 내용이 하늘의 법정을 관장하는 이의 존전(*얼굴)에서 나올 필요가 있는 *판단(심판)이라는 용어로 말에서 발전된다. 1절의 바깥 콜론은 그 주장을 뒷받침하듯이, 2절의 둘째 콜론은 여호와가 자신의 기도를 들으실 것이라는 기대에 본질적 정직에 대한 추가 주장으로 첫째 콜론을 뒷받침한다. 탄원자는 이 기도가 의의 사람, 또는 올바름(메샤림[*mêšārîm*])의 사람에게서 와서 따라서 인정되어야만 한다고 확증할 수 있도록, 여호와가 거기

---

[19] Cf. Theodoret, *Psalms*, 1:119. 많은 영어 번역본이 체데크(*ṣedeq*, 의)를 동사의 목적어로 여기는 데서 제롬을 따르지만, 예를 들어, "의로운 기도"라고 다르게 표현해야만 하며, 이 용법에 대한 비슷한 표현이 없다. 다른 한편, 이 명사의 부사적 사용의 사례가 있다(9:4[5]; 렘 11:20; 잠 31:9).

서 들으실 뿐만 아니라 여기서 보셔야 할 필요가 있다.[20]

[시 17:3-5]

이제 정직에 관한 주장은 2절을 발전시키면서, 독점적으로 초점의 대상이 된다. 시편들은 흔히 기도하는 사람이 하나님의 방법으로 산 삶에서부터 그들이 그렇게 하고 있다고 말할 수 있을 필요가 있다고 여긴다(참조. 요일 3:18-22).[21] 이와 같은 시편에서, 정직을 주장하는 특별한 이유가 있다. 즉, 이 정직이 의문시되고 있으며, 이 의문이 사람들 공격의 토대가 된다.

> 3 주께서 내 마음을 시험하시고 밤에 내게 오시어서
> 나를 감찰하셨으나 흠을 찾지 못하셨사오니
> 나는 내 입이 4 사람의 행사를 넘기지 않겠다고 결심했으며(개역개정: 내가 결심하고 입으로 범죄하지 아니하리이다 4 사람의 행사로 논하면-역주)
> 나는 주의 입술의 말씀을 따라(마소라 본문)
> [또는, 3 주께서 내 마음을 시험하시고 밤에 내게 오시어서
> 나를 감찰하셨으나 나의 결심을 찾지 못하셨사오니
> 나의 입은 넘기지 아니하리이다 4 사람의 행사를
> 나는 주의 입술의 말씀을 따라(제롬, 아퀼라, 심마쿠스)]

시작하는 행은 한 번 더 여호와를 "자동적으로" 사람 내부에 무엇이 있는지 알지 못하시지만 어떤 지점에서 사람들 내부를 들여다보기로 선택하실 수 있으며, 그들이 무엇을 생각하고 있는지 발견하실 수 있다고 묘사한다(참조. 44:21[22]). 탄원자는 이것을 인정하고, 이런 조사를 두려워하지 않는다.[22] 하지만

---

20 70인역은 "내 눈이 옳은 것을 보아야만 한다"라고 되어 있다. 즉, 의가 편만한 것을 본다.
21 Kidner, *Psalms*, 1:87. 위의 7:1-5[2-6] 해설을 보라.
22 70인역과 제롬은 3절이 여호와가 시편 기자를 시험했다고 진술한다고 여기지만, 이것이 어떻게 일어났는지에 대한 암시는 없으며, 네 접속사가 없는 동사들의 연속인 세 카탈(qatal)과 하나의 이크톨(yiqtol)은 놀라우며 특이하다. NRSV 및 NIVI과 함께, 나는 오히려 이를 조건절로 본다(참조. 욥 19:4; 23:10, 이는 또한 가설적 "시험"에 대한 것이다). Cf. GKC 159h. 물론 이를 사례로 제시하지는 않는다.

시험하고, 감찰하고, 찾아온다는 용어는 탄원자가 조사뿐만 아니라 긴급함을 청하고 있음을 시사한다.

이런 종류의 시험과 감찰과 찾아옴에 대해 욥이 끔찍한 경험을 했다(욥 7:18; 23:10; 34:36을 보라). 이런 감찰은 외관상의 금이 실제 금인지를 확인할 수 있다. 밤은 여호와가 정직하지 못한 때에 사람들을 잡아내시는 때이다. 왜냐하면, 그들이 침대에 누워 있을 때 그들의 생각이 그들의 실제 태도를 반영하고 드러내기 때문이다(참조. 4:4; 36:4[5]).

나는 발언을 가리키는 두 콜론(3c-4a절)이 탄원자의 입과 여호와의 입술에 대한 언급을 묶으면서, 한 행이 된다고 여긴다. 그렇지 않으면 이것은 이상하다. 나는 동사 "넘기다"(pass over, 아바르['ābar], 레[lē]가 이어진다, 개역개정: 범죄하다-역주)의 사용이 아모스 7:8, 8:2을 따르며, 악행을 무시하려는 의지를 가리킨다고 판단했다. 4a절이 언급할 사람의 행사에 직면할 때, 여호와의 말씀은 자신의 말을 억누르는 것을 금한다. 이 맥락에서 억누르는 것을 거부함은 또한 행악자들의 길을 따르지 않고 서약함을 의미할 것이다.[23]

> 4b 스스로 삼가서 포악한 자의 길을 가지 아니하였사오며
> 5 나의 걸음이 주의 길을 굳게 지키고
>   나의 발이 흔들리지(개역개정: 실족하지-역주) 아니하였나이다

요점은 길/길/발을 언급하고, 이 섹션을 마무리하는 세-콜론을 형성하는 이 세 콜론에서 명백하다. 여호와의 말씀에 따라, 탄원자는 포악자(파리츠[pārîṣ], 어원적으로 침입하거나 달아나는 누군가[예를 들어, 겔 7:22; 18:10])의 길을 조심했다. 시편이 관심을 가지는 포악함은 다른 사람들에게 (예를 들어) 그들의 음식이나 땅을 빼앗는 포악함으로, 아마도 탄원자가 고발당하고 있는 종류의 포악함일 것이다.

5절의 두 개의 병행을 이루는 콜론은 이 요점을 적극적으로 표현한다. 탄원자는 여호와의 발이 만든 길을 걸으며, 따라서 이 길에서 흔들리지 않고 다른 길로

---

23 우리는 달리 이것을 "나는 사람의 행사에 대해 범죄하지 않을 것이다"로 번역할 수 있다(cf. A. Anderson, *Psalms*, 1:149). 비슷한 함의가 이어지지만 이런 자동사의 용법과 비슷한 것은 없다.

방황하지 않는다.

[시 17:6-9]

시편은 의의 선언에서 둘째 기도로 이동하는데, 이 둘째 기도는 처음에는 1-2절의 기도를 반복한다.

> 6 하나님이여 내게 응답하시겠으므로 내가 불렀사오니
>   내게 귀를 기울여 내 말을 들으소서

첫째 콜론에서 시작하는 아니('ănî)는 4b-5절을 시작하는 것과 비슷하다. 즉, "나는 스스로 삼가서… 내가 정말로 불렀사오니."(개역개정은 "내가 불렀사오니"를 뒤에 번역한다-역주). 전자는 후자의 호소 근거가 된다. 나는 여호와가 응답하신다는 언급을 지속하는 확신을 선언한 것으로 여겼지만, 이것을 "주님께서 응답하실 것이므로"라고 번역하여, 이를 이런 특정 상황에 적용되는 진술로 여길 수 있다.

둘째 콜론에 있는 두 개의 명령 절은 내적으로 병행을 이룬다. 탄원자의 말(이므라['imrâ])을 계속 언급하여 3c-4a절에서부터 이 주제를 이어 간다. 탄원자는 다른 말의 정직 때문에 그리고 여호와의 말씀을 들었다는 것에 근거하여, 여호와께 이 말을 들어주시라고 호소할 수 있다. 즉, 이처럼 여호와는 또한 탄원자의 말을 들으셔야만 한다는 것이다.

> 7 주께 피하는 자들을 그 일어나 치는 자들에게서
>   오른손으로 구원하시는 주여
>   주의 기이한 사랑을 나타내소서

탄원자는 단순히 듣기만 하지 말고 행동해 주시라는 기도로 전환한다. 이 행은 여섯 개의 "매우 고조된" 히브리어 단어로 구성된다.[24] "기이한 일을 행하소서", "사랑", "일어나", "주님의 오른손"이 출애굽기 15:7, 11-13과 비슷하지만,

---

24 Cf. Kidner, *Psalms*, 1:87.

"구원하다"도 홍해를 반영하는 단어이다(14:30; 그리고 참조. 사 63:8에서의 "구원자"). 탄원자는 개인의 자격으로 기도하는데, 그의 위치는 이스라엘과 관련하여 사람들의 공격에 위협을 받으며, 그는 여호와가 이스라엘에게 행하셨듯이 여호와가 자신을 위해 행하시도록 여호와를 필요로 하며, 이스라엘의 구성원으로 취급될 필요가 있다. 이 시편은 이스라엘의 역사가 탄원자의 이야기가 되기를 구하며, 여호와를 *의지하는 누군가로서 개인적인 출애굽의 구원을 구한다.[25]

> 8 나를 눈동자 같이 지키시고
>   주의 날개 그늘 아래에 감추사

행동해 주시라는 기도는 8절에서 병행을 이루는 두 가지의 촉구로 이어진다. 두 가지의 촉구는 또한 이스라엘 이야기의 시작에서 여호와의 행위를 개인적으로 재현해 주시라는 기도를 이어 간다(참조. 신 32:10-11).[26] 두 촉구는 1인칭 접미사가 있는 명령과 흔한 비유를 사용하는 전치사구로 구성된다.

첫째 촉구에 있는 직유는 눈으로 자신의 작은 이미를 볼 수 있다는 개념을 이용한다(참조. 잠 7:2).
둘째 촉구에 있는 은유는 다시 이 시편이 *의지한다는 개념 배후에 있는 피난처로 피한다는 개념을 인식하고 있음을 시사한다.

> 9 내 앞에서 나를 압제하는 악인들의 얼굴(개역개정: 악인들-역주)과
>   나의 목숨을 노리는 원수들에게서 벗어나게 하소서

9절은 두 개의 추가 병행을 이루는 콜론으로 구문론적으로 8절에서 이어 간다. 이번에는 둘이 전치사구로 시작하고(첫째 콜론에서 둘째 콜론까지 이어 가는 전치사), 둘은 관계사절까지 계속된다(첫째 콜론에서 둘째 콜론까지 이어 가는 관계사). 얼굴과 놀림 또는 욕망(appetite, 개역개정: 목숨-역주, 네페쉬[*nepeš*])도 병행을 이루는

---

25 Cf. Craigie, *Psalms* 1–50, 163.
26 Ibid.

데, 전자는 적대적 모습을 시사하고, 후자는 사람과 그 사람의 소유에 대한 욕망을 시사한다(네페쉬의 사용에 대해, 참조. 27:12; 35:25; 41:2[3]; 107:9).[27]

[시 17:10-12]

정직에 관한 주장이 첫째 기도에서 이어지듯이, 이 주목할 만하게 짧은 한탄은 9절을 확장하면서 둘째 기도에서 이어진다.

> 10 그들은 그들의 몸통을 닫았으며(개역개정: 그들의 마음은 기름에 잠겼으며-역주)
> 그들의 입은 교만하게 말하나이다

처음에는 한탄 역시 탄원자가 입을 사용하는 것과 내적 존재에 대해 이전에 말한 것을 이어 간다(예를 들어, 3-4a절). 탄원자와 원수들이 자신들의 내적 존재와 입을 사용하는 방식 사이에서 대조된다. 몸통(헬레브[ḥēleb], 문자 그대로 "기름")은 마음(심장)이 위치한 신체 일부를 시사한다. 몸통을 닫았다는 것은 자신들의 태도와 삶을 기꺼이 다시 생각하지 않으려 함을 의미한다. 병행을 이루는 불만은 그들도 탄원자에게 어려움을 야기하려는 야심찬 계획을 선언하는 데 자신들의 입을 멋대로 사용한다는 것이다.

> 11 이제 우리가 걸어가는 것을 그들이 에워싸서
> 노려보고 땅에 넘어뜨리려 하나이다

11절은 이제 길과 발에 관한 헌신에 대해 4b-5절에서의 후속 이야기를 처음 이어 간다. 이 길들은 위험에 처한다. 병행을 이루는 콜론은 공격자의 눈에 대해 말하는데, 이는 이전의 여호와 눈에 대한 언급을 이어 가는 것으로(2절), 여호와의 눈은 공격자의 눈이 무엇을 하는지 보고 있음이 틀림없다. 여호와는 실제로 탄원자를 여호와의 눈동자와 같이 다루심이 틀림없다(8절). 이 시편은 여호와의

---

[27] 70인역은 이것이 시편 기자의 네페쉬(nepeš)를 가리킨다고 여기지만, 이런 암시적 표현을 비교하기는 어렵다.

귀를 뻗어 주시라고(나타[nāṭâ], 6절) 요구했는데, 이는 시편에서 흔한 요청이다.

여기서 이것은 이미 진행되고 있는 눈을 뻗는 것과 특이하게 대조된다. 뻗는 것은 손이든, 팔이든, 칼이든 종종 적대적 행위이다. 눈을 뻗는 것은 9절에서 노리는 것과 연관된다. 이것은 탐욕스럽고 야심찬 모습을 시사한다.

> 12 그는 그 움킨 것을 찢으려 하는 사자 같으며
> 은밀한 곳에 엎드린 젊은 사자 같으니이다

친숙한 직유는 탄원자가 느끼는 위험을 강조한다. 병행을 이루는 콜론은 이 모습의 보완하는 양상을 제공하는데, 둘째 콜론이 첫째 콜론을 넘어선다. 공격자(시편은 12-13절에 대해 단수로 바꾼다)는 식욕을 가진 사자와 같다. 더 나쁜 것은 그가 젊은 사자(케피르[kĕpîr])와 같다는 것이다. 이는 새끼가 아니라 활력이 넘치는 건강한 사자이다. 더 나아가 약간의 고기를 가지는 것이 얼마나 좋을지에 대해 생각할 뿐만 아니라(12a절), 이 동물은 곧 분명히 가지려고 활발하게(하지만 보이지 않게) 움직일 것이다.

[시] 17:13-15

한 번 더 이 시편은 기도로 전환한다. 이번에는 주목하라는 호소가 없고 행동하라는 호소만 있다. 이것은 이중적 측면을 지니는데, 이는 시편에서의 행동하시라는 기도, 대적을 물리쳐 주시라는 기도, 자신의 구원과 회복을 위한 기도의 특징이다. 13절에서 시편은 아(-â) 어미와 함께 더 경의를 표하는 명령으로 전환한다. 14절에는 한 개의 이크톨(yiqtol) 요청이 있고, 두 개의 저씨브(jussive)가 있다.

15절에는 한 개의 1인칭 이크톨과 한 개의 코호르터티브(cohortative)가 있다. 14절은 어려워서, 고대 번역본들은 많은 차이를 두고 상당 부분 수정되지만,[28] 제안된 수정 어떤 것도 확신을 주지 못했다. 나는 한 문제가 행의 구분이라고 판

---

28 (예를 들어) 다음을 보라, Jacob Leveen, "The Textual Problems of Psalm xvii," *VT* 11 (1961): 48-54; J. van der Ploeg, "Le psaume xvii et ses problèmes," in *Kāp hê: 1940–1965*, ed. P. A. H. de Boer et al., OtSt 14 (Leiden: Brill, 1965), 273-95.

단하고, 행들을 두-콜론으로 다시 나누었는데, 이렇게 되면 더 규칙적인 행이 나오고 반복("사람들에게서"의 반복)은 새로운 행의 재개가 된다.

> 13 여호와여 일어나
>   그를 대항하여 넘어뜨리시고
>   주의 칼로 악인에게서 나의 영혼을 구원하소서
> 14a 여호와여 이 세상에 살아 있는 동안

첫 세 개의 명령은 일어나 가서 넘어뜨리는 논리적 순서를 형성한다. 첫째 명령("일어나")은 원수들의 행위와 비슷한 행위를 촉구한다(7절). 둘째 행은 이 순서의 대상을 표현하는 병행을 이루는 콜론으로 구성된다. 그들을 넘어뜨리는 행위는 나(나프쉬[napšî], *사람)를 구원하는 행위이다. "사람들"(mortals, 개역개정에서는 14b절에 번역됨-역주)은 메팀(mĕtîm)으로, 이는 단지 '인간'을 의미할 수 있는 단어이지만 인간의 비참함을 시사할 것이다(참조. 사 41:14). 이 단어는 결국 "죽은 사람들", 메팀(mĕtîm, 참조. 탈굼)을 가리키는 단어를 상기시킬 것이다. 이것은 여호와가 그들에게서 나를 구원하시는 것이 큰일은 아님을 암시한다.

> 14b 그들의 분깃을 받은 사람들에게서 주의 손으로 나를 구하소서
>   그들은 주의 재물로 배를 채우고
>   자녀로 만족하고
>   그들의 남은 산업을 그들의 어린아이들에게 물려주는 자니이다

두 행이 계속해서 탄원자가 바라는 원수들에 대한 조치를 무서운 용어로 조목별로 언급하는데, 아마도 여기에는 탄원자가 사람들에게서 구원을 받기를 원하는데 그들이 일찍 죽어야 한다는 기도가 포함될 것이다. 이는 그들이 탄원자에게 강요하려 한 운명이기도 하다. 우리가 가진 대로의 첫 행에서 이해하기 어려운 구절들의 효과는 탄원자의 일관되지 않은 알아듣기 힘든 말, 걱정이 가득한 두려움, 쓰라린 분개를 전달한다.

NIVI는 이 절 내에서 탄원자가 동일시하는 사람들에 대한 긍정적 희망으로 나아가지만 15절 전까지는 이런 전환에 대한 명백한 암시는 없으며, 언어는 오히려

여호와가 사람들을 위해 "쌓아 올리신" 징벌을 그들에게 내리심을 언급하는 다른 본문들과 비슷하다(특히 욥 21:17-19을 보라).[29] 누군가의 "분깃"을 언급하는 것은 때로 그들의 마땅히 닥칠 운명을 넌지시 비추는 것이다(20:29; 27:13; 사 17:14).[30]

14d-e절에서는 자녀들도 그렇게 했고 이와 같이 십계명도 경고한 대로, 그들의 자녀들이 그들의 운명을 같이할 것이라는 요청의 형태로 원수에 관한 일관되지만 냉담하게 삼가서 말하는 기도가 이어진다. 기도는 가족이나 공동체가 전체를 구성하는 방식을 인정하여, 단지 압제하는 개인을 처분하는 것으로 압제의 문제가 해결되는 것은 아님을 인정한다(참조. 시 109편).

더 나아가 흔히 그렇듯이, 이와 같이 이 시편은 압박을 받는 사람의 마음을 차지하는 포악한 감정과 욕망의 표현이 거기에 없어야 하므로 표현되지 않아야 한다고 선언하기보다는, 이런 표현을 허용한다. 다시 본문은 욥기 21:17-19과 비교되는데, 이 욥기 본문에서 욥은 악인들에게 징벌을 연기하여 그들의 자녀들만이 징벌을 경험하지 않도록 속히 악인들에게 징벌해 주시라고 하나님께 촉구한다.

> 15 나는 의로운 중에 주의 얼굴을 뵈오리니
>   깰 때에 주의 형상으로 만족하리이다

첫 동사는 단순한 이크톨인데, 이는 1-2절과 6-9절 후의 전환과 같이 기도에서의 또 다른 전환을 시사할 수 있으며, 이번에는 미래를 위한 확신과 희망의 진술로의 전환이다. 하지만 여호와의 의에 대한 언급은 이 시편이 시작한 대로(1절) 마무리하고 있음을 의미하며, 이 언급은 기도 안에 있다. 병행을 이루는 콜론은 더욱 즉각적으로 만족한다는 언급에서 13-14절의 앞선 것과 연결하고, 동사의 코호르터티브 형태인 "내가 만족하리이다"(에스베아[*'esbĕ'â*])[31]는 15절이 기도로, 14절에 있는 이전 두 행에 대해 대응하는 것임을 분명히 한다.

---

29 Dario Gualandi, "Salmo 17(16), 13-14," *Bib* 37 (1956): 199-208, 특히 205.
30 Briggs, *Psalms*, 1:136을 보라.
31 Cf. *TTH* 49β ; JM 114c.

바로 지금 탄원자는 자기 원수들의 얼굴에서의 모습으로 위험에 처해 있으며, 그는 대신에 여호와의 적극적 의 가운데 여호와의 얼굴 보기를 원한다. 현대 독자들은 14절에 분개할 수 있지만, 70인역은 여호와의 얼굴을 본다고 언급하는 것에 대한 꺼씸함을 감지하고(예를 들어, 출 33:20과 비교하라) 다음과 같이 번역한다.

> 하지만 나는 주님의 얼굴 앞에 의롭게 나올 것입니다.
> 나는 주님의 영광이 나타날 때 만족할 것입니다.

하지만 여호와의 얼굴을 본다고 언급하는 것은 70인역이 받아들이는 것과는 다른 의미를 지닌다. 우리의 길을 보시는 여호와의 *얼굴은, 변호와 구원을 가져다주는 것이다. 이 시편의 맥락에서 이것이 얼굴을 보는 핵심이다. 이처럼 여호와의 얼굴을 본다는 확신으로 말미암아 1-2절에서의 기도에 대한 응답이 불필요하게 된다는 것은 사실이 아니다.³² 여호와의 얼굴을 보면 응답이 온다.

마찬가지로 70인역에서 여호와의 형상(테무나[tĕmûnâ])을 본다는 개념에 놀란 이유가 있다. 시내산에서 이스라엘은 어떤 형상도 보지 못했지만, 여호와의 형상은 선지자 이상의 인물로서 모세만이 볼 수 있었다(민 12:8; 신 4:12, 15).

하지만 이 맥락에서 여호와의 형상에 대한 언급은 이 시편에서의 여호와의 눈, 입술, 귀, 오른손, 손, 얼굴에 대한 언급에서 자연스럽게 나온다. 만약 여호와가 이 모두를 가지신다면 여호와가 형상을 지니신다고 생각하는 것은 충분히 논리적이다. 그리고 구원에 이용되는 이 신체 각각에 호소하면서, 여호와의 전 인격이 이 목적에 개입하시도록 요구하는 것도 충분히 논리적이다. 탄원자는 여호와의 전 인격이 이런 식으로 개입하시는 것을 볼 때 실제로 만족할 것이다.

탄원자는 밤에 여호와가 시험하시도록 요청한 후에, 이 시험을 통과할 것을 확신하고, 여호와에게서 쫓겨나지 않고 여호와의 얼굴 앞에서 아침에 깰 것이라고 확신한다. "깨다"는 의식을 회복하거나 소생하는 것을 암시할 수 있지만(사 26:19; 단 12:2), 이런 언급은 여기서는 거의 의미가 통하지 않는다.

---

32 McCann, "Psalms," 742도 그렇다.

여호와가 이 생애에서의 구원에 개입하시도록 호소하는 것은 내세에서의 성취를 언급하는 것으로 약화할 것이다. 이 시편의 확신은 신자들은 여호와가 행하시는 것을 보기 위해 다음 생애까지 기다릴 필요가 없다는 것이다. 하나님은 지금 행동하신다.

3. 신학적 의미

시편 17편에서 신체의 다른 부분을 계속 언급하는 효과는 탄원자와 원수들과 여호와의 구체적인 인격적 실재와 여호와가 인간에 실제로 개입하시는 특성을 강조하기 위한 것이다. 인간의 삶은 단순히 영적 삶이 아니라 육체적 삶이며, 인간의 삶에 오는 어려움은 단순히 영혼과 정신(psyche)에 영향을 미치는 것이 아니라 몸에 영향을 미친다. 마찬가지로 여호와는 영적 문제나 심리적 문제뿐만 아니라 육체적 문제에도 관심을 가지신다.

더 나아가 여호와는 인간과 비슷한 특징을 가지신 결과 이런 관심을 표현하실 수 있다(또는 오히려 여호와는 원형을 지니시고 인간은 하나님의 형상으로 만들어짐을 통해 동등한 부분을 지닌다). 여호와는 형상을 지니신다.

신체 특징의 겉모습만을 지닌 신들과 다르게(예를 들어, 시 115편), 여호와는 실제로 사람들을 볼 수 있는 눈을 가지시고, 사람들에게 말할 수 있는 입술을 가지시며, 사람들의 말을 들을 수 있는 귀를 가지시고, 사람들을 보호할 수 있는 오른손을 가지시며, 사람들을 위해 행동할 수 있는 손을 가지시고 사람들에게 비추는 얼굴을 가지신다. 여호와는 탄원자와 원수들과 같이 실제적 인격이시다. 이것은 탄원자가 압박을 받을 때 격려받는 근거가 된다.

제18편

하나님의 행위와 다윗의 행위

1. 본문

여호와의 종 다윗의 시, 인도자를 따라 부르는 노래, 여호와께서 다윗을 그 모든 원수의 손에서와[1] 사울의 손에서 건져 주신 날에 다윗이 이 노래의 말로 여호와께 아뢰어 이르되

1 나의 힘이신[2] 여호와여 내가 주를 사랑하나이다
2 여호와는 나의 반석이시요 나의 요새시요 나를 건지시는 이시오
  나의 하나님이시요[3] 내가 그 안에 피할 나의 바위시오[4]
  나의 방패시요 나의 구원의 뿔이시요[5] 나의 산성이시로다[6]

3 내가 찬송 받으실[7] 여호와께 아뢰리니

---

1 삼하 22:1은 "손"(손아귀, 카프[kap])을 반복한다.
2 삼하 22:2은 이 콜론이 없다.
3 엘리(*ʾĒlī*). 삼하 22:3은 엘로헤(*ʾĕlōhē*)가 있다.
4 삼하 22:2은 리(*lī*, 내게)가 있다.
5 케렌(*Qeren*)은 보통 "뿔"을 의미하지만, 여호와를 뿔로 묘사한 병행 본문이 전혀 없다. 이 단어는 사 5:1에서 언덕을 의미하고, 문맥은 이것이 여기서의 의미일 것이라고 시사한다(cf. NIDOTTE). 케렌-이쉬(*qeren-yišʿī*)에 대해 "내 구원의 뿔"(많은 영어 번역본)이라고 하는 것도 구문의 역할을 분명히 하지 못한다.
6 삼하 22:3도 "그에게 피할 나의 피난처시요 나의 구원자시라 나를 폭력에서 구원하셨도다"라고 한다.
7 시리아어 번역본은 2절과 연결시킨다. "내가 주를 사랑하나이다"와 함께 이것은 1-2절을 둘

내 원수들에게서 구원을 얻으리로다

4 사망의 줄이[8] 나를 얽고

벨리알(개역개정: 불의-역주)의 창수가 나를 두렵게 하였으며

5 스올의 줄이 나를 두르고

사망의 올무가 내게 이르렀도다

6 내가 환난 중에서 여호와께 아뢰며

나의 하나님께 부르짖었더니[9]

그가 그의 성전에서 내 소리를 들으심이여

그의 앞에서 나의 부르짖음이 그의 귀에 들렸도다[10]

7 이에 땅이 진동하고

산들의[11] 터도 요동하였으니

그의 진노로 말미암아 그것들이 흔들렸고(개역개정: 그의 진노로 말미암음이로다-역주)

8 그의 코에서 연기가 오르고

입에서 불이 나와 사름이여

그 불에 숯이 피었도다

9 그가 또 하늘을 드리우시고 강림하시니

그의 발 아래는 어두캄캄하도다

10 그룹을 타고 다니심이여

바람 날개를 타고 높이 솟아오르셨도다[12]

러싸는 인클루지오를 제공한다.

8 삼하 22:5은 키(*ki*), "왜냐하면"(for)으로 시작하고 "줄"에 대해 "끊는 것"(개역개정: 물결-역주)을 의미하는 미쉬베레(*mišběrê*)가 있다. 제롬과 함께 나는 헤브레(*heblê*)를 하발(*ḥābal*) IV(*DCH*의 열거에서)에서 온 헤벨(*hebel*)의 한 형태로 여긴다. 70인역과 탈굼은 이것을 하발(*ḥābal*) III에서 온 "고통"을 의미하는 헤벨(*ḥēbel*)의 한 형태로 여기는데, 이는 이 단어가 5절에서 되풀이될 때, 이 시편이 동음이의어를 사용하고 있음을 의미한다.

9 삼하 22:7은 "부르짖었더니"(cried for help) 대신 "아뢰며"(called)를 반복한다.

10 삼하 22:7은 "그의 앞에서"(before him came)가 없다.

11 삼하 22:8은 "하늘의"라고 한다.

12 삼하 22:11은 "나타나셨도다"라고 한다(바예데[*wayyēdeʾ*]에 대해 바예라[*wayyērāʾ*]).

11 그가 흑암을 그의 숨는 곳으로[13] 삼으사
　　장막 같이 자기를 두르게 하심이여
　　곧 물의 흑암과 공중의 빽빽한 구름으로[14] 그리하시도다
12 그 앞에 광채로 말미암아 빽빽한 구름이 지나며
　　우박과 숯불이 내리도다[15]
13 여호와께서 하늘에서 우렛소리를 내시고
　　지존하신 이가 음성을 내시며
　　우박과 숯불을 내리시도다[16]
14 그의 화살을 날려 그들을 흩으심이여
　　많은 번개로 그들을 깨뜨리셨도다[17]
15 이럴 때에 여호와의 꾸지람과
　　콧김으로 말미암아
　　물의 흐름(개역개정: 물 밑-역주)이[18] 드러나고
　　세상의 터가 나타났도다

16 그가 높은 곳에서 손을 펴사 나를 붙잡아 주심이여
　　많은 물에서 나를 건져 내셨도다
17 나를 강한 원수와 미워하는 자에게서 건지셨음이여
　　그들은 나보다 힘이 세기 때문이로다
18 그들이 나의 재앙의 날에 내게 이르렀으나
　　여호와께서 나의 의지가 되셨도다
19 나를 넓은 곳으로 인도하시고

---

[13] 삼하 22:12은 "그의 숨는 곳"(his screen)이 없다.
[14] 삼하 22:12은 "구름"(헤쉬카트[heškat], 문자 그대로, "어둠")에 대해 "모인"(?, 하쉬라트[ḥaśrat])이 있다.
[15] 삼하 22:13은 "우박과"가 없으며, "내리시도다"(come through, 아베루[ʾăbĕrû])에 대해 "피었도다"(blazed, 바아루[bāʿărû])라고 한다.
[16] 삼하 22:14(그리고 70인역)은 이 콜론이 없다.
[17] 70인역은 라브(ráb)를 라바브(rābab) I, "많다"에서 취한다. 나는 이것을 라바브(rābab) II에서 취한다. 삼하 22:15은 이 동사가 없다.
[18] 삼하 22:16은 "물"(마임[mayim]) 대신에 "바다"(얌[yām], 개역개정: 물-역주)가 있다.

나를 기뻐하시므로 나를 구원하셨도다
20 여호와께서 내 의를 따라 상 주시며
　 내 손의 깨끗함을 따라 내게 갚으셨으니
21 이는 내가 여호와의 도를 지키고
　 악하게 내 하나님을 떠나지 아니하였으며
22 그의 모든 규례가 내 앞에 있고
　 내게서 그의 율례를 버리지 아니하였음이로다[19]
23 또한 나는 그의 앞에 완전하여
　 나의 죄악에서 스스로 자신을 지켰나니[20]
24 그러므로 여호와께서 내 의를 따라 갚으시되
　 그의 목전에서 내 손이 깨끗한 만큼[21] 내게 갚으셨도다
25 자비로운 자에게는 주의 자비로우심을 나타내시며
　 완전한 자에게는[22] 주의 완전하심을 보이시며
26 깨끗한 자에게는 주의 깨끗하심을 보이시며
　 사악한 자에게는 주의 거스르심을 보이시리니
27 주께서 곤고한 백성은 구원하시고
　 교만한 눈은 낮추시리이다[23]
28 주께서 나의 등불을 켜심이여
　 여호와 내 하나님이 내 흑암을 밝히시리이다
29 내가 주를 의뢰하고 적군을 향해 달리며
　 내 하나님을 의지하고 담을 뛰어넘나이다

---

[19] 삼하 22:23은 "내가 여호와의 도를 지키고"라고 한다.
[20] 문자 그대로, "내 악행." 1인칭 접미사는 16-29절에서 매우 두드러지며, "내 (가능한) 악행"에 대한 언급은 20절에 나오는 "내 (실제) 의"와 특히 대조를 이루는데, 이는 다음 콜론에서 곧 반복될 것이다(24a절).
[21] 삼하 22:25은 "내 깨끗한 대로"라고 한다.
[22] 삼하 22:26은 게바르(*gēbar*, 게베르[*geber*]에 대한 아람어 형태)에 대해 깁보르(*gibbôr*), "용사"(개역개정에서는 "~한 자"라고 번역함-역주)가 있다.
[23] 삼하 22:28은 "교만한 자를 살피사 낮추시리이다"라고 한다.

30 하나님의 도는 완전하고

　　여호와의 말씀은 순수하니

　　그는 자기에게 피하는 모든 자의 방패시로다

31 여호와 외에 누가 하나님이며[24]

　　우리 하나님 외에 누가 반석이냐

32 이 하나님이 힘으로 내게 띠 띠우시며[25]

　　내 길을 완전하게 하시며[26]

33 나의 발을 암사슴 발 같게 하시며

　　나를 나의 높은 곳에 세우시며[27]

34 내 손을 가르쳐 싸우게 하시니

　　내 팔이 놋 활을 당기도다[28]

35 또 주께서 주의 구원하는 방패를 내게 주시며

　　주의 오른손이 나를 붙들고[29]

　　주의 응답(개역개정: 온유함-역주)이[30] 나를 크게 하셨나이다

36 내 걸음을 넓게 하셨고

　　나를 실족하지 않게 하셨나이다

37 내가 내 원수를 뒤쫓아가리니[31]

　　그들이 망하기 전에는 돌아서지 아니하리이다

38 내가 그들을 쳐서 능히 일어나지 못하게 하리니[32]

---

[24] 엘로아('*Ĕlôah*). 삼하 22:32은 엘('*ēl*)이라고 한다.
[25] 삼하 22:33은 "네게 띠 띠우시며"를 의미하는 하메아제레니(*hamĕ'azzĕrēni*)에 대해, 마우지(*mā'ûzzî*), "나의 안전한 곳"이라고 한다.
[26] 삼하 22:33은 와이텐(*wayyittēn*)에 대해 어려운 읽기인 와야테르(*wayyattēr*)라고 한다.
[27] 참조. 23절의 "자신." 1인칭 접미사는 32-23절에 자주 나오며 이 접미사는 효과를 더한다.
[28] 여성 동사에 대해, GKC 145k를 보라.
[29] 또는, "주의 오른손으로 주님은 나를 붙들고." 삼하 22:36은 이 콜론이 없다.
[30] 70인역("훈계")와 제롬("온유함")은 아나와('*ănāwâ*)가 아나('*ānâ*) III와 연결된다고 여기지만, 70인역의 번역은 의미가 잘 통하지 않으며, 제롬은 이 단에 독특한 의미를 부여한다. 심마쿠스는 이것이 아나('*ānâ*) I과 연결되는 동음이의어라고 지적하는데, 이는 여호와의 구원을 더 깊이 언급하는 것과 대조를 이루면서 41절에 나온다(참조. 35a절).
[31] 삼하 22:38은 와아쉬미뎀(*wā'ašmîdēm*), "그리고 멸하였사오며"라고 한다.
[32] 삼하 22:39은 "내가 그들을 무찔러 전멸시켰더니 그들이 내 발 아래에 엎드러지고 능히 일

>   그들이 내 발 아래에 엎드러지리이다
> 39 주께서 나를 전쟁하게 하려고 능력으로 내게 띠 띠우사
>   일어나 나를 치는 자들이 내게 굴복하게 하셨나이다
> 40 또 주께서 내 원수들에게 등을 내게로 향하게 하시고
>   나를 미워하는 자들을 내가 끊어 버리게 하셨나이다
> 41 그들이 부르짖으나³³ 구원할 자가 없었고
>   여호와께 부르짖어도 그들에게 대답하지 아니하셨나이다
> 42 내가 그들을 바람 앞에 티끌 같이 부숴뜨리고³⁴
>   거리의 진흙 같이 쏟아 버렸나이다³⁵
> 43 주께서 나를 백성의³⁶ 다툼에서 건지시고
>   여러 민족의 으뜸으로 삼으셨으니³⁷
>   내가 알지 못하는 백성이 나를 섬기리이다
> 44 그들이 내 소문을 들은 즉시로 내게 청종함이여
>   이방인들이 내게 복종하리로다³⁸
> 45 이방 자손들이 쇠잔하여
>   그 견고한 곳에서³⁹ 떨며⁴⁰ 나오리로다
>
> 46 여호와는 살아 계시니 나의 반석을 찬송하며⁴¹

어나지 못하였나이다"라고 한다.
33 삼하 22:42은 "그들이 구해도"라고 한다.
34 삼하 22:43은 "땅의 티끌 같이"라고 한다.
35 삼하 22:43은 "내가 그들을 부스러뜨리고, 그들을 밟아 헤쳤나이다"라고 한다.
36 삼하 22:44은 "내 백성"이라고 하는데, 이는 사울의 죽음 후와 압살롬의 반란 후에 내부의 갈등을 가리킴을 시사한다.
37 삼하 22:44은 "지켰다"(개역개정: 삼으셨으니-역주)라고 한다.
38 많은 영어 번역본이 "움츠리다(cower)." 하지만 다음 콜론은 카하쉬($k\bar{a}ha\check{s}$)의 뉘앙스에 대해 John H. Eaton의 제안을 확증한다("Some Questions of Philology and Exegesis in the Psalms," *JTS*, n.s., 19 [1968]: 603-9 [특히. 603-4]; 그리고 참조. BDB).
39 *HALOT*은 미스게로테헴(*mis̆gĕrôtêhem*)은 "감옥들"이라고 번역하는데, 이는 어원론적으로는 의미가 통하지만 여기 문맥이나 이 일반적 의미로 나오는 다른 곳인 미 7:17에서는 의미가 통하지 않는다.
40 삼하 22:46은 웨야흐레구(*wĕyahrĕgû*)에 대해, 웨야흐게루(*wĕyahgĕrû*), "절뚝거리며"(limped, 개역개정: "떨며"-역주)라고 되어 있다.
41 GKC 116e는 칼 수동태 분사가 동명사의 의미를 지닐 수 없지만 이것이 137:8에 필요한

내 구원의 하나님을⁴² 높일지로다
47 이 하나님이 나를 위해 보복해 주시고⁴³
　　　민족들이 내게 복종하게⁴⁴ 해 주시도다
48 주께서 나를⁴⁵ 내 원수들에게서 구조하시니
　　　주께서 나를 대적하는 자들의 위에 나를 높이 드시고
　　　나를 포악한 자에게서 건지시나이다

49 여호와여 이러므로 내가 이방 나라들 중에서 주께 감사하며
　　　주의 이름을 찬송하리이다
50 여호와께서 그 왕에게 큰 구원을⁴⁶ 주시며
　　　기름 부음 받은 자에게 인자를 베푸심이여
　　　영원토록 다윗과 그 후손에게로다

2. 해석

여호와가 공격에서 구원하시고 위험을 승리로 바꾸신 방법에 대한 이 굉장한 증언은, 이런 증언 시편이나 감사 시편 가운데 가장 긴 시편이다. 실제로 모든 시편 가운데 오직 78편과 119편이 더 길다. 물론 길이에도 불구하고 "활력은 지칠 줄 모른다."⁴⁷

나는 이 시편을 확고하게 뒤를 돌아보는 것으로 여기는데, 물론 이 시편은 많은 이크톨(yiqtol)을 포함한다. 이 이크톨은 일어난 일보다는 일어날 일이나 일어

　　것 같으며(JM 121i 또한 111:2을 인용한다), 이것은 여기와 다른 곳의 바루크(*bārûk*)에 대해 자연스러운 이해인 것 같으며(참조. BDB), 다른 곳에서는 의미가 3절의 복수와 비슷한 것 같다.
42 삼하 22:47은 "하나님 반석"이라고 한다.
43 "완전한 보복"(개역개정 "보복-역주)은 복수 네카모트(*nĕqāmôt*)를 나타낸다.
44 삼하 22:48은 특이한 와야베르(*wayyadbēr*, 말하다를 의미하는 *dbr*와는 다른 어근-HALOT, DCH을 보라) 대신에 또 다른 분사 우모리드(*ûmôrîd*)로 되어 있다.
45 삼하 22:49은 "나를 이끌어 내시며"라고 하고, 이어지는 "그렇다"가 없다.
46 삼하 22:51은 "구원의 탑"(개역개정: 구원-역주)이라고 한다.
47 Kidner, *Psalms*, 1:90.

날 수도 있는 일이나 현재 일어나는 일을 보통 가리키기는 한다. 하지만 많은 영어 번역본이 이 시편의 많은 이크톨(예를 들어, 6절)이 과거 사건을 가리키며[48] 따라서 이를 번역하려면 영어의 부정과거나 완료를 사용해야 함을 인정한다.

한편, 현재나 미래 번역이 필요한 다른 이크톨이 있다(예를 들어, 1-2절). 일부 이크톨에 대해 명확하지 않은 점이 있으며, 많은 영어 번역본이 현재로 번역하는 일부를, 나는 이 시편의 일반적 내러티브 특성에 비추어 과거를 가리키는 것으로 여겼다(예를 들어, 3, 25-30절). 나는 번역에서 시제의 변화를 분명히 하고자, 카탈(qatal)과 와이크톨(wayyiqtol)에 대해서는 완료 시제를 사용하고, 과거를 가리키는 데 취한 이크톨에 대해서는 단순 과거 시제를 사용했다.

1-2절과 49-50절은 증언을 위한 틀을 형성하는데, 이 안에 본론은 1인칭의 준-내러티브를 구성한다. 이 부분은 광범위하게 치명적인 위험이 어떻게 화자를 공격했는지, 화자가 어떻게 기도했는지(3-6절), 여호와가 어떻게 응답하시고(7-15절) 구원하셨는지(16-29절), 그리고 상황이 어떻게 역전됐는지(30-48절)를 설명한다. 구원이 시작에서 예견되고(3b절), 여호와에 대한 계속되는 진리는 중간에서 확인되므로(30-31, 46절), 명백히 이 증언은 틀보다는 약간 덜 정돈되어 보인다.

시편의 운율은 여느 때보다는 훨씬 일관되며, 많은 행이 3-3이다. 따라서 이 시편으로 마켑(maqqēph)을 추가하거나 제거함으로써 마소라 본문의 운율에 대한 이해를 재조정하려는 유혹을 특히 받는데, 마소라 본문은 행들을 (예를 들어) 4-3이나 2-3으로 이해하기 때문이다.

- 높이와 깊이의 대조가 이 시편에 가득하다.[49]
- 여호와는 바위이시며, 요새이시고, 산성이시다(2절).
- 여호와는 가장 낮은 깊은 곳을 뒤흔드는 방식으로 행동하시면서, 하늘에서 땅으로 내려오셨다(7-15절).
- 여호와는 아래로 뻗어 나를 붙잡으셨다(16절).
- 원수들은 일어선 사람들이지만(39, 48절), 여호와는 교만한 눈을 낮추셨고(27

---

48 (예를 들어) DG 62; *IBHS* 31.1.1의 논의를 보라.
49 Cf. Donald K. Berry, *The Psalms and Their Readers*, JSOTSup 153 (Sheffield: Sheffield Academic Press, 1993), 98-99.

절), 그들은 다시 일어설 수 없을 것이다(38절).
- 여호와는 나를 높은 곳에 세우셨다(33절).
- 나는 내 원수들을 쳤고, 여호와는 내 발아래 내 원수들을 치셨다(38-39, 47절).
- 여호와는 여러 민족의 으뜸으로 삼으셨으며, 나를 대적하는 자들의 위에 나를 높이 드셨다(43, 48절).

이 시편은 아홉 번 원수들과 대적하는 자들과 공격하는 자들에 대해 말하고, 열한 번 여호와가 구원하시는 것에 대해 말한다.[50] 이와 같이 한쪽은 높은 곳에서 깊은 곳으로 떨어지고, 다른 쪽은 깊은 곳에서 높은 곳으로 높아진다.

그리고 이 이동의 핵심은 하나님인데, 하나님은 많은 은유(특히 1-2절을 보라)와 많은 이름이나 문자 그대로 묘사된다. 하나님은 여호와(예를 들어, 1, 2절), 하엘($h\bar{a}'\bar{e}l$, 30, 32, 47절), 엘($'\bar{e}l$, 2절, 인칭 접미사가 있음), 엘로힘($'\bar{e}l\bar{o}h\hat{i}m$, 46절; 또한 6, 21, 28, 29, 31절, 인칭 접미사가 있음), 엘리욘($'ely\hat{o}n$, 13절), 엘로아($'\bar{e}l\hat{o}ah$, 31절)이시다.[51] 이 시편이 이런 다양한 묘사를 통해 지적하는 핵심은 화자의 하나님(여호와, 나의 하나님)은 강력하시며, 사실적이시고, 유일하게 실재하시는 하나님이라는 것이다.

화자는 인간 원수들에게서 야기된 위험에서 구원받았으며, 대부분의 시편에 대해 이것은 많은 이전 시편이 전제하는 일종의 공동체 내의 갈등을 의미할 수 있다. 시작은 평범한 개인의 찬양일 수 있다.

하지만 30-48절은 군사적 지도자를 의미하며, 49-50절은 여호와의 다윗에 대한 사랑을 가리키는데, 이는 이 시편이 왕이 구원과 승리 후 기도하는 시편임을 시사한다. 다윗을 구체적으로 언급한다고 해서 실제로 다윗이 이 시편을 기도하는 인물일 필요는 없으며, 이것은 시편의 내용이 그렇듯이 이 방향을 가리킨다. 그리고 다윗의 생애를 되돌아보는 맥락에서 사무엘하 22장에 이 시편에 대한 차이가 나타나는 데서도 볼 수 있듯이, 표제는 이에 잘 들어맞는다.

---

50 Cf. Schaefer, *Psalms*, 41. 물론 그의 계산은 다르다.
51 "Divine Names and Titles in Early Hebrew Poetry," in *Magnalia Dei: The Mighty Acts of God* (G. Ernest Wright Memorial), ed. Frank Moore Cross et al. (Garden City, NY: Doubleday, 1976), 55-102에서 데이비드 노엘 프리드먼(David Noel Freedman)은 이 시편에서의 하나님을 가리키는 용어를 10세기 연대를 가리키는 힌트로 연구한다.

나는 번역 각주에서 이 두 가지 이형 사이의 차이점을 지적했다(와우-[w]나 접미사가 있는 것과 같은 철자와 작은 차이점의 문제를 제외하고). 이 차이점들은 공통된 원본의 교정이겠지만, 나는 이 원본이 무엇이었는지를 확립하려 하지 않는다.[52] 둘을 서로에게 동화시키는 것은 적절하지 못하다. 단순히 두 버전이 있을 뿐이다. 어떤 면에서 시편 18편의 언어는 사무엘하 22장보다는 특이하지 않다.

일반적 사용에서 한 버전이 더 규칙적인 용법에 맞게 조정됐다면 놀랍지 않을 것이다. 시편 18편 역시 사무엘하 버전, 최소한 1절과 25절에는 없는 아람어의 특징들을 포함한다.[53] 이 시편은 이미 존재하는 단락에서 편찬됐을 수 있다.[54] 구약의 다른 본문과 비슷한 구절들은, 30절(잠 30:5) 및 34절(시 144:1)에서처럼, 이 시편이 다른 곳에서 언급됨을 가리킬 수도 있거나, 이 본문들이 시편 기자가 사용한 다윗 이야기 이외의 자료들임을 가리킬 수도 있다. 나는 이 시편의 표제를 다룰 때 저자 문제를 다룰 것이다.

[표제]

> 여호와의 종 다윗의 시, 인도자를 따라 부르는 노래, 여호와께서 다윗을 그 모든 원수의 손에서와 사울의 손에서 건져 주신 날에 다윗이 이 노래의 말로 여호와께 아뢰어 이르되

용어 해설을 보라.

여호와의 종은 아마도 왕일 것이다. 이 호칭은 종종 다윗에게 적용되지만(예를 들어, 78:70; 132:10) 다른 왕들에게 적용될 수도 있다(예를 들어, 대하 32:16). "다

---

[52] 그들의 상호 관계에 대해, 다음을 보라. Frank Moore Cross and David Noel Freedman, "A Royal Song of Thanksgiving," *JBL* 72 (1953): 15–34; Georg Schmuttermayr, *Psalm 18 und 2 Samuel 22* (Munich: Kösel, 1971); Douglas K. Stuart, *Studies in Early Hebrew Meter* (Missoula, MT: Scholars Press, 1976), 171–86; Klaus-Peter Adam, *Der königliche Held* (Neukirchen-Vluyn: Neukirchener Verlag, 2001), 191–203. 아담(Adam) 역시 이 시편의 편집 역사에 대한 가설을 제시한다. 또한, cf. Jean-Marie Auwers, "La rédaction du Psaume 18 dans le cadre du premier livre des Psaumes," *Ephemerides theologicae lovanienses* 72 (1996): 23–40.
[53] Cf. Briggs, *Psalms*, 1:139. 그의 추가 사례들(하라그[ḥārag], 45절; 다바르[dābar], 47절)은 더 의심스럽다.
[54] (예를 들어) Terrien, *Psalms*, 204도 그렇다.

윗" 앞에는 또 다른 레(*lĕ*)가 있으므로, "여호와의 종"을 독립적인 구절(NRSV과는 대조)로 보는 것이 더 자연스럽다. 시편 36편의 표제를 참고하라. 시편 7편에서 그런 것처럼, 이어지는 어법의 양식은 베(*bĕ*) 구절("그가 … 할 때")을 포함하는, 다윗의 생애와 연결하는 다른 표제들의 양식과 일치하지 않는다(예를 들어, 시 51편).

게다가 다른 표제들은 단순히 한 사건과 연결하는 반면에 이 표제는 그가 사울에게서 도피한 것뿐만 아니라, 그의 "모든" 원수에게서의 구원을 가리킨다. 이것은 이 시편의 내용에 들어맞는데, 이 시편은 "내 원수"와 "내 원수들" 모두를 가리킨다. 이 표제가 시사하는 이중적 배경은 우리가 이 시편의 언급을 다윗 생애의 한순간에만 국한하지 않아야 함을 암시한다. 마지막에 나오는 이상한 "그가 이르되"는 사무엘하 22장의 버전과 일치하며, 표제의 주요 부분이 거기서 왔음을 가리킬 수도 있다.[55]

이 시편의 기원에 대한 많은 견해가 있다.

첫째, 전통적 견해는 이것이 다윗의 개인 증언이라는 것이다.

그러나 이에 대한 직접적 증거는 없으며, 일반적 고려는 이런 방향으로 지적하지 않는다. 미국 대통령이 자기 연설을 기록하지 않는 것과 마찬가지로, 표제도 사무엘하 22장의 언급도 다윗이 개인적으로 이 시편을 썼다는 것을 필요로 하지 않을 것이다. 대통령은 연설을 확증할 필요는 있지만 보통 초안을 작성하지는 않는다. 게다가 우리가 다윗의 이야기에서 그에 대해 받는 인상은, 그가 대단한 전사이자, 대단한 정치가였으며, 오입쟁이였지만, 개인적 관계에서는 실패자였다는 것이다. 그는 성공한 음악가였지만, 이것은 기도와 예배 노래의 위대한 작사가의 인격 프로필 같아 보이지 않는다.

하지만 더 나아가 증언으로서의 이 시편의 특성은 구체적 맥락과의 연관성을 시사하고, 6b-15절에서의 여호와의 임재의 기사는 구체적 사건을 시사할지라도, 사울과 다른 원수들을 이중적으로 언급하는 표제는 전반적인 다윗의 지도력에 대한 회고를 더욱더 시사한다. 이것은 또한 다윗이 자신의 생애를 되돌아보면서, 사무엘하 22장에서의 위치와도 들어맞는다.

---

55 Gunkel, *Psalmen*, 68도 그렇다.

표제의 일반적 특성과 사무엘하에서의 위치로 말미암아, 표제가 사무엘하 11-12장에서 설명된 위기 전의 시기와 같이 오직 다윗 생애에서의 초기 단계와 관련이 있다고 제안하는 것은 인위적이 된다. 하지만 더 나아가 여느 때와 다르게 탁월하게 여호와의 행위에 대해 묘사하는 것과 더불어 여호와의 개입에 관한 실제적 기사는, 생애보다 더 큰 것을 시사한다. 이것은 사울이나 블레셋 사람들이나 압살롬에게서의 다윗의 구원을 개인적으로 묘사하는 것으로서 과장법으로 보인다. 그리고 그의 죄악을 고려할 때, 다윗 자신이 이런 명료한 용어로 자신의 정직을 말하는 것은 거의 적절하지 않다.

둘째, 더 그럴듯한 견해는 다윗이 살아 있을 때 또는 아마도 죽은 직후에, 사무엘하에 나오는 것과 같은 다윗의 통치 기사 작성과 관련하여, 이 시편이 그를 위해 기록됐다는 것이다.

이는 이 언어가 고풍이라는 논제에도 잘 들어맞는다. 또한, 이는 다윗을 묘사하는 어조에도 잘 들어맞는다. 이처럼 다윗은 자신의 정직에 대해 거의 말하지 못했을 수도 있지만, 그가 사울의 생명과 왕권을 존중하는 것을 포함해서 다윗의 중요성에 대한 긍정적 측면에 초점을 둘 때, 다른 사람들은 적절하게 그를 위해 기록했을 수 있다.

다윗이 왕이었을 때 도덕적으로도 개인적으로도 큰 실패 후에 20-26절을 다윗이 발언한 것으로 할 때, 사무엘하 22장에서 여전히 큰 역설이 있었던 것 같다. 하지만 사무엘하 밖에서 다윗은 보통 긍정적인 면에서 묘사된다. 아마도 다른 신들보다는 여호와께 절대적으로 헌신하는 것이 우선 고려됐을 것인데, 이런 모습은 다윗의 계승자들과는 대조된다.

셋째, 아마도 음악 "지도자"가 포로기 이후 시기에 다윗 혈통의 왕을 위해 기록했을 수도 있다.

이 견해는 시편의 주요 배경이 성전 예배라는 일반적 확신에서 오는데, 이는 이 시편이 왕이 큰 승리를 한 경우이거나 여호와가 왕을 사랑하심을 정기적으로 기념하기 위해 기록됐음을 시사한다. 이는 7-15절에 나오는 여호와의 임재에 대한 은유적 묘사와 어울릴 수 있다. 그렇다면 표제는 시편을 다윗과 특별히 연관시키고자 후대에 개작한 것으로 볼 필요가 있겠다.

이 견해의 약점은 이 견해가 우리에게 거의 직접적 증거가 없는 시편의 예전적 배경에 대한 이론에 강력하게 근거한다는 점이다.

넷째, 이 시편은 페르시아 시기에 다윗을 기념하여 기록됐을 수 있다.

우리는 역대기로부터 포로기 이후 공동체가 다윗이라는 인물과 또한 다윗 혈통 왕들의 비범한 군사적 구원과 승리에 중요성을 크게 부여했음을 알고 있다. 다윗이 한 이런 경험을 구체화한 시편을 작성함은 이런 관심과 어울릴 것이다. 그렇다면 이 시편의 고풍의 언어는 저자가 이 주제에 맞게 문체를 채택했음을 의미할 것이다.

다섯째, 이 시편은 페르시아 시기에 메시아에 대한 기대를 증언하는 것으로 기록됐을 수 있다.

이 견해는 실제 왕이 없을 때 페르시아 시기에 올 왕에 대한 희망이 어떤 무리에게서 특히 강조됨이 목격됐다는 일반적 확신에서 나오며, 이 맥락에서 이 시편은 시편의 "종말론적 읽기"에 속한다는 확신에서 나온다.

이 견해의 약점은 이 견해가 본문에는 명확하지 않은 시편의 종말론적 읽기에 대한 이론에 강력하게 의존한다는 점이다. 이 시편 자체 내에 유일한 암시는 이 시편의 과장법을 사용한, 보편주의적이며 우주적인 언어와 이미지이지만,[56] 이것이 종말론적 이해를 의미할 필요는 없다.

이 시편을 역대기에 나오는 것과 같은 다윗의 중요성을 비-종말론적으로 이해하는 것과 연결하는 것이 더 자연스러워 보인다. 우리는 서론에서 시편의 종말론적 읽기가 실제로 발전했지만 본문 자체에 도입하지 않고 시편을 재해석하는 것과 관련된다고 지적했다.

이 다섯 견해 가운데 셋째와 다섯째 견해는 이 시편의 원래 의미에 대한 진술들이 최소한 이 시편이나 구약에 토대를 두는 한, 이 진술들만큼이나 가장 위험해 보인다. 첫째와 둘째와 넷째 견해가 공통으로 가진 것이 그 견해들이 다른 것보다는 더 중요하겠지만, 넷째 견해가 가장 그럴듯해 보인다.

모든 견해는 이 시편이 다윗에 대한 것이라고 여긴다. 이 시편은 다윗이 한 증언이거나 다윗의 이름으로 여호와께 영광을 돌리고 또한 다윗 자신에게 영광을 돌리는 다윗의 입술에 둔다. 이 시편은 여호와가 다윗의 전반 삶에 개입하심을 증언하고, 여호와는 다윗에게 다윗 자신을 위해서뿐만 아니라 이스라엘을 위해

---

56 McCann, "Psalms," 746–47; cf. Gerstenberger, *Psalms*, 1:99.

필적하지 못할 구원과 업적을 허락하시는데, 이 이야기에서 다윗의 통치는 결정적 자리를 차지하게 되면서, 다윗의 생애에 비범하고 단호한 방식으로 행하셨다는 인식을 나타낸다.[57]

하지만 마지막 절은 또한 이 시편이 후속 왕들도 주장할 수 있다는 여지를 열어둠을 가리키며, 후속 왕들이 사용하는 것(셋째 견해)과 종말론적 읽기(다섯째 견해)를 정당화하면서, 여호와가 다윗의 혈통을 항구적으로 사랑하심을 내포한다. 여러 번 미드라쉬는 이 시편이 어떻게 바벨론, 메데-페르시아, 그리스, 현재의 대군주인 로마를 의미하는 에돔에 적용되는지를 제안한다.[58] 이 시편의 기원이 무엇이든지, 단순히 사무엘하에서만이 아니라 전체 시편에 이 시편이 존재함은 이렇게 사용될 수 있음을 알려 준다.

[시 18:1-2]

> 1 나의 힘이신 여호와여 내가 주를 사랑하나이다
> 2 여호와는 나의 반석이시요 나의 요새시요 나를 건지시는 이시오
>   나의 하나님이시요 내가 그 안에 피할 나의 바위시오
>   나의 방패시요 나의 구원의 뿔이시요 나의 산성이시로다

이 시편은 사랑의 행위로 시작한다. 첫 두 행[59]은 시편 30편의 증언과 마찬가지로, 1인칭 이크톨(yiqtol) 동사와 여호와를 부름으로 시작하는데, 물론 동사(라함[rāḥam])는 눈썹을 들어 올린다. 이 동사는 피엘(piel)로 "불쌍히 여기다"를 의미하며, 칼(qal)은 여기서만 나온다.[60] 시편 116:1은 동사 아헤브(ʾāhēb, 사랑하다, 헌신하다)를 비슷하게 사용하고, 라함(rāḥam)의 같은 어근이 이 의미를 지닌다.[61] 이 용어는 사랑만큼이나 친밀감을 시사하지는 않는다.

---

57 Jean-Luc Vesco, "Le Psaume 18, lecture davidique," RB 94 (1987): 5–62을 보라
58 예를 들어, *Midrash on Psalms,* 1:239.
59 아마도 유일한 네 단어로 된 콜론인 2a절이 융합된 본문일 것이며, 원래는 세 단어로만 되었을 것이다.
60 Ibn Ezra는 "Beg compassion from you"라고 번역한다.
61 아람어 용법에 대해, 레 19:18 탈굼; *TLOT*; Georg Schmuttermayr, "Rḥm-eine lexikalische Studie," *Bib* 51 (1970): 499–525을 포함하여 *Midrash on Psalms,* 1:235의 해설을 보라.

헌신의 시작하는 행위는 여호와에 대한 아홉 가지 묘사로 이어지는데, 모두가 비슷한 함의를 지닌다. 이와 같이 묘사들은 반복을 통해 요점을 더욱 확증한다. 제롬은 이 묘사들을 여호와께 말하는 연속된 아홉 구절로 여기지만, "여호와"를 반복하고, "나의 하나님"이 이어 나온다는 것은 70인역이 2절을 아홉 구절로 보는 게 옳았다는 것을 시사한다.

첫째 구절을 제외한 모든 구절은 구체적 표현들인데, 이로 말미암아 첫째 구절인 한 번 나오는 단어 헤제크(ḥēzeq)가 "강력한 것"(개역개정: 반석-역주)인지 의문이 든다. 힘은 보통 방어하거나 구하거나 무찌르는 힘을 의미하지만(예를 들어, 35:10), 이것은 시편에서는 일반적 개념이 아니다. 이것은 보통 여호와의 강한 손을 언급하는 것과 더불어 오지만(예를 들어, 136:12; 출 6:1; 13:3, 9, 14, 16), 사람들을 애굽에서 끌어낼 때 여호와가 취하신 조치와 관련된다. 그리하여 탄원자는 여호와가 출애굽시키시는 하나님으로 판명됨을 암시하고 있다. 다른 이런 단서들이 있을 것이다.

2절의 반석, 요새, *바위, 방패, 피할 바위, 뿔, *산성이라는 구체적 이미지들은 시편에서 특색을 이룬다(예를 들어, 31:3-4[4-5]; 42:9[10]; 61:2-3[3-4]; 62:2[3]; 71:2-3; 91:2, 4, 9; 94:22; 144:1-2). 모든 용어는 인간이 만든 요새가 아니라 자연적 안전의 장소를 가리킨다. 이 용어들은 새나 작은 생물이나 도망치는 사람에게 안전한 피난처를 제공하는 산이나 광야에서의 멀고 접근할 수 없는 장소들이다(104:18; 삼상 24:2, 22[3, 23]; 욥 39:28). 이처럼 이 용어들은 "나를 건지시는"(팔라트 [pālaṭ], 피엘) "구원"의 장소들이다. 많은 용어가 다른 곳에서 원래 의미에 이목을 집중시키지 않는 문맥에서 나온다.

"나의 요새(절벽)"는 여호와를 가리키는 독립된 호칭일 수 있으며, "나를 건지시는"은 단순히 "구원하다"가 될 수 있고, "피할"은 단순히 "의지하다"가 될 수 있다. 하지만 여기서 이런 조합으로 이미지들은 구체적 함의를 유지한다. 다윗이 사울에게서 피난처를 찾는 것과 산 광야 지역에서 구원을 찾는 것(삼상 22-24장)은 이 언어가 반영된 것이다.

내포하는 의미는 한 수준에서는 이것이 다윗을 건진 것은 자연 요새이자 바위였지만 또 다른 수준에서 여호와가 그렇게 유일한 분이시라는 것이다. 또는 반대로, 사울에게서 다윗을 건지신 이는 여호와이지만, 여호와는 여호와 자신의 성품을 반영한 자연 자원을 통해 그렇게 하셨다.

"나의 방패"라는 용어는 다른 상징체계에 속하지만 비슷한 함의를 지닌다(그리고 이처럼 144:1-2에서도 나온다). 방패는 바위와 마찬가지로 공격에서 보호하며, 현실의 용어로 이 이미지는 화자에게 더 가까운 문자 그대로의 현실이다(참조. 30, 35절). 싸우는 자는 생존하고자 한다면 방패가 문자 그대로 필수적임을 안다.

[시 18:3-6]

감사 시편에 대한 이 전형적 연(stanza)은 화자를 공격한 생명을 위협하는 위험, 이 사람이 한 기도, 여호와가 듣고 행하실 때 반응한 방식을 요약한다. 또한, 전형적으로 이 시편은 먼저 전체 "이야기"를 요약하고 그 후에 세부 내용을 위해 처음으로 돌아온다.

여기에서의 효과는 3절과 6절이 4-5절을 둘러싸는 덮개가 된다. 3절은 부르짖음과 구원을 요약하고, 4-5절은 탄원자가 처해 있는 위험을 상세히 설명하고, 6절은 부르짖음과 여호와의 응답에 대한 긴 설명을 제공한다. 그러나 이것이 이 시편의 끝이 아니라는 사실에 맞게, 6절의 둘째 설명은 여호와가 들으신다는 것만 묘사하고, 여호와의 행위를 묘사하지 않고 멈춘다. 그 후에 적절하게도 3-6절은 종결하지 않는다.

> 3 내가 찬송 받으실 여호와께 아뢰리니
>   내 원수들에게서 구원을 얻으리로다

70인역이 3절의 이크톨(yiqtol) 동사들을 1-2절을 이어 가면서 미래로 여기는 것은 이해할 만하다. 하지만 증언에서 과거 구원에 대해 듣기 전에는 미래 구원에 대한 기대를 언급함을 기대하지 못한다(예를 들어, 시 30편; 34편; 116편). 게다가 다음 절에서 이크톨 동사는 과거를 언급하고, 3a절의 이크톨 동사는 과거 의미로 6절에서 되풀이된다.

이 시편의 많은 후속 이크톨 동사는 과거 의미를 지닌다. 이 모두는 3절이 일반화하는 진술일 수도 있지만(참조. NIVI), 과거에 대한 이 시편의 증언의 시작일 수도 있음(참조. NJPS)을 시사한다. 실제로 3절은 찬양, 기도, 구원을 언급하는 것과 함께 4-50절을 요약한다.

> 4 사망의 줄이 나를 얽고
> 벨리알(개역개정: 불의-역주)의 창수가 나를 두렵게 하였으며
> 5 스올의 줄이 나를 두르고
> 사망의 올무가 내게 이르렀도다

그 후에 4-5절은 화자가 구출받았던 어려움을 상기시킨다. 네 가지 겹치는 방식으로 묘사되어 명백히 헤어나기 어려운 어려움이었다. 즉, "나는 한 번, 두 번, 세 번, 네 번 잃었다."[62] 시편 6편, 9편, 16편은 스올을 미래의 위협으로 말했다. 여기서 4-5절은 스올이 현재 이미 압도한 것으로 말한다. 스올은 하나님께 속한 사람들을 붙들 수 없는 것이 아니라(마 16:18), 스올의 문을 넘어 장악력을 확대하고 있으며, 여전히 살아 있는 누군가를 붙잡고 있었다.

산문으로 이를 표현하면, 화자는 죽을 위험에 처해 있고, 피할 길이 없는 것 같았다. 피할 수 없다는 불가능성은 이 시편이 병행을 이루는 콜론에서, 죽음의 고통이 둘러싸며, 벨리알의 창수가 압도하고 스올의 올무가 둘러싸고 죽음의 올무가 이르른다는 점에서 상황을 묘사하는 반복되는 방식이 시사한다. 두 절은 *abb'a', baa'b'* 순서로 동사들을 뒤섞고 구절들을 구성한다.

벨리알의 창수를 언급한 것은 특히 긴급하게 요점을 지적한다. 죽음은 단순히 위협적이거나 직면하는 미래의 현실이 아니고, 죽음의 잠재적 희생자는 단순히 압도적으로 위협하는 바다 앞에 서 있지 않다. 바다는 이미 압도하고 있으며, 그 희생자는 이미 익사하고 있고 공기를 마시고자 숨을 헐떡거린다.

어떤 이는 벨리알(*bĕliya'al*)을 벨리(*bĕli*)와 야알(*ya'al*)의 결합으로 이해하여, "무가치함"(참조. BDB)을 의미한다고 이해할 수 있다. 이는 이 단어가 구약에 나오는 것과 가장 잘 들어맞는다(예를 들어, 101:3). 하지만 벨리알의 압도하는 창수에 대한 묘사는 다른 의미를 전달한다.

다른 이들은 이 단어를 벨리(*bĕli*)와 알라(*'ālâ*)의 결합으로 보고, 따라서 '오르지 않고'를 시사한다고 볼 수 있다. 스올은 누구도 오를 수 없는 장소이다. 그들은 또한 이 단어를 '삼키다'를 의미하는 발라(*bāla'*)와 연결시킬 수 있는데, 죽음의 창수는 사람들을 실제로 삼키기 때문이다(예를 들어, 69:15[16]). 이것은 또한

---

62 Berry, *The Psalms and Their Readers*, 113.

가나안 신학에서의 죽음의 인격화 및 벨리알이 사탄을 가리키는 이름이 되는 방식과 연결될 것이다.[63]

> 6 내가 환난 중에서 여호와께 아뢰며
> 나의 하나님께 부르짖었더니
> 그가 그의 성전에서 내 소리를 들으심이여
> 그의 앞에서 나의 부르짖음이 그의 귀에 들렸도다

"환난"은 실제로 존재한다. 6a절은 "내가 여호와께 아뢰며"를 적절히 반복하며, 이것이 불리는 대상이 "나의 하나님"임을 상기하는 것 그리고 *도움을 구하다(부르짖다)라는 그리 흔하지 않은 동사와 나란히 둔다.

6b절[64]은 여호와의 응답을 친숙한 용어와 $abcc'b'a'$ 순서로 묘사한다. 6a절이 3a절과 장황한 동등어구를 형성하고, 이 행은 3b절과 장황한 동등어구를 형성한다. 하늘의 *궁전(성전)에서 여호와는 탄원자의 목소리를 들으셨다(참조. 6:8-9[9-10]). *부르짖음(6a절의 동사와 관련된 명사)이 여호와의 귀에 도달했다(참조. 17:6). 언어 역시 출애굽을 상기시키는데, 그때 여호와는 이스라엘의 부르짖음을 들으셨고, 이 부르짖음이 여호와께 이르렀다(출 2:23-24; 3:7). 시편 17편은 개인적 출애굽 경험을 요청하고, 시편 18편은 이 경험을 증언한다.

[시 18:7-15]

7-15절은 용어가 또한 통상적이기는 하지만(예를 들어, 144:5-6), 독특하게도 과도하게 여호와의 반응을 발전시킨다. 마소라 본문은 7-8절을 두 개의 세-콜론으로 취급하지만, 세 개의 만족할 만한 두-콜론을 형성한다.

7절은 지진을 떠올리게 하는 방식으로 말하는데, 지진은 팔레스타인에서 알려졌지만(참조. 암 1:1; 슥 14:5), 지진은 드물었고 거의 사람들은 지진을 경험하지 못했을 것이다. 그들은 "큰 것"을 걱정하며 기다리지 않았다. 이미지는 폭풍 가

---

63 *DDD*; *TDOT*를 보라.
64 이 행이 원래 3-3이라면, "그의 앞에서/그의 귀에"는 합성의 읽기일 수 있다.

운데 땅이 흔들리거나 폭풍으로 야기될 수 있는 흙더미나 산사태를 시사할 가능성이 크다. 마찬가지로 8절은 화산을 묘사할 수 있지만, 화산이 이 지역에서는 알려지지 않았으며, 비슷한 언어는 12-14절의 번개에 적용된다. 9-15절의 다른 용어들은 폭풍우를 시사한다.

이 시편이 이런 실제적 현상과 연결해 구원과 승리를 묘사하는 데에는 몇 가지 이유가 있다. 아마도 특이한 기상 현상과 관련된 승리가 있었을 것이다. 하지만 성경 다른 곳에서 이런 현상의 핵심은 여호와가 사건에 개입하심을 표현하는 것이며(예를 들어, 출 14-15장; 19장; 삿 4-5장), 이 언어는 이처럼 다윗을 한 인물로 묘사하는데, 그의 생애에서 여호와는 홍해와 시내산에서 모세에게 행하셨던 대로 행하셨다. 언어는 예전적 사건(이것이 무엇을 의미하든지 "현현")에서의 배경보다는 전통을 따른다.[65] 이것은 시편 기자가 이 구원과 승리에서 여호와가 활동하심을 보았다는 것을 의미한다.

드보라와 바락의 승리 이야기(삿 4-5장)는 특히 교훈적이다. 거기서 산문 기사는 여호와가 사건들에 개입하심을 기념하지만, 여호와가 인간의 과정을 통해 일하고 계신다고 묘사하는 반면에, 시의 기사는 하늘에서 싸우는 별과 시스라의 세력을 휩쓰는 창수에 대해 수사적으로 이야기한다. 그렇다면 여기서 땅의 진동, 구름, 연기, 번개, 우렛소리에 대한 언급은 16-48절에 묘사된 구원과 승리가 여호와의 특별한 초자연적 행동과 관련됐다는 사실을 가리키는 상징적 방식들이다.

놀랍고 두려움을 주는 힘을 가진 폭풍우의 경험은 여호와의 임재를 묘사하는 방식을 제공하는데, 이는 아마도 이전 중동의 사고가 이미 바알과 같은 신의 임재를 묘사하는 방식에서와 같이 폭풍우를 사용한 방식으로 전달됐을 것이다.[66] (문맥은 이 묘사가 의도적으로 여기서 논쟁적이라고 암시하지는 않지만, 구약의 사고는 바알이 아니라 여호와가 구름을 타는 실제 신이라고 여길 것이다.) 동시에 1-6절은 1인칭 동사와 접미어로 가득한 반면에 7-15절은 1인칭 동사나 접미어가 없다는 의미에

---

65 메소포타미아의 표현 양식과의 연관성은 또한 이 방향으로 가리킬 수 있다(Frank Schnutenhaus, "Das Kommen und Erscheinen Gottes im Alten Testament," *ZAW* 76 [1964]: 1-22도 그렇다).
66 Keel, *Symbolism of the Biblical World*, 210-17; Craigie, *Psalms 1-50*, 173-74도 그렇다.

서 이 기사에 대한 현저한 객관성이 있다.[67]

7-15절은 순차적 방식이 아니라 동일한 근본적 드라마의 다른 버전을 반복함으로써, 여호와의 이런 초자연적 행동을 여러 번 묘사한다. 묘사에 나오는 요소들은 다음의 그림에 나온다.

땅의 진동	7절				15a절
여호와의 진노	7b-8a절				15b절
번개	8절		12절	13b-14절	
여호와의 강림		9a절, 10절			
구름 방패		9b절, 11절			
우렛소리				13a절	15b절

이 요소들이 나타나는 순서는 (이런 순서로 놓을 수 있다고 해도) 나오는 순서가 아니다. 절들은 여호와의 임재를 묘사하지만, 에스겔의 뿔 환상과 마찬가지로, 결코 여호와를 묘사하지는 않는다. 에스겔의 환상과 마찬가지로, 절이 진행될수록 여호와는 더욱더 상상할 수 없게 된다.

> 7a-b 이에 땅이 진동하고
> 　　　산들의 터도 요동하였으니

사건들은 실제로 땅이 진동한다. "진동하다"(개역개정은 한 단어로 번역했지만, 원래는 두 단어로 되어 있다-역주), "요동하다"는 매우 비슷한 단어들이다(가아쉬[gā'aš], 라아쉬[rā'aš], 라가즈[rāgaz]). 첫 단어는 드문 동사이고, 둘째와 셋째는 더 친숙한 동사이다. 두 콜론에 있는 카탈(qatal)과 이크톨(yiqtol) 동사는 서로를 보완한다.

산들의 "터"가 요동하였다고 말하는 것은, 더 나아가 이 사건들이 땅의 안정을 위협함을 시사한다. 이 터들은 창조로 거슬러 올라가는 세상의 안전에 속한다(잠 8:29; 사 40:21). 하늘의 천장이 쏟아지는 홍수로부터 보호하듯이(사 24:18), 이 터들은 아래 세상의 안정을 보장한다. 여호와가 이 터를 흔들어 터를 위태롭

---

[67] Cf. J. Kenneth Kuntz, "Psalm 18," *JSOT* 26 (1983): 3–31, 특히 10.

게 하신다. 여호와는 실제로 세상의 안전을 뒷받침하는 구원의 행위를 위해 이런 위험을 감수하신다.

> 7c 그의 진노로 말미암아 그것들이 흔들렸고(개역개정: 그의 진노로 말미암음이로 다-역주)
> 8a 그의 코에서 연기가 오르고

동사 "흔들리다"가 (이제는 히트파엘일지라도) 반복되지만, 그 후에 이 행은 이렇게 흔들리는 이유를 덧붙인다. 즉, "그의 진노"이다. 병행을 이루는 콜론은 여호와의 코가 리워야단과 같이 연기를 내뿜는다는 더욱 생생한 묘사로 이를 확장한다(욥 41:20[12]). 연기는 땅에서 나오고 지진의 이미지에 속할 수 있지만(참조. 출 19:18 그리고 시 104:32; 144:5에서의 관련된 동사), 또한 진노를 묘사할 수 있는데(참조. 74:1; 80:4[5]에서의 관련 동사), 이는 여기에서 병행법에 잘 들어맞는다. 여호와의 진노로 말미암아 땅이 흔들렸다.[68]

> 8b 입에서 불이 나와 사름이여
> 그 불에 숯이 피었도다

두 개의 추가 콜론은 이크톨(yiqtol)과 카탈(qatal)이 한 쌍으로 되어 있으며, 게다가 불이 화산과 같이 땅에서가 아니라 여호와에게서 온다고 언급한다. 첫째 콜론에서는 이 불이 어떤 형태를 띠는가에 대한 질문을 제기한다. 병행을 이루는 콜론은 피는 숯을 언급하며 응답을 암시하기 시작하는데, 왜냐하면 또 다른 리워야단의 특징이 될 뿐만 아니라(욥 41:21[13]) 이것은 번개를 언급하는 방법으로 드러날 것이기 때문이다(12-14절; 참조. 겔 1:13-14).

---

68 하지만 베아포(*bě'appô*)를 "그의 콧구멍에서"라고 번역할 필요가 없는데, 이는 우가릿어에서 알려지기는 했지만 베(*bĕ*)에 대한 이상한 의미를 필요로 하기 때문이다.

> 9 그가 또 하늘을 드리우시고 강림하시니
> 그의 발 아래는 어두캄캄하도다

9절은 다시 이 묘사를 시작한다. 여호와는 여전히 하늘에 계시는데, 그곳에서 탄원자의 부르짖음이 들렸다. 하지만 여호와는 먼저 하늘을 드리우면서(나타 [*nāṭâ*]; 참조. 144:5) 이제 움직이신다. 70인역은 "하늘을 굽히다"라고 하지만 이것이 아인슈타인 이전의 우주에서 무엇을 의미하는지 또는 이것의 핵심이 무엇인지 명확하지 않다.[69]

나는 이 동사가 하늘을 돌파하기 위해 하늘을 분리하는 것을 의미한다고 여긴다(참조. 사 64:1; 막 1:10). "강림"은 어떻게 여호와가 땅에 강림하시는 것에 대해 말할 수 있는지에 대한 질문을 제기할 수 있는데, 왜냐하면 이는 불가피하게 여호와가 다가간 누구라도 삼키실 것이기 때문이다.

병행을 이루는 콜론은 재확신을 더한다. 즉, 이 어둠이 시내산에서 여호와를 둘러쌌듯이 (출 20:18-21; 신 4:11; 5:22[19]; 참조. 왕상 8:12; 시 97:2), 어두캄캄함(아라펠[*ărāpell*])이 세상의 보호를 위해 여호와의 발아래 있다. 상상을 해 보면, 여호와는 폭풍을 예고하는 어두캄캄함 위에 숨어 계시며, 이는 실제로 땅이 여호와를 보지 못하도록 보호한다. 계시된 하나님으로서 여호와는 여전히 숨겨진 하나님으로 남아 계신다.[70]

> 10 그룹을 타고 다니심이여
> 바람 날개를 타고 높이 솟아오르셨도다

이어지는 두 행은 각 콜론의 함의를 설명한다. 9a절은 또한 여호와가 어떻게 강림하셨는가 하는 문제를 제기할 수도 있다. 여호와와 다른 천상의 존재는 날개를 가지고 있지 않아 날지 못한다.[71] 어떤 천상의 존재는 계단이나 경사로

---

69 Keel (*Symbolism of the Biblical World*, 24)은 하늘이 동쪽에서 서쪽으로 경사진다는 이집트의 관점과 이것을 연결시키지만, 하늘이 이미 기울어진다면 왜 여호와는 그것을 구부리실 필요가 있는가?
70 Cf. Kuntz, "Psalm 18," 17.
71 은유적으로 여호와는 날개를 가지시지만, 날기 위해서가 아니라 어린 새를 보호하거나 나르

걸어 내려오지만(창 28:12), 이것은 그룹을 타고 오시는 통치자 여호와께는 도움이 되지 않을 것이다(3-2 운율로 된 10절).[72]

에스겔 9-10장은 그룹을 에스겔 1-3장의 살아 있는 피조물과 동일시하며, 따라서 에스겔에게는 최소한 그룹들이 부분적으로 동물이면서 부분적으로 인간의 모습을 한 날개 달린 존재로 여호와가 앉으시는 보좌를 나름을 가리킨다.[73]

다른 본문은 그룹이 나르는 보좌에 앉을 것(참조. 대상 28:18)이라고 시사하거나, (그 반대로) 그룹의 날개가 보좌를 구성하여 여호와가 집적 그룹의 날개를 타신다고 시사한다.[74] 그룹과 여호와의 임재와의 연관성 때문에, 그룹은 보이지 않는 여호와의 임재를 시사할 수 있으며, 그룹은 이와 관련하여 광야 성소와 성전에 묘사된다(예를 들어, 시 80:1[2]; 99:1).

그룹은 이제 새가 날아오르듯이 날아오르면서 바람으로 옮겨진다. 10b절은 그룹이 바람과 동일시됨을 내포할 수 있지만, 이런 가정에 대한 병행 본문이 없으며, 둘째 콜론이 첫째 콜론을 넘어서서 그룹들이 어떻게 여호와가 나시도록 하는지를 가리킨다고 보는 게 자연스럽다. 바람 자체는 그룹들과 그들의 화물을 공기를 통해 나르는 날개와 같다.

> 11 그가 흑암을 그의 숨는 곳으로 삼으사
> 장막같이 자기를 두르게 하심이여
> 곧 물의 흑암과 공중의 빽빽한 구름으로 그리하시도다

다시 11절은 사람들에게서 여호와를 막아 주고 여호와에게서 사람을 막아 주는 구름으로 되돌아온다(9b절).[75] "공중의 빽빽한 구름"으로 전체 이 행은 거룩

시기 위한 것이다(예를 들어, 17:8; 출 19:4; 신 32:11). 여호와는 인간의 모양을 하시며(참조. 시 17편) 따라서 걸으신다(예를 들어, 창 3:8).
[72] 나는 이 시편의 단수 "그룹"을 집합명사로 여기는데(참조. 70인역), 다른 곳에서 그룹은 쌍이나 무리로 활동하기 때문이다.
[73] 겔 9:3; 10:2, 4도 단수 "그룹"으로 되어 있다.
[74] Cf. Keel, *Symbolism of the Biblical World*, 167-71. 하지만 Sigmund Mowinckel, "Drive and/or Ride in the O.T.," *VT* 12 (1962): 278-99, 특히 296-99을 보라.
[75] 전체 세-콜론은 abcc'b'로 되어 있다. 한 보통 콜론은 여호와 뒤에 숨을 수 있는 휘장을 어둡게 만들고 있다고 묘사한다. 이 콜론의 동사는 둘째 콜론으로 이어지는데, 둘째 콜론은 c' 요소("장막 같이 자기를 두르게 하심이여")를 보통보다 두 배로 길게 함으로써 그 길이에 도

하신 하나님을 보호하며 가리는 구름 방패를 특히 강조한다. 이것은 동물을 보호하거나 인간에게 이런 요소에 임시로 보호를 제공하는 은신처(수카[sukkâ])와 같다(참조. 31:20[21]; 욥 27:18; 38:40; 사 1:8; 욘. 4:5). 이것은 어두컴컴한 물, 거대한 빽빽한 구름으로 구성된다.

> 12 그 앞에 광채로 말미암아 빽빽한 구름이 지나며
>   우박과 숯불이 내리도다
> 13a-b 여호와께서 하늘에서 우렛소리를 내시고
>   지존하신 이가 음성을 내시며

12절은 다시 묘사를 시작하고, 12-15절은 확장될(13b-15절) 간략한 묘사를 제공한다는 점에서(12-13a절) 9-11절과 비슷하다. 9-11절이 여호와의 강림과 구름 방패를 위해 이렇게 했듯이, 12-15절은 번개와 우렛소리를 위해 이렇게 한다. 동시에 번개로 돌아오고(참조. 8절) 결국 땅의 진동(참조. 7절)과 여호와의 진노(참조. 7b-8a절)로 돌아옴으로써, 우리를 다시 이 섹션의 시작으로 데려오고 인클루지오로 이 섹션을 둘러싼다.

욥기 22:13-14은 여호와에게서 보호하는 구름 숨는 곳(휘장)이, 여호와가 지상에서 무슨 일이 일어나는지 모르시도록 하면서, 또한 세상을 여호와에게서 숨길 수 있다고 지적한다. 이 시편의 12절은 여호와가 맹렬히 타는 임재 가운데 불(우박과 번개)을 내리시면서, 구름을 뚫으실 수 있음을 분명히 한다. 첫째 콜론은 *mngh ngdw 'byw 'brw*(미노가흐 네그도 아바이우 아브루)라고 하는데, 이런 유음(類音)의 사용은 무슨 일이 일어났는지에 대한 인상적인 특성을 전달하고자 11절의 긴 행의 사용을 보완한다.

여호와의 임재는 구름이 아니라 밝음이며(구름 방패가 없었다면 눈을 멀게 할 밝음), 맹렬히 불타는 번개는 이 맹렬한 밝음에서 온다. 우박은 보통 구약에서 우박이 건드리는 모든 것을 황폐하게 하는 맹렬하게 파괴적인 현상으로 나온다

달한다. 그 후에 셋째 콜론은 b' 요소에 동일하게 하는데, 실제로 이것은 다시 두 배로 길다. "빽빽한 구름"이 없으면 이 행은 규칙적인 3-3이 되겠는데, 이는 이것이 융합된 행임을 의미할 수 있다.

(예를 들어, 78:47-48; 사 28:2, 17).

그 후에 13a-b절은 *지존하신 이가 내는 우렛소리에 대해 간략하게 말한다.

> 13c 우박과 숯불을 내리시도다
> 14 그의 화살을 날려 그들을 흩으심이여
>   많은 번개로 그들을 깨뜨리셨도다

13c-15절은 12-13b절의 번개와 우렛소리에 대한 설명을 재개하고 확장한다. 따라서 나는 12b절을 반복하고 확장할 수도 있는 13c절을 이 하위 섹션의 시작과 세-콜론의 시작으로 여긴다.[76]

14절의 용어는 144:6에서 반복되며, 두 본문에서 많은 영어 번역본은 흩어진 것을 탄원자의 대적들이라고 여긴다. 따로는 이것이 의미가 통하지만 3절 이후로 이 의미를 지닌 접미사에 대한 선행사가 없다(참조. NIVI에서의 추가). 꾸불꾸불한 모양으로[77] 하나님이 날리시는 것은 화살일 가능성이 높으며(참조. 욥 37:11; 38:24; 40:11; 그리고 BDB), 따라서 하나님이 깨뜨리시거나 흔들어대시는 것(하맘 [hāmam])은 번개이다.[78]

> 15 이럴 때에 여호와의 꾸지람과
>   콧김으로 말미암아
>   물의 흐름(개역개정: 물 밑-역주)이 드러나고
>   세상의 터가 나타났도다

첫째 행이 13a절을 재개한다는 것은 즉각적으로 명확하지는 않지만, 이 연관성은 다음 행에서 명확해질 것이다. "흐름"(아피크[*ăpiq])은 항상 하늘 위의 물이 아니라 세상의 수로를 가리킨다(예를 들어, 42:1[2]; 126:4). 여기서 개념은 기상 현상(7-14절)의 효과는 물을 분리하고 땅 아래 물을 드러낸다는 것이다. 병행을 이

---

76 13c절이 기대되는 추가 b 요소가 되면서, 14절은 *abcb'a'c'*로 이뤄진다.
77 Cf. Keel, *Symbolism of the Biblical World*, 215.
78 Cf. *TDOT* 3:420. NEB는 하마(*hāmâ*)와 연결하는 것 같으며, "그들에게 울림을 보냈다"(sent them echoing)라고 번역하지만 울림은 번개가 하기에는 이상한 것이다.

루는 콜론은 땅을 안전하게 지키고자 이 물로 가라앉은 기둥이 노출됨을 묘사하는 것으로 이것을 보완한다. 이처럼 전체 행은 이미 "산의 터"를 언급한 7절을 이어 간다.

이런 일이 발생한 것은 여호와가 꾸짖으셨기 때문이다. 우렛소리가 그 꾸지람이며(참조. 104:7; 욥 26:11), 여호와의 거친 진노이다. 따라서 이 섹션의 마무리의 이런 측면은 이 섹션의 처음(7-8절)으로 거슬러 올라간다. 다시 영어 번역본들은 아프('ap)를 7절에서처럼 "콧구멍"으로 번역하지만, 이는 여느 때와 같이 콧구멍으로 언급하는 것이 진노한 거센 콧바람을 시사한다는 사실을 모호하게 한다. 여호와의 진노는 여호와가 공감하시는 사람들에게는 좋은 소식이다. 이것은 진노의 활력이 그들을 공격하는 자들에게서의 구원에 적용됨을 의미한다.

[시 18:16-29]

시편 기자는 여전히 여호와가 높은 곳에서 낮은 영역에까지 활동하신다고 묘사하지만, 다른 이미지로 이동한다. 이것은 사건들에 대한 더욱 실제적인 설명, 더욱 명백하게 예배자의 경험을 관련지어 설명하는 설명으로의 변화를 촉진한다(1인칭 접미사가 다시 나온다).

하지만 이것은 정확하게 무슨 일이 일어났는지에 대한 많은 정보를 주지 않고, 계속해서 철저하게 신학적인(그리고 도덕적인) 설명이다. 이 섹션은 다음과 같이 *abcb'a'*의 교차대구의 패턴을 따른다.

    a 여호와는 나를 구원하셨다(어떤 이유도 언급하지 않는다; 16-18절)
        b 여호와는 나의 의 때문에 나를 구원하셨다(19-20절)
            c 나는 얼마나 의로웠는가(구원에 대해 어떤 언급도 하지 않는다; 21-23절)
        b' 여호와는 나의 의 때문에 나를 구원하셨다(24-27절)
    a' 여호와는 나를 구원하셨다(어떤 이유도 언급하지 않는다; 28-29절)

효과는 여호와의 구원이라는 사실, 예배자의 의라는 사실과 이 둘 사이의 연관성을 강조하는 것이다. 두드러지는 a와 a'라는 하위 섹션에서 여호와의 구원이라는 사실에 초점을 두고, 두드러진 중앙 하위 섹션에서는 예배자의 의에 초점을 두며, 연결하는 b와 b'라는 하위 섹션에서 이 둘을 서로 연결한다.

> 16 그가 높은 곳에서 손을 펴사 나를 붙잡아 주심이여
> 　많은 물에서 나를 건져 내셨도다

여호와의 구원 행위에 대해 재개하는 설명은 사실 6절에서부터 직접 계속됐다. 여호와는 땅으로 오지 않으시고 여전히 하늘에 계시며, 하늘에서 여호와의 들으심은 여호와의 행동으로 이어진다. 하늘에서부터 여호와는 손을 뻗으시고[79] 탄원자를 익사하도록 위협하는 "많은 물"에서 건져 내셨다. "많은 물"은 사람들을 위험에 처하게 하는 치명적 세력이라는 개념을 이어 가는데(4-5절; 그리고 참조. 32:6; 69:1-2, 14-15[2-3, 15-16]; 124:4-5; 144:7), 물론 가나안의 사고에서 그 배경과 더불어 이는 물론 여호와에 맞서 주장하는 거친 세력을 시사한다(예를 들어, 29:3; 93:4).[80]

여호와는 이와 같이 탄원자를 위협하고 있는, 하늘의 높은 곳에서 스올의 깊은 곳까지 뻗으셨다. 동사(마샤[māšâ])는 모세를 물에서 "건져낸" 자로 묘사하는 데 사용된 단어이다(출 2:10). 이것은 다른 곳에서 유일하게 나온 것이므로 다시 한번 다윗은 모세와 동등한 인물로 세워진다. 물은 잠재적으로 모세가 죽음에 이르는 길이었지만, 그가 구원에 이르는 길이 됐다. 물의 일반적 상징에 따라, 결국 물은 이스라엘의 압제자들에게는 죽음을 의미했고(출 15:10), 여기서는 이것이 탄원자의 위험을 가리키는 은유가 된다.

> 17 나를 강한 원수와 미워하는 자에게서 건지셨음이여
> 　그들은 나보다 힘이 세기 때문이로다
> 18 그들이 나의 재앙의 날에 내게 이르렀으나
> 　여호와께서 나의 의지가 되셨도다

79　샬라크(šālak) 뒤의 야드(yad) 생략에 대해, 참조. 삼하 6:6.
80　참조. 테홈 라바(tĕhôm rabbâ), "큰 깊음"(예를 들어, 사 51:10). 마임 라빔(mayim rabbîm)은 "많은 물"을 의미할 수 있지만(예를 들어, 민 20:11; 24:7), 이것은 특히 이 구절이 다른 곳에서 나오는 것을 고려할 때 여기서는 단조로운 것 같다.

17-18절은 요점을 더욱 문자 그대로 표현한다. 죽음의 세력은 인간 공격자로 구체화한다. 17절에서 복수의 "*나를 공격하는(개역개정: 나보다-역주) 힘이 센 사람들"은 단수 "원수"를 보완하며, 특히 사울뿐만 아니라 다윗의 다양한 적을 가리킴을 시사한다(표제를 보라). 48절을 참고하라. 카탈(qatal) 동사는 이크톨(yiqtol)을 보완한다. 그 후에 18절에서 예배자가 재앙을 위협한 날을 회고할 때 시제가 바뀐다.[81]

이 맥락에서 여호와는 의지할 수 있고 실망하게 하지 않을 막대기와 같이 "의지"(미샨[$miš'ān$])가 되셨다. "원수"(오예브[$'ōyēb$])와 "나보다 힘이 센 사람들"(소네[$śōnē'$])은 40절에서 다시 함께 나온다(후자는 거기서 피엘이지만). "원수"는 3, 37, 48a절에서 따로 나온다. 셋째 분사, "대적하는 자" (캄[$qām$], 일어서는 누군가)는 39, 48b절에 나온다.

> 19 나를 넓은 곳으로 인도하시고
>   나를 기뻐하시므로 나를 구원하셨도다

탄원자의 기도를 넘어 여호와가 이런 식으로 행하시는 어떤 이유가 있었는가?

19절은 여호와의 구원 행위에 대해 계속 말하지만, 그 배후의 이유를 설명하기 시작한다.

부정적 사건은 종종 투옥과 같이 억압과 억류의 사건으로 경험된다. 어원적으로 이것은 4:1[2]과 같은 본문에서 차르($ṣar$, 환난)라는 단어의 의미이다. 반대로 탄원자가 여호와의 구원을 "넓은 곳"(메르하브[$merḥāb$]), 개방성과 자유, 넓음과 통풍이 잘됨으로의 해방으로 경험할 때, 동사 "넓다"를 의미하는 라하브($rāḥab$)도 온다.

여호와의 해방 행위에 대한 이유는, "나를 기뻐하시므로"였다.

왜 그랬는가?

이것은 단순히 여호와 자신에게서 나오는 기쁨일 수 있으며, 여호와가 목동 다윗을 사랑하신 것과 마찬가지로, 그 목적에 거의 토대를 두지 않거나 전혀 토대를 두지 않는다. 하지만 시편에서 유일하게 여호와의 기쁨을 이전에 언급한

---

81 이 설득력 있는 구문에 대해, 참조. 욥 30:12.

것은 이것이 도덕적 토대를 지닌다고 여긴다(5:4[5]을 보라).

여기서 16-18절이 여호와가 왜 행동하셨는가 하는 질문을 제기하듯이, 19절의 예비 대답은 "그러므로 여호와는 왜 이를 기뻐하셨는가"라는 질문을 제기한다.

> 20 여호와께서 내 의를 따라 상 주시며
> 　내 손의 깨끗함을 따라 내게 갚으셨으니

여기서 대답을 소개하는 두 동사는 모두 이크톨(yiqtol)이다. "다루다"(개역개정: 상 주시며-역주, 가말[gāmal])는 때로 다른 사람이 행한 것과 상응하는 행위를 의미하지만(예를 들어, 103:10; 신 32:6), 항상 이런 함의를 지니는 것은 아니다(예를 들어, 잠 3:30; 31:12). 그렇다면 이 동사는 그 자체로 19절에서부터 더 이상 진척되지 않을 것이다.

병행을 이루는 동사는 그 자체로 다양한 의미를 지닌 다소 흔한 동사이며(슈브[šûb], 히필), 이 행에서의 동사와 전치사 표현의 abb'a' 배열에 의해 이 시편의 요점을 명확히 하는 데 기여할 뿐이다. 이 요점은 첫째 콜론에서 "내 의를 따라"라는 부사 표현 때문에 더욱 명확해지는데, 이 표현은 병행을 이루는 구절, "내 손의 깨끗함을 따라"에 의해 더 구체적이 된다. "깨끗함"이라는 단어가 다른 곳에 나오는 맥락(욥 22:30)은 이것이 성례전적 깨끗함뿐만 아니라 도덕적 깨끗함을 의미함을 명확히 한다. 이것은 자신의 손이나(참조. 사 1:15-16) 자신의 마음에(시 24:4; 73:1) 피를 묻히지 않음을 의미한다.

> 21 이는 내가 여호와의 도를 지키고
> 　악하게 내 하나님을 떠나지 아니하였으며

이 섹션의 맨 위의 단은 21-23절을 차지하고, 구원을 가능하게 한 탄원자의 의에 전적으로 초점을 둔다. 하위 섹션의 구조는 일반적 용어로 요점을 지적하고 그 후에 이 요점의 두 측면을 확장함에 따라, 9-11절 및 12-15절의 구조와 일치한다.

이와 같이 21절 내에 "내가 여호와의 도를 지키고"는 먼저 "악하게 내 하나님을 떠나지 아니하였으며"로 보완된다. 첫째 행은 구체적 순종을 가리키고, 둘째 행은 의의 원리를 가리킨다. 첫째 행은 "여호와"를 언급하고, 둘째 행은 "내 하나님"을 언급한다. 첫째 행은 요점을 긍정적으로 지적하고, 둘째 행은 부정적으로 지적한다.

> 22 그의 모든 규례가 내 앞에 있고
> 내게서 그의 율례를 버리지 아니하였음이로다

"내가 여호와의 도를 지키고"는 22절의 두 병행을 이루는 콜론에서 더 자세히 설명되는데, 21절을 시작한 "왜냐하면"을 이어 가는 "왜냐하면"(개역개정은 "왜냐하면"을 명시하지 않고 이유를 제시한다-역주)으로 시작한다. 여호와의 규례와 율례는 여호와의 도의 특성을 설명한다. 이 구절은 여호와가 택하신 길이 아니라, 여호와가 인정하신 길을 가리키는데(참조. 51:13[15]; 81:13[14]; 119:3; 128:1), 물론 이 둘에는 연관성이 있다고 여겨질 수 있다(참조. 103:6-7). 그리고 이 두 길을 지키는 것은 두 길을 숨기지 않고 자신의 눈앞에 분명히 두는 것에 달려 있다.

> 23 또한, 나는 그의 앞에 완전하여
> 나의 죄악에서 스스로 자신을 지켰나니

"악하게 내 하나님을 떠나지 아니하였으며"는 두 개의 추가되는 병행을 이루는 콜론에서 다시 설명된다. 탄원자는 하나님께 "완전"했다고 주장하며, *정직한 사람이었으며, 온전히 헌신한 자였다고 주장한다. 다시 부정적인 면이 긍정적인 면을 보완한다. 온전함이나 정직은 저지를 수도 있었던 *죄악에서 자신을 지킬 필요가 있다. "자신을 지켰나니"는 "지키고"(21절)에 대한 언급을 시작한 하위 섹션을 세심하게 마무리 짓는다.

> 24 그러므로 여호와께서 내 의를 따라 갚으시되
> 그의 목전에서 내 손이 깨끗한 만큼 내게 갚으셨도다

24-27절의 시작은 24절이 20절의 거의 반복하는 재개하는 행이 되면서, 19-20절의 주제로 돌아감을 알린다. 이 연관성은 깨끗함(26절)에 대한 언급과 또한 완전함(25절)에 대한 언급에서도 계속될 것인데, 이는 23절을 되돌아보는 것이다.

> 25 자비로운 자에게는 주의 자비로우심을 나타내시며
>   완전한 자에게는 주의 완전하심을 보이시며
> 26 깨끗한 자에게는 주의 깨끗하심을 보이시며
>   사악한 자에게는 주의 거스르심을 보이시리니

그럼에도 25-26절은 새로운 방식으로 요점을 지적한다. 실제로 25-26절은 이를 위해 여러 동사를 고안한다. 최소한 "자비로우심을 나타내시며"(하사드[ḥāsad], 히트파엘)는 여기서만 나오고, "완전하심을 보이시며"(타맘[tāmam])는 여기서만 히트파엘로 나오며, "깨끗하심을 보이시며"(바라르[bārar])는 여기와 나중에 다니엘 12:10에서만 히트파엘로 나오고, "거스르심을 보이시리니"(파탈[pātal])는 여기서만 히트파엘로 나온다.[82]

예배자는 암묵적으로 *헌신된 사람이라고 주장했으며, 여호와는 이런 사람에게 사랑하는 방식으로 행하심을 입증했지만(참조. 16:10), 이제 예배자는 이를 명확히 한다. *정직(완전함)한 사람이라는 주장을 반복하고, 여호와는 이런 사람에게 정직으로 행하셨다고 선언하는 것은 이 점을 다시 진술한다. 깨끗함에 대한 주장을 반복하고, 여호와는 깨끗하게 행하셨다는 주장도 마찬가지이다. 예배자는 헌신(사랑), 정직(완전함), 깨끗함으로 특징지어졌고, 여호와께는 탄원자를 구원하실 때 이 자질들이 반영됐다.[83]

25-26a절에서 세 개의 병행을 이루는 콜론 뒤에, 우리는 26b절에 또 다른 콜론을 맞이하지만, 시작하는 와우(w)는 또 다른 방향으로, 곧 탄원자를 공격하는 자들과 같은 사람들 및 이런 사람들과 관련하여 여호와의 자세를 특징짓는 것으

---

82 이것은 25-26절이 고대 지혜 격언을 구성한다는 것을 가능성이 낮게 만든다(Cross and Freedman, "Royal Song," 21도 그렇다).
83 하나님 앞에서의 의와 사랑을 주장하는 것에 대해, 17:1-5 해설을 보라.

로 우리를 이끌 것을 알린다. 그들은 곧은 길, 정직한 길을 왜곡된 길로 바꾸는, 삐뚤어지거나(이케쉬['*iqqēš*], 개역개정: 사악한-역주), 뒤틀리거나 교활한 사람들이다(참조. 잠 2:15; 28:6; 그리고 동사에 대해, 10:9; 28:18). 이것은 탄원자의 원수들의 도덕적 특성에 대한 이 시편의 첫 언급이며, 이런 점에서 24-27절은 단계적으로 연속되는 위쪽의 동등한 구절들인 19-20절을 넘어선다.

또한, 이 시편이 여호와와 화자와의 관계를 특징짓는 것에서 여호와와 그의 원수와의 관계를 특징짓는 것으로 전환됨을 알리는 또 다른 방법이 있다. 이는 여호와의 행위를 묘사하는 동사를 사람의 행위를 묘사하는 관련 형용사에 일치시키는 패턴을 깨뜨리는데, 물론 본질에서 이 패턴이 계속된다. 이케쉬('*iqqēš*)에서 파탈(*pātal*)로 바꾸는 것은 "뒤틀림"이라는 이미지를 유지하며, 두 어근에서 나온 단어들은 다른 곳에서 쌍으로 나온다(신 32:5; 잠 8:8).

이와 같이 여호와를 다루기 어렵거나 뒤틀리거나 교활하거나 비뚤다고 분류하는 것은 놀라우며 위험한데, 물론 이것은 "계략을 쓰는"(wily, NJPS)이나 "영리한"(shrewd, NIVI)으로 희석되어서는 안 된다. 여기서의 개념은 여호와가 커브볼을 던지거나 프리킥을 휘게 하는 능력에서 악인과 필적하실 수 있다는 것이다.

> 27 주께서 곤고한 백성은 구원하시고
>   교만한 눈은 낮추시리이다

27절은 여호와의 행위와 그 행위의 대상 사이의 관계를 긍정적으로도(24-26a절을 이어 가는 27a절) 부정적으로도(26b절을 이어 가는 27b절) 요약함으로써 다시 24-27절을 한 하위 섹션으로 마무리한다. 각 콜론에서 목적어가 이크톨(yiqtol) 동사를 앞서서, 대칭적 배열이 대립되는 내용과 대조를 이룬다. 27a절의 독특한 특징은 백성을 언급한다는 것이다. 그렇지 않으면 이 시편은 아마도 백성의 지도자인 화자만 언급한다.

영어 번역본들은 25-29절을 현재로 번역하여, 따라서 불균형을 줄이지만, 우리는 이 시편이 과거를 가리키는 데 이크톨(yiqtol)을 많이 사용함을 지적했으며, 여기서도 이크톨은 과거를 가리킬 것 같다. 이 한 행은 지도자가 그의 백성의 사령관으로서 싸우고 있다는 사실을 나타낸다.

그의 구원은 백성의 구원이었다. 그의 *약함은 백성의 약함이었다. 이 행이 백성의 도덕적 성품의 어느 측면이 아니라 백성의 약함을 언급한다는 사실은, 또한 이 섹션의 첫 부분(19-20절)에서 상응하는 단계와의 연관성에 기여한다. 거기서 지도자의 구원은 단순히 여호와의 은혜에서 왔으며, 지도자의 성품에 명백히 근거한 것은 아니었다. 여기서 지도자의 구원은 백성의 성품이 아니라, 비슷하게 필요에 근거한다.

백성의 약함과 구원은 "교만한 눈"을 낮춤과 대조된다. 이것은 교만함을 의미하지만, 지도자 원수들의 지위에 대한 사실 진술이다. 그들은 실제로 높아진 지위에 있었으며, 더 약한 백성과 그들의 지도자들을 있는 그대로 볼 수 있었고, 자신들이 그들을 깎아내릴 수 있다고 합리적으로 평가할 수도 있었다. 그러나 이런 있는 그대로이지만 교만한 바라봄은 여호와가 이 세력들을 무너뜨리기로 결정하시기에 충분했다.

> 28 주께서 나의 등불을 켜심이여
> 여호와 내 하나님이 내 흑암을 밝히시리이다

28-29절은 구원의 사실에 대한 또 다른 단순한 증언과 더불어 16-18절에서 시작된 연속된 장면을 완성하고, 이런 첫 증언과 같이 더욱 문자 그대로의 진술로 계속 이어 가기 전에 은유적 진술로 시작한다(28절).[84]

이미지로 말하자면 여호와는 어둠이 있는 곳에 빛을 가져오셨다. 사람의 등불을 끈다는 것은 죽음을 가리키는 이미지이므로(예를 들어, 욥 18:5-6; 21:17), 사람들의 등불을 계속 밝히거나 다시 켜는 것은 그들을 계속 살아 있게 하거나 거의 죽음에 가깝거나 치명적 위험에서 그들을 되살린다는 것을 시사한다(참조. 사 42:3). 그렇다면 여호와가 탄원자의 어둠을 밝히신다는 것은 사건을 더욱 본래의 언어로 재진술하는 것이다. 이와 같이 이미지는 16절과 매우 다르지만, 함의는 동일하다.

---

[84] 나는 "여호와"를 첫째 콜론 마지막에서 부름으로 보는 데서 70인역을 따른다. 삼하 22:29은 "여호와여 주는 나의 등불이시니 여호와께서 나의 어둠을 밝히시리이다"라고 한다.

> 29 내가 주를 의뢰하고 적군을 향해 달리며
> 내 하나님을 의지하고 담을 뛰어넘나이다

정말로 여호와는 화자의 생명을 어떻게 구원하셨는가?

37-41절은 지도자가 그의 대적들과 관련하여 적극적이며 공격적인 조치를 취한 것에 대해 말할 것이며, 29절은 이런 식으로 읽을 수 있다. 그렇다면 이것은 사무엘상 30장, 또한 사무엘하 5장, 역대상 11장을 떠올릴 수 있다. 하지만 지금까지 이 시편은 오직 공격에서 구출받는 것에 대해서만 말했으며, 나 역시 29절을 이와 같이 읽었다.[85] 이 행은 지도자가 외관상으로 잡힌 것 같을 때 어딘가에서 피할 수 있음에 대해 말한다. 그렇다면 이것은 다윗이 그일라에게서 피함을 떠올릴 수 있다(삼상 23장).

[시] 18:30-34

우리는 여호와께 하는 선언이 아니라, 여호와에 대한 진술로 옮겨 간다. 먼저 현재의 진술에 대한 두 절이 명사 구절과 수사적 질문으로 나온다. 그 후에 이것들은 세 개 절의 여호와의 구원 행위와 힘을 부여함에 대한 추가 진술로 뒷받침되는데, 이 진술들은 현재의 진술에 증거를 제공한다. 도덕적 주장은 사라지고, 과거 설명은 단순히 힘을 보여 주는 데 관심을 가진다.

> 30 하나님의 도는 완전하고
> 여호와의 말씀은 순수하니
> 그는 자기에게 피하는 모든 자의 방패시로다

---

[85] 동사 아루츠('āruṣ)는 라차츠(rāṣaṣ, 뭉개다, 압제하다) 또는 추르(rûṣ, 달리다)에서 올 수 있다. 명사 게두드(gĕdûd)는 보통 "(군사적) 무리"를 의미하지만, PBH에서는 "벽"을 의미한다. 그러므로 첫째 콜론은 "나는 뭉개진 벽/무리(에) 달렸다"를 의미할 수 있다. 이어지는 콜론에서 벽을 가리키는 또 다른 단어가 나온다는 것은, 이 명사가 둘째 의미를 지니며, "장벽(에) 달리는 것"이 "장벽을 뭉개다"보다 더 그럴듯한 표현이고, "벽을 뛰어넘다"와 더욱 그럴듯한 병행구를 만듦을 시사한다.

새로운 섹션으로의 전환은 세-콜론에 의해 30절에서 표시되는데, 세-콜론의 묘사는 여호와의 길의 완전함을 가리키기는 하지만, 여호와의 *정직(완전함)에 대한 또 다른 진술로 시작한다. 이 맥락에서 이것은 화자와 관련하여 여호와의 행위의 *길을 의미한다(21절과 대조해 보라). 이것은 이전 것의 요약이자, 이어질 것에 대한 기대이기도 하다. 또한, 여호와의 말씀은 아마도 화자와 관련이 있는 말씀일 것이다. 아마도 여호와가 기름 부으신 이에 대한 사랑일 것이며(50절), 그의 신뢰성은 화자의 경험이 입증했다.

이제 마무리하는 긴 콜론은 2절의 시작하는 선언(방패, 피하다)에서 진술을 재개함으로써, 이것이 어떻게 작용했는지를 더 자세히 설명한다.

> 31 여호와 외에 누가 하나님이며
> 우리 하나님 외에 누가 반석이냐

수사적 질문의 긴 행은 이제 주장들을 뒷받침한다. 첫째 콜론이 둘째 콜론보다 더 긴 이유는, 키(ki)가 두 콜론에 적용되기 때문이다. 이외에도 두 콜론은 정확하게 병행을 이룬다. 30절의 "하나님"은 하엘(hā'ēl)이었지만, 여기서 용어는 엘로아('ĕlôah)이며, 병행을 이루는 표현은 "반석"인데, 이는 다시 2절에서 재개하는 것이다.

> 32 이 하나님이 힘으로 내게 띠 띠우시며
> 내 길을 완전하게 하시며

32-34절과 더불어 연속된 분사의 진술은 여호와의 이런 성품들이 화자를 위해 구체화한 방식을 묘사한다.[86] 정형 동사들이 과거 진술을 하는 시편의 일반적인 번갈아 하는 방식을 보여 주며, 32-34절이 최근 일어나고 있었던 일을 실제로 가리킴을 시사하는 것을 제외하고는, 우리는 분사의 진술이 여호와의 지속

---

86 각 행에서 첫 콜론의 분사 진술은 보통 관행에 따라 둘째 콜론에서의 정형 동사, 와이크톨(wayyiqtol, 32절), 이크톨(yiqtol, 33절), 웨카탈(weqatal, 34절)로 이어진다. GKC 116x를 보라.

하는 성품을 묘사하고 있음을 볼 수 있다. 32절은 먼저 여호와가 지도자의 개인적 병기를 만드시는 분이라고 말하고, 그 후에 길의 온전함/완전함에 대한 언급을 재개함으로써 이것의 함의를 자세히 설명하지만(참조. 30절), 이제 이것은 지도자의 길의 *완전함(정직)이다.

> 33 나의 발을 암사슴 발 같게 하시며
>   나를 나의 높은 곳에 세우시며
> 34 내 손을 가르쳐 싸우게 하시니
>   내 팔이 놋 활을 당기도다

이것은 어떻게 해결되는가?

지도자의 길은 그가 자신의 발을 들여놓을 수 있는 길 때문에 온전하다. 여기서 첫째 콜론의 직유는 둘째 콜론의 은유와 결합한다. 그는 사슴과 비교되는 활력이나 능숙함을 지니며, 이처럼 그는 사슴과 같이 높은 곳을 오를 수 있는 것과 비슷한 것을 할 수 있다. 발에 대한 언급은 이제 두 개의 추가되는 병행을 이루는 콜론에서 손과 팔에 대한 언급으로 이어진다. 하지만 비슷한 신체 부위를 언급하는 것을 제외하고, 둘째 콜론은 첫째 콜론을 넘어선다.

여호와는 어떻게 그의 손을 훈련하셨는가?

그의 팔이 활을 당기도록 하게 하심으로써이다. 놋 활은 굽혀질 것이므로 이 표현은 과장법과 관련될 수 있거나, 이 시편은 놋으로 강화된 나무로 된 활이나, 생략에 의해 놋이 끝에 달린 화살을 쏘는 활을 가리킬 수도 있다.[87]

[시] 18:35-45

35-45절은 여호와의 행위를 계속 묘사하지만, 여호와를 부르는 것으로 돌아간다. 다시 긴 행은 이 섹션의 시작을 알린다. 이 추가되는 증언이 43-45절에서 끝날 때, 이 절들을 재구분함으로써 그럴듯하게 43절에서 45절까지 세-콜론을 이동할 수 있으며, 그리하여 전체 이 섹션의 시작과 끝이 이와 같이 표시될 것이

---

[87] Cf. R. Couroyer, "L'arc d'airain," *RB* 72 (1965): 508-14.

다. 35-45절에서 이 시편은 "주님"이 하신 것(35-36a, 39-40a, 43a절)과 "내"가 한 것(36b-38a, 40b, 42절)과 "그들"이 경험한 것(38b, 41, 43b-45절)에 대해 말하면서, 구체적으로 기도 시편에 있는 애가의 양식을 반영한다.

이 시편의 이 애가의 양식과의 관계는 역설적이다. 여호와는 시편 기자를 포기하지 않고 행동하셨으며, 화자는 압도당하지 않고 승리했고, 적은 승리하지 못하고 압도당했다. 이와 같이 각 방향에서 한탄하는 대신에, 이 시편은 각각에서 즐거워한다. 이것의 한 효과는 이들 각 대명사 사이에서 강력한 긴장을 세우는 것이다. 하지만 한편 "그들"과 "주님"(당신) 사이의 긴장 및 "그들"과 "나" 사이의 긴장은 쉽게 해결되고 "그들"은 매번 밀려난다. 다른 한편, "주님"과 "나" 사이의 긴장은 창조적으로 해결되지 않은 채 있다.

이 섹션은 계속해서 "주님의" 행동의 중요성을 강조하는데, 이는 1-34절에서 줄곧 초점의 대상이었다. 하지만 이 섹션은 또한 언급되지 않은 군대의 행동에 대조적으로 "내 행동"을 특이하게 강조한다.[88]

거스텐버거(Gerstenberger)는 37-38, 42절에 있는 승리의 선언을 "앞뒤가 뒤바뀐" 것이라고 부른다.[89] 아마도 "나"에 대한 강조와 1-34절의 1인칭의 명백하게 두드러진 것 사이의 연관성이 있을 것인데, 이는 16-29절의 교차대구 구조를 이룬 섹션의 바로 중심인 21-23절에서 최정점에 도달했다. "하나님은 나를 위해/통해 행하셨다"는 어떤 진술도 명백하게 하나님을 두드러지게 하지만 암암리에 나를 두드러지게도 하며, 이에 대한 근거가 나의 헌신(사랑)일 때 둘째 특징은 중요성을 얻는다.

애가에서 흔히 그렇듯이, 이 시편은 체계적으로 개별 절을 이 관점들 가운데 하나에 국한시키지는 않는다(36, 38, 40절을 보라; 또한 마소라 본문의 43절을 보라). 이 자체는 이것들이 개별적 현실이 아니라 한 경험이나 사건에 대한 보완되는 관점들이라는 사실을 나타낸다.

이와 같이 이 섹션은 세 하위 단위, 즉 35-38절과 39-41절과 42-45절로의 구분을 시사하면서, "주님(당신)", "나", "그들"에 대해 세 번 말하는데, 각각에서 모든 세 대명사가 나온다. 7-15절에서의 여호와의 임재에 대한 설명과 마찬

---

[88] Cf. Mays, *Psalms*, 94.
[89] *Psalms*, 1:99.

가지로, 세 하위 단위는 사건들의 병행하는 설명을 제시한다. 세 단위는 대부분 연대기적으로 연속되는 사건들이 아니다. 화자는 자신의 이야기를 세 번 들려준다.

> 35 또 주께서 주의 구원하는 방패를 내게 주시며
>   주의 오른손이 나를 붙들고
>   주의 응답(개역개정: 온유함-역주)이 나를 크게 하셨나이다

35절(주님[당신])에서 여호와의 방패가 다시 나온다(참조. 2, 30절). NRSV, "주님의 구원의 방패"는 여호와의 구원이 탄원자의 방패였음을 의미할 수 있지만, 이런 구문에서 함의는 여호와의 방패가 탄원자의 구원이 되는 것 같다. 즉, 여호와가 방패가 되심을 통해 그는 구원받는다. 병행을 이루는 콜론은 여호와의 오른손이 붙드신다고 언급하는 것과 탄원자의 기도에 대한 여호와의 응답(참조. 6절)이 그를 크게 했다는 언급으로 이 함의를 확증한다.

만약 29절이 공격적 행동을 가리키는 것이 아니라 공격을 받을 때 보호받는 경험에 대한 또 다른 증언을 구성했다고 결론 내린다면, 여기 마지막 구절은 이 섹션에서 두드러지게 될, 이런 언급에 대한 첫 힌트가 된다.

> 36 내 걸음을 넓게 하셨고
>   나를 실족하지 않게 하셨나이다

36절(주님[당신], 나의)은 다시 마치 탄원자가 사슴인 것처럼(참조. 33절) 은유적으로 계속 말한다. 탄원자는 위험하게 좁은 산 길을 걸을 필요가 없었다. 둘째 콜론은 "주님"에서 "나" 또는 최소한 "나의 발목"(개역개정: 나-역주)으로 전환하는데, 이는 생생하게 줄어드는 길가에서 실족하는 구체적 경험을 시사한다.

> 37 내가 내 원수를 뒤쫓아가리니
>   그들이 망하기 전에는 돌아서지 아니하리이다
> 38 내가 그들을 쳐서 능히 일어나지 못하게 하리니
>   그들이 내 발 아래에 엎드러지리이다

37절(나)에서 지도자의 공격적 행동이 초점의 대상이 된다. 여기에는 성공적 방어뿐만 아니라 완고한 용어로 묘사된 포악한 주도권을 포함했다. 이는 움츠러들지 않고 추격하는 것을 의미했는데, 그는 단순히 그들을 쫓아 버리려고 하는 것이 아니었다. 이는 자비를 베풀지 않고 죽이는 것을 의미했다. 즉, 어떤 타협도 있을 수 없었다.

이것은 38절에도 이어진다. 이는 사람들이 결코 다시 일어나지 못하도록 분명히 하는 방법으로 그들을 무너뜨리는 것을 의미했다. 즉, 사상자를 최소화하려는 노력이 전혀 없었다. 우리가 핵심을 파악하지 못할 경우를 대비해, 시편은 "그들이 내 발아래에 엎드러지리이다"를 덧붙이는데, 그들은 계속 엎드려 있게 된다. 38절 가운데 "나"에서 "그들"로 전환된다. 이 살육을 보고할 때, 절대적으로 필요한 순간에 슬픔이나 후회에 대한 어떤 암시도 없다.

> 39 주께서 나를 전쟁하게 하려고 능력으로 내게 띠 띠우사
> 일어나 나를 치는 자들이 내게 굴복하게 하셨나이다

실제로 39절(주님[당신])은 이야기의 시작으로 되돌아가면서, 사건에 대한 여호와의 책임을 재확증하는 것으로 빠르게 전환된다. 지도자가 싸우게 할 수 있는 이는 여호와이시다. 여호와는 실제로 지도자 개인적으로 병기를 갖추게 하시는 분이다(참조. 32절). 여호와는 그가 혼란에 빠졌을 때 그를 구출하실 뿐만 아니라, 그에게 무기를 갖추게 하시고 그를 보내 전투를 위해 임무를 부여하시면서 주도권을 쥐고 계신다. 둘째 콜론은 이 논리를 더욱 발전시킨다. 그러므로 여호와는 지도자만큼이나 대적하는 자들을 무너뜨리신다.

> 40 또 주께서 내 원수들에게 등을 내게로 향하게 하시고
> 나를 미워하는 자들을 내가 끊어 버리게 하셨나이다

40절은 연대기적으로 37절 뒤에 오면서 처음에는 이 "주님"을 이어 가고, 40b절은 나를 *미워하는 사람들의 결과적으로 일어나는 끊어 버림을 요약하고자 "나"를 재개하는데, 더 온전히 37-38절에서 묘사됐다. 나는 여호와가 "원수들의 목을 주시는 것"을 원수들에게 그들의 등을 돌리게 하심을 의미하는 것

으로 여기는 데 70인역을 따르지만(참조. 예를 들어, 렘 2:27), 이것은 굴복하거나 죽이기 위해 그들에게 숙이게 하는 것을 의미할 수도 있다(KJV이 그렇다; 참조. 창 49:8).

> 41 그들이 부르짖으나 구원할 자가 없었고
>   여호와께 부르짖어도 그들에게 대답하지 아니하셨나이다

41절(그들)은 연대기 순이 아니라 인과관계로 다시 사건 배후로 간다. 둘째 콜론은 보통 그들이 여호와께 부르짖고 있음을 시사한다고 이해되지만, 문제는 알('al)을 이렇게 사용한 유례가 없다는 것이다. 이것은 보통 부르짖음의 목적어가 아니라, 부르짖음의 주어를 가리킨다(예를 들어, 출 8:12[8]). 우리는 심지어 "여호와에 맞서"라고 번역할 수도 있다(참조. 욥 31:38).

원수들은 여호와가 자신들에게 위협이 되는 방식에 대해 부르짖고 있으며, 아마도 자신들의 신들에게 부르짖고 있을 것이다. 하지만 여호와를 이길 자가 전혀 없다. "그들이 부르짖으나"가 첫째 콜론뿐만 아니라 둘째 콜론에도 적용되듯이, 병행법에서 흔한 생략으로 둘째 콜론에 있는 "여호와께"는 첫째 콜론에도 적용된다.[90]

이 절은 그들이 자신들의 신을 다루는 것과 여호와가 지도자를 다루시는 것을 대조시킨다. 그들은 자신들이 이미 했던 대로(6a절) 부르짖지만, 누구도 응답하지 않는다(35절과 대조해 보라). 그들을 구원할 자가 아무도 없다(2, 3, 27, 35절을 대조해 보라). 유사함과 대조됨은 "냉소적으로"[91] *부르짖다와 *구원하다라는 동사들 사이에서의 모양에서의 유사함에서도 암시되지만, 의미상의 대조에서도 암시된다.

> 42 내가 그들을 바람 앞에 티끌같이 부숴뜨리고
>   거리의 진흙 같이 쏟아 버렸나이다

---

90 Cf. DG 132.
91 Alter, *Art of Biblical Poetry*, 32. 알터(Alter)는 다른 동사를 사용하는 삼하 22:42에서의 이 버전에 대해 설명하고 있지만(위의 41절 번역 각주를 보라), 그의 설명도 시편 18편 버전에 적용된다.

셋째 하위 섹션은 이전 하위 섹션의 결론이었던 승리를 42절(나)의 출발점으로 채택하면서, 연대기 순으로 발전시키는데, *abb'a'*로 배열된다. 여기서 다시 37-38절과 40b절과 병행을 이루면서, 지도자의 행동을 다시 진술하는데, 물론 최소한 하나 이상의 포악한 이미지로 지도자의 행동을 다지 진술한다. 무언가를 부순다는 것(샤하크[*šāḥaq*])은 바람에도 날아갈 수 있을 정도로 너무 가벼운 먼지와 같이 또는 진흙으로 변하는 거리의 모래와 같이 매우 곱게 때리는 것이다. 원수들은 지도자를 정복하려고 계획했지만, 지도자는 그들과 그들의 계획이 헛되게(리크[*riq*], 히필; 2:1의 명사를 보라) 하려고 조치를 취했다.[92]

> 43a-b 주께서 나를 백성의 다툼에서 건지시고
>   여러 민족의 으뜸으로 삼으셨으니

한 번 더 예배자는 이것이 여호와의 행위(당신[주님])을 통해 일어났다고 선언한다. 처음에는 마치 여호와가 하신 일은 없애는 것이 아니라 단지 피하게 한 것처럼, 다시 단지 구출로만 묘사된다. 하지만 이 구출로 거슬러 언급하는 것은 여기서 그 결과를 진술하기 위한 예비 단계이다. 더 나아가 43-45절 전체에서 직접적 공격자는 시야에서 사라지고, 증언은 오히려 탄원자가 그들에게 비범하게 승리한 결과로 전환한다. 여호와의 행위는 피하게 하고 없애게 했을 뿐만 아니라 지도자가 훨씬 광범위한 나라들에 대한 통치권을 얻게 했다. 이 시나리오는 시편 2편과 일치한다.

> 43c 내가 알지 못하는 백성이 나를 섬기리이다
> 44a 그들이 내 소문을 들은 즉시로 내게 청종함이여

이 통치권은 갈등에 관여한 백성을 넘어 지도자가 이전에 알지 못했던 먼 나라들(그들)에게까지 확장된다. 그들은 그의 승리의 소문을 듣고, 다음 희생자가 되지 않도록 항복하겠다고 즉각 알린다(참조. 삼하 8:3-12; 10:19).

---

92 *HALOT*은 리크(*riq*)가 명사에서 파생한 동사일 수 있다고 제안한다. 최소한 이 용법은 명칭을 나타낼 수 있다.

> 44b 이방인들이 내게 복종하리로다
> 45 이방 자손들이 쇠잔하여
>   그 견고한 곳에서 떨며 나오리로다

44b-45절(그들)을 구성하는 세-콜론은 35-45절을 마무리하고, 그들의 행동에 대한 묘사를 이어 간다. 그들이 항복할 것을 알리는 배후에는 지도자가 승리했다는 소식에 압도되는 당황스러움이 있다. 그들은 식물과 같이 시들거나 쇠잔해졌다(참조. 1:3; 37:2). 그들은 자신들이 강하다고 보았고, 자신들의 인상적인 요새에 대해 확신했었는데, 요새의 인상적인 모습은 시편에서도 가장 긴 단어인 밈미스게로테헴(*mimmisgĕrôtêhem*)에 반영된다. 하지만 그들은 단순히 도망자로서가 아니라 공격자로서 장벽을 향해 달려가고 담을 뛰어넘을 수 있는(29절) 이 왕에게 필적할 수 없을 것을 알고서, 요새에서 기어 나온다.

[시 18:46-48]

이 시편은 두 개의 짧은 시작하는 섹션과 상응하는 두 개의 짧은 섹션으로 마무리한다. 먼저 3-6절에서의 도입의 되돌아봄과 상응하면서, 최종적 회고가 있다.

> 46 여호와는 살아 계시니 나의 반석을 찬송하며
>   내 구원의 하나님을 높일지로다

여호와가 살아 계시다는 선언은 시편에서 여기에만 나온다. 다른 곳에서 두 번 여호와는 살아 계신 하나님으로 언급되는데(42:2[3]; 84:2[3]), 모두 성전에서 여호와가 살아 계심과 관련된다. 다른 곳에서 이 선언은 여호와가 살아 계시며 활동하신다는 것을 확증하는데, 여호와를 무시하는 사람들에게는 장엄한 사실이지만 곤경에 처할 때 여호와를 의지하는 사람들에게는 격려가 된다(예를 들어, 수 3:10; 삼상 17:26, 36; 왕하 19:4, 16).

이 선언은 "바알은 살아 계시다"라는 가나안의 선언과 그 형식 및 그것이 전제하는 증거에서 비교되며 대조된다. 이것은 자연에서 일어난 일에 반영된 사건을 기념하는 것이 아니라, 정치의 영역에서 일어난 일에 반영된 사건을 기념한다.[93] 여호와는 살아 계시며 이 영역에서 살아 있는 방식으로 개입하신다는 사실로 말미암아 여호와는 "내 반석"이시며 "내 구원"이 되신다(2절에서 이어 간다면). 그러므로 여호와는 높이 계신 분으로 예배되어야 한다.

두 동사는 미묘한 방식으로 서로 보완한다. *예배하다는 무릎을 꿇는 것을 의미하여, 한 동사는 아래로 움직이고, 한 동사는 위로 움직이는 것을 시사한다. 한 동사는 분사이고, 다른 동사는 이크톨(yiqtol)이지만 두 동사는 운율을 이룬다(웨바루크[wĕbārûk]와 웨야룸[wĕyārûm]). 둘째 동사는 첫째 동사뿐만 아니라 첫째 명사와 연결되는데, 왜냐하면 바위의 특성은 높이 있어야 하며(참조. 61:2[3]), 여호와가 구원이 되실 수 있는 것은 높이 계신 분으로서이기 때문이다. 여호와의 높임은 교만한 눈을 가진 사람들의 높임을 역전시키고, 여호와 종의 높임과 함께 진행된다(27절과 48절에서 동일한 동사 룸[rûm]).

> 47 이 하나님이 나를 위해 보복해 주시고
>   민족들이 내게 복종하게 해 주시도다
> 48 주께서 나를 내 원수들에게서 구조하시니
>   주께서 나를 대적하는 자들의 위에 나를 높이 드시고
>   나를 포악한 자에게서 건지시나이다

47-48절은 이 선언을 정당화하는 여호와의 행위를 요약한다. 우리는 처음에는 각 절에 나오는 시작하는 분사들(문자 그대로, "주는 이", "구조하는 이")이 여호와의 지속하는 활동에 대한 진술로 여길 수도 있지만, 47b절의 와이크톨(wayyiqtol)과 48절의 둘째와 셋째 콜론에 있는 이 시편의 특징적인 이크톨(yiqtol)은 47-48절 모두가 회고의 요약임을 시사한다.

다섯 콜론은 다시 미묘하게 서로 얽힌다. 네 개의 보통 길이인 콜론이 중앙에 있는 두 단어로 된 콜론을 감싼다. 첫째와 셋째 콜론에 있는 두 분사는 절의 구분을 시사하며, 하위 섹션이 세-콜론으로 끝나게 한다. 둘째 콜론과 넷째 콜론은 들어 올리는 것과 내려놓는 것에 대해 진술할 때 연결되는 반면에, 셋째 콜론

---

93 Cf. Kraus, *Psalms*, 1:265.

과 다섯째 콜론은 구원에 대해 진술할 때 연결된다. 셋째 콜론과 넷째 콜론은 지도자의 원수를 비슷하게 언급하지만, 넷째 콜론과 다섯째 콜론은 이크톨(yiqtol) 동사를 사용하는 한 쌍의 강력한 긍정으로 연결된다. 첫째 콜론과 마지막 콜론은 법적인 방면과 무법의 *폭력(포악함)을 언급하는 데서 연결된다.

NRSV는 네카마(nĕqāmâ)를 "복수"로 번역하고, NJPS는 "변호"로 번역한다. 전자는 강한 감정에 의해 너무 많은 것을 시사하고, 후자는 너무 추상적인 것을 시사한다. 이 단어는 법적 배경을 지니며, 하나님은 잘못하는 사람들이 처벌을 받는지 감찰하여 상황을 바로잡지만, 확신, 심지어 열정으로 그렇게 함을 시사한다.[94] 그렇다면 여기서 다시 지도자는 여호와가 자신의 대적들을 무너뜨리실 때 옳은 일을 했음을 주장하고 있다. 그들은 하나님이 부여하신 적절한 세계의 질서를 뒤엎고 있었다. 이로 말미암아 여호와는 하나님이 사랑하시는 이 지도자의 발아래 그들을 굴복시키실 필요가 있었다.

[시 18:49-50]

많은 증언 시편과 마찬가지로, 시편 18편은 공간적으로도 시간적으로도 여호와의 행위의 즉각적 환경을 넘어 잘 봄으로써 마무리한다.

> 49 여호와여 이러므로 내가 이방 나라들 중에서 주께 감사하며
>   주의 이름을 찬송하리이다

여호와의 *이름을 기념하여 *고백하고 *찬송하는 것은 이스라엘뿐만 아니라 나라들과도 관련된다. 이 전쟁 시편이 처음으로 이방 나라들 가운데 여호와에 대한 찬양을 선언함을 예견한다는 것은 놀랍다. 이것은 이런 찬양의 보통의 요점이고, 22:22-31[23-32](참조. 47편; 98편; 118편)에서 곧 명백해지겠지만, 이방 나라들이 이 예배로 이끌린다는 것은 명백하지 않다.

구약의 다른 곳에서와 마찬가지로, 이런 다른 시편들에서 전제는 이스라엘과 그 지도자를 위한 여호와의 구원 행위가 또한 다른 나라에게도 여호와가 아브라

---

94 (예를 들어) *NIDOTTE*를 보라.

함에게 하신 약속의 원래 원동력에 따라 긍정적 의미를 지닌다는 것이다. 게다가 이것은 이 시편이 다른 나라들에 대한 승리를 기뻐할 때 더욱 그렇다. 이 시편은 하나님이나 이스라엘이나 다른 민족들에 대해 본래 부정적 자세를 취한다는 것을 의미하지는 않는다. 두 측은 반대나 공격을 만날 때 강인할 준비가 되어 있지만, 그렇게 하는 그들의 능력은 세상 나머지에게 분별력을 찾고 여호와께 절하라고 권고하는 것이다. 두 동사에 대해, 7:17[18]을 보라. 바울은 49절을 이방인들에게 복음을 전하는 중요성을 표현하는 데 사용한다(롬 15:9).

> 50 여호와께서 그 왕에게 큰 구원을 주시며
> 기름 부음 받은 자에게 인자를 베푸심이여
> 영원토록 다윗과 그 후손에게로다

다시 한번 찬양하는 토대는 마지막 세-콜론에 나오는 *구원과 *사랑에 대한 분사 구절들에서 표현된다. 처음에는 이 분사 구절들이 45-46절에 있는 분사 구절들에 대한 지난 언급을 이어 간다고 여길 수도 있지만, 이 시편의 마지막 표현으로 말미암아 우리는 이를 재고하지 않을 수 없다. 이 마지막 표현은 둘째 분사가 현재를 언급함을 분명히 하고, 49절이 공간적으로 하는 것과 마찬가지로, 전체 마지막 절이 연대기적으로 직접적 상황을 너머 바라봄을 시사한다.

이것 역시 시편 전반에서 말하는 이는 왕이라는 전제와 일치한다. 여기서 그는 3인칭으로 여호와의 왕, 여호와의 *기름 부음 받은 이, 다윗의 자손에게 말하는데, 왜냐하면 그는 더 단순히 자신의 경험을 이야기하는 것이 아니라 자신의 경험이 보여 주는 더욱 일반적인 진리와 관련하여 보편화하고 있기 때문이다.

우리는 또한 왕의 서기관이 자신의 머리를 여기 난간 위에 들고 있다고 추론할 수 있다. 미드라쉬는 하나님의 "그 왕에게 큰 구원"은 구원이 "점차" 자랄 것을 의미한다고 설명한다.[95] 여호와의 구원을 이 시편이 묘사하는 장엄한 방식으로 경험하지 못하는 사람들은 낙담할 필요가 없다.

---

[95] *Midrash on Psalms*, 1:269.

3. 신학적 의미

시편 18편은 하나님이 미래에 하실 무언가를 언급하고 있기 때문에 종말론적이라는 암시를 주지 않는다. 또한, 시편 18편이 미래의 누군가를 언급하고 있기 때문에 메시아와 관련된다는 암시도 전혀 주지 않는다. 또한, 시편 18편이 나사렛 예수를 가리키기 때문에 기독론적이라는 어떤 암시도 주지 않는다.

시편 18편은 하나님이 이스라엘의 군사적 지도자에게 행하신 일에 대해 감사를 표현한다. 표제와 마무리에서 판단해 보면, 이 사람은 왕이며(예를 들어, 요압과 같은 군대 장관이라기보다는), 구체적으로는 다윗이다. 이스라엘의 가장 위대한 군사 영웅 다윗에게조차도, 이 묘사는 생애보다 더 광범위하지만, 이것은 고대 세계와 현대 세계에서 군사적 승리에 대한 보고(그리고 증언)의 성격을 지니며, 늘 그렇듯이 하나님은 새로운 양식을 고안하시기보다는, 일상 인간의 발언 양식에 관한 좋은 사례를 고취하신다.

하나님은 다윗을 위해 네 가지를 행하셨다.

첫째, 특정 원수에게서 건져 내셨다.
둘째, 일반 원수들에게서 건져 내셨다.
셋째, 다윗이 활발하게 자신의 원수들을 때려눕히게 하셨다.
넷째, 따라서 다른 민족들이 다윗을 인정하게 하셨다.

사무엘서-열왕기서와 역대기에서의 이야기는 다윗이 어떻게 실제로 사울과 다른 원수들에게서 피하고, 다른 민족들을 물리치며, 자신의 세계에서 명성을 얻었는지에 대한 기사를 제공한다. 그가 어떻게 그렇게 했는지를 묻는다면, 이야기는 다양한 대답을 제안한다. 여러 경우 그가 피하고 정복한 이유는, 그가 위험을 예상할 수 있었기 때문이고, 좋은 동료들과 관료들이 있었기 때문이며, 운이 좋았기 때문이고, 여호와가 그에게 무엇을 하라고 말씀하셨기 때문이며, 다윗은 좋은 군대 장관이었기 때문이고, 용감했고, 여호와를 신뢰했기 때문이다.

이 시편은 동일하지는 않지만 비슷한 분석을 내놓는다. 대체로 이 시편의 여호와에 대한 묘사와 여호와의 행위에 대한 설명은, 이 시편이 하나님의 개입에 훨씬 강조점을 둔다는 것을 의미한다. 7-15절의 여호와의 강림과 행동에 대한 묘사가 특히 두드러진다. 블레셋 사람들에게서의 두 번의 구원과 그들에 대한 승리의 경우를 제외하고는 이야기에서 이와 같은 것은 전혀 없다.

다윗은 한 사건에 대해, "여호와께서 물을 흩음 같이 내 앞에서 내 대적을 흩으셨다"라고 말하고, 다른 한 사건에 대해, 여호와는 다윗에게 "뽕나무 꼭대기에서 걸음 걷는 소리"를 듣게 될 것이라고 말씀하시는데, 이는 "여호와가 너보다 앞서 나아가서 블레셋 군대를 치리라"는 신호가 될 것이다(삼하 5:20, 24). 두 사건에서 블레셋 사람들은 다윗을 공격했고, 여호와는 다윗을 보호하셨으며, 다윗은 비범한 승리로 이어진 비범한 구원을 경험했다.

하지만 두 사건은 두 가지 다른 경험이었다.

첫 번째 사건에서 다윗은 자신에게 있는 여호와의 손이 자기 적을 무찌르게 하실 수 있었다고 인정하지만, 다윗은 대적을 무찔렀을 뿐이다.
두 번째 사건에서 다윗은 지상에서의 전투가 다른 전투와 마찬가지로 펼쳐졌지만, 여호와의 힘이 전투에 개입했다는 암시를 인식했다.

두 사건은 다윗이 여부스를 사로잡았던 사건인 사무엘하 5장에서의 이전의 승리와 대조되는데, 이 사건은 하나님의 인도나 도움이 개입하지 않았고 오직 사람이 주도하고 사람의 용감함이 개입했다.

이 시편에서 7-15절은 뽕나무에서의 행진 소리에 관한 이야기의 강화된 버전을 나타낸다. 7-15절은 이 시편이 사무엘하에 나오는 사건들에 대한 네 차원의 이야기에 대한 강화된 버전을 제공하는 방식에 기여한다.

첫 번째 차원에서 사람의 군대가 전투에 싸웠을 뿐이다(예를 들어, 시 18:37-38; 삼하 5:6-9).
두 번째 차원에서는 여호와가 이를 가능하게 하셨다고 선언하는데, 예를 들어, 다윗을 원래 그랬던 인물로 만듦으로써 가능하게 하셨다(예를 들어, 시 18:32-36; 삼하 5:10).
세 번째 차원에서는 여호와가 인간적으로 비범한 것을 넘어서는 일을 행하고 계신다고 묘사한다(시 18:16-19; 삼하 5:17-21).

네 번째 차원에서 사건들은 여호와의 훨씬 놀라운 개입을 시사한다(시 18:7-15; 삼하 5:22-25).

차원들에 대한 이런 논리적 설명은 사무엘하에서의 사건들의 순서와 일치하지만, 시편 18편의 순서를 바꾸어 놓는데, 시편의 요점이 하나님께 영광을 돌려 하나님의 행위가 적절하게 두드러지도록 한다는 점에서 충분하다. 하지만 이 시편은 다윗의 행위와 여호와의 행위 사이의 관계에서 다양함을 계속해서 인정한다.

시편 18편과 사무엘서-열왕기 사이의 가장 큰 긴장은 다윗의 성품과 관련된다. 사무엘서-열왕기는 시편과 같이 다윗을 완전한(정직한) 사람으로 묘사하지 않는다. 깊이 고려하면 이 어려움이 줄어들 수도 있다.

첫째, 다윗의 도덕적 붕괴가 사무엘하 5장에서 이야기되는 승리에 이어진다는 점은 중요할 수 있다. 이 시편이 더 젊은 다윗을 염두에 두고 기록됐다고 생각한다면, 이런 차이점은 줄어드는데, 물론 사무엘하 22장에서의 다윗 생애의 훨씬 후대 배경에서 읽을 때 이 설명은 이 시편의 아이러니를 강화한다.

둘째, 다윗의 도덕적 붕괴는 종교적 붕괴가 수반되지 않았다. 우리는 바람직하지 못하게 다윗과 비교되는 계승자들과는 다르게, 다윗이 바알이나 다른 신들이 아니라 항상 여호와께 헌신했던 것 같다고 지적했다.

셋째, 이 강조점은 이 시편의 실제보다 과장된 다른 측면에 들어맞는다.

넷째, 만약 이 시편이 다윗의 생애 동안이 아니라 제2 성전기에 다윗을 위해 기록됐다면, 이는 사무엘서-열왕기와 역대기에서의 다윗에 대한 이런 강조에 들어맞는다.

이 모든 차원에서 (예를 들어) 사무엘서-열왕기 및 역대기와 같이, 시편 18편은 성경적 신앙이 전쟁에 개입하시는 하나님을 볼 수 없다는 어떤 주장과 과감하게 맞선다. 시편 18편은 여호와가 실제로 (예를 들어) 다윗이 예루살렘을 장악하고 블레셋 사람들에게 승리한 사건에 관여하셨으며, 다윗을 구조하는 일에 관여하셨을 뿐만 아니라 다윗이 공격적으로 행하고 사람들을 죽일 수 있게 하셨음을 단언한다.

그리스도인은 (예를 들어) 이 시편이 실수했고, 여호와는 그렇게 관여하지 않으셨다고 생각할 수도 있는데, 물론 이는 (예를 들어) 예수님이 시편을 성경으로 취급하시는 방식에 대해 문제를 제기하게 된다. 또는 왜 변했는지는 궁금해할 수 있더라도, 그리스도인은 하나님이 그때 개입하셨지만, 이제는 더 이상 개입하지 않으신다고 생각할 수도 있다. 이와 같이 그리스도인은 이 시편의 전투가 우리 자신의 잘못에 대한 전투를 가리키도록 이 시편을 풍유화할 수도 있다.[96]

또는 그리스도인은 이 시편의 관점이 (예를 들어) 로마서 13:4에 표현된 신약의 태도에 들어맞는다고 생각할 수도 있다. 테오도레트(Theodoret)는 5세기에 북과 동에서 침입을 당할 때 하나님의 백성이 경험한 구원에서 하나님이 이와 같이 행하셨다고 본다.[97] 이는 하나님이 언제 개입하시는지 어떻게 우리가 아는지의 문제를 제기하며, 이 시편을 잘못 사용하게 할 가능성을 열어 두지만 그렇다면 어떤 본문에 대해서도 마찬가지이다.

---

[96] Cf. Augustine, *Psalms*, 50–54.
[97] *Psalms*, 1:126.

제19편

맹렬한 우주와 독려하는 율법

1. 본문

다윗의 시, 인도자에 따라 부르는 노래

1 하늘이 하나님의 영광을 선포하고
  궁창이 그의 손으로 하신 일을 나타내는도다
2 날은 날에게 말하고
  밤은 밤에게 지식을 전하니[1]
3 언어도 없고 말씀도 없으며
  들리는 소리도 없으나
4 그의 소리가[2] 온 땅에 통하고

---

[1] Soggin (*Old Testament and Oriental Studies*, 203-9)은 히으와(*ḥiwwâ*)가 아람어 표현이지만 이로 말미암아 2-7절이 포로기 이후 연대가 될 필요가 있는지 의문을 제기한다.

[2] 카우(*Qaw*)는 보통 "줄"(line)을 의미한다. BDB는 "줄"(chord)이라고 번역한다. Kraus (*Psalms*, 1:268)는 알려지지 않은 것으로 알려지지 않은 것을 설명하는 것이기는 할지라도, 사 28:10, 13의 카우(*qaw*)와 그럴듯하게 비교하지만(하지만 또한 Dahood, *Psalms*, 1:121-22 을 보라), NJPS는 아랍어 동사 카와(*qawwâ*, "외치다")를 언급한다. 이 모두는 의성어일 수 있다. 70인역, "목소리"는 원래 콜람(*qôlām*)을 표시하기보다는 추측일 수 있다. Manfred Weippert는 "목소리"를 의미하는 우가릿 명사 카르(*qar*)를 고려하여 수정한다("Zum Text von Ps 19.5 und Jes 22.5," *ZAW* 73 [1961]: 97-99을 보라). Raymond J. Tournay ("Notules sur les Psaumes," in *Alttestamentliche Studien* [Friedrich Nötscher Festschrift], ed. Hubert Junker and Johannes Botterweck [Bonn: Hanstein, 1950], 271-80, 특히 271-74)는 하나님의 메시지가 창조에서 들려진다기보다는 창조에서 기록되고 있으면서, 이 단어가 기록의 한 줄을 가리킨다고 본다.

그의 말씀이 세상 끝까지 이르도다

하나님이 해를 위해 하늘에 장막을 두었도다(개역개정: 베푸셨도다-역주)³

5 해는 그의 신방에서 나오는 신랑과 같고

그의 길을 달리기 기뻐하는 장사 같아서

6 하늘 이 끝에서 나와서

하늘 저 끝까지⁴ 운행함이여

그의 열기에서 피할 자가 없도다

7 여호와의 율법은 완전하여

영혼을 소성시키며

여호와의 증거는 확실하여

배우지 않은 자에게 명철을 주며(개역개정: 우둔한 자를 지혜롭게 하며-역주)

8 여호와의 교훈은 정직하여

마음을 기쁘게 하고

여호와의 계명은 순결하여

눈을 밝게 하시도다

9 여호와의 경외함(개역개정: 여호와를 경외하는 도-역주)은 정결하여

영원까지 이르고

여호와의 법도 진실하여

다 의로우니

10 금 곧 많은 순금보다

더 사모할 것이며⁵

꿀과 송이꿀보다

더 달도다

11 또 주의 종이 이것으로 경고를 받고

---

3 즉, 하늘들.
4 문자 그대로, "그들의 끝에서." 아마도 확장의 복수일 것이다.
5 GKC 126b는 분사에 있는 관사를 독립된 구절을 시작하는 것으로 본다. *TTH* 135 (7), DG 112, *IBHS* 37.5b는 이것을 단지 선행사와는 분리된 관계사로 본다.

이것을 지킴으로 상이⁶ 크니이다

12 자기 허물을 능히 깨달을 자 누구리요⁷ 나를 숨은 허물에서 벗어나
게 하소서

13 그렇습니다 주의 종을 고의로 죄를 짓는 자들에게서 막아 주시고(개역개정:
또 주의 종에게 고의로 죄를 짓지 말게 하사-역주)⁸

그 죄가 나를 주장하지 못하게 하소서

그리하면 내가 정직하여 큰 반란(개역개정: 죄과-역주)에서 벗어나겠나이다

14 나의 반석이시요 나의 구속자이신 여호와여

내 입의 말과 마음의 묵상이

주님 앞에 열납되기를 원하나이다

2. 해석

시편 19편은 시편이 시작하고 거의 마무리하는 주제, 곧 여호와의 가르침(개역개정: 율법-역주)에 주목할 것에 대한 강조(시 1편을 보라), 우주의 여호와 인정에 대한 강조(시 148편을 보라)를 함께 묶는다. 두 주제는 시편에서 반복되지만(특히, 전자에 대해 시 119편을 보고, 후자에 대해 시 8편과 104편을 보라), 일반적으로 따로 나온다. 시편 전체는 어떻게 두 주제를 관련시켜야 할지를 정하지 않고 단지 뒤섞을 뿐이며, 마찬가지로 시편 19편은 독자들에게 어떻게 두 주제를 관련시켜야

---

6 영어 번역본들은 에케브('*ēqeb*)에 대해 "보상"(reward)이라고 하지만, 이 긍정적 뉘앙스는 문맥에서만 나온다.
7 70인역은 한 번 나오는 단어 세기오트(*šĕgî'ōt*)를 "죄악"(transgressions)으로 번역하고, 제롬은 이것을 "실수"로 번역한다. 이 차이점의 배후에는 의미가 겹치는 두 동사가 있다. 즉, 샤가그(*šāgag*)는 부주의한 실수를 가리키며, 샤가(*šāgâ*)는 이 의미를 지닐 수 있지만 더 자주 의도적인 빗나감을 시사한다. 해석가들은 흔히 이 시편이 우연적 잘못에 대해 용서를 구하는 것으로 본다(특히 Jacob Milgrom, "The Cultic *šgḡh* and Its Influence in Psalms and Job," *JQR* 58 [1967-68]: 115-25, 특히 120-21을 보라). 하지만 70인역은 오히려 옳게도 명사를 샤가(*šāgâ*)에 연결시키고 여기서의 사용을 동사의 일반적 의미와 연결된다고 여긴다. 게다가 우리는 이 명사를 수의 복수인 "허물들"로 번역할 수 있지만, 우리는 결국 12-13절이 *abb'a*'로 배열되고 "큰 반란"이 "허물들"과 병행을 이룸을 발견하게 될 것인데, 이와 같이 이는 수의 복수보다는 강렬함을 나타내는 것 같다.
8 제딤(*Zēdîm*). 70인역, "낯선 이"는 자림(*zārîm*), 이방인이나 이방 신들을 의미한다.

하는지 말하지 않고 두 주제를 나란히 놓을 뿐이다.

시편 19편의 두 부분에서 두 주제를 다룰 때에 너무 분명하게 분리되어, 두 부분은 원래 두 개의 개별 시편이거나 결합된 시편의 부분들이라고 주장할 수도 있겠다.[9] 이는 시편 57편과 60편의 부분들이 시편 108편으로 결합될 때도 발생했다. 하지만 만약 그렇다면 시편 108편의 경우에서처럼 두 부분은 이제 하나가 된다.[10]

어구의 연관성이 하나가 되지 못하고 다른 전체 시편들을 나란히 두도록 하듯이(예를 들어, 시 1편과 2편; 시 3편과 4편), 나란히 두도록 권장되는 둘 사이에는 어구의 연관성이 있다. 두 번째 부분에 있는 "빛" 용어[11]는 한 사례일 수 있다. 하늘은 말씀(오메르['ōmer], 2, 3절)을 전하고, 13절은 탄원자의 말(에메르['ēmer])에 대해 기도한다. 태양의 열기에서 피할 자가 없다(6절). 탄원자는 숨은 허물에서 벗어나게 해 주시라고 기도한다(12절).[12] 두 부분은 둘 사이에서 역시 시편 18편과 어구의 연관성을 공유하는데, 이는 두 시편을 나란히 두는 근거를 시사한다.

시편 18편은 여호와의 종을 언급하고, 여호와를 "내 반석"으로 언급하며 시작하고, 시편 19편은 이런 언급들로 마무리한다. 여호와의 길이 온전하고 여호와의 말씀(이므라[imrâ])이 입증된다고 선언하는 것(18:30[31])에는 하늘이 말씀(오

---

9 (예를 들어) Julian Morgenstern, "Psalms 8 and 19A," *HUCA* 19 (1945-46): 491-523, 특히 506-16을 보라.

10 이것들이 동일한 저자에게서 온다는 견해에 대해, (예를 들어) Alfons Deissler, "Zur Datierung und Situierung der 'kosmischen Hymnen' Ps. 8 19 29," in *Lex tua veritas (Hubert Junker Festschrift)*, ed. Heinrich Gross and Franz Mussner (Trier: Paulinus, 1961), 47-58, 특히 49-52를 보라.

11 이에 대해, John H. Eaton, "Some Questions of Philology and Exegesis in the Psalms," *JTS*, n.s., 19 (1968): 603-9, 특히 604-5를 보라. Jonathan T. Glass ("Some Observations on Psalm 19," in *The Listening Heart* [Roland E. Murphy Festschrift], ed. Kenneth G. Hoglund et al., JSOTSup 58 [Sheffield: JSOT, 1987], 147-59)는 태양 이미지가 이 시편의 본질적 통일성을 가리킨다고 강조한다. 또한, 다음을 보라. G. Vermes, "The Torah Is a Light," *VT* 8 (1958): 436-38; C. Dohmen, "Ps 19 und sein altorientalischer Hintergrund," *Bib* 64 (1983): 501-17; Walter Harrelson, "Psalm 19," in *Worship and the Hebrew Bible* (John T. Willis Festschrift), ed. M. Patrick Graham et al., JSOTSup 284 (Sheffield: Sheffield Academic Press, 1999), 142-47.

12 James R. Durlesser 또한 이 시편의 다른 부분들 사이의 청각적 연관성을 지적한다("A Rhetorical Critical Study of Psalms 19, 42, and 43," *Studia biblica et theologica* 10 [1980]: 179-97, 특히 181-86). 이 시편의 구조에 대해, Pierre Auffret, "De l'oeuvre de ses mains au murmre de mon coeur," *ZAW* 112 (2000): 24-42를 보라.

메르['ōmer], 19:2, 3)을 전한다는 것에 대한 선언과 탄원자의 말(에메르['ēmer], 14절)에 대한 기도, 그리고 여호와의 가르침이 온전하다는 선언과 탄원자의 온전함을 위한 기도가 이어진다(7, 13절). 여호와의 판결(개역개정: 법-역주)은 18:22[23]과 19:9에 나온다.

이 시편의 두 부분 사이의 많은 다른 연관성은 지적하지 않았다. 1-6절에서 창조에 기록된 선언(개역개정: 증거-역주)이나 명령을 가리키는 에도트('ēdôt)라는 용어를 포함시키는 게 쉬울 수도 있는데, 7절에서는 이 용어를 토라에서의 증거나 율법에 사용한다. 비슷한 용어 후코트(ḥuqqôt)를 사용하는 게 쉬울 수도 있는데, 이 역시 두 의미를 지닌다(예를 들어, 욥 38:33; 시 18:22[23]!). 7-11절에서 다아트(da'at, 2절)를 포함하는 게 쉬울 수 있다. 태양이 기뻐하고 마음이 즐거워하는 것을 가리키는 동일한 동사를 사용하는 게 쉬울 수 있다(5, 8절).

실제로 1-6절과 7-11절이 공통의 기원을 가진다면, 이 절들은 마치 저자가 창조에서의 선언과 여호와의 토라의 특성에 대해 비슷한 용어를 사용하기를 피하고 있는 것처럼 보인다. 1-6절과 7-11절은 하나님도 회중도 부르지 않고서 신학적 진술을 구성할 때에 독특한 찬양 문제를 공유한다.[13] 하지만 두 부분 사이에 구문론적 연관성은 없는데, "또한" 또는 "그러나"가 없다. 운율의 뚜렷한 변화가 있다.

3-3은 1-6절에서 기준인 반면에(어떤 행은 더 길거나 더 짧을지라도), 7-9절에서는 이 시편의 끝이 긴 행으로 전환되기는 하지만 운율이 3-2로 바뀐다. 이 모두에서 볼 때 7-13절이 1-6절을 따라 작성됐을 가능성이 낮다.[14] 두 개별 단위는 언어적 연관성 및 아마도 창조에서의 선언과 여호와의 토라에서 오는 가르침 사이의 보완적 관계에 관한 관심에 근거하여 함께 묶였을 것 같다.

이와 같이 1-6절과 7-14절은 이 시편의 두 부분을 형성하는데, 물론 둘째 부분 역시 7-11절에서 여호와의 가르침에 대한 찬양과 12-14절에서 기도로 나뉜다. 양식이 겹치기는 하지만, 어느 쪽도 (예를 들어) 찬양시나 기도시의 일반적인 양식과 일치하지 않는다. 1-6절은 하나님에 대한 찬양으로 초대하는 대신에, 찬양에 주목하게 하며, 암묵적으로 찬양하는 이유를 제공한다.

---

13 Cf. Gerstenberger, *Psalms*, 1:101.
14 *Reading the Psalms*, 42-47에서 이 질문에 대한 태도를 개관한 것에 대한 와이브레이(Whybray)의 결론과 대조된다.

그 후에 7-11절은 한탄의 배경이 될 수 있는 찬양과 비교하고, 참회시와 마찬가지로 12-14b절은 암묵적으로 탄원자의 도덕적 연약함을 한탄하며, 이 필요성과 관련하여 기도한다. 다른 사람들의 압박도 이 기도에 드러나고, 마무리하는 콜론(14c절)은 여호와에 대한 신뢰를 고백함을 내포한다.

시편 18편은 하나님을 부르는 것으로 시작하지만 끝에서 세상이나 공동체를 부르거나 특정한 누구를 부르지 않지만(시편에서는 꽤 흔한 발전이다), 시편 19편은 반대 방향으로 움직인다. 시편 19편은 특정한 누구를 부르지 않고 시작하며, 첫 섹션과 7-10절까지도 줄곧 이어지고, 11-14절에서야 하나님을 부르고 하나님께 기도하며, 이스라엘 찬양의 보통 방식인 회중도 부르지 않는다.

마이클 피쉬베인(Michael A. Fishbane)은 "말"에 대한 관심이 이 시편의 세 부분을 함께 묶는다고 제안한다. 즉, 1-6절에서 우주가 말하고, 7-11절에서는 여호와가 말하며, 12-14절에서는 시편 기자가 말한다.[15]

[표제]

> 다윗의 시, 인도자에 따라 부르는 노래

용어 해설을 보라.

11, 13절에서 탄원자는 "주의 종"으로 말하고, 고의로 죄를 짓는 자들(또는 이방인들, 13절의 번역 각주를 보라)의 압박을 언급한다. 이는 이 시편이 다윗이나 다윗의 계승자들 가운데 하나를 위해 기록됐거나 이런 사람에게 다시 적용됐음을 시사할 수 있다. 달리 표현하면, 다윗은 영성의 모범이 된다.[16]

[시 19:1-6]

1-6절이 끝이 날 때 즈음 하나님이 사라지지만, 이 시편은 우주가 하나님의 영광을 선포하는 방식으로 시작한다. 우리는 태양이 매일 하는 규칙적이며 일관

---

15 *Text and Texture* (New York: Schocken, 1979), 86.
16 Cf. Leslie C. Allen, "David as an Exemplar of Spirituality," *Bib* 67 (1986): 544-46.

되고 모진 여정이 궁금하며, 우리는 이 여정이 말함을 알고 있다.

하지만 이것이 무엇을 말하는가?

시작으로 돌아와서 우리는 이것이 하나님의 작품을 선포함으로써 하나님의 영광을 선포한다고 들었지만, 선포 내용에 대해서는 어떤 것도 더 듣지 못했다.

1-6절은 점차 확고하게 선포되는 것보다는 선포하는 것과 선포하는 자에 초점을 두므로, 하늘이 하나님의 영광과 하나님의 작품을 선포한다는 것이 우리가 선포의 대상에 대해 발견한 전부이다. 이와 같이 3-4b절은 하늘이 선포하는 방식이라는 점에서 계속 말했지만, 4c-6절은 태양에 대해 이렇게 상세하게 말함으로써 선포하는 자에 대해 더 구체적으로 초점을 계속 두었다. 이 점은 수사적으로 표현될 수 있다.

이 시편의 시작하는 행은 주어, 동사, 목적으로 구성됐다. 그 후에 2-4b절은 전적으로 이 동사를 확장하는 데 초점을 두고, 4c-6절은 전적으로 주어를 확장하는 데 초점을 둔다. 목적어는 4c절에서 두 글자의 강세가 없는 동사의 이름 없는 주어로만 나오면서, 시작하는 행 뒤에 거의 사라졌다(동사는 목적어에 연결됐다).

    1절   하늘은 하나님의 영광을 선포한다
    2-4b절   선포한다
    4c-6절   하늘은

그래서 처음에는 마치 얼마나 창조가 하나님께 영광을 돌리는지에 대해 말하는 것처럼 보였던 섹션이 창조에 영광을 돌리는 것으로 끝난다. 1-6절이 자연 계시에 관심을 가진다면, 아마도 이것은 자연 계시의 특성일 것이다.

4-6절에서, 4a-b절은 독립적 대구(對句)이며, 4c절은 새로운 시작인 것처럼 보인다. 5절은 두 개의 보완하지만, 완전히 다른 직유를 포함하며, 나는 5a절이 4c절과 함께 대구를 완성한다고 여긴다. 이제 5b-6절은 *abb'a'* 순서로 함께 속하는 한 쌍의 대구가 된다.

> 1 하늘이 하나님의 영광을 선포하고
>   궁창이 그의 손으로 하신 일을 나타내는도다

두 개의 시작하는 긴 행은 이 행의 주제 및 주장과 상응하는 팽창성을 나타낸다. 이 행들은 밀접하게 내부적으로 병행을 이루면서 서로를 보완한다.[17]

1절에서 하늘과 궁창의 병행법은 하늘이, 하나님이나 선포를 하고 있다고 생각되는 하늘의 존재들이 거주하는 초자연적 장소가 아니라 물리적 하늘임을 보여 준다. 둘째 콜론 역시 하늘이 하나님의 *영광을 어떻게 선포하는지 명확히 한다. 즉, 하늘/궁창이 하나님의 작품이라는 사실에 의해서다. 이것은 이 시편이 빈 창공뿐만 아니라 행성과 별이 있는 하늘을 언급함을 이미 암시한다. 태양, 달, 별, 행성의 광채는 공예사와 같이 그들을 만든 이의 광채를 의미한다.

바울이 표현한 대로, 창조는 하나님의 영원한 능력과 신성을 계시한다(롬 1:20). 영어와 마찬가지로 "선포하다"(announce)와 "나타내다"(declare, 사파르[sāpar] 피엘, 나가드[nāgad] 히필)를 가리키는 동사는 인간의 선포, 구체적으로 이스라엘의 이야기를 전하는 것을 가리키는 데 사용될 때 더욱 잘 알려져 있다(예를 들어, 시 44:1[2]; 71:17-18; 78:3-4).

만약 우리가 하나님과의 우리 관계를 본질적으로 신앙을 포함한 관계로 이해한다면, 창조 세계는 믿을 수 없으므로 이는 우리를 창조 세계에서 떼어 놓는다. 하지만 우리가 하나님과의 우리 관계를 찬양이라는 점에서 본다면, 찬양이 또한 창조 세계의 역할이므로 우리를 창조 세계와 하나가 되게 한다.[18]

> 2 날은 날에게 말하고
> 밤은 밤에게 지식을 전하니

영어 번역본들은 보통 "날은 날에게 말하고"라고 번역하는데, 이는 다소 모호한 표현이지만, 어쨌든 병행법은 궁창이 2절에 있는 동사들의 주어임을 시사한다.[19] 이와 같이 말함과 전함이 날과 밤에도 계속 다른 방식으로 지속한다는

---

17 이와 같이 1절에서 "하늘"과 "궁창"이 단수가 복수를 보완하면서 상응하고, "선포함"과 "나타냄"은 히필(hiphil)이 피엘(piel)을 보완하면서 상응한다. 그리고 전체 행은 abcc'b'a'로 배열된다. 즉, "하늘은 하나님의 영광을 선포하고 하나님의 손의 작품은 궁창을 나타낸다."
18 Westermann, *Living Psalms*, 255도 그렇다.
19 2절에서 "말하고"와 "전하니" 및 "말"과 "지식이 상응하듯이, "날은 날에게"와 "밤은 밤에게"는 상응한다. 이 절은 분사 대신에 이크톨(yiqtol) 동사를 사용하여 첫째를 보완한다. 동사들은 거꾸로 된 순서에서이지만 다시 히필과 피엘이므로, 두 절 사이에 동사들은 abb'a' 순

사실을 주목하게 할 때, 2절은 1절을 발전시킨다. 4-6절이 계속 지적하겠지만, 낮의 궁창의 광채는 태양이다. 태양이 없을 때 다른 빛들이 보일 수 있듯이, 밤의 궁창의 광채는 훨씬 다채로워진다.

궁창이 말하는 낮의 말은 아마도 하나님의 영광에 대한 말일 것이며, 1절이 이를 언급했다. 태양은 광채 가운데 만든 이와 만든 이의 광채에 대해 아낌없이 말하며 설득력 있게 말한다. 밤의 궁창이 지식을 전한다는 추가 진술은 더욱 제약을 두지 않는 진술이다.

1절과 2절 사이의 병행법은 이것이 다시 궁창을 만든 손의 놀라움에 대한 인식을 전달함을 가리킨다는 것을 의미할 수 있다. 하지만 시편의 다아트(*daʿat*)는 종종 인식뿐만 아니라 *인정을 시사한다. 그렇다면 2b절은 궁창에서의 이 전함이 만든 이의 존재에 대한 인식만이 아니라 만든 이에 대한 인정으로 나아간다. 이런 점에서 역시 2절은 1절을 넘어선다. 여호와를 이렇게 인정함에 관한 관심은 7-14절의 다른 초점을 기대하게 하며, 동사 야다(*yādaʿ*)의 어떤 형태가 거기서 나오지 않음을 알아차리게 한다.

> 3 언어도 없고 말씀도 없으며
> 들리는 소리도 없으나

다시 두 개의 규칙적인 추가 3-3행은 2절을 확장한다. 3a절은 앞선 내용과 긴장 관계에 있으며 따라서 문제를 제기한다. 70인역 및 제롬과 더불어 나는 3b절이 첫째 행을 한정함으로써 문제에 답한다고 여긴다.[20] 이와 같이 전체 3절은 하늘의 증언이 얼마나 설득력이 있는지를 강조한다. 70인역은 하늘의 목소리가

서로 온다. 게다가 한 단어로 된 분사 표현은 전함의 주어(하나님의 영광, 하나님의 작품)가 이전 행에서부터 이어지면서, 구절들(말하고, 지식을 전하니)로 대체된다.

20 NRSV "그들의 목소리가 들리지 않는다"(Their voice is not heard)는 벨리(*bĕlî*) 구절을 이전의 엔(*ʾên*) 구절과 병행을 이룬다고 여기지만, 이것은 3절을 4a-b절과 긴장 관계에 둘 뿐만 아니라, 2절과 모순되게 하는 것 같다. 따라서 RSV는 문맥에서 번역을 의미가 통하게 하고자 4절을 시작할 때에 "그러나"를 추가한다. 3b절의 시작에서 와우(*w*)가 없다는 것은 이 구절이 엔(*ʾên*) ··· 웨엔(*wĕʾên*) 연속을 단순히 이어 가는 것이 아닐 수 있으며, 3a절로 거슬러 언급하는 "그들의 목소리"에 있는 접미사는 이를 뒷받침하고, 이 구절이 관계사라는 견해를 뒷받침함을 알린다.

"들린다"고 하지만 시편 기자는 실제로 하늘의 증언이 항상 들리는 것은 아님을 인정했을 것이며, 3절의 요점은 오히려 하늘의 증언이 항상 들릴 여지가 있게 했으며 니팔 분사는 동사상(動詞狀) 형용사라는 것이다(참조. 7, 10절).

> 4a-b 그의 소리가 온 땅에 통하고
> 그의 말씀이 세상 끝까지 이르도다

2절을 확장한 둘째 행은 다시 긍정적으로 요점을 지적하고, 이를 발전시킨다. 모든 선포가 얼마나 멀리 갔는가?

온 땅을 통해라고 첫째 콜론은 말한다. "하늘과 땅"이 다른 곳에서 보통 나오는 쌍이지만, 여기서 하늘은 주고, 땅은 받는다.

하지만 하늘의 소리는 실제로 온 땅을 통하여 갔는가?

그렇다. 세상 끝까지 갔다고 둘째 콜론은 단언한다.[21]

바울은 이 행의 단어들을 세상을 통해 복음의 메시지가 퍼지는 것을 묘사하는 데 사용한다(롬 10:18).

> 4c 하나님이 해를 위해 하늘에 장막을 두었도다(개역개정: 베푸셨도다-역주)
> 5a 해는 그의 신방에서 나오는 신랑과 같고

운율적으로 덜 규칙적인 세 개의 두-콜론은 이제 한 번 더 초점을 강화한다. 동사 "두다"의 주어(아마도 하나님)를 제외하고 선포의 주제는 잊힌다. 선포의 가장 인상적인 수단에 초점을 둠에 따라, 선포의 과정도 잊힌다. 특히, 태양에 이렇게 집중하는 것은 이집트와 메소포타미아의 태양신의 두드러짐을 반영할 수

---

21 두 개의 병행구절에서, 동사는 모두에 적용되어 병행구절은 *abca'c'*로 배열된다. 동사는 카탈(qatal)이며, 첫 네 행에서 진행되는 변형의 패턴을 이어 간다. 즉, 분사 구절, 그 후에 이크톨(yiqtol) 구절, 그 후에 명사 구절, 그 후에 카탈 구절이다. 이 변형은 수사적이지만, 변화들 사이에 계속되고(1절), 반복되고(2절), 실제적이며(3절), 사실적 과정을 시사한다. 부분적으로 *TTH* 43를 참고하라. 이 행은 또한 명사들에서 변형의 패턴을 이어 간다. 말, 지식, 말씀, 목소리(오메르['*ōmer*], 다아트[*da'at*], 데바림[*dĕbārîm*], 콜[*qôl*]) 후에, 이 시편은 이제 "소리"와 "말씀"(카와[*qawwâ*], 밀림[*millîm*])에 대해 말한다.

있다.²² 어떤 논쟁도 삼가야겠지만, 이런 배경에서 이 시편은 (예를 들어) 아몬(Amon)이나 샤마쉬(Shamash)에게 하는 찬양과 같이 태양이나 태양신을 부르지 않는다.²³

여기서 태양은 "단지" 한 존재로서, 그를 위해 실제 하나님이 밤의 편의를 제공하실 뿐이다. 하나님은 창조 세계 밖에 계시며 창조 세계를 위한 최고의 공급자이시다. 그렇다면 하나님은 태양이 밤새 머물도록 하늘에 장막을 두셨다. 그리하여 매일 아침 태양은 결혼을 위해 준비되어 자기 방에서 얼굴에 미소를 짓고 나오거나 세상에서 처리해야 할 것을 하려고 신혼방(후파[*huppâ*]; 참조. 욜 2:16, 신랑의 방을 의미한다)에서 미소를 짓고 나오는 신랑과 같다.

> 5b 그의 길을 달리기 기뻐하는 장사 같아서
> 6 하늘 이 끝에서 나와서
> 　하늘 저 끝까지 운행함이여
> 　그의 열기에서 피할 자가 없도다

또는 태양은 자신 앞의 길을 열정적으로 달려가는 전사와 같다. 따라서 어떤 것도 이 전사의 광포함을 피할 수 없다(5b, 6c절; 참조. 삿 5:31).²⁴ 그러는 사이에 끼어드는 콜론은 이 여정의 차원을 묘사한다. 6a절의 남성 단수 "끝"은 6b절의 여성 복수 "끝들"(개역개정: 끝-역주)로 보완되고, 남성 "나와서"는 여성 "운행함이여"로 보완되는데, 이런 차이점들은 두 콜론에 있는 보완의 진술을 반영한다. "길"의 시작과 끝을 언급하는 것은, 전체 여성을 언급함을 내포하고, 따라서 6c절의 언급을 정당화한다.

22　Odil Hannes Steck는 1-4a절의 지혜와 같은 에토스와 비교한다(다음을 보라, "Bemerkungen zur thematischen Einheit von Psalm 19,2-7," in *Werden und Wirken des Alten Testament* [Claus Westermann Festschrift], ed. Rainer Albertz et al. [Göttingen: Vandenhoeck & Ruprecht, 1980], 318-24).

23　*ANET* 367-68, 386-89을 보라.

24　70인역은 단지 "열기"라고 하지만, 이것은 이 의미를 지닌 함마(*hammâ*)의 한 사례일 뿐일 것이다. 즉, 다른 곳에서 이것은 태양 자체를 가리키는 용어이며, 보통 "달"과 병행을 이룬다. 하지만 관련 동사 하맘(*hāmam*, 따뜻하다)은 때로 야함(*yāḥam*, 뜨겁다)과 분명하게 구분하기가 어려우며, 여기서 함마(*hammâ*)는 최소한 헤마(*ḥēmâ*, 열기)의 의미를 전달하며, 전사의 불타는 듯한 격노를 시사한다(예를 들어, 사 51:13; 단 8:6).

실제적인 말은 4a절의 말을 이어 간다. 태양의 여정에 의해 하늘의 선포가 완수된다. 그들의 소리는 태양이 하늘의 한끝에서 나오는 것을 통해 나온다. 그들의 말은 태양이 하늘의 매일의 운행의 끝에 오는 것을 통해 세상의 끝에 온다.

[시 19:7-11]

갑작스러운 전환으로 7-9절에서 여섯 개의 3-2행은 여호와가 이스라엘에게 주시는 가르침을 찬송하고, 한편, 10-11절은 각주에서처럼 2-2, 2-2, 3-3 운율로 되어 있다.[25]

> 7 여호와의 율법은 완전하여
>   영혼을 소성시키며
>   여호와의 증거는 확실하여
>   배우지 않은 자에게 명철을 주며(개역개정: 우둔한 자를 지혜롭게 하며-역주)
> 8 여호와의 교훈은 정직하여
>   마음을 기쁘게 하고
>   여호와의 계명은 순결하여
>   눈을 밝게 하시도다
> 9 여호와의 경외함(개역개정: 여호와를 경외하는 도-역주)은 정결하여
>   영원까지 이르고
>   여호와의 법도 진실하여
>   다 의로우니

여호와의 "가르침"은 토라뿐만 아니라 선지자와 사상가의 저작 및 기록된 가르침뿐만 아니라 구전된 가르침을 가리킬 수 있지만, 창세기-신명기 전체에 이 여호와의 가르침을 적용하는 것은 원리적으로 여호와의 가르침이 여호와의 이스라엘에게 행하심에 관한 이야기도 가리킬 수 있음을 의미한다. 여기서 다음 다섯 행에 나오는 명사들과의 병행법으로 말미암아 이런 가능성은 작아진다.

---

25 8a절에서, 나는 이런 일관성을 만들려고 마쳅(*maqqēph*)을 제거한다.

어원적으로 에두트('ēdût)는 여호와가 행하신 일에 대한 선포나 증언을 시사할 수 있지만,[26] 실제로 이것은 항상 여호와의 기대에 대한 엄숙한 선포를 가리킨다(예를 들어, 78:5; 119:14). 이는 "교훈"(charges, 피쿠딤[piqqûdîm], 여호와가 하신 임명이나 일어날 이에 대해 취한 판결)과 병행을 이루는 데서도 강화된다. 이 단어는 시편에서만 나온다(예를 들어, 103:18; 119:4). 복수는 7-8절에서 묘사가 통일성에서의 전체뿐만 아니라 특수함에서의 구체적 가르침들을 포괄함을 의미한다(가르침, 선포).[27]

넷째 용어, "계명"(미츠와[miṣwâ])은 특수함과의 관련됨을 이어 가며, 행 별로 된 병행법이 처음 나오는 일반적 표현, "가르침"의 함의를 상세히 설명하므로, 7-8절이 실제로 여호와의 기대를 가리킨다는 것을 가장 분명히 한다. 절들은 행동에 대한 여호와의 가르침을 찬미한다.

9절에서 네 개의 준-동의어에 이어 이라트 예호와(yir'at Yhwh)라는 표현이 나오는데, 이는 보통 "여호와를 경외함"을 의미한다. 이후에 "여호와의 판결"(여호와의 법)이 나온다. 후자는 이 순서에서 자연스러운 자리를 차지하는데, 이 두 주어를 따르는 술어들도 역시 그렇다. "여호와를 경외함"은 그렇게 적합하지 않으며, 여호와를 경외함을 정결하고 영원까지 이른다고 묘사하는 것은 이상하다. 이는 여호와의 가르침에 대한 또 다른 묘사처럼 들린다. 그러므로 이라트 예호와(yir'at Yhwh)는 또 다른 주격의 소유격인 것 같으며, 여호와가 정하신 경외함을 의미하고 이것이 여호와를 경외함이 어떠해야 하는지를 가리킨다고 가르친다.

이와 같이 9절은 여호와의 가르침을 전체로서와 특수함 가운데 언급하는 또 다른 용어들을 추가한다. 동시에 "여호와의 경외함"이라는 용어가 나오는 것은 7-11절의 지혜의 정취를 주목하게 한다(참조. 욥 28:28; 잠 1:7).

여호와의 가르침을 가리키는 여섯 용어는 가르침의 특성에 대한 여섯 가지 묘사, 곧 네 형용사와 한 분사와 한 명사에 의해 한정된다. 여호와의 가르침은 *정직(온전함), 신뢰성, 올바름, 정결함, 순결, 진리로 특징지어진다. 이는 하나님의 가르침에 돌리는 데 당혹게 하는 자격 목록이다.

---

26 Cf. Weiser, *Psalms*, 202.
27 Cf. Mays, *Psalms*, 99.

온전하거나 정직한 것은 사람이거나 삶이다(예를 들어, 18:23, 25, 30, 32[24, 26, 31, 33]). 신뢰할 만하거나 의로운 것은 사람이거나 약속들이다(예를 들어, 89:28[29]; 101:6). 물론 명령은 한 번 그렇게 묘사됐다(111:7). 올바른 것은 사람이거나 행위이다(예를 들어, 11:2, 7; 25:8). 물론 여호와의 미쉬파팀(*mišpāṭim*)이 여호와의 말씀에서처럼(시 33:4) 그렇게 묘사된다(119:137; 느 9:13). 정결한 것은 사람이거나 마음이다(예를 들어, 욥 11:4; 시 24:4; and 참조. 18:20, 24[21, 25]). 순결한 것은 마음과 약속이다(예를 들어, 12:6[7]; 51:10[12]). *진실됨(진리)은 훨씬 일반적으로 적용할 수 있는 용어이다.

하지만 한 묶음으로서 이 묘사들은 생략이나 환유와 관계되든지, 함축성을 지니는 표현으로 볼 필요가 있다. 이 묘사들은 하나님의 가르침의 효과가 온전하고, 신뢰할 만하며, 올바르고 정결하고 순결하며 진실하다고 단언한다. 여호와의 가르침은 사람들과 그런 종류의 삶을 낳는다.

7-9절에서 번갈아 나오는 짧은 콜론을 차지하는 여섯 개의 분사 구절이 비슷한 점을 지적한다. 이 분사 구절들은 절 구분이 시사하듯이, 쌍으로 나오는데, 물론 이것은 둘째 쌍과 셋째 쌍에서 더 분명하다.

7절에서, 여호와의 가르침은 생명을 주거나 더 구체적으로는 생명을 회복시킨다(동사는 슈브[*šûb*]의 히필이다). 음식이 굶주린 사람들을 새롭게 하는 것(애 1:11, 19)이나 아들이 노인을 새롭게 하거나(룻 4:15), 위로나 좋은 소식이 염려하는 자들을 새롭게 하거나(애 1:16; 잠 25:13) 여호와가 공격을 받는 사람들을 새롭게 하는 것(시 35:17)과 마찬가지로, 여호와의 가르침은 네페쉬(*nepeš*, *사람)를 새롭게 한다.[28]

여호와의 가르침은 어떻게 그렇게 네페쉬를 새롭게 하는가?

7b-8절에 있는 병행을 이루는 분사 구절은 순종의 삶이 축복의 삶을 실제로 야기할 것이라고 권고하고, 그렇게 하는 경험을 하게 함으로써 여호와의 가르침은 새롭게 할 것을 시사한다. 반대로 이 섹션의 마무리하는 행(11절)은 악행에 대한 유혹 및 악행이 사람의 삶을 파괴하는 방식을 인식함을 시사한다. 7a절은

---

[28] 이런 용법은 "영혼을 회복시킨다"라는 번역에 대해 반론이 된다(참조. 70인역). 다음을 더 보라, Jonathan D. Safren, "'He Restoreth My Soul,'" in *Mari in Retrospect*, ed. Gordon D. Young (Winona Lake, IN: Eisenbrauns, 1992), 265-71.

이미 순종이 삶을 회복한다고 비슷하게 긍정적인 점을 지적한다. 순종은 사람을 정직의 사람으로 만들 수 있다.

이런 회복이 필요한 사람은 어리석은 자와 같이 행동했던 자이지만, 여호와의 선포는 배우지 않은 자에게 명철을 준다(하캄[hākam], 히필, 7절). 어원적으로 배우지 않은 자(페티[peti])는 열려 있는 사람으로, 그의 마음에 아직 명철이 차지하지 않은 자이며, 따라서 취약하고 위험한 위치에 있는 자이다. 무엇이 진실하고 여호와가 무엇을 기대하는지에 대한 여호와의 선포는 그들의 마음을 형성한다. 여호와의 선포는 그들과 다른 사람들을 보호한다. 여호와의 선포는 그들을 방종하고 성숙하지 못하게 하는 대신에 신뢰할 만하게 만든다.

그러므로 마음은 여호와의 교훈을 기뻐한다(8a절). 여호와의 뜻이 무엇인지 알고, 따라서 그것을 행할 수 있게 되고 하나님의 축복 자리에 머무는 데는 기쁨이 있다. 이 요점은 하나님의 계명이 눈을 밝게 한다는 선포에서도 다시 진술된다(8b절). NRSV의 "눈을 계몽함"(enlightening the eyes)은 요점을 모호하게 한다. 눈을 밝히는 것은 격려의 표시이다(예를 들어, 스 9:8).

9절은 여호와의 경외함, 곧 경외함을 격려하고 그 경외함에 내용을 제시하는 계시가 여호와의 약속이나 언약 맹세와 마찬가지로 영원까지 이른다고 덧붙인다. 이 계시는 여호와의 뜻의 특성에 대한 안내로서, 따라서 여호와가 세상이 돌아가게 하신 방식에 대한 안내로서 항구적으로 신뢰할 만하다. 달리 표현해 보면, 여호와의 *판결(미쉬파팀[mišpāṭîm], 개역개정: 법-역주)은 진실할 뿐만 아니라 *의롭다(신실하다(차데크[ṣādēq]).

여호와의 법은 세상 및 이스라엘과의 관계에서 나오며, 이 관계의 특성을 표현하고 발전시킨다. 다른 곳에서 헨디아디즈 체다카/체데크 우미쉬파트(ṣĕdāqâ/ṣedeq ûmišpāṭ)가 반복되고(예를 들어, 33:5; 89:14[15]; 97:2), 하나님이 단호하고 의롭게 행동하시며 인간 역시 그렇게 하도록 부름을 받는다고 선포한다. 9절은 여호와의 기대가 이런 목록 일부를 형성한다고 단언한다. 여호와는 인간의 행동이 어떠해야 하는지, 이런 법을 지킴에서 나오는 결과에 대해 확고하며 결정적인 판결을 내리시지만, 이 판결들은 여호와의 의를 구체화한다. 예기치 못한 명사 "*진실됨"(형용사와 분사를 뒤따르는)과 예기치 못한 동사 "의롭다"(분사들을 뒤따르

는)는 7-9절의 6중의 연속의 끝을 표시한다.²⁹

> 10 금 곧 많은 순금보다
> 더 사모할 것이며
> 꿀과 송이꿀보다
> 더 달도다

10절의 주장이 자연스럽게 따른다. 각 행에서 둘째 콜론은 첫째 콜론을 발전시킨다. 단순한 금이 아니라 순금이며, 단순한 꿀이 아니라 벌집에서 신선하게 떨어지는 꿀이다. 옥수수 시럽과 같이 꿀은 달콤함에 대한 시금석이다(예를 들어, 잠 24:13). 둘째 콜론은 이 시편이 단순한 흔한 대추야자나 꿀이 아니라 더 달콤한 벌꿀을 염두에 두고 있음을 분명히 한다. 여호와의 법(판결)은 이런 것들만큼이나 사모할 만하며 기쁨이 된다(하마드[*ḥāmad*], 니팔 분사). 동일한 분사가 재물에도 적용되지만(잠 21:20), 이런 것들은 더더욱 그렇다.

여호와의 가르침은 7-9절에서의 묘사에 암묵적으로 드러난 이유 때문에 기쁘고 달콤하다. 이런 여호와의 말씀은 단순히 연인들이 공유하는 달콤한 사소한 것들이 아니며, 또한 사람들이 마치 순종이 그 자체의 보상인 것처럼 이기심이 없는 이유에서 여호와의 기대에 마음이 기울일 것으로 기대되지도 않는다.

잠언 21:20을 제외하고, 분사 "사모할 만한"(네헤마드[*neḥĕmād*])은 다른 곳에서 창세기 2-3장에서만 나오는데, 창세기 2-3장에서 이 단어는 동산의 나무와 금지된 나무의 열매를 묘사한다. 명백히 아담과 하와는 여호와의 법이 그 열매보다 더 사모할 만하다는 견해를 가지지 않았다. 이처럼 이 시편은 다른 헌신을 제시한다.

아담과 하와는 여호와의 가르침을 무시하여, 그들의 네페쉬(*nepeš*)를 회복할 필요가 있는 상황에 이르렀다. 그들은 교활한 것이 맞섰을 때 배우지 않은 자들과 같이 행동했다. 그들은 자신들이 부정적인 "영원히"의 희생자들임을 발견했다. 그들은 자신들이 눈이 사모할 만하다고 판단했던 것을 좇았고, 자신들의 눈이 나쁜 의미에서 열렸고 밝혀지지 않은 것을 발견했다.

---

29 형용사가 아니라 명사의 강조 용법에 대해, GKC 141c을 보라.

시편 기자는 여호와의 가르침이 매우 실제적인 이유에서 기쁘다는 사실에 대해 매우 열려 있을 수 있다. 아담과 하와가 여호와의 경고를 금지된 나무의 열매보다 더 기쁜 것이라고 보았다면 얼마나 좋겠는가. 여호와의 경고의 잠재적 풍요로움이라는 점에서 실제로 이 경고들은 기쁨이 되지만, 아담과 하와는 이와 같이 경고들을 보지 못했다.[30]

> 11 또 주의 종이 이것으로 경고를 받고
> 이것을 지킴으로 상이 크니이다

11절은 탄원자가 헌신으로 반응하라고 주장함으로써 요점을 강조한다. 동사 자하르(zāhar) II(니팔)는 사람들이 파수꾼의 말을 주의하는 방식을 시사한다(예를 들어, 겔 33:4-6). 하지만 이 맥락에서 이 동사는 또한 자하르(zāhar) I, "밝다"의 의미를 전달한다.[31] 그들의 경고를 주의함으로 말미암아 사람들은 악행에서 오는 하나님 경고의 침울함과 어둠에서 보호받는다.

이와 같이 하나님의 경고를 따르는 데서 좋은 결과가 있다. 표제의 맥락에서, 시편 18편과 마찬가지로 여호와의 종은 다윗이지만 119편과 같은 비슷한 시편은 "여호와의 종"을 보통 이스라엘 사람을 묘사하는 것으로 많이 사용하며, 시편 19편은 동일하게 이런 탄원자들이 여호와의 종이라고 주장하는 데 열려 있다.

[시 19:12-14]

예기치 못하게 이 시편의 마지막 세 행은 기도로 구성된다. 7-11절은 우리와 하나님의 기대와의 관계에 대해 다소 확신에 찬 인상을 줄 수 있다. 우리는 하나님의 기대에 대한 지혜를 보고, 따라서 자연스럽게 그 기대를 따른다. 실제로 상황은 더욱 복잡한데, 11절이 이미 우리에게 경고가 필요하다고 언급하는 데서도 내포된다.

---

30 다음을 더 보라, David J. A. Clines, "The Tree of Knowledge and the Law of Yahweh," *VT* 24 (1974): 8-14.

31 Cf. Mitchell Dahood, "An Ebla Personal Name and the Metaphor in Psalm 19,11-12," *Bib* 63 (1982): 260-63.

> 12 자기 허물을 능히 깨달을 자 누구리요 나를 숨은 허물에서 벗어나게 하소서
> 13a 그렇습니다 주의 종을 고의로 죄를 짓는 자들에게서 막아 주시고(개역개정: 또 주의 종에게 고의로 죄를 짓지 말게 하사-역주)

만약 하나님의 기대가 우리에게 좋은 것이라면, 왜 요점은 이렇게 강조할 필요가 있는가?

왜 우리는 하나님의 기대를 거의 주목하지 않는가?

영어 번역본들은 12절이 누가 자신의 개별 악행을 이해할 수 있는지 묻고 있음을 시사하고자 대명사를 추가하지만, 이것은 이 시편의 요점이 아니다. 오히려 12절은 탈선하려는 인간의 성향에 대한 일반적 당혹감에서 시작한다. 인간의 죄의 신비는 하나님의 기대가 7-11절이 묘사한 방식에서 일리가 있다는 것을 알 수 있을지라도 우리는 모두 탈선한다는 사실이다.

70인역과 제롬은 그렇다면 12절이 하나님께 숨겨지거나 은밀한 악행에서 탄원자를 깨끗하게 해 주시라고 요청하고 있다고 여기지만, 이것은 히브리어에서의 이슈를 모호하게 한다. 동사는 '깨끗하게 하다'를 의미하는 동사가 아니라, '무죄를 선고하다'를 의미하는 나카(*nāqâ*, 피엘)이다.

구약은 죄인에게 무죄를 선고하는 것을 많이 언급하지만, 하나님이 그렇게 하지 않으신다는 것과 인간이 그렇게 하지 않아야 한다는 것을 항상 확증하기 위함이다(예를 들어, 출 34:7; 욥 9:28; 10:14). 사람은 명백히 다른 이를 용서할 수 있고, 왕들은 행악자들을 사면할 수 있으며, 하나님은 용서도 하시고 사면도 하실 수 있다. 하지만 죄인에게 무죄를 선고하는 것은 부도덕한 행위이며, 공동체의 기반을 파괴하는 행위이므로 이와 관련하여 구약은 법정의 이미지를 사용하지 않는다. 그러므로 존재하는 악행, 심지어(또는 특별히) 은밀하거나 숨겨진 악행에 무죄를 선고한다는 의미에서, 이 시편이 깨끗하게 함을 요구하고 있는 것 같지는 않다.

하지만 나카(*nāqâ*, 니팔)는 없거나 비어 있음을 의미할 수 있으며, 여기서 피엘 동사는 동등한 의미를 지니는 것 같다. 이 시편이 요구하는 깨끗하게 함은 용서가 아니라 악행을 저지르려는 성향을 제거함이다. 이는 이 절의 시작하는 질문과의 효과적 연관성 및 병행을 이루는 콜론에의 좋은 도입에 기여한다. 게다가 과거 죄에 대한 방면에 대한 기도가 없을 때, 12-14절은 더 일관성을 지닌다.

12-14절의 전반적 관심은 7-11절이 찬미했던 하나님의 기대에 대한 올바른 태도에서 나오는 순종의 삶에 있다. 12-14절은 용서가 아니라 힘을 구하고 있다.

시편이 깨끗함을 요구하는 두 종류의 "숨은 허물"(문자 그대로, "숨겨진 것들")이 있을 수 있는데, 둘은 여호와의 가르침이 금지하는 것의 양상들이다. 숨은 허물들은 실제 악한 행위에 앞서는 은밀한 음모일 수 있다. 사람들이 속임수나 악의의 행위(10:8-9; 101:5에 나오는 같은 어근 어의 명사들)를 계획할 때 숨기는 것이 연루된다. 숨기는 것은 또한 사람들이 다른 신들에게서 도움을 구할 때 연루되는데, 특히 이는 종종 성전 의례보다는 가정의례에 관련되기 때문이다.

에스겔 8장에 나오는 은밀한 의례에 관한 기사는 사람들이 태양에게 절하는 것에 대한 언급을 포함하며, 다른 신들에게서 도움을 구하려는 유혹을 언급하는 것이 1-6절에 뒤따를 것이다. 그렇다면 7-11절의 도전은 다른 민족들의 종교적 관행을 따르는 삶보다는 여호와의 말씀에 따라 사는 종교적 삶에 관심을 가진다.

13a절에서 "그렇습니다"는 12절에서 기도를 다시 표현하는 콜론에 대해 재개하는 시작을 구성하고, 이 시작을 더욱 명확히 한다. 누군가에게 악을 행하고자 은밀한 계획에 연루된 부류의 사람들이나 다른 신들을 은밀하게 숭배하는 사람들은 "고의로 죄를 짓는 자들"로, 여호와의 가르침을 주목하는 어떤 의무감도 느끼지 못하는 사람들이며,[32] 따라서 그들의 태도는 7-11절에서 표현된 태도와는 대조된다. 그들은 사람들을 여호와의 가르침에서 멀어지게 하려고 열심을 다하는 사람들이다(참조. 119:21, 51, 69, 78, 85, 122).

이 기도는 여호와의 가르침에서 지혜를 보는 사람들(7-11절)이 다른 길을 가는 사람들에게 합류하라는 압박에서 자유롭지 못하다는 또 다른 인식을 갖고 있다. "숨은 것들"은 행위가 되고 "고의로 죄를 짓는 자들"은 숨은 것들을 하는 자들이 되면서, 남성의 "고의로 죄를 짓는 자들"은 여성의 "숨은"을 보완한다.

또 다른 맥락에서 "나를 고의로 죄를 짓는 자들에게서 막아 주시고"는 그들의 공격에서 나를 보호하는 것을 의미할 수 있지만(참조. 70인역?), 이 맥락에서는 내가 그들의 고의적인 것들에 말려들지 않게 해 주시라는 기도를 의미할 것이다(참조. 시 1편). 하지만 이 두 필요성은 겹칠 수도 있다. 고의로 죄를 짓는 자

---

[32] *NIDOTTE* 1:1095을 보라.

들은 사람들에게 합류하려고 그들을 의지한다.

> 13b 그 죄가 나를 주장하지 못하게 하소서
> 그리하면 내가 정직하여 큰 반란(개역개정: 죄과-역주)에서 벗어나겠나이다

이와 같이 그들은 여호와가 가인에게 경고하시는 과정의 방식으로(창 4:7) 내게 그들의 길을 가도록 강요하지 않을 수 있다. 만약 다시 표제를 따라 "여호와의 종"을 다윗으로 본다면, 종종 왕들의 경험에서도 있듯이, 이는 다른 고의로 죄를 짓는 지도자들이 여호와가 지목하신 이스라엘의 지도자를 통치하지 않아야 하며, 그에게 여호와에 맞선 반란에 관련된 정책을 밀어붙이지 않아야 한다는 기도가 될 것이다. 여호와가 그를 이런 것에서 보호하시면, 그는 온전히(*온전함) 여호와께 헌신할 수 있게 될 것이다. 이 시편은 여호와의 가르침에 대한 시작하는 환유적 묘사를 이어 간다(7절).

병행을 이루는 콜론은 *반란이 없는 더욱 최근 이미지를 다시 거론함으로써 이를 다시 묘사한다(참조. 12절). 이와 같이 12-13절은 바깥 콜론은 한 쌍을 이루고, 안의 콜론은 또 다른 쌍을 이루면서, abb'a'로 배열되는 것으로 드러났다. 다른 신들을 의지하는 것은 13c절이 말하는 "큰 반란"이다(참조. 사 1:2). 이 구절은 다른 신을 의지하는 간음과 종교적 간음을 가리키면서, "큰 죄/잘못/범죄"라는 표현을 상기시킨다(다음을 보라, 창 20:9; 39:9; 출 32:21, 30, 31; 스 9:7, 13; 물론 형용사는 여기서처럼 라브[rāb]가 아니라 가돌[gādôl]이다).[33]

> 14 나의 반석이시요 나의 구속자이신 여호와여
> 내 입의 말과 마음의 묵상이
> 주님 앞에 열납되기를 원하나이다

이 시편은 이 기도를 반복하는 세-콜론으로 마무리한다. 첫 두 콜론은 abb'a'로 배열된다. 즉, 문자 그대로, "열납되기를 원하나이다-내 입의 말-과 마음의

---

[33] Cf. Jacob R. Rabinowitz, "The 'Great Sin' in Ancient Egyptian Marriage Contracts," *JNES* 18 (1959): 73; W. L. Moran, "The Scandal of the 'Great Sin' at Ugarit," *JNES* 18 (1959): 280–81.

말-주님 앞에." 이와 같이 "내 입의 말과 마음의 묵상이 주님 앞에 열납되기를 원하나이다"라는 기존 산문의 번역에 반영되듯이, 첫째 구절과 마지막 구절은 두 콜론에 적용된다. 맥락은 "말"이 이 시편의 말이나 일반적인 시편 기자의 말이 아니라, 다른 신에게 하는 말이거나 다른 사람에게 잘못을 행하는 수단이 될 수 있는 말임을 시사한다.

말은 흔히 시편에서 악행의 수단이며, 은밀한 음모와 사람들에게 끼치는 실제 해악 사이를 연결한다. 그리하여 말이 하나님께 열납되기를 원하는 기도는 일탈로부터의 해방과 보호를 위한 기도이다. 중간의 콜론에서 마음의 말을 언급하는 것은 이를 다시 진술하는 것이다. 마음의 말은 은밀한 음모이거나 은밀하게 다른 신을 의지하는 것이다.

"열납된다"(레라촌[lĕrāṣôn])는 흔히 희생제물이 열납됨을 가리킨다(예를 들어, 레 1:3). 이 시편은 희생제물의 열납됨과 (마음의) 말과 기도의 열납됨이 연관된다는 것을 전제한다. 열납되는 말과 마음은 열납되는 제물 없이는 충분하지 않다. 그러한 것들은 너무 값싸고 너무 가뿐하며 너무 내세적인 것일 수 있다. 하지만 열납되는 말과 마음 없이 열납되는 제물도 충분하지 않다.

마지막 콜론(개역개정은 첫 콜론이다-역주)은 상투적이면서도 놀랍다. 여호와를 *반석이라고 묘사하는 것은 시편 18편에서 반복됐고, 이전 시편과 또 다른 연관성 및 다윗의 입술에서 이 시편을 들을 가능성과의 또 다른 연관성에 기여한다. 하지만 이 묘사에 대한 보통의 맥락은 탄원자가 보호를 필요로 할 때이다. 여기서 초점은 다른 사람들이 우리에게서 보호를 필요로 할 가능성에 있으며, 우리가 우리 자신과 우리의 성향에 맞서 확고하게 설 수 있게 하거나, 우리를 자신들의 허물에 끌어들이려 하는 고의로 죄를 짓는 자들의 압박에 맞서 확고하게 설 수 있게 한다는 의미에서 여호와는 반석이시다.

여호와를 구속자로 묘사할 때에 동사 가알(gā'al)이 시편에서 처음 나온다. 구속자(고엘[gō'ēl])는 가족이 어려움에 처하거나 잘못했을 때에 상황을 바로잡고자 조치를 취하거나 자원을 사용하는 가족 내의 가까운 친족이다. 이 동사는 하나님께 사용될 때, 이와 같이 우리를 하나님의 가족에 두며, 우리가 어려움에 처할 때 하나님이 우리를 향한 가족의 의무를 받아들이심을 의미한다. 그러므로 "나를 구속하소서"는 나를 위해 상황을 바로잡음으로써 "주님의 의무를 내게 행하

소서"를 의미한다.³⁴

아마도 마무리하면서 하는 여호와를 반석이자 구속자로 인정함의 깊은 의미는, 우리가 여호와가 반석과 구속자로서 행동하시는 것을 발견하고자 한다면, 이 인정이 7-13절에서 표현된 종류의 헌신이 필수적이라는 인식이 된다는 것이다. 다시 한번 이것은 시편 18편과의 연관성을 세우는데, 시편 18편은 동일한 상정을 하지만 이들 사이의 균형을 뒤집었다. 시편 18편과 19편은 이와 같이 서로를 보완한다.

3. 신학적 의미

전통적으로 시편 19편은 자연 계시와 특별 계시를 서로 나란히 두는 것으로 이해됐다.³⁵ 이 시편을 왜곡되게 해석하려 하지 않는다면 신중히 고려할 필요가 있겠지만, 넓은 의미에서 이것은 적절한 이해이다.

첫째, 계시의 개념은 계몽주의 이후의 사상에서 문제를 해결하려는 시도였으며, 당연히 성경은 직접적으로 이런 질문을 다루지 않는다. 성경이 계시를 말하는 것은 다른 틀에 속한다. 이와 관련된 것은 (예를 들어) 하나님이 이스라엘의 조상들이나 선지자들에게 계시하셨다는 기사와 같지 않게, 이 시편의 두 주요 부분 가운데 어느 것도 "계시"라는 용어로 말하지 않는다는 사실이다.

대신에 첫 부분은 말하고 알리는 것에 대해 이야기한다. 하늘은 숨겨진 것을 드러내지 않고 항상 명백한 것을 주목하게 한다. 게다가 이렇게 알리는 것은 하나님의 영광을 주목하게 하는 하늘의 인상적인 특별한 능력 때문에, 일반적 자연이 아니라, 특별한 하늘이다. 그리고 하늘은 윤리적 요구에 의해 어떤 것도

---

34 Rogerson and McKay, *Psalms*, 2:97.
35 다음을 보라, 아퀴나스의 주석(그가 설명한 시편 18편); Calvin, *Psalms,* 1:307–33. 물론 그들은 "일반 계시"와 "특별 계시"라는 실제 용어로 사용하지 않는다. 또한 Michael Landon, "God and the Sciences," *ResQ* 38 (1996): 238–41을 보라. Sheri L. Clouda는 이 시편에서의 시각적 계시와 말로 된 계시의 상호 작용을 지적한다("The Dialectical Interplay 19:12–14 of Seeing and Hearing in Psalm 19 and Its Connection to Wisdom," *Bulletin of Biblical Research* 10 [2000]: 181–95).

계시하지 않는다.

둘째, 하나님을 엘('el)로 말하는 것에서 여호와로 말하는 것으로 옮겨 가지만,[36] 그렇지 않으면 예수님에게서 절정에 이른 이스라엘의 이야기에 표현된 하나님의 목적에 대한 진리와 같이, 자연에서 알려질 수 없는 더 깊은 진리에 대한 계시를 제공하지 않는다. 오히려 둘째 부분은 하나님의 가르침의 특성, 더 구체적으로 하나님의 가르침의 유익함에 대해 말한다.

우리는 하나님의 가르침이 특히 이스라엘에 제시하는 여호와의 가르침을 가리킨다고 여기는데 물론 그렇게 말하지는 않는다. 그리고 어쨌든, 도덕, 사회 조직, 예배와 같은 문제들에 대한 이스라엘에게 제시하는 여호와의 가르침은 종종 이런 지역에 있는 다른 민족들의 신앙 및 관습과 매우 비슷하다. 다시 일반 계시와 특별 계시 사이의 구분이 무너진다.

기독교 교리는 일반 계시가 충분하지 않다고 강조하며, 1-6절은 다른 방법이기는 하지만, 이를 내포한다. 우리는 그들이 어떻게 선포에 대해 점차 더 많이 말하고, 선포의 대상에 대해 점차 덜 말하는지 지적했다. 하늘은 예수님께 주목하게 한다고 생각하지만 불가피하게 자신을 주목하게 하는 설교자와 닮았다.

다시 말해서, 1-6절은 해체한다(deconstruct). 하늘은 하나님의 광채를 증언하지만 더욱 명백히 자신들의 광채를 증언하고 따라서 하나님의 백성이 자신들을 예배하게 한다. 대조적으로 7-11절은 이 문제를 처음부터 인식한다. 7-11절은 하나님의 가르침 이외에 어떤 것도 결코 영광을 돌리는 척하지 않는다. 하지만 7-11절에서 3-2 운율(시편 119편의 운율과 상응하는)로의 변화는 여호와 가르침의 기능이 승리주의적이거나 대체신학적(supersessionist)인 것이 아니라, 하나님의 백성에게 우주를 예배하는 덫에 빠지지 않도록 상기시키는 것임을 시사하며, 12-14절은 우리가 이 목적을 반드시 따르도록 하는 데 여호와의 도움을 구한다.

하지만 7-11절은 1-6절에서 언급하는 유혹에서 벗어나는 방법을 실제로 제시한다. (예를 들어) 태양을 숭배하려는 유혹이 있지만, 여호와의 가르침은 이를 금지하고 실제 삶은 이런 유혹을 거부하는 데 있다고 약속한다. 만약 어떤 사람들이 성경을 숭배하려 한다면(나는 이런 사람을 결코 만나보지 못했지만), 그들은 이 시편의 둘째 부분에서 대두할 수도 있는 경고, 즉 마치 태양이 하나님인 것처럼

---

[36] Cf. Mays, *Psalms*, 98.

태양을 숭배하지 않듯이, 성경이 마치 하나님인 것처럼 성경을 숭배하지 않아야 한다는 경고에 직면할 필요가 있겠다.

게다가 특별 계시가 일반 계시를 능가함을 의미하는 것으로 읽는다면 7-14절도 해체한다. 왜냐하면, 이스라엘에게만 주어진 계시는 하늘이 선포하였던, 온 세상에서의 여호와의 정당한 통치를 야기할 수 없기 때문이다.[37]

기독교의 태도와 이중으로 대조됨이 이 시편에 대두한다. 그리스도인들은 종종 자연의 영광에 대해 열광적이지만, 모세의 가르침이 압제적 속박이라고 여긴다. 시편 119편은 우주에서의 하나님의 계시를 오히려 계시의 맹렬함 가운데 무서운 것으로 여기지만, 여호와의 기대에 대해서는 즐거운 열광으로 가득하다. 이 시편은 기독교 독자들에게 여호와의 가르침이 생명을 주도록 의도됐음을 보라고 도전한다. 여호와의 가르침의 글자는 죽이도록 의도되지 않았다(고후 3:6과 대조해 보라).[38]

셋째, 우리는 이 시편이 창조와 계시에 대한 설명에 만족할 수 없음을 목격한다. 마지막에서 이 시편은 구속을 위한 기도에 이르러야만 한다.[39]

따라서 테오도레트(Theodoret)는 이 시편에서 세 종류의 하나님의 율법을 본다. 즉, 창조에 기록된 율법과 모세를 통해 주어진 율법과 "은혜의 율법"이 있다.[40]

로스 와그너(Ross Wagner)는 이 시편이 창조 가운데 있는 하나님에게서 시작하여, 토라에서의 하나님의 계시에 대한 반응에서 인간의 마음에 기도에서 절정에 다다른다고 본다.[41]

아른트 마인홀트(Arndt Meinhold)는 이 시편이 하나님에 대한 말씀에서 하나님의 말씀을 통하여 하나님의 말씀에로 이동한다고 본다.[42]

---

37 Cf. Rolf Knierim, "On the Theology of Psalm 19," in *The Task of Old Testament Theology* (Grand Rapids: Eerdmans, 1995), 322–50, 특히 345.
38 Cf. Mays, *Psalms*, 99.
39 Cf. Fishbane, *Text and Texture*, 89.
40 *Psalms*, 1:133. 그는 롬 1:20; 2:14; 8:2; 갈 3:19에 대한 언급을 덧붙인다.
41 "From the Heavens to the Heart," *CBQ* 61 (1999): 245–61.
42 "Überlegungen zur Theologie des 19. Psalms," *ZTK* 80 (1983): 119–36.

제20편

왕을 위한 축복

1. 본문

다윗의 시, 인도자를 따라 부르는 노래

1 환난 날에 여호와께서 네게 응답하시고
  야곱의 하나님의 이름이 너를 높이 드시며
2 성소에서 너를 도와주시고
  시온에서 너를 붙드시며
3 네 모든 소제를 기억하시며
  네 번제를 받아 주시기를 원하노라 (셀라)
4 네 마음의 소원대로 허락하시고
  네 모든 계획을 이루어 주시기를 원하노라
5 우리가 너의 승리로 말미암아 개가를 부르며
  우리 하나님의 이름으로 우리의 깃발을[1] 세우리니
  여호와께서 네 모든 기도를 이루어 주시기를 원하노라

6 여호와께서 자기에게 기름 부음 받은 자를 구원하시는 줄

---

1 LXX "확대되다"(참조. 시리아어 번역본)는 동사 다갈(*dāgal*)에서 더 예상할 수 있는 가달(*gādal*)로의 음위 전환을 내포한다. 후대 히브리어 용법에서 데겔(*degel*)은 한 무리의 군대를 가리키며(참조. *DCH*) 탈굼과 심마쿠스와 제롬은 이 의미에 근거하여 번역한다. 아카드어 같은 어족어는 "기다리다"를 제안한다(참조. *DCH*).

이제 내가 아노니
그의 오른손의 구원하는 힘으로
그의 거룩한 하늘에서 그에게 응답하시리로다

7 어떤 사람은 병거, 어떤 사람은 말을 의지하나
　우리는 여호와 우리 하나님의 이름을 자랑하리로다
8 그들은 비틀거리며 엎드러지고
　우리는 일어나 바로 서도다²
9 여호와여 왕을 구원하소서³
　우리가 부를 때에 우리에게 응답하소서

2. 해석

　시편 20편을 쭉 읽으면 곧 1-5절이 함께 속하지만 새로운 일이 6절에서 일어난다는 것이 분명해진다. 이는 먼저 5c절에 있는 재개하는 단일 콜론에서 알려주고, 그 후에 6절에서의 동사 형태의 변화에서 알려 준다. 1-5절은 한 무리의 사람들이 아마도 어떤 위기의 배경에 있는 지도자인 한 개인에게 하는 말이다(5a-b절을 보라). 9절은 결국 이것이 왕임을 내포한다. 6절에서 개인은 말하고 1-5절에서부터 여호와의 응답(1절), 여호와의 구원(5절), 거룩한 장소(2절의 코데쉬[qōdeš]도 6절의 "거룩한"을 가리키는 단어이다)에 대한 언급을 이어 간다. 그러므로 이 사람의 "인정"은 1-5절에 대한 반응이다.

　말하는 자는 여호와의 왕을 의미하는 "기름 부음 받은 이"에 대해 말할 때 3인칭으로 자신에게 간접적으로 언급하는 것 같다. 7-9절에서 1인칭 복수로의 전환은 이것이 원래 화자들의 말임을 시사하는데, 그들 역시 3인칭으로 기름 부

2　나는 히트폴렐 동사를 재귀적으로 번역했는데, 물론 HALOT은 이를 "서로 도와 일으키다"라고 상호적으로 여기고, 70인역은 "바르게 세워지다"라고 수동으로 여긴다.
3　Weiser (Psalms, 205)는 "… 우리에게 응답하시는 오 왕이여 …"라고 번역하지만, 이것은 부자연스러운 이해이다.

은 받은 왕을 언급한다.[4]

주석가들은 1-5절이 기도라고 묘사하지만,[5] 여러 고려 사항은 이것이 옳지 않음을 제안한다. 우리는 기도가 하나님께 한 것이라고 기대하거나(이 시편에서 9a절만이 하나님께 말한다), 최소한 어떤 명백한 대상자 없이 저씨브(jussive)로 말했다고 기대해, 하나님이 엿들으셨으므로 사실상 하나님이 대상자가 된다(9b절에서처럼). 우리는 시편 72편 대부분을 비교할 수 있다. 하지만 여기서 1-5절은 시편 91편의 대부분과 마찬가지로, 사람들을 위해 "기도"하고 있는 그 사람에게 말한다. 형태에서 동사는 동일하게 이크톨(yiqtol)이나 저씨브로 읽을 수 있다.

시편 91편에서처럼, 여기서 1-5절은 엘리가 한나에게 하는 말과 마찬가지로(삼상 1:17), 기도라기보다는 여호와가 행하실 일이나 약속에 대한 확신을 선포하는 것이거나 하나님의 축복을 선포하는 것이다.[6] 6절의 왕의 반응이 이것과 상응한다. 7-9절에서 원래 화자들은 왕이 여호와께 헌신한다는 선언을 이어 가고, 실제 기도와 최종 소원이나 확신의 표현으로 이 시편을 마무리한다. 제사장이 백성을 대신하여 그들 편에서 말하기는 하지만, 이 시편은 백성과 왕 사이의 대화이다.

이 시편은 시편 18편과 많은 어구의 연관성을 지니며, 따라서 우리는 시편 18편이 시편 20편에 있는 축복이 일어났다는 증언을 제시하거나 시편 18편이 증언한 것을 여호와가 행하실 것이라고 시편 20편이 약속한 증언을 제시함을 시사하고자, 이 시편들이 (거의) 나란히 놓였다고 판단할 수 있다. 시편 18편에서 왕은 여호와의 "응답"이 자신을 크게 했다고 말하고, 여기서 백성은 여호와가 왕에게 "응답"하실 것이라고 약속한다(1절). 시편 18편에서 왕은 환난에 처했음(차르[ṣar], 8:6[7])을 말하고, 여기서 백성은 환난의 날을 언급한다(차라[ṣārâ], 1절).

시편 18편에서 왕은 여호와가 높은 곳에 있는 자신의 산성(미스가브[miśgāb], 18:2[3])이라고 묘사하고, 여기서 백성은 여호와가 왕을 공격하실 위험을 피해 접근할 수 없으니 높은(사가브[śāgab], 피엘 1절) 산성에 왕을 둘 것이라고 약속한다.

---

4 이 시편의 구조에 대해, Pierre Auffret, "Qu'il te réponde, YHWH, au jour de détresse," *BN* 101 (2000): 5-9을 보라.

5 예를 들어, Kraus, *Psalms*, 1:278.

6 Cf. Gerstenberger, *Psalms*, 1:103-5; Seybold, *Psalmen*, 89; J. Kenneth Kuntz, "King Triumphant: A Rhetorical Study of Psalms 20 and 21," *HAR* 10 (1987): 157-76, 특히 159.

시편 18편에서 왕은 여호와가 자신을 붙드신 방식을 증언하고(18:35[36]), 여기서 백성은 여호와가 왕을 붙드실 것이라고 약속한다(2절). 시편 18편에서 왕은 여호와의 이름을 위해 찬송하고(18:49[50]), 여기서 백성은 야곱의 하나님 이름이 왕을 보호하실 것이라고 약속한다. 8절에서 원수가 엎드러짐은 왕의 희생자들이 엎드러짐과 비교되고, 백성이 일어섬은 왕의 희생자들이 일어서지 못함과 대조된다(18:38[39]).

한 아람어 기도는 다음과 같이 시편 20편과 본질에서 비슷하다.

> 호루스(Horus)는 우리가 환란을 당할 때에 우리에게 응답하기를 원하나이다
> 아도나이(Adonay)는 우리가 환란을 당할 때에 우리에게 응답하기를 원하나이다
> 오 하늘의 활, 사하르(Sahar)여
> 당신의 사자를 아르쉬(Arash) 성전에서 보내 주소서
> 제폰(Zephon)에서 호루스가 우리를 붙들기를 원하나이다
> 호루스가 우리에게 우리 마음의 소망을 허락하기를 원하나이다
> 마르(Mar)가 우리에게 우리 마음의 소망을 허락하기를 원하나이다
> 호루스가 우리의 모든 계획을 성취하기를 원하나이다
> 호루스가 우리 마음의 모든 요청
> 곧, 오 엘(El)이여 당신께서 시험한 마음의 요청을 성취하고
> 아도나이가 (심지어) 일부라도 보류하지 않기를 원하나이다
> 우리는-우리의 하나님 마르여, 우리의 신, 호루스, YH여-연약합니다
> 엘 베델(El Bethel)이 내일은 우리에게 응답하기를 원하나이다
> 하늘의 바알, 마르가 축복하기를 원하나이다
> 당신의 경건한 자들에게 당신의 축복이 임하기를 바라나이다.[7]

---

[7] 나는 Charles F. Nims and Richard C. Steiner, "A Paganized Version of Psalm 20:2–6 from the Aramaic Text in Demotic Script," in *Studies in Literature from the Ancient Near East* (Samuel Noah Kramer Festschrift), ed. Jack M. Sasson (New Haven, CT: American Oriental Society, 1984), 261–74에서 이 본문을 인용한다. 이 시편과의 관계, 연대에 관한 다양한 견해에 대해, 다음을 보라. Moshe Weinfeld, "*Htqst hp'g'ny ('rmyt bktb dmwty) śl thlym k'* 2–8," *Eretz-Israel* 18 (1985): 130–40, 70*; K. A. D. Smelik, "The Origin of Psalm 20," *JSOT* 31 (1985): 75–81; Ingo Kottsieper, "Anmerkungen zu Pap. Amherst 63," *ZAW* 100 (1988): 217–44; idem, "Papyrus Amherst 63," in *Die Königspsalmen, by Oswald Loretz* (Münster: Ugarit, 1988), 55–75; Oswald

이 시편과 아람어 기도의 연대 및 관계는 논란의 여지가 있어, 우리는 이 시편이 이 기도를 재구성했는지, 또는 그 반대인지에 대해 확신하고 언급할 수 없지만, 둘을 비교하는 것은 그런데도 도움이 된다.

첫째, 이 기도는 많은 신에게 호소하고, 시편은 한 신에게 호소한다. 마찬가지로 기도에 대한 응답이 오는 많은 성소가 있지만, 여호와의 응답이 오는 것은 오직 시온뿐이다. 이로 말미암아 탄원자는 자신들의 생각을 제한할 수 있다. 이것은 탄원자들에게 선택권을 준다. 이 시편은 오직 한 소망이 있을 뿐이다.

둘째, 이와 관련하여 이 기도는 동일한 소망을 다른 신들과 연결하면서 반복을 더 자주 한다. 시편은 여호와가 행하실 일에 대해 더욱 다양한 방식으로 말하는데, 물론 동의어의 병행법은 행 내에서 종종 본질에서 동일한 것을 다른 말로 말함을 의미한다. 시편은 또한 이미지를 더 많이 사용하며, 따라서 탄원자들과 하나님에게 다른 효과를 지닌다.

셋째, 이 기도는 정말로 기도이다. 기도의 많은 부분이 3인칭으로 표현되더라도 "우리"에 관심을 가지는 반면에 시편은 "우리의" 지도자, 왕에 관심을 가지고, 기도보다는 축복의 형태를 띤다. 게다가 시편은 병거와 말을 언급하여 곤경의 상황을 더욱 구체적으로 가리키고, 엎드러지고 일어서는 것을 언급하여 기도에 대한 응답이나 축복의 성취가 어떠할지를 구체적으로 가리킨다.

시편은 전투가 예상될 때 사용됐을 수도 있다. 시편 18편(그리고 21편)과의 연관성이 이를 지지할 수 있다. 역대하 20장은 사건의 종류를 설명하고, 시편 44편과 60편은 시편 20편과 같은 축복으로 응답했던, 백성이 당시 기도한 기도들의 종류를 가리키는데, 물론 우리는 이 상황이 어떤 특별한 상황이었는지는 알지 못한다.[8] 하지만 대신 이 시편은 전쟁이 올 경우 왕이 구원받을 것이라고 계속 확신할 필요성을 고려하여 규칙적인 예전적 행사에 사용됐을 수도 있다. 이것은 왕이 현재 위기에 직면하고 있음을 가리킬 필요는 없다. 어느 쪽이든 우리

Loretz, *Königspsalmen,* 15–54; Martin Rösel, "Israels Psalmen in Ägypten?" *VT* 50 (2000): 81–99; Ziony Zevit, "The Common Origin of the Aramaicized Prayer to Horus and of Psalm 20," *JAOS* 110 (1990): 213–28.

8 Cf. Rogerson and McKay, *Psalms,* 1:90.

는 이 시편이 언제 기록됐는지 알지 못한다.

[표제]

> 다윗의 시, 인도자를 따라 부르는 노래

용어 해설을 보라.
이 시편은 백성과 왕의 대화를 포함하고, 따라서 당시 다윗과 그의 백성이 사용했을 수 있다.

[시 20:1–5]

1–5절에 지배적인 3인칭 이크톨(yiqtol)이나 저씨브(jussive)는 민수기 6:24–26의 축복에 나오는 것들과 비교되며, 시편 72편은 많은 이런 3인칭 양식과 한두 개의 실제 기도와 섞인 것을 잘 보여 준다. 구약에서 축복은 모세와 다윗과 다른 왕들과 같은 지도자들(예를 들어, 신 33; 대상 16:2) 및 제사장들(예를 들어, 민 6:24–26; 신 10:8; 시 118:26)의 임무인 반면에 보통 백성은 서로 축복하고(129:8) 왕을 축복할(72:14–15; 왕상 1:47; 8:66) 자격을 갖는다.
여기서 시작하는 절은 여호와가 왕의 기도에 응답하시고 왕의 선물을 받으실 것이라는 그들의 약속과 더불어, 제사장의 축복을 시사할 수 있지만, 제사장이 말한다면 백성을 대신해 말할 것이라는 점은 5절에서 명백해진다.[9]

> 1 환난 날에 여호와께서 네게 응답하시고
>   야곱의 하나님의 이름이 너를 높이 드시며
> 2 성소에서 너를 도와주시고
>   시온에서 너를 붙드시며

---

[9] 1–5절에서 마지막 직전의 콜론을 제외하고 모든 콜론은 카(-*kā*), "너/너의"로 끝나는 단어를 포함하며, 5절에서 처음 두 콜론을 제외하고 모든 콜론은 "~하게 하소서," *y*로 시작하는 동사를 포함한다.

첫 두 행 각각에서 둘째 콜론은 첫째 콜론과 병행을 이루지만, 요점이 더 구체화된다.[10] 각 첫 콜론은 구체적 행위에 대해 말하며, "응답하다"와 "도와주다"가 사람이 곤경의 상황에서 하는 기도에 대한 응답의 두 양상이 된다. 우선 하나님이 들으셨고 행동하려 하신다는 선포가 있으며, 그 후에 이 선포가 효력을 발휘하게 되는 행위가 있다. 각 둘째 콜론은 응답이 어떠한지를 보여 준다. 야곱의 하나님의 *이름을 언급하는 약속은 야곱이 곤경에 처했을 때 자신에게 응답하신 하나님에 대해 말할 때의 야곱의 증언과 연결된다(창 35:3).

이사야 30-31장과 비슷하다는 것은, *도움을 청하러 애굽에 내려가는 것에 대한 경고와 비교됨을 시사한다(30:1-2; 31:1-5). 여호와는 이런 의지를 불필요하게 만드실 것이다. 아마도 축복은 이런 덫에 빠지지 않게 하려는 경고를 포함할 것이다.

이런 도움이 오는 "성소"(거룩한 장소)는 무엇인가?

언뜻 보기에는 둘째 콜론이 원래 그런 것처럼 이를 명확히 하는 것 같다. 시온은 성소이다. 그러나 적절한 때에 6절은 이 모습을 복잡하게 만들 것이다.

여호와는 성소(코데쉬[*qōdeš*])인 시온에서 응답하시고 "그의 거룩한 산"(셰메 코드쇼[*šĕmê qodšô*])에서 응답하실 것이다. 하지만 시온은 여호와가 살기로 결정하신 장소이며, 하늘에 있는 여호와의 집의 일종의 전초기지이므로, 또한 여호와의 행위가 나오는 장소이다. 여기서 시온을 언급한 것은 이곳이 회중과 왕이 모이는 곳이라는 사실과 연결될 것이다.

> 3 네 모든 소제를 기억하시며
> 네 번제를 받아 주시기를 원하노라 (셀라)

더 나아가 3절은 시온이 제물이 바쳐지고 축복이 선포되는 곳이며, 여호와가 왕이 기도와 더불어 바친 제물에 응답하시고 말에서 나온 복을 행위로 바꾸실 곳이라고 전제한다.[11] 이런 일이 일어날 이유는, 여호와가 왕의 선물에 *마음을 두시기

---

10 1절은 *abca'b*'로 배열되고, "환난 날에"라는 부사절은 더 긴 주어에 대해 공간을 남기는 방식으로, 둘째 콜론까지 이어진다. 칼(qal) 동사와 피엘(piel) 동사는 서로를 보완한다. 이후에 더 짧은 2절은 *abb'a*'로 배열된다.
11 이것은 2절에서처럼 *abb'a*'로 배열되고, 1절에서처럼 칼과 피엘이 같이 나오며, 또한 복수와

(기억하시기) 때문이다. 개념은 여호와의 지지를 살 수 없다는 것이 아니다. 최소한 시편 50편은 (예를 들어) 이것을 부인할 것이다. 선물은 오히려 왕이 곤경에 처한 상황에서 신중하게 여호와를 의지한다는 표시이다. 7절은 왕이 달리 행할 수도 있을 가능성, 이사야 30-31장과 같은 본문에서 언급되는 가능성을 암시할 것이다.

하지만 여호와는 이와 같이 돌아오는 자를 거부할 수 없으시다. 민하(*minhâ*)는 홀로 일반적 제물을 가리킬 수 있지만, 둘째 콜론은 *번제에 대한 언급을 추가한다. 그렇다면 두 콜론은 다른 종류의 제물을 가리키는 것 같다. 실제로 레위기 2장은 여호와의 주목을 받거나 여호와에 주목한다는 것을 알리고자 여호와께 바치는 제물로 태워지는 소제의 일부를 가리키는 데 아즈카라(*'azkārâ*)라는 용어를 사용한다.

둘째 콜론에 나오는 동사는 약간 모호하기는 하더라도 이 점을 다시 표현하는 데 사용되지만, 백성은 여호와가 "기름진" 이 제물을 "인정"하실 것이라고 (문자 그대로) 약속하는 것 같다.[12] 이 기름은 특히 여호와께 속하는 진미였다(예를 들어, 레 3:16-17).

> 4 네 마음의 소원대로 허락하시고
>   네 모든 계획을 이루어 주시기를 원하노라

4절은 여호와가 왕의 기도에 응답하시고 왕의 제물에 반응하신다는 주제를 이어 간다.[13] 처음에 우리는 왕의 레바브(*lēbāb*)에 대한 언급이 제물에 수반되어야만 하는 마음의 올바른 태도를 의미한다고 여겼을 수도 있지만, 둘째 콜론은 논리를 명확히 하며 이것이 생각하는 것을 언급한다고 지적한다. 왕의 마음(heart) 또는 *마음(mind)은 여호와는 관계없이 할 수 있는 계획들을 만들고 짜고 있었다(다시, 참조. 사 30:1). 표현들은 왕이 이 실수를 하고 있다고 여기지 않는다.

단수가 같이 나온다.

12 다샨(*dāšan*)을 선언의 피엘로 여긴다. Ernest Jenni, *Das hebräische Pi'el* (Zurich: EVZ, 1968) 을 따르는 *IBHS* 24.2fg를 보라.

13 이것은 한 번 더 *abb'a*'로 배열되고, 칼과 피엘이 같이 나온다.

> 5 우리가 너의 승리로 말미암아 개가를 부르며
>   우리 하나님의 이름으로 우리의 깃발을 세우리니
>   여호와께서 네 모든 기도를 이루어 주시기를 원하노라

이제 1-4절에서 누가 말하는지 더 명확해진다. 전체 백성이거나 그들을 대표하는 누군가이다. 또한, 아직 왜 그런지는 명확하지 않을지라도, 1-4절에서 묘사한 어려움이 왕에게만 영향을 미치는 것이 아니라 전체 백성에게 관련된다는 것이 분명해진다. 왕은 *구원이 필요하고, 그가 구원을 얻을 때, 백성은 *기뻐할(울리다) 것이다.

하지만 이것은 어떤 종류의 구원인가?

실제로는 둘째 콜론이 불완전하게 명확히 하겠지만, 이론상으로 둘째 콜론은 명확히 함을 내포할 수 있다. 백성은 기뻐할 뿐만 아니라 하나님의 *이름으로 깃발을 흔들 것이다. 이런 깃발을 흔드는 행위는 모두 군사적 함의를 지니며 두 맥락에서 나온다.

민수기 1-2장에서 깃발은 행진하는 이스라엘의 군대에 속한다. 아가서에서 맥락은 더욱 역설적이지만, 여자를 "깃발을 가진 여자와 같이 놀랍다"(또는 아마도 "깃발을 세운 군대"; 아 6:4, 10)고 묘사하는 것은 군사적 뉘앙스를 시사한다.[14] 그래서 백성은 왕이 이끄는 군대의 일원으로 말할 수 있다. 하지만 왕의 구원을 기념하는 언급 후에 나오는 이 콜론의 위치는, 이것이 전투에 임할 때 자신들의 깃발을 흔드는 것을 거의 가리킬 수 없음을 의미한다. 아마도 그들은 집으로 돌아올 때 승리 가운데 깃발을 흔드는 것을 상상할 것이다.

5c절에서 축복은 추가된 한 구절로 끝이 난다. 우리는 보통 이런 구절이 앞서는 두 콜론과 함께 세-콜론을 형성할 것이라고 기대하지만, 여기서 표시어는 오히려 이 구절이 독립적인 단일-콜론의 행임을 가리킨다. 5a-b절이 2-4절과 일치하는 또 다른 2-2행을 형성하는 반면에, 5c절은 규칙적인 세 개의 강세가 나오는 행이다. 내용에서 3인칭 축복 양식을 재개하고 전체 축복을 요약하는데, 요청은 "응답하다"(1절), 제물(3절), 소원(4절, "이루어 주다"라는 동사가 반복된다)을 언급한 데서 내포되는 요청들이다.

---

14 아 2:4과 5:10의 의미는 더욱 어렵다.

[시 20:6]

> 6 여호와께서 자기에게 기름 부음 받은 자를 구원하시는 줄
> 이제 내가 아노니
> 그의 오른손의 구원하는 힘으로
> 그의 거룩한 하늘에서 그에게 응답하시리로다

주석가들은 보통 1-5절에 응답하는 "나"가 선지자나 제사장의 목소리를 가리킨다고 여기지만,[15] 이것을 1-5절에서 불렀고 그 후에 자신을 3인칭으로 여호와의 *기름 부음 받은 이로 말하는 사람 곧 왕의 목소리로 여기는 것이 더 자연스럽다. 그의 말이 신뢰를 받는 누군가가 축복이나 약속이나 응답의 말을 했을 때, 적절한 반응은 신뢰와 확신이다(예를 들어, 삼상 1:17-18을 보라).

왕의 "이제 나는 … 안다"가 인용되지 않은 신탁이나 언급되지 않은 예전 사건에 대한 반응이라고 가정할 필요는 없다.[16] "이제 나는 … 안다"가 한 사건에 대한 반응일 수 있지만(예를 들어, 창 22:12; 삿 17:13), 이 고백은 또한 시내산에서의 이드로의 고백과 일치하는데, 그의 고백은 모세의 말에 대한 반응이었다(출 18:11). 시편의 맥락에서 고백은 백성의 축복 말에 대한 반응이 된다. 아마도 백성의 말이 제사장에 의해 중재된다는 것은, 백성의 말에 이런 반응을 요청할 권위를 부여하거나, 백성의 말에 있을 수 있는 힘에서 권위를 도출할 것이다.

왕은 *구원하다라는 동사와 구원이라는 명사를 사용할 때 백성의 말을 반복한다.[17] 동사는 카탈(qatal)로 하나님이 이미 약속을 이행할 행동을 시작하고 계시다는 확신을 표현한다. 왕은 "그에게 응답하시리로다"라는 동사, 곧 필요한 접미사 변경을 제외하고 1절에 나타난 대로의 동일한 동사 형태를 사용할 때 다시 이 약속을 반복한다.

"그의 거룩한 하늘"은 시온이 아니라 하늘에 있는 여호와의 성소 위치를 가리킬지라도, 우리는 이 응답이 "그의 거룩한 하늘에서" 온다고 언급하는 것은 2

---

15 예를 들어, Adam C. Welch, "Psalm xx," *ExpTim* 37 (1925-26): 407-10.
16 Weiser, *Psalms*, 207-8을 보라.
17 물론 이 명사는 5절에서처럼 예슈아(*yĕšûʿâ*)가 아니라 예샤(*yešaʿ*)이다.

절에서 코데쉬(*qōdeš*)라는 단어를 이어 간다고 지적했다. 언뜻 보기에는 "그의 거룩한 하늘"로 말미암아 우리는 여호와의 초자연적 거주지를 생각하지만, 이와 관련하여 반대의 순서로 된 구문이 "그의 하늘의 성소"(이는 실제로 NJPS의 번역이다)를 시사한다고 기대할 것이다.

하지만 시편 18:7-15에서는 여호와의 응답이, 여호와가 세상에 개입하실 때 우주 내에서의 여호와의 힘을 비범하게 보이는 형태로 그의 거룩한 하늘에서 오는 방식에 대해 말했다. 다시 한번 이 시편은 시편 18편이 증언한 것을 약속한다. 이것은 구원을 일으킬 여호와의 오른손에서 오는 *힘의 행위일 것이다.[18]

[시 20:7-9]

7-9절에서 "우리"가 말하는 것으로 전환함은, 7-9절이 다시 백성이나 그들의 대표자의 말이라는 것을 시사한다.

> 7 어떤 사람은 병거, 어떤 사람은 말을 의지하나
>   우리는 여호와 우리 하나님의 이름을 자랑하리로다

우선 긴 행(4-4)은 병거와 말에 확신할 수도 있다는 가능성을 인정하면서(참조. 사 31:1), 더욱 명백하게 신뢰의 주제를 이어 간다. 하지만 이 행은 신뢰가 아니라 기도를 가리키면서 독특한 동사를 사용한다. 이 동사(자카르[*zākar*], 히필, 목적어를 소개할 때 베(*bě*)가 동반된다)는 다시 백성의 말을 이어 가는데, 이것은 3절에서 "기억하다"라고 번역된 동사의 히필(hiphil)이 되고, "여호와"와 "우리 하나님"을 나란히 두면서(거기서 "여호와"와 "야곱의 하나님"을 비교하라), 여호와의 *이름에 대한 언급 역시 1절(그리고 5절)을 이어 간다.

이 동사는 사람들이 누군가나 무언가에 관해 이야기하고 기념하는 것을 시사한다(참조. 수 23:7; 사 48:1; 암 6:10; 베[*bě*] 없이, 시 45:17[18]; 71:16; 77:11[12]). 이사야

---

[18] 행들이 산문적이기는 하지만, 나는 6절을 두 개의 두-콜론으로 제시했으며, 분명히 두 중간의 콜론은 병행을 이룬다. 명백히 카탈(qatal)과 이크톨(yiqtol)/저씨브(jussive) 동사들은 어떤 의미에서 여호와가 행동하기 시작했다는 사실과 그럼에도 여호와의 행위가 여전히 미래의 일이라는 사실을 확증하면서, 대조를 이루는 쌍을 형성한다.

가 지적하듯이, 병거와 말을 위해 이를 행하는 사람들이 있지만, 적절한 이스라엘 사람으로서 이 왕은 여호와를 위해서만 한다. 수사는 이사야 30장에서 사람들이 말과 병거를 신뢰하듯이, 사람들이 "피난처"와 "은신처"와 "보호"와 같은 단어를 애굽에 적용하는 것을 비판하는 방식을 상기시킨다. 왕은 이런 실수를 저지르지 않고 여호와만 찬양할 것이다.[19]

> 8 그들은 비틀거리며 엎드러지고
> 우리는 일어나 바로 서도다

대조를 이루는 병행법이 이렇게 정연한 행에서 동사들은 다시 다가오는 사건들을 이미 실제적인 것으로 묘사하는 즉각적인 카탈(qatal, 과 마지막 와이크톨[wayyiqtol])이다. 카탈과 관련하여 대명사는 불필요하며, 강조를 위해 포함된다. 이와 같이 각 행은 대명사와 거의 비슷한 의미를 지니는 두 동사로 구성된다.[20]

> 9 여호와여 왕을 구원하소서
> 우리가 부를 때에 우리에게 응답하소서

첫 콜론이 하나님께 말하고 둘째 콜론이 1-5장을 특징짓는 하나님을 언급하는 3인칭 양식으로 전환하면서, 두 콜론은 서로 보완한다.[21] 첫째 콜론에서 *구

---

19 William F. Smelik ("The Use of hzkyr bšm in Classical Hebrew," *JBL* 118 [1999]: 321-32)은 이 표현이 "맹세하다"를 의미한다고 여긴다. 문자 그대로 이해하면, 이것은 수 23:7과 사 48:1에 나오는 유어반복 및 시 20:7의 에두르는 설명을 포함하지만, 이것은 "신뢰하다"를 의미하는 "맹세하다"의 구어 사용과 동등한 어구일 수 있다.
20 첫째 콜론에서 두 동사는 압도되는 과정에서 극적인 무대를 묘사할 수 있겠지만(참조. 삿 5:27), 또한 거의 동의어가 될 수도 있으며, 여기서 단순 와우-(w)로 연결되는데, 이는 두 동사가 동일한 사건을 묘사하는 두 방식이 됨을 시사한다. 둘째 콜론에서 우드('*ûd*)는 "증거"를 의미하는 흔한 우드('*ûd*)에서 온 개별 어근이다. 폴렐의 두 용법 가운데 한 용법에서(147:6), 이것은 누군가를 무너뜨리는 것과 대조되는데, 이는 와우-(w) 연속사에도 불구하고 8b절의 두 동사는 또한 거의 동의어이다.
21 마소라 본문은 "여호와, 구원자여, 왕이 우리가 부르는 그날에 우리에게 응답하게 하소서"를 내포한다(참조. 제롬). 그렇다면 왕은 신적 왕일 수 있다. 탈굼도 그러한데, 탈굼은 이를 부름으로 여기고 따라서 명령문으로 이에 이어진다(cf. *Midrash on Psalms*, 1:292). 70인역은 "주님 왕을 구원하소서, 그리고 우리가 당신을 부르는 어떤 날이든지 우리에게 귀를 기울이

원하다는 5, 6a, 6b절에서부터 반복되고, 실제 단어 "왕"은 처음으로 나온다. 그 후에 둘째 콜론은 1절과 6절에 나오는 접미사가 있는 동사에 대한 세 번째 이형(異形)으로 시작하여, 이 동사는 1절과 함께 인클루지오를 형성한다. 거기서처럼 "그 날에 …"라는 표현이 이어진다. "환난의 날"이 "우리가 부르는 날"(개역개정: 우리가 부를 때에-역주)이 되면, 이는 환난의 날이기를 멈춘다.

3. 신학적 의미

시편 20편의 독특한 특징은 왕의 축복, 하나님이 자신의 기도에 응답하려 하시고 자신을 붙드시고 보호하시며 승리를 주실 것이라는 선언을 두드러지게 한다는 것이다. 축복은 하나님이 그들을 향한 이런 의도를 가지셨다고 누군가에게 공언하는 것을 포함한다. 따라서 축복이 하나님의 뜻을 세상에 이행하는 데서 한 역할을 하도록 의도했다는 의미에서, 기도와 관련이 있다.

하지만 축복은 하나님께 하는 요청이라기보다는, 축복하는 자가 하나님이 하실 것이라고 말하도록 권한을 받은 것에 대한 선언이다. 축복은 수행의 언어, 곧 말한 것을 효력을 지니게 하는 언어이다. 축복은 하나님이 사람들의 삶에서 목적을 이행하시는 수단이다. 축복의 관계는 두 길이 있을 수 있으며, 백성과 사람 사이의 서로 의존하는 관계가 있다. 왕은 백성을 축복하고, 백성은 왕을 축복한다.

일반적 용어로 백성 전체, 특히 제사장들은 무엇이 왕을 위한 하나님의 목적인지 알고 있다. 따라서 이 목적이 일어날 것인지에 대해 명확하지 않아 보이는 맥락에서, 그들의 특권과 임무는 하나님의 목적이 실제로 성취될 것이라고 왕에게 선포하는 것이다. 하나님은 왕의 제물을 받으시고 왕의 기도에 응답하시며, 왕을 보호하시고 도우시며 붙드시고, 왕에게 자신의 계획을 성취하게 하실 것이다. 그들은 이에 대해 그들의 군사적 무기보다는 하나님을 신뢰하면서, 일어나는 모든 일을 보며 즐거워할 것이라고 확신한다.

소서"라고 되어 있다. 둘째 콜론을 2인칭 동사로 수정할 필요가 없지만, 오히려 이 절을 3-3으로 나누는 것이 분명히 옳다.

하나님의 의도에 대한 이런 선포는 왕에게 자신이 해야 할 일을 직면하도록 힘을 주는 자연스러운 효과를 지닌다. 백성이 곤경에 처했을 때 자신들의 지도자를 축복하는 것과 지도자의 확신과 백성의 확신 사이에 역동적인 상호 관계가 있다. 역설적으로 축복은 실제 기도를 불필요하게 하지는 않는다. 아마도 이것은 실제로 반대이다. 하나님에게서 받는 축복하는 책임을 행사하는 것에 근거하여, 제사장들과 백성은 하나님이 축복을 이해하실 것이라는 더 큰 확신으로 기도할 수 있다.

신약에서도 신자들은 서로를 축복하는 자격과 책임과 특권을 가지며(눅 2:34; 6:28; 롬 12:14; 고전 4:12), 교회와 목회자들은 왕과 백성의 관계와 비슷하게 서로 의존하는 관계에서 살아간다. 그들의 회중 및 장로들이나 집사들이나 교회 위원회와 같은 무리는 하나님이 자신의 기도를 받으실 것이며, 하나님이 보호하시고 도우시고 붙드실 것이며, 자신들의 교회 재원보다 하나님을 신뢰할 것이라고 선포함으로써 자신들의 목회자에게 축복할 힘과 특권과 책임을 지닌다. 목회자는 그들의 축복을 의지한다. 그리고 그들 자신도 그 축복에 의존한다.

제21편

다른 누군가의 구원의 의미

1. 본문

다윗의 시, 인도자를 따라 부르는 노래

1 여호와여 왕이 주의 힘으로 말미암아 기뻐하며
　주의 구원으로 말미암아 크게 즐거워하리이다[1]

2 그의 마음의 소원을 들어주셨으며
　그의 입술의 요구를 거절하지 아니하셨나이다 (셀라)
3 주의 아름다운 복으로[2] 그를 영접하시고
　순금 관을 그의 머리에 씌우셨나이다
4 그가 생명을 구하매 주께서 그에게 주셨으니
　곧 영원한 장수로소이다[3]

1　K에서 두 동사는 이크톨(yiqtol)이거나 저씨브(jussive)일 수 있지만, Q(그리고 C)에서 둘째 동사는 야겔(yāgel, K의 야겔[yāgêl]에 대해)인데, 이는 저씨브처럼 보인다. GKC 109k는 이것을 이크톨로 여기지만, 이크톨에 대해 이런 형태를 사용하는 GKC의 이유에는 들어맞지 않는 반면에 저씨브는 이 시편의 3인칭 감사 형태에 들어맞는다. *TTH* 70는 Q를 저씨브로 여기는 것 같다.
2　문자 그대로, "선의 복들"이지만 그렇다면 앞 단어는 불필요해 보이며, 이 표현은 최상급의 의미를 전하고자 관련된 의미를 지닌 두 명사를 사용한 사례일 것 같다(*IBHS* 14.5b를 보라).
3　나는 이렇게 통합시키지 못한 것(asyndesis)을 첫째 구절을 둘째 구절에 종속시키는 것으로 여기며, 둘째 콜론이 둘째 동사의 목적으로 구성하는 것으로 여겨 이 콜론이 다음 콜론에서도 뜻이 이어지게 된다고(enjambment) 보는 데서(즉, 구문론적 단위가 첫째 콜론으로 끝나

5 주의 구원이 그의 영광을 크게 하시고

　존귀와 위엄을 그에게 입히시나이다

6 그가 영원토록 지극한 복을[4] 받게 하시며

　주 앞에서 기쁘고 즐겁게 하시나이다

7 왕이 여호와를 의지하오니

　지존하신 이의 인자함으로 흔들리지 아니하리이다

8 주의(개역개정: 왕의-역주) 손이 주의(개역개정: 왕의-역주) 모든 원수들을 찾아냄이여

　주의(개역개정: 왕의-역주) 오른손이 주를(개역개정: 왕을-역주) 미워하는 자들을 찾아내리로다

9 주께서(개역개정: 왕이-역주) 노하실 때에[5]

　그들을 풀무불 같게 할 것이라

　여호와께서 진노하사 그들을 삼키시리니

　불이 그들을 소멸하리로다

10 주께서(개역개정: 왕이-역주) 그들의 후손을 땅에서 멸함이여

　그들의 자손을 사람 중에서 끊으리로다

11 비록 그들이 왕을 해하려 하여[6]

　음모를 꾸몄으나 이루지 못하도다

12 주께서(개역개정: 왕이-역주) 그들로 돌아서게 함이여[7]

　기보다는 둘째 콜론에 이어진다), 나는 70인역과 제롬과 탈굼을 따른다. 영어 번역본들은 첫째 콜론에서 목적어 대명사를 제공한다.

4 두 개의 목적격이 따르는 쉬트(*šît*)는 보통 무언가를 다른 무언가로 만드는 것을 의미한다(참조. 탈굼; 다른 곳은 예를 들어, 84:6[7]). "당신이 그에게 복을 주다"는 레(*lĕ*)가 필요할 것이다. GKC 124e과 함께 나는 복수를 강화로 여긴다.

5 Francis J. Morrow ("Psalm xxi 10," *VT* 18 [1968]: 558–59)는 레에드(*lĕ' ēt*)를 "~전에"를 의미하는 레움마트(*lĕ ummat*)로 수정한다.

6 70인역은 키(*ki*)를 "왜냐하면"으로 번역하고, 마지막 동사를 관계사절로 여긴다. 즉, "(거기서) 그들은 성공하지 못하다"(in which) they do not succeed). 하지만 이는 10절에서부터 잘 따르지 못한 것이다. BDB는 "~일지라도"라고 번역하지만, 이것은 특히 카탈 동사와 병행을 이루기가 어렵다.

7 문자 그대로, "그들을 어게(가 되게) 만들다." 이 표현은 이상하지만 "그를 축복(하게) 만들다"와 병행을 이루는 데 기여하며, 이것은 거의 "그들을 불타는 화로와 같이 만들다"와 비슷하

그들의 얼굴을 향하여 활시위를 당기리로다

13 여호와여 주의 능력[8]으로[9] 높임을 받으소서
우리가 주의 권능을 노래하고 찬송하게 하소서

2. 해석

시편 21편은 이전 시편과 마찬가지로, 암묵적으로 왕과 백성의 운명의 얽힘으로 진행하고, 시편 18편과 마찬가지로 시편 21편은 왕의 최근 구원을 기뻐한다. 하지만 시편 18편은 전적으로 이 최근 구원에 비추어 문제를 보고 시편 20편은 전적으로 자신의 현재의 곤경에 비추어 문제를 보는 반면에, 시편 21편은 다음과 같이 7-7의 *abb'a'* 구조로, 왕의 최근 구원과 그 구원의 지속적 의미를 완벽하게 균형을 맞춘다.

    a 왕의 기뻐함(한 행, 1절)
        b 여호와가 왕을 과거에 구원함(여섯 행, 2-7절)
        b' 여호와가 모든 원수에 대해 미래에 승리할 것임(여섯 행, 8-12절)
    a' 백성의 기뻐함(한 행, 13절)

왕과 백성의 운명은 서로 얽혀 있으므로, 이 시편은 왕의 최근 구원에 대한 감사시일 수 있지만, 실제로 왕에게 의존하는 백성이자 왕이 의존하는 백성이 하는 감사시일 수 있다. 감사시의 보통 방식으로, 이 시편은 찬양에 대한 헌신으로 시작하는데, 이는 백성의 입술에서 저씨브(jussive)의 형태를 띤다(1절). 이 시편은 신뢰의 선언과 비슷한 3인칭의 상당 어구로 마무리하면서(2-7절), 계속 왕의 기도와 여호와의 응답을 상기시킨다.

    다. GKC 117ii을 보라.
8 C는 게부로에카(*gĕbûrōtēkā*), "당신의 위대한 행위들"이라고 한다. 참조. 70인역과 제롬. 우리는 마소라 본문의 단수를 구체적인 것을 위한 추상으로 여길 수 있다.
9 두 동사는 직접 목적어로서의 찬양의 주제를 지배할 수 있다.

그 후에 이 시편은 여호와의 지속되는 또는 미래의 승리(8-12절)에 대해 추론하고 새로워진 찬양(13절)으로 마무리한다. 행들은 모두 두-콜론으로 되어 있으며, 1-7절의 행은 모두 평균 이상의 길이로 되어 있다. 각 행은 각 콜론에서 최소한 네 단어를 지닌다(3-4로 된 5절을 제외하고). 물론 마소라 본문은 (예를 들어) 1, 6, 7절을 3-3으로 추론한다. 대조적으로 8-13절은 모두 3-3이다(3-2 행으로 된 9절을 제외하고).

이 시편은 왕의 구원 및 그의 위엄에 대한 언급을 결합하고, 몇몇 해석가는 이런 왕의 위엄에 대한 언급을 고려하여 이것이 왕의 즉위, 또는 왕의 왕권을 매년 기념함과 관련된다고 추론했다.[10] 이는 그의 구원에 대한 언급을 정당히 다루는 것을 더 어렵게 만든다. 왕의 위엄에 대한 언급은 여호와가 왕의 요청을 훨씬 넘어서는 방식으로 왕에게 응답하셨다는 선포의 한 측면이 되는 것 같다.

어떤 위기의 맥락에서 왕은 자신의 삶이 보존되게 해 주시라고 하며, 여호와께 원수들에게서 자신을 구원해 주시라고 요청했다(1, 2, 4절). 여호와가 하신 일은 훨씬 그 이상의 것이었는데, 그에게 풍요롭게 축복하시고, 단지 생존하는 것이 아니라 장수하게 하셨으며, 단지 압박에서 피하게 하는 것이 아니라 그에게 화려함과 명예와 위엄을 제공하셨으며, 이 모두를 지속해서 베푸셨다(동사들은 이크톨[yiqtol]이다).

이 시편의 이런 특징은 또한 단순히 방금 지나간 위기와 관련된 것이 아니라, 실제로 여호와의 구원을 지속해서 기념하기 위해 사용됐다는 사실과 관련이 있을 수 있다. 시간이 지나갔다는 것은 여호와가 한 번의 구원뿐만 아니라 삶과 영광을 지속시키면서 축복을 허락하셨음을 보여 준다.

[표제]

다윗의 시, 인도자를 따라 부르는 노래

용어 해설을 보라.

이 시편에서 화자는 왕에 대해 말하는 회중이거나 회중을 대표해 말하는 제

---

10 예를 들어, A. Anderson, *Psalms*, 1:179을 보라.

사장이며, 표제는 우리가 이 시편을 아마도 역사적인 다윗의 이야기라는 면에서 표현된, 현재 다윗의 경험에 대한 반응으로 보도록 초대할 수 있다. 표제는 대안으로 이 시편이 실제 다윗과 관련하여 사용되고 있다고 상상하도록 우리를 초대하는데, 다윗의 경험은 여호와가 누군가를 원수들에게 건져 낼 뿐만 아니라 그에게 지속적인 화려한 위엄을 제공할 수 있는 방식을 설득력 있게 잘 보여 준다.

또는 표제는 이 시편이 미래 다윗에게 성취되는 것으로 보도록 우리를 초대할 수도 있다. 미드라쉬는 마지막 가정을 하는 반면에,[11] 탈굼은 1, 7절에서 "왕 메시아"라고 읽고 바울은 이 시편의 용어를 데살로니가후서 1:8-9에 반영할 것이다(아래를 보라).

[시 21:1]

먼저 제사장은 왕의 감사하는 이유(암묵적으로 백성과 공유하는)를 선포한다

> 1 여호와여 왕이 주의 힘으로 말미암아 기뻐하며
> 주의 구원으로 말미암아 크게 즐거워하리이다

이 두 개의 시작하는 콜론의 중심에는 조화를 이루는 베(*bě*) 표현들과 조화를 이루는 동사들이 있다. 첫째 콜론은 "여호와"를 부르고, 주어는 "왕"인데, 이는 둘째 콜론에도 적용된다. 둘째 콜론은 불변화사 "얼마나"(개역개정은 번역되지 않음-역주)와 부사 "크게"가 있는데, 이 역시 첫째 콜론에도 적용된다. 물론 이 시편의 수사에서 "크게 즐거워하리이다"는 단순히 "기뻐하다"를 발전시킨 것이다.

여호와의 *힘에 대한 개념과 나란히 여호와의 *구원을 언급하는 것은, 힘이 특별히 기뻐할 이유가 되지 않을, 단순히 여호와가 소유하시는 자질이 아니라, 여호와가 행동하는 가운데 보여 주시는 자질임을 분명히 한다. "구원"(참조. 5절)도 시편 20편과의 구체적 연관성을 형성한다(20:5, 6, 9을 보라). 1절에서 시편 20편의 소망, 축복, 기대가 현실이 됐음이 이미 암시된다.

---

11 *Midrash on Psalms*, 1:293.

[시] 21:2-7]

감사는 즉각적이면서도 적절하게 왕의 기도와 여호와의 응답을 되돌아본다. 2-5절에서는 카탈(qatal) 동사의 행(2, 4절)과 이크톨(yiqtol, + 명사절)의 행(3, 5절)이 번갈아 나온다. 처음에는 3절이 시편 18편에서 이크톨 콜론과 마찬가지로, 과거를 언급하는 것으로 들을 수도 있지만, 결국 표현이 번갈아 나오는 것은 과거 진술과 이 과거 진술들이 보증하는, 지속되는 진리와 신앙의 진술 사이를 움직이는 것을 시사한다.

> 2 그의 마음의 소원을 들어주셨으며
> 그의 입술의 요구를 거절하지 아니하셨나이다 (셀라)

콜론들은 정확하게 병행을 이룬다. 둘째 콜론은 "요구"를 가리키는 드문 명사를 사용하고(실제로 한 번 나오는 단어), 친숙한 적극적인 면을 보완하고자 드물고 소극적인 동사 "들어주셨으며"를 사용하지만, 본질적으로 둘째 콜론은 "마음"을 "입술"로 보완한다. 다시 단어들은 시편 20편과 연결되는데, 시편 20편에서 백성은 하나님이 왕의 마음에 따라(4절) 그에게 줄 것이라고 약속하셨다.

하지만 본질적으로 왕의 마음의 소원에 대한 언급은 이스라엘을 통치하고자 하는 다윗의 네페쉬(nepeš)의 소원과 후대의 여로보암의 네페쉬의 소원을 상기시킨다(삼하 3:21; 왕상 11:37). 여기서 *일어나다는 이것이 의미할 수도 있는 것에 대한 어떤 이론도 위험에 빠뜨리는 지점에서 이 단어가 나온 좋은 사례일 것이다.

> 3 주의 아름다운 복으로 그를 영접하시고
> 순금 관을 그의 머리에 씌우셨나이다

만약 우리가 다윗의 "소원"을 옳게 번역했다면, 이 병행을 이루는 콜론 가운데 둘째 콜론(abcdb'ec'd'로 배열된 여섯 단어)은 2절을 다시 진술하는데, 이 용어는 다윗이 많은 승리를 거둔 후 헤브론이나 예루살렘에 오는 것을 생각나게 한다. 첫째 콜론은 이크톨(yiqtol) 동사에도 불구하고 이런 사건을 시사할 수도 있다. 70인역의 프로프타노(prophthanō)가 인식하듯이, 여호와는 왕이 도착하기를 기다리실 뿐만 아니라 축복과 그의 왕관으로 그를 계속 만나신다. 카담(*qādam*, 피엘)은 누군가가 도착할 때 반응하는 것이라기보다는 주도권을 장악함을 시사한다.

> 4 그가 생명을 구하매 주께서 그에게 주셨으니
>   곧 영원한 장수로소이다
> 5 주의 구원이 그의 영광을 크게 하시고
>   존귀와 위엄을 그에게 입히시나이다

4절은 왕의 기도로 돌아온다. 여기서 요구의 내용을 가리키는 두 표현은 둘째 표현이 둘째 전체 콜론을 차지하면서, 이 행을 주변으로 감싼다. 생명을 구하는 요구는 아마도 원수들에게서 안전한 구원을 위한 요구일 것이다. 따라서 여호와의 응답이 요구를 훨씬 넘어서듯이, 둘째 콜론은 첫째 콜론을 수사적으로 훨씬 넘어선다.

이스라엘이나 유다 왕은 짧은 생애를 산 것으로 유명할 수 있으며, 장수에 대한 약속은 왕에 대한 통상적인 중동(Middle Eastern)의 소망이므로 4b절은 이 사실과 관련이 있을 수 있다(참조. 왕상 1:31, 다윗이 임종을 맞이할 때, 또한, 느 2:3; 단 2:4). 어떤 맥락에서든 이는 혈기 왕성할 때 죽는 것과는 대조적으로, 인간의 수명이 절대적으로 온전히 찰 때까지 사는 것을 시사한다.[12]

그 후에 5절은 다시 여호와의 행위 결과로 지속해서 상황이 어떻게 되는지를 묘사한다. 여기서 존귀와 장엄은 *영광을 상세히 설명한다.

> 6 그가 영원토록 지극한 복을 받게 하시며
>   주 앞에서 기쁘고 즐겁게 하시나이다

6-7절에 나오는 이중의 키(*kî*) 구절은 이크톨(yiqtol) 구절을 이어 간다(7a절에서 분사 구절을 추가하면서). 6절에서 첫 콜론에 나오는 각 단어는 3-4절에서 이어 간

---

[12] 시편 밖에서는 왕이나 그 밖의 어느 누구도 영생을 요구하거나 영생이 허락됐다는 지적이 거의 없다. 그러므로 우리는 이 시편의 시적인 언어를 이런 용어로 좀처럼 해석해서는 안 된다(Dahood, *Psalms*, 1:132와는 대조적으로). 그리고 왕이나 그 밖의 어느 누구도 자신의 후손들에게서 계속 산다는 면에서 생각했을 것이라는 어떤 명확한 지적도 없다.

다. 여호와가 왕을 풍요롭게 축복하신다는 개념(동사는 3b절에서처럼 쉬트[šit]이다)
은 여호와가 그에게 구체적으로 다수의 축복을 허락하셔서 그는 사람들이 스스
로를 위해 축복을 구하는 기준이 된다는 것이다(창 12:2; 사 19:24; 슥 8:13에 나오는
"축복이 되다"라는 개념).

그 후에 둘째 콜론은 첫째 콜론에서 이어진다. 아마도 접속사 생략은 재개하는
콜론을 다시 새로운 콜론에 종속시킬 것이다. 즉, "당신이 그를 영원토록 지극한
복을 받게 하시므로, 당신은 그를 기쁘게 하시나이다." 기쁨이 여호와의 존전이나
*얼굴에서 나오는 이유는, 여호와가 은혜로 보실 때 축복이 오기 때문이다.

> 7 왕이 여호와를 의지하오니
> 지존하신 이의 인자함으로 흔들리지 아니하리이다

우리는 다시 한번 첫째 콜론이 둘째 콜론으로 이어진다고 여길 수 있는데, 이
는 왕이 자신이 흔들리지 않는다고 여호와를 신뢰하고 있기 때문이다. 하지만
여기서 콜론들은 와우(w)로 연결되는데, 이는 둘째 콜론이 첫째 콜론을 다시 진
술하면서, 오히려 콜론들이 병행을 이룸을 가리킬 수도 있다. 그렇다면 흔들리
지 않거나 *넘어지지 않는다는 것은 신뢰를 가리키는 또 다른 방식이다.

또는 오히려 둘째 콜론은 왕의 *신뢰가 흔들리지 않는 신뢰임을 가리킨다. 이
것은 왕에게 다른 곳을 신뢰하라고 압박을 가하는 것을 고려할 때, 설득력이 있
는 주장이다.

하지만 둘째 콜론 역시 왕이 이런 신뢰를 어떻게 유지할 수 있는지를 가리키
는 데서 첫째 콜론을 넘어선다. 왕은 여호와의 *사랑(헌신) 때문에 계속 신뢰할
수 있으며, 왕은 신뢰를 고취할 많은 하나님의 사랑을 받았다. 그렇다면 여호와
는 신뢰의 대상이면서도 신뢰를 가능하게 하는 이라는 의미에서 신뢰의 주체이
다. 반복되는 전치사 베(bĕ, ~에서/~ 옆에)는 콜론들 사이의 연관성을 강조한다.

7절은 이 시편의 중심이며, 두 절반을 연결하는 것으로 여겨졌으며, 반복 구
로 불리었지만,[13] 구조적으로도 본질에서도 7절은 오히려 1-7절을 마무리한다.

---

13 예를 들어, J. Kenneth Kuntz, "King Triumphant: A Rhetorical Study of Psalms 20 and 21," *HAR* 10 (1987): 157-76, see 170; F. Charles Fensham, "Ps 21-a Covenant-Song?" *ZAW* 77 (1965):

7절은 왕의 신뢰가 2-6절에서 이야기하는 구원의 열쇠였음을 시사할 수도 있지만,[14] 이 진술의 위치와 분사를 사용하는 것은 오히려 지속되는 흔들리지 않는 신뢰나 지속되는 신뢰와 안전이 *지존하신 이로서의 여호와의 구원의 열매이며, 여호와의 즐거움의 표현이거나 여호와의 즐거움을 위한 동기임을 시사한다.

[시 21:8-12]

이 행들은 더 일관되게 이미 2-7절에 지배적이었던 이크톨(yiqtol) 동사들을 유지한다(원수들의 행위만이 11절에서 카탈[qatal]이 필요하다). 이제 구체적인 맥락에서 왕을 위한 여호와의 행위의 특수성은, 이 왕의 경험을 넘어 보는 여호와의 힘에 대한 일반화를 위한 토대를 제공한다.

70인역과 제롬은 이 동사를 미래로 번역하고, 의심의 여지 없이 이 진술들은 미래에 적용된다. 하지만 미래로 번역하는 것은 이 진술들이 현재에 적용되지 않는다는 것을 내포할 위험이 있는데, 이 시편의 논리는 여호와가 이미 행하신 구체적인 행위들이 현재에도 여호와가 행하실 것이라고 기대할 수 있는 토대를 제공한다는 것이기 때문이다.

최소한 8절은 이 시편이 왕에게 말하고 있음을 시사할 수 있는 방식으로 시작하여, 8-12절은 시편 20편에 있는 것과 같은 축복이 될 것이다. 하지만 대상이 바뀐다는 어떤 암시도 없다(9절은 3인칭으로 여호와를 언급하지만 7절은 이미 여호와를 부를 때 시편이 이렇게 쉽게 할 수 있음을 보여 주었다). 게다가 일부 언어는 여호와의 행위를 더욱 분명히 시사한다.

예를 들어, 시편의 적극적인 오른손은 보통 여호와의 오른손이다(18:35[36]; 20:6[7]에서도 그렇다). 동일한 9a절의 불과 9b절의 불이 동일한 것을 가리키는 것으로 여기고, 9절의 임재(개역개정: 노하실 때에"라고 번역함-역주)가 6절의 임재(개역개정: 주 앞에서"라고 번역-역주)와 동일한 것이라고 여기는 것은 자연스럽다. 나는 이 시편이 계속 하나님을 부른다고 추론한다.[15]

193-202, 특히 195; Pierre Auffret, "Note sur la structure littéraire du Psaume xxi," *VT* 30 (1980): 91-93.

14 Werner Quintens, "La vie du roi dans le Psaume 21," *Bib* 59 (1978): 516-41, 특히 535도 그렇다.

15 Fokkelman (*Major Poems*, 2:103)은 이 섹션이 왕의 행위와 하나님의 행위 사이의 "완벽한 시

> 8 주의(개역개정: 왕의-역주) 손이 주의(개역개정: 왕의-역주) 모든 원수들을 찾
> 아냄이여
> 주의(개역개정: 왕의-역주) 오른손이 주를(개역개정: 왕을-역주) 미워하는 자들을 찾
> 아내리로다

어순은 abcb'ac'로 되어 있지만, 콜론들은 정확하게 병행을 이룬다. "오른손"은 "손"을 구체적으로 표현하며, 동사는 보통 단순히 반복된다. "왕을 *미워하는(적대적인) 자들"은 "원수들"(오예브[ʾōyēb])보다 더 시적이며 훨씬 덜 일상적인 표현이다.

> 9 주께서(개역개정: 왕이-역주) 노하실 때에
> 그들을 풀무불 같게 할 것이라
> 여호와께서 진노하사 그들을 삼키시리니
> 불이 그들을 소멸하리로다

이 시편에서 가장 짧은 이 두 행 각각(아마도 이렇기 때문에 마소라 본문은 두 행을 한 절로 만드는 것 같다)은 여호와의 진노 행동이 그의 희생자들이 되는 자들을 갑자기 세우듯이, 3-2행의 방식으로 갑자기 우리를 세운다. 9a절은 먼저 다시 동사 쉬트(šit)를 이어 가면서, 더욱 은유적으로 8절과 동일한 점을 지적한다. 여호와는 왕을 복의 화신으로 삼는 반면에, 원수들을 풀무불 같게 한다. 이 진술은 일종의 환유이다. 그들은 풀무라기보다는 풀무에 있는 대상이다.

그 후에 둘째 콜론은 여호와가 임재하시는 가운데 이것을 언제 하고 어떻게 했는지를 명확히 하는데, 이와 같이 여호와의 임재는 왕에게와는 매우 다르게 원수들에게 의미를 지닌다(6절). 하지만 콜론 역시 한 질문을 연다.

즉, 여호와의 임재는 왜 이런 효과를 가져야 하는가?

여호와를 3인칭으로 언급하는 것으로 바뀌면서, 9b절은 이를 명확히 한다. 9b절은 다시 시편 18:3-15[4-16]을 상기시키는데, 시편 18편 본문에서 상세하게 진노와 삼키는 불에 대해, 여호와의 임재에 대해(18:6에서는 "그 앞에"로 번역했지

너지"(perfect synergy)를 내포하면서 체계면에서는 모호하다고 제안한다.

만, 문자 그대로는 "그의 얼굴/존전에"이다), 삼키는 것(18:4에서 만약 우리가 벨리알이 이런 의미를 전달한다고 여길 수 있다면)에 대해 말했었다.

물론 여기 21:9에서는 여호와가 삼키는 분(swallower)이 되신다. 그렇다. 백성의 부르짖음이 여호와의 존전에 도달할 때, 이는 백성을 공격하는 자들에게 삼키는 불로 나온다. 두 콜론은 둘째 콜론이 여호와가 원수들을 어떻게 삼키시는지를 설명하면서(그들을 소멸시키는 불로), 이 사건에 대한 묘사를 보완한다.

이와 같이 "삼키다"와 "소멸하다"가 쌍을 이루듯이, "여호와"와 "불"은 쌍을 이루지만, "진노하사"는 상당 어구가 없다. 이것은 두 콜론에 적용되지만, 두 콜론에 적용되게 하면 둘째 콜론은 방금 지적한 대로 갑작스럽게 멈추고 우리를 갑자기 세운다.

> 10 주께서(개역개정: 왕이-역주) 그들의 후손을 땅에서 멸함이여
>   그들의 자손을 사람 중에서 끊으리로다

10절은 더 문자 그대로의 묘사로 전환한다. 안전한 구원은 직접적 공격자들을 제거할 뿐만 아니라 공격자들의 다음 세대도 제거할 필요가 있다(참조. 시 137:9). 이 행은 명백히 긍휼히 여기지 않지만, 요점을 신랄하게 지적한다. 즉, 다음 세대는 그들의 부모의 "열매"이자 "씨앗"이다.

> 11 비록 그들이 왕을 해하려 하여
>   음모를 꾸몄으나 이루지 못하도다

11절은 다시 한번 요점을 재진술하는데, 이번에는 상황을 상상한다. 여호와는 사람들을 공격할 때 주도하지 않으신다. 여호와는 공격에 반응하고 계신다. 첫째 콜론의 표현은 특이하며, 재개하는 "~할 때" 구절(키[*kī*]는 이 구절까지 연결된다. 개역개정은 "비록"으로 번역함-역주)은 요점을 더욱 직접적으로 표현한다. 이 행의 후반부의 수사는 9절의 수사와 비교되고 대조된다. 이 행은 예상되는 길이며, 이 행의 주요 부분이 제기한 이슈가 마지막 활기 있는 선포인 발-유칼루(*bal-yūkālû*), "이루지 못하도다"에서 해결된다.

> 12 주께서(개역개정: 왕이-역주) 그들로 돌아서게 함이여
> 그들의 얼굴을 향하여 활시위를 당기리로다

이제 두 개의 병행을 이루는 콜론은 더욱 문자적으로 여호와가 어떻게 이루지 못하게 하시는지 설명한다. 첫째 콜론은 동사 쉬트(*šit*)를 다시 한번 이어 가는데, 3절과 6절의 왕과 관련된다기보다는 9절과 마찬가지로 원수들과 관련된다. 둘째 콜론은 10a절에서의 전환이 어떻게 일어나는지를 묘사한다.[16] 즉, 여호와는 그들에게 활을 쏘시고, 그들은 현명하게 달아난다. 그러나 동사는 또한 10a절의 동사를 반대로 하여, 11-12절은 *abb'a'*로 배열된다. 원수들은 여호와께 활을 당기고, 여호와는 되돌려 그들을 향하여 당기신다. 싸움은 없다.

[시 21:13]

> 13 여호와여 주의 능력으로 높임을 받으소서
> 우리가 주의 권능을 노래하고 찬송하게 하소서

이 시편은 시편 18편과 동일한 방식으로 끝난다. 처음에는 여호와가 높임을 받으시라는(룸[*rûm*]) 마무리하는 권고가 8-12절의 선포에 따라 자기 주장의 행위를 가리킨다고 여길 수도 있지만(참조. 89:13[14]), 이 동사는 종종 백성의 눈에서 높임을 가리킨다. 게다가 여호와의 힘(개역개정: 능력-역주)을 언급하는 것은 1절과 인클루지오를 형성한다. 1절에서 왕은 여호와의 힘을 기뻐하고, 여기서는 모두가 여호와의 힘을 기뻐한다.

둘째 콜론은 이것이 시작하는 명령의 의미라고 확증하는데, 노래하고 *찬송하는 것에 대한 두 개의 코호르터티브(cohortative) 동사들이 높임에 대한 명령(또한 아[-â] 어미와 함께)과 병행을 이루는 데서도 알 수 있다. "주의 *권능*"은 마찬가지로 덜 흔한 단어인 "주의 *힘(능력)*"과 병행을 이룬다. 이상하게도 이 두 단어는 다른 곳에서는 함께 나오지 않는다.

---

16 이와 같이 GKC 156d는 이것을 상황절로 본다.

3. 신학적 의미

시편 21편은 생생하게 전체 하나님의 백성에게 개인, 특히 지도자들의 구원이 얼마나 중요한지를 보여 준다. 이 시편의 논리는 다음과 같다.

왕은 여호와가 대적들에게서 자신을 구원하심을 경험했다(2-5절). 이로 말미암아 그가 찬양하고 계속 신뢰하도록 고취된다(1, 6-7절). 이는 또한 여호와가 하나님의 목적에 반대하는 모두를 이기시고 이기실 것이라는 확신에 대한 토대를 제공한다(8-12절). 그리고 이로 말미암아 백성들이 찬양하도록 고취된다(13절).

이와 같이 이 시편을 기도하는 백성은 3인칭으로 된 먼 선포와 관찰(1-7절)에서 일반적인 진술(8-12절)로, 그리고 이 진술의 함의에 대한 명백한 인정(13절)으로 이동한다.

지도자의 위치에 있으면 불가피하게 지도자는 위험에 노출될 뿐만 아니라 기도하지 않을 수 없으며, 이로 말미암아 하나님을 입증할 기회가 온다. 만약 백성이 이런 과정을 인식한다면, 그들도 지도자의 찬양에 합류하고 지도자의 경험에 유익을 얻을 기회를 얻게 된다.

데살로니가후서 1:8-9은 "주의 얼굴을 떠나" 타오르는 불과 영원한 멸망에 이르게 됨을 말하는 방식에서 9절을 떠올리게 하며,[17] 교회는 그리스도의 승천 절기에 이 시편을 사용한다. 1-6절은 그리스도가 죽으시고(기도와 함께) 부활하시고 승천하실 때 그의 경험에서 더 깊이 설명되는 것으로 간주될 수 있다. 죽음과 부활과 승천은 악한 사람들과 악한 세력에 대한 승리이며, 이 시편의 후반부는 하나님이 또한 다른 악한 사람들과 악한 세력을 삼키실 것임을 내포한다.

---

17 Cf. Kidner, *Psalms,* 1:104.

제22편

두 가지 사실에 영광을 돌리는 기도

1. 본문

다윗의 시, 여명의 도움으로, 인도자의 시
(개역개정: 다윗의 시, 인도자를 따라 아앨렛샤할에 맞춘 노래-역주)

1 내 하나님이여 내 하나님이여 어찌 나를 버리셨나이까
  어찌 나를 멀리하여 구원하지(개역개정: 돕지-역주) 아니하시오며 내 신음 소
  리를 듣지 아니하시나이까
2 내 하나님이여 내가 낮에도 부르짖고
  밤에도 잠잠하지 아니하오나 응답하지 아니하시나이다[1]

3 이스라엘의 찬송 중에 계시는 주여
  주는 거룩하시니이다[2]
4 우리 조상들이 주께 의뢰하고
  의뢰하였으므로 그들을 건지셨나이다
5 그들이 주께 부르짖어 피하였고(개역개정: 구원을 얻고-역주)[3]
  주께 의뢰하여 수치를 당하지 아니하였나이다

---

1 탈굼은 동사 앞에서 "그리고"를 생략하고 따라서 "밤에도 잠잠하지 않는다"라고 읽는다.
2 나는 복수 테힐로트(*těhillôt*)를 강조로 여긴다.
3 단순 와우(w) + 카탈(qatal)은 반복을 나타내기보다는(GKC 112h이 그렇다) 변칙적이다
  (*TTH* 133).

6 나는 벌레요 사람이 아니라
　사람의 비방거리요 백성의 조롱거리니이다
7 나를 보는 자는 다 나를 비웃으며
　입술을 비쭉거리고 머리를 흔들며 말하되
8 그가 여호와께 의탁하니 구원하실 걸,
　그를 기뻐하시니 건지실 걸 하나이다
9 오직 주께서 나를 모태에서 나오게 하시고
　내 어머니의 젖을 먹을 때에 의지하게[4] 하셨나이다
10 내가 날 때부터[5] 주께 맡긴 바 되었고
　내 어머니의 태에서(개역개정: 모태에서-역주) 나올 때부터 주는 나의 하나님
　이 되셨나이다

11 나를 멀리하지 마옵소서
　환난이 가까우나 도울 자 없나이다
12 강력한(개역개정: 많은-역주)[6] 황소가 나를 에워싸며
　바산의 힘센 소들이 나를 둘러쌌으며
13 내게 그 입을 벌림이 찢으며
　부르짖는 사자 같으니이다[7]
14 나는 물 같이 쏟아졌으며
　내 모든 뼈는 어그러졌으며[8]
　내 마음은 밀랍 같아서

4　C는 마소라 본문 마브티히(*mabṭiḥi*)에 대해 미브타히(*mibṭaḥi*), "내 희망"(참조. 70인역, 제롬)이라고 한다. 나는 바타흐(*bāṭaḥ*, 히필)가 안전한 자리(NRSV)보다는 신뢰의 태도를 가리키는 데서 70인역과 제롬을 따른다.
5　문자 그대로, "자궁에서부터"(하지만 9a절과 10b절에서처럼 베텐[*beṭen*]이 아니라 여기서 레헴[*reḥem*]이다).
6　강력한은 "황소"에 적용되며, 라빔(*rabbîm*)에 대해 "많은"보다는 더 가능성이 높은 의미이다(참조. BDB, 물론 이 사례를 인용하지는 않는다).
7　크(*k*, "~와 같은"을 의미한다-역주)가 없지만, 무언가 발생하는 방식을 가리키는 부사적 용법에 대해, GKC 118r을 보라.
8　여기서 와우(*w*) + 카탈(*qatal*)은 아마도 둘째 동사가 시간상으로 후속 사건을 가리키기보다는 동일한 현실을 묘사함을 가리킬 것이다.

내 속에서 녹았으며

15 내 힘이 말라 질그릇 조각 같고

내 혀가 입천장에 붙었나이다

주께서 또 나를 죽음의 진토 속에 두셨나이다

16 개들이 나를 에워쌌으며

악한 무리가 나를 둘러

사자와 같이(개역개정에서는 없는 표현-역주) 내 수족을 찔렀나이다

[또는, 내 수족이 시들었나이다(cf. 여러 번역본)]⁹

17 내가 내 모든 뼈를 셀 수 있나이다

그들이 나를 주목하여 보고¹⁰

18 내 겉옷을 나누며

속옷을 제비 뽑나이다

19 여호와여 멀리하지 마옵소서

---

9   마소라 본문은 카아리(*kāʾări*)라고 한다. 다른 버전들은 3인칭 동사를 전제하며, 보통 카루(*kārû*)로 여겨진다. 여러 어근 가운데 가장 흔한 카라(*kārâ*)는 "파다"를 의미하지만(참조. 70인역), 이것은 불충분한 의미를 제공한다. 이것을 "찌르다"를 의미한다고 확장할 근거가 없는데, 물론 이는 이 단어가 예수님께 적용됨을 용이하게 한다(각주에 있는 번역가의 설명과 함께, Calvin, *Psalms*, 1:373-75을 보라). 제롬은 "묶다"로 번역하는데, 이는 의미는 통하지만 근거가 의심스럽다. 즉, 이것은 외관상으로는 아랍어로 "(터번을) 날리다"를 의미하는 쿠르(*kûr*)의 의미에 근거한다(참조. 쿠르[*kûr*]에 관해 BDB, 카라[*kārâ*]에 관해 TDOT). 아퀼라의 "그들은 손상시켰다"(they disfigured)는 이 동사가 아랍어 카아르(*kāʾār*)라고 전제한다. 나는 오히려 이 동사가 DCH의 카라(*kārâ*) V라고 여긴다(cf. NRSV; J. J. M. Roberts, "A New Root for an Old Crux," *VT* 23 [1973]: 247-53). Michael L. Barré "절름발이가 됐다"(have gone lame)라는 번역을 선호한다("The Crux of Psalm 22:17c," in *David and Zion* [J. J. M. Roberts Festschrift], ed. Bernard F. Batto and Kathryn L. Roberts [Winona Lake, IN: Eisenbrauns, 2004], 287-306). 다른 가능성 있는 해석에 대해, 다음을 보라, L. C. Allen, "Cuckoos in the Textual Nest," *JTS*, n.s., 22 (1971): 143-50, 특히 148-50; John Kaltner, "Psalm 22:17b," *JBL* 117 (1998): 503-6; Brent A. Strawn, "Psalm 22:17b," *JBL* 119 (2000): 439-51; R. Tournay, "Note sur le Psaume xxii 17," *VT* 23 (1973): 111-12; Gregory Vall, "The Old Guess," *JBL* 116 (1997): 45-56.

10 나는 접속사가 없는 구절을 상황절로 여긴다(cf. Briggs, *Psalms*, 1:203). 라아 베(*nābaṭ b*)는 "~을 눈으로 즐기다"(feast the eyes on)라는 뉘앙스를 전달할 수 있다(참조. 54:7[9]; 59:10[11]). 이 구절에 있는 첫 동사, 나바트 베(*nābaṭ b*, 히필)는 다른 곳에 나오는 구절, 92:11[12]에서 비슷한 의미를 지닌다.

나의 힘이시여 속히 나를 도우소서
20 내 생명을 칼에서 건지시며
　　내 자신(개역개정: 유일한 것-역주)을 개의 세력에서 구하소서
21 나를 사자의 입에서 구하소서
　　주께서 내게 응답하시고 들소의 뿔에서 구원하셨나이다
　　[또는 내 약함을 들소의 뿔에서(참조. 70인역)][11]
22 내가 주의 이름을 형제에게 선포하고
　　회중 가운데에서 주를 찬송하리이다

23 여호와를 두려워하는 너희여 그를 찬송할지어다
　　야곱의 모든 자손이여 그에게 영광을 돌릴지어다
　　너희 이스라엘 모든 자손이여 그를 경외할지어다
24 그는 곤고한 자의 한탄(개역개정: 곤고-역주)을 멸시하거나
　　싫어하지 아니하시며
　　그의 얼굴을 그에게서 숨기지 아니하시고
　　그가 울부짖을 때에 들으셨도다
25 큰 회중 가운데에서 나의 찬송은 주께로부터 온 것이니
　　주를 경외하는 자 앞에서 나의 약속(개역개정: 서원-역주)을 갚으리이다

26 연약한(개역개정: 겸손한-역주) 자는 먹고 배부를 것이며
　　여호와를 찾는 자는 그를 찬송할 것이라
　　너희 마음은 영원히 살지어다
27 땅의 모든 끝이 여호와를 기억하고 돌아오며
　　모든 나라의 모든 족속이 주의 앞에 예배하리니[12]
28 나라는 여호와의 것이요
　　여호와는 모든 나라의 주재심이로다

11　70인역은 마소라 본문의 아니타니('ănîtānî)에 대해 에누티('ĕnûtî)와 같은 명사를 내포한다 (참조. 24절).
12　BDB는 히쉬타하와(hištaḥăwâ)를 샤하(šāḥâ)에서 온 히트팔렐로 여긴다, *HALOT*은 하와 (ḥāwâ)에서 온 에쉬타펠(eshtafel)로 여긴다.

29 세상의 모든 풍성한 자가 먹고 경배할 것이요
   진토 속으로 내려가는 자
   곧 자기 영혼을 살리지 못할 자도 다 그 앞에 절하리로다[13]
30 후손이[14] 그를 섬길 것이요
   대대에[15] 주를 전할 것이며
31 와서 그의 공의를 태어날[16] 백성에게 전함이여
   주께서 이를 행하셨다 할 것이로다

2. 해석

시편 22편은 특히 놀랍고 광범위한 찬양의 행위로 마무리하는, 한 개인의 도움을 구하는 부르짖음이다. 이와 같이 이 시편에는 긴장이 흐른다. 1-21절 홀로는 탄원자가 현재 마음이 괴로움을 나타내지만, 22-31절은 예배자가 여호와의 구원을 증언하는 위치에 있다. 1-21절은 기도시로 홀로 분리될 수 있으며, 22-31절은 나중에 여기에 추가됐을 수 있다. 22-31절은 마치 감사시로 분리될 수 있는 것으로 보이지 않는다.[17]

이 시편의 주요한 부분을 차지하는 1-21절이 현재의 현실로서 탄원자의 곤경을 묘사한다는 사실로 말미암아, 이 시편 전체가 1-21절이 되돌아보는 구원 경험의 맥락에 속하고 탄원자는 그 후에 감사시를 사용하는 것 같지는 않다. 오히려 이 전환은 이 시편 전체의 특징과 모순되지 않는 것으로 볼 필요가 있다.

---

13 웨나프쇼 로 히야(wĕnapšô lōʾ ḥiyyâ)에 대해 70인역은 웨나프쉬 로 하야(wĕnapšî lô ḥayyâ), "내 영이 그를 위해 산다"(My spirit lives for him)를 내포한다. 1인칭으로의 전환은 적절하지 않지만, "그를 위해 사는 그 사람은 …"이 30절의 좋은 도입이 될 것이다.
14 접미사는 나프쇼(napšô)에서 이어 온다.
15 야보우(yābôʾû, 마소라 본문에서는 31절의 첫 단어)와 이전 것을 연결시킨다(참조. 70인역).
16 니팔 분사는 동사상(動詞狀) 형용사(gerundive)이다.
17 하지만 27-31절을 독립된 실제로 보는 것에 대해, 다음을 보라. Édouard Lipiński, "L'hymne à Yahwé Roi en Psaume 22,28-32," *Bib* 50 (1969): 153-68; Charles Krahmalkov, "Psalm 22,28-32," *Bib* 50 (1969): 389-92; Othmar Keel-Leu, "Nochmals Psalm 22,28-32," *Bib* 51 (1970): 405-13; Stéphane Guillet, "Louer Dieu dans la détresse," *Hokhma* 56 (1994): 1-16.

전반적으로 이 시편은 한편으로는 질문과 항변과 한탄 사이를 오갔으며, 다른 한편으로는 여호와의 인정, 여호와에 대한 신앙의 진술, 여호와께 하는 기도 사이를 오간다. "하나님께 찬양하는 가능성, 효력, 필요성"[18]이라는 주제는 이 시편 전체를 관통한다. 22-31절은 탄원자가 아직 여호와의 구원을 경험했다고 가리키지 않는다. 22-31절은 여호와가 구원하실 것이라고 탄원자가 알고 있음을 실제로 가리킨다. 이 확신은 여호와의 행위와 의에 대한 일반적인 선포를 듣거나, 누군가가 21-절과 22절 사이에 하나님에게서 온 말씀을 가져온 데서 유래할 수 있지만 이런 가설은 직접 입증되지도 않고 실제로 필요하지도 않다.[19]

3-5절과 22-31절에서 공동체에 대한 인식은 탄원자가 다른 이들과 함께 이 기도를 한다는 것을 의미할 수 있다. 하지만 만약 그렇다면 대부분 이 기도는 그들을 언급하는 것을 피하는데, 왜냐하면 그들의 존재가 1-21절을 특징짓는 고독함에 대한 주장을 제한할 것이기 때문이다. 우리는 시편을 작성하게 된 특별한 상황에 대해 어떤 것도 알지 못하며, 우리는 이 시편이 어떤 문자 그대로의 고통을 반영하고 있는지 분별할 수 없다.

이 시편은 공동체의 거부, 포악하고 삶을 위협하는 세력의 공격, 개인적 붕괴를 말하지만, 이런 암시적 용어들로 말미암아 우리는 한 구체적 상황을 결정하지 못한다. 그리하여 이 시편은 이런 압박을 경험하는 많은 사람이 사용할 수 있게 된다. 이 시편은 깊은 개인적 감정을 표현한 것이면서도 동시에 예술적이고 신중하게 구성된 작품이기도 하다.[20]

[표제]

> 다윗의 시, 여명의 도움으로, 인도자의 시
> (개역개정: 다윗의 시, 인도자를 따라 아얠렛샤할에 맞춘 노래-역주)

---

18 Ellen F. Davis, "Exploding the Limits," *JSOT* 53 (1992): 93-105, 특히 96.
19 Cf. Rudolf Kilian, "Ps 22 und das priesterliche Heilsorakel," *BZ* 12 (1968): 172-85; 그리고 일반적으로 이 주석의 서론에서 "기도"에 대한 설명.
20 Cf. N. H. Ridderbos's comments, "The Psalms: Style Figures and Structure," in *Studies on Psalms*, by B. Gemser et al., OtSt 13 (Leiden: Brill, 1963), 43-76, 특히 53.

용어 해설을 보라.

이 시편을 "다윗의 시"로 지목한다는 것은, 다윗이 (예를 들어) 사울에게서 압박을 받을 때에 이 시편을 사용하고 있다고 상상하거나 히스기야와 같은 후대의 "다윗"이 열왕기하 18-20장과 같은 배경에서 이 시편을 사용하고 있다고 상상하라고 초대받고 있음을 의미할 수도 있다. 우리는 예수님과 신약 저자들이 어떻게 이 시편을 앞으로 올 "다윗"에게 실제로 적용했는지 볼 수 있지만, 이 시편이 앞으로 올 "다윗"이 사용할 목적으로 계획됐다고 상상하기는 더 어렵다.

"여명의 도움으로"는 아마도 곡조이거나 노래하는 방식일 것이다. 아옐레트('*ayelet*, 도움)는 다른 곳에서 암사슴을 가리키는 단어의 구문이기는 하지만(참조. 영어 번역본들), 19절에서 에얄루티('*ëyālûtî*)는 "내 도움"을 의미하며(하지만 해설을 보라; 참조. 88:4[5]의 에얄['*ëyāl*]), 70인역, 탈굼은 여기서의 도움에 대한 언급을 추정할 때에 의미가 통한다. 여명은 도움이 올 순간이거나 기도하고 찬양할 순간이다(참조. 탈굼; 그리고 57:8[9]). 미드라쉬는 부분적으로 이 시편을 에스더의 상황에 체계적으로 적용할 때에 암사슴과 도움이라는 두 가지 이해를 활용한다.[21]

[시 22:1-2]

이 시편은 두 개의 긴 행 4-4와 5-3으로 시작한다. 이 시편의 한탄과 항변은 다시 내가 어떻게 느끼는지, 그들이 무엇을 행했는지, 당신(하나님)이 무엇을 행하거나 행하지 않았는지를 묘사하는 데 1인칭, 2인칭, 3인칭을 다시 사용할 것이다.[22] 하지만 우리는 마지막이 가장 고민하는 형식의 표현이며, 이 시편은 곧바로 핵심에 도달한다고 가정할 수도 있다.

---

21 *Midrash on Psalms*, 1:297-326. Cf. Esther M. Menn, "No Ordinary Lament," *HTR* 93 (2000): 301-41, 특히 317-27을 보라. William L. Holladay는 또한 예레미야의 고백과의 상호본문의 (intertextual) 연관성을 지적한다("The Background of Jeremiah's Self-Understanding," *JBL* 83 [1964]: 153-64). Anton Jirku ("'Ajjelet haš-Šaḥar," *ZAW* 65 [1953]: 85-86)는 제목이 원래 한 신을 언급했다고 제안한다. Morris Sigel Seale ("Arabic and Old Testament Interpretation," *ExpTim* 66 [1954-55]: 92-93)은 이 표현이 아랍의 시 맥락 내에서 자연스러운 표현이라고 지적한다.

22 Westermann, 예를 들어, *Praise and Lament*, 64-71을 보라.

> 1 내 하나님이여 내 하나님이여 어찌 나를 버리셨나이까
> 어찌 나를 멀리하여 구원하지(개역개정: 돕지-역주) 아니하시오며 내 신음 소리를
> 듣지 아니하시나이까

그리하여 시편 기자는 가장 격렬한 지점까지 곧바로 온다. 첫 절은 두 가지 놀라운 문장을 포함하는데, 이는 겉으로는 서로 모순되어 보이지만 경건한 자들의 마음에 함께 들어가고 있다. 시편 기자가 하나님께 버림을 당했다고 말할 때, 이것은 절망 가운데 있는 한 사람의 불평인 것 같다. … 그러나 그는 하나님을 자신의 하나님이라고 두 번 부르고, 자신의 괴로움을 가슴에 표현할 때, 자신의 신앙을 매우 독특하게 고백한다.[23]

이런 점에서 그리고 질문으로 시작할 때, 시편 10편이 원래 개별 시편이 아니더라도 시편 22편은 시편 10편과 비교되며, 시편 13편과 비교된다. 그러나 엘리('ēlî)라는 부름에서(참조. 10절), 이 시편은 89:26[27]과 비교되는데, 거기서 여호와는 왕에게 "내 하나님"이라고 부르라고 권고하신다. 18:2[3]에서 왕은 하나님이 듣고 응답하신 후에 그렇게 하며, 118:28에서 왕은 구원의 행위에 대해 "내 하나님"이라고 찬양한다(참조. 출 15:2).

68:24[25]에서 예배자는 "내 하나님"을 놀랍고 위대한 이로 찬양한다. 63:1[2]에서 탄원자는 현재는 "내 하나님"과 떨어졌지만, 확신에 찬 신뢰를 표현하고, 140:6[7]에서도 "내 하나님"께 확신에 차서 호소한다. 이 표현은 탄원자와 하나님의 개인적 관계를 요약한다. 이것은 여기서 신이 활동하지 않음으로 실망하게 한다. 102:23-24[24-25]만이 첫째 콜론에 관련된 모순에 가깝다.[24]

"내 하나님"과 "버리다"는 같은 문장에서 쉽게 조화를 이루지 못한다. 엘('ēl)이라는 용어가 특성상 하나님의 놀랍고 위대한 특성을 가리킨다는 사실이 이 점을 강조한다. 만약 위대하고 놀라운 창조주 하나님이 우리와 함께하신다면, 이는 문제를 해결한다.

그렇다면 이번에는 왜 그렇지 않은가?

---

23 Calvin, *Psalms*, 1:357.
24 유일하게 나오는 다른 곳은 사 44:17에서 우상에게 "내 신"이라고 역설적으로 호소하는 것이다. 엘('ēl)은 다른 어떤 접미어가 붙은 형태로 나오지 않는다.

"어찌"는 다른 시편들의 표현과 비교된다(예를 들어, 10:1, 이 절도 여호와가 "멀리" 있는 것으로 설명한다; 42:9[10]; 43:2; 44:23-24[24-25]; 88:14[15]). 하지만 시편 10:1과 여기서 탄원자가 실제로 원하는 것은 설명이 아니라 행동이며, 이 시작하는 행 뒤에서 "어찌"는 사라진다. 여호와가 예배자를 버리신다는 표현은 여호와가 그렇게 하지 않으신다는 많은 표현의 확신과는 대조된다(예를 들어, 9:10[11]; 27:9-10; 37:25, 33; 38:21[22]; 71:9, 18; 119:8). 이 표현은 여호와가 그렇게 하셨다는 원수들의 선포와 비교된다(71:11). 탄원자는 원수들의 확신을 자신의 것으로 받아들이고, 시편에서 자주 표현된 확신을 포기했다.

이 시편의 이어지는 행들은 탄원자가 이런 "어찌"라는 질문이 응답된다면 만족할 것이라고 추론하지 않아야 함을 분명히 할 것이다. 질문은 수사적이며, "주님은 나를 포기하지 않으셔야 했으며, 나는 주님께 이제 돌아오시라고 호소합니다"를 내포한다. 38:21[22]에 있는 확신의 표현이 특히 신랄한 비교가 되는 이유는, 여호와가 "멀리" 있지 말아 주시길 계속 요구하며(참조. 35:22; 71:12) 여호와를 "내 구원"이라고 부르기 때문이다. 시편 22편은 이런 기도를 할 수 없음을 내포한다.

다른 곳에서 베스터만(Westermann)은 다음과 같이 설명한다.

> 시편 22편의 이 시작에서, 사람이 하나님과 맺는 관계에 대해 계몽주의 시대 이후 발전한 이해와는 근본적으로 다른 이해가 있다. 우리는 이 관계를 믿음이라고 묘사하고, 이 용어를 종교 자체와 같다고 생각한다. 하지만 믿음이라고 보는 하나님과의 관계에서 주체는 사람이다. 사람이 하나님을 믿거나 믿지 않는다. 이런 점에서 시편들에서 하나님과의 관계는 매우 다르다. 시편에서는 하나님이 주체이시다. 관계를 시작하는 이는 하나님이시다. 그리하여 사람이 하나님에 대해 절망할 때도 우리가 시편 139편에서 명백히 볼 수 있듯이 하나님에게서 결코 도망칠 수 없다.[25]

아마도 이는 탄원자가 "주님께서 나를 버리신 것 같습니다"라고 말하지 않는 사실과 연결될 것이다. 이 시편은 외관상의 버림이 아니라 실제로 버림에 대해

---

[25] *Living Psalms*, 84.

말하고 있다.

이 시편은 또한 다음과 같은 바이저(Weiser)의 설명과 대조된다.

> 이 시편의 근본 주제는 … 실제로 하나님을 추구하고 하나님을 발견한다는 것이다.[26]

만약 우리가 우리 자신의 용어가 아닌 히브리 용어로 이해한다면 이 설명을 받아들일 수 있다. 하나님을 추구한다는 것은 하나님이 행동하시도록 추구한다는 것이며, 하나님을 발견한다는 것은 그 목표에 도달하는 것이다. 추구하는 것과 발견하는 것은 단순히 영적이며 내적인 행동이 아니다. 달리 표현하면, 이 시편은 여호와가 단순히 하나님이 함께하신다는 느낌을 준다는 의미에서 고통당하는 사람에게 함께하시기를 요구하고 있지 않다. 버림은 탄원자를 위해 행동하지 않으신다는 것이다.

시적으로 1절은 잘 형성된 4-4행이지만, 문법적으로 이것은 일관되지 않다. 영어 번역본들은 이 구문을 부드럽게 한다. 70인역은 1b절을 명사절로 취급한다. 즉, "나의 부르짖는 말은 내 구원과 멀다"[27]라는 것인데, 이는 좋은 구문에는 기여하지만, 의미는 잘 통하지 않는다.

문법적으로 "나를 멀리하여 돕지 아니하시오며"는 "내 하나님"과 동격으로 있는 것 같지만, 영어 번역본들은 "멀리하여"를 "나를 구원하지"뿐만 아니라 "내 신음 소리"에 옳게 적용하는 것 같다. 영어 번역본들은 또한 "내 신음 소리"를 번역할 때 마지막 구절을 고상하게 표현한다. 실제로 셰아가(šĕʾāgâ)는 사자의 울부짖는 소리이다(예를 들어, 슥 11:3).

> 2 내 하나님이여 내가 낮에도 부르짖고
> 밤에도 잠잠하지 아니하오나 응답하지 아니하시나이다

---

[26] *Psalms*, 220.
[27] 실제로 70인역은 샤아고티(šaʾăgōtî, 내 신음소리)에 대해 세기오타이(šĕgîʾōtay, 내 죄악)로 읽는 것 같다.

이렇게 분명하게 대조되는 병행을 이루는 두-콜론에서, "응답하지 아니하시나이다"(개역개정은 둘째 콜론에 있으나 원래 첫째 콜론에 있다-역주)와 "잠잠하지 아니하오나"가 병행을 이루고 후자가 전자의 결과를 설명하듯이, "낮에도"는 "밤에도"와 병행을 이룬다. "내 하나님이여 내가 부르짖고"는 첫째 콜론뿐만 아니라 둘째 콜론에 적용된다. "내 하나님"은 이제 더 흔한 엘로하이('ĕlōhay)이다(예를 들어, 18:6, 21, 28, 29[7, 22, 29, 30]).

명사가 더욱 친숙하다는 것은 접미어가 붙은 이 형태가 탄원자와 신 사이의 하나님의 침묵으로 실망했던 상호 관계를 다시 주목하게 한다는 것을 의미한다. "내가 부르짖고"는 마찬가지로 1절의 "신음 소리"보다 덜 고뇌가 따르는 단어이다. 밤낮으로 하나님께 부르짖음은 하나님에게서 밤낮 듣고 하나님을 찬양하는 것과 같이(42:8[9]; 참조. 92:2[3]), 밤낮 묵상하는 것이 자연스럽게 수반될 수 있다(1:2). 이 부르짖음은 하나님의 밤낮 보호(121:6)와 일치하며, 하늘의 밤낮 선포를 수반한다(19:2[3]). 낮과 밤은 여호와께 속한다(74:16; 참조. 139:11-12).

하지만 이 밤낮 부르짖음(참조. 77:2[3])은 여호와의 손이 밤낮 무거웠다는 경험에서 나오고(32:4), 밤낮 울부짖음이 수반되며(42:3[4]), 사람들의 밤낮의 악행을 반영한다(55:10[11]). 하지만 여호와는 밤낮으로 응답하시는 것은 아니다(3:4[5]를 대조해 보라). 이것은 그 이론에 부합하지 않는다(20:1, 6, 9[2, 7, 10]).

마무리하는 구절은 쉼이나(NRSV) 휴식이 없는 것이 아니라(NJPS) 잠잠하지 않음을 가리킨다(두미야[dûmiyyâ]; 참조. NIVI). 탄원자는 1절이 언급하는 신음 소리를 포기하거나 심지어 2절이 말하고 있는 부르짖음을 포기할 근거가 없다. 1절과의 연관성은 1-2절이 aba'b' 순서로 병행을 이룸을 시사한다. 불린 이는 엘리('ēlî)와 엘로하이('ĕlōhay)이며, 곧 나의 강력하고 개인적인 하나님이다. 이 하나님이 나를 버리셨다는 것이 내 부르짖음에 응답하기를 거부하신 것으로 표현되며, 따라서 내 신음 소리가 계속되고, 나는 침묵으로 바뀔 수 없다. 시편 22편은 "죽으신 하나님"의 신학적 신비에 관심을 가진다.[28]

---

28 Carroll Stuhlmueller, "Psalm 22," *Biblical Theology Bulletin* 12 (1982): 86-90, 특히 87.

[시 22:3-5]

3-5절은 1-2절의 버림과 여호와에 대한 다른 요인들을 대조시키고, 1-2절의 한탄과 이스라엘을 특징짓는 찬양을 대조시킨다. 3-5절은 계속 과거 여호와의 행동에 대한 찬양의 근거를 거슬러 언급한다. 이것은 개인 기도시에는 특이한 움직임이다.[29] 이런 움직임은 또한 1-2절의 "내"와 4절의 "우리" 사이를 대조시킨다.

시편 기자는 개인적인 현재 버림받음의 현실과 공동체의 신뢰와 구원의 현실을 함께 묶으려고 한다. 과거 구원은 현재의 버림받음만큼 실제적이었다. 즉, 탄원자는 또한 여호와가 조상들을 구출하셨던 것만 같다고 말하지 않는다.

> 3 이스라엘의 찬송 중에 계시는 주여
> 주는 거룩하시니이다

나는 70인역과 제롬을 따라 3절을 2-3보다는 3-2로 이해하는데, 이는 "하지만 주님은 거룩한 이시며 이스라엘의 큰 찬송 가운데 계신다/거주한다"(참조. KJV; NRSV; BDB)를 의미할 것이다. 여호와가 하늘이나 시온의 보좌에 앉으신다는 개념은 친숙한 개념이다(2:4; 55:19[20]; 80:1[2]; 99:1; 123:1; 참조. 여호와가 거룩한 이라는 것과 관련하여, 99:1-3; 또한 사 57:15). 마찬가지로 여호와는 이스라엘의 찬양이라는 개념도 친숙하지만(신 10:21; 렘 17:14), 여호와가 보좌에 앉으신다거나 이스라엘의 찬양 가운데 거하신다는 개념은 유례가 없으며, 이 가운데 어느 것이든 이 시편의 요점이라면 우리는 이것이 더욱 명확하게 표현될 것이라고 기대할 수 있다.

3-2가 더 흔한 행 구분이라는 사실은 70인역이 이 행을 정확하게 추론한다는 결론을 뒷받침한다.[30] 여호와는 거룩한 이시라고 상기시키는 것은, 여호와가 강력하시고 초월적이시며 거룩하신 하나님이라고 상기시키는 것이다. 이는 여호와가 탄원자를 구원할 힘을 지니시지만 그렇게 하고 있지 않으신다는 사실을 강

---

29 Cf. Westermann, *Living Psalms*, 82.
30 가능한 수정에 대해, B. N. Wambacq, "Psaume 22,4," *Bib* 62 (1981): 99-100을 보라.

조한다. 홍해에서 이스라엘 구원 후에 모세의 찬양 노래는 다음과 같이 묻는다.

> 여호와여 신(엘림 [ʾēlîm]) 중에 주와 같은 자가 누구니이까
> 주와 같이 거룩함으로 영광스러우며 찬송할 만한 위엄이 있으며
> 기이한 일을 행하는 자가 누구니이까(출 15:11).

이 시편은 모세의 노래 주제를 이어 간다. 이 배경에서 이 시편은 여호와가 유일한 엘(ʾēl)이시며, 나의 엘(ʾēl)이시며, 여호와는 거룩한 분이시고, 여호와는 이스라엘의 큰 찬양이시라고 다시 단언한다. 모세의 노래에서 테힐로트(tĕhillôt)는 이 시편의 25절에서와 마찬가지로 (또한, 35:28을 보라, 거기서 이 단어는 체데크[ṣedeq]와 병행을 이룬다; 78:4, 거기서는 니플라오트[niplāʾôt]와 병행을 이룬다), 아마도 찬양받을 만한 행동을 시사할 것이다. 여기 3절에서 이 단어는 이런 행동에 반응하는 *찬양을 가리킨다.

> 4 우리 조상들이 주께 의뢰하고
>   의뢰하였으므로 그들을 건지셨나이다
> 5 그들이 주께 부르짖어 피하였고(개역개정: 구원을 얻고-역주)
>   주께 의뢰하여 수치를 당하지 아니하였나이다

모세의 노래에 대한 이런 인유(引喩)의 맥락에서, 4-5절은 다른 면에서 어구의 연관성은 정확하지 않지만, 명백하게 애굽에서의 구원을 가리킴을 시사한다.[31] 조상들은 (때로) 여호와를 믿었다(여기서처럼 바타흐[bāṭaḥ]가 아니라 아만[ʾāman], 히필; 출 4:31; 14:31; 시 106:12). 기거서 여호와는 그들을 구하셨다(여기서처럼 팔라트[pālaṭ]가 아니라, 야샤[yāšaʿ] 히필; 출 14:30; 시 106:8, 10). 거기서 그들은 부르짖었고(자아크[zāʿaq], 출 2:23), 여호와가 들으셨다.

첫 두 콜론에서 둘째 콜론이 첫째 콜론을 넘어서고 그 "이야기"를 보완함으로써 진행되지만, 둘째 두 콜론은 병행을 이룬다. *부르짖음은 *신뢰의 표현이며, 피함은 그들이 부끄럽지 않다는 것을 의미한다. 이 동사 (보쉬[bôš])는 자신에게의

---

31 Cf. *Midrash on Psalms*, 1:315.

실망감을 의미할 수 있는데, 이는 이 지점에서 의미가 통하겠지만(참조. NJPS), 6-8절은 이 시편이 다른 경멸하는 사람들에게 행한 여호와의 행동 효과를 더 생각하고 있음을 시사한다. 명백히 부르짖음이 신뢰의 표현이라는 사실은 우리가 첫째 콜론에서 "신뢰"를 기대하고 둘째 콜론에서 "부르짖다"를 기대할 수도 있음을 의미한다.

마지막 콜론에서 신뢰로의 전환은 이 시편의 이 섹션을 마무리 짓고, 이를 가장 두드러진 특징으로 만든다. 아마도 반복은 탄원자의 경험과 또 다른 대조를 의미할 것이다. 즉, "나는 신뢰하고 있으며, 신뢰하고 있으며, 신뢰하고 있지만, 이것이 내게는 효과가 없다." "내 하나님이여 어찌하여 나를 버리셨나이까?" 이런 신음 소리가 신뢰의 표현이라는 암시가 또한 있는가?

[시 22:6-8]

3절의 "하지만 주는"은 새로운 섹션을 시작하는 "하지만 나는"과 균형을 이루는데(개역개정에서는 "하지만"을 번역하지 않음-역주), 새로운 섹션의 분위기는 1-2절의 분위기로 되돌아간다. 세 모든 행은 두 콜론으로 구성되며, 각각은 네 단어로 되어 있다. 게다가 실제로 탄원자를 파면한 다른 사람들의 태도는 탄원자가 4-5절에서 그들의 상호 조상들과 동일시하는 것에 논쟁적인 신랄함을 더한다. 탄원자는 현재 공동체가 이런 동일시를 거부하는 맥락에서 이 공동체와 동일시했다.

> 6 나는 벌레요 사람이 아니라
> 사람의 비방거리요 백성의 조롱거리니이다

이와 같이 탄원자는 네 개의 두 단어로 된 자기 묘사를 제시한다. 첫 둘은 두 개의 대조되는 구상 명사절로 나오며, 벌레는 하찮음을 상징한다(사 41:14; 욥 25:6). 둘째 콜론은 두 개의 병행을 이루는 동사 구절로 구성된다. 이 시편은 이 과정이 어떻게 시작되었든지(질병? 흉작?) 이제는 사람들의 태도가 더해진 것을 제외하고는, 탄원자가 정확하게 왜 조롱의 대상이 되었는지를 지적하지 않는다.

> 7 나를 보는 자는 다 나를 비웃으며
> 입술을 비쭉거리고 머리를 흔들며 말하되

첫째 콜론은 주어와 술어로 구성되고, 둘째 콜론은 술어를 두 개 더 추가하여, 7b절은 내부적으로 6b절과 같이 병행을 이룬다. 첫째 콜론은 일반적 진술을 하고, 둘째 콜론은 이 일반적 진술을 더욱 구체적으로 표현한다. 입술을 비쭉거리고(문자 그대로, 그들은 "입술로 펼치다") 머리를 흔드는 것은 6a절이 말하는 조롱의 표현이다.

> 8 그가 여호와께 의탁하니 구원하실 걸,
> 그를 기뻐하시니 건지실 걸 하나이다

여기서 두 중심 구절은 병행을 이루어 이 행은 첫째 콜론 내에서 탄원자를 부르는 것에서 3인칭으로 탄원자를 언급하는 것으로 이동하면서 $abb'c$로 배열된다.[32] "의탁하다"는 문자 그대로 "구르다"(roll, 이 함의에 대해, 참조. 37:5; 잠 16:3)이다. "구원하다"(rescue)는 4절에서의 동사를 이어 간다. 여호와가 조상들을 위해 행하신 일은 정확하게 탄원자와 조롱하는 자들이 여호와가 지금 하실 필요가 있다고 동의하는 것이다.

"건지다"(save, 나찰[$nāṣal$], 히필)는 또 다른 출애굽 단어이다(예를 들어, 출 3:8; 18:8-10). 하지만 가장 날카로운 침은 "그를 기뻐하시니"(하페츠[$ḥāpēṣ$])라는 마지막 구절에 온다. 다른 시들은 여호와의 좋아하심에 대해 확신 있게 말한다. 여호와의 구원은 이에 대한 증거이다(18:19[20]; 41:11[12]). 만약 여호와가 탄원자를 기뻐하신다면 구원은 따라올 것이다. 하지만 탄원자는 여호와께 버림을 받았으므로 더 이상 이에 대해 확신하지 못할 수 있다. 여호와가 그를 좋아하시지 않는다고 내포하는, 조롱하는 자들의 빈정대는 단언은 탄원자의 두려움과 상응한다.

---

32 Cf. GKC 144p. 70인역, 제롬, 탈굼은 전체 콜론을 3인칭으로 만듦으로써 다른 방식으로 이를 정돈한다.

[시 22:9-10]

두 행은 여호와가 과거에 행하신 일, 곧 현재 이스라엘을 존재하게 하신 것이 아니라 탄원자를 출생하게 하신 것에 대한 성찰로 돌아간다. 두 행은 또한 탄원자의 경험과 27:10에서의 선포 사이의 불편한 대조를 추가한다.

> 9 오직 주께서 나를 모태에서 나오게 하시고
>   내 어머니의 젖을 먹을 때에 의지하게 하셨나이다

탄원자는 출생이 "자연스러운" 과정이라는 점을 명백히 알고 있지만, 또한 또 다른 차원에서 출생이 일어나는 이유는 여호와가 출생하도록 하셨기 때문이라고 이해한다. 이렇게 된 것은 마치 사태가 고유의 과정으로 진행되는 것처럼 단순히 처음부터 인간을 만드신 방식에 의해서가 아니라, 여호와가 개인의 출생에 관여하시는 방식 때문이다(나는 9절이 이 사람에게만이 아니라 일반적 인류에 적용된다고 여긴다).

9a절은 이 과정을 매우 생생하게 묘사한다. 탄원자는 아기였을 때 단순히 태를 떠나는 것이 아니라 태에서 터져 나왔다(참조. 욥 38:8; 40:23). 아마도 이 이미지는 어머니의 양수가 터져 출생을 알리는 방식과 연결되는 것 같다. 그리고 여호와는 우선 아이를 꺼내어, 즉각적으로 젖을 찾아 본능적으로 *신뢰하며 기대하는 가운데 어머니의 가슴을 찾게 하시면서, 산파 역할을 하셨다.

> 10 내가 날 때부터 주께 맡긴 바 되었고
>   내 어머니의 태에서(개역개정: 모태에서-역주) 나올 때부터 주는 나의 하나님이
>   되셨나이다

시편 55:22[23]은 여호와가 우리를 붙드실 것이라는 확신에서 우리에게 주어진 것을 여호와께 맡기는 것에 대해 (약간은 암시적으로) 말하고, 여기서는 아마도 개념이 비슷한 것 같다. 둘째 콜론은 이와 일치하며 "내 어머니"(참조. 9b절)와 "태에서"(참조. 9a절)를 추가로 언급하여 이 작은 섹션을 마무리한다.

마무리하는 엘리 아타(ʾēlî ʾattâ), "당신(주)은 나의 하나님이 되셨나이다"라는

표현은 이 시편의 시작하는 엘리 엘리 라마 아자브타니(*'ēlî 'ēlî lāmâ 'ăzabtānî*), "내 하나님이여 내 하나님이여 어찌 나를 버리셨나이까"와 함께 강력한 인클루지오를 형성한다.[33]

[시 22:11-18]

이 시편의 명백한 첫 기도(11절)는 한탄의 가장 본질적인 섹션을 소개하는데, 이는 "그들"(12-13, 16, 17b-18절)과 "나"(14-15b, 17a절) 사이에 오지만 한 번 "당신"(주)으로 전환된다(15c절).

> 11 나를 멀리하지 마옵소서
>   환난이 가까우나 도울 자 없나이다

이 처음 나오는 기도는 곧 기도에 대한 두 개의 병행을 이루는 이유로 이어지는 두 개의 강세로 된 구절만 차지하면서 매우 짧다. 1절에 비추어 볼 때, 아마도 기도의 함의는 "멀리하지 마옵소서"이며, 이에 대한 필요성은 환난이 가깝고 탄원자는 *도울 사람이 없다고 상기시킴으로써 강조된다.

> 12 강력한(개역개정: 많은-역주) 황소가 나를 에워싸며
>   바산의 힘센 소들이 나를 둘러쌌으며
> 13 내게 그 입을 벌림이 찢으며
>   부르짖는 사자 같으니이다

왜냐하면, 많은 사람이 이 장면에 나오지만, 누구도 도울 자로 여기지 않고 많은 사람이 소와 사자로 여겨지기 때문이다. 첫 행에서 *abb'a'*의 배열은 동사들이 짐승들과 마찬가지로 이 행을 "에워싸고/둘러싸고" 있음을 의미한다. 둘째 행은 첫째 행보다 상황을 악화시킨다.

---

33 Cf. John S. Kselman, "'Why Have You Abandoned Me?'" in *Art and Meaning*, ed. David J. A. Clines et al., JSOTSup 19 (Sheffield: JSOT, 1982), 172-98, 특히 186.

위험은 소에게서만 오지 않는데, 소들은 둘러싸지만, 아직 어떤 것도 행하지 않으며, 조용히 있다면 계속 어떤 것도 하지 않을 것이다(소들은 공격적인 짐승들이 아니고, 여기서만 소들이 공격자를 가리키는 비유일 뿐이다). 위험은 먹잇감을 찢을 준비가 되어 있는 사자와 마찬가지로, 입을 벌려 삼킬 준비가 되어 있는 사람들에게서 온다. 사자는 항상 위협이 되는 존재이며, 일반적으로 공격적이며 위험한 사람들을 가리키는 비유가 된다(예를 들어, 16, 21절; 7:2[3]; 10:9; 17:12). 한 사자(13절)는 전체 무리의 소들(12절)보다 더 큰 위험이 된다.

이 두 행의 각각에서도 둘째 콜론에서는 상황이 더 악화한다. 위협하는 짐승들이 보통 소들일 뿐만 아니라, 거대한 소들로, 바산의 풍부한 목초지에서 번성하는 종류의 소들이다(참조. 암 4:1). 그리고 공격자들은 단순히 보통 사자가 아니라 찢으며 부르짖는 사자와 닮았다. 짐승의 이미지로, "시인은 하나님이 물러나시므로 남겨진 결원에 대해 초현실주의적으로 묘사한다."[34]

짐승의 이미지는 사람들의 "비인간적 잔혹함"을 묘사한다.[35] 일부 중동 사람들 가운데 악마들은 무서운 야생 짐승들로 묘사되며,[36] 이런 점에서 생각한 이스라엘 사람들은 이 시편을 인간 공격자들이나 심지어 그들의 "안의 악마들" 뿐만 아니라 악마들이 사로잡았다는 개념에 적용할 수 있다.

> 14 나는 물 같이 쏟아졌으며
>   내 모든 뼈는 어그러졌으며
>   내 마음은 밀랍 같아서
>   내 속에서 녹았으며

이 공격의 1인칭 함의는 14-15b절의 세 행에서 연속된 이미지들로 나온다. 모두가 자아와 육체적 몸 사이의 상호 작용에 대해 말한다.

14a절은 첫째가 당혹스럽기는 하지만 두 가지 보완되는 이미지를 제공한다. 예레미야애가 2:11은 간이 쏟아진다고 말하지만, 보통 쏟아지는 것은 사람의 피

---

34 Schaefer, *Psalms*, 54.
35 Davis, "Exploding the Limits," 98.
36 Cf. Keel, *Symbolism of the Biblical World*, 86, 97.

이거나 네페쉬(*nepeš*)인데(예를 들어, 79:10; 애 2:12), 여기서 "나"는 "내 생명"이라는 의미에서 "나의 네페쉬(*nepeš*)"와 같다.

탄원자의 생명은 점차 약해지고 있다. 이는 객관적으로 상황이 점차 위협적이 되고 있거나 탄원자의 용기와 희망이 점차 약해지고 있다는 것을 의미할 수 있다. 둘 다 명백히 사실이겠지만, 둘째 콜론은 둘째에 더 초점을 두고 있음을 내포하는 것 같다. 우리가 "나는 무너지고 있다"라고 표현하듯이, "나는 지탱할 수가 없다."

그 후에 14b절은 이 점을 다시 표현한다.

첫째 콜론은 탄원자의 마음이 어떻게 밀랍과 같이 되는가?

둘째 콜론은 불 가운데 밀랍과 같이 녹음으로써 그렇게 된다고 설명한다(참조. 68:2[3]; 97:5).

> 15a-b 내 힘이 말라 질그릇 조각 같고
> 내 혀가 입천장에 붙었나이다

힘이 말라 간다는 추가 이미지는 여기서만 나온다. 가장 가까운 비슷한 표현은 심령의 근심이 뼈를 마르게 한다는 잠언이며(잠 17:22), 이는 그들의 뼈가 말랐다는 유배 생활의 묘사에서도 이어진다(겔 37:11). 뼈는 힘을 가리키는 이미지일 수 있다(참조. 31:10[11]). 어원적으로도 해부학적으로도 뼈는 몸의 강한 부분이다. 그렇다면 여기서 이 시편은 탄원자의 영원히 깨어짐이 탄원자의 힘을 마르게 하여 질그릇 조각만큼이나 말랐다고 전제한다. 입에 붙은 혀는 갈증의 결과일 수 있지만(참조. 애 4:4) 여기서는 오히려 말을 할 수 없음을 시사한다(참조. 137:6; 욥 29:10; 겔 3:26).

> 15c 주께서 또 나를 죽음의 진토 속에 두셨나이다
> 16a 개들이 나를 에워쌌으며

이 섹션에서 유일한 2인칭 한탄은 11a절 이후로 첫 이크톨(yiqtol)을 포함하지만, 함의에서는 2인칭 한탄은 이 이크톨과 대조를 이룬다. 여호와는 탄원자가 거기서 요청한 것을 행하고 있지 않으시다. 진토는 수치를 상징하며(땅은 높임의

반대이기 때문이다; 예를 들어, 7:5[6]; 72:9; 113:7), 죽음을 상징한다(우리 몸과 영혼 모두 땅에서 끝나기 때문이다; 29절; 30:9[10]; 104:29). 죽음의 "진토"는 여기 이 함의를 명백히 밝힌다.

이 시편은 비참하게 부재하시며 활동하지 않으시는 하나님으로 시작했다. 더 나쁜 것은 이 시편이 비참하게도 임재하시지만 죽음을 야기하는 방식으로 활동하시는 하나님으로 계속 이어 간다.

둘째 콜론은 3인칭으로 전환한다. 이스라엘 사람들은 양치기 개는 가지고 있지만, 애완견은 가지고 있지 않았다(욥 30:1). 여기서 "개"는 사냥개[37]나 야생 개, 먹을 것을 진토에서 찾는 썩은 고기를 먹는 짐승들을 의미한다(59:6, 14[7, 15]; 렘 15:3). 다시 이 언급은 탄원자가 죽은 것이나 다름없음을 의미한다.

> 16b 악한 무리가 나를 둘러
> 사자와 같이(개현개정에서는 없는 표현-역주) 내 수족을 찔렀나이다
> [또는, 내 수족이 시들었나이다(여러 번역본 참조)]

16b-c절은 개가 상징하는, 탄원자의 죽음에서 이득을 취하려고 희망하며 기다리고 있는 사람에게로 돌아간다. 마소라 본문에서 둘째 콜론은 추가 병행구를 제시하는데, 여기서 썩은 고기를 먹는 짐승들은 다시 사자에 비유되지만, 고대 번역본들에서는 탄원자가 시드는 것에 대해 추가 진술을 한다.

> 17 내가 내 모든 뼈를 셀 수 있나이다
> 그들이 나를 주목하여 보고

한탄은 탄원자가 얼마나 죽음이 가까웠는지, 곧 걸어 다니는 뼈와 다를 바가 없음을 더 묘사하고자 1인칭으로 전환한다. 이는 이 썩은 고기를 찾는 짐승들이 탄원자의 실제 죽음에서 이득을 취하기를 기대하는 것과 마찬가지로, 사람들이 만족해하며 방관하는 것을 설명하는 또 다른 방식을 제공한다.

---

[37] Cf. ibid., 87.

> 18 내 겉옷을 나누며
> 속옷을 제비 뽑나이다

이것은 병행을 이루는 두 개의 마무리하는 콜론에서 구체적으로 진행되는데, 이 콜론들에서 둘째 콜론은 어떻게 첫째 콜론에서의 행동이 실행됐는지를 설명한다. 미드라쉬는 수사(Susa) 사람들이 에스더에게 이것을 행했다고 생각하고, 에스더가 이제 이어질 일에 따라 기도하고 있다고 생각한다.[38]

크라우스(Kraus)는 다음과 같이 메소포타미아 노래를 인용한다.

> 관이 열렸고, 사람들은 이미 내 귀중품들을 마음대로 취했다. 내가 심지어 죽기 전에 애도가 이미 행해졌다.[39]

[시 22:19-22]

한 번 더 더욱 긍정적인 것으로 전환된다. 기도에 응답하셨다고 여호와를 찬양하는 내용이 이어지는 세 행의 기도는, 실제로는 예기치 않게 전환을 꾀하지만, 이 시편을 마무리하고 있는 것 같다. 이 기도시에서의 실제 기도의 분량(21개 절 가운데 3개 절)은 특징적이다. 여호와와의 대면이 주요 초점이 된다. 다시 기도는 여러 다른 면에서 표현됐지만, 항상 구체적이기보다는 모호하게 표현된 구원에 대한 호소가 전형적으로 지배적이다.

이 시편은 여호와가 구원이 어떻게 해야 할 필요가 있는지를 해결하시도록 남겨 두고(여호와가 구원하도록 결정하시게 할 필요가 있다), 모호함은 다시 이 시편이 매우 다른 상황에 부닥쳐 있는 사람들이 사용할 수 있도록 촉진한다. 하지만 여기에서 대부분의 표현은 1-18절에서 온 용어들을 이어 간다.

> 19 여호와여 멀리하지 마옵소서
> 나의 힘이시여 속히 나를 도우소서

---

38 *Midrash on Psalms*, 1:304-5, 321.
39 *Psalms*, 1:298.

전환은 먼저 시작하는 웨아타(wĕʾattâ, 하지만 당신[주], 개역개정은 번역하지 않음-역주)로 표시되는데, 이는 이전 콜론의 "그들"과 대조되고, 또한 1-2절 이후 처음으로 그 부름과 대조된다. 여기서 또한 이 시편이 "여호와"를 처음으로 부르는데, 여호와의 이름은 이전에는 공격자들의 입술에서 조롱으로만 나온다(8절). 그 후에 이 콜론은 11절에 나오는 처음 기도를 이어 가, 여호와가 멀리 계시다는 언급이 이 시편의 시작에서도(1절), 한탄의 주요 섹션의 처음에서도(11절), 기도의 주요 섹션의 시작에서도(19절) 나오게 된다.

"여호와"와 병행을 이루는 것은 내가 "나의 힘"을 의미하는 것으로 여기는 한 번 나오는 단어 에얄루티(ʾĕyālûtî)인데, 물론 70인역은 "내 도움"이라고 했다. 어느 것이든 이것은 "여호와"와 중대하게 병행을 이룬다. *도움을 가리키는 더 자주 나오는 단어가 있는, "속히 나를 도우소서"라는 긍정적 표현은 "멀리하지 마옵소서"라는 부정적 표현과 상응한다. 이 호소는 또한 11절에서 이어 간다. 현저하게 여기서 새로운 단어는 "속히"이다.

> 20 내 생명을 칼에서 건지시며
> 내 자신(개역개정: 유일한 것-역주)을 개의 세력에서 구하소서

두 콜론을 지배하는 동사는, 탄원자가 필요한 도움을 설명할 때, 8절의 그의 공격자들의 입술에서 이어 가고, 이제 아이러니가 없이 사용된다. "내 생명"(네페쉬nepeš, *사람)은 "내 자신", 문자 그대로 "내 유일한 것"(야히드[yāḥîd]; 참조. 35:17)과 병행을 이룬다. "나는 오직 한 생명을 가진다." 그리고 포악한 죽음을 가리키는 비유인 비인칭 "칼"은 "개의 세력"과 병행을 이루는데, 이는 탄원자의 유해를 챙길 수도 있어 군침을 삼키는 생물을 대변한다.

> 21 나를 사자의 입에서 구하소서
> 주께서 내게 응답하시고 들소의 뿔에서 구원하셨나이다
> [또는 내 약함을 들소의 뿔에서(참조. 70인역)]

한 번 더 핵심을 드러내고자, 1절에서 탄원자 자신의 명사 "구원"과 연결되는 동사 역시 아이러니 없이 다시 사용된다. 이 동사는 두 개의 짐승 이미지를 다

시 사용한다. 여기서 사자는 들소와 병행을 이루는데, 단수는 복수와 병행을 이루고, 삼키는 입은 흔드는 뿔과 병행을 이룬다. 나는 더 나아가 마소라 본문에서 명령은 간원과 병행을 이룬다고 여긴다.[40] 이 절의 중간에서 이 시편이 명령문에서 실제 사건에 대한 보고로 바뀌고 또한 이 보고는 최소한 몇 행 동안은 더 이상 발전되지 않는다고 여기는 것은 인위적인 것 같다.

이 절 나머지까지 정확한 병행법으로 말미암아 독자는 둘째 콜론의 동사가 실제로 카탈(qatal)보다는 간원(懇願)이라는 사실을 추적할 수 있게 된다. 어느 쪽이든 동사는 문제를 의미심장하게 표현한다. 즉, "내게 응답하고 들소의 뿔에서 (나를 구원하소서)".[41] 탄원자는 2절에서 항변하는 응답을 받지 못한 것에 만족하지 않을 것이다.

> 22 내가 주의 이름을 형제에게 선포하고
>   회중 가운데에서 주를 찬송하리이다

이 기도에 대한 여호와의 응답을 증언하는 약속은 두 개의 말끔하게 병행을 이루는 콜론에 온다. 즉각적인 "내 형제"와 "내 회중"에 대한 언급은 공동체에서 쫓겨나는 것이 아니라 공동체 일부로 느낀다는 것의 중요성을 시사할 뿐만 아니라, 하나님에 대한 찬양이 다른 사람들 앞에서 하나님께 영광을 돌리는 일과 관련되므로 어떻게 하나님에 대한 찬양이 본질에서 공동의 일인지를 나타낸다.

하지만 시편 기자의 일은 개인적 구원의 행위에 대한 감사와 특히 연관된 말에 관여하지 않는다. 여호와의 *이름을 선포한다는 것(사파르[sāpar] 피엘)과 (심지어) *찬양한다는 것은 매우 일반적인 말들이다. 이 말들은 감사시보다는 찬양 시에서 더 흔하다. 그러므로 이 약속들은 탄원자가 단 한 번의 증언에 대해서만큼이나 재개할 수 있는, 지속하는 찬양의 삶을 가리킨다. 이런 찬양에 대해서도 혼자 하나님을 찬양한다는 것은 이상한 차선이다.

---

40 Cf. *IBHS* 30.5.4d.
41 Cf. GKC 119ff. George W. Coats ("The Golden Calf in Psalm 22," *HBT* 9 [1987]: 1–12)는 들소(레엠[rĕ'ēm])를 금송아지와 같이 여기서는 긍정적 상징이 되는 하나님의 보좌로 본다.

[시] 22:23-25

시편 6편과 마찬가지로 이 시편은 이제 특이한 전환을 한다. 탄원자가 이제 아이러니 없이 여호와는 이스라엘의 위대한 찬양이라고 단언하듯이, 22절에서 기대한 "찬양"이 이제 기대된다(단어는 23, 25, 26절에서 반복된다).[42]

이 행들은 공동체와의 관계를 다시 단언하는데, 이 공동체에서 사람들이 탄원자를 배제했었다. 그들은 탄원자가 19-21절에서의 기도에 대해 응답을 보아야만 했다고 가정하지 않고, 최소한 탄원자는 응답을 들었고 따라서 여호와가 응답하셨으며 이 구원은 그러므로 현실이라는 확신으로 바뀌었다고 가정한다. 아마도 핵심 요인은 여호와의 이름에 대한 호소였을 것이다(19절과 22절을 보라).[43]

우리는 이 시편이 실제 이름 "여호와"에 과묵했다고 지적했다. 이는 이제 탄원자의 찬양에 다시 나올 것이다(23, 26, 27, 28절).

> 23 여호와를 두려워하는 너희여 그를 찬송할지어다
> 야곱의 모든 자손이여 그에게 영광을 돌릴지어다
> 너희 이스라엘 모든 자손이여 그를 경외할지어다

이 시편에서의 변화는 $aba'b'b''a''$로 배열되는 세 개의 병행을 이루는 콜론이 있는 세-콜론으로 표시된다. 이 절의 직접적 초점은 실제로 전체 이스라엘이 규칙적으로 헌신하는 여호와에 대한 인정의 종류, *찬송과 영광과 경외에 있다.

첫째, 말이 없는 열광을 시사한다.
둘째, 여호와의 탁월함에 대한 인정을 시사한다.
셋째, 거의 두려움이자 순종인 존경의 의식이다.

---

42 Cf. Schaefer, *Psalms*, 55.
43 John W. Wevers, "A Study in the Form Criticism of Individual Complaint Psalms," *VT* 6 (1956): 80–96도 그렇다.

병행을 이루는 세 주어는 먼저 예배자들을 그들의 헌신에 따라 여호와를 *경외하는 백성으로 규정하고, 그 후에 두 번 그들의 지위에 따라 야곱-이스라엘의 자손들이라고 규정한다. 그들 모두가 이 예배를 위해 소환된다.

> 24 그는 곤고한 자의 한탄(개역개정: 곤고-역주)을 멸시하거나
> 싫어하지 아니하시며
> 그의 얼굴을 그에게서 숨기지 아니하시고
> 그가 울부짖을 때에 들으셨도다

보통의 예배 용어를 사용하여 언급한 후, 24절은 약속(22절)과 소환(23절)이 실제로 여호와가 이 탄원자를 위해 면밀하게 행한 것과 관련이 있음을 분명히 한다. 이 진술은 신앙에 의한 진술이다. 탄원자는 아직 여호와가 응답하셨다는 어떤 징표도 받지 못했다. 탄원자와 회중은 종종 지속되는 찬양이 과거 여호와의 위대한 행위에서 자신들이 아는 것에만 근거하도록 해야 한다. 하지만 탄원자는 신앙으로 24절에서 이 선포를 한다.

여호와는 어떤 유형의 자세, 그중에서도 특히 다른 신들을 의지한 누군가의 기도를 멸시하거나 조롱하거나(바자[bāzâ]), 싫어하거나 거부할 자격이 있다. 하지만 여호와는 "*곤고한 자의 한탄"(에누트 아니['ĕnût 'ānî])에 대해 이런 자세를 거의 취하실 수 없다.⁴⁴ 이와 같이 여호와가 멸시하기를 거부하신 것은 다른 사람들을 멸시하심으로(6절) 되돌아간다. 그리고 여호와는 그렇게 하지 않으셨으며, 24절의 둘째 행은 단언하는데 다시 신앙으로 단언한다.

이중적으로 "멸시하지도 않고" "싫어하지 아니"한 것과 동등한 것은 "*얼굴을 돌리지 않고" 오히려 "듣는 것"이다. 마침내 이 점은 세 부정어를 따르면서 긍정적 동사가 지적한다. 그리고 응답의 토대로서의 "약자의 한탄"과 동등한 것은 탄원자가 *울부짖었다는 사실이다.

---

44 나는 첫째 명사 "한탄"이 아나('ānâ) I, "응답하다"에서 온다고 여기는데, 한탄/탄원(참조. 70인역, 탈굼)이 응답하는 것이기 때문이다. 시편 기자는 아나('ānâ) I과 아나('ānâ) III, "약하다" 사이에서의 동음이의어로 언어유희를 하고 있다(BDB의 설명에서). 나는 우리가 후대 아람어와 히브리어로 된 기도나 찬양을 가리키는 비슷한 단어들의 용법을 설명하고자 더 깊은 언급을 가정할 필요가 있는지 의심스럽다.

25 큰 회중 가운데에서 나의 찬송은 주께로부터 온 것이니
주를 경외하는 자 앞에서 나의 약속(개역개정: 서원-역주)을 갚으리이다

나는 25절을 뒤의 절보다는 앞의 절과 연결하는데, 25절이 탄원자에게 개인적으로 관계된 것을 언급함을 이어 가고 마무리하기 때문이다. 아마도 긴 행은 섹션의 마지막에서 암시할 것이다. 두 콜론은 서로를 보완한다.

한편으로 여호와에게서 탄원자의 *찬양(의 이유가)이 올 것이다. 여기서 테힐라(těhillâ)는 찬양하는 인간의 행위보다는 찬양을 받을 만한 하나님의 행위를 가리킨다(3절과 대조해 보라). 탄원자는 이제 이 행위를 있는 그대로 미래로 말한다.

다른 한편, 탄원자의 제물의 움직임은 탄원자에게서 여호와께로 반대이다. 찬양을 받기에 합당하신 여호와의 실질적 행위에 대해 반응하는 탄원자의 실질적 찬양 표현은 "여호와를 *경외하는 백성들 앞에서/큰 회중 가운데" 일어나고, 전에 한 서원을 성취하는 제물로 외적으로 표현된다.

여호와의 이름을 선포하고 여호와를 찬송하는 것은 어떤 것이 수반되지 않고는 거의 현실의 모습일 수 없으므로 이 섹션의 시작에서 제물들이 내포될지라도, 이 시편은 제물들을 언급하지 않았다. 사람들의 관계에서처럼 말이 중요하지만, 말로 충분하지는 않다. 이와 같이 우리는 감사가 보통 감사제물에 수반됐다고 여길 수 있다(참조. 50:14-15; 65:1-2[2-3]).

25b절은 여호와가 구원을 베풀려고 행동하셨을 때 탄원자가 여호와가 행동하실 것을 알기 때문에 감사제물과 같은 것을 봉헌한다. 영어 번역본들은 네데르(neder)를 "서원", 곧 엄숙하게 하는 약속으로 번역한다. 영어로 "서원"(vow)은 필요 이상으로 법적이며 법에 관한 것을 시사할 수 있으므로, 따라서 "약속"이라고 번역했다.

[시 22:26-31]

증언, 심지어 미리 앞서는 증언은 여호와께 영광을 돌리고, 이스라엘의 신앙을 세우려고 겨냥한다. 따라서 이 시편의 마지막 섹션에서 탄원자는 물러서서

이 둘에 초점을 둔다. 이 변화는 1-5절에서의 변화와 비교되는데,[45] 1-5절은 공동체의 경험과 탄원자의 경험 사이의 혼란에 대해 말했었다. 여기서는 그들의 올바르고 창조적인 관계에 그들을 두려고 한다. 개인의 경험은 공동체의 경험과 상응해야 하며 공동체의 신앙을 깊게 해야 한다.

> 26 약한(개역개정: 겸손한-역주) 자는 먹고 배부를 것이며
>   여호와를 찾는 자는 그를 찬송할 것이라
>   너희 마음은 영원히 살지어다

이와 같이 추가되는 세 콜론에서 24a절의 선포(직접으로 탄원자에게 속하기 때문에 카탈[qatal]로 표현된)는 다른 사람들에게 살도록 권유한 이크톨(yiqtol)로 된 선포를 초래한다. 하지만 이는 또한 일반화로서, 탄원자가 당장은 이 일반화에 따라 살아야 한다. 첫 두 콜론은 *연약한 사람들[46]과 여호와에게서 도움을 *구하는(찾는) 사람들을 병행법으로 나란히 두는데, 왜냐하면, 도움을 구하는 것은 연약한 사람들이 해야만 하는 것이기 때문이다.

아나우('ānāw)가 단순히 가난을 의미하지는 않을지라도, 공동체에서 지위가 없다는 의미에서 연약함은 가난과 연결되는 경향이 있으며, 연약한 자들이 여호와를 의지하는 한 이유는 음식을 위해서이다.

여호와의 응답은 그들에게 찬양하고 지속으로 격려할 이유를 제공한다(이 표현들이 나란히 나오는 것은 69:32[33]에도 반복된다). "큰 회중"의 배경은 탄원자가 기념하는 제물의 식사를 가리킴을 시사한다. "연약한 사람들/여호와를 의지하는 사람들"은 전체 이스라엘을 가리킬 수 있지만, 이 시편의 맥락에서 이것은 오히려 탄원자의 경험과 비슷한 압박을 받은 사람들에게 하는 특별한 약속을 시사한다. 그들은 탄원자와 마찬가지로 신앙에 따라 살도록 권유받는다.

---

45 Schaefer, *Psalms*, 53.
46 24절의 아나윔('Ănāwîm), "곤고한"(weak)은 아니('ānî)지만, 나는 명사들의 함의에는 차이가 없다고 여긴다.

> 27 땅의 모든 끝이 여호와를 기억하고 돌아오며
> 모든 나라의 모든 족속이 주의 앞에 예배하리니

여호와를 찾는 탄원자와 다른 이들에 대한 여호와의 행동이 지니는 함의는, 이제 전 세계에 확대된다(참조. 시 18편). 여호와가 연약한 자들을 위해 하신 일은 여호와에 대해 중요한 것을 입증한다. 세상은 그 의미에 대해 성찰하고 *마음에 둘(기억할) 필요가 있으며, 그 후에 여호와께 돌아올 필요가 있다.

병행을 이루는 표현 "낮게 절하다"(개역개정: 예배하다-역주)는 또 다른 방식으로 이 둘째 동사의 함의를 표현한다. 영어 번역본들은 종종 히쉬타하우(hištaḥăwû)를 "예배하다"로 번역하지만, 이것은 엎드리는 행위에 수반되는 태도보다는 엎드리는 신체적 행위를 가리키며, 이것은 사람 앞의 적절한 엎드림을 가리킬 수도 있다.

기억하다, 돌아오다, 낮게 절하다(예배하다)는 다른 나라들에도 적용되는, 세 개의 매우 연상시키는 단어들이다. 이 단어들의 요점이 다른 곳에서 다른 동사들로 지적되지만(예를 들어, 67편; 98편), 시편 다른 곳에서 마지막만 적용된다(66:4; 86:9). 그러므로 나라들은 이스라엘과 같이 생각하고(예를 들어, 105:5) 이스라엘과 같이 돌아오며(예를 들어, 애 3:40) 이스라엘과 같이 절하는 것으로 그려진다.

> 28 나라는 여호와의 것이요
> 여호와는 모든 나라의 주재심이로다

나라들이 이렇게 복종하는 명백한 이유는, 여호와가 실제로 온 세상을 통치하시기 때문이다. 이런 이스라엘의 삶에서의 여호와의 행동은 여호와가 전체 세상에서 행동하시는 방법에 대한 실마리이다. 이 점은 하나는 명사절과 하나는 동사절로, 두 개의 병행을 이루는 구절에서도 지적된다.

> 29 세상의 모든 풍성한 자가 먹고 경배할 것이요
> 진토 속으로 내려가는 자
> 곧 자기 영혼을 살리지 못할 자도 다 그 앞에 절하리로다

더 나아가 또 다른 세-콜론은 민족보다는 사회 집단이라는 면에서 여호와에 대한 이런 복종을 자세히 쓴다. 연약한 자들은 풍성한 자들, 문자 그대로 기름진 자들과 대조되는데, 시편은 이들을 먹고 낮게 절하는 자로 묘사한다. 강조점은 후자에 있을 것이다. 그들이 절하는 것은 자신의 생활 원천을 인정하는 행위이다.

중간의 콜론은 이제 연약한 자들에게로 돌아오는데, 여기서는 "진토 속으로 내려가는 자"라고 묘사된다. 다른 곳에서 이런 표현은 탄원자(참조. 15절)와 일반적으로 연약한 자들(참조. 28:1; 88:4[5]; 115:17; 143:7)과 마찬가지로, 죽을 운명의 전체 인류가 아니라, 당시에 죽음의 위험에 처한 특정 사람들의 무리를 가리킨다.

셋째 콜론은 이를 확증한다. 절하는 것과 무릎을 꿇는 것은 스올에서 일어나는 것을 가리키는 것 같지 않다. 최소한 이런 개념은 구약 다른 곳에 나오지 않는다. 오히려 이 모든 무리가 여호와께 절하게 되는 이유는, 그들이 죽음을 미끄러져 내려감이 멈춰질 수 있다고 믿도록 촉구하는 탄원자를 보거나 들은 것 때문이다. 여호와가 탄원자를 죽음의 진토(15절)로 가는 길에 두신 것은 이 사람의 생애에서 여호와의 행위의 목표가 아니었으며, 이 양상은 또한 여전히 죽음으로 가는 길에 있는 것 같지만 새롭게 촉구되어 여호와께 절할 수 있는 다른 사람들에게 적용될 수 있다.

> 30 후손이 그를 섬길 것이요
> 대대에 주를 전할 것이며

더 나아가 직접 계속 살 수 없는 사람들이 여호와께 돌아올 때, 돌아옴으로써 그들이 생존하게 될 뿐만 아니라 그들은 또한 여호와를 섬길 후손을 가지게 될 것이다. 이와 같이 이 "후손"은 23절의 "야곱/이스라엘의 후손"에게서 이야기를 이어받을 것이다. 둘째 콜론은 이것이 어떻게 일어나는지를 설명한다. 그들도 시편 기자의 *주님이 연약한 자들을 위해 행하신 일에 대해 듣는다. 그들 자

신의 생존이 여호와가 행하신 일이 없다면 불가능했을 것이다. (예를 들어) 시편 30편과 같이, 이 시편은 즉각적인 지리적 지평선뿐만 아니라 즉각적인 시간적 지평선을 넘어 보기 시작한다.

> 31 와서 그의 공의를 태어날 백성에게 전함이여
> 주께서 이를 행하셨다 할 것이로다

이 과정은 우리가 줄곧 들어왔던 것이 여호와의 *의라는 사실을 지적하면서 마무리하게 되는데, 이 여호와의 의는 처음에는 탄원자가 놓쳤고, 그 후에 행동 가운데 당분간 오직 신앙으로만 인지했다. 다시 "전함"은 이전 표현을 이어 가며(22절을 보라), 한 번 더 연쇄적 선포가 현재의 개인에게서 공동체에 현재에서 미래로 확대될 것이다. "주께서 행하셨다"는 것은 이런 의가 단순히 추상적 특징이 아니라 행위임(우리는 치드카토[sidqātô]를 "그의 의로운 행위"로 번역할 수 있다)을 분명히 한다.

3. 신학적 의미

만약 "시편 22편이 단순히 어떤 괴롭힘을 당하는 이스라엘 사람의 기도일 수가 없다면" 그것은 수치일 것이다.[47] 시편 22편은 압제받는 가운데서도 두 가지 모순되는 사실을 붙들 수 있는 성숙한 영성을, 가장 많은 것을 연상시키며 구체적으로 표현한다. 시편은 시편 22편을, 보통 이스라엘 사람들이나 그리스도인들이 고통을 경험할 때, 그들의 기도를 위한 모범으로 제시한다. 시편 22편은 이 시편이 반영하는 세 가지 형태의 고통을 동시에 경험하는 사람들에게 특별히 적절하다.

---

[47] James L. Mays, "Prayer and Christology," *ThTo* 42 (1985): 322-31, 특히 329; cf. McCann, "Psalms," 765도 그렇다. 하지만 다음을 대조해 보라, Alfons Deissler, "'Mein Gott, warum hast du mich verlassen … !'" in "Ich will euer Gott werden," ed. Helmut Merklein and Erich Zenger (Stuttgart: Katholisches Bibelwerk, 1981), 97–121, 특히 120; Stanley B. Frost, "Psalm 22," *Canadian Journal of Theology* 8 (1962): 102–15, 특히 109–11; Menn, "No Ordinary Lament," 302.

첫째, 그들은 자신들이 무너지고 있거나 거의 붕괴 직전이거나 죽음을 직면한다고 느끼면서 개인적으로 압도당하는 느낌이 들 수도 있다.

둘째, 그들이 그렇게 될 수도 있는 이유는, 그들이 다른 사람들에게서 박해를 경험하고 있기 때문이다. 그들은 야생 짐승들 무리만큼이나 강력하고 적대적이며 위협적인 사람들에게서 조롱받고, 멸시받으며, 놀림감의 대상이 될 수 있다. 이것은 종종 유다 사람들(보통 그리스도인들의 손에)과 그리스도인들의 경험이었다.

6-8, 11-18절에서 "그들"이 두드러지는 것은 이 시편의 시작에서 "당신"(주)이 강조되는 것과 대조를 이룬다. 이것은 "시편 22편의 주제가 결백한 희생자의 박해에 초점을 둠"을 알리고 "우리의 시편이 포악한 괴롭힘이 지배적인 것은 사람의 포악함이 이 시편이 싸우는 근본적 문제임을 시사한다." 이 시편은 희생양으로 삼는 과정, 곧 한 무리가 무리의 포악함을 정당화하는 방식으로 개인을 악마로 삼는 방식을 잘 보여 준다.[48]

셋째, 그들은 하나님이 자신들을 버리셨음을 인식했을지도 모른다. 즉, 하나님은 그들을 구원하고자 개입하지 않고 계신다(그들의 박해자들이 지적한 대로). 하나님은 그들의 기도에 응답하지 않으신다. 이 시편은 사람들에게 이것이 그들의 경험이라고 인정하고 그 사실에서 숨지 말라고 권고한다.

이와 같이 이 시편은 사람들에게 하나님이 그들의 고통 가운데 그들과 함께하신다고 재확신시킴으로써 고통을 대처하라고 권고하는 일반적 기독교 방식에 의문을 제기한다. 하나님은 이 탄원자와 함께하지 않으셨으며, 우리가 함께하지 않았는 데도 함께하는 것처럼 하기를 기대하지 않는다.

대신에 이런 경험의 맥락에서 이 시편은 우리에게 다른 두 번째 사실을 염두에 두라고 권유한다.

---

[48] Stephen L. Cook, "Relecture, Hermeneutics, and Christ's Passion in the Psalms," in *The Whirlwind* (Jane Morse Memorial), ed. Stephen L. Cook et al., JSOTSup 336 (Sheffield: Sheffield Academic Press, 2001), 181-205, 특히 201-2.

첫째, 우리는 하나님과 우리 자신에게 하나님이 자기 백성을 향하여 과거 구원의 행위, 구체적으로는 백성들을 존재하게 한 구원의 행위를 베푸신 것을 떠올리게 한다. 이는 우리를 슬프게 하지만, 또한 우리를 격려하며 하나님께 도전한다.

둘째, 우리는 하나님과 우리 자신에게 우리 출생의 순간부터 하나님이 우리 개인의 삶에 개입하심을 상기시킨다. 이는 비슷한 의미를 지닌다.

셋째, 명백히 하나님께 바꾸어, 아무것도 안 하고 멀리 계시기보다는 가까이에서 행동하시라고 촉구하고, 우리가 사람들에게 박해당하도록 내버려 두기보다는 구원해 주시라고 촉구한다.

넷째, 우리는 우리 자신의 평판을 믿는다. 우리는 우리 자신의 주장을 믿는다. 우리는 하나님이 응답하실 것임을 믿으며, 우리는 이런 식으로 말하기 시작한다.

이렇게 이 시편이 직접 언급한 것은 의인들의 고난이다. 이 시편을 자신의 입에 담은 의인들 가운데 한 사람이 예수님인데, 이는 이 시편이 버림과 희망을 깊게 헤아리는 그 깊이를 반영한다. 이로 말미암아 예수님이 본문의 중요 대상자가 되는 것은 아니다. 이 시편은 예언이 아니다. 신약의 이 시편 사용은 "그 배경에서 이것(시편)을 비틀고 있다."⁴⁹ 하지만 이로 말미암아 실제로 이 시편은 초대 교회를 위해 예수님을 밝혀 줄 수 있다.⁵⁰

복음서에서의 인유들은 이 시편에서의 위치와는 반대 순서로 나오고, 일반적으로 이 시편과의 연관성을 명백히 하지 못한다(요 19:24는 예외이다).

---

49 Sheldon Tostengard, "Psalm 22," *Int* 46 (1992): 167–70, 특히 167.
50 다음을 보라, Soggin, *Old Testament and Oriental Studies*, 152–65; Loren R. Fisher, "Betrayed by Friends," *Int* 18 (1964): 20–38; Hartmut Gese, "Psalm 22 und das Neue Testament," *ZTK* 65 (1968): 1–22; Harvey D. Lange, "The Relationship between Psalm 22 and the Passion Narrative," *CTM* 43 (1972): 610–21; John Reumann, "Psalm 22 at the Cross," *Int* 28 (1974): 39–58; J. R. Scheifler, "El Salmo 22 y la Crucifixión del Señor," *EstBib* 24 (1965): 5–83; Fritz Stolz, "Psalm 22," *ZTK* 77 (1980): 129–48; Tostengard, "Psalm 22"; Richard D. Patterson, "Psalm 22," *JETS* 47 (2004): 213–33, 특히 227–30.

첫째, 병사들은 제비를 뽑음으로써 자신들 가운데 죽어 가는 사람의 옷을 나눈다(막 15:24; 참조. 시 22:18).

둘째, 지나가는 사람들은 그를 조롱하고, 그를 모욕할 때에 자신들의 머리를 흔든다(막 15:29; 참조. 7-8절).

셋째, 그리스도는 처형당하는 동안 이 시편의 시작하는 말을 채택하여(막 15:34), 따라서 자신을 고난당하는 이스라엘 사람의 방식으로 하나님이 버리신 누군가와 동일시한다. 신약에서 훨씬 뒤에 히브리서는 이 시편의 마지막 부분의 시작에 나오는 22절을 그리스도가 말씀하신 것으로 한다(히 2:12).

이런 식으로 개별 절을 취할 때, 예수님과 신약 저자들은 전체 이 시편이 예수님께 적용되는 것으로 여겼다고 제안됐다. 이 제안은 현대 해석이 받아들일 수 있다는 것에 근거하여 현대 이전의 해석 작업을 하려는 한 시도를 내포할 수 있다. 그러나 예수님을 이 시편 전체에 비추어 보는 것은 이해를 돕는다.

예수님이 이 시편의 시작을 인용하신 것은 십자가의 끔찍한 현실을 시사한다. 이것은 예수님이 아버지에게서 끊어지심을 의미한다. 이것은 예수님이 인간을 대신하여 죄에 대한 성부 하나님의 진로를 감당하고 계시기 때문이 아니다(이것은 다른 본문에 근거하여 주장되어야만 할 것이다).

반대로 하나님은 여전히 예수님과 동일시되시며, 변함없이 십자가에서 예수님을 보고 계시고, 완전히 예수님이 하시는 일과 동일시된다. 그리스도 안에서 하나님은 세상을 화목하게 하신다(고후 5:19). 하지만 하나님은 예수님을 구원하려는 데서 자제하고 계시며, 따라서 예수님뿐만 아니라 하나님이 이 순간의 고통에서 벗어나려는 데서 자제하고 계신다. 이 순간의 끔찍한 고통을 받아들이는 데 있어서, 하나님이 예수님만큼 변함없이 받아들이실 경우에야 비로소, 하나님은 인간의 죄를 끝까지 끌고 가실 수 있다.

만약 예수님을 3-5절과 동일한다면, 이는 다시 예수님을 이스라엘 백성과 동일시한다. 예수님의 사역은 이스라엘에게 행하시는 하나님의 사역의 맥락에 속한다. 예수님은 이스라엘을 새롭게 하고자 오셨다. 예수님의 소망의 일부는 이스라엘 내에서의 그의 자리에 있으며, 이스라엘을 위한 그의 중요성에 있다. 이것이 하나님이 예수님을 영원히 버리실 수 있는 이유에 속한다.

6-8절은 예수님의 문제가 인류의 적대감임을 분명히 하기 시작한다. 그의 고

통은 인류가 하나님에 맞서 반란을 일으킬 때 그들이 끝까지 가도록 하나님이 기꺼이 허용하심을 가리킨다. 이는 또한 하나님이 세상의 죄를 다루실 때 예수님이 하나님의 사랑이 구현되는 끝까지 기꺼이 가려 하심을 가리킨다. 하나님은 예수님 안에서 인류의 반란 전체를 감당하신다.

예수님은 9-10절을 기억하실 때, 마리아의 아이가 되는 자신의 경험을 떠올리셨을 것이다. 하나님은 주의 어머니를 선택하실 때, 하나님께 기꺼이 온전히 사용되고자 하는 젊은 여자를 구하셨다. 예수님이 잘못된 어머니에게서 양육받으시는 것이 어떤 차이를 낼 수 있을지 생각하는 것은 무섭다. 하지만 예수님은 올바른 어머니에게서 양육받으셨다. 이 시편은 하나님이 예수님을 어머니에게 의존하도록 만드셨고, 예수님이 자라 가실 때 어머니를 통해 필요한 것을 충족하시도록 하셨음을 증언할 것이다.

이 시편의 중심은 11-18절에 나오는 한탄이다. 이 행들은 수난 이야기가 자세히 기록할, 인류에 의한 거부를 강력하게 표현한다. 예수님을 공격하는 권세 있는 사람들은 종교 지도자들이자 정치 지도자들이었는데, 그들의 지위는 예수님의 가르침에 의해 특징적으로 위험에 처한다.

그 이후 19-22절은 예수님이 기도하셨지만, 하나님이 응답하지 않으신 기도를 구성한다. 문자 그대로의 의미로, 예수님의 고난의 이 단계는 겟세마네에 속하며, 예수님의 말씀을 제공한 것은 시편 22편이다. 십자가에서 예수님은 사실 구원을 구하지 않으신다. 그렇다면 이 시편이 암시하는 것은 하나님이 언약을 맺으신 사람들의 기도 없이 구원이 없다는 것이다.[51]

23-31절은 예수님의 입술로 읽으면, 하나님이 궁극적으로 이 연약한 사람에게 응답하신 것에 대해 찬양하도록 예수님이 초대하시는 것이 되는데, 왜냐하면 하나님의 이 행위는 곤경에 처할 때 하나님을 부른 다른 연약한 사람들이 또한 먹고 만족하게 될 것을 약속하기 때문이다. 그리고 이 약속은 예수님의 가까운 무리(그의 제자들과 같은 사람들)를 넘어 유지된다. 예수님을 죽으시게 한 부유한 자와 권세 있는 자들(이 주석의 저자와 및 독자 대부분과 같은 사람들)은 죽음으로 위협받은 다른 사람들 및 그들의 후손들과 함께 그의 하나님께 절할 것이다.

---

51 Cynthia L. Rigby, "All God, and Us," in *Psalms and Practice*, ed. Reid, 202-19, 특히 208도 그렇다.

제23편

우리의 목자이자 주인이신 하나님

1. 본문

다윗의 시

1 여호와는 나의 목자시니 내게 부족함이 없으리로다[1]
2 그가 나를 푸른 풀밭에 누이시며
  쉴 만한[2] 물 가로 인도하시는도다
3 내 생명(개역개정: 영혼-역주)을 소생시키시고
  자기 이름을 위해
  의의 길로 인도하시는도다
4 내가 사망의 음침한 골짜기로 다닐지라도
  해를 두려워하지 않을 것은[3]

---

[1] 접속사 생략을 고려할 때, 우리는 명사절을 상황절로 여기고, "내 목자는 여호와이시므로 나는 부족함이 없다"라고 번역할 수 있지만(cf. Theophile James Meek, "The Metrical Structure of Psalm 23," *JBL* 67 [1948]: 233-35), 이 시편의 시작하는 문맥에서, 명사절은 이와 같이 한적한 곳에 위치시키기에는 너무 중대한 진술을 한다. Cf. J. Mittmann, "Aufbau und Einheit des Danklieds, Psalm 23," *ZTK* 77 (1980): 1-23, 특히 1-3; Douglas J. Green, "The Good, the Bad and the Better: Psalm 23 and Job," in *The Whirlwind* (Jane Morse Memorial), ed. Stephen L. Cook et al., JSOTSup 336 (Sheffield: Sheffield Academic Press, 2001), 69-83, 특히 76에서의 시작하는 구절에 대한 해설.

[2] 강의(強意)의 복수. GKC 124e를 보라.

[3] *IBHS* 38.2e와 *TTH* 143는 "비록 내가 걷는다고 하더라도…"와 같이 이것을 실재하지 않는 조건으로 여긴다. GKC 107x, 159bb는 이를 결정하지 않고 둔다. 맥락(특히 5절)이 이것을

주께서 나와 함께 하심이라 주의 지팡이와 막대기가
나를 안위하시나이다

5 주께서 내 원수의 목전에서
내게 상을 차려 주시고
기름을 내 머리에 부으셨으니
내 잔이 넘치나이다[4]
6 내 평생에
선하심과 인자하심이 반드시 나를 따르리니
내가 여호와의 집에
영원히 살리로다[70인역]/돌아올 것이로다[마소라 본문][5]

2. 해석

시편 23편은 시편 11편과 마찬가지로, 실제 기도를 전혀 포함하지 않으면서 근본적으로 신뢰의 시편이다. 이 시편은 시편 22편이 결국 단언한 동일한 희망 가득함을 명백하지만, 상징들로 표현하고, 특정 의미나 문맥으로 좁히기는 훨씬 어렵다.[6] 이 시편의 귀중함은 주로 서정시체(體)에서 오는데, 이 또한 우리가 좁

실재적 조건이라고 시사한다(cf. DG 121.1).
4 문자 그대로, "내 잔은 포식이다." 70인역과 제롬은 잔 자체가 넘친다기보다는(많은 영어 번역본이 그렇다), 이 잔이 가득하고 그 사람에게 큰 기쁨을 준다고 옳게 추론한다(Briggs, *Psalms*, 1:210). Günther Schwarz ("'… Einen Tisch angesichts meiner Feinde'?" *VT* 20 [1970]: 118-20)는 이 콜론을 다시 배열한다.
5 마소라 본문은 웨샤브티(*wěšabtî*, 그리고 나는 돌아갈 것이다)라고 하지만, 후속 전치사 베(*b*)는 놀랍다. 70인역(참조. 또한 탈굼, 제롬)은 27:4에 동화되면서, 웨쉬브티(*wěšibtî*, 그리고 나의 거주지)를 전제한다.
6 다음을 보라, Felix Asensio, "Entrecruce de simbolos y realiades en el Salmo 23," *Bib* 40 (1959): 237-47; Susan Gillingham, *The Image, the Depths and the Surface*, JSOTSup 354 (Sheffield: Sheffield Academic Press, 2002), 45-78; Hugh S. Pyper, "The Triumph of the Lamb," *BibInt* 9 (2001): 384-92; Jörg V. Sandberger, "Hermeneutische Aspekte der Psalmeninterpretation dargestellt an Psalm 23," in *Neue Wege*, ed. Seybold and Zenger, 317-44; Ron E. Tappy, "Psalm 23," *CBQ* 57 (1995): 255-80; Robert Couffignal, "De la bête à l'ange," *ZAW* 115 (2003): 557-77.

힐 수 없게 하는 일부가 된다.

이 시편은 자체를 여러 면에서 적용하도록 열어 둔다.[7] 이 시편에서 그리는 "나"는 보통 개인일 수도 있지만, 왕[8]과 같은 지도자나 제2성전기의 지도자나 어느 시기의 전체 공동체[9]가 사용할 수 있도록 열려 있다. 이 시편의 행 구분은 보통보다는 명확하지 않는데, 부분적으로 이 시편에 통상적 병행법이 거의 없기 때문이며, 운율이 특히 불규칙적이기 때문이다.[10]

1-4절은 이미지 차원에서 목자 이미지를 사용하여 여호와의 돌보심을 단언하면서 함께 묶인다. 이로 말미암아 이 시편은 목자시로 볼 수 있다. 하지만 5-6절은 또한 원수들이 둘러싼 인간으로서 더욱 문자 그대로와 통상적 방식으로 탄원자를 묘사하지만, 목자 이미지를 뒤로하고, 여호와의 환대라는 다른 이미지를 내포한다.[11] 1-4절에서, "여호와"와 "나"는 문자 그대로의 현실이지만, 나머지는 은유이다.

5-6절에서 나는 원수들이 또한 문자 그대로의 현실이며 여호와의 집도 마찬가지라고 여긴다. 물론 그렇다 하더라도 문자 그대로와 은유의 관계에 대한 다른 질문도 여기서 대두한다.

즉, 이 시편은 문자 그대로의 식사를 말하고 있는가, 아니면 은유적 식사를 말하고 있는가?

그럼에도 이 시편의 둘째 부분은 첫째 부분의 해석에 제약을 가한다. 즉, 여호와는 우리가 여호와의 집에서 받은 공급에 의해 우리를 보호하는 목자로 행동하시는데, 그 여호와의 집에서 예배할 때 여호와가 우리를 환대하시므로 우리는

---

7   Cf. Mark S. Smith, "Setting and Rhetoric in Psalm 23," *JSOT* 41 (1988): 61-66. John H. Eaton은 이 시편에 대한 현대의 이해가 산문 면에서는 잘못할 수 있다고 설명한다("Problems of Translation in Psalm 23:3ff.," *BT* 16 [1965]: 171-76을 보라).
8   A. L. Merrill, "Psalm xxiii and the Jerusalem Tradition," *VT* 15 (1965): 354-60도 그렇다.
9   Cf. *Midrash on Psalms*, 1:334.
10 Dennis Pardee, "Structure and Meaning in Hebrew Poetry," in *Sopher Mahir* (Stanislav Segert Festschrift), ed. Edward M. Cook (Winona Lake, IN: Eisenbrauns, 1990), 239-80가 한 상세한 연구를 보라.
11 이처럼 Yair Mazor ("Psalm 23," *ZAW* 100 [1988]: 416-20)는 동물의 이미지에서 인간의 묘사로의 전환을 강조한다. Ludwig Köhler는 목자 이미지가 이 시편 전체에 유지된다고 주장한다("Psalm 23," *ZAW* 68 [1956]: 227-34을 보라). Cf. Julius Morgenstern, "Ps 23," *JBL* 65 (1946): 13-24; Alfred Von Rohr Sauer, "Fact and Image in the Shepherd Psalm," *CTM* 42 (1971): 488-92; 하지만 이것은 어떤 무리한 읽기나 수정도 필요하지 않다.

잔치와 기쁨을 누린다. 영으로 드리는 예배를 배제하지 않아야 하지만, 음식과 음료(5절; 참조. 2절) 제공에 대한 강조는 해석이 이에 국한되지 않아야 함을 시사한다. 예배는 전 인격이 관련되며, 여호와와의 관계는 종교 생활에 국한되지 않는다. 여호와도 세상의 위험과 적대감 가운데 세상에 동행할 때 우리를 보호하는 목자로 행동하신다.

본질적 차원에서 이와 같이 1-4절과 5-6절은 여호와가 지속적으로 꾸준히 공급하신다는 것과 여호와가 다른 사람들의 반복되는 압박에도 예배자를 보존하신다는 언급을 결합한다. 1-4절에서 이것이 차례로 나온다. 먼저 지속적이며 꾸준한 공급(1-3절), 그 후에 반복되는 보호(4절)가 온다. 5a절과 6a절이 더 반복되는 보호를 언급하고 5b절과 6b절이 지속적이며 꾸준한 공급을 언급하지만, 5-6절에서는 분리하기 어려울 정도로 서로 얽혀 있다.

    a 꾸준한 공급/보살핌(1-3절)
      b 보호/보살핌(4절)
      b' 보호/환대(5a, 6a절)
    a' 꾸준한 공급/환대(5b, 6b절)

abb'a' 구조는 이 시편이 말하고 여호와께 말하는 수사적 방법에서 더욱 완전하다.

    a 여호와는 나의 목자이시다(3인칭; 1-3절)
      b 주님은 나의 목자이시다(2인칭; 4절)
      b' 주님은 나의 주인이시다(2인칭; 5절)
    a' 여호와는 나의 주인이시다(3인칭; 6절)

첫째 행과 마지막 행에서 "여호와"라고 구체적으로 두 번 언급한 것이 이 구조의 일부이다. 다른 방식으로 이 두 번 3인칭으로 언급하고 여호와를 "주님"(당신)으로 두 번 불러 여호와를 이 시편에서 상당히 주목한다.[12]

---

[12] 이 시편의 구조에 대해 다음을 더 보라. Pierre Auffret, "Essai sur la structure littéraire du Psau-

만약 여호와가 4-5절에서 직접적 대상이라면, 1-3절과 6절에서는 누가 대상인가?

이 행들은 암묵적으로 의인들의 공동체에 예배자가 표현한 동일한 신뢰에 따라 살아가도록 격려하면서, 그들을 대상으로 할 수도 있다(참조. 시 22편). 그들은 예배자 자신의 신뢰를 세우도록 의도하여, 자신을 대상으로 했을 수도 있다(참조. 시 42-43편). 그들은 여호와가 예배자들에게 공급하고 계심을 볼 이런 박해자들을 대상으로 하며 몰래 감시했을 수도 있다(참조. 시 6편). 1-3절과 6절의 암묵적인 직접적 대상이 누구이든지 그들이 또한 공식적으로 여호와를 부른 행들의 암묵적인 간접적 대상일 것이다.

[표제]

다윗의 시

용어 해설을 보라.

만약 "다윗의 시"라는 표제로 말미암아 다윗이 이 시편을 사용한다고 생각한다면, 그가 목자였다는 것은 초대의 의미를 지닐 것이다. 1-4절의 이미지와 5-6절의 현실은 그의 이야기로 가득하다.[13]

[시 23:1-4]

이 시편은 음식과 물을 제공하고 위험에서 보고하는 목자로서 여호와를 신뢰함을 선포한다. 첫 쌍의 행(1-3a절)과 마지막 쌍의 행(4절)은 음식과 물을 제공하고 보호하는 목자의 사역의 두 핵심 측면 가운데 처음 측면을 묘사한다. 중간 행(3b-c절)은 목자 사역의 중요성을 두 측면 모두에서 요약한다.

---

me 23," *EstBib* 43 (1985): 57–88; C. M. Foley, "Pursuit of the Inscrutable," in *Ascribe to the Lord* (Peter C. Craigie Memorial), ed. Lyle Eslinger and Glen Taylor, JSOTSup 67 (Sheffield: JSOT, 1988), 363–83; N. A. van Uchelen, "Psalm xxiii," in *New Avenues in the Study of the Old Testament*, ed. A. S. van der Woude, OtSt 25 (Leiden: Brill, 1989), 156–62.

13 Jack Lundbom, "Psalm 23," *Int* 40 (1986): 5–16을 보라.

1 여호와는 나의 목자시니 내게 부족함이 없으리로다
2a 그가 나를 푸른 풀밭에 누이시며

통상적으로 시작하는 절을 (다른 무엇보다) 나의 목자인 여호와에 대한 진술로 여기지만,[14] 이어지는 행들은 시작하는 절이 오히려 누가 탄원자를 돌보는가에 대한 진술임을 시사한다. 부분적으로 이화(異化, 일상화한 대상을 다른 양상으로 제시함으로써 새롭게 인식시키는 문학적 수법-역주)를 위해, 따라서 나는 표현들이 순서에서 술어-주어가 되면서, 시작하는 절을 후자의 입장으로 여긴다. 다른 사람들은 다른 신들을 자신들의 목자로 여기거나 자신들의 자원으로 신뢰하는 반면에 이스라엘에게는 여호와가 이 역할을 이행하신다.

목자의 이미지는 항상 부드럽고 돌보는 이미지인 것은 아니며, 종종 멸시되는 직업이다.[15] 다윗은 사울에게 목자들이 용감하고 무자비한 살인자가 될 필요가 있는 거칠고 강인한 인물들이라고 지적했는데, 이는 골리앗에게 적합했다(삼상 17:34-36을 보라; 참조. 출 2:17-19).

그럼에도(또는 따라서) 중동에서 이는 함무라비나 아슈르바니팔과 같은 위대한 왕을 가리키는 용어였으며,[16] 구약 내에서는 페르시아 정복자 고레스(사 44:28)를 가리키는 용어였다.[17] 이것은 또한 신을 가리키는 용어이다.[18] "목자"가 의미하는 전부는 권위와 힘을 가리키는 이미지였다. 목자는 최고의 주이며, 양은 봉신이다. 목자는 편안한 이미지가 아니다.[19]

---

14 이것은 그렇다면 확인의 절이다. DG 49a도 그렇다. 다음을 더 보라, E. Pfeiffer, "Eine Inversion in Psalm xxiii 1ba," *VT* 8 (1958): 219-20; Rudolf Mosis, "Beobachtungen zu Psalm 23," *Gesammelte Aufsätze zum Alten Testament* (Würzburg: Echter, 1999), 275-94, 특히 276-82.
15 Cf. *Midrash on Psalms*, 1:327. 시편 23편과 구약 다른 곳의 목자에 대해, Regine Hunziker-Rodewald, Hirt und Hermas, BWANT 155 (Stuttgart: Kohlhammer, 2001), 특히 168-88을 보라.
16 *ANET* 164을 보라.
17 이와 같이 Richard S. Tombach ("Psalm 23:2 Reconsidered," *JNSL* 10 [1982]: 93-96)는 2절이 왕의 역할에 적용될 수 있는 용어를 사용한다고 지적한다.
18 *ANET* 69, 71, 72, 337, 387-88을 보라.
19 Beth Tanner, "King Yahweh as the Good Shepherd," in *David and Zion* (J. J. M. Roberts Festschrift), ed. Bernard F. Batto and Kathryn L. Roberts (Winona Lake, IN: Eisenbrauns, 2004), 267-84을 보라.

하지만 목자는 또한 공격자들에 맞서 가축의 편을 드는 능력을 시사한다(시 80:1-3[2-4]; 렘 31:10). 목자가 없는 양은 위험에 처한다(민 27:17; 왕상 22:17). 더 나아가 목자는 또한 양이 먹이와 물을 공급받는지 살피며(사 40:11), 이것이 이 시편의 초반의 핵심이다. 가축을 소홀히 하는 목자들이 있으며(겔 34장을 보라), 여호와는 이런 종류의 목자가 아니시다.

여호와는 백성이 광야를 통과하여 이동할 때 어떤 것도 부족하지 않도록 살피셨으며(신 2:7; 느 9:21), 모세는 가나안 땅에서의 삶에 대해 동일한 것을 약속했다(신 8:9). 하늘의 여왕을 예배하는 자들이 반대 경험을 했다고 주장할지라도(렘 44:18) 이것이 시편 34:10[11]의 증언이다.

이와 같이 목자 이미지는 자연스럽게 개인보다는 전체 백성에게 적용되며, 개별 양보다는 양 떼에 적용된다.[20] 구체적으로 목자 이미지는 이스라엘의 출애굽과 광야 여정 이야기를 떠올리게 할 뿐만 아니라, 나중에 가나안 땅에 도착함과 성전 건축을 암시할 것이다.[21] 예배자는 대담하게 여호와의 목자 되심이 자연스럽게 일반적 양 떼에 적용되고 이스라엘의 이야기와 예배에서 기념되지만, 또한 이 개별 양에게 적용된다고 선포한다. 이런 대담함은 후대 연대를 시사한다고 판단됐는데, 물론 이는 논리적으로 보이지는 않는다.

양은 흔히 정착한 주민이 지탱하고 농경을 유지하기에는 강수량이 너무 적지만 계속 이동하는 가축을 먹이기에는 충분한 풀이 자라는 땅인 광야(어원적으로 미드바르[*midbār*]는 풀밭을 시사한다)에서 길러진다. 광야는 공동체가 양을 배치할 수 있는 영토이다. 그리하여 광야에서의 목자의 임무는 양 떼를 위한 풀밭을 찾는 것이다(참조. 65:12[13]; 렘 9:10[9]; 23:10; 욜 1:19-20; 2:22; 또한 암 1:2).

---

20 Cf. J. Severino Croatto's comments, "Psalm 23:1-6," in *Return to Babel,* ed. John R. Levison and Priscilla Pope-Levison (Louisville: Westminster John Knox, 1999), 57-62, 특히 59-60.
21 탈굼은 처음 돌봄이 출애굽과 광야 여정을 가리키지만, 그렇다면 이 시편이 4절에서 포로 됨을 염두에 두었음을 보아라. Qimchi는 이 개념을 받아들여 이 시편이 포로에서 돌아옴과 관련 있을 수 있다고 제안한다. David Noel Freedman은 이것이 포로에서의 제2출애굽을 시사한다고 여긴다. 다음을 보라, "The Twenty-Third Psalm," in *Pottery, Poetry, and Prophecy* (Winona Lake, IN: Eisenbrauns, 1980), 275-302; 또한 Michael L. Barré and John S. Kselman, "New Exodus, Covenant, and Restoration in Psalm 23," in *The Word of the Lord Shall Go Forth* (D. N. Freedman Festschrift), ed. Carol L. Meyers and M. O'Connor (Winona Lake, IN: Eisenbrauns, 1983), 97-127. Cf. Bernard P. Robinson, "Pastures New," *Scripture Bulletin* 29 (1999): 2-10.

"푸른"은 이 점을 분명히 한다. 양 떼를 단순히 먹이는 것이 아니라, 푸른 풀밭에 눕도록 하는 것은, 충분하게 공급함을 시사한다. 이것은 양들이 먹고 만족하여 더 많은 풀을 찾아 이동할 필요가 없음을 의미한다. 즉, 이 풀밭은 다음 음식도 제공할 것이다. 먹은 후에 눕는다는 것은 안전을 암시한다(겔 34:14-15; 습 3:13; 또한 욥 11:19; 사 17:2).

> 2b 쉴 만한 물 가로 인도하시는도다
> 3a 내 생명(개역개정: 영혼-역주)을 소생시키시고

둘째 행은 첫 행(마소라 본문의 절 구분은 2a절과 2b절 사이의 병행법을 반영한다)과 함께 *abb'a'* 순서를 완성한다. 피엘(piel)은 히필(hiphil)을 보완하며, 복수 명사는 단수 명사를 보완하고, 전치사는 서로 보완한다. 본질적으로 2b절은 목자가 음식뿐만 아니라 물을 제공함을 단언한다. 인도한다는 것(나할[*nāhal*])은 여호와가 광야를 통과하여 약속의 땅으로 이스라엘을 데리고 가시는 것과 같이(출 15:13) 강력하지만, 보호하는 쪽이 더 약하고 곤경에 처한 쪽에 베푸는 행위이다(31:3[4]; 창 33:14; 대하 28:15; 사 40:11; 49:10; 51:18).

목자는 풀이 자라는 곳을 알 뿐만 아니라, 바위가 가두어 두고 태양이 증발시키지 않는 작은 물웅덩이를 어디에서 찾아야 하는지, 또는 물을 담을 작은 둑을 어디에 만들 수 있는지를 알 필요가 있다.

"조용한 물"(still water)이라는 전통적 번역은 많은 강과 시내가 시골 지역을 흐르는 유럽 배경에서는 의미가 통하지만, 중동의 광야에서 시내의 속도는 문제가 아니며, 구약에서는 이를 어디에서도 언급하지 않는다. 오히려 "쉴 만한 물"(Water of restfulness)은 양이 그 옆에서 쉴 수 있는 물이며, 개념은 2a절과 비슷하다. 양은 다시 일어서고 또다시 물을 마실 수 있음을 알고서, 물가에서 마시고 누울 수도 있다. 이것은 아마도 실제 삶에서는 거의 경험하지 못하는 목가적 개념이다.

"그가 내 생명(나프쉬[*napšî*]. 내 *사람)을 소생시키시고" 자체는 음식과 물을 제공함으로써 사람이나 짐승을 소생시킴을 시사하는 표현이므로(19:7[8]을 보라), 이는 2절의 함의를 요약하며, 1-3a절의 *abb'a'* 구조에서 1절과 병행을 이룬다. 1-3a절의 산문적 함의를 설명하면, 여호와는 목자로서 내가 음식과 물과 쉼을 가졌는지 확인하심으로써, 내 생명을 회복시키고 내가 어떤 것이 부족하지 않

은지 살피신다.22

> 3b 자기 이름을 위해
>   의의 길로 인도하시는도다

더 나아가 3b절은 1-3a절을 보완하지만, 또한 목자의 이중적 사역의 방식을 요약할 때에 4절을 기대한다.

"인도하다"(나하[*nāhâ*])는 이스라엘이 광야를 통과하는 여정을 가리키는 또 다른 단어인데(출 13:17, 21; 15:13; 32:34; 신 32:12; 느 9:12; 시 77:20[21]; 78:14, 53), 물론 이 단어는 더욱 일반적으로 사람들이 원수들로부터 압박을 받을 때 여호와가 끌어내시는 데 사용된다(5:8[9]; 27:11). 이는 이 시편이 왜 *의(체데크[*ṣedeq*]; 참조. 5:8[9]에서 네 체다카[*ṣĕdāqâ*]로 인도함)의 길로 인도하심에 대해 말하는지 이해하는 데 도움이 된다. 이것은 단순히 옳은 곳, 풀과 물이 있는 곳으로 인도하는 길이라는 의미에서 옳은 길이 아니다.

이 시편은 도덕적 지적을 소개하고 있지도, 옳은 종류의 삶을 살도록 인도받아야 한다고 요청하고 있지도 않다. 의의 길은 목자이신 하나님의 의와 일치하는 길이다. 이 고백은 여호와가 *사랑(헌신)으로 이스라엘을 인도하고 있다는 모세의 노래에서의 선포와 일치한다(출 15:13).

"자기 *이름을 위해"라는 동기부여는 31:3[4]과 일치하지만, 여기서는 첫째 콜론을 다시 진술한다. 여호와는 의로 특징지어지는 하나님이시다(예를 들어, 4:1[2]). 어떤 의미에서 이것은 "여호와"라는 이름의 의미이다. 그리하여 의로 행동하심은 이 이름이 성품의 참된 반영이 됨을 증명하는 것이다.

> 4 내가 사망의 음침한 골짜기로 다닐지라도
>   해를 두려워하지 않을 것은
>   주께서 나와 함께 하심이라 주의 지팡이와 막대기가
>   나를 안위하시나이다

---

22 Timothy M. Willis ("A Fresh Look at Psalm xxiii 3a," *VT* 37 [1987]: 104-6)는 이 행이 더 구체적으로 은신처를 제공하는 것을 가리킨다고 여긴다.

이와 같이 이 두 행은 여호와의 의로운 인도가 실행되는 다른 방법을 묘사하는 데서, 첫 두 행을 보완한다. 풀과 물은 물이 흘러가 버리고 태양이 풀을 마르게 하는 개방된 곳이 아니라, 골짜기나 골짜기 가까이에 있을 수 있다. 하지만 골짜기는 또한 위험한 장소이다. 야생 짐승들이 양과 동일한 이유에서 골짜기에 가며, 덤불과 그늘과 바위가 양들에게 달려드는 것들부터 좋은 숨을 장소를 제공한다.

찰마웨트(ṣalmāwet)라는 단어(음침함[의 골짜기])는 연상시키는 단어이다. 이 단어는 원래 찰무트(ṣalmût)였을 수도 있지만, 마소라의 모음 첨부는 이것이 사망의 그늘을 시사하게 함으로써 그 효과를 높인다. 다시 "사망의"는 때로 영어에서처럼("dead right[정말로 옳다]"), 최상급의 한 형태인 것 같지만, 여기서는 음침함이 죽음을 실제로 위협하므로 적절한 형태가 된다(참조. 영어 "dead tired[녹초가 되다, 죽을 정도로 지치다]").

하지만 양은 골짜기, 심지어 매우 어두운 골짜기를 걸을 때 두려워하지 않는다. 둘째 행은 어떻게 그런지를 설명한다. 양은 목자가 양 떼를 위협하는 무엇에 대해서든지 보호할 준비가 되어 있는 용감하고 강인한 사람임을 알고 있다. 여호와의 임재나 여호와의 부재와 같이(22:1[2] 해설을 보라), 여호와가 우리와 "함께"하시다는 것은 단순히 감정이 아니다. 이것은 단순히 존재한다는 것만을 의미하는 것이 아니라 행동하신다는 것도 의미한다(예를 들어, 사 41:10).

이런 임재는 원수들을 무찌르는 공격적 행동으로 표현되며, 따라서 여호와가 사랑하는 자를 보호하시는 것이다(다시, 참조. 사 41:10).[23] 그리하여 목자의 함께함은 지팡이와 막대기로 느껴지게 한다.[24]

다윗 혈통의 통치자가 나라들을 이 지팡이로 부수며(시 2:9), 여호와가 이 지팡이로 유다를 징벌하시고(사 10:5), 어떤 사람이 이 지팡이로 자기 종을 너무 세게 때려 종이 죽었다(출 21:20). 목자는 짐승들을 공격하여 양을 보호하는 무기로 자기 허리띠에 붙이는 지팡이를 가지고 다닌다.[25] 목자의 막대기는 지지를 위해 기댈 수 있는 것으로(예를 들어, 슥 8:4), 물론 이것은 또한 목자가 양을 질서 있게

---

23 Cf. Horst Dietrich Preuss, "'… Ich will mit dir sein!'" *ZAW* 80 (1968): 139–73.
24 이에 대해, cf. E. Power, "The Shepherd's Two Rods in Modern Palestine and in Some Passages of the Old Testament," *Bib* 9 (1928): 434–42.
25 Hannah W. Kinoti의 아프리카 관점에서 온 설명인, "Psalm 23:1–6," in *Return to Babel*, ed. Levison and Pope-Levison, 63–68, 특히 63–64를 보라.

유지하고 양들이 먹는 올리브를 떨어뜨리려고 사용하는 수단이다.

이와 같이 두 물건은 다른 방법으로 양을 "안위한다."[26] "안위하다"(나함 [nāḥam] 피엘)는 때로 감정적 격려를 시사하고, 때로 상황을 바꾸는 행동을 시사하며, 둘 다 이 맥락에서 관련이 있을 것이다. 이 시편이 갖는 출애굽기와 이사야 40-55장의 언어와의 연관성으로 말미암아 4절에는 또한 (예를 들어) 이사야 40:1로 가득하게 되며, 다시 이 시편이 하는 것은 이 공동체의 안위를 개인에게 적용하는 것이다.

[시 23:5-6]

지금까지 이 시편은 순수하게 은유적으로 말했다. 이제 이 시편은 문자적인 것과 은유의 경계를 구분하기 어렵지만, 은유와 문자 그대로의 현실을 섞는다.

> 5 주께서 내 원수의 목전에서
> 내게 상을 차려 주시고
> 기름을 내 머리에 부으셨으니
> 내 잔이 넘치나이다

이 시편의 배경이 실제 성전의 감사 식사에 있음이 틀림없다고 추론하는 것은 상상력이 없는 것이겠지만, 아마도 원수들은 문자 그대로일 것이며,[27] 이 시편은 이런 식사가 기념했을 수도 있는 구원의 행위를 언급하지 않았다. 누군가를 위해 상을 차려 주는 것은 관대한 주인으로서 행하는 것이며(참조, 잠 9:1-2), 이것은 자신의 확대 가정을 위해 (종을 통해) 왕이 하는 것이다(예를 들어, 삼하 9:7-13). 그렇다면 5a절은 탄원자를 하나님 왕의 가정에 준하는 구성원으로서 묘사하고 그에게 반대한 공동체의 다른 구성원들은 시편 22편의 방식으로 좌절과 시기로

---

26 탈굼과 루터(Luther)는 지팡이가 토라라는 점에 동의하지만, 탈굼은 이것이 좋은 소식이라고 보고, 루터는 나쁜 소식이라고 본다(*Selected Psalms*, 1:170-71).

27 E. Vogt, "The 'Place in Life' of Ps 23," *Bib* 34 (1953): 195-211에 반대된다. Dennis D. Sylva ("The Changing of Images in Ps 23.5, 6," *ZAW* 102 [1990]: 111-16)는 5-6절이 성전을 가리키는지 의심한다.

보고 있음을 시사할 수도 있다.[28]

5b절은 두 가지 방식으로 이 이미지를 더욱 발전시킨다. 이 연회에서 주인은 향이 나는 기름을 손님의 머리에 붓고(참조. 눅 7:46) 손님에게 넘치는 포도주 한 잔을 제공한다.

> 6 내 평생에
>   선하심과 인자하심이 반드시 나를 따르리니
>   내가 여호와의 집에
>   영원히 살리로다[70인역]/돌아올 것이로다[마소라 본문]

신학 용어로 번역될 때, 이 모두가 의미하는 것, 즉 보살핌과 환대, 공급과 보호는 *선하심과 사랑(*인자하심)이 항상 나를 따르고 있다는 것이다. 영어 번역본들의 "따르다"(follow)는 라다프(rādap)의 희석된 번역인데, 이는 일관되게 더욱 활동적인 것(보통 적대적인 것; 예를 들어, 7:1[2]; 18:37[38]; 69:26[27]; 71:11; 이것은 34:14[15]; 38:20[21]에서 더욱 긍정적인 의미에서 좇는 것을 가리킨다)을 의미한다.

이와 같이 이 동사는 두 가지 장려하는 함의를 지닌다.

하나는 만약 야생 짐승/원수들(1-5절)이 우리를 좇는다면 선하심과 인자하심도 그렇게 할 것이라는 점이다.

다른 하나는 선하심과 인자하심이 활발하게 우리를 따른 것이라는 점이다.

하나님의 이런 측면의 인격화는 43:3에서 하나님의 빛과 진실함을 하나님의 집으로 우리를 인도하도록(나하[nāhâ], 3b절에서 처럼) 보내 주시라는 기도와 비교된다. 거기서도 문맥은 원수들이 탄원자를 박해하는 곤경의 상황이다. 현재의 맥락에서 함의는 여기 하나님의 집에서 탄원자는 5절에 묘사된 환대를 누리고 있다는 것이다. 그 후에 4절이 1-3절을 따르지 않듯이, 6절은 시간순으로 더

---

28 Philip D. Stern ("The 'Bloodbath of Anat' and Psalm xxiii," *VT* 44 [1994]: 120–25)은 이 시편이 아나트(Anat) 이야기에서 주제를 선택했지만, 여호와가 원수들을 죽이시는 대신에 가까이 오지 못하게 하셨다고 제안한다.

이상 5절을 따르지 않는다. 오히려 6절은 다른 각도에서의 여호와의 보호를 묘사한다.

함의는 이 인격화된 여호와의 속성, 따라서 선하고 인자한 분으로서의 여호와는 실제로 우리가 여호와의 집에 반드시 도달하도록 하실 것이며, 우리가 거기서 머물도록 그렇게 하실 것이라는 것이다. 또는 오히려 선하심과 인자하심이 계속 우리가 여호와의 집에 반드시 도달하게 하실 것을 의미할 것이다. 왜냐하면, 이와 같이 선하심과 인자하심이 우리 가운데 계속 역사할 필요가 있음을 의미하기 때문이다.

음식을 발견하지 못할 위험에 처하거나 원수들에게 공격을 받는 위험에 처하는 것은 여호와께 속한 사람들의 단 한 번의 경험이 아니다. 이것은 반복되는 경험이다. 하지만 여호와가 따라오시고 여호와와 함께 살 수 있게 되는 것도 마찬가지이다. 우리 삶에서 줄곧 오랜 기간(용어들은 병행을 이룬다) 여호와는 이를 확실하게 하실 것이다.

6b절에서, "돌아오다"와 "살다"는 부분적으로 의미가 통하지만, 또한 문제를 제기하며, 결국 우리가 어떤 것을 따라야 할지 거의 차이가 없다.[29] 마소라 본문은 예배자가 돌아옴은 단 한 번의 행위가 아니라 반복되는 행위임을 암시하지만, 또한 우리가 잠시 머물기 위해 돌아옴을 암시하기도 하다.

70인역은 예배자가 성전에서 매일 밤 잠자는 것을 거의 암시하지 않는데, 이는 오직 (예를 들어) 레위인에게만 적용될 수 있기 때문이다.[30] 아마도 탄원자는 지속하는 위험과 구원과 거주의 주기 가운데 살 것이다. 하지만 다른 곳에서의 언급(예를 들어, 27:4-5)은 이 표현이 여호와의 공급과 보호의 영역에 사는 것을 수사적으로 가리킨다고 이해할 수도 있음을 시사한다.[31]

29　읽기의 보완적 성격에 대해, Ernst A. Knauf, "Psalm xxiii 6," *VT* 51 (2001): 556을 보라.
30　Sigurdur Ö. Steingrímsson ("Der priesterliche Anteil," in *Text, Methode und Grammatik* [Wolfgang Richter Festschrift], ed. Walter Gross et al. [St. Ottilien: EOS, 1991], 483-519)은 저자가 제사장이라고 주장한다.
31　Cf. Arad ostracon, "Bleiben im Hause Jahwes," Kleine Schriften (Tübingen: Mohr, 1973), 5:113-17을 고려한 Otto Eissfeldt의 설명; 또한 Aubrey R. Johnson, "Psalm 23 and the Household of Faith," in *Proclamation and Presence* (Gwynne Henton Davies Festschrift), ed. John I. Durham and J. R. Porter (London: SCM, 1970), 255-71.

3. 신학적 의미

시편 23편은 죽음 및 장례와 연결됐을지라도, 실제로 "삶에 대한 시편"이며, "먹고 마시고 안전을 구하는 것 같은 일상적 활동을 근본적으로 하나님 중심의 관점에 두는" 시편이다.[32] 하나님 백성의 일원으로서의 삶은 하나님의 임재를 자유롭게 누리는 것과 삶의 불확실함의 두 측면 사이에 사는 삶이다.

하나는 우리가 먹을 음식과 마실 물을 가질 것인지에 대한 불확실함이다.
다른 하나는 다른 사람들에게서의 적대감을 경험하는 것이다.

따라서 이 신뢰 시편의 암묵적 배경은 명백히 많은 기도시에 반영된, 곧 음식과 물이 떨어지고 원수들이 위협한다는 현실이다.[33]

이 시편은 사람들에게 매우 용감하면서도 냉정하게 이성적 신뢰를 선포하도록 초대한다. 이 사실은 사람들에게 공급과 보호를 약속하는데, 이는 루터가 "모든 시련(Anfechtungen, 유혹, 공격, 곤경, 괴로움) 가운데의 안위"라고 부르는 것이다.[34]

여호와의 보살피심이 실패할 상황을 다루는 것은 다른 시편들을 위해서이다. 루터가 계속 지적하듯이, 이런 일이 발생할 때 이 시편은 사람들에게 하나님의 말씀과 약속을 붙들면서 여호와가 우리 목자이심을 계속 신뢰하라고 초대한다.[35] 그러면 그들은 하나님이 그들을 위해 지팡이와 막대기를 휘두르시면서, "맹렬한 부드러움"(fierce tenderness)으로 행동하심을 발견하게 될 것이다."[36]

---

32 McCann, "Psalms," 767.
33 Cf. Westermann, *Living Psalms*, 130.
34 *Selected Psalms,* 1:155. 루터의 30쪽의 '짧은' 시편 해설(152)은 대부분은 풍유적이지만, "저녁 상에서 은혜를 받은 한 오찬"이라고 주어졌다(147). 아마도 전하는 데 한 시간 반 이상 걸릴 것이다.
35 Ibid., 1:158-59.
36 Nancy J. Ramsay, "Counseling Survivors of Child Sexual Abuse," *Journal of Pastoral Care* 52 (1998): 217-26, 특히 219.

제24편

여호와의 세상 소유권, 여호와께 접근하는 조건, 여호와를 성읍에 받아들임

1. 본문

다윗의 시

1 땅과 거기에 충만한 것과 세계와
  그 가운데에 사는 자들은 다 여호와의 것이로다
2 여호와께서 그 터를 바다 위에 세우심이여
  강들 위에[1] 건설하셨도다[2]

3 여호와의 산에 오를 자가 누구며
  그의 거룩한 곳에 설 자가 누구인가
4 곧 손이 깨끗하며 마음이 청결하며
  뜻을[3] 허탄한 데에 두지 아니하며
  거짓 맹세하지 아니하는 자로다

---

1 이것을 "큰 강"이라고 강화의 복수로 볼 필요가 없는 것 같다(GKC 124e도 그렇다).
2 나는 이크톨(yiqtol)이 부정과거를 가리킨다고 여긴다(시편 18편에 대한 "해석"을 보라). 이것을 반복(frequentative)으로 여기는 것은 부자연스러워 보인다(GKC 107b도 그렇다).
3 L 나프쉬(*napšî*), "나의 사람"(참조. 70인역 A)은 이 행을 "너희는 내 이름을 망령되게 부르지 말지니라"(출 20:7)라고 명령에 가깝게 만든다. C 나프쇼(*napšô*), "그의 사람"(참조. 다른 70인역, 마소라 사본들, 제롬)은 이 행을 25:1에 더 가깝게 하여 더 자연스러운 읽기를 만든다.

5 그는 여호와께 복을 받고
　구원의 하나님께 의를 얻으리니
6 이는 여호와를 찾는 족속이요[4]
　하나님의 얼굴을 구하는 자들이요 — 야곱(개역개정: 야곱의 하나님의 얼굴을 구하는 자로다-역주) (셀라)

7 문들아 너희 머리를 들지어다[5]
　영원한 문들아 들릴지어다
　영광의 왕이 들어가시리로다
8 영광의 왕이 누구시냐
　강하고 능한 여호와시오
　전쟁에 능한 여호와시로다
9 문들아 너희 머리를 들지어다
　영원한 문들아 들릴지어다
　영광의 왕이 들어가시리로다
10 영광의 왕이 누구시냐[6]
　만군의 여호와께서
　곧 영광의 왕이시로다(셀라)

2. 해석

이 시편은 특이하게 서로 관련되지 않은, 세 개의 독립된 짧은 섹션으로 구성된다. 이 시편은 이런 점에서 "당황케 한다."[7] 아마도 이 섹션들은 독립된 기원을 가지겠지만, 만약 그렇다면 이 섹션들은 이제 함께 한 시편으로 나온다.

4　Q 도레샤이우(*dōrĕšāyw*)도 그렇다. K *dršw*는 "그를 의지한 (무리)"를 의미한다.
5　70인역은 주어와 목적어를 바꾼다. "네 문들, 머리(즉, 지도자들)를 들라."
6　이중의 전접어(enclitic) 후-제(*hû☒-zeh*)는 8절의 제(*zeh*)보다 훨씬 강조의 의미를 지닌다.
7　Yair Mazor, "Psalm 24," *SJOT* 7 (1993): 303-16, 특히 303.

1-2절은 여호와가 세상을 세우셨고, 따라서 세상을 소유하신다고 선포한다.

3-6절은 예전(liturgy)을 형성하는데, 이는 여호와의 존전에 들어가기 위한 자격에 대한 질문과 응답과, 화자가 그 자격을 갖출 것이라는 응답의 선포로 구성된다.

7-10절은 또 다른 예전을 형성하는데, 이는 영광스러운 왕을 위한 문 개방, 이 왕의 정체에 대한 질문, 응답으로 구성된다. 아마도 전체는 행렬에서 사용되는 예전일 것이며, 이 경우 1-2절은 이중의 예전을 시작하기 전에 성문 밖에 서 있을 때 행렬의 찬양 노래일 수 있다.

[표제]

다윗의 시

용어 해설을 보라.

물론 단어들은 여기서 보통 순서와는 반대로 온다(참조. 시 101; 110). 70인역은 "그 주의 첫날을 위해"를 덧붙여서, 이 시편은 제2 성전기의 매일 예배에서 일요일마다 사용되는 시편이 된다.[8] 이 시편이 "다윗의 시"라는 견해는 이 시편이 다윗이 언약궤를 예루살렘에 가져오거나 다윗 혈통의 왕이 정기적으로 여호와가 예루살렘에서 왕의 자리를 차지하시는 것을 기념하는 것과 연관됨을 시사할 수 있다.[9]

[시 24:1-2]

두 개의 밀접하게 병행을 이루는 행에서, 1-2절은 여호와가 땅을 안전하게 세우셨으며, 따라서 그 땅을 소유하신다고 선포한다.

---

8 Trudiger, *Psalms of the Tamid Service*, 54-75을 보라.
9 Marco Treves ("The Date of Psalm xxiv," *VT* 10 [1960]: 428-34)는 이것을 주전 164년 성전 재봉헌과 연결시킨다.

**1 땅과 거기에 충만한 것과 세계와
그 가운데에 사는 자들은 다 여호와의 것이로다**

이 이중의 명사절은 "여호와의 것(이다)"이라는 술어로 시작한다. 이것은 1a절에서만 나오지만, 그 의미는 병행을 이루는 콜론에까지 이어진다. 두 콜론의 나머지는 이 구절의 주어들을 형성하는 두 개의 이중-명사구로 구성된다. 각각에서 시작하는 명사는 전체를 위한 틀이 되는 땅이나 세계를 가리킨다.

1a절의 명사는 더욱 친숙하다. 1b절의 병행을 이루는 명사는 덜 흔히 나오며 또한 더욱 정확한데, 우리가 실제로 거주하는 세계로서의 땅에 대해 말하고 있음을 가리킨다. 각 콜론에 있는 둘째 명사는 틀의 내용을 가리킨다. 즉, 1a절의 명사는 다시 더욱 일반적이며, 병행을 이루는 콜론에 있는 표현은 사람들에 대한 언급과 더불어 이를 뚜렷하게 한다.

**2 여호와께서 그 터를 바다 위에 세우심이여
강들 위에 건설하셨도다**

이 진술에서 많은 추론을 할 수 있다. 예를 들어, 여호와는 온 세계에 대한 권위를 가지고 계시며, 여호와는 온 세계에 대해 책임을 지니시며, 여호와는 온 세계에 의해 인정되심이 틀림없다는 것이다. 하지만 2절은 이 가운데 어느 것도 끌어들이지 않는다. 대신에 2절은 이 진술을 위한 토대를 선포한다. 다시 이 행은 두 콜론에 적용되는 표현으로 시작하는데, 물론 여기서 이것은 술어가 아니라 주어이다.

이 행은 전치사구와 동사로 이어지고, 그 후에 병행을 이루는 콜론을 구성하는 또 다른 전치사구와 동사에 이어진다. 매번 전치사는 알('al)이며, 동사는 3인칭 여성 접미사를 가진 3인칭이지만, 여성 명사는 남성을 보완하고 이크톨(yiqtol) 동사는 카탈(qatal)을 보완하며 피엘(piel)은 칼(qal)을 보완한다.

여호와가 세계를 소유하심에 대한 근거는 여호와가 세계를 그 토대 위에 세우셨다는 사실이다. 우리는 여호와가 세계를 창조하셨다고 말함으로써 이를 달리 표현할 수도 있다. 창조에 대한 언급은 이 시편이 그 주의 첫날에 사용됐다는 것과 연결될 수 있다.¹⁰ 하지만 이 시편은 더욱 구체적으로 지적한다. 구약에 대해 세계의 안전에 대한 질문이 있는데, 종종 창조에 대한 진술이 이 질문에 대답이 되며, 이 진술은 그 관심에 일치한다.

강과 샘에서처럼 끊임없이 터져 나오는 물에서 드러나듯이, 세계 아래에는 거대한 물 저장고가 있다.

그렇다면 땅은 안전한가?

땅은 물에 쓸려가지 않겠는가?

결코, 그렇지 않다고 이 시편은 선포한다. 여호와는 세계를 창조하실 때, 늪지대에 큰 건축물을 짓는 능숙한 기술가처럼 행하셨다. 여호와는 확고한 토대를 만들고자 더미를 깊이 파고들면서 진행하신다. 그렇다. 세계는 안전하다. 여호와가 그렇게 만드셨으며, 따라서 여호와는 세계를 소유하신다.

[시 24:3-6]

갑작스럽게 모든 것이 변하며, 우리는 요청하기 위해 여호와의 존전에 들어가기 위한 자격에 대한 질문을 하고 있다. 이 섹션의 마지막에서 이것이 단순히 이론적 질문이 아님이 명백해질 것이다. 즉, 한 무리의 사람들이 그들이 자격을 갖추는지 알고자 기다리고 있다.

질문들은 이전 것과 어떻게 연결되는가?

유일한 어구의 연결고리는 여호와라는 이름이지만, 이것은 중대한 연결고리이다. 1-2절은 여호와가 땅을 세우셨으며 따라서 땅을 통치하신다고 주장했다. 그러므로 이 하나님의 존전에 들어갈 수 있는 가능성에 대한 질문은 엄숙한 질문이다. 이 섹션은 질문(3절), 대답(4-5절), 질문자들의 반응(6절)으로 구성된다.

시편 15편과 마찬가지로, 이 예전이 명시하는 자질은 영성이나 순결함의 영역에서의 자질이 전제될 수 있을지라도 이 자질들이 아니라, 사회적 자질과 종교적 자질이다. 하지만 이 자질들은 문지기가 시험할 수 있는 자격의 목록이 되지는 않는데, 왜냐하면, 자질 대부분은 은밀히 일어나는 행동과 관련되기 때문이다. 이 예전은 질문자들의 경기장에 공을 다시 돌려놓는 기능을 한다. 질문자

---

10 Cf. Hill, Prayer, *Praise and Politics*, 158.

들은 자신을 점검하고, 스스로 책임을 맡아야 한다. 그들은 다른 누군가에게 평가를 떠넘겨서는 안 된다.[11]

> 3 여호와의 산에 오를 자가 누구며
> 그의 거룩한 곳에 설 자가 누구인가

실제 질문은 두 개의 말끔하게 병행을 이루는 네 단어로 된 콜론에서 상정되는데, 각각은 "누구"라는 단어, 3인칭의 단수 이크톨(yiqtol) 동사, 전체사 베(b)가 있는 연계형 명사, 이 명사에 의존하는 명사로 구성된다. "서다"는 "오르다"를 뒤따르고, 실제 예배 자리에 대한 언급이 산에 대한 언급을 따르고, "그의 거룩한 곳"에 대한 언급이 "여호와"에 대한 언급을 뒤따른다. 절한다고 하지 않고 선다고 하는 언급은, 질문자가 예배하러 올 뿐만 아니라 요청하러 왔음을 시사한다. 그들은 탄원자가 왕 앞에 취하는 자세를 취한다.

> 4 곧 손이 깨끗하며 마음이 청결하며
> 뜻을 허탄한 데에 두지 아니하며
> 거짓 맹세하지 아니하는 자로다

세-콜론은 다른 사람들뿐만 아니라 하나님을 향한 태도를 가리키는 한, 더 광범위한 대답일 수는 있지만, 시편 15편에 있는 대답보다는 훨씬 짧은 대답으로 질문에 응대한다. 어떻게 그런가를 보는 한 방법은 이것이 *abb'a'* 순서로 된 이 영역을 포괄하는지를 보는 것이다. 즉, 깨끗한 손과 속임수에 대한 맹세는 다른 사람들과의 관계를 가리키는 반면에, 청결한 마음과 자아(*사람)를 *헛된 것에(허탄한 데) 두지 아니함은 하나님을 향한 태도를 가리킨다.[12]

하지만 이것은 해석을 너무 엄격하게 적용하는 것일 수 있다. 명백히 첫 구절은 다른 이들을 향한 적절한 외적 품행을 포괄하고, 깨끗한 손은 피로 덮이지 않은 손이다(참조. 출 21:28; 수 2:17-20; 삼하 3:28; 14:9).

---

11 Cf. Crenshaw, *Psalms*, 158-59.
12 Cf. Schaefer, *Psalms*, 60.

하지만 적절한 내적 태도에 대한 둘째 구절은 또한 다른 사람들과의 관계를 가리킬 수 있는데, 왜냐하면, 직접 살인을 하지 않고서도 사람들의 죽음에 책임이 있을 수 있기 때문이다. 여호와 앞에 나오는 자들은 그 관계가 그들의 손을 깨끗이 하는 방식만이 아니라, 내적 태도에서 명예로워야 하는 사람들임이 틀림없다. 왜냐하면, 잘못된 내적 태도는 또한 다른 사람들에게 위협이 되기 때문이다.

게다가 둘째 콜론과 셋째 콜론 모두 여호와에 대한 태도를 동일시하지만, 두 콜론 모두 다른 사람들을 해하는 것과 관련하여 함의를 계속 지니는데, 왜냐하면 거짓 맹세는 사람들에게서 그들의 생계와 심지어 그들의 생명을 빼앗는 또 다른 수단이기 때문이다. 이 두 병행을 이루는 콜론에서, 두 개의 병행을 이루는 부정의 3인칭 카탈(qatal) 동사들은 첫째 콜론에 있는 긍정의 형용사들과 대조를 이룬다. 따라서 이것은 자기 진단이 긍정적 행동과 그 사람의 일반적 자질뿐만 아니라 부정적 행동과 구체적 행동을 고려해야만 함을 시사한다. 게다가 동사들 가운데 하나는 칼(qal)이고, 다른 하나는 니팔(niphal)이며, "거짓"은 "허탄한 데"와 상응한다.

"뜻을 허탄한 데에 두지 아니하며"는 여호와의 이름을 명령되게 부르지 말며, 거짓된 풍설(출 23:1)이나 거짓 증언(신 5:20; 참조. 또한 욥 31:5)과 같은 허탄한 것이나 거짓된 것을 여호와의 이름에 연결하지 말라는 명령을 떠올리게 한다(출 20:7). "뜻을 허탄한 데 두지 아니하며"는 약간 다른 방식으로 동일한 점을 지적한다. "자신(뜻)을 누군가/무언가에 둔다"는 것은 자신을 의지하게 하거나(시 25:1; 86:4; 143:8) 자신의 마음을 무언가에 둔다는 것(참조. 잠 19:18; 호 4:8)을 시사할 수 있으며, 어느 함의이든 여기서 적절하다.

"허탄한 데"라는 구절은 그들의 행위의 목적을 시사한다. "거짓"에 맹세한다는 병행을 이루는 언급도 마찬가지이다(베[l]가 아니라 레[l], 창 27:35; 34:13과 대조해 보라). 그들은 거짓 목표를 달성하고자, 속이려고 맹세를 한다. 70인역은 다음과 같이 이 점을 명확히 한다.

그리고 그들의 이웃의 거짓에 맹세하지 않았다.

> 5 그는 여호와께 복을 받고
> 구원의 하나님께 의를 얻으리니

아마도 질문에 암묵적으로 있는 것을 명확히 할 뿐일지라도 이 질문을 넘어서서, 이중 약속이 기대에 덧붙여진다. "받다"는 다시 동사 나사(*nāśā*)이며, 4절에서는 "들다"(개역개정: 두다-역주)로 번역됐다.

거짓으로 휩쓸려 가지 않는 자는 주님에게서 오는 복을 가져갈 것이다.[13]

"의"와 "복"이 병행을 이루고, "구원의 하나님"은 "여호와"의 함의를 설명하면서, 성전에서 "받는 것"은 여기서 두 콜론에 적용된다. 본질적으로 의가 중재되어 복과 구원을 나란히 두는 것은 놀랍다.

복은 특징적으로 하나님이 삶을 풍요롭게 하시면서, 일상의 삶의 반복에 개입하심을 가리키는 반면에, 구원은 하나님이 삶의 간헐적 위기에서 가끔 개입하심을 가리킨다.[14] 하지만 이 둘을 나란히 두는 것은 3:8[9]에서부터 반복된다. 이 절은 사람들이 이 지속하는 복을 구하고자 여호와를 만나러 오고 있음을 내포한다. 즉, 사람들이 오지 않는 이유는 위기가 있기 때문이다. 만약 다른 사람들과 그들의 관계가 명예롭다면, 그들은 여호와가 자신들의 삶을 풍요롭게 하기로 약속하시는 것을 발견하게 될 것이다.

하지만 이 시편은 또한 그들에게 여호와는 그들의 구원자이심을 상기시킨다. 이 사실은 축복의 약속 배후에 있다. 즉, 하나님이 축복하신다는 것이 전해지고 있다. 이 사실은 또한 이 약속 앞에 있다. 새로운 위기가 대두하여 복의 삶을 뒤흔들어 놓을 때, 하나님은 다시 구원자로 판명나실 것이다. 그 이유는 복(*복되도다)과 *구원이 여호와의 *의에서 나오기 때문이다.[15]

---

13 Jannie du Preez, "Mission Perspectives in an Old Testament Procession Song," *Missionalia* 18 (1990): 330–43, 특히 334.
14 Claus Westermann, *Blessing* (Philadelphia: Fortress, 1978)를 보라.
15 NRSV/NIVI "변호"(vindication)가 체다카(*ṣĕdāqâ*)의 적절한 번역이 되지 못하지만, NJPS's "정당한 보상"(a just reward)은 개선이 없고, 70인역의 "자비"가 더 가깝다.

> 6 이는 여호와를 찾는 족속이요
> 하나님의 얼굴을 구하는 자들이요 — 야곱 (개역개정: 야곱의 하나님의 얼굴을 구하는 자로다-역주) (셀라)

자격을 설명하는 것에 대한 반응은 "여기 온 사람들이 여호와를 의지하는 사람들일 필요가 있다"를 의미하지 않고,[16] "우리는 여호와를 의지하기를 원하고 여호와의 복을 찾기를 원하는 사람들이 이런 종류의 사람들일 필요가 있음을 인정하고, 우리가 그런 사람들이다"를 의미한다.

이것은 또 다른 병행을 이루는 두-콜론이며, 이는 이 안의 난제, 곧 끝에 나오는 "야곱"의 의미를 설명하는 데 도움이 된다. "야곱"은 주격이며, "하나님의 얼굴을 구하는 자들"이 "여호와를 찾는 족속"과 병행을 이루듯이, 야곱은 "족속"과 병행을 이룬다.[17]

"야곱"은 "족속"(도르[dôr])이 관련 없는 사람들의 집합 이상임을 명확히 한다. 즉, 이 단어는 종종 "세대"를 의미하고, 이스라엘의 맥락에서 따라서 관련된 사람들의 족속을 시사한다. 이 족속은 특정 순간에 살아 있는 야곱 후손들로 구성된다. 그들은 여호와를 의지하거나 여호와에게서 도움을 *구하는 사람들이다. 여호와의 *얼굴을 구하는 것은 앞의 동사와 비슷한 함의를 지닌다(참조. 27:8). 이것은 단순히 어떤 의미에서 하나님의 존전에 있기를 구하는 것이 아니라, 여호와의 얼굴이 빛나는 것을 보기를 구함을 의미한다.

이것은 여호와가 사람의 삶을 축복하실 때 빛나야 함을 추구하는 것을 의미한다. 그리하여 "여호와를 의지하는 것"이나 "여호와의 얼굴을 구하는 것"은 여호와의 의의 표현들인 여호와의 "복"과 "구원"을 구하는 것에 대해 말하는 또 다른 방식이다(5절).

---

16 Westermann, *Living Psalms*, 278와는 반대됨.
17 NRSV의 각주가 이를 호격으로 여기는데(참조. 탈굼, 제롬?), 이는 이상하다. 70인역은 더 쉬운 읽기를 제시한다. 즉, "야곱의 하나님의 얼굴을 구하는 자들." 물론 N. Tromp는 이것이 원본이라고 주장한다("Jacob in Psalm 24," in *Von Kanaan bis Kerala* [J. P. M. van der Ploeg Festschrift], ed. W. C. Delsman et al. [Neukirchen-Vluyn: Neukirchener Verlag, 1982], 271-82). 이 행은 *abcc'b'*로 배열되는 것 같으며, 여호와("주님의[당신의]")를 2인칭으로 언급하는 것은 3인칭 언급("그를"[개역개정: "하나님을-역주])을 보완한다.

[시 24:7-10]

다시 한번 모든 것이 변한다. 대화 및 질문과 대답의 형식이 계속되지만, 대화의 성격과 참여자들은 대화의 전제와 준거 틀이 다르듯이 매우 다르다. 3-6절의 전제는 여호와가 시온산에 계셨고 다른 사람들이 시온산에 오고 싶어 한다는 것이었지만, 7-10절의 전제는 여호와가 시온산 밖에 계시고, 사람들이 여호와가 오시기를 촉구한다는 것이다.

이 절들은 네 개의 세-콜론 형태를 취한다. 7절과 8절의 거의 동일한 요청들(각각 3-3-3)은 사람들이 그들이 언급하는 문밖에 있을 때의 요청으로 의미가 통한다. 8a절과 10a절에 있는 질문들은 또한 거의 동일한 데, 문지기의 응답으로서 의미가 통한다. 8절과 20절에서 둘째 콜론과 셋째 콜론의 진술들은 요청을 한 이전 화자들의 응답으로서 의미가 통한다.

> 7 문들아 너희 머리를 들지어다
>   영원한 문들아 들릴지어다
>   영광의 왕이 들어가시리로다

요청의 전제는 3-6절로 판단해 볼 때, 여호와가 밖, 곧 시온산 밖에 서 계시다는 것이다.[18] 이와 같이 요청은 여호와의 임재를 일률적으로나 정적으로 이해하기보다는 다양하거나 동적으로 이해함을 전제한다. 여호와는 모든 곳에 계신 것은 아니거나 오히려 동일한 방식으로 모든 곳에 계신 것은 아니다. 이것은 1-2

---

18 이와 같이 이 맥락에서, 7-10절이 죽음의 영역에서의 여호와의 공격을 가리킨다고 하는 Alan Cooper의 흥미로운 제안을 이해하기가 어렵다("Ps 24:7-10," *JBL* 102 [1983]: 37-60). 흥미롭게도 이것은 『니고데모의 복음서』(*The Gospel of Nicodemus*)에서 "그리스도의 지옥으로 하강"에 대한 4세기 설명에서 예상되는 것 같은데, 이는 그리스도가 지옥으로 침입하는 것에 이 절들을 적용한다(Edgar Hennecke, ed., *New Testament Apocrypha*, vol. 1 [repr. London: SCM, 1973], 470-76을 보라; cf. David J. A. Clines, "A World Established on Water," in *The New Literary Criticism and the Hebrew Bible*, ed. J. Cheryl Exum and David J. A. Clines, JSOTSup 143 [Sheffield: JSOT Press, 1993], 79-90, 특히 88). 더욱 통상적인 신화적 이해에 대해, Frank M. Cross, *Canaanite Myth and Hebrew Epic* (Cambridge, MA: Harvard University Press, 1973), 91-99을 보라. 또한, Loretz, *Ugarit-Texte und Thronbesteigungspsalmen*, 263-67의 설명을 보라.

절의 맥락에서 7-10절의 배경으로부터 더 깊은 의미를 얻는데, 1-2절의 맥락은 온 세계를 세우신 분으로서 온 세계를 장악하신 여호와의 힘을 내포했다.

요청은 여호와가 아직 시온산에 거주지를 차지하지 않으셨음을 전제할 수 있다. 그렇다면 극적 배경은 다윗이 예루살렘을 쟁탈한 사건이 될 것이며, 누가 영광의 왕인지 묻는 이미지나 극적 목소리는 여부스 사람이 여호와의 도착을 거부하는 목소리일 수 있다.

또는 이 극적 배경은 다윗이 이어서 언약궤를 예루살렘으로 옮기는 사건일 수 있다. 여호와의 임재에 대한 이 시편의 이해는 여호와가 세계 내에서 특별한 장소에 집을 만들기로 선택하신다는 것이다. 시내산 이후 여호와는 이동하는 집을 가지셨고, 다윗은 이제 이것을 기브아에서 이스라엘의 새로운 수도에 있는 새로운 집으로 옮기고 있다(삼하 5-6장).

관련된 가능성은 때로(아마도 숙곳에서) 이스라엘이 여호와와 언약궤의 시온산으로의 최초 이동을 기념하고 재현했다는 것이다. 이 이론은 이 시편이 시편에 있는 이유를 설명할 것이다. 이 시편이 한 사건을 위해 작성되고 사용됐다면, 우리는 이것을 시편이 아니라 사무엘서-열왕기에서 발견하기를 기대했을 수도 있는데, 시편에서는 이것이 있다는 것은 반복된 사용을 시사한다.

하지만 요청은 대안으로 여호와와 언약궤가 (예를 들어) 역대하 20장(참조. 삼상 4장)이 전제한 방식으로, 전투에서 이스라엘과 동행하고자 시온산을 떠났다고 전제할 수도 있다. 여호와는 이스라엘의 군대와 함께 나가기로 기대됐다(44:9[10]; 60:10[12]; 108:11[12]). 여호와의 임재에 대한 구약의 역동적 이해는 여호와가 이 임재를 행동 가운데 느끼게 하고, 때로 그렇게 하려고 현장에 가시는 것을 포함한다.

또는 아마도 이 시편은 포로의 상황을 전제하는 것 같은데, 이때 영광스러운 왕은 예루살렘을 포기했고, 그 후에 이사야 52장은 여호와의 왕권의 임박한 재주장과 왕의 귀환을 선포한다.[19]

---

[19] Cf. Vicente Hueso, "El Salmo 24," *EstBib* 22 (1963): 243-53; Richard W. Reifsnyder, "Psalm 24," *Int* 51 (1997): 284-88.

어떤 길이든지 7절은 문들이 열려 명백히 문의 상인방돌이 들어 올려짐으로 써 "영광스러운 왕"이 문에 들어오도록 요청한다.[20] 여기서만 여호와는 "영광스러운 왕"(문자 그대로, "*영광의 왕")이시다. 하지만 예전적으로 여호와가 밖에 계신다고 하더라도, "영원한 문"이라는 용어는 이 장소가 여호와의 영원과 연관된다고 인정함을 내포한다. 문들은 특별히 오래된 것이 아니라, 영원부터 영원까지 있는 하나님의 문들이었다.[21] 다시 말해서, "영원한 문"은 환유와 관련된다.

> 8 영광의 왕이 누구시냐
> 강하고 능한 여호와시오
> 전쟁에 능한 여호와시로다

이제 8절은 아마도 수사적으로 이 영광스러운 왕의 정체를 묻는다. 왕을 군사적 용어로 확인하는 이는 아마도 7절의 요청하는 자일 것이다. 어떤 의미에서 여호와는 전쟁의 승리자로 오신다. (예를 들어) 역대하 20장에 묘사된 것과 같은 승리를 방금 쟁취한 자로서나 이집트로부터 이 새로운 거주지로의 여정을 승리 가운데 마친 자로서나(참조. 출 15:1-18, 거기서 여호와는 먼저 "전쟁의 사람"으로 묘사되고 왕으로서 "통치"하시는 분으로 묘사된다), 바벨론을 이긴 승리자로서 오신다.

> 9 문들아 너희 머리를 들지어다
> 영원한 문들아 들릴지어다
> 영광의 왕이 들어가시리로다

요청은 다시 아마도 수사적으로 7절에서부터 반복된다. 변화에 대해서는, 중간 콜론에 있는 동사는 7절에서처럼 니팔보다는 첫째 콜론의 형태를 반복하면서 이제는 칼(qal)이다.

---

20 P.-R. Berger, "Zu Ps 24,7 und 9," *UF* 2 (1970): 335-36도 그렇다.
21 Cf. Keel, *Symbolism of the Biblical World,* 172의 해설.

> 10 영광의 왕이 누구시냐
> 만군의 여호와께서
> 곧 영광의 왕이시로다 (셀라)

마찬가지로 10절은 비슷한 의미를 지니기는 하지만 더욱 뚜렷한 동사의 변화와 더불어, 8절을 반복한다. 첫째 콜론은 여분의 대명사를 통합한다. 셋째 콜론은 여호와의 정체를 "영광스러운 왕"이라고 마지막으로 확증하면서 이 시편을 마무리한다. 중간 콜론은 만군의 여호와, 곧 예호와 체바오트(*yhwh ṣĕbāʾôt*)라는 명칭을 소개하는데, 이는 "강하고 능한 여호와시오 전쟁에 능한 여호와시로다"(8절)와 비슷한 의미를 지니는 명칭이기는 하지만 당혹케 하는 표현이다.

70인역은 "힘의 주"라고 번역하는데(참조. 제롬), 이는 이것을 이름이 연계형을 지배할 수 있거나 보통 명사로 취급될 수 있는 드문 구문의 예로 드는 것을 시사한다.[22] 이 표현은 아마도 "여호와, 만군의 하나님"이라는 명칭을 확장한 형태인 '만군의 하나님이신 여호와'를 의미할 것이다.

구약은 여호와를, 여호와가 명령하시는 초자연적 군대인 하늘의 군대가 아니라 지상 군대와 연결시키는 경우는 드물지만(삼상 17:45 이스라엘의 세력을 가리키는 데 적절하게 다른 단어를 사용한다), 어떤 예배자들은 이 군대가 이스라엘의 지상 군대라고 여길 수도 있다. 큰·하늘의 군대(아마도 복수는 강조를 의미할 것이다)는 여호와가 창조하셨고 여호와를 섬기는 군대이다(33:6; 103:21; 148:2).

하지만 다른 곳에서(예를 들어, 삼하 5:10) 70인역은 이 명칭을 "아주 강력한 주님"(Lord All-powerful)이라고 번역하는데, 이는 복수를 추상명사로 여기고, 복합 표현을 동격으로 여기는 것을 시사한다. 이는 확장된 구절 "여호와 하나님 군대"의 사용과 들어맞을 것이다. 여기서 "하나님"은 연계형이라기보다는 절대형이다(시 59:5[6]). 그렇다면 이 명칭은 '여호와, 위대한 군대' 또는 '여호와, 위대한 전사'를 의미할 것이다.

---

[22] JM 131o을 보라.

3. 신학적 의미

이 시편의 세 섹션이 형식적으로 관련되지 않을지라도, 세 섹션은 어떻게든 한 시편의 부분을 형성하게 됐으며, 따라서 우리는 세 섹션의 신학적 진술의 상호 관계에 대해 성찰할 수 있다. 진술이 셋이다.

여호와는 세계를 안전하게 만드신 분으로서 세계를 소유하신다. 사람들은 만약 그들의 삶과 태도에서 하나님 및 다른 사람들과의 관계에서 온전함(정직)이 있다면, 성전에서 여호와의 복을 구하러 당연히 올 수 있다. 그리고 이런 사람들은 자신들의 성읍이 그 가운데 영광스러운 왕이신 여호와를 받아들이도록 당연히 촉구할 수 있다. 이런 확신의 상호 관련성은, 여호와가 온 우주의 영역과 개인의 삶의 영역 모두에서 자비로운 주님이심을 시사한다.

우리 맥락에서 우리는 또한 후자가 전자의 맥락에 놓여 있음을 주목할 필요가 있을 수 있다. 이 확신은 여호와가 통치권을 부여하시면서도 사람들이 그 통치권 안에서 인정하도록 구함을 시사한다. 우리 맥락에서 우리는 후자가 전자의 맥락에 놓임을 다시 인정할 필요가 있을 것이다. 이 확신은 여호와가 공동체 내에서도 계시고, 문을 두드리며 바로 앞에 계실 수도 있음을 시사한다. 우리 맥락에서 우리는 전자가 후자의 맥락에 있음을 볼 필요가 있을 것이다.

데이비드 클라인스(David Clines)는 "시편 24편을 구독할 때, 우리는 전쟁을 위해 백지수표를 쓰고 있다"고 설명한다.[23] 하지만 (클라인스의 한 요점을 다시 표현하면), 이 추론은 중간 섹션에 있는 인간의 행동에 대한 이 시편의 명백한 요구와 불일치하는 것 같다. 우리가 시편 24편을 구독할 때, 우리는 우리 자신의 일이 아니라 여호와의 일에 전쟁을 일으키고 있으며, 평화주의를 위해 백지수표를 쓰고 있다고 제안하는 것이 최소한 그럴듯할 것이다.

C. H. 스펄전(Spurgeon)은 여호와께 속한 지상의 모든 사람이, 당시 "흑인과 다른 멸시받는 인종들이 … 하늘의 하나님에게서 보살핌을 받지 못했다"고 때

---

23 "A World Established on Water (Psalm 24)," in *Interested Parties*, JSOTSup 205 (Sheffield: Sheffield Academic Press, 1995), 172–86, 특히 176. 다음을 더 보라, Francis Landy, "From David to David: Psalm 24 and David Clines," in *Reading from Right to Left* (David J. A. Clines Festschrift), ed. J. Cheryl Exum and H. G. M. Williamson, JSOTSup 373 (London: Sheffield Academic Press, 2003), 275–89.

로 하는 제안을 우스꽝스럽게 만든다고 주장한다. 만약 한 사람이 인간이라면 하나님은 그 사람을 자신의 것이라고 주장하신다.²⁴ 스펄전은 세계 자체가 여호와께 속하므로, 우리는 단지 "자유로운 소작인들"이며, 그런 자들로서 행동하는 편이 낫다고 덧붙인다.

야니 듀프레(Jannie du Preez)는 온 세계가 여호와께 속하므로, "각 거주지, 일터, 예배 장소는 그분의 것이다"라고 덧붙이며, 이와 같이 어떻게 "고대 여부스 종교에서 사용된 예배 장소가 이제 여호와의 성소가 되는지"를 주목한다. 실제로 세계의 모든 예배 장소의 문은 "올바른 왕이 들어가도록 직접 뻗어야" 한다. 그리고 하나님의 사람들은 문들에게 그렇게 하라고 요청하도록 부름을 받는다.²⁵

---

24 *Treasury of David*, 1:374.
25 "Mission Perspectives in an Old Testament Procession Song," 339–40.

제25편

처음부터 끝까지 기도의 토대

1. 본문

다윗의 시

[ʾ] 1 여호와여
  내가 나의 영혼을 들어 올리나이다 나의 하나님이여(개역개정: 나의 영혼이 주를 우러러보나이다-역주)
[b] 2 주께 내가 의지하였사오니(개역개정: 나의 하나님이여 내가 주께 의지하였사오니-역주) 나를 부끄럽지 않게 하시고
  나의 원수들이 나를 이겨 개가를 부르지 못하게 하소서
[g] 3 주를 바라는 자들은 수치를 당하지 아니하려니와
  까닭[1] 없이 속이는 자들은 수치를 당하리이다
[d] 4 여호와여 주의 도를 내가 인정하게 하시고(개역개정: 내게 보이시고-역주)
  주의 길을 내게 가르치소서
[h] 5 주의 진리로 나를 길에서 지도하시고(개역개정은 "길에서"를 생략함-역주)
[w]   교훈하소서 주는 내 구원의 하나님이시니
  내가 종일 주를 기다리나이다
[z] 6 여호와여 주의 긍휼하심과 인자하심이 오래되었사오니(개역개정: 영원부터

---

[1] "효과가 없이"보다는 "까닭 없이"를 의미하는 데 레캄(rêqām)을 사용하는 것에 대해, 참조. 7:4[5].

있었사오니-역주)

주여 이것들을 기억하옵소서

[*h*] 7 여호와여 내 젊은 시절의 실패와 반란(개역개정: 죄와 허물-역주)을 기억하지 마시고

주의 인자하심을 따라 주께서 나를 기억하시되

주의 선하심으로 하옵소서

[*t*] 8 여호와는 선하시고 정직하시니

그러므로 그의 도로 죄인들을 교훈하시리로다

[*y*] 9 연약한 자(개역개정: 온유한 자-역주)를 정의로 지도하심이여

연약한 자(개역개정: 온유한 자-역주)에게 그의 도를 가르치시리로다²

[*k*] 10 여호와의 모든 길은

그의 언약과 증거를 지키는 자에게 인자와 진리로다

[*l*] 11 여호와여 나의 죄악이 크오니

주의 이름으로 말미암아 사하소서³

[*m*] 12 여호와를 경외하는 자 누구냐

그가 택할 길을 그에게 가르치시리로다

[*n*] 13 그의 생명(개역개정: 영혼-역주)은 평안히 살고

그의 자손은 땅을 상속하리로다

[*s*] 14 여호와의 조언(개역개정: 친밀하심-역주)이 그를 경외하는 자들에게 있음이여

그의 언약이, 그들이 그를 정하게 할 때에(개역개정: 그의 언약을 그들에게 보이시리로다-역주)

['] 15 내 눈이 항상 여호와를 바라봄은

내 발을 그물에서 벗어나게 하실 것임이로다

[*p*] 16 주여 나는 외롭고 괴로우니

내게 돌이키사 나에게 은혜를 베푸소서

---

2 야드레크(*Yadrēk*, 길을 인도하다)는 저씨브(jussive) 형태이지만, 문맥은 이것이 강제되지 않아야 함을 시사한다(cf. *IBHS* 34.2.1c).

3 웨카탈(weqatal)은 준-목적절을 뒤따른다(GKC 112nn). DG 60c, 71d은 이것이 간원이 끝에 놓인 구절을 뒤따르는 것으로 여긴다.

[s] 17 내 마음의 압박을 트이게 하시고(개역개정: 내 마음의 근심이 많사오니-역주)
　　나를 고난에서 끌어내소서
[r] 18 나의 곤고와 환난을 보시고
　　내 모든 죄를 사하소서
[r] 19 내 원수를 보소서 그들의 수가 많고
　　나를 심히 미워하나이다
[š] 20 내 영혼을 지켜 나를 구원하소서
　　내가 주께 피하오니 수치를 당하지 않게 하소서
[t] 21 내가 주를 바라오니
　　성실과 정직으로 나를 보호하소서
　22 하나님이여
　　이스라엘을 그 모든 환난에서 속량하소서

2. 해석

　이 기도시는 시편 9-10편과 마찬가지로 불완전한 알파벳 시이다. 이 시편은 q 행이 없고, 두 개의 r행이 있다. 아마도 q로 시작하는 한 단어가 17절을 열었을 것이며, 많은 가능성이 제안될 수 있다. 1-2절과 5절에서 나는 b행과 w행을 만들기 위해 70인역의 콜론 구분을 따랐다. 마무리하는 행은 알파벳 패턴 밖에 있지만 (5절이 b와 w 모두를 포괄하므로) 이 시편을 꼼꼼히 히브리어 알파벳에서 글자의 숫자인 22개 절이 되게 한다.
　알파벳 양식은 이 시편이 처음부터 끝까지 기도의 토대를 포괄하도록 계획됐음을 시사한다. 이 양식은 더욱 표현이 풍부해 보이고 감정적일 수도 있는 시편들과 다르게, 이 시편에 독특한 설득력과 역동성을 부여하는데, 물론 이에 따라 이것은 우리 역시 다른 시편들이 가공되지 않은 경험을 반영한다고 쉽게 당연히 여길 수 있는지의 문제를 제기할 수 있다. 다른 시편들도 시의 양식을 통해 경험을 가공한다.
　시편 25편은 구약의 지혜 자료와 연관성이 있으며, 주목할 만하게도 시편 25편의 강조점은 "길"에 있고, 따라서 인간의 삶이 택할 수 있는 다양한 "길"에 있다. 이것은 이 시편이 사람들에게 기도하는 것을 가르치도록 의도된 모범 기도였을 가능성을 높이는데, 물론 이는 다른 시편들과 마찬가지로 집단 예배와 개인 예배에서 사용하도록 계획됐을 수 없음을 의미하지는 않는다.

알파벳 양식이 이 시편의 구조적 원리이며, 더 이상 섹션들로 구분되지 않는다. 내 구분은 대략적 주제의 묶음과 상응하지만, 따라서 다소 임의적이다.[4] 시편의 통일성과 상호연관성은 또한 많은 단어가 이 시편 내에서 반복되는 방식에서도 촉진된다.[5]

우리는 이 시편이 언제 기록됐는지는 알 수 없지만, 이것이 유다에서 제2 성전기의 공동체에서 사용됐다고 상상할 수 있다. 거기서 개인과 공동체는 그들 주변의 다른 공동체로부터 압박을 받고 있었는데, 주변 공동체의 개별 삶은 종종 유다 사람들과 종종 얽혔다.

(예를 들어) 에스라 9장과 다니엘 9장의 기도로 판단해 보면, 그들은 제1 성전기의 공동체보다 자신들의 도덕적 결함에 대한 인식에 사로잡혔다. 그리고 (예를 들어) 욥기에서 판단해 보면, 공동체 내의 개인들은 그들과 하나님과의 관계를 판단했던 다른 사람들에게서 압박을 받을 수 있다. 이것은 자기 인식의 이 두 현실을 명확하게 관련시키지 못하고서 용서를 구하는 기도와 어려움에서의 구출을 구하는 기도가 뒤섞이는 자의식이 강하지 않은 방식에서, 이런 제2 성전기의 기도와 비교된다.

16-22절은 결국 어떤 위기 가운데 위기를 위해 의도된 기도의 방식으로 말하지만, 이 시편의 주요 부분은 그렇게 하지 않는다. 이 부분의 강한 죄에 대한 인식, 거의 한탄이 없는 것, 많은 진술의 신뢰, 방향에 대한 갈망으로 말미암아 이 부분은 독특한 정취를 지니게 된다.

---

4 1-3절과 20-22절은 상응하지만, 전체 이 시편은 명백히 교차대구의 구조를 가지는 것은 아니다(다음과 반대되는 의견, H. Möller, "Strophenbau der Psalmen," *ZAW* 50 [1932]: 240-56; 그리고 Lothar Ruppert, "Psalm 25 und die Grenze kultorientierter Psalmenexegese," *ZAW* 84 [1972]: 576-82. 러퍼트(Ruppert)는 중대하게 두 개의 다른 교차대구의 구조 개요를 제시한다).

5 Auffret, *La sagesse a bâti sa maison*, 207-27을 더 보라.

[표제]

> 다윗의 시

서론을 보라.

[시 25:1-3]

1-3절은 처음에 이 시편이 여호와를 바라보는 것과 신뢰의 진술로 구성된다.

> ['] 1 여호와여
>   내가 나의 영혼을 들어 올리나이다 나의 하나님이여 (개역개정: 나의 영혼이 주를 우러러보나이다-역주)

"나의 영혼(네페쉬[nepeš], *사람)을 들어 올리나이다"는 의존을 인정함을 시사하고(24:4; 참조. 86:4; 143:8을 보라), 이중의 부름인 "여호와여/나의 하나님이여"는 의존을 인정함을 강조한다. "들어 올리다"라는 은유는 기도와 관련된 손(예를 들어, 28:2; 63:4[5])이나 눈(예를 들어, 123:1)을 실제로 들어 올리는 것과 동등한 내적인 들어 올림을 시사할 수 있다.

> [b] 2 주께 내가 의지하였사오니 (개역개정: 나의 하나님이여 내가 주께 의지하였사오니,
>   역주 - 나를 부끄럽지 않게 하시고)
>   나의 원수들이 나를 이겨 개가를 부르지 못하게 하소서

"주께 내가 *의지하였사오니"는 요점을 또 다른 방법으로 표현한다. 의지할 필요성에 대한 구체적 이유는 공동체에서 불명예스럽게 되고 수치를 당할 가능성 때문이다. 두 콜론은 한 개의 코호르터티브(cohortative)와 한 개의 저씨브(jussive), 한 개의 부정적 표현과 한 개의 긍정적 표현으로, 두 개의 병행을 이루는 소원으로 요점을 지적한다.

우리는 경작 실패나 사업 실패, 질병, 사별을 경험하고, 욥의 친구들이 제기하는 것과 같이, 사람들에게 이것이 여호와께 신실함의 문제를 제기하는 것으로 여기게 하는 한 사람을 상상할 수도 있다. 또는 만약 여호와가 이런 경험을 한 사람을 떠나신다면, 우리는 이 사람들이 여호와가 실제로 예배받아야 할 하나님이신지 의문을 제기하는 것을 상상할 수도 있다.

이런 경험들은 하나님과 자신들에 대한 이해, 그리고 하나님이 그들과 관계하시는 방식에 대한 이해를 위태롭게 할 뿐만 아니라 공동체 내에서의 누군가의 위치를 근본적으로 위태롭게 한다.

> [g] 3 주를 바라는 자들은 수치를 당하지 아니하려니와
> 까닭 없이 속이는 자들은 수치를 당하리이다

이 시편이 이런 질문을 제기하는 이유는, 이 개인 탄원자가 이 순간 원수들에게서 압박을 받고 있기 때문일 뿐만 아니라, 이런 수치는 이스라엘 사람들에게 지속하거나 반복될 가능성이 있기 때문이다. 15-21절은 결국 탄원자가 실제로 이런 개인적 압박을 받고 있음을 시사할 것이다. 이로 말미암아 이 문제에 초점을 두기 전에 이 시편이 공동체의 다른 구성원들의 삶의 배경에 개인의 운명을 두는 것은 훨씬 주목할 만하게 된다.

결국, 2절과 관련하여 지적한 종류의 경험들은 흔한 경험들이다. 3절은 2a절의 동사를 두 번 더 반복함으로써 요점을 지적한다. 두 개의 병행을 이루는 콜론은 abcc'b'a'의 구조를 이루어, 두 개의 동일한 동사가 행의 중심에 나란히 놓인다.[6]

여호와를 *바라보는 것은 이 시편에서 핵심 표현이다(참조. 5, 21절). 여호와를 바라보는 것은 여호와께 자신의 마음을 들어 올리거나 여호와를 신뢰한다는 것을 가리키는 또 다른 방법이다. 이사야 49:23은 기도가 응답될 것이라고 선포한다. 여기서 "바라는"이라고 번역된 분사에 대해, 또한 시편 37:9, 이사야 40:31,

---

6 각 콜론에서 접미사가 붙은 형태는 절대형을 보완하면서 주어는 분사이며, 부정의 동사(문자 그대로, "주님을 보는 모든 이들이 수치를 당하지 않게 하소서")는 긍정의 동사를 보완한다. 불변화사는 첫째 콜론을 열고, 부사는 둘째 콜론을 닫는다.

예레미야애가 3:25, 시편 69:6[7]을 보라. 이 본문들은 이와 관련하여 다른 방법으로 개인과 공동체의 관계를 풀어낸다.[7]

만약 우리가 "까닭 없이 속이는 것"이 이런 기다림과 밀접하게 관련이 있다고 판단한다면, 이것은 욥의 친구들이 보인 일종의 변절을 가리킬 수 있다. 욥은 여호와를 바라보았지만, 욥의 친구들은 실제 까닭 없이 욥과의 관계를 배반했다.

[시 25:4-7]

가르침과 용서를 위한 두 기도가 이제 뒤섞인다. 여호와를 기다린다는 언급은 1-3절과의 연관성을 제공하지만 두 기도 가운데 어느 기도도 구체적으로 1-3절의 주제와 관련되지 않으며, 두 기도는 실패의 인식이 가르침에 관한 기도를 하는 이유임을 시사할 수도 있지만, 특히 서로 관련이 없을 수 있다. 각 쌍의 절들은 잘 들어맞는다. 4-5절에서 5절의 첫 콜론은 4절의 두 콜론과 병행을 이룬다. 6-7절에서 첫 두 콜론과 마지막 두 콜론은 특히 일치한다.

> [d] 4 여호와여 주의 도를 내가 인정하게 하시고(개역개정: 내게 보이시고-역주)
> 주의 길을 내게 가르치소서
> [h] 5a 주의 진리로 나를 길에서 지도하시고(개역개정은 "길에서"를 생략함-역주)

세 개의 병행을 이루는 동사는 "내가 인정하게 하시고",[8] "내게 가르치소서"(5절에서 반복될 것이다), "나를 길에서 지도하시고"라고 여호와의 길에 대한 가르침을 요구한다. 마지막 구절은 이전 단어 "길"(데레크[derek])을 이어 가는 동사(다라크[dārak] 히필)를 번역하는데, "길"(way, 5a절) 자체는 "길"(path, 4b절)과 병행을 이룬다.

각 동사는 누군가가 무엇을 개념으로 이해하게 한다는 의미에서 가르침 이상을 시사한다. 각 동사는 삶에 영향을 미치는 가르침을 가리킨다. 영어 번역본들

---

7 이 시편의 시편 37편과의 더욱 일반적인 관계에 대한 다른 견해에 대해, 다음을 보라, Ruppert, "Psalm 25"; 그리고 Norbert Lohfink, "Lexeme und Lexemgruppen in Ps 25," in *Text, Methode und Grammatik* (Wolfgang Richter Festschrift), ed. Walter Gross et al. (St. Ottilien: EOS, 1991), 271-95.
8 단순히 "주님의 길을 내게 알리소서"(70인역)가 아니다. 참조. 14절.

은 여호와의 *진리에 대한 언급이 이를 더욱 분명히 한다고 여기는데, 이는 탄원자가 여호와의 길의 진리, 불변함, 일관됨과 상응하는 방식으로 살기를 원함을 시사한다. 하지만 이어지는 것과의 병행법은 이 구절이 여호와의 진리, 불변함, 일관됨에 호소함으로써 여호와께 지도해 주시라고 요청하는 것임을 뒷받침할 가능성을 시사한다.

> [w] 5b 교훈하소서 주는 내 구원의 하나님이시니
>   내가 종일 주를 기다리나이다

만약 이 두 콜론도 병행을 이루고, 짜 맞출 필요가 있다면, 두 콜론은 "왜냐하면, 주님은 끊임없이 나를 구원하는 하나님이시며, 그를 위해 나는 끊임없이 기다리기 때문이다"를 시사한다. 또는 아마도 두 콜론은 여호와를 *바라는(그리고 여호와가 행동하시기를) 경험이 여호와는 *구원하는 하나님이시라는 주장을 뒷받침한다고 시사할 것이다. 또는 1-3절과 연관성은 이 논리가 거꾸로 됨을 시사할 수도 있다. 즉, 여호와가 입증된 구원자(문자 그대로, "내 구원의 하나님", 저자는 "나를 구원하는"으로 번역함-역주)라는 점은 3절과 5절이 언급하는 끊임없이 기다리는 자세를 취할 수 있게 한다.

그렇다면 "왜냐하면"(개역개정은 명시적으로 번역하지 않음-역주)의 의미는 무엇이며, 이전 내용과의 연결고리는 무엇인가?
이 두 콜론이 여호와의 길이 무엇인가를 가리키는 것이며, 따라서 인도되어야 할 것인가?
아니면 두 콜론은 이것이 실제로 나에게 여호와의 길임을 신뢰하며 살 수 있도록, 내가 가르침을 받을 필요가 있는 길을 가리키는가?
아니면 탄원자는 가르침을 받는 은혜가 구원받는 은혜에 추가되어야 한다고 요청하는 것인가?

> [z] 6 여호와여 주의 긍휼하심과 인자하심이 오래되었사오니(개역개정: 영원부터 있
> 었사오니-역주)
> 주여 이것들을 기억하옵소서
> [h] 7 여호와여 내 젊은 시절의 실패와 반란(개역개정: 죄와 허물-역주)을 기억하
> 지 마시고
> 주의 인자하심을 따라 주께서 나를 기억하시되
> 주의 선하심으로 하옵소서

비슷한 어구의 패턴이 이 다섯 콜론에 나온다. 유일한 동사는 자카르(zākar)이다. *기억하라(염두에 두라)는 두 가지 요청이 있고, 기억하지 말라는 한 요청이 있다.

여호와의 사랑(*헌신)에 대한 두 호소가 있는데, 하나는 여호와의 인자하심에 호소함이 수반되고, 다른 하나는 여호와의 *선하심에 호소함이 수반된다. 따라서 둘 사이에, 이 요청들은 은혜로 행동하시고 무슨 일이 일어나든지 의를 지키시는 여호와의 본래의 본능(instinct)에 호소하고, 곤경에 처할 때 여호와가 인간에 대한 동일하게 오래된 어머니의 품과 같은 감정 및 여호와의 실천적 은혜와 관용에 호소한다. 탄원자가 공언하는 대조되는 자질은 *실패나 결점 그리고 *반란이나 자기 주장이다.

이 두 용어는 부정적으로는 솔선함이 부족하거나 없음으로, 긍정적으로는 솔선함이 과도함으로써 서로 대조된다. 두 용어는 함께 여호와의 긍휼하심 및 인자하심과 대조되지만, 또한 여호와의 긍휼하심 및 인자하심에도 호소한다.

마찬가지로 탄원자의 "젊은 시절"은 여호와의 오래됨과 대조를 이룬다. 따라서 탄원자의 "젊은 시절"은 탄원자 자신의 젊었을 때의 시기를 가리키지 않는다. 탄원자는 아무리 젊거나 늙어도 여호와와 비교해서 젊으며, 이를 긍휼히 여겨 주시라는 호소의 근거로 삼는다. 하지만 일반적 이해로는 탄원자가 더 잘 알지 못했던 아이였을 때의 결점과 어떤 변명도 되지 않는 어른이었을 때의 반란 행위를 가리킨다. 이처럼 두 절은 결점과 반란의 사실이 탄원자에게 실질적인 선하심의 형태로 긍휼하심과 인자하심을 보이는 것을 멈추는 이유가 되지 않기를 여호와께 요청하고 있다.

[시 25:8-11]

동일한 두 개의 주제가 계속되지만 (마지막 콜론까지) 기도는 일반 법칙화가 된다.

> [ṭ] 8 여호와는 선하시고 정직하시니
>   그러므로 그의 도로 죄인들을 교훈하시리로다
> [y] 9 연약한 자(개역개정: 온유한 자-역주)를 정의로 지도하심이여
>   연약한 자(개역개정: 온유한 자-역주)에게 그의 도를 가르치시리로다

8-9절은 다시 *길과 *연약한 자에 대한 언급을 반복할 때, 자체의 어구적 패턴을 만들고, 4-7절에 있는 패턴을 확장한다(선함, 실패, 길, 길에서 지도하다, 가르치다). 여호와의 *선하심에 대한 호소는 계속되는데, 선하심은 여호와께 긍휼하심 및 인자하심과 같이 여호와께 고유한 것이며, 정직함도 마찬가지이다.

이 두 자질은 마치 홀로 선함은 너무 부드럽고 정직은 너무 딱딱할 수 있는 것처럼, 서로를 제한하는 것으로 간주하지 않아야 한다. 오히려 여호와가 선함을 보이신다는 것은 여호와가 정직함을 표현하시는 것이다. 실제로 인간의 정직함은 사람들을 실패에 대해 참지 못하게 만들 수 있지만, 4-5절이 말하는 이 옳은 길을 행하지 *못하는(실패) 사람들에게 여호와의 사랑을 증가시킨다. 그리하여 8절 역시 여호와가 실패와 반란을 기억하지 말아 주시라는 호소에 주목할 것이라는 확신을 가지는 추가적 이유를 제공한다.

이와 같이 8절의 두 콜론은 직접 연결하지만, 9절의 두 콜론은 더욱 전통적으로 병행을 이룬다. 이전 것과의 연관성은 또한 왜 연약한 자들이 *권위로 지도받을 필요가 있는지를 가리킨다. 권세 있는 자들은 적절한 미쉬파트(*mišpāṭ*)에 헌신하도록 가르침을 받을 필요가 있지만, 연약한 자들은 여호와가 미쉬파트를 그들의 삶에 적용하신다는 의미에서, 미쉬파트의 길로 인도될 필요가 있다.

이런 맥락에서 그들이 여호와의 길에 대해 가르침을 받는 것은, 그들 자신의 격려를 위해 미쉬파트가 여호와의 길임을 더욱 인식하게 됨을 의미하는데, 미쉬파트가 여호와의 길이라는 자체가 그들에게 격려가 되기도 한다.

> [k] 10 여호와의 모든 길은
> 그의 언약과 증거를 지키는 자에게 인자와 진리로다

10-11절은 개별적으로 서로 분리되기는 하지만, 4-9절의 주제를 더욱 발전시키며, 이 시편을 중간 지점까지 끌고 온다. 10-11절은 또한 출애굽기 34:6-10의 언어를 상기시킨다.[9] 탄원자는 암묵적으로 출애굽기 32-34장에서 묘사된 반란을 일으킨 사람들의 부류 가운데 어느 지점에 있음을 인정하지만, 여호와가 거기 사람들에게 취하셨던 자세를 지금의 "나"에게 취하시기를 기도하고, 전체 사람들에게 취하신 이 자세를 지금도 취하시기를 기도한다(예를 들어, 22절).

10절에서 여호와의 "길"에 대한 언급은 4절에서 이 단어를 이어 가고, 여호와의 인자(*헌신)에 대한 언급은 6절에서의 이 단어를 이어 가며, 여호와의 *진리에 대한 언급은 5절에서의 이 단어를 이어 간다. 그러므로 여호와의 "모든" 길에 대한 이 언급은 강력하게 요약하며 일반화한다.

둘째 콜론은 연약한 자들이 미쉬파트(mišpāṭ)를 행사하도록 적절하게 요구될 수 없다고 하더라도 이로 말미암아 그들에게 의무가 없는 것은 아님을 가리킨다. 동사 "지키다" 뒤에 나오는 여호와의 "언약"은 여호와가 부과하신 언약적 의무를 가리킬 것인데, 이는 여호와의 "증거" 곧 여호와와의 관계에 대해 공표된 요구와 동일하다.

> [l] 11 여호와여 나의 죄악이 크오니
> 주의 이름으로 말미암아 사하소서

탄원자는 실패에 대한 인식으로 돌아온다(참조. 7절). 10절은 언약의 증거에 따라 사는 데 실패한 사람들에게 소망이 없다는 인상을 주었을 수 있다. 하지만 이 시편은 헌신에 대한 절대적 의무와 여호와의 은혜에 내맡기는 가능성 사이의 역설적 관계를 잘 알고 있다. 여호와의 성품은 헌신을 예상하라고 요구하지만, 또한 은혜를 표현하라고 요구한다.

---

9 Cf. McCann, "Psalms," 777.

이와 같이 이 시편은 주장을 다른 방향으로 이끄는 여호와의 *이름에 대한 명백한 호소로 대담하게 10절을 따르는데, 10절은 여호와의 이름에 암묵적으로 호소했다. "사하다"(살라흐[sālaḥ])는 히브리어로 "용서하다"를 가리키는 전문 용어에 가장 가깝기는 하지만,[10] 여호와를 주어로만 사용되는, 가장 흔히 "용서하다"로 번역되는 구약 동사가 아니다(18절을 보라). "사하다"는 잘못된 행위의 의미를 취소하는 것으로, 여호와만이 효력을 낼 수 있다.

탄원자의 *죄악(악)이 "크다"고 언급하는 것은 7a절이 단순히 젊은 시절의 작은 결점을 언급하지는 않았다는 견해를 뒷받침한다. 라쉬(Rashi)는 여호와의 이름이 크기 때문에 큰 죄악의 용서를 위해 기도하기에 적절하게 된다는 주장을 제안한다.

[시 25:12-14]

우리는 12절과 14절에 "여호와를 경외하는 자"라는 묘사를 반복하고, 13절이 12절에 의존하며, 15절에서 1인칭 화법으로 전환하는 것을 고려해 볼 때, 이 세 행을 함께 취급할 수 있다.

> [m] 12 여호와를 경외하는 자 누구냐
> 그가 택할 길을 그에게 가르치시리로다

우리는 여호와를 경외하는 것이 의미하는 바에 대한 묘사가 되는 질문에 대한 응답을 기대할 수도 있지만(참조. 24:3-6), 대신에 이 절은 이 경외함이 무엇으로 이어지는지에 대한 묘사가 된다. 따라서 이 행은 "여호와를 경외함이 지혜의 근본"이라는 선포와 거의 비슷하다(예를 들어, 111:10). 이와 같이 이 절은 또한 이런 경외함에서 올 복을 선포할 때 또 다른 방식으로 24:3-6과 비슷하다.

여호와의 길에 대해 가르침을 받는다는 선포(9절)는 여호와가 백성들이 선택해야 하는 길로 그들을 가르치실 것에 대한 약속에서 재확인된다. 즉, 다른 신들이 승인하는 길이나 악행의 길을 행하는 것이 아니라 여호와의 길을 어떻게 선

---

10 Cf. J. J. Stamm in *TLOT* 798.

택할 것인지 그들에게 보여 준다.

70인역은 여호와는 자신이 선택한 길로 가르치고 계신다고 암시하지만, 어법은 이를 뒷받침하지 않는다(참조. 119:30, 173). 사람들은 자신들의 길을 선택해야 한다. 그들은 여호와가 자신들에게 옳은 종교적·도덕적 선택을 하시도록 촉구할 필요가 있다. 이 시편이 염두에 두는 여호와의 뜻에 따라 선택하는 문제는 모두가 좋을 수 있는 여러 가능성 사이에서 선택하는 문제가 아니라(나는 변호사가 될 것인가, 아니면 로켓 과학자가 될 것인가?), 여호와에 대한 헌신과 양립하는 선택권과 양립하지 못하는 선택권 사이에서 선택하는 문제이다.

> [n] 13 그의 생명(개역개정: 영혼-역주)은 평안히 살고
> 그의 자손은 땅을 상속하리로다

죽음에 이르는 길보다는 생명에 이르는 길을 선택해야 한다. 이것은 좋은 것을 누리는 결과를 맞이할 것이다. 둘째 콜론에 있는 각 단어는 첫째 콜론의 의미를 명확히 한다. 이 시편이 언급하는 *선은 땅을 소유하는 실제적 선이다(참조. 37:11). 한 사람의 "생명"(*사람)에 대한 언급에서 그들 가족에 대한 언급이 이어짐으로 말미암아 둘째 행이 첫째 행보다 더 좋은 소식이 된다.

둘째 콜론 역시 첫째 콜론에 있는 동사의 함의에 대해 우리에게 재확신시키는데, 왜냐하면, "살다"(머물다, 룬[lûn])는 밤에 머무르는 것만을 의미할 수 있지만, "상속하다"(야라쉬[yāraš])는 장기간의 더욱 확실한 차지함을 내포하기 때문이다.

> [s] 14 여호와의 조언(개역개정: 친밀하심-역주)이 그를 경외하는 자들에게 있음이여
> 그의 언약이, 그들이 그를 인정하게 할 때에 (개역개정: 그의 언약을 그들에게 보이시리로다-역주)

이제 14절은 12절을 다시 진술한다. 여호와가 사람들을 가르치신다고 말하는 또 다른 방식은, 여호와의 조언이 그들과 함께한다고 말하는 것이다. 조언(소드[sôd])을 가리키는 단어는 다소 암시적이다. 이 단어는 70인역을 당혹스럽

게 했는데, 70인역은 "힘"이라고 번역한다.[11] 제롬의 "비밀"이 더 가깝지만(참조. 64:2[3]), "우정"(friendship, RSV)은 병행을 이루기에는 더 어렵다. "조언"에 대해 83:3[4]을 보라.

경험적으로 말하면, 조언 없이 상황은 잘못되지만, 많은 조언자가 있으면 상황이 좋아지는데(잠 15:22), 하물며 여호와의 조언은 더 많은 차이가 있지 않겠는가. 둘째 콜론은 *인정함에 대한 언급(4절)과 여호와의 언약에 대한 언급(10절)을 이어 가면서, 한 번 더 이 조언이 무엇을 하는지를 다시 진술한다.

이 행은 "그의 언약"과 "여호와의 조언"이 병행을 이루면서, 병행법을 우아하게 사용하지만, 이 콜론의 나머지는 다른 방식으로 첫째 콜론의 요점을 발전시킨다. 산문적으로 표현하면, 여호와의 조언과 언약은 여호와를 존경하는 자들과 함께 있어서 그들이 여호와를 인정하게 된다.

[시 25:15-19]

1인칭 화법은 1-7절에 지배적이었듯이, 이제 다시 이 시편에 지배적이 된다. 더 이상 가르침이나 기억함에 대한 언급이 없다. 대신에 시각의 이미지가 더 두드러진다. 즉, 내 눈이 여호와를 바라보고(15절), 나는 여호와가 나와 대면하여 나를 보시기를 원한다(16, 18, 19절).

> ['] 15 내 눈이 항상 여호와를 바라봄은
> 내 발을 그물에서 벗어나게 하실 것임이로다

눈이 여호와를 "향하여" 있다는 것(참조. 123:2; 141:8)은 도움이나 양식을 위해 여호와를 바라보는 것이다(참조. 34:5[6]; 104:27; 145:15). 나는 둘째 콜론에 있는 눈의 방향을 설명하는, 여호와에 대한 신앙을 분사로 진술한 것이 여호와의 특징적 성품과 행동을 가리킨다고 여겼지만, 70인역은 이것이 여호와가 행하시려고 하는 구원의 구체적 행동을 가리킨다고 이해하는데 이는 옳을 수 있다. 이는 지금까지 이 시편이 원수의 공격을 묘사하면서 가장 구체적으로 지적한다.

---

11 이에 대해, CP 251-52을 보라.

> [p] 16 주여 나는 외롭고 괴로우니
> 내게 돌이키사 나에게 은혜를 베푸소서

내 눈이 여호와를 향하여 있다는 것의 반대는 여호와의 눈이 "내게 향한다"는 것인데, 이로 말미암아 여호와는 도움이나 양식을 위해 행동하게 되시거나(34:15[16]), 여호와는 나를 보지 않으시고 얼굴을 돌리시는 대신에 내게 "돌이키신다"(참조. 69:16[17]; 86:16; 119:132). 그러므로 내 눈을 여호와께 들어 올릴 때, 우리는 여호와가 우리에게 은혜를 베푸시도록, 여호와의 눈을 마주치려고 노력하고 있다. 즉, 우리는 우리의 공적에 호소하지 않고 우리가 아무 자격이 없을 때 은혜를 베푸시는 여호와의 본능(instinct)에 호소한다(4:1[2]을 보라).

그렇다면 "왜냐하면"(개역개정은 명시적으로 번역하지 않음-역주) 구절은 여호와가 왜 행동하시는지 그 이유의 또 다른 차원을 제공한다. 한편으로 이 시편은 홀로 있는 누군가의 곤경을 전제하는데, 이렇게 홀로 있다는 것은 여호와를 기다리는 "모든" 사람을 언급하는 것(3절)과 1-11절의 다른 복수와 긴장 상태에 있다. 산문이라면 우리는 다른 의로운 사람들이 멀리 있는데 탄원자는 멀리 있고, 공격자들에게 둘러싸여 있는 것을 상상할 수 있다. 탄원자는 힘이 있는 사람이 아니라 *연약한 사람이다(참조. 9절).

> [s] 17 내 마음의 압박을 트이게 하시고(개역개정: 내 마음의 근심이 많사오니-역주)
> 나를 고난에서 끌어내소서

여호와가 행하신 이유가 먼저 나오고 그다음 명령문이 나온다는 점에서, 이 행의 내적 논리는 거꾸로 되어 있으며, 이런 점에서 이 행은 15-21절 내에서 두드러진다.

첫째 콜론은 다소 역설적으로 표현한다. "트이게 하시고"(라하브[rāhab] 히필)는 보통 긍정적 표현이고, 다른 곳에서는 여호와의 구원 행위를 가리킨다. 은혜의 표현으로서(여기서처럼) 여호와는 내가 압박을 받을 때 나를 트이게 하신다(4:1[2]). 여기서 많은 공간이나 시야가 주어지고 있는 것은 압박들이다.[12] 압박들

---

12 NRSV의 "내 마음의 고통을 덜고"는 마소라 본문의 히르히부(hirhibû) 대신에 하르헤브 와

은 종종 외적 어려움일지라도(참조. 22절), 여기서는 마음의 압박들이나 내적 괴로움이다(참조. 창 42:21).

둘째 콜론에서 "고난"(메추코트[mĕṣûqôt])은 어원적으로 압박을 시사하는 또 다른 용어이다. 이 어근에서 나온 명사는 욥기 37:10의 "줄어들게 하느니라"와는 대조되는 것 같다.

> [r] 18 나의 곤고와 환난을 보시고
>   내 모든 죄를 사하소서

18절은 여호와가 내 *곤고(연약함, 참조. 9, 16절)와 내 환난(참조. 7:14, 16[15, 17]; 10:7, 14)을 "보라"고 요청할 때 또 다른 시각적 용어를 도입한다. 다소 놀랍게도 이제 둘째 콜론은 용서의 필요성으로 전환할 때 매우 다른 방향으로 간다.

여기서 처음으로 시편은 "용서하다"에 대해, 더욱 전문적인 용어보다는(11절과 대조해 보라), "옮기다"(carry,[13] 참조. 32:1, 5; 85:2[3]; 99:8)를 의미하는, 가장 흔한 용어 나사(nāśāʾ)를 사용한다. 이 용어는 곤고, 환난, 죄 모두가 탄원자가 하나님께 그것들을 옮기시고, 그것들이 연루됨을 대처하시고, 우리를 있는 그대로 받아들이심으로써 다뤄 주시라고 할 필요가 있는 인간의 경험에 대한 현실이라는 점을 내포한다.

> [r] 19 내 원수를 보소서 그들의 수가 많고
>   나를 심히 미워하나이다

탄원자가 여호와께 보아 주시라고 할 필요가 있는 또 다른 방향이 있는데, 환난을 일으킨 사람들을 보아 주시라는 것이다. 그들의 수가 많음은 탄원자의 홀로됨(16절)과 대조된다. 둘째 콜론은 그들의 수가 많음을 그들이 탄원자를 반대(*적대적인)하는 방식의 불법적 *포악함(폭력)으로 보완한다.

우(ḥarhēb w)를 전제한다. 우리는 마소라 본문을 간원(懇願)의 완료로 여김으로써 비슷한 목적을 얻을 수 있다.

13 "그를 제거하다"라는 의미를 제외하고 "제거하다"(take away)는 아니다.

[시 25:20-22]

대체로 21절은 20절과 병행을 이루는데, "바라오니"는 다시 2-3절에서 이어가면서, 첫째 콜론에서 보호를 호소하고, 둘째 콜론에 있는 탄원자의 자세에 대한 "왜냐하면" 절(개역개정에서는 명시적으로 번역하지 않음-역주)이 있다. 22절은 알파벳 시의 구도에서 벗어나지만, 이 시편의 세 개의 시작하는 행과 쌍을 이루는 세 개의 마무리하는 행을 완성한다. 3절과 마찬가지로 22절은 "나"를 위한 이전의 두 행의 호소를 일반화한다.

> [š] 20 내 영혼을 지켜 나를 구원하소서
> 내가 주께 피하오니 수치를 당하지 않게 하소서

본다는 이미지는 영어 번역본들이 "보다"(watch)와 같은 동사들을 사용하는 데서 암시하듯이 20-21절에서 배경이 될 수 있지만, 용어는 더욱 명백하게 이런 이미지 배후에 있는 현실, 곧 보호의 현실에 관계된다. 이 시편의 용어 전체의 관용적 특성은 "지키고"와 "구원하소서"라고 하는 기도에서 드러나는데, 왜냐하면, 엄격하게 만약 여호와가 지켜 주시라는 기도에 응답하신다면 이로 말미암아 구원해 주시라는 기도는 불필요하게 되기 때문이다.

수치에 대한 언급은 이 시편의 마지막 가까이에서 시작에서의 논제로 돌아가고 있으며(2-3절을 보라), 여기서 피하는(*의지하는) 것은 2-3절에서 "의지하는 것"과 같다.

> [t] 21 내가 주를 바라오니
> 성실과 정직으로 나를 보호하소서

탄원자를 보호해야만 하는 *성실(온전함)과 정직(요세르[yōšer])은 여호와의 인격화된 속성이다(참조. 43:3). 시편들이 종종 탄원자의 성실과 정직에 호소하지만(예를 들어, 7:8, 10[9, 11]; 26:1, 11; 36:10[11]), 또한 실제로 여호와의 성실을 가리키며(참조. 18:30[31]), 이 시편은 이미 여호와가 정직하시다고 언급했다(8절).

> 22 하나님이여
> 이스라엘을 그 모든 환난에서 속량하소서

"압박"(개역개정: 환난-역주)이 17절에서부터 다시 나오지만, 이 행은 현저하게 새로운 동사, "속량하다"로 시작한다. 동사의 처음 p는 이 행을 알파벳 구조에서 벗어나게 하지만, 이는 처음과 중앙과 마무리 절들(1, 11, 22절)이 각각 "배우다"를 의미하는 동사의 문자들인 '*lp*로 시작함을 의미한다(동일한 것이 시편 34편에 적용된다).[14] 그리하여 이 시편의 구조의 이런 측면은 이 시편의 특성이 사람들에게 기도에 대해 배울 수 있게 하는 것임을 단언한다.

3. 신학적 의미

그들은 무엇을 배우는가?
이 시편에는 알파벳 양식을 넘어 표면적 구조가 없음을 고려할 때, 여기서 사고의 어떤 구조가 대두하는가?

첫째, 기도는 기대하는 신뢰 가운데 끊임없이 여호와를 바라보고, 여호와가 행동하시기를 끊임없이 기다리며, 여호와께 피하는 것과 관련된다.
둘째, 기도는 연약함과 외로움, 속박, 압박, 고통, 공격, 위험의 맥락을 가정한다. 실제로 압박(개역개정: 환난-역주)과 속박은 기도에서 마지막 단어일 수도 있다(22절).[15]
셋째, 기도는 여호와께 우리를 기억해 주시라고, 행동하도록 움직이시게 하고자 우리를 보아 주시라고, 자비를 베풀고 구원하며, 변호하고 보호하며, 구출하고 속량하며, 우리에게 삶의 좋은 것들을 제공하며, 속이고 악한 사람들을 폭로해 주시라고 요청하는 것이다.

---

14 Cf. Schaefer, *Psalms*, 61–62.
15 Cf. Brueggemann, *Psalms and the Life of Faith*, 199.

넷째, 기도는 여호와의 이름이나 성품에 기반을 두며, 따라서 우리를 지켜봐 주시라고 여호와의 진실함, 구원자로서의 행위, 긍휼함, 사랑, 선함, 정직, 심판, 성실에 호소한다.

다섯째, 기도는 우리가 여호와를 인정하게 해 주시라고 하며, 따라서 우리가 어떤 길을 선택할지에 대해 여호와의 지도와 인도를 구하고, 실존의 문제에 답해 주시라고 하기보다는, 우리에게 조언을 주시고 언약의 의무를 성취하면서 필요한 존재로 인정받는 방식으로, 우리가 정직의 길을 걷게 해 주시라고 구한다. 기도는 토라의 선물이 하나님의 구원 행위에 속한다고 여긴다.[16]

여섯째, 기도는 우리가 도덕적으로 실패자임을 인정하지만, 여호와가 헌신에서 실패한 사람들을 돌보심을 알고 있다. 따라서 기도는 여호와가 우리의 실패와 잘못을 잊으시고 용서하시며 옮겨 버리실 필요가 있음을 인정하는 것인데, 이 실패와 잘못은 오래전에 우리가 실제로는 책임질 수 없는 행위들이며, 우리에게 변명의 여지가 없는 성인 시기의 행위들이다.

일곱째, 기도는 우리가 또한 위해서 기도하는 믿는 공동체에 우리가 그 일부가 되는 맥락에서 일어난다.

---

16 Cf. Mays, *Psalms*, 127.

제26편

기도와 도덕적 온전함

1. 본문

다윗의 시

1 내가 나의 완전함에 행하였사오며
   흔들리지 아니하고
   여호와를 의지하였사오니
   여호와여 나를 판단하소서
2 여호와여 나를 살피시고 시험하사
   내 뜻과 내 양심을 단련하소서

3 주의 인자하심이 내 목전에 있나이다
   내가 주의 진리 중에 행하여
4 허망한 사람과 같이 앉지 아니하였사오니
   간사한 자와 동행하지도 아니하리이다
5 내가 행악자의 집회를 미워하오니
   악한 자와 같이 앉지 아니하리이다

6 여호와여 내가 무죄하므로
   손을 씻고 주의 제단에 두루 다니며

7 감사의 소리를 들려 주고[1]

　　　주의 기이한 모든 일을 말하리이다

　　8 여호와여 내가 주께서 계신 집과

　　　주의 영광이 머무는 곳을 사랑하오니

　　9 내 영혼을 죄인과 함께,

　　　내 생명을 살인자와 함께 거두지 마소서

　　10 그들의 손에 사악함이 있고

　　　그들의 오른손에 뇌물이 가득하오나

　　11 나는 나의 완전함에 행하오리니

　　　나를 속량하시고 내게 은혜를 베푸소서

　　12 내 발이 평탄한 데에 섰사오니

　　　무리 가운데에서 여호와를 송축하리이다

2. 해석

　　우리는 왜 이 기도시가 시편 25편 뒤에 놓였는지 볼 수 있다.[2] 이 시편은 완전함(정직)과 의지를 언급하면서, 앞선 시편이 거의 시작하고 마무리한 곳에서 시작하고(1절; 참조. 25:2, 21), 계속 인자하심과 진리를 언급하며(3절; 참조. 25:10), 여호와가 속량하시고 은혜 베푸시기를 기도한다(11절; 참조. 25:11, 16).

　　이 시편은 시편 25편과 마찬가지로, 탄원자의 삶에서 현재 위기를 시사하는 한탄이나 긴급함이 없으며, 오히려 사람들이 어느 때나 할 수 있는 기도를 시사한다. 그러나 이 시편은 시편 25편과는 다르게, 도덕적·종교적 완전함을 주장하고 도덕적·종교적 실패와 관련하여 자비를 구하는 기도를 하지 않는다.

1　K의 암묵적인 리쉬모아(*lišmōaʿ*, 참조. 70인역)보다는 Q 라쉬미아(*lašmiaʿ*) = 레하쉬미아(*lĕhašmîaʿ*, 참조. 제롬; 또한 GKC 53q을 보라)를 따른다.

2　실제로 Theodor Lescow ("Textübergreifende Exegese," *ZAW* 107 [1995]: 65-79)는 시편 24-26 편이 "고리 구조"(ring composition)를 형성한다고 주장한다.

이 시편은 어떻게 행하고 앉으며 서고, 어디에서 행하고 앉으며 서는지에 대해 시편 1편의 기대를 충족시키는 사람의 기도이다.

우리는 순례자들이 성전에서의 예배를 고대하면서, (예를 들어) 시편 15편과 24편의 도전을 충족시킴을 입증함으로써 그들이 이 시편을 사용하고 있다고 생각할 수 있다.[3] 하지만 이 시편의 광범위한 완전함에 대한 주장은 또한 악행에 대해 고발당한 사람에게 적합할 것이며, 이 특징으로 말미암아 이 시편은 다소 시편 7, 17, 139편과 닮게 된다.[4]

시편 7편과 17편은 더 긴급한 필요성을 전제하기는 하지만, 샤파트(šāpaṭ)의 명령법과 명사 미쉬파트(mišpāṭ)를 비슷하게 사용하고(7:6-8[7-9]; 17:2) 여호와가 마음과 생각을 살피신다는 것을 인정한다(7:9[10]; 17:3). 이 시편은 긴급한 느낌이 없고, 여호와의 살피심에 열려 있으며 악인들을 거부하는 데 전념하므로, 시편 139편을 더욱 떠올리게 한다. 우리는 이 시편의 연대나 배경에 대해 어떤 것도 알지 못한다.

이 시편은 여호와께 지지해 주시라는 세 행의 기도로 시작하고 거의 마무리한다(1-2, 9-11절). 중간에 끼어드는 여섯 행은 1-2절의 이중 주장을 세목별로 설명하는, 본질적으로 자기 방어, 도덕적 헌신에 대한 선포(3-5절), 종교적 헌신(6-8절)이다. 실제 마무리하는 행(12절)은 이중적 자기 방어와 관련된 요약을 제시한다.

[표제]

다윗의 시

서론을 보라.

이 표제 역시 시편 25편의 표제와 상응한다. 우리는 성숙한 다윗은 아닐지라도, 젊은 다윗이 적절하게 이 시편을 기도했다고 생각할 수 있다. 테오도레트

---

3 Cf. E. Vogt, "Psalm 26, ein Pilgergebet," *Bib* 43 (1962): 328-37.
4 Cf. W. H. Bellinger, "Psalm 26," *VT* 43 (1993): 452-61. 이런 시편들을 사용하는 것에 대해 시편 7편의 도입 해설을 보라.

(Theodoret)는 다윗이 왕이 되기 전에 그리고 시편 25편을 기도하기 전에 이 시편을 기도했다고 생각한다.[5]

[시 26:1-2]

이 시편은 여호와가 탄원자를 위해 행동해 주시라는 기도로 시작한다. 명령법들이 세 콜론을 차지하고 이유들이 다른 세 콜론을 차지한다. 하지만 순서는 abb'b"a'a"이며, 이와 같이 절의 구분은 이 시작하는 섹션의 역동성의 더 깊은 측면과 상응한다.

왜냐하면, 시작하는 명령법과 2절의 명령법들이 다른 기능을 하기 때문이다. 1절이 요구하는 행동은 2절이 초대하는 행동의 성공적 완성에 기반을 둘 것인데, 이 2절의 행동은 세 개의 "왜냐하면" 구절의 주장에서 진리를 확립할 것이다. 다시 말해서, 행들은 적절하게 반대 순서로 읽을 수 있다.

> 1 내가 나의 완전함에 행하였사오며
> 　흔들리지 아니하고
> 　여호와를 의지하였사오니
> 　여호와여 나를 판단하소서

70인역은 여느 때와 마찬가지로 동사 샤파트(šāpaṭ)를 마치 "판단하다"를 의미하는 것처럼 법정에 쓰이는 용법으로 번역하지만, 이것은 너무 협소한 이해를 내포한다. 이 시편은 실제로 변호를 요구하고 있지만, 그 이상을 요구한다. 즉, 탄원자를 위해 여호와의 *권위를 행사할 것을 요구하는데, 이는 결국 은혜의 표현으로서 속량을 야기할 것이다(11절).

기도를 위한 토대는 "나는 행했다", "나는 *의지하였다", "나는 흔들리지 않았다"라는 세 개의 1인칭 동사들에 있다. 첫 둘은 이 절의 중간 두 콜론에 나오는데, 이 콜론은 abcb'c'로 배열된다. "왜냐하면, 나는"("나"가 강조된다) 이후에, 각 콜론은 베(b) 표현과 1인칭 카탈(qatal) 동사로 구성된다.

5　*Psalms*, 1:169.

여호와의 판단과 탄원자의 도덕적 완전함(*온전함) 사이의 연관성이 7:8[9]에서 반복되지만, "완전함" 자체는 25:21에서 반복된다. 거기서 시편은 여호와의 완전함에 호소했다. 여기서 시편은 탄원자 자신의 완전함에 보완적으로 호소한다. 이제 도덕적 완전함에 대한 이 호소는 (예를 들어) 다른 신이나 군사적 자원보다는 탄원자의 여호와께 의지함(*신뢰), 올바른 종교적 태도에 대한 호소로 보완된다.

셋째 접속사가 없는 상황절[6]에서, 동사는 카탈(qatal)이 아니라 이크톨(yiqtol)이다. 이 동사는 두 개의 이전 카탈 동사를 제한한다. "흔들리다"(마아드[māʿad])는 (예를 들어) 산쪽을 따라 난 길이 좁을 때 자신의 발을 잃는 것을 시사하는 드문 동사이다(참조. 18:36[37]; 37:31; 욥 12:5). 따라서 여기서 이 동사는 탄원자가 완전함으로 행하고 여호와를 계속 의지할 때 좁고 방심하기 어려운 길을 걸어야 하지만, 이 길에 계속 있는지 확인했으며 그렇게 계속함을 의미한다.[7]

> 2 여호와여 나를 살피시고 시험하사
> 내 뜻과 내 양심을 단련하소서

탄원자는 기꺼이 이 대담한 주장이 면밀히 시험받는 것에 따르려 한다. 여기서의 세 동사는 훨씬 밀접하게 병행을 이룬다. 형태로는 동사들은 모두 2인칭 명령법이며, 첫째는 접미사가 있는 칼(qal)이고, 둘째는 접미사가 있는 피엘(piel)이며, 셋째는 칼 절대형이다.[8]

마지막 동사(차라프[ṣārap])는 종종 귀금속을 제련하는 것을 문자적으로 계속 가리키는 동사이다(참조. 66:10). 첫 동사(바한[bāḥan]) 역시 가끔씩 이와 비슷하게 사용되지만(예를 들어, 욥 23:10), 보통 은유로 사용된다. 중간 동사(나사[nāsâ])는 사람이나 물건을 시도하거나 시험하는 것을 가리키는 더욱 일반적인 단어이다(예를 들어, 78:18, 41, 56).[9] 만약 온전함과 의지에 관한 주장이 유지되려면, 탄원자는 내적으로 이런 시험이 필요함을 인식한다. 올바르게 보이는 사람이 은밀히

---

6 Cf. GKC 156g.
7 이 주장에 대해, 참조. 17:1-5.
8 K와 Q는 다른 형태의 명령법이다(GKC 48i를 보라).
9 시편에서의 이런 금속 시험을 언급하는 것에 대해, Keel, *Symbolism of the Biblical World*, 183-86을 보라.

부정한 거래에 관여할 수 있으며, 여호와께 헌신한 사람이 은밀히 다른 곳을 의지할 수 있다.

이처럼 둘째 콜론은 제련하는 과정에 대한 생생한 암묵적 암시로, 그리고 동사의 목적어에서, 은유의 명확함에서 첫째 콜론을 넘어선다. 단순히 외적 사람이 아니라 (문자 그대로) 신장과 심장을 포함한다(7:9[10]를 보라).

[시] 26:3-5

이 세 행은 이제 이동하는 것과 앉는 것에 대한 언급을 오가면서 도덕적 완전함에 관한 주장을 aa'ba"b'b" 순서로 세목별로 설명하는데, 이는 이 두 활동 사이의 구분이 되면서도, 두 활동이 서로 연결됨을 시사한다.

3절의 시간 기준(명사절에 웨카탈[weqatal]절이 이어진다)은 따로는 구분하기 어렵지만, 4-5절은 카탈(qatal) 동사와 이크톨(yiqtol) 동사 사이를 오가면서 시간 기준을 명확히 한다. 이제 3b절의 웨카탈 동사가 아마도 반복(frequentative)의 의미로 4b절과 5b절의 이크톨과 비슷한 의미를 지니면서, 3절에서 부분적으로 이 패턴이 예상되는 것으로 보는 것은 일리가 있다.[10]

> 3 주의 인자하심이 내 목전에 있나이다
>   내가 주의 진리 중에 행하여

첫째, 탄원자는 동사가 이제 히트파엘(따라서 "행하다[walk about]")일지라도 "걷다"(행하다)로 돌아온다(참조. 1절). 무언가가 당신 눈앞에 서게 한다는 것은, 그것에 주목하고 그것을 승인한다는 것을 시사한다(예를 들어, 5:5[6]; 36:1[2]; 101:3, 7). 이와 같이 여호와의 인자하심(*사랑)은 반응에 의한 헌신을 고취하거나 소환한다.

둘째, 콜론은 요점을 더 구체적으로 지적한다. 눈앞에 하나님의 인자하심을 두는 것은 탄원자가 이 행함에 착수하는 방식을 가리킨다. 더 나아가 둘째 콜론

---

10 *TTH* 133, 또한 35 그리고 GKC 112rr을 보라. 70인역은 웨카탈(weqatal)이 과거를 가리킨다고 여기지만 제롬은 이것이 "적절한" 웨카탈이라고 여긴다.

은 *진리와 인자를 연결함으로써 이를 확증하는데, 이 둘은 도덕적 쌍을 이루기 때문이다(예를 들어, 잠 3:3; 16:6; 20:28). 탄원자는 이 진리와 인자에 따라 행했거나 이 인자와 진리가 방침을 형성하게 하면서, 행동방침을 정했다(NJPS).

> 4 허망한 사람과 같이 앉지 아니하였사오니
> 간사한 자와 동행하지도 아니하리이다

앉는다는 언급은 간다(동행한다)는 언급을 뒤따른다(참조. 1:1). 계획을 이행하려고 착수하는 배후에는 계획을 세우고자 앉는 모습이 있으며, 두 단계는 이제 4절의 두 개의 병행을 이루는 콜론에 나온다.[11]

임('im)에 의해 지배되는 두 개의 병행을 이루는 명사는, 이 행이 언급하는 일종의 앉는 것과 동행하는 것을 피할 필요성을 설명한다. 왜냐하면, 두 개의 병행을 이루는 명사는 거짓말쟁이(허망[*헛된 것]의 사람)와 간사한 자("은밀한 사람들", 알람['ālam], 니팔)에 대해 말하기 때문인데, 둘째 명사는 특징적으로 덜 흔한 단어이다. 거짓말쟁이와 간사한 자와 앉지도 동행하지도 말라는 주장은 우리 앞에 놓인 여호와의 사랑의 진리와 동행하는 것과 반대가 된다.

> 5 내가 행악자의 집회를 미워하오니
> 악한 자와 같이 앉지 아니하리이다

5절은 역시 abb'a'로 배열되며, 이 사람들이 계획을 모의하는 집회를 *미워하거나(적대적인) 거부하는 것에 대해 말할 때, 동일한 점을 훨씬 강력하게 지적함으로써 시작한다. 그들은 이제 행악자(*나쁜)와 *악한 자(다시, 1:1을 보라)로 여겨진다. 탄원자는 그들과 함께 앉기보다는 반대 방향으로 달린다. "집회"는 카할(qāhāl)이며 종종 "회중"으로 번역된다. 이 단어는 107:32에 나오는 모샤브(môšāb, "자리")와 병행을 이루는 것 같은데, 이는 다시 1:1과의 연관성을 시사한다.

또한, 아래 12절을 보라. 도둑 무리들은 자신을 가족으로 보기를 좋아하며, 누구라도 가족에 속하고 싶어 한다. 동사 "앉다"(이제 이크톨[yiqtol])는 4-5절을

---

[11] 이는 이크톨(yiqtol)이 카탈(qatal)을 보완하면서 abb'a'로 배열된다.

마무리하고, 따라서 두 행을 중심으로 둘러싸는 역할을 하며, "~와 같이"라는 표현 또한 4절의 두 콜론과 병행을 이룬다.

[시] 26:6-8

우리는 도덕적 헌신에서 종교적 헌신으로 옮겨 간다. 이 섹션은 3-5절이 언급한 악행을 멀리하는 것과 관련시킴으로써 시작하며 이전 섹션에서 이어 가지만, 이 멀리함을 예배의 맥락에 가져온다. 각 행은 우리가 도덕적 도전이 있는 일상 세계에서 종교적 세계, 제단과 선포와 여호와의 거주 세계로 옮겨 감을 분명히 한다. 게다가 우리는 부정적으로 이해했던 일상 세계에서 긍정적으로 이해하는 종교적 세계로, 거부할 필요가 있던 카할(qāhāl) 곧 집회에서 긍정할 수 있는 무리에게로 옮겨 간다.

> 6 여호와여 내가 무죄하므로
>   손을 씻고 주의 제단에 두루 다니며

신명기 21:1-9에서, 손을 씻는 것은 공동의 죄를 분담함을 인정하지만, 자신의 개인적 무죄를 선언하는 의식에 속한다. 손과 발을 씻는 행위는 제사장이 거행하며, 자신의 예배 역할을 이해하기 위해 준비하는 정결 의례일 수 있다(예를 들어, 출 30:17-21).[12] 게다가 우리는 일반 사람들이 성소에 접근하기 위해 준비하는 일부 행위로 자신들의 손을 씻었을 수 있다고 생각할 수 있다.[13]

하지만 이 가운데 어느 것도 현재 맥락에 크게 관련이 있어 보이지 않는다. 더 중요한 것은 거기서(또한, 여기서도) 이 표현이 비유의 오용과 관련된다고 시사하는 73:13과의 유사함이다. 즉 "무죄하므로 손을 씻는 것"은 자신의 손을 무죄하게(피에서; 참조. 24:4) 유지하며, 따라서 씻을 필요가 없음을 가리킨다.

---

12 Cf. Paul G. Mosca, "Psalm 26," *CBQ* 47 (1985): 212-37. 모스카(Mosca)는 6절이 이 시편의 화자가 제사장임을 가리킨다고 본다. 하지만 그는 이 본문이 이 논제의 효과를 보려면 7절에서 모음을 수정할 필요가 있다고 지적한다.

13 Cf. L. A. Snijders, "Psaume xxvi et l'innocence," in *Studies on the Psalms*, by B. Gemser et al., OtSt 13 (Leiden: Brill, 1963): 112-30, 특히 121-22.

둘째 콜론은 아마도 이어지는 내용을 가리킬 것이다. 자신의 무죄를 주장하고서(또는 정함을 받고서) (예를 들어) 찬양과 기도와 감사가 동반되는 제사를 바치려고 여호와의 제단에 갈 때 회중에 합류할 위치에 있다. 코호르터티브(cohortative)는 탄원자의 헌신을 표현한다. 미드라쉬는 이 묘사를 118:25-27 및 초막절의 제단을 도는 것과 연결한다(Sukkot; *m. Sukkah* 4.5).[14]

> 7 감사의 소리를 들려 주고
> 주의 기이한 모든 일을 말하리이다

제사와 예배를 드리는 한 경우는 여호와가 기도에 대한 응답으로 행하셨던 일이나, 요청하지 않았는데도 행하셨던 일에 대해 증언할 때일 것이다. 이에 대해 침묵하려 할 때는 증언하지 않는다. 여호와가 행동하실 때, 수혜자는 감사제물이 동반되는 감사시에서 하는 방식으로 사람들 앞에서 이 이야기를 들려줌으로써 하나님께 영광을 돌린다.

둘째 콜론은 형식상으로 또 다른 부정사/동명사로 시작하고(피엘은 이전 히필을 보완한다), 목적어로 넘어갈 때(직접 목적어는 이전의 간접 목적어를 보완한다) 첫째 콜론과 병행을 이룬다. 하지만 내용에서 둘째 콜론은 예배자의 경험(감사와 감사제물의 주제)에서 하나님이 행한 일에 대해 말하는 것에서부터 여호와의 놀라운 행위(*경외함), 여호와의 창조 행위와 이스라엘을 구원하는 행위(찬양과 번제의 주제)에 대해 말하는 것으로 옮겨 간다.

따라서 둘째 콜론은 제사와 예배를 드리는 또 다른 경우로 옮겨 간다. 미드라쉬는 이를 구체적으로 유월절과 연결되며, 따라서 출애굽과 연결되는, 할렐 시편(Hallel Psalms) 113-118편이라고 언급한다.[15]

---

14 *Midrash on Psalms*, 1:361.
15 Ibid.

8 여호와여 내가 주께서 계신 집과
　주의 영광이 머무는 곳을 사랑하오니

　사랑(*봉헌[헌신])은 이전 섹션의 상응하는 행에 나오는 거부와 반의어이다. 병행법은 7절의 병행법과 다르게 작용한다. "여호와여, 내가 사랑하오니"는 첫째 콜론뿐만 아니라 둘째 콜론에 적용된다. 즉, "주께서 계신 집"은 이 사랑이나 봉헌의 대상을 묘사한 것이지만, 전체 둘째 콜론은 병행을 이루는 묘사가 차지한다. 그렇다면 두 묘사는 성전의 평범함과 경이로움 모두를 시사한다.

　첫째 묘사("주의 집의 거주지", 또는 덜 문자적으로, "주께서 계신 집")에서 "집"(마온[māʿôn])이라는 단어는 여호와께 적용되지 않을 때, 짐승의 잠자리를 가리킨다. 하지만 이 아늑한 피난처는 또한 "주의 영광이 머무는 곳"이다. "곳"(마콤[māqôm])은 평범한 단어이지만, 종종 구체적으로 여호와의 "장소", 성전을 가리킨다(예를 들어, 24:3; 132:5). "머무는"은 특히 광야의 성소를 가리키는 단어이지만, 또한 성전을 가리키는 단어이기도 하다(예를 들어, 43:3; 46:4[5]; 74:7; 132:5).

　그리고 이 행이 잠자리, 집, 장소, 머무는 곳 곧 영광과 같이 고결한 절정에 이르면서, *영광은 고상함을 더욱 발전시킨다.[16]

[시 26:9-11]

　우리는 기도로 돌아온다. 두 행이 부정적이며(한 동사만 나오지만), 한 행은 긍정적이다(두 동사이지만 모두 둘째 행에 나온다). 이와 같이 동사들이 이 섹션을 감싸고, 아마도 탄원자가 연루되었다고 고발당한 사람들을 묘사하는 세 콜론은 탄원자가 스스로에 대해 묘사하는 한 콜론과 대조된다. 형태는 abb′b″ca′가 된다.

9 내 영혼을 죄인과 함께,
　내 생명을 살인자와 함께 거두지 마소서

---

16 70인역은 "아름다움"과 함께 메온(měʿôn)에 대해 노암(nōʿam, 참조. 27:4)을 내포하며, 두 개의 고상한 단어가 세 개의 일상적 단어를 중심으로 둘러싸면서, 다른 수사적 구조인 ab-b′b″a를 시사한다.

이와 같이 한 동사가 두 콜론을 지배하며, 두 콜론에 있는 두 목적어는 병행을 이룬다. 구약은 죽음이 자신의 조상과 함께 "거두어 가거나" "모인다"(아사프 ['āsap])고 말하지만 칼(qal) 동사는 종종 더 일반적인 의미에서 "거두어 가다"(데려가다, take away)를 의미하지만, 더 구체적으로 여기서처럼 생명(*사람, 참조. 삿 18:25)이나, 영혼(104:29; 욥 34:14)을 거두어 가는 것을 가리킨다. 둘째 콜론의 목적어는 첫째 콜론의 목적어보다 더 정확하게 표현한다.

이 시편은 여호와의 정의가 적법한 법의 절차에 의해서든, (예를 들어) 갑작스러운 치명적 질병이나 사고의 형태로 오는 하나님의 개입에 의해서든 적절하게 *피 흘린 사람들의 생명을 거두어 간다고 전제하고, 탄원자는 이런 현실이 삼키지 않게 해 주시길 구한다.

> 10 그들의 손에 사악함이 있고
> 그들의 오른손에 뇌물이 가득하오나

이제 두 병행을 이루는 명사절은 죄인과 살인자라고 묘사된 사람들을 특징짓고, 3-5절과 연결하면서, 그들이 어떻게 행동을 착수하는지를 지적한다. 시편에서 흔히 그렇듯이 살인은 속임수와 관련되며, 그 행위에 궁극적으로 책임이 있는 사람들은 문자 그대로 자신들의 손에 피를 묻힌 사람들이 아니다. 그들의 손은 (예를 들어) 땅을 빼앗고자 누군가를 제거하는 방법이 되는(나봇과 관련하여 이세벨과 같이), 음모와 뇌물로 가득할 뿐이다. 이 손들(야드[yad], 야민[yāmîn])은 6절의 손(카프[kap])과 다르다.

> 11 나는 나의 완전함에 행하오리니
> 나를 속량하시고 내게 은혜를 베푸소서

하지만 탄원자는 아마도 이런 무리에 속한다고 고발당하는 것 같으며, 11절은 죽음을 가져오는 음모와 뇌물의 도덕적 실패와는 대조적으로 완전함(*온전함)에 대한 이전의 주장을 되풀이하면서 먼저 이를 부인한다.

둘째 콜론은 두 개의 긍정적이며 운율로 된 명령법으로, 9-11절을 중심으로 둘러싸는 것을 완성하는데, 이 명령법은 9a절의 부정적 명령법과 균형을 맞추는 것 이상을 하지만 페데니 웨혼네니(*pědēnî wěḥonnēnî*)라는 두 단어의 간결함을 통해 추가적 의미를 지니게 된다. 이 단어들은 이전 시편의 마지막에서 이어 가는 동사들이다(25:16, 22).

[시 26:12]

> 12 내 발이 평탄한 데에 섰사오니
> 무리 가운데에서 여호와를 송축하리이다

이 마지막 행은 11절과 함께 1절과의 인클루지오를 완성한다.[17] 영어 번역본들이 이해하는 바에서, 이 행은 "내 발이 평탄한 데에 섰사오니"라고 확신에 찬 신앙을 선언할 때 이전 행과 대조를 이루는데, 이는 기도시의 마지막에 위치한 선언이지만, 우리가 이전에는 듣지 못한 확신에 찬 신앙과 희망을 표현한다.

이 시편의 역동성은 이전의 시편과 대조를 이룬다. 시편 25편의 초반 부분은 확신으로 특징지어졌지만, 진행되면서 더욱 긴급한 기도로 옮겨 갔다. 이 시편의 주요 틀은 기도였으며, 중심은 이 기도를 뒷받침한 자기 방어였지만, 이제 확신으로 마무리한다.

암묵적으로 탄원자의 기도 자체는 신앙의 진술이었으며, 아마도 이로 말미암아 이제 신앙에 대한 공공연한 진술이 가능해진 것 같다. 그렇다면 첫째 콜론은 신앙에 대한 이런 공공연한 진술이며,[18] 1-11절이 전제한 외관상의 불안전이 현실이 아니라는 확신의 진술이다. 탄원자의 발은 시편이 종종 말하는 일종의 불안전한 곳에 서 있지 않다(예를 들어, 25:15; 31:8[9]; 94:18; 116:8).

그리고 둘째 콜론은 희망의 진술이며, 탄원자가 부인하는 집회(카할[*qāhāl*], 5절)와는 대조되는 무리(총회, 마크헤림 [*maqhēlîm*])[19] 가운데 다시 한번 일어날 일에 대한 기대의 진술이다. (이것은 6절의 이크톨 진술이 현재의 현실이든 아니든 탄원자의 습관과 소망에 대한 진술임을 가리킬 수 있다.)

---

17 Cf. Fokkelman, *Major Poems*, 2:114.
18 Cf. *TTH* 14a.
19 나는 복수를 추상명사이자 위엄의 복수로 여긴다.

하지만 "섰다"는 언급은 시편 1편의 동사들(가다, 앉다, 서다)과 삼중의 연결고리를 완성하며, 따라서 다른 종류의 서는 것, 도덕적 자세를 취하는 것을 시사한다. 그리고 "평탄한 데"(미쇼르[mîšôr])는 메샤림(mêšārîm)의 보통 의미와 일치하여, 물리적 위치뿐만 아니라 도덕적 위치를 가리킬 것이다(예를 들어, 45:6[7]; 67:4[5]; 27:11 그리고 143:10은 더 모호하다). 이와 같이 마지막 행은 이 시편이 주장한 이중적 헌신을 재확인하고 요약한다.[20] 아마도 이 시편은 미쇼르(mîšôr)의 두 의미로 언어유희를 하며, 탄원자가 곧게 서 있듯이 여호와는 곧게 다루실 것이라는 확신을 표현하는 것 같다.

이 행의 중심에는 두 개의 베(b) 표현("~에", 또는 "~에서"로 번역된)이 하나는 단수로 다른 하나는 복수로 함께 있으며, 두 콜론은 다른 방식으로 서로를 보완한다. 두 콜론은 다시 일상생활과 예배 생활에 대한 언급을 결합한다. 그리고 두 콜론은 *예배하다(바라크[bārak])를 가리키는 단어와 무릎(베레크[berek]) 사이의 연관성을 고려할 때, 안으로 자신의 무릎을 구부리는 것에 대한 언급으로, 밖으로 확고히 서는 것에 대한 언급을 보완한다.

3. 신학적 의미

"시편 26편에서 '나'의 활동적 방식은 놀랍다".[21] 시편 25편은 자신들의 도덕적 실패를 인정하는 사람들이 기도에서 움츠러들 필요가 없음을 우리에게 재확신시켜 주는 반면에, 시편 26편은 이상적으로 기도하는 사람들이 도덕적 완전함과 종교적 헌신을 주장할 수 있을 필요가 있으며, 악인들과는 거리를 멀리해야만 한다고 우리에게 상기시켜 준다.

이 시편은 명백히 하나님과 우리의 관계가 우리의 그럴 만한 자격이 아니라, 먼저 하나님이 우리를 받아들이심에 근거한다고 전제하지만, 이는 하나님이 붙드시는 사람들이 완전하도록 전념하고 의지해야 할 필요성을 약화하기보다는 강조한다. 누구도 흠이 없지 않다는 사실은 사회에서 옳게 살고자 근본적으로

---

20 Cf. Augustine, *Psalms*, 64.
21 Hauge, *Between Sheol and Temple*, 153.

전념하고 오로지 하나님을 의지하는 일에 기대에 미치지 못할 수도 있다는 어떤 변명도 되지 않는다.

　게다가 하나님의 사랑을 악인들에게 전하고자 우리가 악인들과 교제하도록 부름을 받았다는 사실은, 우리가 그들의 사고방식과 행동방식과는 전혀 관계가 없다는 의미에서 그들을 단호하게 거부해야 함이 함께 고려돼야 할 필요가 있다. 우리는 세상에서 독특한 방식으로 동행하고 앉고 서도록 부름을 받았지만, 세상에 속하도록 부름을 받지 않았다. 우리는 하나님과 맘몬을 동시에 섬길 수 없다(마 6:24).[22]

　도덕적 완전함이 부족하고 하나님을 의지하지 않는 사람들은 여전히 하나님이 자신들을 구원해 주시기를 기도할 수 있으며, 하나님이 응답하심을 알 수도 있지만, 도덕적 완전함을 주장하고 하나님을 의지할 수 있는 사람들은 하나님이 그렇게 하시기를 기댈 더욱 분명한 근거를 지닌다.

---

[22] McCann, "Psalms," 784.

제27편

증언에서 대두하는 기도

1. 본문

다윗의 시

1 여호와는 나의 빛이요 나의 구원이시니
　내가 누구를 두려워하리요
　여호와는 내 생명의 능력이시니
　내가 누구를 무서워하리요
2 악인들이 내 살을 먹으려고[1]
　내게로 왔으나
　나의 대적들, 나의 원수들인
　그들은 실족하여 넘어졌도다

3 군대가 나를 대적하여 진 칠지라도[2]
　내 마음이 두렵지 아니하며
　전쟁이 일어나 나를 치려 할지라도

1　RSV의 "나에 대해 중상모략을 말하며"는 단 3:8; 6:24에 있는 비슷한 표현의 추정된 의미에서 추론한다.
2　명사와 동사는 타하네(taḥăneh) … 마하네(maḥăneh)와 같이, 같은 소리를 내는 언어유희를 만들면서, 관련된다.

이를³ 나는 신뢰하리로다"(개역개정: 나는 여전히 태연하리로다-역주)

4 내가 여호와께 바라는 한 가지 일

그것을 구하리니

곧 내가 내 평생에

여호와의 집에 살면서

여호와의 기쁨(개역개정: 아름다움-역주)을 바라보며⁴

그의 성전에서 사모하는 그것이라

5 여호와께서 환난 날에

나를 그의 초막⁵ 속에 비밀히 지키시고

그의 장막 은밀한 곳에 나를 숨기시며

높은 바위 위에 두시리로다

6 이제 내 머리가

나를 둘러싼 내 원수 위에⁶ 들리리니

내가 그의 장막에서 시끄러운(개역개정: 즐거운-역주) 제사를 드리겠고

노래하며 여호와를 찬송하리로다

7 여호와여 내가 소리 내어 부르짖을 때에 들으시고

또한, 나를 긍휼히 여기사 응답하소서

8 너희는 내 얼굴을 찾으라 하실 때에

내가 마음으로 주께 말하되

여호와여 내가 주의 얼굴을 찾으리이다 하였나이다

9 주의 얼굴을 내게서 숨기지 마시고

---

3 영어 번역본들은 "이 상황에서"(즉, 전쟁이 있다면)를 내포하지만, 동사 바타흐(bāṭaḥ)는 보통 베(bĕ) 표현을 지배하므로 "이를"은 1-6절에 묘사된 사람과 여호와의 활동을 가리키는 것 같다(라쉬[Rashi]도 그렇다).

4 드문 동사 바카르(bāqar)는 여기서만 이 정확한 의미를 지닌다. 라쉬(Rashi)는 이것이 오히려 보케르(bōqer)에서 온 파생 명사라고 여기고, 이것이 거기서 아침마다 나타남을 가리킨다고 간주한다(참조. NEB 각주).

5 Q는 베수코(bĕsukkô)라고 하며, K는 베수카(bĕsukkâ)라고 하는데, 이는 다음 해에서 접미사를 도출했을 것이다(31:20 [21]).

6 70인역, 심마쿠스, 제롬은 야룸(yārûm) 대신에 야림(yārîm, "그는 내 어미를 높이 들 것이다")을 내포한다.

주의 종을 노하여 버리지 마소서
주는 나의 도움이 되셨나이다
나의 구원의 하나님이시여
나를 버리지 마시고 떠나지 마소서
10 내 부모는 나를 버렸으나
여호와는 나를 영접하시리이다
11 여호와여 주의 도를 내게 가르치시고
내 원수를 생각하셔서
평탄한 길로 나를 인도하소서
12 내 생명을 내 대적에게 맡기지 마소서
위증자와 악을 토하는 자가 일어나
나를 치려 함이니이다

13 내가 산 자들의 땅에서
여호와의 선하심을 보게 될 줄 확실히 믿지 않았다면(개역개정: 믿었도다-역주)[7]
14 너는 여호와를 기다릴지어다
강하고 담대하며
여호와를 기다릴지어다

---

[7] Q는 아람어의 동등어의 모음으로 되어 있는데, 이는 알렙(*aleph*)으로 시작한다(참조. 탈굼; BDB). 이 단어에 있는 구별하기 위한 점들은, 마소라 학자들이 70인역, 아퀼라, 심마쿠스와 함께 이것을 생략해야 한다고 믿었음을 시사한다. *Midrash on Psalms*, 1:373-74은 이 점들에 대해 교훈적 설명을 제시한다.

2. 해석

단순히 "다윗의 것"(개역개정: 다윗의 시-역주)이라고 표제가 붙은 또 다른 시편은 신뢰의 선포를 기도와 결합하지만, 또 다른 방식으로 결합한다. 이번에는 이 시편은 반 이상에서 의지를 표현하고, 그 후에는 계속 여호와께 부르짖는다. 이 결합은 시편 9-10편에서의 결합을 떠올리게 한다.

첫째 부분은 아마도 과거 사건에 근거한 확신을 선포하면서(1-2절) 회중에게 말하고 있고, 그 후에는 더 자세히 다시 이 논리를 발전시킨다(3-6절). 이처럼 첫째 부분은 마치 최근 사건들인 것처럼 과거 사건들을 이야기하지는 않지만, 감사시와 같으며, 여기서 확신이 나오는 것은, 이 행 대부분에서 애가의 특징이 되는 짧은 둘째 콜론들이 있다는 사실로 절충된다.

둘째 부분(7-12절)은 여호와를 부르며, 왜 이전 부분이 여호와를 위증하는 과거 사건을 되돌아보고 있는지를 지적한다. 이전 부분이 확신을 표현하고 그 후에 이 확신에 대한 근거를 지적했듯이, 둘째 부분은 이제 구원해 주시라고 기도하고, 기도에 대한 이유를 제시한다. 이 시편의 마무리하는 행은 여호와에 대한 확신을 촉구하는 것으로 돌아올 때 자신을 부르고 있다(13-14절). 1-6절은 신뢰의 시로 구분될 수 있다.

우리는 7-14절이 독립된 시편이라기보다는 1-6절에 기반을 두려고 작성됐을 수 있다고 시사하는 두 부분 사이의 어구적 연관성을 지적할 것이다.[8] 이 시편이 성전에 대해 말하는 방식과 평탄한 길에 대한 언급(4, 11절)은 이 시편이 시편 26편 뒤에 위치하도록 하는 데 기여할 수 있다(26:8, 12을 보라). 우리는 이 시편의 연대를 알지 못한다.

---

8 Cf. Lindström, *Suffering and Sin*, 152-54. Gunkel (*Psalmen*, 112-18)은 두 부분을 분리하여 취급한다. Harris Birkeland ("Die Einheitlichkeit von Ps 27," *ZAW* 51 [1933]: 216-21)는 이 시편의 통일성을 주장한다. 또한 A. H. Van Zyl, "The Unity of Psalm 27," in *De fructu oris sui* (A. Van Selms Festschrift), ed. I. H. Eybers et al. (Leiden: Brill, 1971), 233-51; Pierre Auffret, "'Mais YHWH m'accueillera,'" *EstBib* 60 (2002): 479-92; Hauge, *Between Sheol and Temple*, 119-43도 그렇다.

[표제]

> 다윗의 시

시편 25편과 26편 해설을 보라.

다윗의 생애는 전체 이 시편을 기도할 수 있는 배경에 대해 그럴듯한 실례를 제공할 것이다. 70인역은 우리에게 사울이 다윗에게 가한 압박을 특히 생각하도록 초대하며, 사무엘상 21:1-6[2-7]과의 연관성을 5절에서 추론하는 것 같다.[9] 엘리사의 생애나 히스기야의 생애, 느헤미야의 생애는 다른 배경을 제공할 것이다(예를 들어, 왕하 6:15;[10] 18-19; 느 4장).

[시 27:1-2]

간단하게 시작하는 이 섹션은 확신을 선언하고 이에 대한 근거를 제시한다.

> 1 여호와는 나의 빛이요 나의 구원이시니
>   내가 누구를 두려워하리요
>   여호와는 내 생명의 능력이시니
>   내가 누구를 무서워하리요

여호와가 나의 *빛이시라는 선언은 특징적으로 여호와가 *구원자이심을 내포하는 것으로 설명된다. 그렇다고 한다면 나는 두려워할 이유가 없다. 하지만 이를 진술하는 것은 아무래도 명백히 나는 실제로 두려워할 이유가 있다는 사실을 주목하게 한다.

내 삶의 능력(*요새), 내가 위험이나 공격에서 확실히 안전하게 피하게 할 강력한 이에 대한 진술은, 또 다른 방식으로 구원에 대해 요점을 지적하는 것이다. 마찬가지로 둘째 콜론의 질문은 종종 병행으로 나오는 동사와 함께 이전 둘째

---

9 Cf. Theodoret, *Psalms*, 1:172-73.
10 Kidner, *Psalms*, 1:120.

콜론을 되풀이하며, 이와 같이 다시 나는 명백히 두려워할 이유가 있다는 사실을 주목하게 한다.

> 2 악인들이 내 살을 먹으려고
>   내게로 왔으나
>   나의 대적들, 나의 원수들인
>   그들은 실족하여 넘어졌도다

이 두 행은 추가적으로 쌍을 형성한다. 두 행의 경우 이것은 두 행이 병행을 이루기 때문이 아니라, 첫 행이 이어지는 주절에 의지하는 시간 절이기 때문이다. 나는 70인역과 제롬을 따라서, 2b절의 카탈(qatal) 동사를 현재나 미래보다는 과거로 번역한다(많은 영어 번역본과 마찬가지로). 카탈을 사용한 것은 2절이 1절에 표현된 확신에 대한 근거를 제공함을 시사한다. 탄원자의 과거 적들에 대한 세 가지 묘사는 1절에서의 여호와에 대한 세 가지 묘사와 균형을 이룬다. 그들은 *악한 사람들, 대적들, 원수들이다. 두 동사는 그들의 공격을 묘사하며(먹으려고 왔다), 두 동사는 그들의 예기치 못한 실패를 묘사한다(실족하여 넘어졌도다).

삼중의 인물 묘사와 이중의 적대적 동사들 뒤에 두 행의 문장 끝까지 이 동사들을 연기하는 것은, 이 절에서 줄곧 긴장감을 유발한다. 더욱 구체적으로 둘째 행은 두 주어가 첫째 콜론에 나오고 두 동사가 둘째 콜론에 나오는 독특한 병행법의 형태를 보인다("나의 대적들이 실족하고, 나의 원수들이 넘어졌다"라고 하지 않고).[11]

이 증언을 듣는 회중에게, 맹렬한 짐승만큼이나 위협하는 사람들에게 공격받지만, 어디에서도 숨을 곳을 찾을 수 없는 탄원자를 상상하라고 권유한다. 더욱 문자 그대로 이 사람들은 자신들의 승리를 완성하는 대신에 넘어졌다.

시편은 법정, 전투, 사냥의 이미지를 결합한다.[12] 이와 같이 탄원자는 의지할 수 있는 개인적 능력 때문에, 신앙의 사람이기 때문에, 위험에도 웃을 수 있는 능력 때문에, 실제로 전적으로 의지할 수 있으므로, 하나님을 의지하는 사람이

---

11 Cf. Dahood, *Psalms*, 1:166. 이것은 또한 동사들과 연결되는 단순 와우(w)에서 반영되는데, 이 동사들은 동의어이며 한 과정에서의 두 단계를 묘사하기보다는 헨디아디즈(hendiadys)를 형성한다.
12 Cf. Pietro Bovati, *Re-establishing Justice*, JSOTSup 105 (Sheffield: JSOT, 1994), 296-99.

아니다. 그렇게 할 수 없는 사람에게는 소용이 없을 수 있다. 탄원자는 하나님이 행하신 일 때문에 여호와를 의지하는 자이다. 이는 오히려 다른 이들에게 격려가 되는 능력이다.

[시 27:3-6]

이제 이 증언은 시편 30편과 같은 감사의 방식으로, 더 상세히 3-6절에서 되풀이한다.

> 3 군대가 나를 대적하여 진 칠지라도
> 내 마음이 두렵지 아니하며
> 전쟁이 일어나 나를 치려 할지라도
> 이를 나는 신뢰하리로다(개역개정: 나는 여전히 태연하리로다-역주)

1절과 같이 확신에 대한 또 다른 선언이 두 개의 추가 병행을 이루는 행을 차지한다.[13] 2절에서 묘사한 것과 같이 원수들이 공격했을 때 과거 구원의 사건은 또 다른 군대의 공격이 문제가 되지 않을 것이라는 *신뢰하는 확신의 토대가 된다.

> 4 내가 여호와께 바라는 한 가지 일
> 그것을 구하리니
> 곧 내가 내 평생에
> 여호와의 집에 살면서
> 여호와의 기쁨(개역개정: 아름다움-역주)을 바라보며
> 그의 성전에서 사모하는 그것이라

---

13 각각에서 첫째 콜론은 "만약"(if)절, 3인칭 단수 여성 이크톨(yiqtol) 동사, "나를 대적하여"라는 표현, 여성 단수 주어로 구성된다. 두 개의 둘째 콜론들은 벗어나서 1인칭 절로 3인칭 절을 보완하고, 긍정적 표현으로 부정적 표현을 보완하며, 분사 표현으로 이크톨 표현을 보완한다.

이 두 행은 자체의 카탈(qatal) 진술에서 뒷받침된다. 이번에는 카탈 동사가 먼저 나오면서, 세 행이 결합되어 한 문장을 형성한다. 70인역과 제롬이 이것을 과거로 번역하는 것은 옳으며, 이번에는 NRSV도 그렇게 한다. 이와 같이 나는 이것을, 이 절 전체(실제로 4-5절)를 과거에 두는 것으로 여긴다. 다시 증언 시편의 특징이 되는 방식으로 4-5절에서 탄원자는 위험 가운데 하는 기도를 되돌아본다(한 번 더 이는 시편 30편과 비슷하다).

첫 행의 두 콜론 사이의 병행법에서, "한 가지 일"은 "그것"에서 이어지고, "내가 바라는"은 "내가 구하리니"에서 이어진다. "여호와께"는 첫째 콜론뿐만 아니라 둘째 콜론에 적용되고, 둘째 콜론의 이크톨(yiqtol)은 첫째 콜론의 카탈을 보완한다. 병행법을 고려할 때, 나는 이 이크톨이 또한 과거, 아마도 반복을 가리킨다고 여긴다. "한 가지 일"에 대해, 누가복음 10:41-42과 비교하라.[14]

둘째 콜론은 70인역 23:6에 나왔던 여호와의 집에서의 거주라는 주제를 이어간다. 이 시편이 군사 공격을 받고 있을 가능성을 전제하거나 열어 두는 것을 고려할 때, 이 자체는 이 거주가 실제 성전 뜰에서의 24시간/7일/52주 머뭄을 가리키는 것이 아니거나 이것이 오직 과장법에 의한 것이라는 것을 내포한다. 다른 한편, 여호와의 성전이나 장막에서의 사건들에 대한 몇몇 언급이 구체적이라는 사실로 말미암아 이 거주가 단순히 여호와의 존재에 있음을 가리키는 은유일 뿐이라고 이해하기는 어렵다.

그렇다면 나는 이것을, 이 시편이 쉽게 여호와의 항구적 보호의 임재를 언급하는 것과 성전에서의 여호와의 지도를 거듭 구하거나 여호와께 찬양하는 자유를 언급하는 것 사이를 쉽게 옮겨 가는 것으로 여긴다. 동일한 여호와가 성례로서 성전에 계시고, 일생 생활의 압박 가운데 실질적으로 계신다. 그러나 여기서 처음에 탄원자는 항상 기도가 성전에 자유롭게 이른다고 언급한다.[15]

셋째 콜론은 각각 레(*l*)+부정사(첫 번째 칼, 두 번째 피엘)에 베(*b*) 표현이 이어지는 것으로 구성되면서, 병행을 이루는 콜론에서 이런 방문의 두 가지 이유가 나온다. 구약이 여호와를 바라본다는 개념에 대해 주저하는 것을 고려할 때, 여호

---

14 Cf. Luther, *First Lectures*, 1:127.
15 이 주제에 대해, Rolf von Ungern-Sternberg, "Das 'Wohnen im Hause Gottes,'" *Kerygma und Dogma* 17 (1971): 209-23을 보라.

와의 개인적 기쁨(노암[*nōʿam*], 영어 번역본들, "아름다움")을 본다는 개념은 놀랍겠지만, 여호와의 기쁨을 바라본다는 개념은 이 구절이 다른 곳에서 나오는 사례에서도 명확해진다(90:17). 이것은 여호와의 개인적 존재보다는 사람들을 위해 여호와가 행하신 일에 대한 기쁨을 가리킨다.

그리고 이는 둘째 콜론의 병행법의 질을 높이는데, 왜냐하면 이것이 언급하는 요청은 탄원자와 사람들을 위한 여호와의 의도나 뜻을 구함을 가리킬 것이기 때문이다. 이제 이 행은 탄원자가 여호와가 어떤 아름다운 의도를 가지셨는지를 보고자, 여호와의 성전(*궁전)에 방문하는 것에 관심을 가진다.[16]

> 5 여호와께서 환난 날에
> 나를 그의 초막 속에 비밀히 지키시고
> 그의 장막 은밀한 곳에 나를 숨기시며
> 높은 바위 위에 두시리로다

탄원자는 계속 기도에서 나온 것을 회상한다. 70인역은 암시하는 듯이 5절의 모든 동사를 과거로 번역한다. 5절은 두 개의 병행하는 행으로 구성된다. 우리는 이 행들을 개별 문장으로 여길 수 있지만, 행들과 둘째 행의 시작에 불변화사가 없는 것 사이의 병행법은, 후자가 "왜냐하면" 문장을 이어 감을 시사한다. 명백히 병행법은 다채롭다.

첫째 행은 보호에 대한 한 콜론과 보호를 필요로 하는 상황에 대한 콜론으로 구성되지만, 둘째 행은 서로 병행을 이루는 보호에 대한 두 개의 추가 절로 구성된다. 이와 같이 두 행은 전치사구가 세 개의 모든 콜론에 적용되면서 *aba'a"* 패턴을 따른다. 5절이 다른 이미지를 사용하지만, 탄원자가 요구한 것, 여호와가 약속하신 것은 1–2절이 말하는 현실과 상응했다.

기도는 사람들이 *악한 일들을 행한 날에(악한 사람들이 공격한 날, 2절) 여호와는 라합이 정탐꾼을 숨기는 방식으로(수 2:4) 또는 다른 짐승이 빼앗지 못하도록 사자가 먹잇감을 은신처에 숨기는 방식으로 탄원자를 숨겨야 한다는 것이었다.

---

16 J. D. Levenson은 노암(*nōʿam*)이 지도해 주시라는 요청에 대한 긍정의 답변을 가리킨다고 제안한다("A Technical Meaning for n'm in the Hebrew Bible," *VT* 35 [1985]: 61–67).

기도는 탄원자가 여호와의 장막에 숨겨져야 한다는 것이었다.

여기서 시편은 6절에서처럼(참조. 15:1), 당연히 광야에서의 여호와의 이전 움직이는 성소에 적용된 용어를 이에 옮기면서, 성전 자체에 적용될 수 있는 용어(오헬[ʾōbel])를 사용한다. 하지만 "은밀한 곳"과의 병행법으로 말미암아 우리는 오히려 "장막"을 안전한 곳을 가리키는 또 다른 은유로 여길 수 있다.

이 요청의 세 번째 형태는 안전을 가리키는 매우 다른 이미지, *바위 위에 둔다는 이미지를 사용할 때, 이를 증명한다. 우리는 따로 있을 때는 이것이 여호와가 제공하시는 반석이라고 추론할 수도 있지만, 다른 곳에서는 여호와가 보통 반석이시다(참조. 28:1; 31:2[3]; 61:2-4[3-5]은 이 이미지들을 결합한다). 그래서 시편 기자는 여호와께 높이 들어 올려서 분명히 보호해 주시라고 요청하고 있는 것 같다.

결과적으로 이것은 5절의 병행법을 더 깊이 뉘앙스로 비추는데, 왜냐하면, 두 개의 시작 콜론이 어느 것보다 이 마지막 콜론에 의미상 더 가깝기 때문이다. 하지만 이미지는 보호의 장소인 성전과 공통적 연결고리로 함께 결합되는데, 성전의 실질적 특성은 한 형태의 보호를 상징한다.

> 내가 그분의 장막의 숨겨진 장소에 있을 때, 그것은 마치 내가 높은 바위 위에 있는 것과 같다(이븐 에즈라[Ibn Ezra]).

> 6 이제 내 머리가
> 나를 둘러싼 내 원수 위에 들리리니
> 내가 그의 장막에서 시끄러운(개역개정: 즐거운-역주) 제사를 드리겠고
> 노래하며 여호와를 찬송하리로다

탄원자는 기도에 대한 이 응답이 더 깊이 성취되는 것에 기뻐한다. 보호는 승리와 감사를 의미한다. 탄원자가 여호와의 반석 위에 높이 들려지고, 따라서 사방에 있던 원수들에게서 여호와가 보호하시고 승리하게 하신 결과로, 탄원자의 머리가 높이 들려질 수 있다(3:3, 6[4, 7]을 보라). 그리고 적절한 감사제물과 감사가 이어질 수 있다.

첫째 행의 동사가 이크톨(yiqtol)인 이유는, 이 동사가 여호와의 행동을 통해 일어날 사건을 가리키기 때문이다. 둘째 행의 동사들이 코호트티브(cohortative)

인 이유는, 이 동사들이 탄원자가 전념하는 행동들을 가리키기 때문이다. 여호와가 행동하실 때 우리는 그렇게 하지 않고는 할 수 없다는 방식으로 우리 머리를 들 수 있으며, 또한 우리 제사와 우리 목소리를 들 수 있다.

여호와의 "장막"은 이 제사를 드리는 장소로서 이제 성전 자체임이 틀림없다. 제사는 "외침의 제사"이다. 전투를 예상할 때 수반되며, 대담함을 장려하지만, 또한 불안감이 반영되는 *외침(예를 들어, 슙 1:16)은 이제 매우 다른 함의를 지닌 제사가 수반된다. 병행을 이루는 콜론은 목소리와 악기로 된 선율로 외침을 보완한다(외침과 *음악의 결합에 대해, 참조. 33:3).

[27:7-12]

1-6절은 완전한 증언 시편이 될 것이다. 이렇게 우리는 7-12절에 대해 준비가 되지 않았는데, 7-12절은 확신의 표현에서 긴급한 기도로 바뀐다. 때로 시편들에서 그렇듯이(주목할 만하게 시편 9-10편뿐만 아니라 시 89편), 이 시편을 시작하는 찬양은 이 시편이 나아가려고 의도한 곳이 아니다. 압박, 기도, 하나님의 응답에 대한 회상은 추가적인 하나님의 응답을 찾으며 압박 가운데 더 깊은 기도를 위해 준비한다.

1-6절이 그 자체로 증언 시편으로 완전할 수 있듯이, 7-12절이나 7-14절 자체로도 기도 시편으로 완전할 수 있다. 하지만 1-6절은 이어지는 절들과 관련하여 반영되듯이, 기도는 이전 절들과 관련하여 도움을 얻는다. 그리고 우리는 이제 이전 행들이 두려움을 왜 언급했는지, 그리고 짧은 둘째 콜론을 가진 행들이 두려움에 대한 언급을 지배했는지 보게 된다.

> 7 여호와여 내가 소리 내어 부르짖을 때에 들으시고
> 또한, 나를 긍휼히 여기사 응답하소서

세 가지 호소는 기도를 위해, 특히 기도를 시작하는 데 자연스러운 호소이다. 세 개의 모든 명령법은 반대 순서이기는 하지만 4:1[2]에서 반복된다. 여기서 논리는 먼저 "들으라"는 것이며, 이는 다른 무엇보다 앞서야 하지만 이것으로 충분하지 않다. 시편 기자는 또한 긍휼(*은혜)의 증거가 필요하다. 그리고 긍휼은

응답에서 드러날 것이다.

> 8a-b 너희는 내 얼굴을 찾으라 하실 때에
> 내가 마음으로 주께 말하되

앞의 행이 이처럼 다소 통상적이기는 하지만(그러므로 사소하지는 않을지라도), 8a-b절은 다르다. 이 절의 함의는 명백히 내부 목소리가 여호와를 대변하여 "내 *얼굴을 찾으라"라고 말하는 것을 탄원자가 느끼듯이, 탄원자의 마음이 여호와께 말한다는 것이다. 이 내부 목소리는 단순히 탄원자의 개인 영성에서 오는 목소리가 아닌 이유는, 이 목소리의 초대는 하나님의 사람들을 대상으로 하는 초대이기 때문이다.

"찾으라"는 복수이다(예를 들어, 105:4; 습 2:3에서처럼). 탄원자는 여호와가 온 백성에게 촉구하시는 것을 떠올리며 이를 이어 간다. 동시에 이 동사는 4절에서 반복되며, 이전의 압박 경험에서처럼 한 번 더 와서 찾으라는 초대를 구성한다.

> 8c 여호와여 내가 주의 얼굴을 찾으리이다 하였나이다
> 9a 주의 얼굴을 내게서 숨기지 마시고

탄원자의 반응이 처음에는 "내가 그렇게 했고 그렇게 하고 있다"고 선언하는 것이다. 그 후에 둘째 콜론은 찾으라는 것을 바꿀 때에 특히 효과적으로 병행법을 사용한다. 여호와의 *얼굴은 다시 동사의 목적어이지만 이 콜론은 여호와의 얼굴을 찾는 것이 탄원자가 여호와의 얼굴과 관련하여서 하는 것이 아니라 여호와가 하시는 것임을 시사한다.

여호와는 탄원자를 숨기는 일에 전념했었지만(5절) 이제 숨기는 대상이 여호와의 얼굴이 될 것인가?

> 9b 주의 종을 노하여 버리지 마소서
> 주는 나의 도움이 되셨나이다
> 나의 구원의 하나님이시여
> 나를 버리지 마시고 떠나지 마소서

네 개의 추가 콜론은 1, 2, 5절의 방식으로, 두 개의 병행을 이루는 행으로 구성된다. 각 행에서 시작하는 콜론은 부정어 알('al) 뒤에 나오는 2인칭 단수 저씨브(jussive)로 된 동사들을 포함한다.

첫째 동사는 왕이 청원자의 호소를 거절하는 것과 마찬가지로, 여호와가 조용히 서 계시지만 탄원자를 버리시는 것을 묘사한다. 첫째 동사는 "노하여"를 덧붙이는데, 이는 여호와의 얼굴이 숨겨진다는 개념을 고쳐 표현한 것이다.

둘째 동사는 누군가가 특히 도움이 필요한 순간에 친구가 떠나 버리는 것과 마찬가지로, 탄원자가 조용히 있을 때에 여호와가 가 버리시는 것을 묘사한다.

이 두 개의 시작하는 권고절(9c절과 9e절)에 이어지는 한 쌍의 콜론 각각은, 여호와가 누구신가에 대한 언급으로 이 권고를 뒷받침한다. 두 개의 절 모두 이를 가리키기 위해 1인칭 접미사와 함께 추상명사를 사용한다(문자 그대로, 내 *도움, 내 *구원의 하나님).

첫째 권고절은 여호와가 과거에 행하신 일을 묘사하는 절로 나오고, 둘째 권고절은 이것 역시 여호와의 성품이라고 단언하는 호격 구절로 나오거나 이것이 탄원자가 여호와를 다시 필요로 하는 것이라고 지적한다. 탄원자가 여호와의 거부와 진노에 관해 관심을 가질 때 죄에 대한 암시적 의식도 가지지 않는다(참조. 욥기).[17] 탄원자가 죄를 인정할 필요가 있었다면, 분명히 솔직할 필요가 있을 것이다.

> 10 내 부모는 나를 버렸으나
>   여호와는 나를 영접하시리다

7-9절과 11-12절의 촉구의 맥락에서, 10b절의 이크톨(yiqtol)은 저씨브(jussive)인 것 같다. 우리 가족, 그리고 구체적으로 우리 부모는 우리가 공격을 받을 때 그리고 (예를 들어) 어떤 잘못에 대해 고발당할 때도 우리를 여전히 사랑할 것으로 가장 기대하는 사람들이므로, 부모가 우리를 버릴 가능성을 언급하는 것은 철저하게 버려졌다는 비유적 표현이다(참조. 욥 19:13-14; 사 49:15).

---

17 Weiser, *Psalms*, 251-52에 대조됨.

"영접하다"(아사프[ˈāsap])를 가리키는 동사는 보통 물건이나 사람들을 모으는 것을 가리키지만, 짐승이나 사람을 자신의 집에 피하도록 들여놓는 것에 사용될 수 있다(신 22:2; 수 20:4; 삿 19:15, 18). 따라서 이 비유는 4-5절의 이미지를 떠올리게 한다.

> 11a-b 여호와여 주의 도를 내게 가르치시고
> 내 원수를 생각하셔서

추가로 병행을 이루는 두-콜론은 1인칭 접미사가 있는 두 개의 단수 명령법(하나는 히필[hiphil], 하나는 칼[qall])과 길을 가리키는 두 단어를 포함한다. 첫째 동사는 여호와가 멀리서 가리키시는 것을 시사할 수 있지만 둘째 동사는 이 지시에는 여호와가 나란히 서 계신 것과 관련됨을 시사한다. 첫째 콜론에서 부름은 두 콜론에 적용되며, 둘째 콜론은 둘째 명사로 가득하다.

*길은 이렇게 신학적으로만 아니라(여호와의 길) 실용적으로(평탄하다) 정의된다. 여기서 여호와의 길은 도덕적 의미에서 올바른 것이 아니라 지혜로운 의미에서 올바르다. 탄원자는 구원과 승리의 길을 구할 때 여호와께 호소한다.

> 11c 평탄한 길로 나를 인도하소서
> 12a 내 생명을 내 대적에게 맡기지 마소서

마소라 본문은 "내 원수(*조심스러운 적)를 생각하셔서"(개역개정은 어순의 차이로 앞의 행에 번역했음-역주)를 이전 행에 연결하고, 따라서 11-12절에서 두 개의 세-콜론을 만든다. 나는 오히려 이 절들을 세 개의 두-콜론으로 여겼다. 11c-12a절(2-3)은 이처럼 7-11a절에서 활동이 암암리에 했던 원수들을 드러나게 소개한다. 이 공격자들에 대해, 탄원자는 그들 때문만이 아니라(그들이 고통의 원인이므로), 그들을 "생각하셔서"(레마안[lĕmaʿan]; 전치사와 분사/명사에 대해 5:8[9]를 보라) 행동해 주시라고 요청한다.

더 나아가 둘째 콜론(12a절)은 (마치 그럴 필요가 있는 것처럼) 이 사람들이 좋은 의도보다는 악한 의도를 가지고 지켜보고 있음을 명백히 밝힌다. 게다가 둘째 콜론은 다시 (마치 그럴 필요가 있는 것처럼) 원수들이 그들의 소망(네페쉬[nepeš], *사람)을 성취할 수 없게 하면서, 탄원자가 여호와께 행하시기를 원하는 것이나 행하지 않으시기를 원하는 것을 명백히 밝힌다.

> 12b 위증 자와 악을 토하는 자가 일어나
> 나를 치려 함이니이다

12b-c절은 이 시편에서 애가와 가장 가까운 내용으로 구성되며, 따라서 시편의 문제에 대한 진술과 가장 가깝다. 시편 25편과 26편처럼, 이 시편은 점차로 논제에 대해 명확해져 간다. 하지만 12b-c절 역시 이 시편의 이런 간략함을 주목하게 하고, 기도 대 애가의 비율이 7-12절에서의 비율과는 거꾸로 되는 다른 기도시와의 대조를 주목하게 한다.

이 행에서 동사는 두 콜론에 적용되고, 각 콜론은 대적들에 대해 묘사하는데, 하나는 복수로 다른 하나는 단수로 묘사한다. 한편으로 대적들은 위증자(*거짓 증인들), 증언을 하지만, 그들의 증언이 실재와 일치하지 않는 사람들이다.

예를 들어, 대적들은 탄원자에게 중형에 해당하는 신성모독이나 배반의 죄목으로 고발하고 있을 수 있다. 이와 같이 그들은 또한 악(*폭력)을 토하는 (야페아흐 [*yāpēaḥ*]에 대한 전통적 이해에 따라) 사람들이다. 즉, 그들은 말을 토하지만 그들의 말이 거짓이며 죽음을 야기할 것이다(참조. 관련된 동사 푸아흐[*pûaḥ*], 예를 들어, 잠 6:19; 14:5, 25). 하지만 "악을 토하는 자"를 번역하는 것에 대해 35:11을 보라. 그들은 무법의 악(포악함)을 낳을 증언을 한다는 것이다. 군사적인 면에서 묘사와 결합된(1-6절), 거짓 증언이라는 면에서의 묘사(7-12절)에 대해 시편 7편과 비교하라.

[시 27:13-14]

마지막 두 행은 기도(7-12절)에서 돌아서서 신뢰의 진술(1-6절)로 돌아서지만 두 가지 다른 방식으로 이 둘 가운데 어딘가에 적절하게 위치한다.

> 13 내가 산 자들의 땅에서
> 여호와의 선하심을 보게 될 줄 확실히 믿지 않았다면(개역개정: 믿었도다-역주).

신뢰의 진술은 암시적일 뿐만 아니라 완전하지 않다.[18] 탄원자는 "~하지 않는다면"이라고 말함으로써, 비슷하게 귀결절이 없는 구약의 맹세 형태에서와 마찬가지로, 아마도 강력하게 내포하면서, 선언하지 않고서도 신뢰한다는 실재를 내포한다.[19] 하지만 "이 진술과 암시에 대해서는 동경하고 위협하며 도전적으로 의로운 것이 있다. 이것은 진노, 후회, 충성의 조각난 혼합이다."[20]

이 행은 여호와의 활동 영역에 대해 특징적인 구약의 확신을 선포한다. 이 행은 여호와의 *선하심을 믿는데, 이는 여호와를 이른 죽음이 아니라 장수와 같이 좋은 것을 사람들에게 베푸시고, 압제가 아니라 원수들에게서의 자유를 베푸시는 이로 믿는다는 것을 의미한다.[21] 이 행은 어떤 가설적인 다른 땅이나 삶이 아니라("영생의 땅"이라고 한 탈굼을 대조해 보라), 산 자들의 땅에서 이를 보게 됨을 믿는다. 이와 같이 이 행은 몸과 영혼, 세상의 좋은 것들의 경험과 이 시편이 묘사하는 것과 같은 예배와 기도의 삶을 결합한다. "여호와의 선하심을 보"는 것은 "여호와의 기쁨을 보는"(4절) 것을 가리키는 또 다른 방법이다.

> 14 너는 여호와를 기다릴지어다
>   강하고 담대하며
>   여호와를 기다릴지어다

이 시편은 명령법의 세-콜론으로 마무리하는데, 이 명령법들은 단수이며, 따라서 아마도 회중보다는 탄원자를 대상으로 하는 것 같다. 화자가 바뀐다는 어떤 암시도 없어서, 나는 명령법들을 (예를 들어) 선지자의 반응이라기보다는 시편 42-43편의 명령법과 같이 삼중적인 자기 권고로 여긴다.[22] 명령법들은 기도와 의지 사이에 있는 또 다른 진술이다. 의지하라는 명령법은 탄원자가 의지하고 있지 않다는 것을 내포하지만, 탄원자가 이를 말하고 있다는 사실은 의지하

---

18 Cf. GKC 159dd, 167a.
19 이와 같이 시리아어 번역본과 제롬은 이것을 강력한 단어으로 번역한다. Cf. HALOT. Jeffrey Niehaus ("The Use of lûlē in Psalm 27," *JBL* 98 [1979]: 88-89)는 이 행이 12절에 의존한다고 본다.
20 David R. Blumenthal, *Facing the Abusing God* (Louisville: Westminster John Knox, 1993), 184.
21 Cf. M. Mannati, "*Ṭûb*-Y. en Psaume xxvii 13," *VT* 19 (1969): 488-93.
22 하지만 Mandolfo, *God in the Dock*, 58-63의 주장과 대조해 보라.

고 있음을 내포한다.

실제 동사들은 *abb'a'*로 배열되는데, 기다리라는 두 가지 권고(동일한 동사를 사용하여)는 강하고 담대하라는 두 가지 권고를 중심으로 둘러싼다(비슷한 의미를 지닌 다른 동사들을 사용하여). 여호와가 행동하시기를 기다린다(*바라본다)는 틀로 말미암아 현재 강하고 담대한 사람이 될 수 있으며, 반대로 강하고 담대함으로 말미암아 여호와가 행동하시기를 기다릴 수 있는 사람이 될 수 있다.

강하고 담대하다는 것은 두려워하지 않거나 무서워하지 않는 것과 긍정적으로 비슷한 의미를 지닌다(대상 22:13; 28:20; 대하 32:7). 이 시편의 마지막에서, 이와 같이 시작하는 절에 있는 이 동사들이 나오는 것과 긍정적으로 상응한다. 이는 이것들이 탄원자의 말이라는 인상을 더한다. 이렇게 강하고 담대하라는 이중적 권고는 특히 가나안 땅에 가까이 온 여호수아와 백성들에게 하는 권고들(신 31:6, 7, 23; 수 1:6, 7, 9, 18)과 다윗의 솔로몬에게 하는 권고들(대상 22:13; 28:20)에서 반복된다.

이 시편에서 마음을 추가로 언급하는 것은 독특하며, 이 시편의 시작(3절)과 또 다르게 상응하는 것에 기여한다. 이와 같이 탄원자는 여호수아와 그의 백성이 영광스럽게 가나안 땅에 들어갈 때와 솔로몬이 성전을 지을 때 취한 자세를 취할 필요가 있음을 스스로에게 상기시킨다. 하지만 기다리라는 언급의 틀 역시, 이것이 탄원자가 홀로 임하는 임무에 대한 권고가 되지 않고, 여호와의 약속이 덧붙여진 임무에 대한 권고가 됨을 상기시키는데, 약속들은 이 시편의 초반부가 언급하는 약속들이다.

3. 신학적 의미

기독교 주석가들은 보통 이 시편을 로마서 8:31-39과 비교한다. 이렇게 비교할 때, 이 시편의 확신과 기도를 전적으로 종교적 영역이나 영적 영역에 도입하여 또한 계속해서 세속적 영역과 물질적 영역을 포괄하도록 하지 않는 것이 중요하다(아마도 동일한 점이 로마서 8장 자체에도 해당할 것이다). 이 시편은 하나님이 세상의 공격자들에게서 보호하시는 경험을 증언하고, 하나님이 그렇게 다시 하시기를 기도하며, 자신에게 하나님이 계속 이렇게 하실 것을 기대하라고 촉구한다.

이처럼 이 시편은 증언이나 감사, 기도, 자기 격려를 밀접하게 연결한다. 증언은 증언자에게 확신하고 기도하고 기대하는 희망을 붙들라고 격려할 때에, 증언의 존재 이유의 한 측면을 발견하게 된다.

기도할 때, 우리가 하나님께 우리를 보호해 주시라고 구했고 하나님이 실제로 우리를 구원하셨을 경우를 우리 자신에게 상기시키는 데서 이득을 보는 이유는, 이로 말미암아 우리가 하나님께 다시 이렇게 해 주시라고 구할 담대함과 하나님이 그렇게 하실 것이라는 확신이 생기기 때문이다. 우리가 어떻게 기다릴 수 있는지를 물을 때, 대답은 이 기다림이 경험에 대한 성찰에서 오고, 확신에 찬 경험에 근거한 기도에서 온다는 것이다.

제28편

악인의 징벌을 위한 기도

1. 본문

다윗의 시

1 여호와여 내가 주께 부르짖으오니
 나의 반석이여 내게 귀를 막지 마소서
 주께서 내게 잠잠하시면
 내가 무덤에 내려가는 자와 같을까 하나이다
2 나의 간구하는 소리를 들으소서
 내가 부르짖고
 내가 주의 지성소를 향하여
 나의 손을 들 때에
 (개역개정: 내가 주의 지성소를 향하여
 나의 손을 들고
 주께 부르짖을 때에
 나의 간구하는 소리를 들으소서-역주)
3 악인과 악을 행하는 자들과 함께
 나를 끌어내지 마옵소서
 그들은 그 이웃에게 화평을 말하나

그들의 마음에는 악독을 말하나이다(개역개정: 악독이 있나이다-역주)¹

4 그들이 하는 일과

그들의 행위가 악한 대로 갚으시며

그들의 손이 지은 대로 그들에게 갚아

그 마땅히 받을 것으로 그들에게 갚으소서

5 그들은 여호와께서 행하신 일과

손으로 지으신 것을 생각하지 아니하므로²

여호와께서 그들을 파괴하고

건설하지 아니하시리로다

6 여호와를 찬송함이여

내 간구하는 소리를 들으심이로다

7 여호와는 나의 힘과 나의 방패이시니

그를 내 마음이(개역개정: 내 마음이 그를-역주) 의지하여

도움을 얻었도다³ 그러므로 내 마음이 크게 기뻐하며⁴

내 노래로 그를 찬송하리로다⁵

8 여호와는 그들의 힘이시오⁶

---

1 나는 70인역을 따라 이 구절을 "말하다"의 둘째 목적어로 취하는데, 이는 "하지만 악이 … 있다"(제롬)라는 독립절로서보다는 병행법의 보통 패턴에 들어맞는다.

2 제롬은 이 콜론을 앞선 콜론보다 이어지는 콜론에 연결시키는데, 이는 더욱 일반적인 운율에 기여하지만 이해하기는 어렵다.

3 하지만 Patrick D. Miller, "Ugaritic *ġzr* and Hebrew '*zr* ii," *UF* 2 (1970): 159-175은 이것을 아자르('*āzar*) II, "강하다"로 여긴다(참조. 33:20; 89:19 [20]; 115:9, 10, 11; 118:13).

4 나는 웨네아자르티(*wĕneʿĕzārtî*)을 웨카탈(weqatal)의 적절한 미래 언급으로 여긴다(그리고 이것을 이어지는 것에 NJPS 및 NRSV와 함께 연결시키지만, 마소라 본문, 70인역, 제롬과는 대조된다). 한편, 이어지는 와야알로즈(*wayyaʿălōz*)가 과거를 언급한다고 여기기는 어렵지만, 카탈(qatal)은 현재를 가리킬 수도 있으며(cf. GKC 111r), 이와 같이 나는 이를 와이크톨(wayyiqtol)로 여긴다. 이전 것과의 관계는 연대기순이라기보다는 논리적이다(cf. GKC 111l).

5 전치사 민(*min*)은 이상하다. Mitchell Dahood는 우메쉬리(*ûmĕšîrî*), "그리고 내 노래(로)"라고 모음을 수정한다("Ug *mšr*, 'song,' in Psalms 28,7 and 137,3," *Bib* 58 [1977]: 216-17). A. Gelston은 우베쉬리(*ûbĕšîrî*)로 수정한다("A Note on the Text of Psalm xxviii 7b," *VT* 25 [1975]: 214-16). 70인역은 우미비(*ûmibbî*), "그리고 내 마음에서"를 내포한다.

6 보통 라모(*lāmô*)는 "그들의 것"을 의미하겠지만, 이것이 가리키는 복수 명사가 없다. 한편, 이것은 때로 "그의 것"을 의미하며(GKC 103f; JM 103f를 보라), 8b절은 이에 대한 지시어를

그의 기름 부음 받은 자의 구원의 요새이시로다[7]

9 주의 백성을 구원하시며 주의 산업에 복을 주시고
또 그들의 목자가 되시어 영원토록 그들을 인도하소서

2. 해석

한 번 더 시편은 짧은 표제로 시작하고, 거의 애가가 없는 기도와 신뢰의 또 다른 조합을 제시한다. 시편 26편과 마찬가지로 이 시편은 곧장 기도가 나오고, 악인의 운명을 같이하지 않게 해 주시라는 호소에 초점을 둔다. 시편 27편과 마찬가지로 이 시편은 절반 직후에 나뉘지만, 반대의 윤곽을 드러낸다. 즉, 확신이 기도를 앞서기보다는 기도가 확신의 선언을 앞선다.

1-4절은 여호와께 들으시고(1-2절) 행동해 주시라는(3-4절) 호소로 구성되고, 5절은 반응이 나오며 6-8절은 기도에 응답하신 데 대해 여호와를 찬양하는 것으로 구성되고, 9절은 전체 백성들을 위한 기도로 마무리한다. 다시 이 시편은 많은 이중 행(모두 9절까지)을 통합하고, 한 번 더 짧은 둘째 콜론이 있는 행들이 이 기도에 지배적이다.

[표제]

다윗의 시

서론을 보라.

8절은 결국 왕과 연결할 것이며, 이 시편이 왕의 시편이라고 할 수는 없지만, 왕조 시대에서 온다는 것을 내포한다.

제공한다. 70인역은 레암모(*lĕ' ammô*)를 내포할 수 있다. 나는 이것이 마소라 본문을 이해하거나 수정하려는 시도라고 여긴다.

[7] 마소라 본문은 "그리고 요새"를 다음 콜론에 연결하지만, 이는 다음 콜론에서 이상한 명사들이 쌓이게 하며, 이 행을 이상하게 나누게 한다.

[시 28:1-2]

이 시편은 두 개의 이중 행으로 여호와께 들어주시라는 자세한 호소로 시작한다. 1절과 2절 모두 완벽한 문장을 구성하면서, 2절은 내용에서 1절과 병행을 이루고 또한 abb'c 구조로 되어 있으며, 논제를 더욱 분명하게 강조한다.

> 1 여호와여 내가 주께 부르짖으오니
> 나의 반석이여 내게 귀를 막지 마소서
> 주께서 내게 잠잠하시면
> 내가 무덤에 내려가는 자와 같을까 하나이다

첫 두 콜론은 호격으로만 겹치는데, 이 호격에서 "내 *반석"은 "여호와"의 함의를 설명한다. 둘째 콜론은 첫째 콜론을 더욱 발전시킨다. "주께 내가 부르짖으오니"는 "내게(문자 그대로, "나에게서." 귀를 돌리는 것은 듣지 않는다는 것과 관련된다) 귀를 막지 마소서"로 보완된다. "당신"(주)과 "나"는 상징적으로 이 시작하는 행의 두 끝에 있다.

동기 행에서 둘째 콜론은 다시 첫째 콜론을 발전시키고, 전체 두-콜론은 이런 식으로 시작하는 행과 관련된다. "잠잠하시면"에 대한 언급은 이전 콜론의 동사를 다시 진술하고, "내게"는 이전 콜론의 표현을 반복하여, 우리는 전체 1절이 abb'c로 배열되는 것을 볼 수 있다.

이 절의 마지막 콜론은 기도에 대한 명백한 동기를 제공한다. 죽음은 무덤에 내려가거나 초자연적 구덩이(엄격하게 "구덩이" 보르[bôr]는 훨씬 클지라도 큰 무덤 구덩이와 같이 보일 수 있으며 무덤 모양일 수도 있는 물을 저장하는 거대한 지하 저장고인 저수지이다)[8]인 스올에 내려가는 것과 관련된다. 탄원자는 이런 운명을 맞이할 사람들에 곧 합류할까 봐 두려워한다. 우리는 왜 그런지 알지 못한다. 하지만 이것이 발생하지 않으려면 여호와가 들으실 필요가 있다.

---

8   Keel, *Symbolism of the Biblical World*, 62-73을 보라. 또한, Terence E. Fretheim, *Jeremiah* (Macon, GA: Smith & Helwys, 2002), 520에서의 묘사를 보라.

> 2 나의 간구하는 소리를 들으오서
> 　내가 부르짖고
> 　내가 주의 지성소를 향하여
> 　나의 손을 들 때에,
> 　(개역개정: 내가 주의 지성소를 향하여
> 　나의 손을 들고
> 　주께 부르짖을 때에
> 　나의 간구하는 소리를 들으소서 - 역주)

이제 2a-b절은 부정적 동사보다는 긍정적 동사와 더욱 구체적이며 분명하고 더욱 드문 동사 "*부르짖다"로, 거의 1a-b절을 다시 표현한다. 2a-b절은 또한 비슷하게 더욱 구체적이며 분명하고 더욱 드문 복수 명사 "나의 간구하는 소리"(타하누님 [taḥănûnîm])를 추가한다. 그리하여 이 시편은 구원의 행위의 형태로 하나님의 은혜의 행위를 호소한다.

2c-d절에서 첫째 콜론은 베(b) 표현으로 시작하며, 따라서 이전 콜론과 병행을 이루고, 전체 2절이 abb'c 구조를 이루게 한다. 탄원자의 부르짖음은 보통 여호와의 "지성소"라고 불리는 성전 안의 여호와 내부 방인 데비르(děbîr)를 향하여 호소할 때 손을 드는 신체적 자세와 비슷하다.

우리는 기도에서 여러 관습을 고려해야만 하겠지만, 일반적으로 성경에서 기도는 교실에서 선생님의 주목을 받으려는 한 아이와 같이 호소할 때 손을 들면서, 또는 받을 준비를 하고 손을 펴고 하나님을 바라보며 눈을 뜨면서, 윗사람 앞에 서 있는 것과 관련된다.[9] 앉고, 더욱 닫힌 자세로 손뼉을 치며, 눈을 닫는 것은 병행을 이루기가 더 어렵다. 반석이 되시는 여호와(1절)는 다시 성전과 밀접하게 관련된다(참조. 27:3-4).

---

[9] Keel, *Symbolism of the Biblical World*, 308-23을 보라.

[시 28:3-4]

또 다른 쌍의 이중 행들은 이제 이 시편이 찾고 있는 행동의 특성과 관련하여, 더욱 확장되는 호소를 구성한다. 탄원자는 결코 공격받는 것에 대해 불평하지 않으며, 이 기도는 단순히 어쨌든 악인들에게나 닥치는 운명에 부당하게 휘말릴 가능성에 관심을 가질 수도 있다. 또는 이 기도는 이런 위험을 가져올 악행에 대해 고발당하는 경험을 내포할 수 있다.

> 3 악인과 악을 행하는 자들과 함께
>   나를 끌어내지 마옵소서
>   그들은 그 이웃에게 화평을 말하나
>   그들의 마음에는 악독을 말하나이다(개역개정: 악독이 있나이다-역주)

이와 같이 3절은 *악인들이 아마도 죽음에 끌려가야 한다고 전제함으로써 시작한다(참조. 1절, 또한 26:9). 더 나아가 둘째 콜론은 악인들이 해를 야기하는 사람들이라고 규정한다(5:5[6]를 보라). 3c-d절은 두 콜론이 대조를 이루면서, 그들의 악이 어디에 있는지, 그들은 어떻게 해를 끼치려고 착수하는지를 더욱 명확히 한다. 그들은 마치 그들이 이웃들과 평화를 원하는 것처럼, 그리고 이웃들의 복을 구하는 것처럼 이웃들과 샬롬(šālôm)을 말하는 사람들이다.

하지만 그들은 그들의 마음에서 악독을 말한다(동사는 둘째 콜론까지 이어진다). 악독은 샬롬의 정반대이며(사 45:7에서처럼) 따라서 여기서는 (직접적으로) 도덕적 악이 아니라 이웃에게 일어나기를 계획하는 *악한 것을 가리킨다. 그들의 마음에 말(즉, 생각과 계획)은 밖으로 하는 말과 대조를 이룬다. 이 시편은 보통 그렇듯이 공동체가 정직, 마음과 말의 상응에 의존하며, 사람들에게 이것이 없을 때는 한탄한다고 여긴다.

> 4 그들이 하는 일과
>   그들의 행위가 악한 대로 갚으시며
>   그들의 손이 지은 대로 그들에게 갚아
>   그 마땅히 받을 것으로 그들에게 갚으소서

비슷한 긍정적 기도가 악인들에 대한 사실에서 나온다. 탄원자는 악인들의 운명에 삼켜지지 않기를 바라면서, 그들이 그 운명에 삼켜지기를 실제로 바란다. 두 행은 "그들에게 갚다"라는 표현을 반복하면서, 다시 광범위하게 병행을 이룬다. 4a-b절 내에서, 둘째 콜론은 첫째 콜론을 완성하지만, 4c-d절 내에서, 둘째 콜론은 더욱 밀접하게 첫째 콜론과 병행을 이룬다. "일"과 "행위"와 "손이 지은 것"이라는 단어들은 악인들이 힘든 한 주의 일을 하는 사람들과 같다고 묘사하고자 결합하며, 핵심은 "마땅히 받을 것"이라는 단어를 사용하여 넷째 콜론에서 강조된다.

탄원자는 이렇게 헌신한 사람들이 그들이 일한 "대로"(전치사 케[k], 세 번) 적절하게 보상받는 것을 보고 싶어 한다. 하지만 "악독"이라는 하나의 단어는 전체 절을 뒤집어엎는다. 샬롬과의 정반대는 3d절에서 라아(ra')가 "나쁜 것, 해, 환난"을 의미했음을 시사했지만, 이 행에서 관련 명사 로아(rōa')는 이것이 도덕적 악을 가리킴을 시사하면서, "그들의 악행"이라는 반복되는 표현의 배경에서 나온다(예를 들어, 렘 4:4). 하지만 둘 사이의 어원론적 연관성은 도덕적인 점을 지적한다. 말썽을 일으키는 것은 악이다.

[시 28:5]

> 5 그들은 여호와께서 행하신 일과
>   손으로 지으신 것을 생각하지 아니하므로
>   여호와께서 그들을 파괴하고
>   건설하지 아니하시리로다

5절은 여호와를 부르기보다는 여호와에 대해 말하는 선언 형태로 변하고,[10] 이 행은 분명하게 표시되지 않았더라도 12:5[6]에서 탄원자에게 답변하는 예언의 말과 비슷하다. 12:5[6]과 마찬가지로, 이 절은 여호와의 행동에 대한 이유로 시작하고, 그 후에 여호와는 실제로 행동하실 것이라고 선포한다. 의미 있게도 이는 예레미야의 예언과 비슷하다(예를 들어, 렘 1:10; 24:6; 31:28). 실제로 우리는 이 전체 시편이 예레미야가 여호와와 하는 대화로 상상할 수 있다.

---

10 Cf. Ridderbos, *Psalmen*, 214-17; 또한, Craigie, *Psalms 1-50*, 237, 239.

이유의 진술에서 5절은 다른 각도에서 악인들의 태도를 평가한다. 그들이 자신들의 행동과 자신들의 손의 일을 보는 방식에서(4절) 그들은 여호와의 행위와 여호와의 손의 일을 고려하지 못한다. 두 가지 의미에서 이것은 사실일 수 있다.

첫째, 그들은 여호와의 행위를 자신들의 행위를 위한 본보기로 삼지 못한다. 악은 공동체의 다른 구성원들과 하나님을 향한 태도이며, 그들은 공동체의 다른 구성원들에 대한 의무뿐만 아니라 여호와에 대한 의무를 무시하고 있다.

둘째, 하지만 그들은 여호와가 그들에게 행하실 방식을 고려하지 못하며, 여호와는 실제로 사람들이 자신들의 행동에 대한 보응을 받음을 감찰하시는 분이라는 사실을 고려하지 못한다.

이제 마지막 콜론은 여호와가 실제로 행동하시고 그들이 자신들의 악행에서 피하지 못하도록 하실 것이라고 단언할 때에, 이 선포에서 이어질 것이다. 여호와가 그들을 무너뜨리시기보다는 그들에게 음모를 통해 성공하고 번성하도록 허용하시는 것은 도덕적으로 잘못일 것이다. 원리상으로 여호와가 예레미야에게 확언하신 대로 파괴됐을 때 세울 수 있지만, 이 사람들은 최종적으로 무너져도 마땅하다.

같은 음에 의한 언어유희가 이 절을 감싼다. 그들은 고려하지 않을 것이므로(로 야비누[lōʾ yābînû]), 여호와가 세우지 않으실 것이다(로 이브넴[lōʾ yibnēm]). 또 다른 같은 음에 의한 언어유희는 시작한 기도를 상기시키고, 전체 1-5절을 둘러싼다. 여호와가 파괴하신다는 것(하라스[hāras])은 여호와가 듣지 못하셨다는 것(하라쉬[ḥāraš], 1절)을 의미한다.

[시] 28:6-7b]

다시 시편 12편과 마찬가지로, 이 시편은 응답의 말에 비추어, 먼저 카탈(qatal)과 명사로 된 확신과 찬양의 진술 형태로 갑작스럽게 전환한다.

> 6 여호와를 찬송함이여
> 　내 간구하는 소리를 들으심이로다

찬양은 "여호와를 찬송함이여(*예배함이여)"라는 시편에서 처음 나오는 표현으로 시작한다(하지만 16:7; 18:46[47]을 보라). 찬양은 31:21[22]에서 비슷하게 관련되어 나온다. 또한, (예를 들어) 124:6, 135:21, 144:1을 보고, 72:18-19과 같은 송영을 보라. 이 찬양은 여호와가 방금 사람들을 위해 행하신 구체적인 일들에 응답하는 개인의 찬양에서 특히 익숙하며, 아마도 이것은 누군가가 일상생활에서 여호와의 행위에 대해 즉각적으로 반응하는 찬양의 부르짖음으로 시작될 것이다(예를 들어, 창 24:27).[11]

시편 31:21[22]에서 일어나듯이, 찬양으로 초대할 때에 찬양에서 이 찬양에 대한 이유가 따른다. 여기서 6b절은 요청을 진술로 바꾸면서(이상하게도 NRSV는 이전의 비슷한 표현을 쉽게 다시 표현하고자 다른 단어들을 사용하여 이를 모호하게 한다) 2절의 첫째 콜론을 다시 진술한다. 5b절의 같은 음에 의한 언어유희가 시사하듯이, 여호와는 탄원자의 첫 기도에 경청하시고 응답하셨다.

> 7a-b 여호와는 나의 힘과 나의 방패이시니
> 그를 내 마음이(개역개정: 내 마음이 그를-역주) 의지하여

7a-b절은 논리의 순서를 바꾸어 두 행이 *abb'a'*가 되도록 하면서, 이 시편을 특징짓는 또 다른 쌍의 행을 완성한다. 마무리하는 콜론 "그를 내 마음이 *의지하여"는 "여호와를 찬송함이여"(6a절)와 균형을 이루는 반면에, "여호와는 나의 *힘과 나의 방패이시니"는 이 의지의 근거나 내용을 진술한다.

의지에 대한 언급은 탄원자가 여호와의 응답을 들었지만, 아직 보지는 못했다는 사실을 나타낼 수도 있다(따라서, 계속 의지해야 할 필요성). 하지만 "그를"이 먼저 나오는 어순은 의지할 것인가, 의심할 것인가의 문제보다는 누구 또는 무엇을 의지할지의 문제를 보통 강조할 수 있다.

---

11 Westermann, *Living Psalms*, 53-54, 176-77을 보라.

[시 28:7c-8]

두 개의 쌍을 이룬 행은 여호와께 악인들의 운명에서 보호해 주시라는 둘째 기도를 계속 설명한다.

> 7c-d 도움을 얻었도다 그러므로 내 마음이 크게 기뻐하며
>   내 노래로 그를 찬송하리로다

여호와가 들으셨고 말로 응답하셨음을 알았다는 것을 고려할 때, 탄원자는 여호와가 행동하실 것이고 *도우실 것이라는 확신을 표현하는데, 이는 찬양하는 추가적 이유가 된다.

이 확신에 대한 진술은 두 콜론에 적용되는데, 두 콜론의 찬양에 대한 두 절은 서로 병행을 이룬다. 하나는 비인칭 주어("내 마음")를 가지고, 하나는 "나"를 주어로 가진다. 하나는 현재를 언급하고, 하나는 종종 이런 맥락에서 나오는 미래에 예배하겠다는 다짐을 표현한다. 한 동사는 탄원자의 태도를 가리키고, 한 동사는 이 *고백이 여호와께 돌리는 영광을 가리킨다.

> 8 여호와는 그들의 힘이시오
>   그의 기름 부음 받은 자의 구원의 요새이시로다

여호와가 기도를 들으셨다는 것에 대해 이전 두 행의 섹션과 연속적으로 병행을 이루는 내용들이 마무리되는데, 각 섹션이 예배(찬송)를 언급하고, 정형 동사(하나는 적절하게 과거이며, 하나는 적절하게 미래이다)로 예배에 대한 이유를 제시하며 명사절을 포함하기 때문이다. 실제로 여호와는 힘(오즈['ōz])이시라고 주장하고, 여호와는 요새(마오즈[mā'ôz])이시라고 덧붙이면서, 이 명사절은 내용에서 7절의 명사절과 겹치는데, 이는 여호와를 방패로 묘사하는 것(7a절)과 비슷한 의미를 지닐 것이다.

여호와는 그의 힘이 기름 부음 받은 왕을 보호하는 데 적용되는 강력한 분이시다. 여호와의 *기름 부음 받은 이를 따로 언급한 것은, 이것이 왕의 시편임을 시사할 수도 있지만, 지금까지(특히 3-4절) 모두가 오히려 평범한 개인을 가리켰

으며, 그러므로 8절은 이 개인을 백성의 지도자로서의 기름 부음 받은 이와 연결한다. 개인의 안전은 이 지도자가 이끄는 이 백성의 구성원이 됨에서 온다.

*구원은 이 섹션(7c절)의 시작하는 콜론에 나오는 *도움과 균형을 이루지만, 또한 병행을 이루는 콜론에 나오는 "힘"과 쌍을 이룬다. 이 단어들의 형태는 출애굽기 15:2에서 오는데, 이는 탄원자가 여호와를 홍해에서의 구원의 하나님으로 기뻐하고 있음을 시사한다.

[시 28:9]

> 9 주의 백성을 구원하시며 주의 산업에 복을 주시고
> 또 그들의 목자가 되시어 영원토록 그들을 인도하소서

마무리하는 행은 시편 3, 12, 14, 20편의 행들과 더불어 기도로 돌아간다. 마무리하는 기도는 3-4절의 주요 기도를 바꾼 것이다. 마무리하는 기도는 악인들을 위해 구하는 환난과 반대되는 복을 구한다.[12] 이 시편의 유일한 단일 행은 실제로 이중 행을 만들기에도 충분한 동사가 있으며, 네 개의 병행을 이루는 구절을 구성하지만, (아마도) 두 콜론으로만 구성될 것이며, 이 콜론에서 일반적인 "주의 백성"은 더 구체적인 "산업(*소유)과 병행을 이룬다.

특정 시간과 관련된 "*구원하다"는 지속하는 복, 목자가 됨, 인도함으로 이어지는데, 물론 이 동사들은 다시 출애굽-광야 이야기와 관련된다. 이는 여호와가 구원하신 경우일 뿐만 아니라 여호와가 축복하시고(예를 들어, 민 6:24; 24:1), 이스라엘이 여호와의 산업이 되며(예를 들어, 출 34:9), 여호와가 이스라엘의 목자로 행동하시고(시 74:1-2), 한 의미 이상에서 여호와가 이스라엘을 인도하실 때이다 (출 19:4; 32:32).

시편 3편과 마찬가지로, 이 시편에서 말하는 "나"는 여기서 전체 백성을 위해 기도한다. 이처럼 이 기도는 탄원자와 전체 백성과의 관계를 또 다르게 표현한 것이며, 이 백성에 속하며, 따라서 환난을 당하게 될 악한 사람들의 영역이 아니라 하나님의 복의 영역에 속한다는 주장이다.

---

12 Cf. Rogerson and McKay, *Psalms*, 1:128.

3. 신학적 의미

원수를 용서하라는 예수님의 명령을 감안할 때 그리스도인들은 다른 이들의 징벌을 구하는 기도를 하는 사람들을 비난의 눈초리로 보는 경향이 있다. 이 시편은 우리에게 행한 악행을 이렇게 기꺼이 용서하는 것이 다른 사람들에게 행한 잘못에 무관심하게 되지 않도록 경계하라고 한다. 이런 악행에 대한 적절한 자세는 악행이 징벌을 받는지 보기 원하는 것이며, 예수님은 이런 정의를 구하는 사람들이 이 시편의 예언적 응답의 방식으로 정의를 보게 될 것이라고 약속하신다(눅 18:1-8).[13]

더 나아가 이런 바람을 표현하는 것은 전심으로 옳은 일을 하고 행악자에게 멀어지려 함을 내포한다. 이것은 또한 문제를 자신의 손으로 해결하기보다는 하나님께 징벌을 맡김을 의미한다. 하나님이 악행을 갚겠다고 약속하심을 알고서, 하나님을 예배하고 의지하며 기도할 수 있다.

---

13 Cf. Kidner, *Psalms*, 1:123.

제29편

여호와의 목소리의 힘

1. 본문

다윗의 시

1 너희 신적 존재들이여(개역개정: 권능 있는 자들아-역주)
  영광과 능력을 여호와께 돌리고 돌릴지어다
2 여호와께 그의 이름에 합당한 영광을 돌리며
  그의 거룩한 위엄 가운데 있는(개역개정: 거룩한 옷을 입고-역주) 여호와께 예배할지어다

3 여호와의 소리가[1] 물 위에[2] 있도다
  영광의 하나님이 우렛소리를 내시니
  여호와는 많은 물 위에 계시도다
4 여호와의 소리가 힘 있음이여
  여호와의 소리가 위엄차도다

5 여호와의 소리가 백향목을 꺾으심이여

---

[1] Ernst Vogt는 이것이 콜($qôl$)이 감탄사, "들으라"가 되는 예라고 주장한다("Die Aufbau von Ps 29," *Bib* 41 [1960]: 17–24, 특히 17).
[2] 또는 아마도 "~에게"(against, Carola Kloos, *Yhwh's Combat with the Sea* [Leiden: Brill, 1986], 52도 그렇다).

여호와께서 레바논 백향목을 꺾어 부수시도다³

6 그 나무를⁴ 송아지 같이 뛰게 하심이여

   레바논과 시룐으로 들송아지 같이 뛰게 하시도다

7 여호와의 소리가 화염을 가르시도다

8 여호와의 소리가 광야를 진동하심이여

   여호와께서 가데스 광야를 진동시키시도다

9 여호와의 소리가 암사슴을 낙태하게 하시고⁵

   삼림을 말갛게 벗기시니⁶

   그의 성전에서 그의 모든 것들이⁷ 말하기를 영광이라 하도다

10 여호와께서 홍수 때에 좌정하셨음이여⁸

   여호와께서 영원하도록 왕으로 좌정하시도다⁹

---

3   나는 여기와 6절의 와우(*w*)-연속사를 분사구문을 이어 가는 것으로 여긴다(GKC 116x을 보라).

4   접미사는 이 행 나중에 나오는 "레바논과 시룐"으로 설명된다. 이것이 전접어 *m*이 될 가능성에 대해 CP 32–33을 보라(cf. DG 27). 마소라 본문은 이 행을 2–4로 읽는다. CP 32–33은 이것을 3–3으로 여긴다.

5   제롬은 동사의 흔한 의미인 "그들을 출산하게 하다"로 여긴다. 하지만 이것은 이 문맥과 관련이 없어 보이며, 동사는 단순히 8절의 연속됨을 위해 사용되는데, 8절에서는 "진동하심이여"는 "뛰게 하심이여"(6절)보다 더 강한 표현일 뿐이다. 암사슴은 놀라서 뛰어다니고 있다. "암사슴"에 대해 NRSV "오동나무"는 다음 콜론과의 더 좋은 병행법이 되지만, 이는 최소한 아얄로트(*'ayyālôt*)에 대해 엘로트(*'ēlôt*)라고 모음을 수정할 필요가 있다(cf. *Midrash on Psalms*, 1:383). NJPS 각주는 비슷하지만 반대로 두 단어의 아랍어 용법에 근거하여, "암양들을 조산하게 하다"를 둘째 콜론에 대해 대안의 번역으로 제공한다(참조. 하사프[*ḥāśap*]와 야아라[*yaʿărâ*]에 대해 HALOT). 하지만 두 콜론이 형식상으로 병행을 이루지만, 실제적으로 두 콜론은 교차대구 구조를 완성하고자 5–6절의 짐승과 나무에 대한 언급을 이어 간다. 이와 같이 짐승에 대한 한 언급과 나무에 대한 한 언급은 여기서 적절하다.

6   우리가 이 동사 형태를 규칙적 이크톨(yiqtol, 이는 이것을 "그리고 벗었다"라고 번역할 필요가 있을 것이다)로 이해하든, 과거 의미를 지닌 이크톨(동사는 여전히 이전 동사와 연속의 관계를 지니지 않기 때문이다)로 이해하든, 이것을 적절한 와우(*waw*) 연속사로 여기는 것은 불가능해 보인다. 우리는 이것이 마치 연속사 와우가 아닌 단순 와우인 것처럼 다뤄야 한다. *IBHS* 31.1.1e을 보라.

7   나는 성전이 쿨로(*kullô*)에 있는 접미사의 선행사라고 여긴다.

8   이 전치사는 레(*l*)인데, 이는 우가릿어로 "~에게서(from)," 즉, "~이후로(since)를 의미할 수 있다(*IBHS* 11.2.10c).

9   나는 와우(*w*) 연속사가 이전 행의 좌정하는 것을 뒤따르는 것으로 여긴다. 즉, 이것은 이전 콜론이 언급하는 것과 동일한 좌정이지만, 이 콜론은 이어지는 함의를 염두에 둔다. 와이

11 여호와께서 자기 백성에게 힘을 주심이여
   여호와께서 자기 백성에게 평강의 복을 주시리로다

2. 해석

시편 29편은 많은 시편에서 대두하는 질문을 날카롭게 제기한다.
누가 내포된 화자이며, 누가 내포된 수신인인가?
애가와 감사시에서 내포된 화자는 개인 이스라엘 사람이거나 전체 공동체이거나 지도자이다. 애가에서 수신인은 여호와이다. 감사와 의지의 선언에서 수신인은 여호와와 공동체이다. 다른 시편들은 왕(예를 들어, 시 20편)이나 공동체(예를 들어, 시 1편; 2편; 19편; 24편)를 수신인으로 하는 것 같으며, 모든 시편이 어떤 의미에서 어떻게 기도할지를 말할 때 공동체를 수신인으로 한다.

형식상으로 시편 29편은 시편 96편과 같은 찬양이 이스라엘 예배자들을 예배하도록 소환하고자 그들을 수신인으로 하는 방식으로 신적 존재들을 수신인으로 한다(시편 96편은 또한 내용에서 시편 29편과 겹친다). 하지만 다른 신적 존재들을 수신인으로 한다는 점에서 독특함으로 말미암아 우리는 여기서 그 밖의 다른 무엇이 진행되는지 묻게 된다.

이 시편은 간접적으로 공동체를 수신인으로 하며, 공동체에 그들의 이웃들이 인정하고 이스라엘이 종종 인정하는 다른 신적 존재들에 대해 어떻게 생각하는지를 말하는 것 같다. 그렇다면 내포된 화자는 (예를 들어) 시편 1편이나 2편의 경우와 같이 제사장이나 선지자와 같은 사람이다. 이 시편은 여호와께 공동체의 헌신에 대해 말하면서, 간접적으로 여호와를 수신인으로 하는 것 같다. 이 시편은 다음과 같이 교차대구 구조로 되어 있다.[10]

크톨(wayyiqtol)이 현재의 함의를 지닌다고 우리가 여긴다면 이것은 거의 차이가 없을 것이다(*TTH* 79도 그렇다). 다시 실질적으로 이것은 거의 차이를 내지 못할지라도, "앉을 것이다"(70인역, 제롬)는 정당화하기가 더 어렵다.

10 구조를 다르게 이해하는 것에 대해, 다음을 보라, Kemper Fullerton, "The Strophe in Hebrew Poetry and Psalm 29," *JBL* 48 (1929): 274–90; Dario Gualandi, "Salmo 29 (28)," *Bib* 39 (1958): 478–85; Elpidius Pax, "Studien zur Theologie von Psalm 29," *BZ* 6 (1962): 93–100; Pierre Auffret, "Notes conjointes sur la structure littéraire des psaumes 114 et 29," *EstBib* 36 (1977):

a 여호와의 영광과 힘을 인정하라는 도전(1-2절)
    b 영광 가운데 여호와가 물에 대한 통치권을 주장하셨다는 선포(3-4절)
        c 여호와가 세상에 권세를 보이셨다는 선포(5-9b절)
    b' 영광 가운데 여호와가 홍수를 통치하셨다는 인정(9c-10절)
a' 여호와의 힘에 대한 기도(11절)

이 시편은 4-4 행이 지배적이다. 일반적으로 이것은 이 행들이 다른 곳에서 지배적인 3-3행 이상을 말한다는 것을 의미하지는 않는데, 왜냐하면 이 시편은 한 콜론에서 나온 용어들이 다음 콜론까지 이어지도록 하는 경향이 덜하기 때문이다(6절과 9a-b절에서도 일어나듯이). 오히려 이 용어들은 반복된다. 이와 같이 1, 7-8a, 10, 11절은 두 콜론에 나오는 표현들을 현명하게 생략함으로써 여섯 단어의 행으로 쉽게 바뀔 수 있다.

대신에 이 행들은 한 행의 요소들의 새롭게 이어 가면서 반복되는 "교차대구 구조의 병행법"으로 진행되며, 이것이 세 콜론에까지 이어진다는 점에서 "확대된 병행법"으로 진행된다(1-2, 3-4, 5-9b절을 보라).[11] 이런 형태의 병행법은 가나안 시에서 더욱 특징적이며,[12] 이 시편에 있는 많은 진술이 가나안 신학의 양상과 비슷하다. 가나안의 만신전은 많은 신적 존재를 포함했으며, 최고신 바알 하닷은 폭풍에서 드러나는 신이었다. 바알은 바다에 승리하여 그 결과 왕좌에 올랐다. 이 시편에서의 지리적 언급은 북부 가나안과 관련된다고 이해할 수 있다.[13]

실제로 T. H. 개스터(Gaster)는 시편 29편이 하닷에 대한 가나안 찬양을 채택한 것이라고 제안했다. 시편 27편은 그렇다면 오래된 것일 수도 있다.[14] 우리는

103-13; idem, "Notes complémentaires sur la structure littéraire des Psaumes 3 et 29," *ZAW* 99 (1987): 90-93; idem, "Voix de YHWH dans la splendeur," *BN* 112 (2002): 5-11.

11 Westermann, *Living Psalms*, 230.
12 Dahood, *Psalms*, 1:175을 보라.
13 Rendsburg는 이 시편이 북부 이스라엘에서 기원하는 것으로 본다(*Linguistic Evidence*, 35-38을 보라).
14 명백히 그는 처음 "The Earliest Known Miracle-Play?" *Folklore* 44 (1933): 379-90 (cf. Loretz, *Ugarit-Texte und Thronbesteigungspsalmen*, 80, 235)에서 이 견해를 발표했다. 또한 다음을 보라, T. H. Gaster, "Psalm 29," *JQR* 37 (1946-47): 55-65; Frank M. Cross, "Notes on a Canaanite Psalm in the Old Testament," *BASOR* 117 (1949): 19-21; Aloysius Fitzgerald, "A Note On Psalm 29," *BASOR* 215 (1974): 61-63; Christian Macholz, "Psalm 29 und 1. Könige 19," in

가나안의 성가집에 관한 어떤 사례도 가지고 있지 않으므로, 이 가능성을 찬성하거나 반대할 직접 증거가 없으며, 이 시편의 연대에 대한 다른 증거도 없다. 이 시편은 단순히 바알에 대한 이해가 여호와에 대한 신앙을 분명히 하는 데 기여할 수 있는 방식을 반영할 수도 있다. 어떤 맥락에서 이 시편은 오랫동안 이스라엘 사람들에게는 유혹의 근원이었던,[15] 가나안 신앙에 반대하는 논쟁적 진술 역할을 할 것이다(비록 암묵적으로 그렇다 하더라도, 이 시편의 형태는 찬양이기 때문에).[16] 이 시편은 "여호와"라는 이름을 18회 사용한다.

[표제]

다윗의 시

용어 해설을 보라.
70인역의 추가 사항은 초막절(Sukkot)이 여호와가 왕이 됨을 기념하는 것과 관련된다는 현대의 가설과 잘 연결된다(10절을 보라).

Werden und Wirken des Alten Testaments (Claus Westermann Festschrift), ed. Rainer Albertz et al. (Göttingen: Vandenhoeck & Ruprecht, 1980): 325-33; Klaus Seybold, "Die Geschichte des 29. Psalms und ihre theologische Bedeutung," *TZ* 36 (1980): 208-19; Hans Strauss, "Zur Auslegung von Ps 29 auf dem Hintergrund seiner kanaanäischen Bezüge," *ZAW* 82 (1970): 91-102; Andreas Wagner, "Ist Ps 29 die Bearbeitung eines Baal- Hymnus?" *Bib* 77 (1996): 538-39; 하지만 다음을 대조해 보라, B. Margulis, "The Canaanite Origin of Psalm 29 Reconsidered," *Bib* 51 (1970): 332-48; P. C. Craigie, "Psalm xxix in the Hebrew Poetic Tradition," *VT* 22 (1972): 143-51; idem, "Parallel Word Pairs in Ugaritic Poetry," *UF* 11 (1979): 135-40; idem, *Psalms 1-50*, 241-49; Kloos, Yhwh's Combat, 98-112; Loretz, *Ugarit-Texte und Thronbesteigungspsalmen*, 76-248. 이 시편의 가능한 편집 역사에 대해, 또한 Siegfried Mittmann, "Komposition und Redaktion von Psalm xxix," *VT* 28 (1978): 172-94을 보라.

15 Norman C. Habel과 Geraldine Avent가 제안하듯이, 이 시편은 땅이 하나님의 고통하는 희생자라는 인상을 확증하므로 실제로 이 시편은 불운한 논쟁의 진술을 구성한다("Rescuing Earth from a Storm God," in *Earth Story*, ed. Habel, 42-50).

16 Johannes F. Diehl et al., "Von der Grammatik zum Kerygma," *VT* 49 (1999): 462-86, 특히 486을 보라.

[시 29:1-2]

이 시편은 다소 찬양의 방식으로 여호와를 인정하기를 촉구하는, 한 쌍의 길고 장엄한 행(4-4, 4-4)으로 시작한다. 이렇게 인정하라는 이유는 곧 나올 것이다. 각 콜론은 2인칭 복수 명령법(동일한 명령이 세 번, 그 후에 넷째 콜론에서 다른 명령)으로 시작하고, "여호와께"로 계속된다. 중간의 두 콜론은 동사의 목적어가 있는 콜론에 이어지는데, 첫째 콜론은 호격이 있고, 마지막 콜론에는 전치사구가 있다.

그리하여 넷째 콜론에 대조되어 첫째 콜론과 둘째 콜론과 셋째 콜론 사이에, 첫째 콜론과 넷째 콜론에 대조되어 둘째 콜론과 셋째 콜론 사이의 겹치는 연결 고리가 있으며, 넷째 콜론은 나머지 콜론들과 대조되어 가장 독특하며, 이 섹션을 절정으로 이끈다.

> 1 너희 신적 존재들이여(개역개정: 권능 있는 자들아-역주)
>   영광과 능력을 여호와께 돌리고 돌릴지어다

여호와께 *영광을 "돌리라"(야하브[*yāhab*])는 권고는 다른 곳에서는 96:7-8(참조. 대상 16:28-29; 신 32:3)에서만 나온다. 거기서도 역시 여호와께 돌려야 하는 "영광과 능력"이다. 이 권고는 여러 다른 유혹과 관련될 수 있다. 인간을 포함해서 다른 존재들은 자신의 영광과 능력을 갖추며, 이 권고는 이를 여호와께 내어 드리라고 그들에게 촉구한다.

그 후에 이 권고는 단순히 여호와께 영광과 능력을 "돌리는" 것에 관심을 가지지 않고(여호와가 이를 지니셨음을 인정하면서), 바로 지금 우리가 소유한 영광과 능력을 내어 드리는 것에 관심을 가진다.[17]

또 다른 유혹은 우리 자신의 영광과 능력에 집착함으로 말미암아 우리는 단순히 우리 자신의 영광과 능력을 붙드는 것이 아니라, 오히려 여호와의 영광을 우리에게 유리하게 이용하고자, 우리는 여호와의 영광과 능력을 기꺼이 인정하지 않으

---

[17] 명사들에 접미사가 없다는 사실이 명백히 이 이해에 반하는 것은 아니다(Kloos, *Yhwh's Combat*, 34과는 대조됨).

려 할 수도 있다는 것이다. 그 이외에 또 다른 유혹은 우리가 영광과 능력을 여호와 이외의 존재에 돌릴 수도 있다는 것이다. 예를 들어, 다른 천상의 존재들이나 정치적 실재에 돌리는 것이다. 시편 29편과 96편 모두 이를 반대한다.

시편 29편에서 더욱 특별한 것은, 명령 자체가 인간 예배자들이 아니라 "신적 존재들", 문자 그대로 "신들의 아들들"을 수신인으로 한다는 것이다. 이것은 시편에서 "신들"(엘림 [*'ēlim*])이 처음 나오는 곳이다.

단수 엘(*'ēl*)은 오히려 한 분인 하나님 여호와를 가리키는 높고 강력한 용어인 반면에(예를 들어, 16:1; 19:1[2]), 이 시편들 각각이 다른 방식으로 보여 주듯이, 복수 엘림(*'ēlim*, 참조. 출 15:11)이나 엘로힘(*'ělōhîm*, 시 82:1)이나 베네 엘림(*běnê 'ēlim*, 89:6[7])은 여호와께 종속된 천상의 존재들을 가리킨다. 이들은 아마도 욥기 1:6, 2:1에서 베네 엘로힘(*běnê 'ělōhîm*)이라고 불리는 동일한 존재들, 곧 지상에서 일어나는 일을 결정할 때 여러 면에서 여호와를 돕는 여호와 가정의 구성원들이자 하늘 법정의 구성원들일 것이다.

이 단어의 사용은 다른 중동 언어와 상응한다. 중동 언어에서 이것은 "주요 신들뿐만 아니라 다양한 다른 현상, 곧 괴물 같은 우주적 원수들, 악마들, 일부 살아 있는 왕들, 죽은 왕들이나 일반적으로 죽은 자들, 서 있는 돌뿐만 아니라 신들의 형상과 군기, 다른 제의적 품목과 장소들"을 의미할 수 있다. 사실 보통 인간이 아닌 어떤 것이라도 의미할 수 있다.[18] 그러므로 우리는 "신"이라는 단어에 대한 영어 용법과 이와 같은 용어에 대한 중동 용법 사이를 구분할 필요가 있다.

구약은 우리에게 이 신적 존재들이 어떻게 존재하게 됐는지, 어떤 의미에서 그들은 "신들의 자녀들/하나님의 자녀들"인지를 말해 주지 않는다. 물론 시편 82:7은 이런 지위에도 불구하고 그들은 "인간들과 마찬가지로 죽을" 수 있다고 실제로 주장한다. 따라서 그들은 여호와께 종속될 뿐만 아니라 초자연적으로 여호와와는 다른데, 여호와는 시작도 끝도 없는 유일한 하나님이시다.

시편 29편은 형식상으로는 이 신적 존재들을 부르지만, 실제 청중은 오히려 구약 시대 대부분의 이스라엘 사람들과 마찬가지로 다른 신들을 숭배하는 경향이 있는 이스라엘 사람들일 것이다. 여호와께 영광을 돌리라고 신적 존재들에게

---

[18] Mark S. Smith, *The Origins of Biblical Monotheism* (New York: Oxford University Press, 2001), 6.

촉구할 때, 이 시편은 이런 이스라엘 사람들 앞에 이 권고를 제시하고 있다.[19]

> 2 여호와께 그의 이름에 합당한 영광을 돌리며
> 그의 거룩한 위엄 가운데 있는(개역개정: 거룩한 옷을 입고-역주) 여호와께 예배
> 할지어다

2절은 여호와의 *이름의 *영광, 즉 여호와가 누구신지를 가리키는 여호와라는 이름이 암시하는 영광을 인정하는 데 구체적으로 관심을 가진다. 삼중의 "돌리다" 후에 2b절은 병행을 이루는 "낮게 절하다"(개역개정: 예배하다-역주)를 제시한다(22:27[28] 해설을 보라). 영광을 돌리는 것은 예배의 실제적 행위이다. 낮게 절하는 것은 최소한 중대한 것으로 명백히 간주하는 상징적 행위이다(이것은 이렇게 연속으로 나오는 동사들 끝에 오기 때문이다).

"거룩한 위엄"(하드라트-코데쉬[hadrat-qōdeš])은 마찬가지로 "그의 이름에 합당한 영광"과 병행을 이룬다. 둘은 연계형 구절이며, 70인역이 인정하듯이, "그의 이름"에 있는 접미사도 "거룩한 위엄"에 적용된다. KJV은 이 마지막 구절을 "거룩함의 아름다움"으로 번역할 때 이 두 표현 사이의 문법적 병행법을 만드는데, 물론 이는 여기서 둘째 명사가 형용사 역할을 한다는, 70인역과 제롬에서의 인식을 포기한다.

"아름다움"이라는 번역은 또한 이 구절이 예배자를 묘사한다는 가정을 시사하는데, 이는 시편 96편에서보다 여기서 훨씬 가능성이 낮다. 하다라(hădārâ)라는 단어 및 관련 단어들은 보통 위엄이나 광채를 의미하며, 여기서 이 구절은 여호와의 거룩한 위엄, 거룩한 이로서의 여호와의 위엄을 가리킨다.[20]

---

19 70인역과 제롬에 있는 대체되는 첫째 콜론은 엘림('ēlim)을 엘림('ēlim, 양들)이라고, 곧 제물의 주체가 아니라 대상이라고 이해하지만, *Midrash on Psalms*는 수신인들이 일렘('illēm), "멍청이"라는 개념에 초점을 둔다(*Midrash on Psalms*, 1:380). 70인역의 시편 29편에서의 신학적 해석에 대해, N. A. van Uchelen, "De LXX-Interpretatie van Ps 29," *NedTT* 24 (1969-70): 171-81을 보라.

20 우가릿어로 *hdrt*는 "모습"과 같은 것을 의미할 수 있으며, Kraus (*Psalms*, 1:345)는 이것을 여기서의 하다라(hădārâ)의 의미로 본다. 또한 P. R. Ackroyd, "Some Notes on the Psalms," *JTS*, n.s., 17 (1966): 392-99에서의 논의를 보라. 하지만 우가릿 단어와 히브리어 단어의 이렇게 제안된 의미 사이의 "긴 언어학적 사슬"은 "하나의 약한 연관성 이상"을 지닌다(Kidner, *Psalms*, 1:125; cf. Craigie, *Psalms 1-50*, 242-43).

[시] 29:3-4]

> 3 여호와의 소리가 물 위에 있도다
> 영광의 하나님이 우렛소리를 내시니
> 여호와는 많은 물 위에 계시도다
> 4 여호와의 소리가 힘 있음이여
> 여호와의 소리가 위엄차도다

이 시편에서 두 개의 가장 긴 섹션인 3-4절과 5-9b절은, 동시에 찬양의 내용이기도 한, 찬양에서의 찬양 이유와 상응한다. 여기서 이 섹션들은 모두 다른 천상의 존재들에게 여호와께 영광을 돌리라고 촉구하는 근거가 되며, 또한 그들에게 촉구한 인식의 내용이 된다. 두 섹션 모두 하늘에서와 마찬가지로 땅에서의 여호와의 목소리의 힘을 설명한다. 3-4절은 직접 하늘과 관계가 있다. 다섯 콜론 모두 병행을 이룬다.

첫째 콜론은 주제를 진술한다. 둘째 콜론과 셋째 콜론은 여호와가 영광스러운 하나님(*영광의 하나님)이시며, 목소리가 우레와 같고 물이 강력하다는 점을 덧붙이면서 광대한 형태로 첫째 콜론을 반복한다. 넷째 콜론은 첫째 콜론과 셋째 콜론을 다시 진술한다. 다섯째 콜론은 첫째 콜론과 둘째 콜론을 다시 진술한다. 시편 8편에서 우주가 저항하는 세력들에 맞서 하나님의 권위 주장을 반영하는 방식에서 발견하고, 시편 19편에서 하나님이 또한 통치하시는 태양의 잔혹한 열기를 가리키듯이, 시편 29편은 하나님의 위엄이 폭풍의 진노에 반영됨을 발견한다.[21]

"물"은 홍수가 사람들과 땅과 심지어 성읍들도 압도할 수 있는 방식으로 삶의 규칙적 질서를 압도할 정도로 위협하는 소란스러운 세력을 나타낸다. 물은 우리가 정치적 삶(예를 들어, 18:16[17]; 46:3[4]; 124:4-5)과 개인적 삶(예를 들어, 32:6; 69:1-2, 14-15[2-3, 15-16])에서 경험한 것과 같은 소요들을 나타낸다. 물은 또한 초자연적 실재(예를 들어, 74:13; 93:4), 곧 여호와가 창조 때에 이 세력들을 통제

---

21 나는 Rogerson과 McKay의 주장(*Psalms*, 1:130)을 수정한다. 그들은 시편 8편이 밤 하늘의 평화로운 조용함에 대해 말하는 방식과 시편 19편이 태양의 따뜻함의 혜택에 대해 말하는 방식을 대조시킨다. 나는 시편 기자가 이런 식으로 이것들을 보았는지 의구심이 든다.

하셨다고 주장했는데, 그런 세력들(예를 들어, 33:7; 74:13; 사 51:10)과 같은 소요를 나타낼 수 있다.

1-2절에 나오는 천상의 존재들을 소환하는 맥락에서, 우리는 자연스럽게 이런 초자연적 세력들을 생각할 것이며, 여기 둘째 콜론에 있는 카탈(qatal) 동사는 이에 잘 들어맞는다. 다른 콜론들에 있는 명사절들의 시간 기준은 여기에서 이어진다.

전체 섹션은 태초의 여호와 자기 주장으로 거슬러 가리킨다. 이스라엘의 당시 사람들이 들려준 이야기에서 신적 존재들은 종종 이런 태곳적 실재를 장악하는 권위를 주장하는 데 어려움이 있었다. 이 시편이 신적 존재들에게 여호와의 권위를 인정하라고 촉구하는 이유는, 여호와께는 이런 어려움이 없기 때문이다. 여호와가 제멋대로인 교실에 들어가는 권위 있는 선생님과 같이 말씀하시자, 너무나 용감하고 거침없이 말했던 세력들은 잠잠해졌다.

[시 29:5-9b]

> 5 여호와의 소리가 백향목을 꺾으심이여
> 여호와께서 레바논 백향목을 꺾어 부수시도다
> 6 그 나무를 송아지 같이 뛰게 하심이여
> 레바논과 시룐으로 들송아지 같이 뛰게 하시도다
> 7 여호와의 소리가 화염을 가르시도다
> 8 여호와의 소리가 광야를 진동하심이여
> 여호와께서 가데스 광야를 진동시키시도다
> 9a-b 여호와의 소리가 암사슴을 낙태하게 하시고
> 삼림을 말갛게 벗기시니

시편은 과거에서 현재로 전환한다. 동사들은 분사와 이크톨(yiqtol)로, 이는 이 시편이 최초의 창조나 하늘의 영역에 대해 단순히 말하고 있지 않음을 분명히 한다. 이 섹션의 길이는, 실제 논제가 여기에 있음을 시사한다. 시편 기자는 신적 존재들(그리고 실제로 이 시편을 노래하거나 듣는 동료 이스라엘 사람들)이 이 영역에서의 여호와의 통치권을 신중하게 받아들이기를 원한다.

이 섹션은 명백히 사람들에게 시편 기자의 상상력으로 소란스러운 천둥이 발생하고 있는 장면을 상상하도록 초대하고, 이로 말미암아 우리는 3-4절의 "물"의 의미를 다시 생각하게 되고, 물이 이 세상에 있는 현재의 실재임을 고려하게 된다. 천둥은 지상에서의 자연 세계를 통해 울려 퍼질 때, 하늘에서 여호와의 천둥이 울려 퍼지는 것이며, 여호와가 태초에 천둥을 치신 것이 여파로 남은 것이다. 이와 같이 천둥은 3-4절의 통치권 주장을 증거한다. 여호와가 만드신 천둥과 번개는 여호와가 태초의 물에 대한 통치권을 주장하셨다는 확신을 강화한다.

언급들은 자연 세계의 현실, 특히 천둥의 현실에서 시작한다. 천둥은 거대한 나무가 쓰러지게 하거나 잎을 벗겨지게 할 수 있다. 천둥은 땅이 떨리는 것처럼 보이게 할 수 있다.[22] 천둥은 갈라진 번개 빛으로 광경을 밝힐 수 있다. 천둥은 짐승들이 공포에 떨게 할 수 있다. 이 시편은 천둥의 소리로 여호와의 목소리를 듣지만, 또한 이 전체 드라마를 태초에 행사하신 여호와의 힘을 반영하는 것으로 보며, 아마도 정치적 사건들에서 행사하신 것을 볼 것이다. 이것이 징벌의 행위라는 암시는 전혀 없다.[23]

네 개의 행은 5-6절과 7-9b절의 두 쌍을 이룬다. 첫째 쌍에서 행들은 와우 연속사와 레바논에 대한 두 번의 언급으로 연결된다. 둘째 쌍은 여호와의 목소리, 진동, 그리고 구체적으로 광야의 진동에 대한 반복되는 언급으로 묶인다. 두 쌍은 2개의 강세로 된 콜론으로 마무리하기까지는(6b, 9b절) 4개의 강세로 된 콜론으로 구성된다.

5절에서 샤바르(šābar) 피엘(piel)이 샤바르(šābar) 칼(qal)에 기반을 두고, "레바논의 백향목"이 "백향목"을 구체적으로 표현하며, 레바논의 백향목은 너무 인상적이므로 우뚝 솟게 하면서, 두 콜론은 병행을 이룬다. 6절에서 콜론들은 다시 병행을 이루지만, 실질적 내용은 첫째 콜론에서 둘째 콜론으로 이어지고, "들송아지"는 "송아지"를 능가한다. 7-9b절에서 양상은 더욱 복잡하다.

---

22 지진을 언급한 것으로 가정할 필요는 없는데, 이는 이 장면을 혼란스럽게 할 것이다(18:7 [8] 해설을 보라).
23 John Day ("Echoes of Baal's Seven Thunders and Lightnings in Psalm xxix … ," *VT* 29 [1979]: 143-51)는 시편 29편에서의 천둥과 같은 일곱 번의 여호와의 목소리와 바알의 "일곱 번의 번개 … 여덟 번의 천둥 저장고" 사이에 병행을 이룬다고 여기지만, 어떤 본문도 실제로 "일곱"이라는 숫자를 천둥이나 목소리에 적용되지 않으므로 병행구는 약간의 추론이 필요하다.

7절과 8a절은 이크톨(yiqtol) 동사가 분사를 이어 가면서 여호와의 목소리에 대한 병행을 이루는 진술들이다. 산문으로 표현하면 광야는 모두 여호와의 목소리가 야기한 갈라지는 번개와 땅의 흔들림을 보이는 장면이다. 하지만 8b절 역시 8a절과 실제로 더욱 밀접하게 병행을 이룬다. 이 두 콜론 사이의 관계는 5절에 있는 콜론들의 관계와 같은데, 둘째 콜론은 광야를 명시함으로써 다시 첫째 콜론을 구체적으로 표현한다.

결국, 9a절은 여호와의 목소리에 대한 언급으로, 7절 및 8a절과 병행을 이루며, 동사 훌(*ḥûl*)의 사용에서 8a절 및 8b절과 병행을 이루지만, 히필보다는 폴렐(polel)을 사용함으로써 변화를 준다. 그러나 6절의 둘째 콜론이 실질적 내용을 이어 가면서 첫째 콜론과 병행을 이루는 동일한 방식으로, 9b절은 9a절과 병행을 이룬다.

이 섹션은 다음과 같이 교차대구 구조로 묶인다.

나무들(5절)
    짐승들(6절)
        광야(7-8절)
    짐승들(9a절)
나무들(9b절)

이와 같이 이 섹션은 먼 북쪽(신 3:9에서처럼, 레바논 및 헤르몬의 다른 이름인 시룐)과 먼 남쪽(가데스, 우가릿의 맥락에서는 오론테스강에 위치한 가데스를 시사할지라도)의 높은 산들, 공허한 광야, 야생 나무와 짐승들에 관해 이야기할 때, 인간에 대해서는 어떤 것도 말하지 않는다. 이 섹션은 인간과는 크게 관련이 없는 여호와의 세계의 거대한 지대와 측면들이 있음을 지적하는 욥기 38-40장을 떠올리게 한다. 하지만 거기서도 여호와는 주권을 행사하신다.

[시 29:9c-10]

> 9c 그의 성전에서 그의 모든 것들이 말하기를 영광이라 하도다
> 10 여호와께서 홍수 때에 좌정하셨음이여
>   여호와께서 영원하도록 왕으로 좌정하시도다

한 번 더 장면이 바뀌어 하늘로 되돌아간다. 여호와의 성전(*궁전)은 여호와가 통치권을 주장하는 물 위 하늘에 위치한다(참조. 104:1-9). 문맥은 우리에게 이 언급이 지상의 궁전이 아니라 여호와의 하늘의 궁전을 가리킨다고 시사한다(참조. 탈굼).

우리는 예루살렘과 예루살렘의 성전에 대한 언급을 볼 수 없는데, 1-2절의 장면은 하늘에 있는 여호와의 뜰, 여호와의 궁전이기 때문이다. 그렇다면 "그의 모든 것들"은 거기에 있는 신적 존재들 각각을 가리킨다. 그들은 이제 1-2절이 그들에게 하라고 명령한 것을 하고 있으며, 3-4절에 있는 시편 기자들의 말을 자신들로 말로 반복하고 있다.

마소라 본문은 "영광"을 9절의 마지막 단어로 여기고, 의미가 명확하지는 않을지라도 "말"의 목적어로 여긴다. 외침이 "영광"이 되는 다른 어떤 사례도 없다. 그리고 이어지는 것과의 연관성은 매우 분명하지는 않다. 오히려 나는 "영광"을 10절의 첫 단어로 여기고(저자는 "영광 가운데 여호와께서 홍수 때에 좌정하셨음이여"라고 번역한다-역주)[24] 8:5b[6b]에서처럼 부사로 사용된 것으로 여긴다.

9절의 고립된 마지막 콜론은 "그의 모든 것들"의 말에 대한 소개가 된다. 신적 존재들의 이 말들은 10절을 차지하는데, 이는 겹치는 병행법과 함께 1-2, 5-9, 11절에 나오는 것과 같이 4-4행이 된다. "여호와께서 그의 자리를 앉으셨음이여"(개역개정: 좌정하셨음이여-역주)는 두 콜론에 나오고, 접미사 "그의"는 첫째 콜론에서 둘째 콜론까지 이어진다. "영광 가운데 여호와께서 홍수 때에 좌정하셨음이여"도 마찬가지로 첫째 콜론에서 둘째 콜론까지 이어지는 반면에 "영원하도록 왕으로"는 거슬러 올라가 첫째 콜론을 명확히 하고 수식한다.

---

[24] 다음도 마찬가지이다. Margulis, "Canaanite Origin of Psalm 29," 335; David Noel Freedman and C. Franke Hyland, "Psalm 29," *HTR* 66 (1973): 237-56, 특히 253.

만약 이 시편을 직선적으로 읽는다면, 신적 존재들은 아마도 자신들이 땅에서 본 것을 감안하여 자신들의 인식을 제시하고 있을 것이다. 여호와의 목소리가 땅으로 울리는 데서 땅에 나오게 될 결과가 인상적임으로 말미암아, 그들은 명령받았던 대로 여호와께 영광을 돌리게 된다. 하지만 이 시편의 교차대구 구조로 말미암아 직선적으로 읽는 것은 적절하지 않을 수 있다.

9c-10절은 단순히 3-4절을 감안하여 1-2절에 대해 응답하는 것 같다. 신적 존재들은 여호와의 물에 대한 통치권 주장을 증언했으며, 이로 말미암아 그들은 지금 전하는 증언을 할 위치에 놓이게 된다. 그렇다면 이 시편의 논리는, 신적 존재들이 여호와의 물에 대한 통치권을 증언했다는 것이, 인간 예배자들을 여호와의 주권적 영광을 인정하기 위한 두 가지 근거, 곧 이 신적 존재들의 증언과 5-9b절에서 제시하는 세상 내에서 온 증거를 가진 위치에 둔다는 것일 수 있다.

신적 존재들은 3-4절에서 긍정하는 방법은 여호와가 *영광 가운데 좌정하심에 대해 말하는 것이며, 그 후에 둘째 콜론은 여호와가 왕으로서 좌정하신다고 명백히 밝힌다. 이 자리는 왕좌이다. 이 용어는 위에서 지적한 시편 96편과 같은 찬양이 계속 여호와가 통치하기 시작하셨다고 선언하는 방식과 비슷하다(96:10).

예를 들어, 70인역과 제롬은 이 시편이 여호와가 왕이시라거나 왕으로 즉위하신다고 주장할 뿐만 아니라(많은 영어 번역본들과 대조해 보라), 여호와가 통치권을 거부할 수도 있는 역동적 세력을 관장하는 통치권을 주장하시고 왕좌에 좌정하신 구체적 순간이 있었음을 인정한다. 동일한 것이 이 시편에도 적용된다. 이 순간은 여기나 시편 96편에서는 명백하지 않을지라도 시편 74편이 내포하는 대로, 우리 세계의 창조와 관련이 있을 수 있다.

하지만 어쨌든 이 시편은 이런 순간이 있었으며, 이는 항구적 결과를 낳는다고 주장한다. 그렇다면 권위에 대한 이 주장은 "영원히" 지속할 것이다. 요동치는 물은 결코 (성공적으로) 자신들의 권한을 다시 주장할 수 없을 것이다.

[시 29:11]

11 여호와께서 자기 백성에게 힘을 주심이여
여호와께서 자기 백성에게 평강의 복을 주시리로다

시편은 겹치는 병행법으로 추가되는 4-4 행으로 마무리한다.[25] 70인역과 제롬은 이 동사들이 직설법 동사라고 여긴다. 나는 많은 영어 번역본과 함께 이 동사들이 저씨브(jussive)라고 여겼다.

이 동사들은 저씨브로서 어떤 의미를 지니는가?

시편은 때로 곁길로 새어 시편 전체의 주제와 관련되는 것 같은 호소로 마무리한다. 앞선 시편 28편이 한 사례이며, 이 시편도 마찬가지일 수 있다. 하지만 9c-10절에서부터 화자가 바뀌었다는 실제적 암시가 전혀 없다. 게다가 1절에서 "힘"은 "영광"과 쌍을 이루었는데, 여기서 "힘"은 1-2절과 함께 9c-11절의 인클루지오를 완성하는 것처럼 보인다. 그렇다면 11절은 1-4절에서의 도전에 대한 그들의 반응인 9c-10절의 신적 존재들의 말을 이어 가고 마무리하는 것 같다.

신적 존재들이 여호와가 여호와의 백성에게 힘을 주신다고 단언한다. 이 단언은 여호와가 힘을 소유하고 계시며, 따라서 그렇게 할 위치에 계심을 내포한다. 이와 같이 그들은 1절에서 여호와께 돌리라고 명령한 대로, 힘을 여호와께 돌리고 있다. 그들은 여호와의 하늘 궁전의 구성원으로서, 지상에서의 사건들에 대해 판결할 임무와 이 판결을 이행하는 것을 공유한다. 그들의 특별한 책임은 그들이 대변하는 특별한 민족들에 대한 사랑을 인정하는 방식으로 판결하고 판결을 이행하는 것이다. 예를 들어, 그모스는 각료들의 모임에서 모압의 대의를 주장한다(참조. 단 10장의 "민족들의 지도자들"에 대한 기사).

하지만 그들이 특별히 지금 하는 일은 이스라엘을 변호하고 있다!

여호와가 이스라엘에게 *힘을 주신다고 역설할 때, 구체적으로는 이스라엘에게 *복을 구함으로써 이스라엘에게 이스라엘의 운명으로 이끄는 것과 관련하여, 힘의 기원을 그에게 돌릴 뿐만 아니라 암묵적으로 자신들의 자원을 여호와께 이용 가능하게 한다는 점에서, 그들은 여호와께 실제로 힘을 주고 있다. 이 시편이 우기 시작과 농경의 새해를 기대하며 초막절에 사용됐다면, 이 사실은 특별한 의미를 지닐 것이다.

---

25 "여호와께서 … 자기 백성에게"가 반복되고, "복을 주시리로다"는 "주심이여"를 보완하는 반면에, "복"은 "힘을 보완한다.

3. 신학적 의미

시편 29편은 이 시편을 사용하는 예배자들에게 독특한 형태의 도전과 격려를 한다. 이 시편은 여호와의 힘이 너무나 커서 다른 신적 존재들의 인정을 받았다고 단언한다. 이는 창조 전에 일어났지만, 만약 과연 그런지 어떤 의구심이라도 있다면 자연의 증언이 이를 일소하는데, 왜냐하면 폭풍우와 같은 사건들의 힘이 이와 동일한 힘을 나타내기 때문이다.

이스라엘 사람들은 다른 신들이 여호와보다 더 강력하다고 생각하고 싶은 유혹을 받을 때, 그들이 이 유혹을 거부해야만 하는 이유는, 이 신들 자신이 여호와를 유일하게 실제적 하나님으로 인정하라는 도전에 이미 응답했기 때문이다. 그리고 또 다른 민족의 힘이 이스라엘을 이길 수 있는 것 같을 때, 전혀 그럴 리가 없는 이유는 다른 민족의 대표 신이 여호와가 이스라엘을 축복하시는 것을 하늘에서 옹호하고 있기 때문이다.

제30편

어떻게 주님을 증언할 것인가?

1. 본문

다윗의 시, 곧 성전 낙성가

1 여호와여 내가 주를 높일 것은 주께서 나를 끌어내사[1]
 내 원수로 하여금 나로 말미암아 기뻐하지 못하게 하심이니이다
2 여호와 내 하나님이여
 내가 주께 부르짖으매 나를 고치셨나이다
3 여호와여 주께서 내 영혼을 스올에서 끌어내어
 나를 살리사 무덤으로 내려가지 아니하게 하셨나이다[2]

4 주에게 헌신한(개역개정: 주의 -역주) 성도들아 여호와를 찬송하며
 그의 거룩함을 기억하며 감사하라

---

1   BDB는 이 동사가 달라(*dālâ*) 피엘(piel)로 한 번 나오는 것이라고 여기는데, 이는 문자적으로 "물을 긷다"를 의미할 것이다. 하지만 이 동사는 명백히 "끌어 올리다"(강조는 "끌다"보다는 "올리는"에 강조를 두어)라는 의미에 축소될 수는 없으며, 3절에의 호소는 거의 도움이 되지 않는다. 탄원자는 우물에서 물을 끌어 올리는 것과 같이 스올에서 끌어 올려지지 않았다. "들다"라는 의미를 얻으려면, 이 의미를 지닌 다른 동사를 가정하는 게 나을 것이다. 참조. DCH의 달랄(*dālal*) III. 나는 이것을 달랄(*dālal*) "낮다"(그리고 참조. 달[*dal*] "가난한")의 피엘과 비슷한 의미를 지닌 DCH의 달라(*dālâ*) II, "늘어뜨리다"의 피엘로 여긴다.
2   K는 미요르데(*miyyôrdê*)를 내포한다. Q는 부정사의 변칙적 형태인 미야레디(*miyyārēdî*)라고 한다. 9절은 규칙적 형태로 되어 있다.

5 그의 노염은³ 잠깐이요
　그의 은총은 평생이로다
　저녁에는 울음이 깃들일지라도
　아침에는 기쁨이 오리로다

6 내가 형통할 때에 말하기를
　영원히 흔들리지 아니하리라 하였도다
7 여호와여 주의 은혜로
　나를 산 같이 굳게 세우셨더니⁴
　주의 얼굴을 가리시매
　내가 근심하였나이다

8 여호와여 내가 주께 부르짖고
　은혜를 구하기를(개역개정: 간구하기를-역주)⁵
9 내가 무덤에 내려갈 때에
　내가 죽임을 당하는 것이(개역개정: 나의 피가-역주) 무슨 유익이 있으리요
　진토가 어떻게 주를 찬송하며
　주의 진리를 선포하리이까
10 여호와여 들으시고 내게 은혜를 베푸소서
　여호와여 나를 돕는 자가 되소서 하였나이다

11 주께서 나의 슬픔이 변하여 내게 춤이 되게 하시며
　나의 베옷을 벗기고 기쁨으로 띠 띠우셨나이다
12 이는 울부짖지(개역개정 "잠잠하지-역주) 아니하고 내⁶ 영광으로 주를 찬송하

3　70인역과 제롬은 "그의 분노의 진노가 있다"라고 하는데, 아마도 레가(*rega'*)에 대해 로게즈(*rōgez*)를 내포하고 있는 것 같다.
4　명백히 이것은 "주님이 산의 힘으로 나를 확고히 하셨다"라고 말하는 한 방식이다.
5　이 이크톨(yiqtol)들은 보통의 미래 언급을 의미할 수도 있으며, 그때 표현된 결정을 되돌아보면서, 탄원자의 회상의 일부가 될 수 있다. 하지만 이 해석은 약간 에두르는 것이 된다.
6　카보드(*Kābôd*). 7:5[6]와 해설을 보라. "내"는 문맥에서 제공된다.

게 하심이니
여호와 나의 하나님이여 내가 주께 영원히 고백하리이다(개역개정: 감사하리이다-역주)

2. 해석

시편 30편은 다음과 같이 겹치는 이중 구조를 가지는, 감사시나 증언시의 교과서적 사례이다.

1절	찬양하겠다는 서약으로 시작
2-3절	기도와 여호와의 구원 행위에 대한 회상
4절	찬양으로의 초대
5절	이 찬양을 위한 근거
6-7절	과거 번영과 그 번영의 역전에 대한 회상
8-10절	기도에 대한 회상
11절	여호와의 구원 행위에 대한 회상
12절	지속하는 찬양에서의 회상의 목적

만약 증언이 성전 맥락에서 주어졌다면, 아마도 감사제물을 동반했겠지만 다른 맥락에서 이 증언은 따로 떨어져 있다.

이 시편은 거의 시편 6편을 응답받았던 누군가가 사용하려고 기록했던 것처럼, 시편 6편과 표현상의 밀접한 관계를 맺는다. 공통적인 몇몇 표현을 공유할 뿐만 아니라, 치유(2절; 참조. 6:2[3]), 여호와의 기억/기념(제케르[zēker], 4절; 참조. 6:5[6]), 근심(7절; 참조. 6:2-3[3-4]), 죽음의 영역에 대한 고백이 없는 것(9절; 참조. 6:5[6])을 언급한다.

[표제]

> 다윗의 시, 곧 성전 낙성가

용어 해설을 보라.

우리는 이 시편을 증언시라고 불렀으며, 증언시로서 이 시편은 여호와의 구원에 대한 개인의 감사를 표현한다. 표제는 아마도 이 시편을 다른 관계에서 다시 사용함을 가리킬 것이다. 이 시편의 내용은 성전보다는 개인의 집을 봉헌하는 것에 더 적합해 보인다(참조. 신 20:5).

하지만 개인들이 공동체의 시편을 사용하듯이, 공동체는 개인 시를 사용할 수 있으며, 감사시가 다윗의 성전 봉헌(왕상 8:63을 보라)과[7] 포로기 이후 재봉헌(스 6:16-17을 보라)에서, 안티오쿠스 에피파네스(Antiochus Epiphanes)가 더럽힌 사건 후(마카비1서 4:52-59를 보라)에 사용되고 있다고 생각할 수 있다.

미드라쉬는 이것을 세 가지 모든 사건에 연결한다.[8] 하지만 봉헌 축제 하누카(Dedication Festival, 참조. 요 10:22)를 야기한 것은 세 사건 가운데 마지막 사건이었다. 안티오쿠스가 더럽힌 사건은 사람이 여호와를 버린 것에서보다는 그들의 여호와에 대한 헌신에서 왔으므로, 이 봉헌의 사건들 가운데서 하나가 시편 30편과 가장 잘 연결될 것이다. 이 시편은 그 후에 하누카에서 사용됐다(*Soperim* 42a을 보라).

[시 30:1-3]

예배자는 즉각 감사하는데, 세 행에서 각 행은 여호와에 대한 기원을 통합하고, 그 후에 여호와의 과거 행위들, 곧 주께서 내 원수가 나로 말미암아 기뻐하지 못하게 하셨고, 고치셨으며, 끌어내시고, 내려가지 아니하게 하셨음에 초점을 맞춘다.

---

7 Slomovic은 대상 21장과의 연관성을 지적하는데, 대상 21장은 성전 건축 기사로 이어진다 ("Historical Titles," 369).
8 *Midrash on Psalms*, 1:390–91.

> 1 여호와여 내가 주를 높일 것은 주께서 나를 끌어내사
> 내 원수로 하여금 나로 말미암아 기뻐하지 못하게 하심이니이다

다른 감사와 마찬가지로(시 34편; 107편; 138편), 이 시편은 여호와를 찬양하겠다는 서약으로 시작하고, 또 다른 이런 서약으로 마무리할 것이다. "나"는 즉각적으로 이 시편을 찬양보다는 감사로 표시하는데, 이 시편의 독특한 특성이 여호와가 개인에게 행하신 일에 대해 개인적 증언을 하는 것이기 때문이다.

"나"는 찬양에서 거의 자리를 차지하지 않는데, 찬양은 단호하게 여호와께 초점을 두기 때문이다. 어떤 의미에서 여호와를 높일(룸[rûm] 폴렐[polel]) 수 있다는 주장은 인간과 하나님의 관계를 뒤집을 수도 있는 이상한 주장이다. 하나님은 높이 계시며, 인간은 하나님을 높이 두지 못한다. 실제로 여호와는 높이는 분이시다(9:13[14]; 18:48[49]; 27:5).

하지만 이 서약은 암시하는 듯이 여호와께 영광을 돌리라는 권고를 따른다(시 29편). 신적 존재들과 같이 인간들은 조상들이나 장로들이나 교사들이나 왕들과 같이, 자신들의 영광과 자신들의 높임을 받을 수 있으며, 이 시편은 암묵적으로 이런 높임을 부인하고 여호와의 높임과 비교하여 우리의 무가치함을 인정함으로써 시작한다. "높이다"라는 동사는 다른 곳에서 "낮게 절하다"(개역개정: 경배하다-역주, 99:5, 9)와 같은 동사와 병행을 이루어 나올 수 있다. 여호와를 높이는 것은 내가 기꺼이 낮아지겠다는 것과 관련된다. 여기서 "왜냐하면" 구절은 여호와가 낮추셨다고 가리킨다.

서약과 청원 후에 형식상으로 두 콜론은 서로 병행을 이루는데, 둘 다 피엘(piel) 동사가 있지만, 하나는 긍정의 의미, 또 다른 하나는 부정의 의미로 되어있다. 하나는 "나"를 직접 목적어로 취하고, 다른 하나는 "내 원수"를 직접 목적어로 취하고, "나"를 간접 목적어로 취한다. 하지만 실제로 두 구절은 잇따라 나오며, 여호와가 먼저 끌어내리시고 그 후에 올리시는 방식을 회상함으로써 탄원자의 증언을 요약한다(참조. 6-11절).

만약 여호와가 탄원자를 낮은 상태에 남겨 두셨다면, 원수들이 기뻐할 수도 있었지만, 여호와는 그렇게 하지 않으셨다(참조. 시 41편). 하지만 원수들은 시편 6편과 같은 애가에서만큼이나 두드러지지는 않는다. "원수들은 자신들이 배치

한 위협이 무위로 돌아가자 모든 의미를 상실했다."[9]

> **2 여호와 내 하나님이여
> 내가 주께 부르짖으매 나를 고치셨나이다**

청원이 전체 짧은 첫 콜론을 차지하게 할 때, 2절은 1절에서부터 새로운 요소인 "내 하나님"을 두드러지게 하는데, 이는 나아가 탄원자가 여호와의 끌어내리심에 집착하지 않고 여호와를 "내 하나님"으로 삼는 개인적 서약을 다시 단언한다. 2절은 둘째 콜론의 도입으로서, 또한 구원 행위에서의 여호와의 사랑에 대한 증거에 더욱 구체적으로 반응한다.

둘째 콜론에 있는 두 동사, 곧 *부르짖다와 고치다는 감사의 또 다른 핵심을 제공한다. "고치셨나이다"는 탄원자가 어떤 식으로든 아팠거나 부상을 당했음을 가리키겠지만(참조. 41:3-4[4-5]), 시편은 계속해서 육체적 병을 언급하지 않고 따라서 동사가 가리킬 수 있는(예를 들어, 147:3) 다른 형태의 회복과 관련하여 사용할 수 있도록 가능성을 열어 둔다.

> **3 여호와여 주께서 내 영혼을 스올에서 끌어내어
> 나를 살리사 무덤으로 내려가지 아니하게 하셨나이다**

3절은 여호와가 행하신 일에 대해 또 다른 요약을 제시하거나 원수들이 기뻐할 수 없는 치유에 대한 암시를 표현한다. 무덤에 대해서는 28:1을 보라. *스올이 기술적으로는 여전히 살아 있는 누군가를 압도할 수 있는 방식이 여기서 너무나 실제적이어서, 여호와는 실제로 스올에 내려가셔서 "나를"(나프쉬[*napši*], *사람) 들어 올리셨다. 이는 병행을 이루는 콜론에서 K가 더 의미가 통함을 시사한다.

Q가 탄원자의 생명이 필요한 것이라고 내포하듯이, 탄원자의 생명(하야[*hāyâ*] 피엘 또는 히필; 예를 들어, 33:19)을 보존하기에는 너무 늦었다. 탄원자는 죽은 것이나 다름없었으며, 다른 죽은 사람들 가운데 스올 문에 서 있었으며 생명을 되

---

[9] Westermann, *Living Psalms*, 170.

돌릴 필요가 있었다(예를 들어, 왕하 8:5에서의 이 동사 사용을 보라). 여호와는 이 여정의 방향을 아래에서 위로 바꾸었다.

특징적으로 감사에서는 여호와가 문장의 주어이므로, 문장들은 "나" 또는 "우리"가 주어이고, 강조점은 감사하는 우리/나의 감정에 있는 감사 진술이라기보다는 고백의 행위들이다.[10] 1-3절은 이를 놀라운 방법으로 진행한다. "나"는 첫 단어가 되고 1-2절은 감사에 대한 반대와 "내 부르짖음"에 대한 회상으로 시작하지만, 여호와의 구원 행위는 여호와가 동사들의 주어가 되면서, 3절을 완전히 장악할 때까지 점차 두드러지게 된다.

[시 30:4-5]

시편 30편은 "하나님의 구원하는 능력뿐만 아니라 기도 가운데 하나님께 하는 발언과 감사 가운데 하나님을 찬양하는 발언의 효력을 기념한다. 그렇다면 2-3행에 있는 기도의 효과에 대한 요약 설명과 4행에 있는 노래하고 찬양하라는 권고 사이에 감춰진 논리적 연관성이 있다." 이 "언어의 전경화(前景化)"(foregrounding of language)는 증언의 마지막 행까지 계속될 것이다.[11]

늘 그렇듯이 감사는 다른 사람들 앞에서 여호와께 영광을 돌리어 또한 증언된다. 감사는 여호와께 향하지만, 공적으로 하게 되므로 다른 사람들이 엿듣는다. 아마도 탄원자는 감사제물을 보고 이 감사를 듣게 하고자 가족과 친구들을 성전에 데려갔을 것인데, 이제 이 감사는 이런 다른 사람들을 직접 부르게 된다. 이처럼 세 행의 찬양에 합류하라는 권유에는 세 행의 감사가 동반된다.

하지만 4-5절의 놀라운 특징은 우리는 이것을 따로는 찬양의 성가라고 판단할 것이라는 점이다. "나"는 사라지고 이것은 예배자를 위한 구체적 행위보다는 여호와의 특징적 성품이나 행위라는 면에서, 찬양에의 초대와 찬양 이유라는 두 가지 성가의 특징을 가지게 된다. 이 탄원자의 감사에 대한 근거가 되는 행위는 전체 공동체의 성가에 대한 근거가 되는데, 왜냐하면 사건이 여호와의 특징적

---

10 예를 들어, Westermann, ibid., 168-69도 그렇다. 참조. 이 주석 서론에 나오는 "감사나 증언"에 대한 섹션.
11 Alter, *Art of Biblical Poetry*, 134-35.

성품과 행위를 증거하기 때문이다.

하지만 이와 같은 상황에서 감사와 겹침으로 말미암아 탄원자는 사람들에게 고백이나 증언으로 초대하게 된다. 이런 의미에서 그들은 탄원자와 동일시된다. 여호와가 이 사람을 위해 행하신 일을 여호와는 그들을 위해 행하셨다.

> 4 주에게 헌신한(개역개정: 주의-역주) 성도들아 여호와를 찬송하며
>   그의 거룩함을 기억하며 감사하라

4절은 17:17[18]에서처럼 동일한 동사들이 서로 보완하면서 깔끔한 3-3행으로 되어 있는데, 물론 반대 순서로 하나는 표현의 *음악적 수단을 시사하고, 다른 하나는 이 표현의 *고백적 내용을 시사한다. 첫째 콜론은 두 동사의 주어를 포함한다. 여기서 *헌신은 더욱 명백하게 사람들이 공동체의 다른 구성원들에게 하는 헌신과는 대조되게 그들이 여호와께 헌신함을 가리킨다.

둘째 콜론은 "여호와"의 함의를 설명한다. 즉, 그것은 "그의 거룩함을 기억함"이다. 영어 번역본들은 "이름"이라고 하지만 이 단어는 셈(šēm)이 아니라 제케르(zēker)이며, 사람들이 예배 때에 언급하고 기념하는 이름이다(참조. 6:5[6]).

> 5 그의 노염은 잠깐이요
>   그의 은총은 평생이로다
>   저녁에는 울음이 깃들일지라도
>   아침에는 기쁨이 오리로다

5절은 두 개의 추가되는 분명한 병행을 이루는 행으로, 왜 한 사람을 위한 여호와의 행위가 다른 사람들에게 좋은 소식이 되는지를 설명한다. 두 행 모두 두 사실을 대조시킨다. 여호와의 한 개인을 위한 구원 행위는 여호와가 누구신가에 대한 더 깊은 증거, 곧 이와 같이 일반 백성들에게도 중요한 증거를 제공한다. 이 행위가 증거하는 일반적 진리는 여호와가 어떠하신지, 따라서 인간의 경험이 어떠한지를 설명한다. 한편으로 여호와의 노염은 짧고, 은총은 길다. 이중 진술은 여호와가 끌어내시지만 버려 두지는 않으심에 대한 시작하는 말씀에서 일반화한다.

욥기의 이야기와 시편 6편의 경우에서처럼, 여호와의 진노에 대한 언급에서 여호와의 끌어내리심이 탄원자의 악행에 대한 징벌이었다고 추론하는 것은 부적절하다. 여호와가 진노하셨다는 인식은 끌어내리심이라는 경험에서의 추론이거나 끌어내리심을 묘사하는 또 다른 방식이다. 우리가 이해할 수 있는 한, 욥과 마찬가지로 탄원자는 여호와가 왜 진노하셨는지 알지 못하며, 이 진노를 설명할 수 있는 악행을 인식하지 못한다.

이 시편의 관심 초점은 오히려 이유가 무엇이었든지 간에 진노는 인정이나 환영이나 기쁨(라촌[rāṣôn])과 비교하여 일시적이라는 사실이며, 또한 얻어지는 것이 아니라 여호와의 인격에서 나오는 것이다. 탄원자는 하나님이 사랑과 애정과 기쁨으로 바라보시고 이런 성품으로 다루시는 사람들처럼 우리가 보통 산다는 것을 안다. 우리가 이를 알 때, 하나님의 진노 아래 있는 설명할 수 없는 짧은 경험을 인내할 수 있다.

달리 표현하면, 울음에서 기쁨으로의 전환은 밤새 일어날 수 있다. 밤에 우리는 심각하게 아팠으나 아침에 회복될 수 있다. 나는 이를 여호와가 얼마나 신속히 치유하실 수 있는지를 묘사하는 또 다른 방법인 비유적 표현으로 여긴다. "잠깐"은 "평생"과 쌍을 이루고, "노염"은 "기쁨"과 쌍을 이루듯이, 여기서 "저녁"은 "아침"과 쌍을 이루고 "울음"은 "기쁨"과 쌍을 이룬다. 울음과 기쁨(*울림)은 행복하거나 슬플 수 있지만, 문맥은 이 눈물이 고통, 상처, 걱정을 의미함을 분명히 하며 이 울림은 승리와 기쁨을 의미한다.

생생한 환유로, 탄원자는 우는 자가 잠자러 눕는 대신에, 울음을 밤에 잠자러 눕는 것으로 묘사하며, 이 비유 표현을 생략과 묶는다. 즉, 우리는 "기쁨이 일어나는 것"을 기대하지만, 대신에 "그 사람은 기뻐하며 일어난다."

[시] 30:6-7

이 시편은 5절에서 멈출 수 있었지만, 6-12절은 이야기를 반복한다. 어거스틴은 시편 기자들이 이와 같이 직접 반복하는 경향이 있다고 지적한다.

그들이 단 한 번만 그들의 기쁨의 대상을 선언하기는 충분하지 않다.[12]

여호와가 행하신 일에 관한 이야기는 한 번 이상, 한 방법 이상 들려줄 필요가 있다. 6-7절은 점차 줄어드는 길이로 된 세 개 더 되는 행으로, 먼저 여호와의 행위를 넘어서고, 상황이 어땠는지와 상황이 어떻게 잘못됐는지를 묘사함으로써 이 경험을 더 자세히 제시한다.

6-7절은 병행법을 포기하고 시의 형태를 불안한 이야기를 들려주는 것에 맞춘다. 첫 두 행에서 각 둘째 콜론은 첫째 콜론에서 시작된 문장을 완성한다. 마지막 행에서 둘째 콜론은 직선 형태로 첫째 콜론에서부터 뒤따른다.

> 6 내가 형통할 때에 말하기를
>   영원히 흔들리지 아니하리라 하였도다

그리하여 탄원자는 상황이 좋았을 때, 문자 그대로 "내가 형통할 때"(베샬위[bĕšalwî])를 되돌아본다. 나는 이것을 실제 상황이 어땠는지에 대한 객관적 진술로 여기는 데서 70인역과 제롬을 따른다(참조. 라쉬[Rashi]). 현대 번역가들과 주석가들은 이것이 자기 만족을 시사한다고 이해하지만, 관련 단어들(이 특별한 형태는 한 번 나오는 단어이다)의 용법에서 이에 대한 근거가 없다. 하나님이 주시는 복의 상태가 왜 영원히 지속하지 않아야 하는지 이유가 없는 것 같다.

"나는 나를 실수하게 만들 어떤 것도 상상할 수 없다."

흔들리다(*넘어지다, 모트[môṭ])는 악인의 거짓된 확신(10:6)을 의미하거나 의인의 서약(15:5)을 의미할 수 있지만, 가장 흔히 여호와께 속한 사람의 안전을 가리킨다(16:8; 21:7[8]; 46:5[6]; 62:2, 6[3, 7]; 125:1). 다시 이와 같이 이 동사는 탄원자가 거짓 자기 확신으로 빠졌음을 시사한다고 여길 이유가 없다.

---

[12] *Psalms*, 19.

> 7 여호와여 주의 은혜로
> 나를 산 같이 굳게 세우셨더니
> 주의 얼굴을 가리시매
> 내가 근심하였나이다

7a절은 6절에서 잘못된 자기 만족을 의미함을 배제할 수 있다고 단언한다. "사랑 가운데 나를 이런 힘의 위치에 두신 분은 여호와셨다."

요점을 표현하는 방법이 이상하지만 분명히 탄원자는 자기 확신에 살고 있지 않았다.

그럼에도 모두가 실제로 붕괴했다고 이 시편은 두 개의 접속사를 생략한 끔찍한 콜론으로 분명히 한다. 여호와의 *얼굴을 숨기시는 것은 실제로 무서운 개념이다. 하나님이 접근할 수 없게 되셨다는 단순한 영적 의미가 아니라, 하나님이 축복과 보호를 거두어들이시는 경험이다. 이는 질병으로 끌어내려지고 거의 스올에 굴복하게 된다는 표현에서도 발견된다. 그리고 이는 이런 참혹한 의미를 지니므로, 무서운 경험이다.

우리는 탄원자가 6절에서 잘못된 자기 신뢰를 인정한다고 해석가들이 보는지 궁금하다. 왜냐하면, 잘못된 자기 신뢰로 말미암아 여호와의 돌아서심이 설명되기 때문이다. 오히려 탄원자는 여호와의 돌아서심이 설명할 수 없음을 알게 되지만, 짧으므로 이에 대해 더 이상 걱정하지 않는다.

[시 30:8-10]

탄원자의 이야기를 여기서 두 번째 들려주는 독특한 특징은 여호와의 얼굴을 돌이키심과 그 무시무시한 결과에서 나온 기도를 광범위하게 회상한다는 것이다. 이는 보통 논리적이지 않은데, 왜냐하면 누군가에게 그의 얼굴을 돌렸다고 호소하는 것은 대담한 행위이기 때문이다. 이 회상은 이 시편에서 가장 긴 섹션이며, 하나님이 실제로 기도에 응답하셨다는 놀라운 사실을 암시한다. 기도 자체는 세 행을 차지한다.

70인역과 제롬은 10절의 동사들을 명령보다는 과거로 읽었는데, 이는 10절을 11-12절과 연결하고, 이 시편이 다섯 개의 세 행 섹션으로 구성되도록 할 것이다.

> 8 여호와여 내가 주께 부르짖고
> 여호와께 은혜를 구하기를(개역개정: 간구하기를-역주)

회상한 기도에 대한 소개는 두 개의 병행을 이루는 콜론으로 구성되는데, 하나는 하나님을 2인칭(개역개정에서는 "주"라고 번역함-역주)으로 부르고, 하나는 3인칭으로 하나님에 대해 말한다. 이 조합은 다시 감사와 증언으로서의 이 시편의 이중적 특성을 나타낸다.

하나님을 "여호와"로 여기는 것은 하나님의 개인적 성품을 가리킨다. 하나님을 내 *주님"으로 여기는 것은 종뿐만 아니라 주인에게도 의무감을 지우는 종과 주인의 관계에 호소하는 것이다. *은혜를 구하다"(하난[ḥānan] 히트파엘; 참조. 6:9[10]에서의 테힌나[tĕḥinnâ])는 단순히 "부르다"라는 뉘앙스를 띤다.

> 9 내가 무덤에 내려갈 때에
> 내가 죽임을 당하는 것이(개역개정: 나의 피가-역주) 무슨 유익이 있으리요
> 진토가 어떻게 주를 찬송하며
> 주의 진리를 선포하리이까

기도의 첫 두 행은 모두 겹치는 병행법을 드러내면서, 활발하고 긴급한 2-2 콜론을 조합한다. 9b절에서, "무슨 유익이 있으리요"는 두 콜론에 적용된다. 9b절에서, "진토"는 두 동사의 주어이며, "주의 진리"는 두 동사의 목적어이다.

달리 표현하면, "무덤에 내려가는 것"은 "내가 죽임을 당하는 것"의 의미를 설명하고, "주의 진리를 선포하다"는 "주를 찬송하다"를 설명한다. 여호와가 자신의 기도에 응답하셨을 때 찬송(*고백)할 수 있는 것은 여호와의 *진리이다.

"진토"는 사람들이 진토로 만들어졌는데, 그 진토로 돌아간 사람들을 시사한다(창 3:19). 주장의 논리에 대해, 다시 6:5[6]을 보라. 3절은 탄원자를 스올의 문에 있거나 이미 무덤(Pit)에 내려갔다고 묘사하는 반면에, 여기서는 무덤(Abyss, 16:10을 보라)이라는 용어를 사용하여, 이 운명의 위험에 처함을 이야기한다. "내가 죽임을 당하는 것"은 문자 그대로 "내 피"인데, 이는 종종 잔혹한 죽음을 가리키며, 질병

보다는 죽음에 이르게 할 수 있는 부상에서 오는 위험의 종류를 시사한다.[13]

> 10 여호와여 들으시고 내게 은혜를 베푸소서
> 여호와여 나를 돕는 자가 되소서 하였나이다

10절은 여호와가 들으시고 행동하시기를 바라는 특징적 이중 소망과 함께 우리에게 실제적 기도를 제시한다. "듣다"와 "*돕는 자가 되다" 사이에서 중간에 위치한 것은 "*은혜를 베풀다"이다(7절의 명사를 비교하라). 여호와의 은혜로 말미암아 들음에서 결정적 행동이 나오게 된다.

[시 30:11-12]

증언의 두 번째 버전은 기도보다 더 길어지지만, 여호와가 응답하실 때 치유나 구원으로 무엇을 하셨는지에 대해 구체적인 것을 말하지 않는다. 8-10절에 나오는 기도에 초점을 두듯이, 두 개의 긴 내적으로 병행을 이루는 행에서 이제 여호와의 행위가 가능하게 됐다는 찬양에 초점을 둔다.

> 11 주께서 나의 슬픔이 변하여 내게 춤이 되게 하시며
> 나의 베옷을 벗기고 기쁨으로 띠 띠우셨나이다

두 콜론은 부정적인 것에서 긍정적인 것으로 변하는 여호와의 행위의 즉각적 결과를 묘사한다. 슬픔에서 춤으로 변하는 것은 예루살렘이 파괴됐을 때의 변화가 바뀐 것이다(애 5:15). "슬픔"(미스페드[mispēd])은 죽음 이외의 상실한 것에 대한 슬픔을 가리킬 수 있지만, 보통 누군가의 죽음을 애도함을 가리킨다(예를 들어, 창 50:10). 이는 탄원자의 경험의 죽음과 같은 특성과 연결된다.
"나는 예루살렘이 멸망했을 때 사람들과 같이 내 자신의 죽음에 슬퍼했지만 이제 나는 공동체가 회복됐을 때 사람들과 같이 춤추고 있다"(참조. 렘 31:13).

---

13 참조. *유혈(bloodshed). 하지만 여기 이 단어는 단수이다.

외적 애도 표현은 평범하고 화려하지 않은 옷을 입는 것이다(베옷은 절기의 옷과 대조되는 작업복과 같을 것이다). 이제 이것은 부모가 아이의 옷을 벗기고 어깨 위에 밝고 즐거운 옷, 장례 옷이 아니라 결혼 옷을 입히는 것과 같이 여호와가 개인적으로 베옷의 매듭을 푸시는 것 같다. 이 시편은 실제로 즐거운 옷보다는 즐거움을 가리키며(분명히 둘이 적용될 것이다), 이는 이 기쁨이 슬픔을 대체하면서 이 행의 시작과 끝 사이를 연결하는 데 기여한다.

> 12 이는 울부짖지(개역개정: 잠잠하지 - 역주) 아니하고 내 영광으로 주를 찬송하게 하심이니
> 여호와 나의 하나님이여 내가 주께 영원히 고백하리이다(개역개정: 감사하리이다 - 역주)

둘째 콜론에 있는 1인칭 동사는 첫째 콜론의 두 개의 3인칭 동사와 병행을 이루며, "~하게 하심이니"는 첫째 콜론뿐만 아니라 둘째 콜론에도 적용되고, "여호와 나의 하나님이여"라는 부름과 수식어 "영원히"도 둘째 콜론뿐만 아니라 첫째 콜론에도 적용된다. 첫째 콜론 역시 찬송과 울부짖음의 대조를 통해 11절을 특징짓는 대조를 이어 간다. 따라서 나는 둘째 동사를 다맘(*dāmam*) I, "잠잠하다"가 아니라 다맘(*dāmam*) II, "울부짖다"로 여긴다.

명백히 침묵은 슬픔을 내포할 수 있으며, 탄원자는 더 나아가 죽음의 문에 서 있을 때, 찬양이나 증언이 없고 오직 침묵만 있는 영역의 입구에 서 있다. 이 영역에서는 말할 것도 찬양할 것도 없다. 하지만 울부짖음은 비슷한 함의를 지니며 이전 콜론과 더 나은 병행을 이루는 데 기여한다. 어느 쪽이든 하나님이 행동하셨을 때, 모두가 바뀐다. 찬송(*음악)과 *고백은 자연스러워진다.

이 마지막 행도 감사와 증언으로서의 이 시편의 특성을 일관되게 유지한다. 이 마지막 행은 여호와를 부르는데, 이는 감사가 된다. 하지만 크게 부르는 이유는, 감사 역시 다른 사람들이 들을 수 있는 방식으로 여호와께 영광을 돌리도록 의도된 증언이나 고백이기 때문이다(참조. 4절. 4절에서부터 "찬송하다"와 "고백하다"라는 동사들이 반복된다).

여호와의 구원 행위는 너무나 놀라워 그 행위의 여운이 탄원자에게서 다른 사람들에게로 퍼져 나가고 또한 시간이 지나며 퍼져 나간다. 실제로 탄원자는 이

것이 구원 행위에서 여호와의 목표들 가운데 하나로 여긴다("~하게 하심이니").[14] 탄원자는 나머지 삶이 이 경험으로 형성되게 하고자, 구원 행위의 여운이 계속 퍼지도록 할 것을 암묵적으로 약속한다.

3. 신학적 의미

신자의 삶은 경험의 양극, 즉 끌어내림과 끌어냄, 무덤에 내려감과 살림, 잠깐과 평생, 노염과 은총, 저녁과 아침, 울음과 기쁨, 은혜와 얼굴을 숨김, 굳게 세움과 근심, 슬픔과 춤, 베옷과 기쁨, 찬송과 울부짖음 사이에 사는 삶이다. 때로 우리는 기쁨에서 베옷으로 가는 도중에 있으면서 한탄한다. 때로 우리는 베옷에서 기쁨으로 가는 도중에 있으면서 감사하고 증언한다. 이런 경험에 대해 이 교과서적 사례는 이 감사나 증언이 다음과 같다고 시사한다.

- 명백히 개인적이다.
- 이야기를 들려준다.
- 기쁨 가운데 하나님을 부른다.
- 놀라움 가운데 다른 사람들을 부른다.
- 이야기를 삶과 죽음의 문제와 연결한다.
- 한 번으로 충분하지 않아 보일 때 다시 이야기를 들려준다.
- 신앙을 위해 개인의 경험에서 추론한다.
- 나머지 공동체가 합류하도록 초대한다.
- 이 경험이 사람의 지속되는 증언을 형성할 것을 기대한다.

---

14 레마안(*lĕmaʿan*)을 "그 결과로"라고 약화시키는 것은 수치스러운 일이다(JM 169g).

제31편

기도를 두 번 할 필요가 있을 때

1. 본문

> 다윗의 시, 인도자를 따라 부르는 노래
>
> 1 여호와여 내가 주께 피하오니
>   나를 영원히 부끄럽게 하지 마시고
>   주의 공의로 나를 건지소서
> 2 내게 귀를 기울여
>   속히 건지시고
>   내게 견고한[1] 바위와
>   구원하는 산성이[2] 되소서
> 3 주는 나의 반석과 산성이시니
>   그러므로 주의 이름을 생각하셔서 나를 인도하시고 지도하소서
> 4 그들이 나를 위해 비밀히 친 그물에서 빼내소서
>   주는 나의 산성이시니이다
> 5 내가 나의 영을 주의 손에 부탁하나이다
>
>   진리의 하나님 여호와여

---

1 문자 그대로, "견고함의 집"(a house of fastness, 추상이나 강화의 복수).
2 문자 그대로, "요새의 반석," 곧 요새인 방식이나 강력한 반석.

나를 속량하셨나이다
6 내가 허탄한 거짓을 숭상하는 자들을 미워하고
[또는 당신은 허탄한 거짓을 숭상하는 자들을 미워하고(70인역, 제롬, 시리아어 번역본)]
여호와를 의지하나이다
7 내가 주의 인자하심을 기뻐하며 즐거워할 것은
주께서 나의 고난을 보시고
환난 중에 있는 내 영혼을 아셨으며
8 나를 원수의 수중에 가두지 아니하셨고
내 발을 넓은 곳에 세우셨음이니이다

9 여호와여 내가 고통 중에 있사오니
내게 은혜를 베푸소서
내가 근심 때문에
눈과 영혼과 몸이 쇠하였나이다
10 내 일생을 슬픔으로 보내며
나의 연수를 탄식으로 보냄이여
내 기력이 나의 죄악[마소라 본문, 제롬]/연약함[70인역, 심마쿠스] 때문에 약하여지며
나의 뼈가 쇠하도소이다
11 내가 모든 대적들 때문에[3] 욕을 당하고
내 이웃에게서는 심히[4] 당하니
내 친구가 놀라고
길에서 보는 자가 나를 피하였나이다
12 내가 잊어버린 바 됨이 죽은 자를 마음에 두지 아니함 같고
깨진 그릇과 같으니이다

---

[3] 병행법은 민(*min*)이 "~때문에"(NJPS) 또는 "~이상"(탈굼)이 아니라, "~전에"와 같은 것을 의미함을 시사한다.
[4] 메오드(*mĕʾōd*), "매우 많이"의 가능한 수정에 대해, (예를 들어) UBS를 보라.

13 내가 무리의 비방을⁵ 들었으므로

　사방이 두려움으로 감싸였나이다

　그들이 나를 치려고 함께 의논할 때에

　내 생명을 빼앗기로 꾀하였나이다

14 여호와여 그러하여도 나는 주께 의지하고

　말하기를 주는 내 하나님이시라 하였나이다

15 나의 앞날이 주의 손에 있사오니

　내 원수들과 나를 핍박하는 자들의 손에서 나를 건져 주소서

16 주의 얼굴을 주의 종에게 비추시고

　주의 사랑하심으로 나를 구원하소서

17 여호와여 내가 주를 불렀사오니 나를 부끄럽게 하지 마시고

　악인들을 부끄럽게 하사

　스올에서 잠잠하게⁶ 하소서

18 교만하고 완악한 말로

　무례히 의인을 치는 거짓 입술이

　말 못하는 자 되게 하소서

19 주를 두려워하는 자를 위해

　쌓아 두신 은혜

　곧 주께 피하는 자를 위해

　인생 앞에 베푸신 은혜가 어찌 그리 큰지요⁷

20 주께서 그들을 은밀히 주의 존전에서 보호하사(개역개정: 주께서 그들을 주의 은밀한 곳에 숨기사-역주)⁸

　사람의 꾀에서 벗어나게 하시고

　비밀히 장막에 감추사

　말 다툼에서 면하게 하시리이다

5　"속삭임"(많은 영어 번역본)은 어원적으로 정의하는 것처럼 보인다(BDB을 보라). "비방"은 디바(dibbâ)가 나오는 모든 곳에 들어맞는다.
6　또는 "잠잠한." 30:12 [13] 해설을 보라.
7　나는 명사절이 이 절의 나머지가 과거를 언급하는 데서 그 시제를 도출한다고 여긴다.
8　문자 그대로, "주께서 그들을 주님의 존전/면전의 은밀한 곳에 숨기신다."

21 여호와를 찬송할지어다
   성이 포위될 때⁹(개역개정: 견고한 성에서-역주)
   그의 놀라운 사랑을 내게¹⁰ 보이셨음이로다
22 내가 놀라서 말하기를
   주의 목전에서 끊어졌다 하였사오나
   내가 주께 부르짖을 때에
   주께서 나의 간구하는 소리를 들으셨나이다
23 너희 모든 성도들아 여호와를 사랑하라
   여호와께서 진실한 자를 보호하시고
   교만하게 행하는 자에게 엄중히 갚으시느니라
24 여호와를 바라는 너희 모두여(개역개정: 너희들아-역주)
   강하고 담대하라¹¹

2. 해석

시편 31편은 많은 면에서 시편 22편과 비교된다. 시편 31편은 구원을 호소하는 긴급한 위기 상황에서 대두하는 기도시이지만, 기도를 여호와에 대한 신뢰 선언과 뒤섞고, 현 상황에서의 한탄과 비탄함을 뒤섞으며, 끝나기 전에 이 시편은 기도가 응답받았다고 말하는 찬양으로 두드러지게 전환된다.

하지만 여호와의 행위에 대한 이런 과거 시제의 선언은 1–8절(특히 5b, 7–8절)에 이미 나온다. 이런 과거 시제의 선언들은 여호와를 붙드는 근거가 되는 여호와의 구원에 대한 이전 경험을 가리킬 수 있지만, 이를 탄원자가 이제 필요한 구원 행위에 대한 첫 기대 발언으로 여기는 것이 더욱 자연스럽다. 이와 같이 1–8절은 하나님이 들으시고 구원해 주시라는 기도, 의지와 헌신의 진술, 하나님이

---

9 Cf. GKC 119i. 또는 "~에서."
10 문자 그대로, "그는 나를 향한 그의 사랑을 놀랍게 보이셨다."
11 "강하라, 그러면 그가 네 마음을 격려하실 것이다"(참조. KJV)는 문법적으로 가능하지만 논리는 명백히 반대가 될 것이다. 즉, "그가 네 마음을 격려하여, 그 후에 너는 강할 수 있다"가 된다.

응답하셨다는 선언, 이에 대한 기쁜 반응의 기대와 함께 자체로 완성될 수 있는 기도로 구성된다.

이제 9-24절은 다른 윤곽을 드러내기는 하지만 다시 이 순서를 겪는다. 9-24절은 실질적 한탄으로 이어지는 기도로 시작하고(9-13절), 의지의 진술과 뒤섞인 더 깊은 기도로 나아가며(14-20절), 하나님이 듣고 응답하셨다는 사실에 근거한 예배와 권고로 마무리한다(21-24절).

이 시편의 두 부분은 "피하다"(1, 19절), "부끄럽게 하지 마시고"(1, 17절), "주의 손"(5, 15절), "의지"(6, 14절), "사랑하심"(인자하심, 7, 16, 21절)과 같은 많은 표현이 반복된다고 하더라도 따로 작성됐을 수 있다.[12] 이로 말미암아 두 부분은 서로 관련하여 작성됐을 가능성이 커진다. 만약 따로 작성됐다면 이제 함께 묶인다.

9-13절에서의 한탄은 탄원자의 고통이 얼마나 오래 계속될 것인가를 강조하며, 이는 여호와가 약속하신 구원이 오지 않았으므로 9-24절이 작성됐음을 시사할 수 있다. 이런 해석은 이 시편을 시편 기자의 정신에서 무언가 진행됨을 나타낸다고 이해한다. 하지만 이 시편을 마치 한 과정의 사본인 것처럼 여기는 해석에 대해 주저하는 한 이유 이상이 있다(그리고 이것은 그렇다고 할지라도 예전을 나타낼 필요는 없다).

한 이유는 이 시편이 그들의 "이야기"를 두 번 거치는 다른 시편들, 특히 바로 전의 시편인 시편 30편과 비슷함을 전혀 설명하지 않는다는 것이다(참조. 예를 들어, 시 42-43편은 세 번 한다; 또한 시 95편과 100편 같은 찬양시). 이는 이런 종류의 반복이 단지 기도의 수사의 일부일 수 있음을 시사한다. 당연히 "이야기"를 한 번 이상 거친다.

이 시편의 언어의 통상적 특성도 이 시편 기자의 마음에 또는 겉으로 무엇을 담고 있는지 여기서 추론하려는 것에 대해 경고한다. 곤경의 상황에 대한 묘사는 "전투, 함정, 질병, 모욕, 고립, 박해, 살해 위협, 하나님에 맞서 뻔뻔스러운 원수들"을 포함하는데, 목록이 복잡한 것은 또한 시편 22편 및 다른 시편들과

---

12 이 시편의 기원에 대한 더 복잡한 이론에 대해, (예를 들어) Westermann, *Living Psalms*, 174. Contrast Luis Alonso Schökel, "En la mano de Dios," *EstBib* 56 (1998): 405-15을 보라.

비슷하다.¹³ 이 시편은 (예를 들어) 시편 4, 7, 18, 28, 71편(1-3절을 보라)과 이미지와 용어에서 특히 연관성이 있으며, 시편 6편과도 연관성이 있는데, 시편 6편은 이 시편을 시편 30편(9-10절 해설을 보라) 및 또한 예레미야애가(이 시편의 9-13절을 보라)와 또 다른 점에서의 연관성을 제시한다. 고대 번역본들은 이런 비슷한 점을 더욱 확대한다.¹⁴

우리는 아마도 한 사람이 이 모든 압박을 경험했다고 여기지 않고, 기도는 친숙한 단어와 이미지로 표현하고자 다양한 맥락에서 이미지를 채택했을 수 있다고 여겨야 할 것이다. "강력하게 개인적인 정서"는 이처럼 "시인이 자유롭게 끌어들인 이스라엘 예배에서의 풍부한 기도 전통"을 반영하는 "정형화된 말과 표현"으로 표현된다.¹⁵

친숙한 이미지 사용은 대신 이 기도가 많은 사람 다른 맥락에서 기도하도록 의도됐으며, 따라서 이 시편을 사용하는 사람들에게 친숙할 수 있는 이미지를 사용함을 의미할 수 있다. 실제로 에버하르트 본스(Eberhard Bons)는 이 시편을 일종의 "허구적" 본문, 곧 의인들을 격려하고자 위험과 기도와 구원이 무엇과 같아 보일 수 있는지에 대한 상세한 묘사라고 본다.¹⁶

[표제]

다윗의 시, 인도자를 따라 부르는 노래

용어 해설을 보라.

70인역은 사무엘상 23:26과의 연관성을 시사하는, "놀람의"를 덧붙이는데(참조. 22절), 거기서 다윗은 사울이 자신을 쫓는 것에 놀랐지만 여호와는 다윗을 구원했다.

---

13 Eaton, *Psalms*, 93.
14 (예를 들어) *BHS*의 각주를 보라.
15 Rogerson and McKay, *Psalms,* 1:138; cf. Kraus, *Psalms,* 1:361; 그리고 병행구의 목록을 위해, Craigie, *Psalms 1–50,* 259–60.
16 *Psalm 31-Rettung als Paradigma* (Frankfurt: Knecht, 1994), 256–57.

[시 31:1-5a]

이 시편은 여호와와 탄원자의 관계의 특성에 호소하는, 들으시고 구원해 주시라는 기도로 문제의 핵심에 바로 들어간다. 이미지는 시편 7, 18, 27편과 비교된다.

> 1 여호와여 내가 주께 피하오니
> 나를 영원히 부끄럽게 하지 마시고
> 주의 공의로 나를 건지소서

이런 *의지한다는 선언은 기도시를 시작하는 기본적인 방법이다(7:1[2]를 보라). abb'a'로 배열된 둘째 콜론과 셋째 콜론은 내용과 형태에서 보완한다. 즉, 1인칭 동사와 2인칭 동사, 코호르타티브(cohortative)와 명령법, 부정적 표현과 긍정적 표현, 레(l) 표현과(영원히) 베(b) 표현(주의 *공의로)이 보완한다. 탄원자의 문제는 다른 사람들의 공격인데, 이는 구출의 필요성을 내포한다. 이 공격은 명백히 여호와가 탄원자를 버리셨다고 전제하거나 이런 주장에 이르는데, 이는 부끄러움을 왜 언급하는지 설명한다. 이것은 시편들, 특히 시작에서 반복되는 또 다른 주제이다(예를 들어, 25:2-3).

> 2 내게 귀를 기울여
> 속히 건지시고
> 내게 견고한 바위와
> 구원하는 산성이 되소서

2절은 먼저 논리적으로도 빈도수에서도 여호와께 구원해 주시라는 기도보다 앞서는, 귀를 기울여 주시라는 기도로 1절을 상세히 설명한다(참조. 28:1-2; 30:10[11]; 그리고 이 동사 나타[nāṭâ] 히필에 대해, 17:6). 이런 식으로 병행을 이루는 콜론은 첫째 콜론을 보완한다. 속히 건져 주시라는 호소는 아마도 1절을 명확히 할 것이다. 현재로는 사람들이 부끄러움을 의도한 공격을 모면하고 있으며, 탄원자는 이것이 "영원히" 지속하기를 원치 않는다.

2b절은 다시 *반석, 산성(27:1을 보라), 견고함(18:2[3]을 보라) 같은 몇몇 친숙하고 생생한 명사 이미지를 사용하여 요점을 지적한다.

> 3 주는 나의 반석과 산성이시니
>   그러므로 주의 이름을 생각하셔서 나를 인도하시고 지도하소서

NRSV와 NIVI는 3절을 추가 요청으로 여기지만, 동사들은 이제 명령보다는 이크톨(yiqtol)이며, 이 동사들을 요청으로 여기면 3b절을 시작하는 접속사를 무시하게 된다. 3절은 1-2절을 보강하고 있는 것처럼 보인다. 동사들의 특성이 이를 뒷받침한다. 왜냐하면, 인도하고 지도하는 것은 이 순간에 필요한 것이 아니기 때문이다.

탄원자는 계속해서 여호와가 들으시고 행동하셔야 할 이유를 지적하고 있으며, 여기에는 여호와의 습관적인 인도와 지도 관습이 포함된다(참조. NJPS). 다시 "반석"에 대해 18:2[3]을 보라. 이처럼 두 콜론은 이중 명사절과 이중 동사절로 여호와와 탄원자의 관계에 대한 다른 묘사를 제시하며 서로를 보완한다. 주님의 *이름을 위해 인도하시고 지도하시는 것에 대해 23:2-3을 보라.

> 4 그들이 나를 위해 비밀히 친 그물에서 빼내소서
>   주는 나의 산성이시니이다
> 5a 내가 나의 영을 주의 손에 부탁하나이다

4-5a절은 또 다른 동사절이 또 다른 명사절로 보완되면서, 3-4절을 통해 *ab-b'a'* 순서를 먼저 완성한다. 그 후에 다시 이 시편은 여호와가 탄원자와 관련을 맺으시는 특징적 방식에 호소하고 있으며, 따라서 한 번 더 이런 식으로 여호와께 행해 주시라고 구한다. 마치 그 사람이 사냥꾼들이 잡으려고 시도한 짐승이나 새들인 것처럼 그물을 숨기는 은유에 대해, 9:15[16]을 보라.

"주는 나의 산성이시니이다"는 (3절에서처럼) "주님은 나의 산성이시니"와 마찬가지로, 2절을 이어 간다. 그 후에 5a절은 이크톨(yiqtol) 동사를 계속하고, 그러므로 나는 이것을 탄원자와 여호와 사이의 지속하는 관계에 대한 진술을 이어 가는 것으로 여긴다. 실제로 5a절은 4절과 함께 세-콜론을 형성하는 예기치 못

한 추가 콜론을 구성하기는 하지만, 1절을 시작한 신뢰의 선언과 쌍을 이룸으로써 1-5a절을 마무리한다.[17]

[시 31:5b-8]

이 섹션에 있는 카탈(qatal) 동사들은 이 위기가 끝난 것임을 시사한다. 여호와는 응답하셨다. 명백히 5b-8절이 1-5a절과 더불어 기도 일부라는 사실은, 실제 구원이 여전히 미래에 속하며 이것은 9-24절이 이어진다는 점을 고려할 때 더 분명해진다. 하지만 탄원자는 여호와가 1-2절에서 기도를 들으시고 응답하셨음을 알고 이처럼 마치 구원이 성취된 것처럼 말한다.

> 5b 진리의 하나님 여호와여
>   나를 속량하셨나이다

나는 5b-c절이 완결된 행을 형성하고, 카탈(qatal) 동사로의 분명한 전환은 여호와가 행하신 일, 즉 여호와가 하겠다고 약속하신 일에 대한 탄원자의 진술의 시작을 표시한다(참조. 6:8-9[9-10]; 시 22편에 이런 분명한 전환이 있다)고 판단했다.[18] "*진리의 하나님"이라는 부름은 여호와가 속량(*구속)하실 때에 3-4절에서 표현된 확신에 따라 행하셨음을 시사한다.

> 6 내가 허탄한 거짓을 숭상하는 자들을 미워하고
>   [또는 당신은 허탄한 거짓을 숭상하는 자들을 미워하고(70인역, 제롬, 시리아어 번역본)]
>   여호와를 의지하나이다

---

[17] 이 동사의 비교할 만한 문자 그대로의 사용을 위해 레 6:4[5:23]; 왕상 14:27; 렘 40:7; 41:10을 보아야겠지만, "부탁하나이다"는 파카드(pāqad, 히필)의 특이한 용법을 나타낸다. 마찬가지로 "영"(루아흐[rûaḥ])은 사람의 영혼이나 존재, 역동성이나 생명을 가리키는 특이한 방법이지만(우리는 네페쉬[nepeš]나 하임[ḥayyîm]을 예상할 수도 있다), 참조. 32:2; 34:18[19]; 78:8; 104:29-30.

[18] 이와 같이 문맥은 파디타(pādîtâ)가 간원임을 시사하지 않는다(IBHS 30.5.4d와는 반대되는 의견).

6절은 이 속량 행위 배후에서 여호와가 인정하신(마소라 본문) 탄원자가 보인 태도나 하나님이 보이신(70인역) 태도를 본다. 마소라 본문은 아마도 탄원자가 아직 실제로 속량의 행위를 보지 못했다는 인식을 내포하는 것 같다. 왜냐하면, 마소라 본문은 부인의 태도를 유지할 필요성을 내포하기 때문이다.[19] 동사들은 다시 카탈(qatal)이고, 나는 이 동사들을 상태변화(fientive)로 여기며, 따라서 이 동사들을 상태동사로 여기고 현재로 여겨도 거의 차이는 없겠지만(영어 번역본들), 과거를 나타낸다고 여겼다.

부정적으로 탄원자와 (또는) 여호와는 우상들을 숭배하는 사람들과 관계가 없다. 탄원자와 여호와는 우상들을 *미워한다. 샤마르(šāmar, 붙들다)의 사용에 대해서는, 요나 2:9(여기서 동사는 피엘이지만), 이사야 56:1, 호세아 12:6[7](여기서 관계의 우선순위에 대해 언급하지만)와 비교하라.

"허탄한 거짓"은 여호와 이외의 신들, 이미지들이 나타내는 신들에 대한 가치 판단을 강조하고자 비슷한 의미(헤벨[hebel]과 샤우[šāw'])를 지닌 두 단어를 결합한다. 즉, 그것들은 자신들의 외모와 상응하는 힘이나 실체를 가지고 있지 않다(*헛됨). 루터는 "극도로 공허한"(supervain)이라고 번역한다.[20]

아마도 탄원자는 다른 신들을 의지했다고 고발당하고 있었던 것 같다. 이 고발이 제기하기는 쉽지만 논박하기에는 어려운 고발인 이유는, 이런 관습들이 집단적 종교보다는 개인적 종교의 일부일 수 있기 때문이다. 이런 관습들은 중범죄일 수 있으며, 따라서 이 고발은 생명을 위협하는 고발이 될 수 있다.

여호와의 응답은 탄원자가 이런 종교적 관습과 상관이 없다고 공언함을 옹호한다. 그렇다면 병행을 이루는 콜론은 의지(*신뢰)라는 면에서 요점을 긍정적으로 표현하거나(만약 우리가 70인역을 따른다면) 탄원자가 여호와의 거절에 열린 자세를 가진 자가 아님을 가리킨다.

---

19 Gerstenberger, *Psalms*, 1:138도 그렇다.
20 *First Lectures*, 1:139.

> 7 내가 주의 인자하심을 기뻐하며 즐거워할 것은
> 주께서 나의 고난을 보시고
> 환난 중에 있는 내 영혼을 아셨으며

7절은 먼저 종종 애가가 하는 방식으로 여호와의 구원을 기뻐할 것을 기대한다. 이처럼 이크톨(yiqtol) 동사는 여호와가 약속하신 속량이 현실이 될 때 적절해질 미래의 기쁨을 가리킨다. 속량의 행위는 여호와의 *인자하심의 증거가 되며, 따라서 1-5a절에서의 묘사를 변호하는 것이 된다. 그 후에 7b-c절은 두 개의 병행을 이루는 콜론으로 구성되는데, 이 콜론은 탄원자가 알기로는 끝이 다가오는 고난을 다시 되돌아봄에 따라, 이 인자하심의 특성을 더욱 구체적으로 설명한다.

두 개의 2인칭 카탈(qatal) 동사는 병행을 이룬다. 나는 두 동사 모두 여호와가 인식(보고 알다)하셨을 뿐만 아니라 집중하여 반응하셨음(보시고, 아셨으며[*인정하시다])을 가리킨다고 여긴다.

어려움을 가리키는 두 표현은 하나는 동사의 목적어가 되고 다른 하나는 전치사에 의해 지배되면서 구문론적으로 작용하는 방식으로 서로를 보완한다. 두 표현은 또한 "고난"(*연약함)과 "좁음"(개역개정: 환난-역주)을 가리킬 때 은유로서 서로 보완한다. 4:1[2]절에서처럼 문맥(8절을 보라)은 탄원자가 차로트(ṣārôt, 좁음)의 어원론적 의미를 인식하고 있음을 시사한다.

> 8 나를 원수의 수중에 가두지 아니하셨고
> 내 발을 넓은 곳에 세우셨음이니이다

8절은 여호와가 하나는 부정과 하나는 긍정으로 두 개의 대조되는 구절을 사용하여 이 행위들을 결정하셨다는 점에서, 과거가 되는 이 행위들에 대한 시편의 묘사를 마무리한다. 넓은 곳을 언급하는 것은 4:1[2]과 병행을 이루며, 8b절이 특별히 7c절과 연결됨을 시사한다.

여호와의 속량 행위로 말미암아 탄원자는 걸음을 유지하기에도 어려운 좁은 절벽 쪽의 길을 걸으려 하는 것에서(특히 자신을 밀어내려고 하는 사람들에게서 공격을 받을 때) 이런 위험에 더 이상 놓이지 않는 넓은 곳으로 이동하게 됐다. 우리는 8a절이 7b절과 연결된다고 추론할 수 있다. 연약함은 원수들을 이기기에는 어렵지만, 여호와는 탄원자가 원수들의 힘에 휘둘리지 않도록 보존하셨다. 원수의 수중에 가두지 않으셨다는 것은 또한 영혼을 여호와의 손에 맡기는 것(5절)과 쌍을 이룬다.

[시 31:9-13]

기도는 호소로 다시 시작하지만 시작하는 콜론 뒤에 이 섹션은 탄원자의 고통에 대한 애가, 여호와가 은혜로 이 기도에 응답하시도록 의도한 애가로 구성된다. 이 애가는 거의 오로지 "나"에만 초점을 둔다는 점에서 독특하다. 여호와에 대한 고발도 없고, 마지막 행이 되어서야 비로소 다른 사람들을 주어로 한 문장이 있다.

9c-10절은 이 경험이 탄원자에게 미친 방식에 대해 직접으로 말하는데, 핵심은 고통이 너무나 오랫동안 지속하고 있다는 것이다. 11-12절은 이 고통이 공동체에 있는 사람들에게 야기하는 태도에 대해 말한다. 13절은 이들 사이의 연관성을 설명한다. 즉, 원수들은 친구들이 욥을 다루는 방식으로 탄원자를 취급하여 공동체가 그를 거부하게 하거나, 고통 자체를 일으켜 거절당하도록 하는 것 같다.

도입의 행 뒤에 전체 애가는 병행을 이루는 콜론으로 표현된다(11절은 규칙을 시험한다). 이는 진술의 설득력과 감정적 호소에 더해진다. 즉, 모든 것이 한 번 이상 언급됐다는 것이다. 여호와는 이 묘사에서 피할 수 없다. 대부분 행은 짧고 2개의 강세를 지닌 둘째 콜론이 있다.

> 9 여호와여 내가 고통 중에 있사오니
>   내게 은혜를 베푸소서
>   내가 근심 때문에
>   눈과 영혼과 몸이 쇠하였나이다

*은혜를 구하는 기도는 시편의 시작에서 올 수 있지만(예를 들어, 4:1[2]; 51:1[3]), 탄원자의 필요를 처음 묘사한 것은 7절에서 이어 간다(거기서의 형태는 차라[ṣārâ]의 복수였지만; 여기서는 차르[ṣar]이다). 이처럼 이 행은 탄원자가 7절에서 마치 풀린 것

처럼 말한 문제를 여전히 갖고 있음을 명백히 밝힌다. 전체 섹션은 탄원자가 여전히 처해 있는 "환난"의 특성을 설명할 것이다.

9c-d절의 첫 콜론에 대해 6:7[8]을 보라. 쇠하게 되는 이유는, 눈이 끊임없이 구원을 찾지만, 구원을 보지 못하기 때문이다. 그 후에 둘째 콜론은 영혼(*사람)과 몸을 동사의 추가되는 주어로 덧붙인다. 아마도 유명한 기도에서 추출하여 이 쇠함이 눈뿐만 아니라 전체 사람에 영향을 미치고 있음을 추가하고 있는 것 같으며, 이 전체 사람은 영이나 영혼, 마음과 뱃속이나 위처럼 두 각도에서 묘사된다. 이 둘은 바람이나 기다림이나 소망과 연결될 수 있다(네페쉬[nepeš]에 대해, 10:3; 33:20; 42:1-2[2-3]을 보라; 그리고 베텐[beṭen]에 대해 잠 13:25; 18:20을 보라).[21]

> 10 내 일생을 슬픔으로 보내며
>   나의 연수를 탄식으로 보냄이여
>   내 기력이 나의 죄악[마소라 본문, 제롬]/연약함[70인역, 심마쿠스] 때문에 약하여지며
>   나의 뼈가 쇠하도소이다

10a-b절은 요점을 강화한다. "보내며"(칼라[kālâ])는 "쇠하도소이다"를 보완한다. 이 동사 역시 종종 눈이나 영혼을 목적으로 삼지만(예를 들어, 69:3[4]; 73:26), 생명이나 시간이나 날을 주어로 하는 것과는 다른 의미를 지닌다(참조. 102:3[4]). "탄식"(아나하['ănāḥâ])은 시편 6편에 있는 또 다른 표현이다(6[7]절을 보라; 다른 곳에는 아홉 번만 나온다).

10c-d절은 더욱 강화한다. "약하여지며"(카살[kāšal])는 "쇠하도소이다"와 "보내며"와 다시 병행을 이룬다. "쇠하도소이다"는 이 세 행을 마무리하면서 둘째 콜론에 다시 나오고, 이 행만이 두 동사를 가진다. "기력"은 이 상황에서 지속하게 하는 힘인 반면에(참조. 38:10[11]; 사 40:29, 31), "나의 뼈"는 시편 6편(2[3]절을 보라)과 또다시 연결된다. 하지만 32:3은 이 행의 논리를 명확히 한다. 즉, 뼈

---

21 네페쉬(nepeš)와 베텐(beṭen)의 쌍이 44:25[26]에 다시 나오며, BDB는 이 쌍이 영혼과 몸을 가리킨다고 여기지만 다른 곳에서 베텐은 때로 명백하게 태(참조. 22:9-10[10-11]; 58:3[4]; 71:6; 127:3; 139:13; 하지만 132:11은 남성의 동등한 것을 시사한다)를 가리키면서 뱃속(참조. 17:14)을 가리킨다.

가 쇠하게 하는 것은 구원에 대한 갈망을 표현하지만 어떤 구원도 보지 못하게 된다는 탄식이다(참조. 잠 14:30; 그 반대에 대해, 15:30).

70인역과 심마쿠스가 내포한 "나의 *연약함 때문에"(바오니[baʻŏnî] 또는 베오니[beʻonyî])라는 읽기는, 가까운 문맥 및 이 시편의 나머지와 조화를 이루며, 7절에서 이어 간다. 마소라 본문의 "나의 죄악(*악) 때문에"(바아워니[baʻăwōnî])는 이 시편의 다른 곳에서는 나오지 않는 새로운 개념을 소개한다.

만약 사람들이 어려움이 항상 죄와 연결된다거나 누구도 참으로 하나님을 사랑한다고 주장할 수 없다고 여기는 경향이 있다면, 70인역은 전자가 그렇지 않고 후자는 그럴 수 있다고 상기시킨다. 만약 사람들이 모든 우리의 삶이 우리의 행악으로 영향을 받으며, 우리의 어려움이 우리의 행악으로 늘어날 가능성을 배제하거나 잊는 경향이 있다면, 마소라 본문은 이를 상기시킨다.

> 11 내가 모든 대적들 때문에 욕을 당하고
> 내 이웃에게서는 심히 당하니
> 내 친구가 놀라고
> 길에서 보는 자가 나를 피하였나이다

11절에서 네 개의 병행을 이루는, 탄원자에 대한 사람들의 태도에 대한 묘사가 한 문장을 구성한다. 자연스럽게 탄원자는 원수들에게 욕(헤르파[ḥerpâ]; 15:3을 보라)을 당한다. 그들은 탄원자가 다른 신들을 숭상한다는(6절) 근거 없는 주장과 같은 추정되는 행악을 범했다고 학대한다.

"내가 욕을 당하고"는 이전 말뿐만 아니라 이어지는 말에도 적용된다. 병행법은 아마도 원수들이 이웃임을 내포하는 것 같은데 이는 흔히 공동체에서 일어나는 일일 수 있다.[22]

"내 친구가 놀라고"는 두 개의 이전 콜론에 있는 표현과 병행을 이루는 셋째 표현이 되며, 연속된 표현들을 절정에 이르게 하는 더 강력한 표현이 된다. 어떤 사람들은 마치 그들이 탄원자보다 우월한 것처럼 말할 수 있지만, 다른 사람들

---

22 전체 이 행은 "이웃"은 "대적들"과 쌍을 이루고, "심히"는 "모든"과 쌍을 이루면서, *abcb'a'*로 배열된다.

은 자신들이 동일한 운명에 사로잡혀 있다고 생각한다.

11c절이 세-콜론을 마무리한 여분의 콜론이었다면 우리는 놀라지 않았겠지만, 11c절은 실제로 뜻이 다음 행에도 계속되어 이전 콜론에도 전해지며 추가되는 두-콜론의 시작이다. 이 추가되는 두-콜론은 이전 콜론과 비슷한 구조를 지니는데, "길에서 나를 보는 자"는 두 측에서의 표현들에 속한다. 이 추가되는 두-콜론은 "내 친구"와 동격으로 있지만, "길에서 보는 자가 나를 피하였나이다"의 주어가 된다. 사람들은 거의 이 경험이 전염되는 것처럼 해함을 피해 물러선다.

> 12 내가 잊어버린 바 됨이 죽은 자를 마음에 두지 아니함 같고
> 깨진 그릇과 같으니이다

"내가 됨이"는 11-12절을 둘러싸면서("내가 됨이"의 원문상의 번역은 둘째 행에 위치한다-역주), 12절은 분리된 문장으로 다시 한번 요점을 지적한다. 12절 자체로는 구조적으로 두 개의 1인칭 카탈(qatal) 동사(하나는 니팔, 하나는 칼[qal]), 두 개의 케(k) 구절, 케 구절을 수식하는 두 개의 추가 표현들이 있는, 한 쌍의 말끔하게 병행을 이루는 콜론으로 되어 있다.

"잊어버린 바"는 '마음에 두지 않다'(*무시하다)라는 동사가 아니라, "죽은 자"를 수식하는데, 이 동사는 "잊어버린 바"라는 개념을 이미 포함한다. 탄원자의 요점은 죽은 자가 결국 잊힌다는 것뿐만 아니라, 자신들의 악행에 대한 심판으로 죽었다고 판단되는 사람들은 의도적으로 잊힌다는 것이다.

"깨진"은 많은 그릇의 운명, 특히 흔히 진흙으로 만들어진 가정의 그릇의 운명을 시사한다.

> 13 내가 무리의 비방을 들었으므로
> 사방이 두려움으로 감싸였나이다
> 그들이 나를 치려고 함께 의논할 때에
> 내 생명을 빼앗기로 꾀하였나이다

탄원자는 과도하게 우울한가?

13절은 그렇지 않다고 주장한다. 시작하는 절은 둘째 콜론에까지 이어진다. "무리의 비방"과 "사방이 두려움으로"는 동사의 병행을 이루는 목적어이다. 탄원자는 사방에서 무리의 비방을 듣고, 이로 말미암아 두려움이 야기됐는데, 이는 악행에 대한 유죄의 판결이 될 수도 있기 때문이다.

우리는 13a-b절과 13c-d절을 분리된 문장으로 여길 수 있지만, 오히려 나는 이 절들이 11절의 이전 절들의 뜻을 이어 가는 구조를 반복한다고 판단했다. 따라서 첫째 콜론은 사람들이 꾸미는 탄원자에 대한 음모를 계속해서 묘사하는데, "함께"(야하드[*yahad*])는 "무리"와 상응하고, "사방"은 세력들이 규합하는 방식을 더욱 강조하고, 마무리하는 "나를 치려고"는 13a-b절에서 암묵적인 것을 명확히 한다. 이제 마지막 콜론은 또한 이 모든 것의 치명적인 함의를 명확히 한다.

"사방이 두려움으로"는 잠언에서 사용되는 표현일 수 있다. 즉, 이 표현은 예레미야에서 핵심 구절이다(렘 6:25; 20:3-4, 10; 46:5; 49:29을 보라; 참조. 또한 애 2:22).

[시 31:14-20]

한탄 후에 탄원자는 1-5a절을 특징짓는 자세로 되돌아간다. 이와 같이 14-15a절과 19-20절에서의 신뢰의 선언은 명령법(15b-16절), 코호르타티브(cohortative, 17a절), 저씨브(jussive, 17b-18절)를 사용하면서 추가되는 기도를 둘러싼다. 이 선언들은 여호와의 조치, 탄원자의 경험, 다른 사람들의 행동과 관련하여 한탄의 세 방향과 상응한다.

9-13절에 있는 실제 한탄과 비교하면, "나"는 오히려 두드러지지 않는다. 보통 이 섹션은 네 개의 세-콜론으로 시작한다. 즉, 신뢰의 선언, 명령법의 기도, 코호르타티브와 저씨브의 기도, 추가되는 저씨브의 기도로 시작한다. 이 세-콜론 각각은 두 단어로 된 짧은 콜론으로 마무리한다. 이 섹션은 탄원자의 깊은 신뢰의 확신을 표현하면서, 두 개의 이중 두-콜론으로 마무리한다.

> 14 여호와여 그러하여도 나는 주께 의지하고
> 말하기를 주는 내 하나님이시라 하였나이다
> 15a 나의 앞날이 주의 손에 있사오니

*의지한다는 이 시작하는 진술에서 "나"는 실제로 처음으로 두드러진다. 세 콜론은 점차 짧아진다. 만약 탄원자가 다른 신들에게서 도움을 구한다고 고발당했다면, 여호와를 개인적으로 의지한다는 강력한 선언은 이를 반박한다.

처음 두 콜론은 다른 말로 동일한 것을 말하는 진술이 되는 점에서 병행을 이룬다. 그 후에 셋째 콜론은 탄원자가 의지하는 내용을 표현하는 명사절이다. 이를 달리 표현하면, 둘째 콜론은 탄원자가 다른 어느 누구와도 대조적으로 여호와를 의지한다는 선언을 발전시킨다. 셋째 콜론은 탄원자가 그렇게 할 수 있을 지에 대해 확신하지 못하는 것과는 대조적으로 여호와를 의지한다는 선언을 발전시킨다.

시편에서 "때"(개역개정: 앞날-역주)에 대한 유일한 이전의 언급은 환난 때와 관련됐으며(9:9[10]; 10:1), 이런 의미는 여기에도 들어맞는다(탈굼은 "나의 구원의 때"라고 번역하지만). 탄원자는 이 시편이 나타내는 때와 같은 환난의 때가 여호와의 통제를 받고 있음을 단언하고 있다.

> 15b 내 원수들과 나를 핍박하는 자들의 손에서 나를 건져 주소서
> 16 주의 얼굴을 주의 종에게 비추시고
> 주의 사랑하심으로 나를 구원하소서

의지한다는 선언에 기초하여, 둘째 세-콜론은 기도로 옮겨 간다. 첫째 콜론은 기본적 요점을 지적한다. 즉, 탄원자는 쫓고 있는 원수들에게서 구출받기를 구한다. 둘째 분사는 첫째 분사를 더욱 구체적으로 표현한다. 즉, 둘째 분사는 원수들이 문제를 일으키는 방식을 가리킨다. 그 후에 16절은 기도 배후를 다룬다. 16a절은 구출의 행위에서 나오는 *얼굴의 태도에 대해 말함으로써 진행한다. 셋째 콜론은 더욱 일상적인 동사 "건지다"(나찰[nāṣal])를 *구원하다라는 신학적 동사와 병행시키지만, 그 후에 여호와의 *사랑에 호소함으로써 다른 방식으로 기도를 뒷받침한다.

> 17 여호와여 내가 주를 불렀사오니 나를 부끄럽게 하지 마시고
> 악인들을 부끄럽게 하사
> 스올에서 잠잠하게 하소서

셋째 세-콜론은 1인칭과 3인칭 용어로 기도를 표현한다. 탄원자는 자신의 기도가 응답되지 않는 부끄러움을 경험하지 않도록 구하고 있지만, 문맥에서 부끄러움은 원수들의 행위 자체에서 위협받는 행위인 것 같다. 원수들은 탄원자에게 다른 신에게 기도하는 행위와 같은 부끄러운 행동을 고발하고, 탄원자는 이런 위협을 받는 부끄러움에서 구원해 주시라고 구한다.

여호와를 부르고 여호와가 응답하시도록 하는 것은, 그 자체로 원수들의 고발을 반박하게 될 것이다. 탄원자가 실제로 다른 신들에게 기도한 자였다면 여호와는 응답하지 않으실 것이기 때문이다.

상황은 다른 곳에서는 부끄러워야만 할 상황이다. 탄원자나 원수들 가운데 누군가가 악한(*신실하지 못한) 사람들이다. 이처럼 부끄럽지 않게 해 주시라는 기도의 반대는 원수들의 고발이 거짓으로 드러나면서 그들이 부끄러운 경험을 하게 해 주시라는 기도이다. 마찬가지로 상황은 다른 곳에서는 죽음을 야기해야만 하는 상황이다. 그들은 탄원자에게 사형에 이르는 행위를 했다고 고발하고 있다. 만약 그들의 고발이 거짓으로 드러난다면, 그들 자신이 사형에 처해야만 할 것이다.

> 18 교만하고 완악한 말로
> 무례히 의인을 치는 거짓 입술이
> 말 못 하는 자 되게 하소서

넷째 세-콜론은 원수들에 대한 기도를 발전시킨다. 여기서 첫째 콜론(개역개정에서는 셋째 콜론-역주)은 마치는 진술을 하고, 둘째 콜론이 이 진술의 주어를 수식하며, 셋째 콜론(개역개정에서는 첫째 콜론-역주)이 이를 수식한다. 이 행은 네 가지 방식으로 원수들의 발언을 특징짓는다.

즉, 그들의 발언은 *거짓이다. 원수들의 발언은 단정적이거나 과도하며(아타크[ʻātāq]), 말은 대담하면서 자유롭게 제기함을 시사한다. 그들의 발언은 교만하고 *거만하며, 당당하고 강압적이다. 그들의 발언은 완악하다(명사 부즈[bûz]).

원수들의 발언은 탄원자의 권리나 그들이 속이고 있는 공동체를 신경 쓰지 않는다.

> 19 주를 두려워하는 자를 위해
>   쌓아 두신 은혜
>   곧 주께 피하는 자를 위해
>   인생 앞에 베푸신 은혜가 어찌 그리 큰지요

이제 두 개의 두-콜론(19절)은 확신에 대한 추가 진술로 전환한다. 처음에는 초점이 과거에 있는 하나님을 의지하는 근거로 바뀐다. 이와 같이 시편은 시편 22편과 계속 비교할 것을 권하는데, 시편 22편에서는 탄원자가 현재의 경험과 국가의 과거 및 개인적 과거를 대조시킨다(22:4-5, 9-10[5-6, 10-11]을 보라). 과거에 탄원자와 같은 사람들에게 여호와는 이미 *은혜를 쌓아 두셨다. 실제로 여호와는 이미 이런 사람들에게 선을 베푸셨다.

중간의 두 콜론은 병행을 이룬다. 즉, 과거에 여호와는 여호와를 두려워하는 (*경외하는) 자들과 *의지하는 사람들에게 선을 쌓아 두며 행하셨다. 시작하는 콜론은 이 진술로 이어지고, 마지막 콜론은 이 진술을 더욱 강조한다. 즉, 누구라도 이런 은혜가 표현됨을 볼 수 있다. 그리하여 현재의 악의 경험은 마지막이 아닐 것이다.

> 20 주께서 그들을 은밀히 주의 존전에서 보호하사(개역개정: 주께서 그들을 주의 은밀한 곳에 숨기사-역주)
>   사람의 꾀에서 벗어나게 하시고
>   비밀히 장막에 감추사
>   말다툼에서 면하게 하시리이다

만약 20절이 이것이 왜 이제는 일어나지 않는지 묻는 것이라면, 시편 22편과 더 가깝겠지만 대신에 탄원자는 여호와의 과거 행위를 여호와의 현재 행위에 대한 신뢰할 만한 실마리로 여긴다. 과거 행위는 여호와의 활동에 대한 일반화를 낳는다. 두 행은 정확하게 구조와 의미에서 병행을 이루며, 우리는 두 행을 두

개의 긴 병행을 이루는 콜론으로 여길 수 있다.[23]

첫 행의 여호와의 임재나 얼굴에 대한 추가 언급은, 여호와가 제공하시는 보호의 인격적 특성을 강조한다. 이는 여호와의 *얼굴이 곤경에 처해 있는 사람을 향한다는 사실에서 나온다(참조. 16절). 일반적 선언은 이 시편이 묘사한 특수한 상황과 관련이 있으며, 실제로 1-5a절에서 표현된 신뢰에 대한 재확신을 나타낸다.

[시 31:21-24]

다시 한번 이 시편은 5b-8절에서 일어난 대로, 여호와가 기도에 응답하셨다는 진술로 전환한다. 그 후에 마지막으로 다른 사람들에게 탄원자가 받은 확신에 함께하도록 권유한다.

> 21 여호와를 찬송할지어다
> 성이 포위될 때(개역개정: 견고한 성에서-역주)
> 그의 놀라운 사랑을 내게 보이셨음이로다

분사 "찬송할지어다"(저자는 "찬송받을지어다"로 번역한다-역주)는 탄원자가 여호와의 응답을 보고서 발언한 증언의 마지막에 나오는 18:46[47]을 떠올리게 하고, 또한 여기서처럼 탄원자가 너무 멀리서 듣기만 한 28:6을 떠올리게 한다. 탄원자의 경험에서 여호와의 놀라운 일 행하심은 여전히 미래의 일이지만 이것은 여호와의 결정에서는 실제적이며, 따라서 이 시편은 다시 이것이 이미 행해진 것으로 말한다.

이 시편에서 우리는 9-20절에서 추적되는 내적 주장과 외적 주장의 과정이 어떻게 탄원자에게 거친 현실을 직면하게 하지만 또한 이 거친 현실을 신뢰하는 이유로 나란히 두었는지 볼 수 있으며, 이로 말미암아 5b-9절에서 이미 단언한 것이 새로이 가능하게 된다.

---

23 각각은 3인칭 복수 접미사, 베(b) 표현, 연계형 구절을 소개하는 메(mê) 표현이 결합된 2인칭 단수 이크톨(yiqtol) 동사로 구성된다(하나는 히필[hiphil], 하나는 칼[qal]).

실제로 이 과정은 이런 단언의 특이한 형태를 야기하는데 왜냐하면 "놀라움"은 보통 일반적 개인들을 위한 행위가 아니라, 사람들을 위한 하나님의 위대한 행위이기 때문이다(9:1[2]을 보라. 거기서는 팔라[*pālā*']의 가장 흔한 형태인 니팔[niphal] 분사를 사용한다). 이는 탄원자가 마치 포위된 성읍이며 무너지기 직전이었지만 여호와는 기적적으로 그 성읍을 구출하신 것과 같다.

> 22 내가 놀라서 말하기를
>   주의 목전에서 끊어졌다 하였사오나
>   내가 주께 부르짖을 때에
>   주께서 나의 간구하는 소리를 들으셨나이다

증언과 같은 회상은 시편 30편의 방식으로 이야기를 통해 거슬러 올라가면서 계속된다. (약속된) 구원의 기사 후에 이 순서는 아니더라도 궁핍, 기도, 기도에 관한 반응의 기사가 온다.

상실됐다는 느낌이 있다(22a-b절). 동사 가라즈(*gāraz*)는 여기에서만 나오지만, 가자르(*gāzar*)와 비슷한 의미를 지니는데, 이는 여호와의 손이나 활동에서 끊어짐을 시사하며(88:5[6]) 따라서 종결됐음을 시사한다(참조. 애 3:54; 겔 37:11).

여기서 탄원자는 비슷하게 동일한 결과를 맛보며 여호와께 보일 수 없는, 곧 여호와의 목전에서 끊어지는 것을 느꼈지만 22:1[2]에 나오는 모순과 같은 것에 관심을 가졌으며, 하나님의 주목을 받는 데서 끊어짐을 느낄지라도 하나님께 *부르짖었다(30:2[3]에 나오는 동사).

이 시편은 실제로 "하지만"을 통합하나, 탄원자 자신의 기도에 대한 것이 아니라 하나님에 대한 "하지만"이다. 이처럼 "~으나"(아켄['*ākēn*])는 현실과 누군가가 이전에 자신에게 말한 것이나 생각했던 것을 대조시킨다(예를 들어, 욥 32:8; 사 49:4).[24]

내가 부르짖을 때, "주께서 들으셨나이다." 이것은 기도시의 끝에 나오는 특징적 기쁨 가운데 깨달음이다. (예를 들어) 6:8, 9[9, 10], 22:24[25], 28:6(거기서 "*은혜를 위한 *기도"도 나온다)을 보라.

---

[24] BDB를 보라.

> 23 너희 모든 성도들아 여호와를 사랑하라
>   여호와께서 진실한 자를 보호하시고
>   교만하게 행하는 자에게 엄중히 갚으시느니라

마무리하는 행들은 다른 예배자들이 들을 정도까지 감사에서 여호와로 바뀌고, 다른 예배자들을 명백히 부르는 것으로 바뀐다. 이것은 여호와를 향한 그들의 태도에 대한 도전으로 시작한다. 탄원자가 증언하는 이 경험은 여호와께 *헌신한 다른 사람들에게 여호와를 사랑(*봉헌)하도록 촉구하는 근거가 된다. (이것은 동어반복인 것처럼 보일 수 있지만, 함의는 그들이 여호와의 사람들의 구성원이 됨으로써 여호와께 헌신하며, 이 헌신이 이런 식으로 현실이 되게 하라고 촉구받는다는 것이 될 것이다.)

한 사람의 경험은 모두에 대한 도전을 정당화한다. 이 경험은 23절 나머지가 설명하는 여호와에 대한 일반화를 잘 보여 준다. 둘째 콜론은 첫째 콜론과 병행을 이루는데, 다시 요점을 긍정적으로 표현하고, 사랑을 *진실함, 이 맥락에서는 여호와께 진실함으로 특징짓는다. 따라서 "여호와께서 보호하시고"는 "사랑하라"라는 권고에 대한 근거를 제공한다. 하지만 둘째 콜론과 셋째 콜론은 더욱 직접적이며 체계적으로 긍정과 부정으로 함께 연결한다.[25]

> 24 여호와를 바라는 너희 모두여(개역개정: 너희들아-역주)
>   강하고 담대하라

마지막 행은 다른 형태의 권고로 구성된다. 이 마지막 행은 사람들이 하나님이 아니라 삶과 관련되는 방식에 관심을 가진다. 또는 오히려 이 행은 하나님과의 관계의 다른 측면에 근거하여 삶에 대한 어떤 태도를 촉구한다. 이는 마무리하는 콜론에서 더 깊은 일반화로 대두한다. 불리는 사람들은 "여호와를 바라는" 사람들이다. 이 시편은 응답을 듣기를 기대하며 바라는(*기다리는) 과거를 증언하고, 응답을 보기를 기대하며 계속 바라는 것을 증언한다.

---

25 두 콜론의 주어는 "여호와"이며, 따라서 둘째 콜론에 있는 다른 두 단어는 셋째 콜론에 있는 단어들과 균형을 이루고자 네 단어를 지닌다. 피엘(piel) 분사는 둘째 콜론에 있는 칼(qal) 분사와 균형을 이루지만, 또한 "엄중히"로 더욱 강조된다. 그 후에 단수 "*교만하게 행하는 자"(18절을 보라)는 복수 "진실한 자"와 균형을 이룬다.

한 번 더 "모두"는 전체 공동체가 동일한 자세를 취하도록 초대한다. 함의는 여호와를 바람이 여호와가 행동하실 것이라는 확실함을 내포하므로, 여호와를 바람이 힘과 마음의 용기를 얻는 열쇠가 된다는 것이다. 다시 단어는 다르더라도 10b절과 관련되어 지적되는 이사야 40:28-31과 또한 이사야 41:6을 비교할 수 있다. 하지만 행 전체는 특히 시편 27:14과 가깝다(해설을 보라).

3. 신학적 의미

탄원자가 큰 믿음을 가졌기 때문이 아니라, 탄원자가 의지하는 자 때문에,[26] "시편 31편은 들려지기를 확신하는 기도의 모범이다."[27]

이 시편은 두 번 기도할 필요가 있는 기도의 사례이다. 이는 이 시편이 응답을 받지 못했기 때문일 수 있다. 이는 실제 상황이 여전히 동일하며 따라서 상황이 악화하기 때문일 수 있다. 또는 더 들려줄 필요가 있는 이야기의 복잡함 때문이거나 표현할 필요가 있는 감정의 깊이 때문이거나 인정될 필요가 있는 하나님의 위대함 때문에 그럴 수 있다. 그리하여 한 진술로는 충분하지 않다. 아마도 5b-8절에서 표현되는 확신으로 말미암아 9-13절에서 한탄하고 14-20절에서 기도할 수 있거나 할 필요가 있는 것 같다.

누가복음 23:46에서, 예수님은 자신의 임박한 죽음을 받아들이실 때 신뢰를 표현하고자 5a절을 사용한다. 그러므로 이 시편에서 삶의 임박한 끝에 비추어서뿐만 아니라 삶이 지속할 것이라는 확신에 비추어서도 자신의 영혼을 하나님께 맡기는 것을 지적하는 게 중요하다. 마찬가지로 예수님은 자신의 영혼을 돌려받으실 것을 아셨다. 예수님은 영원히 자신의 영혼을 포기하고 계신 것이 아니다. 다시 말해서 이것은 삶의 끝을 받아들이기만 하는 진술이 아니라, 하나님이 우리에게 생명을 계속 주실 수 있으며 주실 것이라는 사실과 함께 작용하는 진술이다.

---

26 Mays, *Psalms*, 143.
27 Kraus, *Psalms*, 1:365.

따라서 "내가 나의 영을 주의 손에 부탁하나이다"(5a절)와 "나의 앞날이 주의 손에 있사오니"(15a절)는 동일한 것을 말하는 두 가지 방식이다.[28] 게다가 이 시편은 예수님께 오직 기도를 위한 말씀만 제공하는 시편이 아니다.

요한 바오로 2세 교황은 2000년에 야드 바셈(Yad Vashem)을 방문했을 때, 자신의 연설을 시편 31:12b-14로 시작하고 마무리했으며, 다음과 같이 언급했다.

> 여기서 … 우리는 너무 많은 이의 마음을 찢는 한탄의 메아리에 사로잡힌다. … 악이 최종 결정권을 가지지 않을 것이다. 고통과 슬픔의 깊은 곳에서 신자의 마음이 '오 주님 내가 주를 의지하나이다. 나는 당신이 나의 하나님이십니다'라고 부르짖는다.[29]

우리는 이 사실을 안다.

---

[28] Schaefer, *Psalms*, 77.
[29] http://www.vatican.va/holy_father/john_paul_ii/travels/. 2000이라는 란 아래 "Jubilee Pilgrimage to the Holy Land"에 들어가서 "Visit to the Yad Vashem Museum"을 클릭하라. 또한 John C. Edres, "Psalms and Spirituality in the 21st Century," *Int* 56 (2002): 143-54을 보라.

제32편

고통이 죄에서 나올 때

1. 본문

다윗의 마스길

1 반란이 옮겨지고(개역개정: 허물의 사함을 받고-역주)
  자신의 실패(개역개정: 죄-역주)가 가려진 자는 복이 있도다[1]
2 마음에 간사함이 없고
  여호와께 정죄를 당하지 아니하는 자는
  복이 있도다

3 내가 입을 열지 아니할 때에
  종일 신음하므로 내 뼈가 쇠하였도다
4 주의 손이 주야로
  나를 누르시오니
  내 진액이 빠져서[2]
  여름 가뭄에 마름 같이 되었나이다 (셀라)

---

1 문자 그대로, "허물(에 대해서는) 옮겨지고 … 죄(에 대해서는) 가려진 자." 운율을 위해, 나사(*nāśā'*)에서 네수이(*něśûy*)로의 철자 변환(마치 나사[*nāśâ*]에서 온 것처럼)은 케수이(*kěsûy*)와 비슷하다.
2 문자 그대로, "내 수분이 변했다." 물론 라샤드(*lāšad*)는 여기에서만 나오고, 민 11:8에서는 명확하지 않은 의미를 지닌다.

5 내가 이르기를 내 허물을 여호와께 자복하리라³ 하고

주께 내 죄를 아뢰고 내 죄악을 숨기지 아니하였더니

곧 주께서 내 죄악을⁴ 정말로(개역개정에는 없음-역주) 옮기셨나이다(개역개정: 사하셨나이다-역주)⁵ (셀라)

6 이로 말미암아 모든 경건한 자는 주께 기도할지라

주를 만날 기회를 얻을 때에도(개역개정: 이로 말미암아 모든 경건한 자는 주를 만날 기회를 얻어서 주께 기도할지라-역주)

진실로 홍수가 범람할지라도⁶

그에게 미치지 못하리이다

7 주는 나의 은신처이오니

환난에서 나를 보호하시고

구원의 외침(개역개정: 노래-역주)으로 나를 두르시리이다 (셀라)

8 내가 네⁷ 갈 길을 가르쳐 보이고

너를 주목하여⁸ 훈계하리로다

---

3 문자 그대로, "내가 당신(주)께 알게 하였다." 히필 이크톨(yiqtol) 오디아카(*'ôdî 'ākā*)는 다음 행에 있는 오데(*'ôdeh*, "내가 아뢰고")와 비교되지만, 문맥은 첫 이크톨이 과거 행위, 곧 병행을 이루는 구절에 있는 카탈(qatal)이 언급하는 동일한 행위를 가리킴이 틀림없음을 시사한다(시 18편 해석을 보라). 4절은 또한 이런 시제의 묶음을 잘 보여 주었다. 이 경우 이크톨 티크바드(*tikbad*)를 과거 미완료 의미를 지니는 것으로 여길 수 있지만, 5절에 비추어 이 역시도 단순 과거일 수 있다.

4 많은 영어 번역본이 아온(*'āwōn*)을 2절과 5절에서 사용한 "부정"과 같은 용어 대신에 여기 "죄악"으로 번역한다. NJPS는 "죄악"을 전반적으로 사용하는데, 이것이 더욱 일관된다. 나는 여기 이 단어가 이전 것과 동일한 의미를 지닐 것 같지만 이것과 병행을 이루는 단어들과 마찬가지로 아온(*'āwōn*)은 주로 예배자의 행위를 가리키는 것 같으며, 이 예배자의 행위는 1-2절과 관련하여 분석된 세 가지 다른 방식으로 묘사된다는 데 NJPS가 옳다고 판단했다.

5 "정말로 사하셨나이다"는 "당신(주)께서 사하셨나이다"라고 대명사가 나온다는 사실을 나타낸다.

6 라크(*raq*)의 의미에 대해, *HALOT*에서의 해설과 함께 91:8을 참고하라. 또한 KJV를 참고하라. 이 생략된 절의 가능한 수정에 대해, (예를 들어) A. S. van der Woude, "Zwei alte cruces im Psalter," in *Studies on Psalms*, by B. Gemser et al., OtSt 13 (Leiden: Brill, 1963), 131–36을 보라.

7 단순 와우(*w*)는 연속적 행동보다는 동일한 행동을 가리키는 두 동사를 연결시킨다.

8 나는 이것을 명사절로 여기는데, 물론 이는 "내 눈이 당신에게 (있으면서)"라고 보통 상황절로 여겨진다(예를 들어, *TTH* 161.1).

9 너희는 무지한

　말이나 노새 같이 되지 말지어다

　그것들은[9] 재갈과 굴레로 단속하지[10] 아니하면

　너희에게 가까이 가지 아니하리로다[11]

10 악인에게는 많은 슬픔이 있으나[12]

　여호와를 신뢰하는 자에게는 인자하심이 두르리로다

11 너희 의인들아

　여호와를 기뻐하며 즐거워할지어다

　마음이 정직한 너희들아 다 즐거이 외칠지어다

2. 해석

이 시편은 감사시이거나 증언시인데, 그 특징은 공적 예배에서 여호와가 예배자에게 행하신 일이 다른 사람들에게 지니는 함의의 중요성을 깨닫는 것이다. 이 특별한 증언은 두 가지 독특한 특징을 지닌다.

첫째, 증언의 주제는 특별한 형태의 구원으로, 죄를 부인하려고 시도한 후에 죄를 모두 자백하는 것에서 오는 용서와 해방의 경험이다.

둘째, 증언에서의 교훈적 요소가 특히 두드러진다.

이처럼 이 시편은 예배자의 경험(1-2절)이 다른 사람들에게 지니는 함의에 대한 일반화로 시작하고, 이어서 이 경험을 계속 자세히 이야기하고(3-5절), 그 후에 그 의미를 다시 확증한다(6-7절). 다소 예상치 못하게 여호와가 예배자에게

9　나는 에드요('*edyô*)를 아다('*ādâ*) II가 아닌 아다('*ādâ*) I에서 온 명사 아디('*ădî*)로 여긴다. 참조. 이 단어를 동사로 수정하지만, George Castellino, "Psalm xxxii 9," *VT* 2 (1952): 37–42. A. A. Macintosh ("A Third Root 辰 in Biblical Hebrew?" *VT* 24 [1974]: 454–73)는 이것을 "속도"를 의미하는 아다('*ādâ*) III에서 도출한다.

10　문자 그대로, "단속하기 위한"(*TTH* 204을 보라).

11　문자 그대로, "너희에게 가까이 할 수 없다."

12　"많은 것이 슬픔이나…"라기보다는. JM 141b을 보라.

하시는 말씀이 이어진다(8절). 이 시편은 이 증언이 내포한 것에 근거하여 추가적 교훈의 일반화와 지혜로의 명백한 권고와 다른 사람들에게 여호와로 인하여 기뻐하라는 초대로 시작했던 것과 같이 마무리한다(9-11절).

[표제]

다윗의 마스길

용어 해설을 보라.

시편에서 처음 나올 때에 마스길(*가르침)과 8절에 있는 동사 사칼(*śākal*, 히필)을 연결하려는 유혹이 있다. *저술과 같은 표제 있는 다른 많은 용어와 마찬가지로 "가르침"은 실제로 그렇게 불리는 시편들보다 더 많은 시편에 적용될 수 있지만, 이 경우 최소한 이 시편이 하나님과의 관계와 기도하는 방법에 대해 하나님이 주시는 명철을 제공하고자 계획됐다는 사실을 주목하게 한다. 이는 1-2절과 8-10절의 교훈적 어조와도 일치한다.

만약 다윗이 이 시편을 기도한다고 생각하고 싶다면, 밧세바와 불륜을 저지르고 우리아를 죽인 후에 다윗이 최종적으로 한 고백이 현저한 맥락이 될 것이다.

[시 32:1-2]

두 개의 시작하는 일반화의 행은 병행을 이루고, 각각은 내적으로도 병행을 이룬다. 이런 일반화는 그 함의를 다른 신자들에게 더 분명하게 이해하도록 할 때 감사시에서 자연스럽게 자리 잡지만, 이런 시편들은 더욱 흔히 예배자의 개인적 선언이나 다른 사람들에게 찬양에 참여하도록 독려하는 권유로 시작한다(시 73편과 92편은 예외이다). 이 두 행은 또한 잠언의 형태를 취한다는 점에서 독특하다(참조. 1:1).

> 1 반란이 옮겨지고(개역개정: 허물의 사함을 받고-역주)
>   자신의 실패(개역개정: 죄-역주)가 가려진 자는 복이 있도다

*복에 대한 두 개의 짧은 콜론은 죄와 용서의 특성에 대한 두 가지 묘사를 제시한다. 죄는 권위에 맞서는 *반란이거나 겨냥하거나 겨냥해야 했던 목표를 달성하는 데 *실패함과 같다. 용서는 반란의 대가를 자신에게 받아들이고 따라서 그 반란이 관계를 파괴하지 않도록 하면서(25:18을 보라), 이 반란을 운반하는 것과 관련된다(아마도 함의는 반란자가 옮기기에는 너무 무겁다는 것이 될 것이다). 이것은 명백히 권위에 대한 매우 겸손한 행위이다.

또는 용서는 사람의 단점이 기록지에 나타나지 않도록 하거나(느 4:5[3:37]와 대조해 보라) 공적 부끄러움을 일으키지 않도록 하거나(참조. 잠 12:16) 공적 야유의 대상이 되지 않도록(겔 24:8과 대조해 보라) 가리는 것과 관련된다(참조. 85:2[3]). 이는 실패한 사람에 대한 예기치 못한 관심과 관련된다(참조. 잠 10:12; 11:13; 17:9). 그렇다면 이 시편은 명백히 이런 경험을 한 사람의 복에 대해 언급하는 것이다. 그리고 의인(시편 1편과 같이)이 아니라 악인의 복, 토라를 지키는 자가 아니라 토라를 어기는 자의 복을 선언하는 것은 얼마나 대단한가.[13]

> 2 마음에 간사함이 없고
>   여호와께 정죄를 당하지 아니하는 자는
>   복이 있도다

이제 2절은 두 콜론(또는 하나의 긴 콜론)으로 시작하는데, 이 콜론은 1절에서 사람들에 대한 병행을 이루는 선언을 구성하고, 죄와 용서에 대한 또 다른 이미지를 제시한다. 죄는 또한 *악(개역개정: 정죄-역주)이며, 용서는 여호와가 우리가 저지른 잘못된 행위를 셈하지 않으시는 것과 관련된다.

아마도 여호와는 단순히 잘못된 행위들에 대해 생각하지 않으시고, 마음에서 멀리하며 계산하지 않으실 것이다. 아마도 여호와는 심지어 잘못된 행위들을 행악으로 보기를 거부하시고, 우리를 용서하시거나 그 행위들을 독특하지 않은 실

---

13 Spurgeon, *Treasury of David*, 2:81.

수로 다루실 것이다. 이 행위들 사이에는 1-2b절의 세 용어의 묶음이 "인간의 악의 온전한 차원을 구체화"하지만 또한 "행복을 가능하게 하는, 악에서 하나님의 구원의 완전함을 가리킨다."[14]

2a-b절은 운율 면에서는 이상한 행일지라도 만족할 만하게 완결된 행이 될 것이다. 예기치 않은 추가 콜론은 이 행을 더욱 효과적인 결론에 도달하게 한 것으로 드러난다. 2c절은 사실 2b절과 병행을 이루며, 따라서 1-2절이 "복"에 대한 네 개의 병행을 이루는 진술로 구성되게 하지만, 2c절은 복 있는 사람에 대해 새로운 점을 지적하는데, 이는 이제 펼쳐질, 이 시편에 중대한 점이다.

간사함에 대해 말할 때, 2c절은 복 있는 사람이 삶 전체에서 간사함이 없음이 틀림없다고 시사하지는 않는데, 그렇게 되면 반란, 실패, 악행을 인정하는 것과 조화를 이루기 어렵게 될 것이다. 오히려 예배자는 이런 현실에 대해 누구에게라도 간사함을 부리려고 하기보다는 인정하며 관계에서 개방적일 필요가 있음을 선언하고 있다.

복은 사함을 받고, 가려지고 정죄를 당하지 않는 하나님의 사랑이 필요하다. 하지만 이 또한 간사함을 부리기를 거부하는 인간의 열려 있는 자세도 필요하다. 이런 열려 있는 자세는 다른 사람들과 하나님을 향해 작동할 필요가 있다.

한편, "간사함"(레미야[rĕmiyyâ])은 보통 다른 사람들과의 관련하여 거짓됨을 시사하며(52:4[6]; 120:2-3; 미 6:12), 예배자의 반란, 실패, 악행이 공동체의 다른 구성원들과의 관계에서 이런 거짓됨, 곧 시편들이 종종 공격하는 부류의 속임수와 관련될 수 있다고 생각할 수 있다. 이 시편이 계속 묘사할, 죄를 가린다는 것은, 또한 이런 간사함(속임수)과 관련될 것이다.

하지만 다른 한편 이 시편은 또한 죄에 대해 하나님께 자백하기를 피하려는 시도를 인정할 것이며, 이 속임수 역시 "복"의 경험을 위험에 빠뜨릴 것이다. (물론 많은 속이는 자들이 실제로 복을 경험한다. 시편은 이 사실에 대한 많은 증언을 포함하지만, 그럼에도 이를 일반화할 가치는 있다고 판단한다.)

---

[14] Craigie, *Psalms 1-50*, 266.

[시] 32:3-5

3-5절은 1-2절, 특히 2절에 있는 여분의 콜론에 대한 배경이 된다. 3-5절은 일어난 일에 관한 기사로 구성되는데, 이 기사는 감사나 증언을 특징적으로 나타낸다. 이런 의미에서 3-5절은 이 시편의 핵심이다.[15] 고통의 경험, 여호와를 의지하는 행위, 여호와의 반응이 있다.

> 3 내가 입을 열지 아니할 때에
> 종일 신음하므로 내 뼈가 쇠하였도다

입을 열지 않는다는 것은 구약에서 경건의 표시가 아니다. 구약에서의 경건은 한탄과 기도에서나 감사와 찬양에서 소리를 낸다. 사람이 조용한 것은 무언가 의심스러운 점이 있다. 이는 무언가를 숨기고 있다는 인상을 준다. 우리는 아직 여기서 무슨 일이 벌어지는지 알지 못한다. 우리는 내적 번민과 외적 소진에 침묵이 수반됐음을 실제로 배운다. 침묵은 외적 소진을 멈추게 하지 못했다. 실제로 침묵이 외적 소진을 야기했을 것이다.

이제 이 시편은 영혼과 몸이 상호 작용하는 방식을 증언한다. 상황이 내부에서 잘못되어 갈 때, 그 상황은 우리 몸에 영향을 미친다. 오직 소음만이 번민과 소진을 끝낼 수 있으며, 시편들이 계속 모범으로 삼는 여호와에 대한 소리 높이는 항변이나 이 시편에서 들리는 고백이 번민과 소진을 끝낼 수 있다. 이런 행위들이 여호와께 행동하시도록 촉구하며, 따라서 한탄의 이유와 소진의 원인을 제거하게 된다. 조용한 고백은 역시 그렇게 하지 못할 것이다.[16]

> 4 주의 손이 주야로
> 나를 누르시오니
> 내 진액이 빠져서
> 여름 가뭄에 마름 같이 되었나이다 (셀라)

---

15 Bernd Willmes, *Freude über die Vergebung der Sünden* (Frankfurt: Knecht, 1996), 54도 그렇다.
16 Robert Jenson, "Psalm 32," *Int* 33 (1979): 172-76, 특히 173.

4절은 요점을 확장한다. 조용함은 실제로 소진으로 이끌지만, 이는 자연스러운 과정들을 통해 일어날 수 있더라도 또한 여호와의 손의 압력을 통해 일어났다. 블레셋 사람들의 주제넘음에 대해 여호와가 그들을 징계하시는 표시로 아스돗에 끔찍한 전염병을 일으키신 것이 이와 같은 압력이었다(삼상 5:6-7, 11). 이와 같이 이는 예배자를 여호와의 징계를 받는 측에 있는 자라는 인상을 주며, 악행을 내포한다.

둘째 행은 시간을 표시하지만, 한 번 더 획기적인 면에서 얼마나 이 소진이 심각한지를 표현한다. 여름 가뭄에 몸의 수분이 증발하지 않도록 태양에 오랫동안 머무르지 않아야 하며, 이는 탄원자가 내적으로도 외적으로도 시들어 가는 것을 가리키는 이 시편의 이미지이다.

> 5 내가 이르기를 내 허물을 여호와께 자복하리라 하고
> 주께 내 죄를 아뢰고 내 죄악을 숨기지 아니하였더니
> 곧 주께서 내 죄악을 정말로(개역개정에는 없음-역주) 옮기셨나이다(개역개정: 사하셨나이다-역주) (셀라)

이런 소진, 번민, 시듦에 대해 언급한 후에, 우리는 기도에 대한 언급과 이 상황을 바로잡을 하나님의 행위에 대한 언급을 예상할 수 있다. 5절에서 이야기에서의 이런 전환점이 시작된다. 이런 전환은 한탄의 특징이 되는 것과는 다른 형태를 띨지라도 예배자가 하나님을 의지하므로 돌파구가 마련된다. "나는 자복"하며 "숨기지" 아니하고, "아뢰"기로 결심했다.

두 개의 긴 콜론은 병행을 이루는데, 첫째 콜론은 또한 내적으로 병행을 이룬다(우리는 이를 그 자체로 2-2행이라고 판단하지만 5절의 둘째 콜론과 셋째 콜론의 길이는 첫째 콜론이 나머지 콜론들과 잘 어울리는, 시작하는 4개의 강세가 있는 콜론임을 시사한다). 세 개의 명사가 1-2절에서 반복된다. 아이러니가 있기는 하지만 "숨기지"(개역개정의 1절에서는 "가려진"으로 번역함-역주)라는 동사도 반복된다(이 동사에 대해 욥 31:33; 잠 28:13을 비교해 보라).

만약 예배자가 악행을 자복하지 않고 가렸다면, 여호와는 악행을 가리지 않으셨을 것이다. 예배자가 악행을 가리지 않거나 악행을 저지르기를 멈추었으므로, 여호와는 악행을 가리셨다. 아뢰다(*고백하다)는 이전 행에 있는 비슷하게

들리는 자복하다(*인정하다)와 비슷한 의미를 지니면서, 새로운 맥락에서 친숙한 동사이다. 보통 우리는 하나님 및 하나님의 우리와의 관계에 대한 진리를 인정하고 있으며(예를 들어, 4:3[4]; 9:20[21]; 20:6[7]) 고백하고 있다(예를 들어, 6:5[6]; 7:17[18]; 9:1[2]; 18:49[50]; 28:7; 30:4, 9, 12[5, 10, 13]).

여기서 처음으로 우리는 우리에 대한 진리를 인정하며 고백하고 있다. 아마도 이 시편은 예배자가 이 고백을 할 때 제물이 수반되는 공동의 예배 사건을 언급하고 있을 것이다. 고백을 가리키는 세 동사는 죄를 가리키는 세 동사와 용서를 가리키는 세 동사를 보완하며, 그 동사들 사이에서 중재한다.

5절을 마무리하는 여분의 긴 콜론은 예기치 못한 콜론이며, 이 절을 절정에 이르게 한다. 진액이 빠짐에서 복으로 전환하게 하는 것은 인간의 행위가 아님이 밝혀진다. 인간의 행위는 이런 전환을 위한 필요조건이지만 충분조건은 아니다. 인간이 하나님께 돌아오지 않으면 회복이 없다. 한편, 하나님이 예배자에게 돌아오지 않으셔도 회복이 없다. 때로 여호와의 돌아오심이 먼저이고, 여호와는 이것이 인간의 돌아옴을 자극할 수 있기를 희망하신다(예를 들어, 사 44:22). 때로 인간의 돌아옴이 먼저이고 하나님의 돌아오심을 자극한다(예를 들어, 욘 3:10. 물론 요나는 여호와가 이미 돌아오고자 안달이 나셨음을 알았다).

"옮기다"라는 동사는 (문자 그대로) "내 실패의 죄악"이라는 구절에서 오는 단어들과 더불어, 다시 1절에서 반복된다. 이처럼 이 콜론은 1-2절에서 선언된 일반화를 지지하는 단일 행위를 가리키는 것을 제외하고 1-2절의 내용을 재개한다. 예배자는 아뢰는 것 이외에 여호와의 용서를 받을 방법이 없다. 여호와는 기꺼이 "죄악을 옮기려" 하실 때 우리의 용서를 위해 대가를 지불하신다.

[시] 32:6-7

아룀은 댐의 수문을 연다.
"물은 빠져나가고 압력은 줄어든다."[17]

그러므로 우리는 3-4절에서 묘사된 육체적 어려움에서의 구제에 대한 언급을 예상했을 수도 있지만, 이제 다뤄지는 어려움의 원인에 관한 관심에서 이런 어

---

17 Craigie, *Psalms 1-50*, 267.

려움은 잊힌다. 시편은 여호와를 부르지만 다른 사람들이 엿듣도록 의도하면서 일반화로 되돌아온다.

첫째 일반화는 예배자의 경험이 일반인들에게 지니는 함의를 끌어낸다.
둘째 일반화는 예배자 자신이 여호와와 맺는 지속적 관계에서의 함의를 끌어낸다.

이런 식으로 둘은 시편 30편에서 이끌어 낸 함의와 4-5[5-6]절과 그 후에 11-12[12-13]절에서 상응한다.

> 6 이로 말미암아 모든 경건한 자는 주께 기도할지라
> 주를 만날 기회를 얻을 때에도(개역개정: 이로 말미암아 모든 경건한 자는 주를 만날 기회를 얻어서 주께 기도할지라-역주)
> 진실로 홍수가 범람할지라도
> 그에게 미치지 못하리이다

첫째 콜론에서 모든 경건한(*헌신한) 자는 입을 열지 않는(3절) 잘못을 하는 것보다는 여호와께 *기도해야 한다. 둘째 콜론은 생략한 요소가 있지만, 이 절의 두 개의 중간 콜론이 병행을 이룸을 시사하면서, 또 다른 레(l) 구절이 이어진다. 즉, 문자 그대로는 "만남의 때에/강력한 물의 몰려옴에서."

이때 "~의 때에"는 둘째 콜론뿐만 아니라 셋째 콜론에도 적용되며, "강력한 물"은 만남의 연기된 주어가 되면서, 셋째 콜론뿐만 아니라 둘째 콜론에도 적용된다. 이와 같이 이 표현은 이 물들이 압도하게 됨을 가리킨다(참조. 116:3; 119:143에서의 "만나다"를 의미하는 마차[māsā ']라는 이 동사의 용법).[18] 여호와께 기도

---

18 NIVI는 여호와가 "만나다"의 목적어라고 여기고, "주가 만나지게 될 동안에"라고 번역하지만, 그렇다면 최소한 니팔을 예상할 것이며(예를 들어, 사 55:6; 65:1; 렘 29:14), 문맥은 달리 이 개념을 지적하지 않는다. NJPS는 더욱 그럴듯하게 여호와는 "발견하다"(만나다, find)의 주어라고 여긴다. 죄악을 발견한다(find out)는 개념이 더욱 흔한 개념이며(예를 들어, 시 17:3; 36:2[3]) 문맥에 잘 들어맞는다. 그렇다면 이 개념은 우리의 죄악이 발견됐을 때 여호와와의 상황을 받아들이고 따라서 3-4절에서 묘사된 예배자가 겪은 일종의 경험을 겪기를 거부한다는 것이다. 하지만 이 진술은 다시 매우 생략의 요소가 많다.

한 결과는 "강력한 물들"이 우리를 쫓고 만나며 몰려올 수도 있지만, 우리를 건드리지(나가[nāgaʻ] 히필) 못하게 될 것이다

> 7 주는 나의 은신처이오니
>   환난에서 나를 보호하시고
>   구원의 외침(개역개정: 노래-역주)으로 나를 두르시리이다 (셀라)

이 약속에 대한 암묵적 근거는 예배자 자신의 경험인데, 이는 여기서 한 번의 사건에 비추어 그 경험을 일반화한 것으로 표현된다. 세 콜론은 세 번 요점을 지적하는데, 처음에는 명사절로 그 후에는 더욱 밀접하게 병행을 이루는 동사절들로 지적한다. 각각에는 1인칭 단수 접미사가 결합한 2인칭 단수 이크톨(yiqtol, 하나는 포엘[poel], 하나는 칼[qal])이 있다. 은신처의 이미지는 강력한 물의 이미지에서 이어 간다(참조. 사 28:17; 32:2). 물들이 우리에게 뻗지 못하는 것은 여호와가 은신처가 되시기 때문이다.

중간 콜론은 요점을 더욱 일반적으로 표현한다. "보호하시고"(나차르[nāṣar])를 가리키는 단어는 "환난"(차르[ṣar])을 가리키는 단어처럼 보이는데, 이는 이 단어들의 의미에서 대조를 부각시킨다.

그다음으로 "두르시리로다"는 다시 물의 일반적 현상이다(욘 2:3, 5[4, 6]). 이런 식으로 셋째 콜론은 물에 의한 위협받는 두름과 "구원의 외침들"이나 아마도 "구원의 큰 외침"(강조의 복수), 즉 여호와께 구원하러 와 주시라는 외침이나 외침들(*울림)에 의한 실제적 두름 사이의 대조를 시사한다. 강력한 물들은 대적들을 가리키는 비유, 즉 6-7절에서 줄곧 나오는 이미지일 수 있으며, 그렇다면 구원의 두르는 외침들은 공격의 두르는 외침들과 대조를 이룬다(109:3).

[시 32:8]

> 8 내가 네 갈 길을 가르쳐 보이고
>   너를 주목하여 훈계하리로다

예배자는 거의 계속 여호와를 부르지도 않고, 다른 누군가도 부르지 않는다. 이 시편은 실제로 이 회개하는 죄인이 교사일 수도 있다고 내포하지만, "너"는 단수이며, 부르는 대상으로 여겨지는 개인이 없다. 더 나아가 "너를 주목하여"는 여호와의 말씀처럼 들린다. 그러므로 대화 상대자는 3-7절과 동일하지만, 여호와는 이제 예배자에게 응답하신다.

여호와에게서 오는, 탄원자에게 듣는다고 확신하는 말씀이 우리가 기대할 수도 있는 한탄에 나오지 않지만, 여호와에게서 오는 말씀은 때로 예기치 않게 시편 95편과 같은 찬양시에 나오며, 여기서도 마찬가지이다(아마도 우리는 하나님에게서 오는 말씀이 예기치 못했으며 예기치 못한 형태를 띤다고 생각해야 할 것이다).

두 개의 병행을 이루는 행에서, 세 개의 1인칭 절은 모두 병행을 이룬다. 하지만 또 다른 세 개의 표현은 이전 표현들을 잇는데, 이는 미래에 탄원자를 옳은 길로 지킬 것이라는 여호와 측에서의 개인적 가르침에 대한 완전한 헌신을 시사한다. 이 시편의 초반 부분에서는 어떤 면에서 예배자가 여호와의 길을 걷고 있지 않았다고 지적했다. 죄악과 자복 후에 여호와는 예배자가 동일한 잘못에 다시 빠지지 않을 것이라고 확신시킬 방책들을 효과적으로 제시하신다.

마무리하는 명사절은 다른 요점을 지적하고, 아마도 모호하기는 하지만, 따라서 이 행을 절정에 이르게 한다. 여호와가 우리에게 눈을 두신다(개역개정은 "주목하여"라고 번역하였지만, 원문상으로는 "네게 눈을 둔다"라고 되어 있음-역주)는 것은 주목하심을 시사한다.

하지만 여호와는 왜 주목하시는가?
여호와는 이전 콜론에서 언급한 방식을 따라 우리를 도우려고 신경을 쓰고 계시는가?
아니면 여호와는 우리를 점검하고 계신가?

아마도 여호와는 둘 다를 행하고 있으며, 우리는 어떤 형태의 주목이 우세한지 선택해야 할 것이다.

[시] 32:9-11]

처음으로 수신인들이 9a절과 다시 11절에서 명백히 복수로 나오고, 10-11절은 3인칭으로 여호와를 언급한다. 나는 이것을 예배자가 처음에는 여호와의 말씀에 대해 반응으로 하지만 교훈적으로 공동체를 위한 이 말씀의 함의를 지적하면서 다시 한번 말한다고 여긴다. 이처럼 이 시편은 예배자가 증언을 들은 사람들에게 말하면서 시작하는 것처럼 마무리하고 있다.

하지만 복수는 9b-10절에 있는 단수 대명사들과 명사들을 포함하는데, 이는 사람들에게 이 절이 공동체 뒤에 숨기는 것이 아니라 개인들로서 자신들에게 적용됨을 보도록 촉구한다.

> 9 너희는 무지한
> 말이나 노새같이 되지 말지어다
> 그것들은 재갈과 굴레로 단속하지 아니하면
> 너희에게 가까이 가지 아니하리로다

아마도 이 권고는 장엄한 분위기의 8절 끝에 있는 모호한 진술을 재촉할 것이다. 말이나 노새와의 비교는 독특하며, 말은 보통 힘을 상징하지만, 이 행은 예배자들에게 여호와를 순종하는 일에 실패하지 않도록 경고하면서, 시편 95편의 마무리하는 섹션의 일반적인 점을 떠올리게 한다.

> 10 악인에게는 많은 슬픔이 있으나
> 여호와를 신뢰하는 자에게는 인자하심이 두르리로다

10절 자체는 교훈적 양식으로 된 또 다른 매우 일반적인 관찰이며, 증언의 구체적 내용과는 관련이 없고 1-2절에 있는 일반화에 대한 반대되는 점을 지적한다. 문맥에서 10절은 또한 우리에게 예배자의 은밀한 실패와 죄악과 반란의 특성에 대한 실마리를 제공할 수 있다. 이 악함(*신실하지 못함)은 다른 시편들이 거부하는 죄이며, 여호와를 신뢰하기보다는 어떤 금지된 종교적 관습에 빠져드는 간사함(2절을 보라)이다.

예배자는 다른 많은 이스라엘 사람과 마찬가지로, 이 간사함이 안전을 위한 열쇠라고 생각했으나 이제는 그렇지 않음을 안다. 이는 피하기보다는 어려움을 야기했다. 이처럼 이 증언은 이런 악함이 슬픔을 야기하는 반면에 여호와를 신뢰함은 결국 효과가 있는 것으로 드러날 것을 내포한다.

여호와를 사랑(개역개정: 경건-역주)하면(6절) 여호와도 사랑할 길을 열게 된다. 이런 식으로 한 사람을 구출하게 하는(7절) 외침의 두름이 여호와를 *신뢰하는 어느 사람에 대해서도 사랑(*헌신)함이 두른다. 게다가 예배자는 여호와에 대해 신실하지 못함은 용서받을 수 없는 한 죄가 아님을 발견했다.

> 11 너희 의인들아
> 여호와를 기뻐하며 즐거워할지어다
> 마음이 정직한 너희들아 다 즐거이 외칠지어다

그것이 사실이라면 *의인은 여호와로 기뻐할 수 있다. 마무리하는 행은 각각이 복수 명령으로 시작하면서 세 개의 병행을 이루는 두 개의 강세를 지닌 콜론으로 구성된다. 첫 두 콜론은 사람들이 내는 소리의 의미를 가리키고, 셋째 콜론은 *울림 자체를 가리킨다.

첫째 콜론은 계속 기뻐하는 대상을 구체적으로 표현한다. 둘째와 셋째 콜론은 기뻐하는 주체를 구체적으로 표현한다. 마무리하는 동사가 칼(qal)보다는 히필(hiphil)이 됨으로써 첫 두 동사를 능가하듯이, 마무리하는 명사 표현은 복잡함으로 이전 명사 표현들을 능가한다. 즉, 이것은 마소라 본문에서는 한 강세만을 지니지만 세 단어와 관련되고, 이전 것에 "다"를 덧붙인다. 삼중의 찬양은 삼중의 죄, 삼중의 자백, 삼중의 용서, 삼중의 가르침, 삼중의 보호와 일치한다.

3. 신학적 의미

다른 부류의 그리스도인들은 죄와 고난 사이의 연관성에 대한 두 가지 상반된 입장 가운데 하나를 취할 수 있다. 어떤 이는 이 연관성을 강조하는 성경 본문을 강조하는 경향이 있는 반면에, 다른 이는 연관성을 부인하는 본문에 초점을 둔다. 두 가지 입장은 전체 성경의 너무 단순화된 설명을 시사한다. 신약과 구약은 관련이 있을 수 있음을 고려한다.

신약에서 바울이 고린도에서 질병과 죽음에 관해 설명하듯이(고전 11:29-30을 보라; 바울은 실제로 롬 4:7-8에서 또 다르게 관련되어 이 시편을 인용한다), 예수님이 지붕을 통해 내려진 중풍 병자의 용서를 선언하실 때 이 연관성을 내포하신다(막 2:1-12을 보라). 다른 한편, 욥의 이야기가 욥의 경우에 이를 부인하듯이, 예수님은 태어났을 때부터 눈먼 사람의 경우에 이 연관성을 부인하신다(요 9:3을 보라).

시편들 역시 두 관점이 사실일 수 있음을 내포한다. 시편에서 많은 애가와 감사시는 사람들이 죄를 짓지 않고서도 고난을 겪음을 전제한다(애가와 감사시는 고난 겪는 자들이 죄를 지었음을 부인하고 있지 않고, 이런 특정한 고난을 받을 만한 어떤 특별한 죄가 있음을 부인하고 있다). 시편 32편과 같은 다른 애가와 감사시는 연관성이 있을 수 있음을 내포한다.

아픈 누군가의 친구들은 욥의 친구들과 같이 행하고 그 사람의 문제는 회개할 죄가 있음을 의미함이 틀림없다고 주장한다면, 전혀 도움이 되지 않는다. 하지만 그들은 이 가능성을 배제한다면 또한 그 사람에게 전혀 도움이 되지 않을 것이다. 이 증언을 한 예배자가 이것을 시도했었지만, 역효과가 났음을 알았다. 이는 상황을 더 악화시켰다. 시편 기자는 "이 (침묵)에서 자신의 과거에 대한 실제로 악한 것을 인정한다. 침묵은 이 과거 자신의 존재에서의 죽음의 씨앗이었다."[19] 증언은 결국 자복이 영혼에도 몸에도 유익하다는 것이다.

---

[19] Karl Barth, *Church Dogmatics, IV/1* (Edinburgh: T&T Clark, 1956), 576.

제33편

창조주와 역사의 주

1. 본문

1 너희 의인들아 여호와를 즐거워하라
  찬송은 정직한 자들이[1] 마땅히 할 바로다[2]
2 수금으로 여호와께 감사하고
  열 줄 비파로 찬송할지어다
3 새 노래로 그를 노래하며
  즐거운 소리로 아름답게[3] 연주할지어다

4 여호와의 말씀은 정직하며
  그가 행하시는 일은 다 진실하시도다
5 그는 공의와 정의를 사랑하심이여[4]
  땅(개역개정: 세상-역주)에는 여호와의 인자하심이 충만하도다[5]

---

1 우가릿어에서 처음 나오는 레(*l*)는 호격, "오 의인들아"를 의미할 수 있으며, 나와(*nāʾwâ, nʾh*)에 관한 *NIDOTTE*를 보라; cf. *IBHS* 11.2.10i; Mitchell Dahood, "Vocative lamedh in the Psalter," *VT* 16 [1966]: 299–311, 특히 305)의 추가 가능성을 열 것이다. 하지만 히브리 화자가 이것을 이런 식으로 읽을 것인지에 대해서는 의문스럽다.
2 나는 아와(*ʾāwâ*)에서 나와(*nāʾwâ*)를 도출하지만, (예를 들어) 아와(*ʾāwâ*, 바라다), 나아(*nāʾâ*, 사랑스럽다), 나와(*nāwâ*, 찬양하다)에서 온 양식들을 구분하기가 어렵다. 참조. 93:5; 147:1.
3 문자 그대로, "연주할 (때에) 잘 한다."
4 분사의 대명사 주어는 생략된다. Cf. GKC 116s.
5 또는 "여호와의 인자하심이 땅을 덮는다." 말레(*mālē*)는 자동사일 수도 타동사일 수도 있다.

6 여호와의 말씀으로 하늘이 지음이 되었으며
　　그의 모든 군대(개역개정: 그 만상-역주)를 그의 입 기운으로 이루었도다
7 그가 바닷물을 모아 댐/가죽 부대에처럼(개역개정: 무더기 같이-역주) 쌓으시며
　　깊은 물을 곳간에 두시도다[6]
8 온 땅은 여호와를 두려워하며
　　세상의 모든 거민들은 그를 경외할지어다

9 그가 말씀하시매 이루어졌으며
　　명령하시매 견고히 섰도다
10 여호와께서 나라들의 계획을 폐하시며
　　민족들의 사상을 무효하게 하시도다
11 여호와의 계획은 영원히 서고
　　그의 생각은 대대에 이르리로다
12 여호와를 자기 하나님으로 삼은 나라
　　곧 하나님의 기업으로 선택된 백성은 복이 있도다

13 여호와께서 하늘에서 굽어보사
　　모든 인생을 살피심이여
14 곧 그가 거하시는 곳에서
　　세상의 모든 거민들을 굽어살피시는도다
15 그는 그들 모두의 마음을 지으시며[7]
　　그들이 하는 일을 굽어살피시는 이로다
16 많은 군대로 구원 얻은 왕이 없으며
　　용사가 힘이 세어도 스스로 구원하지 못하는도다
17 구원하는 데에 군마는 헛되며

---

6 분사 표현들은 절로 여길 수도 있지만, 그렇다면 우리는 그 표현들이 현재의 의미를 지닐 것이라고 예상할 것이다(참조. 5절). 이것을 6절에 나오는 과거 주요 동사와의 관계에서 도출하기보다는 그 표현들이 그 자체의 과거 언급을 지니는 것처럼 여기기가 더 어렵다.
7 마소라 본문은 야하드(*yaḥad*)로 되어 있으며, 70인역은 야히드(*yāḥid*)를 내포한다.

　　　　군대가 많다 하여도 능히 구하지 못하는도다
　18 여호와는 그를 경외하는 자
　　　　곧 그의 인자하심을 바라는 자를 살피사
　19 그들의 영혼을[8] 사망에서 건지시며
　　　　그들이 굶주릴 때에 그들을 살리시는도다

　20 우리 영혼이 여호와를 바람이여
　　　　그는 우리의 도움과 방패시로다
　21 우리 마음이 그를 즐거워함이여
　　　　우리가 그의 성호를 의지하였기 때문이로다
　22 여호와여 우리가 주께 바라는 대로
　　　　주의 인자하심을 우리에게 베푸소서

2. 해석

　시편 33편은 22행으로 구성되지만 이 행들이 알파벳의 연속된 문자로 시작하지는 않는다.[9] 행의 숫자는 우연일 수 있지만 다른 시편들이 21행이나 23행을 지니므로 예레미야애가 5장(참조. 또한, 잠 2장)과 같은 기도에 익숙한 예배자들은 이 형태가 찬양 행위의 형태로 되어 있는, 여호와를 찬양함에 대한 종합적 가르침을 시사한다고 여길 수 있다.

　초반 부분은 찬양에 대한 명령(1-3절)과 찬양의 이유(4-7절)로 구성되는 찬양 양식을 따른다. 거기서 또 다른 간접적 찬양에 대한 명령(8절)이 이어지고, 이 시편의 나머지 대부분을 차지하는 추가 이유가 나온다(9-19절). 마무리는 신뢰의 선언과 기도이다(20-22절).

8　나프샴(*Napšām*), "그들의 *사람."
9　William Wallace Martin ("The Thirty-Third Psalm as an Alphabetic Psalm," *AJSL* 41 [1924–25]: 248–52)은 알파벳 시가 되도록 이를 실제로 재구성한다. Cf. 또한 Pierre Auffret, *Hymnes d'Égypte et d'Israël*, OBO 34 (Göttingen: Vandenhoeck & Ruprecht, 1981), 72–73에서의 설명.

이처럼 이 시편은 "하나님에 대한 노래"이며, 하나님은 거의 모든 행에서 "하나님이 최종적으로 불리는 마지막 행까지" 언급된다.[10] 이 시편이 더 진행될수록, 엄격한 찬양 양식을 덜 고수하는데, 물론 이는 이 장르의 많은 사례에도 해당되며, 이런 이유는 22절 전체를 달성하는 데 초점을 두기 때문이다. 알폰스 데이슬러(Alfons Deissler)가 이 시편은 선집의 성격을 지닌다고 말한 것은 구약의 다른 부분과 충분히 연관성을 지닌다.[11]

70인역은 "다윗의 시"라고 하고 4QPsq은 "다윗의 노래"라고 하지만 이 시편은 표제가 없다. 다윗의 경험과 이어지는 다윗 혈통의 많은 왕의 경험은 10-19절을 잘 설명할 것이며, 그들에게 도전이 될 것이다. 즉, 이사야 시대에 다윗의 가문의 두 중요한 인물인 아하스와 히스기야는 이 도전과 경험을 잘 보여 줄 것이다. 하지만 표제가 없음은 1절이 32:11을 잇고 시편 33편을 32:11의 권고에 대한 반응으로 바꾸는 방식을 부각시킨다.

시편 33편은 또한 "복"(12절)에 대한 선언을 통합시키는데, 이는 시편 32편을 시작하고, 기쁨과 신뢰와 인자하심에 대한 언급이 있는 시편 32편과 비슷한 방식으로 마무리하는 선언들과 비슷하다. 감사와 찬양 사이의 관계와 조화를 이루면서 시편 32편을 따라 이 시편은 감사가 증언하는 경험에 의해 새로운 활력이 주어지는 찬양의 감사를 계속 제공한다.[12]

주석가들은 시편의 행들이 제사장, 성가대, 사람들이 공유하는 방식을 추측하려고 노력했지만 이런 일이 일어났는지, 또는 어떻게 일어났는지를 우리에게 말해 주는 본문에서의 표시어가 없다. (예를 들어) 시 118편과 33:1-3을 대조해 보라.

---

10 Fokkelman, *Major Poems*, 2:131.
11 "Der anthologische Charakter des Psalmes 33 (32)," in *Mélanges bibliques* (André Robert Festschrift; Paris: Bloud & Gay, 1957), 225–33. Cf. Seybold, Psalmen, 137. 이 시편의 문학적 특징에 대해, Jean Marcel Vincent, "Recherches exégétiques sur le Psaume xxxiii," *VT* 28 (1978): 442–54을 보라.
12 다음을 더 보라. Gerald H. Wilson, "The Use of 'Untitled' Psalms in the Hebrew Psalter," *ZAW* 91 (1985): 404–13, 특히 405–7.

[시 33:1-3]

시작하는 찬양에 대한 권고는 세 개의 3-3의 병행을 이루는 행으로 구성되며, 각각은 또한 내부적으로 여섯 개의 병행을 이루는 콜론을 만들며 병행을 이룬다. 명령은 여호와가 어떻게 예배에 대한 화제나 이유(1절)[13]와 그 대상(2, 3절)이 되는지를 지적한다. *고백에 대한 명령의 언급은 이 용어가 엄격하게 감사시/증언시에 속하므로 다소 이상하기는 하지만 이 명령은 시편의 특성을 주목하게 한다. 다른 한편, 이 시편이 음악을 강조하는 것은 실제로 찬양에 속한다. 감사는 말에 초점을 두는 반면에, 찬양은 소리(*울림, *찬송, *외침; 1절, 3b절)와 *음악*2-3절)을 중요하게 여긴다.[14]

또한, 음악은 악기와 노래를 포함한다. 이 시편은 찬송의 동기와 목적이 수단보다 더 중요하다고 의미하기보다는,[15] 찬양의 동기에 대해 어떤 언급도 하지 않지만, 전형적으로 목표나 내용과 외적 수단을 결합한다. 찬양에서 예배자의 동기와 소망은 여호와에 초점을 두는 관심에서 사라진다. 음악, 소리, 여호와의 인격에 대한 언급은 동일하게 찬양에 내재한다.

> 우리는 우리 자신이 좋은 소리가 나며 조화를 이루는 악기로 변하여 감각과 지성의 모든 능력을 통해 하나님에 대한 찬양을 부를 수 있다.[16]

> 1 너희 의인들아 여호와를 즐거워하라
> 찬송은 정직한 자들이 마땅히 할 바로다

1절은 참여하도록 권유받은 사람들, *의롭고 정직한 사람들에 대한 이중적 묘사이다. 두 용어가 하나님의 사람들에게 적용되는 이유는, 의심의 여지 없이 그들이 암묵적으로 사람들에게 자신들의 이름에 따라 살도록 도전할지라도 그들

---

13 참조. (예를 들어) 20:5[6]에서의 라난(rānan, 피엘) 뒤에 베(b) 용법. 킴치(Qimchi)는 하나님이 울림과 찬양에 대한 유일하게 적절한 원인이라고 추론한다.
14 Westermann, *Living Psalms*, 210–11.
15 McCann, "Psalms," 810도 그렇다.
16 Theodoret, *Psalms*, 1:202–3.

은 하나님의 사람들이기 때문이다. 의롭고 정직함은 하나님이 그들에게 그렇게 되라고 부르신 것이다.

훨씬 더 특이한 표현이 둘째 콜론에 있는 명령문과 병행을 이루는데, 곧 "찬송은" 이런 사람들이 "마땅히 할 바로다"라는 것이다.

> 2 수금으로 여호와께 감사하고
> 열 줄 비파로 찬송할지어다

이제 2절은 *수금과 여기서는 열 줄로 된 *비파라는 두 악기에 대한 언급을 묶으면서, 찬양의 내용과 찬양의 음악적 수단을 결합한다(참조. 144:9; 또한 92:3[4]).

> 3 새 노래로 그를 노래하며
> 즐거운 소리로 아름답게 연주할지어다

이제 첫 번째 명백한 노래에 대한 언급은 또 다른 "연주"(나간[nāgan], 피엘, 문자 그대로 "건드리다", 즉 "뜯다")에 대한 언급과 소리에 대한 언급을 결합한다. 40:3[4]과 144:9에서 "새 노래"가 새로울 수 있는 이유는 새 노래가 여호와가 행하신 새로운 일과 상응하기 때문이며, 96:1, 98:1, 149:1에서, 새 노래는 여호와가 사람들을 구원하시고 그들의 대적을 무너뜨리시면서 주권적 권위로 행하심에 대한 새로운 인식과 관련될 수도 있다.

아마도 3절은 대적을 무너뜨림에 대한 통상적 설명일 것이다. 아마도 창조주와 통치자와 구원자로서의 여호와의 행위는 항상 새로운 노래를 부를 만한 가치가 있다. 아마도 새로운 노래는 옛 "세속적" 노래와 대조를 이루거나, 이 표현이 새로운 사람이 새로운 노래를 부른다는 환유와 관련될 것이다.[17]

---

17 이 두 개념에 대해, cf. Luther, *First Lectures*, 1:154.

[시 33:4-7]

찬양의 특징적인 "왜냐하면"(원문은 4절에서 "왜냐하면"으로 시작함-역주)은 이 새로운 노래에 대한 이유 가운데 첫 이유를 소개한다. 두 쌍의 행(형식에서는 그렇지 않을지라도 내용에서 대략 병행을 이루는)은 두 가지 이유를 설명하는데, 곧 여호와와 세상과의 관계의 특성 및 여호와가 태초에 세상을 만든 방식을 설명한다. 다시 각 행은 내부적으로 병행을 이룬다.

> 4 여호와의 말씀은 정직하며
> 　그가 행하시는 일은 다 진실하시도다
> 5 그는 공의와 정의를 사랑하심이여
> 　땅(개역개정: 세상-역주)에는 여호와의 인자하심이 충만하도다

4-5절은 시작하는 부분의 명령을 뒷받침하며, 먼저 찬양하라는 명령을 받은 사람들에게 돌려졌던 특성을 여호와가 가지셨다고 선언하는데, 물론 이에 더 추가한다. 여호와는 정직하시고 *의로우실 뿐만 아니라 *진실하시고 *인자하시다. 이처럼 여호와는 우리 인간이 최상으로 열망하는 것과 일치하는 것 이상이시다. 두 행은 또한 이런 점들을 내비친다.

정직은 실제로 여호와의 말씀이다. "약속"을 가리키는 히브리어 단어가 없음을 고려할 때, 문맥은 여호와의 이 말씀이 시편에서 일반적 의미인 미래에 대한 의도를 선언함을 시사할 수 있다(예를 들어, 56:4[5]; 105:42; 106:24; 119:25). 여호와의 이런 말씀은 정직하며 신뢰할 만하다. 여호와의 약속은 속이지 않는다. 여호와의 행위는 이런 관찰과 유사하게, 이런 약속들을 성취하는 행위이다. 즉, 이런 의미에서 여호와의 행위는 진실함의 특성을 보인다.

둘째 행은 여호와는 진실하시므로 공의로우실 뿐만 아니라 공의(*신실함)를 사랑(*봉헌)하신다. 즉, 공의에 열성적이시며, 공의를 좋아하신다. 요점은 이를 공의와 정의(*권위, 문자 그대로, "신실함과 권위에")를 신실하게 행사하는 데 전념하시는 것으로 말함으로써 또 다른 방식으로 표현된다. 게다가 여호와는 공의로우실 뿐만 아니라 *인자가 넘치신다. 이는 신실함을 넘어 이에 앞서는 헌신(인자, commitment)의 행위를 가리킨다. 이는 또한 일반적 신실함을 넘어 다른 이들이

신실하지 않을 때도 계속되는 헌신을 가리킨다.

하지만 더 나아가 여호와의 인자하심이 충만한 곳은 땅이다.

어떻게 그럴 수 있는가?

여호와의 인자하심을 구체화한다면 이스라엘 사람들이 어디에 있든지, (예를 들어) 애굽이나 바벨론에 있든지 이스라엘에게 인자하심을 보이신다는 것이다. 이는 이 시편의 후반부에도 들어맞는다. 또 다르게 구체화한다면 노아 언약(창 9장)에서도 시사하는 대로, 전 세계가 여호와의 인자하심을 경험한다는 것일 수 있다.

> 6 여호와의 말씀으로 하늘이 지음이 되었으며
> 그의 모든 군대(개역개정: 그 만상-역주)를 그의 입 기운으로 이루었도다

이는 4-5절 전체를 다시 읽도록 촉구할 뿐만 아니라, 곧 이어지는 행들과 조화를 이룰 것이다. 하늘이 만들어진 것은 4절이 언급한 여호와의 이 말씀에 의해서인데, 이는 창세기 1장에서 여호와가 명령하시자 존재하게 됐다고 하는 것과 일치하며, 또한 이집트와 메소포타미아 사고의 특징적 구절과도 일치한다.[18] 창조의 행위는 여호와의 말씀과 행위가 정직하고 신실함을 입증하는 한 사례였다.

둘째 콜론에서 우리는 땅이 만들어지는 것에 대한 언급을 예상할 수도 있지만, 대신에 우리는 하늘의 군대, 하나님이 땅에서 권위를 행사하시는 수단이 되는 별과 행성에 대한 언급을 발견한다. 다시 이처럼 이 행은 이전 행을 다시 읽도록 촉구한다. 여호와가 권위를 행사하실 때에 신실하심을 스스로 인정하신 것은 이 군대를 통해 표현된다.

다른 한편, 여호와의 말씀에 대한 언급과 더불어 여호와의 "입 기운"에 대한 언급은 4절에서의 여호와의 행하시는 일에 대한 언급과 병행을 이룬다. 이처럼 이 행은 말씀이 입 기운과 관련된다는 진부한 문구 이상을 표현한다. 여호와의 "입 기운"(루아흐[*rûaḥ*])은 여호와의 역동적 힘을 시사하는데, 이는 에누마 엘리쉬(Enuma Elish)에서 티아마트(Tiama)에 대해 했던 것과 같이 파괴를 의미할 수 있지만(욥 15:30), 여기서는 창조를 의미한다. 말씀은 권위 있는 말씀과 역동적 힘

---

[18] Cf. Kraus, *Psalms,* 1:376–78.

을 행사함으로 존재하게 됐다.

> 7 그가 바닷물을 모아 댐/가죽 부대에처럼(개역개정: 무더기 같이-역주) 쌓으시며 깊은 물을 곳간에 두시도다

분사들은 우리에게 땅의 (부분적인) 창조 기사를 제시한다. 하늘의 창조는 긍정적인 면에서 묘사되지만 땅의 창조는 부정적 세력을 포함한 것으로 표현된다. 거대한 부정적 세력은 땅을 둘러싸고 하늘에 거주하며 땅 아래 있는 물의 역동적 힘인데, 이 모두는 방출되면 홍수로 땅을 압도할 수 있다. 창조는 여호와가 하늘과 땅에 의한 이런 위협하는 세력들을 포함하셨음을 의미했다.

이 시편은 이런 담음을 가리키는 몇몇 안도의 이미지를 암시한다. 이스라엘 사람들은 겨울 폭풍에서 때로 계속 사용할 수 있도록 작은 양의 물을 담을 수 있는 작은 댐을 광야에서 만들곤 했다(23:2b-3a 해설을 보라). 여호와께 모든 땅의 바다는 이런 작은 못에 불과하며, 안전하게 바다 해변에 의해 둘러싸인다. 하지만 "댐"을 가리키는 단어는 홍해를 건너거나 요단강을 건널 때 물 "더미"를 묘사하는 방식으로 가장 익숙하다(78:13; 출 15:8; 수 3:13, 16). 여호와가 창조 때에 물을 담으신다는 것은 이만큼 효과적이었다.

게다가 "댐/더미"(네드[nēd])를 가리키는 이 단어 대신에, 70인역, 제롬, 탈굼, 심마쿠스는 "병"(노드[nōd]=노드[nōʾd])을 가리키는 단어를 내포한다. 여호와께 이런 물을 담는다는 것은 병을 채우는 만큼이나 문제가 되지 않는다(이 시편은 구름의 가죽 부대 같은 특성을 가리키고 있을 수 있다; 참조. 욥 38:37).[19]

또는 깊은 물은 여호와가 하늘의 작은 방에 보관하시는 자원으로, 안전하게 통제하시지만 필요할 때 적절한 방법으로 분배하실 준비가 되어 있다. 땅에 공급하시고 이런 식으로 땅을 보호하시는 것은 여호와가 단호한 신실함으로 전념하심을 표현하는 것이며, 이는 땅이 여호와의 인자하심으로 충만한 방식을 예로 보여 준다.

---

19 Cf. Keel, *Symbolism of the Biblical World*, 215.

[시 33:8]

> 8 온 땅은 여호와를 두려워하며
> 　세상의 모든 거민들은 그를 경외할지어다

　찬양시가 종종 그렇듯이, 이 시편은 병행을 이루는 콜론으로 표현되는 다시 시작하는 명령을 내놓는다. "땅"은 "세상의 모든 거민들"로 설명되며, "두려워하며"는 "경외할지어다"로 설명된다. 세상에 대한 이런 명령은 더욱 생생한 명령법으로 표현될 수 있지만, 저씨브(jussive)는 이 시편이 실제로 이스라엘을 부르고 있는 현실적 관점을 유지한다.

　시편은 이와 같이 전 세계에 대해 말함으로써 자신들의 눈으로 여호와께 영광을 돌리고 있다(명령법과 저씨브가 시 96-100편에 혼합된다). 땅이 여호와의 인자하심으로 충만하듯이(5절), 온 땅이 여호와를 *경외함이 적절하다.

　다른 한편, 이어지는 절들은 민족들이 여호와의 목표에서 벗어난 목표를 가지고 있음을 말하며, 동사 "두려워하다"(야레[yārē'])와 "경외하다"(구르[gûr])의 두 가지 가능한 측면은 여기서 관련이 있다. 민족들은 어느 것을 적용할지 선택할 수 있다.

[시 33:9-12]

　4-7절에서처럼 각각 내부적으로 병행을 이루면서 네 개의 추가적 행으로 된 이유들이 이어진다. 하지만 초점은 정치적 문제에서 여호와의 지속하는 통치권으로 바뀐다. 9-10절에서 시편은 카탈(qatal) 동사를 사용하지만, 격언의(gnomic) 카탈이다.[20]

> 9 그가 말씀하시매 이루어졌으며
> 　명령하시매 견고히 섰도다

---

[20] DG 57c; 더 자세한 사항을 위해 GKC 106k을 보라.

9절은 6절의 언어를 이어받으며, 이것이 순수하게 다시 시작하는 지점이라는 것은 이상하겠지만 처음에는 창조를 가리키는 것 같다. 하지만 9절의 언어는 이사야 48:5, 13에서의 정치적 사건들에 적용되는데, 이사야 본문에서는 하늘이 주목받는다. 시편 33:6과 비교해 보라.

우리는 9절의 카탈 동사들이 10절에서 계속되는 반면에 동사 "섰도다" 자체는 11절에서 반복됨을 곧 발견하게 될 것이다. 9절은 여호와가 세상에 자주 관여하심에 대한 선언의 시작인데, 이는 창조와 동일한 역동성을 나타낸다. 창조에서처럼 정치에서 여호와가 말씀하시면 일들이 일어난다. 여호와는 명령하시고 일들이 견고히 선다.

> 10 여호와께서 나라들의 계획을 폐하시며
> 　　민족들의 의도(개역개정: 사상-역주)를 무효하게 하시도다
> 11 여호와의 계획은 영원히 서고
> 　　그의 생각은 대대에 이르리로다

10-11절은 부정적으로 요점을 지적하고 그 후에 긍정적으로 지적한다. 여호와의 약속이 "영원히 서리라"(사 40:8)라는 선언에서처럼, "계획"(에차 [*'ēṣâ*])과 "의도"(마흐셰보트 [*maḥšĕbôt*])는 다시 이사야서를 떠올리게 한다(예를 들어, 사 14:24-27; 46:10-11; 55:7-9). 두 명사는 일반 명사인 반면에 동사들은 훨씬 일반적이지 않다. 일반화로서 이 시편은 제2 이사야가 포로의 상황에 적용된다는 점을 지적한다.

> 12 여호와를 자기 하나님으로 삼은 나라
> 　　곧 하나님의 기업으로 선택된 백성은 복이 있도다

제2 이사야는 거기서 일어나는 생각보다는 선지자의 말씀이겠지만, 12절의 요점에 익숙할 것이다. 여기서는 *복에 대해 잠언적 표현으로 요점이 지적된다. 이 표현은 시편의 시작보다는(참조. 시 1편; 32편; 41편; 112편; 128편) 결론으로 나온다(참조. 시 2편; 84편; 127편; 137편; 144편; 또한 34:8[9]).

또한, 처음으로 시편은 개인들의 복보다는 백성의 복에 대해 말한다. 그러나 심지어 사람들과 관련되어서도 잠언 성격의 표현이 어느 민족에나 적용될 수 있다고 기대할 수 있다. 역설적으로 이 잠언 성격의 표현은 한 백성에게만 적용될 수 있다. 이것은 순수한 논리의 지점으로 그럴 수 있다. 즉, 여호와는 오직 한 백성에게 인자하실 수 있다.

둘째 콜론은 더욱 정확하게 요점을 지적한다. 여호와가 선택하신 한 백성만이 있다. 여호와가 이스라엘을 택하신다는 언급은 시편에 놀랍게도 드물지만(달리 135:4만이 이스라엘의 선택을 언급한다), 다시 이사야 40-55장(예를 들어, 41:8-9; 44:1-2; 48:12)에서는 더 흔하다. 이사야 본문에서는 이스라엘도 여호와의 기업(*소유)이다. 전체 이 행의 표현은 여호와가 이스라엘의 하나님이 되시고 이스라엘은 여호와의 백성이 되는 언약 관계의 표현이 변형된 것이다(참조. 사 40:1).

[시 33:13-19]

여호와에 대한 이 시편의 진술 나머지는 9-11절에서의 요점을 확장한다.

나머지 진술은 먼저 여호와와 세상의 관계에 대해 일반화한다(13-15절; 참조. 9절). 이 점을 정치적 문제로 계속 적용한다(16-17절; 참조. 10-11절). 그 후에 여호와 자신의 백성에 대한 이 일반화의 의미를 지적한다(18-19절; 참조. 12절). 12절이 13-19절에 대한 서론이 아니라 9-11절의 결론이라고 시사하는 것은 9-12절과 13-19절에서의 순서이다.

> 13 여호와께서 하늘에서 굽어보사
>   모든 인생을 살피심이여
> 14 곧 그가 거하시는 곳에서
>   세상의 모든 거민들을 굽어살피시는도다

동사들은 다시 격언의 카탈(qatal)이다. 두 행은 서로 병행을 이룬다.

13절 내에 두 콜론 역시 겹치는 병행법을 나타내지만, 두 행에서 한 콜론만이 완결된 문장이 되지는 않을 것이다. 이와 같이 13절에서 동사들은 병행을 이루지만 13a절의 전치사 구와 주어는 둘째 콜론에도 적용되는 반면에 13b절에서 목적어는 첫째 콜론에도 적용된다.

14절에서 둘째 콜론은 첫째 콜론에 목적으로 제공할 뿐이다. 두 행 사이에 두 개의 "~에서"라는 구절은 병행을 이루는데, 하나는 장소를 제공하고 다른 하나는 그 의미를 제시한다. 여호와가 거주하시는 장소는 하늘에 있다.

두 목적어 구절도 병행을 이룬다. "모든 인생"은 문자 그대로 "인간의 모든 아들들"이며, 따라서 "세상의 모든 거민들"과 형식적 병행이 매우 밀접하고, 함께 이 구절들은 여호와의 굽어살피심의 완전함을 강조한다. 차례로 세 동사는 여호와의 굽어보심, 살피심, 굽어살피심의 의도를 강조하는데, 이는 드문 동사 샤가흐(šāgah)와 함께 절정에 이른다(이것은 다른 곳에서 사 14:16; 아 2:9에서만 나온다). 한 번 더 세 동사는 여호와 본래의 전지하심으로 모든 것을 아시는 것이 아니라, 그렇게 하고자 하실 때 모든 것을 발견하실 수 있음을 내포한다.

> 15 그는 그들 모두의 마음을 지으시며
> 　그들이 하는 일을 굽어살피시는 이로다

이제 15절은 13-14절에서 부족해 보이는 것을 보충한다. 13-14절은 보는 이의 장소와 활동과 대상에 관해 설명했지만, 그가 "여호와"라는 점을 제외하고 이 보는 이의 성품에 대해 어떤 것도 말하지 않았다. 15절은 이를 개선한다. 많은 영어 번역본이 이를 뜻이 다음 행에서 계속되는 것으로 여기지만, 둘째 콜론은 13-14절의 요점을 반복하는데 그렇다면 불필요한 것으로 보인다.

이 행은 추가로 독립적 문장, 곧 명사절인 것 같으며, 여기서 재개하는 주어는 "그들이 하는 모든 일을 굽어살피시는 이"이다("모든"은 그 점을 더욱 강조하고자 다시 반복된다). 이처럼 이 행의 요점은 보이는 이가 원래의 만든 자, 그들의 창조주임을 덧붙이는 것이다. 구체적으로 여호와는 사람들의 *마음을 형성하신다. 이는 그 안을 들여다보실 능력을 내포한다.

> 16 많은 군대로 구원 얻은 왕이 없으며
> 　용사가 힘이 세어도 스스로 구원하지 못하는도다
> 17 구원하는 데에 군마는 헛되며
> 　군대가 많다 하여도 능히 구하지 못하는도다

18-19절에서 연관성을 분명히 하겠지만, 여기서의 요점은 처음에는 관련이 없어 보인다. 다시 두 행은 병행을 이룬다. 첫째 행은 또한 내부적으로 병행을 이루고, 둘째 행에서 두 콜론은 둘째 콜론이 첫째 콜론을 다시 진술하는 것과는 다른 방식으로 서로 보완한다. 달리 표현하면, 16절에서 두 콜론은 형식상으로 병행을 이루지만, 실제적으로 보완하는 반면에, 17절에서 두 콜론이 형식상으로 구분되지만 실제로 병행을 이룬다. 네 콜론에서 요소들은 셋씩 나온다.

두 행은 왕(그의 능력에서 군대 사령관으로), 용사, 말(이스라엘 세계에서 가장 인상적인 군사 장비)에 관심을 둔다. 두 행은 그들을 구원하거나 구하는 능력에 관심을 둔다. 즉, 첫째 행(16절)에서 병행을 이루는 동사들은 모두 니팔(하나는 분사이고, 다른 하나는 이크톨[yiqtol])이다. 둘째 행(17절)에서 "구원하다"는 명사로 다시 나오고, 추가 동사는 피엘(piel)이다.

이와 같이 첫째 행은 인간 자신들의 피난처를 찾지 못하는 무능력에 대해 말하지만, 둘째 행은 구원에 필요한 것을 충족하지 못하는 말의 무능력에 대해 말한다. 이런 피난의 효율적이지 못한 수단은 군대와 힘과 능력이다. 즉, 왕은 개인적 힘이나 능력이 없을 수 있지만, 군대를 가진 반면에, 용사나 말은 이런 힘이나 능력을 갖춘다. 각각은 "큰"(개역개정: "세어도"와 "많다"로 번역됨-역주)으로 수식되지만 어느 것도 사람에게 유익이 되지 못한다. 말에 적용된 놀라운 명사는 모두에게 적용될 수 있다. 그들 모두는 *거짓이다.

> 18 여호와는 그를 경외하는 자
>   곧 그의 인자하심을 바라는 자를 살피사
> 19 그들의 영혼을 사망에서 건지시며
>   그들이 굶주릴 때에 그들을 살리시는도다

13-15절과 16-17절 사이의 연결고리는 여호와의 살피심의 목표(13-15절)가 (예를 들어) 사람들을 곤란하게 하려는 단지 호기심이나 바람이 아니라는 것이다. 여호와는 이스라엘이 필요할 때 분명히 구원받도록 하시고자(참조. 16-17절) 특히 이스라엘을 살피기를 원하신다. 힘과 능력, 군대를 의지하는 사람들이 건져 냄을 받지 못하는 이유는, 건져 냄을 받는 응답이 하나님의 인자하심(*헌신)을 표현하는 살피시는 눈에 있기 때문이다.

인간의 측면에서 이처럼 건져 냄을 받는 응답은 이런 자원들의 축적이 아니라 *경외하고(참조. 8) *기다리는 태도에 있다. 이들 둘 사이에는 창조적 긴장이 있다.

전자는 여호와가 무엇을 보내시든지 받아들이고, 여호와가 무엇을 말씀하시든지 하면서, 여호와께 겸손히 복종하는 것을 내포한다.
후자는 여호와가 새로운 일을 하시고, 구체적으로 우리가 필요할 때 내버려 두지 않으시기를 기대함을 내포한다. 그리고 이는 여호와가 우리를 위해 조처하시도록 간청함을 내포한다.

음식이 없을 때 먹을 것을 추가로 언급하는 것은, 사람들이 포위되거나 군대가 그들의 땅을 위협하고 그들의 식량을 소비하여 굶주림이 실제 가능성이 되는 전쟁의 시기에 여호와가 생명을 보존하시는 방식을 더욱 구체화한다.[21]

[시 33:20-22]

찬송은 현재의 희망과 미래의 찬양과 신뢰 및 이 희망을 위한 기도가 옹호되기를 선언하는 것으로 마무리한다. 이런 것은 찬송의 일반적 특징이 아니지만, 찬송이 보여 주는 다양함의 범위 밖에 있지는 않다.[22] 찬송은 예배자들이 시작에서 가졌던 명성을 재주장하는 세 행의 반복 진행인 한, 그 특성은 찬양하라는 시작의 권고와는 다르더라도 1-3절과 인클루지오를 형성한다. 실제로 20-22절은 1-3절이 여호와에 초점을 둘 때 표현하지 않은 개인적 태도를 표현한다.

---

21 행들의 쌍은 또 다른 시적 패턴을 나타낸다. 모두 내부적으로 병행을 이루고, 함께 하나의 완전한 문장을 이룬다. 비록 18절이 홀로 있지만 19절은 그렇지 않을 수 있다. 18절에서 첫 단어 "여호와는"은 "그를 경외하는 자들"과 병행하는 표현에 모두 적용된다. 19절에서 두 목적절(레[/]+부정사)은 먼저 죽음과 관련 있고, 그다음으로 생명과 관련 있다.
22 Westermann, *Praise and Lament*, 130의 설명을 보라.

> 20 우리 영혼이 여호와를 바람이여
> 　그는 우리의 도움과 방패시로다

　20절은 19a절의 공동체의 네페쉬(*nepeš*, *사람)에 대한 언급을 이어 가는데, 여기서는 "영혼"이라고 번역되며 실제로 18b절과 19a절의 구조와 기다림에 대한 언급을 이어 간다. 그러므로 여호와가 구할 수 있는 네페쉬는 여호와가 *도움과 *방패로 드러날 희망 가운데 살아간다.
　두 개념은 함께 나온다. 즉, 여호와는 방패가 되심으로써 도움이 된다. 둘째 행에 있는 명사절은 첫째 행에서의 진술에 대한 이유를 제시한다. 바람(하카 [*ḥākâ*] 피엘)은 특이한 동사이지만 의미에서는 (예를 들어) 야할(*yāḥal*, *기다리다)과 비슷하다.

> 21 우리 마음이 그를 즐거워함이여
> 　우리가 그의 성호를 의지하였기 때문이로다

　나는 이크톨(yiqtol) 동사로의 전환이 현재의 현실에 관한 이야기에서 미래의 헌신에 관한 이야기로 실제로 옮겨 가는 것으로 여기는데, 이는 찬양시의 마지막에서 종종 나오는 특징들이다. 시편 기자는 여호와가 신뢰할 만한 방패이시자 도움이 되신다고 사람들이 여호와를 계속 찬양할 이유를 가지고, 따라서 계속 *신뢰할 이유를 가지기를 기대한다.[23]
　*거룩한(참조. 105:3; 106:47; 111:9; 145:21)에서처럼, 여호와의 *이름은 거룩하신 이의 존재 자체를 나타내며, 따라서 하나님의 놀라움을 가리킨다(참조. 86:11; 99:3; 102:15[16]). 그렇다면 이 이름을 신뢰할 수 있다는 데 분명한 역설이 있다.

> 22 여호와여 우리가 주께 바라는 대로
> 　주의 인자하심을 우리에게 베푸소서

---

[23] 두 구절은 분명하게 병행을 이루는데, 한 쌍의 "왜냐하면", 한 쌍의 보완하는 베(*b*) 표현, 한 쌍의 보완하는 동사(이크톨과 카탈)가 있다.

시편을 마무리하는 바람(22절)에서 예배자는 여호와의 *인자하심을 *기다리는 사람들에 대한 확신의 진술을 이어 가고(18b절) 이를 기도로 바꾼다. 이 인자하심이 우리 "에게" 베풀기를 구하는 것은 아마도 20절의 방패 이미지와 연결될 것이다.

3. 신학적 의미

조프리 웨인라이트(Geoffrey Wainwright)는 "시편 33편, 구체적으로 6절을 삼위일체로 읽는" 오랜 기독교 전통을 따르는 데서, 아이작 와츠(Isaac Watts)를 존 칼빈보다 "더 대담하다"고 묘사한다.[24]

나는 이 전통을 거부함으로 와츠보다는 칼빈이 더 대담하다고 묘사하는 것을 선호하는데, 이는 삼위일체에 대한 것을 표현하는 좋은 방법이지만 기독교 신학과 영성에 이 시편 자체가 기여한 바를 놓칠 위험이 있기 때문이다. 이것은 처음부터 마지막까지 찬양을 포괄하는 찬송이다. 이 시편은 여호와의 모든 말씀과 행위가 정직과 진실함과 신실함, 단호함과 인자함으로 특징지어진다고 근본적으로 단언한다(4-5절). 이는 다양한 방향으로 설명될 수 있다.

여호와의 세상 창조는 창조 때에 다른 강력하고 위험한 세력에 대한 편안한 통치권과 통제를 드러내며 따라서 인류에 안도감을 주면서, 앞의 사실을 잘 보여 준다(6-7절). 여호와의 국제적 사건들에 관여하심은, 다시 다른 방향으로 작용하는 세력들에 대한 통치와 통제를 드러내며 따라서 이스라엘에게 안도감을 주면서 앞의 사실을 잘 보여 준다(9-12절).

특히, 여호와의 구원을 가져다주는 능력은, 사람들이 다른 인상적으로 보이는 자원을 신뢰함을 무의미한 것으로 만들며, 따라서 여호와와 관련하여 경외하고 기대하라고 권유하면서, 앞의 사실을 잘 보여 준다(13-19절).

시편 33편은 밀접하게 연관성을 지니는 성경 본문들과 대조적으로, 창세기의 창조 이야기의 암묵적 교훈을 끌어내고, 이사야에서의 여호와의 국제적 사건에 관여하심에 대한 단언이 특정 맥락에 국한되지 않고 여호와에 대한 확고한 진리

---

[24] "Psalm 33 Interpreted of the Triune God," *Ex auditu* 16 (2000): 101–20, 특히 112.

임을 선언한다. 이 교훈들은 따라서 단순히 종말론적인 것이 아니며,[25] 여호와가 언젠가 행사하실 통치권이 아니라, 하나님이 행사하셨고 지금도 행사하시는 통치권에 주로 관심을 가진다.

이 시편의 틀은 하나님께 보이는 우리 인간의 반응에 대한 상응하는 포괄성을 시사한다. 예배는 우리 자신에게서 대상에게로 시선을 돌리는 것과 관련된다. 예배는 찬양하고 소리를 내는 것과 관련된다. 하지만 우리는 여호와가 누구신지 봤을 때, 예배는 경외, 소망, 기쁨, 신뢰를 표현하는 것과 관련된다.

---

[25] McCann, "Psalms," 811과 대조됨. Markus Witte ("Das neue Lied," *ZAW* 114 [2002]: 522–41)는 이 시편이 전체 시간, 곧 상호 관련하여 과거와 현재와 미래에 관심을 둔다고 본다.

제34편

여호와의 구원과 여호와에 대한 경외

1. 본문

다윗이 아비멜렉 앞에서 자신의 분별력을 숨겼을 때(개역개정: 미친 체하다가 쫓겨나서-역주) 지은 시

['] 1 내가 여호와를 항상 송축함이여
    내 입술로 끊임없이(개역개정: 항상-역주) 주를 찬양하리이다
[b] 2 내 영혼이 여호와를 자랑하리니
    곤고한 자들이 이를 듣고 기뻐하리로다
[g] 3 나와 함께 여호와를 광대하시다 하며
    함께 그의 이름을 높이세

[d] 4 내가 여호와께 간구하매 내게 응답하시고
    내 모든 두려움에서 나를 건지셨도다
[h] 5 그들이 주를 앙망하고 광채를 내었으니
    [w] 그들의 얼굴은 부끄럽지 아니하리로다[1]
[(h) 주를 앙망하고 광채를 내어라(제롬, 아퀼라, 시리아어 번역본; 참조. 70인역)]
    [(w) 너희 얼굴은 부끄럽지 아니하리로다(70인역, 제롬, 시리아어 번역본)]

---

1 부정적인 알(*'al*)에 대해, GKC 109e을 보라.

[z] 6 이는 부르짖는 곤고한 자였으며(개역개정: 이 곤고한 자가 부르짖으매-역주)[2]
    여호와께서 들으시고
    그의 모든 환난에서 구원하셨도다
[ḥ] 7 여호와의 부관이(개역개정: 천사가-역주)
    주를 경외하는 자를 둘러 진 치고 그들을 건지시는도다
[ṭ] 8 너희는 여호와의 선하심을 맛보아 알지어다
    그에게 피하는 자는 복이 있도다
[y] 9 너희 성도들아 여호와를 경외하라
    그를 경외하는 자에게는 부족함이 없도다
[k] 10 변절자/사자(개역개정: 젊은 사자-역주)는[3] 궁핍하여 주릴지라도[4]
    여호와를 찾는 자는 모든 좋은 것에 부족함이 없으리로다
[l] 11 너희 자녀들아 와서 내 말을 들으라
    내가 여호와를 경외하는 법을 너희에게 가르치리로다
[m] 12 생명을 사모하고 연수를 사랑하여
    복 받기를 원하는 사람이 누구뇨
[n] 13 네 혀를 악에서 금하며
    네 입술을 거짓말에서 금할지어다
[s] 14 악을 버리고 선을 행하며
    화평을 찾아 따를지어다

['] 15 여호와의 눈은 의인을 향하시고
    그의 귀는 그들의 부르짖음에 기울이시는도다
[p] 16 여호와의 얼굴은 악을 행하는 자를 향하사
    그들의 자취를 땅에서 끊으려 하시는도다

---

2 또는 "이 곤고한 자가 부르짖으매"(cf. JM 143i).
3 "사자들"은 구약의 다른 곳에서 케피림(*kĕpîrîm*)의 의미이지만, "배교자들"은 후대 히브리어의 어근의 의미에서 제안된다(참조. 카파르[*kāpār*]에 대해, HALOT; 카파르[*kāpar*]에 대해, DTT). 여기 맥락에서 이는 "사자들"보다는 더 좋은 의미를 제공한다(J. J. M. Roberts, "The Young Lions of Psalm 34,11," *Bib* 54 [1973]: 265–67에도 불구하고).
4 동사들은 시 33:9–14의 동사들과 마찬가지로, 격언의 카탈(qatal)이다.

[ṣ] 17 의인이 부르짖으매 여호와께서 들으시고
　　　그들의 모든 환난에서 건지셨도다
[q] 18 여호와는 마음이 상한 자를 가까이 하시고
　　　충심으로 통회하는 자를 구원하시는도다
[r] 19 의인은 고난이 많으나
　　　여호와께서 그의 모든 고난에서 건지시는도다
[š] 20 그의 모든 뼈를 보호하심이여
　　　그 중에서 하나도 꺾이지 아니하도다
[t] 21 악이 악인을 죽일 것이라[5]
　　　의인을 미워하는 자는 벌을 받으리로다[6]
　　22 여호와께서 그의 종들의 영혼을 속량하시나니
　　　그에게 피하는 자는 다 벌을 받지 아니하리로다

2. 해석

시편 34편은 시편 33편과 마찬가지로 세 가지 특징을 결합한다.

첫째, 시편 33편이 찬송의 양식을 사용하듯이, 시편 34편은 증언의 양식을 사용한다(우리는 이를 감사시라고 부르지 않아야 하는데, 이는 여호와를 부르는 한 행도 없기 때문이다). 이처럼 시편 34편은 의도의 선언과 다른 사람들에게 참여하라는 권유, 예배자가 곤경의 상황에서 기도하고 여호와가 들으시고 행하신 방식에 대한 설명으로 시작한다(1-6절). 하지만 증언이나 감사의 중심적 특징인 이 설명은 짧고, 곧 여호와에 대한 일반화와 청중들을 위한 의미를 알아듣게 하는 것에 초점을 둔다. 시편 33편이 찬송의 양식에서 옮겨 가는 것과 같다.

5 　폴렐(polel)의 이런 의미에 대해, Theodore H. Robinson, "Note on Psalm xxxiv.21," *ExpTim* 52 (1940–41): 117을 보라.
6 　동사 아샴('āšam)은 "죄를 범하다," "유죄다," "벌금을 물다"의 의미 범위를 포함한다.

둘째, 각 경우 이 시편은 이처럼 시편의 유형 가운데 한 특징이 특이할 정도로 지배적이게 하고, 각 경우 효과는 예배보다는 가르침을 강조하게 된다는 것이다. 여기서 토라(*tôrâ*, 가르침)는 이처럼 토다(*tôdâ*, 감사)에서 이어 간다. 다시 우리는 이 시편의 한 행도 여호와를 부르지 않음을 주목한다. 실제로 가르침은 구원 행위 자체보다는 여호와의 구원 행위에 열려 있을 인간의 태도에 잠시 더 초점을 두게 된다.

셋째, 이 강조는 알파벳 시의 양식을 사용하여 강화된다. 다른 이런 시편들과 마찬가지로(참조. 시 9-10편; 25편), 이 양식은 매우 규칙적이지는 않다. 여기서 5절은 두 문자를 포괄하고, 22절은 알파벳 순서와 관련하여 불필요하다.[7] 전에처럼 가르침은 처음부터 마지막까지 주제를 포괄하며, "다양함 가운데서 일종의 질서와 일관성, 그리고 일상생활의 경험의 외견상의 불일치와 씨름"하려고 한다.[8]

[표제]

> 다윗이 아비멜렉 앞에서 자신의 분별력을 숨겼을 때(개역개정: 미친 체하다가 쫓겨나서-역주) 지은 시

서론("다윗의 시"에 대해)을 보라.

표제는 이 시편을 다윗이 사울에게서 도망하여, 블레셋 왕에게 피했지만, 그 후에 그 왕을 두려워하게 된 사건과 연결한다(삼상 21:10-12[11-13]). 두려움은 다윗에게 드문 경험인데, 다윗은 보통 다른 이들의 두려움에 의해 둘러싸이고 그

---

[7] 25:22 해설을 보라; 더 나아가 다음을 보라. H. Wiesmann, "시 34," *Bib* 16 (1935): 416-21; Pierre Auffret, *Hymnes d'Égypte et d'Israël*, OBO 34 (Göttingen: Vandenhoeck & Ruprecht, 1981), 89-91; David Noel Freedman, "Patterns in Psalms 25 and 34," in *Priests, Prophets and Scribes* (Joseph Blenkinsopp Festschrift), ed. Eugene Ulrich et al., JSOTSup 149 (Sheffield: JSOT, 1992), 125-38.

[8] Anthony R. Ceresko, "The ABCs of Wisdom in Psalm xxxiv," *VT* 35 (1985): 99-104, 특히 102; 더 나아가 다음을 보라. Victor A. Hurowitz, "Additional Elements of Alphabetical Thinking in Psalm xxxiv," *VT* 52 (2002): 326-33. 레온 리브라이히(Leon J. Liebreich)는 반복되는 단어들에 비추어 이 시편을 본다("Psalms 34 and 145 in the Light of Their Key Words," *HUCA* 27 [1956]: 181-92).

두려움의 원인이다.

사무엘상에서 그 왕은 갓의 아기스이지만, 그랄 왕 아비멜렉이라는 이름을 소개하는 것은 이 시편에서 요점을 강화하는 것이 되는데, 그는 아브라함과 이삭도 두려움 때문에 속이려고 시도했던 이전 블레셋 왕이기 때문이다(두려움은 이삭 이야기에서 더욱 명백하다, 창 20; 26).

이처럼 독자들은 이 시편의 교훈을 배움으로써 어떻게 아브라함이나 이삭이나 다윗이 두려움을 정복했을 수 있는지, 그리고 어떻게 그들이 두려워하는 가운데 다른 무언가를 행할 수 있었는지를 상상하도록 초대받는다.

이 시편은 여호와와 관련하여 두려움/경외함을 크게 강조하며, 이를 아브라함이나 이삭이나 다윗이 처한 일종의 위험에서 구원을 위한 열쇠로 본다. 명백히 연관성을 시사하는 더욱 정확한 다윗 이야기와의 유사 내용은, "미친 체하다가"(타암[tā'am])라는 표현에 있는데, 이 표현은 다윗의 미친 척 행동하는 것과 관련하여 사무엘상 21:13[14]에 나온다.

이 시편은 사람들에게 자신들의 분별력을 사용하도록 촉구하는 데 이 특이한 단어를 사용한다(8절). 이 시편은 또한 미친 척 행동하는 것(와이트홀렐[wayyithōlēl], 삼상 21:13[14])에 대한 대안으로 찬양(티트할렐[tithallēl], 2절)을 추천한다.[9]

[시 34:1-3]

증언을 특징짓는 처음의 찬양에 대한 서약이 각각 3-3인 세 행을 차지한다.

> ['] 1 내가 여호와를 항상 송축함이여
> 내 입술로 끊임없이(개역개정: 항상-역주) 주를 찬양하리이다

두 개의 병행을 이루는 콜론은 분명한 변화를 나타낸다. 하나는 동사절이고, 하나는 동사절에서 시간 지시를 취하는 명사절이다. 송축(*예배)은 몸의 자세를

---

9 Patrick W. Skehan, "A Note on Ps 34,1," *CBQ* 14 (1952): 226을 보라. 표제의 효과에 대해, 또한 다음을 보라, Paul M. Gaebelein, "Psalm 34 and Other Biblical Acrostics," in *Sopher Mahir* (Stanislav Segert Festschrift), ed. Edward M. Cook (Winona Lake, IN: Eisenbrauns, 1990), 127-43, 특히 133-34; Kent Harold Richards, "Psalm 34," *Int* 40 (1986): 175-80.

시사하고, *찬양은 들리는 소리를 시사한다. "끊임없이"는 "항상"과 균형을 이루는데, 두 단어는 이 행의 중심에서 결합되어 강조된다.

> [b] 2 내 영혼이 여호와를 자랑하리니
> 곤고한 자들이 이를 듣고 기뻐하리로다

두 콜론은 본질로는 관련이 있지만, 접속사가 없는 진술을 형성하며, 우리는 첫째 콜론이 둘째 콜론에 종속되는 것으로 볼 수 있다. 영혼(*사람)에 대한 언급은 1절에서의 몸과 목소리에 대한 언급을 보완하는 반면에 할랄(hālal, *찬양)의 히트파엘은 1절에서의 명사 테힐라(tĕhillâ)를 보완한다. 증언은 암묵적으로 곤고한 자들(*연약한 자들)을 언급하는데, 그들은 증언에 의해 그들의 태도를 형성하도록 촉구된다. 이처럼 둘째 행은 전체 행의 목적어를 진술한다.

또한, 이 목적어는 가르침을 전달하는 것일 뿐만 아니라 가르침이 기쁨 가운데 열매를 맺음을 보는 것임을 분명히 한다. 아마도 이런 이유에서 이와 같은 가르침은 잠언서와 같은 책에서보다는 시편에서 나오는 것 같은데, 물론 잠언서는 지혜로운 자들의 부모의 기쁨을 강조한다(예를 들어, 잠 23:15-16, 24-25).

> [g] 3 나와 함께 여호와를 광대하시다 하며
> 함께 그의 이름을 높이세

3절은 다시 1절과 마찬가지로 변화가 있으면서 병행을 이루는 콜론으로 구성된다.[10] 두 동사는 공간과 관련된다. 하나는 광대하신 여호와에 대해 말하고, 다른 하나는 여호와를 높이는 것에 대해 말한다. 송축(예배)이 여호와께 무엇을 하는 것인지를 제안할 때, 두 동사는 이처럼 예배자가 표현한 대로 송축이 무엇인지를 제안함으로써 1-2절을 보완한다. 그리고 3절에서의 함께함에 대한 두 요청은 1절에서 항상 함에 대한 두 표현을 보완한다. 찬양은 시간이 지나면서 퍼져 나갈 뿐만 아니라 예배자들의 몸에 집중된다.

---

[10] 여기서 단어들은 abca'b'c' 순서로 나온다. 폴렐 코호르터티브(polel cohortative)는 피엘(piel) 명령형을 보완하고, "함께"는 "나와 함께"를 보완하고, "그의 *이름"은 "여호와"를 보완한다.

[시 34:4-6]

이 시편은 증언의 적절한 방식으로 계속 여호와의 행하심에 대한 경험을 말하는데, 이는 이 경험을 한 사람뿐만 아니라 다른 이들에게도 관련이 있다. 예배자는 무서운 경험으로 위험에 처한 곤고한 사람으로, 기도하는 자이다. 여호와는 들으시고 응답하시고 구하신다. 두 내러티브 행 각각(4, 6절)은 연속된 방식으로 진행하는데, 첫째 콜론의 이야기는 이어지는 콜론에서 계속된다.

두 행은 한 행이 1인칭이 되고 한 행이 3인칭이 되면서 서로를 보완하지만, 내용에서 두 행은 병행을 이룬다. 두 행은 세 절로 구성되며, 예배자의 전체 이야기를 간략하게 소개하거나 거의 그렇게 한다. 역설적으로 6절은 4절보다 더 거슬러 올라간다(시편 30편에서 이야기의 두 번째 버전에서 일어났듯이). 6절은 세-콜론으로서 개인의 경험을 자세히 이야기하는 것에 대한 강조의 마무리를 형성한다. 끼어드는 행인 7절은 일반적 진술을 하며, 내부적으로 병행을 이룬다.

> [d] 4 내가 여호와께 간구하매 내게 응답하시고
>   내 모든 두려움에서 나를 건지셨도다

이처럼 4절은 간략하게 증언의 특성을 요약한다. 즉, 나는 기도했고(*도움을 구했고), 하나님은 응답하시고 행동하셨다. 기도에 대한 반응은 말씀과 행동으로 구성되고, 둘째 콜론은 이처럼 하나님의 반응이 행위 문제뿐만 아니라 말씀의 문제였음을 분명히 하면서 첫째 콜론을 더 명확히 한다.

"두려움"(메구라[*mĕgûrâ*]; 잠 10:24; 사 66:4)이라는 단어가 다른 곳에서 나오는 것을 판단할 때, 하나님은 두렵다는 느낌에서뿐만 아니라 두려움의 대상에서 구원하셨는데(시 31:13[14]에서의 마고르[*māgôr*]), 물론 두려움의 대상을 다룬다는 것은 두려움의 느낌도 다루는 것이다.

> [h] 5 그들이 주를 앙망하고 광채를 내었으니
>   [w] 그들의 얼굴은 부끄럽지 아니하리로다
> [(h) 주를 앙망하고 광채를 내어라(제롬, 아퀼라, 시리아어 번역본; 참조. 70인역)]
>   [(w) 너희 얼굴은 부끄럽지 아니하리로다(70인역, 제롬, 시리아어 번역본)]

마소라 본문은 진술이나 약속을 하는 반면에 고대 번역본들이 명령이나 격려를 시사하지만, 모두 다른 예배자들에게 증언의 메시지를 적용한다. 본질로 "여호와를 앙망하는 것"은 "여호와에게서 도움을 구하는 것"과 비슷하지만, 이 동사는 응축된 시각 이미지로 요점을 지적한다.

먼저 앙망함이 있다(시작하는 카탈[qatal] 동사는 33:9-11에서의 동사들과 같이 일반화이다). 앙망하는 사람의 모습에서 변화가 일어난다. 즉, 피드백의 과정으로 그들이 앙망하는 대상이 그들에게 영향을 미친다. 그 후에 둘째 콜론은 다시 첫째 콜론에서 암묵적인 것을 명백히 밝힌다. 즉, 이 모습은 이제 부끄러움의 어떤 흔적도 보여 줄 필요가 없는데, 구출되지 않았다는 것이 그들이 여호와에 대항했음을 의미한다면 이런 부끄러움이 생길 것이다.

> [ㄹ] 6 이는 부르짖는 곤고한 자였으며(개역개정: 이 곤고한 자가 부르짖으매-역주)
> 여호와께서 들으시고
> 그의 모든 환난에서 구원하셨도다

6절은 증언으로 되돌아가면서 먼저 예배자를 곤고한 자(*연약한 자)로 여기는데, 이 문맥에서 비록 그렇다 하더라도 구체적으로 (예를 들어) 권력이 있는 자들의 압제를 가리킬 필요가 없는 일반적인 표현이다. 이를 넘어 세 구절이 4절의 구절과 밀접하게 상응한다.

[시 34:7-14]

7-22절의 어떤 구분도 임의적일 수 있지만, 이 초반부는 명령형이 지배적인 반면에 후반부는 전적으로 진술로 구성된다. 여호와를 *경외함이라는 개념이 7, 9, 11절에 반복된다. 이 개념은 잠언서의 가르침에서 흔한 주제이지만, 4-6절에 이어 여호와에게서 도움을 구한다는 구체적 함의를 전할 수 있는데, 왜냐하면 참으로 여호와를 인정한다는 징후는 다른 신들을 의지하기보다는 도움을 위해 여호와를 앙망하는 것이기 때문이다.

8, 10, 12, 14절에서 *선의 개념을 언급하는 것이 여호와를 경외함에 대한 언급과 얽혀 있다. 선은 삶을 즐길 만하게 하는 즐거운 것들로 구성된다(10, 12절).

실제로 선은 (예를 들어) 공격에서의 구원을 포함하므로 삶을 가능하게 한다. 선은 선하신 여호와에게서 온다(8절). 그리고 선은 선을 행하는 자에게 온다(14절). 나란히 있다는 것은 신학적인 면과 경험적인 면의 연관성을 시사한다. 여호와의 선은 선한 것들을 주시는 자비에 있다. 이는 신학적인 면과 행동적인 면의 연관성을 시사한다. 선한 것을 행하는 것은 여호와에 대한 올바른 태도를 취하는 문제이다. 이것은 또한 행동적인 면과 경험적인 면의 연관성을 시사한다. 선을 행하는 것은 선을 즐기기에 이른다.

> [h] 7 여호와의 부관이(개역개정: 천사가–역주)
>   주를 경외하는 자를 둘러 진 치고 그들을 건지시는도다

그러므로 여호와를 경외함은 여호와에게서 도움을 구하는 것을 내포하며, 따라서 구원에 이르게 된다(7절). 여기서 여호와의 부관은 이를 행하는 자이다. 시편에서 여호와의 부관(말라크[*malʾāk*])은 모두 군사적 함의를 지니면서 시편 34편과 35편에만 나온다(이 단어는 다른 곳에서 복수로 나온다).

여호와의 부관은 여호와께 속한 사람들을 지키고 공격자를 공격하는 데 관여한다(35:5-6). 이 도움이 방어를 필요로 하는 사람들을 "둘러 진 치"는 것에 대해 말하는 것은 아마도 그가 실질적 군대의 지도자임을 내포할 것이다(참조. 왕하 6:17).

> [*i*] 8 너희는 여호와의 선하심을 맛보아 알지어다
>   그에게 피하는 자는 복이 있도다

8절은 이 섹션에서 첫째 명령문이 나오는데, 이는 7절의 진술과 비슷한 의미를 지니거나 그 진술에서 도출할 수 있는 추측을 의미한다. 즉, 여호와는 선하다는 것을 감지하고(또는 맛보고) 아는 것은 여호와에게서 도움을 구한다거나 여호와를 경외한다는 개념을 다시 표현한다. 만약 우리가 "맛"의 이미지를 역설할 수 있다면, 이는 이 시편이 사람들에게 즐기라고 권유하는 "선"의 감각적 측면을 강조하는 것이다.

베드로전서 2:3은 하나님의 선하심을 맛보는 것과 관련하여, 우리의 하나님과의 내적 관계에 대해 지적하고자 이 언어를 선택한다.[11] 그러므로 이 시편 자체의 진술을 우리의 외적 삶에 하나님의 관여하심에 대한 진술로 여기는 것은 중요하다. 두 콜론은 양식에서는 아니더라도 실질적으로 병행을 이룬다. 둘째 콜론은 *복이 첫째 콜론에서의 명령문과 병행을 이룸에 대해 감탄한다.

> [y] 9 너희 성도들아 여호와를 경외하라
>   그를 경외하는 자에게는 부족함이 없도다

추가 명령문은 이 행을 시작하고 마무리하는 *경외하다라는 동사를 두 번 다시 사용하면서, 다시 요점을 지적한다. 거룩함이 *거룩한 이가 선택하고 취한 사람들의 위치라는 점에서, "성도들"(참조. 16:3)은 한 번 더 요점을 재진술한다. 이처럼 여호와를 경외함은 거룩한 이와 관계하게 된 자로서의 그의 위치와 상응하는 방식으로 행동하는 것을 포함한다. 이런 사람이 어떤 부족함도 경험하지 않는다고 말하는 것은, 그들이 모든 좋은 것을 가진다고 말하는 부정적 방식이다.

> [k] 10 변절자/사자(개역개정: 젊은 사자-역주)는 궁핍하여 주릴지라도
>   여호와를 찾는 자는 모든 좋은 것에 부족함이 없으리로다

요점은 한 번 더 두 개의 대조되는 진술에서 지적된다.

한편으로 사자는 맹렬한 힘에도 먹이가 모자란 것으로 알려졌으며, 변절자들은 여호와에게서 돌아섰으므로 그들도 역시 마찬가지이다.
다른 한편으로 자원이 부족하더라도 여호와에게서 찾는(*도움을 구하는) 사람들은 그들이 필요한 모든 것을 가진다. "부족"은 이전 행에서 이어 가며, 8절에서 "선"의 약속을 이어 가는 반면에 "찾다"는 증언(4절)을 강화하며 이것이 일

---

11 다른 초기 기독교 저술에서의 시편 34편 사용에 대해, Lars O. Eriksson, "Come, Children, Listen to Me!" (Stockholm: Almqvist, 1991)을 보라.

반적인 사람들에게 적용됨을 분명히 한다.

> [l] 11 너희 자녀들아 와서 내 말을 들으라
> 내가 여호와를 경외하는 법을 너희에게 가르치리로다

다시 시작하는 권고는 사람들에게 여호와에 대한 이런 경외함에 대해 기꺼이 배우라고 촉구하는데, 이렇게 여호와를 경외하게 되면 우리는 다른 신들을 의지하기보다는 여호와를 도움을 구할 분으로 삼게 된다. 이 시편 전체에 흐르는 권고와 강조는 이 태도가 본능적이거나 쉬운 태도가 아님을 전제한다. 사람들은 자신의 운명을 통제해야 하고 여호와 이외에 다른 자원을 바라볼 필요가 있다고 여기려는 유혹을 항상 받는다.

"자녀들"에게 하는 권고는 잠언에도 나온다(예를 들어, 4:1; 5:7). 물론 잠언은 종종 "내 자녀들"에게 하는 권고를 제시한다(예를 들어, 1:8; 2:1; 3:1, 11, 21).

> [m] 12 생명을 사모하고 연수를 사랑하여
> 복 받기를 원하는 사람이 누구뇨

이제 12절은 잠시 우리를 긴장하게 할 수도 있다. 또는 아마도 우리는 동기부여가 이 시편이 제안하는 가르침에 대한 열쇠임을 추론해야 할 것이다. 질문은 당신이 실제로 무엇을 원하는가 하는 것이다. 이 시편은 여호와를 경외함을 인간의 삶과 삶의 선한 것들에 대한 사랑을 제한하는 방식으로 여기지 않는다. 반대로, 여호와를 경외함은 이것들에 핵심이 된다. 여기서만 구약은 삶을 즐김에 대해 말한다.

보통 구약은 여호와나 여호와의 말씀, 여호와에 대한 순종을 즐김을 강조한다(1:2; 40:8[9]; 73:25; 119:35). 이처럼 전체 시편은 이를 결합한다. 병행을 이루는 행은 요점의 세속적 가치를 강조한다. 질문은 누군가가 여호와에게서 오는 좋은 것을 보기 위해 장수하는 것에 대해 열광하는가 하는 것이다(7-14절에 대한 서론을 보라).[12]

---

12 R. Couroyer ("Idéal sapientiel en Égypte et en Israël," *RB* 57 [1950]: 174–79)는 이집트 무덤 비

> [n] 13 네 혀를 악에서 금하며
> 		네 입술을 거짓말에서 금할지어다

이 질문에 응답하는 사람에게 여호와를 경외함에 대한 추가로 기대되는 설명이 이어진다. 동사는 두 콜론에 적용되고 목적어는 매번 신체 일부가 되며 각 콜론에서의 마지막 요소는 민(*min*) 표현이 되면서, 이 절은 분명한 병행을 이루는 행이 된다. 이전 행들은 선을 강조했고, 따라서 반의어는 배경에서 맴돌았다.

이제 반의어가 전면에 나온다(13, 14, 16, 19, 21절). *악은 "선"과 병행하여, 불쾌한 것과 잘못된 것을 포괄하며, 그것들의 연관성을 내포한다. 악한 행위는 악한 경험을 야기한다.

언뜻 보기에 이 악함은 말의 문제이며, 둘째 콜론은 계속 악함의 특성을 더욱 분명히 한다. 말에서의 악함은 부정직한 말이다. 다른 맥락에서 이것이 다른 사람들과의 관계에서 부정직을 가리킨다고 여길 수 있으며(참조. 5:6[7]; 10:7), 베드로전서 3:10-12은 12-16절을 이런 식으로 적용한다. 현재의 맥락에서 이것은 하나님과 관련한 부정직을 가리킬 가능성이 높다(참조. 시 17:1). 여호와를 의지함을 공언하지만, 집의 사생활에서는 다른 신들을 의지할 수도 있다.

> [s] 14 악을 버리고 선을 행하며
> 		화평을 찾아 따를지어다

그러므로 다른 신들을 "버리지" 못한 왕들을 따르지 않고(예를 들어, 왕하 3:3; 10:29, 31) 이런 악함에서 돌이켜 선을 행해야 한다. 둘째 콜론은 12절에서의 암묵적 초대를 재진술하면서, 이 의미를 설명한다.

당신은 자신을 위해 *복을 구하기를 원하는가, 실제로 복을 구할 뿐만 아니라 복을 좇아 전력을 다하기를 원하는가?

악함을 버리고 선을 행하는 것이 해답이다.

문에 나오는 이 행과의 흥미롭게 거의 비슷한 표현을 지적한다.

[시] 34:15-22

마무리하는 여덟 행은 더 나아가 7-14절에 있는 명령문들에 덧붙여진 약속을 발전시킨다. 이처럼 이 마지막 여덟 행은 여호와를 향한 태도보다는 여호와에 대한 것이다. 이 여덟 행은 또한 1-6절에서의 "모든"에 대한 강조를 다시 소개한다. 즉, 모든 어려움에서 구출하시고(17-19절), 모든 뼈를 보호하시며(20절), 피하는 모든 사람을 옹호하신다(22절).

> [ʿ] 15 여호와의 눈은 의인을 향하시고
>   그의 귀는 그들의 부르짖음에 기울이시는도다

여호와의 눈에 대한 진술은 이미 암묵적으로 여호와의 관심과 구원하려는 여호와의 본능(instinct)에 대한 진술이다. 여호와의 눈이 의인(*신실한 자)이 어려움 당하는 것을 보실 때, 이는 행동으로 옮겨진다(33:18-19). 병행을 이루는 둘째 진술은 도움을 구하는 *부르짖음이 들리는 귀에 대한 언급으로 이를 더욱 분명히 한다(10:17; 17:6; 18:6[7]; 31:2[3]).

> [p] 16 여호와의 얼굴은 악을 행하는 자를 향하사
>   그들의 자취를 땅에서 끊으려 하시는도다

16절은 여호와의 *얼굴에 대한 반대의 논점으로 시작한다.
"이것은 무서운 말씀이다. 만약 우리가 이것이 사실이라고 믿는다면, … 우리가 훨씬 더 신중하게 진행함을 누가 의심하겠는가?"[13]
여호와의 얼굴이 당신에게 향하게 하는 것은 재앙의 전조가 되며, 둘째 콜론은 이것이 의미하게 될 것을 분명히 한다.
인간은 종종 자신이 기억될 것으로 생각하고 싶어 한다. 만약 그들의 기억이 생생하게 유지된다면, 어떤 의미에서 그들은 살아 있게 된다. 우리는 마치 결코, 살지 않았거나 살지 않은 게 나았던 것처럼 잊히는 것에 대해 생각하는 것이 침

---

13 Luther, *First Lectures*, 1:161.

통한 기대라는 것을 안다.

우리는 좋은 삶과 좋은 사람을 축하한다. 우리는 악한 삶, 악한 사람을 잊기를 원한다. 여호와는 이 잊음이 악한 사람의 운명임을 볼 것이다. 이스라엘 사람들은 자신들의 기억이 가족에게서 살아 있고 그들의 이름을 지닌 땅에서 살아 있기를 기대할 것이다. 악인은 자신들의 땅을 잃고 따라서 자신들의 삶의 나머지도 잃게 될 것이다(참조. 시 109편).

> [s] 17 의인이 부르짖으매 여호와께서 들으시고
>   그들의 모든 환난에서 건지셨도다

곤고한 자들의 운명은 반대이다. 17절은 15절을 되풀이하고, 6절에서 반복하며, 그 후에 4절에서 반복한다. 사람들은 *부르짖을 때, 여호와가 들으시고 행동하시기를 구한다. 첫째 콜론은 여호와가 실제로 들으신다고 선언한다. 둘째 콜론은 우리에게 여호와의 응답이 거기서 멈추지 않고 행동으로 이어짐을 재확신시킨다.

> [q] 18 여호와는 마음이 상한 자를 가까이 하시고
>   충심으로 통회하는 자를 구원하시는도다

18절은 사람들의 내적 필요를 향한다. 첫째 표현은 문자 그대로 "마음이 깨어진"이지만, 마음이 깨어짐은 너무 구체적이거나 너무 협소한 함의를 지닌다. 그리고 여기서 오는 두 표현은 긍정적인 "영적 깨어짐"을 의미하지 않는다. 두 표현은 오히려 종종 시편에서 들리는 압도적 침울함과 낙심을 시사한다. 현대 문화에서 이런 짓눌림은 외적 성공을 동반할 수 있다. 전통적 문화에서 이 시편이 말하는 것은 외적 압력의 동반과 결과일 수도 있다. 이것은 공동체에서의 거부됨과 연결된다.

이처럼 시편이 약속하는 구원은 이전 행이 말하는 곤경에서의 동일한 구출이다. 이런 외적 구원은 또한 내적 치유를 가져올 것이다. 그리하여 이 시편이 여호와가 상한 사람들에게 가까이 다가오심에 대해 말할 때, 이는 여호와가 행동하고자 그렇게 하신다고 묘사한다(참조. 69:18[19]; 145:18-19).

둘째 콜론은 이를 명확히 한다. 여호와는 고통 가운데 있는 사람들에게 위로를 주고자 가까이 다가오실 뿐만 아니라, 사람들을 고통에서 *구원하고자 다가오신다. 여호와는 상황에 대한 사람들의 태도를 바꾸심으로써뿐만 아니라 상황을 바꾸심으로써 나쁜 상황에 대해서도 사람들이 좋게 느끼도록 만드신다.

> [r] 19 의인은 고난이 많으나
> 여호와께서 그의 모든 고난에서 건지시는도다

시편은 고난이 의인(*신실한 자)에게 오는지에 대해 현실적이지 않음을 분명히 하고, 나쁜 경험에 이르게 하는 것은 항상 나쁜 행위라고 여기지도 않는다. 나쁜 경험(실제로 많은 경험)이 끝이 아니라고 실제로 선언하는데, 이는 여호와가 그 모든 고난(이 단어는 다시 반복된다)에서 건지시기 때문이다.

> [š] 20 그의 모든 뼈를 보호하심이여
> 그중에서 하나도 꺾이지 아니하도다

그렇게 할 때 여호와는 모든 지점에서 의로운 사람을 돌보신다. "모든"은 다시 나온다. 시편은 여호와의 보호에 대해 실제로 지나치게 주장한다.

> [t] 21 악이 악인을 죽일 것이라
> 의인을 미워하는 자는 벌을 받으리로다

시편은 또한 악인(신실하지 못한 자)의 경험에 대해 지나치게 주장한다. 의인(*신실한 자)은 연속되는 나쁜 경험에도 생존하고 승리하는 반면에, 한 가지 나쁜 경험(또는 한 가지 나쁜 행위)은 악인의 죽음이다. 둘째 콜론은 의인에게 *적대적인 사람들에게 일어난 일에서 이것이 어떻게 진행되는지를 설명하는데, 물론 죄책의 드러남과 벌금의 지불이 어떻게 일어나는지는 설명하지 않는다. 이는 하나님의 법정에서나 인간의 법정에서 일어날 것이다. 어느 쪽이든 정의는 실현될 것이다.

> 22 여호와께서 그의 종들의 영혼을 속량하시나니
> 그에게 피하는 자는 다 벌을 받지 아니하리로다

마무리하는 약속은 이 시편 전체의 메시지를 요약한다. 한편, 여호와는 *속량한다. 이 단어는 이 시편에서 전에는 나오지 않았지만 "건지다" 또는 "구원하다"와 같은 다른 동사들과 동일한 점을 지적한다. 둘째 콜론은 이전 행과 대조시킴으로써, 다시 이것이 어떻게 작용하는지 설명한다. 여호와의 속량은 의인들이 어떤 법정에서도 유죄로 판결 나지도 벌을 받지도 않을 것을 분명히 한다.

마지막 행이 전체를 요약하는 다른 관심은 이런 사실들에 대한 적절한 반응, 즉 여호와를 *의지해야 한다는 것을 설명하는 데 있다(8절을 보라). 이를 행하는 모두(다시 이 단어)는 구원받는다.

3. 신학적 의미

신학의 처음부터 끝까지(A-Z)로서, 시편 34편의 불변하는 진술은 여호와가 선하시다는 것이다. 이것은 도덕적 진술이라기보다는 관계적 진술이다. 즉, 여호와는 우리와 관련하여 선하시다. 이는 여호와의 눈과 귀가 우리를 향해 있다는 사실에서도 표현된다. 우리가 곤경에 처할 때, 여호와는 기도에 응답하시고 두 가지 면에서 행하려고 가까이 다가오신다. 즉, 기도를 들으시고 기도에 대한 응답으로 행동하시는 것이다.

이 응답은 구출, 구원, 보호, 속량과 관련된다. 응답은 우리를 옹호하며 우리 얼굴이 부끄러움을 당하기보다는 광채가 나게 한다. 응답은 우리에게 부족하지 않고 삶의 좋은 것들을 약속하며, 우리에게 충분하고 오랜 삶, 샬롬의 경험을 약속한다. 응답은 또한 행악자들이 반대의 경험을 하게 됨을 볼 것도 포함한다.

시편 34편의 영성의 처음부터 끝까지(A-Z)로서, 여호와의 종들, 곤고한 자의 의인인 성도들의 삶은 많은 두려움과 고난을 직면함을 포함할 것이라고 전제한다. 성도들의 삶은 내적 짓눌림을 경험함을 포함한다. 그렇다면 시편은 우리에게 여호와를 찾고 여호와를 앙망하며, 여호와를 경외하고 여호와를 의지하며 여호와께 부르짖으라고 촉구한다.

시편은 우리가 여호와를 의지할 때 우리가 속이기보다는 정직하라고 촉구한다. 시편은 우리를 위한 하나님의 한 행위로 말미암아 우리는 항상 감사하고 증언하게 될 것이라고 선언한다. 이는 무릎 꿇는 몸과 말없이 열광하는 입과 관련된다. 몸과 입은 다른 곤고한 사람들 앞에서 여호와를 높이며, 그들이 기뻐하게 할 것인데, 이는 그들이 하나님이 또한 그들의 하나님이심을 알기 때문이다.

전체 시편은 곤고한 사람들이 종종 이런 식으로 여호와를 경험하지 못함을 강조한다. 여호와는 종종 이상하게 멀리 계시고 활동하지 않으신다. 그럼에도 전체 시편은 시편 34편 및 비슷한 시편들을 포함하는데, 이 시편들에서는 이런 경험들이 압도하도록 허용하지 않아야만 한다는 진리를 말한다고 단언한다. 그리고 전체 시편은 아브라함과 이삭과 다윗 같은 상황에 처한 사람들에게 시편의 신학과 영성에 따라 살도록 도전한다.

제35편

공격에 어떻게 반응할 것인가?

1. 본문

다윗의 시

1 여호와여 나와 다투는 자와 다투시고
  나와 싸우는 자와 싸우소서
2 방패와 손 방패를 잡으시고
  일어나 나를 도우소서[1]
3 창과 미늘창(개역개정: 창-역주)을 빼사
  나를 쫓는 자의 길을 막으시고[2]
  또 내 영혼에게
  나는 네 구원이라 이르소서
4 내 생명을 찾는 자들이 부끄러워
  수치를 당하게 하시며
  나를 상해하려 하는 자들이
  물러가 낭패를 당하게 하소서

---

1 베(*b*)에 대해 GKC 119i; JM 133c을 보라.
2 70인역과 제롬은 세고르(*sĕgôr*)를 "닫다"를 의미하는 사가르(*sāgar*)에서 온 명령법으로 이해하는데, 이는 자연스러운 방식으로 형태를 취하지만 의미가 통하도록 읽을 필요가 있다. 이 단어가 무기를 가리키려면 모음을 수정할 필요가 있을 것이다(참조. *BHS*). 무기 형태에 대해, Keel, *Symbolism of the Biblical World*, 221을 보라.

5 그들을 바람 앞에 겨와 같게 하시고
　여호와의 부관이(개역개정: 천사가-역주) 그들을 몰아내게 하소서
6 그들의 길을 어둡고 미끄럽게 하시며
　여호와의 부관이(개역개정: 천사가-역주) 그들을 뒤쫓게 하소서
7 그들이 까닭 없이 나를 잡으려고 그들의 그물을 웅덩이에 숨기며
　까닭 없이 내 생명을 해하려고 함정을 팠사오니
8 멸망이 순식간에 그에게 닥치게 하시며
　그가 숨긴 그물에 자기가 잡히게 하시며
　멸망 중에 떨어지게 하소서
9 내 영혼이 여호와를 즐거워함이여
　그의 구원을 기뻐하리로다
10 내 모든 뼈가 이르기를
　여호와와 같은 이가 누구냐
　그는 가난한 자를 그보다 강한 자에게서 건지시고
　가난하고 궁핍한 자를 노략하는 자에게서 건지시는 이라 하리로다

11 불의한 증인들이 일어나서
　내가 알지 못하는 일로 내게 질문하며
12 내게 선을 악으로 갚아
　나의 영혼을 외롭게 하나
13 나는 그들이 병 들었을 때에
　굵은 베 옷을 입으며
　금식하여 내 영혼을 괴롭게 하였더니
　내 기도가 내 품으로 돌아왔도다
14 내가 나의 친구와 형제에게 행함 같이 그들에게 행하였으며
　내가 몸을 굽히고 슬퍼하기를 어머니를[3] 곡함 같이 하였도다
15 그러나 내가 넘어지매 그들이 기뻐하여 서로 모임이여

3　나는 이 표현을 목적격의 소유격이 아니라 주격의 소유격으로 이해할 때에, 12b절에서의 부모의 상실을 언급하는 것에 비추어, J. Gerald Janzen ("The Root *škl* and the Soul Bereaved in Psalm 35," *JSOT* 65 [1995]: 55–69)를 따른다.

불량배가⁴
내가 알지 못하는 중에 모여서
나를 치며 찢기를 마지아니하도다
16 그들은 연회에서 망령되이 조롱하는 자⁵ 같이
나를 향하여 그들의 이를 갈도다⁶
17 주여 어느 때까지 관망하시려 하나이까
내 영혼을 저 멸망자에게서 구원하시며⁷
내 생명(개역개정: 유일한 것-역주)을 사자들/변절자들(개역개정: 사자들-역주)
에게서 건지소서
18 내가 대회 중에서 주께 감사하며
많은 백성 중에서 주를 찬송하리이다

19 부당하게 나의 원수된 자가 나로 말미암아 기뻐하지 못하게 하시며
까닭 없이 나를 미워하는 자들이 서로 눈짓하지 못하게 하소서
20 무릇 그들은 화평을 말하지 아니하고
오히려 평안히 땅에 사는 자들을
거짓말로 모략하며
21 또 그들이 나를 향하여 입을 크게 벌리고
하하
우리가⁸ 목격하였다 하나이다

---

4 네킴(*Nēkîm*)은 여기서만 나온다. BDB는 네케(*nēkeh*)를 "장애가 있는"으로 번역하지만, 이는 문맥에 잘 맞지 않으며, 이 시편이 나케(*nākēh*)를 왜 사용하지 않았는지 의문의 여지가 있다. 70인역의 마스티게스(*mastiges*, 채찍)와 탈굼의 "그들의 말로 나를 짓눌렀던 자들"은 나카(*nākā*)와의 수동적 연관성보다는 능동적 연관성을 시사한다. D. Winton Thomas ("Psalm xxxv. 15f.," *JTS*, n.s., 12 [1961]: 50–51)은 이 의미를 얻고자 마킴(*makkîm*)으로 수정한다.
5 문자 그대로, "조롱하는 자들 가운데 망령된 자들처럼." 왕상 17:12에서 마오그(*mā'ôg*)는 "한 덩어리"를 의미하지만 이는 여기에 맞지 않는다. 나는 이 단어를 "구부리다"를 의미하는 둘째 어근 '*ûg*에서 온 것으로 여긴다(참조. *HALOT*; 하지만 나는 소유격이 목적격이기보다는 묘사적이라고 여긴다).
6 정형 동사 대신에 사용된 부정사 절대형.
7 쇼에헴(*Šō'ēhem*)은 쇼(*šō'*)가 유일하게 나오는 것인데, 명백히 쇼아(*šô'â*)의 남성 동등어이다. 나는 이것을 강조의 복수로 여긴다.
8 전통적 읽기 에네누(*'ēnēnû*), "우리의 눈"(예를 들어, Norman H. Snaith, *Spr twrh nby'ym*

22 여호와여 주께서 이를 보셨사오니

　　잠잠하지 마옵소서 주여 나를 멀리하지 마옵소서

23 나의 하나님, 나의 주여 떨치고 깨셔서 나를 공판하시며

　　나를 위해 싸우소서(개역개정: 나의 송사를 다스리소서-역주)

24 여호와 나의 하나님이여 주의 공의대로 나를 판단하사

　　그들이 나로 말미암아 기뻐하지 못하게 하소서

25 그들이 마음속으로 이르기를 아하 소원을 성취하였다 하지 못하게 하시며

　　우리가 그를 삼켰다 말하지 못하게 하소서

26 나의 재난을 기뻐하는 자들이

　　함께 부끄러워 낭패를 당하게 하시며

　　나를 향하여 스스로 뽐내는 자들이

　　수치와 욕을 입게(개역개정: 당하게-역주) 하소서

27 나의 의를 즐거워하는 자들이 기꺼이 노래 부르고 즐거워하게 하시며

　　그의 종의 평안함을 기뻐하시는 여호와는

　　위대하시다 하는 말을 그들이 항상 말하게 하소서

28 나의 혀가 주의 의를 말하며

　　종일토록 주를 찬송하리이다

2. 해석

이 긴 개인 시는 공격을 받는다는 느낌과 관련된다. "우리는 여기서 상당한 재앙을 본다. … 안도한 내가 노래하기 시작하기 전에 많은 싸움이 필요하다."[9]

이 시편은 세 번 공격을 한탄하고, 여호와께 조처해 주시라고 기도하며, 구원자로서의 하나님을 찬양하기를 고대한다. 1-10절은 독립적일 수 있지만, 11-18절과 19-29절은 탄원이 없어 독립적이기 어려울 수 있다. 이 기도가 더 길지라도, 삼중의 구조는 시편 42-43편과 비교된다. 아마도 시작하는 탄원이 있는 시

---

　　wktwbym [London: British and Foreign Bible Society, n.d.], 971). 왜냐하면, L의 에네누('*ênênû*)는 단수 동사와 일치시키도록 수정한 것처럼 보이기 때문이다.

9　Fokkelman, *Major Poems*, 2:135.

편 43편이 독립적 완전체가 될 수 있지만 시작하는 탄원이 없는 시편 42:6-11은 그럴 수 없다는 것은 우연의 일치가 아닐 것이다.

시편 35편의 세 섹션은 다양한 용어로 공격을 묘사한다.

1-10절은 군사와 사냥이라는 실제적 공격에 대해 말하는데, 물론 후자는 다른 곳에서 전자를 가리키는 비유이다.[10]

11-18절은 탄원자가 개인적 재앙을 경험하는 것에 이어지는 개인적 공격에 대해 말한다.

19-28절은 의도적 거짓 고발에 대해 말한다.

만약 우리가 이 시편이 나타내는 문자 그대로의 상황을 찾고자 한다면, 우리는 아마도 탄원자의 불행으로 촉진된 거짓 고발이라는 면에서 생각하고, 1-10절에서 시편이 이 경험을 묘사하고자 전투와 사냥의 이미지를 사용한다고 판단할 수도 있겠다. 전투 이미지는 침략과 위험을 시사한다. 사냥 이미지는 은밀함과 영리함을 시사한다. 그렇다면 이 시편의 배경은 욥기의 배경과 비슷할 것이다. 만약 우리가 전투 이미지를 문자 그대로 우리의 시작점으로 여긴다면 이 시편의 왕의 시가 되지만 전체로서 이는 의미가 덜 통하게 된다.

여호와의 부관(5, 6절)과 변절자/사자에 대한 언급은 아마도 이 시편을 시편 34편 뒤에 놓도록 권할 것이다. 34:7[8](시편에서 여호와의 부관에 대해 다른 곳에서 유일하게 언급한 곳)과 34:10[11]을 보라.

[표제]

다윗의 시

서론을 보라.

다윗에 대한 언급은 그가 사울에게서 공격당하고 쫓기는 시기를 염두에 두었을 것이다(특히 다윗의 자기 방어가 있는 삼상 24장을 보라). 즉, 이 시편은 첫째 섹션

---

10 Cf. Keel, *Symbolism of the Biblical World*, 89.

에 나오는 이미지에 대한 문자 그대로의 이해에서 출발할 것이다.

[시 35:1-10]

첫째 섹션은 갑작스럽게 여호와께 탄원자를 대신하여 맹렬한 조치를 취해 주시라는 간곡한 권유로 바뀐다(1-3절). 그 후에 첫째 섹션은 동일한 의미를 지닌 저씨브(jussive)가 지배적이 되며(4-6, 8절), 공격을 묘사하는 한 행만이 끼어든다(7절). 첫째 섹션은 구원을 증언하는 경험을 고대하는 세 행으로 마무리한다(9-10절). 따라서 1-3절은 모두 2인칭이며, 4-8절은 모두 3인칭이고, 9-10절은 1인칭이다(간접적이기는 하지만).

> 1 여호와여 나와 다투는 자와 다투시고
>   나와 싸우는 자와 싸우소서
> 2 방패와 손 방패를 잡으시고
>   일어나 나를 도우소서

1-3절에 있는 시작하는 명령법 행들은 모두 애가의 특징이 되는 짧은 둘째 콜론을 가지며, 각 행은 점차적으로 탄원자의 기도의 긴박함을 강조하면서, 마지막 행(음절 면에서만 셋째)보다 더 짧다.

첫째 행은 분명하게 병행을 이루는 두-콜론인데, 각 콜론은 시적 정의를 시사하고자 핵심 단어들을 반복하면서 여호와께 싸우시도록 촉구하고자 명령법 및 관련 명사나 분사를 사용한다.[11]

둘째 행은 이 처음 명령을 넘어 여호와가 탄원자를 위해 싸우시고 따라서 *도울 준비를 하도록 착수하시게 할 필요가 있는 구체적 첫 행위로 진행한다.

"방패"를 가리키는 두 단어에 대해 5:12[13]을 보라. 아마도 용사는 두 개를 동시에 쥘 수는 없고, 작은 방패나 몸 방패를 쥐거나 몸 방패만큼이나 되는 작은 방패를 쥘 것이다. 여호와께 방패가 필요하다고 생각하는 것은 이상해 보일 수 있으며, 해석가는 이 방패가 탄원자를 보호하기 위한 것임을 제안한다. 용사에

---

11 Watson, *Classical Hebrew Poetry*, 239.

게는 방패를 가진 자가 있겠지만, 용사는 다른 누군가가 아니라 자신의 보호를 위해 방패를 쥔다. 이 시편은 방패가 용사됨에 필수적이므로 명백히 이 개념을 포함한다. 심지어 여호와도 방패 없이 전투에 나가지 않으신다.

> 3 창과 미늘창(개역개정: 창-역주)을 빼사
> 나를 쫓는 자의 길을 막으시고
> 또 내 영혼에게
> 나는 네 구원이라 이르소서

더 나아가 셋째 행과 넷째 행은 전투를 준비하시라는 권고를 확장한다. 다른 한편, 3a절은 여호와께 방어를 위한 무기뿐만 아니라 공격을 위한 무기를 쥐시라고 요구한다. 다시 우리는 여호와가 창과 미늘창을 동시에 쥐고 계신 것을 상상하기는 어렵다. 이 명령은 과정이다.

*구원과 도움이 병행을 이루면서, 3b절은 2b절과 균형을 이루지만, 시작하는 명령을 넘어 훨씬 깊이 나아가며, 2-3a절에서 준비와 1절에서의 이어지는 행동을 앞설 여호와의 말씀에로 돌아간다. 다시 말해서 탄원자는 "나를 안심시키고자 내게(나프쉬[*napšî*], *사람) 말씀하소서, 주님의 무기를 취하소서, 일어나소서, 그리고 구원하고자 행하소서"라고 요청하고 있다.

1-3절의 이미지는 군사적 충돌에 휘말린 왕과 같은 사람에게 적절하겠지만, 동일하게 공동체 내의 개인적 공격의 결과로 생명이 위험에 처해 있으며 여호와께 이런 공격하는 자들에 맞서 용사와 같이 행동해 주시라고 요구하는 누군가를 시사할 수 있다.

여호와가 용사이시라는 것은(출 15장) 출애굽 신앙의 한 측면이다. 시편 35편은 전체 사람들을 위해서뿐만 아니라 개인을 위한 이 신학을 주장한다. "다투다"(1절)는 법적 용어(참조. 23절)이거나 군사적 용어(예를 들어, 시 18:43[44], "다툼")일 수 있다. 따라서 이 시편이 바로 군사 이미지를 사용하고 이어서 법적 이미지를 사용하는 것을 고려할 때, 이것은 여기서 유용한 어군이다.

> 4 내 생명을 찾는 자들이 부끄러워
> 수치를 당하게 하시며
> 나를 상해하려 하는 자들이
> 물러가 낭패를 당하게 하소서

다음으로 4-6절은 네 행의 저주를 제시한다. 각각은 1-3절에서의 움직임과는 반대로 마지막보다 더 길며, 이는 행들이 진행되면서 점차 강렬해짐을 시사하는 또 다른 방식이다. 여기서 초점은 탄원자의 필요에서 공격자들의 운명에 대해 행동하는 여호와의 능력으로 옮겨 간다. 이 행들은 내부적으로 병행을 이루지 않고 행들의 첫 쌍은 서로 병행을 이루며, 따라서 둘째 쌍도 병행을 이룬다.

이처럼 4절에 있는 두 행 각각은 비슷한 의미를 지닌 한 쌍의 동사, 주어를 묘사하는 분사절로 구성된다. 이 동사들 가운데 하나는 실제적 패배, "물러감"을 가리키지만 세 동사는 그 결과, 곧 부끄러움과 수치와 낭패를 가리킨다.

이 시편이 공동체 내의 갈등을 나타낸다면, 수치가 탄원자 자신의 변호에 따른 당연한 결과이며, 어려움을 계획하고 탄원자의 죽음을 구하는 자들의 실패일 것임을 이해할 수 있다.

> 5 그들을 바람 앞에 겨와 같게 하시고
> 여호와의 부관이(개역개정: 천사가-역주) 그들을 몰아내게 하소서
> 6 그들의 길을 어둡고 미끄럽게 하시며
> 여호와의 부관이(개역개정: 천사가-역주) 그들을 뒤쫓게 하소서

이제 5절과 6절은 모두 공격자의 운명을 묘사하는 절을 소개하고자 하야(*hāyā*)의 저씨브(jussive)로 시작한다. 각 둘째 콜론은 여호와의 부관을 분사절의 주어로 삼는다. 시편 34:7[8]에서 여호와의 부관은 보호자와 구원자의 역할에 방어적 측면을 수행한다. 여기서 여호와의 부관은 상응하는 공격적 측면을 수행한다.

부관은 기독교 영성에서의 천사(많은 영어 번역본)의 이미지에 맞지 않는데, 출애굽할 때처럼 강력하고 단호한 인물이기 때문이다(출 14:19; 23:20, 23; 33:2).[12] 이

---

12 Schaefer, *Psalms*, 86.

는 탄원자가 출애굽 때의 여호와의 행함의 패턴이라는 개인적 경험을 요구함을 더욱 잘 가리킨다. 겨가 날려 간다는 직유는 친숙한 직유이며(예를 들어, 1:4; 욥 21:18), 추수할 때 이 과정을 지켜본 사람들에게는 더욱 두려운 직유이다.

5절의 직유 후에, 6절의 은유는 공격자들을 묘사하는데, 공격자들은 공동체에 의해 낭패를 당하고, 탄원자의 생명을 뺏으려는 그들의 음모에 대해 형벌을 받으며, 목숨을 부지하기 위해 도망해야 한다(또는 이것은 은유가 아니라 문자 그대로의 현실인가?). 공격자들은 (무엇보다) 산을 통과하는 바위가 많은 길에서 미끄러지지 않으려고 사투하면서 어두움 가운데 도망해야만 하며(참조. 렘 23:12), 탄원자의 친구들이나 다른 공동체 구성원들뿐만 아니라 특히 하나님의 부관에게 쫓길 것이다.

이런 모습은 시드기야가 느부갓네살에게서 두려워 도망하였으나 성공하지 못한 것을 떠올리게 한다(왕하 25장). 이런 모습에 대해서도 약간의 시적 정의(poetic justice)가 있다. 공격자들은 탄원자를 쫓고 있었으나(3절), 이제 위치가 바뀌었다. 여호와의 부관이 "우리의 구원이 되거나 우리의 운명이 된다"(참조. 출 23:20-22).[13]

> 7 그들이 까닭 없이 나를 잡으려고 그들의 그물을 웅덩이에 숨기며
> 까닭 없이 내 생명을 해하려고 함정을 팠사오니

이 시편의 첫째 섹션에 있는 이 유일한 한탄의 행에서, 병행법이 특이한 형태를 띤다. 우리는 "그들이 까닭 없이 나를 잡으려고 그들의 그물을 숨겼으며, 내 생명을 해하려고 함정을 팠사오니"와 같은 것을 기대할 것이다. 반복이 요점을 크게 강조하도록 "까닭 없이"(이 표현은 첫째 콜론에서 이어질 수 있다)를 반복할 필요가 없었다. 11-18절은 이를 더 자세히 설명할 것이며, 19-28절은 이 표현 자체를 반복함으로써 시작할 것이다.

웅덩이와 함정을 특이하게 수사적으로 결합한 것(웅덩이 위에 놓이거나 웅덩이에 놓인)은, 또한 공격자들이 탄원자에게 처하게 한 위험을 강조한다.

---

[13] Kidner, *Psalms*, 1:142-43.

> 8 멸망이 순식간에 그에게 닥치게 하시며
> 그가 숨긴 그물에 자기가 잡히게 하시며
> 멸망 중에 떨어지게 하소서

한탄에 비추어 이제 8절은 갑작스럽게 공격자들에 대해 복수를 사용한 것에서 생생함을 위해 한 개인을 언급하는 것으로 옮겨 가지만, 저씨브(jussive)로 되돌아온다. 이처럼 처음에는 이 행이 직접 이전 행에서 이어 가는 것 같지 않으며, 참화(쇼아[šō'â], 홀로코스트를 가리키는 현대 히브리어 단어)에 대한 언급으로 이 행은 실제로 개인적 재앙에 대한 이전 묘사를 한 단계 올린다. 희생자가 결코 재앙이 오는 것을 보지 못하여 어떤 피하는 조치도 취할 수 없는 방식으로 이 재앙은 그 희생자에게 올 것이다. 그 후에 둘째 병행을 이루는 콜론은 "그물"과 "숨긴"을 이어 가면서 이전 행(7절)과 연결된다.

기도는 시적 정의를 요구한다. 즉, 그는 자신의 덫에 빠져야 한다는 것이다. 두 콜론이 쌍을 이루도록 둘째 콜론이 어떻게 일어날지를 설명하면서 첫째 콜론을 설명할지라도, 이처럼 이미지에서 이 두 콜론은 다르다.[14] 이 두 콜론은 4-6절에서 어떤 행보다 긴 행을 구성하기에 충분할 것이다.

하지만 이 두 콜론에는 첫째 콜론이 "멸망"을 이어 가고 둘째 콜론이 공격자가 빠져야만 하는 웅덩이와 그물의 개념을 이어 가는 데서, 이들을 결합하고 요약하는 셋째 병행을 이루는 콜론이 이어진다. 이는 4-6절의 저주를 이전 모든 행보다 더 긴 세 개의 콜론으로 된 행으로 예기치 않게 절정에 이르게 한다.

> 9 내 영혼이 여호와를 즐거워함이여
> 그의 구원을 기뻐하리로다

9-10절은 구원 가운데 기뻐할 것이라는 전망으로 첫째 섹션을 마무리하는데, 이는 위기의 때에 탄원자가 자주 하나님과 자신 앞에서 붙드는 전망이다. 동사의 주어가 "내 영혼" 또는 "자신"(*사람)과 "내 뼈"이므로 형식상으로는 그렇지

---

14 이 두 콜론은 또한 abb'a' 순서를 나타내면서 형식상으로 그렇게 한다. 즉, 3인칭 남성 접미사가 있는 3인칭 여성 이크톨(yiqtol) 동사와 관계절이 이어지는 명사, 그 후에 바뀐 순서로 된 이런 동일한 요소들이 있다.

않을지라도, 실제적으로 9-10절은 1인칭이다.

다시 세 행 각각은 마지막 행보다 더 길며, 이는 이 섹션의 마무리에서 1-3절의 움직임을 바꾸고 있다. 여호와가 행하시게 될 일들을 탄원자가 축하하면서 기쁨과 찬양은 점차 확대될 것이다.

9절은 두 개의 병행을 이루는 콜론으로 구성되는데, 공통의 주어, 3인칭 여성 단수 이크톨(yiqtol) 동사, 베(b) 표현이 있다. 둘째 콜론은 이 맥락에서 여호와를 기뻐하고 즐거워하는 이유는 여호와의 *구원임을 명백히 한다. 이 단어는 3절에서 택한 것이며, 이는 참되다고 입증될 것이다. 탄원자는 공격자들의 몰락에 대해 상세히 기도했을지라도, 아마도 이 기쁨의 대상이 그들의 몰락이 아니라 이 구원이라는 것은 중요할 것이다. 이 시편은 복수를 위해서가 아니라 몰락이 해방과 구원을 가져오는 데 필요하므로 그 몰락을 구하고 있다.

> 10 내 모든 뼈가 이르기를
> 여호와와 같은 이가 누구냐
> 그는 가난한 자를 그보다 강한 자에게서 건지시고
> 가난하고 궁핍한 자를 노략하는 자에게서 건지시는 이라 하리로다

추가되는 두 행은 동일한 방향을 가리킨다. 뼈에 대한 언급은 영혼에 대한 언급을 세밀하게 수반한다. 둘은 온전한 인격을 시사하지만, 뼈는 외적 사람, 몸 전체를 시사하면서 네페쉬(nepeš)는 내적 사람을 더 가리킬 수 있다. 네페쉬는 웅덩이와 그물을 피하겠지만, 몸은 이를 직접적으로 느낄 것이다.

"여호와와 같은 이가 누구냐"라는 수사적 질문은 사람들이 기도할 때에 여호와가 그들을 구원하시는 방식(예를 들어, 71:19; 86:8)과 여호와가 창조 때와 이스라엘의 역사에서 행하신 방식(예를 들어, 89:8[9]; 출 15:11; 대상 17:20)을 선언하는 것과 관련하여 반복된다. 이 수사적 질문은 여호와를 생명이 없는 형상으로 대변될 수 있는 신들과 대조시킨다(예를 들어, 렘 10:5-7). 이는 두 개의 병행을 이루는 콜론이 있는 마무리하는 행에서 설명되는데, 이는 9절과 구조에서 비슷하다.

시작하는 분사는 두 콜론에 모두 적용되며, 다시 구원이나 건짐에 대해 요점을 지적한다. 대체로 10a절은 9a절을 확장하고, 10b절은 9b절을 확장한다. 하지만 10a절에 이어 건짐의 활동은 여호와의 구별되는 특징, 여호와를 비교할 수

없게 만드는 특징으로 규정된다. 두 콜론의 나머지는 건짐의 대상을 확인한다 (*가난한 자, 그 후에 가난하고 *궁핍한 자로 따라서 궁핍하면서 가난한 자를 의미한다). 두 콜론의 나머지는 이런 사람들이 누군가에게 건짐이 필요한데 그들 가운데 그런 부류의 사람을 확인하는 병행을 이루는 민(min) 표현들로 마친다.

노략하는 자에 대한 마지막의 언급은 이 섹션을 다소 놀라운 구체적 결론에 도달하게 한다. 이전 절들은 탄원자가 누군가의 스테레오를 훔치는 빈집털이에 대해 생각하지 않고 누군가에게서 그들의 땅과 집과 아마도 그들의 생명을 빼앗는 사기꾼에 대해 생각함을 분명히 했다(참조. 17:4b-5 해설을 보라).

건지는 이로서의 여호와에 대한 일반화는 탄원자의 경험에서 다시 입증된 일반화일 것이다. 넌지시 큰 소리를 내는 기쁨과 말은 탄원자의 안도의 감정을 의미할 뿐만 아니라 또한 다른 사람들에 대한 건짐의 암시를 증언할 것인데, 다른 사람들의 이 일반화에 대한 믿음은 탄원자의 증언으로 깊어져야 한다.

"여호와와 같은 이가 누구냐"라는 수사적 질문은 다시 출애굽 신앙을 떠올리게 하는데(출 15:3, 11), 이로써 한 번 더 탄원자는 이 복음을 개인의 삶에 적용할 것을 주장하게 된다. 물론 9-10절 역시 피드백 과정을 의미하며, 이로써 다시 여호와의 개인을 향한 출애굽과 같은 행위는 공동체의 신앙을 세우게 된다. 이를 기대하는 것이 시편에 나오는 기도의 특징이지만, 이는 약간 멀리 미래를 내다보는 것이다. 그때 탄원자에게는 일반화를 개인적으로 입증하는 일에 몰두할 이유가 있다.

[시 35:11-18]

둘째 섹션은 또 다른 기도(17절)와 탄원자가 어떻게 여호와께 증언할 것인지에 대한 더욱 명백한 선언(18절)으로 나아간다. 하지만 그러는 사이에 둘째 섹션은 공격자들이 행동하고 있었던 방식에 한탄함에 초점을 둔다. 11-16절은 이처럼 7절에 대한 확장을 구성한다. 저주가 첫째 섹션에서 지배적이듯이 이 한탄은 둘째 섹션에서 지배적이다.

> 11 불의한 증인들이 일어나서
>   내가 알지 못하는 일로 내게 질문하며

공격자들의 특성과 방법은 11절에서 더욱 명확해진다. 그들은 탄원자에 반대하는 증언을 하는 사람들이며, (문자 그대로) "*폭력의 증인들"로서 그들은 유혈로 끝내려고 목표를 삼는 포악하고 무법의 방식으로 그렇게 하고 있다. "일어나다"는 말하려고 일어선 증인들을 묘사할 수 있는 동사이다(예를 들어, 27:12, 여기서도 유혈을 낼 증언에 대해 말한다). 둘째 콜론은 그들이 일어날 때 일어난 일을 상세히 설명한다. 즉, 그들은 탄원자가 아무것도 알지 못하는 사건들에 대해 자세히 따져 묻는 방식으로 진행한다.

> 12 내게 선을 악으로 갚아
>   나의 영혼을 외롭게 하나

12-14절의 네 행은 이 공격자들과 관련하여 탄원자 자신의 행위에 관해 주장함으로써 한탄할 만한 특성을 강조한다. 이 행들은 실질적으로는 다르지만, 시편이 때로 여호와께 응답할 이유로서 결합하는 여호와의 과거 인자하심에 관한 주장과 형식상으로 유사하다.

이 행들은 공격자들의 악행을 부각시키고자 탄원자의 과거 행동에 대해 말한다. 그들의 주장은 실질적 내용도 없을 뿐만 아니라, 그들의 공격은 또한 탄원자의 행동과 대조된다. 이 대조는 슬픔이나 상실과 관련되는데, 즉, 그들이 이제 야기한 슬픔과 탄원자가 그들과 함께한 슬픔이다.

이처럼 12절에서 그들이 *선으로 되갚는 *악은 그들이 야기한 일종의 상실로 묘사된다. 단어(셰콜[*šekôl*])는 문자 그대로 종종 전쟁의 결과로 구체적으로 자녀들을 잃음을 의미하며(참조. 137:8-9; 사 47:8-9; 예레미야애가),[15] 따라서 이 콜론은 첫째 행의 전쟁에 대한 언급과 연결된다.

---

15 Cf. Briggs, *Psalms*, 1:305.

> 13 나는 그들이 병 들었을 때에
> 굵은 베 옷을 입으며
> 금식하여 내 영혼을 괴롭게 하였더니
> 내 기도가 내 품으로 돌아왔도다

더욱 일반적으로 영혼(*사람)의 상실에 대한 언급은 이전 것과의 대조를 강조한다. 즉, 탄원자는 공격자들이 아플 때 깊은 슬픔의 옷을 입었다. 그들의 질병에 대한 언급은 아마도 탄원자의 질병의 시작이 공격자들에게 그들의 행동에 대한 이유나 핑계를 제공했음을 내포할 것이다. 이는 탄원자의 질병의 시작이 탄원자가 여호와의 징벌을 받음을 표시했다는 가정에 근거한다. 굵은 베를 입는 것은 자신들의 곤경에 대해 하나님이 주목하시도록 하는 방식이었다.

이것은 슬픔의 또 다른 표시인 금식으로 더 깊어졌다. 이 상황에서 먹는 것은 너무 부질없는 행위이다. 시편은 단순히 슬픔을 느끼는 것으로 충분하지 않다고 여긴다. 우리는 단순히 정신과 영혼이 아니라 육체적 피조물이므로, (예를 들어) 음식을 삼가며, 따라서 자신의 영혼이나 자아(*사람)를 괴롭히며 슬픔을 표현하지 않는 것은 이상할 것이다.

금식과 더불어 자신들의 치유를 위한 명백한 기도가 있었다. "내 *기도가 내 품으로 돌아왔도다"라는 표현은 여기서만 나온다. 이것은 아마도 기도할 때 자신의 가슴을 치는 방법을 나타내면서 환유일 것이다(참조. 나 2:7[8]).[16] 이것은 단지 탄원자가 계속 기도하는 방식(동사는 이크톨[yiqtoll]을 언급하거나 잠깐 기도가 응답되지 않았고 탄원자는 이제 공격자들인 사람들을 위해 자신을 낮추고 있었음을 시사할 수 있다. 다음 행은 공격자들에게 긍정적 자세를 취했다는 회상을 이어 가므로, 문맥상 기도가 효과가 없기를 바라는 것은 아닐 것이다.

---

16 Cf. ibid., 1:306.

> 14 내가 나의 친구와 형제에게 행함 같이 그들에게 행하였으며
> 내가 몸을 굽히고 슬퍼하기를 어머니를 곡함 같이 하였도다

이 행(14절)은 *aba'b'*로 배열된다. 첫째 콜론을 마무리하는 동사, "내가 행하였으며"는 "어떻게"라는 질문을 제기하며, 둘째 콜론의 마지막에 나오는 동사에 의해 분명해진다. 즉, "내가 몸을 굽히고 슬퍼하기를"(개역개정은 둘째 콜론의 앞에 위치한다-역주). 이는 아마도 어두운 옷이거나 오물로 더럽혀진 것을 언급할 것이다.

마찬가지로 둘째 콜론에 나오는 "곡함"이라는 표현은 첫째 콜론의 케(*k*, "~와 같이"를 의미한다-역주) 표현을 설명한다(문자 그대로, 친구를 [곡함] 같이, 형제를 [곡함] 같이). 둘째 케(*k*) 표현도 친구나 형제를 곡함뿐만 아니라 자신의 죽은 자녀를 위한 어머니의 곡함을 가리키면서 첫째 표현을 강화한다. 그렇다. 탄원자가 불운할 때에 이 사람들에 대해 걱정했던 방식에 큰 강렬함이 있는데, 이 사람들은 이제 의도적으로 탄원자에게 어려움을 겪게 한다.

> 15 그러나 내가 넘어지매 그들이 기뻐하여 서로 모임이여
> 　불량배가
> 　내가 알지 못하는 중에 모여서
> 　나를 치며 찢기를 마지아니하도다

15-16절의 세 행은 탄원자의 필요에 그들이 반응할 때 대조를 명확히 한다. 그들은 웃었으며, 그 후에 그들은 함께 모였다.

그들은 왜 그렇게 했는가?

이를 설명할 때, 15a절의 병행을 이루는 콜론은 동사를 반복함으로써 시작하고, 그 후에 "나를 치며"로 이 질문에 대답한다. 15b절은 이 공격자들을 야생 짐승과 같이 탄원자를 찢는 불량배로 묘사하면서 이 묘사를 발전시킨다. 15b절은 이 묘사를 육체적 공격처럼 들리게 만들지만, 그들이 침묵하지 않을 것이라는 추가 설명은 육체적 공격이라기보다는 말로 하는 공격임을 시사한다. 그들은 탄원자를 고발하기를 멈추지 않을 것이다.

> 16 그들은 연회에서 망령되이 조롱하는 자 같이
> 나를 향하여 그들의 이를 갈도다

16절은 이와 잘 들어맞는다. 그들은 완전히 명령받은 사람들이다. 그들은 억눌린 사람을 조롱한다. 그리고 그들은 자신들이 꼬인 사람들임을 보인다. 그들의 이를 갈 때 표현하는 모든 행위, 적대감의 몸짓(참조. 37:12)은 들리는 것보다 위협적이다.

> 17 주여 어느 때까지 관망하시려 하나이까
> 내 영혼을 저 멸망자에게서 구원하시며
> 내 생명(개역개정: 유일한 것-역주)을 사자들/변절자들(개역개정: 사자들-역주)에게서 건지소서

두 개의 마지막 행은 기도와 찬양에 대한 기대로 이 섹션을 마무리한다. 기도는 "*주여"라는 부름으로 시작하고, 종종 한탄에 나오는 것과 같은 시간에 대한 질문으로 시작한다. 종종 그렇듯이 이 질문은 갑작스럽다(6:3[4]을 보라). 여기서 이런 갑작스러움은 이것이 단지 한 콜론을 차지하며, 둘째 콜론과 셋째 콜론이 쌍을 이루는 행에 있다는 것을 의미한다. 질문이 짧다는 것은 반대로 압제의 길이와 상응한다. 영어 번역본들의 "어느 때까지"라는 불변화사에 대한 이해는 약간의 아이러니를 시사한다.

보통 여호와가 보신다는 것은 긍정적인 일이다(예를 들어, 25:18-19; 31:7[8]). 여호와가 들으시는 것과 같이 이는 불가피하게 행동으로 이어진다. 여기서는 그렇지 않으며, 그렇다면 탄원자는 얼마나 오래 그러실 것인지 알기를 원한다. 또는 오히려 멈추어지기를 원한다.

하지만 "어느 때까지"는 보통의 아드-마타이('ad-mātay)가 아니라 캄마(kammâ)이며, 나는 이것이 "어느 때까지"보다는 "언제"와 같은 것을 의미한다고 여기는 데서 70인역을 따른다. 즉, "주님은 얼마나 오래 보시겠습니까"가 아니라 "주님이 보실 때까지 얼마나 오래 걸립니까"이다.

여호와가 보실 때 어떻게 될 것인가 또는 단순히 보는 것을 멈추시고 행동하기 시작하실 것인가?

이 시편은 좌절을 공격자에게 바라는 운명으로 말했다. 여기서 이 시편은 이 것이 탄원자가 공격자들의 손에 있어 현재 경험하는 것으로 묘사하는데, 이는 아마도 이전 저씨브(jussive) 기도의 배경에 속할 것이다.

이제 셋째 콜론은 *abb'a'* 순서로 이 동사에 대해 병행을 이루는 목적어("생명"을 가리키는 또 다른 단어)와 병행을 이루는 민(*min*) 표현을 제공한다. 첫째 민 표현은 비인격이며, 둘째는 인격이다. 케피림(kĕpîrîm, 34:10[11]을 보라)에 대해, 공격자들을 망령되다고 묘사하는 것은 "변절자"가 다시 들어맞는데, 물론 "찢는다"는 언급도 "사자들"도 가능하게 한다.

> 18 내가 대회 중에서 주께 감사하며
> 많은 백성 중에서 주를 찬송하리이다

병행을 이루는 콜론에서의 찬양에 대한 기대는[17] 명백히 성전에서의 큰 절기의 배경에서 감사(*고백)와 *찬송을 기대하고 암묵적으로 약속한다(한 동사는 내용을 시사하고, 다른 동사는 소리를 시사한다).

[시] 35:19-28

셋째 섹션은 공격자들의 기뻐함(19, 24b-26절), 한탄을 지지함(20-21절), 2인칭 기도(22-24a절)에 대한 저씨브(jussive)들과 의인들의 기뻐함(27-28절)에 대한 저씨브를 결합하면서, 첫째 섹션과 균형을 이루는 가운데 약간의 변화로 돌아온다.

> 19 부당하게 나의 원수된 자가 나로 말미암아 기뻐하지 못하게 하시며
> 까닭 없이 나를 미워하는 자들이 서로 눈짓하지 못하게 하소서

---

17 2인칭 단수 접미사가 있는 두 개의 1인칭 단수 이크톨(yiqtol) 동사(하나는 히필, 하나는 피엘), 두 개의 베(*b*) 표현, 두 개의 형용사, 모두가 비슷한 의미로 *abcb'c'a'*의 순서로 배열된다.

초반의 저씨브(19절)는 탄원자의 비틀거림에 기뻐했다는 사실을 이어 가며, 이것이 계속되도록 허용되어서는 안 된다고 주장함으로써 시작한다. 많은 영어 번역본이 첫째 콜론의 "못하게"가 둘째 콜론에도 이어진다고 여긴다.[18]

하지만 실질적으로 둘째 콜론은 첫째 콜론과는 다른 의미를 지닌다. "까닭 없이"는 "부당하게"(*거짓되게)를 보완하는 반면에, "눈짓하다"는 오히려 저주와 같이 힘을 지닌 몸짓이며(참조. 잠 6:13; 10:10), 이것은 탄원자가 그들이 하지 않기를 바라는 기도가 아니라, 사람들이 탄원자에 *적대적인 사람들이 이미 무엇을 하고 있는지를 가리킨다.

> 20 무릇 그들은 화평을 말하지 아니하고
> 오히려 평안히 땅에 사는 자들을
> 거짓말로 모략하며
> 21 또 그들이 나를 향하여 입을 크게 벌리고
> 하하
> 우리가 목격하였다 하나이다

공격자에 대한 묘사는 20-21절에도 계속된다. 마소라 본문은 이를 두 개의 세-콜론으로 여긴다. 첫째 세-콜론에서 둘째 콜론과 셋째 콜론은 첫째 콜론과 균형을 이룬다. 다른 한편, 이 사람들은 그들이 공격하는 자들이나 전체 공동체의 *복을 격려하고 발전하는 방식으로 말하지 않는다. 반대로, 그들이 말하는 방식은 평화를 사랑하는 사람들을 무너뜨리려고 하는 거짓으로 특징지어진다.[19]

이 일반적 언급은 실제로 탄원자를 개별적으로 염두에 둘 것이며, 이는 와이크톨(wayyiqtol)과 카탈(qatal)로 된, 탄원자에 대해 더 직접적으로 말하는 추가 세-콜론에 의해 확증된다. 둘째 콜론과 셋째 콜론은 다시 첫째 콜론과 균형을

---

18 Cf. GKC 152z; JM 160q. 구조적으로 이 행은 abb'a'로 배열되며, 직접 목적어나 간접 목적어가 있는 두 개의 3인칭 이크톨(yiqtol) 동사들과 동사들의 주어로서 1인칭 당수 접미가 있는 두 개의 복수 분사 표현, 부사적 수식어가 있다.
19 이것이 실제로는 매우 명확하지 않지만 "평화를 발견하는 것, 더 정확히는 평화를 찾는 것은 실제로 어근 rgʻ의 기본 의미여야 한다는 HALOT의 해설에 의해 뒷받침될지라도, 나는 한 번 나오는 단어 리게(rigʻê, 조용한 사람들)에 대한 통상적 이해를 따랐다. 70인역과 제롬은 이것이 진노와 관계가 있다고 여긴다.

이룬다. 그들의 입을 크게 벌린 것은 그들이 큰 거짓말을 하고 있음을 시사하며, 둘째 콜론과 셋째 콜론은 이 거짓말에 대한 정보를 준다. 즉, 그들은 자신들의 눈으로 어떤 일들이 일어남을 보았다고 말했다.

마소라 본문도 마찬가지이다. 하지만 에아흐(heʾāh)라는 감탄사는 보통 기쁨을 표현하고, 이는 오히려 세 개의 두-콜론으로 구성된 이 두 절을 가리킨다.[20] 첫째 두 콜론(20a-b절)은 분명한 대조를 이룬다. 중앙에 있는 두 콜론(20c-21a절)은 일반적 진술을 하고, 그다음에 이것이 탄원자에게 어떻게 적용되는지를 보여 준다. 셋째 행(21b-c절)은 탄원자의 어려움을 보는 공격자의 기쁨을 선언한다. 아마도 이미 닥친 어려움이거나 아마도 그들이 기대하는 어려움일 것이다.

> 22 여호와여 주께서 이를 보셨사오니
>   잠잠하지 마옵소서 주여 나를 멀리하지 마옵소서

22-24절은 이 시편의 가장 광범위한 기도로 구성된다. 기도는 세 개의 가능한 쌍으로 되어 있는 세 명사를 포함한 여섯 개의 부름, 즉 "여호와/내 주여", 그 후에 "내 하나님/내 주여", "여호와/내 하나님"에 의해 추가로 설득력이 더해진다. 22절에서 기도는 공격자들 자신의 동사를 먼저 이어받고 여호와가 또한 보셨거나 오히려(그들은 거짓말을 하므로) 여호와는 참으로 보셨음을 목격한다. 이와 같이 말할 때 기도는 또한 17절에서 동사를 이어 가고 있다. 탄원자는 계속 여호와가 귀가 머셨거나 언어 장애자라고 말한다.

하레쉬(ḥārēš)는 둘 가운데 어느 의미도 지닐 수 있으며, 어느 것이든 다른 것을 내포하므로 개념은 밀접하게 연결된다. 17절이 내포하듯이, 여호와는 탄원자의 기도를 듣지도 않으시거나 그 기도에 응답하지도 않으신다. 병행을 이루는 콜론은 여호와가 멀리 있지 말아 주시라고 호소할 때 또 다른 방식으로 요점을 표현한다. 여호와가 가까이 계실 때, 이는 행동을 의미하지만, 그때 여호와는 행동하지 않으신다. 이 시편은 이것이 바로잡히기를 구하며, 보시고 들으시고 말씀하시고 가까이 다가오시고 행동하시는 것이 적절히 결합하기를 구한다.

---

[20] Cf. Gunkel, *Psalmen*, 145.

> 23 나의 하나님, 나의 주여 떨치고 깨셔서 나를 공판하시며
> 나를 위해 싸우소서(개역개정: 나의 송사를 다스리소서-역주)

만약 우리가 22절이 다소 대담하다고 여긴다면, 23절은 더욱더 대담하다. 23절은 두 개의 히필 명령법 동사, 두 개의 레(*l*) 표현, 두 개의 부름으로 구성되며, *abca'b'c'*로 배열될 수 있었지만, 대신에 *aa'bcc'b'*로 배열된다.

첫 번째 효과는 행이 두 개의 수치스러운 명령법으로 시작하면서(70인역은 하나로 줄인다) 권고를 훨씬 대담하게 만드는 것이다. 효과는 같은 짝의 동사(하키차[*hāqiṣâ*])와 운율을 맞추는 것이지만, "떨치고"(하이라[*hāʿirâ*])는 이런 명령법으로 우르(*'ûr*)의 히필이 유일하게 나오는 곳이다. 두 동사의 칼(qal)과 히필(hiphil)은 44:23[24]에 함께 나온다.

두 부름을 서로 나란히 두는 것은 아마도 명령법이 내포하는 어떤 무례함도 완화하겠지만, 또한 탄원자와 "내 하나님", "내 *주님" 사이의 특별한 관계를 강조함으로써 기도를 강화한다. 이런 관계가 있는 곳에서 대담한 기도가 가능하다. 이 행에서의 마지막 요소는 여호와가 문자 그대로 "나의 공판(*결정)/나의 송사"를 구하시도록 탄원자가 필요로 하는 목표를 언급한다. 후자의 명사는 이 시편의 첫 콜론에서 반복된 동사 "싸우소서"를 선택한다. 탄원자가 필요한 것은 변호이다.

> 24 여호와 나의 하나님이여 주의 공의대로 나를 판단하사
> 그들이 나로 말미암아 기뻐하지 못하게 하소서

24절은 먼저 동사 판단하다(*결정하다)를 사용하여 판단을 언급함을 이어 가며, 이를 여호와의 공의(*신실함)에 대한 언급으로 한정하는데, 이는 공의를 드러내는 방식으로 권위를 행사함이나 단호한 행동에서 표현하는 공의의 태도를 시사하고자 이 두 개념이 종종 결합하는 방식과 일치한다.

24a절도 반복될 주제를 알린다(27-28절을 보라). 또 다른 이중의 부름은 이 행의 중간을 차지하며, 둘째 콜론은 19절의 시작을 반복한다. 25-27절을 차지하는 것은 형식상으로 저씨브(jussive)들에 대한 시작이지만, 이 처음 저씨브는 24a에 나오는 명령법에 종속된다(우리는 24b절을 목적절로 여길 수 있지만 그렇다면 부정어 알[*'al*]이 아니라 로[*lō'*]를 기대할 것이다).

> 25 그들이 마음속으로 이르기를 아하 소원을 성취하였다 하지 못하게 하시며
> 우리가 그를 삼켰다 말하지 못하게 하소서

25-26절은 공격자들에 대한 저씨브(jussive)를 발전시키는데, 첫 저씨브는 병행을 이루는 부정적 선언으로 되어 있다. 시작하는 동사는 반복되지만 수식하는 표현(문자 그대로, "그들의 마음에")은 첫째 저씨브에서 둘째 저씨브까지 이어 간다. 실제로 저씨브들의 진술들은 비슷하며, 형식상으로는 다르다 해도 동일한 은유를 사용한다.

> 26 나의 재난을 기뻐하는 자들이
> 함께 부끄러워 낭패를 당하게 하시며
> 나를 향하여 스스로 뽐내는 자들이
> 수치와 욕을 입게(개역개정: 당하게-역주) 하소서

내용에서는 부정적이지만 형식에서는 긍정적인 두 가지 소망이 두 개의 병행을 이루는 행으로 표현되며, *aba'b'*로 배열된다. 그리하여 두 행은 공격자들을 탄원자의 불운(*악)을 즐거워하고 탄원자에게 뽐내는 사람들로 특징짓는다. 순서는 스스로 뽐내는 자들이 재앙을 뒤따를 것을 시사하는데(예를 들어, 탄원자는 공동체에 의해 유죄로 밝혀지고 처벌을 받는다), 이는 그들에게 자신들의 지위를 향상할 기회를 줄 것이다. 탄원자가 촉구한 다른 운명은 이와 대조된다. 이 운명은 많은 면에서 수치의 현실을 표현한다.

두 개의 동사(보쉬[*bôš*], 하파르[*ḥāpar*])를 사용하고, 두 개의 명사(보셰트[*bōšet*], 케림마[*kĕlimmâ*])를 사용하는데, 이는 4절에서 반복되는 용어들이다. 이 운명은 "함께"(야흐다우[*yaḥdāw*])를 추가하여 동사들의 강력함을 강조하는데, 이는 동사들을 묶고 따라서 그들의 의미를 결합한다. 그리고 이 운명은 수치를 공격자를 덮고 달라붙는 옷으로 묘사함으로써 명사를 강조한다. 전체 효과는 그들 자신을 높임과 그들이 의도한 탄원자의 굴욕 사이의 분명한 대조와 탄원자가 찾는 반전을 묘사하는 것이다.

> 27 나의 의를 즐거워하는 자들이 기꺼이 노래 부르고 즐거워하게 하시며
> 그의 종의 평안함을 기뻐하시는 여호와는
> 위대하시다 하는 말을 그들이 항상 말하게 하소서

다른 사람들에 대한 세-콜론은 또 다른 방식으로 대조를 표현한다. 70인역과 제롬은 시작하는 콜론이 탄원자가 옹호받는 것을 보기 원하는 사람들이 있음을 내포한다고 여기며, 탄원자의 곤경에 공감하는 많은 보통 사람이 있지만 어찌할 수 없었던 것 같을 수 있다.

그러나 수사적으로 이 시편은 다른 시편들과 마찬가지로 탄원자가 홀로 있다고 묘사하며, 그렇다면 이 콜론은 탄원자가 옹호받을 때 표현될 기쁨을 가리킬 가능성이 크다. 특징적으로 이 시편은 여호와의 이 한 번의 행위가 단순히 내일 잊힐 한 사람의 기쁨을 자극하는 것이 아니라, 많은 사람에게 지속해서 차이를 낼 것이라는 확신을 표현한다.

이 행위는 여호와에 대한 공동체의 확신을 확증하고 지속하는 신뢰를 쌓는다. 사람들이 여호와의 공의(*신실함)의 행위로서 탄원자가 옹호받는 것을 기뻐함은 이 종의 *복에 여호와 자신이 기뻐하심에 반영되는 것으로 드러나는데, 이는 공격자들의 태도(20절)와 재앙의 전망(26절)과는 대조를 이룬다. 그들의 기쁨은 탄원자가 일어나지 않게 해 주시라고 기도한 기쁨과 대조를 이룬다(19, 24절). 만약 그들의 기쁨이 여호와의 행위를 되돌아보는 기쁨이라고 우리가 추론한 것이 옳다면, 아마도 여호와의 기쁨도 만족스럽게 탄원자가 이제 어려움이 아니라 복을 누리고 있다는 사실을 되돌아볼 것이다.

세-콜론은 진행됨에 따라 그 의미가 강화된다. 둘째 콜론은 또 다른 대조를 제시하는 여호와에 대한 예비적 묘사로 사람들의 기쁜 *울림의 내용을 가리킨다. 즉, 26절에서 그들은 스스로 위대하다고 하지만 27절에서 여호와만이 위대하신 분이다. 셋째 콜론은 이 확신을 상세히 설명한다. 그 사이에서 첫째 콜론과 셋째 콜론은 이처럼 여호와의 위대하심을 정의한다. 공격자들이 주장한 위대함은 그들의 악의적이고 부당한 괴롭힘에 있는 반면에 여호와의 위대하심은 곤경에 처한 누군가에게 옳은 일을 하시고 이 종의 복을 위해 행하시는 데 있다.

> 28 나의 혀가 주의 의를 말하며
> 종일토록 주를 찬송하리이다

나는 마지막 행이 27절에서 전체가 어떻게 기뻐하게 될 것인지를 설명하는 상황절로 여긴다. 탄원자는 이 옹호의 행위와 의(*신실함)에 대해 *말하는 것을 멈출 수 없을 것이며, 매일 종일 그렇게 할 것인데, 이는 공동체의 기쁨을 "끊임없이" 촉구할 것이다. 27-28절이 묘사하는 이 모든 단어는 탄원자가 못하게 해 주시라고 간원한 단어들과 대조된다(예를 들어, 20-21, 25절).

첫째 콜론에 있는 주어와 동사는 둘째 콜론에도 적용되며, 둘째 콜론의 부사적 표현은 첫째 콜론에도 적용된다. 이처럼 목적어만이 두 콜론에 나오며, "주의 의"와 "주를 찬송"이 병행을 이룬다. 여호와의 의로우심은 실제로 여호와 찬송의 핵심 주제이다.

3. 신학적 의미

이 시편은 특히 단호하게 탄원자의 공격자들에 대한 기도에 초점을 둔다. 따라서 이 시편은 싸울 수 없는 자를 위해 싸워 주시라고 여호와께 요구하고(1-3절), 그 후에 공격자들에 대한 참혹한 반전을 요구하고(4-8절), 그들에게서의 구원받은 것에 대해 여호와를 찬양하기를 기대하면서(9-10절) 계속할 의도로 시작한다. 이 시편은 탄원자의 과거 행위와 공격자들의 과거 행위를 대조시키고(11-16절), 다시 구원을 호소하며 구원받음을 증언하기를 기대한다(11-18절). 여호와께 깨어 조처함으로 공격자들이 수치로 뒤덮이고(19-26절), 여호와가 이를 행하실 때 의인들이 찬양에 참여하기를 기대하도록 구한다.

이 시편의 많은 주제는 예레미야서에 다시 나오는데(예를 들어, 18:20, 22; 20:7, 11; 23:12),[21] 이는 이런 성가가 예레미야의 영성과 신학을 형성한 방식을 나타내며, 여호와가 예레미야에게 말씀하신 것이 이런 영성과 신학을 확언한 방식을 시사한다. 예수님은 탄원자의 위치와 동일시하시면서 이 시편을 명백히 사용하신다(요 15:25).

---

21 Cf. Terrien, *Psalms*, 311.

대조적으로 현대 주석가들은 이 시편에 늘 불편해한다.
한 주석가는 다음과 같이 언급한다.

> 한편, 이런 태도는 기독교 이상과 일치하지 않고 시편 기자는 기독교 이전 시대에 살았음이 분명하다.[22]

이상하게도 예수님은 명백히 이 시편에 당혹해하지 않으셨으며, 자신이 이 시편을 대체했다고 볼 어떤 암시도 주지 않으셨는데, 이는 다시 한번 이것이 시편 해석가들과 같이 우리에 대한 문제임을 시사한다. 물론 이 시편을 풍유화하기는 하지만, 어거스틴이나 루터와 같은, 이 시편을 기독론적으로 해석하는 자들도 주저하지 않는다.[23] 마찬가지로 이 시편은 자주 케냐에서 치유 의식에 사용된다.[24] 그리고 자신의 원수들을 위해 기도하는 것이 유대적인 것과 대조적으로 기독교적이지 않다.[25]

명백히 만약 이 시편이 여호와께 착수하시라고 요구하는 싸움이 합법적 싸움이고 합법적 패배라면, 이것은 현대 중산 계층이 싫어하는 입장을 약화시킬 수도 있다. 그렇다면 "하나님의 법정적 활동은 의와 공의를 위해 그의 적극적 참여의 번갈아 나오는 형태로 … 나타난다."[26]

하지만 이로 말미암아, 이 시편이 공격자들이 수치를 당하는 것을 절박하게 보고 싶다는 소망을 하나님께 밝히게 하고자 사람들에게 불어넣은 격려가 줄어들어서는 안 된다. 이 시편은 두려움과 격노의 표현인데, 이는 하나님을, 두려움과 격노의 원인을 제거하도록 조처하시게 한다.

그리스도인들은 오히려 하나님께 자신들의 마음에서 이런 두려움과 격노를 제거해 주시라고 구하는 경향이 있지만, 이 시편은 이는 적절하지 않을 것이라

---

22 A. Anderson, *Psalms*, 279. Cf. Félix Asensio의 논의("Sobre la marcha del salmo 35," *EstBib* 31 [1972]: 5–16). 이 시작점은 이 시편이 은혜 아래에서가 아니라 율법 아래 기록되고 있었음에 대한 테오도레투스의 언급이다(*Psalms*, 1:216–17). 물론 (그의 편집자가 지적하듯이) 테오도레투스는 이 이슈에 대한 설명에서 다소 일관적이지 않다.
23 Augustine, *Psalms*, 79–86; Luther, *First Lectures*, 1:165–69을 보라.
24 Philomena Mwaura, "The Old Testament in the Nabii Christian Church of Kenya," in *Interpreting the Old Testament in Africa*, ed. Mary Getui et al. (New York: Lang, 2001), 165–69을 보라.
25 (예를 들어) Rosenberg, *Psalms*, 1:123에 있는 13절 해설을 보라.
26 Keel, *Symbolism of the Biblical World*, 207–8.

고(또는 최소한 차선책이라고) 추론하게 한다. 두려움과 격노는 피하는 것이 아니라 이를 가지고 무언가 하도록 의도됐다. 두려움과 격노는 공격당하는 사람들에게 행동하게 하려고 의도된 것이 아니라, 그들에게 기도하도록 의도된다. 아마도 이런 일이 일어난다면 걱정과 격노는 잠잠하겠지만, 이는 걱정과 격노가 작용하기 전에 이런 적절한 감정을 앗아갈 초자연적 행위가 아니라, 이런 잠잠함에 이르는 길이다.

이처럼 어떤 의미에서 이 시편은 많은 다른 시편보다 덜 침착하다. 하지만 이 시편은 또한 감사와 증언에 대한 이유가 주어질 것이라는 특히 일관된 기대를 분명히 표현하며, 이를 분명히 제공한다. 시편 35편은 나름대로 시편 22편과 마찬가지로 두 가지 사실을 사실로 여긴다고 주장한다. 이 시편은 악의적 공격과 심각한 위험의 사실을 사실로 여기며, 여호와는 강력하시고 구원을 베푸는 하나님이시며, 분명히 공격자들을 무너뜨리고자 행동하실 것이라는 사실을 사실로 여긴다.

이처럼 이 시편에는 어떤 절망의 암시도 없고, 이 찬양의 순간이 현재가 아니라 미래에 있음을 분명히 한다(비록 우리는 미래에 이런 찬양을 할 것을 기대함이 여호와가 행하실 일에 대한 예상되는 축하, 실제 찬양의 역설적 형태이기는 하지만). 탄원자는 현재는 찬양을 보류한다.[27] 찬양은 여호와가 행동하셨다는 인식을 가리킨다. 그때에는 여호와는 행동하지 않으셨다. 이제 찬양하는 것은 의미가 없을 것이다. 이것은 실제 상황에는 충실하지 않을 것이다. 현재는 항변할 순간이지만 찬양할 순간이 올 것이다.

주석가들과 서양 기독교인들에게 특히 한 파벌적인 책 서평을 따르는 것을 제외하고는 이 시편이 기도하는 구원과 반전이 거의 필요하지 않다.

하지만 우리는 특히 서양 기독교 국가들에게서 받은 취급 때문에 그리 복 받지 못한 위치에 있는 세상의 많은 사람에게 이런 형태의 기도를 막지 말아야 한다. 더 나아가 우리 자신이 공격을 받지 않았다고 하더라도, 이 시편은 우리 자신을 이처럼 공격을 받는 사람들의 입장에 두라고 촉구한다. 이 시편은 만약 우리가 박해와 압제에 격앙되지 않고, 공격자들을 무너뜨리도록 하나님께 촉구하기를 원치 않는다면 우리에게 무언가 문제가 있다고 내포한다.

---

[27] Brueggemann, *Message of the Psalms*, 65.

제36편

인간의 악함과 하나님의 인자하심

1. 본문

여호와의 종 다윗의 시, 인도자를 따라 부르는 노래

1 악인의 반란(개역개정: 죄-역주)이 그의 마음속으로 이르기를[1]
  그의 눈에는 하나님을 두려워하는 빛이 없다 하니
2 그가 스스로 자랑하기를
  자기의 죄악은 드러나지 아니하고 미워함을 받지도 아니하리라 함이로다
3 그의 입에서 나오는 말은 죄악과 속임이라
  그는 지혜와 선행을 그쳤도다
4 그는 그의 침상에서 죄악을 꾀하며
  스스로 선하지 않은(개역개정: 악한-역주) 길에 서고
  악을 거절하지 아니하는도다
5 여호와여 주의 인자하심이 하늘에 있고

---

[1] 문자 그대로, "악인에 속한 반란의 발언." 나는 소유격을 형용사로 여기고, 레(*l*)는 "속하는" 또는 "~의 쪽에서는"을 의미하는 것으로 여기는데, 여기서 레(*l*)는 너무 긴 연계형을 피하기 위해서(BDB 513b) 그리고 둘째 소유격이 첫째 소유격과 다른 의미를 지닐 것이기 때문에 사용된다. 브릭스(Briggs)는 반란이 창 4:7의 죄처럼 인격화되어 악인들에게 악행을 부추기는 것으로 본다(*Psalms*, 1:317). Cf. R. J. Tournay, "Le Psaume xxxvi," *RB* 90 (1983): 5–22, 특히 10–11. 70인역의 "반란자들은 … 죄짓는 것에 대해 말한다"는 아마도 네움 포세아 리르쇼아 (*nĕ'um pōšē'a liršô'a*)를 내포할 것이다. Craigie (*Psalms* 1–50, 290)는 네움(*nĕ'um*)을 표제로 여기지만 이는 1–4절을 묘사하기에는 이상한 용어가 될 것이다(110:1을 대조해 보라).

　　　　주의 진실하심이 공중에 사무쳤으며
　　6 주의 의는 하나님의 산들과 같고
　　　　주의 심판은 큰 바다와 같으니이다
　　　　여호와여 주는 사람과 짐승을 구하여 주시나이다
　　7 하나님이여 주의 인자하심이 어찌 그리 보배로우신지요
　　　　신적 존재들과(개역개정에는 없음-역주) 사람들이
　　　　주의 날개 그늘 아래에 피하나이다
　　8 그들이 주의 집에 있는 살진 것으로 풍족할 것이라
　　　　주께서 주의 복락의 강물을 마시게 하시리이다
　　9 진실로 생명의 원천이 주께 있사오니
　　　　주의 빛 안에서 우리가 빛을 보리이다

　　10 주를 아는 자들에게 주의 인자하심을 계속 베푸시며
　　　　마음이 정직한 자에게 주의 공의를 베푸소서
　　11 교만한 자의 발이 내게 이르지 못하게 하시며
　　　　악인들의 손이 나를 쫓아내지 못하게 하소서
　　12 악을 행하는 자들이 거기서 넘어졌으니
　　　　엎드러지고 다시 일어날 수 없으리이다

2. 해석

이 시편은 세 섹션으로 나뉜다.

1-4절은 악인들의 태도와 삶에 대한 언급으로 구성되는데, 잠언서에 나올 수 있는 부류의 언급들이다.
5-9절은 하나님의 인자하심에 대한 신앙 및 하나님의 공급에 대한 기쁨을 고백하며 하나님을 부른다.
10-12절은 이 인자하심을 계속 보여 주시라는 기도로 하나님을 부른다. 그렇다면 결국 이것은 기도시가 되지만 여기가 나아가는 곳임을 천천히 드러내려 한다.

처음에는 이 시편이 두 사실에 초점을 둔다.

첫째, 이 시편은 단순히 악의 특성을 묘사하는데, 이는 시편 기자가 깊이 관심을 가지는 것이지만(1a절), 예를 들어, 그 관심이 사람들에게 이런 행동을 경계하라고 가르치는 것일 수 있지만 우리는 이유는 알지 못한다.

둘째, 5-9절에서 이 시편은 단지 여호와께 또한 깊이 느껴지는 방식으로 찬양하지만, 문맥에서 벗어나 이는 순수하게 예배 행위일 수는 있더라도 다시 우리는 이유를 알지 못한다. 우리가 탄원자 자신의 근심을 발견함에 따라 이 시편이 결합하는 것은 10-12절에서의 기도에서뿐이다.

이처럼 처음에는 이 시편이 개인적 압박 때문뿐만 아니라 1-4절이 묘사하는 악에 대한 일반적 사실들에 근거하여 여호와의 주목을 받으려고 한다는 사실이 드러난다. 그렇다면 이 시편은 여호와와 자신에게 여호와의 성품을 상기시키는 이유는, 여호와의 성품들이 또한 탄원자의 필요와 관련된 것으로 드러나기 때문이다. 즉, 여호와의 성품은 계속 신뢰하는 이유이면서 여호와가 기도에 응답하는 이유이기도 하다.

이 시편은 악인들로부터의 실제적 압박을 받는 누군가의 인식, 찬양, 근심을 표현할 수 있거나 단순히 이런 압박이 올 날을 두려워할 수도 있다. 섹션들 사이의 어구적 연관성은[2] 저자가 대단히 능숙하게 이 섹션들을 결합함이 틀림없으며 따라서 이 섹션들이 한 전체를 형성한다는 것을 의미할지라도, 이 시편은 다양한 이전 자료를 사용한 것이 불가능하지 않다.

---

2 이런 문학적 특징에 대해, John S. Kselman, "Psalm 36," in *Wisdom, You Are My Sister* (Roland E. Murphy Festschrift), ed. Michael L. Barré (Washington, DC: CBA, 1997), 3-17을 보라.

[표제]

> 여호와의 종 다윗의 시, 인도자를 따라 부르는 노래

용어 해설과 "여호와의 종"이 나오는 유일한 다른 시편인 시편 18편의 표제를 보라.

[시 36:1-4]

1-4절은 *악인의 자세를 묘사한다. 아마도 한 개인이거나 많은 대표자 가운데 한 부류의 사람에 대한 구체적 묘사일 것이다.

> 1 악인의 반란(개역개정: 죄-역주)이 그의 마음속으로 이르기를
>   그의 눈에는 하나님을 두려워하는 빛이 없다 하니

"발언"(개역개정: 이르기를-역주, 네움[$nĕ'um$])[3]에 대한 대다수의 언급은 선지자나 하나님의 말씀을 가리키므로, *악인이 "발언"한다고 하는 것은 약간의 아이러니가 있는데(참조. 렘 23:31), 특히 이것은 *반란의 발언이기 때문이다. 이 표현은 유일하지만 지혜와 찬양과 기도의 양식과 창조적으로 결합하여 이 시편의 문학적 독창성에 들어맞는다.

아마도 이는 악인의 쪽에서의 이 반란의 발언이 (마소라 본문에서) "내 마음 가운데" 또는 "내 *마음 깊은 곳에" 있다는 사실과 연결될 것이다. "내 가운데" 또는 "내 마음에"는 동일한 것을 말하는 두 가지 방식이므로, 복합 표현은 이 발언이 실제로 화자에게 영향을 미쳤음을 시사한다. 만약 우리가 70인역을 따른다면, 반란의 발언은 이런 사람들 안에 깊이 새겨져 있다.

둘째 콜론은 반란의 발언이 무엇을 가리키는지를 설명함으로써 첫째 콜론에서 이어 간다. 시편은 보통 하나님을 *경외함을 언급한다. "두려워함"(파하드[$pahad$]; 참조. 119:120)은 첫째 콜론의 강렬함과 조화를 이루는 더 드물고 더 강력

---

[3] 전문적으로 분사로 "발언된 것."

한 표현이다.

사람들은 왜 "그들의 눈앞에서" 하나님을 두려워할 필요가 있는가?

한 가지 함의는 우리가 의도적으로 이에 초점을 둘 필요가 있다는 것일 수 있다. 즉, 이는 당연한 것으로 받아들여질 수 없다는 것이다. 또 다른 함의는 그렇게 하지 못하게 되면 우리가 부정적 결과를 경험하게 되리라는 것이다. 로마서 3:18은 죄의 특성을 묘사할 때 하나님에 대한 두려워함이 없음을 절정으로 삼는다.[4]

> 2 그가 스스로 자랑하기를
> 자기의 죄악은 드러나지 아니하고 미워함을 받지도 아니하리라 함이로다

2절은 이 반란의 악이 어떻게 드러나는지를 설명하는데, 또 다른 아이러니가 있다. 악인들의 진술은 빠져나가기 쉬워서 우리는 그 진술을 잡을 수 없다. 악인들의 진술은 교묘하고 부드럽지만 신뢰할 수 없다. 악인들은 속인다는 의미에서 우쭐댄다(70인역). 그들의 눈은 두려워하는 것보다는 그럴듯한 것에 집중한다.

하지만 아이러니는 그들이 자랑하는 사람들이 자신들이라는 것이다. 그들의 반란의 발언은 자신들을 속여, 발견되어 거부당하거나 거절당하지(*미움을 당하는) 않을 수 있다고 판단하게 된다. 표면 아래에는 시편 기자의 감정과 드러나지 않는 두려움이 있다. 즉, 악인이 만약 옳아서 발견되지도 거부당하지도 않으면 어떻게 되는가 하는 것이다.

> 3 그의 입에서 나오는 말은 죄악과 속임이라
> 그는 지혜와 선행을 그쳤도다

3절은 이런 빠져나가기 쉽다는 겉으로 드러나는 성격을 다룬다. 문제는 구체적으로 속임으로 *해를 일으키려고 계산된 그 사람의 말에 있다. 둘째 콜론은 그가 그것에 따라 지혜에 등을 돌렸고 *선에도 등을 돌렸다고 언급한다(동사는 그가 한번 지혜와 선행으로 실제로 행동했음을 내포한다). 이 악한 사람은 지혜와 선행 사이의 연관성을 보지 못하고, 선할 필요 없이 자신의 이득을 추구할 때 지혜로울(현명한,

---

4 Cf. Kidner, *Psalms*, 1:146.

영리한) 수 있다고 판단하는데, 선함은 (예를 들어) 다른 사람들을 이용하거나 그들에 대해 음모를 꾸미기보다는 그들에게 관대함을 의미할 것이다.

이 시편은 지혜와 선행의 연관성을 전제하는데, 이는 이 시편이 시작한 여호와에 대한 경외를 포함하는 연관성이다(참조. 잠 1:1-7에서는 이 셋을 연결한다). 실제로 이 시편의 추가 섹션은 이것이 열쇠임을 내포할 것이다. 지혜와 선행 사이에는 본질적 연관성이 있다. 즉, 지혜로운 것은 선한 것이며, 선한 것은 지혜로운 것이다. 하지만 때로 이런 연관은 여호와의 보강을 필요로 한다. 이처럼 선행을 무시하는 지혜를 지지할 때 이 악한 사람은 여호와도 무시하고 있다는 것은 중요하다.

> 4 그는 그의 침상에서 죄악을 꾀하며
> 스스로 선하지 않은(개역개정: 악한-역주) 길에 서고
> 악을 거절하지 아니하는도다

세-콜론은 요점을 다시 진술하고, 이 섹션을 마무리한다. 첫째 콜론의 죄악(*해)은 3a절에서 이어 가며, *선은 3b절에 이어 가면서 둘째 콜론은 첫째 콜론과 병행을 이룬다. 이런 병행은 자신의 침상에서의 사생활에서 행한 꾀함(참조. 4:4[5])과 계획을 이행하고자 집을 떠날 때 행한 실행의 쌍에서도 나온다.

하지만 셋째 콜론 역시 *악을 거부하지 않음에 대한 언급을 소개할 때 그 내용을 반복하면서 둘째 콜론과 병행을 이루는데, 악은 선의 반의어이며, 선하지 않음을 행하겠다고 말하는 또 다른 방식이다. 형식상으로 긍정적 동사와 부정적 형용사는 이처럼 부정적 동사와 긍정적 형용사로 보완된다.

[시 36:5-9]

분명히 대조를 이루어, 전환을 시사하는 어떤 표시어("하지만"과 같이)도 없이 갑작스럽게 이 시편은 보통 시편이 그런대로, 악한 사람을 묘사하기보다는 여호와를 부르고 있다. 여호와에 대한 묘사와 반란, 악, 빠져나감, 해, 속임이라는 이 사람에 대한 묘사는 대조를 이룬다. 여호와는 *인자, *진실됨, 의(*신실함), *권위, *구원으로 특징지어진다.

아퀴나스는 이 대조에 대해 다음과 같이 설명한다.

> 자신들의 죄를 하나님 탓으로 돌리는 누군가가 있는데, 그들은 자신들이 불가피한 죄를 짓는다고 말한다. 그리고 그들은 자신들의 재산을 자신의 힘으로 가졌다고 말하면서 자신들에게 충당한다. 다윗은 그 반대로 행한다.[5]

> 5 여호와여 주의 인자하심이 하늘에 있고
> 주의 진실하심이 공중에 사무쳤으며
> 6a-b 주의 의는 하나님의 산들과 같고
> 주의 심판은 큰 바다와 같으니이다

5-6b절은 이런 성품의 규모를 설명한다. 여호와의 인자하심이 어떤 의미에서 하늘에 있는지는, 여호와의 진실하심이 하늘에까지 확장된다는 병행을 이루는 선언으로 설명된다. 두 성품은 너무 높이 서고 너무 멀리 도달하여 하늘까지 뻗는다. 두 성품에는 한계가 전혀 없다. 만약 우리가 "하나님의 산들과 같다"라는 표현을 최상급으로 여기는 데서 탈굼을 따를 경우, 약간 더 실제적으로 표현하면 여호와의 의는 가장 높은 산들과 같다.[6]

하지만 아마도 우리는 이 구절을 문자 그대로 번역해야 할 것이다. 사본(참조. 사 14:13)과 같이 하나님의 산은 바로 하늘까지 도달하며 하늘과 땅 사이의 연결고리를 형성한다. 6b절은 다시 이 시작하는 콜론과 병행을 이룬다. 6b절은 여호와가 비를 가두시는 하늘의 깊은 곳을 가리키거나(참조. 33:7), 위가 아니라 아래를 봄으로써 다른 방식으로 요점을 지적할 수도 있다(참조. 135:6).

측량할 수 없는 깊은 곳을 들여다본다고 상상하는 것처럼, 우리는 결코 여호와의 의가 이행되는 결정적 권위의 깊이를 측량할 수 없거나, 여호와의 의가 작용하기를 멈추는 깊은 곳에 도달할 수 없다. 이런 주장은 깊음이 여호와의 권위를 거부하며, 따라서 세상의 복에 위협이 되는 거친 세력들을 발견할 수도 있는 영역이라는 사실에서도 반복된다(참조. 148:7).

---

5   이 시편에 관한 아퀴나스(Aquinas, 그의 숫자 매기기로 된 시 35편).
6   Cf. Rashi; *IBHS* 14.5b.

여호와의 인자하심, 진실되심, 의, 권위가 위로 하늘까지 아래로 깊은 곳까지 확장된다고 말하는 것은, 그것들이 역시 인간과 짐승이 실제로 사는 영역에서 중간에 있는 모든 것을 포함함을 단언하는 일종의 제유법이다.

아모스 9장과 함축적으로 시편 139편에서 여호와가 하늘에 도달하시거나 바다의 바닥 또는 스올까지 도달하시는 능력은 나쁜 소식이다. 즉, 여호와의 권위를 피할 수 없다는 것이다. 하지만 악인들이 맞섰던 의인들에게 이것은 좋은 소식이다.

> 6c 여호와여 주는 사람과 짐승을 구하여 주시나이다
> 7a 하나님이여 주의 인자하심이 어찌 그리 보배로우신지요

나는 6c절이 또 다른 행의 시작이며 7a절에서 마무리된다고 여긴다.[7] 6c절은 이 섹션의 초반부를 5-6b절의 의미에 대한 요약과 여호와의 인자하심에 대한 또 다른 언급으로 마무리하게 하면서, 여호와가 인간과 짐승의 구원자시라는 사실에 대한 언급을 추가한다. 이 주제는 5-7a절을 둘러싸며 인클루지오를 형성한다.

> 7b 신적 존재들과(개역개정에는 없음-역주) 사람들이
>   주의 날개 그늘 아래에 피하나이다

이 섹션의 후반부(7b-9절)는 이전 행을 발전시킴으로써 시작한다. 여호와를 의지하는 것은 인간과 짐승뿐이 아니다. 인간들뿐만 아니라 종속되는 신적 존재들(예를 들어, 82:1[2]; 95:3에서 언급되는 부류)도 여호와를 의지한다. 하지만 이런 신적 존재들을 언급하는 것은 5-6b절의 고상한 묘사보다는 하나님에 대해 말하는 더욱 검소한 방식으로 전환된다. 여호와는 초월적이시지만 또한 가까이에 계신다.[8]

---

7   Cf. Seybold, *Psalmen*, 149.
8   Terrien, *Psalms,* 315.

피한다(피난처로 삼는다)는 표현은 보통 여호와를 *의지함을 가리키는 은유이지만, 7b절은 이것이 죽은 은유가 아님을 시사하는 방식으로 이 이미지를 상세히 설명한다(참조. 5:11[12]; 11:1; 17:8).

> 8 그들이 주의 집에 있는 살진 것으로 풍족할 것이라
> 주께서 주의 복락의 강물을 마시게 하시리이다

이처럼 8절은 성전의 자원들이 또한 사상을 전진시키기는 하지만 이 시편의 사상 세계임을 분명히 한다. 피난처로 삼는다는 것 자체는 먼저 상실에서의 구원을 시사할 뿐만 아니라 여호와께 피한다는 것은 이 이상을 내포한다. 이것은 생존뿐만 아니라 풍요로운 공급을 의미한다. 여호와는 강력한 보호자이실 뿐만 아니라 관대한 주인이시다(참조. 시 23편). 성전에서의 희생제물 식사에서 사람들은 문자 그대로 여호와의 풍요로운 식사의 충분한 양을 마시고 먹을 것이다.

동사와 명사의 조합은 놀랍다. 동사 라와(rāwâ)는 충분한 양을 마심을 의미하며, 명사 데셴(dešen)은 고체든 액체든 기름을 의미한다. 그러므로 이 표현은 음식의 축축한 즙이 많음을 가리킨다. 두 병행을 이루는 콜론 가운데 둘째 콜론 역시 이 행이 문자 그대로라고 하더라도 비유적으로 말함을 분명히 한다. 사람들은 여호와와 함께 풍요로운 잔치를 문자 그대로 누릴 수 있다. 다른 경우 그들은 비유적으로 여호와의 강에서 마신다.

> 9 진실로 생명의 원천이 주께 있사오니
> 주의 빛 안에서 우리가 빛을 보리이다

9절은 이 묘사를 발전시킨다. 성전 산에 강이 없으므로 흐르는 샘이 없지만 거기서와 다른 곳에서 사람들은 여호와가 공급하신 것으로 원기를 회복한다. 실제로 여호와는 보통 샘(개역개정: 원천-역주)이시며(렘 2:13; 17:13), 이것은 여기에서 전제일 수 있다. 여호와는 원기회복을 흘러가게 하시는 분이다. 왜냐하면, 이 원기회복은 여호와에게서 오기 때문이다.

마지막 절은 또 다른 은유로 요점을 다시 진술하고 요약한다. 즉, *빛은 공급과 축복을 가리키는 또 다른 이미지이다. 여호와의 공급과 축복이 실제 공급이

며 축복인 이유는, 그것이 여호와의 것이기 때문이다. 여호와는 성전에서 또한 일상생활에서도 사람들에게 필요를 공급하신다. 여호와의 얼굴이 그들에게 비출 때, 이로 말미암아 사람들은 여호와의 은혜와 관대함에서 나오는 선물을 보게 된다.

[시 36:10-12]

병행을 이루는 콜론의 세 행은 계속 하나님을 부르고 인자하심과 진실하심에 대해 말하지만, 이는 찬양보다는 기도의 주제가 된다. 마찬가지로 세 행은 1-4절의 방식으로 악과 해에 더 자세히 말하지만, 이 역시 가르침보다는 기도의 주제가 된다.
또는 이것은 한탄이 아닌가?
7-9절에서의 풍족함에 대한 언급은 잊힌다. 탄원자의 필요가 더 기본적이다.

> 10 주를 아는 자들에게 주의 인자하심을 계속 베푸시며
> 　　마음이 정직한 자에게 주의 공의를 베푸소서

흥미로운 동사 마샤크(mašak)는 보통 무언가를 당기거나 뻗는 것을 가리키는데, 여기서는 두 콜론에 적용된다. 이 시편은 여호와를 아는(*인정한) 사람들, 마음이 정직한 사람들, 즉, 정직한 척하지만 마음에서 악행을 계획하는 사람들이 아니라 실제로 정직한 사람들을 위해 *인자하심과 의(*신실하심)를 계속 확대하실 것을 요구한다. 그리하여 여기서조차도 탄원자는 아직 탄원자로서 말하고 있지 않다. 이것은 아직 드러나게 자신을 위한 기도가 아니라 다른 사람들을 위한 기도, 중재의 기도이다.

> 11 교만한 자의 발이 내게 이르지 못하게 하시며
> 　　악인들의 손이 나를 쫓아내지 못하게 하소서

11절은 또한 1-4절의 기반이 된 것으로 드러난 함의를 설명하면서, 한 번 더 *악인들을 언급하는데, 첫째 콜론에서도 *교만한 사람들, 높은 지위에 있는 사

람들이라고 부른다. 무력한 사람들에게서의 악함은 그렇게 위협이 되지 못하며, 여호와 공동체에 신실한 사람들에 높은 지위를 얻는 것은 긍정적인 복이 되겠지만, 악과 교만은 치명적인 조합이다(참조. 10:2). 이 행은 구체적으로 이런 사람들의 발과 손을 언급하는데, 다른 사람들을 짓밟는 발이며, 다른 사람들을 공동체에서나 그들의 생계가 되는 성읍이나 땅에서 몰아내는 손이다.

하지만 흥미롭게도 이 몰아내고 짓밟는 대상은 이제 "나"이다. 이것은 이 시편의 시작하는 콜론 이후로 발언의 1인칭 단수 부분이 처음 나오는 곳이며, 이는 1-4절이 단순히 악인의 객관적 악행이나 그들이 다른 사람들에 끼치는 해에만 관심을 가진 것은 아님을 드러낸다. 11절은 높은 지위에 있는 악인들이 이미 탄원자에게 악을 범하고 있음을 시사할 필요는 없고, 이것이 상황이 진행되는 것 같은 곳임을 내포한다.

> 12 악을 행하는 자들이 거기서 넘어졌으니
>   엎드러지고 다시 일어날 수 없으리이다

대조적으로 동사들은 이제 카탈(qatal)이며, 이는 행악자들의 몰락이 실제로 탄원자의 눈, 즉 신앙의 눈앞에서 일어나고 있음을 내포한다.[9] 이처럼 10-11절과 12절 사이에는 형식상의 긴장이 있다. 탄원자는 여호와께 의로우시길 그리고 구원을 베풀어 주시길 기도하고, 동시에 여호와는 그렇게 하고 계신다고 믿는다. 12절은 또 다른 의미에서 10-11절을 넘어 보완하는데, 의와 구원이 *해를 끼는 사람들(3-4절에서부터 다시 나타나는)을 실제로 무너뜨릴 필요가 있음을 전제하기 때문이다.

그들의 운명을 묘사하는 첫째 동사는 "어떻게"와 "얼마나 최종적으로"라는 질문을 제기할지라도 그들의 몰락에 대해 일반적인 점을 지적한다. 둘째 콜론에서 푸알(pual) 동사 도후(dōḥû)는 두 질문에 대한 응답을 내포한다. 즉, 수동 동사로서 이 동사는 이 몰락(그들은 단순히 넘어지는 것이 아니다)의 배후에 행위자가 있음을 내포하며, 결과적 푸알로서 이 동사는 사건의 결과를 주목하게 하는데, 이 결과는 마무리하는 절에서 더욱 구체적으로 표현된다. 그들의 몰락은 분명하고 최종적이다.

---

9 Gerstenberger (*Psalms*, 1:156)는 이를 간원형으로 여긴다.

3. 신학적 의미

삶에서 두 무리가 두 가지 다른 우주를 차지하는 것 같다.

한편으로 여호와께 대항하는 사람들이 있는데, 그들은 여호와와 다른 사람들에게 악하고 다른 사람들에게 해를 끼치며, 속임수를 계획하는 데 시간을 보내고 그들의 음모를 실행하고자 사용할 수 있는 높은 지위에 있는 사람들이다.

다른 한편으로 여호와가 계신데, 여호와는 인자하심, 진실하심, 의, 권위로 특징지어지며, 따라서 구원하시고 보호하시며 풍족하게 베풀 능력을 갖추셨다.

첫째 섹션에서 악한 사람이 시편 기자 앞에 있었으며, 따라서 우리 앞에 있었다(그의 눈에는 하나님을 두려워하는 빛이 없다[1절]라는 선언은 이 규칙을 입증하는 예외이다. 이것은 여호와를 언급하지만, 부정적인 면에서만 언급한다).

둘째 섹션에서 오직 여호와만 시편 기자 앞에 계셨으며, 따라서 우리 앞에 계셨다.

셋째 섹션은 여호와께 첫째 섹션과 둘째 섹션에 나오는 인물들 사이의 차이점에 대한 책임을 지시라고 하고, 탄원자를 위해 악인들에게 권위를 주장하시라고 촉구함으로써 무리를 결합한다.

기독교 신앙은 '영적' 축복을 가리키고자 7-9절의 표현을 사용한다. 즉, 예수님은 영원한 생명, 살아 있는 물, 생명의 떡, 세상의 빛을 의미한다(요 3:16; 4:10; 6:35; 8:12). 이 시편의 은유적 특성이 이런 적용을 가능하게 하겠지만, 우리는 신약에 비추어 재해석함을 통해 이 용어들의 실제 의미를 놓치지 않도록 주의할 필요가 있다. 이 시편은 하나님이 풍요로운 물질을 공급하시며 구체적으로 보호하시고, 우리에게 이것들을 구하도록 초대하신다고 선언한다.

제37편

연약한 자가 땅을 차지할 것이다

1. 본문

다윗의 시

['] 1 악을 행하는 자들 때문에 불평하지 말며
　　불의를 행하는 자들을 시기하지 말지어다
　2 그들은 풀과 같이 속히 베임을 당할 것이며
　　푸른 채소 같이 쇠잔할 것임이로다
[b] 3 여호와를 의뢰하고 선을 행하라
　　땅에 머무는 동안 그의 성실을 먹을거리로 삼을지어다[1]
　4 또 여호와를 기뻐하라
　　그가 네 마음의 소원을 네게 이루어 주시리로다
[g] 5 네 길을[2] 여호와께 맡기라
　　그를 의지하면 그가 이루시고
　6 네 의를 빛 같이 나타내시며
　　네 공의를[3] 정오의 빛 같이 하시리로다

1　라아(Rāʿâ)는 보통 "먹이다" 또는 "돌보다"를 의미하며, 전자가 문맥에 어울린다. 라아(Rāʿâ) II, "돕다(befriend)," 또는 라아(rāʿâ) III, "노력하다"(strive for)는 드물거나 독특할 것이다. 제롬은 에무나(ʾĕmûnâ)를 부사로 여기는데, 이는 거의 차이가 나지 않을 것이다.
2　C는 "네 길들"을 의미하는 데라케이카(dĕrākeykā)로 되어 있다.
3　C는 "네 공의들"을 의미하는 미쉬파테이카(mišpāṭeykā)로 되어 있다.

[d] 7 여호와 앞에 잠잠하고
  참고[4] 기다리라
  자기 길을 형통하게 하며(개역개정: 자기 길이 형통하며-역주)[5]
  악한 꾀를 이루는 자 때문에 불평하지 말지어다
[h] 8 분을 그치고 노를 버리며
  불평하지 말라 오히려 악을 만들 뿐이라[6]
  9 진실로 악을 행하는 자들은 끊어질 것이나
  여호와를 소망하는 자들은 땅을 차지하리로다
[w] 10 잠시 후에는 악인이 없어지리니
  네가 그 곳을 자세히 살필지라도 없으리로다
  11 그러나 온유한 자들은 땅을 차지하며
  풍성한 화평으로 즐거워하리로다
[z] 12 악인이 의인 치기를 꾀하고
  그를 향하여 그의 이를 가는도다
  13 그러나 주께서 그를 비웃으시리니
  그의 날이 다가옴을 보심이로다
[ḥ] 14 악인이 칼을 빼고
  활을 당겨 가난하고[7]
  궁핍한 자를 엎드러뜨리며
  행위가 정직한 자를 죽이고자 하나
  15 그들의 칼은 오히려 그들의 양심을 찌르고
  그들의 활은 부러지리로다
[ṭ] 16 의인의 적은 소유가

---

4 히트홀렐(*bithôlēl*)을 흔한 훌/힐(*hûl/ḥîl*, "몸부림치다"(writhe, BDB와 대조)이 아니라, 야할(*yāhal*, DCH)의 다른 형태인 힐(*ḥîl*) II에서 온 것으로 여긴다. 참조. 제롬 엑스펙타(*expecta*), 아퀼라 아포카라도케이(*apokaradokei*), 탈굼 오리크(*'ôrîk*). 또한, 70인역 히케테우손(*hiketeuson*).

5 또는 "자기 길이 형통하며"

6 라아(*Rā'a'*) 히필(hiphil). 이는 "자신에게 해를 끼치다"를 의미할 수 없으며(15:4 해설을 보라), 다음 행을 보라(9a절).

7 7:12[13] 해설을 보라.

　　　　　악인의 풍부함보다 낫도다⁸

　　17 악인의 팔은 부러지나

　　　　　의인은 여호와께서 붙드시는도다

[y] 18 여호와께서 온전한 자의 날을 아시나니

　　　　　그들의 기업은 영원하리로다

　　19 그들은 환난 때에 부끄러움을 당하지 아니하며

　　　　　기근의 날에도 풍족할 것이나

[k] 20 악인들은 멸망하고

　　　　　여호와의 원수들은

　　　　　목장/어린양의 가장 귀중한 것 같이(개역개정: 어린양의 기름 같이-역

　　　　　주) 타서

　　　　　연기가 되어 없어지리로다

[l] 21 악인은 꾸고 갚지 아니하나

　　　　　의인은 은혜를 베풀고 주는도다

　　22 주의 복을 받은 자들은 땅을 차지하고

　　　　　주의 저주를 받은 자들은 끊어지리로다⁹

[m] 23 여호와께서 사람의 걸음을 정하시고

　　　　　그의 길을 기뻐하시나니

　　24 그는 넘어지나 아주 엎드러지지 아니함은

　　　　　여호와께서 그의 손으로 붙드심이로다

[n] 25 내가 어려서부터 늙기까지

　　　　　의인이 버림을 당하거나

　　　　　그의 자손이 걸식함을 보지 못하였도다

　　26 그는 종일토록 은혜를 베풀고 꾸어 주니

　　　　　그의 자손이 복을 받는도다

[s] 27 악에서 떠나 선을 행하라

　　　　　그리하면 영원히 살리니

8　마소라 본문은 라빔(*rabbîm*)이라고 하며, 70인역, 제롬은 라브(*rāb*)를 내포한다.
9　마소라 본문은 수동 분사들로 되어 있지만 70인역은 능동으로 모음을 구성함을 내포한다. 즉, 메바레카이우(*mĕbārĕkāyw*)와 메카레라이우(*mĕqalĕlāyw*).

28 여호와께서 정의를 사랑하시고
　　그의 성도를 버리지 아니하심이로다
[ʻ]　그들은 영원히 보호를 받으나
　　악인의 자손은 끊어지리로다
29 의인이 땅을 차지함이여
　　거기서 영원히 살리로다
[p] 30 의인의 입은 지혜로우며
　　그의 혀는 정의를 말하며
31 그의 마음에는 하나님의 법이 있으니
　　그의 걸음은 실족함이 없으리로다
[ṣ] 32 악인이 의인을 엿보아
　　살해할 기회를 찾으나
33 여호와는 그를 악인의 손에 버려 두지 아니하시고
　　재판 때에도 정죄하지 아니하시리로다
[q] 34 여호와를 바라고
　　그의 도를 지키라
　　그리하면 네가 땅을 차지하게 하실 것이라
　　악인이 끊어질 때에 네가 똑똑히 보리로다
[r] 35 내가 악인의 큰 세력을 본즉
　　그 본래의 땅에 서 있는 나무 잎이 무성함과 같으나[10]
36 그가/누군가가/내가 (개역개정: 내가-역주) 지나갈 때에[11] 그는 없어졌나니
　　내가 찾아도 발견하지 못하였도다
[š] 37 온전한 사람을 살피고 정직한 자를 볼지어다[12]

10　문자 그대로, 단순히 "본래의"이지만 형용사 "무성한"은 항상 나무에 적용된다. 70인역은 에즈라흐(ʼezrāḥ)에 대해 에레츠(ʼerez, 백향목)를 제안한다.
11　마소라 본문은 3인칭으로 되어 있다. 70인역, 시리아어 번역본, 제롬, 4Q171 (4QpPsa)은 1인칭으로 되어 있다.
12　마소라 본문의 탐(tām)과 야샤르(yāšār)에 대해, 70인역과 제롬은 추상명사 톰(tōm)과 요세르(yōšer)를 내포하는데, 이는 동사 샤마르(šāmar)와는 더 쉽겠지만 라아(rāʼâ)와는 더 어렵다. John Kselman ("Two Notes on Psalm 37," *Bib* 78 [1997]: 252–54)는 34절에서부터의 데레크(derek)를 이해하면서, "정직의 길 … 옳음의 길"을 주장한다.

모든 화평한 자의 미래는 평안이로다
38 범죄자들은 함께 멸망하리니
악인의 미래는 끊어질 것이나
[t] 39 의인들의 구원은 여호와로부터 오나니
그는 환난 때에 그들의 요새이시로다
40 여호와께서 그들을 도와 건지시되
악인들에게서 건져 구원하심은
그를 의지한 까닭이로다

2. 해석

이 알파벳 시는 잠언서에도 나타나듯이 훈계로 구성된다.[13] 한 노인의 태도(25절)는 너무 문자 그대로 취하기보다는 양식화된 태도인 것 같은데,[14] 잠언서에서 젊은 사람들에게 가르치는 교사들의 태도와 일치한다. 훈계에서의 개별 행들은 잠언서에서의 격언들과 같이 매우 적절할 것이다.

개별 행들이나 쌍을 이룬 행들의 형태와 주장의 특성은, 키(*ki*)절로 된 이유가 있는 권고(예를 들어, 1-2절)나 결과에 대한 약속이 있는 권고(예를 들어, 3-4절), 의인과 악인의 행동과 운명 사이의 대조(예를 들어, 21-22절), "x가 y보다 낫다"는 양식(16절), 경험에 대한 호소(25, 35-36절)와 같이 잠언서와 일치한다. 하지만 설교자가 알파벳 양식에 맞추고자 새로운 사례를 고안하기보다는 전통에서 실제 격언들을 사용했다고 판단할 특별한 이유가 없다.

이런 양식은 훈계에 구조적 원리를 제공한다. 훈계를 통해 사상의 발전은 전혀 없지만, 연속된 관찰들은 여호와가 의인을 돌보시는 반면에 악인은 멸망한다는 중심적 확신을 보여 준다. 내가 이 시편을 나눈 섹션들은 그러므로 다소 무작위이다.

대부분 문자는 두 개의 두-콜론이 있으며(*h*는 세 개를 가지며, *n*은 세-콜론과 두-콜론을 가지며, *t*는 두-콜론과 세-콜론을 가진다), 보통 첫 행만이 관련된 문자로 시작

---

13 Cf. Gerstenberger, *Psalms,* 1:158; Michael Jinkins, "The Virtues of the Righteous in Psalm 37," in *Psalms and Practice,* ed. Reid, 164–201, 특히 181.
14 Cf. Gerhard von Rad, *Wisdom in Israel* (London: SCM, 1972), 37–38.

하는데, 물론 때로 이 문자는 다시 나온다. 알파벳 양식은 세상에 질서가 있다는 이 시편의 논제와 일치한다.

시편의 배경에서 시편 37편은 시편 1편의 주제를 이어 가는데, 이 주제로 시편 37편은 기쁨, 여호와의 가르침, 낭송, 나무와의 비교, 계승함과 같은 많은 어구적 연관성, "길" 및 악과 의의 대조와 같은 더 공통적 주제들을 지닌다. 시편 1편은 원리의 확신 내에서 이어지는 애가들을 볼 논쟁적 원리를 제공했다. 우리는 이제 시편 1편 이후로 크게 발전했으며, 실제로 많은 여정이 시편 1편이 주장한 것의 부당성을 증명했다. 시편 37편은 한탄을 야기하는 경험이 시편 1편에서 진술된 확신을 압도해서는 안 되다고 주장하면서, 시편의 4분의 1을 통과하면서 시편 1편의 관점을 재확인한다.

시편 73편은 시편의 제3권을 시작하면서 다시 동일하게 시편 1편의 주제를 이어 갈 것이다. (누군가가 의도적으로 이런 식으로 시편을 배열했는지 결정할 수는 없지만 이런 식으로 진행된다.) 이 시편에 대한 예전적 배경과 문학적 배경 사이에서 결정할 필요는 없다.[15]

훈계는 예배에서 그 배경을 가질 수도 있지만, 또한 시편에서 어떻게 하나님과의 삶이 작용하는지에 대한 설명의 일부로 기능을 수행한다. 왜냐하면, 시편 1편, 37편, 73편은 (예를 들어, 시 91편 및 119편과 같이) 이 시편들과 충돌하는 증거가 있다고 인정하지만 그럼에도 신뢰의 태도를 촉구하는 신앙의 진술이기 때문이다. 이 시편들은 상황은 종종 다르게 보일지라도 그러함이 틀림없음을 역설한다.

이와 같이 훈계는 악인의 번성으로 괴롭힘을 당하는 사람들이 있음을 전제한다. 그들은 충분히 먹을 것을 가지고 있지 않음을 의미하는 가난한 부류와 함께 살아가지 않고, 이런 다른 사람들이 자신들보다 낫다고 보며, 자신들이 이런 다른 사람들의 음모의 실제 희생자나 잠재적 희생자로 본다.

교훈이 사용되고 있다고 생각할 수 있는 맥락들 가운데는, 선지자들과 느헤미야 시대에 나타나는 군주 시대의 유다 공동체나 에브라임 공동체 내에서의 불평등이 있으며, 에스라와 느헤미야 시대에 나타나는 다른 공동체와의 갈등이 있다. 땅 소유라는 핵심 주제는 전체 약속의 땅 내에서의 가족의 할당, 또는 다른 페르시아 지방들과 관련하여 유대 공동체의 취약성과 관련될 것이다.

15　Gerstenberger (*Psalms*, 1:158)가 내포하는 듯한 것처럼.

쿰란 시편 페셰르, 4Q171(4QpPsa)은 이 시편에 대한 실제적 주해를 포함하며, 공동체에게 다른 무리의 압박을 받을 때 그 약속에 따라 살고, 하나님이 이들을 무너뜨리실 것이고 다가오는 위기에도 공동체를 보존하실 것이며 예루살렘에서 공동체에 권위를 주실 것을 믿으라고 격려한다.[16] 나는 마소라 본문과의 차이점들이 다른 원문에 대한 증거는 아니라고 여긴다.[17] 예수님은 마찬가지로 11절을 택하여 팔복의 하나로 삼는다(마 5:5).

[표제]

다윗의 시

서론을 보라.
군주 시대에 이스라엘이 여기서 묘사된 종류의 사회였는지를 감시하는 것이 왕의 책임이었다. 메시아가 오실 때, 마찬가지로 이것은 그의 책임이 될 것이다.

[시 37:1-6]

불평하지 말고, 신뢰하며 기뻐하며 헌신하라.

['] 1 악을 행하는 자들 때문에 불평하지 말며
　　불의를 행하는 자들을 시기하지 말지어다
　2 그들은 풀과 같이 속히 베임을 당할 것이며
　　푸른 채소 같이 쇠잔할 것임이로다

16　(예를 들어) 다음을 보라, *The Dead Sea Scrolls: Study Edition*, ed. Florentino García Martínez and Eibert J. C. Tigchelaar (Leiden: Brill, 2000), 1:342-47; J. M. Allegro, "A Newly-Discovered Fragment of a Commentary on Psalm xxxvii from Qumrân," *Palestine Exploration Quarterly* 86 (1954): 69-75; Dennis Pardee, "A Restudy of the Commentary on Psalm 37 from Qumran Cave 4," *Revue de Qumran* 8 (1972-75): 163-94; Maurya P. Horgan, *Pesharim: Qumran Interpretations of Biblical Books* (Washington, DC: CBA, 1979), 192-226.
17　Craigie, *Psalms 1-50*, 295-96와 반대.

행들은 구체적으로 불평하지 말라는 권고와 더불어 부정어 알(`al, 둘째 콜론을 시작하며 반복된다)로 시작하는데, 이 권고는 7절과 8절에서도 반복된다. 이처럼 이 훈계는 하라(hārâ) 히트파엘(hitpael, 잠 24:19이 동일하게 연관되어 사용된 다른 곳이다)이 네 번 구약에 나오는데 그 가운데 셋을 포함한다. 이 동사는 보통 분노를 가리키고 종종 아프(`ap)와 결합하여 나온다. 이것은 아마도 분노의 열기, 불타는 분노(단지 불붙이는 것이 아니라),[18] 분노가 사람을 안으로 뜨겁게 만들 수 있는 방식을 가리킬 것이다.

이 히트파엘은 뜨거운 분노가 분노를 표현하고 싶은 대상이 되는 사람에게 표현되지 않아, 자기 안으로만 함몰됨을 구체적으로 시사한다. 그리하여 1절에서의 병행을 이루는 동사는 카나(qānā, 피엘)인데, 이는 또한 열, 강한 감정이 얼굴에 야기하는 붉음, 질투나 분노의 열정과 같은 것을 시사할 수 있다. 질투가 여기에 어울린다. 이 강력한 감정의 대상은 *악한 사람들(메레임 [měrē`îm])이다. 다소 더욱 구체적으로 그들은 비열하게(아울라 [`awlâ]; 참조. 7:3[4]의 아엘 [`āwel]) 행동하는 사람들이다.

불평하지 않거나 시기하지 않은 근거는 행악자들이 짧은 삶을 산다는 것이다. 형식상으로 둘째 행은 두 동사와 두 개의 전치사구를 결합하는 데서 첫째 행과 병행을 이루지만, 여기서 동사들과 전치사구는 바뀌어서 두 행이 abb'a'로 진행된다. 악을 행하는 자들은 풀과 같다.

형식상으로 직유는 긴장감을 일으키고 "어떻게 그렇게 됐는가" 이런 질문을 제기하지만, 실제로 청중은 이 질문에 대한 답을 안다. 왜냐하면, 이런 비유에서 풀의 일반적 특징은 풀이 빨리 시든다는 것이기 때문이다(예를 들어, 90:5-6; 103:15; 129:6). 만약 교사가 긴장을 일으키기를 원했다면, 이것은 첫째 콜론에 "푸른 채소"를 놓음으로써 가능했을 것인데, 이 단어들은 비교에서 덜 친숙하며 음식과 연관성이 있기 때문이다(예를 들어, 23:2; 창 1:11-12, 30). 동사들도 친숙하지 않다.[19]

---

[18] BDB 60도 그렇다.
[19] 첫 동사는 아말(`āmal)의 드문 이형인 말랄(mālal)에서 온 이말루(yimmālû)이며, 둘째 동사 이볼룬(yibbôlûn)은 나벨(nābēl)에서 온 예치치 못한 형태이다. 이 형태들은 소리에 의한 언어유희이다.

훈계는 이처럼 청중에게 친숙한 (추정되는) 사실을 상기시키는 방식에서 미묘하다기보다는 명확한데, 물론 실제로 청중들의 관심을 이런 식으로 유지하려고 노력한다.

> [b] 3 여호와를 의뢰하고 선을 행하라
>   땅에 머무는 동안 그의 성실을 먹을거리로 삼을지어다
>   4 또 여호와를 기뻐하라
>   그가 네 마음의 소원을 네게 이루어 주시리로다

b행은 1-2절과의 압축된 대조로 시작한다. 한편, 악한 일을 해하는 사람들인 행악자들에 대한 부정적 감정에 사로잡히는 대신에, 사람들에게 여호와를 *신뢰하고(바타흐[bāṭaḥ]), *선을 행하라고 촉구한다. "~를"은 심지어 "~에"(베[bĕ])와 동일한 전치사이다. 부정적 감정들이 아니라 하나님과 자신의 삶에 초점을 두라. 아마도 우리는 악과 같이 선을 행하는 것이 속임이나 적대감이 아니라 개방됨과 관대함과 같이 다른 사람들에 대한 자세를 가리킨다고 추론해야 할 것이다.

그 후에 둘째 콜론은 명령문을 이어 가지만, 명령문들은 이전 명령문의 결과를 가리키며, 따라서 숨겨진 약속을 제안하는 종류의 명령문을 나타낸다.[20] 여호와를 의지하고 선을 행한다면 땅에 거하고 진실됨(성실)으로 먹고 살 것이다. 두 절은 밀접하게 관련된다.

먹을 수 있다는 것은 땅을 가진 것, 가족이 약속의 땅에 할당된 몫을 가졌다는 것, 또는 가나안 땅에 머무를 수 있다는 것에 달려 있다. 어느 쪽이든 이로 말미암아 자신의 식량을 기를 수 있으므로 먹을 수 있게 된다. 이처럼 우리는 성실(*진실함)을 먹을거리로 삼는다. 그 성실이 여호와의 성실일 수 있는데 그 이유는 여호와가 선을 행하는 사람을 돌보는 데 성실하심(진실함)을 입증하시기 때문이다. 한편, 그 성실이 우리 자신의 성실일 수도 있는데 그 이유는 우리 자신의 성실의 열매로 먹을 수 있기 때문이다.

"기뻐하라"는 양식 이미지를 이어 가는데(참조. 사 55:2; 66:11), 물론 이 이미지는 청중을 갑자기 이중으로 멈추게 할 것이다.

---

20 Cf. GKC 110c; *IBHS* 34.4c.

우선, 이 이미지는 여호와를 권고받은 기쁨의 대상으로 삼음으로써 멈추게 한다(참조. 욥 27:10). 사람들은 단순히 물질의 공급에 대해 너무 열광적이지 않아야 한다. 이것은 또한 이 구문에 대한 우리의 처음 이해를 결국 바꿈으로써 멈추게 한다. 우리는 처음에는 첫째 콜론을 권고로 가장된 약속이 계속됨으로 여길 수 있다. 그 후에 이것은 여호와를 신뢰하는 사람들이 자신들이 실제로 여호와로 기뻐할 이유를 실제로 가짐을 알게 될 것이라고 약속하는데, 이는 아마도 여호와의 공급 때문일 것이다.

하지만 둘째 콜론은 이 시작하는 명령문에 의존하는 목적절(또는 결과절)로 드러날 것인데, 이는 이 명령문이 실제로 권고임을 시사한다. 사람들은 그들이 여호와의 축복을 경험할 나중이 아니라, 지금 여호와로 기뻐하라고 촉구받고 있다. 여호와를 기뻐하라는 것은 여호와를 신뢰하라는 것에 대한 더욱 효과적인 버전이거나 다른 곳에 나오는 여호와께 *도움을 구하라는 개념에 대한 더욱 효과적인 버전이다.

이것은 또한 불평하고 시기하는 것과 긍정적으로 효과를 내는 동등한 것이다. 다른 이들을 보는 데서 오는 부정적 감정들에 대한 치유는 여호와를 보고 적절한 감정이 일어나게 하는 것이다. 결국, 우리 마음의 소원을 받는 것은 땅에 머무르고 성실을 먹을거리로 삼는 것과 같다.

소원은 단순히 소망(NRSV)이 아니라 요청(샤알[šāʾal]에서 오는 명사)이다. 소망대로 그들이 머무르게 하는 것은, 소망이 성취되지 않을 위험을 무릅쓰는 것이다(약 4:2). 하지만 소망은 실제로 마음의 요청(소원)이다. 즉, 청중은 그들의 가장 깊은 갈망을 여호와께 가져와서 그 갈망이 성취되도록 권유받는다(아마도 결과절로 번역하면 이 시편이 명료해질 것이다). 전체 이 행은 3절과 병행을 이룬다.

> [g] 5 네 길을 여호와께 맡기라
>   그를 의지하면 그가 이루시고
> 6 네 의를 빛 같이 나타내시며
>   네 공의를 정오의 빛 같이 하시리로다

*g*행에서는 청중들이 그들의 길이나 운명, 미래, 여호와께로 진행하도록(갈랄[gālal]) 권고받기에 이르는데(참조. 22:8[9]), 이는 또 다른 말로 한 번 더 신뢰에 대

해 지적한다. 또는 그들은 그들의 길을 여호와께 드러내도록 권고받는다(갈라[gālâ] 피엘에서의 갈[gall], 70인역, 탈굼에서 내포된다). 어느 쪽이든 특이하고 생생한 이 단어의 의미는 둘째 콜론에서 더 분명한 *신뢰에 대한 반복으로 널리 확증된다.

동사(아사[ʿāśâ])는 1절과 3절에서 실제로 반복될지라도, 처음에는 이 권고에 덧붙여진 약속은 활기차고 준엄하게 "그가 행할 것이다"라고 표현되어 여호와의 행하심은 행악자들의 행함과 대조되며, 옳게 행하는 자들의 행위에 대한 반응으로 행해진다.

그렇다면 여호와는 무엇을 행하실 것인가?

6절은 더 구체적이지는 않을지라도 와우(wāw) 연속사로 더욱 생생하게 이 약속을 표현한다. 동사는 두 콜론에 적용되며 abcc'b'로 진행된다. 두 명사는 의(*신실함)와 *권위/결정의 반복되는 조합이다. 이 순서로 둘째 명사는 첫째 명사가 요구되는 활력으로 이행될 것임을 약속한다. 이처럼 이것들은 이 훈계가 시작한 악행에 대해 대조된다. 이것들은 불평하지 않는 또 다른 이유를 형성한다. 이것들은 진부한 말인 것처럼 보일 수 있으며 이처럼 이것들 전에도 후에도 "~뿐만 아니라 심지어"의 순서로 한 쌍의 직유가 온다. 여호와의 단호한 의는 *빛과 같을 뿐만 아니라 심지어 정오의 밝은 빛과 같을 것이다.

[시 37:7-15]

잠잠하고 분노를 내려놓으라. 연약한 자는 땅을 소유하게 될 것이며, 악인의 활은 부러질 것이다.

> [d] 7 여호와 앞에 잠잠하고
> 참고 기다리라
> 자기 길을 형통하게 하며(개역개정: 자기 길이 형통하며-역주)
> 악한 꾀를 이루는 자 때문에 불평하지 말지어다

d행들은 청중이 다음으로 여호와 앞에(문자 그대로, "여호와를 위해") 잠잠하라고 (다맘[dāmam]) 촉구될 것이라는 개념을 고무시키는데, 신뢰하라는 의미의 또 다

른 표현이다. 잠잠하다는 것은 여호와께 기꺼이 순종하며(4:4[5]을 보라) 풀 필요가 있는 문제를 풀고자 조처하지 말라는 것(62:5[6])을 내포한다. 이처럼 이것은 병행하는 동사가 명백히 밝히듯이 기다림을 내포한다.

다시 둘째 행은 잠잠함과 인내하며 기다림이 또한 불평함의 반대라는 것을 분명히 한다(1절을 보라).[21] 성공하고 앞서가는 사람에게 불평하고 싶은 유혹이 있다(이 훈계는 복수로 된 사람들에 대해 말하는 것에서 개인의 사례로 초점을 두는 것으로 바뀐다). 그들이 전적으로 훌륭한 사람들이라고 해도 이는 사실이겠지만, 우리는 이 훈계가 수상한 수단으로 성공한 사람들을 가리키며, "꾀"(메짐마[$m\check{e}zimm\hat{a}$])와 같은 단어는 보통 사람들에게 어려움을 일으키는 계획(참조. 12절; 10:2; 21:11[12]에 나오는 이 명사)을 가리킨다고 여길 것이다. 9절은 이 훈계가 악한 사람들을 가리킴을 확증할 것이다. 실제로 몇 사람을 짓밟지 않고서는 성공하여 앞서기가 어렵다.

> [*h*] 8 분을 그치고 노를 버리며
>   불평하지 말라 오히려 악을 만들 뿐이라
> 9 진실로 악을 행하는 자들은 끊어질 것이나
>   여호와를 소망하는 자들은 땅을 차지하리로다

*b*행들은 "그치다"(라파[$r\bar{a}p\hat{a}$])라는 동사의 히필(hiphil)을 사용하는데, "포기하다"는 이 단어의 더욱 친숙한 동의어이다. 두 표현은 분노와 관련되며, 불평하지 말라는 또 다른 권고로 보완되며, 이제는 이것이 악행으로 이어질 뿐이라고 상기시킴으로써 강화된다.

"악을 만들다"(*악)라는 히필 부정사는 분사 용법(1절)과 반의어 "선"(3절)을 이어 간다. 이처럼 이 표현은 청중들에게 행악자들에게 불평하는 것은 반대의 자질을 드러내기보다는 그들에 합류하는 결과를 낳을 수 있다고 경고하는데, 이는 아마도 질투로 말미암아 그들의 악행에 합류하게 될 것이기 때문이며, 아마도 이로 말미암아 그들이 잠잠하여 여호와가 행하시기를 기다리지 못하고 자신의 손으로 복수를 하게 될 것이기 때문이다.

---

21 이 동사가 두 콜론을 지배하는데, 두 콜론은 동사에 베($b\check{e}$)로 소개되는 두 개의 병행을 이루는 목적어, 또는 오히려 두 가지 방식으로 묘사된 한 목적어를 제공한다.

이처럼 여호와가 행하시기를 *기다리는 사람들로서 굳건히 서기보다는 다른 행악자들에 합류한 *악한 사람들에게 일어나는 일을 상기시킴으로써 이런 권고는 뒷받침된다. 두 콜론이 이런 두 무리를 대조시킬 때에 또한 그들의 운명을 대조시킨다.

이처럼 병행법은 행악자들이 땅에서 "끊어진다"고 시사한다. 이것은 또한 38절에서는 아니더라도, 22, 28, 34절에서 끊어짐에 대해 나중에 언급하는 것에 대한 배경이 된다. 이 표현은 또한 그들이 자신들의 생명을 잃는다는 것을 내포할 수도 있지만, 이런 일이 그들이 자신들의 자리를 땅에서 잃고 따라서 자신들의 생명을 유지할 능력을 잃으며 거기서의 쉼의 자리를 잃는 방식으로 일어난다는 사실에 강조점이 있다.

"차지하다"는 야라쉬(yāraš)인데, 이 동사는 11, 22, 29, 34절에서 반복될 것이다. 이 동사는 빼앗는다는 함의 없이 단순히 소유함을 시사할 수 있지만, 보통 다른 이들을 빼앗음을 내포하며, 여기에서 맥락은 악인의 끊어짐과 반복되는 연결고리 때문에 이를 실제로 시사한다. 이제 개념은 당시 악인이 너무 잘 되고 있어 다른 이들이 땅을 차지하는 자리에 있었던 반면에 이 상황이 곧 바뀌리라는 것이다.

> [w] 10 잠시 후에는 악인이 없어지리니
> 　　　네가 그 곳을 자세히 살필지라도 없으리로다
> 　　11 그러나 온유한 자들은 땅을 차지하며
> 　　　풍성한 화평으로 즐거워하리로다

w행은 구문론적으로 불필요한 와우(w)로 시작하면서, 9절의 두 행을 다시 진술하는 것으로 구성된다. 모든 콜론은 와우(w)로 시작한다. "잠시 후에는"은 악인의 번성이 오래가지 않을 것이라는 2절의 약속을 다시 진술한다. *악인들이 처음으로 나온다. 그들은 14, 16, 17, 20, 21, 32, 35, 38, 40절에서 다시 나올 것이다. 둘째 콜론은 악인의 "자리"에 대한 언급, 곧 악인이 끊어지게 될 땅에 대한 또 다른 언급과 더불어 더욱 강조하며 첫째 콜론을 다시 진술한다.

이제 11절은 우리에게 온유한 자(*연약한 자)를 소개하는데, 물론 이는 명백히 이름만 아니지 실제로 처음부터 있었던 집단이다. "연약한"(개역개정: "온유한") 자채는 어떤 긍정의 의미도 지니지 않으며, 연약한 자는 종종 악인들과 대조되지만, 함의는 연약한 자들이 여호와께 헌신한 사람들이라기보다는 의인이 연약한 사람들이라는 것이다.

악인들이 자신들의 자리에서 제거되므로 연약한 자들은 이를 차지할 위치에 있다. 그리고 이 자체로 말미암아 그들은 많은 샬롬에 이를 것이다. 그들이 여호와로 기뻐함(4절)은 실제로 여호와가 주시는 선한 것들로 기쁨을 누리게 될 것으로 이어질 것이다. 아나우('ānāw, 연약한 자)는 아나그('ānag, 기쁨)의 주체가 된다.

[z] 12 악인이 의인 치기를 꾀하고
　　그를 향하여 그의 이를 가는도다
　　13 그러나 주께서 그를 비웃으시리니
　　그의 날이 다가옴을 보심이로다

z행들에서는 동사 "꾀하다"가 나온다(자맘[zāmam]; 참조. 7절의 명사). 처음으로 이 훈계는 명백하게 *의인과 *악인을 대조시키고, 두 단어를 나란히 둔다. 즉, 히브리어 단어 라샤(rāšā', faithless)와 차디크(ṣaddîq, faithful)는 두 영어 단어 방식으로 연결되지 않고, 내용상에서 두 단어는 반대를 실제로 나타낸다. 그리고 처음으로 이 훈계는 이 시편 배후에 있는 경험이 악인이 번성하지 않아야 할 때 번성한다는 객관적 사실뿐만 아니라 그렇게 할 때 악인이 의인을 공격한다는 것을 가리킨다.

"악인들"은 두 절의 주어이며, 둘째 행에서 "이를 가는 것"은 첫째 행의 꾀함에 동반되거나(계획을 만들 때 이를 갈 수도 있다) 꾀함을 발전시키는 수단일 것이다(참조. 35:16). 어느 쪽이든 이것은 희생자에게 조짐이 좋지 않은 구체적으로 위협하는 행동을 시사한다.

13절은 *여호와의 비웃음을 갑작스럽게 제시하여 악인과 분명하게 대조시킨다. 즉, 악인들은 자신들이 너무 현명하고 강력하다고 생각하지만, 하나님께 그들은 매우 달리 보인다. 여호와의 비웃음은 약속이고 영감이며(참조. 2:4), 또한 따라야 할 고백(59:8[9])과 모범(52:6[8])이다.

여호와는 악인들에게 무슨 일이 일어날지 "보셨다." 이 동사는 "알다"(NJPS)보다 더 구체적이며 시제는 "본다"(NRSV)보다 더 구체적이다. 여호와는 미래를 보셨다. 여호와는 미래를 결정하는 분으로서 미래를 보실 수 있다. 그러므로 여호와는 웃는 위치에 계신다. 이처럼 이 진술은 여호와가 악인이 멸망할 것을 결정하셨음을 전제한다. "그의 날"은 악인의 날보다는 여호와의 날인 것 같다.

> [*h*] 14 악인이 칼을 빼고
>   활을 당겨 가난하고
>   궁핍한 자를 엎드러뜨리며
>   행위가 정직한 자를 죽이고자 하나
> 15 그들의 칼은 오히려 그들의 양심을 찌르고
>   그들의 활은 부러지리로다

유일하게 *악인이 휘두르는 칼(헤레브[*hereb*])에 대한 언급으로 시작하는 세 개의 *h*행들이 있다. 그 후에 둘째 행은 그들이 당길 활이 수반된다. 만약 이런 전쟁 무기들이 악인들이 실제로 사용할 더욱 교활한 무기들을 가리키는 은유라면, 이 단어들은 이 무기들이 무엇이든지 그 치명적 효과를 주목하게 한다.

14b절은 이를 분명히 한다. 이 무기들은 연약한 자와 *궁핍한 자를 무너뜨린다. 병행을 이루는 콜론 자체는 무기들이 실제로 사람들이 회복할 수도 있는 상처를 일으킬 뿐만 아니라 사람들을 죽이기도 함을 분명히 한다. 이 행의 두 끝 사이에는 끔찍한 대조가 있다. 우리는 그들의 방식에 관해 정직한 사람들에 대해 말하고 있다. 그들의 삶 및 공동체와의 관계에서 그들은 정직하게 행한다. 하지만 악인들은 그들을 넘어뜨린다(나팔[*nāpal*] 히필). 이처럼 악인들이 행하는 일은 올바른 것, 현실의 올바른 질서와 직접 갈등을 일으킨다.

그러므로 15절은 칼에 대한 언급으로, 따라서 *h*와 함께 시작하면서 이어질 수밖에 없다. 올바른 것이 전도된다는 것은 허용될 수 없다. 이 행이 13절이 내포하는 것과 같은 하나님의 개입을 전혀 말하지 않는다. 삶이 작용하는 방식에 새겨진 올바른 과정에 의해, 악인이 칼로 올바른 것을 뒤집고자 했으나 그 칼이 신비스럽게 돌아서서 그것을 휘두르는 사람의 마음에서 머물게 되고, 활이 비열한 행위를 마무리하기보다는 신비스럽게 부러질 것이다. 심지어 이런 살아 있지 않은 물건들도 현실의 도덕적 구조 일부로 입증되고, 악인에게는 없는 인격적 고상함으로 행동한다.

[시 37:16-26]

여호와는 변호하시고 인정하신다. 즉, 악인은 멸망하고 의인은 번성한다.

> [*l*] 16 의인의 적은 소유가
>   악인의 풍부함보다 낫도다
> 17 악인의 팔은 부러지나
>   의인은 여호와께서 붙드시는도다

*l*행들에서는 토브(*tôb*, 낫도다)가 다시 나오는데, 물론 이 단어는 3절의 경우(선)보다는 더욱 실제적인 의미로 사용된다. "x가 y보다 낫다"는 잠언들과 마찬가지로(예를 들어, 잠 16:8, 16, 19, 32), 이 격언은 이것이 어떻게 사실이 될 수 있는지 말해 주지 않는다.

어떻게 적은 것이 많은 것보다 나을 수 있는가?

다음 행은 이 질문에 대한 답을 제시한다. (예를 들어) 공동체 및 하나님과 의로운 관계인 선이 그 자체의 보상이라는 것은 아니다. 17절은 한편으로는 악인들이 그들의 팔이 부러질 것이라고 선언할 때에 이로써 조금 모호하게 표현하기는 하지만 이 점을 구체적으로 표현한다. 단수 "팔"은 여기서 사람들의 악인들에 대항하여 행하는 능력을 시사하면서 힘을 의미할 수 있지만, 복수는 더 드물고 의미에서 덜 집중된다.

우리는 아이러니를 추론할 수 있으며, 악인들이 그들의 (부당하게 얻은) 이득을 취할 수 없을 것으로 판단할 수 있다. 동사는 니팔(niphal)인데, 이는 마치 팔이 풍요로움의 압박 가운데 부러지는 것처럼 아이러니를 추가할 수도 있으며, 그들의 이기심이 자연스러운 결과를 낳을 것을 시사할 수도 있다. 즉, 그들의 과도함 자체로 말미암아 그들은 그것을 즐길 수 없게 된다. 이는 마치 너무 많은 것을 가졌지만 즐기지 못하는 서양 문화의 경험과 같다.

또는 니팔은 대행자를 내포할 수도 있으며, 따라서 이 대행자의 정체에 대한 질문이 제기되는데, 병행을 이루는 콜론은 니팔 이크톨(yiqtol)과 병행을 이루는 능동 분사로 이 정체를 답하고 있다. 구조적으로 이 행은 *abcc'b'd*로 배열되는데, 따라서 첫째 콜론에서 마지막 단어는 상응하는 표현 없이 내포된 질문을 답하는 단어가 된다.

만약 여호와가 당신을 변호하고 계신다면 적은 것으로도 충분하다. 만약 여호와가 당신을 변호하지 않으신다면 풍족함도 부족할 것이다. 이 개념은 신명기 8:3과 비슷하다.

> [y] 18 여호와께서 온전한 자의 날을 아시나니
> 　　그들의 기업은 영원하리로다
> 19 그들은 환난 때에 부끄러움을 당하지 아니하며
> 　　기근의 날에도 풍족할 것이나

18-19절은 "아시나니", "여호와", "날"이라는 세 개의 y 단어로 시작한다. 사람들의 날을 아신다(*인정하신다)는 것은 그들을 주목하시고 그들을 후원하신다는 것을 내포한다. 이것이 적용되는 사람들은 온전(*정직)한 사람들인데, 이 온전함은 한 번 더 의와 연결된다(참조. 7:8[9]).

둘째 콜론은 이 앎의 함의를 시사한다. 언급된 "날"은 땅에서의 날이나 그들의 땅에서의 날이다. 여호와는 이 날이 결코, 끝나지 않을 것을 분명히 하실 것이다.

19절은 이를 더 깊이 설명한다. 환난 때에 가족은 땅을 잃을 수 있다. 만약 땅이 가족이 생존하는 데 충분한 식량을 생산하지 못한다면, 땅을 담보로 사용하여 부유한 사람들에게서 빌려야만 한다.

훈계는 여호와가 온전한 사람들이 이런 수렁에 빠지지 않도록 보실 것이라고 약속한다. 환난 때에 비가 오지 않거나 적들이 약탈할 경우 여호와는 그들이 부끄러움을 당하지 않고 그들의 땅과 자신을 저당 잡히지 않도록 생존할 방법을 찾는지 보신다. 둘째 콜론은 이 점을 상세히 설명한다. 만약 기근이 있다면, 그들은 잘 지내고 먹을 것이 풍족하며, 따라서 이런 수렁을 피할 것이다.

> [k] 20 악인들은 멸망하고
>   여호와의 원수들은
>   목장/어린양의 가장 귀중한 것 같이(개역개정: 어린양의 기름 같이-역주)
>   타서 연기가 되어 없어지리로다

두 개의 k행들은 키(ki, 왜냐하면)로 시작하지만, 다섯 단어 가운데 네 단어가 k로 시작하는 둘째 행에 대해 이 문자가 더 집중된다.[22] 키(ki)는 이전 것과 연결한다. 즉, 악인의 운명은 다시 온전한 사람들의 운명의 다른 측면이 된다. 악인은 이런 기근의 날을 헤쳐 나갈 방법을 찾지 못할 것이다. 이런 불가피성은 그들을 여호와의 원수들로 묘사함으로써 강조되는데, 여호와의 원수들은 그들의 악함이 여호와께 적대감을 시사함을 의미하거나, 그들의 악함이 여호와에게서 적대감을 불러일으킴을 의미하거나 둘 다를 의미할 수 있다.

특히, 양을 위한 목초지보다는 더 광범위하게 "목장"(카림[kārîm], 아마도 k 때문에 선택된 드문 단어)으로 이해한다면, 둘째 행에서의 직유는 다시 맥락과 연결된다. 해나 원수, 사고에 의한 불로 목장이 타는 것은 기근을 일으킬 것이다. 만약 직유가 어린양들 및 어린양들이 희생제물로 타는 방식과 관련된다면, 이 연관성은 덜 구체적이게 된다. 연기가 되어 탄다는 것은 어린양들이 타서 연기로 올라가는 것을 축약하여 말하는 방법이다.

> [l] 21 악인은 꾸고 갚지 아니하나
>   의인은 은혜를 베풀고 주는도다
> 22 주의 복을 받은 자들은 땅을 차지하고
>   주의 저주를 받은 자들은 끊어지리로다

l행들은 빌린다(라와[lāwâ])는 주제를 도입하는데, 환난 때는 사람들이 빌려야만 하는 시기이므로 이 주제 또한 관련된다. 나는 악인이 빚을 갚지 않는 것을 악함의 표시가 아니라, 악함에 대한 마땅한 보답을 받는 표시로 여기는데, 왜냐

---

22 예외는 "연기가 되어"인데, 이는 너무 쉽게 "연기와 같이"(케아샨[kěʿāšān])가 될 수 있다. 많은 히브리어 사본은 실제로 이것에 따라 바꾼다.

하면 불이행은 가혹한 결과를 위협할 것이기 때문이다(왕하 4:1; 느 5장; 암 2:6-7을 보라). 악한 사람들은 결코 가난의 덫에서 빠져나올 수 없을 것이다. 그렇다면 둘째 행은 의인이 돌려받을 것을 기대하지 않는 것을 빌려주고(참조. 26절) 심지어 주면서, *은혜롭고 베풀 위치에 있다는 대조를 제시한다.

동반되는 행은 친숙한 용어로 이 두 운명 사이의 차이점을 설명한다. "그"(개역개정에서는 "주"로 번역함-역주)는 아마도 축복하고 저주하는 자이거나 축복받거나 저주받는 자로서 여호와일 것이다.

저주하다(belittle)를 가리키는 단어(칼랄[qālal])는 저주하다(curse, 아라르['ārar])에 대한 더욱 전문적인 단어보다는 덜 맹렬하다. 축복은 한 사건을 야기하는 말이며, 반대 동사의 경우 저주는 목표나 결과를 비하하면서 더 강력한 말을 가리킨다. 축복의 행위는 사람들을 번성하게 하고 비옥하게 하면서 그들에게 증가시킨다. 저주 행위는 사람들이 성공하지 못하고 생산하지 못하게 하면서 사람들을 무너뜨린다. 이와 같이 축복과 저주의 결과는 보통 대조되며, 계속 땅을 소유함이나 땅에서 끊어짐을 누리는 능력이다.

> [m] 23 여호와께서 사람의 걸음을 정하시고
> 그의 길을 기뻐하시나니
> 24 그는 넘어지나 아주 엎드러지지 아니함은
> 여호와께서 그의 손으로 붙드심이로다

*m*행들은 여호와를 부르는 것(*myhwh*, "여호와에게서")으로 시작하지만 또 다른 *m*단어로 진행하는데, 이 단어는 걸음(미츠아데[*miṣ'ādê*])을 가리키는 드문 단어이다.

여호와는 그의 길을 "기뻐하시기" 때문에(하페츠[*hāpēṣ*]) 사람들이 계속 확고히 걸음을 정하게 할 수 있다. 다른 맥락에서 이런 기쁨은 단순히 하나님의 은혜에서 나올 수도 있지만, 이 교훈의 맥락에서 여호와가 기뻐하시는 사람들은 (예를 들어) *l*행과 *n*행에서 어느 쪽이든 언급된 의인들인 것 같다. 이 콜론이 사람이 여호와의 길에 기뻐함을 언급한다면 이 점은 명백할 것이지만, 대명사들은 다시 모호하다.

걸음의 이미지는 24절에 계속되는데, 두 행은 병행을 이루며 aba'b'로 배열된다. 이 훈계는 심하게 사실적이지는 않다. 이 훈계는 의인이 실제로 넘어짐을 인정한다. 문맥에서 의미가 통하도록 하려고 많은 영어 번역본이 "넘어지다"(stumble)라고 하지만 단어는 "떨어지다"(또는 넘어지다)를 가리키는 보통 동사인 나팔(nāpal)이다.

하지만 의인은 다시 일어나지 못할 정도로 넘어지지 않거나 그들은 땅에서 엎드러지지 않는다(참조. 렘 16:13; 22:26, 28에서의 이 동사 툴[tûl]).

어떻게 그런가?

둘째 콜론이 설명한다. "붙들다"(분사 소메크[sōmēk])가 17절에서 반복된다. 여호와는 넘어지는 사람들의 손을 붙잡고 그들을 일으키시거나 그들에게 손을 내미시거나 손으로 그들을 지지하신다.

> [n] 25 내가 어려서부터 늙기까지
>   의인이 버림을 당하거나
>   그의 자손이 걸식함을 보지 못하였도다
> 26 그는 종일토록 은혜를 베풀고 꾸어 주니
>   그의 자손이 복을 받는도다

n행들은 두-콜론뿐만 아니라 세-콜론으로 구성되며, 종종 기독교인들에 충격을 주는 주장을 한다는 점에서 독특하다. n 단어는 "어린 사람"(나아르[naʿar])이며, 첫째 콜론에서 시편 기자는 둘째 콜론과 셋째 콜론에서 선언하는 경험에 근거한 평생의 경험을 주장한다. 시편 기자는 방금 의인이 실제로 넘어진다는 사실을 언급했으므로, 우리는 아마도 이 진술을 과장으로 받아들여야 할 것이다. 이 진술은 여호와가 잠시 의인들을 실제로 버리실 때도 여전히 의인들은 붙드실 수 있다고 선언한다(22:1[2]을 보라).

만약 여호와가 실제로 사람들이 넘어지도록 하시지만 결국에는 땅에서 엎드러지지 않도록 하신다는 이전 인식의 맥락에서 이것을 읽는다면, 이것은 그들의 후손들이 음식을 구걸함에 대한 마지막 콜론의 언급에 들어맞을 것이다. 이 진술은 온유한 자들이 땅을 소유하게 될 것이라는 약속을 또 다르게 표현한 진술이다. 그러므로 그들은 자신들의 후손들을 먹이고 그들이 계속 먹도록 그들에게 그 땅을 전해 줄 위치에 있게 될 것이다.

이제 26절은 이 점을 긍정적으로 표현한다. 의인들은 자신들과 자신들의 가족을 위해 풍족히 가질 뿐만 아니라 은혜를 베풀고(참조. 21절) 빌려줄("빌리다" 라와[lāwâ]의 히필, 참조. 21절) 위치에 있게 된다. 올바르게 빌려준다는 것은 단순히 빌려주는 것과 관련된다. 토라는 빌려주는 것을 통해 돈을 버는 것을 금했다(예를 들어, 출 22:25[24]). 이것은 투자 형태가 아니다(15:5 해설을 보라).

빌려주는 것은 다른 사람의 인간다움을 더 인정하는 것일 수 있지만 주는 것보다는 덜 관대해 보일 수 있다. 다른 이들에게 자선의 대상이 되도록 하는 대신에 빌려주는 것은 그들에게 스스로 다시 서서 자신들의 머리를 들 기회를 주는 것이다. 여호와가 의인들을 후원하시게 되면 그들이 공동체에서 이 역할을 할 수 있다. 25절에서의 부정적인 점과 마찬가지로, 이 축복은 한 의인을 넘어 다음 세대로 확장된다. 여호와가 의인에게 소유하게 하신 땅을 물려받으므로, 또한 축복이 되며, 다른 궁핍한 사람들에게 오는 음식의 축복 수단이 되는 위치에 있게 된다.

[시 37:27-33]

악에서 떠나 선을 행하라.

> [s] 27 악에서 떠나 선을 행하라
>   그리하면 영원히 살리니
>   28a-b 여호와께서 정의를 사랑하시고
>   그의 성도를 버리지 아니하심이로다

s행들은 "떠나"로 시작한다. 돌아가라는 것이 아니라 돌아서라는 것이며(슈브[šûb]가 아니라 수르[sûr]), *악(참조. 1, 8, 9절)에서 *선(참조. 3절)으로 돌이키라는 것이다. 이런 식으로 가능해진 "사는 것"은 3절에서도 약속한 땅에서의 거주일 것이다. "영원히"는 영속됨에 대한 계속되는 강조(25-26절)를 이어 간다. 따라서 27절은 요구되는 s 단어를 제외하고 친숙한 자료를 대부분 반복한다.

"사랑하시고"(*헌신하다)로 시작하고 정의(*권위)로 행동하시는 것을 언급하면서, 이제 28a절은 다른 곳에서는 익숙하지만 이 훈계에서는 새로운 용어를 소개한다. 이처럼 시작하는 콜론은 여호와가 세상에서 단호하게 행동하시며 가만히 앉아 있지 않으실 것이라고 약속한다.

하지만 여호와가 어떻게 이 권위를 행사하시는가?

가장 흔히 의(*신실함)가 이를 설명하는 단어이며, 여기서 둘째 콜론은 의의 특성에 대한 정의나 설명으로 볼 수 있다. 둘째 콜론은 또한 첫째 콜론의 긍정적인 면을 보완하고자 부정적인 면을 제공한다. 여호와는 버리지 않으신다(동사는 25절에서 온다). 여호와께 *헌신한 사람들은 안전하다.

> [ʿ] 28c 그들은 영원히 보호를 받으나
>   악인의 자손은 끊어지리로다
> 29 의인이 땅을 차지함이여
>   거기서 영원히 살리로다

예기치 못하게 ʿ행들은 적절한 문자로 시작하지 못한다. 물론, 도입의 전치사 후에는 이것이 시작하는 표현 레올람(leʿôlām, 영원히)에서 첫 어근 문자이기는 하다. 28절에서처럼 둘째 s행과 위장된 ʿ행의 조합은 ʿ행들이 한 번 더 28절을 시작한 약속을 다시 표현한다는 사실을 나타낸다. 여호와의 의가 결코, 끝나지 않을 것이라고 선언할 뿐만 아니라, 여호와께 헌신한 사람들에 대한 새로운 약속이 부정적인 "버리지 않는다"에 긍정적인 "보호받다"가 추가된다.

그 후에 둘째 콜론은 새로운 점을 분명히 할지라도 친숙한 점들을 재진술하면서 악인들에 대한 상응하는 부정적인 점을 지적한다. 우리는 의인의 자손에 대한 약속을 받았다. 여기에는 악인의 자손에 대한 경고가 있다. 악인의 부모가 자신의 땅에서 자리를 잃으므로 자손 역시 자신의 자리를 잃으며, 따라서 자신의 생계를 잃고 잠재적으로 자신의 생명을 잃는다.

이제 29절은 의인에 대한 동일한 약속을 반복한다(참조. 잠 2:21-22). 첫째 콜론은 그들이 땅을 소유하게 되는 것을 설명하지만 "얼마나 오랫동안"이라는 질문을 제기한다. 둘째 콜론은 동사(그들이 거기서 살리로다)와 시간적 표현(또 다른 "영원히")으로 응답한다. 끝에서 두 번째 단어는 "영원히"(라아드[lāʿad])를 가리키는 또 다른 단어이며, 의미와 전치사가 앞서는 아인(ʻ) 단어가 된다는 점에서 두 행을 시작하는 단어로 쌍을 이룬다. 마지막 표현인 "거기서"(알레이하[ʻāleyhā])는 실제로 마지막으로 아인으로 시작한다.

> [p] 30 의인의 입은 지혜로우며
>   그의 혀는 정의를 말하며
> 31 그의 마음에는 하나님의 법이 있으니
>   그의 걸음은 실족함이 없으리로다

p행들은 마지막으로 새로운 생각을 권한다. 곧 의인의 입(페[peh])과 혀가 명철을 *말하고(개역개정: 지혜로우며-역주), 정의를 말한다. 의인들 생활양식의 또 다른 측면은 그들의 의가 그들이 말하는 방식에서 표현된다는 것인데, 그들은 지혜와 정의(*권위, 이 단어에 대해 28a절의 하나님의 언급을 참고하라)를 결합하는 방식으로 말한다. 지혜와 정의의 독특한 조합은 특이하다. 물론 이 단어들은 잠언 1:2-3에서 지혜(명철)에 대한 계획적 진술에서 함께 나온다.

그 후에 31절은 이 점을 다시 진술한다. 여호와의 법(가르침)을 언급하면서 첫째 콜론 역시 시편 1편(1:2)과의 병행구를 발전시키는데, 이는 여호와의 가르침을 낭송하는 것에 대해 말한다(참조. 여기 30절).

하지만 31절은 여호와의 가르침이 단순히 의인들의 입술이 아니라 의인들의 마음에 있다고 덧붙인다(참조. 신 30:14). 여호와의 가르침은 그들의 내적 존재에 기록되며, 따라서 그들의 삶을 형성한다. 마지막 콜론은 여호와의 가르침이 역시 그들의 삶의 행하는 측면에도 영향을 미친다고 덧붙인다.

발(문자 그대로 "걸음")은 옳은 길을 걸을 때 계속 확고함을 유지한다. 문맥은 여기 동사 마아드(māʻad)가 우연히 균형을 잃는다는 의미에서 "미끄러지다"를 의미하지 않고, 도덕적 실수를 함을 가리킨다고 시사한다(참조. 26:1; 18:36[37]와 대조해 보라). 의인들은 옳은 길에서 벗어나려 하지 않는다.

> [ṣ] 32 악인이 의인을 엿보아
> 　　살해할 기회를 찾으나
> 33 여호와는 그를 악인의 손에 버려두지 아니하시고
> 　　재판 때에도 정죄하지 아니하시리로다

ṣ행들은 동사 차파(ṣāpâ, 엿보다)를 도입하는데, 이는 다시 의인들에게 실제 위협이 되는 악인이라는 주제로 돌아간다(참조. 12-15절). 처음에는 동사의 사용에 모호함이 있을 수 있는데, 동사의 의미가 보통 긍정적이기 때문이다. 즉, 여기서 사용된 분사는 보통 감시하는 것을 의미한다.

악인은 의인에게 무슨 일이 일어날지 보려고 감시하고 있는가?

둘째 콜론은 악인이 의인을 해할 기회를 잡으려고 감시하고 있음을 분명히 한다.

33절은 또 다른 요소를 분명하고도 접속사를 생략하며 이와 대조시킨다. 한 번 더 이 시편은 여호와가 버리지 않으신다고 선언한다(참조. 25, 28절). 이 과정에서 시편은 또한 버림심과 같은 것이 일어나는 것 같을 수 있다고 전제한다. 의인은 자신이 잠시 동안 악인의 손이나 권력에 잡혀 있는 것을 발견할 수 있다. 의인들은 실제로 넘어지지만(24절), 여호와는 그들을 거기에 버려 두지 않으신다.

둘째 콜론은 위협과 구원이 일어날 수도 있는 배경을 구체적으로 표현한다. 특징적으로 시편에서 의인들은 그들의 땅이 상실할 것이라고 위협받으며 나봇과 같이 공동체의 법정 앞에 끌려갈 위험에 놓인다는 것이다. 그들은 거짓 고발로 법정에 있을 수도 있거나 악인들은 (예를 들어) 대부에 대한 상실을 주장하고 있을 수 있다. 어느 쪽이든 의인들은 그들의 권력에 놓여 있다. 하지만 여호와는 법정이 그들에 유리하게 판결 나도록 하실 것이다. 법정은 사기를 간파하거나 악인들이 그들의 권리를 강요하지 못하도록 할 것이다.

[시] 37:34-40

평화의 사람에게 미래가 있다.

> [q] 34 여호와를 바라고
>   그의 도를 지키라
>   그리하면 네가 땅을 차지하게 하실 것이라
>   악인이 끊어질 때에 네가 똑똑히 보리로다

q행들은 여호와를 *바라보라고 제안한다(참조. 9절). 둘째 콜론은 이런 바라봄이 무기력을 내포하지 않음을 분명히 하지만, 이것이 관여하는 활동은 자신의 운명을 통제하려는 시도가 아니라, 여호와가 우리의 길을 지키신다는 확신에서 여호와의 길(도)을 지키려는 시도이다(28절).

한 번 더 둘째 행은 이 도전에 대해, 시작과 끝에 있는 뉘앙스와 더불어 의인들이 땅을 차지하고 *악인들은 끊어질 것이라는 약속을 덧붙인다. 한 약속은 높여진다는 것인데, 이는 무너지거나 모욕을 당하거나 유죄로 판결난다는 위협과 대조를 이룬다(14, 19, 33절). 다른 약속은 악인의 몰락을 볼 것이라는 것인데(참조. 다른 동사가 나오는 10절), 이는 여호와가 이미 보셨다(13절). 악인은 웃지 못하고 이로써 여호와가 행하셨음을 알 것이다.

> [r] 35 내가 악인의 큰 세력을 본즉
>   그 본래의 땅에 서 있는 나무 잎이 무성함과 같으나
>   36 그가 / 누군가가 / 내가(개역개정: 내가-역주) 지나갈 때에 그는 없어졌나니
>   내가 찾아도 발견하지 못하였도다

r행들에서는 이제 34절이 약속한 볼 것이라는 과거 경험을 가리키면서(참조. 25절의 "보지 못함"), "보다"(라아[rā'â])가 반복된다. 이 동사가 두 번 나와서 34절의 마지막 단어와 35절의 첫 단어로 나란히 놓이는데, 이는 연관성을 강조한다. 시편 기자가 과거에 본 것은 청중들도 볼 것이고 믿는 토대가 된다. 본질적으로 악인은 걱정할 어떤 대상도 아니지만, 시편이 관심을 가지는 악인은 세력을 가

진 악인, "위협하는 자들"(아리츠[ˈārîṣ]) 또는 무모한 자들이며, 필요한 땅에서 자라날 때 무성한 본래의 땅에 자라는 무성한 나무와 같거나, 인상적인 나무의 모범인 번성하는 백향목과 같다.

하지만 36절은 어떻게 이 사람이 지나가거나 일반인이 지나가거나 시편 기자가 지나가는지에 대해 말하며, 명백히 논쟁의 여지가 없는 자는 없어졌다. 둘째 콜론은 개인적 증언을 더 자세히 함으로써 이 점을 강조한다.

[ש] 37 온전한 사람을 살피고 정직한 자를 볼지어다
　　모든 화평한 자의 미래는 평안이로다
38 범죄자들은 함께 멸망하리니
　　악인의 미래는 끊어질 것이나

이 주제를 설명하는 또 다른 방식을 시사하는 샤마르(šāmar, 살피다: 참조. 28, 34절)가 다시 나오면서 "보다"가 ś행들에 반복된다. 이 동사를 사용할 때, 70인역과 제롬은 시편 기자가 청중에게 전적으로 그럴듯한 권고인 온전함을 "지키"고 정직함을 보도록 격려한다고 여기지만, 마소라 본문은 온전하고 정직한 사람들에게 무슨 일이 일어나는지 보도록 더욱 구체적인 형태의 보는 것을 내포한다.

34절에서 보는 것을 약속하고 35-36절에서 보는 것을 증언한 시편 기자는 이제 청중에게 눈을 뜨고 무엇이 진행되는지 보라고 권유한다. 구체적으로 그들은 *온전한 사람에게 무슨 일이 일어나는지 주목하고 볼 수 있는데(참조. 18절), 온전한 사람은 그 후에 정직한 사람으로 규정되며, 더 나아가 병행을 이루는 콜론에서 "화평한 자"로 규정된다.

이 표현은 여기서만 나오지만, "화평한 사람"은 충성스럽게 행동하는 이라는 의미에서 "나의 친구"(예를 들어, 41:9[10])이다. 그는 어려움을 가져오려 하며 이런 서약을 무시하려고 하는 자들과 대조적으로(참조. 28:3; 55:20[21]), 평화를 말할 뿐만 아니라 평화롭게 행동하고 언약적 서약을 지키는 부류의 사람이다.

둘째 콜론 역시 청중이 이런 사람들에게 일어나는 것을 보고자 기대할 것을 명확히 한다. 즉, 그들은 미래가 있다. 이것은 그들이 땅을 차지하게 되고 안전을 누리게 될 것이라고 선언하는 또 다른 방식이다.

38절은 다시 갑자기 오는 멸망의 대조를 제시한다(참조. 2, 10, 36절). 이 멸망의 희생자들은 새롭게 범죄자(*반란자)로 지목된다. 둘째 콜론은 37절에서 이어 가는 방식으로 표현하고, 따라서 대조를 더 구체적으로 표현한다. 이것은 미래의 끊어짐을 의미할 것이다. 이것은 땅에서 끊어지며 따라서 미래가 없는 것을 가리키는 대체(代替) 용법(metalepsis, 이미 그 자체에 있어서 비유적·상직적으로 쓰인 말을 환유적으로 바꿔 놓는 용법-역주)일 수 있다.

하지만 때로 아하리트('aḥărît)는 더욱 구체적으로 "후손"을 내포하며, 이는 여기서 잘 들어맞는데 아마도 소급하여 37절에도 들어맞을 것이다.[23]

[t] 39 의인들의 구원은 여호와로부터 오나니
　　그는 환난 때에 그들의 요새이시로다
40 여호와께서 그들을 도와 건지시되
　　악인들에게서 건져 구원하심은
　　그를 의지한 까닭이로다

마지막으로 t행들은 *구원으로 시작하거나 거의 그렇다. 이 단어 자체는 실제로 접속사 웨(w, 참조. '행, 28b절)가 앞선다. 지금까지는 이런 단어를 사용하지 않았을지라도, 친숙한 주제로서 구원은 예상할 수 있는 것 같다. t를 만들고자 이 시편은 테슈아(tĕšû'â) 어근에서 나온 특이한 형태를 사용한다. 환난 때에 *요새라는 병행을 이루는 용어는 27:1에서처럼 더욱 구체적으로 요점을 지적한다.

둘째 행은 함의들을 더욱 자세히 설명한다. *도움과 건짐은 구원에 대해 말하는 추가적 방식들이지만, 둘째 콜론은 40a-b절에서 abb'a' 순서를 완성한다. 이 시편 마지막에서 세-콜론이 분명하게 마무리하지만, 우리는 셋째 콜론을 기대하지 않는다.

구원/건짐/도움을 받고자 무엇을 할 필요가 있는가?

여호와를 *의지하라.

23　BDB 31을 보라.

3. 신학적 의미

이 훈계의 알파벳 양식은 이 훈계가 논쟁을 형식적 구조로 세우지 않고 오히려 계속 많은 요점으로 되돌아간다는 것을 의미한다.

첫째, 이 훈계는 청중에게 태도를 바꾸라고 권고하는 목양의 관심을 가진다. 청중들은 행악자들이 삶에서 잘 되며 아마도 의인들보다 잘 된다는 사실에 괴로워하는 경향이 있다. 실제로 악인들은 의인들에게 위협이 된다. 즉, 그들은 의인들을 괴롭히는 음모를 꾸민다. 악인들은 강한 자들이나 의인들은 연약한 자들이다.

둘째, 이런 상황에서 시편 기자는 의인들이 분노를 누그러뜨리고 오히려 여호와를 신뢰하고 여호와로 인하여 기뻐하며, 상황들을 여호와께 맡기고 여호와 앞에 잠잠히 기다리기를 원한다.

셋째, 신자들은 단순히 악인들의 번영을 괴로워하는 데 힘을 낭비할 수도 있지만, 신자들은 악인에 합류하도록 유혹을 받을 수 있다. 이 훈계는 옳은 길을 행할 것이라는 그들의 결심을 확고히 하기를 원한다. 즉, 선을 행하기를, 그리고 악을 행하는 것이 보상받는 것 같을지라도 악을 행할 유혹을 받지 말기를 원한다.

넷째, 이 훈계는 의인들이 현재 가진 상대적으로 사소한 것에 대해 만족하기를 원하는데, 이는 악인들의 풍족함은 곧 끝날 것이기 때문이다. 의인들의 겸손한 지위는 악인들의 번영보다 더 안전하다.

다섯째, 현재 악인의 번영은 마치 세상에 도덕적 질서가 없는 것처럼 보이게 한다. 이 훈계는 사람들에게 이런 질서가 있음을 확신시킨다. 행동과 결과 사이에는 내재한 도덕적 연결고리가 있다. 악인들의 칼은 결국 자신들의 심장으로 향할 것이다.

여섯째, 이 훈계는 도덕적 질서가 아니라 여호와를 의지하라고 촉구한다. 여호와는 의로우시다. 여호와는 연속된 능동 동사들, 즉 행하다, 끊어내다, 지지하다, 인정하다, 높이다, 돕다, 건지다, 구원하다의 주체이시다. 도덕적 질서는 여호와가 상황을 진행하시는 방식이다. 이들 사이의 연결고리는 여호와가 무엇이 일어날지 이미 보셨으므로 지금 웃으신다는 사실이다.

일곱째, 이 훈계의 핵심 개별 주제는 땅이다. 긍정적으로, 의인들은 땅을 항구적으로 차지할 것이며, 따라서 다른 사람들과 누릴 수 있는 복의 이런 풍요로움을 누릴 것이다. 부정적으로, 악인의 운명은 땅에서 끊어지는 것인데, 이는 실제로 완전히 끊어짐을 의미한다.

여덟째, 이 훈계는 의인들이 실제로 넘어지고 악인들의 손에 넘어감을 안다. 이 훈계는 여호와가 그들이 다시 일어나서 엎드려 있지 않은 것을 볼 것이라고 약속한다.

주석가들은 욥이나 예수님의 가르침과 같은 가르침을 덜 안심을 시키는 것을 고려하여 종종 시편 37편을 볼 필요가 있다고 강조한다. 이는 시편 37편이 사실이 아니라고 말하는 암호 방식이며, 시편 37편을 침해하는 장치이다. 이것은 또한 많은 면에서 요점을 놓친다. 이 시편의 관점은 시작과 끝에서의 욥의 이야기 때문에 부인되지 않고 확증된다.

예수님 역시 사람들을 "그런즉 너희는 먼저 그의 나라와 그의 의를 구하라 그리하면 이 모든 것(먹을 것과 마실 것과 의류)을 너희에게 더하시리라"(마 6:33)라고 격려하실 때 이를 확증하신다. 예수님은 또한 11절에서 온 복 가운데 하나를 취하신다. 이 복의 표준적 번역은 온유한 자가 땅을 물려받는 것에 대해 말한다(마 5:5).

시편 37편은 이중적 대조를 제시한다.

한편으로, 물려받는 사람들은 온유한 자들이다. 이 시편은 그들이 여호와께 헌신한 사람들로 기대됨을 분명히 한다. 좋은 소식은 하나님의 약속이 하나님에게서 온다는 것이다. 이것은 인간의 공과에 대한 응답이 아니다. 이것은 온유함으로 얻어지는 것이 아니다. 이것은 인간의 필요에 대한 하나님의 반응이다.

다른 한편으로, 이 사람들이 물려받는 것은 지구가 아니라 땅이다. 이 시편은 어떤 과도한 기대도 권하지 않는다. 이 시편의 약속은 겸손하다. 이 시편은 가족들이 자신들이 필요한 작물을 기르는 데 필요한 땅을 가지게 될 것이며, 이처럼 사람들은 자신들의 포도나무와 무화과나무 아래에 앉을 수 있다고 약속한다. 그리고 이 시편은 공동체가 공동체의 삶을 영위하는 데 필요한 땅을 가지게 될 것이며, 자신들의 점유를 늘리고 게다가 스스로 제국을 건설하기를 원하는 다른 세력들에게 그 땅이 빼앗기지 않도록 할 것이라고 약속한다. 이처럼 이는 자신들의 가족이 식량을 재배하는 데 필요한 땅 이상을 차지하는 사람들이나 다른 사람들의 땅을 속여 뺏는 식민지화하는 세력들에 대한 경고를 의미한다.**24**

시편 37편은 명백히 이것이 항상 효과가 있는 것은 아님을 인정한다. 실제로 그렇지 않을지라도 기록될 필요는 없었을 것이다.

시편 37편은 우리가 믿는 자들의 부정적 경험으로 말미암아 하나님이 도덕적 질서를 실현하도록 전념한다는 사실을 흐리게 해서는 안 된다고 주장한다.

> 오 이런 수치스러운 충성하지 못함, 신뢰하지 못함, 가증한 불신앙!
> 우리는 이런 풍요롭고 강력하며 위로를 주는 하나님의 약속을 믿기를 거부한다. 우리는 악인들에게서 몇 마디 위협하는 말을 들을 때, 가장 사소한 위협에도 떨기 시작한다.
> 하나님!
> 우리가 성경 모든 곳에서 요구하는 참된 신앙을 소유할 수 있도록 도우소서!"**25**

이처럼 악인의 번성과 자신들의 가난으로 혼란스러운 사람들은 "약을 마시듯이 이 시편을 마셔야 한다."**26**

---

24 Cf. Brueggemann, *Psalms and the Life of Faith*, 249–53.
25 Luther, *Selected Psalms*, 3:229.
26 Augustine, *Psalms*, 91.

제38편

고통과 죄

1. 본문

다윗의 기념하는 시

1 여호와여 주의 노하심으로 나를 책망하지 마시고
　주의 분노하심으로 나를 징계하지 마소서

2 주의 화살이 나를 찌르고
　주의 손이 나를 심히 누르시나이다
3 주의 진노로 말미암아 내 살에 성한 곳이 없사오며
　나의 죄로 말미암아 내 뼈에 평안함이 없나이다
4 내 죄악이 내 머리에 넘쳐서
　무거운 짐 같으니 내가 감당할 수 없나이다
5 내 상처가 썩어 악취가 나오니
　내가 우매한 까닭이로소이다

6 내가 심히 구부러지고 굴복당했으며(개역개정: 아프고 심히 구부러졌으며-역주)
　종일토록 슬픔 중에 다니나이다
7 내 허리에 열기/불명예(개역개정: 열기-역주)가 가득하고
　내 살에 성한 곳이 없나이다
8 내가 감각을 잃고(개역개정: 피곤하고-역주) 심히 상하였으매

마음에 으르렁거리는 소리 때문에(개역개정: 마음이 불안하여-역주) 신음
　　　하나이다
9 주여 나의 모든 소원이 주 앞에 있사오며
　　　나의 탄식이 주 앞에 감추이지 아니하나이다
10 내 심장이 뛰고 내 기력이 쇠하여
　　　내 눈의 빛도[1] 나를 떠났나이다

11 나의 친구들과 이웃들이(개역개정: 내가 사랑하는 자와 내 친구들이-역주)
　　　내 상처를 멀리하고
　　　내 친척들도 멀리 섰나이다[2]
12 내 생명을 찾는 자가 올무를 놓고
　　　나를 해하려는 자가 괴악한 일을 말하여
　　　종일토록 음모를[3] 꾸미오나
13 나는 못 듣는 자 같이 듣지 아니하고[4]
　　　말 못하는 자 같이 입을 열지 아니하오니
14 나는 듣지 못하는 자 같아서
　　　내 입에는 반박할 말이 없나이다
15 여호와여 내가 주를 바랐사오니
　　　내 주 하나님이 내게 응답하시리이다
16 내가 말하기를 두렵건대 그들이 나 때문에 기뻐하며[5]
　　　내가 실족할 때에 나를 향하여 스스로 교만할까 하였나이다

1　문자 그대로, "그들도." 구문에 대해 JM 146d을 보라.
2　동일한 동사의 이크톨(yiqtol)과 카탈(qatal) 형태가 의미의 명백한 차이가 없이 11b-c절에서 교대로 나온다.
3　GKC 124e는 이것을 강조의 복수, "비열한 속임수"(base deceit)로 본다. "괴악한 일"(역시 복수)에 대해 5:9[10] 해설을 보라.
4　동사는 1인칭으로 따라서 아마도 "나는 못 듣는 자와 같은데, 즉 나는 들을 수 없다"가 된다.
5　문자 그대로, "그들이 말하기를, '그들이 나에 대해 기뻐하지 않도록'이라고 한다." 이는 "말하다"라는 동사 뒤에 나오는 펜(*pen*)의 관용적 용법이다(BDB; GKC 152w을 보라).

17 내가 넘어지게 되었고
    나의 근심이 항상 내 앞에 있사오니
18 내 죄악을 아뢰고
    내 죄를 슬퍼함이니이다
19 내 원수가 활발하며 강하고
    부당하게 나를 미워하는 자가 많으며
20 또 악으로 선을 대신하는 자들이
    내가 선을 따른다는 것 때문에 나를 대적하나이다[6]

21 여호와여 나를 버리지 마소서
    나의 하나님이여 나를 멀리하지 마소서
22 속히 나를 도우소서
    주 나의 구원이시여

2. 해석

이 기도시는 여호와의 진노를 거두어들이고(1절), 여호와가 버리지 말고 구원해 주시라는(21-22절) 기도로 시작하고 마친다. 주요 부분은 두 섹션으로 나뉘는데, 첫째는 탄원자의 질병을 한탄하고(2-20절), 그 후에 다른 사람들이 취한 자세를 한탄한다(11-19절). 이 애가는 하나님에 대한 신뢰 선언과 일부 자기변호(15, 20절)를 통합하지만, 또한 탄원자의 죄를 인정한다(3, 5, 18절).

우리는 2-10절과 11-20절 내에서는 구분의 위치가 임의적일 수 있지만, 이 시편을 교차대구적 구조로 다음과 같이 요약할 수 있다.

기도(1절)
    질병 가운데 항변과 죄의 고백(2-5절)
    질병 가운데 항변과 신뢰의 표현(6-10절)

---

[6] K *rdwpy*와 Q 라데피(*rādĕpi*)는 접미사가 있는 부정사의 다른 형태들이다(GKC 61c을 보라).

다른 사람들의 공격 가운데 항변과 신뢰의 표현(11-16절)
다른 사람들의 공격 가운데 항변과 죄의 고백(17-20절)
기도(21-22절)

시편 38편이 아마도 여기 오는 이유는, "말하다"(하가[hāgâ], 12절; 참조. 37:30)와 같은 단어와 구원을 가리키는 특이한 단어(테슈아[tĕšû'â], 22절; 참조. 37:39)를 시편 37편에서 선택하기 때문일 것이다. 게다가 이 시편은 알파벳 시와 마찬가지로 22행으로 되어 있는데, 이는 우연일 수도 있지만 시편 37편에 이어지는 자리로 말미암아 독자들에게 시편 38편의 이런 특징을 인식하도록 하려는 것일 수 있다(참조. 시편 33편에 대한 "해석").

이 시편은 "책망하다"(1, 14절), "누르다"(2a[개역개정: "찌르다"로 번역-역주], 2b절), "내 살에 성한 곳이 없사오며"(3, 7절), "때문에"(3a, 3b, 5절), "죄/죄악"(3-4, 18절), "무거워(개역개정: 넘쳐서-역주)/무거운"(4절, 두 번), "심히"(6, 8절), "앞에"(9, 11[해설을 보라], 17절), "떠나다/버리다"(10, 21절), "서다"(11b, 11c절), "멀리"(11, 21절), "듣다"(13, 14절), "선"(20a, 20b절)과 같이 통일성에 기여하는 많은 반복을 포함한다.

이런 반복들은 또 다른 특징과 연결된다. 이렇게 신중하게 표현되고 구조화된 시적 내용이 이 시편에서 묘사된 고통과 공격을 겪고 있는 사람이 작성하고 있다고 생각하기는 어렵다.[7] 실제로 누군가가 이런 모든 징후를 가지고 있다고 생각하기는 어렵다.[8] 이 시편은 죄와 고통에 대해 알고 있고, 이스라엘의 기도 전통에 매우 익숙하며 따라서 고통을 겪는 사람들이 자신들의 고통, 신뢰, 회개, 호소를 표현하는 데 사용할 수 있는 기도를 작성할 위치에 있는 누군가가 작성했을 가능성이 높다. 이는 이미지의 다양함과 고백의 일반적 특성을 모두 설명할 것이다.

브릭스(Briggs)는 죄에 대한 언급들은 부차적이라고 제안했으며, 린드스트룀(Lindström)은 이 주장을 부활시켰다.[9] 이 시편의 이전 버전의 구성 가운데 어느

---

7 Rogerson and McKay, *Psalms*, 1:181을 보라.
8 Cf. Craigie, *Psalms 1-50*, 304. 이처럼 Watson (*Classical Hebrew Poetry*, 320)은 이를 과장으로 특징지어지는 것으로 여긴다.
9 Briggs, *Psalms*, 1:335-36; Lindström, *Suffering and Sin*, 239-44. 둘 다 이 주장을 시편 38-41

것이든 옳다고 하더라도 우리에게는 이 시편을 있는 그대로 해석하는 문제가 있다. 이 시편의 독특함은 우리가 이것을 죄와 고통을 연결시키지 않는 다른 시편에 순응하게 하지 않아야 함을 시사한다.

[표제]

다윗의 기념하는 시

용어 해설을 보라.

"다윗의"는 이 시편을 나라의 역경과 관련하여 사용할 가능성을 제기하는데, 이사야 1:5-6은 나라의 역경을 이 시편과 비슷한 용어로 한 개인의 역경으로 묘사한다. "기념"(자카르[zākar] 히필)은 찬양을 가리키는 일반적인 단어일 수 있으며(참조. 20:7[8]), 여기서 부정사 표현은 역대상 16:4에 나온다. 하지만 이것이 어떻게 이어지는 시편과 관련되는지는 명확하지 않다.

다른 한편, 집회서는 기념 제사(아즈카라[ʾazkārâ]; 레 2:2, 9, 16; 5:12; 6:15[8]; 24:7; 민 5:26)를 치유와 고백을 위한 기도와 연결시킨다(집회서 38:9-11). 구약 내에서 아즈카라(azkārâ)에 대한 일반적 이해는 특히 그 의미의 불명확성 때문에 이 시편의 의미를 밝혀 주지 못한다.[10] 하지만 만약 아즈카라가 치유 및 고백과 연결된다면, 치유가 이 시편을 이와 관련하여 적절한 것으로 잘 가리킬 수 있다.

[시 38:1]

1 여호와여 주의 노하심으로 나를 책망하지 마시고
　주의 분노하심으로 나를 징계하지 마소서

시작하는 기도이다. 여호와를 부르는 것과 부정적 불변화사 모두는 두 콜론에 적용되며, 전치사 베(bĕ)로 구성되는 두 개의 정확하게 병행을 이루는 구절로

편을 통해 확장하는데, 린드스트룀(Lindström)은 더욱 체계적으로 확장한다(Suffering and Sin, 239-323).
10 (예를 들어) John E. Hartley, Leviticus, WBC (Dallas: Word, 1992), 30을 보라.

이어지는데, 2인칭 단수 접미사가 있는 "노하심"을 가리키는 단어와 1인칭 단수 접미사가 있는 2인칭 단수 동사(하나는 히필, 하나는 피엘)이다.

첫 동사는 다소 부드럽지만 둘째 동사는 더 고통스럽고 더욱 명백하게 이 시편에 이어지는 내용으로 이끈다. 어순은 전치사구를 강조하고, 탄원자가 책망이나 질책이 적절하다고 인정하지만, 여호와가 이에 대해 너무 열렬하지 않도록 요구하거나 고통의 교훈적 특성을 인정하지만, 이것이 징벌과 함께 오지 않기를 요구함을 내포할 수 있다.

하지만 이 시편을 마무리하는 동반되는 기도는 적절히 온건하거나 교육적인 책망/질책을 단순히 요구함을 시사하지 않는다. 탄원자는 구원과 부흥을 원한다. 대체로 이 시편 역시 여호와께 진노하지 말아 주시라고, 징계하지 말아 주시라고(1절이 홀로 시사할 수 있지만) 요구하고 있지 않음을 분명히 한다. 이 시편은 진노의 징계가 이미 현실이라고 전제한다.

이 시편은 여호와께 멈추어 주시라고 구한다. 이 어법은 6:1[2]과 매우 비슷하다. 가장 두드러진 차이점은 "분노"(아프[´ap]) 대신에 "노함"(케체프[qeṣep])이 나온다는 것이다. 노함은 거의 항상 하나님의 진노를 가리킨다. 이처럼 따라서 종종 하나님의 진노를 거의 항상 가리키는 단어는 인간의 분노를 의미하는 단어를 대체한다. 이는 두 콜론의 관계에서 차이점에 기여한다.

시편 6편에서 격노(헤마[hēmâ])에 대한 언급으로 말미암아 둘째 콜론은 분노에 대한 언급이 있는 첫째 콜론을 강화한다. 시편 38편에서 격노에 대한 언급으로 말미암아 둘째 콜론은 하나님의 진노가 냉정한 객관적인 문제가 아니라 뜨겁게 느껴지는 문제임을 명확히 하게 된다.

[시 38:2-5]

한탄의 네 개의 두-콜론은 여호와의 노하심과 탄원자의 고통, 탄원자의 죄악 사이의 상호 작용을 시작한다. 노하심과 고통은 2-3a절에서 초점이 되며, 3b-5절에서는 죄악과 고통이 초점이 된다.

> 2 주의 화살이 나를 찌르고
> 주의 손이 나를 심히 누르시나이다

노하심은 여호와의 화살과 여호와의 손에 의한 실제 경험에서 전달된다. 두 콜론은 병행을 이루며, abcb'c'a'로 배열된다. 둘째 구절은 이와 같이 우리가 기대할 수 있는 어순을 따르지만, 첫째 구절은 주어로 시작하고 이를 강조한다. 두 콜론에서 동사는 특이한 니팔(niphal) 형태로 된 나하트(nāḥat)이며, 그 후에는 칼(qal) 형태이지만, 약간 다른 의미를 지닌다. 화살은 날아와 그 사람을 찌르지만 아마도 손이 그 사람을 누름이 더욱 참혹할 것이다.

여호와가 화살을 쏘신다는 개념은 사람들에게 질병을 쏘는 우가릿에서의 신적 궁수인 레셉(Resheph)에 대한 묘사에 돌아갈 수 있다.[11]

> 3 주의 진노로 말미암아 내 살에 성한 곳이 없사오며
> 나의 죄로 말미암아 내 뼈에 평안함이 없나이다

결과와 원인이 두 개의 긴 균형을 이루는 콜론(4-4)으로 묘사된다.[12] 한편, 성함이나 건강(메톰[mĕtōm], *온전함을 가리키는 단어와 관련됨)이 없으며, 탄원자의 살이나 뼈, 즉 살과 피부를 덮는 사람의 외부 전체에 *복이 없으며, 견고함과 힘을 의미하는 뼈에 구체화된 견고한 사람의 내면에도 복이 없다. 이렇게 된 원인은 두 가지 면에서 묘사될 수 있다.

어려움이 여호와의 진노에서 왔다고 말하는 것은 1절을 재진술하는 것이다. 노하심은 하나님의 분노의 독특한 힘을 시사한다. 격노는 불타는 힘을 시사하고, 진노나 분개(자암[zaʿam])는 의무를 다하지 못한 한 무리에게 모욕을 당한다고 느끼는 사람의 반응에서 표현되는 격분했다는 개인적 느낌을 가리킨다.

그리고 이것은 원인에 대해 말하는 다른 방식과 연결된다. 어려움은 "나의 죄로 말미암아" 왔다. 두 개의 민(min) 표현의 형식상 유사함은 "당신의(개역개정: 주의-역주) 진노"와 "나의 죄" 사이의 본질적 차이를 숨기는데, 물론 이 둘은 연결된 것으로 여겨진다. 즉, 이 시편은 "나의 죄에 대한 의식으로 말미암아"(마치 심리적인 과정에 대해 말하는 것처럼)라고 말하지 않고 "나의 죄로 말미암아"라고 말한다.[13] 이

---

11 (예를 들어) Dahood, *Psalms*, 1:235을 보라; 또한 *DDD*를 보라.
12 각각은 건강을 가리키는 단어로 이어지는 "없다"(엔[ʾēn])로 시작하는 명사절로 구성되는데, 베(b) 표현은 그 사람의 한 측면을 언급하고 미페네(mippĕnê) 표현은 한 구절을 가리킨다.
13 Luther, *Selected Psalms*, 3:157과는 대조됨.

는 여호와가 탄원자의 죄(*실패)나 결점에 격노하시기 때문이다. 이 연관성은 시편에서는 특이하며, 따라서 긴 행을 예기치 않은 마무리로 이어지게 한다.

> **4** 내 죄악이 내 머리에 넘쳐서
>   무거운 짐 같으니 내가 감당할 수 없나이다

4절은 더욱 비유적으로 진행하고 5절은 더욱 구체적으로 진행하면서, 4-5절은 3절을 확장한다. 3-4절은 특히 3절을 마무리한 예기치 않은 인정을 이어 간다. 하지만 여호와의 진노와 여호와의 징벌적 행동에 대한 언급은 이제 이 시편에서 사라진다. 초점은 다른 형태의 원인인 "나의 죄"와 그 결과에 있다. 여호와는 다시 나타나실 때, 기도를 들으시고 응답하시며, 구원할 수 있는 분이 되실 것이다.

그리하여 이제 압도하는 현실은 여호와의 진노나 적대적 행동이 아니라 탄원자의 *악의 행위들이다. 탄원자의 행위들은 결정적 짐이 된다. 그리스도인들은 이런 면에서 이야기할 때, 종종 죄의 심리적 짐이나 우리의 하나님과의 관계에 미치는 그 영향을 가리킨다. 현재 맥락에서 이 시편의 요점은 다른 것이다. 이 시편이 묘사하는 중압감과 짐은 죄가 건강과 복을 완전히 잃는 형태로 몸에 미치는 영향인데, 이를 3절에서 언급한 바 있다.

4절의 두 콜론은 "내 죄악이" 두 콜론에 적용되면서 병행을 이룬다. 두 콜론의 동사들은 한 카탈(qatal)이 직접 목적어를 지배하고 다른 이크톨(yiqtol)이 간접 목적어를 지배하면서 병행을 이룬다. 첫 동사는 "폭포와 같이", "파도와 같이", "홍수와 같이"(참조. 42:7-8[8-9]; 사 8:8)의 행들을 따라 직유를 내포한다. 둘째 콜론의 명백한 직유는 첫째 콜론의 암묵적인 이 직유와 병행을 이룬다. 도식적으로 표현하면 다음과 같다.

내 죄악이	(깊은 홍수와 같이)	넘쳐서	내 머리에
		무거운 짐 같으니	감당할 수 없나이다 내가

압도하는 홍수와 같은 이미지는 보통 사람들을 삼키는 하나님의 진노를 가리키는 비유이다. 여기서 나를 압도하는 것이 "내 죄악"이라는 사실은 3b절에서

시작한 관점의 차이를 부각시킨다.

> 5 내 상처가 썩어 악취가 나오니
> 내가 우매한 까닭이로소이다

5절은 이 점을 다시 지적하는데, 둘째 콜론은 첫째 콜론을 보완하고 전체 행은 4절의 각 콜론과 병행을 이룬다. 이처럼 첫째 콜론은 온전함이나 복의 결여가 어떻게 보이고 어떻게 냄새가 나는지를 더욱 구체적으로 묘사하고, 둘째 콜론은 이를 탄원자의 "우매함"(이웨레트[*'iwwelet*])이라는 점에서 설명한다. 이런 용어들은 시편(오직 69:5[6])보다는 잠언서에서 특징적이다(예를 들어, 5:23; 14:1, 3, 8, 17, 18, 24, 29).

이 단어는 무질서, 자기 기만, 성급함을 시사하며, 지혜로운 사람들이 덜 지혜로운 사람들만큼이나 어리석은 결정과 선택을 한다는 인식을 시사한다. 유일한 차이점은 그들이 자신들과 다른 사람들에게 야기하는 재앙이 더 클 수 있다는 것이다.

탄원자는 종교적으로도(또는 종교적으로나) 관계적으로도 우매했던, 곧 하나님 및 다른 사람들과의 관계에서 우매했던 방식으로 행동했음을 인식한다. 아마도 20절은 탄원자가 다른 사람들과 맺는 관계가 명예로웠으며, 그 초점이 하나님 앞에 죄악, 행악, 우매함에 있음을 내포한다. 이 시편은 "사람이 미련하므로 자기 길을 굽게 하고 마음으로 여호와를 원망하느니라"(잠 19:3)라는 법칙에 예외가 되도록 권유한다.

[시] 38:6-10]

더 나아가 한탄의 다섯 개의 두-콜론은 탄원자의 고통(6-8절)을 묘사하고, 여호와와 이 고통과의 관계에 대한 확신(9-10절)을 묘사한다. 이처럼 여호와의 진노뿐만 아니라 탄원자의 죄에 대한 언급이 잠시 사라진다. 또는 오히려 우리가 보겠지만 수면 아래 가라앉는다.

> 6 내가 심히 구부러지고 굴복당했으며(개역개정: 아프고 심히 구부러졌으며-역주)
> 종일토록 슬픔 중에 다니나이다

이 고통을 묘사할 때, 6-8절은 다시 외적인 것에서 시작하여 내적인 것으로 나아간다. 먼저, 탄원자의 외적 경향, 곧 다른 사람들이 보는 현실이 있다. 6절은 하나의 아이러니 또는 한두 개의 소리에 의한 언어유희로 시작한다. "내가 구부러졌으며"(아와['āwâ], 니팔)는 동사로서 이 동사에서 4절의 "죄악"(아온 ['āwōn])이 오게 된다. 죄악은 자신의 길을 벗어나면서 구부러뜨리는 것과 관련된다. 이처럼 6절은 직접 죄에 대해 말하지 않더라도, 탄원자의 몸의 구부러짐은 삶의 구부러짐에서 온다고 암시한다.[14]

그 다음에 내가 "내가 굴복당했으며"는 보통 하나님이나 사람 앞에 겸손하게 엎드리는 것을 가리키는 동사(샤하흐[šāḥaḥ])이다. 운이 좋게도 이 시편은 실제로 탄원자가 몸으로도 엎드려질 뿐만 아니라 하나님 앞에 엎드려짐을 시사한다. 자세보다는 외관으로 묘사하는 병행을 이루는 콜론에서 우울한 외모에 대한 언급은 다시 이 점을 지적할지도 모른다.

탄원자는 누군가가 애도하는 것처럼 맴돌고 있는데, 이는 단순히 고통 가운데 슬퍼하는 것이 아니라 죄에 대한 애도를 포함할 수 있다. 콜론들은 abb'a'로 배열되며, 두 개의 동사와 그 후에 한 개의 부사적 표현, 한 개의 부사적 표현과 그 후의 두 개의 동사가 나오는데, 네 개의 동사는 약간의 변화를 보인다. 니팔(niphal)과 칼(qal) 카탈(qatal)과 그 후에 칼 분사와 피엘이 나온다.

> 7 내 허리에 열기/불명예(개역개정: 열기-역주)가 가득하고
> 내 살에 성한 곳이 없나이다

모호함은 계속된다. 탄원자의 허리가 열기로 가득한가(많은 영어 번역본), 아니면 불명예로 가득한가(70인역, 제롬)?

---

[14] 역사적으로 두 개가 있었다고 하더라도(BDB도 그렇다), 나는 이것을 한 개의 어근 아와('āwâ)가 있는 것으로 여기는데(HALOT이 그렇다), 이 시편이 두 단어를 연결하는 방식에서는 차이가 없다.

명사 니클레(*niqleh*, 엄격하게는 니팔 분사)는 칼라(*qālâ*) I, "굽다"("태우다"는 더욱 일반적으로 같은 어족 언어)나 칼라(*qālâ*) II, "하찮게 보다"(belittle)에서 도출될 수 있다. 탄원자는 열로 타지만 또한 부끄러움으로 탄다. 둘째 콜론은 형식에서는 아니더라도 내용에서 첫째 콜론과 병행을 이루며, 요점을 일반화한다.

둘째 콜론은 3절의 시작을 반복하지만, 이제 "성한 곳" 역시 *온전함의 어조를 전달하는가?

> 8 내가 감각을 잃고(개역개정: 피곤하고-역주) 심히 상하였으매
> 마음에 으르렁거리는 소리 때문에(개역개정: 마음이 불안하여-역주) 신음하나이다

다시 6a절의 패턴이 나온다. 즉, 두 개의 동사(여기서 둘 다 니팔이고 접속사가 없지 않고 와우[*w*]로 연결되지만)에 "심히"(아드-메오드[*'ad-mĕ'ôd*])가 이어진다. 하지만 두 동사는 외적 태도보다는 사람의 내적 상태를 가리킨다는 특성을 보인다.

"감각을 잃고"(푸그[*pûg*])는 외적 무감각이나 마비만큼이나 내적 무감각이나 마비를 시사하는 흔치 않은 동사이다(참조. 창 45:26). 마찬가지로 "상하였으매"(다카[*dākâ*])는 또한 외적 상함과 상응하는 내적 상함을 시사하는 드문 (다카[*dākā'*])의 다른 형태이다(참조. 10:10). 즉, 이것은 51:8, 17[10, 19]에서 외적 상함과 내적 상함에 사용된다. 이 동사들 모두는 둘째 콜론에 나오는 단어들과 놀랍도록 대조를 이루는 데 기여한다.

"신음하나이다"(샤아그[*šā'ag*])가 뜻밖인 이유는, 이 동사가 보통 사자나 용사가 울부짖음을 의미하기 때문이다. 여기서만 이 동사는 고통 가운데 외침을 시사한다(물론 셰아가[*šĕ'āgâ*]는 이런 의미에서 22:1[2]; 32:3; 욥 3:24에서 사용된다). 이 단어의 더욱 친숙한 의미는 "으르렁거리는 소리"를 언급하는 데서도 강조되는데, 이는 또한 사자에 대해 흔히 사용되며, 아마도 문자 그대로 먹이가 달려들 때 울부짖는 것과 대조적으로 먹이 앞에서 사자가 으르렁거리는 소리를 가리킬 것이다.[15]

이와 같이 두 콜론 사이에는 암시되는 긴장이 약간 있다. 탄원자는 감각을 잃지만 외치고 있으며, 상하지만 으르렁거린다. 우리의 용어로, 으르렁거리는 마음에 대한 언급은 탄원자의 고통의 내적 측면을 더욱 명백하게 하는 것 같지만,

---

15 Cf. BDB 980.

우리는 아마도 허리에서의 열기와 비슷하다고 보아야 할 것이다. 탄원자는 실제로 마음이 상하지만 또한 육체적 고통을 안에서 느끼는데, 이로 말미암아 신음 소리나 으르렁거리는 소리가 나지 않을 수 없다.

> 9 주여 나의 모든 소원이 주 앞에 있사오며
> 나의 탄식이 주 앞에 감추이지 아니하나이다

이제 9-10절은 갑작스럽다. 여호와는 탄원자에게 진노하며 매우 정당하게 행동하는 이로 묘사됐다. 갑작스럽게 시편은 여호와가 탄원자의 소원을 보고 탄원자의 탄식을 듣는다고 주장하고 있다. 이 행은 여호와를 나의 *주님으로 부르며, 이 행들이 펼쳐지는 방식은 이것이 접미사가 개인적 의미를 지니는 아도나이(*ădōnāy*)임을 시사한다.

여호와 앞에(네게드[*neged*])는 탄원자의 죄(90:8)와 외적 부르짖음(88:1[2])뿐만 아니라 탄원자의 소원(참조. 10:17; 21:2[3])이 있다. 이것들은 말로 표현된 소원이지만 소원에 대한 언급은 여호와가 말 이면에 사람의 안을 볼 수 있는 능력을 가지고 계심을 내포한다. 이것은 놀라운 능력이 될 수 있지만 여기서 탄원자는 이것이 좋은 소식이라고 여긴다.

주님은 이 고통에서 벗어나려는 깊은 갈망을 보실 수 있다. 내밀한 존재의 사생활은 여호와께는 공적일 수 있으며, 탄원자는 여호와가 이런 열렬한 소원을 아시는 것이 기도하는 사람에게 오직 유익이 될 수 있다고 믿으면서 이런 감시에 대해 행복해한다.

둘째 콜론은 *abcc'b'* 행으로 배열되면서 첫째 콜론과 병행을 이룬다. 밖으로 나오는 탄식을 추가로 언급하는 것에는 내적 소망을 언급하는 것이 동반된다. 탄식(아나하[*ănāḥâ*])은 인상적인 무리인(참조. 시 6:6[7]; 31:10[11]) 애굽에서의 이스라엘, 욥, 예레미야애가의 자기 표현이다(출 2:23; 욥 3:24; 23:2; 애 1:4, 8, 11, 21, 22). 부정적 동사는 이전의 긍정적 전치사 표현을 동반하며 곡언법을 제시하는데, 부정적 진술은 강력한 긍정적 진술을 내포하게 된다. 즉, 우리는 여호와가 "아니다, 그것들은 명백히 숨겨지지 않았다"라고 반응하시는 것을 상상할 수 있다.

구약에서 기도하는 품위 있는 어떤 사람과도 마찬가지로, 탄원자는 2-8절이 묘사한 고통에서 벗어나고자 전혀 은밀하게 깊이 갈망하지 않았다. 여호와는 소원을 모두 알고 계시다.

> 10 내 심장이 뛰고 내 기력이 쇠하여
> 내 눈의 빛도 나를 떠났나이다

어떤 머뭇거리는 의심도 없게 하면서, 10절은 다시 모든 것이 탄원자의 삶에서 떠났다는 느낌을 체계적으로 설명하는 또 다른 긴 4-4 행으로 다시 소원들을 요약한다.

첫째 동사(사하르[*sāhar*])는 보통 두근거리는 것과 같은 것을 의미하는 데 사용된다. 동사의 형태는 마지막 두 어근 문자를 반복하면서 독특한데, 빠르고 반복되는 움직임을 시사할 수 있는 형태이다.[16] 하지만 다른 곳에서 이 동사는 여정을 떠나는 것을 가리키며, 10a절 내의 병행법과 두 콜론 사이에서는 오히려 탄원자의 마음이 실제로 여정에서 떠났다는 개념을 시사한다.

이것은 슬픔이나 고통이나 상실의 시기에 마음에 구멍이 있는 것과 같은 그런 사람의 경험을 가리키는데, 마치 사람의 마음이 제거된 것 같다. 이어지는 구절은 탄원자의 힘이 사라진다는 것에 대한 일반화로 이를 보완한다.

"이 역시 내 몸에서 빠져나와 다른 어딘가로 없어졌다."

이제 병행을 이루는 콜론은 눈의 빛이 떠났다고 말함으로써 또 다른 방식으로 이 점을 지적한다. 빛이 나갔다는 것은 죽음을 가리키는 통상적 비유이지만 (예를 들어, 욥 18:5-6), 여기서 이 시편은 전형적으로 불이 꺼진 장막이나 집에 있는 빛이 아니라, 눈의 빛에 대한 언급으로 이 비유를 다시 표현하고 있다.

영어에 우리가 그들의 눈을 들여다볼 때 누군가의 안에서 "빛은 떠난 것 같았다"라는 표현이 있다. 삶이 떠났다(없어졌다). 요점은 탄원자의 경험의 뒤죽박죽인 특성과 상응하는 갑작스러운 방식으로 표현된다. 그렇다. 마음과 힘과 빛이 떠났다.

---

[16] GKC 55e. D. Winton Thomas ("A Note on *libbî sĕḥarḥar* in Psalm xxxviii 11," *JTS* 40 [1939]: 390-91)는 동사가 "매혹하다"(bewitch)를 의미하는 다른 사하르(*sāḥar*)라고 제안한다.

[시 38:11-16]

놀랍든 그렇지 않든 초점은 이제 두드러지게 바뀐다. 지금까지 전면에 두 사람 곧 탄원자와 여호와만 있었지만, 친구들과 원수들이 이제 대두된다. 한편으로 다른 사람들이 누군가의 곤경에 관여함에 대해 말하는 것이 기도시의 특징이다. 이런 의미에서 이런 변화는 놀랍지 않다. 다른 관점에서 11-16절은 죄악을 인정함을 암시하는 방식으로 현재의 고통에 초점을 두고(하지만 이것은 다시 17-20절이 되어서야 명백해질 것이다), 기도가 아니라 진술로 여호와를 부르는 데서 6-10절의 어조를 이어 간다.

> 11a-b 나의 친구들과 이웃들(개역개정: 내가 사랑하는 자와 내 친구들이-역주)
>   내 상처를 멀리하고

이처럼 세 행(11-12절)은 먼저 친구들과 원수들에게 향한다. 다른 이들의 질병에 대한 사람들의 첫 반응은 종종 멀리하거나(참조. 눅 23:49)[17] 공격하는 것이다. "친구들"은 문자 그대로 나를 사랑하거나 나에게 *헌신한 사람들이거나 내가 사랑하거나 내가 헌신한 사람들이다.[18] "이웃들"은 내 공동체의 동료들인데, 그들은 엄밀하게는 내게 사랑을 빚진 자들이다. 두 단어는 동일한 사람들을 묘사할 수 있다. 하지만 이 사람들이 (문자 그대로) "내 상처 앞에서 떨어져 서 있다."

내 상처와 그 상처에서 벗어나고 싶은 나의 소원은 여호와 "앞에" 있지만(9절), 이 친구들은 명백히 그들 "앞에" 이 상처가 있는 것을 감당할 수 없다. 이는 고통에 대해 흔히 사람들이 하는 반응이다. 고통은 앞에 있기에는 너무 힘들고, 너무 위협적이며 너무 불안하게 한다. "상처"(네가[nega'])는 항상 광풍과 같은 것을 의미하지만, 어원적으로 "접촉"이며 두드러지게 절제된 표현이다.[19]

---

17 Cf. Kraus, *Psalms*, 1:414.
18 즉, 접미사는 주격이 되어 "나는 헌신한 자이다"가 되어 간 목적격이 되어 "나는 다른 이들이 내게 헌신한 자이다"가 된다.
19 제롬은 "한센병"이라고 번역하지만 이 히브리어 단어도 이 시편의 질병에 대한 나머지 묘사도 이 시편이 구체적 질병을 언급하고 있다고 추론할 근거를 제공하지 않는다. *BHS*는 이 단어를 없앨 것을 제안하지만 시편이 편찬됐을 때 이 단어는 시편 38편의 일부였음을 시사하면서 시 39:11[12]에도 반복된다.

11c 내 친척들도 멀리 섰나이다
12a 내 생명을 찾는 자가 올무를 놓고

11c–12a절은 더욱 분명한 아이러니로 요점을 재진술함으로써 시작한다. 우리 친구들과 이웃들은 우리 가까이에 있어야 했던 사람들이다. 즉, 그들은 우리 가족과 공동체의 일원이기 때문에 우리 가까이에 있다. 하지만 이렇게 가까이에 있는 자들이 멀리 서 있다.

둘째 콜론은 더욱 적극적인 원수들을 가리킬 수도 있거나 이제 멀리할 뿐만 아니라 활발하게 공격하는 동일한 사람들을 가리킬 수도 있다. 누군가의 원수들은 또한 그의 공동체나 심지어 가족의 일원일 것이다.

그들은 (예를 들어) 탄원자와 함께 기도함으로써 단순히 상황을 더 나아지게 하려고 시도하지 않은 것이 아니다. 그들은 아마도 탄원자가 잘 안 되도록 기도함으로써 상황을 더 악화시키려 한 것 같다. 왜냐하면, 그리스도인들이 동성애자나 낙태 의사들을 공격하는 것과 마찬가지로, 그들은 탄원자가 분명한 죄인임을 "알고 있으며", 그들은 하나님의 징벌을 내리게 하여 하나님의 일을 하고 있다고 믿기 때문이다.

12b 나를 해하려는 자가 괴악한 일을 말하여
종일토록 음모를 꾸미오나

첫째 콜론은 12a절과 병행을 이룬다(이는 마소라 본문의 절 구분을 뒷받침한다). 주어는 다시 분사절이지만, 술어는 행동에서 발언으로 바뀐다. 이는 덫을 놓는 것을 언급한 후에 점강법으로 보일 수도 있지만 괴악한 일을 (서로에게) 말하는 것은 그들이 덫을 놓는 방법일 것이다. *음모를 꾸미는 것이 그들이 괴악한 일을 말하는 방식이 되면서 12c절은 요점을 재진술한다.

> 13 나는 못 듣는 자 같이 듣지 아니하고
> 　말 못하는 자 같이 입을 열지 아니하오니
> 14 나는 듣지 못하는 자 같아서
> 　내 입에는 반박할 말이 없나이다

　13-14절은 탄원자가 이 공격을 대처하는 방법, 구체적으로 말을 묘사하기 시작한다. 13-14절은 내부적으로 병행을 이룰 뿐만 아니라 서로 병행을 이루는 두 행에서 묘사한다. 이 행들이 시작하는 "하지만 나는"은 이전 것과의 대조를 알린다. 즉, 주어는 11-12절을 통해 이런 다른 사람들이었으며, 13-14절을 통해 주어는 "나"가 되며, 명사절로 된 두 행은 동사절로 된 두 행과 대조를 이룬다.
　각각 두 행은 탄원자를 단순히 사람들이 말하는 것을 듣지 않는 자로 묘사함으로써 시작한다. 우리는 이미 이것이 사실이 아님을 알고 있으며, 이어지는 행들은 이를 더 분명히 할 것이다. 탄원자는 명백히 듣는다. 하지만 두 개의 시작하는 콜론은 더욱 정확하게 들을 수 없는 사람과 비교하며, 두 개의 둘째 콜론은 비슷한 점이 어디에 있는지를 분명히 한다. 탄원자는 원수들의 말에 반응하지 않는다는 의미에서 듣지 않는 사람과 같다. 이것은 마치 탄원자가 그들의 말을 듣지 않는 것 같다.
　14절에서 둘째 콜론은 탄원자가 어떤 종류의 반응을 하지 않았는지를 분명히 하며 "책망하다"(야카[*yākaḥ*])라는 이 시편의 시작하는 동사를 이어 간다. 이것은 거의 마치 탄원자가 시작하는 행에서 여호와께 행동하시도록 요청한 방식으로 다른 이들에게 행하고 있는 것과 같다. 이 행은 또한 많은 시편에 나오는 다른 사람들에 대한 불평과 그들에 대한 기도의 일반적 의미의 측면을 지적한다.
　시편들은 악행을 당한 자들이 자신들에게 악을 행한 사람들에게 말하고 어떤 것도 하지 않기를 기대하며, 이를 위해 시편들은 그들에게 이 사람들에 대해 하나님께 강력하게 말할 것을 권고한다. 시편 가운데 항변시와 애가는 사람들에게 그들의 분노를 표현하지만, 분노의 대상이 되는 사람들에게 하는 것이 아니라 하나님께 하라는 기회를 준다.

> 15 여호와여 내가 주를 바랐사오니
> 　내 주 하나님이 내게 응답하시리이다

더욱 구체적으로 15-16절은 탄원자가 적절한 반응이라고 여기는 것을 지적한다. 적절한 반응은 우리를 실망하게 하거나 공격한 사람들을 책망하는 것이 아니라 여호와를 기다리는 것이다. 15절이 시작하는 "왜냐하면"(많은 영어 번역본은 모호하게 한다)은 중요하다. 즉, 탄원자는 여호와를 "기다리기" 때문에 침묵의 태도는 유지될 수 있다는 것이다.

둘째 콜론은 왜 기다릴 수 있는지 설명하거나 기다리는 대상이 무엇인지를 명확히 한다. 기다린다는 것은 무언가가 일어날지 보려고 막연히 버티는 것이 아니다. 삼중으로 "여호와", "내 *주"(참조. 9절), "내 하나님"이라고 부르는 것은 여호와가 응답하실 것이라는 탄원자의 확신을 확립하며, 여호와께 강력하게 여호와가 왜 응답하셔야만 하는지 개인적이며 관계적인 이유를 상기시키는 역할을 한다.

> 16 내가 말하기를 두렵건대 그들이 나 때문에 기뻐하며
>   내가 실족할 때에 나를 향하여 스스로 교만할까 하였나이다

16절은 기다림 배후의 동기를 소개하는데, 아마도 암묵적으로 탄원자가 응답을 확신하는 기도의 내용을 가리킬 것이다. 공격하는 자들에게 반응하지 않는다는 것은 냉정한 오만함을 가리키는 것이 아니다. 징벌을 공격과 음모를 위한 기회로 삼았던 공격자들이 계속해서 탄원자의 *넘어짐을 기뻐하면서, 탄원자는 징벌의 전체 경험이 부끄러움으로 끝날 것이라는 가능성에 대해 걱정했다. 이것은 한 번 더 탄원자의 질병을 가리키거나 탄원자가 질병을 앓게 한 도덕적 몰락이나 종교적 몰락(예를 들어, 다른 신들을 쫓는)을 가리킬 수도 있다.

[시 38:17-20]

2-5절을 묶는 이 섹션은 16절에서 표현된 근심하는 근거를 확장하면서, 다시 현재의 경험을 특징지으며 죄악을 인정하는 고통을 묘사한다.

> 17 내가 넘어지게 되었고
> 나의 근심이 항상 내 앞에 있사오니

탄원자는 벼랑 끝에 있다(17절). 요점은 다음과 같이 역설적으로 표현된다. (문자 그대로) 나는 "나는 넘어지기 위해 확고해졌다(쿤[kûn])."
이전처럼 탄원자는 도덕적 의미나 종교적 의미에서 "넘어지기 쉽다"는 인식을 의미하거나 공동체 앞에서 유죄로 판결 나서 처형되거나 자신의 죄악 때문에 쫓겨날 두려움을 가리키고자 이를 말했을 수 있다.

둘째 콜론은 이에 대한 증거를 제시한다. "나의 모든 소원이 주 앞에"(9절) 있을 뿐만 아니라 "나의 근심이 항상 내 앞에 있다." 이것은 외적 고통을 가리킬 수 있지만, 이 시편은 내적 고통에 대해 더 말했으며, 이는 특히 18절로 잘 이어진다. 그리하여 고통은 하나님의 징벌이며 인간의 버림, 도덕적 또는 종교적 죄악의 의미를 지니며, 이 고통은 탄원자를 벼랑 끝으로 내몰 위험에 직면한다.

> 18 내 죄악을 아뢰고
> 내 죄를 슬퍼함이니이다

죄악과 죄를 공적으로 인정하는 것으로 바뀌는 것은, 3-4절의 내용을 재개하는데 이는 놀라운 사실이다. 둘째 콜론은 이 인정을 넘어 내적 슬픔으로 이어진다(동사 다아그[dā'ag]). 함의는 이 슬픔이 탄원자를 끝에 매다는 것일 수 있다. 아마도 죄의 사실은 여호와가 탄원자를 기꺼이 풀어 주시게 만드는 것일 수 있다. 아마도 죄라는 근원적 사실로 말미암아 인과 과정이 진행되며, 탄원자는 끝에서 넘어지지 않을 수 없게 될 것이다. 아마도 단순히 탄원자가 죄를 공적으로 인정할 뿐만 아니라 내적으로 죄 때문에 어려움을 당하는 것으로 느낀다고 공언할 뿐일 것이다.[20]

---

20 참조. NRSV의 "나는 미안하다." 물론 이 단어는 직접적으로 후회나 회개를 의미하지는 않는다.

> 19 내 원수가 활발하며 강하고
>   부당하게 나를 미워하는 자가 많으며
> 20 또 악으로 선을 대신하는 자들이
>   내가 선을 따른다는 것 때문에 나를 대적하나이다

한 번 더 19-20절에서 원수들의 공격으로 돌아온 것은 또다시 놀라운 일이다. 아마도 탄원자는 넘어짐을 의미할 수 있는 두 종류의 요인들, 곧 18절이 인정한 죄와 19-20절이 이어 가는 다른 사람들의 공격을 인식하고 있는 것 같다. 도덕적으로 죄는 몰락의 원인일 것이다. 실제로 죄는 몰락을 야기한 이런 공격들일 것이다. 이것은 여전히 20절과 긴장 관계에 둔다.

탄원자는 어떻게 죄를 인정하면서도 원수들의 공격에 대해 여호와께 불평할 수 있는가?

아마도 원수들에게 책임이 있는 이유가 그들이 탄원자가 죄를 지은 대상들이 아니기 때문이라는 의미일 것이다. 만약 갈등이 개인적 문제라면, 탄원자의 위치는 유다가 앗수르의 침략으로 이어진 죄를 인정해야 했던 이사야 당시 유다의 위치와 비슷하지만, 여전히 앗수르의 행위의 부당함에도 여호와께 항변했을 것이다. 탄원자의 위치는 또한 타민족과의 결혼이라는 죄를 인정해야만 했던, 에스라와 느헤미야 시대의 유다 위치와 비슷했겠지만, 여전히 다른 페르시아 지방 관원들에게서 압박을 받을 때도 여호와께 항변했을 것이다.

하지만 시편이 의로운 삶을 살았다고 주장하는 데 대해 그리스도인들이 불편함을 느낄 때 가진 동일한 인식을 표현한다는 의미에서, 아마도 이런 긴장은 죄의 고백이 관습적이라는 또 다른 표시일 것이다. 이 탄원자는 죄인임을 인식하고, 어려움이 올 때 불평할 실제 근거가 없음을 인식한다. 이것 역시 원수들이 잘못했다는 사실을 바꾸지는 못한다.

19절에서 두 콜론은 분명하게 병행을 이룬다.[21] 이런 식으로 많음은 강력함을 보완하지만 두 콜론에 있는 특이한 요소들은 부사로 사용되는 두 명사인데, 이

---

21 두 콜론은 *abcc'a'b'* 순서로 배열되는데, 문자 그대로, "그리고 (나의) 삶과 (관련하여) 나를 공격한 자들은 강력하며, *거짓(과 관련하여) 나를 *미워하는 자들은 많다." 4QPsa에는 하임(*ḥayyîm*) "(나의) 삶과 (관련하여)"(참조. NRSV)에 대해, "이유 없이"를 의미하는 힌남(*ḥinnām*)으로 되어 있는데, 아마도 시 69:[4]5과 일치할 것이다.

는 구문론적으로 비슷하며 따라서 분명한 병행법을 완성하지만, 이 행과 관련하여 매우 다른 정확한 의미들을 지닌다. 첫째 명사는 이 행을 채우는 역할을 하지만 둘째 명사는 12절에서 오는 속임수라는 주제를 다시 주장한다.

20절에서 둘째 콜론은 첫째 콜론을 단지 완성한다. 바르다는 의미가 원수들에 대한 불만에 암묵적으로 드러난다고 할지라도, 여기서 선한 삶을 산다는 (이중적) 주장, 곧 실제로 아마도 현재 공격하고 있는 사람들의 *선을 "따른다"는 주장이 온다. 명백히 잘못했다는 의미는 선한 일을 했다는 의미와 비교된다. 이것은 다시 이 시편이 가리키는 죄악이 종교적 죄악임을 암시한다.

[시 38:21-22]

시편은 시작한 대로 기도로 마친다.

> 21 여호와여 나를 버리지 마소서
> 나의 하나님이여 나를 멀리하지 마소서

첫 행은 1절의 부정적 형태를 띤다. 두 개의 병행을 이루는 부정적 동사들은 비슷한 의미를 지니지만 첫째 동사는 오히려 "떠나지 마시라"를 시사하며, 둘째 동사는 "멀리 있지 마시라"와 게다가 "안 움직이지 말아 주시라"를 시사한다. 왜냐하면, 여호와가 가까이 계시며 거리를 두신다는 개념은 활동과 비활동을 시사하기 때문이다.

> 22 속히 나를 도우소서
> 주 나의 구원이시여

이제 마지막 동사는 이를 넘어서서 적극적이다. 행동하실 뿐만 아니라 바로 행동해 주시라고 요구하고, 필요한 것은 *도움이라고 덧붙이기까지 한다. 기도를 구체적으로 표현하지 않는 것이 보통보다 훨씬 더 주목할 만한 이유는, 치유에 대한 요청이 없기 때문이다. 그렇다 하더라도 특히 놀라운 것은 두 행에서 탄원이 지배적 방식이다. 네 번이나 이 시편은 하나님을 "여호와", "나의 하나님",

"나의 *주", "나의 구원"이라고 부른다. 이 가운데 마지막이 명백히 밝히듯이, 이 탄원들의 특성은 기도들을 뒷받침하는 것이다.

3. 신학적 의미

이전 소위 '참회시'인 시편 6편 및 32편과 다르게, 이 기도시는 실제로 참회의 표현을 통합한다. 이 시편은 죄악(*실패)이나 결점, *악과 어리석음이라는 용어로 죄를 인정한다. 즉, 이는 부정적으로 부족함, 긍정적이지만 뒤틀린 활동, 마음의 뒤틀림이다. 참회의 이런 표현은 실제로 이 시편에서의 다른 요소들과 뒤섞이며 이 시편에서 중심이 되지 않지만, 이 시편의 주요 신학적 의미는 죄와 고통을 독특하게 연결하는 데 있다.

에스라 9장과 느헤미야 9장에 나오는 공동체의 산문 기도는 고통에 대한 인식, 죄의 인정, 옳게 행동했다는 주장 사이의 두 가지 가능한 연관성을 시사할 수 있다. 에스라 9장은 역전과 속박의 집단적 경험, 수 세기에 걸친 죄에 대한 인식, 기도하게 된 악행에 대한 특별히 최근 행위를 함께 묶지만, 유대 공동체가 책임을 느끼지 못하는 이웃하는 페르시아 지방들과의 반복된 갈등의 맥락에 놓여 있다. 느헤미야 9장은 최근의 죄악 행위에 대해 인식을 하지 못하는 비슷한 배경에 속한다.

이처럼 에스라 9장과 느헤미야 9장은 어떻게 하나님과의 관계(그리고 아마도 이 관계에서의 구체적 실패에 대한 인식)에서 죄와 실패에 대한 일반적 의식과 다른 사람들과의 관계에서 너무 악하게 행동한 것은 아니라는 확신을 결합할 수 있는지를 잘 보여 준다.

또한, 이런 인식들을 현재의 부정적 경험들이 일반적 죄(그리고 적절하다면 구체적 죄)와 연결된다는 깨달음 및 또한 여호와가 그런데도 이런 고통에서 구원해 주시라는 기도와도 결합할 수 있다. 시편 38편은 공동체가 이런 식으로 기도할 수 있다는 개념을 뒷받침하며, 개인들도 그렇게 할 수 있음을 내포한다.

주석가들은 종종 죄와 고통 사이에 연관성이 있다는 '고대' 신념을 언급하고, 더욱 성숙한 구약의 통찰력이 이 신념을 넘어섰다고 제안한다.

크레이기(Craigie)는 이처럼 설명한다.

질병의 첫째 결과는 죄의식과 하나님에게서의 거리감을 일으키는 것이다. [한편] 둘째 결과는 동료 사람들에게서의 소외감이 발전한다는 것이다.[22]

이처럼 이 시편은 탄원자의 질병이 죄에서 기인한 것이라는 확신을 입증할 수도 있지만, 시편에서 이 시편이 있다는 것은 시편이 이 견해를 받아들인다는 것을 가리킬 필요는 없으며, 하나님의 사람들의 자유의 이 부분만이 이런 확신을 표현한 것이다.[23]

탄원자의 확신은 고통이 죄에 대한 인식을 낳았다는 것이 아니라, 죄가 고통을 낳았다는 것이다. 그리고 이것은 단순히 고대의 신념이 아니다. 이런 연관성이 있다는 신념과 종종 죄와 고통이 관련 없다는 신념이 고대 이후 공존했던 것 같으며, 오늘날도 여전히 공존한다. 두 신념은 신약에도 나온다(시편 32편에 대한 "신학적 의미" 해설을 보라).

고통이 부당하게 오므로 항변하는 많은 시편은 우리에게 둘이 항상 연결된다고 판단하지 말라고 경고한다. 시편 38편과 다른 시편들은 우리에게 연관성이 있음을 부인하지 말라고 경고한다.

연관성은 이 두 산문 기도에서 시사하듯이, 두 가지 형태를 띤다.

우리의 고통은 우리가 맺는 하나님과의 관계에서의 구체적 실패와 연결될 수 있다. 즉, 예를 들어, 우리는 과로하여 질병이 들 수도 있다.

이는 또한 우리가 하나님과의 관계에서 실패하며 우리 공동체의 실패에서 공유한다는 더욱 일반적인 사실과 연결될 수도 있다. 이런 이해는 하나님의 모든 사람이 죄인이라고 보고, 항상 자신들의 죄를 고백할 필요가 있다고 보는 통상적인 기독교 견해와도 일치한다. 그리고 이 견해는 하나님의 사람들이 근본적으로 하나님을 사랑한다고 보고, 악행이 명백히 악한 사람들을 특징짓는 탈선이라고 보는 성경에 또한 나오는 견해와도 대치된다.

이 시편의 교차대구적 구조 역시 고통과 관련하여 독특한 입장과 일치한다. 이 구조는 시편 6편이나 22편에서처럼 이 시편에서 해결로 발전함이 없음을 의미한다. 이 구조는 원을 돈다. 이로 말미암아 이 시편은 결국 고쳐질 질병과는

---

22 Craigie, *Psalms 1-50*, 304.
23 Ibid., 303.

대조적으로 지속되는 질병에 적절한 시편이 된다.

　이 시편은 만성적 질병이 하나님 및 다른 사람들과의 관계에 어떤 일을 하게 되는가라는 면에서 결과들에 직면한다. 예를 들어, 사람들은 그들이 먼저 질병에 걸렸을 때 누군가를 위해서 기도하기가 더 쉬워진다는 것을 알겠지만, 그들이 회복하지 못할 때에는 기도하기가 더 어려워진다는 것을 알게 되며, 그 후에는 그들이 (예를 들어) 하나님과의 관계에서 잘못될 수 있다고 판단하는 경향이 있게 된다.

제39편

우리가 죽을 것이라는 사실에 비추어 살기

1. 본문

다윗의 시, 인도자를 따라 여두둔1 형식으로 부르는 노래

1 내가 말하기를 나의 행위를 조심하여
　내 혀로 범죄하지 아니하리니
　악인이 내 앞에 있을 때에
　내가 내 입에 재갈을 먹이리라[2] 하였도다
2 내가 잠잠하여
　선한 말도 하지 아니하니
　나의 근심이 더 심하도다
3 내 마음이 내 속에서 뜨거워서
　작은 소리로 읊조릴 때에 불이 붙으니
　나의 혀로 말하기를

4 여호와여 나의 종말과
　연한이 언제까지인지 알게 하사

1　"지도자, 여두둔의 것"이라고 번역할 수도 있다. K, 70인역, 제롬은 "여두둔의 것"이라고 한다.
2　마소라 본문의 에쉬메라('ešmĕrâ)에 대해, 아시마('āsîmâ), "나는 둘 것이다"를 내포할 수 있다. 이것은 더 단순하지만 이 시편의 많은 반복 가운데 첫 번째를 잃는다.

내가 나의 연약함을 알게 하소서

5 주께서 나의 날을 한 뼘 길이만큼 되게 하시매

나의 일생이 주 앞에는 없는 것 같사오니

사람은 그가 든든히 서 있는 때에도 진실로 모두가 허사뿐이니이다 (셀라)

6 진실로 각 사람은 그림자 같이³ 다니고

헛된 일로 소란하며

재물을 쌓으나 누가 거둘는지 알지 못하나이다

7 주여 이제 내가 무엇을 바라리요

나의 소망은 주께 있나이다

8 나를 모든 죄에서 건지시며

우매한 자에게서 욕을 당하지 아니하게 하소서

9 내가 잠잠하고 입을 열지 아니함은

주께서 이를 행하신 까닭이니이다

10 주의 징벌을 나에게서 옮기소서

주의 손이 치심으로 내가 쇠망하였나이다

11 주께서 죄악을 책망하사 사람을 징계하실 때에

그가 사랑한 것을(개역개정: 그 영화를-역주)⁴ 좀먹음 같이 소멸하게 하시니

참으로 인생이란 모두 헛될 뿐이니이다 (셀라)

12 여호와여 나의 기도를 들으시며

나의 부르짖음에 귀를 기울이소서⁵

내가 눈물 흘릴 때에 잠잠하지 마옵소서

나는 주와 함께 있는 나그네이며

나의 모든 조상들처럼 거류민이다(개역개정: 떠도나이다-역주)

13 주는 나를 용서하사⁶

---

3 BDB는 이것을 형상을 의미하는 첼렘(ṣelem)이라는 단어의 특이한 예로 여기지만, 이는 이 단어와 과장이 포함된다. 이 명사는 찰람(ṣālam) II에서 나온 동음이의어일 가능성이 높다(참조. HALOT에서의 논의).
4 나는 카탈(qatal) 동사들을 격언으로 여겼다.
5 이 동사는 아(-â) 접미접사를 지닌다(5:1[2]을 보라).
6 하샤(Hāšaʿ)는 "더럽히다"를 시사하는 샤아(šāʿaʿ)에서 온 형태처럼 보이지만, "보다"를 의

내가 떠나 없어지기 전에 나의 건강을 회복시키소서

2. 해석

이 시편은 다시 표현의 연관성 및 죄가 질병 배후에 있다는 특이한 인식을 포함하여 비슷한 관심 때문에 이전 시편을 따른다.

이 시편 역시 잠잠함(2, 9절; 참조. 38:13[14]), 주 앞에(5절; 참조. 38:9[10]), 소망(7절; 참조. 38:15[16]), 내 주여(7절; 참조. 38:9, 15[10, 16]), 입을 열기(9절; 참조. 38:13[14]), 주의 손(10절; 참조. 38:2[3]), 징벌(10절; 참조. 38:11[12]), 책망(11절; 참조. 38:1[2], 14[15]), 징계(11절; 참조. 38:1[2]), 귀를 막음(개역개정: 잠잠함-역주, 12절; 참조. 38:13[14])에 대해 말한다.

시편 38편과 마찬가지로, 이 시편 역시 다음과 같은 반복을 좋아한다. 지키다/조심하다(1절), 내 입(1, 9절), 내 혀(1, 3절), 내가 잠잠하여(2, 9절), 알게 하다(4a, 4c절), 나의 날(4, 5절), 숨(개역개정: 허사/헛된 일-역주, 5, 6절), "모든 사람은 숨이다"(개역개정: 사람은 진실로 모두가 허사뿐이니이다/참으로 인생이란 모두 헛될 뿐이니이다-역주, 5, 11절), 떠나다(6, 13절).

그리고 이 시편에는 구약의 다른 어떤 장보다 "그렇다"(아크[*'ak*])가 많이 나온다.[7]

이 시편의 양식은 접속사가 없으며(2a, 10a절) 생략이 많다. (예를 들어) "숨을 그들은 소란한다"(6절)는 아마도 "그들은 소란하지만, 이것은 단순히 숨(일시적인 것)을 위한 것일 뿐이다"(개역개정: 헛된 일로 소란하며-역주)를 의미할 것이다. 다른 생략된 표현들(2a, 5b절)은 해석하기가 더 어렵다.

다른 점에서 이 시편의 일반적 특성은 오히려 시편 38편과는 다르다. 이 시편은 여호와의 진노를 전혀 언급하지 않으며, 신체적 질병에 대해 자세히 묘사하지 않고, 죄에 대해 그리 관심을 보이지 않지만, 사람의 짧은 인생에 대해 많은 관심을

미하는 샤아(*šā'â*)에서 유래한 것으로 보통 여겨진다(예를 들어, Seybold, *Psalmen*, 162). 그렇다면 이것은 세에(*šĕ'ēh*)로 수정될 필요가 있을 수 있다(BDB를 보라). 아마도 마소라 본문은 청중에게 두 표현을 염두에 두도록 권유하는 것 같다.

7 Cf. Ridderbos, *Psalmen*, 289.

가진다. 이 시편은 경험에 대한 개인적 성찰이라는 양식을 사용하지만, 이것은 신학적 숙고를 제시하는 방법이다. 이 시편의 양식은 이 시편이 실제 과정을 표현한 것이라고 가리키기보다는 "전기적 양식화"와 관련될 수 있다.[8]

이 시편은 회상과 질문과 기도로 구성된다.

1-3절에서 탄원자는 침묵을 유지하려고 했지만 말하는 것을 멈출 수 없었음을 회상한다.
4-7절은 사람의 짧은 인생에 대해 자세히 언급한다.
8-13절은 질병의 경험과 관련된 기도가 지배적이다.

[표제]

> 다윗의 시, 인도자를 따라 여두둔 형식으로 부르는 노래

용어 해설을 보라.

여두둔은 다윗과 솔로몬 시대에 아삽 및 헤만과 더불어 세 명의 최고의 성전 음악 인도자 가운데 한 명이었다(대상 16:41-42; 대하 5:12). 또 다른 여두둔은 요시아 시대에 선견자였다(대하 35:15). 다윗과의 연관성에 대해서는 역대상 29:15이 중요하다. 거기서 다윗은 백성을 그들의 조상들과 같이 나그네와 거류민들에 비유하고(참조. 12절) 계속 그들의 날들이(참조. 5절) 그림자와 같이(참조. 6절), 소망이 없다고(참조. 7절) 말한다.

이 시편은 이처럼 이 사건에 대한 다윗의 언급이 지니는 함의를 설명한다고 생각할 수 있다. 표제는 역대기보다 오래되지 않았지만, 이 시편은 역대기보다 더 오래됐을 수 있다.

---

8 Kraus, *Psalms*, 1:417. 다음을 더 보라, Otto Kaiser, "Psalm 39," *Gottes und Der Menschen Weisheit*, BZAW 261 (Berlin: de Gruyter, 1998), 71-83.

[시 39:1-3]

탄원자는 상상에 의해 침묵하기로 한 개인적 결정을 회상하는데(1절), 처음에는 그렇게 하는 데 성공했지만(2절), 점차 안에서 말하고 싶은 압박이 심해진다(3절).

> 1 내가 말하기를 나의 행위를 조심하여
> 내 혀로 범죄하지 아니하리니
> 악인이 내 앞에 있을 때에
> 내가 내 입에 재갈을 먹이리라 하였도다

1a절에서, 둘째 콜론은 첫째 콜론을 완성하고 첫째 콜론에서 제기한 질문을 명확히 한다.

즉, 탄원자는 어떤 "행위에서" 조심할 필요가 있는가?

대답은 "말의 행위"인데, 이는 쉽게 죄의 표현이 될 수 있다. 시편에서는, 악인들은 실제로 다른 이들에 대해 음모를 꾸미고 속임수의 말을 함으로써 죄를 범하므로 다른 사람들과의 관계에서 그럴 수 있지만, 이 시편은 여호와에 대해 범하는 죄, 곧 시편 37편에서 권하는 종류의 자세를 취하지 못하는 죄에 더 관심을 가진다. 이 시편은 욥이 하나님께 죄의 탓을 돌림으로써 죄를 범할 가능성을 상기시킨다(욥 1:22; 2:10).

1b절은 이 결심을 더욱 정확히 표현한다.

우리는 어떻게 자신의 혀로 범죄하는 것을 피할 수 있는가?

입을 열 수 없도록 자신의 입에 재갈을 물림으로써이다. 둘째 콜론 역시 다소 암시적인 부사절로 첫째 콜론을 완성한다.

악인은 어려움을 일으키고 탄원자에게 반응하도록 부추기면서 유혹이 되는가?

악인은 (예를 들어) 욥의 친구들 방식으로 신성모독인 것처럼 보이는 것들을 말했다고 탄원자를 공격하는 자인가?

탄원자는 하나님(1a절)과 다른 사람들(1b절) 때문에 침묵할 것이다.

> 2a-b 내가 잠잠하여
>   선한 말도 하지 아니하니

　마소라 본문은 2-3절이 두 개의 2-2-2 행인 것으로 여기지만 2절의 마지막 콜론과 3절의 첫째 콜론은 한 쌍인 것처럼 보이며, 나는 두 절을 세 개의 2-2 행으로 여긴다.

　우선, 2a-b절은 탄원자가 어떻게 한참 동안 명백히 재갈을 물렸는지를 설명한다. 말을 삼감은 잠언서에서 권고되는데, 그렇지 않으면 침묵한다는 것은 매우 특이한 구약의 결심이다. 즉, 소리가 구약의 찬양과 기도를 특징짓는다.

　이 시편 밖에서는 욥도 명백히 한 주 동안 침묵하기는 했지만(2:13), 동사 알람('ālam)이 공격을 받아 침묵하는 여호와 종의 속성을 제외하고는(사 53:7) 자발적 침묵을 묘사하는 데 결코 나오지 않는다. 병행을 이루는 동사 하샤(ḥāšâ)도 마찬가지로 전도서의 묵상을 제외하고는(3:7) 결코 자발적 침묵을 묘사하는 데 결코 사용되지 않는다. 이 문맥에서 이어지는 구절은 고통 가운데 침묵이 실제로 선한 것이 아니라는 인식을 가리키면서, "선한 말 이상의 것"을 시사한다.[9]

> 2c 나의 근심이 더 심하도다
> 3a 내 마음이 내 속에서 뜨거워서

　이제 중간 행은 침묵에서 발언으로의 전환을 표시한다. 간헐천의 정상과 같이 재갈은 내부에서의 압력이 압도적일 때까지만 작용할 수 있다. 탄원자의 침묵은 고통 가운데 앉아 있는 것과 관련되며, 침묵과 관련된 구약의 일반적 자세는 고통이 억눌러지지 않으리라고 인정한다. 고통은 우리가 직접 침묵하지 않더라도 간접적으로 표현하는 방법이 있다. 첫째 콜론에서의 어순은 탄원자의 고통이 계속 말하려는 방식을 강조한다. 둘째 콜론은 다른 이미지로 이 점을 반복한다.

9　문맥에서 벗어나서 "선에서"는 밋토브(miṭṭôb)를 가리키는 명백한 의미이지만, 이는 의미가 거의 통하지 않는다. "무익하게"(NRSV)나 "심지어 선에 대해서도"(참조. NIVI; 참조. 탈굼 "토라의 말씀에서")는 정당화하기 어렵다. 토브(ṭôb)가 여기서 "말"을 가리키는 단어라고 제안됐는데, 이는 훨씬 더 의미가 통한다. 토브(ṭôb)와 타하브(ṭābab)에 대해 DCH를 보라.

> 3b 작은 소리로 읊조릴 때에 불이 붙으니
> 나의 혀로 말하기를

작은 소리(*말, 이는 숨을 죽이고 하나님께 말하는 것을 의미할 수 있다)가 침묵과 양립할 수 없으므로 셋째 행은 위의 요점을 반복할지도 모른다. 실제로 탄원자는 이어지는 하나님께 발언 이상으로 다른 사람들 앞에서 공개적 발언을 염두에 두었을 수 있는데, 하나님께 하는 발언은 1절이 언급한 서원을 어기는 것으로 간주하지 않을 수 있다.[10]

탄원자는 이처럼 조용하게 고통에 대해 하나님께 말했으므로, 불이 강력하게 안에서 탔으며 발언은 욥에게처럼 불가피하게 됐다. 그리고 이런 발언은 하나님께 했을지라도, 사람들 앞에서 하게 될 것이다. 이처럼 "나의 혀로"는 1a절을 마무리했듯이 3절을 마무리한다.

[시 39:4-7]

우리는 4-7절이 우리에게 3절이 언급하는 내용을 말해 줄 것이라고 기대할 수 있지만, 4-7절은 그렇게 하지 않는 것 같다. 여기에 나오는 것을 말하기를 주저할 이유가 없었을 것이다. 8-13절은 탄원자가 숨길 수 없는 말들인 것 같으며, 4-7절은 오히려 이 기도를 발언하기 위한 준비이다.

> 4 여호와여 나의 종말과
> 연한이 언제까지인지 알게 하사
> 내가 나의 연약함을 알게 하소서

많은 영어 번역본에서 4절은 사람의 인생이 어떠해야 하는지에 대한 지식을 묻는 시편이지만 탄원자는 이미 이 질문에 대한 답을 알고 있는 것 같다. 즉, 사람의 인생이 짧다는 것이 이 섹션의 배경에 속한다. 질문한다는 것은 탄원자가 알고 있는 답에 대해 불평하는 은밀한 방식이거나, 5-7절에서 내포하듯이 이런

---

10 Cf. Ridderbos, *Psalmen*, 283-85.

불평에 대한 소개일 뿐일 수 있다.[11]

탄원자는 정보를 묻는 것이 아니라, 사실들에 따라 기꺼이 살고자 하는 마음, 사람의 인생의 특성을 *인정하고 받아들이는 은혜를 구하고 있는 것 같다.[12] 탄원자의 고통에 대한 현재의 경험과 그 고통의 치명적 함의로 말미암아 사람의 인생의 짧음을 절실히 깨닫게 되며, 인간은 종종 이런 현실을 받아들이는 데 도움이 필요하다.

둘째 콜론은 나의 인생이 얼마나 오래 갈 것인지, 그리고 언제 끝나게 될 것인지를 말하면서, "나의 종말"의 의미를 더욱 분명히 한다(참조. 욥 6:11). 만약 야다(*yāda'*)가 여기서 "인정하다"(개역개정: 알다-역주)를 의미한다면, 이는 아마도 "언제" 구절이 직접 질문이 아니라 간접 질문임을 내포할 것이다. 어느 쪽이든 이것은 "언제"가 "그리 많지 않다"라는 의미를 전달하는 질문의 한 사례가 될 것이다(예를 들어, 30:9[10]; 56:4[5]).

예기치 않은 셋째 콜론은 동사가 첫째 콜론에서 이어 가고 목적절은 둘째 콜론을 요약하면서 이를 분명히 한다. "연약함"(하델 [*ḥādēl*])은 흥미롭게도 "멈추다, 끝이 나다"를 의미하는 동사에서 온다. 사람의 인생의 짧음에 대한 언급은 탄원자가 나이가 들었다는 것을 시사하지 않는다.[13] 이 문화에서 대부분 사람은 노년까지 살지 못해서, 상대적으로 젊은 사람이 현대 문화에서의 사람들보다 이런 짧음을 더 인식할 것이다.

> 5a-b 주께서 나의 날을 한 뼘 길이만큼 되게 하시매
> 나의 일생이 주 앞에는 없는 것 같사오니

5a-b절은 4절을 통해 더욱 명백해진 점을 확장하지만 이제 여호와를 이 문제와 새롭게 관련시킨다. 여호와는 단지 탄원자가 사실들을 인정하도록 도와야 하시는 분이 아니다. 우선, 여호와는 사실들을 사실 그대로 되게 하시는 분이다. 만약 상대적으로 작은 것을 측정하고자 한다면(예를 들어, 가구를 만들 때), 그것을

---

11 Richard J. Clifford ("What Does the Psalmist Ask for in Psalms 39:5 and 90:12?" *JBL* 119 [2000]: 59-66, 특히 61)는 시편 기자가 고통의 끝에 대해 묻고 있다고 제안한다.
12 Cf. Luther, *First Lectures*, 1:185.
13 Craigie, *Psalms 1-50*, 310와 대조됨.

한 뼘 넓이로 측정할 수 있다(예를 들어, 출 25:25; 왕상 7:26). 여호와는 이 탄원자에게 이런 규모로 측정할 수 있는 인생을 주셨다. 이것은 몇 센티미터 길이가 될 뿐이다.

둘째 콜론은 탄원자의 인생의 존속 기간과 여호와의 인생을 비교함으로써가 아니라, 사람의 인생의 짧음이 여호와께는 인상적이지 못하다고 주장함으로써 요점을 강조한다.[14]

> 5c 사람은 그가 든든히 서 있는 때에도
>   진실로 모두가 허사뿐이니이다 (셀라)
> 6 진실로 각 사람은 그림자 같이 다니고
>   헛된 일로 소란하며
>   재물을 쌓으나 누가 거둘는지 알지 못하나이다

5c-6절에서는 삼중적인 단언적 아크('ak, "예")가 두 행을 묶으면서, 이 개인의 인생에 대한 언급을 일반화한다.[15]

첫째 콜론은 (문자 그대로) "예, 든든히 서는 모든 사람은 모든 숨(개역개정 허사-역주)이다"라고 선언한다. 개념은 심지어 든든히 서는 사람조차도, 장수할 것으로 보이는 건강이 좋은 사람들도(탄원자와 달리?) 매우 덧없이 사라지고 어느 순간에라도 죽을 수 있다는 것이다. "(단순한) 숨"이 된다는 개념은 6절과 11절에 반복될 것이다(참조. 62:9[10]; 144:4; 욥 7:16).

그 후에 병행하는 콜론 6a절은 사람을 죽음의 그림자(찰마웨트[ṣalmāwet]; 참조. 23:4 KJV) "그림자 가운데 다니"(첼렘[ṣelem])거나 "그림자 같이 다니는" 곧 실체가 없는 살아 있는 생명으로 묘사할 때 이를 재진술한다.

이어지는 행은 이 점을 더 발전시킨다. 사람들은 소동을 벌이고 야단법석을 떨며 바쁘지만(하마[hāmâ]), 이것은 숨, 곧 일시적인 것들을 위한 것일 뿐이다. 병행을 이루는 콜론은 비유적이기는 해도, 이 문제를 더욱 구체적으로 표현한다. 사람들은 추수 때에 곡식을 쌓아 올리기를 바라는 방식으로 쌓아 올리지만(참조.

---

14 Cf. Terrien, *Psalms*, 332.
15 이 행의 구분의 대해, cf. Fokkelman, *Major Poems*, 3:60.

창 41:35, 49), 실제로 누가 추수를 거두어들일지 알지 못한다. 결국, 농부는 추수 동안 심장마비를 일으킬 수도 있다. 사람들이 열심히 일하지만, 그 결과는 누리지 못할 수도 있다는 것은 전도서에서 흔한 주제이다(예를 들어, 2:18-23; 그리고 참조. 눅 12:16-20).

> 7 주여 이제 내가 무엇을 바라리요
>   나의 소망은 주께 있나이다

그러므로 탄원자는 절망하며 무기력하게 여호와, 나의 *주 앞에 서 있음을 인식한다. 두 콜론 사이에는 분명한 병행법과 대조가 있다. 동사 카와(qāwâ, 바라보다[*기대하다])와 명사 토헬레트(tôḥelet, *소망)는 동의어 어근에서 오지만 대조를 초래하는 방식으로 사용된다.

첫째 콜론에서 탄원자는 여호와에게서 무언가를 찾는다는 점에서 말하지만, 무엇을 찾을 수 있는가?

분명히 아무것도 찾을 수 없으며, 어떤 축복을 찾는다고 하더라도 (예를 들어) 그것을 누리고자 살지 못한다면 먼지로 변할 수 있다. 이처럼 시작하는 질문에 대한 대답은 "아무것도 아닌" 것으로 드러날 수 있다. "무엇" 대신에 "누구"에게 집중하면서 패러다임의 전환이 필요하다. 이것은 두 콜론 사이의 움직임이다. 탄원자는 무언가를 찾는 대신에, 누군가에게서 소망을 갖는다.

사람의 인생이 짧다는 것은 누릴 수 있는 동안 인생을 누리겠다는 결정으로 이어지지는 않는다. 이것은 탄원자에게 "하나님께 그것도 하나님께만으로" 이어진다.[16] 문맥은 이것이 지상에서의 삶의 풍족함을 누리지 못한 것을 보상하는 여호와와의 개인적 관계에 소망을 둔다는 의미에서 누군가에게 소망을 둔다는 것을 거의 의미하지 않음을 보여 준다. 이어지는 절들은 탄원자가 최종 죽음에서 피하려고 기대하는 것이 아니라, 죽기 전에 인생을 누리지 못하게 하는 것에서 피할 것을 실제로 소망함을 분명히 할 것이다.

---

16 W. A. M. Beuken, "Psalm 39," *Heythrop Journal* 19 (1978): 1-11, 특히 4.

[시 39:8-13]

이제 고통을 경험하고 악인들로부터 공격을 받는 누군가에게 기대할 종류의 기도와 같은 것이 오는데, 이 시편에서 이 주제를 풀어내는 방식이 계속 독특하기는 하지만, 이는 하나님이 들으시고 구원하실 기도이다. 탄원자는 죄 때문에 하나님의 징벌을 받는 자로서 말하며, 죄인임을 인정하지만 하나님이 은혜를 베푸시기를 구한다.

> 8 나를 모든 죄에서 건지시며
>   우매한 자에게서 욕을 당하지 아니하게 하소서

기독교 용어에서 "나를 죄에서 건짐"은 "내가 죄를 짓지 못하게 해 주시라" 또는 "내가 죄를 짓는 데서 이어지는 죄책에서 나를 건져 주시라"는 것을 시사하겠지만, 이 문맥에서 탄원자는 죄악의 징벌로 오는 재앙에서 여호와의 구원을 구하고 있다. 이와 같이 둘째 콜론은 첫째 콜론과 병행을 이루는데, 이는 재앙의 공적 경험이 어리석은 자나 악인과 같은 사람들(1절)이 조롱하기에 이를 것이기 때문이다.

이를 달리 표현하면, 공동체의 조롱이 재앙의 성격을 더하는 이유는, (예를 들어) 질병의 개인적 경험뿐만 아니라 공동체의 조롱은 공동체와의 관계를 무너뜨리기 때문이다. 조롱하는 자들이 어리석은 자들이거나 악인들이면 더욱 그럴 것인데, 이는 죄와 죄악을 모두 인정한다고 해도 탄원자가 악한 어리석은 자의 범주에 속한다고 여겨지지 않음을 의미한다.

아마도 함의는 11절이 언급하는 죄악과 심지어 "나의 모든 죄"가 의와 명철로 특징지어지는 삶에서 상대적으로 단절된 죄라는 주장일 것이다. 즉, "나의 모든 죄"는 악한 어리석은 자들의 전형적 행동이 아니다. 이와 같이 죄를 인정함은 욥과 비슷한데, 욥은 그런데도 근본적으로 헌신한 사람이다.

> 9 내가 잠잠하고 입을 열지 아니함은
> 주께서 이를 행하신 까닭이니이다

9절은 2절에서의 동사를 반복하면서, 1-2절의 실패한 침묵으로 돌아간다.[17] 거기서 탄원자는 악인이 존재한다는 사실을 제외하고는 침묵하는 이유를 제시하지 않았었다. 여기서 둘째 콜론은 특별히 시종일관한 설명은 아니더라도 설명을 제시한다.

종종 시편의 기초를 이루는 전제는, 여호와가 행동하신 분이라는 것이 침묵의 이유가 되지 않고, 공개적으로 말하는 이유가 된다는 것이다. 즉, 우리는 우리가 그 사람의 태도를 바꾸기를 원하는 자에게 말하고 있다. 만약 여호와가 무엇을 하기로 선택하시든지 그것에 복종하는 것이 더 높은 이상이라면, 이 시편은 이 이상은 달성할 수 없는 것일 수도 있지만, 여기에서 행동은 괜찮다고 확증하고 있다.

> 10 주의 징벌을 나에게서 옮기소서
> 주의 손이 치심으로 내가 쇠망하였나이다

이 시편의 보통의 자세는 여기서 표현된 것이다. 탄원자는 여호와의 "치심"의 희생자였다(38:11[12]을 보라). 병행법은 이것이 이 단어의 어원이 시사하는 것보다 더욱 고통스러운 경험임을 분명히 한다. 콜론들은 형식상으로는 다르고, 둘째 콜론은 첫째 콜론을 위한 배경을 제공할지라도, 두 콜론 사이에는 구조적인 깊은 병행법이 있으며, *abcc'b'a'* 순서에서도 나타난다.

손의 징벌/치심을 가리키는 두 표현은 이 행의 중심에서 함께 있으며, 둘 다 2인칭 접미사가 있다. 이 두 표현 밖에는 탄원자를 가리키는 두 표현, 곧 "나에게서"와 의미론적으로 불필요한 "나"가 있다. 이 표현들 밖에서 시작하는 행과 마무리하는 행은 동사들은 2인칭 명령법 히필과 1인칭 카탈(qatal) 칼(qal)이다.

---

17 TTH 8은 2절의 의미가 과거이지만, 9절의 의미는 현재라고 여긴다(참조. NRSV). 우리는 명백히 의미가 변한다는 징후가 필요할 것이다(NIVI를 대조해 보라).

> 11 주께서 죄악을 책망하사 사람을 징계하실 때에
> 그가 사랑한 것을(개역개정: 그 영화를-역주) 좀먹음같이 소멸하게 하시니
> 참으로 인생이란 모두 헛될 뿐이니이다 (셀라)

11절은 병행법이 다시 미묘해지면서 단순한 두-콜론은 아닐지라도, 마치 단순히 병행을 이루는 두-콜론을 구성하는 것처럼 시작한다. 첫째 콜론이 더 긴 이유는, 두 콜론에 적용되는 부사적 표현으로 시작하기 때문이다. 반면에 둘째 콜론은 첫째 콜론에서는 비슷한 표현이 없는 직유를 포함한다.

도식적으로 표현한다면, 11a-b절은 다음과 같다.

죄악을 책망하사	주께서 징계하실 때에	사람을		
			소멸하게 하시니	좀먹음같이	그 영화를

첫째 콜론은 여호와가 어떻게 징계하시느냐는 질문을 제기하는데, 이 질문에 둘째 콜론이 대답한다. "사랑하다"(하마드[ḥāmad])는 긍정적이거나(예를 들어, 19:10[11]; 68:16[17]) 부정적일 수 있지만(예를 들어, 잠 1:22; 12:12), 여기서는 도덕적으로 중립적으로 보인다. 핵심은 사람들이 사랑하는 것들이 이 상황에서는 여호와께 명백한 표적이라는 것이다. 이처럼 이 행은 매우 독립적이며, 그러므로 9절이 2절의 시작을 반복했듯이 5절에서 온 부분적인 반복을 구성할지라도, 예기치 않는 셋째 콜론은 강조의 의미를 전달한다.

> 12 여호와여 나의 기도를 들으시며
> 나의 부르짖음에 귀를 기울이소서
> 내가 눈물 흘릴 때에 잠잠하지 마옵소서
> 나는 주와 함께 있는 나그네이며
> 나의 모든 조상들처럼 거류민이다(개역개정: 떠도나이다-역주)

12a-c절에서의 나의 *기도를 들어주시라는 호소는 다시 항변시에서 예상할 수 있지만, 여기서의 위치는 묘하다. 기도를 들어주시라는 호소는 시편의 시작에 속한다(예를 들어, 시 4편; 17편; 54편; 55편; 61편; 예외에 가장 가까운 시편은 84:8[9]

이다). "귀를 기울이소서"는 흔하지 않은 동사이므로 병행법을 강화한다. 마찬가지로 이 표현은 일반적으로 시편의 시작에 나온다(예를 들어, 시 5편; 17편; 54편; 55편; 다시 84:8[9]를 대조해 보라). 마찬가지로 "*부르짖음"은 또 다른 흔하지 않은 단어가 되며 특히 생생한 단어가 되면서 "기도"를 강화한다.

11절의 첫 두 콜론과 마찬가지로, 이 두 콜론은 중앙에 여호와를 부르는 것과 더불어 말끔하게 완성되는 행을 만들 것이다. 그리하여 우리는 한 번 더 추가되는 병행을 이루는 절로 말미암아 놀라는데, 이 역시 다시 문제를 강화한다. 이 동사는 여호와께 잠잠하지 말아 주시라고 촉구함으로써 역시 강화한다.[18] 눈물이 기도와 부르짖음에 이어지면서 명사도 역시 강화한다. 세 콜론의 내용이 뒤섞이므로 줄어들기는 하겠지만, 눈물에 잠잠하지 말라는 개념은 묘한 개념이 될 것이다.

산문으로 표현한다면, 이 행은 여호와에게서 듣고 귀를 기울이며, 기도와 부르짖음의 순수함을 입증하는 눈물이 동반되는 그 기도와 부르짖음에 잠잠하지 말아 주시라고 촉구한다.

> 랍비의 격언에서 각각은 다른 것보다 우월한 세 종류의 탄원, 즉 기도, 부르짖음, 눈물이 있다고 한다. 기도는 침묵 가운데 하며, 부르짖음은 큰 목소리로 하지만 눈물은 이 모두를 능가한다. '눈물이 통과하지 못할 문이 없다,' 그리고 '눈물의 문은 결코 잠가지지 않는다.'[19]

둘째 행은 이 호소에 대한 동기를 제공한다. 탄원자는 땅을 소유하지 못하고 그들의 생활에 대해 그들의 기지나 우연한 고용이나 공익이나 자선에 의존한 거류민이 공동체에 있다는 개념에 익숙했다. 이처럼 그들은 특히 어려운 시기에 취약했다. 이런 사람은 "너와 함께 거류하는 자들"이다(참조. 레 25:6, 35, 40, 45, 47). 이 역시 여호와와 관련된 이스라엘의 지위인데, 가나안 땅은 실제로 여호와께 속한다. 이것은 그들이 가나안 땅을 팔 수 없다는 것을 의미한다(레 25:23).

---

18 35:22 해설을 보라.
19 Kirkpatrick, *Psalms*, 206–7; cf. *t. Berakot* 32b.

이 시편은 이 개념을 이어 가며, 다른 요점을 지적하고자 여호와께 이를 상기시키는데, 물론 이 요점은 전체 레위기 25장을 보는 데서 드러날 수 있다. 여호와는 이스라엘 사람들에게 거류민을 돌볼 것을 기대하셨을 뿐만 아니라 이스라엘 전체가 이런 지위를 갖는다고 묘사하셨다. 이 시편은 이 두 개념을 함께 묶고 여호와께 이런 기대를 하라고 촉구한다. 탄원자의 지위는 두 콜론에서 다음과 같이 반복되는 유일한 요소인 이중적 묘사로 강조된다.

왜냐하면	나그네이며	나는 주와 함께 있는	
		거류민이다	나의 모든 조상처럼

이 행에서 두 콜론에 적용되는 중심 요소는 "주와 함께 있는"이라는 구절이다. 여호와와 "함께" 있다는 것은 우리가 그들의 집에서를 의미할 때 누군가와 "함께" 머문다는 것과 비슷한 함의를 지닌다.[20]

어원적으로 나그네(게르[*gēr*])는 어딘가에 잠시 있는 사람이며, 거류민(토샤브[*tôšāb*])은 "거주자"이므로 "거류민"이 "나그네"보다 더 안정적인 지위임을 내포한다고 생각했을 수도 있지만, 이 단어들은 그런 식으로 사용되지 않으며, 여기 병행법에서 이것은 둘째 콜론에서의 강화를 제공하는 흔하지 않은 단어이다.

마무리하는 구절은 토라와의 깊은 연관성을 시사하는데, "나그네와 거류민"은 아브라함이 살았던 땅을 차지한 헷족속과 관련하여 자신을 묘사한 용어이기 때문이다(창 23:4). 다윗 역시 시편과 조화를 이루는 방식으로 조상들에 대한 이 묘사를 일반화하는 이유는(대상 29:15), 다윗은 사람의 인생의 본래적 특성을 그림자와 같은 날과 관련된다고 간주하기 때문이다. 이 연관성 역시 이 시편에서 호소의 근거가 모호한 사실이라는 사실을 주목하게 한다.

나그네와 거류민이 된다는 것은 권리를 주장하는 것이지만, 이는 제한된 주장이다. 거류민은 결코 땅을 소유하지 못할 것이며, 그 사람은 영원히 살 수는 없을 것이다.

---

[20] Cf. Dahood, *Psalms*, 1:242.

> 13 주는 나를 용서하사
> 내가 떠나 없어지기 전에 나의 건강을 회복시키소서

이 시편의 마지막 호소가 이스라엘 사람들이 나그네와 거류민들을 긍휼히 여기고자 그들을 보는 것과는 달리, 여호와가 탄원자에 눈길을 돌려야 한다는 것은 역설적이다. 이 호소는 12a절에서의 주목해 주시라는 호소와 대조된다. 하지만 어려움은 탄원자가 실제로 여호와의 주목을 받는다는 것이다. 이것은 욥기의 호소와 같은 호소이다(욥 7:19; 14:6). 본다는 것은 손(10절)보다는 덜 위협적으로 보일 수 있지만, 현실은 그 반대일 수 있다. 즉, 보게 되면 태도가 드러나고, 그 태도는 좋은지 안 좋은지에 대해 결정적이다.

이처럼 70인역은 "나를 놓아 주소서"라고 바꾸어 표현하고, 제롬은 "나를 용서해 주소서"라고 바꾸어 표현한다. 아마도 함의는 탄원자가 정당하게 주목받는 이상으로 주목받는다는 것으로 보인다. 아마도 이 시편이 고백하는 죄악은 다른 사람들의 죄악만큼이나 나쁘지만, 다른 사람들이 하지 않더라도 탄원자는 죄악에 대해 대가를 치르고 있을 것이다.

이 시편은 인생에 대해 전도서와 같은 접근법을 취한다. 이 시편은 인생이 짧음을 인정하지만 그렇다고 절망하지 않고, 인생이 지속하는 동안에 인생을 누리라고 권한다. 죽음에 대한 전망이 받아들여진다. 죽음까지 전적으로 우울해하지 않는다. 죽음이 오기 전에 미소 지으려면, 여호와의 주목을 받지 않고, 적대적인 손이 물러나는 것이 좋을 것이다.

이스라엘 사람들은 사람들이 계속 스올에 거주한다고 보통 여기므로, "내가 없어진다"가 존재하지 않음(이 표현은 어떤 경우든 에녹서에 사용된 것과 비슷하다)을 내포하는 것 같지 않다.[21] 이것은 스올에서의 실재와 비교할 때 가치 있는 유일한 실재를 경험하는 곳인 땅에서의 존재하지 않음을 실제로 내포한다.

---

21 Cf. John Muir, "The Significance of 'yn in Genesis v 24 and Psalm xxxix 13," *ExpTim* 50 (1938-39): 476-77.

3. 신학적 의미

이 시편은 욥기와 전도서에서의 강조점을 결합하는데, 물론 사고의 틀에서는 전도서에 더 가깝다. 욥기와 전도서 모두 하나님 앞에서 잠잠하는 것이 최상이라는 어떤 의미를 내포한다.

욥기는 잠잠하는 가운데 자신의 끔찍한 상실의 첫 경험과 두 번째 경험에 굴복하지만, 한 주간의 침묵 후에야 자신의 생일날을 저주하기까지 한다.

전도서는 우리에게 우리가 하나님 앞에 말하는 방식에서 삼가라고 충고하는데, 하나님은 (결국) 하늘에 계신 반면에 우리는 땅에 있다. 우리는 어리석은 자와 같이 말하기를 원치 않는다(전 5:1-7). 하지만 어리석은 자들의 충고에 따라 살지도 않는다.

욥은 결국 막대하게 자신의 침묵을 깨고, 하나님은 욥의 면전에서 그를 책망하시고 친구들이 말한 어리석음보다는 욥이 진리를 말한 방식에 근거하여 친구들에게 욥을 칭찬하신다(욥 42:7-8).

전도서는 "하나님 앞에"(5:2[1]에 있는 구절) 발언과 대담한 발언으로 명백히 간주되는 전체 책을 기록하며, 전도서의 부록은 내용에 대해 불안한 가운데 핑계를 대지만(12:9-14), 책 전체는 하나님의 책으로 환영받았다.

비슷하게 시편은 침묵을 권하면서도 침묵을 행하기를 거부한다. 실제로 이 시편은 탄원자를 놓아주기 위해서뿐만 아니라 하나님과의 대화를 위해, 다른 사람들이 듣도록, 그리고 침묵한 자들이 목소리를 찾게 돕도록 크게 말한다.[22]

욥기와 전도서는 우리 모두가 죄인임을 내포하지만 이것이 왜 고통이 특정 개인에게 오는지를 설명하는 방식이라는 것은 거부한다. 욥이 죄인임이 사실이라고 하더라도(참조. 욥 9:1-2; 10:14-15), 이것이 욥이 왜 고통을 그런 식으로 겪었는지를 설명할 수 없다. 모두가 죄인임이 사실이라고 하더라도, 이것이 전도서가 세상에서 보는 고통이 지니는 특성과 고통이 퍼지는 것을 설명할 수 없다.

탄원자는 죄인임을 인정하지만 어떤 구체적인 죄를 고백하지도 않고 어떤 용서도 구하지 않는다. 일반적 의미에서 고통은 죄인이라는 사실을 나타내며, 우리는 고통이 부당하다고 말할 수 없지만, 여전히 고통에서 벗어나게 해 주시라

---

[22] Walter Brueggemann, "Voice as Counter to Violence," *CTJ* 36 (2001): 22-33도 그렇다.

고 호소할 수 있다. 죄의 사실이 왜 이런 어려움이 이 특정 개인에게 오는지를 설명하지 못한다.

이 사람을 지켜보는 모든 다른 악한 어리석은 자들은 어떤가?

죄를 짓고 하나님의 징벌을 경험하는 이는 일반적 인류이다(11절).

욥기와 전도서는 사람의 인생의 불안전함과 짧음을 성찰하는데, 물론 이것은 전도서에서 더 두드러지는 주제이다. 이 시편에서 탄원자는 이 짧음을 강조하는데, 이는 이 사실이 최소한 여호와(생명이 속한 자)와 함께 나그네로서의 짧은 인생을 누릴 수 있도록 여호와께 설득할 것이라는 희망에서이다. 이런 이유에서 탄원자는 소망 가운데 여호와를 바라본다(7절).

> 이 시에서의 죽음은 이 생애에 개입하는 혼돈의 세력이 아니며, 이 세력에게서 고통당하는 자를 구해 주시라고 여호와를 부르는 그런 혼돈의 세력이 아니라, 개인의 인생의 돌이킬 수 없는 경계이다.[23]

이처럼 전도서는 사람들에게 우리가 죽을 것이라는 사실을 감안하며 살아가라고 촉구하고, 이 시편은 이 사실을 인정할 은혜를 구한다. 이 시편은 우리가 죽음으로 가는 도중에 있다는 사실을 감안하면서 삶을 살아가라고 권하는데, 이는 우울하거나 두려워하는 가운데 살아감을 의미하지 않고, 우리는 우리 날이 오랫동안 지속하지 않을 것을 알기 때문에 모든 날을 최대한 즐김을 의미한다.

예수님께 속한 사람들도 부활하여 새로운 삶을 얻게 될 것을 의미하는 예수님의 죽음에서의 부활을 안다는 것은, 이 모두를 바꿀 것 같지만, 그렇게 하지 않는 것 같다. 기독교 신자들도 냉정하게 고통을 받아들이지 않는다. 그리고 원리상으로 이것은 괜찮다. 왜냐하면, 이것은 하나님이 우리에게 주신 이 지상의 삶에 대해 적절하게 높게 평가함을 시사하기 때문이다. 신약은 나그네와 거류민으로서의 지상에서의 우리의 지위를 묘사하고자 12절의 단어들을 택한다(히 11:13; 벧전 2:11).

---

[23] Lindström, *Suffering and Sin*, 261.

그러므로 이 시편의 독특하게 다른 관점을 평가하는 것이 중요하다.[24] 이를 달리 표현하면, 부활의 유일한 길은 겟세마네를 통해서이다. 시편 39편은 예수님이 거기서 하셨을 수도 있는 기도이며, 부활에 이르는 도중에 있는 신자들도 할 기도이다.[25]

---

[24] Cf. Craigie, *Psalms 1–50*, 311.

[25] Ellen F. Davis, "Prisoner of Hope," in *The Art of Reading Scripture*, ed. Ellen F. Davis and Richard B. Hays (Grand Rapids: Eerdmans, 2003), 300–305을 보라.

제40편

증언이 기도를 보증한다

1. 본문

다윗의 시, 인도자를 따라 부르는 노래

1 내가 여호와를 기다리고 기다렸더니
  귀를 기울이사
  나의 부르짖음을 들으셨도다
2 나를 포효하는(개역개정: 기가 막힐-역주) 웅덩이와
  수렁에서 끌어올리시고
  내 발을 반석 위에 두사
  내 걸음을 견고하게 하셨도다[1]
3 새 노래 곧 우리 하나님께 올릴 찬송을
  내 입에 두셨으니
  많은 사람이 보고 두려워하여
  여호와를 의지하리로다

4 여호와를 의지하고
  교만한 자와 거짓에 치우치는 자를 돌아보지 아니하는 자는 복이 있도다

---

1 연속된 와이크톨(wayyiqtol)에 끼어든 이 카탈(qatal) 동사는 이전 와이크톨을 설명하고, 행동을 늦추면서, 우리가 어디로 가야 하는지를 요약한다(*IBHS* 33.2.1a에서 인용된 대로, Diethelm Michel, *Tempora und Satzstellung in den Psalmen* [Bonn: Bouvier, 1960], 17–18도 그렇다).

5 여호와 나의 하나님이여
　주께서 행하신 기적이 많고
　우리를 향하신 주의 생각도 많아
　누구도 주와 견줄 수가 없나이다²
　내가 널리 알려 말하고자 하나³
　너무 많아 그 수를 셀 수도 없나이다

6 주께서 내 귀를 통하여 내게 들려주시기를
　제사와 예물을 기뻐하지 아니하시며⁴
　번제와 속죄제를 요구하지 아니하신다 하신지라
7 그 때에 내가 말하기를 내가 왔나이다
　나를 가리켜 기록한 것이 두루마리 책에 있나이다
8 나의 하나님이여 내가 주의 뜻 행하기를 즐기오니
　주의 법이 나의 심중에 있나이다 하였나이다

9 내가 많은 회중 가운데에서 의의 기쁜 소식을 전하였나이다
　여호와여 내가 내 입술을 닫지 아니할 줄을
　주께서 아시나이다⁵
10 내가 주의 공의를 내 심중에 숨기지 아니하고
　주의 성실과 구원을 선포하였으며
　내가 주의 인자와 진리를

2　동사 아라크(ʿārak)는 보통 "정돈하다"를 의미하며, "(그들을) 정돈할 수 없다"는 다음 행과의 좋은 병행법에 기여하겠지만, 그렇다면 엘레이카(ʾēleykā)가 어렵다. "나란히 두다, 견주다"에 대해, 참조. 89:6[7]; 사 40:18.

3　나는 접속사가 없는 이 콜론이 진술되지 않는 조건의 귀결절이 아니라(GKC 108f), 이어지는 귀결절과 함께 조건의 조건절이라고 여긴다(GKC 159e; JM 167a).

4　다른 문맥에서 상태동사 하페츠(ḥāpēṣ)는 여기와 8절에서 현재를 가리킬 수 있지만(8절에 대해 참조. NJPS; NRSV; GKC 106g; JM 112a; JM 57d[i]), 여기 6-8절은 만약 우리가 전체 섹션이 과거를 가리키는 것으로 여긴다면 더욱 통일성이 있다.

5　일부 70인역 사본들은 10절의 첫 단어를 "주께서 아시나이다"의 목적으로 여기는데, 이는 이 단어를 "내 신실한 행동"으로 읽을 때에 의미가 통하며, 그렇다면 10a절은 "나는 내 심장 안에 너희 진실함을 숨기지 않았다. 나는 너희 구원에 대해 말했다"가 된다. 하지만 이 문장의 구분은 마소라 본문의 "너희 신실한 행위"보다 더 어렵다.

많은 회중 가운데에서 감추지 아니하였나이다

11 여호와여

주의 긍휼을 내게서 거두지 마시고

주의 참된 인자로(개역개정: 주의 인자와 진리로-역주) 나를 항상 보호하소서

12 수많은 악(개역개정: 재앙-역주)이

나를 둘러싸고

나의 죄악이 나를 덮치므로

우러러볼 수도 없으며

죄가 나의 머리털보다 많으므로

내가 낙심하였음이니이다

13 여호와여 은총을 베푸사[6] 나를 구원하소서

여호와여 나를 돕기를 서두르소서(개역개정: 속히 나를 도우소서-역주)

14 내 생명을 찾아 멸하려 하는 자는

다 수치와 낭패를 당하게 하시며

나의 해를 기뻐하는 자는

다 물러가 욕을 당하게 하소서

15 나를 향하여 하하 하하 하며 조소하는 자들이

자기 수치로 말미암아 놀라게 하소서

16 주를 찾는 자는

다 주 안에서 즐거워하고

기뻐하게 하시며 주의 구원을 사랑하는 자는

항상 말하기를 여호와는 위대하시다 하게 하소서

17 나는 가난하고 궁핍하오나

주께서는 나를 생각하시오니

주는 나의 도움이시요 나를 건지시는 이시라

나의 하나님이여 지체하지 마소서

---

6 라차(*Râṣâ*)는 보통 타동사이지만(예를 들어, 44:3[4]), 여기서 이 동사는 8절의 같은 어족어 명사의 의미를 이어 간다.

2. 해석

다시 시편은 죄에서 기인한 고통에서 구원해 주시라고 기도하며, 한 번 더 시편의 논리는 복잡하다. 1-12절은 여호와의 구원에 대한 과거 경험을 묘사한다 (라쉬는 이것을 체계적으로 출애굽, 홍해 구원, 시내산에 대해 해석한다). 1-12절은 다섯 개의 섹션으로 구성되는데, 각각은 긴 행인 세-콜론(1, 6, 9, 11절)이나 4-4 행(4절)으로 시작한다는 사실에서 두드러진다. 하지만 이 증언은 13-17절에서의 구원을 위한 더 깊은 기도에 대한 도입인 것으로 드러난다.

이처럼 이 시편의 역동성은 시편 9-10, 27, 89편과 비교되는데, 이 시편들에서 긴 찬양 자료는 항변시를 위한 준비인 것으로 드러난다.

1-12절은 그 자체로 증언시일 수 있으며, 13-17절이 추가되기 전에 증언시였을 수도 있는데,[7] 물론 1-12절은 여호와의 구원을 상기시키는 방식에서 특이하고, 내적으로 13-17절에 이어진다면 더 의미가 통할 수도 있다. 이것은 1-12절의 일부 어근들이 13-17절에 반복되는 방식에도 들어맞을 것이다(ḥšb, 5, 17절; ḥpṣ, 6, 8, 14절; rṣh, 8, 13절; 또한 테슈아[tĕšûʿâ], 10, 16절). 반대로 13-17절은 그 자체로 기도시일 수 있다. 13-17절은 한 단위로서 "특이하게 짧고 간결함"을 드러내지만, 그 자체로 시편 70편과 같이 다른 형태가 된다.[8]

이 시편의 선 역사가 어떻게 되든지,[9] 우리가 가지고 있는 대로의 시편 40편은 이것이 "기도서"[10]인지 아닌지는 또 다른 문제일지라도, 복잡한 독립적 시편이다. 한 사람이나 집단 이상이 암송에 관여했다는 특별한 암시가 없다. 이 시편은 광범위한 예배 사건의 일부였을 수 있지만, 그렇다면 많은 시편도 그럴 것이다.

---

[7] 예를 들어, Gunkel, *Psalmen*, 171. Nic. H. Ridderbos, "The Structure of Psalm xl," in *Kāp hê: 1940-1965*, ed. P. A. H. de Boer et al., OtSt 14 (Leiden: Brill, 1965), 296-304를 대조해 보라.

[8] Kraus, *Psalms*, 2:67.

[9] 이 시편의 개연성 있는 편집사에 대해, cf. Georg Braulik, *Psalm 40 und der Gottesknecht* (Würzburg: Echter, 1975).

[10] (예를 들어) John H. Eaton, *Kingship and the Psalms* (London: SCM, 1976), 42-44을 보라.

[표제]

> 다윗의 시, 인도자를 따라 부르는 노래

용어 해설을 보라.

만약 우리가 다윗의 생애와의 연관성을 생각한다면, 도망자로서의 다윗의 시기가 적절할 것이다. 이 시편을 다윗과 연결하려고 한다면, 6-8절과 다윗을 선호하여 사울을 거부한 것과 연결되는 사무엘의 말(삼상 15:22-23) 사이의 유사성도 놀라울 것이다. 하지만 "나"와 "우리" 사이의 이동은 다윗 혈통의 왕이 전체 백성이 연루된 필요성과 관련하여 이 시편을 기도했음을 가리킬 수도 있다.

[40:1-3]

이처럼 이 시편은 여호와의 구원 경험을 증언하는 다섯 개의 활기 있는 행들로 시작한다. 엄격하게 말해서, 첫 네 개의 행은 여호와가 하신 일, 곧 들으시고 구원하시고 굳건하게 하시고, 따라서 입에 새로운 노래를 두게 하신 일에서의 네 단계를 설명하는 증언이다. 다섯째 행은 추론을 한다.

> 1 내가 여호와를 기다리고 기다렸더니
> 귀를 기울이사
> 나의 부르짖음을 들으셨도다

다섯 행 가운데 첫째 행은 동일한 동사의 부정사 형태(문자 그대로, "내가 본 봄[으로]")와 더불어 일반적인 카탈(qatal)로 시작함으로써 동사를 강조하는 관용구를 사용하여 "내가 *보는" 방식을 강조하면서, 독립적 콜론으로 실제로 시작한다. 반복은, "찬양 받으시리로다, 거룩한 이를 기다리기만 하는 것, 내가 주님을 인내하며 기다렸다고 말했다는 것에 대해 보상으로 그들을 구원하는 것은 이스라엘의 권한에 있지 않다"는 것을 암시한다.[11]

---

11 *Midrash on Psalms*, 1:432. 이것은 사 25:9; 슥 9:12; 애 3:25; 그리고 27:14를 포함해서(반복

이제 증언은 여호와가 어떻게 이 기다림에 반응하셨는지를 설명하기 시작한다. 먼저 여호와는 나의 *부르짖음을 주목하시고 듣고자 구부리셨다.

"어떤 부르짖음인가?"

우리는 물을 수 있다. 시편 30편과 마찬가지로, 이 시편은 어떤 상황 가운데 시작한다. 시편 30편에서처럼 나중이 되어서야 우리는 부르짖음이 왜 필요했는지, 그리고 탄원자가 왜 웅덩이에 있는지를 알게 될 것이다(12절을 보라; 참조. 30:6-7[8-9]).

2 나를 포효하는(개역개정: 기가 막힐-역주) 웅덩이와
   수렁에서 끌어올리시고
   내 발을 반석 위에 두사
   내 걸음을 견고하게 하셨도다

하지만 기도를 들으시는 것으로 충분하지 않다. 또는 응답하실 때까지는 적절한 들으심이라고 간주되지 않는다. 시편들은 기도가 우리의 뜻을 하나님의 뜻에 일치시키는 문제가 아니라, 하나님의 뜻을 우리의 뜻에 일치시키는 것이라고 가르친다.

여호와의 행동에 대한 한 측면은 탄원자를 포효하는 웅덩이에서, 홍수의 수렁에서 구하시는 것이다. 동사는 두 콜론에 적용되며, 두 개의 민(*min*, "~에서"를 의미한다-역주) 구절은 병행을 이룬다. 두 개의 명사절은 두 개의 이미지를 섞는다.[12] 더욱 솔직하게 이 시편은 진흙 웅덩이와 포효하는 홍수에 대해 말했을 수 있다. 수렁은 문자 그대로 예레미야가 갇혔던 종류의 장소를 가리킬 것이다(렘 38장). 곧 저수지로 사용될 수 있는 웅덩이이며, 따라서 하늘에 열려 있고 때로 물로 가득하지만 때로 바닥에는 진흙층이 있을 것이다.

예레미야는 확실히 거기서 죽었을 수도 있다. 그렇다면 비유적으로 웅덩이는 무덤과 스올을 가리킨다(시 28:1; 30:3[4]). 그러므로 이 이미지는 치명적으로 위협하는 위험을 가리키는 친숙한 이미지와 마찬가지로 포효하는 홍수의 이미지

   과 관련하여) 시편에서의 다른 본문들에 대한 언급을 추가한다.
12 이와 같이 70인역은 포효하는 웅덩이를 "불행의 웅덩이"로 이해하고, 수렁을 "깊은 진흙"으로 이해함으로써 의미가 통하게 하려 한다(참조. 후자에 대해 제롬과 많은 영어 번역본).

와 결합할 수 있다. 홍수(야웬[*yāwēn*])를 가리키는 이 단어가 나오는 유일한 다른 곳인 69:2[3]에서 비슷한 의미를 지니며,[13] "포효하는"(샤온[*šā'ôn*])에 대해서는 65:7[8]을 보라.

필연적으로 구원을 보완하는 것은 그 사람을 긍정적으로 다시 굳건하게 하는 것이다. 반석(셀라[*sela'*])은 사람이 홍수에서 피할 수도 있는 강 가운데 있는 바위가 아니라, 적들에게서 피할 수 있는 산의 견고함이다(18:2[3]; 31:3[4]; 71:3). 이처럼 이미지는 2a절에서 바뀌었다.

이런 반석을 오르는 것 자체가 위험한 행동이지만 여호와는 탄원자의 걸음을 견고하게 하셨으며 넘어지지 않게 하셨다. 보통 이 표현은 여호와와 동행할 때에 넘어지는 것을 가리키며(17:5; 37:31; 44:18[19]; 73:2), 이런 반복은 둘째 콜론에서 중대한 더 깊은 함의를 더할 것이다. 여호와는 그를 실제적으로도 안전하게 지키실 뿐만 아니라 종교적으로도 그를 확고하게 지키셨다.

> 3 새 노래 곧 우리 하나님께 올릴 찬송을
>   내 입에 두셨으니
>   많은 사람이 보고 두려워하여
>   여호와를 의지하리로다

위의 사실은 다시 3a절과 연관성을 추가할 것이다. 우리가 읽고 있는 종류의 증언을 예배자가 하게 될 때까지는 구원의 행위가 결코 완성되지는 않는다. 시작하는 구절, "내 입에 두셨으니"는 두 콜론에 적용되며, 그렇다면 동사는 두 개의 병행을 이루는 목적어를 지닌다.

노래가 새 노래인 이유는, 예배자가 홍수에 압도당할 때도 노래하지 않았기 때문일 것이며, 또한 여호와가 구원하신 경험이 예배자에게 노래한 새로운 이야기를 제공하기 때문이다. 증언은 정의상 옛 노래의 반복이 아니라 새 노래이다. 둘째 목적어는 이것이 단순히 한 노래가 아니라 *찬양 노래이며 사람(4절)과 다른 신을 기념하는 것이 아니라 하나님을 기념하는 찬양 노래임을 분명히 한다.

---

[13] 사전들은 "진흙"이라는 의미를 제시하지만 이것은 여기서의 병행법에서 잘못 추론한 것 같다. 이것은 69:2[3]에서 의미가 통하지 않는다.

왜냐하면, 여호와만이 죽음에서 구원하시기 때문이다.

크라우스(Kraus)는 이 행이 탄원자가 노래하는 실제 노래를 여호와가 영감을 주고 계심을 증언한다고 보는데, 이는 다른 곳에서 "예언적" 찬양의 영감에 대한 가정과 일치하겠지만,[14] 단어들에 대한 더 간단한 이해는 여호와가 노래에 "영감을 불어 넣는" 행위를 감행하심으로써 탄원자의 입에 노래를 두신다는 것이다. 탄원자가 왕과 같은 대표 인물이라면 1인칭 복수로의 변화는 더 적합할 것이다.

다시 한 사람의 찬양 노래는 다른 사람들에게서 끌어낼 때에야 그 임무를 완성했다. 우리는 "많은 이가 볼 것이다"보다는 "많은 이가 들을 것이다"를 기대할 수 있지만, 분명히 많은 사람이 이 노래가 증언하는 구원을 보았고, 이제 탄원자가 회복되고 이 증언을 하는 것을 보고 있다. 그리고 "보다"(이루[yirʾû])는 "두려워하다"(이라우[yîrāʾû])와 소리에 의한 언어유희에 기여한다. 둘째 콜론은 둘째 동사가 실제로 부정적 공포가 아니라 긍정적 두려움(*경외함)을 시사함을 명백히 하면서 함의를 설명한다.

사건과 노래는 다른 이들에게 이 개인의 경험이 그들에게도 반복될 수 있다는 *신뢰로 이끈다(참조. 30:4-5[5-6]).

[시] 40:4-5

네 개의 추가 행들은 위의 함의를 상세히 설명한다.

> 4 여호와를 의지하고
>   교만한 자와 거짓에 치우치는 자를 돌아보지 아니하는 자는 복이 있도다

이 행들[15]은 방금 묘사된 행을 따라 여호와를 의지(*신뢰)한 자의 *복을 선언함으로써 4절을 시작하며, 이와 더불어 대조를 제시한다. 이 대조는 4:2[3]에 나오는 자를 상기시키는 모호함을 드러낸다. 이것은 다른 사람들, 구체적으로 속

---

14 *Psalms*, 1:425.
15 BHS는 정당화되는 많은 단어라는 점에서 4절을 두 개의 온전한 행으로 만들지만, 4a절은 완전한 시의 행으로 만들기는 어려운 반면에 전체 4절은 두-콜론으로 진행된다. 이런 이해는 긴 행이 새로운 섹션의 시작을 알리는 패턴에서도 확증된다.

임수가 특징인 사람들을 주목하거나 의지하는 것(파나[pānâ])을 가리킬 수 있다. 이 동사는 종종 누군가를 존경하며, 따라서 지지하며 행동하는 것을 가리킨다 (예를 들어, 25:16; 69:16[17]). 이 시편이 행악자들을 지지하지 않는 것으로 (이것이 마치 자신의 안전을 뒷받침하는 방법인 것처럼) 여호와를 의지함을 표현하는 사람들의 복을 선언할 것이므로, 이것은 여기서 의미가 통할 것이며, 콜론 사이의 암시적 발전을 가리킬 것이다.

교만한 자(라하브[rāhāb])는 독단적이고 소란스럽게 행동하는 사람들일 것이며, 아마도 홍수의 위험한 세력을 구체화한 자일 것이다(라합은 독단적인 폭풍을 구체화했듯이; 89:9-10[10-11]). 이 콜론의 내부의 병행법에서, 그들은 또한 거짓에 치우치는 사람들일 것이다. 파나(pānâ)와 마찬가지로, "치우치다"를 가리키는 단어 수트(sût)는 특이한 단어이다. 이 단어는 잘못된 방향으로 돌리는 것을 시사한다(변형된 사타[sāṭâ]는 성적 부정을 가리킨다). 이것은 전체 콜론에서 의미가 통할 것이다.

하지만 파나는 사람을 주어로 하여, 더욱 특징적으로 다른 신들이나 다른 종교적 수단을 섬기거나 의지하는 것을 가리킨다(예를 들어, 레 19:4; 신 31:18, 20). 그렇다면 교만한 자는 여호와에 맞서 주장하고 있는 자들일 것이다. 그들은 라합과 같이 초자연적일 수 있다. 70인역은 "헛된 것"이라고 번역하는데, 이는 다른 신들에 사용되는 단어이다. 하지만 그들은 이런 거짓 신들을 의지한다는 의미에서 "거짓에 치우치는 자"들과 같이 여전히 사람일 수도 있다.

> 5 여호와 나의 하나님이여
>   주께서 행하신 기적이 많고
>   우리를 향하신 주의 생각도 많아
>   누구도 주와 견줄 수가 없나이다
>   내가 널리 알려 말하고자 하나
>   너무 많아 그 수를 셀 수도 없나이다

이제 세 행은 여호와를 의지하는 지혜에 대한 이런 선언을 지지하는, 여호와에 대한 사실들을 선언하며, 아마도 4절이 여호와를 의지하는 것과 다른 신들을 의지하는 것을 대조시킴을 확증할 것이다(특히 5c-d절을 보라). 예배자는 강조하면서 처음으로 *신뢰할 만한 분, 여호와를 부른다. 이 행들 내에는 거의 병행법이 없지만, 행들 사이에는 병행법이 많다.

5a-b절은 여호와가 행하신 많은 것을 선언한다. "우리"는 이 시편이 이 예배자를 위한 여호와의 특별한 행위에 대해 말하는 것이 아니라, 여전히 일반화하고 있음을 명백히 밝힌다.

5c-d절은 여호와가 행하신 일들의 종류가 많을 뿐만 아니라 놀라우며 심사숙고된 행동들임을 확장한다. 이와 같이 5c-d절은 여호와를 비교할 수 없는 하나님으로 삼는다.

5e-f절은 다시 첫째 행을 확장하는데, 이번에는 이 행위들의 많음에 대해 지적한 점과 관련된다.

[시 40:6-8]

긴 행은 다시 일반적 진술에서 개인의 내러티브로 돌아가는, 이 시편에서의 변화를 알린다. 내러티브는 1-3절에 중단된 곳에서 이어 가며, 따라서 예배자가 회중 앞에서 한 선언에 대해 더 깊이 말하는데, 물론 조금 지나야 이것이 온전히 명확해진다.

> 6 주께서 내 귀를 통하여 내게 들려주시기를
>   제사와 예물을 기뻐하지 아니하시며
>   번제와 속죄제를 요구하지 아니하신다 하신지라

이와 같이 6절은 구원의 경험에 대한 예배자의 반응으로 돌아가지만, 부정적으로 시작하는데, 여호와가 그렇게 관심이 없으셨다는 반응을 보인다. 그 후에 요점은 셋째 콜론에 있는 병행을 이루는 진술에서 반복된다.

이 행은 *번제가 레위기에서는 처음 나오지만, 레위기 1-4장이 가르치는 주요 종류의 제사 가운데 네 가지를 언급한다. 구약은 일반적으로 여호와가 이 제사를 실제로 원하셨다고 여기므로, 여호와가 원하신 것과 원하지 않으신 것 사이의 대조는 과장법으로 표현된 것 같다. 즉, 이 시편은 "여호와가 후자보다는 전자에 덜 관심을 가지셨다"는 것을 의미한다.

종종 사무엘상 15:22-23과의 비교는 이 추론을 뒷받침하는데, 사무엘상 15:22-23에서 사무엘의 요점은 희생제물이 전적으로 중요하지 않다는 것이 아니라, 순종보다 덜 중요하다는 것이기 때문이다.

하지만 이 시편이 너무 많은 주요 제사를 언급한다는 사실은, 이 시편이 매우 강조하며 요점을 지적한다는 것을 의미한다. 중간에 나오는(개역개정에서는 앞에 나온다-역주) 긍정적 진술인 "주께서 나를 위해 귀를 파셨다"(개역개정: 주께서 내 귀를 통하여 내게 들려주시기를-역주)는 모호하지만, 제물을 바치는 대신에 여호와의 원하시는 것을 하도록 동의할 수 있게 예배자의 청각을 여호와가 열어 주셨음을 의미한다고 전통적으로 여겨졌다. 아마도 개념은 여호와가 귀가 놓일 수 있는 탄원자의 머리에 구멍을 내셨다는 것 같다.[16]

> 7 그 때에 내가 말하기를 내가 왔나이다
>   나를 가리켜 기록한 것이 두루마리 책에 있나이다
> 8 나의 하나님이여 내가 주의 뜻 행하기를 즐기오니
>   주의 법이 나의 심중에 있나이다 하였나이다

다음 두 행은 이런 외과적 과정이 작용했다고 상세히 우리에게 말하지만, 아직 우리에게 여호와가 실제로 어떤 유형의 행동을 찾고 계신지 말하지 않음으로써 긴장감을 유지한다. 각 행(특히 두 번째 행)에 있는 콜론들 사이에 병행법이 있지만, 행들 사이의 병행법도 중요하다. 각 첫 번째 콜론은 6절에서 재개된 내러티브 양식을 이어 가지만, 9-10절을 통해 계속 그랬듯이 예배자를 주어로 삼는다.

각 첫 콜론에 표현된 서약은 6절에서의 여호와의 바람에 대한 선언의 당연한 결과가 된다. 예배자는 누군가 제물을 바치기 위해 올 수 있는 것처럼 여호와 앞에 왔다(7a절). 하지만 이것은 왔다는 것의 주요 핵심은 아니었다. 예배자는 여

---

16 일부 70인역 사본들은 아마도 귀가 몸 전체를 나타내는 것으로 여김으로써 히브리어를 의미가 통하게 시도하면서, "귀" 대신에 "몸"이라고 되어 있다. 이것은 본문을 예수님에게 적용하는 것(히 10:5-7)을 촉진시킨다. 피에르 그레로트(Pierre Grelot)는 "몸"이 히브리어에서 70인역으로 거슬러 적용된다고 주장한다("Le texte du Psaume 39.7 dans la Septante," *RB* 108 [2001]: 210-13).

호와의 "원하심"에 상응하는 "원함"으로 왔으며, "기뻐하실 만한"(8a절; 참조. 6절) 것을 하기를 원하면서 여호와의 뜻을 행하고자 왔다. 이 단어(라촌[rāṣôn])는 종종 옳은 형태를 띠며, 따라서 환영받는 제물을 가리킨다. 여기서 이 단어는 여호와가 기뻐하실 만하고 즐거우심이 되는 또 다른 형태에 적용된다.

이제 7-8절의 각 둘째 콜론은 주의 뜻의 특성을 여전히 드러내지는 않지만, 우리에게 이 뜻에 대해 더 깊이 말한다.[17] 이 시편의 연대가 언제이든지, 어떤 형태로든 제물에 관한 규정은 아마도 두루마리에 기록된 가르침으로 있었을 것이다. 우리는 이런 규정을 포함하지 않은 여호와의 가르침(토라[tôrâ])을 담은 기록된 두루마리에 대해 어떤 것도 알지 못한다.

이 시편은 기록된 두루마리에 새겨지고 예배자를 위한 여호와의 특별한 뜻을 표현하는 다른 가르침이 있음을 선언한다. 7b절의 단어들, 곧 메길라(mĕgillâ), 세페르(sēper), 카투브(kātûb)는 이 가르침의 기록된 특성을 특별히 강조한다. 그 후에 8b절은 토라(tôrâ)라는 실제 단어를 사용하는데, 이 단어에서 제물을 위한 규정은 명백히 구체화하겠지만 분명히 이 다른 가르침들을 가리키는 단어를 사용하며, 그 가르침들이 두루마리에 기록됐을 뿐만 아니라 예배자의 내부에도 기록됐음을 덧붙인다(참조. 렘 31:31-34).[18]

[시 40:9-10]

> 9 내가 많은 회중 가운데에서 의의 기쁜 소식을 전하였나이다
>   여호와여 내가 내 입술을 닫지 아니할 줄을
>   주께서 아시나이다
> 10 내가 주의 공의를 내 심중에 숨기지 아니하고
>   주의 성실과 구원을 선포하였으며
>   내가 주의 인자와 진리를
>   많은 회중 가운데에서 감추지 아니하였나이다

---

17 행들 사이의 병행법은 7b절이 탄원자 자신이 기록한 증언을 가리킬 가능성을 낮춘다.
18 문맥은 분명히 이 두루마리가 시편 자체라는 견해를 뒷받침하지 않는다(Seybold, *Psalmen*, 168-69와는 대조).

다시 긴 행은 새로운 시작을 알린다. 아마도 이제 우리에게 여호와의 가르침이 요구한 것을 말하는 것은 9-10절일 것이다.[19] 여호와의 바람은 예배자가 1-3절이 말한 구원의 행위에 대한 특별히 공개적인 증언을 해야 한다는 것이었다. 우리는 얼마나 흔히 기도에 대한 응답을 받은 자들이 실제로 제물을 바치거나 증언을 하고자 성전에 나타났는지 알지 못한다. 이 활동에 대한 강조는 이 예배자가 특별한 강제성을 느꼈거나 요점이 강조될 필요가 있다고 생각했음을 시사한다. 13-17절은 이 행위의 공적 의미를 강조하지만, 시편 40편은 구원 사건 자체보다도 이 행위를 더 강조한다.

세 행은 다시 내적 병행법을 드러내지만, 또한 서로와도 병행을 이룬다. 본질에서 세 행은 약간의 차이는 있지만 세 번 동일한 진술을 한다. 첫째 행과 마지막 행은 이 증언이 주어질 필요가 있는 많은 회중을 언급한다. 거의 사람들이 참석하지 않는 조용한 목요일 오후에 제물을 차분하게 바칠 필요는 없다.

이 행들은 체데크(ṣedeq)와 체다카(ṣĕdāqâ, 의[*신실함]와 의로운 행위), 및 에무나(ʾĕmûnâ)와 에메트(ʾemet, *진리와 진실한)를 결합하고, *인자와 *구원을 덧붙인다. 이 모두를 예배자는 알렸고(바사르[bāśar], 모두가 들을 수 있도록 큰 목소리로 하는 것으로, 좋은 소식을 전하는 것을 가리키는 동사), 선포했으며, 부정적으로 마음에 숨기거나 이에 대해 입술을 닫지 않았다(참조. 3절).

이크톨(yiqtol) 동사 "닫지 아니할"은 아마도 예배자가 크게 말했을 뿐만 아니라 길게 반복하여 말했음을 시사할 것이다. 여호와가 행하신 일은 단순한 내적 성찰이나 감사의 대상일 수 없다. "여호와여, 주께서 아시나이다"라는 삽입구는 결국 13-17절에서 오게 될 호소를 위해 준비한다. 여호와는 마치 탄원자가 이전 구원의 행위에 대해 적절한 반응을 하지 않았던 것처럼 행동하실 근거가 없다.

[시 40:11-12]

증언의 마지막에서 탄원자는 한 번 더 시작으로 돌아간다. 실제로 여기서는 1-3절과 뒤섞인 것으로 예상했을 수도 있는 이야기의 한 측면을 설명한다. 물론

---

[19] 베스터만(Westermann)은 양식비평에 근거하여, 9-10절에서의 현재 시제 번역을 주장하지만 (*Living Psalms*, 184-85), 과거 시제는 그가 지적한 대로 특히 13-17절에 비추어, 카탈(qatal) 동사들의 더 자연스러운 의미가 되며 더 의미가 통한다.

시편 30편은 다시 증언시에서 자신의 경험을 다시 들려주는 것이 어떻게 직선적 순서로 올 필요가 없는지를 잘 설명하며, 이 시편 나중에 이전 사건들을 다시 들려주는 것으로 되돌아올 수 있다.

> 11 여호와여
>   주의 긍휼을 내게서 거두지 마시고
>   주의 참된 인자로(개역개정: 주의 인자와 진리로-역주) 나를 항상 보호하소서

두 동사가 따로는 기도와 소망으로 이해될 수도 있다. 11b절의 번역은 모호함을 보존하며, 11c절은 달리 "주의 변함없는 인자로 … 하소서"로 번역될 수도 있다. 그렇다면 12절(단순 과거보다는 완료 시제 동사로 번역된)은 탄원자의 현재 어려움을 가리킬 것이다.

그러나 문맥에서 긴 행은 11절이 1-12절의 증언 내에서 새로운 섹션의 시작이라고 표시한다. 더 나아가 13-17절이 다른 곳에서 기도시로 개별적으로 나올 때(시 70편), 11-12절은 13-17절에 포함되지 않는다. 이 두 사실은 11절이 기도가 아니라 일반적 진술임을 시사하는데, 이는 11절이 우리에게 더 많은 정보를 제공할 특별한 경험에 의해 뒷받침된다. 그리고 이 경험에 대해 13-17절은 암묵적으로 호소할 것이다.

"여호와여"는 5절에서 재개하며 두 개의 이어지는 콜론에 적용되는데, 그렇다면 이 콜론들은 병행을 이루고 *abb'a'*로 배열된다. 3인칭의 긍정적 동사는 2인칭의 부정적 동사를 보완하며 넘어서는데, 효과는 "항상"을 추가하여 더 강조된다. 마찬가지로 "주의 참된 인자"(문자 그대로, "주의 *인자와 주의 *진리")는 복합 표현이 단순 표현을 넘어서면서, "주의 긍휼"을 보완한다.

> 12 수많은 악(개역개정: 재앙-역주)이
>   나를 둘러싸고
>   나의 죄악이 나를 덮치므로
>   우러러볼 수도 없으며
>   죄가 나의 머리털보다 많으므로
>   내가 낙심하였음이니이다

이처럼 12절은 영어 번역본들이 시사하듯이, 탄원자의 현재의 어려움에 대한 첫 진술이 아니라, 해결책이 11절의 선언에서 드러난 과거 어려움에 대한 최종 요약을 제시한다. 여기서 다시 콜론 사이에는 병행법이 있지만, 또한 모든 세 행 사이에도 병행법이 있다.

12a-b절은 이 시편에서 "악"으로 무엇을 의미하는지 명확히 하지 않는다. 우리는 처음에는 이것들이 탄원자에게 일어난 *나쁜 일들이라고 여길 수 있지만, 12c-d절은 추가로 또는 오히려 탄원자가 행한 나쁜 일들일 수도 있음을 시사한다. 어느 쪽이든 악들이 압도할 때에, 이것은 죄악들이 압도하고 있음을 의미했다. 이것은 시편 38-39편과도 일치하는데, 거기서도 여호와께 적절히 순종하라는 주장의 결합(참조. 여기 6-10절)이 죄에 대한 인정과 함께 있다.

동사들은 공격당하는 자들이 심지어 볼 수도 없는 방식으로 강력한 군대가 쫓고 따라잡으며, 그 후에 둘러싸는 활동을 시사한다. 동사들은 어려움을 일으키는 죄악의 내적 힘을 전제하는데, 이 역시 시편 38편에 나오는 개념이다. 12e-f절은 12a-b절에서 어려움/죄악의 많음에 대한 것을 재진술하며, 그 후에 12c-d절에서 이것들이 탄원자에게 미치는 영향에 대해 재진술하는데, 여기서는 외적 모습이 아니라 심적인 면에서 진술한다.

[시 40:13-17]

예기치 않은 마지막 섹션은 긴급한 기도로 전환된다. 하지만 탄원자의 의를 회중에게 선언할 의무를 이행할 때 그 의를 회상하듯이, 여호와의 과거 행위에 대한 회상이 이 기도를 고무시킨다. 기도는 2인칭 요청의 두 개의 단일 행에 의해 시작과 끝에도 나오지만, 3인칭 구절의 여섯 행에도 지배적이다. 70인역과 제롬은 이를 단순한 확신의 진술보다는 소원으로 여기는데, 분명히 이 문맥에서는 옳다.

여섯 행 가운데 첫 다섯 행은 병행을 이룬다. 술어는 매번 첫 콜론을 차지하며, 따라서 주어를 앞서는데, 주어는 둘째 콜론을 차지한다. 세 행은 이 시편이 맞서서 기도하는 사람들과 관련되고, 두 행은 이 시편이 동일시하는 사람들과 관련되며, 하나의 마지막 3인칭 행은 탄원자가 명백한 주어로 나온다. 하지만 표면 아래에서 이 여섯 행은 공격자들과 관련된 세 행과 탄원자와 관련된 세 행으로 구성된다.

> 13 여호와여 은총을 베푸사 나를 구원하소서
> 여호와여 나를 돕기를 서두르소서(개역개정: 속히 나를 도우소서 - 역주)

이처럼 이 기도는 2인칭의 대구(對句)로 시작한다. 여호와는 과거에 이 사람들에게 기쁘게 은총을 베푸셨다(44:3[4]). 이 시편은 여호와가 이 자세를 다시 취하시기를 구한다. 이어지는 행들이 일부 명확히 하지만, 우리는 탄원자가 왜 구원이 필요한지 모른다.

둘째 콜론은 $abcb'c'a'$ 행으로 진행되면서 첫째 콜론과 병행을 이룬다. 하나님의 이름이 단순히 반복되고, "서두르소서"는 더욱 긴급하게 "은총을 베푸시기"를 요구한다. 그리고 1인칭 접미사가 있고, 레(l)가 앞서는 명사 *도움은 1인칭 접미사가 있으며, 레(l)가 앞서는 부정사를 보완한다.

> 14 내 생명을 찾아 멸하려 하는 자는
> 다 수치와 낭패를 당하게 하시며
> 나의 해를 기뻐하는 자는
> 다 물러가 욕을 당하게 하소서
> 15 나를 향하여 하하 하하하며 조소하는 자들이
> 자기 수치로 말미암아 놀라게 하소서

14-15절은 탄원자의 공격하는 자들과 관련된 소망에 대한 세 개의 병행을 이루는 표현으로 구성된다. 각 행에서 그들의 운명은 수치와 낭패를 당함, 물러감과 욕을 당함, 수치와 놀람과 같이 두 개의 동의어나 겹치는 방식으로 묘사된다.

각 둘째 콜론(개역개정에서는 첫째 콜론이 됨 - 역주)은 이런 운명을 당할 수밖에 없게 된 것을 묘사한다. 즉, 탄원자가 동정을 받아 마땅할 때, 그들은 탄원자의 죽음을 구했고, 탄원자에게 해가 있기를 원하며(6, 8절의 "원함"과 대조됨), 열광의 표현인 "만세, 만세"를 시사하는 "하하 하하"라고 말한다.[20]

---

20 참조. 탈굼의 "우리는 그의 몰락을 기뻐한다, 우리는 그의 고통을 기뻐한다"(Stec, *Targum of Psalms*, 86).

그들이 변하지 않으면 탄원자가 저주와 재앙과 죽음으로 압도되든지, 이 사람들이 자신들의 거짓으로 수치를 당해야만 한다.²¹ 탄원자의 기도는 그들이 구하고 있는 것보다 오히려 관대하다. 그들은 곤경과 죽음을 구하고 있다. 탄원자는 단순히 하나님의 구원을 구하고 있는데, 이는 이처럼 그들이 그들의 본 모습으로 드러나도록 함을 의미할 것이다.

> 16 주를 찾는 자는
>   다 주 안에서 즐거워하고
>   기뻐하게 하시며 주의 구원을 사랑하는 자는
>   항상 말하기를 여호와는 위대하시다 하게 하소서

여기서 탄원자와 같은 사람들과 관련된 소망에 대한 두 가지 표현이 이어진다. 개인에게서 공동체로의 변화는 증언을 특징짓는다. 즉, 탄원자에게 일어난 일이 일반 신자들에게 중요하다. 여기서 논리는 반대이다. 이 시편은 일반 용어로 소망을 표현하지만, 실제 관심은 이것이 탄원자를 위해 실행되어야 한다는 것이다.

두 행은 다시 병행을 이룬다. 여호와 안에서 즐거워하고 기뻐함(14-15절의 부정적 표현들과 병행을 이루는 또 다른 이중적 표현)은 여호와가 위대하시다는 선언으로 표현하는데, 이는 이 기쁜 즐거움이 단순한 기쁨이 아니라 여호와 안에서의 기쁨이라는 점을 발전시킨다. 그리고 이 선언은 한 번의 증언이 아니라 계속되는 삶을 특징지을 것이다(참조. 30:12[13]).

마찬가지로 여호와에게서 *도움을 구하는 것은 나아가 여호와의 *구원을 사랑한다(*헌신한다)고 정의된다. 이 경우 첫 구절은 둘째 구절을 설명하는 데 도움이 된다. 여호와의 구원을 사랑한다는 것은, 구원에 대해 전적으로 의지하고 의존함을 내포한다.

---

21 에케브('ēqeb)에 대해, Dahood, *Psalms*, 1:251-52을 보라. 하지만 나는 이 단어의 모음을 수정할 필요가 없다고 본다.

> 17 나는 가난하고 궁핍하오나
> 　주께서는 나를 생각하시오니
> 　주는 나의 도움이시요 나를 건지시는 이시라
> 　나의 하나님이여 지체하지 마소서

　소망에 대한 세 번째 긍정적 표현은 16절에서 암묵적인 것을 명백히 밝힌다. 곧, 16절에서 탄원자가 자연스럽게 실제 초점이었다는 것이다. 여기서 소원은 이어지는 주어와 함께 첫째 콜론으로 가져오는 대신에 둘째 콜론을 차지한다. 한 번 더 첫째 콜론은 한 쌍의 용어를 사용하는데, 이번에는 가난(*연약)과 *궁핍이라는 고통스러운 쌍이다. 이 용어들은 다수의 적 공격에 직면하여 이 한 사람의 무기력함을 드러낸다. 이 소원은 나의 *주님이 나를 "생각"하는 것이다.

　이 시편은 암시적으로 시편들이 전형적으로 악한 사람들이 음모를 "생각하는 것"을 가리키는 동사(하샤브[ḥāšab])를 다시 사용한다(예를 들어, 10:2; 21:11[12]). 탄원자를 공격한 자들은 분명히 이 일을 행하고 있다. 이 시편은 여호와가 생각하시고 그들보다 더 좋은 계획을 제안하시기를 바란다.[22]

　마지막으로 이 시편은 직접적 기도, 따라서 13절의 형태로 복귀한다. 기도의 내용은 또한 거기서의 시작하는 기도를 이어 간다. *도움이라는 단어가 반복되고 "건짐"(팔라트[pālaṭ] 피엘)은 이전의 "구원"(나찰[nāṣal] 히필)과 병행을 이루며, "나의 하나님"은 "여호와"와 병행을 이루고 "지체하지 마소서"는 "서두르소서"와 병행을 이룬다.

3. 신학적 의미

　히브리서 10장은 예수님을 이해하고자 시편 40편에 호소하며, 이와 관련하여 구체적으로 예수님이 제사를 폐지하셨다고 판단하는 근거를 제공하는 이 시편에 호소한다.[23] 우리는 이 시편 자체가 제사가 없어도 좋다고 생각하는 것 같지

22　70인역은 이 동사를 이크톨(yiqtol)로 여기지만 문맥에서는 이럴 가능성이 낮다.
23　히 10장에서 이 시편의 기독론적 사용에 대해, Braulik, *Psalm* 40, 272–308을 보라.

는 않음을 인지했다.

일반적으로 한탄은 증언으로 이어진다. 여기서 "이 순서는 틀렸다. 불평은 새로운 노래의 기쁨 후에 오지 않아야 한다." 하지만 이것은 "방향의 상실에서 새로운 방향 설정으로의 움직임은 하나의 곧은 선으로 진행하지 않는다. … 우리 일상에서 구원의 기쁨은 구덩이에 대한 절망과 두려움으로 즉각 둘러싸이고 공격받는다"는 것을 보여 준다.

하지만 이것은 깊은 신뢰에도 계속되는 현실이다.[24] 심지어 하나님의 구원을 경험한 후에도, "시련의 날과 더 큰 시련의 날이 올 것이다. … 누구도 복음이 약속하지 않은 것을 자신에게 약속하지 말라."[25]

신자들이 하나님의 도우심을 구하고 하나님이 그들을 구원하시지만, 그 후에 어려움이 반복되고 비슷한 방식으로 다시 하나님께 올 필요가 있을 때, 이 시편은 그들이 그렇게 할 수 있는 근거 일부를 제안한다. 이 시편의 중요한 강조점은 그들이 이전의 구원을 하나님 앞에 적절히 인정했다는 예상이다. 실제로 우리의 치유는 우리가 그렇게 했을 때야 비로소 완성된다(눅 17:11-19).

하지만 이 시편은 이 사실의 중요성 또 다른 측면을 내포한다. 예수님은 맹인의 질병의 의미에 대한 질문을 받으셨을 때, 그 의미는 하나님이 그 사람의 치유에서 영광을 받으려 한 방식에 있다고 설명하셨다(요 9:3). 치유가 그 사람을 위해서보다는 하나님을 위해 일어났다고 말하는 것은 과장일 수도 있지만, 큰 과장은 아닐 것이다.

비슷하게 만약 이스라엘 사람이 하나님의 구원을 구하고 받았는데 하나님께 영광을 돌리려고 하나님의 백성 가운데 서려고 오지 않았다면, 최소한 이 구원의 요점의 절반은 사라진다. 만약 우리가 하나님의 구원이나 치유를 받고 결코 공개적으로 말하지 않는다면, 우리는 다음에 하나님의 구원이나 치유를 구하는 한 근거를 상실한다.

---

24 Brueggemann, *Message of the Psalms*, 131.
25 Augustine, *Psalms*, 128.

제41편

생각하는 사람의 복

1. 본문

다윗의 시, 인도자를 따라 부르는 노래

1 가난한 자[1]에 대해 생각하는(개역개정: 가난한 자를 보살피는-역주) 자에게 복이 있음이여
  재앙의 날에 여호와께서 그를 건지시리로다
2 여호와께서 그를 지키사 살게 하시리니
  그가 이 세상에서 복을 받을 것이라[2]
  주여 그를 그 원수들의 뜻에 맡기지 마소서
3 여호와께서 그를 병상에서 붙드시고
  그가 누워 있을 때마다 모든 곳을 바꾸어주시나이다(개역개정: 그의 병을 고쳐 주시나이다-역주)

4 내가 말하기를[3] 여호와여 내게 은혜를 베푸소서

---

1 70인역과 탈굼은 (예를 들어) 웨에비욘(wĕʾebyôn]), "그리고 궁핍한"을 내포하는, "가난한"에 대해 둘째 단어를 추가하지만, 40:17 [18]에 근거한 확장인 것 같다(Kirkpatrick, *Psalms*, 216).
2 Q 웨웃샤르(wĕʾuššar)를 따른다. K yʾšr는 예앗셰르(yĕʾaššēr), "그는 (그에게) 복을 준다"를 내포할 수 있다(참조. 70인역, 제롬, 탈굼).
3 이 시편을 기도시로 이해하는 것은, 우리가 카탈(qatal)을 "내가 말하다"로 번역할 필요가 있음을 의미할 것이다. 이에 대한 많은 거스텐버거(Gerstenberger)의 비슷한 표현(*Psalms*,

내가 주께 범죄하였사오니 나를 고치소서 하였나이다

5 나의 원수가 내게 대해 악담하기를

그가 어느 때에나 죽고 그의 이름이 언제나 없어질까 하며

6 나를 보러 와서는

거짓을 말하고

그의 중심에 악을 쌓았다가

나가서는 이를 널리 선포하오며

7 나를 미워하는 자가 다 하나같이 내게 대해 수군거리고

나를 해하려고 꾀하며

8 이르기를 벨리알에게서의(개역개정: 악한-역주) 병이 그에게 들었으니

이제 그가 눕고 다시 일어나지 못하리라 하오며

9 내가 신뢰하여

내 떡을 나눠 먹던

나의 가까운 친구도

사기꾼으로 나를 대적하여 자신을 높였다(개역개정: 나를 대적하여 그의 발꿈치를 들었나이다-역주)[4]

10 그러하오나 주 여호와여 내게 은혜를 베푸시고

나를 일으키사 내가 그들에게 보응하게 하소서 이로써

11 내 원수가 나에게 외치지(개역개정: 나를 이기지-역주) 못하오니

이로써(개역개정에는 없음-역주) 주께서 나를 기뻐하시는 줄을 내가 알았나이다

12 주께서 나를 온전한 중에 붙드시고

영원히 주 앞에 세우시나이다

1:175)은 의문의 여지가 있으며, 어느 것도 이것만큼이나 분명하지는 않을 것이다.

4 70인역은 "그의 발꿈치를 확대했다"라고 번역하였으며, 전통적으로 번역들은 "그의 발꿈치를 들었다"라고 바꾸어 표현함으로써 이를 의미가 통하게 하려고 시도한다. 하지만 발꿈치를 드는 것은 (예를 들어) 누군가를 넘어뜨리는 것을 묘사하는 명백한 방법이 아니다. 나는 오히려 히그딜(*higdîl*)을 내적 히필(hiphil)로 여기는데, 특히 원수들의 행동을 묘사하는 흔한 용법이다(참조. 35:26; 38:16[17]; 55:12[13]). 그렇다면 아케브('*Āqēb*)는 명사 "발꿈치"가 아니라 명사나 형용사인 "배반자, 사기꾼, 탈취하는 자"이다(참조. 49:5[6]). 참조. 탈굼.

2. 해석

시편 40:1-12과 마찬가지로, 이 증언은 기대할 수 있는 요소들을 포함하지만 독특한 형태로 된 요소들을 포함한다. 이 시편은 어떤 종류의 사람의 "복"(1-3절)에 대한 일반화로 시작하는 데서 시편 1편 및 32편과 병행을 이루며, 이는 시작할 때에 이 시편에 교훈적 어조를 띠게 한다.

하지만 이 시작하는 섹션은 또한 신앙고백으로 여호와를 부르는 동사들을 통합한다. 호소나 신뢰의 진술과 같은 것으로서 이것들은 기도로 이어질 수 있으며, 4-10절은 실제로 기도를 보고하지만, 이것은 탄원자가 현재 하는 기도가 아니라 이미 한 기도에 대한 보고이다. 이처럼 이것은 여호와가 그 기도에 응답하신 방식을 설명하는 것으로 이어진다(11-12절).[5]

이 시편이 시작하는 일반화에 대한 근거를 제공하는 것은 전체 4-12절에서의 이 증언이다. 이 시편의 교훈적 어조는 회중이 증언에서 교훈을 배우라는 관심을 가지고, 증언 자체의 특성에 있는 암묵적인 것의 향상된 형태일 뿐이다.[6]

"중간 절들은 프롤로그에서 찬양한 긍휼과 에필로그에서 기념한 옹호의 참된 가치를 끌어내고자 강렬하게 (시련을) 되살리고 있다. … 이 시편의 본론만이 이 시편이 시작한 행복이 얼마나 진심에서 우러나오는 것인지를 드러낼 수 있다."[7]

[표제]

> 다윗의 시, 인도자를 따라 부르는 노래

용어 해설을 보라.

다윗이 아프다는 설명이 없지만(미갈이 다윗이 아프다고 가장할 뿐; 삼상 19:11-17), 일반적으로 우리는 다윗이 이 행들을 따라 여호와의 구원을 증언하고 있다고 생각할 수 있다. 우리는 또한 후속 왕들이 이 시편을 사용한다고 생각할 수 있다.

---

[5] Craigie (*Psalms 1-50*, 319)는 1-3절을 제사장이 탄원자에게 하는 말로 여기지만, 2b절과 3b절에서 하나님께 말하는 2인칭 동사들은 이런 읽기를 어렵게 한다.
[6] Cf. Weiser, *Psalms,* 343.
[7] Kidner, *Psalms,* 1:161.

[시] 41:1-3

이 시작하는 섹션에서 여호와는 각 행에서 불린다(이름은 다시 4절에 나올 것이다). 1b절, 2a절, 3a절의 동사들은 별개로 저씨브(jussive, 그리고 3b절의 카탈은 간원으로)로 여겨질 수 있지만 1a절의 진술을 따르면서, 이 동사들은 진술인 것 같다. 이크톨(yiqtol, 1b, 2a, 3a절)과 카탈(qatal, 3b절)의 조합은 우리가 전체를 현재로 번역할 것을 제안한다.

> 1 가난한 자에 대해 생각하는(개역개정: 가난한 자를 보살피는-역주) 자에게 복이 있음이여
> 재앙의 날에 여호와께서 그를 건지시리로다

1절에서 *복에 대한 선언은 암묵적으로 주목하라는 권고이다. 이것은 "*가난한 사람에 대해 생각하라"는 것을 내포하며, "거기서 배울 무언가가 있다"는 것이다.[8] 이 권고는 직관에 어긋난다. 사칼(śākal)은 "보통 실무자의 실제 지혜를 묘사한다."[9] 그리고 이런 사람은 가난한 사람들에게서 배울 게 많다고 여기지 않는다. 실제 지혜는 우리가 우리 자신만 돌보면 된다고 말한다. 이 시편(많은 잠언과 마찬가지로)은 말할 다른 것들이 있다고 선언한다. 이 동사는 표제 *가르침을 떠올리게 한다. 시편 32편과 이 동사가 나오는 곳(32:8)을 보라.

여기서 둘째 콜론은 우리가 가난한 자의 경험에서 도대체 무엇을 배워야 하는지를 가리킴으로써 첫째 콜론을 명확히 한다. 여호와는 스스로 도울 수 없는 사람들을 도우신다. 우리는 이 시편이 증거와 충돌하는 것 같은 신학적 이론을 제안하고 있지 않고 경험에서 추론하고 있음을 발견할 것이다. 가난한 사람은 이 증언을 하는 사람이다.

---

8 "가난한 사람에 대해 생각하는 것"은 보통 "가난한 사람을 위해 생각하는 것"을 시사한다고 여겨지지만(예를 들어, NJPS), 동사 사칼(śākal)의 이런 용법과 비슷한 사례는 없다(cf. Weiser, *Psalms*, 343).
9 Kidner, *Psalms*, 1:161.

> 2a-b 여호와께서 그를 지키사 살게 하시리니
> 　그가 이 세상에서 복을 받을 것이라

한편, 2-3절은 여호와가 가난한 자를 돌보시는 방식을 더 자세히 설명한다. 처음에는 2a-b절이 1절과 함께 *abb'a'*의 쌍을 완성한다. "지키다"와 "살게 하다"는 "건지다"의 함의를 설명한다. 즉, 어려운 시기가 올 때, 여호와는 어려움이 그들을 압도하지 못하고 삶이 계속되도록 돌보실 것이다. "살게 하다"는 문자 그대로 "계속 생존하게 하다" 또는 "생명을 회복하다"이다.

둘째 콜론은 복에 대한 사실에다가 복을 인정함을 더 하면서, 복에 대한 요점으로 되돌아오는데, 이는 1a절에서도 주장됐다.

> 2c 주여 그를 그 원수들의 뜻에 맡기지 마소서
> 3 여호와께서 그를 병상에서 붙드시고
> 　그가 누워 있을 때마다 모든 곳을 바꾸어주시나이다(개역개정: 그의 병을 고쳐 주시
> 　나이다-역주)

이제 셋째 행은 여호와에 대한 발언과 이 세-콜론의 시작하는 콜론과 마무리하는 콜론에서의 여호와께 말함을 결합하는데, 이 세-콜론은 이 시편의 첫 섹션을 끝낸다. 발언의 번갈아 나오는 양식들은 감사(하나님께 하는)와 증언(다른 예배자들에게 하는)으로서의 이 시편의 특성을 반영한다.

시작하는 콜론 역시 예기치 않게 부정어 알(*'al*)[10]을 사용하는데, 이는 여호와께 무엇이 가능한지에 대한 강력한 진술을 시사한다. 다른 사람들의 부정적 태도는 여호와가 가난한 사람을 건져 내시는 어려움의 한 형태이며, 이 어려움에서 여호와는 살게 하신다. 그들은 자신들이 얻을 수 있는 것 때문에 그가 회복되기보다는 죽는 것을 보기를 원한다(4-10절을 보라).

둘째 콜론과 셋째 콜론은 여호와가 어떻게 건지시는지를 설명하기 시작한다. "여호와"는 두 콜론에 적용되는데, 두 콜론은 병행을 이루며, *abcb'a'c'*로 배열된다. 동사들은 3인칭 이크톨(yiqtol)이고 그 후에 2인칭 카탈(qatal)인데, 첫째 동사

10　GKC 109e을 보라.

(사아드[sāʿad])는 덜 친숙하지만 둘째 동사는 요점을 더 발전시킨다. 즉, 여호와는 단순히 상황을 유지하실 뿐만 아니라 바꾸신다. "모든"이 이를 강조한다. 병상을 가리키는 두 단어는 물리적 구조의 특성(틀이 있는 것)[11]과 사람이 거기서 하는 것의 특성(눕다)을 가리킨다.

[시 41:4-9]

이제 이 중간 섹션은 예배자가 하는 기도를 설명하는데, 기도의 응답은 1-3절에서의 주장에 대한 증거를 제공한다(참조. 30:6-10[7-11]에서의 이런 기도의 회상). 나는 발언의 시작하는 동사 후에 모든 일곱 행이 이 기도를 보고하며, 사실 단독으로 기도시가 될 수 있다고 판단했다.[12]

이 기도는 5b-6절과 8절에서 탄원자의 원수들에게서의 두 가지 내부적 인용을 포함한다. 이 이해는 5-8절에서 복수와 단수 사이에 번갈아 나오는 것을 의미가 통하게 하며, 또한 9-10절을 의미가 통하게 하는데, 9-10절은 현재의 애가와 기도가 아니라 회상된 것이다.

> 4 내가 말하기를 여호와여 내게 은혜를 베푸소서
>   내가 주께 범죄하였사오니 나를 고치소서 하였나이다

4절의 두 콜론은 *abb'c* 순서를 따른다. "*은혜를 베푸소서"와 "고치소서" 사이의 병행법은 둘째 동사가 첫째 동사를 정확히 하면서 자연스럽다. 마무리하는 구절이 놀라운 이유는, 1-3절에서 이 예배자가 머리를 높이 들고 여호와 앞에 올 수 있다는 인상을 우리가 받기 때문이다. 시편 38-40편을 특징지었던 이 주제가 여기서 다시 나타난다.

죄에 대한 의식은, 일반적 의미에서 우리의 질병이 우리가 죄인이라는 사실을 나타내지만, 이것이 특정 결점과 특정 질병의 구체적 연관성을 내포하지는 않는다는 암시와 더불어, 치유나 구원을 위해 여호와께 호소할 자유 의식과 공

---

11 BDB를 보라.
12 사실 그것들이 한번 그렇게 했다고 주장됐다(예를 들어, Lindström, *Suffering and Sin*, 299-323).

존한다. 실제로 역설적으로 도덕적으로 죄를 범한다는 사실은 여호와가 은혜를 베푸시고 고치시는 이유가 된다. 즉, 결국 범죄가 없으면 은혜가 필요하지 않을 것이다.

> 5 나의 원수가 내게 대해 악담하기를
> 그가 어느 때에나 죽고 그의 이름이 언제나 없어질까 하며

마찬가지로 탄원자는 원수들의 공격을 이 범죄의 단순한 결과가 아니라 비난할 만한 것으로 다룬다. 5-6절은 그들의 말에 대해 처음으로 보고한다. 그들이 말하는 악담(*나쁜 일, 5a절)은 그들이 탄원자의 탓으로 돌리는 악일 수도 있지만 (6절은 이에 대해 계속 묘사할 것이다), 여기서 둘째 콜론은 이것이 그들이 계획한 어려움이거나 최소한 그들이 바라는 것이라고 시사한다.

"악담"을 가리키는 단어는 1절(개역개정: 재앙-역주)에서와 동일한 의미를 지닌다. *이름이 없어짐은 단순히 죽은 사람이 잊힌다는 것을 의미할 수도 있지만, 또한 그의 땅이 처분당할 수 있음을 시사할 수도 있으며, 이는 그들이 그가 죽기를 바라는 더욱 분명한 이유가 될 것이다.

> 6 나를 보러 와서는
> 거짓을 말하고
> 그의 중심에 악을 쌓았다가
> 나가서는 이를 널리 선포하오며

많은 영어 번역본은 6절이 원수들을 가리킨다고 여기지만, 단수가 계속된다는 것(NRSV과 NIVI에서는 모호함)은 6절이 계속 탄원자에 대한 원수들의 말임을 시사한다. 그들은 "말뿐"인 누군가에 대해 말하면서, 대담하게 탄원자를 그들 자신이 행동한 방식으로 행동했다고 고발한다. 그 후에 요점은 병행을 이루는 행에서 더 발전된다.

이 거짓(*헛된 것)은 말하는 것과 생각하고 계획하는 것이 다른 것을 의미한다. 그리하여 탄원자는 (원수들이 말하기를) 정신적으로 자신에 대한 악(*해)을 모으고 있다. 즉, 되돌아올 악이 아니라, 적절한 시기에 이행하기로 계획한 악이다. 중

심에 거짓으로 기분 좋은 것을 말하면 밖으로는 참된 의도, 곧 악을 끼치려는 의도를 말해 버리게 된다.

> 7 나를 미워하는 자가 다 하나같이 내게 대해 수군거리고
>   나를 해하려고 꾀하며

7-8절은 다시 말을 먼저 소개하고 그 후에 말을 보고하면서, 5-6절의 순서를 반복한다. 말하는 사람들은 단순히 서로에게 수군대고 있을지 모르지만(참조. 삼하 12:19), 어근 lḥš은 종종 속삭이는 주문을 가리키며(예를 들어, 58:5[6])[13] 아마도 쉬익하는 소리를 시사하고 원래 뱀 피리를 가리키는 의성어일 것이다.[14]

둘째 콜론은 수군댐의 내용과 대상을 가리킨다면 이것과 들어맞을 것이다. 다시 "해"(5절에서는 "악담"이라고 번역함-역주, *나쁜)는 탄원자에 *적대적인 사람들의 목표이다. 그들의 주문의 통일성은 그들의 힘을 더하는 것 같으며, 그들을 더 더욱 무섭게 만드는 것 같다(두세 사람이 함께 모이는 곳에 … ").

> 8 이르기를 벨리알에게서의(개역개정: 악한-역주) 병이 그에게 들었으니
>   이제 그가 눕고 다시 일어나지 못하리라 하오며

이처럼 8절은 5b-6절과 병행을 이루고, 그들의 수군댐의 내용이나 함의나 핵심을 가리킨다. 그들은 자신들의 일을 다 했으므로 탄원자의 지위와 이제 이어질 일들에 관한 내용에 만족하면서 쉴 수 있다. 나는 데바르(dĕbar)를 흔한 다바르(dābār, 말, 사물)가 아니라 유행병을 의미하는, 덜 흔한 데베르(deber)와 연결시키는 데서 KJV를 따르는데, 데베르는 91:3, 6의 비슷한 맥락에 나온다.

이는 질병과 주문이라는 현재 맥락에서의 언급과 이어지는 벨리알에 대한 언급(18:4[5] 해설을 보라)과도 들어맞는다. 공격하는 자들이 직접 질병이 벨리알에게서 오는 것으로 묘사했거나, 이것은 그들이 소유한 세력의 근원에 대한 탄원자의 확신일 수도 있다. 그들은 죄인이 적절한 징벌을 받는다고 보는 데서 자신

---

13 Cf. Theodor H. Gaster, "Short Notes," VT 4 (1954): 73-79, 특히 74.
14 사 26:16에서 이것은 보통 기도를 가리킬 수 있지만, 본문은 모호하다.

들이 여호와의 종들로 활동하고 있다고 이해했을 수도 있다. 이와 같이 이 유행병은 그들의 주문의 결과로 탄원자에게 쏟아지거나 들게 된다.[15]

벨리알과의 연관성도 그 질병의 치명적 특성을 가리킬 수 있다. 즉, 다시 일어나지 못한다는 언급은 더 나아가 18:4[5]과 비슷하다. 병상은 죽음의 자리가 될 것이다.

> 9 내가 신뢰하여
>   내 떡을 나눠 먹던
>   나의 가까운 친구도
>   사기꾼으로 나를 대적하여 자신을 높였다(개역개정: 나를 대적하여 그의 발꿈치를 들었나이다-역주)

탄원자는 공격하는 자들의 파괴적 행위를 마지막으로 묘사한다. 여기서 그들은 많은 영어 번역본이 6절에서 하는 방식으로 한 사람으로 개별적으로 표현되지만, 내용과 1인칭 접미사는 이제 공격을 당하는 것에 대해 말하는 이는 탄원자임을 분명히 한다.

"나의 친구"는 "나의 샬롬(šālôm)의 사람", 나의 샬롬에 전념해야 했던 사람이거나 내가 언약 관계를 맺었던 사람이다. 병행을 이루는 콜론은 보완하여 묘사한다. 즉, 이는 내가 신뢰했던 사람이다. 9b절은 세 번째로 묘사한다. 즉, 이는 연인(잠 9:5)이나 내가 책임을 져야 하는 사람(느 5:14-18)이거나 내 가족(욥 42:11; 사 4:1와 대조해 보라)이거나 더욱 역설적으로는 내가 친구로 대했던 원수(잠 25:21)와 같이 내 환대를 받는 데 익숙했던 사람이다. 이 세 묘사는 두 행에 있는 마지막 콜론의 극악함을 굳건히 한다.

명백히 우리는 두 행의 끝전에도 이것이 그들이 가고 있는 곳임을 추측할 수 있을 것이다. 왜냐하면, "나의 샬롬의 사람"이 구약에 나오는 곳마다 다른 누군가의 샬롬을 촉진해야 하지만 그렇게 하지 못하는 방식으로 행동하는 사람들을 가리키기 때문이다(렘 20:10; 38:22; 욥 1:7).

---

15 "들다"를 가리키는 단어의 다른 형태는 사 26:16에서 "속삭이다"를 가리키는 단어와 관련되어 나오지만, 다시 본문은 어렵다.

"내 빵을 나눠 먹던 사람들"은 동일한 의미를 지닐 수 있다(욥 1:7). 그리고 아마도 탄원자는 누구라도 너무 솔직하게 *신뢰하지 않을 정도로 현명했어야 했을 것이다(참조. 렘 17:5-10). 그러므로 여기서 탄원자를 위해 상황이 잘 진행되도록 해야 했던 사람은 대신에 문제를 일으키려고 시도하고 있다. 이는 사회와(나) 내 땅과(이나) 내 삶에서 내 지위에서 나를 속이려는 목적으로 자기 주장에 의해 나를 향해 야곱("야곱"은 "사기꾼"을 가리키는 단어와 닮았다)과 같은 방식으로 행동했던 사람이다.[16]

[시 41:10]

> 10 그러하오나 주 여호와여 내게 은혜를 베푸시고
> 나를 일으키사 내가 그들에게 보응하게 하소서 이로써

이 침착한 기도는 종종 기도시에서 나타나는 이중적 소원의 형태로 마무리한다. 첫째 콜론은 "당신"(개역개정: 주-역주)이라고 부르면서 기도의 시작하는 콜론(4a절)을 요약한다. 둘째 콜론은 침상에서 다시 일어나지 못할 것이라는 원수들의 선언을 이어 가고, 그 반대로 여호와가 일으키실 것이라고 구하면서, 이 긍정적 요청을 계속 이어 감으로써 시작한다. 그 후에 둘째 콜론은 샬롬(*šālôm*)에서 실패한 사람을 쉴렘(*šillēm*, 피엘)할 기회를 계속해서 구한다.

이것은 여호와가 보복해 주시라고 요청하는 대신에 공격자들에게 보복할 기회를 구하면서, 시편에서 흔한 부정적 소원에 대한 변형으로 보통 여겨진다. 다윗 자신은 사람의 손에 빠지는 것보다 하나님의 손에 빠지는 것이 덜 위험하다고 실제로 판단했을지라도(삼하 24:14), 이 결과는 하나님께 징벌을 받는 것보다 공격자들에게 더 불쾌한 경험이 될 것인지는 명확하지 않다.

어거스틴은 이 시편을 기독론적으로 해석할 때 예수님이 이를 기도하신 것에 대해 매우 만족했을지라도, 그럼에도 이것은 매우 기독교적인 기도가 아닌 것 같다.[17] 그렇다면 이 시편은 우리가 하나님께 말할 것과 하나님께 요구할 수 있

---

16 요 13:18은 이 행을 유다가 예수님을 배반하는 것에 적용한다.
17 *Psalms*, 131.

는 것에 대한 한계가 없다는 것을 또다시 가리키는 것일 수 있으며, 11-12절이 내포할 수 있듯이, 하나님이 이 기회는 아니지만, 구원을 실제로 허락하시더라도, 요청을 인정하지 않으신다고 해서 하나님이 기도에 응답하지 않으시는 것은 아니라는 것을 또다시 잘 보여 줄 수 있다.

이런 식으로 아마도 이 마지막 콜론은 또한 기도의 시작하는 행과 쌍을 이룰 것인데, 이 기도는 하나님의 바람에 미치지 못함을 인정했다. 탄원자는 죄가 없는 척하지 않고 현재의 상태에서 기도한다.

하지만 모두가 이 절의 전통적 이해가 옳다고 전제하는 반면에 미드라쉬 테힐림(Midrash Tehillim)은 이것이 탄원자가 아니라 여호와가 보복하시는 이라는 구약의 보통 기대와 충돌함을 이미 주목했다(이는 또한 이런 기도에 대해 곤혹스러워하는 것이 특히 기독교에만 있는 것은 아님을 강조한다).[18] 이처럼 미드라쉬는 잠언 20:22에 비추어 이 시편이 선으로 악을 갚고 있음을 언급한다고 시사한다.

나는 이전 절에 있는 같은 어족어 명사에 비추어 이 동사를 이해한다. 이 동사는 어근 동사 샬렘(šālēm)이 아니라, 명사에서 파생한 동사 샬람(šālam)의 한 사례이다. 탄원자는 우정을 깨뜨린 사람들과 올바른 관계를 구하겠다고 약속하고 있다.

[시 41:11-12]

예배자는 하나님이 이 기도를 어떻게 응답하셨는지를 설명함으로써 감사를 마무리한다.[19]

> 11 내 원수가 나에게 외치지(개역개정: 나를 이기지-역주) 못하오니
> 이로써(개역개정에는 없음-역주) 주께서 나를 기뻐하시는 줄을 내가 알았나이다

---

[18] *Midrash on Psalms*, 1:438.
[19] 전후 문맥을 무시하고 우리는 11a절의 동사들이 상태동사로 이해할 수 있으며(NRSV, NIVI도 그렇다), 12절의 동사들을 완료로 번역할 수 있는데(cf. GKC 111r; JM 118p; *TTH* 79), 물론 11a절을 "내가 알 것이다"(cf. NJPS, NEB)로 번역하는 것은 임의적인 것 같다. 하지만 카탈(qatal) 동사들이 11-12절 전체에서 지배적이라는 사실은, 두 행이 예배자의 이야기를 이어 가는 것으로 읽어야 함을 시사한다(참조. 70인역, 제롬).

도덕적으로나 종교적으로 죄를 범했다고 해서 명백히 예배자가 여호와를 기쁘시게 하지 못하는 것은 아니다. 여호와의 기쁨은 그 대상의 가치에 의존할 필요가 없고 여호와 안에서 나온다. 여호와의 즐거움의 증거나 외부에 드러남은 은혜의 행위이며, 은혜의 계속된 결과는 처음 11a절에 묘사되는데, 이는 11b절의 "이로써"를 설명한다.[20] 은혜의 행위는 원수들이 이제 탄원자에 대적하여 승리의 자세(*외치다)를 취할 위치에 있지 않음을 의미한다.

> 12 주께서 나를 온전한 중에 붙드시고
>   영원히 주 앞에 세우시나이다

결국, 마지막 행은 다른 함의를 시사하면서 이 은혜의 행위의 특성을 더 깊이 설명한다. 예배자는 기도와는 아니더라도 1-3절과 조화를 이루어, 이제 *온전한 사람으로서 말하며, 이 온전함은 여호와가 붙드시는 행위의 근거였다. 예배자는 공격자들에 맞서 옹호받았다. 처음에 여호와의 행위에 대한 묘사는 사람들이 예상하듯이 "들어 올리는 것"이 아니라 "붙드는 것"(타마크[tāmak])에 대해 말한다.

어떤 의미에서 예배자는 내몰리지는 않았더라도 넘어졌었다(8, 10절). 하지만 이것은 최종 몰락을 의미하지는 않았다. 여호와는 붙드시는 분으로 입증됐다.

이제 둘째 콜론은 일으키거나 세우는 것(나차브[nāṣab] 히필)에 대해 말하는데, 물론 이 동사는 세워지는 것이 이전에 무너진 것이었다고 전제하지는 않는다. 오히려 "나를 세우다"는 누군가가 이 예배자를 또 다른 사건에서 무너뜨리기 훨씬 어렵게 할 더 확고하게 세움을 시사한다는 점에서 "붙드는 것"을 넘어선다. 이것이 특별히 사실인 이유는, 예배자가 이제 여호와 앞에 항구적으로, 여호와의 눈과 여호와의 보호 대상 앞에 항상, 서 있기 때문이다.

---

[20] Cf. BDB 471b.

3. 신학적 의미

시편 41편이 제1권 마지막에 자리 잡은 위치는 처음에 있는 시편 1편과 비슷한 점과 대조되는 점을 주목하게 한다. 둘은 어떤 종류의 사람들의 복에 대한 언급으로 시작한다. 시편 1편은 여호와의 가르침에 주목한 사람의 복을 선언했다. 어려움은 중간에 있는 대부분의 시편이 이 선언에 대한 단순한 이해로 물음표를 던졌다는 것이다. 중간에 나오는 대부분의 시편은 삶이 이처럼 진행되지 않는다는 사실에 거듭된 항변으로 구성된다. 실제로 많은 시편이 이런 선언과 경험의 사실 사이의 긴장을 구체화한다.

시편 41편은 1-3절의 주장과 4-10절에 반영된 경험에서 이를 구체화한다. 이처럼 전체 시편 41편은 (예를 들어) 시편 22편과 같이 두 현실에 직면하지만, 선언 역시 중간에 나오는 모든 시편에 비추어 시편 1편에서의 선언을 넌지시 비추고 있다. 여호와의 가르침에 주목할 때에 복이 있다.

또한, 이런 주목함은 이 경험에서 여호와가 단순히 떠나 버리셨다는 것을 의미하지는 않음을 드러내므로, 시편 1편이 어떤 사람들을 위해 생각해 내지 않은 것 같은데, 그들에게 일어난 일에 주목할 때에도 복이 있다. 여호와는 어려움에서 보존하는 일이나 구하는 일에서 신실하게 행동하신다.

이런 결합은 또 다른 결합인 복이 여호와의 길을 행하는 사람들에게 속한다는 선언(1:1, 6)과 복이 여호와가 가난한 자들을 위해 행동을 취하신다고 인식하는 사람들에게 속한다는 선언(41:1-2)에도 수반된다. 이는 여호와의 길을 행하는 것은 가난한 자들을 위해 행동하는 것과도 관련된다는 것을 의미할 것이다.[21]

하지만 또 다른 결합은 여호와가 이 가난한 사람을 기뻐하시기 때문에 건지기 위해 행하셨다는 사실에서 온다(11절). 이는 사람들이 여호와의 가르침에서 기쁨을 찾는다는 이전의 언급을 떠올리게 한다(1:2). 시편 41편은 여호와의 은혜에 호소하고, 구체적으로 도덕적이나 종교적인 범죄를 의식한 맥락에서(4, 10절) 여호와의 은혜에 호소하지만, 또한 여호와가 구원하기를 기뻐하시는 근거는 탄원자의 온전함임을 시사한다(11-12절).

---

[21] McCann, "Psalms," 848.

다시 말해서 탄원자가 여호와의 가르침으로 인하여 기뻐함은 여호와의 가르침을 삶에서 구현하겠다는 서약으로 이어진다. 예배자가 내리는 죄인과 온전한 사람으로서의 두 가지 자기 평가 사이에 필연적으로 충돌이 있지는 않다. 예배자는 여호와의 궁극적 기준에 부족한 사람이지만, 원수들의 기준에 대해서는 온전한 사람이라고 주장할 수 있다.

우리 모두 하나님께 죄인으로 온다는 사실은, "'주여 나를 고쳐주소서 나는 주님께 범죄하였나이다' 라는 것이 단순히 회복을 위해 기도하는 올바른 방법임"[22]을 의미한다. 하지만 우리가 하나님 그리고 다른 사람들과 맺는 관계에서 근본적으로 온전함에 헌신한 사람들일 필요가 있다.

---

22 Mays, *Psalms*, 171–72.

제 41:13

시편 1–41편의 종결부
"그렇다, 그렇다!"

1. 본문

41:13 이스라엘의 하나님 여호와를 영원부터 영원까지 송축할지로다
아멘, 아멘

2. 해석

[시 41:13]

이 산문 선언은 이전 시편에 속하지 않고(여기서 제공하는 절수에도 불구하고), 시편 제 1권의 마지막에 나오는 찬양이다(참조. 시 72편; 89편; 106편에 이어지는 종결부 [coda]). 이것은 회당에서 성경에 대한 예전적 반응을 나타낼 수 있지만, 만약 그렇다면 이것은 현재의 맥락에서 이 산문 선언이 시편들이 이제 한 권의 일부가 된 방식을 표시하는 것이라는 사실을 부각시킨다.

"아멘"은 히브리 어법으로서 유럽 언어에 들어갔지만, 어원적으로 '틀림없이'와 같은 것을 의미한다. 이것은 이전 주장에 대한 개인적 서약을 의미한다.

3. 신학적 의미

이 종결부는 독자에게 멈추고 지금까지 이스라엘의 영원한 하나님 여호와에 대해 읽은 것을 되돌아보라고 권유한다. 이것은 시편들이 동시에 신학이면서 송영임을 전제한다. 시편들은 연구할 뿐만 아니라 특히 *예배하고 신중하게 긍정하라는 반응을 요구하는 이 하나님에 대한 선언들로 가득하다.

용어 해설

다음 설명은 주석에서 *로 표시된 단어와 관련된다. 항목들은 대부분 시편 1-41편에 나오는 본문들을 가리키지만, 일반적으로 총망라한 것은 아니다.

가난한(Poor, 달[*dal*])
자원이 부족하여 *궁핍하고 *연약한 자이며(72:13; 82:3-4), 다른 이들이 그들을 주목하는 데 의존한다(41:1[2]).

거룩한, 거룩함(Holy, holiness, 카도쉬[*qādôš*], 코데쉬[*qōdeš*])
거룩함은 인간과 달리 하나님의 독특함과 구별됨을 가리킨다. 하나님의 거룩함은 직접 드러내는 하나님을 가리킨다. 이처럼 하나님은 "그의 거룩함으로", 즉 "홀로"(by himself) 말씀하신다(60:6[8]). 하나님은 거룩하신 분이다(22:3[4]; 71:22). 또한, 거룩함은 하나님께 속하는 장소(2:6; 3:4[5]; 5:7[8]; 11:4)와 하나님께 속하는 사람들(16:3; 34:9[10])의 독특함과 구별됨을 가리킨다.
여호와가 도덕적인 분이시므로 거룩함이 도덕적 함의를 지니게 되지만(맥락 내에서의 15:1과 24:3을 보라), 거룩함은 직접적으로 도덕적 범주가 아니다. 거룩함은 '악한'에 대조되는 '의로운'이라기보다는 오히려 '인간적'에 대조되는 '신적'과 같다.

거만함(Loftiness, 가아와[*ga'ăwâ*])
시편(10:2; 31:18, 23[19, 24]; 36:11[12]을 보라)과 이사야에서 흔한 주제. "오만함"(Arrogance, 많은 영어 번역본)은 두 가지 질문을 하게 만드는데, 왜냐하면 이 단어 및 관련 단어들이 높아진 객관적 지위를 가리킴으로써 시작하기 때문이며, 이 단어는 본래 부정적 단어가 아니기 때문이다.
하나님은 가아와(*ga'ăwâ*)로 특징지어지시며, 이스라엘도 그렇게 특징지어질 수 있다(예를 들어, 신 33:26, 29). 하지만 사람의 가아와(*ga'ăwâ*)는 두 가지 문제를 위협한다. 인간은 자신의 높아진 지위와 자신의 위엄과 권력에 대해 교만하게 될 수 있다.

그리고 그들이 교만하지 않더라도, 높아진 권력과 위엄을 소유함으로 말미암아 다른 사람들을 잘못 인도할 수도 있다. 그들은 자신들이 하나님이라고 생각하며, 그들이 그렇게 생각하지 않더라도 그들은 하나님처럼 보일 수 있다.

두 가지 이유에서 그들은 너무 오래 그들의 높은(lofty) 자리를 차지하지 않도록 제지될 필요가 있다. 신실하지 못한 자들이 권력을 소유하여 약자를 괴롭힐 수 있지만, 이 역시 그들이 하나님과 같은 위치를 자부하게 되는 것과도 관련된다. 높은 지위에 있는 자들이 그들이 하는 것을 가능하게 한 높아짐으로 말미암아 여호와의 하나님 됨을 인정하는 것을 망치게 된다.

거짓, 거짓된(Falsehood, false, 셰케르[šeqer])

7:14[15]; 27:12; 31:18[19]; 33:17; 35:19; 38:19[20]을 보라. 거짓은 실재와 일치하지 않는 것이다. 거짓은 일어난 일과 일치하지 않은 증언이거나 어떤 실재와도 일치하지 않아서 구원할 수 없는 형상이거나 실현되지 않은 약속이다.

결정하다, 결정(Decide, decision, 샤파트[šăpaṭ], 미쉬파트[mišpāṭ])

*권위를 보라.

경외하다, 경외(Revere, reverence, 야레[yārē'], 이라[yir'â])

이 단어들은 부정적 "두려움"(fear, 3:6[7]; 55:5[6])과 긍정적 "존경"(reverence, 5:7[8]; 111:10) 모두의 범위를 포괄하지만, 후자가 시편에서 더욱 흔하다. 동일한 이중적 의미가 파하드(pāḥad)와 구르(gûr)에도 부여되는데, 이것들은 더 강한 것을 시사한다("공포감에 휩싸이다[dread]"와 "두려움에 떨다[be in awe]").

구속하다, 구속(Redeem, redemption, 파다[pādâ], 피디온[pidyôn])

이 동사는 상실한 것을 복구하고자 값을 치르는 것을 가리킬 수 있지만(참조. 49:7-8[8-9]), 영어 단어 "구속하다"(redeem)와 같이, 이것은 값을 지불하는 것보다는 자유를 강조하게 된다(49:15[16]; 참조. 25:22; 26:11; 31:5[6]; 34:22[23]; 55:18[19]; 69:18[19]). 용법은 때로 노력의 대가를 치룬 것을 내포하지만, 일반적으로 비용의 개념은 버리고(하지만 44:26[27]을 보라), 여호와가 누군가를 개인적 소유로 여기고 그들을 자유케 하는 구원의 행위에 초점을 둔다. 여호와의 종이 된다는 것은 우리를 위해 단호하게 행동하고 필요하다면 우리를 다시 사는 주인의 보호를 받는다는 것이다.

구원하다, 구원, 구원자(Deliver, deliverance, deliverer, 야샤[yāša '], 예슈아[yĕšû 'â], 예샤[yeša '], 모쉬야[môšia '])

많은 영어 번역본이 "구원하다/구원/구세주"(save/salvation/savior)라고 번역하지만, 이 단어들은 사람들을 하나님의 진노에서 구원하며 그들에게 영원한 생명을 주는 행위를 시사하는 경향이 있다. 구약의 다른 부분들과 마찬가지로 시편이 사람들과 하나님 사이의 인격적이며 살아 있는 관계에 관심을 가지지만, 그것에 대해 예슈아(yĕšû 'â)로서 말해지는 않는다. "구원"(Deliverance)은 사람들을 악한 사람들의 공격이나 질병에서 구출하는 행동을 가리킨다(18:2, 3, 27, 35, 41, 46, 50[3, 4, 28, 36, 42, 47, 51]).

궁전(Palace, 헤칼[hêkāl])

헤칼(hêkāl)과 바이트(bayit) 모두 여호와의 거주지를 가리키지만, 헤칼은 거주지를 왕궁으로 지칭하고, 바이트는 집으로 지칭한다. 어느 것이든 하늘에 있는 여호와의 거주지(11:4; 18:6[7]; 29:9; 138:2)나 땅에 있는 여호와의 거주지(27:4; 48:9[10]; 65:4; 68:29[30]; 79:1)를 가리킬 수 있다. 시편 기자는 지상의 성전에 와서 하늘의 성전에 절한다.

하지만 어느 단어에 대해서든 기본 번역인 "성전"(temple)은 오해하기 쉽다. 이것이 미크다쉬(miqdāš, 성소[sanctuary]; 73:17)와 같은 단어가 아니라면, 히브리어는 성전과 동등한 단어가 없다(따라서 거룩한 궁전이라고 부를 필요가 있다). 다른 표현에서도 그렇듯이, 히브리어는 특별한 종교적 어휘를 발전시키기보다는 종교적 문제를 언급하는 데 보통 단어를 사용한다. 지상이나 하늘의 성전을 집이나 궁전으로 지칭하는 것은, 둘 다 본질적으로 거주하는 장소로, 사람들이 여호와가 존재하시며 따라서 (지상의 장소의 경우에) 발견되실 수 있음을 알고 있는 장소라는 사실을 주목하게 한다.

궁핍한(Needy, 에브욘['ebyôn])

시편에서 궁핍한 사람들은 특징적으로 *연약한 자들과 함께 나온다(9:18[19];

12:5[6]; 35:10; 37:14; 40:17[18]; 49:2[3]; 69:33[34]; 70:5[6]). 종종 문맥은 시편에서 이 단어가 가난 자체보다는 가난에서 나온 취약성을 시사함을 분명히 한다. 그러므로 왕이 그들의 이익을 돌보는 것이 특별한 책임이다(72:4, 12, 13).

권위(Authority, 미쉬파트[*mišpāṭ*])

권력과 정당성을 지니고 행사되는 지도력과 의사결정(17:2; 25:9; 36:6[7]). 보통 많은 영어 번역본이 "정의"(justice)라고 번역하고, 미쉬파트(*mišpāṭ*)는 실제로 이상적으로 정의로 행사되지만, 이것이 항상 그런 것은 아니다. 이것은 부당하게 행사될 수도 있다. 이런 의미에서 더 오래된 번역인 "심판"(judgment)이 더 나은데, 부당한 심판도 있을 수 있기 때문이다.

이것은 미쉬파트(*mišpāṭ*)가 체다카(*ṣĕdāqâ*)나 체데크(*ṣedeq*, *신실함[faithfulness]; 예를 들어, 33:5)와 특징적으로 쌍을 이루는 데서도 반영된다. 즉, 권위는 체다카(*ṣĕdāqâ*)로 행사될 필요가 있지만, 이것이 항상 그런 것은 아니다. 쌍을 이루면 권위가 행사되는 양질이 보장된다. 결국, 미쉬파트는 신실함에 대한 헌신이라는 단호함을 보장한다. 미쉬파트는 단순히 신실함을 의도하거나 신실함의 중요성을 단언하는 문제일 뿐만 아니라, 신실함을 실행하는 문제이다.

게다가 미쉬파트를 행사함은 본질적으로 법적 문제가 아니다. 이 단어는 일반적 권위를 행사함을 포괄한다. 이와 같이 모동사 샤파트(*šāpaṭ*)는 '결정하다', 곧 반대하는 결정뿐만 아니라 찬성하는 결정을 의미하며(예를 들어, 7:8[9]; 9:4, 8[5, 9]을 보라), 미쉬파트는 권위를 가진 누군가가 하는 결정을 의미한다.

기다리다(Wait, 야할[*yāḥal*] 피엘)

이 동사는 카와(*qāwâ*)와 마찬가지로, 무언가 일어날 것을 *기대하면서 기대나 기다림의 태도를 시사한다. 다음을 보라, 31:24[25]; 33:18, 22; 38:15[16]; 42:5, 11[6, 12]; 43:5; 69:3[4]; 71:14). 또한 *희망을 보라. 이 동사들은 하나님을 섬기기(wait on)보다는 하나님을 기다리는(wait for) 것을 가리킨다.

기대하다(Look to, 카와[*qāwâ*])

무언가 일어나는가 보면서 기대함이 기다림의 태도. 칼(*qal*)에 대해, 25:3; 37:9를 보고, 피엘(*piel*)에 대해, 25:5, 21; 27:14; 37:34; 39:7[8]; 40:1[2]을 보라. 또한,

*희망과 *기다리다(wait for)를 보라. 사람들은 개인적으로나 집단으로 자신들이 자신들의 삶에 대해 거의 통제하지 못함을 인정한다. 그들은 질병에서 회복할 수 있는지 통제할 수 없으며, 자신들의 정치적 운명도 통제할 수 없다. 실제로 그들이 어느 것이든 시도하려 할 때, 그들은 비판에서 자유롭지 못하다. 그들의 사명은 여호와가 행할 것을 기대하는 가운데 사는 것이며, 이 행함을 보고자 자신들의 눈을 긴장하며 사는 것이다.

기름 부음 받은 이(Anointed, 마쉬아흐[māšiaḥ])

2:2; 18:50[51]; 20:6[7]; 28:8을 보라. 영어 단어와 마찬가지로 분사가 아니라 명사이다. 이는 한 사건에 주목하는 것이 아니라 지속하는 지위를 가리킨다. 우리는 이를 번역하기 위해 "기름 부음 받은 이"(anointee)라는 단어를 고안할 수 있다. 이 단어는 때로 제사장을 가리키지만, 보통은 왕을 가리킨다. 쿰란 문헌에서 이 단어는 미래 왕이나 미래 제사장을 가리키게 되지만, 구약 시대에서 실제 왕이나 제사장을 가리킨다.

인간은 문자 그대로 왕에게 기름을 붓거나 바르면서 왕을 임명했지만(기름 부었다, anointed, 예를 들어, 왕상 1:34), 하나님은 때로 이런 기름 부음을 위임하시는데(예를 들어, 삼상 16:3), 은유적으로 하나님이 그에게 기름 부으신 것이다(예를 들어, 삼상 10:1). 그렇다면 이런 왕은 "여호와의 기름 부음 받은 이"(예를 들어, 삼상 24:6[7]), 한번 여호와가 임명하시고, 성례적으로 지목되고 봉헌되고 취임하며, 따라서 여호와를 대신해 통치하는 자인 여호와의 기름 부음 받은 이(anointed)로서 특별한 지위를 지니는 자이다. 그는 여호와의 통치가 실행되는 수단이다.

길(Way, 데레크[derek])

하나님의 길은 하나님이 세상에서 행하시는 길이며, 사람들을 구원하실 때 표현하는(67:2[3]) 온전한 길(18:30[31]), 헌신과 진실함의 길(25:9-10)이다. 따라서 여호와의 길은 우리에게 격려가 되며 희망이 되는 길이며(5:8[9]), 우리가 더욱 알 필요가 있는 길이다(27:11).

나쁜(Bad, 라아[raʻ])

이 단어는 일어나는 나쁜 일들(곤경, 재앙; 10:6; 23:4; 27:5)과 사람들이 행하는 나쁜 일들(악행, 잘못; 34:13, 14, 16[14, 15, 17]) 모두를 가리킬 수 있다는 점에서 영어 단어와 비슷한 범위를 포괄한다.

넘어지다/비틀거리다(Fall down/falter, 모트[môṭ])

"넘어지다"의 중요성의 한 측면은 역경(라아[raʿ]; 10:6)을 경험하는 것으로 정의되거나, "형통하다"(doing well, 샬와[šalwâ]; 30:6[7])이거나 창조 때와 같이 확고하게 세워지는 것(104:5)과는 반대되는 것으로 정의될 때 나온다. 하지만 모트(môṭ) 역시 자신의 헌신이 흔들리면서 도덕적으로나 종교적으로 넘어지는 것을 가리키는 데 사용된다(17:5).

다윗의(David's, 레다위드[lĕdāwid])

서론을 보라.

당신의 날개의 그늘(Shade of your wings, 첼 케나페카[ṣēl kĕnāpêkā])

다음을 보라, 17:8; 36:7[8]; 57:1[2]; 63:7[8]. 이 이미지에는 최소한 세 가지 배경이 있다. 즉, 어미 새가 아기 새를 보호하는 날개, 성전의 그룹, 날개를 한 하늘의 모습, 특히 날개를 한 태양의 모습이 있다(참조. 말 4:2[3:20]).[1] 하지만 이 가운데 첫 번째 배경은 가장 분명하게 그늘이나 보호를 제공하는 것과 관련된 배경이다.[2]

도움(Help, 아자르[ʿāzar], 에제르[ʿēzer], 에즈라[ʿezrâ])

(예를 들어) 10:14의 맥락은 돕는다는 것이, 자신의 역할을 하고 있는 사람을 거드는 것이 아니라, 보호나 자원이 없는 비참한 사람들이나 고아와 같은 사람들이 무기력할 때 그들을 구원하는 것을 가리킴을 보여 준다(참조. 22:11[12]; 30:10[11]). 따라서 "도움"은 오히려 에제르(ʿēzer)의 동등어인데, 이는 권력이 있는 사람이 절대적 곤경에 처한 약한 사람을 위해 결정적 조처를 함을 시사한다. 영어로 "도움" 없이 우리는 조금 불편하기는 하지만 그럭저럭 꾸려 나갈 수 있다. 히브리어로 에제르

---

[1] Cf. Keel, *Symbolism of the Biblical World*, 27–30.
[2] Cf. Silvia Schroer, "'Under the Shadow of Your Wings,'" in *Wisdom and Psalms*, ed. Brenner and Fontaine, 264–82.

(ʿēzer)가 없다면 우리는 종종 죽을 수 있다(참조. 맥락 내에서의 33:20; 70:5[6]; 124:8).

도움을 구하다(Seek help from, 다라쉬[dāraš], 비케쉬[biqqēš])

누군가나 무언가를 인도와 힘의 원천으로 다루는 것. 여호와를 이런 식으로 기대하는 것은 여호와께 신중하게 헌신한다는 표시이다. 이것은 가나안 땅의 전통적 신들을 의지하는 것과 반대된다(22:26[27]; 34:4, 10[5, 11]; 77:2[3]; 105:4). 여호와를 "구하라"(많은 영어 번역본)는 오해하기 쉬운 인상을 준다.

도움을 외치다/부르짖다(Cry for help, 샤와[šāwaʿ], 샤와[šawʿâ], 셰와[šewaʿ])

"외치다"를 가리키는 이 단어들은 "구원하다"(야샤[yāšaʿ])를 가리키는 단어와 비슷한 철자로 되어 있는데, 이는 하나님에게서 도움을 얻거나(28:2; 30:2[3]; 40:1[2]) 도울 수 있는 다른 누군가에서 도움을 얻고자(72:12) 특정 목표를 가지고 부른다는 개념을 전달하도록 돕는다.

마음(Mind, 레브[lēb], 레바브[lēbāb])

해부학적으로 "심장"(heart)이지만 역동적으로 외부와 대조되는 내적 사람이고(4:4[5]; 10:6, 11, 13), 때로 감정의 자리(4:7[8]), 더 자주 생각과 의도의 자리이며(7:10[11]; 10:17; 11:2), 심지어 영혼이나 의욕(morale)이다(69:20[21]).

마음에 두다(Mindful, Be, 자카르[zākar])

많은 영어 번역본은 종종 "기억하다"라고 하지만, 이 동사는 마음에 두는 의도적 행위를 가리키며, 따라서 사람의 생각이 바뀌어 그에 비추어 행동하는 것을 가리킨다(9:12[13]; 25:6-7; 63:6[7]). 이것은 *무시하다(ignore)의 반대어이다.

말하다(Talk, 하가[hāgâ], 하구트[hāgût])

때로 많은 영어 번역본이 "묵상하다(meditate, 1:2)와 같은 단어들로 번역하지만, 이 동사는 사람들 사이의 일상적 대화(2:1; 37:30; 38:12[13])와 청중을 전제하는 종교적 대화(35:28; 63:6[7])에도 사용될 수 있다. 따라서 이 단어는 내적 묵상뿐만 아니라, 다른 이들을 들을 수 있게 크게 소리 내는 말이나 읽기도 의미한다.

이런 식으로 1:2에서 70인역의 멜레타오(meletaō)와 심지어 아퀼라스(Aq.)와 심마쿠스(Sym.)의 프텍고마이(*phtheggomai*)를 참고하라. 전치사 베(*bĕ*)와 함께 사용한 것은 말이나 묵상의 대상과 화자의 개인적 동일시를 암시한다.[3]

무시하다(Ignore, 샤카흐[*šākaḥ*])

많은 영어 번역본이 종종 "잊다"로 번역하지만, 이 동사는 마음에 두지 않은 의도적 행위를 가리킨다(9:12[13]; 10:11). 이것은 '*마음에 두다'(be mindful)의 반의어이다.

바위(Crag, 추르[*ṣûr*])

많은 영어 번역본이 "바위"(rock)라고 번역하지만, 이 단어는 큰 돌이 아니라, 새나 야생 짐승이 안식처를 찾을 수 있는, 산에 있는 높은 절벽을 가리킨다(18:2[3]; 27:5; 참조. 삼상 24:2[3]).

방패(Shield, 마겐[*māgēn*])

몸의 주요 부분을 위한 손으로 잡는 보호 장비이며, 따라서 보호를 가리키는 자연스러우며 자주 나오는 이미지이다. 때로 여호와가 도움이 되거나 구원이 된다는 언급이 수반된다(3:2-3[3-4]; 18:2, 30, 35[3, 31, 36]; 33:20; 144:2).[4]

배반, 반란(Rebel, rebellion, 파샤[*pāšaʿ*], 페샤[*pešaʿ*])

예를 들어, 다음을 보라, 32:1, 5; 51:1, 3, 13[3, 5, 15]. 전통적으로 "범하다/범죄"(transgress/transgression)로 번역되지만, 권위를 지닌 사람에게 "반란"을 일으킨다(참조. 5:10[11]에서의 병행).

번제(Whole-offering, 올라[ʿōlâ], 카릴[*kālîl*])

두 단어는 이 제물의 특성을 가리킨다. 이는 전체(콜[*kol*])가 하나님께 올라가는(알라[ʿālâ]) 제물이다. 즉, 전체 짐승을 태워 제물을 바치는 자는 제물에서 어떤 이

---

[3] Cf. Jesús Arambarri, "Zu einem gelungenen Leben: Psalm 1,2," in *"Jedes Ding hat seine Zeit … "* (D. Michel Festschrift), ed. Anja A. Diesel et al., BZAW 241 (Berlin: de Gruyter, 1996), 1–17.
[4] Cf. Keel, *Symbolism of the Biblical World,* 222–24.

익도 얻지 못한다. 전자가 후자보다 더 흔하며, 둘 다 51:19[21]에 나온다.

복(Well-being, 샬롬[šālôm])

전쟁이 없다는 의미에서의 평화, 안전, 우정, 복(blessing), 번영을 포괄하는 광범위한 용어(28:3; 29:11; 35:20, 27; 37:11, 37; 38:3[4]).

복되도다(Good fortune of, 아쉬레[ʾašrê])

많은 영어 번역본이 "복되도다"(Blessed/happy is/are ···)라고 번역하지만, 히브리어는 동사가 없는 명사 감탄사이다. 이 복수로 된 구문은 이 단어가 나오는 유일한 형태이다(비슷한 명사 오셰르[ʾošer]가 창 30:13에 한 번 나온다). 이 단어는 수의 복수가 아니라 강화의 복수이다.[5]

게다가 이 단어는 '복'을 포함하겠지만 단순히 '영적' 의미에서 '복'을 의미하지는 않는다. 즉, 이 표현은 그들이 단지 삶에서 형통했다고 해서 경건치 못한 사람들에게 적용되지는 않을 것이다. 하지만 이 단어는 영어 단어인 '복되다'(blessed)보다는 덜 종교적이거나 성례전적인 단어이다. 이 단어는 사람들의 온전한 삶이 잘 진행된다는 것을 시사한다.

선언의 맥락은 이 단어가 두 가지 측면을 지님을 시사한다. 긍정적으로 여호와는 모든 선한 것을 주신다(84:11-12[12-13]; 참조. 112:1-3; 128; 144:15). 부정적으로 여호와는 사람들이 곤경에서 구원받으며 위기에서 보존됨을 보신다(32:1-2; 33:12; 34:8[9]; 40:4[5]; 41:1[2]; 65:4[5]; 94:12). 이것은 "소망도 약속도 아니다. ··· 이것은 기쁨이 가득한 외침이며, 열정에 찬 진술이다."[6]

봉헌하다(Dedicate oneself, 아헤브[ʾāhēb])

많은 영어 번역본이 "사랑"이라고 번역하는데, 이는 때로 적절하지만 이 단어는 보통 (단지) 감정이 아니라 의지나 헌신의 행위를 가리킨다(4:2[3]; 11:5, 7을 보라). *"~에 적대적인"의 반대어이다.

---

5 Cf. BDB 80-81.
6 Martin Buber, *Right and Wrong* (London: SCM, 1952), 51 = Good and Evil (New York: Scribner's, 1952), 53. Waldemar Janzen ("ʾAšrê in the Old Testament," *HTR* 58 [1965]: 215-26)는 "부러워할 만한"이라고 번역한다.

부르짖다, 외치다(Cry, cry out, 차아크[ṣāʿaq]**, 체아카**[ṣĕʿāqâ]**; 또한 자아크**[zāʿaq]**, 제아카**[zĕʿāqâ]**)**

자신에게 행해진 압제나 다른 잘못에 대해 부르짖는 것으로, 이는 아벨, 소돔의 희생자들, 이집트에서의 이스라엘에게서 나왔다(9:12[13]; 22:5[6]; 34:17[18]).

빛(Light, 오르[ʾôr]**)**

빛이 여호와의 얼굴에서 비출 때, 이는 사람들이 복과 구원을 경험할 것임을 시사한다(4:6[7]; 27:1; 44:3[4]; 97:10-11). 이런 식으로 빛은 물질적 가치이지만, 여호와와의 관계의 맥락에 놓인 물질적 가치이다(36:7-9[8-10]; 43:3; 56:13[14]; 89:15[16]). 이는 친구들이 훌륭한 식사를 즐기는 것과 같지만 그들이 서로 사랑하기 때문에 식사를 즐기는 것이다.

사람(Person, 네페쉬[nepeš]**)**

네페쉬(nepeš)는 내적 사람(영혼)이나 외적 사람(몸)이나 전체 사람, 전체 존재를 가리킬 수 있다. 7:2[3]에서 사자(lion) 같은 공격자가 나의 네페쉬(nepeš)를 찢는다.

시편 35편에서 탄원자는 하나님께 나의 네페쉬에게 위안이 되는 말씀을 하시며 나의 네페쉬를 회복시켜 주시길 청하고, 사람들의 네페쉬(갈망)가 탄원자가 죽은 것을 보는 것이며 나의 네페쉬(나의 생명)를 찾고 있다고 언급한다. 그들은 나의 네페쉬를 위해 구덩이를 팠고, 나의 네페쉬의 죽음을 구하고 있다. 시편 35편은 나의 네페쉬를 괴롭히는 것에 대해 말하고, 하나님의 구원을 즐거워할 때 그것을 고대한다(3, 4, 7, 9, 12, 13, 17, 25절).

시편 42:1-6[2-7]에서 온전한 네페쉬는 하나님을 찾으며 하나님을 갈망하고, 탄원자의 네페쉬가 쏟아졌으며 탄원자는 네페쉬가 낙망하는지 네페쉬에게 묻는다.

선, 선한(Good, 명사 투브[ṭûb]**, 형용사 토브**[ṭôb]**)**

이 단어들은 넓은 범위의 라아(raʿ)의 반대어이므로, 악한 것과 반대되게 좋은 것을 하는 것(14:1, 3; 27:13; 34:8, 14[9, 15]; 37:3)과 또한 나쁜 것과 반대되는 좋은 것을 경험하는 것, 복을 경험하는 것(4:6[7]; 21:3[4]; 23:6; 31:19[20]; 34:10, 12[11, 13])을 가리킨다. 아마도 두 개념은 선이 관대함을 포함한다는 점에서 함께 가는 것 같다(25:13). 선을 행하는 것은 단순히 객관적으로 옳은 것을 하기보다는 누군가에게 선을 행하면서 선대하는 것을 시사한다(참조. 4:6[7]; 16:2; 21:3[4]; 23:6).

소유(Possession, 나할라[*naḥălâ*])

어원학적으로 "유산"(inheritance)이지만, 이 단어는 하나님께 속한 것(28:9; 33:12)이나 주어진 것(2:8; 47:4[5])을 가리킬 수 있으며, 강조점은 그것을 얻는 수단이 아니라 소유의 명확성에 있다.

수금(Lyre, 킨노르[*kinnôr*])

구약과 고고학적 발견에서 판단하면, 가장 흔한 이스라엘의 악기로 기타나 밴조(banjo)와 비슷하지만 그 자체로 서는 구조이거나 손으로 잡을 수 있다. 수금은 뜯거나 칠 수 있다.[7]

스올(Sheol, 셰올[*šě'ôl*])

죽은 사람들이 있는 장소이며, 무덤과 비물리적(nonphysical) 동등어이다. 이것은 징벌의 장소가 아니라(사람들의 잘못 때문에 자신들의 시간이 되기 전에 거기에 끌려가는 것을 제외하고; 9:17[18]; 31:17[18]; 49:14-15[15-16]; 55:15[16]), 몸이 그들의 무덤인 것처럼 사람들이 실제로 사는 곳이라기보다는 존재하는 장소이다.

하나님은 스올에 개입하지 않으시므로, 그곳과 관련해 하나님을 찬양할 것이 없다(6:5[6]). 만약 이 이름이 원래 (예를 들어) 동사 샤알(*šā'al*, 묻다)과 관련된 의미를 지닌다면, 이것이 이제 이 이름의 의미에 영향을 미친다는 징후는 없다. 이것은 장소 이름일 뿐이다. 이것은 은유적으로 죽음 자체를 가리키는 데 사용될 수도 있으며, 죽음이 삶에서 우리를 압도하게 되는 한(예를 들어, 우리가 심각하게 아프게 된다면), 이것은 마치 우리가 이미 스올에 압도되어 스올에서 구원받을 필요가 있는 것과 같다(18:5[6]; 30:3[4]).

신뢰하다(Trust, 바타흐 베[*bāṭaḥ bě*], 미브타흐[*mibṭaḥ*])

신뢰에 대한 문제는 우리가 신뢰를 어디에 두는가의 문제다. 이것이 제기하는

---

7 다음을 보라, Braun, *Music in Ancient Israel/Palestine*, 16-19; Keel, *Symbolism of the Biblical World*, 346-49.

문제는 우리가 신뢰할 것인가, 의심할 것인가, 불신할 것인가, 두려워할 것인가의 문제가 아니다. 이상적으로 신뢰는 두려움의 반대어이지만, 둘은 공존할 수 있다(56:3-4[4-5]를 보라). 이 문제는 우리가 무엇에 우리 신뢰를 두는가, 여호와에게냐(13:5[6]; 31:6, 14[7, 15]) 무기에게냐(44:6[7]) 재물에게냐(52:7-8[9-10]; 62:8-10[9-11]), 심지어 신뢰할 만해 보이는 다른 사람들에게냐(41:9[10])의 문제이다. 미브타흐(mibṭaḥ)라는 명사는 비슷하게 신뢰의 대상을 시사한다(40:4[5]; 65:5[6]; 71:5).

신실하지 못한, 신실하지 못함(Faithless, faithlessness, 라샤[rāšāʾ], 레샤[rešaʾ])

*신실한/신실함의 반대어. 통상적인 영어 번역 "악한"(wicked)은 다소 일반적이다. '라샤(rāšāʾ)이다'라 함은 하나님과 다른 사람들에게 자신의 헌신을 유지하지 못한다는 것이다(예를 들어, 10:2, 3, 4, 13, 15; 17:9, 13; 32:10).

신실한, 신실함(Faithful, faithfulness, 차디크[ṣaddîq], 체다카[ṣĕdāqâ])

자신이 관계를 맺은 사람과 관련하여 옳은 길로 행하는 것(예를 들어, 1:5, 6; 7:9, 11[10, 12]; 11:3, 5, 7; 22:31[32]). 그러므로 많은 영어 번역본의 "의로운, 공정한, 의로움"(righteous, just, righteousness)은 이 단어들의 관계의 함의를 잃는다. 이 단어들은 우리가 이 개념을 이해하는 대로, 개인의 인격적 도덕성이나 사회 정의를 가리키지 않는다. 이 단어들은 단지 동일한 방식으로 모두를 다룬다는 것을 시사하지 않으며, 자신의 관계나 공동체로 옳은 일을 한다는 것을 시사한다.

실패하다, 실패(Fail, failures, 하타[ḥāṭāʾ], 핱타[ḥaṭṭāʾ])

이 표현들은 통상적으로 "죄"로 번역된다(예를 들어, 25:7; 32:5; 38:3[4]; 39:1[2]). 일상의 용법에서 이 동사는 목표를 놓치는 것(삿 20:16)이나 자신의 길을 놓치는 것(잠 19:2)을 시사하여, 종교적 맥락에서 이것은 여호와의 기대에 미치지 못하거나 여호와의 기대에 따라 살지 못하는 것을 의미할 것이다. 이런 부족함이나 실패는 최선을 다하고 실패했다는 것을 의미하지 않고, 요구된 것을 하는 데 실패한 비난받을 만한 것을 의미하며, 우리가 책임을 지는 방식을 놓치는 것이다.

아침(Morning, 보케르[bōqer])

"아침에"는 찬양이나 기도가 수반되어 활력과 헌신으로 일찍 일어나는 것을 가리킬 수 있거나, 아침을 하나님의 행동의 순간, 또는 하나님이 행동했음을 발견한 순간으로 암시할 수 있다(5:3[4]; 30:5[6]; 46:5[6]; 49:14[15]; 59:16[17]).

악(Waywardness, 아온['āwōn])

32:2, 5, 51:2, 5, 9[4, 7, 11]을 보라. 두 어근 아와('āwâ)가 있는데, 하나는 "뒤틀리다"(twist)를 의미하고, 하나는 "길을 잘못 들어서다"(go astray)를 의미하지만, 이는 우연히 자신의 길을 잃은 것이 아니라 의도적으로 잘못된 길을 선택한다는 의미에서이다. 예레미야 3:21과 같은 본문은 사람들이 아온('āwōn)의 후자의 함의를 알고 있을 수 있음을 시사한다. 죄는 자신의 길을 왜곡하는 것과 관련된다.[8] 하지만 아온('āwōn)은 또한 첫째의 개념, 뒤틀림의 개념을 시사할 수도 있다. 즉, 사람들은 자신들의 길에서 뒤틀리거나 구부러졌다.

얼굴(Face, 파님[pānîm])

4:6[7]; 11:7; 16:11; 17:15; 21:6[7]; 24:6; 27:8; 31:16[17]을 보라. 이 단어는 또한 많은 영어 번역본에서 "존전"(presence)이라는 단어 배후에 종종 있는 단어이다(17:2; 31:20[21]). 이는 사랑과 헌신과 관대함과 구원과 축복에서 돌아서서 보고, 알아차리고 행동하는 얼굴이다.

얼굴을 비춘다는 것은 생명을 주는 미소, 사랑과 관대함으로 사람을 보고 그에 따라 행동한다는 것을 의미한다. 누군가가 탄원자에게 미소 짓도록 설득될 수 있다면, 다른 모두가 따를 것이다.

그리하여 하나님의 얼굴을 구한다는 것은 하나님이 우리를 이런 식으로 보셔서 그에 따라 행동할 수 있도록 구하는 것을 의미하며, 하나님의 얼굴을 본다는 것은 우리가 변호와 구원을 경험할 때 이런 기도의 응답을 본다는 것을 의미한다. 반면에 얼굴을 숨기거나 사람들의 압제와 필요에서 얼굴을 돌린다는 것은 그 필요를 무시하는 것을 의미하며, 이는 구원이나 축복이 없을 것을 의미하기 때문에 위협이 되는 행위이다(10:11; 13:1[2]; 22:24[25]; 27:9; 30:7[8]). 하지만 여호와의 얼굴을 우리의 죄에서 돌리고(51:9[11]), 여호와의 얼굴이 행악자에 맞설 때(34:16[17]) 이것은 위로하는 행위이다.

---

[8] TLOT 862-66을 보라.

~에 적대적인(미워하다, Against, Be, 사네[śānēʾ])
　많은 영어 번역본은 "미워하다"로 번역하지만, 아헤브(ʾāhēb, *헌신하다, 사랑하다)와 마찬가지로, 이것은 감정만큼이나 태도와 행동을 의미한다(5:5[6]; 9:13[14]; 11:5; 26:5). 종종 함의는 '거부하다'이다. 즉, 이 단어는 누군가나 무언가와 관계가 없음을 시사한다(31:6[7]).

연약한(Weak, 아니[ʿānî], 아나우[ʿānāw])
　종종 생존하는 가족이 없는 것과 같은 환경의 결과로 취약하고 힘이 없는 사람. 이런 사람들은 더 연약한 구성원들에 대한 의무감을 느끼지 못하고 오히려 그들의 약점을 자신들의 이익을 위해 사용하는 공동체 내의 다른 사람들의 계략으로 희생당하고 쫓길 가능성이 높다.
　NRSV는 "고통당하는"(afflicted, 9:12[13]), "가난한"(poor, 9:18[19]; 10:2, 9), "압제당하는"(oppressed, 10:12), "연약한"(meek, 10:17)으로 번역하고, NIVI는 "고통당하는"(afflicted, 9:12, 18[13, 19]; 10:17), "연약한"(weak, 10:2), "무기력한"(helpless, 10:9, 12)으로 번역한다. NJPS는 "고통당하는(afflicted, 9:12, 18[13, 19]), "비천한"(lowly, 10:2, 9, 12, 17)으로 번역한다.
　시편 9-10편에 나오는 시편의 이 단어들의 첫 사례는 이 단어들이 내적 비하를 가리키지도 않으며, 전체 공동체 내의 한 무리를 가리키는 것도 아님을 보여 준다.[9] 더 나아가 다른 곳과 마찬가지로 여기서 "연약한"(weak)은 이스라엘이 여호와의 도움을 구하거나 칭송하기를 원할 때 다른 사람들과 대조적으로 자신을 특징짓는 방식이다(68:10[11]; 74:18-23; 149:4).
　개인의 언약함과 취약성 및 이런 사람의 피를 흘리는 누구든지 징벌하겠다는 여호와의 약속이라는 광범위한 개념은, 강하고 압제하는 나라들이 연약하고 취약한 나라에 대해 갖는 태도와 여호와가 이 상황에 참여하심을 특징짓는 중요한 부분이 됐다. 연약한 개인 역시 가난하거나 비천한 자라기보다는 힘이나 재원이 부족한 자이다.

---

[9] Kraus, *Psalms*, 1:93-95을 보라.

영광(Honor, 카보드[*kābôd*])

많은 영어 번역본은 "영광"(glory)이라고 한다. 이 단어는 인상적 치장으로 화려한 군주나 다른 중요한 인물의 눈에 보이는 위엄을 시사한다(24:7-10). 그렇다면 눈에 보이는 영광은 항상 그렇지는 않을지라도, 그 인물의 본질적 위엄의 적절한 외적 표현으로 여겨진다(49:16-17[17-18]).

예배(Worship, 바라크[*bārak*] 칼 수동 분사와 피엘)

'여호와'가 주어가 될 때, 이 동사는 '축복하다'를 의미하지만, '여호와'가 목적어가 될 때 이 의미는 이상한 것 같다. 오히려 그렇다면 이 동사는 베레크(*berek*, "무릎")와 연결되며, 여호와 앞에 무릎을 꿇는 것을 가리킨다(16:7; 28:6; 66:8, 20).

온전함(Integrity, 톰[*tōm*]; 흔한 형용사는 타밈[*tāmîm*]과 탐[*tām*]이다)

타밈(*tāmîm*)에 대해, 70인역은 부정적 아모모스(*amōmos*, 흠이 없는[faultless]; 참조. 제롬과 많은 영어 번역본]로 되어 있지만, 이는 잘못된 인상을 줄 수도 있다. 왜냐하면, 히브리어 단어는 무언가가 없는 것을 시사하지 않고, 여호와의 방식으로 사는 온전한(entire) 사람의 긍정적 행함을 시사한다. 이것은 노아의 특징이며 아브라함에게 기대하는 바이다(창 6:9; 17:1).

이 명사는 긍정적 온전함, 완전함, 건전함을 가리키며, 시편에서는 보통 일종의 도덕을 가리킨다(7:8[9]; 15:2; 26:1, 11; 37:18, 37; 41:12[13]). 이 단어들은 헌신의 긍정적 온전함을 시사할 때, 죄가 없음(sinlessness)을 의미하지는 않는다. 즉, 죄가 없지 않으면서 온전한 사람이 되는 것이 가능하다.

외치다(Shout, 테루아[*tĕrû 'â*], 루아[*rûa '*])

아마도 의성어로, (예를 들어) 기쁨이나 승리의 외침을 의미한다(27:6; 33:3; 47:5[6]). 이것은 또한 나팔 소리를 가리킬 수도 있다.[10] 영어 번역본에서 "기쁨"이나 "승리의 외침"은 단어 자체에서 명백하지 않은 것을 설명한다. 어느 경우든 이 표현은 소음(예를 들어, 예배의 일부)을 가리킨다.

---

[10] Westermann, *Living Psalms*, 211도 마찬가지다.

요새(Stronghold, 마오즈[mā'ôz])

높은 바위와 같이 위험이나 공격에서의 피난처(참조. 28:8; 31:2, 4[3, 5]; 37:39; 또한, 여호와가 나를 고향으로 돌아가도록 "빛"을 보낸다는 맥락에서의 43:2). 독자는 마오즈(mā'ôz)를 아자즈('āzaz, 강하다)나 우즈('úz, 피난하다)와 연결시킬 수도 있는데, 물론 52:7[9]에서 마오즈와 아자즈가 함께 있는 것은 전자를 시사한다. 현대 의견들도 이 단어의 어원에 대해 다양하지만 두 함의가 적절하다.

울리다, 울림(Resound, resounding, 라난[rānan], 린나[rinnâ])

아마도 n-n-n-n-n 소리가 나는 의성어일 것이며, (예를 들어) 찬양과 기쁨(30:5[6]; 47:1[2])이나 항변과 슬픔(17:1; 61:1[2])을 의미할 수 있는 불분명한 잡음이나 외침인 일종의 소리를 의미한다. 따라서 많은 영어 번역본의 "기쁨으로 외치다"는 단어 자체에는 내포되지 않는 것을 설명하며, 내용보다는 소리를 강조한다.

은혜, 은혜를 베풀다, 은혜를 위한 기도(Grace, be gracious, prayer for grace)(헨[hēn], 하난[hānan], 테힌나[tĕḥinnâ], 타하누님[taḥănûnîm])

호소할 만한 실재하는 관계나 가치가 없을 때에도 한 사람이 다른 누군가에게 보이는 긍정적이며 관대한 태도. 인간관계에서 이 태도는 우리가 다른 누군가에게 "우리에게 호의를 베풀라"라고 요구할 수 있는 방식과 일치한다. 명사는 거의 시편에 나오지 않지만(45:2[3]; 84:11[12]를 보라), "은혜를 베풀다"는 기도에서 자주 나오는 호소이다(4:1[2]; 6:2[3]).

이것은 하나님의 본성(nature)의 근본에 호소한다. 이보다 더 깊이 하나님께 호소할 것은 없다. 그렇다면 테힌나(tĕḥinnâ, 6:9[10]; 55:1[2])는 은혜를 구하는 호소이며, 사람들이 처벌받아야 마땅하지만 이것이 실제로 여호와의 본성이기 때문에 이와는 상관없이 사람들에게 호의와 은혜로 행하는 자로서의 여호와의 본성에 호소하는 것이다(참조. 타하누님[taḥănûnîm]).

음악(찬송, Music)

*저술을 보라.

의지하다(Rely on, 하사 베[ḥāsâ bĕ])

어떤 사람이 요새와 같은 보호를 제공하는 것과 관련하여 하는 것(31:1-4[2-5]). 하나님과 관련하여 이것은 보통 다윗 왕이 행한 것이지만(18:2, 30[3, 31]), 또한 이는 이스라엘과 하나님의 관계를 특징짓는다.[11]

그룹의 날개가 성전의 지성소를 지배하는 반면에 그룹의 조각은 성전 다른 곳에서도 나타난다는 사실은, 피난이라는 자연의 이미지와 의지라는 은유 사이를 중재하고 있다. 그룹은 주로 여호와께 운송수단을 제공하는 역할을 하지만, 또한 보호를 암시했다고 해도 놀랍지 않다. 우리는 이 이미지를 강요하지 않아야 하지만, 그렇다면 이 동사는 성전에 피난한다는 것을 의미할 수 있다.

이 동사가 나오는 어느 곳에서도 성전을 언급하지 않으며, 모두가 이 동사를 직접적으로 여호와께 적용한다. 성전은 도피의 장소였으므로, 더 일반적인 의미에서 여호와에게서 피난처를 찾는 것을 가리키는 은유가 됐을 것 같다. 그러므로 여호와를 의지한다는 것은 여호와를 *신뢰하는 것과 유사하다.[12]

하사 베(ḥāsâ bĕ)와 "당신의 날개 *그늘에 피하다"를 의미하는 하사 베첼 케나페카(ḥāsâ bĕṣēl kĕnāpêkā, 17:7-8; 36:7[8]; 57:1[2]; 63:7[8]), 또는 "~아래 피하다"를 의미하는 하사 타하트(ḥāsâ taḥat, 91:4)와 비교하라.

이름(Name, 솀[šēm])

이름은 본질적 의미를 지니지 않더라도, 그 사람의 정체성을 가리키지만, 어떤 사회에서 이름은 그 사람의 본성이나 운명이나 그들에 대한 부모의 소망을 가리키는 의미들을 지닌다(예를 들어, 은혜[Grace], 희망[Hope]). 따라서 이름을 알고 인정하고 칭찬하는 것은 그 사람을 알고 인정하고 칭찬하는 것이다(7:17[18]; 9:10[11]). 이름을 높이는 것은 그 사람을 높이는 것을 시사한다(5:11[12]; 8:1, 9[2, 10]). 반대로 이름을 제거하는 것은 그 사람을 제거하는 것이다(9:5[6]).

여호와의 이름이 행하신다는 것은 여호와가 행하시는 것이며, 이름이 그 사람의 인격을 요약한다는 사실은 압박을 받을 때의 핵심 행동이 여호와의 이름을 부르고 따라서 여호와께 직접 호소하는 것을 의미한다. 실제 이름을 발언하는 것이 그 사

---

11 TDOT을 보라.
12 Cf. BDB 90b.

람의 존재를 현실로 만드는 이유는, 이름이 그 사람이 누구인가를 표현하기 때문이다(20:1, 5, 7[2, 6, 8]). 이름을 위해 행동한다는 것은 그 사람이 진정으로 누구인지에 따라 행동하며 그것을 입증한다는 것을 의미한다(23:3; 25:11).

인도하다, 인도자(Lead, leader, 나차흐[nāṣaḥ], 메나체아흐[měnaṣṣēaḥ])
인도한다는 것은 역대상 15:21에서 음악에서의 역할을 묘사하고, "인도자"는 따라서 음악 감독일 수 있다. 그렇다면 "인도자의 것"은 아마도 시편의 모음집을 가리킬 것이다. 하지만 인도자는 예배에서 사람들을 대표한 왕이나 제사장일 수도 있다.[13]

인정하다(Acknowledge, 야다[yāda'])
이 동사는 흔히 사실을 안다거나 사람들을 안다는 것을 가리키며, 보통 많은 영어 번역본에 이렇게 번역된다. 하지만 이 동사는 종종 단순히 마음이 아니라 의지로 '인지하다' 또는 '인정하다'를 의미한다. 따라서 안다는 것은 알아차리는 것과 행하는 것을 내포한다(9:10, 20[11, 21]; 14:4; 25:4; 37:18). 여호와는 이런 의미로 이 동사의 주어가 될 수 있다(1:6; 31:7[8]).

일어나라(Rise, 셀라[selâ], 개역개정: 셀라"로 번역 - 역주)
사전은 보통 셀라(selâ)라는 단어를 "일어나다"를 의미하는 어근 살랄(sālal)과 연결시킨다. 이것은 일관된 패턴 없이 시편의 행의 마지막에 나온다. 때로 섹션의 마지막에 나오지만(시 66편), 종종 섹션의 중간이나 문장의 중간에 나온다(시 67편; 68편). 이것은 성례전적 지시나 음악의 지시("목소리를 높여라"?)일 수도 있지만, 우리는 알지 못한다.

나는 데이빗 앨런 허바드(David Allan Hubbard)가 다윗이 줄을 끊었을 때 다윗이 말했던 것이라는 이론을 주장했다고 이해하는데, 이것이 가장 잘 설명하는 이론인 이유는 당신이 줄을 끊을 때에 대한 어떤 논리도 없으며, 셀라가 나오는 것에 대한 어떤 논리도 없기 때문이다.

---

13 메나체아흐(měnaṣṣēaḥ)의 다른 가능한 이해에 대해, Tate, *Psalms 51-100*, 4-5을 보라.

자백하다(Confess, 야다[*yādâ*] 히필)

무언가의 진리에 대해 증언하는 것. 이것은 하나님이 화자에게 행하신 것에 대한 진리이거나(그리하여 동사는 종종 "감사하다"로 번역된다; 30:4, 9, 12[5, 10, 13]), 화자가 행한 일에 대한 진리일 수 있다(죄의 자백; 32:5). 그 특성상 이런 자백은 공적 행위이다. 명사 토다(*tôdâ*, 감사)는 이 동사에서 유래한다. 여호와가 행하신 선한 일들을 고백할 때, 그 일들에 대해 감사하는 것이며, 그 반대이기도 하다.

저술(Composition, 미즈모르[*mizmôr*])

자마르(*Zāmar*, 음악을 만들다)와 거기에서 파생된 명사는 구체적으로 노래를 부르는 것(쉬르[*šîr*])보다는 음악을 만드는 것을 가리키거나, 단어들보다는 멜로디를 가리키거나(예를 들어, 33:2), 아카펠라(*a cappella*)보다는 악기로 노래하는 것을 가리킨다. 가사가 있는 음악을 가리키는 한, 명사들은 "시편"보다는 "노래"를 시사한다. 즉, 음악이 예배나 기도와 관련된다는 어떤 가설도 의미하지 않는다(참조. 삼하 23:1; 사 25:5에 있는 자미르[*zāmîr*]).

구약은 동사를 오직 예배 음악에 대해 사용하지만, 파생된 명사에 대한 더 일반적인 사용은 자마르(*zāmar*)가 음악을 만드는 것을 가리키는 일반적 용어일 수도 있음을 시사한다.

조심스러운 적(Watchful foe, 쇼레르[*šōrēr*])

이 번역은 NJPS를 따르고, 쇼레르(*šōrēr*)에 대한 두 가지 가능한 이해를 결합한다(5:8[9]; 27:11; 54:5[7]; 56:2[3]; 59:10[11]). 제롬은 이것이 동사 슈르(*šûr*)와 관련 있다고 여기고, 따라서 나를 경계하는 사람들(적대적인 의도를 가지고)이라고 제안한다. 70인역은 "적들"(enemies)이라고 번역하는데, 이는 다소 아카드어 샤루(*šâru*)와 연결됨을 시사한다.[14]

주님(Lord, 아도나이[*'ădōnāy*])

이 단어는 마치 '내 주님들'(my lords)을 의미하는 것처럼 보이지만, 이것은 보통

---

14 각각 BDB와 *HALOT*을 보라.

여호와를 가리킨다. 의미를 이해하는 두 가지 방식이 있다.[15] 복수는 위엄의 복수로 경어일 수 있으며, 따라서 이 표현은 '나의 주님'을 의미한다. 이것은 (예를 들어) 16:2; 22:30[31]; 35:17, 22, 23; 38:9, 15, 22[10, 16, 23]; 39:7[8]; 40:17[18]과 들어맞는다.

하지만 우가릿어는 강조나 강화의 의미를 지니는 이 아이(-ây)와 비슷한 접미 접사(sufformative)를 지니며, 이 접미 접사는 단지 단어의 의미를 강화하는 역할을 할 수 있다. 따라서 영어 동등어는 '주님'이 될 수 있다. 많은 번역본이 이를 단지 "주님"(the Lord)으로 번역한다. 이는 (예를 들어) 2:4; 37:13에 들어맞는다.

지시(Instruction, 마스킬[maśkîl])

'명상의 시'(contemplative poem)와 '훌륭한 시'(skillful poem)가 다른 가능성이 되겠지만, 만약 우리가 표제에 있는 이 단어가 동사 사칼(śākal)에서 왔다고 여긴다면, '지시'는 하나의 가능한 의미이다(즉, 이것은 기도나 찬양에 대해 한 유형을 제시하는 시편이다).[16]

지존하신 이(Most High, 엘리욘[ʽelyôn])

보통 용법에서 이 단어는 높은 것을 가리키며(예를 들어, 느 3:25), 따라서 여호와를 높은 이로 가리킨다. 이것은 여호와가 세상과 다른 신들보다 높음을 시사할 수 있으며, 특히 여호와의 힘을 가리킬 수 있다(참조. 시 7:17[18]; 18:13[14]). 이는 예루살렘의 이스라엘 이전 사람들이 숭배했던 하나님의 명칭인 것 같으며, 여호와를 가리키는 존중의 명칭이 됐다(참조. 창 14:18-22; 또한 민 24:16).

진실한, 진리, 진실함(True, truth, truthfulness, 에메트[ʼĕmet], 에무나[ʼĕmûnâ])

단어들은 누군가가 말하고 의미하고 행하는 것과 우리가 말하는 것을 행할 때의 확고함과 신실함과 신뢰성 사이의 일관성을 시사한다(15:2; 25:5, 10; 26:3; 31:5[6]; 36:5[6]). 이와 같이 여호와의 진실함은 감사/증언의 특별한 주제이다(30:9[10]; 40:10[11]; 71:22). "참된 하나님"과 같은 표현은 문자 그대로 '진실함의 하나님'이다.

---

15 예를 들어, *IBHS* 7.4.3ef를 보라. 여기서는 두 번째 이해가 항상 옳다고 판단한다.
16 BDB 663-64을 보라.

찬양(Praise, 할랄[hālal] 피엘과 히트파엘; 테힐라[tĕhillâ])

라라라라 소리나 부르짖음을 내는 것을 시사하는 의성어. 히트파엘("크게 기뻐하다")은 찬양하는 사람에게 찬양의 함의를 주목하게 한다. 둘 다 찬양하고 기뻐할 가치가 있는 것(22:22-26[23-27]; 44:8[9])과 그렇지 않은 것(예를 들어, 재물이나 다른 신들; 10:3; 49:6[7]; 52:1[3]; 97:7)에 대한 찬양이나 기쁨에 사용될 수 있다.

폭력(Violence, 하마스[ḥāmās])

이 단어는 일반적 무법이나 침범을 가리킬 수 있지만(예를 들어, 창 6:11, 13), 시편에서의 언급들은 종종 이 단어가 법이라는 수단으로 행사되기 때문에 불법적이고 난폭한 폭력을 가리킨다는 가정에 근거하여 모두 의미가 통한다(7:16[17]; 11:5; 18:48[49]; 25:19; 58:2[3]; 72:14). 이와 같이 거짓 증인들은 "하마스(ḥāmās)의 증인"으로, 그의 증언이 고발자에게 부정한 폭력으로 하게 되는 증인이다(35:11; 참조. 27:12; 55:9[10]).

피난처(Haven, 미스가브[miśgāb])

동사 사가브(śāgab)는 "(접근할 수 없게) 높이 들다"를 의미한다(20:1[2]; 59:1[2]; 69:29[30]). 따라서 미스가브(miśgāb)는 접근할 수 없어서 안전하게 높이 들린 장소이다(9:9[10]; 18:2[3]; 46:7, 11[8, 12]; 59:9, 16, 17[10, 17, 18]; 62:2, 6[3, 7]).

피를 흘림, 유혈(Bloodshed, 다밈[dāmîm])

피를 가리키는 이 단어는 다른 사람들에게 가하는 참혹한 공격과 관련하여 복수로 사용된다(예를 들어, 9:12[13]; 26:9). 아마도 복수는 정서적 가치를 표현할 것이다.[17] 하지만 "피들의 사람"은 "살인자"를 가리키는 동의어일 뿐만 아니라, 종종 직접적으로 피를 흘리는 사람들이 아니라, 누군가의 죽음을 원하거나 계획하는 사람들을 의미한다(5:6[7]).[18]

---

17 *TDOT*도 그렇다.
18 N. A. van Uchelen, "'Nšy dmym in the Psalms," in *The Priestly Code and Seven Other Studies*, by J. G. Fink et al., OtSt 15 (Leiden: Brill, 1969), 205–12을 보라.

하프(Harp, 네벨[nēbel])

아마도 *수금(lyre)의 변형된 형태. 이것은 때로 명백히 열 개의 현을 가진 반면에 수금은 더 적은 현을 가지며, 하프는 소리가 더 크거나 더 깊은 악기였을 수 있다.[19]

해로운, 해로움(Harm, harmfulness, 아웬['āwen])

"해를 끼치는 사람들"(개역개정: 악을 행하는 자들", 포알레 아웬[pō 'ălê 'āwen]; 6:8[9]; 14:4; 28:3)은 악마의 세력을 조종하여 누군가에게 해를 깨치는 말을 사용하는 사람들이라고 주장되어 왔지만, 시편의 언어는 이 구절에 대해 이렇게 혹은 다른 구체적이며 정확한 함의를 추론하기에는 너무 일반적이다.[20] 이것은 단순히 누군가에게 해를 일으키는 것을 의미한다. 하지만 이런 언어의 일반성은 이 표현이 나오는 시편들이 복과 삶을 위협하는 여러 다양한 형태의 말로 된 공격과 관련하여 사람들이 사용하는 데 개방적임을 의미한다.

헌신된, 헌신, 인자(Committed, commitment, 하시드[ḥāsîd], 헤세드[ḥesed])

헌신은 그렇게 해야 할 사전의 의무가 없을 때 누군가에 서약하는 것을 의미하거나, 다른 사람이 서약을 지키지 않아서 이런 헌신에 대한 어떤 권리도 상실할 때와 같이, 무슨 일이 일어나든지 이런 헌신의 서약을 지키는 것을 의미한다. 영어 번역본들은 "불변의 사랑"(steadfast love)과 다른 단어들로 표현한다. 이런 식으로 하나님의 헌신은 위기 가운데 기도와 신뢰와 희망을 위한 토대가 되며, 이야기할 주제가 된다(6:4[5]; 13:5[6]; 17:7; 23:6; 40:10[11]).

하나님이 우리에게 베푸신 선하심에 대한 인간의 반응은 하나님과 관련하여 하시드(ḥāsîd)여야 한다(32:6; 37:28). 하시드(ḥāsîd)는 헌신을 지키며, 필요하다면 어려움을 무릅쓰고 신실하게 사는 자이다. 이것은 거짓으로 행동하는 것과 반대되는 행동이다(12:1-2[2-3]; 18:25-26[26-27]). 헌신은 언약 개념과 연결될 수 있지만, 두 개념 사이에 본질적 연결고리는 없다. 즉, "헌신"과 "언약"은 보통 동일한 맥락에서 나오지 않는다.

---

19 다음을 보라, Joachim Braun, *Music in Ancient Israel/Palestine* (Grand Rapids: Eerdmans, 2002), 22-24; Keel, *Symbolism of the Biblical World*, 346-49.
20 아웬('āwen)에 대해 예를 들어, *TDOT* 또는 *NIDOTTE*를 보라.

헛된 것, 헛된(Emptiness, empty, 샤우[šāw'])

헛된 것은 도덕적이며, 관계적이며, 종교적인 범주이다. 이것은 도덕적, 관계적, 종교적 실체가 없는 것을 가리킨다(12:2[3]; 24:4; 26:4; 31:6[7]; 41:6[7]). 여호와 이외의 신들(그리고 그들의 형상)이 헛된 이유는, 그들의 외적으로 인상적인 것과 동등한 실체가 없기 때문이다. 헛되거나 무가치한 발언은 말뿐인 발언이다. 즉, 말과 일치하는 실재가 없다. 헛된 말이 과거와 관련된다면, 그들이 말하는 사건이나 행위는 결코 일어나지 않았다(예를 들어, 출 23:1). 만약 미래와 관련된다면, 그들이 말하는 사건이나 행위는 결코 일어나지 않을 것이다(예를 들어, 애 2:14).

현(Strings, 네기노트[něgīnōt])

동사 나간(nāgan)은 현을 뜯는 것, 따라서 수금과 같은 현악기를 연주하는 것을 의미하며, 따라서 시편 표제에서(예를 들어, 시 4편; 6편; 54편) 이 명사는 어떤 연주가들이 함께 하는 반주를 의미한다.

호소, 호소하다(Plea, plead, 테필라[těpillâ], 팔랄[pālal] 히트파엘)

이 법정 용어는 탄원자가 법정 앞에 서서 자신이나 다른 누군가를 위해 자비를 구하는 것으로 묘사한다. 기도에 적용하자면(4:1[2]; 5:2[3]; 32:6; 66:19-20; 72:15), 이것은 하나님이 자신이나 다른 누군가를 위해 개입해 주시라고 호소함을 시사한다. 이것은 사람들을 옳은 방식으로 다루시는 분으로서의 여호와의 본성(nature)에 호소함을 의미하며, 이는 암묵적으로 탄원자나 누군가를 위해 기도하는 자에게 그의 권리가 주어지도록 간구하는 것이다. 하지만 이것은 또한 탄원자가 "고발자의 언어를 사용하지 않고" "기도하는 자는 탄원자의 자세와 태도를 채택한다"는 것을 의미한다.[21]

희망(Hope, 티크와[tiqwâ], 토헬레트[tôḥelet])

*기대하다(look to), 카와(qāwâ)와 *기다리다(wait), 야할(yāḥal)에서 나온 명사. 이 단어들은 희망하거나 기다리는 태도(39:7[8]) 또는 기대의 대상, 희망하는 것(9:18[19]; 62:5[6]; 71:5)을 가리킬 수 있다.

---

21 Chrysostom, *Psalms*, 1:83.

힘(Might, 게부라[gĕbûrâ])

전사(깁보르[gibbôr])의 확고한 능력과 힘. 여호와는 무기를 갖춘 투사와 같이 힘을 갖추고 계신다.

힘(Strength, 오즈[ʿōz])

여호와의 힘이라는 개념은 시편에서 중요한 개념이다. 시편에서 이 단어가 거의 절반이 나온다. 이것이 "힘"을 의미하는 한, 오즈(ʿōz)는 동사 아자즈(ʿāzaz) 및 관련 단어들과 연결된다. 어떤 번역가들은 여기서의 명사가 동사 우즈(ʿûz)와 연결된다는 확신에서("요새"를 보라), "보호"라고 번역하는 많은 본문이 있다(46:1[2]; 59:9, 16, 17[10, 17, 18]; 62:7, 11[8, 12]).

참고 문헌

본문에 대한 각주와 같이 개별 시와 관련된 어떤 연구에 대해서도, 각주는 참고 문헌의 세부사항을 포함한다. 동일한 시편을 다룰 때 동일한 저작을 나중에 언급할 때에는 짧은 제목을 사용한다. 이 참고 문헌은 더 일반적인 저서들로 구성되는데, 이 저서들은 항상 각주에서는 짧은 제목으로 언급된다.

나는 이븐 에즈라(Ibn Ezra), 데이비드 킴치(David Qimchi), 라쉬(Rashi)의 주석들을 단지 그들의 이름으로 언급하는데, 이 언급들은 랍비 성경 판인 『미크라오트 게돌로토』(*Miqrā'ôt Gĕdôlôt*)에 나오는 대로 논의되는 본문에 대한 취급을 가리킨다. 내가 페이지 수 없이 토마스 아퀴나스(Thomas Aquinas)의 주석을 언급하는 이유는, 그 주석이 영어로 인터넷상으로만 출판됐기 때문이다.

Allen, Leslie C. *Psalms 101–150*. Rev. ed. Word Biblical Commentary. Nashville: Nelson, 2002.

Alter, Robert. *The Art of Biblical Poetry*. New York: Basic Books, 1985.

Anderson, Arnold A. *Psalms*. New Century Bible. 2 vols. London: Oliphants, 1972.

Anderson, Bernhard W. *Out of the Depths*. Rev. ed. Philadelphia: Westminster, 1983.

Aquinas, Thomas. *See* Thomas Aquinas.

Athanasius of Alexandria. *Letter to Marcellinus concerning the Psalms*. http://www.fisheaters.com/psalmsathanasiusletter.html.

Auffret, Pierre. *La sagesse a bâti sa maison*. OBO 49. Göttingen: Vandenhoeck & Ruprecht, 1982.

Augustine of Hippo. *Expositions on the Book of Psalms*. Vol. 8 of *A Select Library of Nicene and Post-Nicene Fathers of the Christian Church*, edited by Philip Schaff. 1st series. 1886–89. Repr., Grand Rapids: Eerdmans, 1989. http://www.ccel.org/fathers2/NPNF1-08/TOC.htm.

Brenner, Athalya, and Carole Fontaine, eds. *Wisdom and Psalms*. A Feminist Companion to the Bible, 2nd series, 2. Sheffield: Sheffield Academic Press, 1998.

Briggs, Charles A., and Emilie Grace Briggs. *A Critical and Exegetical Commentary on the Book of Psalms*. International Critical Commentary. 2 vols. Repr., Edinburgh: T&T Clark, 1986–87.

Broyles, Craig C. *The Conflict of Faith and Experience in the Psalms*. Journal for the Study of the Old Testament: Supplement Series 52. Sheffield: JSOT Press, 1989.

Brueggemann, Walter. *Israel's Praise*. Philadelphia: Fortress, 1988.

———. *The Message of the Psalms*. Minneapolis: Augsburg, 1984.

———. *The Psalms and the Life of Faith*. Minneapolis: Fortress, 1995.

Buttenwieser, Moses. *The Psalms*. Repr., New York: Ktav, 1969.

Calvin, John. *Commentary on the Book of Psalms*. 5 vols. Repr., Grand Rapids: Eerdmans, 1948–49.

Cassiodorus Senator. *Explanation of the Psalms*. 3 vols. New York: Paulist Press, 1990–91.

Chrysostom, John. *Commentary on the Psalms*. 2 vols. Brookline, MA: Holy Cross Orthodox Press, 1998.

Craigie, Peter C. *Psalms 1–50*. 2nd ed. With supplement by Marvin E. Tate and W. Dennis Tucker. Word Biblical Commentary. Nashville: Nelson, 2004.

Crenshaw, James L. *The Psalms*. Grand Rapids: Eerdmans, 2001.

Dahood, M. *Psalms*. Anchor Bible. 3 vols. Garden City, NY: Doubleday, 1966–70.

Eaton, John. *Psalms*. Torch Bible Commentaries. London: SCM, 1967.

Fokkelman, J. P. *Major Poems of the Hebrew Bible*. Vols. 2 and 3. Assen: Van Gorcum, 2000 and 2003.

Gerstenberger, Erhard S. *Psalms and Lamentations*. Forms of the Old Testament Literature. 2 vols. Grand Rapids: Eerdmans, 1988–2001.

Goldingay, John. *Songs from a Strange Land*. Leicester, UK: Inter-Varsity, 1978.

Goulder, Michael D. *The Prayers of David*. Journal for the Study of the Old Testament: Supplement Series 102. Sheffield: JSOT Press, 1990.

———. *The Psalms of the Sons of Korah*. Journal for the Study of the Old Testament: Supplement Series 20. Sheffield: JSOT, 1982.

Gunkel, Hermann. *Introduction to Psalms*. Completed by Joachim Begrich. Macon, GA: Mercer University Press, 1998.

———. *Die Psalmen*. 5th ed. Göttingen: Vandenhoeck & Ruprecht, 1968.

———. *The Psalms*. Philadelphia: Fortress, 1967.

Habel, Norman C., ed. *The Earth Story in the Psalms and the Prophets*. Sheffield: Sheffield Academic Press; Cleveland: Pilgrim, 2001.

Hauge, Martin R. *Between Sheol and Temple*. Journal for the Study of the Old Testament:Supplement Series 178. Sheffield: Sheffield Academic Press, 1995.

Hilary of Poitiers. *Homilies on the Psalms*. In vol. 9 of *A Select Library of Nicene and Post-Nicene Fathers of the Christian Church*, edited by Philip Schaff and Henry Wace, 236–48. 2nd series. Repr., Grand Rapids: Eerdmans, 1989. http://www.ccel.org/fathers2/NPNF2-09/Npnf2-09-20.htm.

Hill, Edmund. *Prayer, Praise and Politics*. London: Sheed & Ward, 1973.

Ibn Ezra. Těhillîm. In Miqrā'ôt Gědôlôt. Repr. in *Psalms,* by A. J. Rosenberg. 3 vols. New York: Judaica, 1991.

Jerome [Eusebius Hieronymus]. *The Homilies of Saint Jerome*, vol. 1, *1–59 on the Psalms*. Washington, DC: Catholic University of America Press, 1964.

Johnson, Aubrey R. *The Cultic Prophet and Israel's Psalmody*. Cardiff: University of Wales, 1979.

———. *Sacral Kingship in Ancient Israel*. Cardiff: University of Wales, 1955.

Keel, Othmar. *The Symbolism of the Biblical World*. New York: Seabury, 1978.

Kidner, Derek. *Psalms*. Vol. 1, *Psalms 1–72*. Vol. 2, *Psalms 73–150*. Tyndale Old Testament Commentary. London: Inter-Varsity, 1973–75.

Kirkpatrick, A. F. *The Book of Psalms*. Cambridge Bible for Schools and Colleges. Repr., Cambridge: Cambridge University Press, 1910.

Kraus, Hans-Joachim. *Psalms*. Vol. 1, *Psalms 1–59*. Vol. 2, *Psalms 60–150*. Minneapolis: Augsburg, 1988–89.

Lindström, Fredrik. *Suffering and Sin*. Stockholm: Almqvist, 1994.

Loretz, Oswald. *Psalmstudien*. Beihefte zur Zeitschrift für die alttestamentliche Wissenschaft 309. Berlin: de Gruyter, 2002.

———. *Ugarit-Texte und Thronbesteigungspsalmen*. Münster: Ugarit, 1988.

Luther, Martin. *First Lectures on the Psalms*. 2 vols. Vols. 10 and 11 of *Luther's Works*, edited by Hilton C. Oswald et al. St. Louis: Concordia, 1974–76.

———. *Selected Psalms*. 3 vols. Vols. 12–14 of *Luther's Works*, edited by Hilton C. Oswald et al. St. Louis: Concordia, 1955–58.

Mandolfo, Carleen. *God in the Dock*. Journal for the Study of the Old Testament: Supplement Series 357. London: Sheffield Academic Press, 2002.

Mays, James L. *Psalms*. Interpretation. Louisville: Knox, 1994.

McCann, J. Clinton, Jr. "The Book of Psalms." Vol. 4 of *The New Interpreter's Bible*, edited by Leander E. Keck et al., 639–1280. Nashville: Abingdon, 1996.

Midrash on Psalms, The. 2 vols. New Haven, CT: Yale University Press, 1959.

Miller, Patrick D. *Interpreting the Psalms*. Philadelphia: Fortress, 1986.

Mowinckel, Sigmund. *The Psalms in Israel's Worship*. 2 vols. Oxford: Blackwell, 1967.

Peterson, Eugene. *Answering God*. Repr., San Francisco: Harper, 1991.

———. *Where Your Treasure Is: Psalms That Summon You from Self to Community*. Grand Rapids: Eerdmans, 1993.

Qimchi, David. Tĕhillîm. In Miqrā'ôt Gĕdôlôt. Repr. in *Psalms*, by A. J. Rosenberg. 3 vols. New York: Judaica, 1991.

Raabe, Paul R. *Psalm Structures*. Journal for the Study of the Old Testament: Supplement Series 104. Sheffield: JSOT Press, 1990.

Rashi. Tĕhillîm. In Miqrā'ôt Gĕdôlôt. Repr. in *Psalms*, by A. J. Rosenberg. 3 vols. New York: Judaica, 1991.

Reid, Stephen Breck, ed. *Psalms and Practice*. Collegeville, MN: Liturgical Press, 2001.

Rendsburg, Gary A. *Linguistic Evidence for the Northern Origin of Selected Psalms*. Atlanta: Scholars Press, 1990.

Ridderbos, N. H. *Die Psalmen*. Beihefte zur Zeitschrift für die alttestamentliche Wissenschaft

117. Berlin: de Gruyter, 1972.

Rienstra, Marchiene Vroon. *Swallow's Nest: A Feminine Reading of the Psalms*. Grand Rapids: Eerdmans, 1992.

Rogerson, J. W., and J. W. McKay. *Psalms*. Vol. 1, *Psalms 1–50*. Vol. 2, *Psalms 51–100*. Vol. 3, *Psalms 101–150*. Cambridge Commentary on the New English Bible. Cambridge: Cambridge University Press, 1977.

Rosenberg, A. J. *Psalms*. With translation of Rashi and other commentaries. 3 vols. New York: Judaica, 1991.

Schaefer, Konrad. *Psalms*. Berit Olam. Collegeville, MN: Liturgical Press, 2001.

Seybold, Klaus. *Introducing the Psalms*. Edinburgh: T&T Clark, 1990.

———. *Die Psalmen*. Tübingen: Mohr, 1996.

Seybold, Klaus, and Erich Zenger, eds. *Neue Wege der Psalmenforschung*. Freiburg: Herder, 1994.

Slomovic, Elieser. "Toward an Understanding of the Formation of Historical Titles in the Book of Psalms." *Zeitschrift für die alttestamentliche Wissenschaft* 91 (1979): 350–80.

Soggin, J. Alberto. *Old Testament and Oriental Studies*. Rome: Biblical Pontifical Institute, 1975.

Spurgeon, C. H. *The Treasury of David*. 6 vols. Repr., London: Marshall, 1963.

Stec, David M. *Targum of Psalms*. Collegeville, MN: Liturgical Press, 2004.

Tate, Marvin E. *Psalms 51–100*. Word Biblical Commentary. Dallas: Word, 1990.

Terrien, Samuel. *The Psalms*. Grand Rapids: Eerdmans, 2002.

Theodoret of Cyrrhus. *Theodoret of Cyrus: Commentary on the Psalms*. Translated by R. C. Hill. 2 vols. Washington, DC: Catholic University of America Press, 2000–2001.

Thomas Aquinas. *Commentary on the Psalms*. http://www4.desales.edu/~philtheo/loughlin/ATP/.

Trudiger, Peter L. *The Psalms of the Tamid Service*. Vetus Testamentum Supplements 98. Leiden: Brill, 2004.

Ulrich, Eugene, et al. *Qumran Cave 4.XI: Psalms to Chronicles*. Discoveries in the Judaean Desert 16. Oxford: Clarendon, 2000.

Watson, Wilfred G. E. *Classical Hebrew Poetry*. 2nd ed. Journal for the Study of the Old Testament: Supplement Series 26. Sheffield: JSOT Press, 1986.

Weiser, Artur. *The Psalms*. London: SCM; Philadelphia: Westminster, 1962.

Westermann, Claus. *The Living Psalms*. Grand Rapids: Eerdmans; Edinburgh: T&T Clark, 1989.

———. *The Praise of God in the Psalms*. Richmond: Knox, 1965. Enlarged ed. published as *Praise and Lament in the Psalms*. Atlanta: Knox, 1981.

Whybray, R. Norman. *Reading the Psalms as a Book*. Journal for the Study of the Old Testament: Supplement Series 222. Sheffield: Sheffield Academic Press, 1996.

Zenger, Erich. *A God of Vengeance?* Louisville: Westminster John Knox, 1996.

베이커 지혜 문헌·시편 주석 시리즈 ②: 시편 주석 1

Baker Commentary on the Old Testament Wisdom and Psalms: *Psalms 1*

2023년 8월 10일 초판 발행

지은이	|	존 골딩게이
옮긴이	|	임요한
편집	|	전희정
디자인	|	서민정
펴낸곳	|	사)기독교문서선교회
등록	|	제16-25호(1980. 1. 18.)
주소	|	서울시 동대문구 천호대로71길 39
전화	|	02) 586-8761~3(본사) 031) 942-8761(영업부)
팩스	|	02) 523-0131(본사) 031) 942-8763(영업부)
홈페이지	|	www.clcbook.com
이메일	|	clckor@gmail.com
온라인	|	기업은행 073-000308-04-020, 국민은행 043-01-0379-646
일련번호	|	2023-65

ISBN 978-89-341-2570-9 (94230)
ISBN 978-89-341-1669-1 (세트)

* 낙장·파본은 교환해 드립니다.

이 한국어판 저작권은 Baker Publishing Group과 독점 계약한 (사)기독교문서선교회가 소유합니다. 신저작권법에 의하여 한국 내에서 보호를 받는 저작물이므로 무단 전재와 무단 복제를 금합니다.